Lee Eun-Jeung / Hannes B. Mosler (Hrsg.)

Länderbericht Korea

W0282171

Schriftenreihe Band 1577

Lee Eun-Jeung / Hannes B. Mosler (Hrsg.)

Länderbericht Korea

bpb: Bundeszentrale für politische Bildung

Erläuterungen zu Schreibweisen und Transkription

Für einen natürlichen Lesefluss wird bei den asiatischen Namen, nach der Konvention in Asien, zuerst der Familienname, dann der Vorname genannt.
Die Transkription koreanischer Eigennamen und Wörter basiert auf dem McCune-Reischauer-Transkriptionssystem nach George M. McCune und Edwin O. Reischauer. Das von beiden 1937 entwickelte Transkriptionssystem ist in der westlichen Fachliteratur und in Wörterbüchern weit verbreitet. Die Vokale werden wie im Englischen ausgesprochen. Bei Eigennamen und Wörtern, die häufig in westlichen Publikationen verwendet werden, wie Seoul oder Kimchi, wird die übliche Schreibweise übernommen und auf eine systematische Transkription verzichtet. Das gilt auch für Personennamen wie Kim Il Sung oder Rhee Syngman. Bei ihrer Erstnennung wird in Klammern eine systematische Transkription nach McCune-Reischauer hinzugefügt, um ein möglichst originalgetreues Verständnis der Aussprache zu ermöglichen.

Bonn 2015

© Bundeszentrale für politische Bildung
Adenauerallee 86, 53113 Bonn

Projektkoordination: Dr. Heinrich Bartel
Redaktion: Eik Welker

Kartografie: Manfred Müller, mr-kartographie, Gotha
Umschlaggestaltung und Satzherstellung: Naumilkat – Agentur für Kommunikation und Design, Düsseldorf
Umschlagfoto: Gemeinsam tragen Jang Choo Pak (l) aus Nordkorea und Eun-Soon Chung aus Südkorea die »Flagge der koreanischen Halbinsel« am 15.09.2000 in das Olympiastadion von Sydney, wo die XXVII. Olympischen Spiele mit einem dreistündigem Programm und dem Einmarsch der Ländermannschaft feierlich eröffnet werden; © dpa – Sportreport
Druck: Druck- und Verlagshaus Zarbock GmbH & Co. KG, Frankfurt am Main

ISBN: 978-3-8389-0577-8

www.bpb.de

Inhalt

IV. Gesellschaft

V. Kultur

Teil C: Nordkorea

I. Politisches System

II. Außen- und Sicherheitspolitik

III. Wirtschaft

Lee Eun-Jeung und Hannes B. Mosler

Einleitung

Das Land Korea wird für Deutschland immer wichtiger – wirtschaftlich, kulturell und politisch. Das Handelsvolumen nimmt von Jahr zu Jahr zu, immer mehr Koreaner besuchen Deutschland und umgekehrt, immer mehr Deutsche schauen koreanische Filme, hören koreanische Musik oder essen koreanisch. Immer häufiger diskutieren Wissenschaftler und Politiker Koreas und Deutschlands die Frage der Teilung der koreanischen Halbinsel, immer mehr Medienberichte behandeln die Ereignisse in Nord- und Südkorea. Nach seinem wirtschaftlichen Aufstieg in den 1970er-Jahren, der formalen Demokratisierung Ende der 1980er- und der beeindruckenden Bewältigung der Asienkrise Ende der 1990er-Jahre rückt Südkorea täglich einen Schritt mehr ins Rampenlicht der Weltgemeinschaft. In Nordkorea begann in den 1970er-Jahren der wirtschaftliche Abstieg, der nach dem Zusammenbruch des sozialistischen Blocks bis zu einer dramatischen Hungerkatastrophe 1994 führte. Diese Ereignisse fielen mit dem Tod des Staatsführers Kim Il Sung *(Kim Il-sŏng)* und der Ersten Nuklearkrise zusammen; seitdem steht Nordkorea immer wieder wegen seines Atomprogrammes im Blickpunkt der internationalen Gemeinschaft.

Deutschland und Korea verbindet eine über hundertjährige Geschichte gegenseitiger Beziehungen, die lange vor der Teilung des Landes nach dem Zweiten Weltkrieg ihren Anfang nahm. Erstmals 1644, zur Zeit der Chosŏn-Dynastie, begegneten sich mit Kronprinz Sohyŏn und dem deutschen Missionar Adam Schall von Bell S.J. aus Köln Vertreter beider Länder; über zweihundert Jahre später, 1883, wurden offiziell diplomatische Beziehungen aufgenommen. Nach dem Zweiten Weltkrieg und der Teilung Deutschlands in Ost und West sowie Koreas in Nord und Süd dauerte es nicht lange, bis die vier Staaten jeweils diplomatische Beziehungen zu ihren ideologisch nahestehenden Pendants aufnahmen. Bald nach der deutschen Vereinigung 1990 eröffnete Deutschland wieder eine Botschaft in P'yŏngyang und Nordkorea in Berlin.

Vor diesem Hintergrund der ähnlich bewegt verlaufenen Geschichte Deutschlands und Koreas intensivieren sich die Beziehungen heute stetig.

Dennoch wissen wir hier so viel weniger über die beiden Koreas, als man dort über Deutschland weiß. Mit dem Länderbericht Korea möchten wir dazu beitragen, dieses Ungleichgewicht im Wissen übereinander zu beheben und das gegenseitige Verstehen zu verbessern. In der deutschen Öffentlichkeit, den Medien und der Politik gibt es einen großen Wissensdurst, was die beiden Staaten Koreas angeht. Das Format eines Länderberichts in der Publikationsreihe der Bundeszentrale für politische Bildung stellt die denkbar beste Art und Weise dar, diesen Durst ein wenig zu stillen.

Überblick

Der Länderbericht stellt beide koreanische Staaten im selben Band dar. Die thematische Struktur der Nord- und Südkorea gewidmeten Teile (B und C) ist parallel angelegt. Es werden jeweils Fragen des politischen Systems, der Außen- und Sicherheitspolitik, der Wirtschaft, der Gesellschaft und der Kultur behandelt. Die offensichtlichen Unterschiede beider Länder zeigen sich dabei bereits in den Kapitelüberschriften. So wird bei einem schnellen Blick über das Inhaltsverzeichnis deutlich, wie verschieden sich Nord- und Südkorea über die Jahrzehnte entwickelt haben.

Den Rahmen für die Länderporträts zu Nord- und Südkorea bilden der erste Teil (A) zur Geschichte Koreas und der letzte Teil (D) zu Fragen der Wiedervereinigung und der Beziehungen zu Deutschland, die sich gleichermaßen auf beide Koreas beziehen. Am Anfang der Geschichte Koreas (Marion Eggert) steht der Gründungsmythos, nach dem 2333 v. u. Z. mit Tan'gun der erste König auf der koreanischen Halbinsel herrschte. Als erstes Königreich auf der Halbinsel gilt das 37 v. u. Z. gegründete Koguryŏ, nach dessen Untergang sich die Zeit der Drei Reiche und nachfolgende Zusammenführungen und Aufspaltungen verschiedener Reiche unter wechselnden Herrschern und Namen anschließen, bis mit dem Königreich Chosŏn 1392 eine stabile Dynastie gegründet wurde, die bis zur Annexion durch das japanische Kaiserreich Anfang des 20. Jahrhunderts rund 500 Jahre Bestand hatte. Bis Ende des 19. Jahrhunderts hatte sich Korea von der Außenwelt isoliert, konnte dann jedoch nicht mehr dem Druck zur Öffnung von außen standhalten. Hier beginnt die Geschichte des modernen Koreas (Park Hee Seok), dessen Ursprung sich zwischen Öffnung und der späteren Teilung des Landes ansetzen lässt. Die weitere dramatische Entwicklung, die zur Gründung zweier Staaten (Kim Hak Joon) sowie zum Koreakrieg (Park Myung-Lim) führte, wird ebenfalls im Geschichtskapitel eingehend analysiert.

Im Schlussteil des Bandes werden Themen behandelt, die beide Koreas bzw. eine mögliche Wiedervereinigung betreffen. Lee Eun-Jeung und

Choi Chongko arbeiten in ihrem Beitrag die Geschichte der 130-jährigen deutsch-koreanischen Beziehungen auf, die sich entsprechend auf die Zeit vor und nach der Teilung beider Länder bezieht. Lee Bongki und Han Unsuk analysieren die Wahrnehmung und die Bewertung der deutschen Wiedervereinigung in Südkorea. Wie über eine Wiedervereinigung auf der koreanischen Halbinsel in verschiedenen Generationen unterschiedlich gedacht und empfunden wird, untersucht der Aufsatz von Park Myung-Kyu.

Südkorea

Das Kapitel zum *politischen System* Südkoreas wird von Gottfried-Karl Kindermann eingeleitet, der einen Überblick über die Entwicklungen seit der Befreiung von der japanischen Kolonialherrschaft 1945 bis zur formalen Demokratisierung 1987 gibt. Der nachfolgende Beitrag von Patrick Köllner, Patrick Flamm und Philipp Olbrich stellt das formale politische System der Gegenwart – die Organisation der Gewalten, die Regierung und weitere Institutionen – vor, wie es nach der Verfassung von 1987 heute immer noch gilt. Die politischen Parteien Südkoreas, ihre geschichtliche Entwicklung und Charakterisierung wie das südkoreanische Wahlsystem mit einem Überblick über die wichtigsten historischen sowie aktuellen Besonderheiten zu Präsidentschafts-, Parlaments-, und regionalen Wahlen beschreibt anschließend Hannes B. Mosler. Heike Hermanns gibt daran anknüpfend einen Einblick in die Rolle und Bedeutung der Informationstechnologie allgemein und speziell des Internets im politischen Betrieb und illustriert, wie einer der dynamischsten Bereiche des politischen Systems sich konkret entwickelt und was dies für Folgen hat. Die Aufarbeitung der Vergangenheit ist Thema des Beitrags von Kim Dong-Choon und Lee Eun-Jeung, in dem sie vor allem die offiziell von Regierungsseite installierten Einrichtungen zur Vergangenheitsbewältigung und ihre Arbeit sowie auch deren Bedeutung und Zukunftsperspektiven besprechen. Seit Anfang der 2000er-Jahre hatten die liberalen Regierungen es sich zur Aufgabe gemacht, Ereignisse seit der japanischen Kolonialherrschaft, wie u. a. die Frage der sexuellen Ausbeutung koreanischer Frauen durch japanische Soldaten, aber auch Verbrechen während des Koreakrieges und der nachfolgenden Diktaturen aufzuarbeiten. Eine Fülle an Fällen aus der Vergangenheit ist jedoch bislang ungeklärt geblieben, auch weil seit der Übernahme durch konservative Regierungen diese Bemühungen so gut wie eingestellt wurden.

Die Beiträge des anschließenden Kapitels zur *Außen- und Sicherheitspolitik* des Landes geben einen dezidierten Überblick über Südkoreas Ambitionen als *global player* (Thomas Kalinowski) und seine Beziehungen zu den wichtigsten Partnerländern wie der Europäischen Union (Ko Sang Tu), den Vereinigten Staaten von Amerika (Yi Su-hoon) sowie China und Japan (Hwang Byong-Moo).

Das Kapitel *Wirtschaft* behandelt zentrale Fragen der Entwicklung Südkoreas zu einem Industriestaat, die heutige Wirtschaftsstruktur und ihre Alleinstellungsmerkmale sowie die Arbeitsbeziehungen und Handelspolitik des Landes. Werner Pascha zeigt in seinem Beitrag über den Aufstieg Südkoreas zur Wirtschaftsmacht, unter welchen Bedingungen und mit welchen Strategien Südkorea das sogenannte Wunder vom Han erreichen konnte. Als wesentliches Merkmal stellt er dabei die staatsgelenkte Wirtschaftspolitik heraus, bei der die kontrollierte Mobilisierung der *chaebŏl*, der Großkonzerne, eine wesentliche Rolle spielte. Die Dominanz der *chaebŏl* wird im Beitrag von Kim Ky Won und Peter Mayer eingehend behandelt, die diese Besonderheit in der Wirtschaftsstruktur des Landes systematisch vorstellen. Wie sich in Südkorea unter diesen Bedingungen die gegenwärtigen Charakteristika der Arbeitsbeziehungen herausgebildet haben, wird von Park Myung Joon aufgearbeitet, der in seinem Beitrag u. a. verdeutlicht, wie schwer es der Gewerkschaftsbewegung bis heute fällt, die nötige Verhandlungsmasse durch eine breite Unterstützer- bzw. Mitgliederbasis zu organisieren. Bernhard Seliger schließlich stellt in seinen Beobachtungen zur Entwicklung in Südkoreas Außenhandel und seiner außenwirtschaftlichen Beziehungen dar, wie das Land zu einer der wichtigsten Handelsnationen weltweit heranwachsen konnte. Auch die zahlreichen Freihandelsabkommen Südkoreas, die seit dem ersten Abkommen solcher Art mit Chile 2004 wichtige Schritte in der Entwicklung des Landes bedeuten, werden hier thematisiert.

Eine der markantesten Veränderungen der südkoreanischen *Gesellschaft* ist ihr demografischer Wandel (Kim Yun Tae), der mit dem enormen Bevölkerungszuwachs seit der ersten Hälfte des 20. Jahrhunderts begann. Es folgte die Landflucht seit den 1970er-Jahren im Zuge des Wirtschaftsaufstieges und mündete in eine Gesellschaft, die derzeit weltweit am schnellsten altert. Die Rolle der Frau in der südkoreanischen Gesellschaft (Chung Hyun-Back) ist ebenfalls einer hohen Entwicklungsdynamik unterworfen. Zwar sind in der traditionell stark patriarchalisch geprägten südkoreanischen Gesellschaft Frauen immer noch eher selten in hohen Führungspositionen zu finden, und das Gehalt von Frauen ist im Durschnitt erkennbar niedriger als das ihrer männlichen Kollegen. Durch Frauenbewegungen und den von ihnen angestoßenen Wandel des weiblichen Rollenbildes sind Frauen jedoch heute stärker denn je vertreten. Der demografische Wandel und das neue Selbstbild der Frauen sind zwei Aspekte, die in engem Zusammenhang mit der stetig wachsenden Zahl an Immigrantinnen und Immigranten stehen, angefangen mit der Arbeits- bis hin zur den Heiratsmigration. Für Südkorea als ein Land, dem im Allgemeinen eine besonders homogene Bevölkerung zugeschrieben wird, bedeutet die wachsende kulturelle Vielfalt Herausforderung und Chance zugleich (Cho Hyo-Je). Neben staatlichen Einrichtungen sind es vor allem zivilgesellschaftliche Organisationen, die sich aktiv um Fragen einer multikulturellen Gesellschaft kümmern. Die Zivilgesellschaft in Südkorea (Shin Jin-Wook) hat sich seit den 1960er-Jahren und bis in die 1980er-Jahre, als es vornehmlich um den Widerstand gegen die Diktatur und den Kampf für die Demokratisierung ging, entwickelt und bis heute stark ausdifferenziert. Dazu hat auch die Bildung der Menschen maßgeblich beigetragen; die Aprilrevolution von 1960 wurde von Studierenden sowie Schülerinnen und Schülern begonnen, denen der eklatante Unterschied zwischen ihrer Gesellschaft und dem, was sie im Unterricht über Demokratie gelernt hatten, auffallen musste. Die Entwicklung des Bildungssystem Südkoreas (Jung Keun-sik) war ebenso eine wichtige Voraussetzung für den wirtschaftlichen Aufstieg des Landes, da die Menschen sich durch eine gute Bildung bessere Karrierechancen versprachen. Die bei weltweiten Vergleichsstudien außerordentlich guten Ergebnisse südkoreanischer Schülerinnen und Schüler sind immer wieder Thema in den USA oder Europa, auch wenn dabei die Schattenseiten ausgeblendet werden. Der besondere Bereich der politischen Bildung (Shin Duchel) hingegen ist in seiner Entwicklung in Südkorea noch sehr jung. Erst seit Ende der 2000er-Jahre versucht man von staatlicher Seite aus aktiv zu fördern und orientiert sich dabei sehr eng am deutschen Modell.

Das Kapitel *Kultur* Südkoreas umfasst Religion und Literatur, aber auch Stadtentwicklung, musikalische Subkultur und moderne Populärkultur. Jörg Plassen gibt in seinem Beitrag zu den traditionellen Religionen in Korea Auskunft zu Konfuzianismus, Buddhismus und Schamanismus, die neben dem später hinzugekommenen Christentum die einflussreichsten Lehrgebäude und Philosophien bilden, die die Menschen Südkoreas bis heute prägen. Cho Se-hyoung und Cho Hae-sug behandeln in ihrem Aufsatz die Geschichte der modernen koreanischen Literatur, die sich in ihren Anfängen in den 1920er-Jahren zum Großteil mit aufklärerischen Themen befasste, dann verstärkt die Erfahrungen während der Kolonialzeit (1910–1945) verarbeitete und schließlich die Teilung des Landes und den Koreakrieg (1950–1953) thematisierte. Daran schließt sich eine Tendenz der Literatur der Nachkriegszeit an, die in die literarische Verarbeitung des Lebens unter der Diktatur überging und sich erst allmählich seit den 1990er-Jahren auch vermehrt postideologischen Themen zuwendet. Ähnlichen geschichtlichen Eckdaten folgen Lee Eun-Jeung und Son Chong-

Mok bei ihrer Betrachtung der Entwicklung Seouls zu einer Megacity, in der nicht weniger als drei Viertel der gesamten Landesbevölkerung leben. Als einer der vielen Facetten dieser Großstadt widmet sich der Beitrag von Shin Hyunjoon der Indie-Musik-Szene, die sich seit Mitte der 1990er-Jahre im Stadtbezirk Hongdae, dem Zentrum der Undergroundkultur Südkoreas, herausgebildet hat. Diese Untergrundkultur steht im Gegensatz zur Mainstream-Popkultur der »Koreanischen Welle« oder »Hallyu«, deren Beleuchtung sich Lee Eun-Jeung in ihrem Beitrag zur Aufgabe gemacht hat. Der Boom südkoreanischen Populärkultur im Ausland begann Ende der 1990er-Jahre in China mit Fernsehdramen aus dem koreanischen Nachbarland, bis sie Anfang der 2000er-Jahre nach Japan schwappte und sich danach in zusätzliche Bereiche wie Popmusik (K-Pop) diversifizierte. *Hallyu* erreichte viele weitere Länder in Asien und wurde schließlich auch auf dem europäischen wie amerikanischen Kontinent bekannt. Doch wie koreanisch ist K-Pop eigentlich? Welche Motivationen und Interessen stehen dahinter? Unter anderem mit diesen Fragen nähert sich der Text dem Phänomen und verdeutlicht dabei gleichermaßen die Besonderheit und die Universalität von K-Pop und *Hallyu*.

Nordkorea

Das *politische System* Nordkoreas unterscheidet sich offenkundig von dem Südkoreas. Seine Betrachtung beginnt somit auch mit der sowjetischen Besatzung nach der Befreiung von der japanischen Kolonialherrschaft als Wegbereiter hin zu einem kommunistischen System (Charles Armstrong). Kim Keun-Sik und Lee Jeongwoo beschäftigen sich anschließend mit den Machtstrukturen der Volksrepublik, insbesondere der Partei der Arbeit und dem Militär, denen zentrale Aufgaben im Gefüge der staatlichen Institutionen des faktischen Einparteienstaates zukommen. Dabei wird deutlich, dass das Regime zwar sowjetisch wie auch chinesisch geprägt wurde, jedoch autochthon (nord-)koreanische Aspekte die wesentliche Rolle bei seiner Konstruktion und der Umsetzung spielen. In diesem Zusammenhang geht Bruce Cumings in seinem Beitrag der Frage nach, wie der Wechsel an der Führung vonstattengeht, wobei das Hauptaugenmerk auf der Machtvererbung von Vater zu Sohn liegt. Eine zentrale Komponente im Machtapparat des nordkoreanischen politischen Systems ist die Chuch'e-Ideologie. Ihr Zustandekommen ab der ersten Hälfte des 20. Jahrhunderts, ihre weitere Entwicklung sowie Systematisierung und Verwendung bis heute verfolgt Eric J. Ballbach in seiner Aufarbeitung. Im Mittelpunkt steht dabei die genaue Erklärung der Ideologie und Funktion sowie ihre Beziehung zu anderen zentralen Ideen wie der »Militär-zuerst-Doktrin« *(Sŏn'gun)*. Schließlich werfen Lee Woo Young und Koo Kab-Woo einen Blick auf Potenziale für eine Herausbildung von Widerstand in Nordkorea. Unter anderem auf Grundlage von Befragungen von Flüchtlingen beschreiben sie eine Entwicklung, nach der die offiziell von der Führung vorgegebene Kultur immer mehr in den Hintergrund zu treten scheint und einer inoffiziellen Kultur Platz macht, die die Möglichkeit eines realen Widerstands in sich birgt.

Die *Außen- und Sicherheitspolitik* Nordkoreas ist im Vergleich zur Innenpolitik besser zu beobachten und zu untersuchen. Paik Hak-soon beschreibt in seinem Beitrag die Außenpolitik Nordkoreas von den Anfängen bis zur Gegenwart hauptsächlich in Bezug auf China, die USA und Russland, wobei das Oszillieren zwischen Autonomie und Annäherung ein beständiges Charakteristikum ist. Abschließend und ausblickend diskutiert er die Frage, wie Nordkorea auf Basis dieser Tradition im 21. Jahrhundert bestehen kann. Ein Bestandteil dieser Strategie ist die Atompolitik, die in Nordkoreas Außenpolitik seit Jahrzehnten einen zentralen Platz einnimmt. Eric J. Ballbach erklärt systematisch den Hintergrund und die Bedeutung des Atomkonfliktes auf der koreanischen Halbinsel seit den 1950er-Jahren bis heute. Er skizziert dabei die wissenschaftliche Auseinandersetzung zum Thema und stellt eine alternative Perspektive vor, um ein Verständnis für Nordkoreas Außenpolitik zu ermöglichen. Scott Snyder und Byun See-Won schließlich legen in ihrer Auseinandersetzung mit Nordkoreas Außenpolitik den Fokus auf die Beziehungen zum benachbarten China.

In seinem Beitrag zur *Wirtschaft* Nordkoreas gibt Rüdiger Frank einen umfassenden Einblick in die systembedingten Charakteristika des nordkoreanischen Wirtschaftssystems, das sozialistisch geprägt ist, aber mit der Zeit mehr autochthone Elemente aufgenommen hat, und berücksichtigt dabei Rahmenbedingungen wie natürliche Ressourcen, Klima und Einbindung des Landes in die Weltwirtschaft. Bei der Diskussion von Argumenten pro und contra wirtschaftliche Reformen wird aufgezeigt, wie eine Zukunft der nordkoreanischen Wirtschaft aussehen könnte. Cho Dong Ho befasst sich neben einer aktuellen Bestandsaufnahme der nordkoreanischen Wirtschaft mit den wechselnden Strategien Nordkoreas für Wirtschaftswachstum seit den 1950er-Jahren, die zum Beispiel die Aufnahme von westlichen Krediten in den 1970er-Jahren oder Auslandsinvestitionen in Sonderwirtschaftszonen in der ersten Hälfte der 1990er-Jahre umfassten.

Zu *Gesellschaft und Kultur* Nordkoreas finden sich Beiträge zum Zusammenhang zwischen Herrschaftsideologie und Konfuzianismus, Kunst- und Kulturpolitik, Literatur und zur Rolle der Frau. Kim Sung Bo geht in seinem Beitrag der Frage nach, wie traditionelle Wertvorstellungen konfuzianistischer Prägung mit der modernen nordkoreanischen Gesellschaftsordnung korrespondieren. Er legt dar, wie beim sozialistischen Staatsaufbau versucht wurde, die alte patriarchalische Ordnung abzubauen, um die Gesellschaft bis auf die individuelle Ebene kontrollieren zu können. Gleichzeitig wurden jedoch Elemente konfuzianischer Vorstellung für die Disziplinierung der Gesellschaft nutzbar gemacht, wie sich zum Teil in der Entwicklung und Umsetzung der Chuch'e-Ideologie verdeutlichen lässt. Im selben Kontext stehen die Besonderheiten der Kunst- und Kulturpolitik sowie die Literatur des Landes. So kann exemplarisch anhand der Malerei gezeigt werden, wie sehr die Kunst von der Politik vereinnahmt wird, um der Stabilisierung des Systems zu dienen (Koen De Ceuster). Ähnliches lässt sich bei der ideologischen Mobilisierung der Literatur in Nordkorea beobachten (Jeon Yong Sun). Als einzig geltende Theorie stellt der sozialistische Realismus die Literatur ausschließlich in den Dienst der Herrschaftsideologie *Chuch'e*. Zur Frauenfrage in Nordkorea (Kim Seok-hyang) ergibt sich ein widersprüchliches Bild: Offiziell wurde seit der Staatsgründung die absolute Gleichstellung der Geschlechter propagiert; in Verwaltung, Polizei und Militär gibt es viele Frauen. Die Berichte von nordkoreanischen Flüchtlingen (70 Prozent davon sind Frauen!) zeichnen allerdings ein anderes, weitaus kritischeres Bild der Wirklichkeit.

Danksagung

In insgesamt 47 Beiträgen haben die Autorinnen und Autoren Stück für Stück das Mosaik dieses Länderberichts Korea zusammengesetzt, das wir den Leserinnen und Lesern nunmehr vorlegen können. Wir sind den Autorinnen und Autoren sehr dankbar, ihr breites Wissen eingebracht zu haben, um dieses umfangreiche Bild Koreas der Öffentlichkeit zugänglich zu machen. Ebenfalls zu großem Dank verpflichtet sind wir der Bundeszentrale für politische Bildung, die auf unseren Vorschlag, die Lücke in der Reihe von Länderberichten zu schließen und die so wichtig gewordenen Länder Nord- und Südkorea in einem Band eingehend zu behandeln, sogleich positiv, aktiv und ermunternd reagiert hat. Dem Lektor dieses Mammutprojekts, Herrn Eik Welker, gilt größter Dank für die von ihm hervorragend bewältigte Arbeit mit hochkomplexen Inhalten, fremden Textstrukturen und zahlreichen Autorinnen und Autoren. Für die Gestaltung der Karten danken wir dem Kartografen Herrn Manfred Müller und seinen Mitarbeitern bei MR-Kartographie in Gotha für die Pionierleistung in einem kartografischen Bereich, bei dem es in Deutschland kaum Vorarbeiten gibt. Schließlich danken wir den Übersetzerinnen und Übersetzern, die so manch fremde Materie aus einer vom Deutschen doch recht entfernten Sprache übertragen und somit einen entscheidenden Beitrag geleistet haben. Nicht zuletzt gilt unser Dank unseren Kollegen am Institut für Koreastudien der Freien Universität Berlin Dr. Holmer Brochlos, Eric J. Ballbach und Daniela Claus, die sich nicht gescheut haben, einzelne Kapitel in stundenlanger, intensiver Arbeit durchzugehen und nach letzten Fehlern zu fahnden, um diese dann zu beheben. Des Weiteren danken wir unserer studentischen Mitarbeiterin Sanja Ströh und unserem studentischen Mitarbeiter Gabriel Lux, die in einer weiteren Lese die Texte in Form gebracht haben, bevor wir sie weitergaben.

Schließlich danken wir Ihnen, den Leserinnen und Lesern dieses Bandes, für Ihr Interesse und hoffen, dass dieser Länderbericht Ihre Erwartungen nicht enttäuscht. Wir sind zuversichtlich, dass Sie wertvolle Informationen über die beiden Koreas erhalten, Ihre Neugier damit weiter wächst und dass Sie bei der Lektüre gut unterhalten werden.

Teil A: Geschichte

Marion Eggert

Die lange Geschichte einer gebirgigen Halbinsel am Rand des eurasischen Kontinents

Es gibt, im Gegensatz zu China und Japan, wenige Klischees zu Korea; eines jedoch hält sich hartnäckig: das eines »verborgenen« Landes. Dank der frühen europäischen Begegnung mit Korea zur Zeit seiner Abschließungspolitik einst ins Schlagwort von der »hermit nation«, der Einsiedler-Nation gegossen, erinnert an dieses Klischee heute, zur Zeit eines global integrierten Südkorea, das längst nicht mehr gültige, dennoch ständig wiederholte Wort, wir wüssten »immer noch viel zu wenig« über dieses Land und seine Kultur. Vor allem gibt natürlich das wenig zugängliche Nordkorea auch heute noch Anlass, das Klischee von der Einsiedler-Nation nicht zu vergessen.

Dabei ist, wenn man sich die Geschichte des Landes ansieht, tatsächlich nahezu das Gegenteil der Fall: Korea war stets in das Geschehen der umliegenden Region engstens eingebunden; seine Kultur ist das Ergebnis ständiger Zirkulationsbewegungen kultureller Güter in Ostasien, in denen Korea produzierende, transformierende und übermittelnde Rollen einnahm.

Schon die Besiedlung der koreanischen Halbinsel dürfte in vielfachen Wellen und aus mehreren Richtungen erfolgt sein. An vorgeschichtlichen Funden ablesbare Verbindungen gibt es sowohl zum sibirischen als auch zum chinesischen Kulturraum; die bronzezeitliche Archäologie Südkoreas weist zudem starke Verbindungen nach Südwestjapan auf. Sprachlich gibt es deutliche syntaktische Ähnlichkeiten des Koreanischen mit dem Japanischen, aber auch mit den tungusischen Sprachen (Mongolisch, Mandschurisch), ohne dass die semantischen Kriterien erfüllt wären, um diese Sprachen in eine Familie zusammenzubinden. Auch dies dürfte das Ergebnis komplexer Wanderbewegungen sein.

Der heute vielfach erzählte Gründungsmythos der koreanischen Nation (schriftlich niedergelegt ab dem 13. Jahrhundert) berichtet von der Zeugung des Urvaters der Nation, Tan'gun, durch einen Sohn des Himmelsgottes und einer dank des Durchstehens einer harten Geduldsprobe zum Menschen gewordenen Bärin. In den animistischen Elementen dieses Mythos scheinen einerseits sibirisch-schamanische Wurzeln des koreanischen Selbstverständnisses auf. Dass andererseits Tan'guns Gründung einer Hauptstadt in der Region von P'yŏngyang auf die Regierungszeit des chinesischen mythischen Kaisers Yao datiert wird (nämlich auf 2333 v. Chr.), verdeutlicht den Bezug auf die chinesische Kultur, der auch in der Verschriftlichung dieses Mythos, die eigentlich als Abgrenzungsbewegung von China verstanden werden kann, noch hergestellt wird.

1 Frühe Staatenbildung auf der koreanischen Halbinsel

Zuverlässige Informationen über die Anfänge der Staatenbildung auf der Halbinsel sind sehr spärlich. In der Geschichtsforschung wird meist die Ansicht vertreten, dass es in Korea bereits in vorchristlicher Zeit verschiedene Stammesverbände gegeben hatte, die sich nach und nach zu kleinen Stammesstaaten *(sŏngŭpkukka)* zusammenschlossen. Diese bildeten wiederum im Laufe der Zeit größere Staatsverbände mit komplexeren politischen Strukturen. Diese Art staatlicher Organisation war auf der gesamten Halbinsel und in der südlichen Mandschurei bis etwa zu Beginn des christlichen Zeitalters weit verbreitet; Puyŏ im Norden und Chinhan, Mahan und Pyŏnhan im Süden sind repräsentativ für diese kleinen Stammesstaaten (siehe dazu und im Weiteren die Karte »Korea – Zeit der Drei Reiche« am Ende dieses Bandes). Aus einem dieser Stammesverbände entwickelte sich Koguryŏ (37 v. Chr. bis 668 n. Chr.) als erstes Königreich. Seinem Gründungsmythos zufolge war Koguryŏ aus einer Abspaltung von Puyŏ im Nordosten der Mandschurei hervorgegangen. Die Koguryŏ-Stämme waren kriegerische Reiter. Sie drangen im ersten vorchristlichen Jahrhundert vom Nordufer des Yalu (kor.: Amnokgang) südwärts bis in das Mündungsgebiet des Han-Flusses (Hangang) vor. Nach Westen machten sie den im Liaodong-Gebiet ansässigen Chinesen das Land streitig.

Das chinesische Imperium der Han-Zeit (206 v. Chr. bis 221 n. Chr.) dürfte ein wichtiger auslösender Faktor für die erste Staatenbildung auf der koreanischen Halbinsel gewesen sein. Nach chinesischen Quellen befand sich ein Reich Chosŏn (heute allgemein als früher »koreanischer« Staat betrachtet) im Nordosten des chinesischen Staates Yan, das in den Wirren der Gründungszeit der Han-Dynastie einem Flüchtling aus Yan in die Hände fiel und schließlich 108 v. Chr. unter dem Druck der chinesischen Expansion zugrunde ging. In diesem Jahr gründete die Han-Dynastie zur Sicherung ihrer Handelswege vier Kommandaturen als kolonialisierende Außenposten auf der koreanischen Halbinsel; von diesen blieb die Kommandatur Lelang (koreanisch: Nangnang) im Gebiet des heutigen P'yŏngyang bestehen, bis sie im Jahre 313 von Koguryŏ erobert wurde. Die Präsenz chinesischer Kolonisten auf der Halbinsel, die so wichtige Kulturgüter wie Schrift und Techniken der Verwaltung größerer räumlicher Einheiten mitbrachten, führte zur Bildung weiterer Staatsformationen im Süden der Halbinsel. Im Laufe des 4. Jahrhunderts bildete sich aus den südlichen Stammesstaaten das Reich Paekche im Südwesten und das Reich Silla im Südosten der Halbinsel heraus, die bald mit dem expandierenden Koguryŏ und miteinander in Konflikt gerieten. Ein zwischen den beiden Südreichen gelegenes kleineres Staatsgebilde, Kaya, wurde im Laufe des 6. Jahrhunderts zwischen ihnen zerrieben, während die übrigen »drei Reiche« – gerne in Analogie zu den chinesischen Drei Reichen des 3. bis 4. Jahrhunderts n. Chr. gesehen – in epischen Kämpfen um die Vormachtstellung rangen. Dabei wurden auch wechselnde Allianzen mit dem Yamato-Reich in Japan eingegangen, das den südlichen Staaten dabei half, dem bis ins frühe 5. Jahrhundert übermächtigen Koguryŏ die Stirn zu bieten. Diese Pattsituation auf der koreanischen Halbinsel änderte sich erst, als das jahrhundertelang zersplitterte chinesische Reich zu Ende des 6. Jahrhunderts unter der Sui-Dynastie wieder geeint wurde. Auf der Suche nach dem imperialen Glanz der letzten Einheitsdynastie, der Han, versuchten die Sui-Kaiser, die alte Hegemonie auf der koreanischen Halbinsel wiederherzustellen. Ein groß angelegter Feldzug, für dessen Unterhalt der berühmte chinesische Kaiserkanal (Versorgungsroute von Süd nach Nord) angelegt wurde, scheiterte in der Schlacht am Salsu-Fluss (612) am so erbitterten wie militärisch geschickten Widerstand des Koguryŏ-Reiches. Die Sui-Dynastie ging daran zugrunde, aber ihre Nachfolger, die Herrscher der Tang-Dynastie, versuchten 645 ein Gleiches. Wiederum war Koguryŏ, in Allianz mit Paekche, siegreich, wurde allerdings durch die Kriegsanstrengungen so geschwächt, dass eine Zangenbewegung von Tang- und Silla-Armeen im Jahre 668 doch das Ende dieses stolzen Nordreiches besiegelte. Paekche war bereits im Jahr 660 ausgeschaltet worden. Die geplante Re-Kolonisierung der Halbinsel gelang den Tang-Kräften jedoch nicht: Ab 676 wurde das Gebiet südlich des Taedong-Flusses (der durch P'yŏngyang fließt) von Silla kontrolliert. Im Norden entstand ein von Nachkommen des Koguryŏ-Adels beherrschtes Reich namens Parhae (chinesisch: Bohai), zu dessen Bevölkerung neben den Menschen von Koguryŏ auch das tungusische Volk der Malgal zählte, dessen Zugehörigkeit zur koreanischen oder chinesischen Geschichte heute umstritten ist.

2 Das Vereinigte Silla und sein nördlicher Nachbar

Die enge Verflechtung mit der umliegenden Region bestimmte auch das politische Schicksal des aus diesen Wirren hervorgegangenen Reiches Silla. Obgleich sowohl Koguryŏ als auch Paekche in den Vereinigungskriegen von Japan aus unterstützt worden waren und viele der Paekche-Adligen nach dem Untergang des Reiches dorthin flohen, waren Sillas politische Beziehungen zu Japan zunächst friedlich. Auch die Beziehungen zum chinesischen Tang-Reich stabilisierten sich, und der rege kulturelle und diplomatische Austausch mit beiden Ländern begünstigte Sillas kulturelle Blüte im 8. Jahrhundert, für die zahlreiche in der und um die damalige Hauptstadt Kyŏngju (im Südosten der Halbinsel) gelegenen Baudenkmäler noch heute Zeugnis ablegen. Insbesondere der Buddhismus gedieh, wie der Mitte des 8. Jahrhunderts ausgebaute Tempel Pulguksa (»Tempel des Buddha-Landes«) und die mit einem sitzenden Budda und Bodhisattva-Reliefs ausgestattete, etwa gleichzeitig entstandene künstliche Grotte Sŏkkuram erweisen. An anderen, unmittelbar der Hofkultur zugehörigen Gegenständen aus der Silla-Zeit finden sich Dekorelemente aus dem arabischen Raum – ein Beleg für die weitreichenden Handelsnetze, in die Silla eingebunden war. Der Aufstieg des Reiches Parhae im späteren 8. Jahrhunderts und eine Allianz zwischen Parhae und dem Nara-Reich in Japan gegen Silla leitete das Ende dieser Blütezeit ein.

Die beginnende Schwäche des Silla-Königshauses und zugleich die Bedeutung Sillas als Knotenpunkt des ostasiatischen Warenverkehrs wird an der Figur des Chang Po-go (?-846) deutlich. Dieser hatte in seinen jungen Jahren in Shandong in Ostchina, wo es eine beachtliche Zahl von Siedlern aus Silla gegeben zu haben scheint, eine Karriere als lokaler Militärbeamter gemacht, um dann nach seiner Heimkehr auf die Halbinsel im Jahr 828 als Kommandeur einer Militärbasis an der koreanischen Westküste eingesetzt zu werden, wo er erfolgreich dem Piratenwesen ein Ende setzte, zugleich aber eigenmächtig den Seehandel zwischen China, Korea und Japan zu kontrollieren begann und eine Art Meeresimperium aufbaute. Chang Po-gos Versuche, seine Macht auch auf den Silla-Hof auszudehnen, wurden schließlich durch seine Ermordung 846 beendet. Zu dieser Zeit hatten sich bereits andere lokale Machthaber so weit von den Direktiven der Zentralregierung unabhängig gemacht, dass die Steuerbasis des Silla-Reiches allmählich auf die Umgebung der Hauptstadt zusammenschrumpfte.

Ein weiterer, auf Dauer die Stabilität Sillas einschränkender Faktor war sein starres System sozialer Hierarchie, das aus der Zeit vor der Vereinigung mitgetragene sogenannte »Knochen-Rang-System« *(kolp'umje)*, bei dem

Aufstiegschancen eng an die Herkunft gebunden waren. Der Umstand, dass ausgerechnet die höhere Bildung im chinesischen Schrifttum einem Rang unterhalb der eigentlichen Erbaristokratie vorbehalten war, führte zu einem Mangel an Korrespondenz von Kompetenzen und politischem Mitspracherecht, die zur weit verbreiteten Unzufriedenheit Ende des 9. Jahrhunderts sicher beitrug. Da auch die geschwächte Tang-Dynastie (sie endete 906) das Silla-Reich nicht mehr stützen konnte, führte eine Reihe lokaler Aufstände in den 890er-Jahren zu dessen raschem Untergang. Aus den darauffolgenden Wirren, in denen ein »späteres Paekche« und »späteres Koguryŏ« Anspruch auf Vorherrschaft auf der Halbinsel erhoben, ging Letzteres – unter dem gekürzten Namen Koryŏ – schließlich siegreich hervor. Nachdem 926 Parhae unter dem Ansturm des nördlichen Volks der Khitan gefallen war und 935 der letzte Silla-König sich ergeben hatte, konnte Koryŏ zum ersten Mal die koreanische Halbinsel bis zur Mündung des Yalu (der noch heute den Grenzfluss zu China darstellt), unter einer Macht vereinen.

3 Korea unter Gleichen: Die frühe Koryŏ-Zeit

Das Ende der chinesischen Tang-Dynastie läutete eine etwa 300 Jahre währende Phase ein, in der Ostasien in geringerem Maße als sonst von der Zentripetalkraft des chinesischen Reiches bestimmt war. Erstarkende Nomaden- und Halbnomadenvölker aus dem Norden wie die Jurchen und Khitan zwangen die auf die Tang- folgende Song-Dynastie zu einer Wendung nach innen und eroberten im Laufe des 11. Jahrhunderts die nördlichen Kernlande Chinas. Auch das Reich Koryŏ musste sich ihrer Angriffe erwehren und war gezwungen, mittels strategischer Diplomatie seine Neutralität zwischen den rivalisierenden Kräften Nordostasiens zu bewahren, um keiner dieser Mächte zum Opfer zu fallen. Dies spiegelte sich in einer internen politischen Kultur, die zwar einerseits an chinesischer Staatskunst und dem ihr zugrundeliegenden Bildungskanon festhielt, zugleich aber den – eher mit den China umgebenden Kulturen assoziierten – Buddhismus zur eigenen Legitimation heranzog und in der Tat das Schicksal des Staatswesens an ihn knüpfte. So entstand die *Tripitaka Koreana (p'almandaejangkyŏng)* ein Blockdruck des gesamten damals verfügbaren buddhistischen Kanons, zunächst als Hilfegesuch an transzendentale Mächte gegen die Khitan (im Jahre 1087 fertiggestellt); von den Mongolen 1232 zerstört, wurde das monumentale Werk ein zweites Mal zur Abwehr ebendieser mongolischen Bedrohung unternommen und 1251 fertiggestellt. Die aus der Verbindung von literarischer Verfeinerung und buddhistischer Spiritualität entstandene spezifische Koryŏ-Kultur gilt manchen als der Höhepunkt einer eigenständigen koreanischen Kultur der Vormoderne, als deren Ausweis die berühmten Celadon-Keramiken dieser Zeit mit ihrer bis heute als unerreicht geltenden blassgrünen Glasur betrachtet werden. Auch die seit dem frühen 12. Jahrhundert in zunehmendem Maße erhaltenen Schriftzeugnisse (verfasst in chinesischer Schriftsprache) beglaubigen eine Literatur auf der Höhe der kontemporären chinesischen Kultur, die durch das bald eingeführte chinesische Beamtenprüfungssystem und entsprechende Bildungsinstitutionen genährt wurde.

Erschütterungen musste die Dynastie freilich nicht nur von außen erdulden. Spannungen zwischen der in der Hauptstadt Kaesŏng (etwa 70 Kilometer nördlich vom heutigen Seoul) angesiedelten südlichen Aristokratie und den nördlichen Eliten in P'yŏngyang führten 1135 zu einer Rebellion der Letzteren, angeführt von dem Mönch Myoch'ŏng, der zuvor den König zu einer Verlegung der Hauptstadt überredet hatte, welche allerdings am Widerstand der Beamtenschaft gescheitert war. Die Rebellion konnte zwar innerhalb eines Jahres niedergeschlagen werden, und zwar unter der Leitung des Zivilbeamten Kim Pu-sik (1075–1151), der ein Jahrzehnt später als Autor der ersten erhaltenen Geschichte Koreas (von den Anfängen bis zum Ende der Silla-Dynastie), des *Samguk sagi*, hervortrat. Doch verschärfte dieses Ereignis die konfliktträchtige Dominanz der Zivil- über die Militärbeamten. Deren Unmut, genährt durch eine strukturelle Ungleichbehandlung bei theoretisch gleichem Rang, entlud sich 1170 in einer Art Militärputsch, die das regierende Königshaus der Wang zu wenig mehr als Marionetten in der Hand zunächst wechselnder Militärbeamten-Clans machte; um 1196 gelang es dem Ch'oe-Clan, sich für Jahrzehnte als Hausmacht des Koryŏ-Reiches zu installieren. Die instabile außenpolitische Lage, die durch die Machtkämpfe dieser Zeit in Nordostasien gegeben war (Aufstieg erst der Jurchen, dann der Mongolen), trug sicher zum Fortbestand dieser Militärdiktatur bis in die Mitte des 13. Jahrhunderts bei.

4 Koryŏ unter den Mongolen

Ein Ende setzte der Diktatur des Ch'oe-Clans allerdings genau diese Bedrohung aus dem Norden: Dem Ansturm der Mongolen, der 1231 einsetzte und in mehreren Kampagnen bis in die 1250er-Jahre viel Leid und Zerstörung über die koreanische Halbinsel brachte, war das Ch'oe-Haus militärisch nicht gewachsen, ohne jedoch zu einem Friedensschluss bereit zu sein. Ein Attentat auf den letzten Ch'oe-Diktator 1258 setzte der Herrschaft dieses Clans ein Ende und ebnete den Weg für die Unterwerfung unter die Mongolen, die allerdings bis 1270 noch durch interne Kämpfe am Königshof und durch guerillaartigen Widerstand von Resttruppen aufgehalten wurde.

Letztlich war aber die Übermacht der Mongolen nicht aufzuhalten; erstaunlich ist weniger, dass Koryŏ den Status eines Vasallen des mongolischen Yuan-Reiches erhielt, als vielmehr dass es (abgesehen vom Nordosten der Halbinsel) nicht direkt in dieses Reich eingegliedert wurde. Zwar stationierten die Mongolen eine Art militärischer Oberaufsicht in Koryŏ und mischten sich durchaus bei Bedarf in innere Angelegenheiten ein, doch ließen sie das Königshaus der Wang und damit Koryŏ als politische Einheit intakt. Freilich musste der jeweilige Kronprinz der Koryŏ seine Adoleszenz am Yuan-Hof in Peking verbringen, wo er mit einer mongolischen Prinzessin verheiratet wurde, sodass bald mehr mongolisches als koreanisches Blut in der dynastischen Linie floss. Zudem war Koryŏ zu schmerzhaften Tributzahlungen verpflichtet, darunter auch nahezu jährliche Lieferungen von jungen Mädchen oder Frauen. Zugleich bedeutete die *pax mongolica* auch für Ostasien, ebenso wie für den Rest des Kontinents, eine Zeit erhöhter räumlicher Mobilität nicht nur der Eliten; Händler, Söldner und Aristokraten folgten den sich bietenden Chancen von Korea aufs chinesische Festland und umgekehrt. Insgesamt dürfte es daher zu einer nicht unerheblichen ethnischen Vermischung gekommen sein, was den Mythos von der ethnischen Homogenität Koreas, der bis vor Kurzem in Südkorea gepflegt wurde und in Nordkorea immer noch wird, ein wenig ankratzt. Es war aber auch eine Zeit eines nie zuvor dagewesenen koreanischen Einflusses in China: Eines der koreanischen Tributmädchen stieg zur Zweitfrau des letzten Herrschers der Mongolen auf, wurde zeitweise zur mächtigsten Person des Yuan-Reiches und löste eine heftige Welle der »Koreaphilie« in den besseren Kreisen aus.

Dies waren natürlich beste Bedingungen für intensivierten Austausch von Gütern und Ideen aller Art. Im Laufe des 14. Jahrhunderts wurde die im Westen als Neokonfuzianismus bekannte, im 12. Jahrhundert in China philosophisch weiterentwickelte und metaphysisch angereicherte Richtung des Konfuzianismus in Korea aufgenommen. Unter den Mongolen hatte sie allmählich den Rang der Mainstream-Gelehrsamkeit erhalten und fand in Korea Anklang als eine Möglichkeit, den über die Maßen mit Privilegien bedachten buddhistischen Klöstern ideologisch entgegenzutreten. Da ab den 1350er-Jahren die Macht des Yuan-Hauses zusehends schwand – 1368 etablierte sich die einheimische Ming-Dynastie in China –, diente der Neokonfuzianismus in Koryŏ zugleich als ideologische

Waffe gegen die von den Yuan gestützte, schmale Machtelite. So wurde, als der Fall der Yuan mit Verzögerung um eine Generation das Königshaus der Wang schließlich mit sich riss, die neu gegründete Dynastie Chosŏn ganz unter das Banner des Neokonfuzianismus gestellt.

5 Eine (neo-)konfuzianische Monarchie: Die frühe Chosŏn-Zeit

Bis heute ist unter den Korea-Historikern die Frage ungeklärt, inwieweit der 1392 vollzogene Dynastiewechsel tatsächlich einer neuen Schicht – den mittleren und kleinen Grundbesitzern – zur Vormachtstellung verhalf, oder ob nicht doch soziale Kontinuität überwog. Am plausibelsten ist wohl ein Modell, das die Gründung der neuen Dynastie mit einem geöffneten Tor vergleicht, durch das neue Schichten Gelegenheit zum sozialen Aufstieg bekamen, ohne dass die Koryŏ-Aristokratie dadurch entmachtet oder abgelöst worden wäre. Jedenfalls gründete die neue Dynastie, der bald eine an neokonfuzianischen Prinzipien orientierte »Verfassung« gegeben wurde, auf dem Gedanken der Meritokratie und Leistungsgerechtigkeit, ohne ihn freilich angesichts der Stärke der aristokratischen Traditionen auf der koreanischen Halbinsel durchsetzen zu können. Zumindest aber verschaffte eine Landreform der jungen Dynastie eine solide finanzielle Basis.

Zudem ermöglichte der dynastische Wechsel eine neue, enge und loyale Beziehung zum chinesischen Ming-Reich. In der Tat lässt sich als Gründungsmoment der Chosŏn-Dynastie die Tatsache sehen, dass General Yi Sŏng-gye, der spätere König T'aejo, im Jahre 1388 im Zuge eines Grenzdisputs mit den Ming eine Armee dorthin hätte führen sollen, am Grenzfluss Yalu aber umkehrte und seine Militärmacht stattdessen gegen seinen Auftraggeber in Kaesŏng wendete. Wenngleich das Kaiserhaus der Ming den neuen Machthabern in Korea dennoch zunächst mit Misstrauen begegnete, blieb die Anerkennung der Ming-Hegemonie in Ostasien doch ein wichtiger Baustein im Selbstverständnis der Chosŏn. Das Bild von Koreas williger Subordination unter das chinesische Kaiserreich hat erst für diese Zeit – bis in die Mitte des 17. Jahrhunderts und dann erst wieder für das spätere 19. Jahrhundert – eine gewisse Berechtigung. Anzumerken ist zum einen allerdings auch, dass Chosŏns »Tributverhältnis« zu China, das sich in zwei bis drei Gesandtschaften nach Peking pro Jahr ausdrückte, materiell nicht unbedingt ein Verlustgeschäft war: Die Tributzahlungen wurden mit kaiserlichen Gegengeschenken honoriert, und auch der private Handel blühte im Rahmen der Gesandtschaften. Zum anderen ermöglichte die Allianz mit den Ming es Chosŏn, seine Militärausgaben in der Regel gering zu halten. Zudem konnte Chosŏn das sinozentrische Modell in verkleinerter Form auf sein eigenes Verhältnis zum Königreich Ryūkyū (Okinawa) und zu Teilen des zu der Zeit politisch zerfallenen Japans abbilden.

Innen- und außenpolitische Stabilität führte zu einer kulturellen Blüte Chosŏns in der ersten Hälfte des 15. Jahrhunderts, für die vor allem König Sejong (1418–1450) bis heute in Korea große Anerkennung gezollt wird. Sejong verstand es nicht nur, eine perfekte Balance zwischen monarchischer Machtfülle und Beteiligung der Eliten herzustellen, er legte auch großen Wert auf Stärkung seiner Herrschaft durch technologische Neuerungen. Sie betrafen sowohl das Militär (Kanonenbau) als auch die Landwirtschaft (Regenfall-Messgerät), aber auch Astronomie und Zeitmessung. Als wichtigste der unter ihm – und in diesem Fall womöglich tatsächlich von ihm – vorangetriebenen Erfindungen ist aber zweifellos das koreanische Alphabet zu nennen, heute als *han'gŭl* bekannt, das es zum ersten Mal ermöglichte, neben der chinesischen Schriftsprache auch das Koreanische mühelos als schriftliches Medium zu verwenden. Zwar hielt die Dominanz des Chinesischen im öffentlichen Leben bis ins frühe 20. Jahrhundert an, doch entwickelte sich dank des Alphabets eine reiche koreanischsprachige Literatur, die in Mußestunden genossen werden konnte.

Die Akzeptanz des Neokonfuzianismus als ideologische Grundlage des Staates führte zu einer deutlichen Abwertung und auch räumlichen Ausgrenzung des Buddhismus – buddhistische Tempel waren innerhalb der Mauern der neuen Hauptstadt, des heutigen Seoul, nicht mehr erlaubt. Das Königshaus wollte zwar die Koryŏ-zeitliche Tradition, den Buddhismus als Legitimationsgrundlage der eigenen Macht zu nutzen, nicht ganz aufgeben und unterstützte nach wie vor in gewissem Maße buddhistische Kulturproduktion; zu den frühen koreanischsprachigen Werken, die sich die neue Schrift zunutze machten, gehörten so auch eindeutig dem Buddhismus zuzuordnende Schriften. »Konfuzianische Monarchie« bedeutete aber, dass das Leitbild des Königstums nicht mehr die charismatische Wiedergeburt eines Bodhisattva (»Erleuchtungswesen«), sondern der aufgeklärte, selbstdisziplinierte Gelehrte war; es bedeutete damit auch, dass der König nur als *primus inter pares* agieren konnte und auf politische Mehrheiten unter seiner Beamtenschaft angewiesen war. Dies und der Überschuss an erfolgreichen Prüfungskandidaten im Vergleich zu verfügbaren Positionen führten im Laufe des 16. Jahrhunderts zur Bildung von Fraktionen innerhalb der Beamtenschaft, die um die Vorherrschaft konkurrierten. Sie bedienten sich dabei unter anderem unterschiedlicher Auslegungen der Orthodoxie. So kam es im 16. Jahrhundert auch zu einer Blüte der neokonfuzianischen Philosophie mit Yi Hwang (auch T'oegye genannt,

1501–1570) und Yi I (1536–1584), in deren Debatten über die menschliche Natur und das Wesen von Moral und Gefühl das neokonfuzianische Denken zu neuen Höhen der Finesse getrieben wurde. Die beiden, obgleich miteinander nicht verfeindet, wurden zu Gallionsfiguren unterschiedlicher politischer Lager, zunächst der »West-Fraktion« und »Ost-Fraktion«, die verschiedene Umgruppierungen erlebten und schließlich als »Gruppe der Älteren« und »Süd-Fraktion« über Jahrhunderte Bestand hatten. Die Kämpfe zwischen den Fraktionen konnten zwar für Einzelne blutig enden, hatten insgesamt aber eine durchaus stabilisierende Funktion des Machtausgleichs zwischen Monarch und Beamtenschaft.

6 Die Zeit der Invasionen

Die politische Stabilität wurde zum Ende des 16. Jahrhunderts einer harten Probe ausgesetzt, als nämlich das gerade politisch geeinigte Japan unter Toyotomi Hideyoshi seinen Sinn auf Expansion aufs Festland richtete und zwischen 1592 und 1598 Korea mehrfach mit Invasionen überzog. Erklärtermaßen hatten diese Feldzüge letztlich den freien Durchmarsch nach China zum Ziel; so ist es nicht erstaunlich, dass das Ming-Reich seine Truppen zu Hilfe schickte. Gemeinsam konnten die Japaner zurückgeworfen werden, aber nur um den Preis unermesslicher Blutbäder, Zerstörungen und Plünderungen (vieles an koreanischen Kulturgütern aus früheren Perioden ist deshalb nur über Japan auf die Nachwelt gekommen; unendlich viel mehr ging verloren). Auch das Ming-Reich wurde von dieser Kriegsanstrengung erheblich geschwächt, was sich das im Nordosten Chinas ansässige Volk der Jurchen (spätere Selbstbezeichnung: Mandschu) für territoriale Vorstöße Richtung Kernland zunutze machte. Um sich die Südflanke freizuhalten, musste freilich erst einmal Chosŏn gefügig gemacht werden; Invasionen in den Jahren 1627 und 1636 waren die Folge, die vor allem über den Norden der Halbinsel ein weiteres Mal Zerstörung brachten. Dass die zweite Invasion mit einer öffentlichen Kapitulation des koreanischen Königs endete und Chosŏn nicht in der Lage war, das Ming-Reich – dem es ja Dank für die eigene Rettung schuldig war – vor dem Fall zu bewahren, wurde in der koreanischen Eliteschicht bis ins 19. Jahrhundert als Schmach angesehen. 1644 ging die Herrschaft in China an das mandschurische Qing-Reich über.

Wenngleich Chosŏn selbst die Invasionen und die damit einhergehenden Machtverschiebungen in Ostasien überlebte, führte dieses kriegerische halbe Jahrhundert doch zu tief gehenden Umbrüchen. Die von den Zerstörungen erzwungene räumliche Mobilität (Umsiedlungen besitzlos gewordener Bauern etc.) hatte – in welchen Grenzen, lässt sich schwer bestimmen – auch soziale Mobilität zur Folge; vor allem wurde ein Prozess der Konzentration von Landbesitz in Gang gesetzt, der das soziale Gleichgewicht auf Dauer gefährdete. Unter anderem aufgrund der Vernichtung von Sklavenregistern, aber auch wegen ihrer militärischen Führungsschwäche wurde zugleich die Vorherrschaft der Erbaristokratie *yangban* geschwächt. Auch das Verhältnis Chosŏns zur Außenwelt und damit die Bestimmung der eigenen Identität wandelte sich: Die ethnische Zusammengehörigkeit und kulturelle Eigenständigkeit wurde wieder stärker betont als die Einbindung in einen ostasiatischen Kulturraum. Zugleich verstand sich Chosŏn als letzten legitimen Erben der chinesischen Kultur (in der Annahme, dass diese durch die Machtergreifung der Mandschu zugrunde gegangen sei). Manche Wissenschaftler datieren daher den Beginn eines koreanischen (Proto-)Nationalismus in diese Zeit.

7 Renaissance und kultureller Eigensinn der späten Chosŏn-Zeit

Der Wiederaufbau in der zweiten Hälfte des 17. Jahrhunderts war stark von Fraktionskämpfen geprägt, unter anderem weil außenpolitisch noch die Frage offen zu sein schien, ob Chosŏn sich für einen Krieg gegen die Mandschu zum Zweck der Restitution der Ming-Dynastie rüsten müsse. Selbst nachdem um die Wende zum 18. Jahrhundert die letzten Widerstandsnester in Südchina ausgeräumt waren und es entsprechend keine Hoffnung auf eine erfolgreiche Zangenbewegung gegen die Qing-Dynastie mehr gab, starb diese Idee nur langsam. König Yŏngjo (1724–1770) begegnete den (natürlich auch aus innenpolitischen Quellen gespeisten) Fraktionskämpfen mit einer gezielten Politik des Ausgleichs zwischen den Lagern. Dies, aber auch der anwachsende Warenaustausch mit China (das unter der Mandschuren-Herrschaft ökonomisch prosperierte), die allmähliche Entwicklung einer Geldökonomie und die so entstehende Schicht reicher Kaufleute führten zu einer kulturellen Blüte in Chosŏn, aufgrund derer das 18. Jahrhundert gern als koreanische Renaissance apostrophiert wird. Allerdings ging es dabei weniger um eine Wiederentdeckung des Altertums als vielmehr um neue, kreative Formen der Wissensproduktion und des künstlerischen Ausdrucks. Ähnlich wie in China wurde das Interesse der Gelehrten an metaphysischen Spekulationen durch eher empirische Tendenzen abgelöst. Angesichts des Verlusts des chinesischen »Zentrums« rückte Korea selbst dabei stärker in den Mittelpunkt der Aufmerksamkeit: Enzyklopädische Werke sammelten Wissen über koreanische Natur und Geschichte; Literaten sammelten Volksdichtung und übersetzten sie ins Chinesische, um ihr einen bleibenderen Ausdruck zu verleihen; Maler widmeten sich koreanischen Volksbräuchen und setzten sie ins rechte Bild; Kartografie und kulturelle Geografie Koreas erlebten einen Aufschwung.

Begünstigt wurde diese Entwicklung, d.h. die der Dezentrierung Chinas, durch das Hereinströmen neuer Wissensinhalte aus dem Westen, vermittelt über die katholischen (vorwiegend jesuitischen) Missionare in China. In Peking, wohin nach wie vor zwei oder drei koreanische Gesandtschaften pro Jahr führten, konnten sie in ihrer Kirche besucht werden – ein touristisches Highlight für koreanische Gesandtschaftsmitglieder des 18. Jahrhunderts, aber auch eine Gelegenheit, astronomisches, geografisches und technologisches Wissen zu sammeln.

Auch der katholische Glaube selbst gelangte auf diese Weise nach Korea. Soweit wir aus den Quellen wissen, führte das Selbststudium katholischer Pamphlete in chinesischer Sprache einige koreanische Gelehrte der »Süd-Fraktion« dazu, den neuen Glauben anzunehmen. Einer von ihnen, Yi Sŭng-hun (1756–1801), gelangte als Teil einer China-Gesandtschaft nach Peking, ließ sich dort taufen, kehrte mit katholischen Devotionalien nach Korea zurück und verbreitete den Glauben dort weiter. Angesichts der Tausenden von Konvertiten, von denen schon wenige Jahre später die Rede ist und von denen ein Großteil nicht aus der Gelehrtenschicht stammte, ist allerdings anzunehmen, dass der Katholizismus auch auf anderen Wegen – und bereits früher – nach Korea gelangt war. Während König Chŏngjo (reg. 1776–1800), ein großer Förderer von Wissenschaft und Kultur mit Interesse am westlichen Wissen, die Konvertiten unter den Gelehrten in Ruhe ließ, solange sie nicht gegen ihre konfuzianischen Ritualverpflichtungen verstießen, wurden die Katholiken im 19. Jahrhundert immer wieder blutig verfolgt (besonders 1801, 1834/35, 1839 und 1866–73).

8 Keine Ruhe vor dem Sturm: Das bewegte 19. Jahrhundert

Diese (gescheiterten) Versuche, die Katholiken zu beseitigen, waren Teil des Ringens um ein Aufrechterhalten des Status quo, das das frühe und mittlere 19. Jahrhundert in Chosŏn oft statisch erscheinen lässt, eigentlich aber als negativer Ausdruck der tatsächlichen politischen und sozialen Dynamiken dieser Zeit verstanden werden muss. Innenpolitisch war sie geprägt von der Inthronisierung viel zu junger Monarchen (Chŏngjos Nachfolger Sunjo zählte gerade zehn Jahre, als sein Vater starb) und der daraus resultierenden Vorherrschaft der jeweiligen Königswitwen und ihrer Clans. Die

Korruption an der Spitze setzte sich auf die unteren Ebenen fort und kam bei der Landbevölkerung als erbarmungslose Ausbeutung an. Wiederholte Aufstände waren die Folge, unter denen die von Hong Kyŏng-nae, einem Angehörigen der Yangban-Schicht angeführte Rebellion in der nördlichen P'yŏngan-Provinz von 1812 hervorsticht. Das Ausmaß der Revolte und ihre anfänglichen Erfolge lassen sich nicht nur durch das Leid der Bauernschaft, sondern auch durch die lang anhaltende Diskriminierung der Nord-Regionen durch die von südkoreanischen Großgrundbesitzern vereinnahmte Chosŏn-Elite erklären. Doch auch der Süden litt unter sozialen Verwerfungen. 1862 brachen in der südwestlichen Kyŏngsang-Provinz (Chinju und Umgebung) ebenfalls massive Aufstände aus.

Dazu kamen mehrfache Versuche der imperialen Mächte, auch Korea für Handel und Mission zu öffnen. Chosŏn verschloss sich dem vehement, nicht jedoch aus Ignoranz, wie im Westen gern angenommen wurde, sondern aus recht genauer Kenntnis der Ereignisse im weiteren ost- und südostasiatischen Raum. Diese wurden über China bezogen und durchaus richtig interpretiert, nämlich in dem Sinne, dass die bestehende Ordnung durch eine Öffnung gefährdet würde. Kleinere militärische Konflikte mit russischen, amerikanischen und französischen Eindringlingen konnten bis 1870 noch bewältigt werden. 1876 gelang es Japan jedoch schließlich durch eine bewaffnete Provokation, Chosŏn zu einem ersten »Ungleichen Vertrag« nach imperialistischer Manier zu zwingen. Dies läutete tatsächlich das Ende der sinozentrischen Weltordnung ein und katapultierte Chosŏn in ein Zeitalter zeitlich geraffter Modernisierung und Globalisierung, die zunächst zwar die Kolonialisierung Koreas durch Japan (1905–1945) nicht verhindern konnten, aber zumindest das heutige Südkorea zu einer globalen Spitzenposition als Industrie- und Technologienation verholfen haben.

Literatur

Eggert, Marion/Jörg Plassen, Kleine Geschichte Koreas, München 2005.
Lee, Ki-Baik, A New History of Korea, Cambridge 1984.
Lee, Eun-Jeung, Historische Entwicklung Koreas, in: Patrick Köllner/Thomas Kern (Hrsg.), Südkorea und Nordkorea. Einführung in Geschichte, Politik, Wirtschaft und Gesellschaft, Frankfurt am Main 2005, S. 15–49.

Park Hee Seok

Zwischen Öffnung und Teilung des Landes: Die Geschichte des modernen Koreas

1 Isolierungs- und Öffnungspolitik der Chosŏn-Dynastie und deren Folgen (1863–1884)

In der ersten Hälfte des 19. Jahrhunderts befand sich Korea nach innen wie nach außen in einer schwierigen Lage. Aufgrund der zahlreichen Bauernaufstände und des Eindringens internationaler Mächte wurde die durch Korruption geschwächte Dynastie erschüttert. Dies sollte sich mit der Machtübernahme von Taewŏn'gun im Jahre 1863 ändern.

Reform- und Isolationspolitik des Regenten Taewŏn'gun (1863–1873)

Nach einem halben Jahrhundert der Dominanz des Andong-Kim-Clans kam Yi Ha-ŭng, der Vater des erst zwölfjährigen Königs Kojong, als Regent Taewŏn'gun an die Macht. Taewŏn'gun versuchte mit diversen innenpolitischen Maßnahmen eine stabile, absolute Königmacht wiederherzustellen. Er beschnitt den Einfluss der Beamtenfamilien und schaffte in großem Umfang konfuzianische Bildungsstätten in den Provinzen ab, die er für die Ursache des Aufstiegs der in Fraktionen gespaltenen Hofbeamtenschaft hielt.

Sein entschlossenes Durchgreifen betraf nicht nur die Innenpolitik, es zeichnete insbesondere auch das außenpolitische Verhalten des Regenten aus. Bereits am Ende des 18. Jahrhunderts waren westliche Kriegs- und Handelsschiffe vor der koreanischen Küste aufgetaucht. 1832 drangen Engländer ins Land vor und forderten Verhandlungen über die Öffnung Koreas für den Handel mit dem Ausland. Den englischen folgten bald französische, russische und amerikanische Schiffe, deren Versuche der Annäherung aber an der konsequenten Verweigerung seitens der Koreaner scheiterten. Diese nahmen die Fremden als Bedrohung wahr, insbesondere nachdem das chinesische Kaiserreich von den westlichen Mächten unterworfen worden war. Die Isolationspolitik der koreanischen Dynastie verstärkte sich nun noch mehr, nachdem Taewŏn'gun 1863 an die Macht gekommen war. Im Jahr 1866 ließ er unter dem Vorwand, sie würden ausländische Interessen vertreten, die Katholiken im Land verfolgen. Diese zählten bereits rund 20000 Gläubige und hatten auch Anhänger unter der Königsfamilie gefunden. Da bei den Verfolgungen auch neun französische Missionare ums Leben gekommen waren, kam es in der Folge zu Auseinandersetzungen mit französischen Kriegsschiffen. Der Sieg über die Franzosen ließ den Regenten umso stärker an seiner Isolationspolitik festhalten.

Am Königshof bildete sich aber bereits eine Gruppierung heraus, die eine Modernisierung der königlichen Monarchie befürwortete. Zu dieser gehörten konfuzianische Hofbeamte, die sich gegen die Abschaffung der konfuzianischen Schulen wehrten, und Familienmitglieder der Königsgemahlin, die großen Einfluss auf die Politik ausübten. Schließlich musste Taewŏn'gun 1873 seine Regentschaft beenden. Sein Sohn, der König, sei inzwischen in der Lage, selbst das Land zu regieren, lautete die offizielle Begründung.

Öffnung des Landes (1876) und Aufstand der alten Armee (1882)

Seit der Abdankung Taewŏn'guns 1873 gewann der Gedanke, dass die Dynastie doch den Handel mit den westlichen Ländern ermöglichen sollte, in der Regierung schnell an Einfluss. Außerdem versuchten Familienmitglieder der Königsgemahlin, die einflussreiche Positionen in der Regierung innehatten, die Politik des vormaligen Regenten zu korrigieren. Der Kernpunkt ihrer politischen Ideen bestand darin, die Dynastie als ein absolutes, monarchisches System zu erhalten, sich aber für die Modernisierung des Landes und neue Techniken aus dem Westen zu öffnen.

1875 wurde ein japanisches Schiff, das sich unter dem Vorwand einer Küstenuntersuchung Korea genähert hatte, von einer koreanischen Verteidigungsposition beschossen. Die japanische Regierung nahm diesen Vorfall zum Anlass, die koreanische Regierung unter der Androhung militärischer Gewalt zu einem Handelsvertrag zu zwingen. So wurde 1876 das erste Handelsabkommen mit der japanischen Meiji-Regierung geschlossen (siehe dazu und im Weiterem die Karte »Korea 1876-1937« am Ende dieses Bandes). Die Isolationspolitik von Taewŏn'gun war damit an ihr Ende gekommen. Infolge des Abkommens siedelten sich japanische Händler unter diplomatischen Sonderkonditionen in drei koreanischen Hafenstädten an.

Der Handel mit Japan wurde von der chinesischen Regierung mit Argwohn aufgenommen. Um den erstarkenden Einfluss Japans auf Korea zu mindern und zudem eine Annäherung Russlands an Korea zu verhindern, vermittelte China der koreanischen Regierung ein Abkommen mit den Vereinigten Staaten, die wegen der geografischen Entfernung keine Gefahr für die chinesische Qing-Dynastie zu sein schienen. So wurde 1882 mit den USA der erste Handelsvertrag mit einem westlichen Land geschlossen. Danach folgten Verträge mit weiteren: England und Deutschland (1883), Italien und Russland (1884), Frankreich und Österreich (1886).

In Korea wurde mittlerweile eine fortschrittliche Modernisierungspolitik verfolgt, die über den ersten Schritt der Öffnung für Handel hinaus auf politische, wirtschaftliche und militärische Reformen abzielte. Hierbei spielten zwei unterschiedliche politische Kräfte wesentliche Rollen: China-freundliche Anhänger einer moderaten Modernisierung, *sugup'a*, einerseits und Japan-freundliche, radikale Modernisierer, die *kaehwap'a* genannt wurden, andererseits. Während die Chinafraktion die bisherige Monarchie als politisches System beibehalten wollte, beabsichtigten Letztere grundlegende politische Reformen, die über die bisherigen Modernisierungsmaßnahmen weit hinausgingen. Unterdessen formierten sich aus dem Kreis der orthodoxen neokonfuzianischen Gelehrten Kräfte, die die Bewahrung der »richtigen« Lehre forderten und die »falsche« bekämpften *(wijŏngch'ŏksa)*.

Der junge König Kojong, der 1873 selbst das Regierungszepter in die Hand genommen hatte, zog die schnelle Modernisierung des Landes vor und ließ deshalb eine moderne Armee nach dem japanischen Modell einrichten. Diese wurde bevorzugt behandelt, während die alte traditionelle Armee vernachlässigt wurde. Der sich aus diesem Umstand ergebende Unmut gipfelte 1882 in einer Meuterei der alten Armee *(imogullan)*. Sie stürmte staatliche Einrichtungen und überfiel das japanische Gesandtenhaus in Seoul. Der Aufstand konnte durch die chinesische Armee, die dem Hilferuf der Königsgemahlin bereitwillig folgte, niedergeschlagen werden. Dieser Zwischenfall gab China die Gelegenheit, seine Macht über Korea zu demonstrieren und wieder mehr Einfluss auf die koreanische Regierung auszuüben: Die chinesische Regierung entsandte Beamte als Berater für Militär, Innen- und Außenpolitik nach Korea. Zudem wurde ein neues Handelsabkommen geschlossen, sodass die chinesische Qing-Dynastie ihre absolute Macht nicht nur über Militär und Politik, sondern auch über die Wirtschaft im koreanischen Königreich zurückgewann. Aber auch Japan konnte einen strategischen Erfolg erringen. Ein Abkommen mit China erlaubte es dem Nachbarn Koreas zum ersten Mal, zum Schutz des bei dem Aufstand überfallenen Gesandtenhauses Soldaten in der Hauptstadt Seoul zu stationieren.

Staatsstreich der Japananhänger und chinesisch-japanische Kraftprobe um Korea (Dezember 1884)

In der Folge des Soldatenaufstandes kontrollierte das chinesische Kaiserhaus durch seine Berater am koreanischen Königshof die innen- und außenpolitischen Angelegenheiten Koreas aktiver denn je. Unter den koreanischen Modernisierungsanhängern befanden sich jedoch auch junge Intellektuelle, die bei Reisen nach Japan und in die USA Erfahrungen gesammelt hatten und die eine von China abhängige Entwicklung ablehnten. Der Einfluss dieser Gruppierung, die sich mehr nach dem japanischen Vorbild richten wollte, nahm jedoch ab.

In dieser Situation kam es im August 1884 zum Krieg zwischen China und Frankreich, als Frankreich Vietnam, das zum Einflussbereich des chinesischen Kaiserreichs gehörte, kolonialisieren wollte. China mobilisierte daraufhin einen Teil seiner in Korea stationierten Armee. Die japanfreundliche radikale Gruppe von *kaehwap'a* machte sich den Abzug der chinesischen Armee zunutze und initiierte im Dezember 1884 anlässlich der Eröffnung eines Postamtes in Seoul einen Staatsstreich *(kapsinchŏngbyŏn)*. Ihre Mitglieder töteten mehrere Hofbeamte und brachten das Königshaus unter ihre Kontrolle. Am nächsten Tag stellten die neuen Machthaber Reformvorhaben vor, die als politische Struktur anstelle der königlichen Monarchie nun ein Kabinettsystem vorsahen. Der politische Umsturz dauerte jedoch nur drei Tage. Wie zwei Jahre zuvor beim Soldatenaufstand kamen auf Bitten der Königsgemahlin chinesische Truppen unverzüglich nach Seoul. In der Folge kam es zwischen China und Japan zu einer kurzen militärischen Eskalation am koreanischen Königshof, während der sich 1 500 chinesische und knapp 200 japanische Soldaten gegenüberstanden. Der Staatsstreich endete mit dem Rückzug der japanischen Armee vom Königshof und der Flucht der koreanischen Japanfraktion nach Japan.

Das Scheitern dieses politischen Umsturzes führte zur Fortsetzung der konservativen Modernisierungspolitik unter dem Einfluss des chinesischen Kaiserreiches. Der Vorfall führte zu einem Abkommen zwischen China und Japan (T'enjin-Abkommen), das im April 1885 geschlossen wurde. Darin wurde festgelegt, dass die beiden Länder ihre Armeen innerhalb von vier Monaten vom koreanischen Territorium abziehen und sich gegenseitig informieren müssen, bevor eines von ihnen seine Soldaten nach Korea zurückschicken würde. Das Abkommen gab dem kaiserlichen China die Möglichkeit, weiterhin die Politik des koreanischen Königreiches unter seiner Kontrolle zu halten. Japan konnte jedoch einen weiteren Etappensieg erreichen: Es besaß nun den gleichen militärischen Einfluss auf koreanischem Territorium wie China.

2 Japanische Modernisierung und Kolonialisierung Koreas (1885–1910)

Umbruch der Gesellschaft nach der Öffnung und Tonghak-Bewegung (1894)

Seit der Öffnung des Landes 1876 kam es nicht nur im politischen, sondern auch im gesellschaftlichen Bereich zu erheblichen Veränderungen. Sie betrafen den Aufbau und die Modernisierung der Infrastruktur, insbesondere von Elektrizität, Krankenhäusern und Verkehrsmitteln. Außerdem entstanden mehrere durch christliche amerikanische Missionsorganisationen geleitete private Schulen in der Hauptstadt und in den Provinzen. Gleichzeitig wurde aber Reis in großen Mengen nach Japan exportiert, wie es im Handelsabkommen mit dem Nachbarland festgelegt worden war. Zudem erhöhte die koreanische Regierung die Steuern, um die Reform- und Modernisierungspolitik finanzieren zu können; der ausländische Einfluss auf Politik und Wirtschaft nahm sichtlich zu und die christliche Religion verbreitete sich rasch.

Die Menschen in Korea waren angesichts all dieser Ereignisse und der rasanten Modernisierung zunehmend verunsichert. Viele fanden bei der neuen koreanischen Religion *Tonghak* eine Zuflucht. Als sich die Anhänger dieser Lehre 1892 für die Rehabilitierung ihres hingerichteten Gründers Ch'oe Che-u einzusetzen begannen, wurde daraus allmählich eine Massenbewegung des Volkes, die bald politische, soziale und nationale Angelegenheiten zu ihrem Hauptanliegen machte und der nicht mehr nur religiös motivierte Anhänger folgten, sondern auch die unzufriedenen Bauern in den Provinzen. Im Februar 1894 formulierte die Bewegung ihre zentralen Forderungen: Die traditionelle hierarchische Sozialstruktur, in der noch die rechtlose Knechtschaft existierte, sollte abgeschafft und die Verantwortlichen für die unannehmbare Situation des Landes bestraft werden. Im Juni 1894 einigte sich die koreanische Regierung mit den Aufständischen auf deren Forderungen entsprechende Reformen. Dennoch formierte sich bereits im Oktober selben Jahres zum zweiten Mal eine Tonghak-Bewegung, die diesmal gegen den japanischen Einfluss auf die koreanische Politik gerichtet war. Dieser zweite Aufstand ging aber folgenlos zu Ende, da die Bauern auf dem Weg in die Hauptstadt durch koreanische und japanische Truppen bezwungen wurden.

Neben der sozialhistorischen Bedeutung für Korea wurde die Tonghak-Bewegung auch zu einem bedeutenden Faktor der ostasiatischen Geschichte: Zwischen den zwei Tonghak-Erhebungen brach der Erste Chinesisch-Japanische Krieg aus (August 1894 bis April 1895). Als sich die

Tonghak-Bewegung im Februar 1894 formierte und nicht unter Kontrolle gebracht werden konnte, ersuchte die koreanische Regierung das chinesische Kaiserreich um militärische Hilfe. Wie es beim T'enjin-Abkommen von 1885 vereinbart worden war, informierte China das benachbarte Japan über die Entsendung seiner Armee. So kamen im Juni 1894 die Armeen beider Länder knapp zehn Jahre nach dem gemeinsamen Abzug wieder nach Korea zurück. Der für die Koreaner unerwartete Aufmarsch japanischer Soldaten zwang den Königshof zu einer schnellen Einigung mit den Aufständischen. Nach der Beendigung der ersten Erhebung im Juli 1894 blieb die japanische Armee jedoch weiterhin im Land. Sie bot dem Königshof ihre Hilfe bei der Modernisierung an, brachte ihn aber gleichzeitig unter ihre Kontrolle und besetzte ihn. Daraufhin kam es zu ersten gewalttätigen Auseinandersetzungen zwischen China und Japan um die Kontrolle des koreanischen Königshofes, die schließlich am 1. August 1894 zur offiziellen Kriegserklärung führten und zehn Monate später mit einem militärischen Sieg Japans endeten. Mit der chinesischen Niederlage gingen die chinesisch-koreanischen Beziehungen, die die koreanische Geschichte politisch und kulturell geprägt hatten, zu Ende. Für China bedeutete dies den Verlust des politischen Einflusses in Korea, für Korea, dass Japan die Rolle des kaiserlichen China übernahm.

Reformen nach japanischem Vorbild im Vorfeld der Kolonialisierung Koreas (1894–1895)

Während des Ersten Chinesisch-Japanischen Krieges ließ Japan durch eine ihm gesinnte Fraktion grundlegende Reformen durchführen *(kabokaehyŏk)*. Bei der ersten Reformrunde wurde eine Liste mit mehr als zweihundert Maßnahmen für eine politische, wirtschaftliche und soziale Modernisierung präsentiert. Die wesentlichen Reformen betrafen die Unabhängigkeit der Justiz, die Vereinheitlichung des Finanzsektors und der Währung, die Abschaffung der sozialen Stände sowie den Rückzug des Königs von der Politik. Diese Vorhaben deuten in der Tat einen realen Fortschritt hin zur Moderne an. Die zentrale Idee der von Japan initiierten Reformen bestand jedoch darin, das enge Verhältnis zwischen China und Korea zu lösen. Im Dezember des Jahres 1894, als der Sieg Japans bereits zu erwarten war, wurden die koreanischen Intellektuellen, die nach dem missglückten Staatsstreich 1884 nach Japan geflüchtet waren, ins Kabinett der koreanischen Reformregierung eingesetzt. Japan gelang es aber nicht, die koreanische Regierung gänzlich mit seinen Anhängern zu besetzen, weil auch europäische Länder wie Russland nach dem Ende des Ersten Chinesisch-Japanischen Krieges versuchten, den Einfluss Japans in Ostasien zu begrenzen. Trotz solcher Bemühungen wuchs der Einfluss des japanischen Militärs auf die koreanische Regierung zusehends. In dieser Situation versuchten die Königsgemahlin und die ihr nahestehenden Politiker, eine enge Beziehung mit Russland einzugehen. Getragen wurde diese Annäherung von der Hoffnung, dass Japans Griff nach der Macht durch den Beistand Russlands gestoppt werden könnte. Das unmittelbare Resultat dieses Versuchs war die Ermordung der koreanischen Königsgemahlin durch die japanische Armee im Oktober 1895. Nach dem Ende der Trauerzeit flüchteten König Kojong, seine Familie und die Anhänger der Königsgemahlin im Februar 1896 ins russische Gesandtenhaus. Empörung und Unmut führten im ganzen Land zur Verbreitung bewaffneten Widerstands gegen die japanische Armee.

Auflösung des koreanischen Königreiches und Untergang der Chosŏn-Dynastie (1897–1910)

König Kojong kehrte im Februar 1897 aus einjährigem Exil im russischen Gesandtenhaus an den Königshof zurück, denn die Stimmen, die eine Zunahme des russischen Einflusses in Korea fürchteten, waren immer lauter geworden. Nach seiner Rückkehr rief der König die Gründung des Kaiserreichs Korea *(Taehanjeguk)* aus und erklärte sich zum Kaiser. Eine erste koreanische Verfassung wurde erlassen, in der der Kaiser allein über die gesamten politischen Rechte verfügte. Zudem wurde die Stärkung des Militärs angekündigt.

Diese Versuche konnten jedoch kaum die Unabhängigkeit des Landes fördern, denn in Nordostasien zeichnete sich mittlerweile eine Japan begünstigende Machtkonstellation ab. Angesichts der russischen Expansion und auch wegen der eigenen imperialistischen Interessen standen England und die USA auf der Seite des expandierenden Japans, dem sie Korea überließen. Diese Haltung der westlichen Länder führte zu einer zunehmenden Konkurrenz zwischen Japan und Russland um die Kontrolle des koreanischen Kaiserreichs. Bei diesem Konflikt, in dem es in den 1890er-Jahren mehrmals Verhandlungen zwischen Japan und Russland gab, ging es um die Verteilung des Einflusses auf dem Gebiet der koreanischen Halbinsel und in der Mandschurei. Da die Gespräche zu keiner Einigung führten, kam es im Februar 1904 zum Krieg zwischen Japan und Russland, den Japan mit einem Angriff auf russische Schiffe vor der koreanischen Küste begann und der 1905 mit einem Sieg Japans endete. Im Juli und August 1905 schloss Japan mit den USA und mit England geheime Verträge ab, in denen die beiden Länder die japanische Kontrolle über Korea festschrieben. Dem weiteren Vorgehen Japans stand somit nichts mehr im Wege.

Im November 1905 ließ sich Japan in einem Abkommen mit Korea bestätigen, dass es als Schutzmacht alle Außenkontakte des koreanischen Reiches kontrolliert. Damit verlor Korea de facto seine Souveränität. Kaiser Kojong verweigerte jedoch seine Unterschrift unter den Vertrag und versuchte, die Lage seines Landes in der Welt bekannt zu machen. 1907 schickte er Vertreter mit einer Erklärung der Unabhängigkeit Koreas zur Friedenskonferenz nach Den Haag. Die Folge dieses Unterfangens war jedoch seine erzwungene Abdankung. Auch die koreanische Armee wurde daraufhin aufgelöst. Schließlich unterschrieben japanische und koreanische Regierungsvertreter am 22. August 1910 einen Annexionsvertrag, der Korea zu einer Kolonie Japans werden ließ und am 29. des Monats veröffentlicht wurde. Damit ging die Chosŏn-Dynastie nach mehr als 500 Jahren zu Ende.

3 Japanische Kolonialherrschaft und koreanisches Unabhängigkeitsstreben (1910–1945)

Zeit der japanischen militärischen Unterdrückungspolitik (1910–1919)

Nachdem Japan 1910 das koreanische Reich annektiert hatte, ging die japanische Militärregierung in Korea sofort politische und gesellschaftliche Veränderungen an. Sie löste die kaiserliche Regierung sowie die dazu gehörenden politischen Institutionen und Organisationen auf. Stattdessen schuf sie als Zentrale der Kolonialpolitik ein Generalgouvernement, das von einem General geführt wurde und mehrere Verwaltungs- und Sonderabteilungen hatte. Der gesandte Gouverneur war einem Minister in Japan gleichgestellt und übte die absolute Macht über Korea aus. Auf diese Weise wurde, abgesehen von einem bedeutungslosen Beratungsgremium koreanischer Politiker und der Mitglieder der Königsfamilie, den Koreanern jegliche politische Einflussnahme unmöglich gemacht.

Darüber hinaus wurde ein Militärpolizeisystem eingeführt, die Provinzen wurden umstrukturiert und unter die Kontrolle der militärischen Polizeieinheiten gebracht. Hierfür hatte die japanische Militärregierung rund 60000 Gendarmen im Polizeidienst auf der koreanischen Halbinsel stationiert. Diese garantierten die Durchsetzung der japanischen Politik, die Überwachung und die Unterdrückung der Unabhängigkeitsbewegung.

Das Schulsystem wurde gründlich reformiert. Die traditionellen koreanischen Lehrinhalte, die ausschließlich das Studium der chinesischen Klassiker umfassten, wurden durch vielfältige moderne Fächer ersetzt, so wie man sie auch heute kennt. Was zunächst wie ein Fortschritt aussah, diente aber im Nachhinein der Assimilierung der Koreaner an die japanische Nation. So wurde ab Mitte der 1930er-Jahre die Ideologie der gleichen Abstammung von Koreanern und Japanern (*naesŏnilch'e*; japanisch: *naisenittai*) eingeimpft, die Schüler mussten dem japanischen Kaiserreich Gehorsam schwören und der Gebrauch der koreanischen Sprache war in der Schule verboten.

Auch die Hauptstadt Seoul wurde umfangreichen Modernisierungsmaßnahmen unterworfen. Indem Straßen gebaut und vergrößert, primitive Häuser abgerissen und öffentliche Verkehrsmittel eingerichtet wurden, bekam sie die Infrastruktur einer modernen Großstadt. So wurde der Anschein erweckt, dass durch das Eingreifen Japans das Leben der Koreaner verbessert würde. Dies traf insofern zu, als dass Korea mit einem Mal in die Moderne eintreten musste. Gleichwohl wurde aber bereits in den ersten zehn Jahren der Kolonialzeit eine Wirtschaftsstruktur entwickelt, die vor allem die Interessen der japanischen großen Unternehmen durchsetzte, wie im Bergbau, in der Fischerei, der Waldwirtschaft, der Verkehrsinfrastruktur und den Finanzen. Nachdem von der japanischen Kolonialregierung im Jahr 1912 eine Bodenvermessung und -registrierung durchgeführt worden war, befanden sich 40 Prozent des gesamten koreanischen Bodens in japanischem Besitz. Das ermöglichte nicht nur die Expansion japanischer Unternehmen nach Korea, sondern auch den Zuzug japanischer Bauern: Im Jahr 1926 kamen etwa 10 000 Bauernhaushalte von Japan nach Korea.

Die 1.-März-Bewegung (1919)

Bereits in den 1890er-Jahren hatten sich im Dunstkreis der Tonghak-Bewegung mehrere Widerstandsgruppen gegen die japanische Armee herausgebildet, die sowohl von Bauern als auch von Intellektuellen angeführt wurden. Nach der Annexion blieben koreanische Aufstände bis auf einzelne verstreute Aktivitäten in der Mandschurei und in der Umgebung der russischen Stadt Vladivostok[1] unwirksam. Dies änderte sich im Frühjahr 1919, als koreanische Intellektuelle am 1. März eine Unabhängigkeitserklärung in der Öffentlichkeit verlasen. In ihr wurde im Rückgriff auf das Selbstbestimmungsrecht der Völker deklariert, dass Korea ein unabhängiges Land und Koreaner freie Menschen seien. Die 33 Unterzeichner erhofften sich, die Eigenständigkeit des besetzten Landes zurückzugewinnen. Die Unabhängigkeitserklärung wurde von Schülern und Studenten in Seoul mitgetragen und von den Menschen begleitet, die bereits über die öffentliche Kundgebung informiert waren. Die Beteiligten an Kundgebungen und Protestaktionen in der Hauptstadt wurden umgehend verhaftet, doch die Proteste rissen nicht ab. Sie breiteten sich in den nächsten Tagen im ganzen Land aus und entwickelten sich zu einem bewaffneten Befreiungskampf. Bis die japanische Kolonialmacht die Kontrolle im Land zurückgewinnen konnte, dauerte es drei Monate. Laut japanischen Statistiken waren an 1542 Protestaktionen etwas mehr als zwei Millionen Koreaner beteiligt, knapp 47000 Menschen wurden verhaftet und 7509 Beteiligte kamen ums Leben.

Die 1.-März-Bewegung war die erste Massenbewegung für die Unabhängigkeit des Landes seit der Annexion durch Japan 1910. Die Bewegung zeichnete sich dadurch aus, dass sie keine ideologische Färbung trug, sondern ausschließlich das Verlangen des koreanischen Volkes nach Befreiung von der japanischen Herrschaft zum Ausdruck brachte. Japan reagierte mit einer Wende in seiner Politik: weg von der harten militärischen Unterdrückung, hin zu einer besänftigenden kulturellen Assimilierungspolitik.

Zeit der kulturellen Assimilierungspolitik (1920–1930)

Die japanische Militärregierung in Korea kündigte bereits im August 1919 eine Reform an, die eine Lockerung der politischen, kulturellen und gesellschaftlichen Kontrolle beinhaltete. Statt eines Militärbeamten sollte ein Bildungsbeamter Generalgouverneur werden, wozu es aber nicht kam; statt der Militärpolizei gab es bald eine normale Polizei; das Schwert- und Uniformtragen in den Schulen wurde abgeschafft; Presse, Instituts- und Organisationsgründungen sowie öffentliche Versammlungen wurden mit Einschränkungen erlaubt. Schon 1920 erfolgten die Gründung zweier koreanischer Zeitungsverlage sowie der Aufbau von Einrichtungen für Jugendliche und Intellektuelle. Im Bildungsbereich erhielten mehr Koreaner Zugang zur Lehre und die diskriminierende Behandlung der Koreaner im öffentlichen Bereich wurde formell untersagt.

Die japanische Politik in Korea veränderte sich auf diese Weise in den beginnenden 1920er-Jahren zwar an der Oberfläche, blieb aber in Wahrheit auf die Assimilierung der Koreaner ausgerichtet. Insbesondere die intellektuellen Jugendorganisationen vertraten die Politik der japanischen Regierung. Durch erzieherische Propaganda und Aufklärung sollte das Positive am neuen japanischen Leben vermittelt werden. Japan konnte dafür bedeutende koreanische Intellektuelle gewinnen, die in der Modernisierung und Zivilisierung die Zukunft des Landes sahen. Im Zusammenhang mit diesen japanischen Assimilierungsvorhaben begann eine japanisch-koreanische Arbeitsgruppe 1922 mit der Erforschung der koreanischen Geschichte. Die Ergebnisse ihrer Arbeit wurden 1937 unter dem Titel »Chosŏnsa«, Geschichte Koreas, veröffentlicht.

Auch im Bereich der Wirtschaftspolitik herrschte ein milderes Klima, seitdem 1920 das Unternehmensgesetz geändert worden war. Für die Gründung einer Firma wurde nicht mehr eine Erlaubnis der Regierung benötigt; sowohl für Japaner als auch für Koreaner reichte nun eine förmliche Anmeldung aus. Dies führte zu einer großen Zunahme an Investitionen auf der koreanischen Halbinsel, wobei hauptsächlich japanische Investoren von den billigen Arbeitskräften in Korea profitierten. Im Jahr 1930 betrug der japanische Kapitalanteil in Korea 62,4 Prozent, der koreanische 6,4 Prozent und der gemeinsam gehaltene 30,8 Prozent. Damit konnte sich in den 1920er-Jahren eine koreanische Industriestruktur herausbilden, die im Einklang mit den japanischen Kolonialinteressen stand. Die ökonomische Entwicklung hatte jedoch einen großen Nachteil. Der Reisexport nach Japan war seit einigen Jahrzehnten schon enorm angestiegen. Zwar wurden nun neue Bewässerungsanlagen gebaut und die Nutzflächen für die Landwirtschaft ausgedehnt, doch wurde bis zur Hälfte der gesamten koreanischen Reisproduktion nach Japan exportiert, sodass die koreanische Bevölkerung darunter schwer zu leiden hatte.[2] Während in Japan die Knappheit des Hauptnahrungsmittels Reis durch den Import aus Korea gelindert werden konnte, wanderten viele verarmte koreanische Bauern auf der Suche nach einer neuen Lebensgrundlage ins Gebiet der chinesischen Mandschurei aus.

Exilregierung, Geburt des Kommunismus und Nationalismus in den 1920er-Jahren

Im November 1919, sechs Monate nach dem Ende der 1.-März-Bewegung, wurde in Shanghai eine koreanische Exilregierung gegründet, die zunächst die verstreut existierenden koreanischen Widerstandsgruppen unter einem Dach vereinen sollte. Mit diesem Schritt erhoffte man sich, dass die Unabhängigkeitsbewegung in Zukunft effizienter zusammenarbeiten würde. Allerdings fand die Exilregierung bis Mitte der 1920er-Jahre keine Geschlossenheit, da zwischen den verschiedenen ideologischen Gruppierungen, wie christlich konservativen, nationalistischen und kommunistischen, große Meinungsunterschiede bestanden. Dennoch sah die Exilregierung ihre Aufgaben darin, auf diplomatischem Weg die Lage Koreas weltweit bekannt zu machen und die Befreiungskämpfe organisatorisch zu unterstützen. 1940 gründete die Exilregierung eine koreanische Kampftruppe und zog an der Seite Englands und der USA gegen Japan in den Krieg. Als die Befreiung Koreas absehbar wurde, verwandelte sich die Exilregierung in die »Partei der Koreanischen Unabhängigkeit«.

Parallel zur Exilregierung gründeten verschiedene Gruppen der Unabhängigkeitsbewegung in der Mandschurei eine gemeinsame Organisation, in der sich erstmals Kämpfer und Intellektuelle aus verschiedenen ideologischen Richtungen zusammenfanden. Im Jahr 1935 wurde aus dieser Organisation die »Partei der Nationalen Revolution« geboren, die linke wie auch rechte Gruppierungen umfasste. Wie der Name der Partei zeigt, wuchs nun der sozialistische Einfluss in der koreanischen Unabhängigkeitsbewegung außerhalb der koreanischen Halbinsel. Bereits 1918 war die »Koreanische Sozialistische Partei« in Südostsibirien gegründet worden, welche unter sowjetischem Einfluss stand. In den 1920er-Jahren gründeten Koreaner weitere sozialistische und kommunistische Parteien in der chinesischen Mandschurei und im russischen Südostsibirien. Diese kämpften bis zur Befreiung im Jahr 1945 gegen die japanische Armee und übten danach erheblichen Einfluss auf die Unabhängigkeitsbewegung und auf die kommunistische Partei in Korea aus.

Während in der Mandschurei kriegerische Auseinandersetzungen zwischen den japanischen Besatzungssoldaten und koreanischen Unabhängigkeitskämpfern stattfanden, bemühten sich die koreanischen Intellektuellen innerhalb des Landes um das Wieder- bzw. Neuerfinden der koreanischen Nation. Es erschienen Geschichtsbücher, die vorwiegend die ältere Geschichte behandelten und deren Absicht es war, das kontinuierliche Bestehen der koreanischen Nation zu verdeutlichen. Außerdem setzten sich Intellektuelle und Geistliche für ein kulturelles Nationalbewusstsein des koreanischen Volkes ein, sodass die Bedeutung der Landessprache, der Volkskultur und insbesondere der Schulbildung der Jugendlichen in nie da gewesenem Maße hervorgehoben wurde. Unter der japanischen Kolonialherrschaft, in der die japanische Religion und Kultur dominierte und die koreanische Kultur allmählich zu verblassen drohte, wurde die Saat für ein koreanisches Nationalbewusstsein gelegt.

Zeit der japanischen nationalen Assimilierungspolitik und Ende der Kolonialherrschaft (1931–1945)

Die japanische Expansionspolitik erreichte in den beginnenden 1930er-Jahren ihren Hohepunkt. Unter einem Vorwand[3] eroberte Japan 1931 die Mandschurei und gründete dort das Kaiserreich Mandschukuo. 1937 begann Japan den Zweiten Chinesisch-Japanischen Krieg, 1941 erfolgte der Angriff auf Pearl Harbor, was zum Eintritt der USA in den Pazifikkrieg führte. Im Zuge dieser Kriege verschärfte sich die japanische Kolonialpolitik in Korea. Im Norden der Halbinsel wurde die Schwerindustrie ausgebaut und so die Rüstungsindustrie großer japanischer Unternehmen gefördert. In dem von Japan geführten Krieg wurden viele Koreanerinnen zur Prostitution in japanischen Militärbordellen gezwungen und Koreaner zur Zwangsarbeit für die Kriegsindustrie mobilisiert.

Auch die kulturelle Kolonialpolitik Japans wandelte sich in gravierendem Maße. Statt der milderen kulturellen Vorgehensweise der 1920er-Jahre wurde nun eine gewaltsame nationale Assimilierungspolitik betrieben. Neben der Einführung einer Kontroll- und Mobilisierungsstruktur[4] im Jahre 1938 wurde die koreanische Sprache verboten und ein Jahr später die Verordnung erlassen, koreanische Namen zu japanisieren. Um die Assimilierung zu legitimieren, wurde von der japanischen Militärregierung zudem eine Ideologie verbreitet, die besagte, dass Japaner und Koreaner die gleichen Vorfahren haben. Dementsprechend wurden die Koreaner zur Teilnahme an Zeremonien der japanischen Nationalreligion Shintō gezwungen.

Trotzdem oder gerade deswegen setzten koreanische Intellektuelle in den 1930er- und 1940er-Jahren die nationale Identitätsbildung fort. Sie beschäftigten sich nun wissenschaftlich mit der koreanischen Sprache und Geschichte, der konfuzianischen Philosophie, dem koreanischen Buddhismus und Schamanismus und mit der Sozialgeschichte Koreas. Daraus resultierten mehrere Veröffentlichungen in dieser Zeit, die die Grundlage für die spätere Koreaforschung bildeten.

Im August 1945 endeten mit der Kapitulation Japans der Pazifische Krieg und die Kolonialherrschaft in Korea.

Literatur

Cumings, Bruce, Korea's place in the sun, New York 1997.

Dudden, Alexis, Japan's colonization of Korea: discourse and power, Honolulu 2005.

Eggert, Marion/Jörg Plassen, Kleine Geschichte Koreas, München 2005.

Kang, Man-Gil, A history of contemporary Korea, Folkestone 2005.

Larsen, Kirk W., Tradition, treaties, and trade, Qing imperialism and Chosŏn Korea 1850–1910, Cambridge 2008.

Schmid, Bruce, Korea between empires 1895–1919, New York 2002.

Shin, Ki-Wook, Peasant protest and social change in colonial Korea, Seattle 1996.

Anmerkungen

1 In der Mandschurei und in der Umgebung der russischen Stadt Vladivostok siedelten sich Koreaner bereits im späteren 19. Jahrhundert an. Es waren meist diejenigen, die durch die gesellschaftlichen Umwälzungen in der Zeit der Öffnung des Landes ihre Lebensgrundlage verloren hatten. Mit der Annexion kamen auch koreanische Intellektuelle, die ge-

gen die japanische Besatzung kämpfen wollten, in die Gegenden. Sie gründeten mehrere Organisationen zur Befreiung Koreas, die bis zum Ende der Kolonialzeit militärisch oder im Bildungsbereich aktiv waren. Einige Gruppen schickten auch Gesandte ins Ausland, um die Welt über die Situation in Korea zu informieren.

2 Der Verbrauch des Hauptnahrungsmittels Reis betrug in den 1920er-Jahren pro Person in Japan durchschnittlich 1,20 Einheiten, in Korea hingegen nur rund 0,58. Bereits ab 1912 wurde aus der Mandschurei Getreide als Reisersatz nach Korea eingeführt.

3 Bevor die japanischen Truppen am 18. September 1931 mit der Invasion Nordostchinas begannen, sprengten sie unweit der Stadt Mukden (heute Shenyang) die Strecke der Südmandschurischen Eisenbahn, die Japan gehörte. Das japanische Militär machte daraufhin China für den Vorfall verantwortlich und begann einen Eroberungszug in China, der schließlich 1937 zum Zweiten Chinesisch-Japanischen Krieg führte.

4 Kurz nach dem Ausbruch des Zweiten Chinesisch-Japanischen Krieges 1937 wurde in Korea der »Verband zur Mobilisierung des Volksgeistes« ins Leben gerufen, der im ganzen Land aktiv war und die Mobilisierung der Koreaner für den Krieg betrieb. Dem Verband gehörten auch koreanische Politiker und Intellektuelle an.

Kim Hak Joon

Die Gründung zweier Staaten im Kontext der bipolaren Weltordnung*

1 Das befreite Korea unter den neuen Besatzungsmächten

Nach Abwurf der amerikanischen Atombomben über Hiroshima und Nagasaki am 6. und 9. August 1945 und dem Eintritt der Sowjetunion in den Krieg gegen Japan am 8. August zeichnete sich ein baldiges Ende der japanischen Herrschaft in Korea ab. Noch im selben Monat nahm die sowjetische Armee nördlich des 38. Breitengrades die Kapitulation Japans entgegen, während die US-Armee dies südlich dieser Linie tat.

Südkorea unter amerikanischer Besatzung

Die japanischen Behörden in Korea waren bereits Mitte August 1945 angesichts der immer wahrscheinlicher werdenden Kapitulation Japans äußerst besorgt über die mögliche Gefahr eines Aufstands, der die Sicherheit ihrer im Lande befindlichen Bürger hätte gefährden können. Aus diesem Grunde riefen sie einige führende koreanische Persönlichkeiten zusammen, die ihnen helfen sollten, die öffentliche Ruhe und Ordnung bis zum Eintreffen der Alliierten aufrechtzuerhalten. Zwischen dem 14. und dem Morgen des 15. Augusts nahm Endō Ryūsaku, Bevollmächtigter für Politische Angelegenheiten des japanischen Generalgouverneurs, Kontakt mit Yŏ Un-hyŏng auf, der seit Anfang der 1920er-Jahre in enger Verbindung zu der linken Bewegung der Koreaner in China stand. Yŏ und Endō erreichten provisorische Übereinkünfte zu zahlreichen Fragen im Zusammenhang mit dem Rückzug der Japaner aus Korea, zum Beispiel die Freilassung politischer Gefangener, die Sicherheit der japanischen Bürger und die Gewährleistung von Recht und Ordnung bis zur Ankunft der US-amerikanischen Streitkräfte.

Am 17. August organisierte Yŏ Un-hyŏng den Ausschuss zur Vorbereitung der Staatsgründung (*Chosŏnkŏngukchunbiwiwŏnhoe*, kurz *Kŏnjun*) mit ihm selbst als Vorsitzenden. Er und seine Gefolgsleute wollten noch vor der Landung der amerikanischen Besatzungstruppen eine Übergangsregierung bilden. Am 6. September, nur zwei Tage vor der Ankunft der US-Streitkräfte, berief der Ausschuss zur Vorbereitung der Staatsgründung in Seoul eine »gesamtnationale Konferenz von Volksvertretern« mit etwa 1 000 Delegierten ein. Diese Versammlung proklamierte die Gründung der Koreanischen Volksrepublik (*Chosŏninminkonghwaguk*, kurz *In'gong*) und beanspruchte ihre Zuständigkeit für das ganze Land. Andererseits verkündeten am 4. September die Rechten unter der Führung von Song Chin-u ihre Absicht, die Koreanische Demokratische Partei ins Leben zu rufen, welche dann tatsächlich am 16. September gegründet wurde. Bereits am 8. September hatten sie öffentlich erklärt, dass ihr Ziel »der Sturz der Koreanischen Volksrepublik« sei und sie die Provisorische Regierung der Republik Korea *(Taehanmin'gukimsijŏngbu)* in Shanghai unterstützten.

Jedoch am 12. September 1945, vier Tage nach seiner Ankunft in Seoul, setzte Generalleutnant John R. Hodge, Kommandeur des 24. Korps der US-Armee die United States Army Military Government in Korea (USAMGIK) als die einzige rechtmäßige Regierung in Korea südlich des 38. Breitengrades ein und wies alle Regierungsansprüche der Provisorischen Regierung der Republik Korea und der Koreanischen Volksrepublik zurück. Letztere wurde lediglich als eine weitere Partei behandelt. Die Bitte um Überleitung der Provisorischen Regierung von China nach Seoul wurde abgelehnt. Daraufhin kehrten deren Präsident Kim Ku und Vizepräsident Kim Kyu-sik am 23. November als Privatpersonen nach Seoul zurück. Dasselbe traf auf Rhee Syngman *(Yi Sŭng-man)* zu, den ersten Präsidenten der Provisorischen Regierung und damaligen Repräsentanten der koreanischen Exilregierung in Washington. Er war am 16. Oktober 1945 als Privatperson in Seoul eingetroffen.

Nachdem sie sowohl die Provisorische Regierung als auch die Volksrepublik geschwächt hatte, verfolgte die US-Regierung das Ziel der Errichtung einer Treuhandverwaltung für Korea, über die sie bereits auf den vorangegangenen internationalen Konferenzen, in Kairo, Teheran, Jalta und Potsdam verhandelt hatte. Die Koreaner wiesen diesen Plan jedoch zurück und betonten die Rolle der Provisorischen Regierung der Republik Korea bei der Erlangung der Unabhängigkeit Koreas. Folglich verkündete eine Mehrheit von hochrangigen rechten und linken Führern in einer gemeinsamen Erklärung vom 24. Oktober ihre Unterstützung der Provisorischen Regierung der Republik Korea als Übergangsregierung. Am darauffolgenden Tag wurde mit Unterstützung von 43 von insgesamt 54 Parteien das Zentrale Konsultativkomitee zur Förderung der Unabhängigkeit unter dem Vorsitz von Rhee Syngman gebildet. Allerdings lehnten es die Linken, einschließlich der Kommunisten, bald ab, sich dieser Bewegung anzuschließen, und die Gruppe um die Volksrepublik setzte mit einem eigenen Programm ihre Bemühungen um die Erweiterung ihres Einflusses fort.

Die Rückkehr der Führer der Provisorischen Regierung der Republik Korea am 23. November verstärkte die Hoffnungen, eine Einigung zwischen Linken und Rechten erzielen zu können. Am 16. November hatten sich führende Vertreter beider Seiten mit Kim Ku, dem Präsidenten der Provisorischen Regierung, getroffen. Dieser brachte daraufhin noch am selben Tag seine Überzeugung zum Ausdruck, dass ein Bündnis zur Bildung einer Übergangsregierung nur eine Sache von Tagen sei. Seine Überlegung bestand darin, dass nach der Gründung einer Übergangsregierung durch die Koreaner auf der gesamten koreanischen Halbinsel mit Unterstützung der sowjetischen und amerikanischen Besatzungsmächte allgemeine Wahlen abgehalten werden würden, um eine formelle koreanische Regierung zu errichten. Diese Vorstellungen Kim Ku's zur Erreichung der koreanischen Unabhängigkeit, die im Allgemeinen die Ansichten der damaligen politischen Führer Koreas widerspiegelten, scheinen jedoch auf einer zu optimistischen bzw. kurzsichtigen Einschätzung der Situation im Land basiert zu haben. Erstens hielt die vorübergehende Einigung unter den politischen Führern Koreas nicht lange an, und zweitens zeigte sich, dass Kim Ku seinen Plan ohne ernsthafte Berücksichtigung der Politik der Alliierten gefasst hatte, welche sich in Richtung einer Treuhandverwaltung über Korea bewegte.

Nordkorea unter sowjetischer Besatzung

Als Einheiten der 25. sowjetischen Armee unter dem Kommando von Generaloberst Ivan M. Chistiakov am 24. August 1945 in P'yŏngyang einrückten, stellten sie fest, dass bereits eine lokale Zweigstelle des Ausschusses zur Vorbereitung der Staatsgründung für die Provinz Süd-P'yŏngan – die Provinz, zu der die heutige nordkoreanische Hauptstadt P'yŏngyang damals gehörte – existierte. Sie war am 17. August von Cho Man-sik, einem christlichen Führer, der die Macht direkt vom japanischen Provinzgouverneur übertragen bekommen hatte, gegründet worden. Zu ihr gehörten 18 rechte Nationalisten und zwei örtliche Kommunisten.

Diese Situation scheint den sowjetischen Besatzungsstreitkräften nicht gefallen zu haben. Ihre erste Maßnahme war daher die Umwandlung von Chos Ausschuss in eine Organisation, die nicht von rechten Nationalisten dominiert wurde. Unter Aufsicht von General Chistiakov wurde am 26. August daraus das Politische Volkskomitee der Provinz Süd-P'yŏngan gebildet. Cho Man-sik wurde zum Vorsitzenden des Komitees gewählt, wobei es zu gleichen Teilen aus Rechten und Kommunisten bestand. Bis zum 2. September entstanden Volkskomitees derselben Art in weiteren drei Provinzen Nordkoreas. Die Sowjets bestätigten dann die Übernahme der administrativen Macht durch die Volkskomitees, womit sie ihnen offiziell sämtliche Machtbefugnisse in den Provinzen übergaben. Tatsächlich jedoch war es die Politische Abteilung der sowjetischen Besatzungsbehörde unter Leitung von Generalmajor Andrei A. Romanenko und dessen politische Berater, die die Angelegenheiten der Volkskomitees in allen Provinzen steuerten.

Nach dem Abschluss der Gründung von Volkskomitees in allen Provinzen am 14. September 1945 gaben die sowjetischen Besatzungsbehörden zum ersten Mal ihre politischen Richtlinien für Nordkorea heraus: erstens, die schnellstmögliche Errichtung einer Regierung des werktätigen Volkes, der Arbeiter und Bauern sowie aller Koreaner, die den Japanern Widerstand geleistet hatten; zweitens, eine Verteilung des Bodens an die Bauern; drittens, die Überführung der in japanischem Besitz befindlichen Industriebetriebe unter die Aufsicht von Arbeiterkomitees; viertens, die unverzügliche Verfolgung aller projapanischen Koreaner; und fünftens, die öffentliche Kontrolle sämtlicher Bildungs- und Kultureinrichtungen. Diese Direktiven machten klar, dass die sowjetischen Besatzungsbehörden in Nordkorea die Errichtung einer Arbeiter- und Bauernregierung nach sowjetischem Muster anstrebten. Schon bald versuchten sie, die Volkskomitees der fünf nordkoreanischen Provinzen und die Kommunisten, die aus Sibirien, der Mandschurei und China zurückkehrten, zu einer Organisation zu vereinigen. Aus diesem Grund beriefen die Sowjets am 8. Oktober 1945 in P'yŏngyang ein Provisorisches Volkskomitee für die Fünf Provinzen ein. Ende Oktober wurde es in Amt für die Verwaltung der Fünf Nordkoreanischen Provinzen *(Pukchosŏnodohaengjŏngguk)* umbenannt und damit zur Keimzelle der nordkoreanischen Regierung. Dies war der erste Schritt zur Gründung eines nordkoreanischen Separatstaates. Dreißig Mitglieder wurden in diese Organisation gewählt, gleichmäßig aufgeteilt zwischen Rechten und Kommunisten. Als Vorsitzenden wählte man wiederum Cho Man-sik. Zwei Tage später, am 10. Oktober, riefen die Sowjets in P'yŏngyang eine Konferenz von Parteidelegierten und Gefolgsleuten aus den fünf nordkoreanischen Provinzen zusammen. Noch am selben Tag beschlossen sie die Errichtung eines Nordkoreanischen Organisationskomitees der Kommunistischen Partei, dessen Führung de facto Kim Il Sung *(Kim Il-sŏng)* übernahm.[1]

Während das von Cho Man-sik geleitete Amt für die nach wie vor einheimischen politischen Kräfte Koreas stand, repräsentierte der nordkoreanische Zweig der Kommunistischen Partei das sowjetisch orientierte

Lager. Dessen Führung rekrutierte sich zu einem Teil aus der Gruppe der sogenannten Sowjetkoreaner, die nach Sibirien, Usbekistan und Kasachstan ausgewandert oder bereits dort geboren worden waren und die sich aktiv in der dortigen kommunistischen Bewegung der Koreaner engagiert hatten. Der andere Teil waren – wie Kim Il Sung – Mitglieder der sogenannten Partisanengruppe, die in den 1930er-Jahren in der Mandschurei antijapanische Guerillaaktionen unternommen, aber die letzten Jahre des Zweiten Weltkriegs in der Sowjetunion verbracht hatten. In dieser Zeit wurden etwa 300 Kader aus beiden Gruppen in der Sowjetunion ausgebildet, um später in der nordkoreanischen Verwaltung Japaner zu ersetzen. Am 17. Dezember 1945 fand in P'yŏngyang die dritte erweiterte Konferenz des Exekutivkomitees des nordkoreanischen Zweigs der Kommunistischen Partei Koreas statt, auf der Kim Il Sung offiziell zum Ersten Sekretär gewählt wurde.

2 Die Moskauer Vereinbarung über die Treuhandverwaltung für Korea

Während sich Nord- und Südkorea zu zwei unterschiedlichen politischen Einheiten entwickelten, nahmen die Alliierten die Umsetzung ihrer noch zu Kriegszeiten getroffenen Vereinbarung über eine Vier-Mächte-Treuhandverwaltung für Korea in Angriff. Als sich die Außenminister von Großbritannien, den USA und der Sowjetunion am 16. Dezember 1945 in Moskau trafen, um Probleme der Nachkriegsordnung zu behandeln, stimmte man darin überein, dass die Schaffung einer einheitlichen Verwaltung für Korea als Voraussetzung für die Errichtung einer unabhängigen koreanischen Regierung in die Tagesordnung aufgenommen werden sollte. Am 27. Dezember 1945 erreichten sie schließlich eine Vereinbarung über Korea, der sich später auch National-China anschloss.

Die Vereinbarung bestand aus vier Artikeln: Erstens sollte »eine provisorische koreanische demokratische Regierung« errichtet, zweitens ein Gemeinsamer amerikanisch-sowjetischer Ausschuss konstituiert werden, dessen Hauptaufgabe die Unterstützung der Bildung einer provisorischen koreanischen Regierung durch Konsultationen »mit den koreanischen demokratischen Parteien und gesellschaftlichen Organisationen« ist; drittens sollte dieser Ausschuss unter Beteiligung der koreanischen provisorischen Regierung und demokratischer Organisationen Maßnahmen »für die Hilfe und Unterstützung beim politischen, wirtschaftlichen und sozialen Fortschritt des koreanischen Volkes sowie für die Entwicklung der nationalen Unabhängigkeit« ausarbeiten; viertens sollte innerhalb von zwei Wochen eine gemeinsame Konferenz von Vertretern beider Besatzungsmächte abgehalten werden, um »dringende wirtschaftliche und administrative Fragen sowie Maßnahmen für eine dauerhafte Koordinierung« zu erörtern.[2]

Als die Nachricht von der Moskauer Vereinbarung am Morgen des 29. Dezember 1945 Korea erreichte, stieß sie dort sofort auf Ablehnung. Alle politischen Parteien in Südkorea, linke wie rechte, gaben öffentliche Stellungnahmen gegen eine Treuhandschaft ab. Am 3. Januar 1946 jedoch änderten die südkoreanischen Kommunisten – wahrscheinlich auf Weisungen aus Moskau hin – plötzlich ihre Meinung und erklärten ihre Unterstützung der Treuhandpläne. Da es um die Frage der nationalen Einheit ginge, so argumentierten sie, würden sie mit den Alliierten zusammenarbeiten. Auch in Nordkorea waren die rechten Nationalisten und die Kommunisten in Bezug auf die Moskauer Vereinbarung vollkommen gespalten. Am 2. Januar 1946 erklärten die nordkoreanischen Kommunisten ihre Unterstützung der Treuhandschaft mit der Begründung, dass der Moskauer Beschluss die richtige Entscheidung war, um Korea auf dem Weg der Demokratie voranzubringen und dass ohne die sowjetische Unterstützung eine schnelle Entwicklung der Koreaner in naher Zukunft nicht möglich wäre. Andererseits waren Cho Man-sik und seine Anhänger gegen die Treuhandverwaltung. Sie betrachteten diese als »Ausverkauf des Landes an die Sowjetunion« und eine Beleidigung für Korea.

Der Streit um die Treuhandpläne spaltete die politischen Führer und die Menschen in ganz Korea in zwei gegensätzlich gesinnte, verfeindete Lager: Die rechten Nationalisten stellten sich dagegen, die Kommunisten einschließlich der Linken waren dafür. In Südkorea gründeten die rechten Nationalisten am 8. Februar 1946 die Nationalvereinigung für die schnelle Verwirklichung der Unabhängigkeit Koreas *(Taehantongnipch'oksŏngkungminhoe)* unter der gemeinsamen Führung von Rhee Syngman, Kim Ku und Kim Kyu-sik, um stärker gegen die Moskauer Vereinbarung vorgehen zu können. Um den bevorstehenden gemeinsamen amerikanisch-sowjetischen Ausschuss vorzubereiten, berief General Hodge am 14. Februar 1946 den Demokratischen Rat koreanischer Vertreter aus Südkorea *(Namchosŏntaehangungmindaep'yominjuŭiwŏn)* ein, mit 23 vom rechten Nationalrat ernannten Mitgliedern. Rhee Syngman wurde zum Vorsitzenden gewählt, Kim Ku und Kim Kyu-sik als seine Stellvertreter. Die Stärkung der rechten Nationalisten veranlasste die Linken und die Kommunisten, eine Einheitsfront gegen sie zu organisieren. Am 16. Februar 1946 bildeten etwa 40 Organisationen einschließlich der Kommunistischen Partei in Seoul eine Demokratische Nationale Front Südkoreas unter dem gemeinsamen Vorsitz von Yŏ Un-hyŏng, Pak Hŏn-yŏng, Kim Wŏn-bong und Hŏ Hŏn.

In Nordkorea hielt der Antagonismus zwischen Rechten und Kommunisten nicht so lange an. Am 5. Januar 1946 stellte die Sowjetarmee Cho Man-sik unter Hausarrest und hinderte ihn an jeglicher Teilnahme an politischen Angelegenheiten. Jeder, der sich den Moskauer Vereinbarungen widersetzte, wurde als verräterischer Reaktionär abgestempelt, der willens war, das Land an die amerikanischen Imperialisten zu verkaufen, oder er wurde gezwungen, nach Südkorea zu fliehen. Mit der Verfolgung der Rechten beschleunigten die Sowjets ihre Bemühungen um die Schaffung eines starken, eigenständigen nordkoreanischen Regimes nach dem Muster des sowjetischen politischen Systems. Dies wurde von den koreanischen Kommunisten begrüßt. Folglich wurde am 8. Februar 1946 das Provisorische Volkskomitee Nordkoreas *(Pukchosŏnrimsiinminwiŏnhoe)* mit Kim Il Sung als Vorsitzenden gegründet. Es ersetzte das unter der Leitung von Cho Man-sik stehende Amt für die Verwaltung der Fünf Nordkoreanischen Provinzen und fungierte nun als die zentrale nordkoreanische Regierung.

3 Der Gemeinsame amerikanisch-sowjetische Ausschuss

Inmitten des Konflikts zwischen Rechten und Kommunisten um die Moskauer Vereinbarungen über Korea trafen sich am 16. Januar 1946 in Seoul die Delegationen der amerikanischen und sowjetischen Militärverwaltung, um die Einsetzung eines gemeinsamen Ausschusses zur Umsetzung der Moskauer Vereinbarungen über Korea vorzubereiten.

Der Gemeinsame Ausschuss trat am 29. März 1946 in Seoul zusammen und tagte in geschlossenen Sitzungen. Als es darum ging, mit welchen koreanischen demokratischen Parteien und gesellschaftlichen Organisationen sich die Kommission beraten sollte, um ihre Vorschläge für die Bildung einer provisorischen koreanischen Regierung vorzubereiten, forderten die Sowjets den Ausschluss all jener Politiker und Parteien, die sich aktiv an den Protestdemonstrationen gegen die Moskauer Beschlüsse beteiligt hatten. Da diese Gruppen fast alle rechten Parteien umfassten, hätte dies bedeutet, dass nur Kommunisten und deren Sympathisanten zur Bildung einer einheitlichen Regierung herangezogen worden wären. Daher widersprachen die amerikanischen Vertreter und bestanden darauf, dass den Koreanern erlaubt sein müsse, jegliche Meinung zu äußern, unabhängig von deren Haltung zur Treuhandfrage. Sie schlugen zwei Kriterien für die Berechtigung zur Mitarbeit in der Kommission vor: Eine einzelne Persönlichkeit oder Gruppe sollte erstens in ihrer Zielsetzung wahrhaft demokratisch sein und zweitens bereit zur Zusammenarbeit bei der Bildung einer provisorischen Regierung und bei der Ausarbeitung von Vorschlägen für die Treuhandschaft. Weiterhin bestanden sie darauf, dass den »Reaktionären« eine Möglichkeit gegeben werden sollte, sich selbst nach »demokratischen« Richtlinien »zu reformieren«.[3] Trotz endloser Debatten, Vorschläge und Gegenvorschläge konnte man sich nicht über den »demokratischen« Charakter von Parteien und gesellschaftlichen Organisationen einigen, sodass schließlich nach 24 ergebnislosen Sitzungen der Gemeinsame Ausschuss auf unbestimmte Zeit vertagt wurde.

Fast unmittelbar nach dieser Vertagung forcierten die nordkoreanischen Kommunisten unter der Schirmherrschaft der sowjetischen Besatzungsbehörden ihren Zusammenschluss zu einer kommunistischen Partei. Bis dahin waren sie im Wesentlichen in zwei Parteien gespalten: die Nordkoreanische Kommunistische Partei mit Kim Il Sung als Vorsitzenden und die Neue Demokratische Partei unter Kim Tu-bong. Letztere war am 30. März 1946 von der sogenannten Yenan-Fraktion, die aus Rückkehrern aus China bestand, gegründet worden. Unter Zusammenführung beider kommunistischer Parteien entstand am 28. August 1946 die Nordkoreanische Arbeiterpartei. Kim Tu-bong wurde als Vorsitzender, Kim Il Sung und Chu Yŏng-ha wurden als Stellvertretende Vorsitzende gewählt.

Unter Aufsicht der Nordkoreanischen Arbeiterpartei und der sowjetischen Besatzungsbehörden fanden am 3. November 1946 in Nordkorea die ersten lokalen Wahlen statt, um die Vertreter für die Provinz-, Kreis-, Stadt- und Stadtbezirksvolkskomitees zu ermitteln. Am 17. Februar 1947 wurde die Nordkoreanische Oberste Volksversammlung als höchstes legislatives Organ im Norden gegründet. Diese schuf ein aus 22 Personen bestehendes Zentrales Volkskomitee – der Zusatz »provisorisch« wurde nunmehr gestrichen – unter Vorsitz von Kim Il Sung, bestehend aus verschiedenen Ministerien und Ämtern.

Bereits seit Anfang des Jahres 1946 hatte das nordkoreanische Regime mit einer Reihe sozialökonomischer Maßnahmen begonnen. Mit dem Gesetz über die Bodenreform vom 5. März 1946 wurden die Ländereien der japanischen und koreanischen Großgrundbesitzer enteignet und an 725 000 landlose und landarme Bauern verteilt. Sämtliche Schulden der Bauern bei den Grundbesitzern wurden erlassen, Landmaschinen und Vieh aufgeteilt. Ein Gesetz vom 10. August 1946 verstaatlichte 1 307 Industriebetriebe, die 90 Prozent der gesamten Industrie Nordkoreas ausmachten, ebenso wie Banken, Großunternehmen und öffentliche Einrichtungen, beispielsweise das Verkehrs- und Nachrichtenwesen. Schließlich wurde 1947 der erste Einjahresplan verabschiedet, um die wirtschaftlichen Bedingungen in Nordkorea zu verbessern. Auf diese Weise legte das nordkoreanische Regime den Grundstein für den Aufbau eines sozialistischen Staates.

Während sich in Nordkorea eine vereinte und gefestigte politische Kraft zur Unterstützung der Moskauer Beschlüsse entwickelte, dauerten in Südkorea die Konflikte nicht nur zwischen den koreanischen politischen Führern, sondern auch zwischen diesen und der amerikanischen Militärregierung an. Wie oben bereits erwähnt, waren die rechten Kräfte gegen die Moskauer Vereinbarungen, wohingegen die linken diese unterstützten, sodass die Spaltung in zwei feindlich gesinnte Gruppen nicht nur auf ideologische Differenzen zurückzuführen war. In dieser Situation bestand die logische politische Alternative für die amerikanische Militärregierung darin, die gemäßigten Kräfte zu unterstützen und sie zu einer Koalition zwischen Rechten und Linken zu drängen. Am 7. Oktober 1946, fünf Monate nach der Aussetzung des Gemeinsamen Ausschusses, wurde eine Mitte-Links-Koalition gegründet, und zwar von Kim Kyu-sik, dem moderaten Führer der Rechten und Vizepräsidenten der Koreanischen Provisorischen Regierung, und Yŏ Un-hyŏng, dem Gründer der Volksrepublik. Da jedoch die Rechten unter Rhee Syngman und Kim Ku, den beiden prominentesten Führern in Südkorea, einen Kompromiss mit den Linken ablehnten, brachten sie nicht nur die Mitte-Links-Koalition zum Scheitern, sondern gerieten auch in Widerspruch mit der amerikanischen Militärregierung. Diese beschloss daraufhin die Schaffung einer Provisorischen Gesetzgebenden Versammlung Südkoreas, die anstelle des Demokratischen Rates treten sollte.

Im Dezember 1946 reiste Rhee Syngman nach Washington, um für seine Pläne bei der amerikanischen Regierung und den Vereinten Nationen um Unterstützung zu werben. Diese Pläne sahen die Gründung einer separaten Regierung vor, selbst wenn diese nur auf Südkorea beschränkt sein sollte. Seine Begründung war, dass »Russland niemals der Bildung einer freien Regierung für ganz Korea zustimmen würde«.[4] Sein Vorschlag wurde jedoch von General Hodge und dem Staatssekretär im amerikanischen Außenministerium Dean Acheson zurückgewiesen. In der Zwischenzeit war den Linken am 16. Oktober 1946 in Seoul die Gründung der Südkoreanischen Arbeiterpartei gelungen, die sofort Streikaktionen gegen die amerikanische Militärregierung anstiftete.

Die unterschiedlichen politischen Entwicklungen im Norden und Süden zwangen General Hodge im Februar 1947 nach Washington zu berichten, dass ein Bürgerkrieg drohe, falls die Regierungen der USA und der Sowjetunion nicht unverzüglich Maßnahmen zur Vereinigung Koreas ergriffen. Daraufhin beschloss die US-Regierung die Wiederbelebung des Gemeinsamen Ausschusses. Ein anschließender Schriftwechsel zwischen Washington und Moskau öffnete den Weg zur Wiederaufnahme der Sitzungen am 21. Mai 1947 in Seoul. Es folgte ein Schlagabtausch der beiden

Delegationen mit Beschuldigungen und Gegenbeschuldigungen, sodass sich letzten Endes weitere Verhandlungen als sinnlos erwiesen.

Rückschauend betrachtet, war das Scheitern des Gemeinsamen Ausschusses nicht überraschend. Die Ziele beider Länder waren diametral entgegengesetzt. Der australische Diplomat und Politikwissenschaftler W. Macmahon Ball stellte dazu fest: »Tatsache ist, dass die Amerikaner entschlossen waren, die Errichtung einer Sowjet-freundlichen Regierung zu verhindern, und dasselbe umgekehrt auf die Sowjets zutraf. Die Pattsituation war unvermeidlich.«[5]

Hinzu kam, dass sowohl die internationale Situation als auch die Lage in Korea sich ungünstig auf die Arbeit des Gemeinsamen Ausschusses auswirkten. Zum einen hatten sich bereits die grundlegenden Unterschiede zwischen den beiden Besatzungsmächten durch die separate Entwicklung politischer, ökonomischer und sozialer Institutionen in Nord und Süd offenbart. Zum anderen waren die Beziehungen zwischen den USA und der Sowjetunion insgesamt schlechter geworden.[6] Zum Zeitpunkt der Wiederaufnahme der zweiten Sitzungsperiode des Gemeinsamen Ausschusses bestand nur eine geringe Chance auf Aussöhnung der beiden Mächte. Im Frühjahr 1947 vollzog die amerikanische Außenpolitik einen grundlegenden Richtungswechsel. An die Stelle der Anpassungspolitik *(accommodation)* trat George Kennans Politik der Eindämmung *(containment)*. Dieser Wechsel manifestierte sich zum ersten Mal in der dramatischen Verkündung der Truman-Doktrin am 12. März 1947. Sie stellte klar, dass die USA gewillt waren, einem Angriff durch die Sowjetunion Widerstand zu leisten. Dem folgte der Marshall-Plan zum Wiederaufbau Europas. Die Sowjetunion betrachtete diese neue Politik nicht nur als Hindernis für die Ausbreitung des Kommunismus, sondern auch als eine ernsthafte Bedrohung ihrer selbst.

4 Die Koreafrage vor den Vereinten Nationen

Da direkte Verhandlungen fehlgeschlagen waren, schienen die Vereinten Nationen (UN) für die USA der einzig verbliebene Weg zur Wiedervereinigung Koreas zu sein. Am 17. September 1947 informierte das US-Außenministerium die sowjetische Regierung über ihre Absicht, die Koreafrage vor die nächstfolgende UN-Sitzung zu bringen. Noch am selben Tag bat die amerikanische Delegation bei den Vereinten Nationen darum, »das Problem der Unabhängigkeit Koreas« auf die Tagesordnung der Vollversammlung zu setzen. Der Sowjetunion allerdings missfiel diese Internationalisierung der Koreafrage, da in der UN bereits eine starke proamerikanische Haltung deutlich geworden war.

Trotz des Widerstands der Sowjetunion und ihrer Verbündeten beschloss die UN, die Koreafrage zu behandeln. Die Sowjetunion reagierte schnell. Am 26. September 1947, drei Tage nach der Abstimmung in der Vollversammlung, schlug die sowjetische Vertretung beim Gemeinsamen Ausschuss in Seoul den gleichzeitigen Abzug aller ausländischen Truppen aus Korea bis Anfang 1948 vor, um so den Koreanern die Möglichkeit zu geben, ihre eigene Regierung ohne Einmischung von außen zu organisieren. Der amerikanische Vertreter beim Gemeinsamen Ausschuss wies diesen Vorschlag mit der Begründung zurück, dass ein solcher nicht unter die Zuständigkeit der Kommission falle.

Dennoch brachte der sowjetische Vorstoß sowohl die rechten Gruppierungen in Korea als auch die amerikanische Militärregierung in Bedrängnis. Die Rechten hatten seit Langem den Abzug der ausländischen Truppen befürwortet, um die Einigung Koreas voranzubringen. Sie waren nun gezwungen, entweder zu ihren Worten zu stehen oder einer Situation entgegenzusehen, in der Südkorea mit an Sicherheit grenzender Wahrscheinlichkeit von der gut ausgebildeten nordkoreanischen Armee Hand in Hand mit den linken Elementen im Süden überrollt werden würde. Auch die amerikanische Militärregierung stellte fest, dass ein Rückzug der amerikanischen Truppen zu diesem Zeitpunkt alle »Hoffnungen auf ein westlich orientiertes, demokratisches Südkorea« beenden würde.[7]

Im Ergebnis dessen revidierten die Rechten unter Rhee Syngman plötzlich ihre Forderung nach Rückzug der ausländischen Truppen. Sie unterstützten zwar weiterhin den sowjetischen Abzug, setzten sich aber für den Verbleib der amerikanischen Streitkräfte bis zur – allerdings sehr unwahrscheinlichen – Entwaffnung der Nordkoreaner ein. Die USA ihrerseits legten am 17. Oktober dem Ersten Komitee der UN-Vollversammlung einen Resolutionsentwurf vor. Dieser beinhaltete die Abhaltung von Wahlen unter Aufsicht einer UN-Kommission durch die Besatzungsmächte in ihren jeweiligen Zonen bis zum 31. März 1948, die Bildung einer Nationalversammlung und einer nationalen Regierung, die Schaffung eigener Sicherheitskräfte durch dieselbe und den Abzug der Besatzungsstreitkräfte nach einem zwischen ihnen und der nationalen Regierung zu schließenden Abkommen. Die Anzahl der gewählten Abgeordneten sollte sich nach der Anzahl der Bevölkerung richten, sodass auf Südkorea rund zwei Drittel der Sitze entfallen würden.

Am 28. Oktober 1947 begann sich das Erste Komitee mit der Koreafrage zu beschäftigen. Die amerikanischen Vertreter machten geltend, dass der Rückzug der ausländischen Truppen erst »nach der Errichtung einer koreanischen Regierung erfolgen sollte«, und wiesen auf die Unangemessenheit des sowjetischen Vorschlags hin, da er keinerlei Bestimmungen für eine Regierungsbildung nach dem Truppenabzug enthielt. Die sowjetische Delegation entgegnete, dass die freie Bildung einer Regierung erst nach einem vollständigen Abzug möglich sei, und legte ihren Resolutionsentwurf vor, dem zufolge die Vollversammlung den Regierungen der USA und der UdSSR den gleichzeitigen Rückzug ihrer Truppen aus Nord- und Südkorea bis zu Beginn des Jahres 1948 empfehlen und somit den Koreanern die Bildung einer eigenen Regierung ermöglichen sollte. Außerdem schlug sie vor, dass das Erste Komitee gewählte Vertreter des koreanischen Volkes aus Nord und Süd einladen sollte, da ohne deren Teilnahme keine gerechte Lösung der Koreafrage möglich sei.

Die amerikanische Delegation stimmte zu, dass eine Beratung mit Vertretern der Koreaner notwendig sei, wies jedoch darauf hin, dass beide Länder schon zuvor im Gemeinsamen Ausschuss nicht dazu in der Lage gewesen waren, sich auf »wahre Vertreter« zu einigen. Daher brachte sie einen Änderungsantrag zum sowjetischen Resolutionsentwurf ein, welcher die Gründung einer einstweiligen Kommission der Vereinten Nationen für Korea vorsah, um diesen Prozess zu ermöglichen und sicherzustellen, dass die koreanischen Vertreter tatsächlich vom koreanischen Volk ordnungsgemäß gewählt werden würden.

Am 30. Oktober schließlich lehnte das Erste Komitee der UN-Vollversammlung den sowjetischen Vorschlag mit 35 zu 6 Stimmen bei 10 Enthaltungen ab und stimmte der amerikanischen Neufassung mit 41 zu null Stimmen bei 7 Enthaltungen zu. Die angenommene Änderung wurde auf Initiative der USA hin erneut revidiert, um verfahrenstechnische Vorschläge verschiedener Delegierter aufzunehmen, und letztendlich am 14. November 1947 von der Vollversammlung verabschiedet.

Die Resolution sah die Gründung einer einstweiligen Kommission für Korea vor, die sich aus Vertretern von Australien, Kanada, China, El Salvador, Frankreich, Indien, den Philippinen, Syrien und der Ukraine zusammensetzen sollte. Sie sollte Wahlen überwachen, die gewählten koreanischen Vertreter bei der Errichtung einer nationalen Regierung beraten sowie diese bei allen notwendigen Maßnahmen zur Verwirklichung der Unabhängigkeit Koreas unterstützen. Die Wahlen sollten nicht später als am 31. März 1948 stattfinden, und zwar auf der Grundlage des Erwachsenenwahlrechts und durch geheime Abstimmung. Die so gewählten Vertreter würden eine nationale Regierung bilden, welche von den militärischen Kommandos die Regierungsfunktionen übernehmen und mit den Besatzungsmächten den vollständigen Abzug ihrer Streitkräfte möglichst innerhalb einer Frist von 90 Tagen regeln sollte.

Ungeachtet des Widerstands der Sowjetunion nahm die Einstweilige UN-Kommission für Korea (United Nations Temporary Commission on Korea, UNTCOK) im Januar 1948 in Seoul ihre Arbeit auf. Sie stellte jedoch alsbald fest, dass sie in Nordkorea nicht in der Lage sein würde, ihr Programm umzusetzen: Als sie die Militärkommandos in beiden Besatzungszonen über ihren Wunsch informierte einen Höflichkeitsbesuch abzustatten, nahm der sowjetische Kommandant in P'yŏngyang nicht einmal das Schreiben entgegen. Im Ergebnis dessen entschloss sich die UNTCOK, als einzig gangbaren Weg den Interimsausschuss der UN-Vollversammlung einzuschalten.

Dieser begann sich daraufhin am 19. Februar mit der Koreafrage zu befassen. Die amerikanischen Vertreter setzten sich dafür ein, dass die UN lediglich in Südkorea Wahlen abhalten sollte, falls die gegebenen Bedingungen eine allgemeine Wahl für eine nationale Regierung unmöglich machten, und brachten einen entsprechenden Resolutionsentwurf ein. Viele Länder jedoch, darunter auch die UNTCOK-Mitgliedsstaaten Kanada und Australien, sprachen sich dagegen aus, da dies im Endeffekt eine ständige Teilung und zwei feindlich gesinnte Regierungen in Korea zur Folge haben würde. Trotzdem wurde der amerikanische Vorschlag am 26. Februar mit großer Mehrheit angenommen; die Sowjetunion und ihre Verbündeten boykottierten die Abstimmung. Die UNTCOK entschied daraufhin, diesen Beschluss bis spätestens 10. Mai 1948 umzusetzen.

Die Annahme der amerikanischen Resolution hatte für Korea ernsthafte Konsequenzen. Durch Unterstützung der Bildung einer »nationalen Regierung« in Südkorea, die höchstwahrscheinlich mit der Gründung einer konkurrierenden »nationalen Regierung« in Nordkorea beantwortet werden würde, schien sie eher bei der Verewigung der Teilung zu helfen, anstatt bei der Erreichung der Unabhängigkeit eines geeinten Korea. Die Reaktionen der Koreaner in Nord und Süd auf die UN-Beschlüsse waren jedoch sehr unterschiedlich. Die nordkoreanischen Kommunisten hatten sich bereits im November 1947 über den Beschluss der Vollversammlung, Wahlen in ganz Korea abzuhalten, mit der Begründung beschwert, dass dieser das nationale Selbstbestimmungsrecht verletze.

In Südkorea kam es zu einer tiefen Spaltung zwischen den führenden Politikern. Befürworter der Errichtung einer separaten südkoreanischen Regierung, wie Rhee Syngman, unterstützten begeistert den Beschluss der UN. Rhee, seine Nationalvereinigung für die schnelle Verwirklichung der Unabhängigkeit Koreas sowie wahrscheinlich die meisten Südkoreaner erkannten, dass eine starke Regierung im Süden zum Schutz vor der nordkoreanischen Militärmacht notwendig ist. Die Linken jedoch attackierten die UNTCOK und die Separatwahlen in Südkorea auf das Heftigste. Als Alternative schlugen sie ein Treffen politischer Führer aus beiden Teilen Koreas vor, um diese »innere« Angelegenheit nach dem Abzug der ausländischen Truppen zu lösen. In verzweifelten Versuchen, die Wahlen zum Scheitern zu bringen, schürten sie ab dem 7. Februar 1947 Sabotageaktionen, Unruhen und Streiks. Kim Kyu-sik, der Führer der politischen Mitte, und Kim Ku, einer der hartnäckigsten Rechten, schlossen sich in ihrem Widerstand gegen die UN-Resolution zusammen, da die Separatwahlen im Süden ihrer Meinung nach die Teilung Koreas verewigen würden. Auch sie favorisierten eine Zusammenkunft prominenter Führer aus Nord- und Südkorea zur Regelung dieser »inneren« Angelegenheit.

Am 18. Februar 1948 schlugen Kim Kyu-sik und Kim Ku den nordkoreanischen Kommunisten vor, eine gesamtkoreanische politische Konsultativkonferenz zur Gründung eines »demokratischen Staates« auf der koreanischen Halbinsel einzuberufen. Ihr Vorschlag wurde am 15. März vom Norden angenommen und die Gesamtkoreanische gemeinsame Konferenz von Vertretern politischer Parteien und gesellschaftlicher Gruppen *(Chŏnjosŏnchejŏngdangsahoedanch'etaep'yojayŏnsŏkhoeŭi)* schließlich am 19. April 1948 in P'yŏngyang einberufen. Allerdings war das Ergebnis von den nordkoreanischen Kommunisten bereits vorweggenommen worden und es bestand gar keine Notwendigkeit für die Teilnahme der südkoreanischen Führer. Sie wurden eher als Gäste oder Zuschauer auf der Konferenz behandelt und nicht als aktive Teilnehmer. Auf diese Weise wurde zum Abschluss am 30. April ein gemeinsames Kommuniqué verabschiedet, das den Widerstand Nordkoreas gegen die geplanten Separatwahlen im Süden zum Ausdruck brachte sowie den Abzug aller ausländischen Truppen und die Bildung einer provisorischen Regierung forderte. Diese sollte nationale Wahlen zu einer konstituierenden Versammlung abhalten, die dann eine Verfassung zu verabschieden und eine einheitliche koreanische Regierung zu bilden hätte.

Dieses Projekt war mit Fehlern behaftet. Einer davon war das Fehlen eines konkreten Plans zur Aufrechterhaltung der öffentlichen Ordnung inmitten der allgemeinen Anarchie und den Machtkämpfen zwischen den feindlich gesinnten politischen Gruppen, die nach dem gleichzeitigen Abzug der Besatzungstruppen ausbrechen würden. Zudem betrachteten die USA und die südkoreanische Rechte es als einen Versuch der Kommunisten, die Vorherrschaft über ganz Korea zu sichern. Diese Ansicht mag zutreffend gewesen sein, zumal das nordkoreanische Regime bereits am 8. Februar 1948 eine reguläre Armee gegründet hatte, während die südkoreanische Regierung lediglich eine Polizeitruppe unterhielt. Außerdem kam das Projekt zu spät. Nur zehn Tage nach Bekanntmachung des Kommuniqués sollten die Wahlen unter Aufsicht der UNTCOK in Südkorea stattfinden. Insgesamt betrachtet hatte die Koreafrage zu diesem Zeitpunkt grundsätzlich einen internationalen Charakter angenommen und konnte damit nur durch Verhandlungen zwischen den beteiligten Weltmächten gelöst werden; für die Koreaner selbst blieb nur noch wenig Spielraum.

5 Die Geburt zweier koreanischer Republiken

Wie geplant, fanden am 10. Mai 1948 in Südkorea allgemeine Wahlen zur Nationalversammlung statt. Bei dieser ersten demokratischen Wahl machten rund 7,8 Millionen registrierte Wähler und insgesamt drei Viertel aller Wahlberechtigten von ihrem Stimmrecht Gebrauch. Die Zusammensetzung der Nationalversammlung offenbarte einen vorherrschend konservativen Charakter; fast die Hälfte der 198 gewählten Mitglieder waren bekennende Rechte, auch wenn etwa die Hälfte von ihnen wiederum zu den Gemäßigten tendierte. Kommunisten waren überhaupt nicht vertreten.

Am 31. Mai 1948 trat die Nationalversammlung zu ihrer ersten regulären Sitzung zusammen. Am 12. Juli wurde eine Verfassung verabschiedet und am 20. Juli Rhee Syngman zum ersten Präsidenten der neuen Regierung gewählt. Am 15. August wurde in Seoul die neue Republik Korea ausgerufen, und General Hodge erklärte damit offiziell die amerikanische Militärregierung für beendet. Die USA erkannten kurze Zeit später die Seouler Regierung an und entsandten John J. Muccio als ihren ersten Botschafter.

Die Entwicklung in Südkorea hatte eine unmittelbare Reaktion seitens der Sowjetunion und des nordkoreanischen Regimes zur Folge. Wie bereits erwähnt, hatte in Nordkorea schon im Februar 1947 mit der Gründung der Obersten Volksversammlung und des Zentralen Volkskomitees eine größere Regierungsumbildung stattgefunden. Am 18. November 1947 dann, vier Tage nach dem UN-Beschluss zu allgemeinen Wahlen in Korea, richtete die nordkoreanische Volksversammlung ein Komitee zur Erarbeitung einer provisorischen koreanischen Verfassung ein. Da man beabsichtigte, dass deren Gültigkeit »in Zukunft (...) auf Südkorea ausgedehnt werden würde«, verzichtete man in ihrer Bezeichnung auf den Zusatz »nord-«. Die Verfassung wurde im April 1948 verabschiedet und offiziell im September desselben Jahres ratifiziert, nachdem im Süden die Republik Korea gegründet worden war. Nach dem Abschluss der Wahlen dort berief der Norden am 29. Juni die zweite gemeinsame Nord-Süd-Konferenz ein. An ihr nahmen die beiden südkoreanischen Führer nicht teil; sie wurde von den Nordkoreanern dominiert, die beschlossen, am 25. August »gesamtkoreanische Wahlen« abzuhalten. Die Oberste Volksversammlung Nordkoreas traf sich am 3. September zu ihrer ersten Sitzung, auf der die Verfassung verabschiedet wurde. Am 9. September wurde die Demokratische Volksrepublik Korea (DVRK) proklamiert und Kim Il Sung zum Ministerpräsidenten ernannt. Die Sowjetunion erkannte das nordkoreanische Regime bereits am 12. Oktober an und ernannte Generaloberst Shtykov zum ersten Botschafter.

Die Republik Korea im Süden bemühte sich bald um internationale Anerkennung ihrer Position als einzige rechtmäßige nationale Regierung auf der koreanischen Halbinsel. Erfolg hatte sie damit bei den Vereinten Nationen. Als nach Erhalt des UNTCOK-Berichts das Erste Komitee der UN sich im Dezember 1948 mit der Koreafrage beschäftigte, legten die USA einen Resolutionsentwurf vor, der die UN dazu drängte, die Rechtmäßigkeit der Regierung der Republik Korea zu bestätigen. Die Sowjetunion hielt mit einem eigenen Antrag dagegen, in dem sie ein neues Instrumentarium zur Neugründung Koreas als »unabhängigen, demokratischen Staat« forderte. Doch der amerikanische Entwurf wurde mit großer Mehrheit angenommen und schließlich am 12. Dezember 1948 in der Vollversammlung verabschiedet.

In der Resolution hieß es, dass »eine rechtmäßige Regierung errichtet worden ist, welche die tatsächliche Regierungsgewalt und Oberhoheit über den Teil Koreas innehat, in dem die Einstweilige UN-Kommission in der Lage war, beobachtend und beratend tätig zu sein, und in dem die überwiegende Mehrheit der Bevölkerung Koreas ansässig ist«, und dass diese Regierung aus Wahlen hervorgegangen sei, welche »ein gültiger Ausdruck des freien Willens der Wählerschaft in diesem Teil Koreas« waren. Schließlich betonte die Resolution, dass »dies die einzige derartige Regierung in Korea« sei. Besonders erwähnenswert ist, dass diese Resolution es mit Bedacht vermied, die Republik Korea als die nationale Regierung für die gesamte koreanische Halbinsel zu erklären, wenngleich sie auch nicht ausdrücklich das Gegenteil feststellte. Dennoch wurde (und wird bis heute) diese Resolution von der Republik Korea als Unterstützung für ihren Anspruch gesehen, die einzige rechtmäßige nationale Regierung in Korea zu sein.

Literatur

Cumings, Bruce, Korea's place in the sun, New York 1997.

Kindermann, Gottfried-Karl, Der Aufstieg Koreas in der Weltpolitik, München 2005.

Anmerkungen

* Dieser Artikel ist eine Zusammenfassung des ersten Kapitels meines Buches *Unification Policies of South and North Korea, 1945–1991: A Comparative Study* (Seoul 1992).

1 Robert A. Scalapino/Chong-sik Lee, Communism in Korea, Berkeley 1972, Bd. 1, S. 200–215.

2 Den vollständigen Text der Moskauer Vereinbarung über Korea siehe U. S. Department of State, Moscow Meeting of Foreign Ministers: December 16–26, 1945, United States Government Printing Office, Washington D. C. 1946, S. 14–16.

3 United States Armed Forces in Korea, Summation of U. S. Army Military Government Activities in Korea, August 1946, S. 101.

4 Robert T. Oliver, The Man Behind the Myth, New York 1954, S. 231.

5 W. Macmahon Ball, Nationalism and Communism in East Asia, Melbourne, 1956, S. 54.

6 Hugh Borton, Korean Under American and Soviet Occupation, 1945–47, in: Survey of International Affairs, 1939–1946; The Far East, 1942–1946, London 1955, S. 429.

7 Cho Soon Sung, Korea in World Politics 1945–1950: An Evaluation of American Responsibility, Berkeley 1967, S. 173–174.

Park Myung-Lim

Der Koreakrieg

Vom 25. Juni 1950 bis zum 27. Juli 1953 tobte auf der koreanischen Halbinsel ein grausamer Bruderkrieg. Der Koreakrieg dauerte drei Jahre, einen Monat und zwei Tage und hatte gewaltige nationale und internationale Auswirkungen. Er war die schwerste kriegerische Auseinandersetzung seit dem Ende des Zweiten Weltkriegs.

1 Historischer Hintergrund des Koreakriegs

Der Ursprung des Koreakriegs liegt in der Festlegung einer militärischen Demarkationslinie durch die USA und die Sowjetunion am Ende des Zweiten Weltkriegs, die die koreanische Halbinsel entlang des 38. Breitengrades in Nord und Süd teilte (siehe dazu und im Weiteren die Karte »Koreakrieg 1950–1953« am Ende dieses Bandes). Nach dieser Abmachung marschierten die sowjetischen Truppen nördlich und die amerikanischen Truppen südlich des 38. Breitengrades in Korea ein, um die Kapitulation der japanischen Truppen entgegenzunehmen. Mit der Auflösung der japanischen Kolonialverwaltung errichteten sie gleichzeitig im jeweiligen Gebiet eine unter ihrer Führung stehende Militäradministration. Entsprechend der Vorgaben der jeweiligen Besatzungsmacht begann rasch die Umstrukturierung der verschiedensten politischen Organisationen, die sich nach dem Krieg in Nord- wie in Südkorea spontan gebildet hatten. In Südkorea wurden mit Hilfe der amerikanischen Militärverwaltung die antikommunistischen, rechten und nationalistischen politischen Gruppierungen gestärkt, während in Nordkorea durch Unterstützung und Dekrete des sowjetischen Militärs linke und kommunistische Kräfte an die Macht gelangten. Auf diese Weise übernahmen Rhee Syngman *(Yi Sŭng-man)* im Süden und Kim Il Sung *(Kim Il-sŏng)* im Norden, die beide – gefördert von den USA bzw. von der Sowjetunion und China – während der Kolonialzeit im antijapanischen Widerstand aktiv gewesen waren, die politische Führung. Im Jahre 1948 kam es dann zur Gründung von zwei Staaten auf der koreanischen Halbinsel.

2 Ursachen und Entstehung des Koreakrieges

Nicht alle geteilten Staaten führen Krieg gegeneinander. Dass es auf der koreanischen Halbinsel dazu kam, lag an den Widersprüchen zwischen den Systemen im Norden und Süden nach der Teilung und an ihrem Streben nach Wiedervereinigung durch Waffengewalt. Mit ihrer Gründung erklärten beide Teilstaaten, der alleinige Vertreter für die gesamte koreanische Halbinsel zu sein. Südkorea nahm in seine Gründungsverfassung einen Artikel auf, in dem es hieß: »Das Territorium der Republik Korea umfasst die koreanische Halbinsel und die dazugehörigen Inseln.« Damit stellte es eindeutig klar, dass es auch das nordkoreanische Gebiet als sein Territorium betrachtete. Auch Nordkorea schrieb in seiner ersten Verfassung »Seoul als Hauptstadt der Demokratischen Volksrepublik Korea« fest und ignorierte damit völlig die Existenz der südkoreanischen Regierung. Während Rhee Syngman im Süden lautstark eine antikommunistische Wiedervereinigung forderte, strebte Kim Il Sung im Norden eine kommunistische an.

Unabhängig von der äußerlichen Rhetorik war es eindeutig die nordkoreanische Seite, die die Kriegsvorbereitungen vorantrieb. Nachdem Kim Il Sung in seiner Neujahrsansprache vom 1. Januar 1949 zum ersten Mal seine These von der »endgültigen Regelung der Territorialfrage« dargelegt hatte, wurde die Vereinigung von Nord- und Südkorea als oberstes Staatsziel definiert. Im März 1949 besuchte Kim Il Sung zusammen mit seinem damaligen Stellvertreter Park Hon Yong *(Pak Hŏn-yŏng)* Moskau und machte Stalin gegenüber seine Absicht deutlich, die koreanische Halbinsel durch Krieg zu vereinen. Dieser wies jedoch den Vorschlag zurück; die von ihm genannten Gründe dafür waren die Stationierung von US-Truppen in Südkorea, die fehlende Überlegenheit der nordkoreanischen gegenüber der südkoreanischen Armee, die Möglichkeit der Einmischung der USA und die Gültigkeit der amerikanisch-sowjetischen Vereinbarung über die Teilung entlang des 38. Breitengrades.

Nach dieser ersten Ablehnung Stalins setzten allerdings Entwicklungen ein, die zu einer gravierenden Veränderung der Situation führten. Die wichtigste darunter war der Sieg der chinesischen Revolution. Die Kommunistische Partei Chinas unter Führung Mao Zedongs siegte über Chiang Kai-sheks Kuomintang, gründete im Oktober 1949 die Volksrepublik China und nahm schließlich das gesamte chinesische Festland in Besitz. Damit war der nach der Sowjetunion mächtigste sozialistische Staat entstanden. Sowohl für Mao Zedong als auch für Kim Il Sung war dabei von großer Bedeutung, dass sich die US-Streitkräfte nicht eingemischt hatten. Kim Il Sungs Wille zu einem Krieg für die Wiedervereinigung verstärkte sich daraufhin immer mehr.

Die zweite wichtige Veränderung war der vollständige Rückzug der US-Streitkräfte aus Südkorea. Nachdem die Sowjetunion ihre Truppen bereits bis Dezember 1948 aus Nordkorea abgezogen hatte, verließen auch die US-Truppen bis Juni 1949 das Land. Das so entstandene Kräftevakuum auf der koreanischen Halbinsel ließ die Aussichten für einen erfolgreichen Vereinigungskrieg in Korea günstig erscheinen.

Die dritte Veränderung betraf den raschen Ausbau der nordkoreanischen Streitkräfte. Die koreanischen Soldaten, die der chinesischen Armee angehört hatten, wurden bis April 1950 fast vollständig in die nordkoreanische Volksarmee eingegliedert. Gleichzeitig ging auch in Nordkorea selbst der Truppenaufbau rasch voran. Allein im Frühjahr 1950 wurden die nordkoreanischen Streitkräfte um vier Divisionen verstärkt. Die Entsendung von Militärberatern und Waffenlieferungen aus der Sowjetunion nahmen zeitgleich zu. Schließlich hatten die nordkoreanischen Streitkräfte kurz vor Ausbruch des Krieges eine Stärke von annähernd 200000 Mann erreicht und waren damit Südkorea mit knapp über 100000 Mann deutlich überlegen.

An der Grenzlinie zwischen beiden Koreas kam es zudem immer häufiger zu bewaffneten Zusammenstößen. War das Gebiet im Jahre 1948 noch relativ ruhig, so nahm die Zahl der Auseinandersetzungen 1949, nach dem Abzug der US-Truppen, sprunghaft zu.

Als Antwort auf die bedrohliche Aufrüstung Nordkoreas und den Abzug der US-Streitkräfte verstärkte Südkorea seine Truppen und forcierte seine antikommunistische Politik. Um sich von der nordkoreanischen Wiedervereinigungsoffensive nicht in Bedrängnis bringen zu lassen, vertrat man weiterhin einen Kurs der »Vereinigung durch Vormarsch in den Norden«, der das direkte Gegenstück zur nordkoreanischen These von der »endgültigen Regelung der Territorialfrage« war. Außerdem bemühte man sich um die Unterstützung der Bauern, indem man eine im Vergleich zu Nordkorea gemäßigtere Bodenreform durchführte, bei der die Betroffenen angemessen entschädigt wurden. Trotzdem kam es in Südkorea – anders als im hierarchisch geordneten System Nordkoreas – nach der Staatsgründung zu erheblichen Machtkämpfen zwischen den politischen Parteien; auch beim Ausbau der Streitkräfte fiel der Süden beträchtlich hinter Nordkorea zurück. Hinzu kam, dass man sich in vielen ländlichen Gebieten mit kommunistischen Aufständen und Guerillawiderstand konfrontiert sah. Von Nordkorea aus betrachtet, stellte sich das südkoreanische System als äußerst instabil dar.

3 Ausbruch des Krieges

Die letzte Entscheidung für den Krieg wurde durch eine Vereinbarung zwischen Stalin, Mao Zedong und Kim Il Sung gefällt. Stalin gab sein endgültiges Einverständnis, nachdem Kim Il Sung und Park Hon Yong ihn während ihres Moskaubesuches vom 30. März bis zum 25. April 1950 mehrfach eindringlich darum gebeten hatten. Als Gründe für seine Entscheidung nannte er den Sieg der chinesischen Revolution, die hohe Wahrscheinlichkeit chinesischer Truppenentsendungen, die geringe Wahrscheinlichkeit der Einmischung der USA infolge des sowjetisch-chinesischen Beistandsabkommens und die Entwicklung einer sowjetischen Atombombe. Selbstverständlich war auch der Abzug der US-Truppen ein wichtiger Faktor. Stalin unterbreitete Nordkorea einen Drei-Stufen-Plan, der die Zusammenziehung der Truppen an der Demarkationslinie, den Vorschlag eines Plans zur friedlichen Wiedervereinigung und nach Ablehnung desselben einen Überraschungsangriff vorsah. Tatsächlich verlief der Kriegsbeginn exakt nach diesem Plan.

Obwohl Stalin seine endgültige Zustimmung erteilt hatte, schob er die Verantwortung dafür Mao Zedong zu, da er dessen Einverständnis zur Voraussetzung erklärt hatte. Getreu dem Willen Stalins, besuchten Kim Il Sung und Park Hon Yong am 13. Mai Peking und konnten schlussendlich eine letzte Übereinkunft zwischen den drei Parteien erzielen.

Nach den letzten Absprachen mit Stalin und Mao Zedong verlegten die Nordkoreaner heimlich und doch schnell ihre gesamten im Hinterland stationierten Streitkräfte an die Demarkationslinie und legten zeitgleich einen Plan zur friedlichen Wiedervereinigung vor, den Südkorea ablehnen musste. So erhielten sie die Rechtfertigung für den Krieg und stürzten gleichzeitig Regierung und Armee Südkoreas ins Chaos. Guerillakämpfer aus dem Süden, die in Nordkorea Zuflucht gefunden hatten, wurden unmittelbar vor dem Großangriff in Südkorea eingeschleust. Kim Il Sung glaubte, dass mit ihrer Hilfe die Kommunisten in Südkorea aus Sympathie Aufstände auslösen würden. Später im Krieg kam es dazu jedoch nur in seltenen Fällen. Schließlich startete Nordkorea seine propagandistisch als »Gegenangriff als Antwort auf die Aggression der südkoreanischen Armee« bezeichnete Großoffensive am 25. Juni 1950.

4 Der nordkoreanische Überfall, Kriegseintritt der USA und Besetzung Südkoreas

Am 28. Juni 1950, nur drei Tage nach Beginn des Überfalls, hatte die nordkoreanische Volksarmee bereits die südkoreanische Hauptstadt Seoul erobert. Kurz zuvor waren Rhee Syngman und die südkoreanische Regierung, die mit dem Ausbruch des Krieges sofort die USA um schnelle Hilfe gebeten hatten, noch aus Seoul geflohen. Nach der Einnahme der Hauptstadt drängte die nordkoreanische Volksarmee mit Gewalt Richtung Süden, besetzte am 20. Juli die zentrale südkoreanische Stadt Taejŏn, eroberte in der Folge den gesamten Südwesten (die sogenannte Honam-Region) und erreichte am 4. August den Brückenkopf am Naktong. Damit hatte sie in nur einem Monat und zehn Tagen fast 90 Prozent des südkoreanischen Territoriums in Besitz genommen.

Nach der militärischen Eroberung Südkoreas betrieb Nordkorea unverzüglich eine radikale Besatzungspolitik, um die südkoreanische Gesellschaft in ein sozialistisches System nach ihrem Muster verwandeln. Zur Durchsetzung dieses Zieles wurden in sämtliche Gebiete des Südens Kader aus dem Norden entsandt, die gemeinsam mit vor Ort ansässigen Kommunisten fundamentale Reformen in die Wege leiteten. Zahlreiche, zuvor durch die Regierung Rhee Syngman zerschlagene kommunistische Organisationen, darunter die *Chosŏnrodongdang* (Partei der Arbeit Koreas, PdAK), wurden rasch wiederbelebt und eine Verwaltungsstruktur mit Volkskomitees wie in Nordkorea wurde hergestellt.

Um die Unterstützung der Bauern zu gewinnen, wurde der Bodenreform eine besondere Bedeutung beigemessen. Während diese in Südkorea vor dem Krieg nach dem Prinzip »Übernahme mit Entschädigung, Aufteilung mit Vergütung« erfolgt war, setzten die Besatzer jetzt eine Reform nach ihrem Muster durch, und zwar »Entschädigungslose Enteignung, kostenlose Verteilung«. Auch die Propaganda für Stalin und Kim Il Sung sowie für die Ideologie des Kommunismus und das kommunistische System überflutete den Süden. Städte und Dörfer, Industrie und Landwirtschaft wurden übersät mit entsprechenden Wandzeitungen, Plakaten und Werbemitteln. Zudem fanden ohne Ende Demonstrationen und Kundgebungen zur Unterstützung Nordkoreas statt, sodass die südkoreanische Bevölkerung tagtäglich der Propaganda ausgesetzt war.

Überall in Südkorea kam es zu Massakern infolge von Zusammenstößen zwischen Linken und Rechten, Kommunisten und Antikommunisten. Politischen Gegnern gaben die Besatzer die Möglichkeit zur Selbstanzeige, bei der sie ihre Treue zu Südkorea bereuen mussten; anderenfalls wurden sogenannte Reaktionäre und Nationalisten eingesperrt, verurteilt und hingerichtet. Eine andere wirksame Maßnahme der Besatzungspolitik war die Entführung von südkoreanischen Eliten wie Regierungsmitgliedern, Politikern, Abgeordneten, Medienvertretern und Experten nach Nordkorea. Selbst nach dem Krieg verweigerte man ihnen die Rückkehr in den Süden und benutzte sie weiter für Propagandazwecke.

Die teils auf Freiwilligkeit, teils auf Zwang basierende Rekrutierung in die Armee war ebenfalls ein wesentliches politisches Mittel der Besatzer. Als später klar wurde, dass allein mit den zu Beginn der Aggression eingesetzten Truppen der Volksarmee die UN-Streitmacht unter Führung der US-Armee und der südkoreanischen Armee nicht zu bezwingen war, wurde nicht nur im Norden, sondern auch im Süden der Befehl zur Generalmobilmachung erlassen. Dabei wurden auch Jugendliche in die nordkoreanische Volksarmee eingezogen. Aus diesem Grunde kam es häufig vor, dass aus einem Dorf oder sogar aus einer Familie einige Mitglieder in der südkoreanischen Armee und andere in der (nordkoreanischen) Volksarmee dienen mussten.

5 Südkoreanische und US-amerikanische Gegenoffensive und Besetzung Nordkoreas

Unmittelbar nach Kriegsbeginn waren die USA auf der Grundlage von Resolutionen des Sicherheitsrates der Vereinten Nationen (UN), in denen der bewaffnete Angriff Nordkoreas verurteilt und zur Unterstützung bei der Abwehr der Aggression aufgerufen worden war, in den Krieg eingetreten und hatten General Douglas MacArthur zum Oberbefehlshaber der UN-Truppen ernannt. Das erste Mal nach dem Zweiten Weltkrieg wurden so im Namen der Weltorganisation und unter ihrer Flagge nationale Streitkräfte mehrerer Länder gegen einen Aggressor eingesetzt. Im Gegensatz zu ihrer zurückhaltenden Reaktion auf die chinesische Revolution wollten die USA und die Vereinten Nationen hier nicht einfach zusehen, wie ein unter ihrer Obhut gegründeter souveräner Staat durch eine Aggression von außen zusammenbrach. Insgesamt 16 Länder einschließlich der Vereinigten Staaten beteiligten sich mit militärischen Verbänden an der UN-Streitmacht.

Obgleich die Nordkoreaner bis zum im Süden der Halbinsel gelegenen Naktong vorgestoßen waren, blieb ihnen der endgültige Sieg verwehrt. Von den besetzten Landgebieten abgesehen, hatten die UN-Streitkräfte in der Luft und zur See bereits die eindeutige Überlegenheit. Auch an der Front am Naktong stieß die nordkoreanische Armee trotz einer überlegenen Streitmacht über einen Monat lang auf den hartnäckigen Widerstand der südkoreanischen und der US-Verbände. Die entscheidende Wende aber brachte die Landeoperation bei Inch'ŏn am 15. September 1950. Zwar hatte Nordkorea bereits mit einer solchen Aktion gerechnet und starke Verteidigungsstellungen an der Küste des Gelben Meeres errichtet, doch den deutlich überlegenen US-amerikanischen Luft- und Seestreitkräften vermochte es nichts entgegenzusetzen.

Nach der Landung in Inch'ŏn eroberten die UN-Verbände am 28. September, genau drei Monate nach dem Einmarsch der Volksarmee, die Hauptstadt Seoul zurück. Unmittelbar danach fassten sie als neues Kriegsziel einen Vorstoß über den 38. Breitengrad nach Norden ins Auge. Die klare Absicht bestand darin, die Gelegenheit der Kriegswende zu nutzen, um die kommunistischen Kräfte Nordkoreas vollständig zu schlagen und eine Wiedervereinigung unter Führung Südkoreas zu erreichen. Nachdem die US-Armee zunächst gezögert hatte, da für die UN das anfängliche Ziel, die Zurückschlagung der nordkoreanischen Truppen über den 38. Breitengrad, erfüllt war, überschritten sie schließlich doch die Demarkationslinie.

Der Vorstoß der südkoreanischen und der US-Armee verlief ebenso schnell wie der der nordkoreanischen Einheiten zu Kriegsbeginn. Nur drei Tage nach der Rückeroberung Seouls durchbrachen südkoreanische Verbände den 38. Breitengrad, um wenig später P'yŏngyang, die eigentliche Hauptstadt Nordkoreas, zu besetzen. Noch vor ihrem Einrücken flohen Kim Il Sung und die nordkoreanische Regierung. Als die amerikanisch-südkoreanischen Truppen weiter, ohne auf ernsthaften Widerstand zu stoßen, in Richtung der koreanisch-mandschurischen Grenze und damit nach China vorrückten, schien es, als sei die Wiedervereinigung unter der Ägide Südkoreas und der UN beinahe erreicht.

So wie Nordkorea bei der Okkupation des Südens, ergriff auch Südkorea bei der Besetzung des Nordens unverzüglich Maßnahmen, um ihm das südkoreanische Gesellschaftssystem überzustülpen. Die Verwaltungen in den Gebieten, aus denen die Kommunisten geflohen waren, wurden mit Personal aus Südkorea besetzt. Von der südkoreanischen Armee protegiert, entstanden allerorts wieder antikommunistische Organisationen. Genauso wie zur nordkoreanischen Besatzungszeit kam es überall zu scharfen Konflikten und blutigen Auseinandersetzungen zwischen Linken und Rechten. Doch die Besetzung des Nordens durch Südkorea vollzog sich aufgrund der relativ kurzen Zeitspanne weniger systematisch als die des Südens durch Nordkorea, welche obendrein langfristig vorbereitet worden war. Südkorea hatte infolge der plötzlichen Kriegswende fast keine Zeit zur Vorbereitung.

Auch die Konflikte zwischen den UN und der südkoreanischen Regierung sowie den UN-Streitkräften und der südkoreanischen Armee um die Frage, wem das legale Recht zustünde Nordkorea zu besetzen, verhinderten letztendlich eine systematische Besatzungspolitik. Die Vereinten Nationen erkannten die von Südkorea beanspruchte Rechtshoheit über das nordkoreanische Gebiet nicht an. Mit dem Kriegseintritt der UN war das Kommando über die südkoreanische Armee an den Oberbefehlshaber der UN-Streitkräfte übertragen worden; außerdem hatten die UN das Hoheitsrecht der 1948 gegründeten südkoreanischen Regierung nur auf das Territorium südlich des 38. Breitengrades beschränkt anerkannt. Da die Verfassung der Republik Korea aber das nordkoreanische Gebiet als ihr Territorium definierte, waren ernsthafte Kollisionen zwischen beiden Parteien vorprogrammiert. Das Problem der rechtlichen Zuständigkeit in Bezug auf Nordkorea ist bis heute nicht geklärt.

In den südkoreanischen Gebieten, aus denen sich die nordkoreanische Armee zurückgezogen hatte, wurden wieder die Verhältnisse wie vor dem Einmarsch hergestellt. Man begann mit der Hinrichtung von Kommunisten und von Menschen, die mit den Nordkoreanern kollaboriert hatten. Aber auch die nordkoreanischen Kommunisten ermordeten bei ihrem Rückzug viele Rechte und Nationalisten, die sie als Reaktionäre gebrandmarkt hatten. Unter den ständig und plötzlich wechselnden Herrschaftsverhältnissen war es für die normale Bevölkerung schwer zu entscheiden, wem sie ihre Treue erklären sollte um zu überleben.

6 Der Kriegseintritt Chinas und die Verfestigung der Front

Der Vormarsch der US-Armee und der südkoreanischen Truppen über den 38. Breitengrad nach Norden stellte für die Führungen der Sowjetunion und Chinas eine ungeheure Provokation dar. Schließlich bedeutete der Untergang Nordkoreas, dass die US-Truppen bis an die chinesische Grenze vorrückten. Vor allem die Sicherheit der Mandschurei war für China nur schwer zu garantieren. Nach dem Erfolg der UN-Landeoperation von Inch'ŏn hatte China mehrfach auf das Schärfste vor einem Einmarsch von US-Truppen in Nordkorea gewarnt.

Der Kriegseintritt Chinas war das Ergebnis eines langen Tauziehens sowohl intern als auch zwischen Mao Zedong, Stalin und Kim Il Sung. Unmittelbar nach der erfolgreichen Landeoperation bei Inch'ŏn hatten Kim Il Sung und Park Hon Yong am 1. und am 9. Oktober Stalin und Mao Zedong dringend um Unterstützung gebeten. Doch wie schon beim Beschluss zum Beginn des Krieges wollte Stalin unbedingt eine direkte Konfrontation mit den USA vermeiden. Auch in China fiel die Entscheidung nicht leicht: Zum einen hatte es als gerade neu gegründeter Staat selbst genug Probleme zu bewältigen, zum anderen gab es Streitigkeiten um die Frage der sowjetischen Luftunterstützung im Falle einer Kriegsbeteiligung. Da jedoch die Besetzung der gesamten koreanischen Halbinsel durch US-amerikanische Truppen eine ernste Bedrohung für die Sicherheit Chinas darstellte, fasste man schließlich den Beschluss, die US-Armee außerhalb des eigenen Territoriums in die Schranken zu weisen.

Damit zeichnete sich eine neuerliche Wende im Kriegsgeschehen ab. China überschritt am 19. Oktober, dem Tag der Einnahme P'yŏngyangs durch südkoreanische und US-amerikanische Truppen, den Grenzfluss Amnok und griff blitzartig und mit massiven Verbänden in den Koreakrieg ein. Die UN-Streitkräfte, die den Sieg bereits vor Augen gehabt hatten, begannen angesichts dieser unvorhergesehenen Situation mit einem hastigen Rückzug. Mit dem Eingreifen der chinesischen Truppen entwickelte sich der Konflikt de facto zu einer Auseinandersetzung zwischen den USA und China und damit zum schwersten Krieg zwischen dem kapitalistischen und dem sozialistischen Lager in der Geschichte. Nach dem Rückzug der UN-Verbände ab Ende Oktober musste P'yŏngyang am 5. Dezember, keine 50 Tage nach der Eroberung, wieder in die Hände der kommunistischen Truppen gegeben werden. Anschließend machte die chinesische Armee – ebenso wie vordem die US-Einheiten – nicht am 38. Breitengrad Halt, sondern stieß weiter nach Süden vor und nahm am 4. Januar 1951 Seoul ein. In der südkoreanischen Hauptstadt wechselte so zum dritten Mal innerhalb von nur sechs Monaten die Herrschaft. Allein diese Tatsache spiegelt die dramatischen Wirren und Wendungen während des anfänglichen Kriegsverlaufs wider.

Angesichts des massiven Vormarsches der chinesischen Armee erwogen Rhee Syngman und General MacArthur die Ausweitung des Kriegsschauplatzes in die Mandschurei und den Einsatz von Atomwaffen, um den Sieg zu erreichen. Doch in den USA selbst, aber auch in Großbritannien und vielen anderen Teilen der Welt war der Widerstand gegen den Einsatz der Atombombe gewaltig. Als sich diese Option damit als unmöglich erwiesen hatte, blieb nichts weiter übrig als das Zurückweichen vor der mit einem massenhaften Potenzial an Streitkräften vorgetragenen chinesischen Offensive. Dieser Rückzug war der bis dahin größte in der US-amerikanischen Kriegsgeschichte.

Die UN-Truppen, die nach dem Abzug aus Seoul am 4. Januar bis zum 37. Breitengrad zurückgeworfen worden waren, konnten sich bis zum Frühjahr 1951 wieder in die Nähe des 38. Breitengrades vorschieben. Dort, wo der Krieg vor einem Jahr begonnen hatte, verfestigte sich nun die Front und ein zermürbender Stellungskrieg setzte ein. Die USA entließen den Hardliner MacArthur, und als sich immer stärker abzeichnete, dass keine der kriegführenden Mächte einen militärischen Sieg erringen würde, kamen beide Seiten nicht umhin, sich um eine politische Einigung zur Einstellung der Feindseligkeiten zu bemühen. Nach dem Vorschlag des sowjetischen Chefdelegierten bei den Vereinten Nationen, Adam Malik, vom 23. Juni 1951 und mit Einverständnis der USA begannen daraufhin konkrete Verhandlungen für einen Waffenstillstand.

7 Waffenstillstandsverhandlungen und Waffenstillstandsvereinbarung

Der Koreakrieg endete jedoch nicht sofort mit dem Beginn der Waffenstillstandsverhandlungen. Die Gespräche zogen sich über zwei Jahre lang hin. Nach vier Monaten hatte man sich zwar über die grundlegendsten Punkte in Bezug auf die Einstellung der Kampfhandlungen sowie die Errichtung einer militärischen Demarkationslinie und einer entmilitarisierten Zone geeinigt, aber die Bildung einer Institution zur Überwachung des Waffenstillstands und die Festlegung der Modalitäten für den Austausch von Kriegsgefangenen nahmen jeweils weitere sechs bzw. 18 Monate in Anspruch.

Während der zweijährigen Verhandlungen gingen die Kämpfe unvermindert weiter. Die militärische Offensive war für beide Seiten ein wichtiges Druckmittel, um sich Standortvorteile und damit eine günstigere Position in den Verhandlungen zu schaffen. Aus diesem Grund nahmen neben dem Stellungskrieg an der Front im jeweiligen Hinterland Luftangriffe und Guerillakämpfe zu. So mussten, um die Pattsituation an der Front aufrechtzuerhalten, hinter den Linien weiterhin Zivilisten ihr Leben lassen.

Schließlich wurde am 27. Juli 1953 das Waffenstillstandsabkommen unterzeichnet und die Kampfhandlungen wurden eingestellt. Doch dies bedeutete immer noch nicht das wirkliche Ende des Krieges, da man nach wie vor weit entfernt von einem Friedensvertrag war. Unterzeichnet wurde der Waffenstillstandsvertrag von den UN, Nordkorea und China. Mit Blick auf die Sicherheitslage nach dem Krieg war Rhee Syngman prinzipiell gegen den Abschluss eines Waffenstillstandsabkommens ohne vorherige Besiegelung des südkoreanisch-amerikanischen Bündnisses, sodass er schließlich seine Unterschrift verweigerte. Infolgedessen gehört Südkorea, obwohl es eine der wichtigsten Kriegsparteien war, bis heute nicht zu den Unterzeichnern des Abkommens. Auch die USA gehören offiziell nicht dazu, da in ihrem Namen der Oberkommandierende der UN-Streitkräfte unterschrieb.

Darüber hinaus konnten Nord- und Südkorea bzw. die USA und China bis heute dieses Abkommen nicht durch einen Vertrag über die Beendigung des Krieges oder einen Friedensvertrag ersetzen, sodass das Waffenstillstandsregime als vorläufige Übereinkunft auf der koreanischen Halbinsel seit über 60 Jahren andauert. Obendrein hält auch das feindselige Verhältnis zwischen Nord- und Südkorea sowie zwischen Nordkorea und den USA seit dem Krieg bis in die Gegenwart hinein an – eine weltweit einzigartige Situation. In allen kriegerischen Auseinandersetzungen der Neuzeit konnten die verfeindeten Parteien größtenteils innerhalb einer Generation ihre Beziehungen normalisieren. Der Koreakrieg ist der einzige internationale Konflikt, in dem seit über 60 Jahren weder ein Friedensvertrag noch eine Normalisierung der Beziehungen erreicht werden konnte und die Feindseligkeiten nach wie vor andauern.

8 Ergebnisse und Folgen des Koreakrieges

Die deutlichsten und unmittelbarsten Folgen des Koreakrieges waren die gewaltigen Verluste an Menschen. Über 900 000 Soldaten aller beteiligten Streitkräfte verloren bei den Kampfhandlungen ihr Leben. Hinzu kamen unzählige Vermisste und Verwundete. Die Zahl der zivilen Todesopfer des Koreakrieges ist immens und wird auf mehr als eine Million Menschen geschätzt.

Der Grund für diese hohen Verluste unter der Zivilbevölkerung liegt darin, dass es nicht nur ein Krieg zwischen Militäreinheiten verschiedener Staaten war. Die Menschen, die jeweils die linken oder rechten Kräfte, Nord- oder Südkorea unterstützten, waren von extremem Hass und dem Willen zur gegenseitigen Vernichtung erfüllt. Die Niederschlagung und Auslöschung der Gegenseite wurde gleichgesetzt mit der Errichtung einer Einheitsregierung unter ihrer jeweiligen Ägide. Eine weitere wesentliche Ursache für die zahlreichen zivilen Toten lag in der rücksichtslosen Bombardierung der gesamten koreanischen Halbinsel durch die US-amerikanische Luftwaffe. Der berühmte Vorfall im Dorf Nogŭn *(nogŭlli yangminhaksal)*, bei dem zivile Flüchtlinge unter Beschuss durch die US-Armee gerieten, ist dafür nur ein Beispiel. Neben dem Verlust an Menschenleben kam es in Nord- wie in Südkorea zu einer massiven Zerstörung von Industrieanlagen, Wohnhäusern, Straßen, Schulen und Krankenhäusern.

Eine weitere entscheidende Folge des Koreakriegs war die Verfestigung der innerkoreanischen Feindseligkeiten und der Teilung. Als das barbarische Kriegsgeschehen zu Ende war, hatte die Feindschaft zwischen beiden Staaten ein abgrundtiefes Ausmaß erreicht. Antikommunismus und Antiamerikanismus, gegenseitiger Hass in Süd- und Nordkorea bildeten die Grundlage dafür. In Nordkorea wurde alles, was sich gegen die USA und gegen Südkorea richtete, gerechtfertigt. Das Land entwickelte sich nach dem Krieg zu einem der weltweit ärgsten Verfechter des Antiamerikanismus. Südkorea wiederum wurde zu einem Land mit dem weltweit schärfsten Antikommunismus, in dem alles, was sich gegen den Kommunismus und gegen Nordkorea richtete, für rechtens erklärt wurde.

Literatur

Cumings, Bruce, The Korean War: A History, (reprint) New York 2011.
Kim, Dong-Choon, Der Korea-Krieg und die Gesellschaft, Münster 2007.
Stöver, Bernd, Geschichte des Koreakriegs. Schlachtfeld der Supermächte und ungelöster Konflikt, München 2013.

Teil B: Südkorea

I. Politisches System

Gottfried-Karl Kindermann

Der lange Weg zur Demokratie in Südkorea*

1 Die Erste und Zweite Republik

Am 10. Mai 1948 fanden zum ersten Mal in der Geschichte Koreas freie und geheime Wahlen statt, zumindest für die im Süden des Landes residierende Bevölkerung, die zwei Drittel des koreanischen Volkes ausmacht. Zum ersten Mal durften auch Frauen durch die Wahl politisch tätig werden. Die am 12. Juli 1948 in Kraft getretene Verfassung Südkoreas entsprach demokratischen Grundsätzen. Das Amt des Staatspräsidenten war neben einer Amtszeit von vier Jahren und einmaliger Möglichkeit der Wiederwahl mit großen Vollmachten ausgestattet. Der Präsident konnte den Ministerpräsidenten ernennen, wobei er der Zustimmung der Nationalversammlung bedurfte. Die Kabinettsmitglieder wurden hingegen vom Präsidenten ernannt. Der Präsident – nicht der Ministerpräsident – fungierte als Vorsitzender des als Staatsrat bezeichneten Kabinetts. Er war oberster Repräsentant des Staates in auswärtigen Angelegenheiten und Oberkommandierender der Streitkräfte. Zum ersten Präsidenten des Landes wurde der damals 73 Jahre alte Rhee Syngman *(Yi Sŭng-man)* gewählt; und zwar von der Nationalversammlung und nicht direkt vom Volk.

Robert T. Oliver und Richard C. Allen, beide führende Biografen Rhee Syngmans, hoben hervor, dass das Regieren für den neuen Staatspräsidenten nicht ganz einfach war angesichts der starken Zersplitterung der koreanischen Parteienlandschaft wie auch durch die Tatsache, dass die Mehrzahl der Abgeordneten nach Jahrzehnten japanischer Kolonialherrschaft und des anschließenden amerikanischen Besatzungsregimes keine Erfahrungen mit der komplexen Praxis eines demokratischen Regierungssystems hatte und dieses nur allzu oft lediglich für die Wahrnehmung enger Partikularinteressen benutzen wollte. Rhee wiederum verfügte über wenig Geduld und war von dem leidenschaftlichen Willen erfüllt, die hart erkämpfte und neu gewonnene Souveränität seines Volkes und Staates so schnell und so wirksam wie möglich in die Praxis umzusetzen.[1]

Nur einen Monat vor Beginn des Koreakrieges, das heißt im Mai 1950, hatten die Parlamentswahlen stattgefunden, in denen die Partei Rhee Syngmans schwere Verluste hatte hinnehmen müssen. Bevor aber seine erste Amtszeit als Präsident im August 1952 auslief, ließ er im Januar 1952 durch seine neu gegründete *Chayudang* (Liberale Partei – LP) eine Verfassungsänderung vorschlagen, derzufolge der Staatspräsident und der Vizepräsident der Republik Südkorea nicht mehr vom Parlament, sondern vom Volk gewählt werden sollten. Auch sollte das Parlament in ein Ober- und Unterhaus geteilt werden. Die Nationalversammlung aber lehnte diesen Vorschlag mit großer Mehrheit im Januar 1952 ab. Unter Anwendung direkten illegalen Drucks, bei dem auch Polizei eingesetzt wurde, um unwillige Abgeordnete zur Teilnahme an einer weiteren Abstimmung zu zwingen, setzte Rhee im zweiten Anlauf Anfang Juli durch, dass die Nationalversammlung mit 163 zu null Stimmen mit nur drei Enthaltungen die gewünschte Verfassungsänderung annahm.

Im Mai 1954 waren erneut Parlamentswahlen fällig. Diesmal errang Rhees Liberale Partei einen beeindruckenden Wahlsieg mit einer – in der Geschichte der Republik Korea seltenen – absoluten Mehrheit von 114 Sitzen, während die oppositionelle Demokratische Nationalpartei nur 15 erhielt und 67 Sitze an diverse unabhängige Kandidaten gingen. Als Rhee aber erneut eine Verfassungsänderung vorschlug, geriet er trotz der absoluten Mehrheit in große Schwierigkeiten. Vorgeschlagen wurde seitens seiner Partei u. a., dass der Staatspräsident mehr als nur einmal wiederwählbar sein sollte. Der Vorschlag der Regierungspartei verfehlte die erforderliche Mehrheit um nur eine einzige Stimme. Theoretisch war der Antrag auf Änderung der Verfassung damit abgelehnt. Dennoch setzte die Liberale Partei ihren Willen mit einem Trick durch, indem sie behauptete, nicht einzelne Stimmen seien zu zählen, sondern die abgerundeten Gesamtzahlen für die einzelnen Fraktionen.[2] Soziale und wirtschaftliche Probleme, die das Kriegsende mit sich gebracht hatte, aber auch Machenschaften dieser Art ließen Rhee Syngmans Popularität bei der Wählerschaft schrumpfen. Das zeigte sich bei der Präsidentschaftswahl vom Mai 1956, als sein Stimmenanteil von 72 Prozent im Jahr 1952 auf nur 56 Prozent zurückging und nicht der von ihm designierte Kandidat für die Vizepräsidentschaft (Yi Ki-pong) gewählt wurde, sondern Chang Myun *(Chang Myŏn)*, ein katholischer Intellektueller, der sich unter anderem im diplomatischen Dienst der Republik ausgezeichnet hatte. Ein im Jahr der Wahl unternommener Mordanschlag gegen Chang schlug fehl.[3]

Die Regierungsära des ersten Präsidenten der Republik Korea, Rhee Syngman, kam unter dramatischen wie tragischen Umständen im Frühjahr 1960 zu einem vorzeitigen Ende. Eine Krise hatte sich bereits im Jahr zuvor angedeutet. Die Regierung hatte ein neues »Nationales Sicherheitsgesetz« im Parlament einbringen wollen, das auf den erbitterten Widerstand der Opposition traf. Oberflächlich richtete sich das Gesetz gegen kommunistische Umtriebe. Faktisch aber – und genau das sah die Opposition – konnte es auch verwendet werden, um Kritik an der Regierung und oppositionelle Tätigkeit zu behindern. So sollten auch verbale oder gedruckte Angriffe auf »Verfassungsorgane« verboten werden, wobei allerdings der Präsident auch als »Verfassungsorgan« galt.

Der Unmut in breiten Teilen der Bevölkerung über dieses Gebaren der Regierung brach sich schließlich im April 1960 in Form einer Studentenrevolte Bahn. Bei den Präsidentschaftswahlen 1960 hatte die oppositionelle *Minjudang* (Demokratische Partei – DP), diesbezüglich auch gestützt durch die Meinungen amerikanischer Beobachter, Unregelmäßigkeiten festgestellt. Vor diesem Hintergrund kam es zuerst vereinzelt zu Protestkundgebungen, die sich in der Folge über große Teile des Landes verbreiteten, um am 19. April ihren Höhepunkt in der Hauptstadt zu erreichen. Bei den Zusammenstößen zwischen den Demonstranten und der Polizei kam es zu mehr als 100 Toten und mehreren Hundert Verletzten. Rhee trat schließlich am 27. April von seinem Amt als Staatspräsident zurück, nachdem das US-Außenministerium eine Woche zuvor die Unterdrückungsmaßnahmen der südkoreanischen Regierung scharf kritisiert hatte.

Dem Ende der faktisch weitgehend autoritär gehandhabten Präsidialdemokratie der Ära Rhee Syngmans folgte eine kurze Periode, die von dem aufrichtigen Bestreben gekennzeichnet war, bessere Formen der Demokratie in Südkorea zu institutionalisieren (Zweite Republik). Noch im gleichen Monat des Rücktritts von Rhee begann die Nationalversammlung mit der Ausarbeitung einer neuen Verfassung. Die Polizeiverwaltung sollte reorganisiert werden und die Regierung veröffentlichte ein Bekenntnis zu Demokratie und individueller Freiheit. Schon im Juni 1960 konnte die Reform der Verfassung von der Nationalversammlung beschlossen werden. Durch sie wurde die Macht des Staatspräsidenten stark eingeschränkt und die Rolle von Kabinett und Parlament verstärkt. Das Amt des Ministerpräsidenten, bei dem nun die eigentliche Führung der Regierung im Rahmen seines Kabinetts liegen sollte, wurde ebenso wieder eingeführt wie ein begrenztes System lokaler Selbstregierung.

2 Die Dritte Republik

Doch Südkoreas neuem Experiment mit parlamentarischer Demokratie sollte keine lange Dauer beschieden sein. Denn ein am 16. Mai 1961 erfolgter Putsch von Teilen der Streitkräfte unter der Führung von Park Chung Hee *(Pak Chŏng-hŭi)* beseitigte diese Form der Regierung und überließ die Macht im Staat zeitweilig einer Militärjunta. Die Militärregierung, die sich ab dem 29. Mai den Namen »Oberster Rat für Nationalen Wiederaufbau« zulegte, ließ die Redaktionen zahlreicher Tageszeitungen sowie Wochenzeitschriften und Presseagenturen schließen und eine größere Anzahl von Journalisten verhaften. Kurzfristig wurden insgesamt ca. 22000 Personen verhaftet. Politische Parteien, Gewerkschaften und andere gesellschaftliche Organisationen wurden aufgelöst. Die bestehende Verfassung Südkoreas wurde zwar nicht abgeschafft, doch erließ der Oberste Rat für Nationalen Wiederaufbau am 6. Juni 1961 ein »Gesetz über außergewöhnliche Maßnahmen zum Nationalen Wiederaufbau«, das als Legitimation und primäre Rechtsquelle des Herrschaftssystems der Militärregierung fungierte. Artikel 24 dieses neuen Grundgesetzes besagte, dass Bestimmungen der alten Verfassung, die im Widerspruch zu diesem Grundgesetz stünden, ihre Gültigkeit verlören.[4]

Seitdem war Park Chung Hee bis zu seiner Ermordung im Jahre 1979 die führende Figur der südkoreanischen Politik. Sein im Februar 1962 fertiggestelltes Buch: »Ein Weg für unser Volk«[5] vermittelt wichtige Einblicke in Motivation und Zielsetzungen des späteren Präsidenten. Park bekennt sich zwar theoretisch zu Wert und Würde der pluralistischen Demokratie, doch könne diese in den Traditionen und Entwicklungsprozessen Europas verwurzelte Staatsform nicht einfach durch bloße Nachahmung auf die koreanische Gesellschaft übertragen werden. In Korea sei die Voraussetzung für eine Demokratie noch nicht herangereift. Die vorschnelle Übernahme westlicher Modelle habe zu einem raschen Verfall der herkömmlichen Gesellschaftsstruktur geführt. In der Praxis habe sich »Bestechung, Verleumdung, Nepotismus und Günstlingswirtschaft« durchgesetzt. Zum Militärputsch führt Park aus: »Am Morgen des 16. Mai 1961 begannen die Revolutionsgruppen mit der Operation, in der alle alten Übel der Vergangenheit aus dem kranken Staatskörper entfernt werden sollten. Das Vaterland musste operiert werden, politische Wundermittel kamen zu spät, um den tödlichen Krebs zu heilen.«[6] Immer wieder wiederholt er den Vergleich zwischen Arzt und Patient. Der Arzt – in diesem Fall die Militärjunta – müsse die koreanische Politik und Gesellschaft von wuchernden Krebszellen der Korruption und des Kommunismus befreien, um das Ganze erhalten und heilen zu können. Demokratie als Ziel sei gegeben, doch werde es nicht als sklavische Imitation der Modelle fremder Kulturen und Staaten verstanden. Korea bedürfe einer »koreanisierten Demokratie«, die den geschichtlichen Voraussetzungen und vorhandenen Umständen des Landes und Volkes entsprechen und sich an einer zukunftsorientierten Politik des geistigen, sozialen und wirtschaftlichen Wiederaufbaus ausrichten müsse. Die Diktatur sei eine temporäre Operation. Das Endziel sei die Erneuerung und »Koreanisierung« der Demokratie in Korea.

Somit waren Motive und Ziele der primären Träger des Militärputsches, zumindest im Licht ihres Selbstverständnisses, offengelegt und klar definiert worden. Die entscheidende Frage aber lautete nun, wie Südkoreas neue Führungskräfte ihre Konzeptionen in die Wirklichkeit umsetzen würden. Bereits am 19. Juni 1961 erfolgte die Gründung einer Institution, die sich in Kürze und auf viele Jahre hin zur mächtigsten und am meisten gefürchteten Organisation im politischen System und öffentlichen Leben Südkoreas entwickeln sollte: der Koreanische Geheimdienst, abgekürzt KCIA (Korean Central Intelligence Agency). Der KCIA wurde laut Dekret dem Obersten Rat für Nationalen Wiederaufbau direkt unterstellt und bildete das kontrollierende und durchführende Organ aller südkoreanischen Geheimdienstaktivitäten im In- und Ausland. Zum Leiter des KCIA wurde Oberstleutnant – später General – Kim Jong Pil *(Kim Chong-p'il)* ernannt, der neben Park Chung Hee als einer der bedeutendsten Führer des Militärputsches betrachtet werden muss.

Anderthalb Jahre nach ihrer Machtergreifung legte die Militärjunta der Bevölkerung Südkoreas den Entwurf einer neuen Verfassung vor. Durch sie wurde das nach der Studentenrevolte von 1960 entstandene parlamentarisch-demokratische Kabinettsystem beseitigt und durch ein System mit starker Präsidialexekutive ersetzt. Der vom Volk direkt für eine Amtszeit von vier Jahren (einmalige Wiederwahl möglich) gewählte Präsident sollte laut Verfassungsentwurf als Staatsoberhaupt und Regierungschef fungieren.

Dieser Verfassungsentwurf wurde der südkoreanischen Bevölkerung am 17. Dezember 1962 zur Volksabstimmung vorgelegt und bei einer Wahlbeteiligung von etwa 86 Prozent mit 7,8 Millionen Stimmen gegen 1,9 Millionen angenommen. Die Verfassung trat am 26. Dezember 1962 in Kraft.[7] Die im In- und Ausland mit großer Spannung erwarteten ersten Präsidentschaftswahlen nach dieser neuen Verfassung fanden am 15. Oktober 1963 statt. An der Spitze der von Kim Jong Pil neu organisierten *Minjugonghwadang* (Demokratische Republikanische Partei – DRP) kandidierte Park Chung Hee, der zuvor den aktiven Militärdienst verlassen und die Nominierung zum Präsidentschaftskandidaten seiner Partei angenommen hatte. Als Gegenkandidat stand ihm der ehemalige Präsident Yun Po Sun *(Yun Po-sŏn)* gegenüber. In einem Wahlkampf, den ein UN-Beobachter als den ehrlichsten und friedlichsten seit Gründung der Republik Korea bezeichnete, gewann Park Chung Hee mit 46,7 Prozent der gültigen Stimmen nur knapp vor seinem Gegenkandidaten Yun, der 45,1 Prozent der gültig abgegebenen Stimmen auf sich ziehen konnte.[8]

Im Mai 1967 fanden in Südkorea Präsidentschaftswahlen statt, bei denen Park wieder als Sieger (51,4 Prozent) hervorging. Sein Hauptgegenkandidat war erneut Yun Po Sun (40,9 Prozent), den die aus der Fusion mehrerer kleinerer Parteien entstandene *Sinmindang* (Neue Demokratische Partei – NDP) vorgeschlagen hatte. Im Juni desselben Jahres fanden dann allgemeine Wahlen zur Nationalversammlung statt, bei denen die regierende Demokratische Republikanische Partei 13 Stimmen mehr erhielt, als zu einer verfassungsändernden Zweidrittelmehrheit notwendig war. Keine koreanische Partei hatte bis zu diesem Zeitpunkt eine derartig starke Mehrheit im Parlament gewinnen können. Unmittelbar nach der Wahl erhoben sich heftige Proteste wegen Wahlfälschungen und anderer Irregularitäten. Als Reaktion hierauf verfügte Präsident Park Chung Hee, das zehn Mandate seiner eigenen Partei und von fünf der Opposition ungültig seien. Gegen 50 Wahlmanager wurde Anklage erhoben. Durch die Neuwahlen für die umstrittenen Mandate verlor die Regierungspartei ihre Zweidrittelmehrheit und die Fähigkeit zu einer Verfassungsänderung, die zum Beispiel dem Präsidenten Park eine dritte Amtszeit hätte ermöglichen können.[9]

3 Die Vierte Republik

Zu Beginn der 1970er-Jahre wurde Südkorea von sozialen Unruhen erschüttert, die schwerwiegende politische Konsequenzen nach sich zogen. Nach den Präsidentschaftswahlen vom April 1971, bei denen Park Chung Hee gegen den Oppositionskandidaten Kim Dae Jung *(Kim Tae-jung)* nur knapp gewinnen konnte, kam es zu gewaltsamen Studentenunruhen im ganzen Land, zu deren Bekämpfung ab Oktober 1971 auch Militäreinheiten eingesetzt wurden. Allein in Seoul wurden sieben Universitäten besetzt, neun Hochschulen wurden zeitweilig geschlossen, 175 Führer der Studentenunruhen wurden relegiert und 12000 radikale Studenten zum Militärdienst eingezogen. Der Erklärung eines lokal differenzierten Belagerungszustandes am 15. Oktober 1971 folgte am 6. Dezember gleichen Jahres die Ausrufung des Staatsnotstandes durch die Regierung.[10]

In einer Rundfunkansprache vom 17. Oktober 1972 erklärte Präsident Park, die in Südkorea bestehende gesellschaftliche Unordnung und Ineffizienz erforderten Maßnahmen zur Neuordnung des Landes. Deshalb seien bestimmte Artikel der Verfassung suspendiert und die Tätigkeit der politischen Parteien wie auch sonstige politische Aktivitäten zeitweilig nicht zugelassen. Die Funktionen des Parlaments würden dementsprechend von einem Außerordentlichen Staatsrat wahrgenommen, der mit dem Kabinett der Regierung identisch sei. Geplante und in Kürze durchzuführende Änderungen der Verfassung hätten das Ziel, die friedliche Wiedervereinigung Koreas zu erleichtern, wobei diese Verfassungsänderungen durch eine Volksabstimmung zu beschließen seien. Schon wenige Tage später, am 27. Oktober, wurde der stark veränderte Inhalt der Staatsverfassung der Öffentlichkeit vorgelegt.

Mit dem Inkrafttreten der neuen Verfassung am 27. Dezember 1972 (»Yusin-Verfassung«) begann in Südkorea die Ära der Vierte Republik. Aber auch in den folgenden beiden Jahren sollte sich die Verknüpfung krisenhafter Ereignisse in den Bereichen der Innen- und der Außenpolitik fortsetzen. Weltweites Aufsehen erregte im August 1972 die offensichtlich vom südkoreanischen Geheimdienst KCIA inszenierte Entführung des populären Oppositionspolitikers Kim Dae Jung, der trotz mancher Behinderungen der Opposition bei den Präsidentschaftswahlen des Jahres 1971 landesweit 44 Prozent der Stimmen und in der Hauptstadt Seoul sogar 58 Prozent hatte erzielen können. Zur Zeit der Erneuerung der südkoreanischen Verfassung befand sich Kim Dae Jung in Japan, wo er versuchte, durch Reden, Massenversammlungen und Interviews mit koreanischen und ausländischen (insbesondere japanischen und amerikanischen) Journalisten und Wissenschaftlern die öffentliche Meinung gegen Park Chung Hee und seinen autoritären Regierungskurs zu mobilisieren. Fünf Tage nach seiner Entführung aus einem Hotel in Tokyo wurde der ehemalige Präsidentschaftskandidat der Neuen Demokratischen Partei in der Nähe seines Hauses in Seoul wieder auf freien Fuß gesetzt. Die japanische Regierung reagierte mit scharfen Protestnoten, in denen die sofortige Rückkehr Kim Dae Jungs nach Japan gefordert wurde. Auch in japanischen Tageszeitungen erhob sich ein Sturm der Kritik an Südkorea. Zwar entschuldigte sich Südkoreas Ministerpräsident Kim Jong Pil, der auch die Entlassung eines in die Entführung verwickelten südkoreanischen Diplomaten an der Botschaft in Tokyo veranlasste, gegenüber der japanischen Regierung. Doch im Herbst bildeten sich in Südkorea zahlreiche Studentendemonstrationen gegen den Geheimdienst und gegen die für Südkoreas Prestige abträgliche Gestaltung der Beziehung zu Japan. Auch verschiedene religiöse Führer beteiligten sich an den Protesten.

Im August 1974, eine Woche nach dem Mordanschlag eines nordkoreanischen Agenten, der dem Präsidenten gegolten, jedoch seine Frau getötet hatte, hob Park Chung Hee zwei Verordnungen des Ausnahmezustandes auf. Es waren dies einerseits das Verbot jeglicher oder indirekter Kritik an der neuen Verfassung, der sogenannten *Yusinhonbŏp* oder »Verfassung für revitalisierende Reformen«, sowie andererseits das bisherige Verbot von Opposition gegen die Regierung. Erhalten allerdings blieb das Damoklesschwert der Militärgerichte zur Aufrechterhaltung der öffentlichen Ordnung und die damit verbundene Möglichkeit von Verhaftungen ohne Haftbefehl.

Drei Jahrzehnte nach der Gründung der Republik erlebte Südkorea in den Jahren 1979 und 1980 die schwerste und gefährlichste Krise seiner innenpolitischen Entwicklung. Im Juni 1979 war Kim Young Sam *(Kim Yŏng-sam)* erneut zum Vorsitzenden der oppositionellen Neuen Demokratischen Partei gewählt worden und hatte die innenpolitische Repressionspolitik der Regierung im Parlament in schärfster Weise angegriffen. Die Regierung schlug zurück, indem sie die Zeitung seiner Partei, in welcher der Text dieser Rede zu lesen war, beschlagnahmen ließ. Ein Gerichtsverfahren enthob Kim Young Sam daraufhin des Vorsitzes seiner Partei, während die Regierung in einem weiteren Schritt Kim das Mandat in der Nationalversammlung am 4. Oktober entzog. Als Geste solidarischen Protests legten die anderen Abgeordneten seiner Partei ihre Mandate in der Nationalversammlung nieder. Die unter diesen Umständen bewirkte Entfernung der einzigen großen Oppositionspartei aus dem südkoreanischen Parlament bewirkte eine Eskalation studentischer Proteste, die bereits seit September stattgefunden hatten. Als nun Tausende von Studenten, unterstützt von zahlreichen Nichtstudenten, an der Universität in Pusan und wenige Tage darauf mit größerer Stärke in der Stadt Masan demonstrierten, verhängte die Regierung über beide Städte das Kriegsrecht und mobilisierte Armeeeinheiten, um die Ordnung wiederherzustellen.

Die Unruhen erregten internationale Aufmerksamkeit. Die amerikanische Regierung ließ seine Irritation über die sich häufenden Verletzungen bürgerlicher Rechte erkennen. Einige einflussreiche Berater Präsident Parks, darunter der frühere Ministerpräsident und KCIA-Chef Kim Jon Pil, rieten dringend zur Mäßigung. General Cha Ji Chul *(Ch'a Chi-ch'ŏl)*, der Sicherheitschef des Präsidenten, befürwortete jedoch Abschreckung durch Härte und den Einsatz von Militär gegen studentische und andere Demonstranten.

Am Abend des 26. Oktober schließlich wurde Präsident Park und General Cha vom Chef des KCIA, Kim Jae Kyu *(Kim Chae-gyu)*, beim Abendessen in einem Restaurant erschossen. Der Mörder behauptete, er habe Park und Cha getötet, um der koreanischen Demokratie eine neue Chance zu geben. Anschließend habe Kim vergeblich versucht, die Unterstützung südkoreanischer Generäle für eine Änderung des politischen Systems zu gewinnen, bevor er sich selbst den Behörden gestellt habe.[11] Die 18-jährige Regierungszeit Park Chung Hees endete so mit einer Krise, die das Land in seinen Grundfesten erschütterte. Nach der Ermordung des Präsidenten kam es erneut zu schweren Turbulenzen mit bewaffneten Aufständen und deren Niederschlagung, die ihren tragischen Höhepunkt im sogenannten Kwangju-Massaker vom Mai 1980 fanden.[12] Die Unruhen, die sich auf insgesamt 19 Städte ausgeweitet hatten, konnten nur mithilfe des verschärften militärischen Ausnahmezustandes von einer Militärjunta unter Führung des Generals Chun Doo Hwan *(Chŏn Tu-hwan)* gewaltsam zum Stillstand gebracht werden. Ende Mai 1980 konstituierte sich die Militärjunta zu einem »Nationalen Sicherheitsrat« von 25 Personen, in dem die Berufsmilitärs die Mehrheit hatten. Nach seiner Konstituierung demonstrierte der neue Nationale Sicherheitsrat, dass er gesonnen war, die erschütterte gesellschaftspolitische Ordnung im Land mit eiserner Hand wiederherzustellen.

4 Die Fünfte Republik

Bevor er sich am 27. August 1980 ohne Gegenkandidat von dem seit der Yusin-Reform von 1972 bestehenden Wahlmännergremium ohne Gegenstimme zum Präsidenten der Republik Korea wählen ließ, stellte sich Chun Doo Hwan einem Presseinterview. Hierbei erklärte er, Südkoreas Politik habe mit dem Tod Park Chung Hees die tragende Säule seiner Macht verloren und verhalte sich seither wie ein aufgestiegener Papierdrachen, der von Windböen hin- und hergerissen werde. Die Wiederherstellung klarer, starker Ordnung sei daher die Forderung des Tages gewesen. Nach seinen Zielen gefragt, antwortete Chun, er erstrebe einen »demokratischen Wohlfahrtsstaat« im Rahmen einer »koreanisierten Demokratie«. Ähnlich wie sein Vorgänger argumentierte Chun, die südkoreanische Demokratie könne nicht den gleichen Reifegrad haben wie die der westlichen Gesellschaftssysteme mit ihrer christlichen Kulturbasis und mit ihren langen Traditionen demokratischer Praxis. Daher sei es für die Koreaner als Angehörige des ostasiatischen Kulturkreises unzulässig, die westliche Form der Demokratie unhinterfragt zu imitieren.[13]

Von nun an erfolgte Zug um Zug die schnelle Neustrukturierung des südkoreanischen Systems. Der Entwurf einer neuen Verfassung wurde der Wählerschaft vorgelegt, die sie in einer Volksabstimmung am 22. Oktober 1980 mit 91,6 Prozent der gültig abgegebenen Stimmen billigte. Auf der Basis der neuen Verfassung kam es bereits im Februar 1981 zur erneuten Präsidentschaftswahl, in der Chun Doo Hwan von 90 Prozent der Stimmen des zuvor vom Volk gewählten Wahlmännergremiums zu seinem eigenen Nachfolger gewählt wurde. Der Gegenkandidat mit der nächstgrößten Stimmenanzahl erhielt nur 7,6 Prozent der Wahlmännerstimmen. Anlässlich seiner Amtseinführung erließ Chun eine selektive politische Amnestie für etwa 5 000 in Haft befindliche Koreaner.

Chun Doo Hwans erfolgreiche Übernahme der Macht war im Schatten des Kriegsrechtes erreicht worden und unter Umständen, bei denen 560 bisher prominente Politiker vom politischen Leben ausgeschlossen waren. Zu ihnen gehörten die »drei Kims«, die später bei den Präsidentschaftswahlen 1987 wieder eine Rolle spielen sollten: Kim Dae Jung, der Gegenkandidat Parks von 1971 war des Hochverrats angeklagt worden; Kim Young Sam, der Führer der oppositionellen Neuen Demokratischen Partei hatte sich im August 1980 aus der Politik zurückgezogen; und der ehemalige Geheimdienstchef Kim Jong Pil, der ebenfalls zeitweilig verhaftet worden war. Kim Young Sam vertrat die Ansicht, Chun Doo Hwans Kontrolle über das Land sei noch wirksamer als diejenige seines Vorgängers Park. Für die Opposition gebe es keine echte Chance. Eine Demokratisierung des Landes setze jedoch unter anderem einen Verzicht der Streitkräfte auf Einmischung in politische Angelegenheiten voraus.[14]

Die Wahlen zur südkoreanischen Nationalversammlung im Februar 1985 fanden im Vorfeld großer anstehender Ereignisse statt: In Aussicht standen die Asiatischen Spiele des Jahres 1986 und die Olympischen Spiele 1988, die beide erstmals in Korea ausgetragen werden sollten, sowie das Ende der siebenjährigen Amtszeit von Präsident Chun Doo Hwan 1988 – verbunden mit der existenziellen Frage, wie sich Südkoreas innenpolitisches System nach diesem Zeitpunkt weiterentwickeln würde. Bei einer gesteigerten Wahlbeteiligung von 84,2 Prozent errang die regierende *Minjujŏngŭidang* (Demokratische Gerechtigkeitspartei – DGP) mit 35,4 Prozent der Stimmen und 148 (von insgesamt 276) Sitzen bei einem Verlust von drei Sitzen erneut eine knappe absolute Mehrheit im Parlament. Zur stärksten Oppositionspartei hatte sich die erst kurz zuvor von den zwei wichtigsten Oppositionsführern – Kim Young Sam und Kim Dae Jung – gegründete *Sinhanmindang* (Neue Demokratische Partei Koreas – NDKP) entwickelt. Beide Politiker durften sich am Wahlkampf nicht beteiligen, sondern befanden sich unter Hausarrest. Die erst wenige Wochen alte Partei konnte dennoch 29,2 Prozent der Stimmen und damit 67 Sitze in der Nationalversammlung gewinnen. Hingegen verringerte sich die Stärke der oppositionellen *Han'gukminjudang* (Demokratischen Partei Koreas – DPK) im Vergleich zu 1981 fast um die Hälfte. Sie erhielt nur 19,7 Prozent der Stimmen und 35 Sitze.[15]

Der als radikal geltende, jedoch um ein moderateres Image bemühte Kim Dae Jung kommentierte, das Wahlergebnis habe den Wunsch der Wähler nach mehr Demokratie zum Ausdruck gebracht. Seine Partei schlage der Regierung in der neuen Lage zwar Gespräche vor, werde aber in der Frage der anzustrebenden neuen demokratischen Ordnung keine Kompromisse schließen. Präsident Chun signalisierte Gesprächsbereitschaft.[16] Im Juni 1986 entstand ein von der Nationalversammlung ernanntes Sonderkomitee zur Verfassungsreform. Im Brennpunkt seiner Debatten standen drei Modelle: erstens das Modell der Präsidialdemokratie, jedoch mit einem vom Volk gewählten Präsidenten, zweitens eine Form des parlamentarischen Kabinettsystems und drittens eine Kombination aus beiden vorgenannten Systemen.

Das Jahr 1987 ist als eines der Schicksalsjahre in die politische Geschichte des koreanischen Volkes eingegangen. Präsident Chun plädierte in einer über alle Fernsehstationen ausgestrahlten Ansprache vom 13. April dafür, die mit viel Leidenschaft ausgetragenen Debatten über die Verfassungsreform erst nach der Olympiade in Seoul im kommenden Jahr 1988 fortzusetzen. Auf jeden Fall wolle er aber fristgemäß vor Beginn der Olympiade sein Präsidentenamt am 24. Februar 1988 niederlegen und einen Nachfolger einführen. Das bedeutete aber, dass die noch im gleichen Jahr (1987) fälligen Präsidentschaftswahlen noch nach den Bestimmungen der alten Verfassung nicht vom Wählervolk, sondern von einem Wahlmännergremium von etwa 5000 Personen vorgenommen werden sollten. Mit der Olympiade rücke, so Chun weiter, Südkorea wie nie zuvor ins Zentrum der Weltöffentlichkeit und man könne es sich nicht leisten, vor dieser das Bild einer total zerstrittenen Gesellschaft abzugeben.[17]

5 Die Sechste Republik

Im gleichen Monat wurde Südkorea von außergewöhnlich heftigen Demonstrationen erschüttert. In 20 Städten Südkoreas verhaftete die Polizei insgesamt 3854 Dissidenten. Aufgrund des Einsatzes von Molotowcocktails seitens der Demonstranten brannten in Seoul Polizeifahrzeuge und Busse aus. Die Polizei sprach von 18550 Demonstranten, eine Schätzung, die von den Medien für zu niedrig gehalten wurde. Sie verschanzten sich unter anderem in der katholischen Myŏngdong-Kathedrale im Zentrum von Seoul, die sie ganze sechs Tage lang besetzt hielten. Der Oppositionspolitiker Kim Young Sam erklärte angesichts der Ereignisse, Südkorea stehe vor einem historischen Wendepunkt. Die Dimension der Demonstrationen gegen die Regierung überträfe sogar das Potenzial der Revolution von 1960. Die Auslandspresse berichtete, seit dem 10. Juni habe sich die Anzahl der Protestkundgebungen auf 690 erhöht, an ihnen hätten fast eine halbe Million Studenten teilgenommen.

Am 29. Juni gab der Parteivorsitzende der Regierungspartei und designierte Präsidentschaftskandidat Roh Tae Woo *(No T'ae-u)* ein 8-Punkte-Programm bekannt, in dem er die Opposition durch die Übernahme fast aller ihrer wesentlichen Forderungen argumentativ entwaffnete. Er glaube zwar immer noch, das parlamentarische Regierungssystem sei für Südkorea geeigneter, wenn aber so viele Mitbürger es wollten, sei die Regierungspartei bereit, das Präsidialsystem einschließlich einer Direktwahl des Präsidenten durch das Volk zu akzeptieren. Kim Dae Jung müsse amnestiert werden und seine bürgerlichen Rechte zurückerhalten. Die Grundrechte der südkoreanischen Bürger müssten in der neuen Verfassung wirksamer garantiert und die Pressefreiheit de jure und de facto besser abgesichert werden.

Vier Tage später ordnete Chuns Regierung für den 9. Juli die Entlassung von 2335 in Haft befindlichen Dissidenten und die Wiederherstellung ihrer Bürgerrechte an. Auch Kim Dae Jung erhielt tatsächlich seine Freiheit und alle seine Rechte zurück. Einer Forderung Kim Young Sams entsprechend begann im Juli die Endrunde der Verhandlungen um Art und Inhalt der neuen südkoreanischen Verfassung. In der erstaunlich kurzen Zeit bis zum 31. August einigten sich die Regierungspartei und die von Kim Young Sam und Kim Dae Jung neu gegründete Demokratische Wiedervereinigungspartei auf den Entwurf einer neuen Verfassung. Die faktische Kompromissbereitschaft beider Seiten hatte wesentlich zur relativ schnellen Schaffung des neuen Verfassungswerkes beigetragen.

Da beide Parteien zusammen mehr als zwei Drittel aller Parlamentssitze innehatten, wurde der Entwurf von der Nationalversammlung ohne weitere Schwierigkeiten angenommen und den Bürgern Südkoreas am 27. Oktober 1987 zur Volksabstimmung vorgelegt. Bei einer Wahlbeteiligung von 78,2 Prozent der 25,6 Millionen wahlberechtigten Bürger wurde die neue Verfassung mit 93,3 Prozent der gültig abgegebenen Stimmen angenommen.[18] Bedenkt man zusätzlich, dass die Verfassung, wie dargestellt, ein Gemeinschaftsprodukt von Regierung und Opposition war, so lässt sich sagen, dass sie eine stärkere demokratische Legitimation erhielt als die meisten in Kraft befindlichen Verfassungen anderer Staaten der gegenwärtigen Weltgemeinschaft.

Die Präsidentschaftswahlen vom 16. Dezember 1987 beinhalteten ein tragisches Element, denn die führenden Oppositionskräfte, die nach jahrelanger Verfolgung oder Behinderung die sich in der neuen Verfassung niederschlagende Demokratisierung des Landes durchgesetzt hatten, gingen einer – von Beobachtern bereits vorausgesagten – Niederlage entgegen. Der Grund hierfür war, dass die beiden Führer der größten Oppositionspartei (*T'ongliminjudang*; Demokratische Wiedervereinigungspartei – DWP), Kim Young Sam und Kim Dae Jung, sich nicht darüber einigen konnten, wer Präsidentschaftskandidat ihrer Partei werden sollte. Als die Stimmen nach dem 16. Dezember 1987 ausgezählt waren,[19] ergab sich folgendes Resultat: Roh Tae Woo, der Kandidat der Regierungspartei hatte 35,9 Prozent, Kim Young Sam 27,5 Prozent, Kim Dae Jung 26,5 Prozent, Kim Jong Pil 7,9 Prozent und ein fünfter Kandidat 0,2 Prozent der Stimmen erhalten. Die vereinigten Kräfte der ehemals größten und dann kurz vor den Wahlen geteilten Oppositionspartei hätten 54 Prozent der Stimmen und damit die absolute Mehrheit erhalten können, wäre es hinsichtlich der Kandidatur zwischen den beiden Kims zu einer Einigung gekommen. So aber hatte der Kandidat der Regierungspartei mit einer nur relativen Mehrheit die Position im Lande gewonnen, für welche die Verfassung die größte Fülle an politischer Macht vorsah.

Bei den Wahlen zur Nationalversammlung erhielt die regierende Demokratische Gerechtigkeitspartei lediglich 33,7 Prozent der Stimmen, was nach dem neuen Wahlgesetz zu einem Gewinn von 125 von insgesamt 299 Sitzen im Parlament führte. Damit verlor sie die absolute Mehrheit. Kim Dae Jungs Partei für Frieden und Demokratie gewann 23,6 Prozent der Stimmen und 70 Mandate. Die ersten beiden landesweiten Wahlen nach der Annahme der neuen Verfassung bedeuteten für Südkorea, dass das Land von einem Präsidenten mit einer Minderheitsregierung gelenkt werden musste. Manche Beobachter meinten, der eigentliche Sieger der Parlamentswahlen sei der Führer der kleinsten Oppositionspartei Kim Jong Pil, da seine Partei nach den neuen Mehrheitsverhältnissen im Parlament als entscheidendes Zünglein an der Waage zwischen Regierungspartei und den beiden größten Oppositionsparteien fungieren könne.[20] Tatsächlich spielte Kim Jong Pil in den folgenden 17 Jahren mit seiner Partei in der Politik des Landes eine prägende bzw. bei den Wahlen Kim Young Sams (1992) und Kim Dae Jungs (1997) zum Präsidenten eine entscheidende Rolle. Sein Rückzug aus der Politik nach dem missglückten Amtsenthebungsverfahren gegen den reformerischen Präsidenten Roh Moo Hyun *(No Mu-hyŏn)* im Jahr 2004 läutete das Ende der »Zeit der Drei Kims« ein.

Literatur

Kindermann, Gottfried-Karl, Der Aufstieg Koreas in der Weltpolitik. Von der Landesöffnung bis zur Gegenwart, München 2005.

Cumings, Bruce, Korea's Place in the Sun. A Modern History, New York/London 1997.

Kim, Se Jin, The Politics of Military Revolution in Korea, Chapel Hill 1971.

Kim, Sunhyuk, The Politics of Democratization in Korea (Political Science), Pittsburgh 2000.

Anmerkungen

* Dieser Artikel ist eine Zusammenfassung von Teilen meines Buches *Der Aufstieg Koreas in der Weltpolitik* (München 2005).

1 Richard C. Allen, Korea's Syngman Rhee. An Unauthorized Portrait, Rutland, Vermont 1960, S. 264–271; Robert T. Oliver, Syngman Rhee. The Man behind the Myth. New York 1954, S. 105–106; zum Vergleich siehe auch die stark kritischen, wenn auch nicht unrealistischen Kommentare von Bruce Cumings, The Origin of the Korean War, Vol. 2: The Roaring of the Cataract 1947–1950, Princeton 1990, S. 223–234.

2 Allen (wie Anm. 1), S. 205–207, und Andrew Nahm, Korea – Tradition and Transformation. A History of the Korean People, Seoul 1991, S. 432–433.

3 Nahm (wie Anm. 2), S. 433–434.

4 Zu den südkoreanischen Entwicklungen vom Frühjahr bis zum Sommer 1961 siehe Se Jin Kim, The Politics of Military Revolution in Korea, Chapel Hill 1971, S. 103–105, und Archiv der Gegenwart, hrsg. von Heinrich von Siegler, Jahrgang 31 (1961), Bonn, 24. (S. 9106) und 30. Mai (S. 9121) sowie 9. Juli (S. 9211).

5 Chung Hee Park, Ein Weg für unser Volk, Seoul 1964.

6 Ebd., S. 193–194.

7 Archiv der Gegenwart (wie Anm. 4), 26. Dezember 1962, S. 10327–10328; vgl. auch Tuk Chu Chon, Südkorea in der geteilten Welt, 1961–1976, München 1977, S. 69–70, und Chong-Sik Lee, Korea: In Search of Stability, in: Asian Survey, 4 (1964) 1, A Survey of Asia in 1963, Part 1, S. 660–661.

8 Tabellen mit einer Aufgliederung der Wahlresultate sowohl der Präsidentenwahlen vom Oktober 1963 als auch der Wahlen zur Nationalversammlung vom November 1963 in Kim (wie Anm. 4), S. 122 und 123. Siehe auch Kommentar von C. I. Eugene Kim, Significance of the 1963 Korea Elections, Asian Survey 4 (1964) 3, S. 765–773.

9 Archiv der Gegenwart (wie Anm. 4), 6. Juli 1967, S. 13283, und 5. Oktober 1967, S. 13 448. Siehe ferner Soon Sung Cho, Korea: Election year, in: Asian Survey, 8 (1968) 1, S. 29–37, sowie Kommentare und Statistiken zur Wahl von 1967 in Koreana Quarterly 5 (1967) 2, S. 60–84 und S. 151–156.

10 Zu den sozialen Unruhen in Südkorea im Jahre 1971 siehe: Asia 1972 Yearbook, 1973, S. 293–294. Siehe auch Chon (wie Anm. 7), S. 83–86, und Chae Jin Lee, Political Competition and Government Adaption, in: Asian Survey, 12 (1972) 1, S. 40–43.

11 Zum Mord an Präsident Park siehe: Archiv der Gegenwart (wie Anm. 4), 8.-12. November 1979, S. 23043–23045, fernerhin Frankfurter Allgemeine Zeitung, 29. Oktober 1979, New York Times, 17. Dezember 1979, und Lee Chong Sik, South Korea 1979: Confrontation, Assassination and Transition, in: Asian Survey, 20 (1980) 1, A Survey of Asia in 1979, Part 1, S. 63–70.

12 In der 200 km südlich von Seoul gelegenen Stadt Kwangju war es ab dem 18. Mai zu bürgergriegsähnlichen Kämpfen zwischen Demonstranten auf der einen und Polizei und Militär auf der anderen Seite gekommen. In den Morgenstunden des 27. Mai setzten Militäreinheiten zum Sturm auf die Stadt an, bei dem nach offiziellen Angaben 170 Menschen getötet und 1 740 verhaftet wurden.

13 Voller Wortlaut des Interviews von Chun Doo Hwan mit der Tageszeitung *Kyunghyangsinmun* in: Korea Herald, 12. August 1980.

14 Bericht über ein Interview mit Kim Young Sam in der New York Times, 25. März 1981.

15 Das damals geltende Wahlrecht bevorzugte starke Parteien, während es schwachen oder neuen Parteien erschwert wurde, gemäß ihres Stimmenanteils entsprechende Sitze im Parlament zu erhalten. Siehe hierzu »Das Wahlsystem Südkoreas« in diesem Band.

16 Zu den Wahlen zur Nationalversammlung vom Februar 1985 siehe C. I. Eugene Kim, South Korea in 1985, in: Asian Survey, 26 (1986) 1, S. 69–71; siehe ferner B. C. Koh, The 1985 Parliamentary Election in South Korea, in: Asian Survey, 25 (1985) 9, S. 883–897; und Archiv der Gegenwart (wie Anm. 4), 12. Februar 1985, S. 28473–28474.

17 Ansprache Chuns vom 13. April 1987. Siehe Archiv der Gegenwart (wie Anm. 4), 13. April 1987, S. 30969–30970.

18 Korea Herald, 28. Oktober 1987.

19 Die Wahlbeteiligung lag bei 83,2 Prozent der Stimmberechtigten.

20 Neue Zürcher Zeitung, 29. April 1988, und Frankfurter Allgemeine Zeitung, 28. April 1988.

Patrick Köllner, Patrick Flamm und Philipp Olbrich

Das politische System Südkoreas seit der Demokratisierung

Südkoreas Übergang von der Autokratie zur Demokratie vollzog sich Ende der 1980er-Jahre im weltweiten Kontext der sogenannten Dritten Welle der Demokratisierung. Während etwa die Erfahrungen in anderen ostasiatischen Staaten wie den Philippinen und Thailand zeigen, dass Demokratisierungsprozesse durchaus umkehrbar sein können bzw. dass es zu Rückschritten, z. B. in Form der (Wieder-)Einschränkung politischer Freiheitsrechte kommen kann, steht Südkorea, zusammen mit Taiwan und der noch jüngeren Demokratie in Indonesien im ostasiatischen Kontext für einen eben nicht selbstverständlichen politischen Entwicklungsprozess, der tatsächlich durch eine Festigung der Demokratie gekennzeichnet ist. Obgleich die Politikwissenschaft keinen »harten«, zeitlich bemessenen Indikator für die Konsolidierung einer Demokratie kennt, ist es doch bemerkenswert, dass die Republik Korea nicht nur seit nunmehr fast 25 Jahren mit der 1988 eingeführten demokratischen Verfassung operiert, sondern auch seine Bürger seither stets mit klarer Mehrheit die Demokratie allen anderen Formen politischer Herrschaft vorgezogen haben[1] – auch wenn sie nicht, und dies im zunehmenden Maße, mit der konkreten demokratischen Praxis und den existierenden politischen Akteuren zufrieden sind.[2]

Auch ist bemerkenswert, dass Südkoreas Demokratie inzwischen nicht nur unbeschadet eine große Wirtschaftskrise – die sogenannte Asienkrise 1997/98 – überstanden hat, sondern auch bereits zwei substanzielle, jeweils richtungsändernde Regierungswechsel erlebt und überlebt hat: zunächst 1998 den Wechsel im Präsidentenamt hin zu einem »progressiven« Amtsinhaber (Kim Dae Jung; *Kim Tae-jung*) und zehn Jahre später mit dem Amtsantritt von Präsident Lee Myung Bak *(Yi Myŏng-bak)* die Rückkehr des konservativen Lagers. Diese Machtwechsel erfolgten friedlich und geordnet und signalisierten deutlich die Stabilität demokratischer Spielregeln in Südkorea. Im Folgenden soll auf die institutionellen und prozessualen Dimensionen des politischen Systems Südkoreas seit der Demokratisierung Ende der 1980er-Jahre fokussiert werden. Dabei wird zunächst auf die verfassungsmäßig festgelegte Regierungsform sowie weitere konstitutionelle Grundlagen des politischen Systems eingegangen, bevor die Staatsorganisation und Verwaltung auf den verschiedenen Ebenen erläutert und schließlich ein Blick auf das Justizwesen geworfen wird.

1 Konstitutionelle Grundlagen des Regierungssystems

Der Präsident im Kontext der Exekutive

Südkorea weist wie auch eine Reihe anderer Staaten in Asien, z.B. Indonesien und die Philippinen, ein präsidentielles Regierungssystem auf. Der Präsident wird für fünf Jahre direkt vom Volk gewählt (aktives Wahlrecht ab 20, passives Wahlrecht ab 40 Jahren) und ist diesem verantwortlich. Anders als vor 1988 ist eine Wiederwahl nach Ablauf der Amtsperiode nicht möglich (Artikel 70 der Verfassung), was die Konzentration politischer Macht in einer Person zumindest in zeitlicher Hinsicht begrenzt. Seit 1987 waren in Südkorea sieben Staatspräsidenten an der Macht (vgl. *Tabelle*).

Der Präsident repräsentiert als Staatsoberhaupt die Republik Korea gegenüber dem Ausland, ihm obliegt die »Verantwortung und die Verpflichtung, die Unabhängigkeit, die territoriale Unversehrtheit und die Kontinuität von Staat und Verfassung« zu schützen, sowie die Pflicht, »die friedliche Vereinigung des Heimatlandes in aufrichtiger Weise« voranzutreiben. Der Präsident steht zudem der Exekutive vor, die für die Staatsgeschäfte verantwortlich zeichnet (Art. 66, eigene Übersetzung).[3] Anders als in parlamentarischen Regierungssystemen, die in Asien etwa in Japan oder Indien existieren, kann in präsidentiellen Regierungssystemen der Chef der Exekutive nicht auf Basis eines erfolgreichen Misstrauensantrages im Parlament aus dem Amt gedrängt werden. Dies ist nur per Amtsenthebungsverfahren möglich, welches allerdings nur bei Verstößen gegen Verfassung oder Gesetze bei der Ausübung seines Amtes und nicht aus rein politischen Gründen angestrengt werden darf. Die Hürden für ein Amtsenthebungsverfahren sind zudem vergleichsweise hoch: Zur Initiierung wird ein Drittel der Parlamentarier benötigt, der Amtsenthebung selbst müssen zwei Drittel der Parlamentarier zustimmen und diese Entscheidung muss nachfolgend vom Verfassungsgericht bestätigt werden (Art. 65 und 111).

Südkorea weist ein im internationalen Vergleich starkes präsidentielles Regierungssystem auf, das durch umfangreiche Rechte des Amtsinhabers bei gleichzeitig nur wenigen verfassungsmäßig vorgesehenen Vetoakteuren

Tab.: Südkoreas Staatspräsidenten seit 1987

Staatspräsident	Amtszeit	Wichtige Entwicklungen, Ereignisse und Leistungen
Roh Tae Woo *(No T'ae-u)*	Februar 1988 bis Februar 1993	• Erster friedlicher Machtwechsel seit der Staatsgründung • Seoul als Ausrichter der Olympischen Spiele 1988 • Distributive Politik und hohe Lohnzuwächse • »Nordpolitik«: Diplomatische Annäherung an ehemalige kommunistische Staaten und Verbesserung der Wirtschaftsbeziehungen zu Nordkorea
Kim Young Sam *(Kim Yŏng-sam)*	Februar 1993 bis Februar 1998	• Erster Zivilist als Präsident • Ausschaltung des politischen Einflusses des Militärs und Verurteilung der früheren Präsidenten Roh Tae Woo und Chun Doo Hwan wegen Hochverrat und Korruption • Politik der »Globalisierung«: Mitgliedschaften in WTO (1995) und OECD (1996) führen zu Anpassungen an globale Standards. • Einführung kommunaler Selbstverwaltung in Form von Wahlen auf lokaler und regionaler Ebene
Kim Dae Jung *(Kim Tae-jung)*	Februar 1998 bis Februar 2003	• Beitrag zur nationalen Versöhnung durch Begnadigung der ehemaligen Präsidenten Roh und Chun • Annäherung gegenüber Nordkorea (»Sonnenscheinpolitik«) führt zu erstem innerkoreanischen Gipfel, wofür Kim Dae Jung den Friedensnobelpreis erhält. • Reformen des Finanzmarkts, des öffentlichen Sektors sowie des Unternehmens- und Arbeitsrechts tragen zur Überwindung der Asienkrise bei. • Einführung universeller Sozialversicherungssysteme
Roh Moo Hyun *(No Mu-hyŏn)*	Februar 2003 bis Februar 2008	• Einbindung von Zivilgesellschaft(-sorganisationen) in politische Strukturen • 2004 Amtsenthebung durch das Parlament (vom Verfassungsgericht jedoch annulliert) • Fortsetzung Annäherungspolitik gegenüber Nordkorea • Unterzeichnung Freihandelsabkommen mit den USA • Verstärkung Entwicklungszusammenarbeit und Auslandseinsätze des südkoreanischen Militärs
Lee Myung Bak *(Yi Myŏng-bak)*	Februar 2008 bis Februar 2013	• Massendemonstrationen im ersten Amtsjahr nach Genehmigung der Wiedereinfuhr von US-Rindfleisch • »Green Growth«-Strategie (»grüne« Industrien und Technologien als Wachstumsmotoren) • Ratifizierung Freihandelsabkommen mit EU und USA • Harte Linie gegenüber Nordkorea • Aktive, global orientierte Außenpolitik (»Global Korea«, u.a. Ausrichter des G20-Gipfels 2010 sowie anderer großer internationaler Konferenzen)
Park Geun Hye *(Pak Kŭn-hye)*	Seit Februar 2013	• Untergang der Fähre Sewol (mit über 300 Toten) • Neujustierung der Nordkoreapolitik (Dresdner Erklärung)

Quelle: Eigene Zusammenstellung.

gekennzeichnet ist. Der südkoreanische Staatspräsident ist zuständig für höchste Staatsangelegenheiten wie die Ratifizierung von Verträgen (die ebenso der Zustimmung durch das Parlament bedürfen), Kriegserklärungen und Friedensabschlüsse. Der Präsident, der von einem Nationalen Sicherheitsrat beraten wird, ist auch Oberkommandierender der Streitkräfte und kann in Ausnahmefällen Notstandsmaßnahmen veranlassen, die allerdings nachfolgend vom Parlament bestätigt werden müssen. Er kann zudem das Kriegsrecht ausrufen, das jedoch nicht gegen den Willen des Parlaments aufrechterhalten werden kann. Der Staatspräsident darf Amnestien erlassen (wovon auch regelmäßig, insbesondere aus Anlass des Unabhängigkeitstages Gebrauch gemacht wird) und Auszeichnungen verleihen. Während seiner Amtszeit genießt der Präsident Immunität (Art. 73, 74, 76, 77, 79, 80, 84 und 91).

Von größerer Bedeutung für das allgemeine Regierungshandeln sind die gesetzgeberischen Möglichkeiten sowie Ernennungsrechte. Der Staatspräsident verfügt laut Verfassung über die Prärogative bei Kabinettsbildungen, d. h. er nominiert und ernennt – mit Zustimmung des Parlaments – den Premierminister, welcher nach Artikel 87 den Staatspräsidenten bei der Ausübung der Staatsgeschäfte unterstützt, sowie (zumindest offiziell auf Empfehlung des Premierministers hin) die weiteren Mitglieder der Regierung (Staatsrat).

Artikel 87 der Verfassung erlaubt es dem Präsidenten auch, das gesamte Kabinett, den Premierminister oder aber einzelne Mitglieder des Staatsrates zu entlassen. Der Premierminister kann die Entlassung einzelner Minister lediglich empfehlen. Gleiches gilt für das Parlament bei der Entlassung des Premiers oder einzelner Kabinettsmitglieder. Letztendlich liegt es beim Präsidenten, ob er diesen Empfehlungen folgt oder nicht.

In der Praxis finden Veränderungen der personellen Zusammensetzung des Staatsrates relativ häufig statt. Kabinettsumbildungen im Jahresrhythmus sind nicht ungewöhnlich und viele Minister sind weniger als ein Jahr im Amt. Im Angesicht substanzieller Kritik an der Regierung werden Kabinettsänderungen oftmals durchgeführt, um den Druck von der Exekutive zu nehmen und/oder um der Regierung einen »frischen Anstrich« zu geben. Auch Premierminister sind nicht davor gefeit, bei Bedarf zum »Bauernopfer« zu werden.

Nicht unwichtig sind auch die weiteren Ernennungsrechte des Präsidenten: Jeweils mit Zustimmung des Parlaments ernennt er die Vorsitzenden Richter am Obersten Gerichtshof und des Verfassungsgerichtes sowie den Vorsitzenden des Nationalen Rechnungshofes, einer weiteren einflussreichen Kontrollinstanz im Institutionengefüge. Zudem kann der Präsident bis zu drei der neun Richter des Verfassungsgerichtes sowie drei der neun

Mitglieder der Zentralen Wahlaufsichtsbehörde direkt ernennen (Art. 98, 104, 111, 114).

Die verfassungsmäßig gewollt starke Stellung des Präsidenten unterstreicht auch die Tatsache, dass nicht der Premierminister, sondern der Präsident selbst dem Staatsrat vorsteht, welcher formal das oberste Diskussions- und Entscheidungsforum der Exekutive bildet (Art. 86–89). Hier werden unter anderem Haushalts- und Gesetzentwürfe auf den Weg gebracht. Umgekehrt kann der Staatspräsident auch Gesetzentwürfe, die vom Parlament verabschiedet wurden, in Gänze (nicht in Teilen) per Veto blockieren. Dieses Veto kann nur überstimmt werden, wenn in einer zweiten Lesung des fraglichen Gesetzes diesem zwei Drittel aller Parlamentarier zustimmen (Art. 53).

Neben den Gesetzgebungskompetenzen verfügt der Staatspräsident auch über die Möglichkeit, Verordnungen zu erlassen (Art. 75). In der Praxis ist dies nicht zuletzt in Zeiten, in denen es dem Präsidenten an einer eigenen Mehrheit im Parlament mangelt, von Bedeutung. Ebenso kann er »wichtige Politiken, welche die Diplomatie, die Nationale Verteidigung, die Vereinigung und andere Angelegenheiten, die das nationale Schicksal betreffen« der Bevölkerung in Form eines Referendums vorlegen (Art. 72). Allerdings hat bisher kein südkoreanischer Staatspräsident von diesem Recht Gebrauch gemacht. Weitere plebiszitäre Elemente sind mit Ausnahme von Verfassungsänderungen, die in Artikel 128 bis 130 geregelt sind und einer Zweidrittelmehrheit im Parlament bedürfen, in der Verfassung nicht vorgesehen.

Während also der Präsident innerhalb der südkoreanischen Exekutive über eine substanzielle Machtposition verfügt, ist auch die Exekutive allgemein durch eine starke Stellung innerhalb des gesamten politischen Systems Südkoreas gekennzeichnet. Anders als etwa in der Bundesrepublik Deutschland oder den USA wird die Gestaltungsmacht der Exekutive nicht durch eine größere Zahl von konstitutionellen »Vetoakteuren« beschränkt. Neben dem Parlament hat sich in den letzten Jahren allenfalls das Verfassungsgericht einen Ruf als unabhängige Kontrollinstanz erworben (siehe dazu unten). »Parteiliche Vetoakteure« in Form von unverzichtbaren Koalitionspartnern, auf die bei der Formulierung und Umsetzung von Politiken Rücksicht genommen werden müsste, spielten angesichts der absoluten Seltenheit von Koalitionsregierungen in Südkorea bisher keine große Rolle.

Bei aller Stärke der Exekutive ist aber zu beachten, dass seit den späten 1990er-Jahren die vormals stark ausgeprägte Machtfülle des Präsidenten – in Südkorea auch unter dem Schlagwort »imperielle Präsidentschaft« bekannt – Einschränkungen erfahren hat. So hatten sowohl Roh Moo Hyun als auch Lee Myung Bak Schwierigkeiten, ihre Regierungsparteien zu kontrollieren, und konnten sich teilweise nicht auf eine eigene Mehrheit im Parlament stützen. Während sich Roh zudem einer kritischen Berichterstattung von Seiten der großen konservativen Tagespresse und anderer Medien gegenübersah, bekam Lee wiederholt bei einigen seiner politischen Maßnahmen und Pläne massiven Widerstand substanzieller Teile der Bevölkerung zu spüren. Schließlich ist auch das Parlament, auf das im Folgenden näher eingegangen wird, nicht mehr das simple Ratifizierungsgremium, das es einst war.

Abb. 1: Die Verfassungsorgane Südkoreas

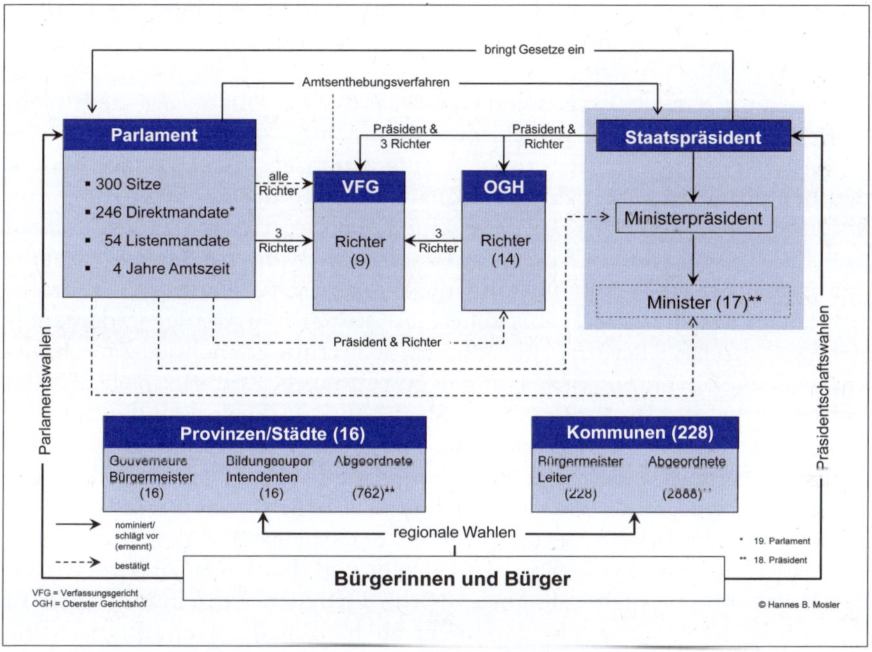

Die Nationalversammlung

Die Nationalversammlung besteht aus einer Kammer, die alle vier Jahre neu gewählt wird. Artikel 41 der Verfassung sieht vor, dass ihr nicht weniger als 200 Abgeordnete angehören sollen.[4] Im Rahmen der neuen Verfassung von 1987 kommen dem Parlament umfangreiche Kontrollrechte zu: Hierzu gehören neben parlamentarischen Anfragen auch Untersuchungen des Parlaments zu Staatsangelegenheiten und staatlichen Verwaltungsorganen (Artikel 61), Befragungen von Mitgliedern der Regierung (Interpellationen, Artikel 62), die Empfehlung der Entlassung des Ministerpräsidenten oder einzelner Minister (Artikel 63) und die Möglichkeit der Amtsenthebung des Staatspräsidenten, des Premierministers, von Ministern oder obersten Behördenchefs, Obersten Richtern und anderen öffentlichen Bediensteten aufgrund von Verstößen gegen die Verfassung oder Gesetze (Artikel 65). Das südkoreanische Parlament wirkt zudem auf die Staatsorganisation ein, indem es drei der jeweils neun Verfassungsrichter und Mitglieder des Zentralen Wahlaufsichtskomitees wählt (Artikel 111, Abs. 3 und Art. 114, Abs. 2). Die Nationalversammlung stimmt auch der Ernennung des Premierministers (Art. 86, Abs. 1), des Präsidenten des Verfassungsgerichtes (Art. 111, Abs. 4), des Präsidenten und der Richter am Obersten Gerichtshof (Art. 104, Abs. 1 und 2) und des Präsidenten des Rechnungshofes (Art. 98, Abs. 2) zu.

Insgesamt hat die Verfassung von 1987 das Parlament, das auch nicht mehr vom Präsidenten aufgelöst werden kann, deutlich gestärkt. Die gesetzgeberische Intensität des Parlamentsbetriebs ist zwischenzeitlich deutlich gewachsen, wie der sprunghafte Anstieg der zwischen 1988 und 2012 eingebrachten wie auch verabschiedeten Gesetze signalisiert. Zudem ist – gemessen am hohen Anteil der Gesetze, die während dieses Zeitraums von einzelnen Abgeordneten und nicht von der Regierung eingebracht worden sind – die gesetzgeberische Gestaltungfähigkeit der Parlamentarier gewachsen.[5] Allerdings gibt es auch weiterhin gewichtige Einschränkungen des Spielraumes der Nationalversammlung. Zum Beispiel kann das Parlament bei der Bestimmung des Staatshaushaltes lediglich die Beträge, welche die Regierung für einzelne Ausgabenposten vorsieht, reduzieren, jedoch nicht selbst neue Ausgabenposten hinzufügen oder die Ausgaben für existierende Haushaltsposten erhöhen. In der Praxis differieren die vom Parlament verabschiedeten Staatshaushalte im Durchschnitt denn auch nur um weniger als ein Prozent von den Haushaltsvorschlägen der Regierung.[6] Wichtiger noch als die formalen Einschränkungen ist aber die Tatsache, dass das Parlament auch nach der Demokratisierung Südkoreas im Wesentlichen ein »Arenenparlament« geblieben ist, in dem die Regierungs- und die Oppositionsparteien unversöhnlich aufeinanderprallen: Nicht das konstruktive Ringen um Lösungen in den einzelnen Ausschüssen und Debatten im Plenum, sondern beinahe permanente Konfrontation – einschließlich Oppositionsboykotten von Beratungen und Abstimmungen sowie zuweilen selbst handgreifliche Auseinandersetzungen – prägt die parlamentarische Praxis und führt immer wieder zu einem Stillstand der parlamentarischen Arbeit. Dass dies auch auf das Image der Nationalversammlung in Südkorea negativ abfärbt, kann daher nicht weiter überraschen.

2 Staatsorganisation und Verwaltung

Südkorea ist traditionell ein Einheitsstaat mit zentralisierter Verwaltungsstruktur. Bereits in der Zeit der Chosŏn-Dynastie war das Verwaltungssystem auf Kontrolle und Delegation von oben ausgelegt. Die Beamten mussten ihren Dienst im Rotationsprinzip an wechselnden Orten leisten, was einer regionalen Verwurzelung vorbeugen und damit die zentralstaatliche Kontrolle stärken sollte.[7] Diese zentralistische Organisation wurde unter der japanischen Kolonialregierung (1910–1945) noch gestärkt und später auch von der Republik Korea übernommen.

Der Beamtenapparat Südkoreas umfasste im Jahr 2004 ungefähr 915 000 Bedienstete, das sind ca. 18 Beamte auf 1 000 Einwohner. Im internationalen Vergleich ist dies eine recht niedrige Quote; die Bundesrepublik Deutschland beschäftigte z. B. im Jahr 2006 pro 1 000 Bürger ca. 48 Menschen im unmittelbaren öffentlichen Dienst.[8] Vergleicht man nur die Zahlen auf der obersten staatlichen Ebene so arbeiten in der föderalen Bundesrepublik Deutschland ca. 12 Prozent der Beamten auf Bundesebene (2006), gegenüber ca. 63 Prozent in der südkoreanischen Zentralverwaltung (2004). Allerdings ist bei diesem Vergleich zu beachten, dass ungefähr ein Drittel aller südkoreanischen Beamten im Bildungsbereich angestellt und Bildung in Südkorea ausschließlich zentralstaatlich organisiert ist. Ein größerer Teil der nationalen Ministerien sowie das Amt des Premierministers sind in der 2012 eröffneten Verwaltungsstadt Sejong, 120 Kilometer südlich von Seoul, untergebracht.

Die Struktur kommunaler Selbstverwaltung

Zu Zeiten der Chosŏn-Dynastie waren mit *hyangyak*, einem traditionellen System gesellschaftlicher Selbsthilfe, sowie *kye*, einem Kreditsystem, Vorformen lokaler Selbstverwaltung zumindest geduldet. Im autokratischen Südkorea der Nachkriegszeit war jedoch eine kommunale Selbstverwaltung im Sinne unabhängiger Entscheidungshoheit von kommunalen Regierungsstrukturen de facto nicht vorhanden und in der diktatorischen Yushin-Verfassung von 1972 durch einen Verfassungszusatz sogar bis zur Wiedervereinigung mit dem Norden aufgehoben.[9] In den 1980er-Jahren aber war die Einführung lokaler, gewählter Versammlungen als politisches Gegengewicht zur Zentralregierung in Seoul eine der zentralen Forderungen der Demokratiebewegung, die in der Verfassung von 1988 (Art. 117 und 118) auch aufgegriffen wurden. In diesen knappen Verfassungsartikeln werden allerdings nur ein grobes Aufgabenprofil für die kommunale Selbstverwaltung und die Einrichtung lokaler Ratsversammlungen festgelegt. Alles Weitere solle durch korrespondierende Gesetze geregelt werden. Das grundlegende Gesetzeswerk in dieser Hinsicht ist der »Local Autonomy Act« (LAA), mit dem die bis heute gültige regional-administrative Gliederung der Republik Korea festgelegt wurde (siehe *Abbildung 2*).

Abb. 2: Südkoreas lokale Staats- und Verwaltungsstruktur

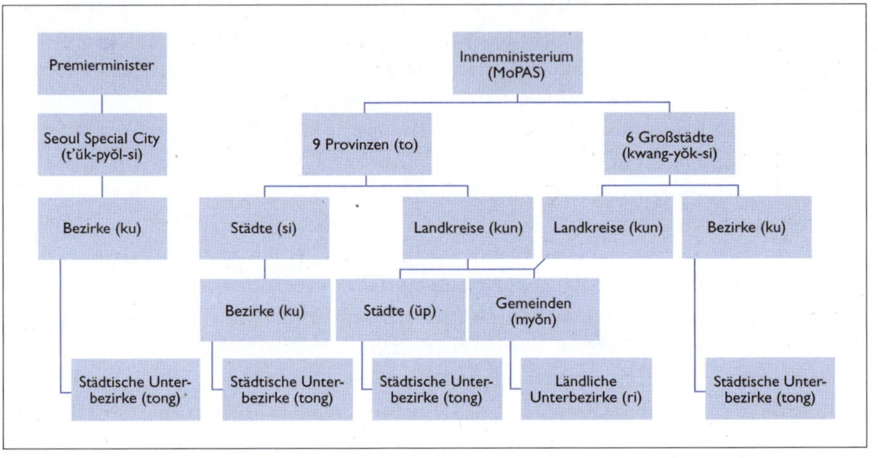

Quelle: Eigene Darstellung.

Das System der Staats- und Verwaltungsorganisation unterhalb der zentralen Ebene besteht prinzipiell aus zwei Ebenen: einer Provinz- und einer Kommunalebene. Einen Sonderstatus genießt die Hauptstadt Seoul, die direkt dem Premierminister unterstellt ist. Die Provinzebene besteht aus sechs Großstädten und neun Provinzen und hat vor allem übergreifende Funktion, z.B. die Einteilung und Zuweisung von Naturparks oder Gewerbeflächen. Auf kommunaler Ebene kommen 323 Städte und Landkreise hinzu, deren Hauptaufgaben die Steuerverwaltung, Katasterangelegenheiten, Müll- und Abwasserregelungen sowie Tourismus und Katastrophenschutz darstellen. Auf der untersten Ebene gibt es außerdem städtische und ländliche Unterbezirke, wo in sogenannten Community Service Centern z.B. die Registrierung von Bürgern und Fahrzeugen vollzogen werden.[10]

Auf der Provinz- und Kommunalebene werden die Leiter der Exekutive, d.h. Gouverneure bzw. Bürgermeister sowie die Räte in den jeweiligen Versammlungen durch direkte Wahl bestimmt. Die Ratsversammlungen sind dabei in Ausschüsse untergliedert, in denen über Verwaltungspläne diskutiert und abgestimmt wird. Darüber hinaus ist es einem Fünftel der Ratsmitglieder möglich, Gesetzesinitiativen zu ergreifen. Die Verwaltung ist berechtigt, öffentliche Anhörungen einzuberufen. Für die Bürger ist es auch möglich, Petitionen an die Verwaltung selbst oder an die Ratsversammlungen zu richten. Allerdings ist in diesem Arrangement der Bürgermeister bzw. Gouverneur gegenüber der Ratsversammlung mit deutlich mehr Macht ausgestattet: Die meisten der von der Versammlung bestätigten Bestimmungen und Auflagen werden durch die Leiter der Exekutive eingebracht und nur diese können letztlich über Einstellung oder Beförderung von Verwaltungspersonal verfügen. Man spricht in diesem Zusammenhang von einer »exekutiv dominierten Kommunalregierung«.[11]

Finanziell ist der Spielraum der Kommunen begrenzt: Ihnen stehen neben lokalen Gebühren und Abgaben die Grundsteuer, Kauf- und Registrierungssteuer, Bildungssteuer, Mineralölsteuer, Tabaksteuer, Stadtentwicklungssteuer sowie ein Anteil an der Einkommensteuer zur Verfügung. Diese machen aber nur einen geringen Teil des gesamten jährlichen nationalen Steuereinkommens aus, von dem der größte Teil der Zentralregierung in Seoul zugutekommt. Dabei wird die Hälfte aller Staatsausgaben von den Kommunen getätigt, was im internationalen Vergleich hoch ist. Zudem kommt es aufgrund der wirtschaftlich unterschiedlich stark entwickelten Provinzen und Gemeinden zu großen regionalen Gefällen im Steueraufkommen.[12] Durch eine »lokale Verteilungssteuer« werden deswegen Steuermittel aus Seoul zweckgebunden an die Kommunen weitergegeben, was gleichzeitig auch dem regionalen Finanzausgleich dienen soll. Allerdings können die Kommunen keine Steuern selbst erheben oder einführen und bleiben so in hohem Maße von den Mittelzuweisungen der Zentralregierung abhängig.[13]

Dezentralisierung und Reform

Gemeinsam ist den administrativen Institutionen der Provinz- wie der Kommunalebene eine begrenzte gesetzgeberische und finanzielle Autonomie; die ihnen übertragenen Aufgaben sind primär durchführender Natur. Die Verfassung sieht für die untergeordneten Regierungsebenen keine eigenstandige Entscheidungsgewalt vor.[14] Schließlich besitzt die Zentralregierung auch in den Bereichen Polizei und Bildung alle hoheitlichen Kompetenzen. Zudem beinhaltet Artikel 9 des Local Autonomy Act eine Klausel, die der Zentralregierung das Recht einräumt, jede öffentliche Aufgabe selbst wahrzunehmen.[15] Dies führt einerseits dazu, dass durch Maßnahmen aus Seoul die regionale Autonomie noch weiter eingeschränkt wird, anderseits aber auch dazu, dass sich die regionale Verwaltung weniger ihren Bürgern, sondern hauptsächlich der Zentralregierung verpflichtet fühlt. Das gilt insbesondere für die Leiter der lokalen Verwaltungen, die sich häufig als verlängerter Arm der Regierung verstehen.[16]

Vor allem unter Präsident Roh Moo Hyun waren Dezentralisierung und die Stärkung der kommunalen Selbstverwaltung erklärtes Regierungsziel. Durch den »Recall Act« ist es seit 2007 in den Kommunen möglich, Gouverneure oder Bürgermeister ihres Amtes zu entheben sowie Referenden abzuhalten. Schließlich wurde auch ein Ombudsmann-System eingerichtet, das insbesondere gegen den Missbrauch öffentlicher Gelder gerichtet ist.[17] Unter Präsident Lee Myung Bak spielte kommunale Selbstverwaltung eine Rolle im Rahmen seines »Small-Government«-Programms, das letztlich wesentlich stärker auf Deregulierung als auf Dezentralisierung ausgerichtet war. Lee hatte zu Beginn seiner Amtszeit unter anderem die Reorganisation der lokalen Verwaltungsstruktur, die Einführung kommunaler Polizeistrukturen und eine Aufstockung der kommunalen Finanzmittel versprochen. Bis zum Ende seiner Amtszeit wurden indes keine substanziellen Reformen umgesetzt.

3 Südkoreas Judikative

Aufbau und Struktur

Die südkoreanische Rechtsprechung vollzieht sich in drei Instanzen, wobei an der Spitze der Oberste Gerichtshof steht, gefolgt von Berufungs- und Bezirksgerichten (Art. 101–110). Darüber hinaus sind für besondere Aufgaben ein Patentgericht, welches sich auf einer Ebene mit den Berufungsgerichten befindet, sowie ein Familiengericht und ein Verwaltungsgericht, die beide auf Bezirksebene arbeiten, etabliert worden. Sofern Bezirks- oder Familiengerichte zusätzliche Unterstützung benötigen, ist es auch möglich, weitere Unterabteilungen oder Stadtgerichte einzurichten. Des Weiteren gibt es Militärgerichte, denen keine ordentlichen Richter vorsitzen, sondern hohe Militärangehörige, deren endgültige Berufungsgerichtsbarkeit wie bei allen anderen Gerichten aber auch beim Obersten Gerichtshof liegt. Eine Sonderstellung nimmt das Verfassungsgericht ein, dem in der südkoreanischen Verfassung ein eigenes Kapitel (Art. 111–113) gewidmet ist.

Im Jahr 2009 waren insgesamt 2 468 Richter an südkoreanischen Gerichten aktiv, wovon allein 2 039 auf die 21 Bezirksgerichte entfallen.[18] Dementsprechend sind diese der eigentliche Ausgangspunkt der Rechtsprechung, welche in der Regel von einem oder in Fällen besonderer Wichtigkeit von drei Richtern vollzogen wird. Die Familiengerichte befassen sich ausschließlich mit Familienangelegenheiten und Jugendkriminalität, die Verwaltungsgerichte hingegen insbesondere mit Steuerdelikten, Enteignungen sowie dem Arbeitsrecht.

Die nächsthöhere Instanz bilden fünf Berufungsgerichte, an denen 335 Richter tätig sind. Hier werden Fälle der Bezirks-, Familien- oder Verwaltungsgerichte in Berufungsverfahren neu verhandelt. Berufungsgerichte befinden sich in fünf Großstädten. Das Patentgericht zeigt sich seit seiner Einrichtung 1998 verantwortlich für Berufungsverfahren bezüglich des Patentrechts.

Am Obersten Gerichtshof sind 94 Richter tätig. Von besonderer Bedeutung ist dort der Oberste Richter, welcher mit Zustimmung der Nationalversammlung vom Präsidenten ernannt wird (Art. 104). An dessen Seite werden 13 weitere Richter bestellt, die das hohe Richterkollegium des Obersten Gerichtshof komplettieren. Während der Oberste Richter nach einer Amtszeit von sechs Jahren nicht ein zweites Mal ernannt werden kann, steht diese Möglichkeit seinen Kollegen offen. Das Gericht stellt für die meisten verhandelten Fälle in Südkorea die letzte Instanz dar und übernimmt damit die Funktion des ultimativen Berufungsgerichts (Art. 107, Abs. 2). Neben Anhörungen und Urteilsfällung spricht die Verfassung dem Obersten Gerichtshof auch die Entscheidungskompetenz bei der Regulierung und dem Ablauf von Gerichtsverfahren, der justiziellen Verwaltung sowie der Schaffung von Prozessnormen in Südkorea zu. Weiterhin obliegt es allein dem Kollegium, die Richter in den unteren Instanzen zu benennen. Formell ist dem Obersten Gerichtshof die Staatsanwaltschaft zugeordnet, wobei diese in ihrer Struktur der Systematik der Gerichte folgen, indem jedem Bezirks- oder Berufungsgericht Staatsanwälte zugewiesen sind.[19] Bei der Überprüfung der Verfassungsmäßigkeit der Gesetzgebung kommt es zu einer Aufteilung der Autorität: Während der Oberste Gerichtshof für präsidiale Verordnungen und Verwaltungsvorschriften zuständig ist, gehen Anfragen zu ordentlichen Gesetzen an das Verfassungsgericht.

Durch den Prüfungsauftrag bezüglich der Verfassungskonformität der Gesetzgebung hat das Verfassungsgericht innerhalb der südkoreanischen Judikative eine Sonderstellung inne. In seinem Aufbau ähnelt es dem deutschen Modell und setzt sich aus neun Richtern zusammen, die vom Präsidenten für sechs Jahre ernannt werden, wobei jeweils drei von der Nationalversammlung sowie vom Vorsitzenden Richter des Obersten Gerichtshofs nominiert werden. Das Verfassungsgericht hat fünf in der Verfassung verbriefte Aufgaben (Artikel 111): Es trifft erstens Entscheidungen zur Verfassungswidrigkeit von Gesetzen auf Anfrage von Gerichten; es ist zweitens letzte Instanz bei Amtsenthebungsverfahren von hohen Offiziellen und drittens bei der Auflösung von Parteien; viertens ist es Vermittler bei Auseinandersetzungen über Zuständigkeiten zwischen Regionalregierungen und Staatsverwaltung und entscheidet fünftens über Petitionen von Bürgern bezüglich ihrer verfassungsmäßigen Grundrechte. Eine abstrakte

Normenkontrolle wie im deutschen Verfassungsrecht ist dagegen nicht vorgesehen, sondern es bedarf immer eines konkreten Verfahrens, in dem die Verfassungsmäßigkeit eines Gesetzes geprüft wird.

Entwicklung mit Hindernissen

Laut der Verfassung von 1987 entscheiden die Richter unabhängig, gemäß ihres Gewissens und in Übereinstimmung mit dem Recht (Art. 103). Auch wenn es in der jungen demokratischen und rechtsstaatlichen Republik Korea noch zur willkürlichen Rechtsanwendung durch Regierung und Verwaltung kam,[20] genießt insbesondere das Verfassungsgericht mittlerweile großes Vertrauen bei allen Akteuren, da es in den letzten 20 Jahren mit zunehmendem Selbstbewusstsein auf die Durchsetzung des verfassungsmäßigen Rechts gepocht und dadurch auch die Rechenschaftspflicht der Exekutive und Legislative erhöht hat.[21] Diese Überordnung des Rechts über die Politik wurde insbesondere an zwei bedeutenden Entscheidungen deutlich: Im Jahr 2004 erklärte das Verfassungsgericht das Regierungsvorhaben einer neuen Hauptstadt für verfassungswidrig; im selben Jahr annullierte es die Entscheidung der Nationalversammlung zur Amtsenthebung von Roh Moo Hyun und setzte diesen wieder in sein Amt als Präsident ein. Das Gericht erkannte im zweiten Fall zwar einige der vom Parlament vorgebrachten Anklagepunkte an, befand aber keinen davon als ausreichend, um ein Amtsenthebungsverfahren zu rechtfertigen. Das Verfassungsgericht setzte sich damit über die Meinung des demokratisch gewählten Parlaments hinweg und brachte den Vorrang der dritten Gewalt bei der Interpretation der Verfassung zum Ausdruck.[22]

Diese Entscheidungen sind Belege für die positive Entwicklung der Rechtsstaatlichkeit in Südkorea seit der Demokratisierung. Dennoch erfährt das Justizwesen zuweilen noch Druck seitens der Regierung und insbesondere wird die Staatsanwaltschaft vereinzelt instrumentalisiert, um politische Widersacher einzuschüchtern, indem etwa Steuerrechtsverstöße geltend gemacht werden.[23]

Auch nach über 20 Jahren Demokratisierung gibt also noch Mängel im südkoreanischen Justizsystem. Jedoch sind neue Institutionen, gerade nach einer langen Zeit autokratischer Herrschaft, nicht sofort mit ausreichend Vertrauen ausgestattet, um ihre verfassungsgemäße Rolle im Staat auszuführen.[24] Vor allem die aktive Rolle des Verfassungsgerichts, die Exekutive unter geltendes Recht zu stellen und gleichzeitig den Bürgern ein Verständnis ihrer Grundrechte zu vermitteln, hat aber über die Jahre dazu beigetragen, die Demokratie und Rechtsstaatlichkeit in Südkorea zu stabilisieren und zu festigen.

Literatur

Croissant, Aurel, Südkorea: Von der Militärdiktatur zur Demokratie, in: Thomas Heberer/Claudia Derichs (Hrsg.), Einführung in die politischen Systeme Ostasiens: VR China, Hong Kong, Japan, Nordkorea, Südkorea, Taiwan, Wiesbaden 2008.

Köllner, Patrick, Südkoreas politisches System, in: Thomas Kern/Patrick Köllner (Hrsg.), Südkorea und Nordkorea: Einführung in Geschichte, Politik, Wirtschaft und Gesellschaft, Frankfurt am Main 2005.

Anmerkungen

1 So lehnten 2006 bei einer Umfrage des »Asian Barometer« 83 Prozent der Befragten die Aussage ab, dass »wir das Parlament und Wahlen loswerden und (lieber) einen starken Führer haben sollten, der die Dinge entscheidet«. 90 Prozent der Befragten sprachen sich zudem gegen eine politische Rolle des Militärs aus und 88 Prozent unterstrichen die Bedeutung von Oppositionsparteien (vgl. Christian Caryl/B.J. Lee, The Road of No Return, Newsweek, 14. Mai 2007).

2 So sank laut Asian Barometer die Zufriedenheit mit der Demokratie von 55 Prozent im Jahr 1996 auf 48 Prozent im Jahr 2006. Einen deutlichen Vertrauensverlust erlebten im selben Zeitraum auch die Exekutive (62 auf 26%), die Legislative (von 49 auf 7%) und die Gerichte (von 70 auf 7%) (vgl. Park Chong-min/Jung Hyun-bae, The State of Democratic Governance in South Korea: From the Perspective of Ordinary Citizens, Papier präsentiert auf der Asia Barometer Conference, Taipei, 20./21. Juni 2008, S. 1).

3 Eine englischsprachige Version der Verfassung ist online u.a. hier verfügbar: http://www.ccourt.go.kr/home/att_file/download/Constitution_of_the_Republic_of_Korea.pdf.

4 Seit der Parlamentswahl 2012 gibt es 300 Abgeordnete, von denen 246 in Einpersonenwahlkreisen bestimmt werden und der Rest über Parteilisten in das Parlament einzieht. Zum Wahlsystem siehe auch den Beitrag von Hannes Mosler in diesem Band.

5 Siehe National Assembly of the Republic of Korea, Bill Statistics, online: http://korea.na.go.kr/int/past_04.jsp (Zugriff am 11.06.2013) und Park Chan-wook, Changing Patterns of Lawmaking in Korea, in: Korea Herald/Korea Political Science Association (Hrsg.), Political Change in Korea, Seoul 2008, S. 240–247.

6 Park Chan Wook, The Legislature, Vortrag auf der Tagung »Democratic Consolidation in the Republic of Korea: Progress and Challenge«, The Brookings Institution, Washington, 2. Februar 2009, S. 36–40, online: http://www.brookings.edu/~/media/events/2009/2/02-korea-democracy/0202_korea_democracy.pdf (Zugriff am 15.03.2009).

7 Heike Hermanns, Die Demokratisierung auf lokaler Ebene in Südkorea, in: Patrick Köllner (Hrsg.), Sozialwissenschaftliche Koreaforschung in Deutschland. Aktuelle Forschungsthemen, Personen und Publikationen, Hamburg 2002, S. 30.

8 Statistisches Bundesamt, Die soziale Situation in Deutschland. Beschäftigte des öffentlichen Dienstes, online: http://www.bpb.de/wissen/68ET1Y,0,0,Besch%E4ftigte_des_%F6ffentlichen_Dienstes.html (Zugriff am 19.12.2011).

9 United Nations Economic and Social Commission for Asia and the Pacific (UNESCAP), Country Paper Republic of Korea, online: http://web.archive.org/web/20131004114254/http://www.unescap.org/huset/lgstudy/country/korea/korea.html (Zugriff am 19.12.2011).

10 Hermanns (Anm. 7), S. 34.

11 Ahn Chung-Si, New Development in Local Democracy and Decentralization in East Asia. Korea in Comparative Perspective, Seoul 2005, S. 33.

12 Für einen Vergleich der Kommunalsysteme in Deutschland und Südkorea siehe: Walter Klitz, Korea kämpft mit dem Defizit. Eine vergleichende Betrachtung, Hintergrundpapier, Friedrich-Naumann-Stiftung für die Freiheit, Nr. 8/April 2011, S. 6–7.

13 Aurel Croissant, Südkorea: Von der Militärdiktatur zur Demokratie, in: Thomas Heberer/Claudia Derichs (Hrsg.), Einführung in die politischen Systeme Ostasiens: VR China, Hong Kong, Japan, Nordkorea, Südkorea, Taiwan, Wiesbaden 2008, S. 341.

14 Korea Research Institute for Local Administration (KRILA), Local Government in Korea, Local Government Functions, online: http://www.krila.re.kr/english/?code=govern&subp=0301 (Zugriff am 19.12.2011).

15 United Nations Economic and Social Commission for Asia and the Pacific (UNESCAP), Updated Country Paper Republic of Korea, S. 10, online: http://web.archive.org/web/20110608002433/http://www.unescap.org/huset/lgstudy/new-countrypaper/RoK/RoK.pdf (Zugriff am 19.12.2011).

16 Park Chong-min, Local Governance and Community Power in Korea, in: Korea Journal, Winter 2006, S. 12.

17 Vgl. Bae Yoo-il, Decentralization and the Transformation of Central State in South Korea: The Role of Local and Civil Society, Konferenzpapier präsentiert auf der Tagung der Korean Studies Association in Australia, Sydney 2009.

18 Vgl. Supreme Court of Korea (Hrsg.), The Supreme Court of Korea, online: http://eng.scourt.go.kr/(Zugriff am 14.12.2011).

19 Choi Chong-ko, Law and Justice in Korea: South and North, Seoul 2005, S. 256.

20 Croissant (wie Anm. 13), S. 338.

21 Aurel Croissant, Provisions, Practices, and Performances of Constitutional Review in Democratizing East Asia, in: Pacific Review, 23 (2010) 5, S. 574.

22 Lee Yong-jae, Law, Politics, and Impeachment: The Impeachment of Roh Moo-hyun from a Comparative Constitutional Perspective, in: New York University Public Law and Legal Theory Working Papers, 4 (2005), S. 1–35.

23 Thomas Kalinowski/Aurel Croissant, Sustainable Governance Indicators 2011: South Korea Report, S. 15, online: www.sgi-network.de/pdf/SGI11_SouthKorea.pdf (Zugriff am 07.12.2011).

24 Croissant (Anm. 21), S. 570–571.

Hannes B. Mosler

Die politischen Parteien Südkoreas

1 Historische Entwicklung der Parteien

Formierung: Ausdünnen des linken Spektrums (1945–1961)

Das politische System Südkoreas entwickelte sich Ende der 1940er-Jahre nach Jahrhunderten monarchischer Dynastien und im Anschluss an die japanische Kolonialherrschaft formal zu einer verfassungsmäßig definierten demokratischen Republik mit einem Parlament, in dem politische Parteien zögerlich die ihnen entsprechende Rolle zu übernehmen begannen. Unter dem Einfluss gesellschaftsinterner Konflikte, der US-Besatzungsmacht und dem Beginn des Kalten Krieges *deformierte* sich das politische Spektrum, wobei die linke Seite stark ausgedünnt wurde und die rechte einen so gut wie exklusiven Status erhielt. Die US-Militärregierung in Korea (1945–1948) erkannte zunächst keine der politischen Gruppierungen an, die sich direkt nach der Befreiung noch ungehindert herausgebildet hatten, und protegierte schließlich im Angesicht des sich entwickelnden Konflikts mit der UdSSR vornehmlich rechte Kräfte – allen voran den späteren ersten Staatspräsidenten Rhee Syngman *(Yi Sŭng-man)*. In der Folge wanderten progressive bzw. linke Kräfte, die während der japanischen Kolonialzeit im Widerstand aktiv gewesen und von sozialistischen Ideen geprägt waren, in den von der UdSSR besetzten nördlichen Teil des Landes ab.

Dieses ideologische Ungleichgewicht hatte zur Folge, dass sich ein programmatischer Wettbewerb unter den Parteien so gut wie gar nicht entwickeln konnte. Der autoritär-hierarchisch geprägten Bevölkerung mangelte es an Erfahrung mit demokratischer Organisation gesellschaftlicher Interessen und einem entsprechenden Selbstverständnis als Bürger. So wirkten religionskulturelle Bedeutungssysteme (Konfuzianismus, Daoismus, Schamanismus) und tradierte Gewohnheiten wie Materialismus, Nepotismus und Autoritarismus[1] als Nährboden, auf dem sich einflussreiche Führungspersönlichkeiten politisch entfalten konnten.

Sie scharten Getreue und Mitläufer um sich und wollten an der Macht teilhaben. Diese Umstände förderten die Herausbildung von Faktionen als konstituierende Kernstücke von Parteien.[2] Der Faktionalismus als charakteristisches Strukturelement des Parteiensystems in Südkorea zieht sich bis in die Gegenwart. Anders als die Parteiflügel z. B. in westeuropäischen Parteien geht es bei südkoreanischen Faktionen nicht in erster Linie um programmatische oder ideologische Fragen, sondern um Machtgewinn bzw. -erhalt innerhalb der Parteien.[3] In dieser Hinsicht ist der Faktionalismus ein wesentliches Element, das bis heute die Institutionalisierung der Parteien hemmt.

Innerhalb des einseitig verengten politischen Spektrums entwickelte sich ein bipolares Parteiensystem. Im Wettbewerb um politischen Einfluss stand auf der einen Seite die *Han'gukminjudang* (Demokratische Partei Koreas – DPK), welche sich als erste nennenswerte politische Partei 1945 herausgebildet hatte. Auf der anderen Seite stand die *Chayudang* (Liberale Partei – LP), mit deren Gründung durch den damaligen Staatspräsidenten Rhee Syngman 1951 sich in der Parteienlandschaft ein erster Parteienwettbewerb ergab, der sich zusehends zu Gunsten Rhees entwickelte. Der Wettbewerb beschränkte sich jedoch allein auf den Kampf um die Macht und verlief abseits einer idealen Vielfalt von klassischen sozialen Konfliktlinien *(cleavages)*[4] und wies so gut wie keine ernst zu nehmenden programmatischen Aspekte auf. Die Parteien waren von Anfang an Honoratiorenparteien und Massenparteien in einem: Sie waren um Persönlichkeiten konzentriert und wiesen einen großen Umfang von Mitgliedern im ganzen Land auf, die nötigenfalls mobilisiert werden konnten. Die Vormacht der LP begann erst zu bröckeln, als Rhee eine Verfassungsänderung durchsetzte, die ihm erlaubte, ein drittes Mal als Präsidentschaftskandidat anzutreten. Mehrere Abgeordnete traten daraufhin aus Protest aus der Liberalen Partei aus[5] und gründeten gemeinsam mit der oppositionellen *Minjugungmindang* (Demokratische Nationalpartei – DNP) und weiteren Parteilosen 1955 die *Minjudang* (Demokratische Partei – DP)[6], um dem zunehmend autoritär agierenden Rhee Syngman als erste ernst zu nehmende Opposition entgegenzutreten.

Regulierung: Diktatur durch den Parteiapparat (1962–1986)

Nach der Machtergreifung der Militärjunta um Park Chung Hee *(Pak Chŏng-hŭi)* durch einen Putsch 1961 wurden Parteien zunächst gänzlich verboten und ab 1963 durch Gesetze in ihren Verfahren und Befugnissen nach außen und innen äußerst detailliert und streng *reguliert*. Kim Jong Pil *(Kim Chong-p'il)*, Chef der neu eingerichteten Korean Central Intelligence

Agency (KCIA), leitete die geheimen Vorbereitungen zur Gründung einer hegemonialen Massenmitgliederpartei, der *Minjugonghwadang* (Demokratische Republikanische Partei – DRP), ein.[7] Zugleich wurden Veränderungen in der Verfassung vorbereitet sowie ein Parteiengesetz[8] geschaffen, das der neuen Regimepartei auf den Leib geschneidert war. Durch den neuen Parteienparagraf in der Verfassung bekam die Republik Korea zunächst formal deutliche Züge einer parteistaatlichen Demokratie.[9] Die Machthaber nutzten diese *formal* parteienstaatlichen und demokratischen Strukturelemente jedoch erfolgreich zur effektiven Regulierung des Zugangs zur Macht. Parteien mussten als Voraussetzung zur offiziellen Anmeldung bestimmte Mindestkriterien erfüllen, z. B. in Bezug auf Gründungsmitgliederzahlen, Mitgliederzahlen, Organisationsumfang, Grad der vertikal-territorialen Untergliederung und Verteilung der Organisation sowie Finanztransparenz. Neben der damaligen Verfassung (Artikel 36–3) schloss auch das reformierte Wahlgesetz (Paragraf 24) die Kandidatur von Parteilosen aus. Die Einhaltung dieser neuen Regelungen, 1965 kam noch das Parteienfinanzierungsgesetz hinzu, wurden von der neu gegründeten Nationalen Wahlkommission überwacht.

Diese gesetzliche Regulierung trug zu einer ambivalenten Entwicklung der Parteien bei: Einerseits waren sie formal gemäß Verfassung und Parteiengesetz mit demokratischen Strukturen ausgestattet, anderseits funktionierten sie in der Praxis autoritär von oben nach unten. Der Parteiapparat der Demokratischen Republikanischen Partei war auf allen Verwaltungsebenen straff durchorganisiert, sodass der Parteivorsitzende bzw. die Parteizentrale *(chungangdang)* direkten Zugriff auf die Stadt- und Provinzorganisationen *(si-/todang)* sowie auf die Ortsvereine auf Wahlkreisebene *(chigudang)* hatte. Von hier aus wurden Anweisungen an die darunter liegenden Ebenen weitergegeben. Der Fraktion im Parlament stand außerhalb eine mächtige Parteizentrale gegenüber. Die DRP hatte bereits im September 1963 mehr als eine Millionen Parteimitglieder und entwickelte sich so zur Massenpartei.[10] Tatsächlich war sie von der Parteiführung als Hegemonialpartei gedacht, die durch ihre Übermacht an Finanzen, Organisation und Mitgliedern alle anderen Parteien in Schach halten sollte.[11]

Die übrigen Parteien waren im Angesicht dieser mächtigen Regierungspartei und nicht zuletzt aufgrund der strengen gesetzlichen Normen dazu angehalten, sich mit ähnlichen Strukturen zu versehen, um in der politischen Arena bestehen zu können. Das traf auch auf die *Sinmindang* (Neue Demokratische Partei – NDP) zu, die sich durch die Vereinigung mit verschiedenen Parteien ab 1967 zur Hauptoppositionspartei entwickelte. In den knapp zwei Dekaden unter der autoritären Regierung Park Chung

Hees (bis 1979) standen sich nach einem anfänglichen Multiparteienarrangement stets die regierende DRP und die oppositionelle NDP gegenüber, wie schon zuvor die LP und die DP.

Auch der nachfolgende Staatspräsident Chun Doo Hwan *(Chŏn Tu-hwan)*, der sich 1979 wie sein Vorgänger mithilfe des Militärs an die Macht geputscht hatte, pflegte das Bild eines formal demokratischen, aber real autoritär-hierarchischen Parteiensystems. Chun änderte die Strategie seines Vorgängers, welcher durch eine übermächtige Partei (Hegemonialpartei) herrschte, leicht ab in eine des Teilens und Herrschens, indem er nebst der neuen Regierungspartei, der *Minjujŏngŭidang* (Demokratische Gerechtigkeitspartei – DGP), mehrere regierungstreue Satellitenparteien gründen ließ. Nicht zuletzt das 1980 revidierte Parteienfinanzierungsgesetz brachte diese in die Abhängigkeit des Wohlwollens der Regierung. Erst mit der Gründung der *Sinhanmindang* (Neue Demokratische Partei Koreas – NDPK) 1985, hinter der die oppositionellen Führer Kim Young Sam *(Kim Yŏngsam)* und Kim Dae Jung *(Kim Tae-jung)* standen, gab es wieder eine ernst zu nehmende Gegenkraft. Das vormalige Zweiparteiensystem setzte sich also fort, nun in der Konkurrenz zwischen DGP und NDKP. Hauptstreitpunkt blieb die Frage der Demokratisierung bzw. die Abdankung des autoritären Staatspräsidenten.

Regionalisierung: Changieren der Drei Kims (1987–1999)

Ende der 1980er-Jahre kam es im Zuge der Demokratisierung (seit 1987) zu einer *regionalistischen* Fragmentierung[12] der Parteien- und Wählerlandschaft. Bis dahin waren die Auseinandersetzungen zwischen den Parteien entlang der Dichotomie von Diktatur versus Demokratisierung verlaufen. Nun teilte sich die Parteienlandschaft hauptsächlich entlang geopolitischer Grenzlinien auf. In einem engen Zusammenhang mit der Regionalisierung stand die verstärkte Personalisierung der Parteienführung, also die Identifikation der Parteien mit ihren aus der gemeinsamen Heimatregion stammenden Führern und umgekehrt. Ein programmatischer Wettbewerb, der nach der Demokratisierung 1987 prinzipiell möglich gewesen wäre, kam dadurch nicht zustande.

Der Regionalismus ergibt sich aus dem Zusammenspiel verschiedener Faktoren:[13] Zu einer kulturell tradierten Affinität zu sozialen Beziehungsgeflechten mit einer Führerpersönlichkeit im Zentrum und einem historisch gewachsenen Regionalbewusstsein kam während der Entwicklungsdiktatur (1961–1987) hinzu, dass die Industrie und Infrastruktur speziell im Südosten des Landes (Provinz Kyŏngsang) gefördert wurde und Personen aus dieser Region bei der Besetzung von Regierungsämtern bevorzugt wurden. Den Anstoß für das regionalistische Wahlverhalten gab die Präsidentschaftswahl 1987, bei der sich nicht nur Regierungs- (Diktatur) und Oppositionslager (Demokratiebewegung), sondern auch verschiedene Regionen gegenüberstanden.[14]

Die oppositionellen Kim Dae Jung und Kim Young Sam waren mit ihren Unterstützern 1987 nach einem parteiinternen Konflikt aus der NDPK ausgetreten und hatten gemeinsam die *T'ongilminjudang* (Demokratische Wiedervereinigungspartei – DWP) gegründet, um sich auf die historische Präsidentschaftswahl Ende des Jahres vorzubereiten. Im Zuge der folgenden Auseinandersetzung der beiden Oppositionsführer darüber, wer von ihnen zur Wahl antreten solle, gründete Kim Dae Jung die *P'yŏnghwaminjudang* (Demokratische Friedenspartei – DFP), um sich dann von ihr zum alleinigen Präsidentschaftskandidaten aufstellen zu lassen. Unterdessen hatte auch der Vertreter des alten Regimes Kim Jong Pil auf die politische Bühne zurückgefunden. Er erweckte die in den 1960er-Jahren maßgeblich unter seiner Anleitung gegründete DRP unter dem Namen *Sinminjugonghwadang* (Neue Republikanische Demokratische Partei – NDRP) zu neuem Leben und ließ sich ebenfalls zum Präsidentschaftskandidaten küren. Damit erreichte die sogenannte Ära der Drei Kims *(samgimsidae)* ihren Höhepunkt.[15] Für die DGP trat Roh Tae Woo *(No T'ae-u)* an, der treue Kamerad und designierte Nachfolger von Präsident Chun Doo Hwan. Kim Young Sam, der aus der südöstlichen Provinz Süd-Gyŏngsang stammte, und Kim Dae Jung, der in der südwestlichen Provinz Chŏlla geboren war, setzten schließlich beide auf ihre unterschiedliche Herkunft als Alleinstellungsmerkmal. Roh Tae Woo mobilisierte Stimmen aus seiner Heimatprovinz Nord-Gyŏngsang, während Kim Jong Pil die Gemüter der Wähler in der Provinz Ch'ungch'ŏng bewegte, aus der er stammt. Dies sorgte in der Folge für ein zwischenzeitliches Vierparteiensystem mit DGP, NDRP, DWP und DFP.

Es war schließlich ein Coup, den Kim Young Sam landete, als er das Angebot vom Regierungslager annahm, seine DWP mit den Parteien von Roh Tae Woo (DGP) und Kim Jong Pil (NDRP) 1990 zur *Minjujayudang* (Demokratischen Liberalen Partei – DLP) zu vereinen. Abtrünnige der DWP,[16] die diesen Pakt mit Roh abgelehnt und unter Führung von Lee Ki Taek *(Yi Ki-t'aek)* die Demokratische Partei (sog. »Baby DP«) neu gegründet hatten, fusionierten 1991 mit der Nachfolgepartei der DFP, zur Demokratischen Partei (DP). So hatte sich erneut eine Konstellation von zwei Hauptparteien herausgebildet – der regierenden rechts-konservativen DLP auf der einen und der oppositionellen-liberalen DP auf der anderen Seite. Nur zwei Jahre nach dem Dreiparteienzusammenschluss konnte sich Kim Young Sam im parteiinternen Machtkampf der verschiedenen

Faktionen in der DLP durchsetzen und machte sie, nachdem er 1992 zum Staatspräsident gewählt wurde, zur neuen Regierungspartei.

Bei den Präsidentschaftswahlen fünf Jahre später stellte sich Kim Jong Pil mit seiner zwischenzeitlich neu gegründeten *Chayuminjuyŏnhap* (Allianz Liberaler Demokraten – ALD) dieses Mal auf die Seite Kim Dae Jungs und seinem neu gegründeten *Saejŏngch'igungminhoeŭi* (Nationalkongress für Neue Politik – NKNP). Diese Kooperation war entscheidend für den Sieg Kim Dae Jungs, wodurch das erste Mal in der Geschichte Südkoreas die Regierung friedlich, das heißt nach demokratischen Spielregeln, wechselte. Die *Hannaradang* (Große Nationalpartei – GNP), die Nachfolgepartei der DLP, ging zum ersten Mal in die Opposition, wo sie für die folgenden zehn Jahre verbleiben sollte. Zusammen mit der NKNP und der ALD handelte es sich nun um ein Zweieinhalbparteiensystem.

Liberalisierung: Konvergenz zur Mitte (2000 bis heute)

Die gegenwärtige Phase der Liberalisierung umfasst Aspekte der Öffnung, Ökonomisierung und Popularisierung der Parteien. Die *Öffnung* der institutionalisierten Parteienlandschaft zeigt sich zum einen in dem formal leichteren Zugang zu Parteien und mehr Partizipationsmöglichkeiten für Nichtmitglieder, z. B. bei Nominierungen von Kandidaten, und zum anderen in dem nach und nach erkämpften und erlaubten Einfluss der Zivilgesellschaft auf die institutionalisierte Politik. Seit Ende der 1990er-Jahre fanden immer mehr junge reformerische Kräfte, allen voran die sogenannte Generation der 386er[17] ihren Weg in die institutionalisierte Politik der Parteien. Unter der Regierung von Kim Dae Jung wurden zivilgesellschaftliche Organisationen gefördert und teilweise als Partner der Regierung miteinbezogen. Auch in der rechtskonservativen GNP forderten die ambitionierten Jungen Reformen von den alteingesessenen Eliten. So waren die 386er Anfang der 2000er-Jahre sowohl in der Regierungs- als auch in der Oppositionspartei Hauptmotor für die politischen Reformen. Etwas weniger als ein Jahr nach Beginn der Regierung Roh Moo Hyuns (*No Mu-hyŏn*; 2003–2008) traten im Zuge einer Auseinandersetzung um parteiinterne Reformen Mitte November 2003 vierzig Abgeordnete aus der DPNM aus und gründeten um Präsident Roh Moo Hyun zusammen mit einigen Abgeordneten der GNP und der *Kaehyŏkkungminjŏngdang* (Bürgerpartei für Reformen – BPR) die *Yŏllinuridang* (Unsere Offene Partei – UOP).

Die Reformen in der Phase der Liberalisierung führten u. a. zur Einführung der Zweitstimme, die das Parlament auch für kleinere Parteien zumindest ein Stück weit öffnete. Aber nicht immer verliefen die Reformen im

Sinne der Parteiendemokratie. Ein Nebeneffekt des Reformwindes war die *Ökonomisierung*. Bei der Neugestaltung der Parteien bezogen sich die Reformer immer häufiger auf Modelle aus den USA und auf Konzepte wie Effizienz bzw. Angebot und Nachfrage, was zu ihrer Kommerzialisierung und Kartellierung (s. u.) führte. Unter anderem wurden die regionalen Parteiorganisationen auf Ebene der Wahlkreise (Ortsvereine) und darunter 2004 gesetzlich verboten, auf der Provinz- und Stadtebene die Schwelle der Mindestzahl an Mitgliedern angehoben und mit 5 000 Personen mehr als versiebenfacht. Die Beschneidung der Parteien an der Basis wurde mit dem Einsparen von hohen Unterhaltskosten der Wahlkreisorganisationen, der Verhinderung von Korruption und zu steigernder Effizienz begründet. Die organisatorischen Strukturen der Parteien glichen sich insofern immer mehr an, als dass mehr Gewicht auf die Parlamentsfraktion gelegt wurde als auf die Zentralpartei oder die Organisation an der Basis. Zur Maximierung von Wählerstimmen werden kurzfristige taktische Erwägungen gegenüber ideologisch-programmatischen Interessen präferiert, Wahlprogramme werden umfassender formuliert, um an möglichst große Teile, wenn nicht die gesamte Bevölkerung zu appellieren. Diese Entwicklung zeigt einen Trend zu kartellierten Allerweltsparteien bzw. professionellen Wählerparteien.[18]

Abb. 1: Stimmenanteile der Hauptkandidaten bei Präsidentenwahlen (in Prozent, 1988–2012)[19]

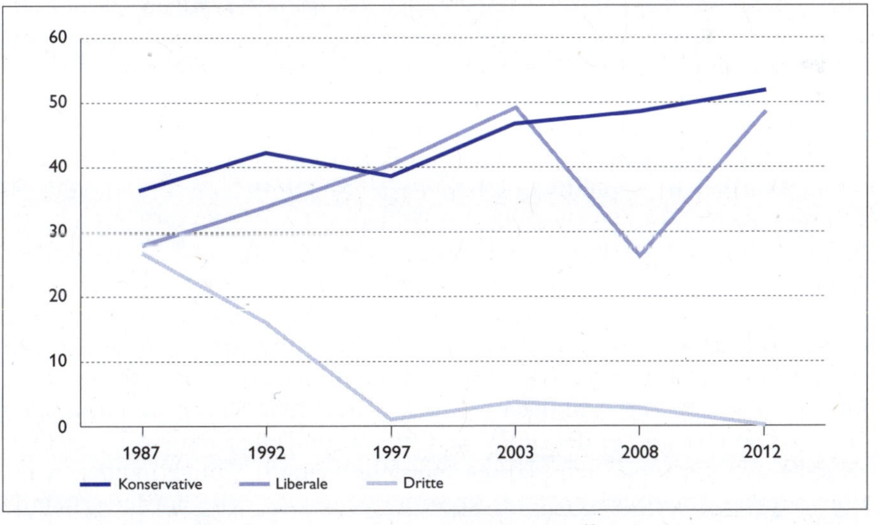

Quelle: Nationale Wahlkommission (eigene Zusammenstellung).

Damit in engem Zusammenhang steht eine zunehmende *Popularisierung* im Auftreten und der Kommunikation von Parteien und Politikern, deren Kehrseite die Kontingenz und Widersprüchlichkeit programmatischer Inhalte ist. Bei den Präsidentschaftswahlen 1997 wurden zum ersten Mal Fernsehduelle zwischen den Kandidaten veranstaltet, fünf Jahre später war der Internetwahlkampf ein entscheidender Faktor und seit den Kerzendemonstrationen 2002 scheint Politik Teil einer Art Popkultur geworden zu sein. Symbolisch dafür steht die politische Karriere des zuvor völlig unbekannten Unternehmers und Professors Ahn Chul Soo *(An Ch'ŏl-su)*, der 2012 zwischenzeitlich als Parteiloser zur Präsidentschaftswahl antreten wollte. Er wurde von vielen politikerverdrossenen Bürgern als eine Art Heilsbringer gesehen sowie von den Medien und der Internetöffentlichkeit zu einer Ikone hochstilisiert. Nachdem er seine Kandidatur zurückgezogen hatte, entstand ein erneuter Hype um Ahn, als er sich 2013 für ein Mandat in der Nationalversammlung bewarb und gewann. Inzwischen scheint auch er die Realpolitik des südkoreanischen Parlaments zu spüren bekommen zu haben. Was man tatsächlich von ihm erwarten kann, weiß niemand genau zu sagen – als nächster Präsidentschaftskandidat wird er trotzdem bereits gehandelt.

2 Die wichtigsten Parteien

Die Geschichte der seit 2007 regierenden rechtskonservativen *Saenuridang* (Neue Welt Partei – NWP) beginnt offiziell mit der Gründung im Jahr 1997 – damals noch unter dem Namen *Hannaradang* (Große Nationalpartei – GNP).[20] Tatsächlich liegen ihre Wurzeln jedoch in der 1990 gegründeten *Minjujayudang* (Demokratische Liberale Partei – DLP), welche wiederum – mindestens zu einem Teil – in einer Linie mit der *Minjugonghwadang* (Demokratischen Republikanischen Partei – DRP) von Präsident Park Chung Hee (1963–1979) gestellt werden kann. Entsprechend sieht sich die Partei auch als Träger der rasanten Wirtschaftsentwicklung des Landes. Parteiführer und -funktionäre sowie die größte Unterstützung von Wählern kommen aus der südöstlich gelegenen und traditionell konservativen Provinz Gyŏngsang (Region Yŏngnam). Die NWP führt die Tradition der ewigen Regierungspartei fort, die nur während der Amtszeiten der Präsidenten Kim Dae Jung (1998–2003) und Roh Moo Hyun (2003–2008) unterbrochen wurde. Die Dekade, in der sie in die Opposition gehen musste, bezeichnet sie daher als »verlorene zehn Jahre«. Sie steht weltanschaulich in einer reaktionär-rechtskonservativen, anti-kommunistischen (d.h. nordkoreafeindlichen) und (groß-)unternehmensfreundlichen Tradition.

Während die NWP in den letzten fünf Jahren in der von ihr offiziell vertretenen Sozialpolitik einen großzügigen Schwenk in Richtung Mitte-Links gemacht hat und zumindest der Rhetorik nach nicht mehr »freie«, sondern »faire Marktwirtschaft« anstrebt,[21] bleibt sie im Vergleich zu den Parteien links von sich immer noch deutlich aggressiver, wenn es um die Nordkoreapolitik geht. Die Angriffe der Partei auf die Annäherungspolitik von Kim Dae Jung und Roh Moo Hyun und die Hardliner-Politik der NWP-Regierung unter Lee Myung Bak (*Yi Myŏng-bak*; 2008–2013) sind Ausdruck davon. Die Folgeregierung unter Park Geun Hye *(Pak Kŭn-hye)* – auch wenn sie in ihrem Programm nach ein Vertrauensverhältnis und eine friedliche Wiedervereinigung mit Nordkorea anstrebt – schaut auf die Halbinsel fast ausschließlich durch die Linse »der nordkoreanischen Nuklearfrage«, die vor allem anderen gelöst werden müsse.[22]

Die *Chayuminjuyŏnhap* (Allianz Liberaler Demokraten – ALD) war eine weitere rechtskonservative Partei, die zwischen 1995 und 2006 existierte und deren Nachfolgepartei schließlich als *Sŏnjint'ongildang* (Partei für Fortschritt und Vereinigung – PFV) mit der NWP fusionierte. Ihr Gründer und Führer Kim Jong Pil war in den 1960er-Jahren die rechte Hand Park Chung Hees und hatte für diesen damals die DRP und später selbst die NDRP gegründet. Sie spielte eine entscheidende Rolle bei der Präsidentschaftswahl Kim Young Sams sowie bei der Kim Dae Jungs und hatte ihre Hochburg in der Provinz Ch'ungch'ŏng.

Die liberaldemokratische *Saejŏngch'iminjuyŏnhap* (Allianz Neue Politik für Demokratie – ANPD) blickt auf eine lange Tradition als Oppositionspartei zurück, die entfernt in einer Entwicklungslinie mit der Demokratischen Partei Mitte der 1950er-Jahre gesehen werden kann. Offiziell jedoch sieht die Partei ihre Wurzeln in dem von Kim Dae Jung 1995 gegründeten *Saejŏngch'igungminhoeŭi* (Nationalkongress für Neue Politik – NKNP).[23] Ihre regionale Hochburg ist die Heimat Kim Dae Jungs, die südwestlich gelegene Provinz Chŏlla (Region Honam). Sich selbst sieht sie als Trägerin der Tradition der Demokratiebewegung. Tatsächlich befinden sich unter den Abgeordneten der ANPD viele, die in den 1970er- und 1980er-Jahren selbst noch auf der Straße gegen die Diktatur gekämpft und im Gefängnis gesessen haben. Von den Rechtskonservativen wird sie als links beschrieben, während sie von den Linksprogressiven als wirtschaftsliberal tituliert wird. Die ANPD ist explizit kritisch gegenüber unkontrollierter Marktöffnung und bedingungslosem Wachstumsglauben. Dennoch waren es gerade ihre direkten Vorgängerparteien, die Freihandelsabkommen mit Chile, den USA und der EU vorangebracht und abgeschlossen haben. Eine versöhnende Annäherungspolitik gegenüber Nordkorea ist seit der Kim Dae Jung-Regierung ein Hauptmerkmal des Parteiprogramms und nicht zuletzt eine realpolitische Errungenschaft. Historische Gemeinsame Erklärungen (u. a. bei den Gipfeltreffen 2000 und 2007) und konkrete wirtschaftliche Projekte (der Industriekomplex Kaesŏng, die Tourismusregion Kŭmgang-Gebirge) mit Nordkorea sind das ererbte Kapital der ANPD.

Abb. 2: Zahl der Parlamentssitze der wichtigsten Parteien (Sitze, 1988–2012)

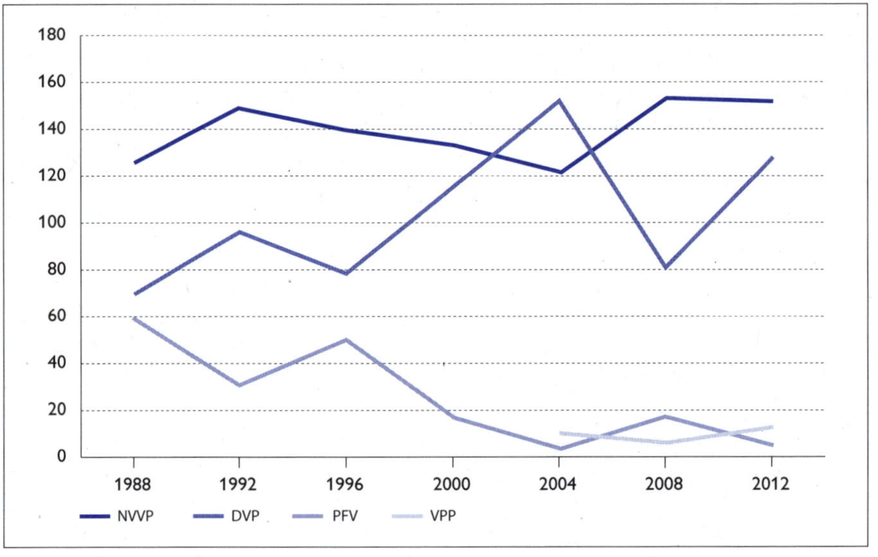

Anmerkung: NWP – Neue Welt Partei (Saenuridang); DVP – Demokratische Vereinte Partei (Minjut'ong'hapdang); PFV – Partei für Fortschritt und Vereinigung (Sŏnjin t'ong' ildang); VPP – Vereinte Progressive Partei (T'onghapchinbodang).
Quelle: Nationale Wahlkommission (eigene Zusammenstellung).

Die linksprogressive *T'onghapchinbodang* (Vereinte Progressive Partei – VPP) war die Nachfolgepartei der *Minjunodongdang* (Demokratischen Arbeiterpartei – DAP), die 2004 als erste ernst zu nehmende alternative Partei seit der Gründung der Republik ins Parlament einzog und die sich in ihren programmatischen Forderungen und konkreten Aktivitäten deutlich von den etablierten Parteien des mitte-liberalen und des rechtskonservativen Spektrums abhob. Die DAP wurde 2000 mit wesentlicher Unterstützung des Gewerkschaftsdachverbandes *Minjunoch'ong* (Korean Confederation of Trade Unions – KCTU) gegründet.[24] Die Partei war das Amalgam aus zwei großen Lagern der Demokratie- oder

Minjung(Volks)-Bewegung: die *Minjungminjujuŭi* (Peoples Democracy – PD) und *Minjokhaebang* (National Liberation – NL). Die heterogenen Lager hatten schließlich – trotz ihrer Differenzen – zu einer gemeinsamen Partei zusammengefunden. Die späteren Abpaltungen von der DAP, zuerst 2008 die *Chinbosindang* (Neue Progressive Partei – NPP), dann 2012 (die DAP war bereits umbenannt in Vereinte Progressive Partei) die *Chinbojŏngŭidang* (Progressive Gerechtigkeitspartei – PGP), 2013 umbenannt in *Chŏngŭidang* (Gerechtigkeitspartei – GP), gehen u.a. auf diese historisch bedingte Heterogenität zurück.[25]

Die Vorstellungen der VPP von einer »Demokratisierung der Wirtschaft« umfassen einen Stopp der Privatisierungen und stattdessen Renationalisierungen, eine stärker binnenwirtschaftlich orientierte Wirtschaft, die Diversifizierung von Eigentumsstrukturen, stärkere Regulierung und die Zerschlagung der Großkonglomerate *(chaebŏl)*. In ihrer Position zur Nordkoreapolitik forderte sie die Umsetzung der Gemeinsamen Erklärungen und Abkommen seit 1972[26] und die Umwandlung des Waffenstillstandes in ein Friedensabkommen. Sie sprach sich außerdem dafür aus, die US-Streitkräfte aus Südkorea abziehen zu lassen und die ungleiche Allianz mit den USA aufzulösen.

Abb. 3: Mitgliederzahlen ausgewählter Parteien (Personen, 2011)

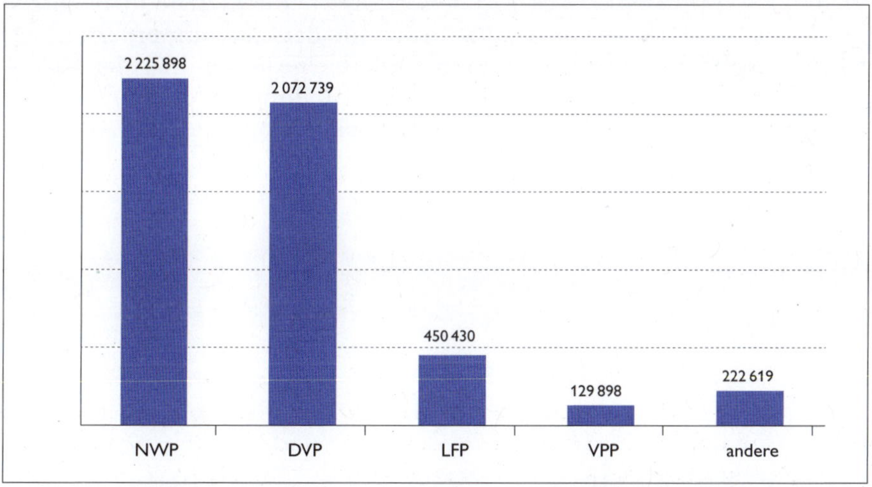

Anmerkung: NWP – Neue Welt Partei (Saenuridang); DVP – Demokratische Vereinte Partei (Minjut'ong'hapdang; heute ANPD); LFP – Liberale Freiheitspartei (Chayusŏnjin Tang); VPP – Vereinte Progressive Partei (T'onghapchinbodang).
Quelle: Nationale Wahlkommission (eigene Zusammenstellung).

Fazit

Abschließend muss konstatiert werden, dass die politischen Parteien Südkoreas ihrer verfassungsmäßigen Aufgabe der Repräsentation, Partizipation und Willensbildung nur bedingt nachkommen. Sie sind seit ihrem Entstehen Mitte des 20. Jahrhunderts bis heute geprägt von starken Parteiführern, mit denen sie stehen und fallen. Innerparteiliche Willensbildung ist immer noch durch hierarchische Strukturen und Entscheidungsprozesse charakterisiert. Die Parteien sind wenig attraktiv für einfache Parteimitglieder, um sich freiwillig zu engagieren und regelmäßig Beiträge zu zahlen. Zwar haben die problematische Verschränkung von Politik und Wirtschaft sowie die Korruption abgenommen, sie sind jedoch nach wie vor ein Merkmal der Parteipolitik. Die Parteienverdrossenheit in der Bevölkerung ist groß. Der sich zaghaft entwickelnde programmatische Wettbewerb der Parteien spielt sich vorwiegend in der (neo-)liberalen Mitte des politischen Spektrums ab. Erst mit dem Parlamentseinzug der Demokratischen Arbeiterpartei 2004 kann man von programmatischen Unterschieden und Parteilinien im eigentlichen Sinne sprechen. Sie sind jedoch nur zwischen kleinen progressiven und dem liberalen Gros der Mainstreamparteien erkennbar. Die regionale Herkunft der Kandidaten wirkt sich bei Wahlen immer noch entscheidend aus und verhindert zudem eine konsensuelle programmatische Auseinandersetzung. Die schwache ideologische Strukturierung der Parteien zusammen mit den auf Führerpersönlichkeiten ausgelegten Machtstrukturen fördert eine Instabilität der Parteienlandschaft, die sich in unzähligen Neugründungen, Umgründungen, Spaltungen, Zusammenschlüssen und Rückbenennungen von Parteien manifestiert.[27]

Abb. 4: Entwicklung der Parteien Südkoreas, 1945 – 2013

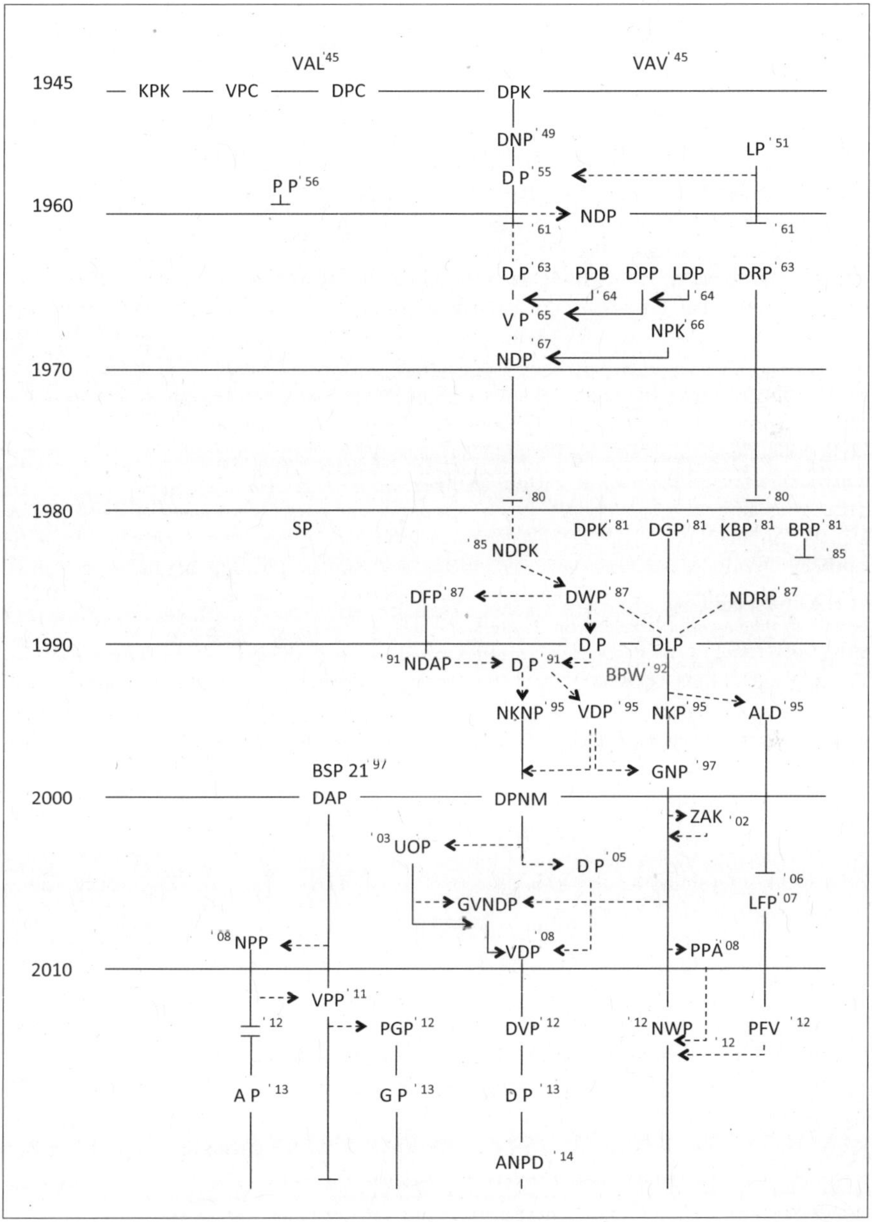

Namen der Parteien:
ALD–Allianz Liberaler Demokraten *(Chayuminjuyŏnhap)*, ANPD – Allianz Neue Politik für Demokratie *(Saejŏngch'iminjuyŏhap)*, AP–Arbeiterpartei *(Nodongdang)*, BPR–Bürgerpartei für Reformen *(Kaehyŏkkungminjŏngdang)*, BRP–Bürgerrechtspartei *(Min'gwondang)*, BSP21–Bürgersieg 21 *(Kungminsŭngni 21)*, DAP–Demokratische Arbeiterpartei (Minjunodongdang), DFP–Demokratische Friedenspartei *(P'yŏnghwaminjudang)*, DGP–Demokratische Gerechtigkeitspartei *(Minjujŏngŭidang)*, DLP–Demokratisch Liberale Partei *(Minjujayudang)*, DNP–Demokratische Nationalpartei *(Minjugungmindang)*, DP–Demokratische Partei *(Minjudang)*, DPC–Demokratische Partei Chosŏn *(Chosŏnminjudang)*, DPK–Demokratische Partei Koreas *(Han'gukminjudang)*, DPK–Demokratische Partei Koreas *(Han'gukminjudang)*, DPNM–Demokratische Partei des Neuen Millenniums *(Saech'ŏnnyŏnminjudang)*, DPP–Demokratische Politische Partei *(Minjŏngdang)*, DRP–Demokratische Republikanische Partei *(Minjugonghwadang)*, DVP–Demokratische Vereinte Partei *(Minjut'onghapdang)*, DWP–Demokratische Wiedervereinigungspartei *(T'ongilminjudang)*, GNP–Große Nationalpartei *(Hannaradang)*, GP–Gerechtigkeitspartei *(Chŏngŭidang)* GVNDP–Große Vereinte Neue Demokratische Partei *(Taet'onghapminjusindang)*, KBP–Koreanische Bürgerpartei *(Han'gukgungmindang)*, KPK–Kommunistische Partei Koreas *(Chosŏngongsandang)*, LDP–Liberale Demokratische Partei *(Chayuminjudang)*, LFP–Liberale Fortschrittspartei *(Chayusŏnjindang)*, LP–Liberale Partei *(Chayudang)*, NDAP–Neue Demokratische Allianzpartei *(Sinminjuyŏnhapdang)*, NDP–Neue Demokratische Partei *(Sinmindang)*, NDPK–Neue Demokratische Partei Koreas *(Sinhanmindang)*, NDRP–Neue Demokratische Republikanische Partei *(Sinminjugonghwadang)*, NKNP–Nationaler Kongress für Neue Politik *(Saejŏngch'igungminhoeŭi)*, NKP–Neue Koreanische Partei *(Sinhandang)*, NPK–Neue Partei Koreas *(Sinhandang)*, NPP–Neue Progressive Partei *(Chinbosindang)*, NWP–Neue Welt Partei *(Saenuridang)*, PDB–Partei der Bürger *(Kungminŭi Tang)*, PFV–Partei für Fortschritt und Vereinigung *(Sŏnjint'ong'ildang)*, PGP–Progressive Gerechtigkeitspartei *(Chinbojŏng'ŭidang)*, PP–Progressive Partei *(Chinbodang)*, PPA–Pro-Park-Allianz *(Ch'inbakyŏndae)*, SP–Sozialistische Partei *(Sahoedang)*, UOP–Unsere Offene Partei *(Yŏllin'uridang)*, VAL–Vorbereitungskomittee zum Aufbau des Landes *(Kon'gukjunbiwiwŏnhoe)*, VAV–Vorbereitungskomittee zur Volksversammlung *(Kungmindaehoejunbiwiwŏnhoe)*, VDP–Vereinte Demokratische Partei *(T'onghapminjudang)*, VP–Volkspartei *(Taejungdang)*, VPC–Volkspartei Chosŏn *(Chosŏnminjokdang)*, VPP–Vereinte Progressive Partei *(T'onghapchinbodang)*, ZAK–Zukunftsallianz Koreas *(Han'gukmiraeyŏnhap)*, ZHA–Allianz für Zukunftshoffnung *(Miraehŭimangyŏndae)*

Literatur

Frank, Rüdiger/Patrick Köllner, Die Entwicklung des Parteien und des Wahlsystems, in: Dies., Politik und Wirtschaft in Südkorea, Hamburg 1999, S. 37–54.

Kim, Byung-Kook, Party Politics in South Korea's Democracy: The Crisis of Success, in: Larry Diamond/Byung-Kook Kim (Hrsg.), Consolidating Democracy in South Korea, Boulder/London 2000, S. 53–85.

Kim, Yong-Ho, Korea, in: Wolfang Sachsenröder/Ulrike E. Frings (Hrsg.), Political Party Systems and Democratic Development in East and Southeast Asia, Vol. II: East Asia, Aldershot u.a. 1998, S. 132–175.
Köllner, Patrick, Die gesellschaftliche Verankerung politischer Parteien in Südkorea, Arbeitspapier, Hamburg 2002.

Anmerkungen

1 Vgl. Chŏng Su-pok, *Han'gugin-ŭi munhwa-jŏk munbŏp* [Die kulturelle Grammatik der Koreaner], Seoul 2010.

2 Vgl. Jun-Kee Min, Political Parties and Factionalism in Korea, 1945–1972, Theses Collection, Kyung Hee Univ., 12/1983, S. 129–145.

3 Die Faktionen sind personalistisch geprägt, d.h. mit einem charismatischen Führer im Zentrum, und funktionieren als Bausteine für Parteien. Während Parteien sich spalten, fusionieren oder auflösen, bleiben Faktionen kontinuierlich bestehen. Vgl. Patrick Köllner, Die Institutionalisierung politischer Parteien in Südkorea: Konzeptionelle Anmerkungen und empirische Befunde, Arbeitspapier, Dt. Übersee-Inst., Forschungsgruppe »Parteien im Spannungsfeld Formaler und Informeller Politik«, Hamburg 2003.

4 Siehe Jang-jip Choi, Political Cleavages in South Korea, in: Hagen Koo (Hrsg.), State and Society in Contemporary Korea, Ithaca/London 1993, S. 13–50.

5 Darunter war auch der spätere Staatspräsident Kim Young Sam, der ein Jahr zuvor mit 26 Jahren als Kandidat der LP bei den Wahlen 1954 einen Sitz im Parlament errungen hatte und damit der bisher jüngste Parlamentarier in der Geschichte Südkoreas war.

6 Auch der spätere Staatspräsident Kim Dae Jung tritt der DP bei und beginnt damit offiziell seine Karriere als Politiker.

7 Siehe hierzu ausführlicher Kim Yong-ho, Authoritarian Leadership and Party Dynamics: The Rise and Fall of the Democratic Republican Party in South Korea, 1962–1980, PhD dissertation, University of Pennsylvania, 1989, S. 67 ff.

8 Es hatte zuvor noch kein eigenständiges Gesetz zu politischen Parteien gegeben. Unter der USAMGIK hatte man 1946 lediglich ein Statut erlassen, das für eine rudimentäre Regulierung der Parteien sorgte.

9 Neben dem ausführlichen Artikel zu Parteien schlossen Artikel 36 und 64 der Verfassung außerdem Kandidaturen Parteiloser für die Parlamentswahl und Präsidentschaftswahl aus.

10 Siehe Kim Yong-ho, *Minjugonghwadang-ŭi p'aekkwŏnjŏngdangundong* [Die Hegemonialpartei-Bewegung der Demokratischen Republikanischen Partei], in: *Han'gukjŏngch'iyŏn'gu* [Journal of Korean Politics], 1991, S. 221.

11 Siehe Kim Yong-ho (wie Anm. 7).

12 Der Ausdruck »regionalistisch« soll – im Gegensatz zu »regional« – hervorheben, dass es sich hierbei um einen »strategischen Regionalismus« entlang von künstlich kreierten Identitäten bzw. dessen Instrumentalisierung handelt. Vgl. Kyoung-Ryung Seong, Strategic Regionalism and Realignment of Regional Electoral Coalitions: Emergence of a Conservative Government in the 2007 Presidential Election, in: Korean Journal of So-

ciology, 42 (2008) 8, S. 13–38; Sang-hoon Park, Fabricated reality. Korean regionalism: what are the problems and what are not?, 2010.

13 Siehe hierzu Rainer Dormels, Regionaler Antagonismus in Südkorea. Duisburger Arbeitspapiere Ostasienwissenschaften 28, 1999; Ah-ran Hwang, Blind loyalty dictates voters' party support, in: The Korea Herald/The Korean Political Science Association (Hrsg.), Political Change in Korea, Paju 2008, S. 149–159; Kim Wang-Bae, Regionalism: Its Origins and Substance with Competition and Exclusion, in: Hee-Yeon Cho/Lawrence Surendra and Hyo-Je Cho (Hrsg.), Contemporary South Korean Society A Critical Perspective, Routledge 2012, S. 28–40.

14 Statistisch auffällig wurde dieses Wahlverhalten bereits bei den Präsidentschaftswahlen 1971. Vgl. Keedon Kwon, Regionalism in South Korea: its origins and role on her democratization, in: Politics and Society, 32 (2004) 4, S. 545–575.

15 Die Bezeichnung leitet sich aus den Nachnahmen von Kim Young Sam, Kim Dae Jung und Kim Jong Pil ab, die seit Anfang der 1970er-Jahre eine gewichtige Rolle in der politischen Landschaft spielten und ab Ende der 1980er-Jahre die Politik prägten.

16 Darunter war auch der spätere Staatspräsident Roh Moo Hyun, der sich auf der entscheidenden Parteiversammlung der DWP lautstark, wenn auch vergebens, gegen die Fusion wehrte.

17 Anspielend auf den Computerprozessor (»Dreisechsundachtziger«) ist eine Generation gemeint, deren Mitglieder zwischen 30 und 39 Jahre alt sind, in den 1960er-Jahren geboren wurden und in den 1980er-Jahren studiert haben. Viele aus dieser Generation sind in ihren jungen Jahren in Zeiten der Diktatur politisiert worden, was zu ihrem späteren politischen Engagement führte.

18 Für den Begriff der Kartellpartei siehe Richard S. Katz/Peter Mair, Changing Models of Party Organization and Party Democracy. The Emergence oft he Cartel Party, in: Party Politics, 1 (1995), 1, S. 5–28; für den Begriff der Allerweltspartei (catch-all party) siehe Otto Kirchheimer, Der Wandel des westdeutschen Parteiensystems, in: Politische Vierteljahresschrift 6, S. 20–41; zur Konzeption der professionellen Wählerpartei siehe A. Panebianco, Political Parties: Organization and Power, Cambridge 1988 sowie Klaus von Beyme, Parteien im Wandel. Von den Volksparteien zu den professionalisierten Wählerparteien, Wiesbaden 2000.

19 Konservative = DGP, DLP, GNP, GNP, GNP, NWP; Liberale = DWP, DP, NKNP, DPNM, VDP, DVP; Dritte = DFP, BPW, NBP, BSP21, Parteiloser, Parteiloser.

20 Internetauftritt der NWP: http://www.saenuriparty.kr/web/intro/web/historyView.do (Zugriff am 1.2.2013).

21 Parteiprogramm GNP, beschlossen 9. Januar 2006.

22 Ebd.

23 Internetauftritt der DP: http://minjoo.kr/intro-history (Zugriff am 1.2.2013.)

24 Vorgängerpartei der DAP war die 1997 gegründete Bürgersiegpartei 21 (BSP21).

25 Mit dem Urteil des Verfassungsgerichts vom 19. Dezember 2014 wurde die VPP verboten. Die Mehrheitsmeinung des Urteils sah es als erwiesen an, dass die Partei in ihren Zielen und Aktivitäten die (freiheitliche) demokratische Grundordnung verletzt hatte.

26 Hier sind vor allem die Gemeinsamen Erklärungen vom 4. Juli 1972, vom 20. Januar 1992, vom 15. Juni 2000 und vom 10. April 2007 sowie das »Agreement on Reconciliation, Nonaggression, Exchanges, and Cooperation« von 1991 zwischen Nord- und Südkorea gemeint.

27 Für einen Überblick über die Veränderungen siehe *Abbildung 4*.

Hannes B. Mosler

Das Wahlsystem Südkoreas

Die erste demokratische Wahl in Südkorea fand am 10. Mai 1948 als konstituierende Wahl zur Nationalversammlung der Republik Korea statt. Nachdem Wahlhelfern der Vereinten Nationen (UN), die gemäß einer UN-Resolution die Durchführung landesweiter Parlamentswahlen überwachen wollten, die Einreise in den nördlichen Teil Koreas verweigert worden war, wurden die Wahlen nur im südlichen Teil der Halbinsel durchgeführt. Somit leitete die Parlamentswahl gleichzeitig die Staatsgründung Südkoreas und die Institutionalisierung der Teilung der Halbinsel ein. Am 20. Juli 1948 folgte die erste Präsidentschaftswahl, die damals noch als indirekte Wahl durch die Mitglieder der Nationalversammlung durchgeführt wurde. Die Bürger der am 15. August 1948 gegründeten Republik Korea hatten von Anfang an das Recht auf allgemeine, gleiche, direkte und geheime Wahlen. Seitdem werden in regelmäßigen Abständen – auch während des Koreakrieges und unter den autoritären Regierungen – Parlamentswahlen, Präsidentschaftswahlen und regionale Wahlen abgehalten. Seit 1994 regelt das Gesetz für Wahlen öffentlicher Ämter *(kongjiksŏn'gŏbŏp)* alle drei Wahlen. Daneben gibt es nach der Verfassung die Möglichkeit für Referenden *(kungmint'up'yo)*, die seit 2006 in einem eigenen Gesetz geregelt sind, sowie Bürgerentscheide *(chumint'up'yo)* und Abberufungswahlen *(chuminsohwan)*. Die Ausführungen dieses Beitrages beschränken sich auf das Wahlsystem in Bezug auf Parlaments-, Präsidentschafts- und regionale Wahlen.

1 Parlamentswahlen

Nach geltendem Wahlgesetz werden die 300 Abgeordneten der Nationalversammlung alle vier Jahre neu gewählt.[1] Die Wählerinnen und Wähler haben jeweils zwei Stimmen. Mit der Erststimme wählen sie einen Kandidaten aus ihrem Wahlbezirk. Diese Direktmandate werden in 246 Einpersonenwahlkreisen[2] durch einfache Mehrheitswahl ermittelt. Mit der

Zweitstimme entscheiden sich die Wählerinnen und Wähler für eine nationale Parteiliste, von der die Kandidaten der Reihenfolge nach (starre Liste)[3] auf die insgesamt 54 übrigen Listenplätze des Parlaments verteilt werden. Voraussetzung dafür ist, dass die zugehörige Partei mindestens drei Prozent der Zweitstimmen auf sich vereinigt (Sperrklausel) oder mindestens fünf Direktmandate durch Erststimmen (Grundmandatsklausel) erhält. Zur Umrechnung von Wählerstimmen in Abgeordnetenmandate wird ein Sitzzuteilungsverfahren ähnlich dem Hare/Niemeyer-Verfahren[4] verwendet (Paragraf 189–3). Nach geltendem Wahlgesetz erhalten die südkoreanischen Bürgerinnen und Bürger das aktive Wahlrecht mit dem 19. Lebensjahr. Wahltermin ist immer der erste Mittwoch nach dem fünfzigsten Tag vor Ablauf der Amtszeit der amtierenden Abgeordneten.[5] Per Briefwahl können sowohl Staatsbürger, die sich vorübergehend im Ausland aufhalten, als auch Auslandskoreaner an der Wahl teilnehmen.[6]

Das passive Wahlrecht erhalten die Bürgerinnen und Bürger ab dem 25. Lebensjahr; es beschränkt sich auf südkoreanische Staatsbürger, schließt damit jedoch Eingebürgerte nicht aus. Wer als parteiloser Kandidat aufgestellt werden möchte, braucht den dokumentierten Zuspruch von mindestens 300, aber nicht mehr als 500 Wahlberechtigten, die im betreffenden Wahlkreis amtlich registriert sind, um sich bei der Nationalen Wahlkommission offiziell anmelden zu können.[7] Beamte müssen, wenn sie sich als Kandidat bewerben wollen, in den meisten Fällen mit einem bestimmten Zeitabstand zum Wahltag ihr Rücktrittsgesuch einreichen. Bei der Anmeldung zur Kandidatur müssen generell 15 Millionen Won (ca. 10 000 Euro) entrichtet werden. Der Betrag wird erstattet, wenn der Kandidat die Wahl gewinnt oder mehr als 15 Prozent der Stimmen erhält. Während es nach dem Gesetz bei den Direktmandaten lediglich empfohlen wird, mindestens 30 Prozent weibliche Kandidaten aufzustellen (Paragraf 47–3), gibt es für die Parteilisten eine vorgeschriebene Frauenquote von mindestens 50 Prozent (Paragraf 47–4). Die Verteilung von weiblichen Kandidaten auf der Liste muss so gestaltet sein, dass angefangen mit dem ersten Platz jeder zweite mit einer Frau besetzt wird.

Laut Wahlgesetz muss die Aufstellung von allen Kandidaten »einem demokratischen Prozedere folgen« (Paragraf 47–2). Wie dieser Prozess im Einzelnen zu gestalten ist, wird den Parteien überlassen und vom Gesetz nicht weiter geregelt. Die meisten Parteien stellen ihre Kandidaten für öffentliche Ämter auf, indem entweder die Parteiführung bestimmt oder Parteimitglieder abstimmen. Vor der Demokratisierung 1987 war es in fast allen Parteien üblich, dass die Parteifunktionäre oder der Parteiführer Kandidaten ernannten. Nach der Jahrtausendwende hat es sich etabliert, dass man mindestens einen Prüfungsausschuss für Kandidaturbewerber einsetzt, der zu Teilen oder gänzlich aus parteiexternen Beratern zusammengesetzt ist. Immer häufiger wählen darüber hinaus die Parteimitglieder des Wahlkreises und/oder Mitgliedervertreterversammlungen einen Kandidaten. Manche Parteien lassen in ihren Statuten sogar die Möglichkeit zu, auch Nichtmitglieder in diesen Prozess miteinzubeziehen. Dadurch sollen sowohl die Chancen der Kandidaten als auch das Interesse und die Beteiligung der Bürgerinnen und Bürger bei den Hauptwahlen erhöht werden. Wie *Abbildung 1* zeigt, lag die Beteiligung bei den Parlamentswahlen 2012 mit 54,3 Prozent deutlich über der von vier Jahren, aber immer noch unter der von vor acht Jahren und verlangsamt geringfügig den Abwärtstrend.

Abb. 1: Wahlbeteiligung bei Parlamentswahlen (in Prozent, 1988–2012)

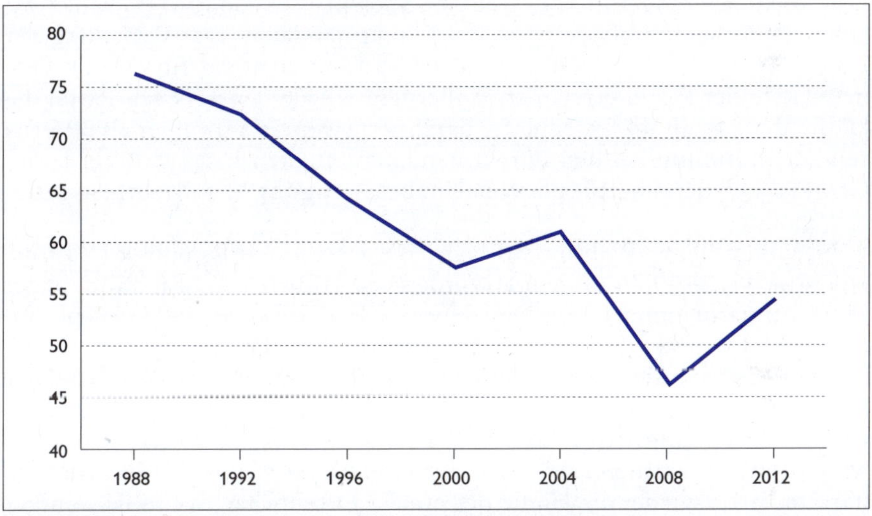

Quelle: Nationale Wahlkommission (eigene Zusammenstellung).

Das Durchschnittsalter der Abgeordneten der Legislaturperiode seit 2012 liegt bei knapp 54 Jahren, was den allgemeinen Trend des alternden Parlaments weiterführt. Der steigende Anteil von weiblichen Abgeordneten, derzeit 47, ist ein weiterer sich fortsetzender Trend. Im internationalen Vergleich liegt die südkoreanische Nationalversammlung mit 15,7 Prozent Frauenanteil noch weit hinter dem asiatischen Durchschnitt von 20,8 Prozent zurück, gleichauf mit der Burkina Fasos und nur unwesentlich über jenem von Nordkorea (15,6 Prozent).[8] In der nationalen Geschichte ist es dennoch ein positiver Rekord.

Das aktuelle Parlament (seit 2012) hat mit den Abgeordneten Cho Myung Chul (*Cho Myŏng-ch'ŏl*; Nordkorea) und Jasmin Lee (*Yi Chasŭmin*; Philippinen) zum ersten Mal in seiner Geschichte Volksvertreter mit Migrationshintergrund.

Die Entwicklung des Verhältniswahlrechts

In den ersten Jahren nach der Staatsgründung 1948 wurden Parlamentsabgeordnete durch relative Mehrheitswahl ermittelt. Dieser Wahlmodus hatte zur Folge, dass Mehrheiten überproportional und Minderheiten unterproportional repräsentiert wurden. Der Gesetzgeber versprach sich davon, stabile politische Verhältnisse zu schaffen. Fünfzehn Jahre später, mit Beginn der Dritten Republik (1963–1972), wurden zum ersten Mal Listenmandate eingeführt. Es galt eine Sperrklausel von fünf Prozent bzw. eine Grundmandatsklausel von drei Direktmandaten. Die Verteilung der Listenplätze wurde jedoch anhand der Stimmenanteile für die Direktmandate einer Partei errechnet. Außerdem wurde der stärksten Partei die Hälfte der damals 44 Listenplätze garantiert, wenn sie weniger als 50 Prozent Zustimmung bei den Direktmandaten erhalten hatte. So wurde der Grundeffekt der überproportionalen Bevorzugung der Mehrheitspartei beibehalten.

Nachdem dieser Wahlmodus während der Vierten Republik (Yushin-Diktatur, 1972–1979) ausgesetzt worden war,[9] führte man ihn während der Militärdiktatur unter Chun Doo Hwan *(Chŏn Tu-hwan)* 1984 erneut ein. Dieses Mal wurden der stärksten Partei sogar zwei Drittel der nun 92 Listenmandate garantiert. Außerdem wurden die Listenplätze nun anhand der Anzahl der Direktmandatssitze (und nicht mehr Stimmenanteile) errechnet. Voraussetzung dafür, dass eine Partei Listenplätze zugeteilt bekam, waren fünf Direktmandate. Nach der Demokratisierung 1987 erhielt die stärkste Partei wieder die Hälfte der nun 75 Listenplätze, wenn sie weniger als 50 Prozent der Direktmandate erhalten hatte. Anfang der 1990er-Jahre schließlich bemühte man sich, den garantierten Vorzug für die stärkste Partei abzuschaffen, behielt jedoch bei, die Listenplätze[10] anhand der durch Direktmandate erhaltenen Sitze zu vergeben. Ab der Kim Young Sam-Regierung (1993–1998) verteilte man die damals 46 Listenplätze wieder nach Anteil der Stimmen für die Direktmandate einer Partei. Die Partei musste jedoch entweder fünf Direktmandate errungen oder fünf Prozent Stimmenanteil auf sich vereinigt haben.

Erst die Reform des Wahlgesetzes 2002 brachte mit der Einführung der Zweitstimme schließlich den Wandel zu einem tatsächlichen Verhältniswahlrecht.[11] Vorausgegangen war 2001 eine Entscheidung des Verfassungsgerichts, mit der das damals geltende Wahlgesetz für verfassungswidrig erklärt wurde.[12] Wenn ein Wähler nur eine Stimme hat, so die Argumentation des Gerichts, mit dieser jedoch nicht nur einen Kandidaten, sondern automatisch auch noch eine Partei wählen muss, verletzt dies das in der Verfassung garantierte Recht auf direkte und gleiche Wahl. Denn: Wähler sind so gezwungen, eine bestimmte Partei mitzuwählen, selbst wenn sie sie nicht unterstützen (wollen); sie sind außerdem der Möglichkeit beraubt, eine Partei zu wählen, wenn sie mit ihrer Stimme einen parteilosen Kandidaten unterstützen. Der Reformprozess zum Verhältniswahlrecht hat über die Jahrzehnte dazu geführt, dass sich der Wählerwille inzwischen relativ adäquat im Parlament widerspielgelt. Ein entscheidender Indikator hierfür ist das Verhältnis zwischen erhaltenen Stimmen und gewonnen Sitzen für eine Partei *(Abbildung 2)*.

Abb. 2: Proportionalitätsgrad der verschiedenen Wahlmodi (in Prozent, 1963–2012)[13]

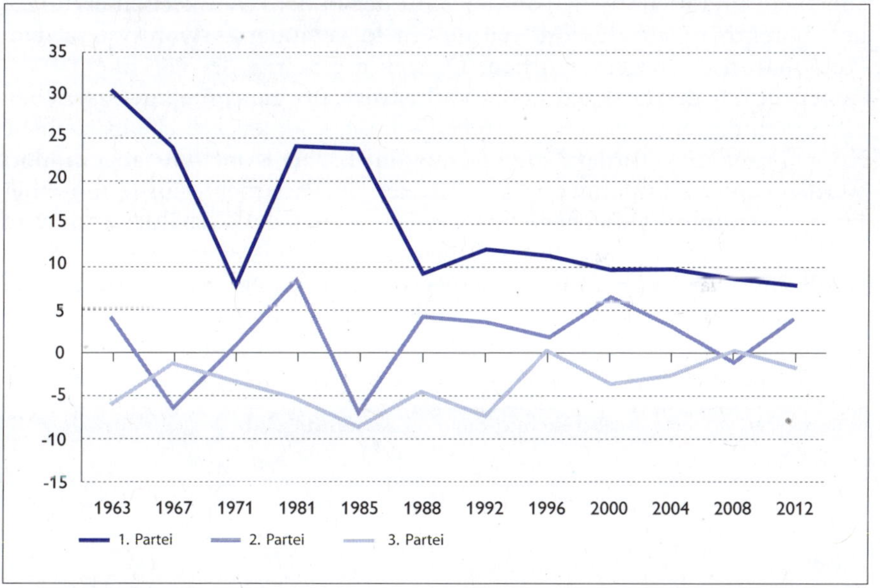

Anmerkung: Die Werte zeigen das Verhältnis von gewonnenen Parlamentssitzen und erhaltenen Stimmenanteilen für Direktmandate und Listenmandate der jeweils stärksten, zweitstärksten und drittstärksten Partei entsprechend des jeweiligen Sitzzuteilungsmodus. Umso mehr die Werte gegen Null verlaufen, desto fairer ist die Verteilung der Sitze.
Quelle: Nationale Wahlkommission (eigene Zusammenstellung).

Der Parlamentseinzug der linksprogressiven *Minjunodongdang* (Demokratische Arbeiterpartei – DAP) bei den Wahlen zur Nationalversammlung 2004 steht exemplarisch für das demokratisierte Wahlsystem. Nie zuvor war eine Partei im Parlament vertreten gewesen, die sich in ihren programmatischen Forderungen und konkreten Aktivitäten deutlich von den etablierten Parteien des mitte-liberalen und des rechtskonservativen Spektrums abhob.[14] Neben zwei Direktmandaten erhielt die DAP aufgrund des landesweit relativ gleich verteilten Zuspruchs durch die Zweitstimmen acht Listenmandate.

Die Reformdebatte geht jedoch weiter. Einer der zentralen Vorschläge ist, das Wahlsystem der personalisierten Verhältniswahl zum deutschen Bundestag anzugleichen. Davon verspricht man sich eine noch genauere Umsetzung des Volkswillens, da die Hälfte der Abgeordneten über die Zweitstimme gewählt würde. Derzeit sind es mit 54 Sitzen nicht mehr als 18 Prozent. Die Mehrheitsverhältnisse in der Nationalversammlung würden dann stärker von der Unterstützung für die einzelnen Parteien abhängen und nicht mehr von der Zahl der in den Wahlkreisen errungenen Direktmandate. Ebenso würde ein so verändertes Wahlsystem dem Regionalismus entgegenwirken. Da sich die Stärke der Parlamentsfraktionen durch die personalisierte Verhältniswahl gleichmäßiger zwischen kleinen und großen Parteien verteilen würde, könnten zwischenparteiliche Kooperationen gefördert sowie antagonistische Konflikte abgemildert werden. Einer Zersplitterung der Parteien im Parlament müsste mit einer Fünfprozentsperrklausel begegnet werden. Neben der Verhältniswahl wird auch immer wieder über die Einführung von Zwei- oder Mehrpersonenwahlkreisen debattiert, um »verschwendete Stimmen« zu reduzieren und bisher nicht repräsentierte Interessen des Volkes miteinzubeziehen.

Tab.: Ergebnisse der Parlamentswahl 2012

Partei	Direktmandate	Listenmandate	Gesamtsitze
NWP*	127	25	152
DVP*	106	21	127
VPP*	7	6	13
LFP*	3	2	5
Parteilose	3	–	3
Summe	**246**	**54**	**300**

* NWP = Neue Welt Partei; DVP = Demokratische Vereinte Partei (2013 umbenannt in Demokratische Partei, DP); VPP = Vereinte Progressive Partei; LFP = Liberale Fortschrittspartei (2012 umbenannt in Partei für Fortschritt und Wiedervereinigung) Quelle: Nationale Wahlkommission (eigene Zusammenstellung).

2 Präsidentschaftswahlen

Seit 1987 wird die Staatspräsidentin bzw. der Staatspräsident, die/der gleichzeitig auch Regierungschef/in ist, alle fünf Jahre direkt durch die Bürgerinnen und Bürger für eine Amtszeit gewählt. Der Sieger braucht eine einfache Mehrheit. Eine Stichwahl gibt es nicht. Erhalten zwei oder mehr Kandidaten dieselbe Anzahl an Stimmen, entscheidet eine einfache Mehrheit im Parlament über den Wahlausgang. Wie bei den Wahlen zur Nationalversammlung gilt auch bei Präsidentschaftswahlen das Mindestalter von 19 Jahren für das aktive Wahlrecht, während das passive Wahlrecht mit 40 Jahren hier deutlich höher liegt. Außerdem fordert das Wahlgesetz die südkoreanische Staatsbürgerschaft und den Hauptwohnsitz des Kandidaten innerhalb des Staatsgebietes für die vergangenen fünf Jahre. Um sich als parteiloser Kandidat aufstellen zu lassen, muss man in mindestens fünf verschiedenen Provinzen oder Großstädten die Unterstützung von mehr als 700 dort amtlich gemeldeten Wahlberechtigten erhalten haben; die Gesamtzahl darf jedoch 6000 nicht überschreiten. Die Anmeldegebühr für die Kandidatur beträgt 500 Millionen Won (ca. 330000 Euro), die dem Kandidaten zurückgezahlt werden, wenn er die Wahl gewinnt oder mehr als 15 Prozent der Wählerstimmen erhält. Für das innerparteiliche Prozedere zur Aufstellung der Kandidaten gilt derselbe Grundsatz des demokratischen Vorgehens wie bei den Parlamentswahlen; auch die bei der Wahlkommission einzureichenden Dokumente sind dieselben. Wahltermin ist immer der erste Mittwoch nach dem siebzigsten Tag vor Ablauf der Amtszeit des amtierenden Präsidenten bzw. der amtierenden Präsidentin. Kandidaten müssen sich bis spätestens 24 Tage vor dem Wahltag bei der Wahlkommission anmelden.

An der Präsidentschaftswahl 2012 nahmen 75,8 Prozent der Wahlberechtigen teil – der höchste Wert seit 1997 (siehe *Abbildung 3*). Insgesamt stellten sich sieben Kandidaten zur Wahl. Als Siegerin ging die rechtskonservative Park Geun Hye *(Pak Kŭn-hye)* hervor, die sich mit 51,6 Prozent der abgegebenen Stimmen knapp gegen ihren liberaldemokratischen Konkurrenten Moon Jae In (*Mun Chae*-in; 48,0 Prozent) durchsetzen konnte. Damit ist zum ersten Mal in der Geschichte Südkoreas eine Frau ins höchste Amt des Staates gewählt worden, und zwar als erstes Staatsoberhaupt seit der Demokratisierung 1987 mit mehr als 50 Prozent der Stimmen. Außerdem war es das erste Mal, dass der Nachkomme eines vormaligen Präsidenten ins *Ch'ŏngwadae* (Blaues Haus; Präsidentenpalast) einzog.[15]

Fragt man nach dem sozialen Hintergrund der Wähler, die sich für Park entschieden haben, ist eine relativ deutliche Tendenz zu erkennen. Es waren mehrheitlich ältere Bürger, die häufig auf dem Land leben und ein eher niedriges Bildungsniveau und Einkommen haben. Neben Arbeitslosen haben sie häufiger Bürger gewählt, die in Berufsfeldern wie der Landwirtschaft oder der Fischerei arbeiten, Hausfrauen oder Selbstständige sind. Außerdem bekam Park großen Zuspruch von Bürgern ihrer Heimatregion Yŏngnam.

Abb. 3: Wahlbeteiligung bei Präsidentschaftswahlen (in Prozent, 1987–2012)

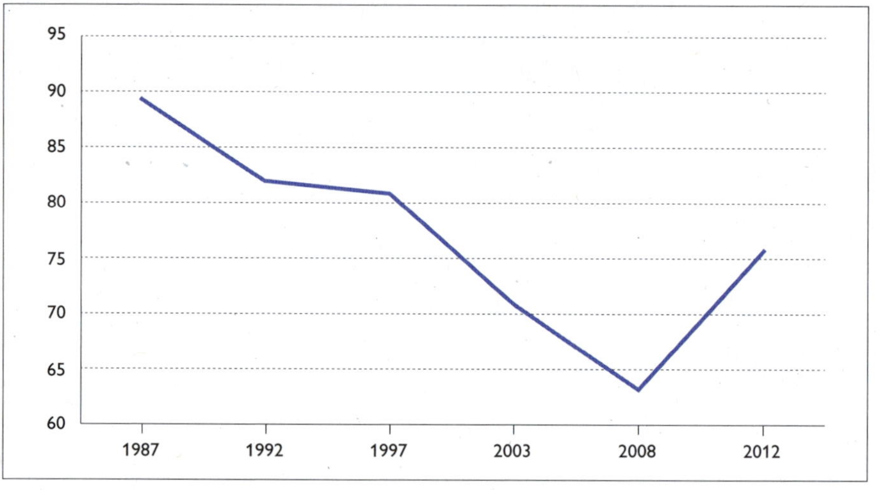

Quelle: Nationale Wahlkommission (eigene Zusammenstellung).

Der Regionalismus hat sich bei den Wahlen 2012 wieder deutlich niedergeschlagen. Während Park in der traditionell rechtskonservativ wählenden Region Yŏngnam (Taegu, Nord-Kyŏngsang, Pusan und Süd-Kyŏngsang)[16] im Durchschnitt knapp 40 Prozent mehr Zuspruch als Moon erhielt, stimmten in der traditionell oppositionell-liberal wählenden Region Honam (Kwangju, Nord- und Süd-Chŏlla) im Durchschnitt knapp 80 Prozent mehr für Moon als für Park. Die ungleiche demografische Verteilung gab hier den Ausschlag für die Siegerin Park: Die Region Yŏngnam hat mit aktuell 9,8 Millionen fast doppelt so viel Wahlberechtigte wie die Region Honam (5,3 Millionen). Hinzu kommen die rund fünf Millionen Wahlberechtigten der potenziell konservativen Region Chungcheong (Süd-, Nord-Ch'ungch'ŏng, Taejŏn und Sejong) sowie 1,2 Millionen in der Provinz Kangwŏn, die die längste Grenze zu Nordkorea hat und deren Wähler entsprechend durch konservative Sicherheitspolitik zu beeindrucken sind. Zuvor war der Wahlausgang im Hauptstadteinzugsgebiet immer entscheidend für den Wahlsieg des liberaldemokratischen Lagers gewesen.

Zusammen mit der sie umgebenden Provinz Kyŏnggi und der benachbarten Hafenstadt Inch'ŏn zählte das Seouler Einzugsgebiet insgesamt rund 20 Millionen Wahlberechtigte.

Nominierung von Präsidentschaftskandidaten durch Vorwahlen

Neben dem Regionalismus sind auch die Modalitäten der Nominierung der Bewerber für das Präsidentenamt stets ein Thema von Reformdebatten. Bis Ende der 1980er-Jahre war es für die Regierungspartei unüblich, einen Kandidaten durch innerparteiliche Vorwahlen für die Präsidentschaftswahl aufzustellen. Es stand ebenso außer Frage, dass Rhee Syngman *(Yi Sŭng-man)* in den 1950er-Jahren der Kandidat der *Chayudang* (Liberale Partei – LP) war, wie Park Chung Hee in den 1960er- und 1970er-Jahren derjenige der *Minjugonghwadang* (Demokratischen Republikanische Partei – DRP) oder Chun Doo Hwan *(Chŏn Tu-hwan)* in den frühen 1980er-Jahren der der *Minjujŏngŭidang* (Demokratischen Gerechtigkeitspartei – DGP). Selbst nach der Demokratisierung 1987 wurde auch Roh Tae Woo (*No T'ae-u*; 1988–1993) noch schlicht von seinem Vorgänger zum Kandidaten ernannt. Der zweite Präsident nach 1987, Kim Young Sam *(Kim Yŏng-sam)*, war der erste Präsidentschaftskandidat einer Regierungspartei, der sich 1992 in einem parteiinternen Vorwahlkampf bewähren musste. Die Parteien, die bis 1987 in der Opposition waren, haben im Vergleich dazu eine deutlich längere Tradition in Bezug auf Vorwahlen. Bereits 1956 führte man in der *Minjudang* (Demokratische Partei – DP) die erste Vorwahl durch, in der Shin Ik Hee *(Sin Ik-hŭi)* gegen Chang Myeon *(Chang Myŏn)* antrat. Bei der parteiinternen Vorwahl der *Sinmindang* (Neuen Demokratischen Partei – NDP) 1971 konnte sich nach einer Stichwahl der spätere Präsident Kim Dae Jung (*Kim Tae-jung*; 1998–2003) gegen seine beiden Konkurrenten durchsetzen und wurde als – wenn auch aussichtloser – Präsidentschaftskandidat gegen Park Chung Hee aufgestellt. Nur im Vorfeld der Präsidentschaftswahlen 1987 wurden unter dem Eindruck des durchschlagenden Regionalismus die Kandidaten aller Oppositionsparteien ohne Vorwahlen aufgestellt.

Nach der Jahrtausendwende wurde es für alle Parteien üblich, ihre Präsidentschaftskandidaten durch Vorwahlen zu nominieren, und zwar mit mehr als nur zwei Kandidaten wie bisher. Bei den Vorwahlen der damals regierenden *Sinhandang* (Neue Koreanische Partei – NKP) 1997 traten sechs Kandidaten an. Fünf Jahre später führte die *Saech'ŏnyŏnminjudang* (Demokratische Partei des Neuen Millenniums – DPNM) zum ersten Mal offene Vorwahlen *(kungmin'gyŏngsŏn)* ein, die sich am Beispiel der *open primaries* in den USA orientierten. Vorwahlen fanden in allen 16 Provinzen und Großstädten des Landes statt, wobei Parteimitgliedern und Nichtparteimitgliedern gleiches Stimmengewicht zukam. Die Öffnung der Vorwahlen für die allgemeine Bevölkerung war eine entscheidende Voraussetzung für die Aufstellung von Roh Moo Hyun *(No Mu-hyŏn)*, der 2002 zum Präsidenten gewählt wurde, aber innerhalb der Partei vergleichsweise schwache Unterstützung erhalten hatte. Im Jahr 2007 führte schließlich auch die *Hannaradang* (Große Nationalpartei – GNP) offene Vorwahlen ein, die die Meinung der allgemeinen Öffentlichkeit zur Hälfte berücksichtigte. Hier konnte sich mit dem späteren Staatspräsidenten Lee Myung Bak (*Yi Myŏng-bak*; 2008–2013) ebenfalls jener Kandidat durchsetzen, der im Verhältnis mehr Zuspruch bei der Öffentlichkeit bekam. So hatte sich das Vorwahlsystem der Parteien seit Ende der 1990er-Jahre stets weiterentwickelt. Die positiven Effekte begannen jedoch spätestens mit den Präsidentschaftswahlen 2012 abzunehmen. Sowohl die Vorwahlen der regierenden *Saenuridang* (Neue Welt Partei – NWP; Nachfolgepartei der GNP) als auch jene der oppositionellen *Minjut'onghapdang* (Demokratische Vereinte Partei – DVP; Nachfolgepartei der DPNM; heute ANPD) und der *T'onghapchinbodang* (Vereinte Progressive Partei – VPP; Nachfolgepartei der DAP) wurden von jeweils einem Kandidaten dominiert, der so stark war, dass der Wahlprozess praktisch an Bedeutung verlor. Insbesondere der Sieg von Park Geun Hye bei den Vorwahlen in der NWP spricht mit 86,6 Prozent eine deutliche Sprache.

Dennoch sind die Vorwahlen nach US-amerikanischem Vorbild fester Bestandteil der Präsidentenwahlen geworden. Die Motive der Parteien, Vorwahlen abzuhalten, sind offensichtlich: Zum einen können sie sich mit dieser formalen Institution als offen und demokratisch darstellen, zum anderen hilft es dabei, das Interesse der parteienverdrossenen Öffentlichkeit für die Politik zu steigern. Indes hält die Debatte darüber an, ob diese Art der Öffnung der Parteien wünschenswert ist, und wenn ja, in welcher Form sie in Zukunft umgesetzt werden sollte. Eines der Hauptargumente gegen eine Ausweitung der Vorwahlen ist, dass sie die bereits schwach institutionalisierten Parteien weiter schwäche und einen bedenklichen Populismus fördere.

3 Regionale Wahlen

Auf Provinz- und Kommunalebene werden alle vier Jahre rund 3000 Ämter durch direkte Wahlen neu besetzt. In Provinzen *(to)* und Großstädten *(kwangyŏksi)* werden Gouverneure und Bürgermeister sowie Abgeordnete der Provinz- und Stadtparlamente der regionalen Gebietskörperschaften *(chibangjach'idanch'e)* gewählt. Hinzu kommen die Wahlen des Superintendenten für Bildung. Auf der Kommunalebene werden in Städten *(si)*, Kreisen *(kun)* und Bezirken *(ku)* Bürgermeister, Kreis- und Bezirksleiter sowie die Abgeordneten der Parlamente der kommunalen Gebietskörperschaften *(kich'ojach'idanch'e)* gewählt. Gebietskörperschaftsleiter und Bildungssuperintendenten können zweimal wiedergewählt werden. Da auch für die Wahl der Listenabgeordneten auf Provinz- und Kommunalebene das Prinzip der Verhältniswahl (Zweitstimme) gilt, müssen die Wahlberechtigten bei jeder regionalen Wahl insgesamt sieben Stimmen abgeben. Die Direktmandate werden auf Provinz- bzw. Großstadtebene in Einpersonenwahlkreisen, auf Kommunalebene in Mehrpersonenwahlkreisen ermittelt.[17] Wie bei den Wahlen zur Nationalversammlung gilt, dass Parteien bei Direktmandaten mindestens 30 Prozent weibliche Kandidaten aufstellen *sollten* und bei Listenmandaten 50 Prozent aufstellen *müssen*.

Aktives Wahlrecht erhalten Bürgerinnen und Bürger mit 19, passives mit 25 Jahren. Seit 2005 sind nach dem Wahlgesetz auch Ausländer wahlberechtigt, die seit mehr als drei Jahren den Status des ständigen Aufenthaltsrechtes (*yŏngjugwŏn*; F-5-Visum) haben (Paragraf 15–2, 3).[18]

Abb. 4: Administrative Ebenen und Ämter der regionalen Selbstverwaltung

	Regionalebene (chibangchach'idanch'e)			**Kommunalebene** (kich'ochach'idanch'e)	
Exekutivorgan (chiphaengkigwan)	Gouverneur, Bürgermeister	Superintendent für Bildung		Bürgermeister, Leiter	
Beschlussorgan (kyŏrŭikigwan)	Parlament	direkt		Parlament	direkt
		Liste			Liste

Quelle: Eigene Darstellung.

Die Anzahl der Abgeordneten in den Parlamenten der 17 Städte und Provinzen ist mindestens zweimal so hoch wie die Zahl der jeweiligen Unterbezirke. Zehn Prozent der Abgeordneten (oder mindestens drei) sind jeweils Listenmandate.[19] Die Gesamtzahl der Abgeordneten in den 22 Städten, Bezirken und Kreisen ist per Gesetz festgelegt. Die Zahl der Mitglieder der einzelnen Parlamente variiert je nach aktueller demografischer Situation; sie haben jedoch mindestens sieben Mitglieder. Auf kommunaler Ebene werden pro Wahlkreis zwei bis vier Abgeordnete gewählt. Der Anteil der Listenmandate beträgt hier ebenfalls zehn Prozent. Es gilt eine Fünfprozentsperrklausel.

Während parteigebundene Kandidaten einen innerparteilichen Nominierungsprozess durchlaufen, müssen parteilose Kandidaten für das Amt des Gouverneurs bzw. des Bürgermeisters von Großstädten die Unterstützung von 1000 bis 2000 amtlich gemeldeten Wahlberechtigten vorweisen. Bei Anwärtern auf die Leitung einer Gebietskörperschaft auf kommunaler Ebene sind es 300 bis 500. Für eine Abgeordnetenkandidatur auf Provinz- und Großstadtebene benötigt man 100 bis 200, auf Kommunalebene 50 bis 100 Unterstützer. Die Gebühren für die Anmeldung der entsprechenden Kandidaturen betragen in der oben genannten Reihenfolge 50 Millionen Won (ca. 33000 Euro), 10 Millionen Won (ca. 6700 Euro), 3 Millionen Won (ca. 2000 Euro) und 2 Millionen Won (1300 Euro). Werden die Kandidaten ins Amt gewählt oder erhalten mehr als 15 Prozent der Stimmen, werden die Gebühren voll erstattet. Anwärter auf das Amt des Superintendenten für Bildung dürfen keiner Partei angehören, sich nicht für oder gegen eine Partei aussprechen und auch von keiner Partei unterstützt werden.

Bei den regionalen Wahlen 2014 wurde für die Besetzung von insgesamt 3952 Ämtern mit 56,8 Prozent die höchste Wahlbeteiligung seit 19 Jahren erreicht. Neben 17 Gouverneuren und Bürgermeistern wurden 17 Superintendenten für Bildung und 789 allgemeine Abgeordnete in die Provinzparlamente gewählt. Auf kommunaler Ebene sind 226 Bürgermeister und Bezirksleiter und 2898 Abgeordnete der dazugehörigen Parlamente gewählt worden.

Entwicklung des regionalen Wahlsystems

Das System der regionalen Selbstverwaltung *(chibangjach'i)* war bereits in der ersten Verfassung von 1948 verankert und ein entsprechendes Gesetz nur ein Jahr später erlassen worden. Jedoch wurde die tatsächliche und umfassende Umsetzung immer wieder hinausgezögert, um die Regierungsmacht im Zentrum nicht durch Herausforderungen aus der Peripherie zu gefährden. Während der Ersten Republik (1948–1960) unter Präsident Rhee Syngman wurde lediglich zweimal pro forma und nur sehr begrenzt auf Ebene der Provinzen und Kommunen gewählt. Hochrangige Posten vergab der Präsident. Nachdem in der Zweiten Republik (1960–1961) unter der Chang Myeon-Regierung zum ersten Mal auf allen Ebenen gewählt wurde, wurden die regionalen Wahlen in den darauffolgenden drei Dekaden unter verschiedenen Militärdiktaturen suspendiert. Während dieser Zeit wurden Gouverneure und Bürgermeister von der Zentralregierung ernannt und regionale Parlamente abgeschafft. Erst nach der Demokratisierung begann man zunächst zögerlich mit der Umsetzung der regionalen Selbstverwaltung, als 1991 Wahlen zu Parlamenten auf Provinz- und Kommunalebene wieder aufgenommen wurden. Es dauerte jedoch weitere vier Jahre, bis auf Grundlage des neuen Wahlgesetzes von 1994 alle Ämter durch direkte und gleichzeitig abgehaltene Wahlen besetzt wurden. Seit 2007 werden auch der Superintendent für Bildung und der Bildungsausschuss direkt gewählt.[20]

Die Entwicklung des Wahlsystems auf regionaler Ebene in den vergangenen zwanzig Jahren ist positiv zu bewerten, auch wenn berechtigte Reformforderungen wie größere Autonomie und mehr Selbstbestimmung der Gebietskörperschaften zu bestimmten Teilen unerfüllt blieben. Auch andere Probleme sind noch ungelöst. So werden häufig die regionalen Wahlen, die meistens zeitlich zwischen Parlaments- und Präsidentschaftswahlen liegen, von der Politik auf nationaler Ebene vereinnahmt. Auf diese Weise werden immer wieder regionale Themen von solchen in den Hintergrund gedrängt, die für die Provinzen und Kommunen eigentlich nicht entscheidend sind. Auch der Regionalismus verzerrt häufig die Mehrheitsverhältnisse entsprechend regionaler Hochburgen. Die Folge sind übermäßig asymmetrische Machtverhältnisse zwischen den Parteien in regionalen Exekutivorganen und Parlamenten, die ein ausgewogenes Regieren im Sinne der Bürger erschweren. Teilweise sind die Kommunen ganzer Regionen von einer bestimmten Partei vereinnahmt und die Kommunalpolitik entsprechend von politischen Strategien der nationalen Ebene geprägt.

4 Wahlgesetz und Wahlvergehen

Im Allgemeinen lässt sich der Charakter des Wahlgesetzes als präskriptiv und restriktiv beschreiben. Das Gesetz gibt sehr detailliert vor, welche Voraussetzungen Kandidaten mitbringen müssen, welcher Zeitraum als Wahlkampfzeit gilt, welche Aktivitäten erlaubt sind (und welche nicht), wie Wahlkampfmittel gestaltet sein müssen und wie viel Geld die Kandidaten maximal für den Wahlkampf ausgeben dürfen. Insbesondere die Kapitel »Wahlkampf« mit 70 und »Strafstatuten« mit 35 Artikeln nehmen im Vergleich zu den restlichen Kapiteln des Wahlgesetzes einen großen Raum ein.[21] Zum Beispiel ist es erlaubt, im Wahlkampf Wandposter anzubringen, aber nur eine bestimmte Anzahl pro Einwohner; man kann Wahlkampfbroschüren verteilen, jedoch darf deren Umfang bei Präsidentschaftskandidaten 16 und bei allen anderen Wahlen 12 Seiten nicht überschreiten; auch Zeitungsanzeigen dürfen geschaltet werden, doch ist die Anzahl bei Präsidentschaftswahlen auf 70 und bei Listenkandidaten für das Parlament auf 20 beschränkt und nur eine Anzeige pro Zeitung gestattet; für den Straßenwahlkampf darf man sich auch mit einer Werbeschärpe bekleiden, die jedoch nur der Kandidat selbst und eine begrenzte Zahl von eingetragenen Helfern tragen darf; die Maße einer erlaubten Schärpe werden zudem von der Nationalen Wahlkommission festgelegt. Sogar die Visitenkarte eines Kandidaten darf die Maße von neun mal fünf Zentimetern nicht überschreiten. Je nach angestrebtem Amt sind die Ausgaben für den Wahlkampf mit einer Höchstgrenze festgelegt. Zum Beispiel darf der Präsidentschaftswahlkampf nicht mehr als das Ergebnis der Multiplikation der Einwohnerzahl des Landes mit 950 Won (ca. 60 Cent) kosten, bei Listenmandatskandidaten der Nationalversammlung sind es 90 Won (ca. 6 Cent) pro Staatsbürger.

Bei einer solch strengen Regulierung verwundert es nicht, dass es immer wieder zu Übertretungen des Wahlgesetzes kommt. Bei den Parlamentswahlen 2012 kam es zu insgesamt 2544 Anzeigen, wovon 1448 Fälle zu einer Anklage geführt haben. Auch 30 der neu gewählten Abgeordneten wurden angeklagt; bei einer Strafe von mehr als 1 Million Won (ca. 670 Euro) verliert man sein Amt. Insgesamt stiegen die Vergehen im Vergleich zu vor vier Jahren um knapp 28 Prozent an.[22] Die meisten Verstöße bei Präsidentschafts- und Parlamentswahlen sind Bestechung, Anfertigen und Verteilen von nicht erlaubten Drucksachen, illegale Wahlwerbung, die Mobilisierung zu Versammlungen und Treffen sowie das Unterhalten von privaten Organisationen.[23]

Fazit

Seit der ersten Stunde der Republik Südkoreas hat sich das Wahlsystem bis heute sukzessive weiterentwickelt und dabei meistens zum Besseren reformiert. Insbesondere nach der Demokratisierung 1987 ist ein großer Sprung in Richtung Öffnung und Demokratisierung des Wahlrechts gemacht worden, als Anfang 1990er-Jahre die grundlegende Einrichtung des Wahlrechts auf Ebene von Provinzen und Kommunen umgesetzt wurde. Schließlich begann Anfang der 2000er-Jahre eine Reformentwicklung, die für eine zunehmende Demokratisierung des Wahlsystems (z. B. Frauenquote, Verhältniswahlrecht, Ausländerwahlrecht usw.) sorgte. Allein die sehr detaillierten und restriktiven Normen, die den Wahlkampf regulieren, sind noch so gut wie unangetastet.

Literatur

Ahn, Chung-Si (Hrsg.), New Development in Local Democracy and Decentralization in East Asia. Korea in Comparative Perspective, Seoul 2005, S. 72–107.

Chon, Soohyun, The Election Process and Informal Politics in South Korea, in: Lowell Dittmer/Haruhiro Fukui/Peter N. S. Lee (Hrsg.), Informal Politics in East Asia, Cambridge 2000, S. 66–81.

Croissant, Aurel, Südkorea: Von der Militärdiktatur zur Demokratie, in: Thomas Heberer/Claudia Derichs (Hrsg.), Einführung in die politischen Systeme Ostasiens. VR China, Hongkong, Japan, Nordkorea, Südkorea, Taiwan, 2. akt. Aufl., Wiesbaden 2008, S. 285–350.

Korea Herald/The Korean Political Science Association (Hrsg.), Political Change in Korea, Paju 2008.

Anmerkungen

1 Südkoreas Bevölkerung zählt rund 50 Millionen Einwohner, sodass ca. 160 000 Bürger auf einen Abgeordneten kommen. Das ist nach den USA (ca. 730 000) und Japan (ca. 170 000) die höchste Zahl unter den OECD-Ländern.

2 Wahlkreise sind in Artikel 25 des Wahlgesetzes definiert und müssen jeweils zwischen 100 000 und 300 000 Einwohner umfassen. Nach der Entscheidung des Verfassungsgerichts im Oktober 2014 ist das Verhältnis von 1 zu 3 des kleinsten zum größten Wahlkreis nicht konform mit der Verfassung und muss bis Ende 2015 vom Gesetzgeber in 1 zu 2 geändert werden.

3 Das südkoreanische Wahlsystem kennt weder Panaschieren noch Kumulieren.

4 Zum Hare/Niemeyer Verfahren siehe http://www.bundeswahlleiter.de/de/glossar/texte/Hare_Niemeyer.html (Zugriff am 22. Mai 2013).

5 Nachwahlen und Wiederholungswahlen werden wahlweise am letzten Mittwoch im April oder im Oktober durchgeführt.

6 Als Auslandskoreaner *(chaewoegungmin)* gelten südkoreanische Staatsbürger und Staatsbürgerinnen, die sich langfristig, d. h. länger als 90 Tage mit einem festen Wohnsitz im Ausland aufhalten. Ausländer haben prinzipiell kein Wahlrecht bei Parlamentswahlen.

7 Mit der Obergrenze von Unterstützern der Kandidatur soll verhindert werden, dass durch das Publikmachen von hohen Unterstützerzahlen eine Art Vorwahlkampf betrieben wird. Des Weiteren müssen u. a. folgende Dokumente zur Anmeldung einer Kandidatur eingereicht werden: Angaben zu Vermögensverhältnissen, Wehrdienstableistung, Steuerzahlung, Vorstrafen, Bildungsgrad.

8 Siehe Inter-Parliamentary Union, http://www.ipu.org/wmn-e/classif.htm (Zugriff am 2. Dezember 2013).

9 Während dieser Zeit wurde ein Drittel der Abgeordneten indirekt durch ein von Park Chung Hee *(Pak Chŏng-hŭi)* aufgestelltes Wahlmännergremium gewählt.

10 Die Zahl der Listenplätze betrug beim 14. Parlament (1992–1996) 62, beim folgenden Parlament (1996–2000) waren es 46 Sitze.

11 Es wurde eine Sperrklausel von drei Prozent der Zweitstimmen bzw. fünf Sitze durch Direktmandate eingeführt.

12 Verfassungsgericht der Republik Korea, Verfassungsgerichtsentscheidungen Vol. 13, No. 2, 2001, S. 502 ff. (2000-hŭnma-91.112.134).

13 Die Werte zeigen das Verhältnis von gewonnenen Parlamentssitzen und erhaltenen Stimmenanteilen für Direktmandate und Listenmandate der jeweils stärksten, zweitstärksten und drittstärksten Partei entsprechend des jeweiligen Sitzzuteilungsmodus. Umso mehr die Werte gegen Null verlaufen, desto fairer ist die Verteilung der Sitze (Datenquelle: Nationale Wahlkommission).

14 Zur Entwicklung des Parteiensystems siehe »Die Parteien Südkoreas« in diesem Band.

15 Park Geun Hye ist die älteste von zwei Töchtern und einem Sohn des ehemaligen Militärdiktators Park Chung Hee, der in Südkorea von 1961 bis 1979 herrschte.

16 Vergleiche die Karte »Korea - Politik, Verwaltung, Demographie« am Ende dieses Bandes.

17 Der Anteil der Listenplätze beträgt in den Regionalparlamenten (Großstädte und Provinzen) ca. 10% und in den Kommunalparlamenten ca. 13%.

18 Passives Wahlrecht besteht nicht.

19 Die Zweitstimme wurde für regionale Wahlen bereits 2002 eingeführt.

20 Durch eine Gesetzesänderung werden seit 2014 Abgeordnete für Bildung nicht mehr gesondert gewählt, sondern aus den Reihen der allgemein gewählten Abgeordneten rekrutiert.

21 Die 19 Kapitel des Wahlgesetzes umfassen im Durchschnitt etwa 16 Artikel.

22 Joongang Ilbo vom 12.10.2012.

23 Ebd.; Yonhapnews vom 20.12.2012.

Heike Hermanns

Die Entfaltung der E-Demokratie

Die Entwicklung neuer Informations- und Kommunikationstechnologien (IKT) hat der Demokratisierung Südkoreas eine neue Dimension gegeben. Die sogenannte E-Demokratie erweitert die demokratische Praxis nicht nur durch die Bereitstellung von Informationen aus diversen Quellen, sondern bietet auch neue Möglichkeiten zur politischen Partizipation. Die neuen IKT schaffen Räume, in denen Bürger die Agenda des Diskurses selbst bestimmen und sich schnell organisieren können. Diese sozialen Netzwerke erlauben die Einbeziehung diverser Interessen in den politischen Entscheidungsprozess, der bisher von etablierten politischen Institutionen dominiert wurde.[1]

In Südkorea hat die E-Demokratie die Rolle der einzelnen Bürger im politischen Prozess auf Kosten der herkömmlichen politischen Akteure gestärkt. In der Bevölkerung sind demokratische Werte weiter verbreitet als in der politischen Elite, deren Verhaltensmuster noch von der autoritären Periode (1961–1987) geprägt sind. Die Parteien betrachten Bürger in erster Linie als Wähler, die sich außerhalb des Wahlkampfes weitgehend passiv verhalten. Auch die vielen Nichtregierungsorganisationen (NGOs), die in den letzten Jahren entstanden sind, werden zumeist von einer kleinen Elitegruppe geleitet. Sowohl Parteien wie auch NGOs vernachlässigen die Rekrutierung regulärer Mitglieder. Bürger bleiben daher distanziert von der politischen Welt, was sich in der Politikverdrossenheit vieler Koreaner und auch in der sinkenden Wahlbeteiligung (an den Wahlen 2008 nahmen nur 46 Prozent der Wähler teil) zeigt.[2]

Im Vergleich zu andern Ländern wurden die neuen Möglichkeiten zur Mitbestimmung und Einflussnahme schon früh gezielt genutzt. Die Anwendung neuer Medien für politische Zwecke wird durch die weite Verbreitung von Handys, schnellen Internetanschlüssen und WLAN unterstützt. In Diskussionsforen und durch Blogs können sich nun wesentlich mehr Koreaner am öffentlichen Diskurs beteiligen und politische Entscheidungen beeinflussen. Die etablierte politische Elite versucht dieser Entwicklung gesetzlich entgegenzuwirken, indem sie die politische Nutzung neuer

Medien versucht einzuschränken und so die Entwicklung der E-Demokratie zu verlangsamen. Dennoch bleibt zu erwarten, dass die »Netizens« (geformt aus »Internet-Citizens«) auch weiterhin neue Wege finden werden, die neuen Medien politisch einzusetzen. Der vorliegende Beitrag stellt zunächst die Infrastruktur und meistbenutzten Programme vor, die auf einheimischen Innovationen beruhen. Darauf folgt ein Überblick über die Entwicklung der E-Demokratie in Südkorea mit den wichtigsten Ereignissen seit den 1990er-Jahren. Anschließend werden Vorteile und Probleme der Nutzung von IKT dargestellt und zum Abschluss eine vorläufige Bilanz gezogen.

1 Die Infrastruktur

Südkorea ist ein hochvernetztes Land mit einer hohen Dichte von Internetnutzern, seit die Regierung in den späten 1990er-Jahren die nötige Infrastruktur gezielt förderte, um die südkoreanische Wettbewerbsfähigkeit zu erhöhen. Die große Bevölkerungsdichte mit vielen Hochhäusern erleichterte den schnellen Aufbau dieser Infrastruktur. Mittlerweile verfügen über 80 Prozent der Haushalte über einen schnellen Breitbandanschluss. 2010 benutzten 77,8 Prozent der Einwohner über drei Jahre das Internet wenigstens einmal im Monat, die meisten davon täglich (2000 waren es 44,7 Prozent).[3] Die Entwicklung der E-Demokratie hat daher gute Voraussetzungen. Es gibt aber auch Einschränkungen: Eine große Anzahl von Webseiten ist nur nach vorheriger Registrierung zugänglich, die Nutzer und Beiträge identifizierbar macht. Die meisten Internetnutzer in Südkorea verwenden ein Portal der großen Internetdienste als Einstiegsseite (z. B. www.daum.net oder www.naver.com). Hier finden sie Zugang zu ihrem E-Mail-Konto, Links zu den neusten Nachrichten, zu Einkaufsangeboten und Diskussionsforen. Die populärste Diskussionsplattform wird von dem Internetservice *Daum* unter dem Namen »Agora« angeboten, der bewusst auf das historische Beispiel des öffentlichen Forums im antiken Athen anspielt (http://agora.media.daum.net). Die Portale sind politisch neutral, aber die meistgesuchten Artikel und »heiße« Diskussionsthemen werden besonders hervorgehoben. Aufgrund der hohen Besucherzahlen wirken sie auf diese Weise durchaus auf die öffentliche Meinung ein.

Bei den sozialen Netzwerken dominierten zunächst einheimische Programme, die sich ab dem Jahr 2000 stark verbreitet hatten. 2001 wurde das lokale Programm *Cyworld* vorgestellt, das persönliche Webseiten, sogenannte *minihompy*, anbietet (www.cyworld.com). Diese Seiten kann der Besitzer in einen persönlichen Raum verwandeln, mit eigenen Beiträgen, Links, Fotos und anderen Dekorationen, die für ein geringes Entgelt erworben werden können. Der Service erfreute sich so großer Beliebtheit, dass eine große Mehrheit der unter 30-Jährigen eine Seite erstellte. Eine weitere lokale Entwicklung sind sogenannte *Cafes*, die ein offenes Forum für Gruppen anbieten. Seit etwa 2006 wurden *Cyworld* und Cafe-Seiten von Blogs und ausländischen sozialen Netzwerkseiten wie *Facebook* überholt. Auch der Mikroblogging-Service *Twitter* gewinnt seit 2010 immer mehr Anhänger und damit auch politischen Einfluss.

Eine weitere Besonderheit der südkoreanischen Netzinfrastruktur ist die starke Rolle der Onlinezeitungen. Traditionell werden die Printmedien von drei konservativen Tageszeitungen dominiert *(Chosun Ilbo, Donga Ilbo, Jongang Ilbo)*, die in den frühen 2000er-Jahren einen Marktanteil von etwa 70 Prozent hatten (2010 waren es noch etwa 50 Prozent). Als Alternative gründeten progressive Journalisten Onlinezeitungen wie *Ohmynews* und *Pressian*. Diese sorgen durch ausgewogenere Informationen für eine größere Meinungsvielfalt in den Medien. Gerade die jüngere Generation hat sich weitgehend von den Printmedien verabschiedet und verfolgt Nachrichten hauptsächlich im Internet oder im Fernsehen.[4] *Ohmynews* veröffentlicht nicht nur Artikel von Journalisten, sondern auch Beiträge von »Bürgerreportern« (»citizen reporters«). Mit dieser Art von »Guerilla-Journalismus« unterwandert *Ohmynews* das Monopol professioneller Journalisten und öffnet seine Seiten für eine große Anzahl von Artikeln und ein breiteres Spektrum an Themen. Im Ergebnis zeigen sich andere Schwerpunkte und neue Perspektiven, wenn z. B. eine Hausfrau über ihre Erfahrungen in wirtschaftlich schlechten Zeiten berichtet. Ein weiteres Merkmal der Onlinezeitungen sind ihre interaktiven Funktionen. Die Kommentarsektionen auf den Ohmynews-Seiten entwickelten sich zu lebhaften Diskussionsforen, die von vielen Lesern genutzt – oder zumindest gelesen – werden. Gute Beiträge werden oft verlinkt und weiter verschickt, sodass sich bestimmte Themen sehr schnell verbreiten.[5]

Onlinezeitungen haben vor allem während der Wahlen 2002 und der Präsidentschaft Roh Moo Hyuns (*No Mu-hyŏn*; 2003–2008) eine große Rolle gespielt. Seit 2005 hat sich die öffentliche Debatte auf die Portalseiten und auf Blogs verschoben. Hier ist die Rolle einiger »power-blogs« hervorzuheben, in denen prominente Kommentatoren – meist Journalisten – allein oder als Gruppe ihre Ansichten veröffentlichen.[6]

2 Die frühen Jahre

Gegen Ende der 1990er-Jahre begannen progressive Intellektuelle und Aktivisten die neuen Kommunikationstechnologien für ihre Zwecke zu nutzen. Mailboxen (Bulletin Board Systems, BBS) und frühe Homepages wurden als Diskussionsforen und zur Verbreitung von Informationen genutzt. Wie in anderen Ländern auch, entdeckten etablierte NGOs die Vorteile der neuen Technologien eher langsam, während einzelne Bürger und kleine Gruppen das Potenzial schneller erkannten. Aber auch andere Institutionen einschließlich der staatlichen Verwaltung setzten die neuen IKT schon frühzeitig zur Bereitstellung von Informationen und zur Beschleunigung von Verwaltungsaufgaben ein.

Im Jahr 2000 lernte zum ersten Mal die breite Öffentlichkeit das Potenzial der IKT zur Informationsverbreitung mit politischen Absichten kennen. Im Vorlauf der Parlamentswahlen im April 2000 formte sich eine Koalition von NGOs, um eine schwarze Liste von »schlechen Politikern« vorzubereiten. Auf dieser Liste standen Kandidaten, die als »nicht geeignet« eingestuft wurden, weil sie Straftaten begangen, die vorherigen Militärregime unterstützt oder sich anderweitig korrupt, inkompetent oder undemokratisch verhalten hatten. Die Veröffentlichung im Netz erregte großes Aufsehen und die Liste verbreitete sich schnell über BBS, Internetforen und SMS. Die Diskussion intensivierte sich, als die Geschichte auch von Zeitungen und Fernsehprogrammen aufgegriffen wurde.

Diese negative Kampagne kann daher als erster Sieg der Internetnutzer über Politiker gewertet werden: Eine Reihe der Genannten trat gar nicht erst an, und von den 86 trotzdem nominierten Kandidaten wurden 59 nicht wiedergewählt. In den folgenden Jahren griff die staatliche Wahlkommission die Initiative auf: Kandidaten müssen nun persönliche Daten, einschließlich ihres Einkommens, offenlegen; sie sind dann im Internet abrufbar (unter http://info.nec.go.kr). Der Einsatz der neuen Medien erlaubte so größere Transparenz, nicht nur im Wahlkampf. Die Bürger haben besseren Zugang zu politischen Informationen gewonnen und können damit vermehrt Kontrolle ausüben. In den vergangenen Jahren ist auf diese Weise eine ganze Reihe von Politikern aus der Politik ausgeschieden, nachdem ihnen von Netizens Fehlverhalten, wie z. B. Immobilienspekulation oder die Annahme von Bestechungsgeld, nachgewiesen wurde.

3 IKT und Roh Moo Hyun (2003–2008)

Mit der Verbreitung von Web-2.0-Anwendungen nach dem Jahr 2000 traten die Mobilisierungs- und Organisationspotenziale der neuen IKT in den Vordergrund, zunächst ohne politische Absichten. 2002 richtete Südkorea gemeinsam mit Japan die Fußballweltmeisterschaft aus, in der die südkoreanische Mannschaft das Viertelfinale erreichte. In vielen Städten wurden große Bildschirme zum »Public Viewing« bereitgestellt. Mit zunehmendem Erfolg der koreanischen Mannschaft trafen sich immer mehr Fans (»rote Teufel« genannt) vor diesen Bildschirmen, zumeist, nachdem sie sich mit Freunden über SMS, E-Mail oder über Nachrichten auf Webseiten verabredet hatten. Die gleichen Methoden ermöglichten im darauffolgenden November und Dezember die Organisation von großen Demonstrationen mit politischen Zielen.

Im Sommer 2002 waren zwei junge Koreanerinnen bei einem Unfall mit einem US-amerikanischen Militärfahrzeug ums Leben gekommen. Dieser Vorfall wurde von den etablierten Medien weitestgehend ignoriert, fand aber Beachtung in den Onlinezeitungen. Nachdem im November die beiden verantwortlichen US-amerikanischen Soldaten freigesprochen worden waren, wurde der Unmut in den Internetforen lauter und die Rolle der US-Truppen in Südkorea im Allgemeinen kritisch diskutiert. Der Vorfall erregte bei den südkoreanischen Bürgern mehr Aufmerksamkeit als der gleichzeitig stattfindende Wahlkampf für das Amt des Präsidenten. In einem Onlinezeitungsartikel zu dem Unfall schlug der Autor eine Demonstration mit Kerzen zur Erinnerung an die beiden Mädchen vor.[7] Diese Anregung wurde von vielen Lesern aufgegriffen und über andere Webseiten und SMS verbreitet. Innerhalb kurzer Zeit versammelten sich einige Hunderttausend Menschen in Zentrum von Seoul, was sich danach täglich wiederholte. Angesichts der lebhaften Onlinediskussionen und der täglichen Demonstrationen in Seoul und anderen Städten beugten sich Politiker dem öffentlichen Druck und brachten die Rolle der US-amerikanischen Truppen in Korea auf die Tagesordnung des Wahlkampfes.

Die schrumpfende Macht der etablierten politischen Elite über die öffentliche Meinung und aktuelle politische Diskussionen zeigte sich auch in der Berichterstattung über die Kandidaten im Präsidentschaftswahlkampf 2002. Die etablierten Tageszeitungen ergriffen Partei für den konservativen Lee Hoi Chang *(Yi Hoe-ch'ang)* und veröffentlichen negative Berichte über den Kandidaten der Regierungspartei, Roh Moo Hyun. Letzterer fand Unterstützung in den neuen Onlinezeitungen, die positive oder neutrale Berichte veröffentlichten.

Die Wahlen von 2002 zeigten auch eine Veränderung der Wahlkampforganisation. Wie in den vorherigen Jahren spielten politische Parteien aufgrund der Personalisierung der koreanischen Politik eine geringe Rolle. Der konservative Kandidat Lee Hoi Chang führte seine Kampagne im traditionellen Stil, mit öffentlichen Wahlveranstaltungen, Broschüren und der Unterstützung der führenden Tageszeitungen. Sein Gegner Roh Moo Hyun dagegen musste weitgehend ohne die Mitwirkung einer Partei den Wahlkampf bestreiten. In die Lücke sprang ein Onlinefanclub, der sich schon 2000 unter dem Namen »Nosamo« (eine Abkürzung für »Menschen, die Roh lieben«) gebildet hatte. Nosamo nutzte ein Cafe-Format für eine Reihe von Aktivitäten, z. B. die Bereitstellung von Informationen, Wahlkampfprogrammen und Veranstaltungsterminen. Besonders wichtig für Rohs Kampagne waren die Spenden, die über die Seite gesammelt wurden. Obwohl die einzelnen Beträge oft gering waren, trug die große Zahl von Spendern zum Erfolg des Wahlkampfes bei. Darüber hinaus diente Nosamo auch zur Organisation der Anhänger in lokalen Gruppen und Netzwerken. Diese trafen sich sowohl in den Cafe-Foren der virtuellen Welt als auch in der Realität. Ihr Engagement ging über Wahlkampfzwecke wie die Ausgabe von Informationsmaterial hinaus. Es wurden z. B. gemeinsame Ausflüge und Wanderungen unternommen, sodass politische Aktivitäten auch eine soziale Komponente hatten, die von vielen Teilnehmern geschätzt wurde. In der Nacht vor der Wahl und am Wahltag verschickten Nosamo und andere NGOs in einer Massenaktion SMS und E-Mails, um Südkoreaner zur Wahl aufzurufen. Auch individuelle Internetnutzer engagierten sich während des Wahlkampfes und verbreiteten Nachrichten, humoristische Fotos, selbstgemachte Videos und ihre eigenen Kommentare zum Wahlkampfgeschehen über Blogs, *Cafes* und *minihompys*. Das Wahlergebnis zeigte einen klaren Generationsunterschied: Jüngere – die auch mehrheitlich IKT benutzen – wählten Roh Moo Hyun, während die ältere Generation für Lee Hoi Chang stimmte.[8]

Auch nach seinem Wahlerfolg in Dezember 2002 nutzte Präsident Roh Moo Hyun die neuen Medien oft. Er veranstaltete regelmäßige Pressekonferenzen im Internet und verfolgte die Onlinediskussionen, um sich ein Bild von der öffentlichen Meinung zu machen. Als progressiver Präsident initiierte Roh ein Monopolgesetz, das die Dominanz der konservativen Zeitungen verringerte. Ihr Marktanteil fiel daraufhin auf etwa 50 Prozent.

Das konservative Lager suchte nach der Wahlniederlage Gelegenheiten, um Rohs Regierung zu schwächen. Im Vorlauf der Parlamentswahlen im Frühling 2004 nutze die Opposition eine unglückliche Bemerkung Rohs, ihn wegen unerlaubter Einmischung in den Wahlkampf des Amtes zu entheben. In der südkoreanischen Bevölkerung war diese Entscheidung umstritten und wurde lebhaft in vielen Internetforen kommentiert. Die Netizens wehrten sich gegen die vermeintliche Willkür der Konservativen und riefen per SMS, auf Blogs und Cafe-Seiten zum Protest auf. Daraufhin versammelten sich erneut Tausende von Koreanern in den Straßen von Seoul, um mit Kerzen gegen die Amtsenthebung zu protestieren. Schließlich war die Regierungspartei bei den Parlamentswahlen erfolgreich und Roh kehrte in sein Amt zurück.

4 IKT und Lee Myung Bak (2008–2013)

Nach 2004 veränderte sich die Bedeutung der IKT in der südkoreanischen Politik. Keine der politischen Entscheidungen der Regierung Roh Moo Hyuns motivierte politisches Engagement und Bürgerproteste progressiver Aktivisten im selben Maße wie in den Jahren zuvor. Während progressive Gruppen von einer gewissen Müdigkeit erfasst schienen, traten nun auch konservative Politiker und Vordenker verstärkt im Netz auf und konnten so ihren Einfluss auf die öffentliche Meinung zurückgewinnen. Konservative Onlinezeitungen wie *Dailian* boten nun eine Gegenperspektive zu den progressiven Zeitungen an. Zur selben Zeit begannen auch immer mehr ältere Koreaner, das Internet zu nutzen, wobei sie sich eher konservativen Webseiten zuwendeten.

Außerdem veränderte sich der gesetzliche Rahmen: Die Beschränkungen für Wahlkämpfe wurden nach 2004 verschärft, sodass alle Veröffentlichungen von Privatleuten mit politischem Inhalt in der offiziellen Wahlkampfperiode (180 Tage vor den Wahlen) als illegal galten. Selbst das Weiterleiten (oder *re-tweeting*) solcher Nachrichten durch Privatleute und neutrale Aufrufe zur Stimmenabgabe wurden als illegaler Wahlkampf eingestuft. Politische Nachrichten durften nur noch von den Kandidaten verbreitet werden, um so einen fairen und sauberen Wahlkampf zu garantieren. Die staatliche Wahlkommission setzte diese Regelungen streng durch und veranlasste die Löschung vieler Beiträge. Dadurch wurden die Wahlen eher langweilig und das Interesse ging zurück. Die Kritiker der strengen Regeln klagten vor dem Verfassungsgericht gegen die Gesetze. Im Dezember 2011 erklärte das Verfassungsgreicht die Regelungen für unzeitgemäß und ungültig, nicht zuletzt in Anbetracht der wachsenden Popularität von *Twitter*.

Die (zeitweiligen) Einschränkungen bedeuteten aber nicht, dass der gewonnene politische Spielraum von den Bürgern wieder aufgegeben wurde. Dies bekam der Nachfolger Roh Moo Hyuns sehr schnell zu spüren. Im Dezember 2007 gewann der konservative Kandidat Lee Myung

Bak *(Yi Myŏng-bak)* die Präsidentschaftswahlen mit einer relativ großen Mehrheit (48,7 Prozent). Auch in den darauffolgenden Parlamentswahlen im April 2008 war seine Partei, die *Hannaradang* (Große Nationalpartei – GNP), erfolgreich und gewann 153 der 299 Sitze. Lees Popularität hielt allerdings nicht lange an. Trotz der strikten Gesetze konnten Gegner Lees während des Wahlkampfes ein Video veröffentlichen, das die Glaubwürdigkeit Lees unterwanderte und daher großes Interesse in Südkorea weckte. Alle Versuche, es aus dem Verkehr zu ziehen, schlugen fehl, da das Video auf einem amerikanischen Internetdienst geladen war und damit nicht den koreanischen Gesetzen unterlag.

Nach den Wahlen wurden Lees Personalentscheidungen scharf kritisiert, als bekannt wurde, dass viele seiner Freunde und Kabinettskollegen durch Immobilienspekulationen Millionäre geworden waren. Diese Informationen wurden über das Internet und Onlinezeitungen verbreitet und verdeutlichten einmal mehr die Kontrollfunktion der IKT. Als Lee bei seinem Antrittsbesuch in den USA im April 2008 ein baldiges Ende des Einfuhrverbots von amerikanischem Rindfleisch versprach, das seit 2003 bestand, nachdem ein Fall von Rinderwahn in den USA entdeckt worden war, dauerte es nicht lange, bis sich in Blogs und Foren erneut Protest formierte. Ein Beitrag auf einer Cafe-Seite veröffentlichte eine Petition, um Präsident Lee des Amtes zu entheben, die innerhalb kurzer Zeit von über einer Million Besuchern unterstützt wurde.[9]

Die lebhaften Diskussionen in den Internetforen fanden oft zeitgleich mit Protesten in der realen Welt statt. Am 10. Juni 2008, dem Jahrestag der größten Demonstration des Jahres 1987, versammelten sich über eine Million Menschen in Seoul, nicht nur um gegen den Import von Rindfleisch, sondern auch gegen den Regierungsstil Lees, seine Personalpolitik und für mehr Demokratie zu demonstrieren. Moderne Handys mit Internetverbindung erlaubten den Teilnehmern, Videos und Fotos direkt ins Internet hochzuladen. Die Onlinezeitung *Ohmynews* übertrug die Demonstrationen zeitweilig live auf ihrer Webseite. Als die Polizei gewaltsam gegen Demonstranten vorging, konnte dies sofort im ganzen Land verfolgt werden. So wurde z. B. ein Video, das den Angriff von Polizeibeamten auf eine Studentin zeigte, mehr als 1,27 Million Mal innerhalb eines Monats aufgerufen.

Im Gegenzug versuchte die Regierung den Internetverkehr zu regulieren, u. a. mit dem (letztlich erfolglosen) Vorschlag, die Zugangskosten zu erhöhen, um so die Nutzung durch Schüler zu erschweren. Dies wurde von den Demonstranten mit Spott belegt. Der Präsident wurde beispielsweise mit dem Spitznamen »2MB« versehen, ein Wortspiel mit dem Namen des Präsidenten: Der Familienname Lee wird im Koreanischen wie »zwei« ausgesprochen, MB sind die Initialen seines Vornamens, aber auch die Abkürzung für »Megabyte«. Da Daten mittlerweile in Gigabyte-Größe übertragen werden, sehen die Gegner »2MB« als ein Kürzel für die Rückständigkeit und Unfähigkeit des Präsidenten, neuere Technologien zu verstehen. Als Gegenmaßnahme versuchte die Rundfunkkommission die Portalseiten zu überzeugen, alle Nachrichten, die »2MB« enthielten, herauszufiltern, was wiederum als überzogener Eingriff in die Meinungsfreiheit interpretiert wurde.

Die Proteste flauten erst nach vier Monaten im August 2008 ab. Der Präsident formte seine Regierung mehrmals um und musste einige seiner Vorhaben wie den Bau eines Kanals quer durch das Land zurücknehmen. Im Lauf des Jahres 2008 zog ein weiterer Fall nicht nur nationale, sondern auch internationale Aufmerksamkeit auf sich. Ein Blogger hatte unter dem Pseudonym »Minerva« über Wirtschaftsthemen geschrieben und aufgrund seiner oft akkuraten Analysen viele Leser gefunden. Als er später Beiträge über die Wechselkurspolitik der südkoreanischen Regierung veröffentlichte, interpretierte diese das als Verleumdung und veranlasste die Verhaftung des Bloggers. Der anschließende Prozess brachte Korea in die internationalen Schlagzeilen, weil die Meinungsfreiheit eines Bloggers strafrechtlich verfolgt wurde. Letztlich wurde sein Fall von dem zuständigen Gericht verworfen. Sein Schicksal bleibt aber eine Warnung für andere Kritiker und Internetaktivisten.

Während die IKT also vor allem von Bürgern und einzelnen Politikern genutzt wird, beschäftigen sich die Parteien eher selten mit der Onlineöffentlichkeit und vernachlässigen den Dialog mit den Bürgern. Jedoch setzen mittlerweile auch die Parteien zunehmend auf die Gelegenheit, sich offener und transparenter zu zeigen. Ein Beispiel für den Einfluss der neuen IKT ist der Nominierungsprozess für Kandidaten, der traditionell hinter verschlossenen Türen stattfand. Seit 2007 können nicht nur Mitglieder der jeweiligen Partei, sondern auch Nichtmitglieder Kandidaten per SMS und anderen elektronischen Medien auswählen. Dies hat immer wieder zu unerwarteten Ergebnissen geführt. Im Oktober 2011 z.B. suchte die oppositionelle *Minjudang* (Demokratische Partei – DP) einen Kandidaten für die Wahl des Bürgermeisters von Seoul. Der Favorit der Parteimitglieder unterlag einem unabhängigen Kandidaten, der die Stimmen der Onlinewähler auf sich vereinen konnte. Solche Ergebnisse ermutigen Parteien nicht unbedingt, dieses Experiment fortzuführen, da es die Kontrolle der Parteimitglieder und vor allem der Parteiführung unterwandert. Allerdings verleiht die Einbeziehung von IKT in den Nominierungsprozess den Parteien ein modernes und bürgernahes Image und wird daher auch weiterhin eine Rolle spielen.

Auch die Arbeit der etablierten Aktivisten und NGOs wird von den neuen IKT beeinflusst. Sie nutzen ihre Webpräsenz dabei eher zur Bereitstellung von Informationen und weniger für interaktive Angebote. Obwohl sich IKT gerade zur Werbung von Sympathisanten eignen, findet die Einbindung einer größeren Zahl von Bürgern nicht statt. Die neuen Medien ermöglichen es diesen, sich ihrerseits direkt zu organisieren, ohne auf etablierte Gruppen mit organisierten Strukturen zurückgreifen zu müssen. Politische Aktivitäten und Proteste sind damit direkter und unabhängiger geworden, aber auch schwerer zu steuern und zu institutionalisieren.

5 Schattenseiten

Die neuen IKT haben den Bürgern neue Möglichkeiten gegeben, politische Informationen zu erhalten und zu (re-)produzieren, politische Diskussionen zu führen und auch selbst politisch aktiv zu werden. Aber die Schattenseiten der neuen Medien können nicht geleugnet werden. Zum einen versuchen Regierungsinstitutionen, das Internet zu kontrollieren und die Meinungsfreiheit einzuschränken, wie die oben genannten Beispiele zeigen. Außerdem behindern die relativ strengen Bedingungen zur Registrierung die Internetaktivitäten. Zum anderen haben sich in den letzten Jahren auch andere negative Seiten des Internets offenbart, insbesondere in Form von Cybermobbing und Cybernationalismus.

Das koreanische Registrierungssystem, das die Anonymität beim Besuch großer Webseiten (mit mehr als 100 000 Benutzern) aufhebt, wird regelmäßig von internationalen Gruppen wie »Reporter ohne Grenzen« als Zensur kritisiert.[10] 2009 zog Google den koreanischen Youtube-Service (korea.youtube.com) zurück, weil der Internetriese die Anonymität der Nutzer im Zeichen der Meinungsfreiheit nicht gewährleistet sah. Auch koreanische Kritiker verlagern ihre Aktivitäten auf Dienste, die im Ausland angesiedelt sind, um so lokalen Restriktionen zu entgehen.

Direkte Zensur der koreanischen Behörden findet zumeist bei Zugangssperren zu einzelnen Webseiten statt, die als »schädlich« eingestuft werden (Pornografie, Glücksspiele oder Hilfe zum Selbstmord). Die Suchmaschinen der Portalseiten wenden Filter an, um bestimmte Stichworte auszusondern. Darüber hinaus gibt es einen Index mit Seiten, die mit der Demokratischen Volksrepublik Korea (Nordkorea) verbunden sind oder das dortige Regime in einem positiven Licht darstellen. Da das Gesetz zur nationalen Sicherheit auch im Internet Anwendung findet, wird die Veröffentlichung von pronordkoreanischem Material mit Gefängnisstrafen belegt. Die Diskussion über Nordkorea wird damit behindert und die Meinungsfreiheit der Südkoreaner eingeschränkt.

Trotzdem halten viele Südkoreaner das Registrierungssystem für gerechtfertigt, um dem oftmals rauen Umgangston in Onlineforen entgegenzuwirken. Die Anonymität des Internets führt häufig dazu, dass Nutzer online extremere Meinungen vertreten als im persönlichen Kontakt. Netizens können schnell zu einem Mob werden und einzelne Menschen oder Organisationen verfolgen. Im Jahr 2005 wurde eine Studentin öffentlich angeprangert, die in der Seouler U-Bahn den Haufen ihres Hundes nicht entfernt hatte und dabei fotografiert worden war. Netizens identifizierten sie und veröffentlichten ihren Namen und persönliche Daten, um sie für ihr schlechtes Benehmen zu bestrafen. Trotz einer öffentlichen Entschuldigung wurde die junge Frau weiter diffamiert und musste ihre Universität verlassen. Wenige Jahre darauf wurde ein weiterer Fall von Cybermobbing bekannt: Im Oktober 2008 beging eine bekannte Schauspielerin Selbstmord, nachdem sich hartnäckig (falsche) Gerüchte über das Internet verbreiteten, sie sei in zwielichtige Geschäfte verwickelt. In beiden geschilderten Fällen identifizierte die öffentliche Meinung die Anonymität der Ankläger als ein Hauptproblem. Der Cybernationalismus ist ein weiteres Problem. Es gibt eine ganze Reihe nationalistischer Foren, u. a. zu territorialen Konflikten und historischen Themen, in denen die koreanische Position vehement vertreten wird. Dies kann zu Konflikten mit ähnlichen Gruppen in anderen Ländern, wie Japan und China, führen. Manchmal eskalieren die Auseinandersetzungen dabei und münden in Boykottaufrufen oder Hackerangriffen auf bestimmte Webseiten der Gegner. So führten in den letzten Jahren etwa hitzige Diskussionen in den Internetforen über den territorialen Status der Insel Dokdo *(Tokto)* östlich von Korea mehrmals dazu, dass die südkoreanische Regierung die diplomatischen Beziehungen mit Japan abkühlen ließ.

Fazit

Das demokratische Potenzial der IKT ist in die politischen Verhältnisse des jeweiligen Landes eingebettet. Die junge Demokratie Südkoreas entwickelt sich unterschiedlich schnell. Parteien und Politiker verharren oft noch in alten Verhaltensmustern, während die jüngere Bevölkerung schon wesentlich demokratischer denkt. Die neuen Medien haben zusätzliche Möglichkeiten zur Bereitstellung von Informationen, Organisation und Mobilisierung eröffnet und dadurch die Demokratie gestärkt. Während die E-Demokratie den Bürgerinnen und Bürgern neue Karten zugespielt hat, sind das etablierte politische System und seine Akteure als Verlierer einzustufen. Obwohl einzelne Politiker durchaus die neuesten Trends der

IKT nutzen, halten sich die politischen Parteien generell eher zurück und bleiben traditionellen Methoden treu. Die Chancen eines größeren Austausches mit den Bürgerinnen und Bürgern bleiben weitgehend ungenutzt.

In den frühen Jahren der E-Demokratie konnten NGOs die IKT für ihre Zwecke nutzen, haben aber inzwischen auch an Einfluss eingebüßt. Die neuen Medien haben den Bürgern neue Werkzeuge zum politischen Engagement gegeben und damit zur Umstrukturierung der politischen Macht beigetragen. IKT und soziale Netzwerke ermöglichen die direkte Organisation und Mobilisierung vieler Menschen in sehr kurzer Zeit ohne einen etablierten institutionellen Rahmen. Die Strukturen von NGOs und Parteien sind dazu nicht mehr notwendig. Meist sind diese Bürgeraktionen spontan und themenorientiert und lösen sich daher auch schnell wieder auf. Für ein dauerhaftes politisches Engagement eignet sich diese Form der sozialen Bewegungen weniger.

Auch die herkömmlichen Medien sind als Verlierer anzusehen, da sie ihr Monopol über den öffentlichen Diskurs und die Meinungsbildung verloren haben. Durch Onlinezeitungen und alternative Informationsquellen wurde eine virtuelle Gegenöffentlichkeit geschaffen und die Meinungsvielfalt vergrößert. Die interaktiven Funktionen von Web 2.0 spielen dabei eine wichtige Rolle. Ein reger Austausch zwischen verschiedenen Medien und Diskussionsforen hat die politische Öffentlichkeit erweitert und damit demokratischer gemacht. Allerdings findet diese alternative Öffentlichkeit parallel zur »traditionellen« politischen Welt statt. Der Graben zwischen beiden Welten besteht auch weiterhin und muss für eine Weiterentwicklung der Demokratie in Südkorea überbrückt werden.

Der wachsende Einfluss der IKT auf politische Prozesse wird unterschiedlich bewertet. Befürworter sehen die Entstehung einer Form der direkten Demokratie, die Bürger wieder näher an das politische Geschehen heranbringt. Kritiker fürchten einen Populismus, bei dem Gruppen mit den lautesten Argumenten Überhand gewinnen und den politischen Diskurs dominieren.[11] Dabei ist zu beachten, dass die Kommunikationsprozesse auf den Diskussionsseiten nahezu unkontrollierbar sind, weder von Politikern noch von Netizens. Ein geregelter Austausch zwischen Bürgern und Politikern findet nicht statt, sodass man noch nicht von den ersten Schritten zu einer direkten Demokratie sprechen kann.

Die Entfaltung der E-Demokratie legt die Probleme der demokratischen Praxis in Südkorea offen: Da sich die Bürger durch die politischen Institutionen nicht repräsentiert fühlen, suchen sie neue Wege, ihre Meinung zu äußern. Dabei sind die Netizens den politischen Akteuren und staatlichen Stellen zwar in der Nutzung der neusten Programme und Medien zu politischen Zwecken einen Schritt voraus, aber sie setzen sich noch nicht positiv oder langfristig mit dem politischen Alltag auseinander. Dazu bedarf es weiterhin der etablierten Institutionen wie Parteien und NGOs. Letztendlich kann eine Demokratie nur funktionieren, wenn die politischen Institutionen mit den Bürgern zusammenarbeiten und einen Dialog führen. Ist die Bereitschaft dazu vorhanden, kann sich die Entfaltung der E-Demokratie auch positiv auf den Demokratisierungsprozess in Südkorea insgesamt auswirken.

Literatur

Kamppeter, Werner/Lee Eun-Jeung, Demokratie im Internet-Zeitalter: Vier Monate Kerzendemonstrationen in Korea. Hintergründe und Ursachen, Seoul 2008.

Kern, Thomas/Nam Sang-Hui, Die Entstehung des »Neuen« Demokratischen Medienaktivismus in Südkorea: Struktureller Kontext, Handlungsformen und Akteure, in: Asien, 111 (2009) S. 12–34.

Kwak Ki-Sung, Media and democratic transition in South Korea, London 2012.

Anmerkungen

1 Eine detaillierte Diskussion der E-Demokratie findet sich u.a. in Andrew Chadwick, Internet Politics: States, Citizens, and New Communication Technologies, Oxford 2006.

2 Siehe z.B. Shin Doh Chull/Park Chong-Min, The Mass Public and Democratic Politics in South Korea: Exploring the Subjective World of Democratization in Flux, in: Chu Yun-han/Larry J. Diamond/Andrew J. Nathan/Doh Chull Shin (Hrsg.), How East Asian View Democracy, New York 2008.

3 Korean Communication Commission und Korea Internet and Security Agency, 2010 Survey on the Internet Usage, Seoul 2010, http://isis.kisa.kr/eng/board/?pageId=040100&bbsId=10&itemId=312 (Zugriff im Februar 2012).

4 Kim Weon/Ju Yong Wan/Eun A Na/Mi Hyang Kim/Kyung-jin Lim/Hey Sun Hwang, Survey on the Internet Usage, Seoul 2009.

5 Eun-Gyoo Kim/James W. Hamilton, Capitulation to Capital? *OhmyNews* as Alternative Media, in: Media, Culture and Society, 28 (2006) 4, S. 541–560.

6 Siehe auch Thomas Kern/Sang-hui Nam, Die Entstehung des »neuen« demokratischen Medienaktivismus in Südkorea: »Struktureller Kontext, Handlungsformen und Akteure«, Asien, 111 (2009), S. 12–34.

7 *Ohmynews.com*, 30. November 2002; siehe auch: Yong Cheol Kim/June Woo Kim, South Korean Democracy in the Digital Age: The Candlelight Protests and the Internet, in: Korea Observer, 40 (2009) 1, S. 53–84.

8 Kyong-Dong Kim, Presidential Election and Social Change in South Korea, in: Development and Society, 32 (2003) 2, S. 293–314.

9 Eine ausführliche Diskussion der Proteste findet sich z. B. in mehreren Aufsätzen der Herbstausgabe des Korea Journals (2010, Ausgabe 3), einzusehen unter http://www.ekoreajournal.net/issue/index2.htm?Idx=430# (Zugriff im Februar 2012).

10 Siehe auch den Länderbericht der OpenNet-Initiative: http://opennet.net/research/profiles/south-korea (Zugriff im Februar 2012).

11 Eine generelle Diskussion dieser Thematik findet sich z. B. in Armin Grunwald/Gerhard Banse/Christopher Coenen/Leonhard Hennen, Netzöffentlichkeit und digitale Demokratie. Tendenzen politischer Kommunikation im Internet, Berlin 2006.

Kim Dong-Choon und Lee Eun-Jeung

Der südkoreanische Weg zur Vergangenheitsbewältigung*

Seit Beginn 2000er-Jahre wurden in Südkorea mehrere Gesetze verabschiedet und Präsidialkommissionen gegründet, um die Aufarbeitung der Vergangenheit des Landes zu fördern. Parallel dazu sind Bürgerinitiativen entstanden: zum einen solche, die die konsequente Aufarbeitung der Vergangenheit verlangen, zum anderen aber auch solche, die die Vergangenheit nicht »aus dem Grab« holen, also auf sich beruhen lassen wollen. Die Auseinandersetzung zwischen diesen beiden Lagern in Politik und Gesellschaft wird mit solcher Schärfe geführt, dass man in Südkorea von einem »Kampf um die Vergangenheitsbewältigung« spricht.

Im Folgenden soll der Kern dieser Auseinandersetzungen um die Vergangenheit herausgearbeitet werden, ebenso die wichtigsten Konfliktlinien und die damit verbundenen Interessenkonflikte.

1 Gegenstand der Vergangenheitsbewältigung

Südkorea gilt allgemein als ein Land, dem es gelungen ist, nach der Abschaffung der Militärdiktatur die Demokratie zu konsolidieren. Dazu hatten vor allem der vollständige Rückzug des Militärs von der Politik und die Bemühungen um die Aufarbeitung der Vergangenheit beigetragen. Gleich nach der Demokratisierung 1987 wurde über die Aufklärung der staatlichen Gewalt an der Bevölkerung unter dem Militärregime und über eine Rehabilitierung der Opfer diskutiert. Aufgrund der historischen Besonderheiten Südkoreas mit seiner Geschichte der Kolonialisierung, der Teilung, des Koreakrieges und der Diktatur erwies sich die Frage der Vergangenheitsbewältigung allerdings als ein mehrschichtiges und komplexes Problem. Die aufzuarbeitenden Verbrechen lagen keineswegs allein im Verantwortungsbereich des südkoreanischen Staates. Es ging dabei um Kollaboration mit der japanischen Kolonialmacht bzw. um Zwangsmobilisierung von Soldaten durch dieselbe, um Zwangsarbeit und Missbrauch von sogenannten *comfort women* während der Kolonialzeit (1910–1945), um Massaker an der Zivilbevölkerung nach der wiedergewonnenen Unabhängigkeit (1945–1948) und während des Koreakrieges (1950–1953) durch Militär und Polizei Südkoreas sowie um Menschenrechtsverletzungen unter der Militärherrschaft (1961–1987). Fragen wie diese erforderten eine sorgfältige und differenzierte Herangehensweise.

Den Kern der Vergangenheitsbewältigung bildet bis heute noch die Auseinandersetzung mit den Kollaborateuren während der Kolonialzeit. Man mag sich fragen, warum diese Frage nicht unmittelbar nach der Unabhängigkeit 1945 gelöst worden ist. In Nordkorea war das in der Tat der Fall. Dort wurden Kollaborateure aus allen öffentlichen Ämtern entfernt und die Großgrundbesitzer enteignet. Die meisten Betroffenen flohen in den Süden, von denen wiederum viele zu Stützen des konservativen Regimes von Rhee Syngman *(Yi Sŭng-man)* wurden. Den Kollaborateuren im Süden gelang es im Zuge des aufkommenden Kalten Krieges, sich alsbald in Antikommunisten zu verwandeln und bei der US-amerikanischen Besatzungsmacht und dem von ihr eingesetzten Regime Unterschlupf zu finden.

Heute ist von den damaligen Kollaborateuren kaum noch jemand am Leben, doch zeigen Umfragen, dass die Bevölkerung mehrheitlich erfahren möchte, wer, wann und wo die japanische Kolonialregierung unterstützt hat. 2003 wurde das »Gesetz zur Aufklärung der Kollaboration während der Kolonialzeit« *(Ch'iniljinsanggyumyŏngbŏp)* beschlossen, dies gegen den heftigen Widerstand der konservativen *Hannaradang* (Grand National Party – GNP) und der drei größten südkoreanischen Tageszeitungen, deren Gründer zu den bekannten Kollaborateuren zählen.

Weitere Themen der Vergangenheitsbewältigung sind die Massaker an der Zivilbevölkerung in den ersten Jahren nach der Unabhängigkeit und während des Koreakrieges. Nach Aussagen der für Ausklärung dieser Fälle 2004 eingerichteten Kommission wurden in Südkorea schätzungsweise eine Million Zivilisten Opfer von Massakern durch südkoreanische und UN- bzw. US-Truppen sowie von Hinrichtungen und Racheakten durch südkoreanische Behörden. Diese schrecklichen Ereignisse ließ man während des Kalten Krieges in Vergessenheit geraten bzw. erklärte die Opfer zu Kommunisten, die im Sinne der Sicherheit des Landes eliminiert werden mussten. Erst in den 1990er-Jahren fanden sich darüber in der kritischen Monatszeitschrift *Mal* (Juli 1994) die ersten Berichte und es bildeten sich Bürgerorganisationen zur Aufklärung solcher Fälle. Die Massaker auf der Cheju-Insel (1948–1954), in Kŏch'ang und in Nogŭlli sind mittlerweile relativ gut untersucht. Viele andere Vorfälle bleiben weiterhin ungeklärt.

Der dritte Themenkomplex betrifft die Opfer staatlicher Gewalt während der Diktaturen von 1961 bis 1987 und ist besonders problematisch, da

Tab.: Kommissionen zur Aufarbeitung der Vergangenheit

Kommission	Gründung	Gegenstand
Kun ŭimunsa chinsang kyumyŏng wiwŏnhoe (Presidential Truth Commission on Military Suspicious Deaths)	**Januar** 2006	Fragwürdige Todesfälle beim Militär
Chinsil hwahae-rŭl wihan kwagŏsa chŏngni wiwŏnhoe (Commission on Review of History for Truth and Reconciliation)	**Dezember** 2005	Unabhängigkeitsbewegung, staatliche Gewalt, Menschrechtsverletzungen, Massaker
Ch'inil panminjok haengwi chinsang kyumyŏng wiwŏnhoe (The Presidential Committee for the Inspection of Collaborations for Japanese Imperialism)	**Mai 2005**	Antinationale Aktivitäten während der Kolonialzeit
Kyŏngch'al ŭimunsa chinsang kyumyŏng wiwŏnhoe (Police Truth Commission)	**November** 2004	Durch Polizei manipulierte Spionagefälle
Ilje-ha kangje tongwŏn p'ihae chinsang kyumyŏng wiwŏnhoe (Truth Commission on Forced Mobilization under the Japanese Imperialism)	**November** 2004	Zwangsarbeiter und Soldaten während der Kolonialzeit
Angibu ŭimunsa chinsang kyumyŏng wiwŏnhoe (National Intelligence Agency Truth Commission)	**November** 2004	Durch den Geheimdienst manipulierte Fälle
Tonghak nongmin hŏngmyŏng ch'amyŏja myŏngye hoebok wiwŏnhoe (National Commission on the Tonghak Peasant Revolution)	**September** 2004	Rehabilitierung der Teilnehmer am Bauernaufstand 1894
Samch'ŏng kyoyuktae ŭimunsa chinsang kyumyŏng wiwŏnhoe (Kommission für die Entschädigung der Opfer des Umerziehungslagers Samch'ŏng)	**September** 2004	Opfer im Umerziehungslager Samch'ŏng in den 1980er-Jahren
Taet'ongnyŏng chiksok ŭimunsa chinsang kyumyŏng wiwŏnhoe (Presidential Truth Commission on Suspicious Deaths)	**Oktober** 2000	Fragwürdige Todesfälle von Dissidenten während der autoritären Herrschaft (2005 Abschlussbericht)

Vieles heute noch im geheimdienstlichen Dunkel liegt und umfangreiche Aktenbestände vernichtet worden sind. Zu untersuchen sind u.a. Folter und ungeklärte Todesfälle von Dissidenten, fingierte Spionagevorwürfe sowie politisch motivierte Gerichtsprozesse.

Seit der Amtseintritt des Präsidenten Roh Moo Hyun *(No Mu-hyŏn)* im Jahre 2002 wurden mehrere Kommissionen zur Vergangenheitsbewältigung eingerichtet *(Tabelle)*. Deren Arbeit wird jedoch durch politische Konflikte in Südkorea behindert. Zudem ist in vielen Fällen eine Aufklärung ohne Zusammenarbeit seitens der japanischen und US-amerikanischen Regierungen kaum möglich. Um Fragen der Zwangsmobilisierung und der Kollaboration während der Kolonialzeit im Einzelfall zu klären, bedarf es Informationen aus Japan, aber die japanische Regierung ist nicht immer bereit, in dieser Hinsicht zu kooperieren. Konservative Politiker Japans, wie Premierminister Shinzō Abe (2006–2007, seit 2012), lehnen es sogar ausdrücklich ab. Um die Massaker an der Zivilbevölkerung während des Koreakrieges zu klären, sind Informationen aus den USA notwendig, zumal oftmals amerikanische Soldaten an ihnen beteiligt waren. Ähnliches gilt für die US-amerikanische Besatzungszeit zwischen 1945 und 1948.

2 Gründe für verspätete Aufarbeitung der Vergangenheit

Seit der Unabhängigkeit sind nun schon 60 Jahre vergangen und auch der Beginn der Demokratisierung liegt schon mehr als 20 Jahre zurück. Man fragt sich daher, warum die Frage der Vergangenheitsbewältigung, koreanisch *kwagŏch'ŏngsan*, erst in letzter Zeit so brennend geworden ist und die südkoreanische Gesellschaft vor eine Zerreißprobe stellt.[1]

Unmittelbar nach der Unabhängigkeit 1945 hatte die US-amerikanische Besatzungsarmee kein Interesse an der Aufarbeitung der kolonialen Vergangenheit. Sie betrachtete Südkorea lediglich als antikommunistisches bzw. antisowjetisches Bollwerk und fand in den früheren Kollaborateuren und den Flüchtlingen bzw. Großgrundbesitzern aus dem Norden ihre natürlichen Verbündeten. Andere Politiker, wie der Präsident der Exilregierung in Shanghai Kim Ku oder Yŏ Un-hyŏng, 1945 Vorsitzender des *Kŏngukchunbiwiwŏnhoe* (Volkskomitee für die Vorbereitung der Staatsgründung), die gegen die Teilung des Landes waren, blieben außen vor. Die *Hangukminjudang* (Demokratische Partei Koreas – DPK) als Partei der Kollaborateure und Großgrundbesitzer wurde somit zum wichtigsten politischen Partner der Besatzungsarmee beim Aufbau der staatlichen Verwaltung, des Militärs und der Polizei. So waren neun von zehn Polizeichefs, die 1946 in Seoul ernannt wurden, bereits während der japanischen Kolonialherrschaft in der Polizei tätig gewesen. In Kyŏnggi, der Provinz um Seoul, hatten 13 von 21 Polizeichefs eine solche Vorgeschichte. Im November 1946 hatten 949 von insgesamt 1157 Personen im höheren Polizeidienst zuvor in der japanischen Polizei gedient.[2]

Der US-amerikanischen Besatzungsarmee, so auch die offizielle Begründung, erschien die Verwaltungserfahrung dieser Personen als sehr nützlich. Dies galt auch für die Rekrutierung von Offizieren der früheren japanischen Armee. Von den 110 Studenten der »Englischsprachigen Militärschule« *(Kunsayŏngŏhakkyo)*, die von der Besatzungsarmee gegründet worden war und die Grundlage der späteren südkoreanischen Armee bilden sollte, hatten 87 in der japanischen Armee und 21 in der Armee von Mandschukuo, einem 1932 durch Japan errichteten Marionettenstaat in Nordostchina (Mandschurei) gedient. Die US-Besatzungsarmee bevorzugte Offiziere, die in der Mandschurei ein »Spezialtraining für den Krieg gegen die Sowjetunion« absolviert oder dort direkte Erfahrungen im Kampf gegen die Kommunisten gesammelt hatten.[3] So konnten frühere Soldaten der japanischen Armee, »die im Kampf gegen die anti-japanischen Unabhängigkeitsbewegungen dem Tennō Loyalität geschworen und sich davon eine sichere Zukunft versprochen hatten«, nunmehr »im Namen des Antikommunismus nicht nur ihre vergangenen, anti-nationalen Aktivitäten kaschieren, sondern sogar ihre früheren Erfahrungen als Mittel ihres neuerlichen Aufstiegs nutzen«.[4] Auch der spätere Militärdiktatur Park Chung Hee *(Pak Chŏng-hŭi)* hatte als Offizier der japanischen Armee in der Mandschurei gekämpft.

Die projapanischen Kollaborateure fanden unter dem Schutzmantel der USA und des Kalten Krieges im Antikommunismus und in der Teilung des Landes eine neue Legitimationsgrundlage. Folglich zeigten sie gegenüber ihrem neuen Staat blinde Loyalität. Umso mehr lehnten sie das Andere, die Kommunisten im Norden und anderswo, ab und bekämpften diejenigen mit allen Mitteln, die sie im eigenen Land für Kommunisten hielten. Unter diesen Umständen fiel die Vergangenheitsbewältigung schwer. Dennoch sollte seit der Gründung des südkoreanischen Staates 1948 bis zur Demokratisierung 1987 die Frage der Aufarbeitung von Vergangenheit zweimal zum dominierenden Thema der südkoreanischen Öffentlichkeit werden.

Das erste Mal, im September 1948, also nur einen Monat nach der Gründung des südkoreanischen Staates, wurde ein Sondergesetz zur Bestrafung antinationaler Aktivitäten *(Panminjokhaengwit'ŭkpyŏlch'ŏbŏlbŏp)* verabschiedet. Die entsprechende Sonderuntersuchungskommission nahm im Januar 1949 die Arbeit auf und erstellte eine Liste mit 7000 Kollaborateuren, die verhaftet und bestraft werden sollten. Im Einklang mit der vorherrschenden Stimmung in der Bevölkerung schrieb die Zeitung *Seoul Sinmun* in einem Leitartikel am 11. Januar 1949: »Drei Monate nach der Einführung des Gesetzes, das den Geist der Nation wieder aufrichten sollte, hat heute die Bestrafung von anti-nationalen Kollaborateuren endlich begonnen. Der Tag ist gekommen, an dem wir unter dem Himmel, in dem unserer Nationalflagge weht, aus glühender Wut und Trauer gegen die pro-japanischen Verräter der Nation, die in der 36 Jahre währenden Kolonialherrschaft das Vaterland und unsere Nation beschädigt hatten, laut anschreien können.«

Dieser Versuch scheiterte letztlich jedoch am Widerstand von Präsident Rhee Syngman, der aus machtpolitischen Gründen von Anfang an gegen das Gesetz und die Bestrafung der antinationalen Aktivitäten war. Rhee warnte am 3. September 1948: »Wegen der Debatte im Parlament über die Bestrafung von pro-japanischen Kollaborateuren sind die Bürger im Moment sehr aufgeregt. Aber jetzt ist nicht die Zeit, die Bürgerschaft zu spalten. Dies führt nicht zur Lösung des Problems, sondern fügt dem Staat nur Schaden zu.«[5] Rhee erhielt Unterstützung von den Zeitungen, die der Kollaboration verdächtig waren. Die Regierung, die sich ganz wesentlich auf Kollaborateure stützte, bildete mit diesen eine gemeinsame Front gegen die Arbeit der Sonderkommission und organisierte sogar Attentate gegen Kommissionsmitglieder. Auch nahm sie Abgeordnete, die in der Kommission arbeiteten, unter dem Vorwand der Spionage fest.

Durch die Ermordung von Kim Ku, dem Präsidenten der koreanischen Exilregierung in Shanghai während der Kolonialzeit, am 26. Juni 1949 verlor die Kommission ihre geistige Stütze. Die Regierung verkürzte die Gültigkeit des Gesetzes auf wenige Monate bis Ende August 1949 und übertrug die Arbeit der Kommission auf den Obersten Gerichtshof und die Polizei. In der Folge wurden die meisten bisher festgenommenen Personen für unschuldig erklärt oder kamen unter Bewährung frei.[6] Die Zeitung *Seoul Sinmun*, die die Arbeit der Sonderkommission aktiv unterstützt hatte, wurde im Mai 1949 verboten.

Zum zweiten Versuch einer Aufarbeitung der Vergangenheit kam es 1960, als Rhee Syngman wegen der Studentenproteste gegen die manipulierte Präsidentschaftswahl zurücktrat und unter der neuen demokratischen Regierung eine Bürgerbewegung zur Aufklärung der Massaker während des Koreakrieges entstand. Erneut wurde eine parlamentarische Sonderkommission gebildet, die vor Ort Untersuchungen durchführte und der Regierung vorschlug, die Opfer zu entschädigen.

Jedoch scheiterte auch dieser Versuch. General Park Chung Hee, der am 16. Mai 1961 mit einem Staatsstreich an die Macht gelangt war, erließ kurze Zeit darauf das »Gesetz zur Bestrafung besonderer Kriminalität« *(T'ŭksupŏmjoekajungch'ŏbŏlbŏp)* und nahm Aktivisten der Bürgerbewegung sogleich wegen Verstoßes gegen dieses Gesetz fest. Durch eine Entscheidung des sogenannten Revolutionsgerichts wurde Yi Wŏn-sik, der Vorsitzende des Hinterbliebenenverbandes, hingerichtet. Andere Vorstandsmitglieder mussten zehn bis 15 Jahre lang ins Gefängnis. Darüber hinaus beschlagnahmte die Militärregierung das gesamte bis dahin zusammengetragene Untersuchungsmaterial und ließ zuvor aufgestellte Gedenksteine zerstören. Die Familienangehörigen der Opfer wurden unter ständige Polizeiaufsicht gestellt.[7]

Park Chung Hee betrachtete die Aktivitäten zur Aufarbeitung der Vergangenheit als Bedrohung seiner Macht, ebenso wie alle anderen politischen Aktivitäten gegen ihn. Mit dem Vorwurf des »Linkskommunismus« wendete er das Staatssicherheitsgesetz mit aller Härte an und schreckte auch vor Hinrichtungen nicht zurück. Nicht nur die Aktivisten und Dissidenten selbst, sondern auch ihre Familienangehörigen wurden verfolgt. Zwar wurde die Sippenhaft 1980 abgeschafft, doch die Verfolgung demokratischer Kräfte mithilfe des Staatssicherheitsgesetzes setzte sich bis Ende der 1980er-Jahre fort. Die Aufklärung dieser staatlichen Machenschaften sowie die Rehabilitierung und Entschädigung der Opfer bilden eine wichtige Dimension der Bemühungen um die Vergangenheitsbewältigung in der Gegenwart.

3 Einführung der Gesetze zur Vergangenheitsbewältigung

Das Scheitern der ersten Versuche zur Zeit der Diktatur und die Verfolgung von Aktivisten führten dazu, dass die Aufarbeitung der Vergangenheit als historische Aufgabe über Jahre ungelöst blieb. Erst nach der Demokratisierung 1987 konnte die Frage der Vergangenheitsbewältigung wieder in der Öffentlichkeit diskutiert werden. Im Herbst 1988, unmittelbar nach den ersten demokratischen Wahlen seit 27 Jahren, gab es eine parlamentarische Anhörung zu den Menschenrechtsverletzungen unter der Militärregierung, die auch live im Fernsehen übertragen wurde. Im Mittelpunkt dieser Anhörung standen die Massaker im Mai 1980, die die Armee unter der damals neuen Militärregierung von Chun Doo Hwan *(Chŏn Tu-hwan)* an den protestierenden Bürgern von Kwangju verübt hatte. Angesichts der Bilder von bis dahin öffentlich nicht bekannten, brutalen Taten der Soldaten gegen die eigenen Bürger war die allgemeine Empörung sehr groß. So bildete sich ein allgemeiner Konsens darüber, die Opfer des Massakers in Kwangju zu entschädigen, was im August 1990 mit dem das »Gesetz für die Entschädigung und Rehabilitierung der Opfer von Kwangju« geschah.

Allerdings war der erste frei gewählte Präsident nach der Demokratisierung 1987, Roh Tae Woo *(No T'ae-u)*, ein ehemaliger Militärgeneral und engster Weggefährte von Chun Doo Hwan, nicht bereit, eine gründliche Aufklärung des Vorfalls in Kwangju zu veranlassen. Auch Kim Young Sam *(Kim Yŏng-sam)*, der im Februar 1993 als erster Zivilist seit 1961 das Amt des Präsidenten übernahm, sah sich zunächst aufgrund seiner Koalition mit den konservativen Anhängern der Diktatur nicht in der Lage, die Aufarbeitung der Verbrechen der Militärherrschaft konsequent durchzuführen. So wurden im Juli 1995 die Ermittlungen zu den Vorfällen von 1979 und 1980 zunächst beendet und das Verfahren mit der Begründung eingestellt, dass man »einen erfolgreichen Militärputsch nicht bestrafen könne«.

Im Zeichen der allgemeinen Empörung über diese Vorgänge gründete sich unmittelbar danach eine zivilgesellschaftliche Arbeitsgruppe (Joint Task Force), um die Untersuchungen weiterzuführen. Am 21. Dezember 1995 gab die Regierung dem Druck der Zivilgesellschaft nach und erließ doch noch ein Sondergesetz zum Kwangju-Massaker. Danach konnten Gerichte Anklage gegen die Hauptakteure, d. h. gegen die beiden ehemaligen Präsidenten Chun Doo Hwan und Roh Tae Woo, erheben und Schuldsprüche erwirken. Bei wurden jedoch bereits 1997 wieder rehabilitiert.

Ab Februar 1998, mit dem Amtsantritt des Präsidenten Kim Dae Jung *(Kim Tae-jung)*, der das Symbol für den demokratischen Widerstand gegen die Militärdiktatur war, unternahm die Regierung eine aktivere Rolle bei der Aufarbeitung der Vergangenheit. Zunächst wurden staatliche Überwachungsorgane, die zur Zeit der Diktatur Sinnbild für Menschenrechtsverletzungen wie Folter und die Verdächtigung Unschuldiger als Spione waren, reformiert. Um die Einhaltung von Menschenrechten zu gewährleisten, wurde 2001 eine Staatliche Kommission für die Menschenrechte *(Kukkaingwŏnwiwŏnhoe)* sowie eine Stiftung für das Gedenken an die Demokratiebewegung (*Minjuhwaundongkinyŏmsaŏphoe*, Korea Democracy Foundation) gegründet. Bereits im Dezember 1999 war ein Gesetz zur Rehabilitierung der Beteiligten der Demokratiebewegung verabschiedet worden.

Trotz dieser ersten Schritte konnte auch Kim Dae Jung die Aufarbeitung der Vergangenheit nicht so konsequent durchführen, wie von der Zivilgesellschaft verlangt, da er in einer Koalition mit dem konservativen Politiker Kim Jong Pil *(Kim Chong-p'il)* regierte, der selbst 1961 unmittelbar am Militärputsch beteiligt gewesen war. Erst mit der Präsidentschaftswahl 2002 wurde zum ersten Mal in der südkoreanischen Geschichte eine Regierung aus der Gegenelite gebildet, an der die alten konservativen Eliten keinen direkten Anteil mehr hatten. Entsprechend war Präsident Roh Moo Hyun fest entschlossen, die Vergangenheitsbewältigung voranzutreiben. Bei seinem Amtsantritt im Februar 2003 erklärte er, er wolle »die verzwickte Geschichte bereinigen, in der Gerechtigkeit verloren und nur Opportunisten die Oberhand gewonnen hatten«. Nachdem seine Partei, *Yŏllinuridang* (Unsere Offene Partei – UOP), bei der Parlamentswahl 2004 einen erdrutschartigen Sieg davongetragen hatte und über eine absolute Mehrheit im Parlament verfügte, gab es keine Hindernisse mehr für dieses Vorhaben. Ab 2004 wurden mehrere Kommissionen zur Vergangenheitsbewältigung eingerichtet (siehe *Tabelle*).

Vor allem die Verabschiedung des »Rahmengesetzes zur Aufarbeitung der Vergangenheit für Wahrheit und Versöhnung« (Framework Act) am 3. Mai 2005 markierte einen Meilenstein in Sachen Vergangenheitsbewältigung in Südkorea. Auf der Grundlage dieses Gesetzes wurde im Dezember 2005 die Kommission zur Aufarbeitung der Vergangenheit für Wahrheit und Versöhnung *(Chinsil-gwa hwahae-rŭl wihan kwagŏsa chŏngniwiwŏnhoe)* eingerichtet.

Diese und zahlreiche andere Kommissionen sind letztlich Foren, in dem der Staat und die Zivilgesellschaft zusammenarbeiten. Die Kommission zur Aufklärung antinationalen und projapanischen Verhaltens *(Ch'inilpanm injokhaengwijinsanggyumyŏngwiwŏnhoe)*, die im Mai 2005 gegründet wurde, kann als Nachfolger der Sonderkommission zur Untersuchung antinationaler Aktivitäten *(Panminjokhaengwich'ŏbŏlt'ŭkpyŏlwiwŏnhoe)* angesehen werden, die 1949 am Widerstand der Regierung Rhee Syngman gescheitert war. Die Kommissionen zur Aufklärung von Massakern an der Zivilbevölkerung während des Koreakrieges setzten nach 45 Jahren Unterbrechung die Arbeit fort, die 1960 von den Hinterbliebenen begonnen und 1961 wegen der Verfolgung durch die Militärregierung abgebrochen worden war.

4 Kampf um die Vergangenheitsbewältigung?

Die Politik der Regierung von Roh Moo Hyun, vor allem die konsequente Aufarbeitung der Vergangenheit wurde von der konservativen Oppositionspartei *Hannaradang*, den konservativen Zeitungen *(Choson Ilbo, Tonga Ilbo, Joongang Ilbo)*, Bürgerorganisationen und Wissenschaftlern heftig kritisiert. Demgegenüber betonten Politiker, Wissenschaftler und Bürgerbewegungen aus dem Umfeld von Rohs Regierung die Notwendigkeit der Vergangenheitsbewältigung für die südkoreanische Politik und Gesellschaft. So erlebt Südkorea seit 2003 einen »Kampf um die Vergangenheitsbewältigung«, der jedoch, anders als 1949, nicht mehr durch Morde und Attentate, sondern diskursiv ausgetragen wird.

Im Mittelpunkt der Debatte steht die Frage, wie die Geschichte Südkoreas nach 1945 zu bewerten ist. Aus der Sicht der Befürworter der Vergangenheitsbewältigung ist sie eine – wie es in Südkorea heißt – »verzerrte« oder »verkrüppelte« Geschichte, die richtiggestellt werden muss. Als 2005 eine Liste von Kollaborateuren, die während der Kolonialzeit wichtige Funktionen eingenommen hatten, veröffentlicht wurde, waren viele Bürger schockiert, darauf so viele Personen zu finden, die man bis dahin für große Persönlichkeiten gehalten, ja sogar verehrt hatte. Durch die Arbeit der zahlreichen Kommissionen zur Aufklärung der Vergangenheit wurden darüber hinaus viele andere Vorkommnisse bekannt, z.B. Fälle, in denen unschuldige Bürger während der Militärdiktatur der Spionage verdächtigt, verhaftet, gefoltert und zum Teil hingerichtet worden waren, oder die Tatsache, dass die Regierung von Park Chung Hee 1965 auf japanische Entschädigungszahlungen und auf die Möglichkeit, individuelle Entschädigungsansprüche zu stellen, verzichtet hatte. Dementsprechend reagierten die Bürger: Nach der Umfrage von *Seoul Sinmun* im Jahre 2006 befürworten über 60 Prozent die Fortsetzung der Aufarbeitung der Vergangenheit.[8]

Auf der anderen Seite bezeichnete Park Geun Hye *(Pak Kŭn-hye)*, die Tochter des früheren Diktators Park Chung Hee, die seit Februar 2013 das Präsidentenamt innehat, die Berichte über Menschenrechtsverletzungen während der Herrschaft ihres Vaters als »Verleumdung« und »Verfälschung der Geschichte«.[9] Zusammen mit ihr warnen konservative Politiker und Wissenschaftler vor einer Spaltung der Nation. Die Vergangenheit solle aus ihrer Sicht Vergangenheit bleiben. Die Bewertung der Geschichte sei Aufgabe der Historiker, nicht der Politik. Dabei beriefen sie sich auf Spanien, wo man lange Zeit bewusst die Auseinandersetzung mit der Franco-Diktatur vermieden hatte – in der Annahme und Hoffnung, dass spätere Generationen die Verfehlungen und Gräueltaten früherer Generationen in Abwesenheit der Übeltäter, allerdings dann auch in Abwesenheit der Opfer, aus historischer Distanz »objektiv« aufarbeiten würden.

Die Gegner der Vergangenheitsbewältigung fürchten um das Andenken an Rhee Syngman, den »Gründungsvater« des südkoreanischen Staates, und Park Chung Hee, den »Vater des Wohlstandes«. Die von ihnen geprägte Geschichte als fehlgeschlagene Entwicklung, die bereinigt werden muss, zu bezeichnen und die Errungenschaften Südkoreas der letzten 60 Jahre zu verleugnen, kritisieren sie als »masochistische Geschichtsanschauung« *(chahaksagwan)*, die überwunden werden muss. Die Befürworter der Vergangenheitsbewältigung werden aufgefordert, damit aufzuhören, »die moderne Geschichte Südkoreas auf dem Kopf zu stellen«. Man müsse die Tatsache anerkennen, dass »die unvermeidlich brutalen Entscheidungen der letzten Generation das Land, das zu den ärmsten Ländern der Welt gehörte, innerhalb einer Generation in einen wohlhabenden Staat mit zehntausend Dollar Pro-Kopf-Einkommen im Jahr verwandelt« haben.[10] Entsprechend wird in den konservativen Zeitungen immer wieder hervorgehoben, dass Park Chung Hee das höchste Ansehen von allen Präsidenten Südkoreas genießt, und dies mit selbst durchgeführten Meinungsumfragen untermauert.

Die südkoreanische Erfahrung zeigt, dass politischer Konsens notwendige Voraussetzung für die effektive Aufarbeitung der Vergangenheit ist. Ansonsten verläuft dieser Prozess konfrontativ und wirkt möglicherweise auf diese sogar destruktiv, wenn er zwar »moralisch« gerechtfertigt sein mag, aber die Gesellschaft spaltet. Im Hinblick auf eine mögliche Wiedervereinigung Koreas ist dies von besonderer Bedeutung, denn die Frage der Vergangenheitsaufarbeitung wird dann sicherlich erneut auf die politische Tagesordnung gelangen und könnte die koreanische Gesellschaft vor eine noch größere Zerreißprobe stellen, als dies gegenwärtig der Fall ist. Insofern könnten die Auseinandersetzungen um die Vergangenheit seit 2003 dazu beitragen, die Notwendigkeit eines konsensorientierten Umgangs mit der Geschichte bewusster werden zu lassen.

Literatur

Lee, Eun-Jeung, Kampf um die Vergangenheit in Südkorea. Alte und neue politische Eliten im Konflikt, in: Bochumer Jahrbuch 2007, S. 197–212.

Suh, Jae-Jeong, Truth and Reconciliation in South Korea. Confronting War, Colonialism, and Intervention in the Asia Pacific, in: Critical Asian Studies, 42 (2010) 4, S. 503–524.

Wolman, Andrew, Looking Back while Moving Forward: The Evolution of Truth Commissions in Korea, in: Asian-Pacific Law & Policy Journal, 14 (2012) 3, S. 27–56.

Anmerkungen

* Dieser Beitrag ist eine modifiziert zusammengeführte Fassung des Aufsatzes von Lee Eun-Jeung »Kampf um die Vergangenheit in Südkorea. Alte und neue politische Eliten im Konflikt« (2007) und des koreanischen Beitrags von Kim Dong-Choon »Han'guk-ŭi kwagŏ ch'ŏngsan hwaldong [Aufarbeitung der Vergangenheit in Südkorea]«.

1 P'yŏng-jung Yun, *Uri-wa chŏdŭl-ŭi kyŏnggye-e sŏsŏ – han hoesaegin-ŭi chŏngch'ijŏk myŏngsang* [An der Grenze zwischen uns und ihnen stehend – Politische Gedanken eines Men-

schen], in: Yong-rip Kwŏn u. a., *Uri an- ŭi ibunbŏp* [Dichotomie in uns], Seoul 2005, S. 10–25.

2 Yi Kang-su, *Chinilp'a ch'ŏngsan wae chwajŏl toeŏnna* [Warum ist die Bereinigung der projapanischen Kollaborateure gescheitert?], in: *Naeir-ŭl yŏnŭn yŏksa*, Nr. 16 (2004), S. 39.

3 Dazu gehörten Chŏng Il-gwŏn, Paek Sŏn-yŏp und Sin Hyŏn-jun.

4 Sin Chu-baek, *Manjugukkun sog-ŭi Chosŏn-in changgyo-wa Han'guk-kun* [Die koreanischen Offiziere in der Armee des Mandschu-Staates und die südkoreanische Armee], in: *Yŏksa munje yŏn'gu*, Nr. 9 (2002), S. 127–129.

5 Chŏng Un-hyŏn (Hrsg.), *Chŭngŏn panmin t'ŭgwi. Ilrŏbŏrin kiŏg-ŭi pogosŏ* [Zeugenaussage Sonderuntersuchungsausschuss für Bestrafung anti-nationaler Aktivitäten. Bericht von den verlorengegangenen Erinnerungen], Seoul 1999, S. 14.

6 Yi Kang-su (wie Anm. 2), S. 36–52.

7 Die gesetzliche Grundlage für die Überwachung war das sogenannte *yŏnjwach'e* (implicative system, Sippenhaft). Dieses System hatte es bereits während der Chosŏn-Dynastie gegeben und war in der Kolonialzeit beibehalten worden. Ungeachtet der Einführung eines modernen Rechtssystems wurde es 1948 nicht abgeschafft, sondern vielmehr extensiv angewendet. Die von diesem System betroffenen Menschen mussten berufliche Nachteile und Einschränkungen ihrer persönlichen Freiheit ertragen. Die Sippenhaft wurde erst 1980 abgeschafft.

8 Seoul Sinmun vom 2. Januar 2006, S. 5.

9 Choson Ilbo vom 9. Dezember 2005, S. 7.

10 Yu Sŏk-ch'un, *Taegungmin sagigŭg'-ŭn ije gŭman* [Aufhören mit dem Lügentheater gegenüber dem Volk!], in: Next (Dezember 2005), S. 11.

II. Außen- und Sicherheitspolitik

Thomas Kalinowski

Südkoreas globale Rolle

Es gab in den letzten Jahren eine Reihe von Ereignissen, bei denen die Welt auf Südkorea geblickt hat: die Asienkrise 1997/98, die Fußballweltmeisterschaft 2002, der G20-Gipfel in Seoul im November 2010 oder die Weltausstellung in Yeosu 2012. Nach Jahrzehnten einer nach innen orientierten Entwicklung ist Südkorea seit den 1990er-Jahren auf der Suche nach seiner Position und seiner Rolle in der Welt. Triebkräfte dieser Neuorientierung sind zunächst die internationale Expansion koreanischer Unternehmen und das Bedürfnis der Regierung nach internationalem Prestige. Wirtschaftlich ist Korea bereits ein bedeutender globaler Faktor, die 15.-größte Volkswirtschaft, die siebtgrößte Exportnation und Heimatland weltweit operierender Konzerne wie Hyundai oder Samsung. Doch die Suche nach Profiten und Anerkennung allein wird Südkoreas globale Rolle nicht bestimmen können. Wichtige weltweite Herausforderungen wie der Kampf gegen die Armut im Zuge der Millennium-Entwicklungsziele der Vereinten Nationen (UN), die Maßnahmen gegen den Klimawandel in den Kyoto-Nachfolgeverhandlungen oder die Neuordnung des außer Kontrolle geratenen globalen Finanzsystems in der G20 erfordern die Beteiligung aufstrebender mittelgroßer Mächte *(middle powers)* wie Südkorea.

1 Vom Spielball der Großmächte zum globalen Akteur

Südkorea ist ein zunächst eher unwahrscheinlicher Kandidat für eine globale Rolle. Es gehört zu den kleineren Ländern in der ostasiatischen Region. Die Fläche Südkoreas entspricht in etwa der Größe der ehemaligen DDR, allerdings mit einer Bevölkerung von fast 50 Millionen Menschen. Bis ins 19. Jahrhundert wurde Korea oft als »Einsiedlerkönigreich« bezeichnet, dessen Bevölkerung sich einem antimaterialistischen und nach innen gekehrten Konfuzianismus verschrieben hatte und wenig Interesse an Kontakten zur Außenwelt zeigte. Infolge der Kolonialisierung durch Japan im

Jahr 1910 wurde Korea aus dieser Isolation gerissen. Nach der Unabhängigkeit von Japan 1945 wurde es zu einem Spielball der Weltpolitik, denn auf der koreanischen Halbinsel überschnitten sich die Einflussgebiete von vier Großmächten: Chinas, Japans, der UdSSR und der USA. So war das Land bei seiner Teilung 1945, dem Koreakrieg (1950–1953) und als Frontstaat im Kalten Krieg zwar Schauplatz von Weltpolitik, nicht aber Akteur.

Während der Zeit des Kalten Krieges war Südkorea vollkommen konzentriert auf die Allianz mit den Vereinigten Staaten. Aufgrund der anhalten Bedrohung aus Nordkorea bleibt die militärische Abhängigkeit von den USA an der letzten Front des Kalten Krieges bis heute bestehen. Bis in die 1980er-Jahre kann kaum von einer unabhängigen südkoreanischen Außenpolitik gesprochen werden. Bis 1991 war Südkorea nicht einmal Mitglied der Vereinten Nationen (UN). Die südkoreanische Souveränität bleibt bis heute in der Hinsicht eingeschränkt, dass zwar der Oberbefehl für die Streitkräfte seit 1994 in koreanischer Hand ist, die USA aber bis heute den Oberbefehl im Kriegsfall haben. In der Sicherheitspolitik kann Südkorea bis heute keine Entscheidung gegen die USA treffen und ist im Gegenteil stets bemüht, als verlässlicher Partner der USA bereitzustehen. So stellte Südkorea das nach den Vereinigten Staaten zweitgrößte Truppenkontingent im Vietnamkrieg (1964–1975) und beteiligte sich militärisch nicht nur an der ISAF-Mission in Afghanistan (2001 – 2014), sondern war auch Teil der »Koalition der Willigen« unter Führung der USA im Irakkrieg und der darauffolgenden Besatzung (2003–2011).

Erst seit dem Beginn der Demokratisierung 1987 und der Aufnahme in die UN 1991 diversifizierte Südkorea seine internationalen Beziehungen und begann, aktiv in der internationalen Gemeinschaft mitzuarbeiten. Das Land bemühte sich verstärkt um die Einhaltung internationaler Normen und Standards. So hat Südkorea seit dem UN-Beitritt sieben der neun wichtigsten UN-Menschenrechtskonventionen ratifiziert.[1] Weniger vorbildhaft ist allerdings die bis heute fehlende Anerkennung von vier der acht wichtigsten ILO-Konventionen zur Vereinigungsfreiheit (Konventionen 87 und 98) sowie zur Abschaffung von Zwangsarbeit (Konventionen 29 und 105).[2]

Einen besonderen Schub bekam das südkoreanische Engagement im Zusammenhang mit der Wahl des ehemaligen koreanischen Außenministers Ban Ki Moon *(Pan Ki-mun)* zum UN-Generalsekretär im Jahr 2007. Im Juni 2011 war Südkorea mit 639 Soldaten und Beobachtern an neun der derzeit 16 UN-Missionen beteiligt. Südkorea befindet sich damit in Bezug auf entsendetes Personal an der 33. Stelle in den UN, noch vor Deutschland (45. Stelle), Japan (50.) und den USA (64.).[3] Außerdem beteiligt sich das Land mit einem Zerstörer an der internationalen Operation gegen die

Piratenaktivitäten am Horn von Afrika, nachdem eine Reihe von koreanischen Schiffen von Piraten gekapert wurde.

Doch auch über multilaterale Operationen hinaus bereitet sich das südkoreanische Militär darauf vor, international agieren zu können, z.B. um territorialen Ansprüchen des Landes in Ostasien Nachdruck zu verleihen und Handelsrouten zu schützen. Die südkoreanische Armee ist mit einer aktiven Stärke von 653000 Soldatinnen und Soldaten die fünftgrößte der Welt. Südkorea gibt 31,9 Billionen Won (ca. 20 Milliarden Euro) im Jahr für das Militär aus. Dies entspricht etwa 2,9 Prozent des BIP. Südkorea hat damit die 13.-höchsten Ausgaben der Welt in diesem Bereich.[4] Bisher verfügte das südkoreanische Militär über nur geringe Kapazitäten zur weltweiten Präsenz und ist primär auf die Landesverteidigung ausgerichtet. Es gibt jedoch Pläne, die Marine bis zum Jahr 2020 zu einer Hochseeflotte auszubauen.

Auch die umstrittene neue Marinebasis, die in Gangjeong *(Kangjŏng)* an der Südküste der Insel Jeju *(Cheju)* gebaut wird, soll weniger der Verteidigung gegen Nordkorea dienen, sondern primär der Absicherung von Handelswegen und der Verteidigung südkoreanischer Interessen in Grenzkonflikten mit China um die Unterwasserinsel Ieodo *(Yiŏdo)*.[5] Auch im umstrittenen Geschäft mit Waffenexporten wird Südkorea immer aktiver. Im Jahr 2010 führte das Land Waffen im Wert von 1,2 Milliarden US-Dollar aus und hat das Ziel, bis 2020 den Waffenexport auf vier Milliarden US-Dollar zu steigern.[6] Südkorea nimmt damit, wenn auch nur am Rande, an einem besorgniserregenden Rüstungswettlauf im sicherheitspolitischen Pulverfass Ostasien teil.

2 Vom nationalistischen Entwicklungsstaat zum globalen Lehrbeispiel

Während Südkorea in der Weltsicherheitspolitik nach wie vor eine untergeordnete Rolle spielt, hat sich das Land als Wirtschaftsmacht in der Welt fest etabliert (siehe dazu die Karte »Südkorea als neue globale Handelsmacht« am Ende dieses Bandes) und wird von vielen als »Modell« für nachholende Entwicklung gefeiert. Südkoreas globale Rolle ist in vielfacher Hinsicht mit seiner erfolgreichen wirtschaftlichen Entwicklung verknüpft. Seine womöglich größte globale Bedeutung liegt darin, ehemaligen Kolonien und Entwicklungsländern »Auswege aus der Abhängigkeit«[7] bzw. »Wege aus der Peripherie«[8] aufgezeigt zu haben. Vor allem im Zuge der Euphorie um die »ostasiatischen Tiger« (neben Südkorea: Taiwan, Hong Kong und Singapur) und das »Ostasiatische Wirtschaftswunder«[9] wuchs in den 1990er-Jahren die internationale Anerkennung der südkoreanischen Entwicklungserfolge. Inzwischen versucht die Regierung, das »koreanische Entwicklungsmodell« über sogenannte *knowledge sharing programs* zu exportieren.[10]

Die Startbedingungen für Südkorea waren dabei alles andere als gut. Nach dem Ende des Koreakrieges 1953 war das rohstoffarme Land zerstört und mit einem Pro-Kopf-BIP von 67 US-Dollar eines der ärmsten Länder der Welt. Die unter General Park Chung Hee *(Pak Chŏng-hŭi)* errichtete Entwicklungsdiktatur trieb eine rücksichtslose staatlich gelenkte Industrialisierung voran. Der nach japanischem Vorbild errichtete nationalistische »Entwicklungsstaat«[11] gestaltete die Wirtschaft in Fünfjahresplänen und verband geschickt eine Importsubstitutionsstrategie mit der Förderung von Exporten.[12] Der Entwicklungsstaat schützte den koreanischen Binnenmarkt durch protektionistische Maßnahmen wie hohe Einfuhrzölle und ermöglichte es den Unternehmenskonglomeraten (den *Chaebol*) ungestört von ausländischer Konkurrenz, hohe Profite im Inland zu erwirtschaften. Gleichzeitig zwang die Regierung die Unternehmen, diese Profite zu reinvestieren und ihre Produkte zu exportieren und sie so dem internationalen Wettbewerb auszusetzen. So stellte die Regierung eine beständige Verbesserung der Produkte sicher und förderte Neuinvestitionen.

Im Zuge der schrittweisen Demokratisierung seit 1987 wurde auch die Wirtschaft liberalisiert. Unter dem Stichwort der Globalisierung *(segyewha)* erleichterte die Regierung von Kim Young Sam (*Kim Yŏng-sam*; 1993–1998) den Zugang zu ausländischen Krediten und liberalisierte die Auslandsinvestitionen koreanischer Unternehmen. Auch die angestrebte Mitgliedschaft in der OECD, die 1996 erreicht wurde, machte eine weitere Liberalisierung der Wirtschaft notwendig. Der erleichterte Zugang zu Auslandskapital ermöglichte es *Chaebol* wie Hyundai, Samsung oder Daewoo ihre Expansionsstrategie zu beschleunigen. Sie begannen, im Ausland zu investieren und sich von koreanischen Unternehmen in weltweit operierende *global player* zu wandeln. Diese ungebremste Expansionsstrategie der *Chaebol* in Zusammenhang mit einer zu raschen Liberalisierung des Kapitalverkehr führte zu einem massiven Anstieg der Auslandsverschuldung, die Ende 1997 im Zusammenhang mit der sogenannten Asienkrise zur wirtschaftlichen Katastrophe führte.[13]

Die Asienkrise zwang die Regierung 1997 dazu, den Internationalen Währungsfonds (IWF) um Hilfskredite zu bitten. Als Konditionalität für die Kredite musste sich die 1998 neu ins Amt gekommene Regierung unter Präsident Kim Dae Jung *(Kim Tae-jung)* dazu verpflichten, den wirtschaftlichen Liberalisierungs- und Globalisierungskurs drastisch zu beschleunigen. Die südkoreanischen Gesetze und Regeln sollten an »westliche Standards« und vor allem das Vorbild USA angepasst werden. Die Bewertung dieser »neoliberalen« Reformen ist bis heute umstritten. Zum einen hat sich die südkoreanische Wirtschaft rasch von der Krise erholt, weswegen die Reformen in Südkorea vom IWF als großer Erfolg und gar als Vorbild bezeichnet werden.[14] Auf der anderen Seite bezeichnet man die Krise von 1997/98 im Land bis heute als »IWF-Krise«, denn längst nicht alle Südkoreaner haben von dem Wiederaufschwung der Wirtschaft profitiert. Die soziale Ungleichheit und Unsicherheit hat seitdem massiv zugenommen. Unabhängig von der Frage, ob sich Südkorea wegen oder trotz der IWF-Reformen wirtschaftlich erholt hat,[15] bietet die exportgestützte Erholung und der rasche und massive Eingriff der Regierung bei der Verstaatlichung und Refinanzierung des Finanzsektors hervorragende Lektionen für Länder in Finanzkrisen, wie etwa seit 2008 in Europa.[16]

Seit der Asienkrise hat sich die Globalisierung der südkoreanischen Wirtschaft noch einmal beschleunigt. Vor allem die Abhängigkeit der Wirtschaft von Exporten hat sich von 1996 bis 2010 von 23 Prozent des BIPs auf 46 Prozent verdoppelt.[17] Erst seit der Asienkrise sind Unternehmen wie Samsung Electronics oder Hyundai Motors wirklich zu den globalen Marken geworden, die sie heute sind. Auch die Auslagerung von arbeitsintensiver Produktion v. a. nach China und andere asiatische Länder hat sich weiter beschleunigt. Koreanische Unternehmen gehören so zu den Akteuren und Profiteuren des wirtschaftlichen Aufstiegs Chinas.

3 WTO, Regionalismus und bilaterale Handelsabkommen

Die starke Exportorientierung Südkoreas macht ein Engagement in multilateralen und bilateralen Handelsabkommen nahezu unvermeidlich. Südkorea ist bereits seit 1967 Mitglied des GATT (General Agreement on Tariffs and Trade), dem Vorgänger der Welthandelsorganisation WTO. Bis in die 1990er-Jahre war das Land jedoch darin kaum aktiv und wenn dann nur defensiv, um sich gegen Vorwürfe von Vertragsverletzung wie dem Dumping von Exporten zu erwehren. Seither hat sich dies jedoch stark geändert und Südkorea verfolgt nun aktiv seine Interessen vor den Schiedsgerichten der WTO.[18]

Seit der Asienkrise und der Regierungszeit der Präsidenten Kim Dae Jung und Roh Moo Hyun *(No Mu-hyŏn)* hat sich Südkorea verstärkt für eine regionale Integration in Ostasien nach dem Vorbild der Europäischen Union eingesetzt. Dazu gehörten die Verhandlung eines Handelsabkommens mit der ASEAN und die Kooperation bei Errichtung von regionalen »finanziellen Sicherheitsnetzen«. In der Chiang-Mai-Initiative sagten sich Südkorea, Japan, China und die ASEAN-Länder (sog. ASEAN + 3-Prozess) gegenseitige Unterstützung bei Zahlungsbilanzproblemen zu, um etwa die Wiederholung einer Asienkrise zu verhindern.[19] Von konservativer Seite in Südkorea wurden die Bemühungen um einen ostasiatischen Regionalismus aufgrund der absoluten Priorität der bilateralen Beziehungen zu den USA stets kritisch gesehen. Seit der Amtsübernahme von Präsident Lee Myung Bak im Jahr 2008 sind daher weitere Initiativen für eine engere regionale Kooperation in Ostasien ausgeblieben.

Angesichts der stockenden WTO-Verhandlungen im Rahmen der Doha-Entwicklungsrunde, entschloss sich die koreanische Regierung unter Präsident Roh Moo Hyun (2003–2008) im Jahr 2003, außerdem verstärkt bilaterale Handelsabkommen voranzutreiben. Verhandlungen mit mehr als 50 Ländern wurden begonnen und bis zum Jahr 2011 sind Abkommen mit Chile, Singapur, EFTA, EU, ASEAN und Indien in Kraft getreten. Das 2012 in Kraft getretene Handelsabkommen mit den USA ist in Südkorea weiterhin umstritten. Während die EU und die USA wichtige Handelspartner bleiben, gehen inzwischen 70 Prozent der Exporte in Entwicklungs- und Schwellenländer. China ist dabei zum wichtigsten Handelspartner Koreas geworden. Verknüpft mit dem Ausbau des Handels mit Entwicklungs- und Schwellenländern ist der massive Ausbau der Entwicklungszusammenarbeit.

4 Südkorea als Akteur in der Entwicklungszusammenarbeit

Südkorea hat seine Bemühungen in der Entwicklungszusammenarbeit in den letzten zehn Jahren massiv verstärkt. Von unter 300 Millionen US-Dollar im Jahr 2002 stieg die offizielle Entwicklungshilfe auf fast 1,2 Milliarden US-Dollar im Jahr 2010 *(Abbildung 1)*. Dies entspricht etwa 0,1 Prozent des Bruttonationaleinkommens (BNE), deutlich unter dem Ziel von 0,7 Prozent, das sich Geberländer bereits 1970 gesetzt haben. Die Regierung hat jedoch versprochen die Entwicklungshilfe bis zum Jahr 2015 auf 0,25 Prozent des BNE zu erhöhen.[20] Im Gegensatz zu den meisten Geberländern weitet Südkorea seine Entwicklungshilfe also deutlich aus. Manchmal geschieht dies sogar so schnell, dass Kapazitätsgrenzen der koreanischen Entwicklungshilfeorganisationen und Nichtregierungsorganisationen (NGOs) erreicht werden. Es ist daher nicht verwunderlich, dass koreanische Entwicklungszusammenarbeit noch nicht die Standards der etablierten Geberländer erreicht. Im Jahr 2010 wurde Südkorea Mitglied des OECD-Ausschusses für Entwicklungshilfe (DAC) und unterwirft sich somit strengeren Regeln. Ende 2011 fand das wichtige OECD-Forum zur Effektivität von Entwicklungshilfe im südkoreanischen Busan statt.

Abb. 1: Koreanische Entwicklungshilfe, in Millionen US-Dollar

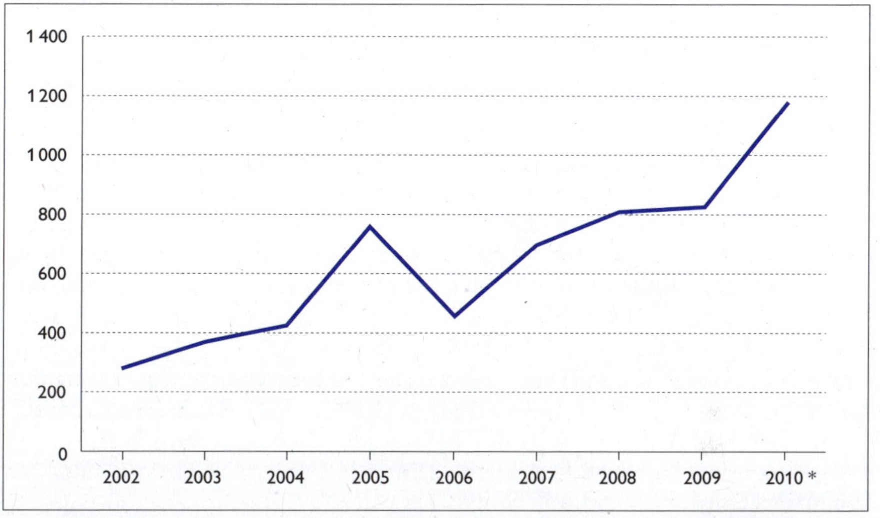

* vorläufig

Quelle: OECD, Development Aid: Net Official Development Assistance (ODA), Paris 2011.

Eine Schwachstelle der südkoreanischen Entwicklungszusammenarbeit ist es, dass entgegen der Richtlinien des OECD-DAC ca. 98 Prozent der koreanischen Hilfe »gebunden« ist (»tied aid«).[21] Die koreanische Hilfe fließt also fast immer im Zusammenhang mit bestimmten Projekten oder ist daran gebunden, koreanische Unternehmen mit der Ausführung von Projekten zu beauftragen. Auch der große Anteil von (verbilligten) Krediten im Vergleich zu Zuschüssen ist umstritten. Während die Zuschüsse von der koreanischen Entwicklungszusammenarbeitsagentur (KOICA) im Außenministerium kommen, werden die Kredite von der dem Finanzministerium unterstehenden Export-Import-Bank (Exim) vergeben. Die Exim-Bank wurde ursprünglich zur Förderung des koreanischen Außenhandels gegründet und hat daher wenig Erfahrung mit Entwicklungsprojekten. Schließlich hat Südkorea einen zu hohen Anteil von bilateralen Hilfen gegenüber multilateralen Hilfen, was eine Koordinierung zwischen den Geberländer erschwert.

Besonders interessant und umstritten sind auch die Bereiche, in denen Hilfe gewährt wird. Hier hat Südkorea die Rolle als Kritiker der etablierten Geberländer, des OECD-DAC und der Millennium-Entwicklungsziele der Vereinten Nationen (UN-MDG), eingenommen. Das OECD-DAC und die UN stellen Armutsbekämpfung und menschliche Entwicklung ins Zentrum der Entwicklungszusammenarbeit und streben die qualitative Verbesserung der Hilfe an *(quality of aid)*. Die südkoreanische Regierung hält dem das Ziel der Hilfe zur Entwicklung *(aid for development)* entgegen. Der größte Teil der koreanischen Entwicklungshilfe fließt daher nicht direkt in die Armutsbekämpfung, sondern oft in Infrastrukturprojekte wie Straßen, Elektrizitätserzeugung, Ausbildung etc.

Verknüpft mit der koreanischen Entwicklungszusammenarbeit sind die Förderung von Exporten und die sogenannte Ressourcendiplomatie.[22] Wie jede Regierung versucht auch die südkoreanische mit diplomatischen Mitteln Exportaufträge für »ihre« Unternehmen zu gewinnen. Auch bei der Ressourcendiplomatie, also der Sicherstellung von Rohmaterial und Agrarimporten und der Erschließung von Exportmärkten für koreanische Unternehmen, spielt die Entwicklungszusammenarbeit eine wichtige Rolle. Von den 23 Hauptpartnern der koreanischen Entwicklungszusammenarbeit sind nur acht sogenannte LDCs *(least developed countries)*.[23] Viele der Partnerländer wie die Mongolei (Kohle, Uran), Kasachstan, Usbekistan und Irak (Öl, Gas) sowie Tansania (Agrarbereich) sind dagegen wichtige Rohstofflieferanten Südkoreas oder versprechen dies zu werden.

Südkorea ist ein sehr ressourcenarmes Land, das besonders stark von Ressourcenimporten abhängig ist. Angesichts der wachsenden Konkurrenz um den Zugriff auf Ressourcen mit schnell wachsenden Entwicklungs- und Schwellenländern bemüht sich die Regierung aktiv darum, die Versorgung der Wirtschaft mit Rohstoffen sicherzustellen. Auch die Sicherstellung von Agrarimporten wird immer wichtiger. Im Jahr 2009 etablierte die Regierung einen Plan zur ausländischen Agrarentwicklung und stellte koreanischen Unternehmen 24 Milliarden US-Dollar an Krediten zur Verfügung, um Agrarland in Entwicklungsländern aufzukaufen. Koreanische Unternehmen sind auch an dem besonders problematischen *land grabbing* beteiligt, dem Aufkauf oder Leasing großer Landstriche in Entwicklungsländern durch multinationale Konzerne. So plante der Konzern Daewoo Logistics, die Hälfte der landwirtschaftlichen Nutzfläche Madagaskars für 99 Jahre zu leasen, um dort Mais anzubauen. Der Deal scheiterte am Widerstand der Bevölkerung in Madagaskar und dem Sturz der dortigen Regierung.[24]

5 Koreas Rolle in G20, IWF und Weltbank

Seit Südkoreas Beitritt in die UN im Jahr 1991 hat das Land seine Bedeutung in internationalen Organisationen stetig ausgeweitet. 1996 trat es der OECD bei, dem »Klub der entwickelten Industrieländer«. 1999 folgte die Mitgliedschaft in der G20, die als Reaktion auf die Asienkrise als Forum von Ländern gegründet wurde, die als systemrelevant für das Funktionieren des internationalen Finanzsystems angesehen wurden.[25] Aufgrund der eher technischen Ausrichtung als Gremium von Finanzministern und Zentralbankchefs war die Bedeutung der G20 lange Zeit relativ gering. In der Diskussion um eine Reform der G8 und die Inklusion aufsteigender globaler Mächte spielte Südkorea dagegen zunächst keine Rolle. Die Reform der G8 im Zuge des Heiligendammprozesses konzentrierte sich zunächst auf eine Erweiterung um die BRIC-Staaten (Brasilien, Russland, Indien, China) und die Regionalmächte Südafrika und Mexiko zur G13.[26] Auch andere Diskussionen etwa in der deutschen Entwicklungszusammenarbeit um die sogenannten Ankerländer ließen Südkorea außen vor.[27]

Erst der Ausbruch der weltweiten Finanz- und Wirtschaftskrise 2008 brachte die G20 zurück ins globale Rampenlicht und installierte sie als »das primäre Forum zur Koordinierung internationaler Wirtschaftspolitik«.[28]

Man könnte Südkorea auch als eine »prekäre Mittelmacht« bezeichnen,[29] denn die Regierung weiß sehr genau, dass ein Scheitern der G20 zum faktischen Ausschluss Südkoreas aus einem der wichtigsten globalen Diskussionsforen bedeuten würde. So erklärt sich auch das erhebliche Engagement Südkoreas in der G20 und die massive Werbung und soziale Mobilisierung für den G20-Gipfel in Seoul. Einer der wichtigsten Ergebnisse dieses G20-Treffens im November 2010 war der »Seoul Development Consensus for Shared Growth«.[30] Der Begriff bezieht sich auf den umstrittenen »Washington Consensus«, der seit den 1980er-Jahren eine Art Leitlinie für die amerikanische Außenwirtschaftspolitik und die Politik von IWF und Weltbank darstellte. Die Ablösung dieses »neoliberalen« Konsenses ist seit Langem eine Forderung insbesondere von Entwicklungs-NGOs und Regierungen des globalen Südens. Inwieweit sich der Seouler Konsens, der zwar den universellen Anspruch des Konsenses von Washington kritisiert, sich ansonsten aber eher gegen die Millenniums-Entwicklungsziele der UN richtet, als Alternative etablieren kann, ist jedoch noch offen.

Die zunehmende globale Bedeutung Südkoreas spiegelt sich auch in einer wichtigeren Rolle im Internationalen Wahrungsfonds (IWF) und der Weltbank wider. In einem in der Geschichte des IWF einmaligen Schritt wurde beim G20-Finanzministertreffen im koreanischen Gyeongju *(Kyŏngju)* 2010 eine Verdoppelung der IWF-Ressourcen auf 477 Milliar den Sonderziehungsrechte (547 Milliarden Euro) beschlossen. Ein bedeutender Teil dieser Mittelausweitungen kam von den G20-Ländern außerhalb der G8, unter anderem aus Südkorea. Da die Einzahlungen in den

IWF den Stimmverhältnissen entsprechen, haben die Schwellenländer so ihren Einfluss im IWF ausgeweitet *(Abbildung 2)*. Südkorea hat seinen Stimmanteil von 0,76 Prozent vor 2006 auf jetzt 1,7 Prozent mehr als verdoppelt und damit nach China (Anstieg von 2,9 auf 6,1 Prozent) den größten Zuwachs an Einfluss erreicht. In der Weltbank, deren Entscheidungsgremien dem des IWF ähneln, kam es zu ganz ähnlichen Machtverschiebungen.

Abb. 2: Reform der IWF-Stimmrechte in Gyeongju (2010) im Vergleich zur Stimmverteilung vor der IWF-Jahrestagung in Singapur (2006)

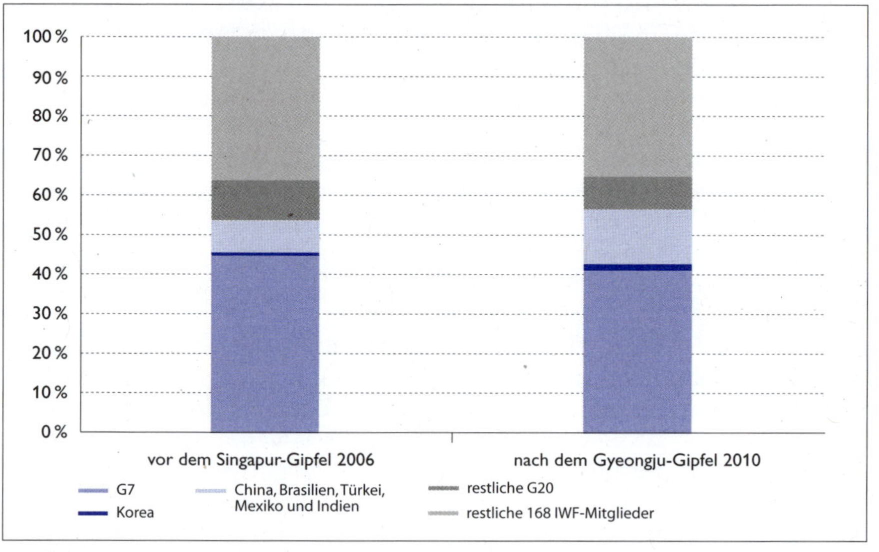

Quelle: IMF, New Quota Tables 2010.

Während Südkorea seinen formalen Einfluss in den internationalen Finanzorganisationen ausbaut, fällt es dem Land dagegen noch schwer, sich in der G20 zu etablieren. Es war ein großes Verdienst Südkoreas, das Entwicklungsthema auf die G20-Agenda gehoben zu haben. Allerdings ist es fraglich, ob die Strategie der Regierung aufgeht, Korea als »Brücke zwischen entwickelten Ländern und Entwicklungsländern«[31] zu etablieren.[32] Ein zweites Thema, für das sich Südkorea in der G20 und im IWF stark gemacht hat, ist die Verbesserung des »finanziellen Rettungsnetzes« für Krisenländer. Primär geht es darum, dass der IWF Krisenländern mit einer »guten Wirtschaftspolitik« schnell Kredite ohne oder mit wenigen Auflagen (sog. Konditionalität) zur Verfügung stellen soll.

6 Kyoto-Nachfolge und Klimawandel

Ein Bereich, in dem sich Südkorea bisher international noch im Hintergrund hält, ist der Kampf gegen den Klimawandel im Zuge der Verhandlungen zu einem Nachfolgeabkommen zum Kyoto-Protokoll. Seit dem im Kyoto-Protokoll festgelegten Bezugsjahr 1990 hat Südkorea seinen Ausstoß von klimaschädlichen Gasen fast verdoppelt und war 2008 der zehntgrößte Verschmutzer der Welt. Im Kyoto-Protokoll von 1997 war Südkorea angesichts seines Status als Schwellenland noch nicht als Annex-1-Staat klassifiziert worden, d. h., es ist nicht dazu verpflichtet, den Ausstoß um einen konkreten Betrag zu reduzieren. Aufgrund der seitdem bedeutend gewachsenen globalen Rolle Südkoreas würde das Land in einem Kyoto-Nachfolgeabkommen jedoch garantiert als Industrieland klassifiziert werden und wäre damit gezwungen, den Ausstoß von CO_2 und anderen Gasen zu reduzieren.

Auf nationaler Ebene hat Südkorea bereits einen Plan verkündet, bis zum Jahr 2020 den Ausstoß um 30 Prozent unter das Niveau zu senken, welches es hätte, wenn nichts unternommen würde. Diese international unübliche Zielsetzung würde effektiv eine Reduzierung des Ausstoßes um ca. vier Prozent im Vergleich zu 2005 bedeuten.[33] Dies ist ein relativ bescheidendes Ziel angesichts der Tatsache, dass Südkorea ein großes Potenzial zur Verbesserung der Energieeffizienz hat. So braucht es einen Energieaufwand von 0,3 Tonnen Öläquivalente (toe) um 1 000 US-Dollar BIP zu produzieren, was deutlich mehr als der OECD-Durchschnitt (0,18 toe) und fast doppelt so viel wie der Aufwand in Deutschland (0,16 toe) ist.[34] Bei der Reduzierung von Treibhausgasen geht Südkorea zudem seinen eigenen Weg und setzt auf ein nationales »Target Management System« im Gegensatz zu dem vom Kyoto-Protokoll favorisierten Instrument des internationalen Emissionshandels.[35]36

Globales Aufsehen hat Südkorea mit der Green-growth-Initiative erregt, welche Wirtschaftswachstum und Umweltschutz versöhnen und Umwelttechnologien zu einer neuen Wachstumsbranche in Korea machen soll.[36] Geschickt hat die Regierung die Konjunkturpakete im Zuge der globalen Wirtschaftskrise seit 2008 für »grüne« Infrastrukturprojekte, staatliche Investitionen in Forschung sowie Entwicklung und die massive industriepolitische Förderung von Unternehmen, z. B. im Bereich der Solarzellen-, LED- und Batterieproduktion, genutzt.

7 »Nationale Vermarktung«

Die Förderung des südkoreanischen Ansehens und Prestiges wird aktiv von der Regierung betrieben. Koreaner sind sehr stolz auf ihr Land und haben ein großes Bedürfnis, es der Welt zu präsentieren. Die Anzahl der Touristen, die nach Südkorea kommen, ist in den letzten zehn Jahren von 5,3 Millionen auf 8,8 Millionen im Jahr 2010 angestiegen; die Regierung fördert den Tourismus.[37] Auch bei der Ausrichtung von internationalen Großveranstaltungen ist Korea sehr aktiv und es gibt kaum ein wichtiges Großereignis, für das sich keine koreanische Stadt bewirbt. Jedem ist noch die Fußballweltmeisterschaft 2002 im Gedächtnis, die das Land gemeinsam mit Japan ausgetragen hat. Der G20-Gipfel in Seoul wurde mit einem ähnlichen Enthusiasmus vorbereitet wie die Leichtathletikweltmeisterschaft in Daegu *(Taegu)*, das OECD-Entwicklungsforum in Busan *(Pusan)*, die Weltausstellung 2012 in Yeosu *(Yŏsu)* und die Winterolympiade im Jahr 2018 in Pyeongchang *(P'yŏngch'ang)*. Auch um die Austragung der nun in Katar stattfindenden Fußball-WM im Jahr 2022 hatte Südkorea sich erneut beworben.

Im Januar 2009 wurde das Presidential Council on National Branding mit dem Motto »Korea, eine liebevolle Umarmung« (»a loving embrace«) gegründet. Ziel des Rates ist es, das Ansehen der »Marke Korea« zu verbessern. Die offizielle Vision ist Südkorea als »sorgende Nation, die von allen geliebt wird« (»To create a caring nation loved by all«).[38] Im Rat sitzen vor allem Regierungsvertreter, Professoren und Konzernmanager. Vertreter aus dem Bereich Kunst, Kultur und Zivilgesellschaft fehlen dagegen. Insgesamt will die National-Branding-Initiative 100 Milliarden Won pro Jahr aus staatlichen und privaten Geldern für die Förderung des koreanischen Images auszugeben. Generell baut der Rat sehr stark auf eine Partnerschaft zwischen Regierung und Unternehmen. Ein wichtiges Ziel ist die Verbesserung von Exportchancen der koreanischen Wirtschaft durch eine Aufpolierung des »Made in Korea«-Images.

Die Aktivitäten des Rates umfassen die Förderung von Austauschprogrammen an Universitäten, die Zusammenfassung von international aktiven Freiwilligenorganisationen zu »World Friends Korea«, die Förderung der koreanischen Sprache, Essen und Kultur, die Verbreitung von »globaler Etikette« in Südkorea und die Entwicklung eines »Korea Brand Index«. Nach dem Brand-Index, der gemeinsam mit dem Forschungsinstitut von Samsung (SERI) erstellt wurde, belegt Südkorea den 18. Platz bei der »Substanz« (erster Platz USA) und den 19. Platz beim »Image« (erster Platz Deutschland).[39] Um das weltweite Image Koreas aufzubessern, griff das *Council* aber auch zu umstritten Methoden wie z.B. die Schaffung und Ergänzung von Webinhalten auf *Wikipedia*, *Flickr* und *Youtube* mit koreaspezifischen Einträgen.[40]

8 Zusammenfassung und Ausblick

Südkorea spielt eine immer wichtigere Rolle in der globalen Gemeinschaft. Zwar reicht sein Einfluss nicht an die etablierten Großmächte in der G8 oder die aufsteigenden Groß- und Regionalmächte der BRIC-Staaten heran, aber das Land sitzt inzwischen in allen wichtigen internationalen Organisationen und Foren an einem Tisch mit »den Großen«. Mittelgroße Mächte wie Südkorea werden angesichts einer zunehmend multipolaren Welt immer wichtiger, um zwischen den Großmächten zu vermitteln. Zudem spielen sie eine Rolle, wenn sie die Initiative bei bestimmten Themen übernehmen. In Südkoreas Fall ist die Initiative im Bereich der Entwicklungszusammenarbeit besonders vielversprechend, weil es aufgrund seiner Geschichte hier über beachtliche Glaubwürdigkeit verfügt. Südkorea sollte daher Entwicklungsländer noch stärker in ihren eigenen Entwicklungsbemühungen unterstützen und ihnen helfen, ihre eigenen Lehren aus der koreanischen Erfahrung zu ziehen – selbst wenn dies nicht den kurzfristigen koreanischen Interessen entspricht.

Zunächst bleibt Südkoreas globale politische Rolle jedoch noch stark eingeengt von kurzfristigen wirtschaftlichen Interessen. Es war der wirtschaftliche Aufstieg, der eine globale politische Rolle Südkoreas notwendig gemacht hat. Daher ging es zunächst primär darum, nationale Interessen international zu schützen, etwa durch die Erschließung neuer Exportmärkte, der Sicherung von Handelswegen und dem Zugang zu Rohstoffen. Auch Engagements im Bereich der Entwicklungszusammenarbeit, der globalen Finanzmarktstabilität und des globalen Klimaschutzes sind oft noch eng verknüpft mit kurzfristigen wirtschaftlichen Interessen und »nationaler Vermarktung«. Sie weisen jedoch bereits auf eine sehr viel breiter definierte globale politische Rolle Südkoreas hin. Entscheidend ist, dass sich auch die koreanische Zivilgesellschaft bereits aktiv in die gesellschaftliche Diskussion eingeschaltet hat. Regierung und Unternehmen beginnen die alleinige Definitionshoheit über Südkoreas Rolle in der Welt zu verlieren, wodurch sich der Raum für ein vielschichtiges Engagement in der Weltgemeinschaft eröffnet. Es wird letztendlich von der Bevölkerung und der Weiterentwicklung der koreanischen Demokratie insgesamt abhängen, welche globale Rolle Südkorea in Zukunft spielen will und spielen wird.

Literatur

Kim, Eun Mee, The Four Asian Tigers: Economic Development & the Global Political Economy, Bingley 1999.

Heo, Uk/Terence Roehrig, South Korea's Rise: Economic Development, Power and Foreign Relations, Cambridge 2014.
Shin, Jang-Sup, The Global Financial Crisis and the Korean Economy, London 2013.

Anmerkungen

1 Mit der Ausnahme der »International Convention on the Protection of the Rights of All Migrant Workers and Members of their Families« und der »International Convention for the Protection of All Persons from Enforced Disappearance«, UN Treaties collection.
2 ILO, Ratifications of the Fundamental Human Rights Conventions by Country, 2011, http://www.ilo.org/ilolex/english/. Die Internationale Arbeitsorganisation (ILO) ist eine Sonderorganisation der Vereinten Nationen.
3 UN, Ranking of Military and Police Contributions to UN Operations, 2011, S. 1–4, http://www.un.org/en/peacekeeping/contributors/2011/aug11_2.pdf.
4 SIPRI, SIPRI Military Expenditure Database, 2011, http://www.sipri.org/databases/milex.
5 Island's Naval Base Stirs Opposition in South Korea, in: The New York Times vom 18. August 2011.
6 S. Korea's Weapons Exports Rise 2 Pct in 2010, Miss Target Amount, in: Yonhap News Agency vom 4. Januar 2011.
7 Ulrich Menzel, Auswege aus der Abhängigkeit: Die entwicklungspolitische Aktualität Europas, Frankfurt am Main 1988.
8 Stephan Haggard, Pathways from the Periphery: The Politics of Growth in the Newly Industrializing Countries, Ithaca, N. Y. [u. a.] 1990.
9 World Bank, The East Asian Miracle: Economic Growth and Public Policy, A World Bank Policy Research Report, New York 1993.
10 KDI, »Knowledge Sharing Program«, 2011, http://www.ksp.go.kr.
11 Meredith Woo-Cumings, The Developmental State, Ithaca, N. Y. 1999.
12 Ulrich Menzel, In der Nachfolge Europas: Autozentrierte Entwicklung in den Ostasiatischen Schwellenländern Südkorea und Taiwan, München 1985.
13 Ha-Joon Chang, J. Gabriel Palma und D. H. Whittaker, Financial Liberalization and the Asian Crisis, New York 2001.
14 So z. B. der IWF-Direktor Rodrigo de Rato y Figaredo in einer Rede aus Anlass des 60. Geburtstags des IWF im Juni 2004.
15 Thomas Kalinowski, Der Internationale Währungsfonds in Südkorea: Strukturanpassung und Reformen seit der Asienkrise, Hamburg 2005; Thomas Kalinowski, Erfolgreiches Scheitern – Der IWF in Südkorea, Blätter für deutsche und internationale Politik, (2005) 2, S. 208–216.
16 Thomas Kalinowski and Hyekyung Cho, The Political Economy of Financial Market Liberalization in South Korea: State, Big Business, and Foreign Investors, in: Asian Survey, 49 (2009), S. 221–242; Hyekyung Cho and Thomas Kalinowski, Bank Nationalization, Restructuring and Reprivatization, The Case of Korea Since the Asian Financial Crisis, in: Korea Observer, 41 (2010), S. 1–30.
17 IMF, Principal Global Indicators 2011.
18 Dukgeun Ahn, Korea in the GATT/WTO Dispute Settlement System: Legal Battle for Economic Development, in: Journal of International Economic Law , 6 (2003), S. 597–633.

19 Y.C. Park and Y. Wang, The Chiang Mai Initiative and Beyond, The World Economy, 28 (2005), S. 91–101; W. W. Grimes, The Asian Monetary Fund Reborn?: Implications of Chiang Mai Initiative Multilateralization, in: Asia Policy, 11 (2011), S. 79–104.

20 OECD, Development Co-operation of the Republic of Korea, DAC Special Review, Paris 2008, S. 7.

21 Ebd., S. 23.

22 Thomas Kalinowski/Hyekyung Cho, Korea's Search for a Global Role between Hard Economic Interests and Soft Power, European Journal of Development Research, 24 (2012) 2, S. 242–260.

23 Angola, Kambodscha, Laos, Bangladesh, Yemen, Tansania, Senegal, Äthiopien.

24 Julian Borger, Rich Countries Launch Great Land Grab to Safeguard Food Supply, in: The Guardian vom 22. November 2008: John Parker, The Madagascar Model, in: The Economist vom 13. November 2009.

25 Neben Korea und den G7-Ländern (USA, Japan, Deutschland, Großbritannien, Frankreich, Italien und Kanada) gehören zur G20 die sogenannten BRIC Staaten (Brasilien, Russland, Indien und China) sowie Indonesien, Mexiko, Argentinien, Türkei, Saudi Arabien, Südafrika, Australien und die EU.

26 Andrew F. Cooper, The Heiligendamm Process. Structural Reordering and Diplomatic Agency, in: A. F. Cooper and A. Antkeiwicz (Hrsg.), Emerging Powers and Global Governance, Waterloo 2008.

27 A. Stamm, Schwellen-und Ankerländer als Akteure einer Globalen Partnerschaft: Überlegungen zu einer Positionsbestimmung aus deutscher entwicklungspolitischer Sicht, Bonn 2004.

28 G20, Leaders' Statement, the Pittsburgh Summit, September 24–25, 2009.

29 Vgl. Kalinowski/Cho (wie Anm. 22).

30 G20, The G20 Seoul Summit Leaders' Declaration, November 11-12, 2010, http://www.g20.org/Documents2010/11/seoulsummit_declaration.pdf; G20, G20 Seoul Communique Annex', Seoul G20 Summit, 2010, http://www.g20.org/Documents2010/11/seoulsummit_annexes.pdf.

31 So Präsident Lee Myung Bak in seiner »Radio and Internet Address to the Nation by President Lee Myung-bak 12 July 2010«, 2010.

32 Thomas Kalinowski, Can Korea Be a Bridge Between Developing and Developed Countries in the G20 and Beyond?, in: Thomas Fues/Peter Wolff (Hrsg.), G20 and Global Development. How Can the New Summit Architecture Promote Pro-poor Growth and Sustainability?, Bonn 2010.

33 R. S. Jones/B. Yoo, Korea's Green Growth Strategy, in: OECD Economics Department Working Papers, 798 (2011).

34 OECD, Energy Balances of OECD Countries 2011, Paris 2011.

35 Stefan Niederhafner/Chan Song Lee, Different Paths Towards the Same Goal? Comparing the Implementation and Performance of CO2 Emissions Reduction Regulations in the EU and South Korea, in: Axel Marx et. al. (Hrsg.), EU-Korea Relations in a Changing Word, Leuven, Seoul 2013.

36 GGGI, »Global Green Growth Institute«, 2011; Vgl. Jones/Yoo (wie Anm. 33).

37 Zahlen vom Korea Tourism Office, http://kto.visitkorea.or.kr.

38 The Presidential Council on Nation Branding (PCNB).

39 Dong-Hun Lee, Korea's National Brand in 2010, in: SERI Quarterly, April (2011).

40 Alena Schmuck, Nation Branding in South Korea: A Modern Continuation of the Developmental State?, in: Rüdiger Frank/James E. Hoare/Patrick Köllner/Susan Pares (Hrsg.), Korea 2011. Politics, Economy and Society, Brill 2011, S. 14–15.

Ko Sang Tu

Südkorea und die Europäische Union

Das von Großmächten wie China, Russland, Japan und den USA umgebene Korea ist ein geteiltes Land, das nach wie vor der Gefahr eines Krieges ausgesetzt ist. Um seine ungünstige geografische Lage ausgleichen zu können, benötigt Südkorea eine aktive Außenpolitik. Von einem Ausbau der diplomatischen Beziehungen zu Europa erhofft sich Südkorea daher einen Impuls für seine wirtschaftliche Entwicklung und eine Stärkung seiner internationalen Stellung. Darüber hinaus verspricht es sich davon, den Frieden auf der koreanischen Halbinsel zu festigen, die Teilung zu überwinden und die nationale Einheit mit Nordkorea zu erreichen.

Vor diesem Hintergrund ist Südkorea in jüngster Zeit dabei, seine Zusammenarbeit mit der Europäischen Union voranzutreiben. Am erfolgreichsten sind dabei Vereinbarungen auf wirtschaftlichem Gebiet. Aber auch auf dem politischen und dem sicherheitspolitischen Sektor wird die Zusammenarbeit ausgebaut. Im Folgenden sollen die Beziehungen zwischen Südkorea und der EU auf den genannten Gebieten näher untersucht werden.

In der Vergangenheit beschränkten sich die Beziehungen zwischen Südkorea und Europa auf bilaterale Beziehungen mit einzelnen Ländern. Die wichtigsten Partner waren dabei Deutschland, Frankreich und Großbritannien. Mit dem verstärkten Zusammenwachsen Europas ist Südkorea nunmehr zunehmend an einer Zusammenarbeit mit der Europäischen Union interessiert.

1 Das Freihandelsabkommen zwischen Südkorea und der EU

Im Juli 2011 trat das Freihandelsabkommen (FTA) zwischen Südkorea und der Europäischen Union in Kraft. Damit wurden die seit Mai 2007 andauernden Verhandlungen zu einem Abschluss gebracht. Das Europäische Parlament hatte die Ratifizierung aufgrund der Befürchtungen Italiens, Marktanteile am europäischen Kleinwagenmarkt zu verlieren, um sechs Monate verschoben. Aufgrund der Verzögerungen bei der Ratifizierung durch die EU schob auch das südkoreanische Parlament die Ratifizierung zunächst auf.

Südkorea und EU versprechen sich von dem Abkommen jeweils große Vorteile; die Wirtschaftsstrukturen beider Seiten ergänzen sich gegenseitig. Die südkoreanische Automobil- und Elektronikbranche rechnete sich Absatzmöglichkeiten auf dem europäischen Markt aus und unterstützte den Abschluss des Freihandelsabkommens voll. Die Chemie- und Maschinenbauindustrie, die zunehmend Erzeugnisse aus Europa importiert, sah nur einen begrenzten Schaden für die einheimische Industrie, weil mit den europäischen Importen nur solche aus Japan ersetzt wurden.

Mit dem Inkrafttreten des Abkommens wurden die Zölle auf über 90 Prozent der Waren sofort abgeschafft; nach Ablauf von fünf Jahren soll ein nahezu zollfreier Handel stattfinden. Bei Kraftfahrzeugen wurden aufgrund der Sensibilität der Warengruppe Fristen von drei bis fünf Jahren für die Abschaffung der Zölle vereinbart. Bisher erhob die Europäische Union auf südkoreanische Konsumgüter Einfuhrzölle in Höhe von durchschnittlich 5,6 Prozent; deren Wegfall lässt kräftige Zuwächse beim Export koreanischer Waren nach Europa erwarten. Insbesondere die künftige Abschaffung der Zölle auf die Hauptexportartikel Koreas wie Kraftfahrzeuge, hier insbesondere Kleinwagen, und Haushaltsgeräte in Höhe von über acht Prozent dürfte den positiven Effekt noch erhöhen.[1]

Die Europäische Union ihrerseits rechnet mit einer Zunahme ihres Kraftfahrzeugexports, insbesondere von Mittelklassewagen, nach Korea. Bereits jetzt kommt über die Hälfte der Importautos auf dem koreanischen Markt aus Europa, dabei machen Mittelklassewagen den Hauptanteil aus. Die preislich überaus wettbewerbsfähigen europäischen Autos werden die Konkurrenz mit den in jüngster Zeit zunehmend verkauften Wagen aus Japan und den ein hohes Niveau anstrebenden chinesischen Autos auf dem südkoreanischen Markt beleben.

Gleichzeitig verspricht sich die Europäische Union Vorteile durch den Zugang zum koreanischen Dienstleistungsmarkt. Während Korea auf dem bereits in vielen Bereichen geöffneten Dienstleistungsmarkt der EU nur geringe zusätzliche Gewinnmöglichkeiten hat, wird die EU in den Bereichen Finanzwesen, Rechtswesen, Verkehr, Transport, Nachrichtenwesen, Rundfunk ihre Marktanteile in Korea wesentlich erweitern können.

Bezüglich des Wachstumsrückgangs koreanischer Warenlieferungen nach Europa in den vergangenen Jahren seit 2008 kann der Abschluss eines Freihandelsabkommens mit der EU hier eine entscheidende Wende mit sich bringen. Südkorea hat zudem neue Märkte wie Indien und Vietnam als wichtige Absatzmärkte für sich entdeckt. Wie aus der *Tabelle* ersichtlich, beträgt der Anteil südkoreanischer Exportartikel am Gesamtimportvolumen Europas nur 2,5 bis 2,7 Prozent; Südkorea ist damit der achtgrößte Handelspartner der Europäischen Union. Demgegenüber nimmt Chinas Anteil am europäischen Markt ständig zu und beträgt bereits knapp 20 Prozent. Der Wegfall der Einfuhrzölle macht koreanische Waren wettbewerbsfähiger gegenüber den chinesischen Niedrigpreisprodukten und lässt darauf hoffen, dass deren Marktanteil in Europa die mittlerweile erreichte 3-Prozent-Marke übersteigt.[2]

Tab.: Marktanteile der wichtigsten EU-Handelspartner, in Prozent

	2008	2009	2010
Republik Korea	2,5	2,7	2,6
China	15,8	17,8	18,9
USA	11,9	13,2	11,4
Japan	4,8	4,7	4,3

Quelle: Europäische Kommission.

Das Freihandelsabkommen mit der EU sichert Südkorea bezüglich des Warenexports nach Europa eine Vorrangposition, insbesondere gegenüber Japan, dem Hauptexporteur von Fahrzeugen und elektronischen Geräten. Japan, das im Gegensatz zu Südkorea im Rahmen eines Asiatisch-Pazifischen Wirtschaftsprojekts die südostasiatischen Entwicklungsländer für seine wichtigeren Kooperationspartner hält, strebt zwar ebenfalls den Abschluss eines solches Abkommens mit Europa an. Doch wird Europa, das bereits mit Südkorea fast fünf Jahre lang verhandelt hat, in Verhandlungen mit Japan noch mehr Sorgfalt an den Tag legen. Solange könnte Südkorea die Preise der Exportgüter nach Europa drücken.

Das Freihandelsabkommen mit der Republik Korea hat für die Europäische Union eine äußerst große Bedeutung. Erstens ist Südkorea die erste entwickelte Industrienation, die ein solches Abkommen mit ihr abgeschlossen hat. Der Vorteil für die EU besteht dabei darin, vor dem Abschluss eines Freihandelsabkommens mit einer Wirtschaftsmacht wie den USA oder Japan den Freihandel zuerst mit Südkorea zu testen.

Zweitens ist der koreanische Binnenmarkt mit seinen 50 Millionen Einwohnern und einem Bruttonationaleinkommen von über 20 000 US-Dollar je Einwohner sehr attraktiv. Südkorea kann angesichts des sich dynamisch entwickelnden Freihandels zwischen der EU und Asien als Brückenkopf fungieren, d. h. der Europäischen Union einen besseren Zugang in die Region Ostasien verschaffen.[3]

Drittens kann die Europäische Union den wachsenden US-amerikanischen Einfluss auf den ostasiatischen Markt schwächen. Sie kam mit einem Freihandelsabkommen mit der Republik Korea den USA zuvor. Dabei gab jedoch Südkoreas Absicht, mit den USA in Verhandlungen zu treten, den Anstoß für das Abkommen. Zwar lassen die geografische Lage und fehlende historische Bande Südkorea in der Bedeutung für Europa hinter den USA, China oder Japan zurückstehen, jedoch gelangten beide Seiten übereinstimmend zu der Erkenntnis, dass man dieses Manko ausgleichen kann.

2 Strategische Partnerschaft zum gegenseitigen Nutzen

Das Freihandelsabkommen zwischen Südkorea und der Europäischen Union bringt auch strategische Vorteile mit sich. Vervielfacht sich der Handel, entwickelt sich nicht nur die wirtschaftliche Kooperation, sondern auch die Zusammenarbeit auf anderen Gebieten. In Europa hat dieser Übertragungseffekt (*spillover*) ausgehend von der wirtschaftlichen Zusammenarbeit letztendlich zu einer regionalen politischen Integration geführt. Nach der gleichen Gesetzmäßigkeit werden die EU und Südkorea aus der Schaffung einer Freihandelszone Gewinne und Vorteile ziehen und ihre Partnerschaftsbeziehungen auf außen- und sicherheitspolitischem Gebiet ausbauen.

Mit dem Abschluss des Freihandelsabkommens ist auch die weltweit beispielhafte »Grundsätzliche Vereinbarung zur Zusammenarbeit zwischen der EU und der Republik Korea« überarbeitet worden. In der Neufassung wurden strategische Partnerschaftsbeziehungen auf allen Gebieten, einschließlich des Handels, vereinbart. Die EU wählt ihre strategischen Partnerschaften sehr sorgfältig aus und bietet vor allem einem Vertreter einer Region solche Partnerschaften an: so Brasilien für Südamerika, Indien für Südasien, Russland für Eurasien sowie die Republik Südafrika für den afrikanischen Kontinent.[4] Die Republik Korea ist ihr achter Partner.

Ursprünglich hatte die EU eine regionale Zusammenarbeit angestrebt, was sie für weitaus wirkungsvoller hielt, als mit einzelnen Staaten zu verhandeln, und an den Effekt geglaubt, dadurch die Kooperation mit jeder Region der Welt zu fördern. Sie musste jedoch die Erfahrung machen, dass der tatsächliche Nutzen gering ausfiel. Jüngstes Beispiel waren die im Jahre 2007 geführten Verhandlungen über Freihandelsabkommen mit der Republik Korea und den ASEAN-Staaten; während mit Südkorea ein solches Abkommen erfolgreich abgeschlossen werden konnte, kamen die Verhandlungen mit den ASEAN-Staaten nur langsam voran. Mittlerweile hat die EU ihre Strategie geändert und ist dazu übergegangen, mit den einzelnen ASEAN-Mitgliedsstaaten Abkommen zu schließen.

Aufgrund der aufgetretenen Schwierigkeiten strebt die Europäische Union nunmehr neue flexible Kooperationsmodelle mit den Regionen an. Da jedoch nicht mit jedem einzelnen Staat ein Abkommen geschlossen werden kann, ist der Begriff eines zentralen Abkommensstaates entstanden. Südkorea weiß, dass es von der EU als ein solcher Abkommensstaat für Nordostasien angesehen wird. Mit den USA unterhält Südkorea bereits seit Langem eine zuverlässige strategische Partnerschaft, nun ist ein solches Bündnis mit der Europäischen Union dazugekommen.

In Nordostasien unterhält Europa die umfangreichsten wirtschaftlichen Beziehungen zu China, jedoch ist eine Intensivierung der Zusammenarbeit aufgrund der nur eingeschränkten Demokratie in China begrenzt. Für die EU ist Südkorea nicht nur wirtschaftlich ein Brückenkopf in Nordostasien. Beispielsweise ist man in Europa auch der Ansicht, dass Südkorea eine entscheidende Rolle bei der Lösung des Problems der Erderwärmung spielen könnte, indem es auf China mit seinen 1,3 Milliarden Einwohnern Einfluss nimmt. Wenn von den drei nordostasiatischen Ländern Japan und Südkorea zu einer nachhaltigen umweltfreundlichen Wirtschaft übergehen, könnte dies, so die Hoffnung, auch in China einen entscheidenden Impuls auslösen.

Bisher hatte Südkorea als Entwicklungsland mit der EU zusammengearbeitet. Durch die »Grundsätzliche Vereinbarung zur Zusammenarbeit zwischen der EU und der Republik Korea« haben beide Seiten das Fundament für eine umfassende und gleichberechtigte Partnerschaft gelegt und Südkorea den entscheidenden Impuls gegeben, in Politik und Wirtschaft europäisches Niveau anzustreben.

Südkorea verwirklicht gemeinsam mit Europa eine konsequente Marktwirtschaft und die Demokratie als politisches Wertesystem. Dafür muss es seinen erforderlichen internationalen Beitrag erhöhen. Europa erwartet von Südkorea nicht nur, dass es sich bei der Lösung von Problemen in der Welt einbringt, sondern auch, dass es dabei seinen internationalen Einfluss erhöht. Darüber hinaus müssen die nach Europa exportierten koreanischen Erzeugnisse den europäischen Sicherheits-, Umwelt- und Technologiestandards entsprechen. Diese hohen Standards stellen für Südkorea momentan zwar noch ein Hindernis dar; die Bemühungen, sie einzuhalten, sind aber langfristig für seine eigene Entwicklung sehr hilfreich.

3 Die gemeinsame Zusammenarbeit mit Nordkorea und das Streben nach einem globalen Sicherheitsbündnis

Die Europäische Union spielt in Bezug auf die Außen- und Sicherheitspolitik weltweit eine immer größere Rolle. Nach dem Vertrag von Lissabon ist ein sogenannter Hoher Vertreter der Europäischen Union für Außen- und Sicherheitspolitik ernannt worden. In diesem Zusammenhang zeigt die Europäische Union zunehmend Interesse an der koreanischen Halbinsel, die eine entscheidende Rolle bei der Schaffung des Weltfriedens spielt, und erhöht das Niveau der Zusammenarbeit mit Südkorea.

Nordkorea war für die einzelnen Mitgliedsstaaten der EU lange Zeit ein strategisch wertloses Land. Es liegt weit entfernt, ist wirtschaftlich unbedeutend und stellt auch keine direkte Bedrohung dar. Daher verfolgte Europa dort lange Zeit keine sicherheitspolitischen Interessen. Die von der Europäischen Kommission 1994 verabschiedete »Neue Asien-Strategie« aber maß Nordkorea erstmals offiziell Bedeutung bei.

Dieses außenpolitische Papier zur Asienpolitik hatte das strategische Ziel, mit Asien wirtschaftlich zusammenzuarbeiten, einen Beitrag zur regionalen Sicherheit in Asien zu leisten, die Festigung der Demokratie und die Achtung der Menschenrechte zu fördern sowie durch humanitäre Hilfe das eigene außenpolitische Image zu verbessern. Bei drei von vier im Papier genannten globalen Zielen wurde Nordkorea direkt erwähnt, und zwar als wichtiges Land bei der Realisierung von Zielen wie der Wahrung des Friedens im asiatischen Raum, der weiteren Festigung der Demokratie und der Leistung humanitärer Hilfe.

Die Europäische Union nimmt bezüglich des nordkoreanischen Atomwaffenprogramms eine flexible Haltung ein, indem sie Nordkorea gegenüber eine zweigleisige Strategie fährt. Während sie einerseits mittels außenpolitischem Druck unnachgiebig bleibt, sagt sie andererseits für die Zukunft wirtschaftliche Unterstützung zu, wenn Nordkorea der Forderung nachkommt, sein Atomwaffenprogramm einzufrieren. Die nordkoreanischen Atomwaffentests hat die EU scharf verurteilt. Anlässlich des Atomwaffentests am 9. Oktober 2006 veröffentlichte Benita Ferrero-Waldner, Kommissarin für Außenbeziehungen und europäische Nachbarschaftspolitik, unverzüglich eine Erklärung, in der sie die nordkoreanischen Atomtests massiv als einen Tatbestand kritisierte, der das Internationale Atomwaffensperrregime gefährdet, und von den EU-Mitgliedsstaaten England und Frankreich als ständige Mitglieder des UN-Sicherheitsrates unverzügliche Gegenmaßnahmen forderte. Daraufhin nahm der UN-Sicherheitsrat bereits am 14. Oktober, d.h. weniger als eine Woche nach dem nordkoreanischen Atomtest, die gegen Nordkorea gerichtete Resolution 1718 einstimmig an.[5]

Am Zustandekommen der nach Nordkoreas zweitem Atomwaffenversuch im Mai 2009 vom UN-Sicherheitsrat verabschiedeten Resolution 1874 hatte die EU einen entscheidenden Anteil. Die Kommission bemühte sich maßgeblich darum, dass die UN Sanktionen gegen Nordkorea verhängt. Der Europäische Rat setzte sich im Anschluss aktiv für die Durchsetzung der UN-Resolution ein. So wurden im März 2007 die in der Resolution 1718 vorgesehenen Sanktionen in die Tat umgesetzt und im Dezember 2009 die erweiterten Strafmaßnahmen gegen Nordkorea entsprechend der Resolution 1874 des UN-Sicherheitsrates vollstreckt.[6]

Bezüglich der Nordkorea als Gegenleistung für dessen Ausstieg aus seinem Atomwaffenprogramm angebotenen Wirtschaftshilfe zeigte sich die EU äußerst aktiv und durchaus wohlwollend. Sie beteiligte sich z. B. an der Arbeit der Korean Peninsula Energy Development Organization (KEDO). Die auf der Grundlage des Genfer Rahmenabkommens zwischen den USA und Nordkorea gegründete Organisation vereinbarte zur Verbesserung der nordkoreanischen Energiesituation den Bau von zwei Leichtwasserreaktoren. Bis zur Fertigstellung des Kraftwerks und der Möglichkeit, damit Energie zu gewinnen, sollte Heizöl für die Wärmekraftwerke geliefert werden.

Bei der Formierung der KEDO im Jahre 1995 gehörten Südkorea, Japan und die USA zu den Gründungsmitgliedern, jedoch bereits zwei Jahre später trat die Europäische Union hinzu. Die Kosten für den Bau der Leichtwasserreaktoren sollten von Südkorea zu ca. 70 Prozent und von Japan zu ca. 20 Prozent getragen werden; die Heizöllieferungen übernahmen die USA und die EU.

Obwohl die Europäische Union kein direktes Interesse am Bau der Leichtwasserreaktoren in Nordkorea hatte und auch an der Lösung des Atomkonflikts mit Nordkorea nicht beteiligt war, übernahm sie einen Teil der Kosten. Im Namen der EU hat die Europäische Atomgemeinschaft (EAEC) dafür von 1996 bis 2004 insgesamt 120 Millionen Dollar aufgebracht. Auch wenn 2004 das Genfer Rahmenabkommen zerbrach und die KEDO ihre Unterstützung einstellte, hatte die EU mit dieser Aufgabe doch einen aktiven Beitrag für den Frieden auf der koreanischen Halbinsel geleistet.[7]

Dient ein globales Bündnis mit der Europäischen Union auf sicherheitspolitischem Gebiet der Sicherheit Südkoreas? Bei der Beantwortung dieser Frage sind die nachstehenden zwei Aspekte zu berücksichtigen.[8]

Erstens fordert die internationale Gemeinschaft, dass sich Südkorea über die Grenzen der koreanischen Halbinsel hinaus aktiver an der Lösung von Konflikten auf der ganzen Welt beteiligt. Die USA drängen auf eine Globalisierung des südkoreanisch-amerikanischen Bündnisses und auch die EU strebt zur Stabilisierung des Weltfriedens die Kooperation mit Südkorea an. In jüngster Zeit bestand eine militärische Zusammenarbeit zwischen Südkorea und der NATO in Afghanistan. Südkorea steht damit vor der Frage, einerseits an seiner wegen der von Nordkorea ausgehenden Gefahr auf die Landesverteidigung ausgerichteten Bündnisstrategie, die sich allein auf die koreanische Halbinsel bezieht, festzuhalten – oder anderseits, um einen Beitrag zum Weltfrieden zu leisten, die Fähigkeiten der südkoreanischen Armee mit einzubringen und eine globale Bündnisstrategie einzuschlagen, die auch Krisenherde in anderen Regionen miteinbezieht.

Zweitens stellt sich die Frage, ob im Falle einer plötzlichen Veränderung der Lage in Nordkorea ein militärisches Eingreifen Europas benötigt würde. Der Kosovo, Afghanistan und Libyen sind Fälle, in denen eurpäische Staaten im Rahmen der NATO militärisch eingegriffen haben. Allerdings ist fraglich, ob ein militärisches Eingreifen Europas im Falle von Verbrechen gegen die Menschlichkeit in Nordkorea der Überwindung einer Krise auf der koreanischen Halbinsel dienen würde.

4 Wissensbasierte Zusammenarbeit zwischen Südkorea und der Europäischen Union

Südkorea ist traditionell eine wissensbasierte Gesellschaft. Schon in der Chosŏn–Dynastie (1392–1897) wurden die Wissenschaften verehrt. Einem Königssohn, der sein Studium vernachlässigte, wurde das Recht auf die Thronfolge aberkannt und die wirklich großen Herrscher waren stets zugleich Politiker und Wissenschaftler. In der Chosŏn–Dynastie wurde der aus China übernommene Konfuzianismus zur Staatsdoktrin erhoben. Nach dieser Lehre ist das Lernen die höchste Tugend des Menschen. Südkorea ist zwar flächenmäßig klein, arm an Bodenschätzen und für ausländische Investoren weniger interessant, hat aber dennoch dank seines Humankapitals ein gewaltiges Wirtschaftswachstum zu verzeichnen.

Dieses auf Humankapital begründete Erfolgsmodell, in dem es darauf ankommt, das Qualitätsniveau der Arbeitskräfte zu heben und den Mehrwert der Arbeit zu erhöhen, soll fortgesetzt werden. Mit einer Produktion auf der Grundlage einfacher Arbeit kann Südkorea die Aufholjagd mit Schwellenländern wie China nicht gewinnen. Das Zugpferd des 21. Jahrhunderts heißt daher wissensbasierte Industrie.

Die Europäische Union entwickelt nunmehr mit ihrer neuen Asienstrategie das Modell einer internationalen Zusammenarbeit auf der Grundlage einer wissensbasierten Gesellschaft. Asien ist eine Region mit hohem Bildungsniveau, in der die Investitionen in die Wissenschaft und Technik jährlich steigen. Daher wird der Technologieaustausch zwischen Europa und Asien für äußerst wichtig gehalten. Das Niveau des internationalen Austausches ist von allen asiatischen Ländern insbesondere in Südkorea beispielhaft. Daher möchte die EU mit Südkorea ein dem 21. Jahrhundert entsprechendes Modell der Zusammenarbeit entwickeln.

Zurzeit befinden sich mehr als 300000 südkoreanische Studierende zu einem längerfristigen Aufenthalt in Übersee. Südkorea ist weltweit nach Indien und China das Land mit den meisten Studierenden im Ausland. In Anbetracht der Tatsache, dass das Land nur 50 Millionen Einwohner hat, ist die Zahl erstaunlich hoch. Die meisten südkoreanischen Studierenden finden sich in den USA; doch auch ihre Anzahl in Europa nimmt zu. Einer Statistik der EU zufolge gab es in den Jahren 2006/2007 etwa 14000 südkoreanische Studenten in Europa. Davon studierten 5200 und damit die meisten in Deutschland, weitere 4500 in Großbritannien und 2400 in Frankreich.[9]

Großen Einfluss auf die Zunahme der Zahl der in Europa studierenden Südkoreaner hatten zwei zwischen Südkorea und der EU geschlossene Förderprogramme. Das Programm ASEM-DUO wurde im Jahre 2000 auf dem 3. ASEM-Gipfel in Seoul zur Förderung des Studentenaustausches zwischen Asien und Europa auf den Weg gebracht und dient der finanziellen Unterstützung südkoreanischer Studierender in Europa. Im darauffolgenden Jahr begann Südkorea unter dem Namen »DUO-Korea« einen bilateralen Austausch mit Frankreich und Dänemark. Bis 2007 bekamen etwa 100 Studierende ein Stipendium.[10] Das zweite, im Jahre 2004 gestartete Programm heißt »Erasmus Mundus« und fördert mit einem Stipendium Masterstudiengänge und Promotionen im Ausland an mehr als drei europäischen Hochschulen. In den Jahren 2013/14 kamen sieben südkoreanische Studierende in den Genuss dieser Förderung.[11]

Das Kooperationsmodell EU-Asien hat sich zu einem weltweiten Vorbild des Wissensaustausches entwickelt. Als Europas einziger Freihandelspartner in Nordostasien und das Land mit dem höchsten Bildungsniveau in ganz Asien sollte Südkorea dabei eine führende Rolle spielen. Voraussetzung dafür wäre jedoch, dass Südkorea von den europäischen Ländern lernt, Forschung auf höchstmöglichem Niveau zu betreiben, und einen aktiven Studentenaustausch fördert.

Das Thema Forschung und Entwicklung war ein vordringlicher Tagesordnungspunkt bei der Doha-Runde der Welthandelsorganisation (WTO). Entsprechend hat Südkorea diesen wichtigen Themenkomplex auch in seine Verhandlungen zum Freihandelsabkommen mit der EU einbezogen. Die größte Bedeutung kam dabei der gegenseitigen Zertifizierung von Ingenieuren und der gemeinsamen Teilnahme an einem Forschungs- und Entwicklungsprogramm (R&D) zu. Auf beiden Seiten besteht zudem ein großes Interesse an gemeinsamen Forschungsprojekten, insbesondere bezüglich

Weltraum, Luftfahrt und Hochgeschwindigkeitszügen. Südkorea hat bereits kommerzielle Satelliten von der europäischen Weltraumbasis in den Weltraum transportiert und am Airbus-Entwicklungsprojekt teilgenommen, während sich die französische Firma TGV am Bau des südkoreanischen Hochgeschwindigkeitszuges beteiligt und grundlegende Technologien weitergegeben hat.

Ob das Thema Forschung und Entwicklung in ein Freihandelsabkommen gehört oder nicht, war nicht ganz unumstritten. Die EU hat jedoch in Bezug auf den Freihandel die Erfahrungen gemacht, dass die Integration der Märkte auch auf die Zusammenarbeit in außerwirtschaftlichen Bereichen positive Auswirkungen hat. Aus diesem Grund hat sie bei Freihandelsverhandlungen mit außereuropäischen Staaten immer die Kooperation in Wissenschaft und Technik auf die Agenda gesetzt. Darüber hinaus ist die EU einem Technologietransfer ins Ausland gegenüber sehr aufgeschlossen, sodass Südkorea große Erwartungen in den Technologieaustausch mit Europa setzt.

Die südkoreanische Regierung zeigt in jüngster Zeit großes Interesse an einer Internationalisierung der Forschung, insbesondere an einer Zusammenarbeit mit ausländischen Forschungseinrichtungen. Bis zum Abschluss des Freihandelsabkommens mit der Europäischen Union war eine Teilnahme südkoreanischer Wissenschaftler am EU-Forschungsrahmenprogramm (Framework Programme) nur eingeschränkt möglich. Das 7. Forschungsrahmenprogramm (2007–2013) war mit einem Gesamtbudget von 50 Milliarden Euro das weltweit größte Programm zur Förderung der Forschung. Durch den Abschluss des Freihandelsabkommens gibt es für südkoreanische Wissenschaftler mehr Möglichkeiten zur Beteiligung an Forschungsprojekten.

Zusammenfassung

Das Verhältnis zwischen Südkorea und der Europäischen Union ist weniger von Konflikten als von Zusammenarbeit geprägt. Die bilaterale Zusammenarbeit hat sich seit dem Abschluss des Freihandelsabkommens rasant entwickelt: Sie nahm ihren Anfang auf wirtschaftlichem Gebiet, setzt sich zurzeit in Forschung und Entwicklung fort und wird sich in Zukunft auch auf die Außenpolitik ausdehnen.

Die wirtschaftlichen Beziehungen zwischen beiden Partnern haben zwar lange stagniert, jedoch mit Abschluss des Freihandelsabkommens epochale Fortschritte gemacht. In der Region Nordostasien sind China und Japan wirtschaftlich gesehen eigentlich wichtigere Länder für Europa.

Trotzdem haben sich für Südkorea mit dem Abschluss des Freihandelsabkommens die Handelsbedingungen extrem verbessert. Man kann sagen, dass die EU im Wettbewerb zwischen den drei Ländern Nordostasiens eine stabilisierende Rolle spielt.

Die Europäische Union begreift die Zusammenarbeit in Forschung und Entwicklung im weitesten Sinne als einen Teil der wirtschaftlichen Zusammenarbeit. Mit dem aktiven Import von Technologien aus dem Ausland macht Südkorea die historische Erfahrung eines rapiden Wachstums; aus der Chance, im Bereich Forschung und Entwicklung mit der EU zusammenzuarbeiten, eröffnen sich große Perspektiven für die Zukunft.

Auch auf sicherheitspolitischem Gebiet sind die Möglichkeiten der Zusammenarbeit zwischen beiden Seiten gewachsen. Die gemeinsame Auffassung Südkoreas und der EU in Bezug auf internationalen Frieden hat zur Verstärkung ihrer Kooperation in diesem Bereich geführt. Außenpolitische Prinzipien der Europäischen Union wie Freiheit und Menschenrechte sind zudem der Impetus für eine engagierte Politik Europas gegenüber Nordkorea. Die Europäische Union steht Nordkorea wegen der Atomwaffenentwicklung und der Menschenrechtsverletzungen sehr kritisch gegenüber. Als es jedoch darum ging, wirtschaftliche und humanitäre Hilfe zu leisten, um das Einfrieren des Atomwaffenprogramms zu erwirken, nahm sie eine konstruktive Haltung ein. Die EU hat dabei beste Voraussetzungen, um erfolgreich als Vermittler zwischen Nord- und Südkorea aufzutreten. Sie war weder an der Kolonialisierung der koreanischen Halbinsel beteiligt noch hat sie in Nordostasien je eine Vorherrschaft angestrebt. Auch die Möglichkeit einer unmittelbaren Interessenkollision mit den Ländern der Region ist aufgrund der räumlichen Entfernung ausgeschlossen.

Anmerkungen

1 Jongkyu Lee, Main Issues of Korea-EU FTA and its Implication, in: SERI Issue Paper, 13.07.2009.

2 Deuk-Kab Kim, Korea-EU FTA Effects to Come Slowly, in: SERI Weekly Insight, 13.06.2011.

3 Un-Haeng Jo/Jae-Han Lee, Political Economy of FTA in Korea: FTA Policymaking Process in Korea, in: Review of Social Science, 14 (2007) 1.

4 Jin-Woo Choi, Strategic Partnership of the European Union and the Korea-EU Relationship, in: Europe Studies, 28 (2010) 3.

5 European Union, European Commission Condemns North Korea's Nuclear Test, in: News Release, 11.10.2006.

6 Resolution 1718 sah u. a. die Forderung nach Vernichtung aller Kernwaffen, Massenvernichtungswaffen und ballistischen Raketen Nordkoreas, die Rückkehr zu den Sechs-Par-

teien-Gesprächen »ohne Vorbedingungen« und ein Embargo für Kriegsmaterial und Luxusgüter vor (http://www.un.org/apps/news/story.asp?NewsID=20261&Cr=DPRK&Cr1=#.UTBmWh0z3To, 20.12.2012). Die Resolution 1874 verschärfte das Embargo für Waffen und bestimmte andere Güter (http://www.un.org/News/Press/docs/2009/sc9679.doc.htm, 20.12.2012).

7 KEDO, Annual Report, 2005.

8 Jae Cheol Kim, South Korea-US Alliance Strategy in the 21st Century, in: Korean Review of Political Science, 17 (2010) 2.

9 Korea Times, 09.07.2008. Die Zahlen verstehen sich ausgenommen reiner Sprachstudenten. Die Verhältnisse sind 2009 (http://www.oecd.org/edu/skills-beyond-school/48631079.pdf/20.12.2012) noch ähnlich. Zählt man Sprachstudenten hinzu, studieren die meisten südkoreanischen Studenten in Europa in Großbritannien.

10 Ministry of Education, Science & Technology, Status Report: ROK Experience in Higher Education Cooperation, March 2008.

11 DAAD, Erasmus Mundus: European Scholarships, Worldwide Opportunities, 04.01.2015.

Yi Su-hoon

Stand und Perspektiven des südkoreanisch-amerikanischen Bündnisses

1 Historischer Hintergrund und Entwicklung des südkoreanisch-amerikanischen Bündnisses

Die USA sind von besonderer Bedeutung für die Koreaner, weil sie die neueste Geschichte ihres Landes nachhaltig beeinflusst haben. Obwohl geografisch weit entfernt und sowohl historisch als auch kulturell sehr verschieden, sind die USA ein Staat, der vor allem geopolitisch unlöslich mit Korea verbunden ist.

Die erste inoffizielle Begegnung zwischen den USA und Korea kam durch ein tragisches Ereignis zustande. Infolge des »General Sherman-Zwischenfalls« auf dem Fluss Taedong *(Taedonggang)* im Jahre 1866, bei dem ein amerikanisches Handelsschiff angegriffen wurde, verloren 24 Angehörige der Besatzung, einschließlich dreier Amerikaner, in den Flammen des untergehenden Schiffes ihr Leben. Der dadurch ausgelösten ersten amerikanischen Militäraktion in Korea (Low-Rodgers-Expedition) fielen 1871 an der Mündung des Flusses Han *(Han'gang)* 350 zur Verteidigung angetretene Koreaner zum Opfer.[1]

Auch nach der Aufnahme offizieller Beziehungen am 22. Mai 1882 in Chemulp'o (heutiges Inch'ŏn) war das Interesse der Amerikaner an Korea zunächst gering. Das unter dem wirtschaftlichen Einfluss Chinas und Japans stehende Land wurde wenig geschätzt und die Beziehungen zwischen beiden Ländern entwickelten sich nicht weiter. Bis zur Niederlage Japans im pazifischen Krieg im August 1945 betrachteten die USA Korea ausschließlich als Teil Japans und brachten den Problemen der koreanischen Halbinsel weder besonderes Interesse noch guten Willen entgegen. Die Konferenz der Außenminister in Moskau im Dezember 1945, an der neben der Sowjetunion und Großbritannien auch die USA teilnahmen, beschloss eine fünfjährige Treuhandschaft für Korea, was die koreanische Nation schwer enttäuschte und die politische Lage verwirrte.

Die passive Politik der USA gegenüber der koreanischen Halbinsel wandelte sich erst im Zusammenhang mit dem Vorstoß der Sowjetarmee nach Nordkorea. In Sorge darüber, dass die Sowjetunion schnell die ganze Halbinsel in die Hände bekommen könnte, beschlossen die USA, die japanischen Truppen im Süden zu entwaffnen und ließen dasselbe die Sowjetunion im Norden tun. Im August 1948 wurde im Süden mit Unterstützung der USA eine Separatregierung gegründet. Die USA beendeten das Militärregime und vollzogen unter Zurücklassung von 500 Militärberatern den Abzug ihrer Truppen bis Juni 1949. Doch als im Juni 1950 der Koreakrieg ausbrach, nahmen sie als Truppen der Vereinten Nationen daran teil. Durch massiven Truppeneinsatz verhinderten die USA die kommunistische Umwandlung der koreanischen Halbinsel, vereinbarten jedoch nach gewaltigen Opfern im Juli 1953 ein Waffenstillstandsabkommen und beendeten den Koreakrieg.

Am 1. Oktober 1953 wurde durch den »Vertrag über gegenseitige Verteidigung zwischen der Republik Korea und den USA« ein Militärbündnis zwischen Südkorea und den USA geschaffen. Durch Stärkung der schwachen Sicherheitskräfte Südkoreas brachten die USA einerseits Abwehrkräfte gegen eine militärische Provokation aus dem Norden in Stellung, andererseits führte der Militärpakt dazu, dass Südkorea durch Anerkennung der amerikanischen (damals in Form des UN-Oberkommandos) Kommandogewalt auf einen Teil seiner Militärmacht verzichtete. Der Kern des Militärbündnisses bestand darin, dass von nun an die USA überall auf dem Territorium Südkoreas ihre Truppen stationieren konnten.

Doch die Zahl der amerikanischen Soldaten, die zurzeit des Waffenstillstandsabkommens 355 000 betragen hatte, wurde ständig reduziert. In der Zeit des Vietnamkrieges kam es zu einer Kürzung in großem Maßstab, und auch unter der Nixon-Administration wurde durch den Abzug der 7. Division die amerikanische Militärpräsenz weiter reduziert. Präsident Jimmy Carter trieb offiziell den Abzug der amerikanischen Truppen voran, wodurch es zu einem ernsten südkoreanisch-amerikanischen Konflikt kam.

Infolge dieses Konflikts strebte der südkoreanische Präsident Park Chung Hee *(Pak Chŏng-hŭi)* unter der Flagge der »selbstständigen Landesverteidigung« die Entwicklung von Atomwaffen an. Diese Politik scheiterte am hartnäckigen Widerstand der USA, die daraufhin jedoch im Jahre 1978 das »Gemeinsame koreanisch-amerikanische Oberkommando« schufen und damit den dauernden und unzweifelhaften Verbleib der US-Truppen als Sicherheitsschild zusicherten. Dieses gemeinsame südkoreanisch-amerikanische Oberkommando löste das bis dahin bestehende UN-Kommando ab und kontrollierte bis auf Weiteres die südkoreanische Armee sowie die in Südkorea stationierten US-Truppen.[2]

Mit dem Ende des Kalten Krieges kam es zu großen Veränderungen in der Ostasienstrategie der USA. Infolge dieses Wechsels wurden die in Korea stationierten Truppen ständig reduziert. Ihr Charakter als antinordkoreanisches Druckmittel wurde allmählich geschwächt. Stattdessen erhielten sie eher den Charakter von Truppen, die für die gesamte nordostasiatische Region zuständig sind. Vor diesem Hintergrund war die auf Harmonie und Zusammenarbeit gerichtete Umarmungspolitik der Kim-Dae-Jung-Regierung (*Kim Tae-jung*; 1998–2003) gegenüber Nordkorea von großem Gewicht, die unter Roh Moo Hyun (*No Mu-hyŏn*; 2003–2008) fortgesetzt wurde. Der Tod zweier Schülerinnen bei einem Unfall mit einem amerikanischen Panzerfahrzeug brachte scharfe antiamerikanische Ressentiments zutage und trug auf beiden Seiten zur Überzeugung bei, dass die amerikanischen Militärbasen verlegt werden müssten.[3] Angesichts der ständigen Verschlechterung der Staatsfinanzen der USA und des wirtschaftlichen Wachstums in Südkorea forderten die Vereinigten Staaten von der südkoreanischen Regierung eine Beteiligung an den Kosten für die Truppenstationierung. Gegenwärtig beträgt das Verhältnis zwischen Südkorea und den USA dabei 40 zu 60, die Anteile Koreas werden weiter wachsen.

Parallel dazu kam die Überführung der Kommandogewalt durch Verhandlungen zwischen beiden Seiten voran. 1994 wurde unter Präsident Kim Young Sam *(Kim Yŏng-sam)* die »Kommandogewalt in normalen Zeiten« an Südkorea übergeben und sogar vereinbart, die »Kommandogewalt in Kriegszeiten« bis Ende Dezember 2015 zu übertragen.

Unter den Präsidenten Lee Myung Bak (*Yi Myŏng-bak*; 2008–2013) und Park Geun Hye (*Pak Kŭn-hye*; seit 2013) wurde eine starke politische Orientierung auf die Festigung des südkoreanisch-amerikanischen Bündnisses verfolgt, was im Widerspruch zur bisherigen Bündnispolitik Roh Moo Hyuns stand. In diesem Zusammenhang wurde wiederholt klargestellt, dass sich Südkorea amerikanischen Aktionen in der internationalen Arena anschließen werde, worauf US-Präsident Obama positiv reagierte. Man kann von neuen »Flitterwochen« in den südkoreanisch-amerikanischen Beziehungen sprechen. Nach der zeitgleichen Ratifizierung des bilateralen Freihandelsabkommens (FTA, Free Trade Agreement) in beiden Parlamenten verkündeten beide Regierungen Ende 2011 übereinstimmend, dass zum militärischen Bündnis nun auch das »wirtschaftliche Bündnis« hinzugekommen sei. Doch in der südkoreanischen Gesellschaft gab es harte Konflikte in Bezug auf die Ratifizierung des südkoreanisch-amerikanischen FTA. Ebenso entfaltet sich unter den Oppositionsparteien und anderen gesellschaftlichen Kräften eine entschiedene Bewegung für eine Kündigung des FTAs.

2 Kernfragen des südkoreanisch-amerikanischen Bündnisses

Die Reduzierung der amerikanischen Truppen in Südkorea und die Verlegung der Basen

Die Anwesenheit der amerikanischen Truppen in Südkorea ist der Kern des Bündnisses. Gleichzeitig ist sie ständig Gegenstand scharfer Auseinandersetzungen in der südkoreanischen Gesellschaft. Der Umfang der amerikanischen Truppen wird als Barometer der Stärke oder Schwäche des südkoreanisch-amerikanischen Bündnisses angesehen. Politische Absichten der USA, die Truppen zu reduzieren oder abzuziehen, stießen daher in der Vergangenheit bei den Regierenden Südkoreas auf harten Widerstand und erzeugten Unruhe im Volk.

Ungeachtet dessen war die allmähliche Reduzierung ihrer Truppen Ausdruck der veränderten Militärstrategie der USA nach dem Ende des Kalten Krieges. Parallel zur Reduzierung des Umfangs lief auch die geografische Neuverteilung der Truppen gemäß der Neubestimmung ihres Charakters und ihrer Rolle. Seit 2011 ist die Zahl der amerikanischen Soldaten auf 28 500 eingefroren. Zwischen Südkorea und den USA besteht Übereinstimmung über den Verzicht auf weitere Reduzierungspläne. Vereinbart wurde auch, dass die amerikanischen Truppen, die zuvor auf das ganze Land verteilt waren, aus »Standorttruppen« in schnell bewegliche Einheiten verwandelt und neue Basen südlich des Han errichtet werden sollen. Die angestrebte »strategische Flexibilität«[4] soll die Manövrierfähigkeit bei Kampfeinsätzen gewährleisten. Tatsächlich wurden amerikanische Truppen aus Südkorea im Irakkrieg eingesetzt.

Die im zentralen Seouler Stadtteil Yongsan gelegene US-Basis wurde aufgelöst. An der Küste des Gelben Meeres (Koreanisches Westmeer) wurde bei Pyeongtaek *(P'yŏngt'aek)* eine neue große Basis eingerichtet, wohin die Mehrheit der amerikanischen Truppen verlegt wurde. Es ist vorgesehen, diesen Prozess bis etwa 2015 zu vollenden. Der Bau der Basis Pyeongtaek wirft in der südkoreanischen Gesellschaft die Frage auf, ob das die ewige Stationierung amerikanischer Truppen bedeutet. Auch werden Befürchtungen laut, dass die geografische Nähe Pyeongtaeks zu China nicht auch als eine gegen den Nachbar gerichtete Aktion gesehen werden kann, da militärische Operationen zu Wasser und in der Luft gegen China nun effektiver durchgeführt werden könnten.

Im Jahre 2011 wurde das Projekt, auf der Insel Cheju einen neuen Marinestützpunkt einzurichten, zu einem großen politisch-sozialen Streitpunkt. Cheju ist ein berühmter Ferienort und gilt als »Insel des Friedens«, deren Küste sehr schön und von großem Wert für die Meeresökologie ist. Gegen die Errichtung eines Militärstützpunktes dort entfalteten die Inselbewohner, Friedensanhänger sowie Umweltschutzorganisationen gemeinsam eine Protestbewegung. Der Stützpunkt würde dem Frieden schaden und die natürliche Umwelt zerstören. Sicherheitsexperten sehen diesen Marinestützpunkt als Bestandteil des Oberkommandos der pazifischen Seestreitkräfte der USA und warnen vor der Gefahr einer unnötigen Konfrontation mit den chinesischen Seestreitkräften. Geht es nach den Plänen des US-Militärs, soll die Basis bis 2015 fertiggestellt werden.

Abb.: Veränderung des Umfangs der US-Truppen in Südkorea

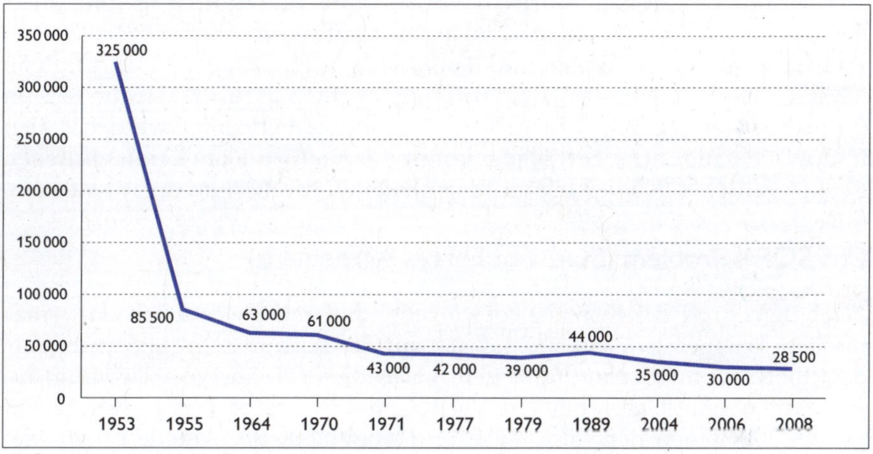

Quelle: Beraterkommission des Präsidenten für Politikplanung, 2008, S. 255.

Beteiligung an den Verteidigungskosten Südkoreas

Im Zusammenhang mit der inneramerikanischen Debatte über die zu hohen Ausgaben für die Stationierung von Truppen im Ausland geriet auch die Aufteilung der Verteidigungskosten in Südkorea in den Fokus. Mit dem Ende des Kalten Krieges kamen die USA zu der Einsicht, dass die Ausgaben für die Rüstung nicht mehr so hoch wie in der Vergangenheit zu sein bräuchten. Nach dem Golfkrieg im Jahre 1991 und der direkten oder indirekten Verwicklung in verschiedene regionale Konflikte waren die USA nicht mehr bereit, die gleichen Anteile an den Kosten für die in Ostasien stationierten Truppen weiter zu gewährleisten. Logisch war daher die Forderung nach Erhöhung des südkoreanischen Anteils, zumal das Land zur selben Zeit infolge seines Wirtschaftswachstums immer stärker wurde.

Seit 1991 wuchs der Anteil Koreas ununterbrochen: 1995 waren es 300 Millionen US-Dollar, 2004 mehr als das Doppelte, genauer gesagt 622 Millionen US-Dollar. Mit der jährlichen Forderung der USA nach Erhöhung des koreanischen Anteils kam es immer wieder zu Dissonanzen im südkoreanisch-amerikanischen Verhältnis. Zur Zeit Roh Moo Hyuns führten die Meinungsverschiedenheiten bei zwei Verhandlungen sogar zu der Besorgnis, dass das Bündnis selbst bedroht sein würde. Heute verteilen sich die Verteidigungskosten im Verhältnis 40 zu 60 zwischen Südkorea und den USA (Japan trägt 70 Prozent seiner Verteidigungskosten selbst), 2011 beteiligte sich Südkorea mit insgesamt 800 Millionen US-Dollar. Angesichts der Entwicklung des Staatshaushaltes der USA und des fortgesetzten südkoreanischen Wirtschaftswachstums ist damit zu rechnen, dass der koreanische Anteil weiter zunehmen wird.

Streit zwischen Südkorea und den USA gibt es nach der Verlegung von Militärstützpunkten, wie jenem in Yongsan, auch darüber, wie die Kosten für die Sanierung der aufgegebenen Standorte berechnet werden sollen und welche Seite sie trägt. Dabei kommt es auch zu Konflikten zwischen der koreanischen Regierung und regionalen Umweltschutzorganisationen.

Das SOFA-Problem (Status of Forces Agreement)

Nach dem Ende des Koreakrieges machte die Stationierung von amerikanischen Truppen in großem Maßstab auf der koreanischen Halbinsel eine detaillierte Vereinbarung über den Status dieser Truppen notwendig. Im Jahre 1966 wurde darüber ein Vertrag, das Status of Forces Agreement (SOFA), zwischen den USA und der Republik Korea unterzeichnet, der im folgenden Jahr in Kraft trat. Ein solcher Vertrag existiert ausnahmslos in allen Staaten und Regionen, wo amerikanische Truppen stationiert sind, auch in Deutschland. Der südkoreanisch-amerikanische Vertrag besteht aus den 31 Grundparagrafen des Hauptteils (im Weiteren: Hauptvertrag) und drei Zusatzdokumenten: Absichtsprotokoll, Gegenstände der Übereinkunft und ausgetauschte Dokumente. Ferner finden sich darin andere erläuternde Noten sowie vom Koordinationsausschuss getroffene Vereinbarungen.

Der SOFA-Vertrag wurde zweimal revidiert, am 1. Februar 1991 und am 2. April 2004. Diese Revisionen kamen auf öffentlichen Druck hin zustande und bezogen sich auf Verbrechen der stationierten Soldaten, auf Änderungen in der Haltung der Koreaner gegenüber den Truppen sowie auf die Verbesserung der Lage der Truppen.

Kern des SOFA-Problems aus Sicht Südkoreas ist eine Einschränkung der Souveränität des südkoreanischen Staates. Im Zentrum steht die Frage nach der tatsächlichen Rechtskompetenz südkoreanischer Behörden, Verbrechen der Angehörigen der amerikanischen Truppen gerichtlich zu verfolgen, die immer wieder auf Grundlage des SOFA unterhöhlt wird. Das Interesse der öffentlichen Meinung erregten oft die gerichtliche Verfolgung von Morden, Vergewaltigungen, Drogenhandel und Verkehrsunfällen, die Schadensansprüche der Opfer sowie die Sonderrechte der Truppenangehörigen. Kritische Stimmen angesichts der Ungerechtigkeit des SOFA, die sich in einer faktischen Benachteiligung Südkoreas manifestiert, nahmen im Zusammenhang mit der Demokratisierung und der Aktivierung der Zivilgesellschaft in Korea zu.

Nach zahlreichen Zwischenfällen ist die Forderung der Zivilgesellschaft nach einer gänzlichen Revision des SOFA auch heute noch aktuell. Ereignisse wie der Mord an einem südkoreanischen Studenten durch US-Soldaten in It'aewŏn (1997) und die Einleitung von Giftstoffen von US-Militärbasen in den Han (2000), der durch Seoul fließt, wurden bereits als Stoff für Kinofilme[5] verwendet, die auf massenhaftes Interesse stießen. Vor allem der Film »Monster« (2006), der die Vergiftung des Han thematisierte, zog mehr als 13 Millionen Zuschauer an. Nach dem bereits erwähnten Unfalltod zweier Schülerinnen durch ein amerikanisches Panzerfahrzeug 2002 kam es zu landesweiten Protesten, da die darin verwickelten Soldaten von einem US-Gericht freigesprochen wurden.

Die Übertragung der Kommandogewalt in Kriegszeiten und die Auflösung des gemeinsamen Oberkommandos

Die Kommandogewalt in Kriegszeiten ist der wesensbestimmende Kern des südkoreanisch-amerikanischen Militärbündnisses. Von eminenter Bedeutung ist dabei, dass ein amerikanischer General gleichzeitig Oberkommandierender der stationierten US-Truppen und Chef des gemeinsamen südkoreanisch-amerikanischen Oberkommandos ist. Die den Veränderungen der Ostasienstrategie der USA seit den 1990er-Jahren folgende Übergabe der Kommandogewalt an die südkoreanische Armee, die Auflösung des gemeinsamen Kommandos und die Reduzierung der amerikanischen Truppen wurden bereits erwähnt. Damit übereinstimmend wurde die Kommandogewalt nach Kriegszeiten und Friedenszeiten aufgeteilt und 1994 die »Kommandogewalt in Friedenszeiten« der südkoreanischen Armee übertragen. Regierung und öffentliche Meinung Südkoreas befürworteten ebenfalls die Übergabe der Kommandogewalt in Kriegszeiten. Aber wegen des organisierten Widerstandes der konservativen Kräfte und der Armeeveteranen gab es dabei zunächst keine Fortschritte.

Die Gegner einer Übergabe beharrten auf dem Standpunkt, dass die Verteidigungsbereitschaft der südkoreanischen Armee nach wie vor schwach und deshalb die Rückendeckung durch die amerikanische Armee unverzichtbar sei. Sie betonten besonders, dass sich die Sicherheitslage infolge der nordkoreanischen Nuklearpolitik verändert habe, und äußerten die Besorgnis, dass durch die Auflösung des gemeinsamen Kommandos eine Sicherheitslücke entstehen könne. Dabei brachten sie auch ihre Sorge darüber zum Ausdruck, dass mit der Auflösung des gemeinsamen Kommandos die Grundlage für den Aufenthalt der US-Armee abhanden komme und die Truppen abziehen könnten.

Trotz dieses Widerstandes forderte Präsident Roh Moo Hyun nach dem Prinzip der »selbstständigen Landesverteidigung« hartnäckig die Übergabe der ganzen Kommandogewalt. Nach einer Phase intensiven Dialogs mit der amerikanischen Seite vereinbarten beide Seiten die Übergabe der Kommandogewalt für den 17. April 2012. Auch nach der Übergabe sollten die amerikanischen Truppen weiterhin in Südkorea bleiben und das gemeinsame Kommando durch einen der NATO ähnlichen Stab ersetzt werden.

Aber mit der Bildung der konservativen Regierung unter Lee Myung Bak 2008 wurden verstärkt Forderungen laut, die von Präsident Roh Moo Hyun geförderten Übergabevereinbarungen aufzuheben. Als im März 2010 die südkoreanische Korvette »Cheonan« in Gewässern nahe der Grenze zu Nordkorea duch eine Explosion sank, sahen die Gegner darin erneut einen Anlass, eine breite öffentliche Kampagne gegen diese Vereinbarungen zu starten. Unter Präsidentin Park Geun Hye wurde die Frist für die Übergabe der Kommandogewalt schließlich auf unbestimmte Zeit verschoben.

Der Einsatz südkoreanischer Truppen im Ausland

Der Einsatz südkoreanischer Truppen im Ausland hat eine lange Geschichte und nimmt in den letzten Jahren an Häufigkeit zu. Auslandseinsätze erfolgten in Übereinstimmung mit dem Geist des südkoreanisch-amerikanischen Militärbündnisses hauptsächlich bei Kriegen, in die die USA involviert waren. Während es beim Vietnamkrieg – wegen des ostasiatischen Antikommunismus, der Festigkeit des südkoreanisch-amerikanischen Bündnisses und der wirtschaftlichen Interessen am Einsatz – kaum Widerstand in der koreanischen Gesellschaft gab, riefen die Einsätze im Irak und in Afghanistan – auch aufgrund der Demokratisierung der südkoreanischen Gesellschaft, des größeren Interesses am Frieden und der Ablehnung ständiger Einbeziehung in Kriege – große gesellschaftspolitische Konflikte hervor.

Die Entsendung von Soldaten in den Vietnamkrieg war gewaltig, von 1965 bis 1973 betrug die Gesamtzahl 310 000, von denen fast 5 000 fielen.[6] Die südkoreanischen Truppen machten sich in Vietnam einen Namen als »Teufelsmarine«. In dieser Bezeichnung ist jedoch auch der Hinweis auf deren erbarmungsloses Vorgehen enthalten, was bei den Südkoreanern heute zwiespältige Gefühle über den Vietnamkrieg hervorruft. Infolge dieser Kriegsteilnahme erhielt Südkorea von Seiten der USA umfangreiche Wirtschaftshilfe und Unterstützung – ein wichtiger Beitrag zum Wirtschaftswachstum. Auch die Schatten dieses Einsatzes sind bis heute überall in der Gesellschaft sichtbar: Die zahlreichen »Agent Orange«-Geschädigten haben sich aktiv in rechtskonservativen Gruppen organisiert.

Die Entsendung von Truppen in den Irakkrieg und nach Afghanistan stellte die südkoreanische Gesellschaft vor ganz neue Fragen. Die Regierung bestand darauf, das Engagement als nicht kriegerische Handlung zu betrachten, weil es auf den Einsatz von Medizinern, Bausoldaten und Hilfskräften für den Wiederaufbau beschränkt war. Die südkoreanische Zivilgesellschaft sah darin jedoch eine nicht notwenige Kriegsteilnahme, die dem Image Südkoreas und den langfristigen Interessen des Staates schadet. Besonders hervorgehoben wurde die Gefahr, übermäßig in die von den USA erzeugten Konflikte eingebunden zu werden.[7] Als zum Beispiel im Sommer 2007 in Afghanistan Priester der koreanischen protestantischen Kirche gekidnappt wurden, sah man dies nicht nur als einen Zwischenfall religiöser Konflikte, sondern eher als eine Warnung an Südkorea, das zusammen mit den USA an diesem Krieg beteiligt war.

Das nordkoreanische Nuklearproblem

Das nordkoreanische Nuklearproblem ist die Kernfrage der nordostasiatischen Sicherheit. Mit seiner etwa 20-jährigen Geschichte ist es als Produkt der feindlichen Beziehungen zwischen Nordkorea und den USA zu verstehen. Als Nordkorea 1993 seinen Austritt aus dem Atomwaffensperrvertrag verkündete, brach die Erste Atomkrise aus. Der damalige US-Präsident Bill Clinton stellte sogar Kriegspläne auf, doch unter Vermittlung eines seiner Amtsvorgänger, Jimmy Carter, kam es zu Gesprächen, sodass im Oktober 1994 die bilaterale »Genfer Vereinbarung« zwischen Nordkorea und den USA formuliert wurde. Im Ergebnis dessen entstand die Korean Peninsula Energy Organization (KEDO). Die Grundidee hinter diesem multinationalen Projekt war, in Nordkorea zwei Leichtwasserreaktoren zu bauen, die die existierenden Kernreaktoren ersetzen sollten, von denen befürchtet wurde, dass sie der Herstellung von Atomwaffen dienen könnten.

Als dann in Washington Präsident George W. Bush an die Macht kam, verschlechterten sich die nordkoreanisch-amerikanischen Beziehungen rapide. Die »Neokonservativen« unter Bush lehnten jeden Dialog und jegliche Verhandlungen mit dem Norden ab, reihten das Regime in die »Achse des Bösen« ein und zogen einen *regime change* in Erwägung. Während dieser Phase brach die Zweite Nuklearkrise aus, da sich der Verdacht der USA, Nordkorea würde ein Programm zur Urananreicherung betreiben, bestätigte.

Die Zweite Nuklearkrise führte anders als beim vorherigen Mal zu den sogenannten Sechs-Parteien-Gesprächen, bei den neben den beiden koreanischen Staaten und den USA auch China, Japan und Russland einbezogen wurden. Multilaterale Gespräche waren bis dahin in Ostasien kaum zu beobachten gewesen und hatten daher einmalige Bedeutung und auch gewissen Erfolg. Mit der gemeinsamen »Erklärung vom 19. September« 2005, bei der unter anderem das Ziel einer atomwaffenfreien koreanischen Halbinsel formuliert wurde, legte man das Fundament für eine umfassende Sicherheits- und Friedensordnung in Nordostasien. Anfang 2007 kam es zur »Übergangsvereinbarung vom 13. Februar«, in der ein Prozess der Denuklearisierung in drei Etappen vorgesehen war: die Zerstörung der bestehenden nordkoreanischen Nuklearanlagen, die Unfähigkeit zur Produktion neuer Anlagen und die Vernichtung des Kernmaterials. Daraufhin vernichtete Nordkorea seine atomaren Anlagen und ergriff verschiedene Maßnahmen zur Vorbereitung der Produktionsunfähigkeit. Es kam zu einer Verbesserung der amerikanisch-nordkoreanischen Beziehungen und zur Mitwirkung der USA am Prozess der Außerbetriebnahme der Anlagen.

Die rechtskonservativen Regierungen unter Lee Myung Bak und Park Geun Hye verfolgten jedoch eine Politik der Festigung des Bündnisses mit den USA und der Feindseligkeit gegenüber Nordkorea. Der Entnuklearisierungsprozess, der eine Entspannungspolitik möglich machen sollte, geriet ins Stocken. US-Präsident Obama deutete zwar Dialogbereitschaft mit Nordkorea an, doch maß er der südkoreanischen Regierung und dem südkoreanisch-amerikanischen Bündnis mehr Bedeutung bei als dem aktiven Dialog mit Nordkorea. Negativ wirkten sich auch der nordkoreanische Probeabschuss eines künstlichen Satelliten und ein zweiter Atombombentest im Jahre 2009 aus. Danach gab es von Seiten Südkoreas und der USA keine Aktivitäten mehr für die Wiederaufnahme der Sechs-Parteien-Gespräche um eine Entnuklearisierung. Seitdem verfolgt man die Strategie, auf den einseitigen Verzicht Nordkoreas auf die Atomproduktion zu warten.

Die Bedeutung Chinas

Der Aufschwung Chinas wird auf der ganzen Welt mit Interesse verfolgt, doch vor allem für die Region Ostasien ist dieser von besonderer Bedeutung. Die zentrale Frage ist dabei, wie sich die USA zu dem schnell aufsteigenden China verhalten. Die Verbündeten Südkorea und USA schauen den verschiedenen Veränderungen, die mit dem schnellen wirtschaftlichen Aufstieg und entsprechend wachsendem Einfluss Chinas in der Region einhergingen, mit Sorge entgegen.[8] Die Beziehungen zwischen den USA und China dürften vom Standpunkt der Region Nordostasien aus eher als Konkurrenz- denn als Kooperationsbeziehungen gesehen werden. Um ihre Präsenz in Ostasien aufrechtzuerhalten, treiben die USA die strategische Zusammenarbeit nicht nur zu den Bündnispartnern Japan und Südkorea, sondern zu allen pazifischen Staaten voran. Die Chinesen sind ihrerseits besorgt, dass die USA sie auf diese Weise eindämmen wollen. Das chinesische Militär äußert solche Bedenken ganz offen.

Südkorea unterhält mit China eine »strategisch kooperative Partnerschaft«[9]. Seit der Aufnahme diplomatischer Beziehungen zum Nachbarland im Jahre 1992 hat sich der wirtschaftliche Austausch explosionsartig verstärkt. Als größter Handelspartner Südkoreas macht China 25 Prozent seines Außenhandels aus. China ist auch das größte Investitionsland für Südkorea. Neben der Wirtschaft sind auch Bergbau, Bildung, Arbeitsplätze, Kunst und andere sozialkulturelle Gebiete in bedeutendem Maße vom chinesisch-koreanischen Austausch geprägt. Deshalb ist China ein Land, das mit jedem Tag größeres Gewicht für Südkorea erlangt.

Gleichzeitig bleibt China gegenüber dem südkoreanisch-amerikanischen Bündnis sehr kritisch eingestellt, besonders seit der Stärkung des Bündnisses unter der Präsidentschaft von Lee Myung Bak. Empfindlich reagierte man auf das südkoreanisch-amerikanische Freihandelsabkommen und stellte die Forderung nach einem südkoreanisch-chinesischen Abkommen. Bedenken hegt man auch gegen den Aufbau des neuen amerikanischen Militärstützpunktes bei Pyeongtaek. Die Chinesen befürchten dabei, dass Pyeongtaek wegen seiner Lage am Gelben Meer (dem Koreanischen Westmeer) bevorzugt zu einem antichinesischen Stützpunkt werden kann.

Südkorea befindet sich deshalb in einem Spannungsfeld zwischen dem Militärbündnis mit den USA einerseits und der strategischen Partnerschaft mit China andererseits. Vor dem Hintergrund immer häufiger wiederkehrender kleiner Konflikte zwischen den Mächten in der ostasiatischen Region besteht die Möglichkeit, dass sich diese Situation in Zukunft für Südkorea noch verschärft. Die Antwort auf diese Kernfrage der südkoreanischen Sicherheitsdiplomatie sollte – nach Ansicht des Verfassers – lauten, die im Moment vorherrschende Begünstigung des südkoreanisch-amerikanischen Bündnisses zu überwinden und über ein »Gleichgewicht der Sicherheit« gegenüber den USA und China nachzudenken.

3 Sozialkulturelle Dimensionen des südkoreanisch-amerikanischen Bündnisses

Seit der Gründung des südkoreanischen Staates bis heute sind Politik, Wirtschaft, gesellschaftliche Ordnung und Kultur stark von den USA geprägt oder entwickelten sich nach amerikanischem Muster. Man spricht in diesem Zusammenhang von einer »Amerikanisierung«. Die Demokratisierung und die wirtschaftliche Entwicklung Südkoreas wurden durch direkte oder indirekte Hilfe der USA erheblich gestärkt. Die die südkoreanische Gesellschaft tragenden Eliten wurden im Allgemeinen an amerikanischen Hochschulen ausgebildet. Der erste Präsident Rhee Syngman *(Yi Sŭng-man)* erhielt seinen Doktortitel an der Princeton University. Auch heute noch machen ehemalige US-Studenten die Mehrheit unter den einflussreichen Intellektuellen in der südkoreanischen Gesellschaft aus und nehmen einen entsprechend großen Einfluss. In den 1950er-Jahren wurde der Großteil von wichtigen Exporten mit amerikanischer Hilfe finanziert; angefangen mit den wichtigen Anschubhilfen im Rahmen des Programms USAID in den 1960er- und 1970er-Jahren unterstützte die USA die südkoreanische Wirtschaft und ist bis heute – 2012 ist das Freihandelskommen zwischen den beiden Staaten in Kraft getreten – einer der wichtigsten Handelspartner. Wegen dieses historischen Hintergrunds werden die USA in der koreanischen Gesellschaft als »Wohltäter« und »Helfer« anerkannt. Die Tatsache, dass sie durch ihre Teilnahme am Koreakrieg den Süden vor dem Kommunismus bewahrt haben, findet nach wie vor Beachtung.

Gleichzeitig sind die nationalistischen Gefühle in der koreanischen Gesellschaft stark, was zu teilweise heftigen Ressentiments gegenüber Amerika und dem amerikanisch geprägten Mainstream der südkoreanischen Gesellschaft führt. Nahrung für diesen Antiamerikanismus sind Ereignisse wie die gewaltsame Unterdrückung des demokratischen Widerstandes in Kwangju im Frühjahr 1980, welche mit Erlaubnis der USA erfolgte bzw. von ihnen nicht unterbunden wurde. In der zweiten Hälfte der 1980er-Jahre übten die USA mit der einseitigen Anwendung ihrer Außenhandelsgesetze Druck auf die Öffnung des südkoreanischen Marktes aus, was weiter die antiamerikanischen Gefühle vor allem bei den Studenten anstachelte.

In den 1980er-Jahren ging der Kampf der Studenten gegen die Diktatur und für Demokratisierung häufig mit Antiamerikanismus einher. Exemplarisch sei hierfür die Brandstiftung am amerikanischen Kulturzentrum 1982 in Busan *(Pusan)* genannt. Die daran Beteiligten erklärten ihr Handeln damit, dass die USA 1980 der blutigen militärischen Unterdrückung des Volksaufstandes in Kwangju tatenlos zugesehen hatten.

Danach besetzten Studenten unter der Losung der »Unabhängigkeit« den amerikanischen Kulturpark in Seoul, und es kam zu antiamerikanischen Demonstrationen wie der Campusbesetzung, an der sich die Mehrzahl der Studenten beteiligte.

Dem bereits erwähnten Zwischenfall im Jahre 2002, bei dem zwei Schülerinnen während eines Manövers durch ein amerikanisches Panzerfahrzeug getötet wurden, folgte eine große Lichterdemonstration, bei der eine Entschuldigung und Wiedergutmachung durch die USA verlangt wurde. Als dann bei den Wahlen im Dezember 2002 der Präsidentschaftskandidat Roh Moo Hyun siegte und in einer Sondervorlesung auf einem Campus die rhetorische Frage stellte »Was ist schon dabei, wenn man ein bisschen antiamerikanisch ist?«, sorgte das in den Medien für Aufsehen. Als er bei einer späteren Gelegenheit zum Ausdruck brachte, dass man den USA nicht immer gehorchen müsse, brachte das erneut politische Auseinandersetzungen mit der rechtskonservativen Opposition mit sich. Die beschriebenen Ereignisse spiegeln das dynamische Temperament und den Nationalstolz der Südkoreaner wider und zeigten die geringer werdende Bereitschaft, den USA demütig zu folgen. Das Verhältnis zu den USA gehört heute immer noch zu den sensibelsten Fragen in der südkoreanischen Gesellschaft. Eine ruhige, objektive Diskussion darüber ist nicht leicht, da ein solcher Meinungsaustausch schnell in einen Ideologiestreit übergehen kann. Die Haltung dazu und die Position zu Nordkorea gelten in Südkorea als Kriterium zur Unterscheidung von »Progressiven« und »Konservativen«.

4 Perspektiven des südkoreanisch-amerikanischen Bündnisses

Heute sieht das südkoreanisch-amerikanische Bündnis unveränderbar fest aus. Präsident Lee Myung Bak vertrat in seiner Amtszeit (2008–2013) eine Politik zur Stärkung des Bündnisses. Das heißt jedoch nicht, dass es davor schwach gewesen sei. Das südkoreanisch-amerikanische Bündnis ist jedoch kein absoluter Faktor für den Frieden auf der koreanischen Halbinsel und das Sicherheitssystem in Ostasien, sondern muss im Rahmen der Nord-Süd-Beziehungen und der südkoreanisch-chinesischen Beziehungen gesehen werden. Es ist ein historisch gewachsenes und keineswegs unveränderliches Verhältnis, das den geopolitischen Veränderungen in Ostasien und den Veränderungen in der Sicherheitsstrategie beider Länder angepasst werden muss.

Welche Beziehungen soll man zu dem aufstrebenden und in Südkorea ständig an Einfluss gewinnenden China unterhalten? Sollte gegenüber

Nordkorea an der Konfrontation und der feindlichen Haltung festgehalten werden? Diese Fragen hängen unmittelbar mit dem südkoreanisch-amerikanischen Bündnis zusammen.

Der Autor hält gegenwärtig eine grundsätzliche Debatte über die Sandwich-Rolle Südkoreas zwischen seinem Verbündeten USA und dem strategischen Partner China für notwendig. Auch die Nordkoreapolitik muss neu gestaltet werden. Um diese konstruktiv zu gestalten, gibt es mindestens zwei Vorbedingungen. Das südkoreanisch-amerikanische Bündnis darf nicht verabsolutiert und Nordkorea muss als Verhandlungspartner akzeptiert werden.

Das Bündnis zwischen den USA und Südkorea wird weiterbestehen. Für seine angemessene Entwicklung liegt jedoch nach Meinung des Autors erstens die Aufgabe darin, zukünftig die »Asymmetrie« des Bündnisses abzumildern. Der Tausch von Unabhängigkeit gegen Sicherheit ist nicht mehr zeitgemäß. Zweitens müssen beide Länder den Dialog über alle politischen Fragen im Zusammenhang mit dem Bündnis im Geiste einer wahren Partnerschaft führen und ihre Politik abstimmen können. Die sollte mit gegenseitiger Anerkennung, gegenseitigem Verständnis und gegenseitiger Achtung geschehen.

Literatur

Chung, Jae Ho, Between Ally and Partner: Korea-China Relations and the United States, New York 2008.

Feffer, John, The Future of US-Korean Relations: The Imbalance of Power (Asia's Transformations), London 2006.

Shin, Gi-Wook, One Alliance, Two Lenses: U. S.-Korea Relations in a New Era, Stanford 2010.

Snyder, Scott, China's Rise and the Two Koreas: Politics, Economics, Security, Boulder 2009.

Anmerkungen

1 Chong-ch'ŏn Paek (Hrsg.), *Han mi tongmaeng 50nyŏn* [50 Jahre südkoreanisch-amerikanisches Bündnis], Sŏngnam, Sejong-Institut, 2003, S. 29.

2 Chi-yŏn Sim/Il-yŏng Kim (Hrsg.), *Hanmidongmaeng 50nyŏn: pŏpchŏk chaengjŏm-gwa mirae-ŭi chŏnmang* [50 Jahre südkoreanisch-amerikanisches Bündnis: juristische Streitpunkte und Perspektiven], Seoul 2004, S. 19–20.

3 Dies betraf auch die konkreten Pläne für die Verlegung der berühmten Yongsan-Basis aus Seoul nach P'yŏngt'aek.

4 Su-hun Yi (Hrsg.), *Chojŏnggi-ŭi hanmidongmaeng:* 2003–2008 [Das südkoreanisch-amerikanische Bündnis in der Zeit der Regulierung 2003–2008], Seoul, Ostasien-Institut der Kyungnam University, 2009, S. 291–293.

5 Der Hergang des Mordes an einem südkoreanischen Studenten in einer Burger-King-Filiale in It'aetwŏn wurde zur Grundlage des Kinofilms »The Case of Itaewon Homicide« (2009) von Regisseur Hong Ki-sun.

6 *Taet'ongryŏngjamun chŏngch'aekkihoekwiwŏnhoe* [Beraterkommission des Präsidenten für Politikplanung], *Ch'amyŏjŏngbu kukchŏngunyŏngbaeksŏ 5* [Weißbuch über die politische Verwaltung der Regierung der Bürgerbeteiligung Bd. 5], Seoul 2008, *Kukchŏnghongboch'ŏ* [Government Information Agency], S. 269.

7 Yi (wie Anm. 4), S. 4.

8 Chae-ho Chŏng, *Chungguk-ŭi pusang-gwa hanbando-ŭi mirae* [Der Aufstieg Chinas und die Zukunft der koreanischen Halbinsel], Seoul 2011, Presse- und Kulturzentrum der Seoul University.

9 Südkorea unterhält mit anderen Staaten partnerschaftliche Verhältnisse mit unterschiedlicher Ausprägung, die in sechs verschiedene Kategorien unterteilt werden. Die höchste Kategorie ist eine »umfassende strategische kooperative Partnerschaft«. Diese wird nur mit den USA unterhalten. Die Partnerschaft mit China gehört zu den Partnerschaften zweiter Kategorie. (Seoul Sinmun, 27. April 2010, http://www.seoul.co.kr/news/newsView.php?id=20100127005009; Zugriff am 7. Mai 2013).

Hwang Byong-Moo

Schwierige Nachbarschaft: Südkoreas Beziehungen zu China und Japan

Die drei Staaten Südkorea, China und Japan zusammen stellen heute ein Viertel der Weltbevölkerung, ein Sechstel des Welthandelsvolumens und ihr gemeinsamer Anteil am Welt-Bruttoinlandsprodukt erreicht ein Fünftel. Der Arbeitskräfteaustausch der drei Staaten ist bis 2010 (16,55 Millionen Arbeitskräfte) im Vergleich zu 1999 (6,58 Millionen) um das 2,5-Fache gestiegen. Das Außenhandelsvolumen stieg von 124,9 Milliarden auf 588,4 Milliarden US-Dollar, d. h. um das 4,5-Fache. Auf politischem, diplomatischem und militärischem Gebiet sind die drei Staaten um Vertrauen bemüht; darüber hinaus bestehen u. a. in den Bereichen Umwelt, Energie, Bildung, Kultur und Terrorismusbekämpfung Netzwerke des Austauschs und der Zusammenarbeit. Es finden regelmäßig Gipfeltreffen statt, bei denen Konzepte für zukünftige Entwicklungen erarbeitet werden. Die Beziehungen zwischen Südkorea, China und Japan sind nicht frei von Misstrauen, Feindschaft und Rivalität, was seine Wurzeln in Konflikten der Vergangenheit und im Kalten Krieg hat. Wird es möglich sein, die Hindernisse in den Beziehungen zwischen diesen drei Staaten auf dem Wege der Zusammenarbeit zu beseitigen und eine Stärkung der Region Nordostasien herbeizuführen? Die Lösung dieser politischen Aufgabe würde zu Sicherheit und Aufschwung in Nordostasien führen und darüber hinaus auch große Bedeutung für den Weltfrieden haben.

1 Die Normalisierung der diplomatischen Beziehungen zwischen Südkorea und China und deren Folgen

Südkorea hat im August 1992 offizielle diplomatische Beziehungen zur Volksrepublik China aufgenommen. Den Grundstein dafür legte die Regierung von Roh Tae Woo *(No T'ae-u)* mit ihrer am 7. Juli 1988 veröffentlichten die Erklärung zur »Nordpolitik«, die an die Ostpolitik der Bundesrepublik Deutschland angelehnt war. Ihr wesentlicher Inhalt bestand in der Normalisierung der Beziehungen zu den kommunistischen Blockstaaten. Dahinter stand zugleich die Absicht, Nordkorea als Mitglied der internationalen Gemeinschaft zur Teilnahme an innerkoreanischen Gesprächen zu bewegen und Verständnis für Versöhnung, Zusammenarbeit und Partnerschaft zu wecken. Im Februar 1989 nahm Südkorea zunächst diplomatische Beziehungen zu Ungarn, im September 1990 dann zur Sowjetunion und schließlich im August 1992 zu China auf. Zudem trat Südkorea zeitgleich mit Nordkorea den Vereinten Nationen bei.

In Artikel 3 der Gemeinsamen Erklärung über die Aufnahme außenpolitischer Beziehungen zwischen Südkorea und China heißt es, dass »die südkoreanische Regierung die Regierung der Volksrepublik China als einzige legitime Regierung Chinas anerkennt und den Standpunkt Chinas, dass Taiwan ein Teil Chinas ist, respektiert«. In Artikel 5 der Gemeinsamen Erklärung heißt es, dass die chinesische Regierung »den Wunsch des koreanischen Volkes nach baldiger friedlicher Vereinigung der koreanischen Halbinsel achtet und das koreanische Volk bei der friedlichen Vereinigung der koreanischen Halbinsel unterstützt«.[1]

Dieser Artikel zur friedlichen Vereinigung des koreanischen Volkes ermöglicht es China einzugreifen, wenn sich ausländische Mächte in den Vereinigungsprozess einmischen oder diesen auf nicht friedliche Weise forcieren. Die koreanische Wiedervereinigung kann nach dem Wortlaut der Erklärung also durchaus ein internationales Problem darstellen. Im Gegensatz dazu lehnt China bei der Wiedervereinigung mit Taiwan eine Einmischung von außen ab, weil es sich dabei um eine innere Angelegenheit handele. Korea beendete die diplomatischen Beziehungen zur Republik China (Taiwan) – einem der bis dahin engsten Verbündeten in Asien; die Republik China reagierte mit heftigen Protesten.

20 Jahre nach Aufnahme diplomatischer Beziehungen mit China hat sich Südkorea den riesigen chinesischen Markt erschlossen und nutzt seine billigen Arbeitskräfte; China wiederum profitiert von koreanischen Erfahrungen in Bezug auf Investitionen, Technik und fortschrittliche Technologien. Die Wirtschafts- und Handelsbeziehungen zwischen beiden Ländern sind nicht mehr konkurrierend, sondern haben einander ergänzenden Charakter. 1992 betrug das Handelsvolumen zwischen beiden Ländern noch 6,38 Milliarden US-Dollar; im Jahr 2010 ist es bereits auf 188,4 Milliarden US-Dollar angewachsen. Die Investitionen haben ebenfalls stark zugenommen. Zu Beginn der freundschaftlichen Beziehungen lag die Anzahl der Menschen, die im jeweils anderen Land einer Arbeit nachgingen, noch bei 130 000 und steigerte sich bis 2010 bereits auf 5,96 Millionen. 2010 war China Südkoreas Handelspartner Nummer eins und hatte sich zudem zu einem Investitionsland entwickelt.

Das Interesse an koreanischer Kultur in China hält unvermindert an; eine besondere Rolle spielt dabei die als »Koreanische Welle« *(Hallyu)* bekannte Popularität der südkoreanischen Popkultur. Aber auch in Korea wächst das Interesse an der chinesischen Sprache und Literatur, es entsteht eine wahre »China-Manie«. Im Mai 2008 haben Präsident Lee Myung Bak *(Yi Myŏng-bak)* und Staatsoberhaupt Hu Jintao neben ungelöst gebliebenen Fragen ihren Willen zur Kooperation bei globalen Themen wie Finanzkrisen, Energie, Nachrichtenwesen, grünes Wachstum, Klimawandel und Umweltschutz bekundet und die Zusammenarbeit diesbezüglich auf ein neues Niveau gehoben. Im Oktober 2011 haben beide Staaten zur Bekämpfung der Ende 2008 aufgetretenen internationalen Finanzkrise das Volumen des bilateralen Währungsswaps (der Austausch von Zins- und Kapitalzahlungen zwischen Ländern in unterschiedlichen Währungen) um 30 Milliarden US-Dollar noch einmal fast auf das Doppelte erhöht und dadurch das gegenseitige Vertrauen auf dem Finanzsektor gefestigt.

Trotz dieser Entwicklung befindet sich die politische und sicherheitspolitische Vertrauensbildung der beiden Staaten seit Aufnahme diplomatischer Beziehungen noch auf elementarem Niveau. Unter anderem vertreten Südkorea zusammen mit den USA auf der einen sowie China auf der anderen Seite unterschiedliche Standpunkte in Bezug auf die Möglichkeit einer Wende in Nordkorea. Aus der Sicht Chinas, das für eine Politik der Nichteinmischung eintritt, ist es schwierig, eine gemeinsame Politik bezüglich der Atomwaffenproblematik zu finden. So sieht es China mit Skepsis, wenn die Regierungen Südkoreas und der USA den Druck auf Nordkorea erhöhen. Aufgrund seiner inneren Verwundbarkeit werde Nordkorea unter diesen Voraussetzungen keine Maßnahmen zur Denuklearisierung ergreifen und auch nicht die Sechs-Parteien-Gespräche wieder aufnehmen. China rät hier dazu, Nordkorea lieber einzubeziehen, als Druck auszuüben.

Ein weiteres Problem in den südkoreanisch-chinesischen Beziehungen ist das der nordkoreanischen Flüchtlinge. Im Jahre 2011 betrug die Zahl nordkoreanischer Bürger, die sich nach Südkorea abgesetzt haben, etwa 25 000. Die Mehrheit flüchtete dabei über China, das 1982 dem UN-Flüchtlingsabkommen beigetreten ist. Beim Auftauchen eines nordkoreanischen Flüchtlings müsste China im Einvernehmen mit dem Hohen Flüchtlingskommissar der Vereinten Nationen entscheiden, ob es sich um einen Flüchtling handelt, und wenn dies bejaht wird, seine internationale Pflicht erfüllen und ihn in ein drittes Land ausreisen lassen (Art. 32, Abs. 1 Flüchtlingskonvention). Die sowohl menschenrechtlich als auch diplomatisch heikle Frage in diesem Zusammenhang ist, wie China mit den Flüchtlingen tatsächlich umgeht. Auf der Grundlage des 1998 zwischen China und Nordkorea geschlossenen »Abkommens über die Angelegenheiten im Grenzgebiet« sind im Jahre 2000 sieben Menschen, die den UN-Flüchtlingsstatus hatten, von China nach Nordkorea abgeschoben worden. Im Oktober 2011 hat China über 20 Flüchtlinge festgenommen und zurück nach Nordkorea geschickt, wo sie Lagerhaft, Folter und die Hinrichtung zu befürchten haben. Bemühungen der südkoreanischen Regierung, die zwangsweisen Abschiebungen zu verhindern, waren bisher vergeblich. China vermeidet es, dieses »Problem der inneren Angelegenheiten Nordkoreas« mit Südkorea gemeinsam anzugehen.

Schließlich berücksichtigt China bei der Entwicklung seiner Beziehungen zu Südkorea auch die Position der USA. Allerdings hält China es für wünschenswert, wenn das Bündnis zwischen den USA und Südkorea, das noch für ein Relikt des Kalten Krieges gehalten wird, mit zunehmendem Rückgang des amerikanischen Einflusses und der Schaffung von Frieden auf der koreanischen Halbinsel nach und nach geschwächt würde. China fordert zwar nicht offiziell den Abzug der in Südkorea stationierten US-amerikanischen Truppen, bringt jedoch seine Besorgnis und seine Antipathie gegen eine Verstärkung der Truppen, eine Umstationierung der taktischen Kernwaffen, den Ausbau der gemeinsamen südkoreanisch-amerikanischen Truppenübungen, die Einbeziehung Südkoreas in das amerikanische Raketennetz und andere Maßnahmen, die das südkoreanisch-amerikanische Bündnis aus Chinas Sicht stärken, deutlich zum Ausdruck.

2 Die Normalisierung der diplomatischen Beziehungen zwischen Südkorea und Japan

Nachdem Korea jahrzehntelang eine Kolonie Japans war, erlangte es erst im Jahre 1945 seine Souveränität zurück. 1948 bestand die diplomatische Aufgabe der Regierung der neu gegründeten unabhängigen Republik Korea darin, zu den Staaten des kapitalistischen Lagers freundschaftliche Beziehungen aufzubauen und die Grundlagen für eine selbstständige Wirtschaft zur Konsolidierung des Staates zu legen. Die Regierung Rhee Syngman *(Yi Sŭng-man)* strebte noch während des Koreakrieges im Jahre 1952 auf Anraten der USA bilaterale Gespräche mit Japan an. Die koreanisch-japanischen Verhandlungen zur Normalisierung der diplomatischen Beziehungen gestalteten sich zunächst schwierig und wurden aufgrund der Studentendemonstrationen vom April 1960 und des durch einen Militärputsch herbeigeführten Regierungswechsels im Jahr 1961 zweimal unterbrochen. Unter der Regierung von Park Chung Hee *(Pak Chŏng-hŭi)* gelang schließlich eine Verständigung, sodass im Juni 1965 der koreanisch-japanische Vertrag unterzeichnet und im Dezember desselben Jahres ratifiziert wurde. Die bilateralen Vereinbarungen bestanden aus dem Grundlagenvertrag zwischen der Republik Korea und Japan und vier Anschlussverträgen. Im Grundlagenvertrag wurde vereinbart, dass alle früher zwischen Japan und Korea geschlossenen Verträge ungültig sind. Darüber hinaus sollte Südkorea von Japan Reparationsleistungen erhalten.

Die Reparationszahlungen in Höhe von 800 Millionen US-Dollar (300 Millionen Zuschüsse, 200 Millionen Regierungsanleihen und 300 Millionen privatwirtschaftliche Handelskredite), die Südkorea ab 1965 zehn Jahre lang erhielt, waren in Anbetracht des südkoreanischen Bruttosozialprodukts von nur knapp zwei Milliarden US-Dollar eine bedeutende Summe. Die Regierung Park Chung Hee wurde bei der Ratifizierung des Grundlagenvertrages jedoch nicht nur von der Opposition, sondern auch von der breiten Öffentlichkeit heftig kritisiert, weil es als eine Demütigung empfunden wurde, die Reparationen als Wiedergutmachung für den durch die 35-jährige japanische Besetzung verursachten Schaden anzusehen. Besonders Studenten organisierten dagegen Demonstrationen. Trotzdem hat die Regierung Park Chung Hee die Ratifizierung des Vertrages durchgesetzt. Mit Hilfe des Geldes konnten eine Reihe von Plänen zur Entwicklung der Volkswirtschaft realisiert und dadurch die Industrialisierung sowie der Aufbau des Außenhandels vorangetrieben werden. Dabei musste Südkorea jedoch sowohl die für die Industrialisierung erforderlichen Anlagen als auch benötigte Rohstoffe aus Japan importieren. Der Wert importierter Waren aus Japan lag daher immer höher als der exportierter nach Japan. Dieses Handelsdefizit ist ein bis heute bestehendes Problem.

Nach der Normalisierung der diplomatischen Beziehungen standen der Versöhnung jedoch »geschichtliche Reibungspunkte« im Wege. Gegensätzliche Auffassungen, die die Entwicklung der südkoreanisch-japanischen Beziehungen höchst sensibel gestalten, gibt es etwa bezüglich des Inhalt japanischer Geschichtsbücher, der Besuche des Yasukuni-Schreins durch japanische Politiker, der japanischen Territorialansprüche auf die Felseneilande Dokdo (*Tokto*; auch bekannt unter dem Namen Liancourt-Felsen) im Meer zwischen der koreanischen Halbinsel und Japan, der Rechte der koreanischen Minderheit in Japan sowie des Problems der Zwangsprostituierten während des Zweiten Weltkrieges.

Als 1982 bekannt wurde, dass das japanische Bildungsministerium im Zulassungsverfahren für ein Geschichtslehrbuch gefordert hatte, den Begriffs »Invasion« durch den Ausdruck »Vorrücken« zu ersetzen, starteten China und Südkorea eine großangelegte Gegenkampagne. Gleichzeitig entschuldigte sich der japanische Premierminister Nakasone Yasuhiro bei einem Besuch Südkorea und bot ein Darlehen in Höhe von 400 Millionen US-Dollar an. 1998 wollten Präsident Kim Dae Jung *(Kim Tae-jung)* und der japanische Ministerpräsident Keizō Obuchi das Problem der Geschichtslehrbücher durch eine gemeinsame Erklärung endgültig lösen. Darin stellte der japanische Premierminister fest, dass es eine historische Tatsache sei, dass dem koreanischen Volk in der Zeit der japanischen Kolonialherrschaft großer Schaden und Leid zugefügt wurde, und dass er sich dafür aufrichtig entschuldigen möchte.[2] Im Jahre 2001 kam es erneut zu Kontroversen im Schulbuchstreit, der bis heute immer wieder aufflammt.

Als im April 2005 der japanische Ministerpräsident Koizumi den Yasukuni-Schrein besuchte, verschlechterten sich die koreanisch-japanischen Beziehungen erneut. Im Yasukuni-Schrein werden japanische Kriegsverbrecher aus der Zeit des Zweiten Weltkriegs in »Seelenregistern« gemeinsam mit anderen Gefallenen verehrt. Der Besuch dieses Schreins durch Ministerpräsident Koizumi legitimiert aus der Sicht Südkoreas die Verbrechen des Krieges. Um diese Besorgnis der koreanischen Nachbarn zu zerstreuen, wurde selbst in Koizumis Liberaldemokratischer Partei offiziell die Frage erörtert, ob man die Namenslisten der Kriegsverbrecher von denen der anderen Gefallenen trennen sollte. Die oppositionelle Kōmeitō-Partei bat Ministerpräsident Koizumi um Zurückhaltung bezüglich seiner Besuche im Yasukuni-Schrein.

Seit dem Ende der Kolonialherrschaft streiten sich Japan und Südkorea immer wieder um das Hoheitsrecht der Inselgruppe Dokdo, die in etwa in der Mitte des Meeres zwischen Korea und Japan liegt und völkerrechtlich zum Hoheitsgebiet der Republik Korea gehört. Präsident Roh Moo Hyun *(No Mu-hyŏn)* betonte im Rahmen von Sondergesprächen angesichts einer japanischen Provokation bezüglich der Insel, dass es sich dabei nicht um eine Frage des einfachen Besitzrechtes, sondern um historisches Unrecht und eine Frage des Hoheitsrechtes handelt.[3] Auch nach einem Regierungswechsel in Japan 2009, bei dem die Demokratische Partei die Liberal-Demokratische Partei an der Macht abgelöst hatte, trat keine Änderung in der Haltung der japanischen Regierung bezüglich der Dokdo-Frage ein.

Ein weiterer Streitpunkt in den Beziehungen beider Länder betrifft die Behandlung der seit der Kolonialzeit in Japan lebenden Koreaner (jap. *zainichi*). Nach dem Ende des Zweiten Weltkriegs kehrten ca. 600 000 koreanische Aussiedler nicht in ihre Heimat zurück. Gemäß eines Abkommens zur Normalisierung der Beziehungen zwischen Südkorea und Japan von 1965 erhielten sie dauerhaftes Wohnrecht in Japan. Ein Teil der koreanischen Minderheit weigert sich jedoch bis heute, die japanische Staatsbürgerschaft anzunehmen, weil dies mit einer vollständigen Assimilierung und der Annahme eines japanischen Namens einhergehen würde. Für die Mitglieder des Nordkorea nahestehenden Generalverbands der Koreaner in Japan *Choch'ongryŏn (Chaeilbonjosŏnin ch'ongyŏnhaphoe)* blieb es generell problematisch, diesen Status überhaupt zu erlangen. Aber auch die Mitglieder der Vereinigung der Koreaner in Japan *Mindan (Chailbon taehanmin'guk mindan)*, die mit Südkorea verbunden ist, werden in Bezug auf Wohnung, Bildung, Rente, Arbeit und soziale Leistungen systematisch diskriminiert. Durch jährliche Konsultationen bemüht sich die südkoreanische Regierung, die genannten Probleme zu lösen. Sie ist außerdem darum bemüht, für die Japankoreaner ein Wahlrecht in ihrem Heimatland Korea durchzusetzen, damit sie am politischen Leben dort aktiv teilnehmen können.

In den 1990er-Jahren geriet das Problem der sogenannten Sexsklavinnen *(comfort women)*, eines der größten ungelösten Streitpunkte zwischen Korea und Japan, in den Vordergrund. Während des Zweiten Weltkriegs wurden zwischen 50 000 und 200 000 koreanische Frauen als Prostituierte für die japanische Armee an die Front geschickt. Der Präsident Südkoreas Kim Young Sam *(Kim Yŏng-sam)* und seine Regierung setzten sich sehr dafür ein, dass die japanische Regierung ihre Beteiligung an der Zwangsprostitution in der japanischen Armee anerkennt und sich dafür entschuldigt. Sie brachten eine Unterstützung der Opfer durch die südkoreanische Regierung in Gang und bemühten sich, in diesem Zusammenhang konstruktive Beziehungen zwischen beiden Ländern aufzubauen. Da die japanische Seite jedoch nicht zu ihrer Verantwortung stehen wollte und wiederholt Gespräche dazu ablehnte, brachte die südkoreanische Regierung im Oktober 2011 das Problem der Zwangsprostituierten auf der 16. Sitzung der Generalversammlung der Vereinten Nationen (im Hauptausschuss 3) ein und übte damit auf höherer diplomatischer Ebene Druck auf die japanische Regierung aus. Erfreulicherweise bemühen sich viele Bürgerinitiativen beider Länder um eine Lösung dieses Problems; unter der Schirmherrschaft von Abgeordneten der Demokratischen Partei Japans engagieren sie sich für das Einbringen eines Entschädigungsgesetzes.

Der koreanisch-japanische Streit über die Geschichte wird sich, wie ein japanischer Intellektueller meint, immer wieder neu entzünden, weil die Koreaner eine »Vergangenheitsbewältigung im Sinne der Gerechtigkeit« fordern und die »Vergangenheitsbewältigung durch Vergessen« ablehnen, welche sich die Japaner vorstellen. Dabei stellt sich die Frage, ob die koreanische Ablehnung des »Vergessens« nicht eine Reaktion auf eine Geschichtsauffassung japanischer Politiker ist, die auf das alleinige Interesse des eigenen Staates bedacht ist und die Vergangenheit rechtfertigt.[4] Der japanischen politischen Führung ist es nach dem Krieg nicht – wie Westdeutschlands Bundeskanzler Brandt oder dem Bundespräsidenten von

Weizsäcker – gelungen, die Gelegenheit zur Versöhnung zu ergreifen und die Gefühle des koreanischen Volkes anzusprechen. Die Schäden und das Leid, die dem koreanischen Volk durch die japanische Kolonialherrschaft zugefügt wurden, hat die Zeit nicht heilen können. Nach wie vor wirft der Streit um die Vergangenheit Schatten auf die Beziehungen zwischen Südkorea und Japan.

3 Die eingeschränkte südkoreanisch-japanische Zusammenarbeit auf dem Gebiet der Sicherheit

Obwohl sich die Beziehungen zwischen Südkorea und Japan in den Jahrzehnten seit 1965 positiv entwickelt haben, fanden Austausch und Zusammenarbeit auf sicherheitspolitischem Gebiet aufgrund der historischen Besonderheiten nur in eingeschränktem Maße statt und waren teilweise gänzlich tabu. 30 Jahre lang gab es zwischen beiden Ländern nur eine indirekte Beziehung, bei der die USA eine Vermittlerrolle einnahmen. 1994 besuchte der südkoreanische Verteidigungsminister zum ersten Mal Japan und regte regelmäßige Gespräche auf Verteidigungsministerebene an. Erst im April 2009 wurde auf dem 14. Treffen der Verteidigungsminister in Japan eine »Absichtserklärung über den Austausch auf dem Gebiet der Verteidigung zwischen der Republik Korea und Japan« unterzeichnet, worin die Durchführung regelmäßiger Arbeitsgruppentreffen, der Austausch von Mitarbeitern, eine Zusammenarbeit bei der Ausbildung sowie gemeinsame Truppenübungen umfassend geregelt sind. In jüngster Zeit wurde die Zusammenarbeit auf Seeaufklärung und Rettungsübungen, wechselseitigen Transportflugzeugverkehr sowie eine Kooperation bei Bemühungen zum Erhalt des Friedens auf internationaler Ebene ausgedehnt.[5]

Die Bedeutung einer Zusammenarbeit hatte sich vor allem vor dem Hintergrund der gesunkenen südkoreanischen Korvette »Cheonan« und dem Beschuss der Insel Yŏnpyŏng durch Nordkorea im Jahr 2010 ergeben. Damit wuchs die Notwendigkeit eines Informationsaustausches über die nordkoreanische Bedrohung zwischen Südkorea und Japan. Vertreter der Verteidigungsministerien beider Länder begannen daraufhin, den Abschluss einer Vereinbarung über den Schutz militärischer Geheimnisse und eines Abkommens über militärische Zusammenarbeit zu prüfen. Anfang Dezember 2010 sagte der japanische Premierminister Naoto Kan, dass »die Frage diskutiert werden müsse, ob Japans Selbstverteidigungskräfte im Notfall südkoreanisches Hoheitsgebiet passieren könnten«, um gegebenenfalls in Krisensituationen unterstützend eingreifen zu können. Der japanische Außenminister Maehara äußerte Anfang 2011 den

Wunsch, mit Südkorea auf dem Gebiet der Sicherheit ein Bündnis zu schließen. Während die USA – im Bewusstsein darüber, China zu brüskieren – sehr aktiv bezüglich der Verstärkung der Kooperation zwischen Südkorea und Japan sind, fordert die Öffentlichkeit in Südkorea, dass die südkoreanisch-japanische Zusammenarbeit in Fragen der Sicherheit behutsam angegangen werden müsse. Angesichts der nordkoreanischen Bedrohung sei eine enge sicherheitspolitische Zusammenarbeit zwar notwendig, die Institutionalisierung auf Bündnisebene ermögliche es Japan jedoch, die Spannungen auf der koreanischen Halbinsel für eine Stärkung des Einflusses auszunutzen.[6] Außerdem bestehe die Gefahr, dass, wenn Nordkorea und China herausgefordert werden, dies eine Rückkehr in die alten Strukturen des Kalten Krieges in Nordostasien nach sich ziehe. Dazu komme noch, dass die japanische Regierung über das Potenzial verfüge, sich nuklear zu bewaffnen, und daher die Gefahr bestehe, dass das Wettrüsten in Nordostasien angeheizt wird.[7]

4 Möglichkeiten und Grenzen der Institutionalisierung der Zusammenarbeit zwischen Südkorea, China und Japan

Seit 1990 finden jährliche Gipfeltreffen zwischen Südkorea, China und Japan im Rahmen der ASEAN-Plus-Drei-Gespräche[8] statt. Im Dezember 2008 gab es das erste Gipfeltreffen außerhalb des ASEAN; seitdem finden Gespräche zwischen den drei Ländern in einem jährlichen Turnus statt. Zwischen den Regierungen Südkoreas, Chinas und Japans wurden insgesamt über 50 Arbeitsgruppen gebildet, davon 17 auf Ministerebene. Zudem erfolgt eine Zusammenarbeit in über einhundert öffentlich-privaten Partnerschaften. Im September 2011 wurde in Seoul ein gemeinsames Sekretariat zur Koordinierung der trilateralen Kooperation eingerichtet.

Nachdem auf dem zweiten Gipfeltreffen die Prinzipien der Zusammenarbeit festgelegt und eine Annäherung der drei Länder durch Dialog und Kooperation bei regionalen und internationalen Fragen befürwortet worden sind, fand auf dem dritten Gipfel im Jahr 2010 ein Meinungsaustausch zu regionalen Fragen statt. Neben der Lage in Nordostasien kam dabei auch, obwohl es ursprünglich gar nicht auf der Tagesordnung stand, die Versenkung der südkoreanischen Fregatte »Cheonan« im Jahr 2010 zur Sprache, welche laut südkoreanischer Regierung auf das Militär Nordkoreas zurückgeht.[9] Das wichtigste Ergebnis des dritten Gipfeltreffens war ein »Vision 2020« genanntes Programm, das die Ziele und konkreten Aufgaben der trilateralen Zusammenarbeit für die nächsten zehn Jahre festlegt. Dieses Programm umfasst insgesamt fünf Bereiche der Zusammenarbeit, die in 41 Kapitel untergliedert sind; dazu gehören der Auf- und Ausbau einer trilateralen Kooperationsbeziehung (6 Kapitel), eine auf Prosperität ausgerichtete wirtschaftliche Zusammenarbeit (11 Kapitel), eine Zusammenarbeit im Umweltschutz (7 Kapitel), die Förderung der Gemeinschaft und Freundschaft durch vermehrten sozialen und kulturellen Austausch und das gemeinsame Bemühen um Frieden und Stabilität in der Region und der internationalen Gemeinschaft (10 Kapitel). Auf dem vierten Gipfeltreffen 2011 wurde die Aufnahme des trilateralen politischen Dialogs zur Asienproblematik (Trilateral Policy Dialogue on Asian Affairs) vereinbart. Die Erdbeben- und Tsunami-Katastrophe in Japan am 11. März 2011 war den drei Ländern und der internationalen Gemeinschaft eine Lehre und hat erneut gezeigt, wie wichtig die Zusammenarbeit auf den Gebieten Katastrophenschutz und atomare Sicherheit ist.

Eine wichtige von den drei Staaten zu lösende Aufgabe besteht darin, gemeinsame Maßnahmen gegen die internationale Finanzkrise zu treffen und die Gespräche über ein Freihandelsabkommen voranzutreiben. Im März 2009 haben Südkorea, China und Japan ihre Teilnahme an einem »Asienfonds« in Höhe von 120 Milliarden US-Dollar vereinbart. Dies bedeutet eine Steigerung des im Mai 2008 auf der Jahrestagung der Asian Development Bank (ADB) vereinbarten Betrages von 80 Milliarden US-Dollar. Ebenfalls wurde festgelegt, dass die zehn ASEAN-Länder 20 Prozent und Südkorea, Japan und China gemeinsam 80 Prozent Fondsanteile beitragen. Bei der Aufteilung dieser 80 Prozent gab es zunächst Differenzen, nach Vermittlung Chinas konnte man sich jedoch einigen, dass China, Japan und Südkorea sich im Verhältnis 2:2:1 beteiligen.

Mittel- oder langfristig wollen die drei Länder ein Freihandelsabkommen abschließen. Auf dem Dreiergipfel 2010 wurde die Bedeutung dieses Zieles anerkannt und bis 2012 eine gemeinsame Machbarkeitsstudie für ein Freihandelsabkommen in Auftrag gegeben. Deren Ergebnis zeigt, welche großen Chancen sich aus dem Abschluss bilateraler bzw. trilateraler Abkommen ergeben. Im Jahre 2009 betrug der Anteil des Handelsvolumens der drei Länder untereinander am gesamten Handel dieser drei Staaten 22 Prozent und war damit geringer als der Anteil des gemeinsamen Handels innerhalb der EU (66 Prozent) oder der NAFTA (39 Prozent). Der Abschluss eines trilateralen Freihandelsabkommens würde das Handelsvolumen zwischen den drei Ländern stark vergrößern und die Perspektive auf eine Ostasiatische Freihandelszone (EAFTA) eröffnen. Die ostasiatischen Einzelmärkte könnten bis 2020 die USA und die Europäische Union auf dem Weltmarkt von der Spitze verdrängen.

Neben politischen Fragen, insbesondere der Aufarbeitung der Geschichte, sind vor Abschluss eines trilateralen Freihandelsabkommens jedoch jeweils landesintern Probleme wie das Ungleichgewicht in den Handelsstrukturen oder der Widerstand der Lobbys zu lösen. Der Handel läuft in Südkorea, Japan und China immer nach demselben Schema ab: In der Region hergestellte Zwischenprodukte werden nach ihrer Montage und Weiterverarbeitung in Staaten außerhalb der Region exportiert. Daher machen Halbfabrikate und Zwischenprodukte innerhalb der Region den Hauptteil des Handels aus. Daraus ergibt sich ein strukturelles Ungleichgewicht zwischen den drei Ländern: Während Südkorea gegenüber Japan ein ständiges Defizit verzeichnet, bestehen in China gegenüber Südkorea und in Japan gegenüber China nur vereinzelte Handelsdefizite. Bei einer Vereinheitlichung der Märkte ist jedoch zu erwarten, dass die Vorreiterstellung Chinas und die Veränderung seiner Handelspolitik zu einer neuen Struktur der Arbeitsteilung führen werden, die dieses Ungleichgewicht möglicherweise abschwächt.[10]

Die Öffnung ihrer Agrarmärkte begreifen Südkorea und Japan als ein internationales Problem. Was die fortschreitende Vereinheitlichung der Märkte angesichts der zwischen China und Japan zu erwartenden Kämpfe um die Vormachtstellung bringt, ist ungewiss. Südkorea, das bereits Freihandelsabkommen mit der Europäischen Union, den USA, Indien und weiteren großen Märkten unterhält, ist in diesem Zusammenhang Vorreiter und hofft daher, beim Zustandekommen eines trilateralen Abkommens eine führende Rolle spielen zu können.

Die Vertrauensbildung zwischen Südkorea, China und Japan auf sicherheitspolitischem Gebiet steht erst am Anfang. In Bezug auf die Weltanschauung, das Wertesystem und die politische Ordnung sind Japan und China grundverschieden. Sowohl zwischen Südkorea und Japan als auch zwischen China und Japan gibt es diverse Territorialstreitigkeiten. Solche Konflikte verstärken die Instabilität in den nordostasiatischen Gewässern und lassen die Notwendigkeit einer Vertrauensbildung auf See wachsen. Trilaterale Sicherheitsgespräche sind zwar zu einem festen Bestandteil des Drei-Länder-Gipfels geworden, die Aussichten, wie sich eine mögliche Kooperation konkret entwickeln könnte, sind jedoch ungewiss.

Der Ausbau eines wirtschaftlichen Kooperationssystems in Ostasien hat somit Vorrang vor einer Zusammenarbeit auf dem Gebiet der Sicherheit. Unabhängig von einer friedlichen Lösung des nordkoreanischen Atomkonflikts wird die Zukunft der sicherheitspolitischen Zusammenarbeit in dieser Region von den Beziehungen zwischen den USA und China abhängen. Südkorea möchte als Land zwischen den Großmächten sein diplomatisches Geschick als Friedensstifter beweisen, indem es bei sicherheitspolitischen Gesprächen zur Schaffung von Frieden auf der koreanischen Halbinsel und Einigung der Anrainer eine Vorreiterrolle spielt. Auf der Grundlage seines

Bündnisses mit den USA baut Südkorea zudem seine militärischen Kapazitäten und seine Verteidigungsbereitschaft aus, um sich gegen militärische Bedrohungen selbst verteidigen zu können.

Anmerkungen

1 *Han'guk oegyot'ongsangbu* [Ministerium für Außenangelegenheiten und Handel], *Hangukoegyo 50 nyŏn 1948–1998* [50 Jahre Außenbeziehungen der Republik Korea], Seoul 1999, S. 51–52.

2 Ebd., S. 46–51.

3 *Han'guk oegyot'ongsangbu* [Ministerium für Außenangelegenheiten und Handel], *Oegyobaeksŏ* [Weißbuch der Außenpolitik], Seoul 2006, S. 51–53.

4 Masao Okonogi, *Hanilkwan'gye-ŭi saeroun chip'yŏng* [Neue Horizonte in den koreanisch-japanischen Beziehungen], in: Chang, Tal-chung/Okonogi, Masao (Hrsg.), *Chŏnhu hanilgwan'gye-ŭi chŏn'gae* [Die Entwicklung der koreanisch-japanischen Beziehungen nach dem Krieg], Seoul 2008, S. 11–18.

5 *Han'guk kukpangbu* [Koreanisches Ministerium für Landesverteidigung], *Kukpangbaeksŏ* [Weißbuch der Landesverteidigung], Seoul 2010, S. 74–75.

6 Leitartikel in den Zeitungen *Chungangilbo*, *Chosŏnilbo* und *Han'gyŏre* vom 5. Oktober 2011.

7 Ebd.

8 Verband südostasiatischer Nationen (ASEAN) plus Südkorea, China und Japan.

9 Die nordkoreanische Führung weist diesen Vorwurf bis heute von sich.

10 Ch'oe, Wŏn-gi, *Chungguk-ŭi pusang-gwa tongasia kyŏngjehyŏmnyŏk ch'ujinbanghyang* [Das Aufstreben Chinas und Richtlinien für die wirtschaftliche Zusammenarbeit in Ostasien], in: *Hanguk oegyoanboyŏnguwŏn* [Koreanisches Institut für Auswärtige Angelegenheiten und Nationale Sicherheit], *Tongasia chŏngsebyŏnhwa-wa han'guk oegyo kwaje* [Die Veränderung der Situation in Ostasien und die Aufgaben der koreanischen Außenpolitik], 2008, S. 365–400.

III. Wirtschaft

Werner Pascha

Von der Agrargesellschaft zum IT-Staat: Der Aufstieg Südkoreas zur Wirtschaftsmacht*

1 Vorbemerkungen: Ein Aufstieg in Phasen

Die Republik Korea (Südkorea) hat seit den 1960er-Jahren einen atemberaubenden wirtschaftlichen Aufstieg vollzogen. Im folgenden Beitrag soll es darum gehen, die wichtigsten Phasen dieses Prozesses nachzuzeichnen. Dabei ist es hilfreich, die Amtszeiten der verschiedenen Staatspräsidenten im Auge zu behalten, welche die Wirtschaftspolitik des Landes sehr stark geprägt haben. Abschließend sollen einige zentrale Herausforderungen für die südkoreanische Wirtschaft betrachtet werden.

Während das Land nach dem Koreakrieg (1950–1953) zunächst noch eines der niedrigsten Pro-Kopf-Einkommen der Welt hatte – damals den Ländern in Sub-Sahara-Afrika vergleichbar – erzielt Südkorea inzwischen jährlich über 20000 US-Dollar pro Kopf, und zwar mit einem Bruttoinlandsprodukt (BIP) von gut einer Billion US-Dollar (1014 Milliarden im Jahr 2010). Subsaharische Länder wie etwa Ghana verpassten dagegen den Anschluss und vormals erfolgreiche Schwellenländer wie Argentinien fielen relativ zurück. Südkorea setzt seine Aufholjagd bis heute erfolgreich fort, während fortgeschrittene, einst erfolgreiche Aufsteigerländer wie Japan oder Deutschland auf hohem Niveau zu stagnieren scheinen (vgl. *Abbildung*).

Der Internationale Währungsfonds ordnet das Land inzwischen dem Kreis der fortgeschrittenen Länder zu, und zwar in der Rubrik der »neuen asiatischen Industrieländer«. Man könnte auch von einer »neuen fortgeschrittenen Volkswirtschaft« *(newly advanced economy)*[1] sprechen, die ihre Herausforderungen heutzutage mit vielen anderen Ländern dieser Art wie etwa Deutschland teilt:

- Die Wirtschaft muss nun vor allem mit Hilfe des technischen Fortschritts und aus Produktivitätsfortschritten wachsen (»intensives Wachstum«);

- das herkömmliche System des wirtschaftlichen Aufholens stößt damit an seine Grenzen, etwa auch bezüglich des Umgangs mit Ressourcen wie der Umwelt;
- Individualisierung, zunehmende Vielfalt in der Gesellschaft und Demokratisierung gewinnen an Bedeutung, auch in der Wirtschaft;
- soziale Stabilisierung wird jenseits des Strebens nach wirtschaftlichem Wachstum wichtiger;
- und eine Alterung der Bevölkerung schafft eigene, folgenreiche wirtschaftliche wie soziale Herausforderungen.

Nach einer Periode der forcierten Industrialisierung hat der Beitrag des dritten Sektors (Dienstleistungen etc.) zur Wirtschaftsleistung inzwischen auf fast 60 Prozent zugenommen. Die Landwirtschaft macht nunmehr

Abb.: Südkoreas Wirtschaftsleistung pro Kopf im internationalen Vergleich, bezogen auf die USA (= 100 %), 1950–2009

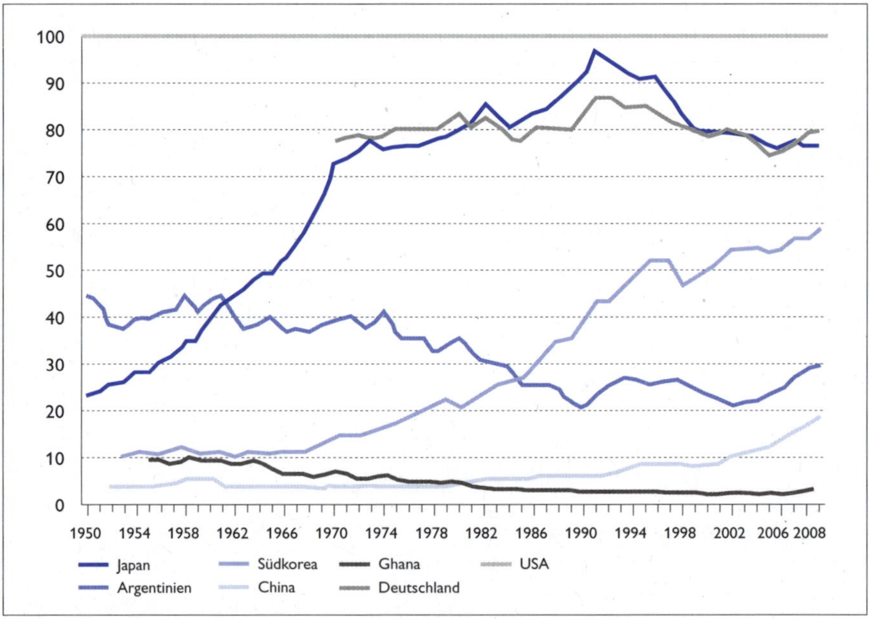

Quelle: Eigene Rechnung auf der Basis der Daten der Penn World Table 7.0, Heston et al. 2011.
Anmerkung: Erfasst ist jeweils das BIP pro Kopf in laufenden Preisen, das über die Kaufkraftparität der Währungen vergleichbar gemacht wird. Für China werden geschätzte, nicht die offiziellen Daten der Regierung verwendet, für Deutschland Werte für das vereinigte Land.

weniger als drei Prozent aus (vgl. *Tabelle 1*). Innerhalb der verarbeitenden Industrie haben ähnlich dramatische Veränderungen stattgefunden: Die Leichtindustrie stellte einst über drei Viertel des Outputs, heute weniger als ein Viertel.

Tab. 1: Südkoreas Branchenstruktur: Beiträge zum Bruttosozialprodukt (in Prozent)

	1970	1980	1990	2000	2010
Land-, Forstwirtschaft und Fischerei	18,0	9,5	4,9	3,4	2,8
Bergbau	2,1	1,5	0,5	0,3	0,2
Herstellende Industrie	7,3	14,3	16,6	21,6	28,7
Elektrizität, Gas, Wasser	0,3	0,6	1,1	1,8	2,2
Baugewerbe	9,3	11,0	10,2	6,8	6,2
Großhandel, Einzelhandel, Hotels, Restaurants	12,0	11,6	10,3	10,5	9,7
Transport und Lagerung	4,0	4,9	3,7	4,1	4,2
Finanzen und Versicherungen	1,2	3,0	4,4	5,3	6,9
Immobilien und Vermietung	10,8	8,3	7,4	7,8	6,6
Öffentliche Verwaltung und Verteidigung	22,2	14,2	7,3	6,0	5,6
Gesundheit und Soziales	1,6	1,8	3,4	3,3	3,9
Andere Dienstleistungen	2,1	2,1	1,7	1,8	1,8
Informations- und Kommunikations-technologien	0,3	0,8	1,1	3,1	4,3
Unternehmens-dienstleistungen	1,1	2,8	3,5	4,3	4,3
Kultur und Erholung	0,4	0,3	0,6	1,0	1,3
Andere	7,2	13,1	23,1	18,9	11,3

Quelle: Statistikamt Korea (www.kostat.go.kr), eigene Zusammenstellung.

Die vergangenen Jahrzehnte können entsprechend der vorherrschenden Industrialisierungsstrategie in verschiedene Phasen eingeteilt werden (vgl. *Tabelle 2*).

Tab. 2: Wirtschaftliche Entwicklungsphasen Südkoreas seit dem Koreakrieg

Zeitraum	Ausrichtung der Politik	Wirtschaftliche Wegmarken
1953–1961	Nach Landreform 1949–1954; *Importsubstitution I* (»leichte Phase«); Preisstabilisierung (*»three lows«*: Getreide/Reis, Zinsen, Wechselkurs)	Leichtindustrien verankern, insbesondere Nahrungsmittel, Zement, Flachglas, Kunstdünger, Textilien, Papier
1962–1971	*Exportorientierung* (»leichte Phase«; Leichtindustrien) mit weiter bestehendem Importschutz; Infrastrukturinvestitionen	Exporte: 100 Mio. Won (1962) → 1 Bill. (1971) BIP/Kopf: 82 USD (1961) → 289 (1971)
1972–1981	*Importsubstitution II* (»schwierige Phase«: Schwer- und chemische Industrie, Vor- und Zwischenprodukte); Gleichzeitig: Exportförderung bei Leichtindustrien (»duales Wachstum«); Gelenkte Kreditvergabe	Exporte auf 10 Mrd. USD (1977) 1 000 USD BIP/Kopf erstmals 1977
1982–1997	*Industrielle Rationalisierung* Liberalisierung; Initiative beim privaten Sektor; Beginnende Technologieorientierung; Berücksichtigung von »Wirtschaftsdemokratie« (ab 1987)	BIP/Kopf: 5 000 USD (1989), 10 000 USD (1995); Exporte über 100 Mrd. USD (1995) Importe möglich für 99 Prozent aller Güter (»Importliberalisierungsgrad«, 1991); OECD-Mitgliedschaft 1996
Seit 1997	*Institutionelle Reformen* (Unternehmen, Finanzsektor, öffentlicher Sektor) Technologieorientierung; Versuche des sozialen Ausgleichs (Arbeitsbeziehungen, soziale Sicherheit)	Asiatische Finanzkrise 1997/98; 2007 erstmals über 20 000 USD BIP/Kopf; Weltfinanzkrise 2008–2009

Quelle: In teilweiser Anlehnung an Choong Yong Ahn/Joo-Hoon Kim, The outward-looking trade policy and the industrial development of South Korea, in: Dong-Se Cha et al. (Hrsg.), The Korean Economy 1945–1995: Performance and Vision for the 21st Century, Seoul 1997, S. 370.

2 Südkoreas wirtschaftliche Entwicklungsphasen

Die Zeit vor der Teilung des Landes

Die südkoreanische Wirtschaftsgeschichte seit dem Ende des Koreakrieges 1953 ist natürlich erheblich durch die vorausgegangene Zeit geprägt worden. Bis weit ins 19. Jahrhundert hinein hatte sich das Korea der Chosŏn-Dynastie gegen eine Öffnung seiner Grenzen gesträubt. Dafür gab es zum Teil gute Gründe, sah doch die Führung den oftmals verheerenden Einfluss westlicher Interessen auf die Nachbarländer. Zudem stellte das aufstrebend-aggressive Japan eine offensichtliche Bedrohung dar, und auch eine zu enge Anbindung an das große China konnte bedenklich sein. Bis heute stellt diese geoökonomische Zangenlange zwischen zwei deutlich größeren, nicht notwendigerweise kooperativ gesinnten Nachbarn eine zentrale Determinante der koreanischen Wirtschaftsentwicklung dar.

Letztlich wurde die Öffnung durch Japan doch erzwungen: 1905 geriet Korea unter japanische »Protektion«, 1910 wurde es endgültig zur Kolonie. In wirtschaftlicher Hinsicht war Japan an den Bodenschätzen der nördlichen Landesteile und am südkoreanischen Reis interessiert. Ab den 1930er-Jahren wurde die Halbinsel in die militaristische Aufrüstung des japanischen Reiches eingebunden und dazu ansatzweise auch industrialisiert. Nach dem Zweiten Weltkrieg war im Süden eine agrarisch geprägte Ökonomie mit Ansätzen von Leichtindustrie sowie der dafür notwendigen Infrastruktur entstanden.

Importsubstitution in den 1950er-Jahren

Nach dem verheerenden Koreakrieg (1950–1953) musste es in Südkorea zunächst darum gehen, die Versorgung der Bevölkerung möglichst bald wieder sicherzustellen. Fast die Hälfte aller Gebäude und der industriellen Kapazitäten waren zerstört. Im Vordergrund der Bemühungen von Präsident Rhee Syngman (*Yi Sŭng-man*; 1948 bzw. 1953–1960) stand der Aufbau von Infrastruktur und von Leichtindustrien wie Zement, Textilien oder Kunstdünger, die für die Versorgung zentral waren. Technologisch war diese Aufgabe nicht anspruchsvoll. Ein zentrales Problem aber war die Finanzierung: Das Land besaß nur ungenügend Kapital und ein chronisches Handelsbilanzdefizit. Niedrige Zinsen sollten die dringend notwendigen Investitionen erleichtern; auf die Mobilisierung zusätzlicher Sparmittel durch höhere Zinsen meinte man ohnehin nicht setzen zu können. Die Versorgungslage sollte darüber hinaus durch niedrige Preise auf wichtige Lebensmittel, insbesondere Reis, gesichert werden. Diese Abkehr von den

Preisrelationen des (Welt-)Marktes wurde ergänzt durch gespaltene Wechselkurse, welche die Importe verteuerten, und hohe Importbarrieren für die geförderten Industrien (Importsubstitution). Das Volumen des eigentlich als Devisenbringer so wichtigen Exports ging aufgrund der Bevorzugung des importsubstituierenden Sektors zwischen 1953 und 1960 auf Dollarbasis um 20 Prozent zurück. Möglich war dieser Weg nur durch erhebliche amerikanische Hilfeleistungen. 70 Prozent der Importe wurden über Auslandshilfe finanziert. Ein Großteil der US-Hilfe bestand aus Konsumgütern, etwa aus Nahrungsmittelüberschüssen, die kurzfristige Bedarfe abdeckten.

Mit all diesen Maßnahmen wurde ein Wachstum von real etwa vier Prozent im Jahr möglich. Pro Kopf war das allerdings nur etwa ein Prozent, weil die Bevölkerung in diesem Zeitraum um jährlich etwa drei Prozent zunahm. Trotzdem wurden in dieser Phase die Vorbedingungen für ein später intensiveres Wachstum geschaffen. Der Anteil der Wertschöpfung in der verarbeitenden Industrie erhöhte sich z.B. von 8 auf – im internationalen Vergleich immer noch sehr niedrige – 14 Prozent. Erkauft wurde dies aber mit einer höchst problematischen institutionellen Struktur: Durch die künstlich niedrigen Zinsen und den gezielten Aufbau einzelner Industrien wurde eine letztlich leistungsfeindliche Günstlingswirtschaft geschaffen. Dies wurde auch bei der bereits 1949 geplanten und erst nach dem Krieg 1953 umgesetzten Landreform deutlich, bei der Vermögenswerte zu Vorzugsbedingungen an ausgewählte Günstlinge der Regierung vergeben wurden.

Die 1960er-Jahre: Forcierte Industrialisierung dank Exportförderung

Präsident Park Chung Hee *(Pak Chŏng-hŭi)*, durch einen Militärputsch von 1961 an die Macht gekommen, wollte und musste einen anderen, erfolgreicheren Wirtschaftskurs finden. Ab 1964 besann man sich auf eine neuartige Doppelstrategie, die für die nächsten Jahrzehnte richtungweisend sein sollte: erstens eine konsequente Außenöffnung, um damit auch auf ausländisches Kapital zurückgreifen zu können, und zweitens Zusammenarbeit mit den wirtschaftlichen Eliten in Form stringenter Vorgaben und Erfolgskontrollen, unter einer klaren Dominanz der politischen Führung. In den späten 1960er-Jahren wurden beide Elemente sukzessive ausgebaut.

Die Außenöffnung konkretisierte sich insbesondere in einer umfassenden Exportförderung, die sich vornehmlich auf arbeitsintensive Produkte der Leichtindustrie wie Textilien oder Lederwaren bezog. Diese waren relativ leicht herzustellen und beanspruchten nicht zu viele Ressourcen. Der Staat beschränkte sich dabei nicht nur auf finanzielle Förderung: Die Organisation Korea Trade Promotion Corporation (KOTRA) baute ein internationales Netzwerk zur Unterstützung des Exportmarketings auf. Zudem gab die Regierung jährliche Exportziele auf Branchenbasis vor. Eine monatlich tagende Förderkonferenz überwachte Erfolge und Probleme der Außenwirtschaftsaktivitäten; der Staatspräsident selbst hatte dabei die Leitung inne.

Neben dieser Exportförderung blieben allerdings auch Mechanismen des Importschutzes bestehen.[2] Ende der 1960er-Jahre kam es z.B. zu Fördergesetzen für sieben ausgewählte Industriezweige: Maschinenbau, Schiffbau, Textilien, Elektronik, Petrochemie, Eisen und Stahl sowie Nichteisenmetalle. Die koreanische Währung Won wurde auf einen einheitlichen Wechselkurs umgestellt. In der Summe bedeutete dies, dass weder Exporte noch Importe eindeutig bevorzugt wurden. Einige Autoren heben diese aggregierte Neutralität der Handelspolitik hervor und betonen, dass sich dadurch die Weltmarktbedingungen im Land durchsetzen konnten; dies habe Südkorea eine optimale Entfaltung seiner komparativen Wettbewerbsvorteile erlaubt.[3] Andere argumentieren dagegen, dass Südkoreas Erfolg darin bestanden habe, gezielt einzelne »Preise falsch zu setzen«.[4] Damit habe die Regierung den Unternehmen Anreize gegeben, sich in Richtung der *zukünftigen* Wettbewerbsvorteile zu orientieren.

Für die Bevölkerung bedeutete diese Industriepolitik erhebliche Härten.[5] Die Löhne blieben lange Zeit niedrig, die Lebensverhältnisse der wenig ausgebildeten Arbeitskräfte und ihrer Familien karg, was dem Land aber umgekehrt einen Zuwachs an Wettbewerbsfähigkeit und wirtschaftlichem Wachstum einbrachte. Das Ausland war jedenfalls schon Mitte der 1960er-Jahre von der Politik Parks überzeugt. Staatliche Garantien erleichterten es ausländischen Investoren, dem Land erhebliche Mittel als Kredite zu überlassen. Westdeutschland war dabei ein früher wichtiger Kapitalgeber. Ein Normalisierungsvertrag mit der früheren Kolonialmacht Japan verschaffte dem japanaffinen Park darüber hinaus Zugang zu Entwicklungshilfe und privaten Mitteln aus dem Nachbarland. Zusammen mit einer effektiven Politik der Sparförderung konnten die Bruttoinvestitionen damit von nur gut 10 Prozent des BIP Anfang der 1960er-Jahre auf über 20 Prozent bis zum Ende des Jahrzehnts ausgebaut werden.

Anfang der 1970er-Jahre geriet das System in einen Entwicklungsengpass. Angesichts der äußerst aggressiven Investitionspolitik führte schon ein recht moderater Abschwung 1972 zu einer Liquiditätskrise bei vielen Unternehmen. Der Staat hatte aber gegenüber den ausländischen Schuldnern Kreditgarantien abgegeben, sodass er nun in Zugzwang geriet. Mit einem Notstandsdekret vom August 1972 wurde eine Bedienung der

Schulden am informellen Kreditmarkt ausgesetzt. Mit dieser teilweisen Enteignung wurde ein problematischer Ausweg gewählt, denn der Staat zeigte, dass er sich in einer Notlage über die Eigentumsrechte seiner Bürger hinwegsetzen würde. In gewisser Weise ging dies mit der Verschärfung des autoritären Systems Ende 1972 (durch die sogenannte Yushin-Verfassung) einher.

Die Förderung von schwerer und chemischer Industrie in den 1970er-Jahren

1973 verkündete die Regierung einen Plan zur Förderung von schweren und chemischen Industrien, um sich von der engen Fokussierung auf die Leichtindustrien zu lösen und eine vollwertige, integrierte Produktionsstruktur zu schaffen. Den Leichtindustrien standen zunehmend Handelsbarrieren der Industrieländer im Wege, Importe dringend benötigter schwerindustrieller Güter belasteten die Handelsbilanz, und auch aus verteidigungspolitischen Gründen war eine eigene Schwerindustrie angezeigt. Hierzu waren gewaltige Investitionen nötig, die durch einen Nationalen Investitionsfonds in die strategisch gewollten Verwendungen gelenkt wurden.

Tatsächlich wuchs der neue Sektor beachtlich. Neue Industriezentren schossen aus dem Boden und riesige Trockendocks wurden angelegt. Selbst die erste Ölkrise von 1973/1974 konnte diese Expansion nicht wirklich aufhalten (auch wenn die Docks erst einmal unterteilt wurden, um dort kleinere Schiffe zu bauen). Der Bauboom im ölreichen Mittleren Osten verschaffte der expandierenden, auslandsorientierten südkoreanischen Bauwirtschaft viele Aufträge und dem Land dringend benötigte Devisen.

Auch für die Landwirtschaft waren die 1970er-Jahre durch eine neue Politik gekennzeichnet. Die Niedrigpreispolitik war Ende der 1960er-Jahre aufgegeben worden. Die Landwirte erhielten nun höhere Entgelte, durch massive staatliche Unterstützung blieben die Verbraucherpreise für die städtische Bevölkerung jedoch moderat. Zum Ende der 1970er-Jahre wurde auf diese Weise eine Selbstversorgung erreicht, wobei allerdings die Produktion kleinbetrieblich blieb und mit hoher Arbeits- und Kapitalintensität betrieben werden musste. Ein zweites Element der Politikreformen war ab 1972 eine »Neue Dorfbewegung« *(Saemaul undong)*, die auf der Idee einer ganzheitlichen Mobilisierung der ländlichen Bevölkerung beruhte, verbunden mit Infrastrukturinvestitionen und einer Erziehung zur Selbsthilfe. Äußerlich wurden viele Ziele zwar erreicht, oft stießen aber die zum Teil ideologiedurchsetzten Belehrungsversuche auf Ablehnung, und eine wirkliche Mobilisierung zur kooperativen Gemeinschaftsbildung konnte nicht entstehen.

Rein quantitativ war die Schwer- und chemische Industrialisierung der 1970er-Jahre ein Erfolg. Allerdings zeigten sich zunehmend innere Widersprüche der ambitionierten Strategie. Mit niedrigen Kreditzinsen in den bevorzugten Industrien und hohen Investitionen nahm die Inflation spürbar zu. Hohe Lohnsteigerungen in der verarbeitenden Industrie bei einem fixierten Wechselkurs verminderten die Exportwettbewerbsfähigkeit gefährlich und Industrien wuchsen ungleichmäßig, was in Teilen der Wirtschaft zu Knappheit und steigenden Preisen führte, andernorts aber zu Mangel und Hemmnissen. Die zweite Ölkrise von 1978/1979 machte diese Widersprüche offenkundig, und praktisch zeitgleich kam mit der Ermordung Präsident Parks 1979 diese »primitiv-expansive« Industrialisierungspolitik an ein dramatisches Ende.

Industrielle Rationalisierung und Liberalisierung in den 1980er- und 1990er-Jahren

1980, im Jahr eines berüchtigten Militärputsches und der blutigen Niederschlagung von Demonstrationen in Kwangju, lag die Inflationsrate bei über 30 Prozent, und das Wirtschaftswachstum war negativ. Viele Beobachter sahen ein Ende des südkoreanischen Wirtschaftswunders voraus. Mit rigoroser Sparpolitik wurde jedoch eine Wende eingeleitet. Dank eines weltwirtschaftlichen Aufschwungs im Jahr 1983 und einer wieder expansiveren gesamtwirtschaftlichen Politik schwenkte die Wirtschaft dann wieder auf einen Wachstumspfad ein. Selbst die internationale Verschuldungskrise Mitte der 1980er-Jahre, die zunächst vor allem die lateinamerikanischen Länder berührte hatte, aber auch das hoch verschuldete Südkorea zu gefährden drohte, stellte angesichts des wieder rasanten Exportwachstums keine ernsthafte Bremse dar.

Die Schwerindustrialisierung mit ihrem Importschutz und einer Investitionslenkung wurde beendet. Insgesamt war eine Rationalisierungswelle vorherrschend, mit der die Wirtschaft wieder stärker gefordert war, sich an die Wettbewerbsbedingungen des Weltmarktes anzupassen. Während 1979 noch 25 Prozent aller Kredite über den Nationalen Investitionsfonds gelenkt wurden, waren es 1991 gerade noch 5 Prozent. Die sogenannten *policy loans*, d. h. von der Regierung nach eigenen politischen Prioritäten gelenkte Kredite, gingen in ihrer Bedeutung markant zurück.

Nachdem Präsident Park die Banken in den 1960er-Jahren nationalisiert hatte, um die Kreditvergabe möglichst effektiv unter seine Kontrolle zu bringen, wurden diese nun wieder privatisiert. Schon 1980 wurde unter einem neuen Anti-Monopolgesetz die Wettbewerbsbehörde Korea Fair Trade Commission eingerichtet. Im Außenverhältnis setzte eine zögerliche

Liberalisierung ein. So stieg der Anteil jener Produkte, für die eine automatische Importgenehmigung bestand, auch wenn teilweise noch hohe Zölle erhoben wurden, von 80 Prozent im Jahr 1983 auf 95 Prozent 1988.

Trotz dieser Maßnahmen und der äußerlichen Wachstumserfolge waren die Jahre unter Präsident Chun Doo Hwan (*Chŏn Tu-hwan*; 1980–1988) von massiver Korruption an höchsten Stellen und einem Vertrauensverlust in die wirtschaftliche Lenkung geprägt. Es fanden massive und wenig sensible Regierungsinterventionen statt. Das vielleicht markanteste Beispiel ist der Zusammenbruch der Kukje-Gruppe, in ihren besten Zeiten der siebtgrößte Konzern *(Chaebol)*.[6] Im Laufe des Jahres 1984 war die Gruppe mit ihrer extrem hohen kurzfristigen Verschuldung in eine finanzielle Schieflage geraten. Die Regierung wollte ein Exempel statuieren, und Chun persönlich wies Ende des Jahres die Zerschlagung an; diese wurde dann in 14 Tagen im Detail ohne Rücksprache mit den Aktionären und den wichtigsten Kapitalgebern ausgearbeitet.

Eine wichtige Zeitenwende im Rahmen der Rationalisierungs- und Liberalisierungsjahre war der Demokatisierungsschub von 1987/88, verbunden mit dem Übergang von Chun auf Roh Tae Woo (*No T'ae-u*; 1988–1993). Es rückte nun der Anspruch in den Mittelpunkt, »wirtschaftsdemokratische« Prinzipien eines sozialen Ausgleichs in die Wirtschaftspolitik einzubringen. Nur knapp gelang es Roh Tae Woo, der selbst noch als General am Putsch von 1980 beteiligt gewesen war, die Präsidentschaftswahlen zu gewinnen. In der Folge gab es Ansätze zum Ausbau sozialstaatlicher Mechanismen, die aber noch lange nicht an ein für westliche Volkswirtschaften typisches Niveau der Absicherung von Lebensrisiken heranreichten. Eine weitere Folge der Neuorientierung waren ein stärkeres Gewicht der Interessen der Arbeitnehmer und hohe Lohnsteigerungen – 1989 und 1990 jeweils über 20 Prozent. Der Verlust an Exportwettbewerbsfähigkeit, Leistungsbilanzprobleme, inflationärer Druck und fiskalische Belastungen zeigten rasch die Grenzen einer solchen Politik auf.

Die folgenden Jahre waren, insbesondere in der Amtszeit des Präsidenten Kim Young Sam (*Kim Yŏng-sam*; 1993–1998), durch Versuche gekennzeichnet, die Wirtschaft stärker zu deregulieren und zu liberalisieren, um damit verlorene Wettbewerbsfähigkeit nach innen und außen wiederzugewinnen. Gerade der Beitritt zur OECD im Jahre 1996 machte solche Bemühungen unumgänglich. Manche Schritte erfolgten dabei überhastet bzw. waren nicht gut aufeinander abgestimmt. Während sich der Staat zurückzog, war eine funktionstüchtige, von den Märkten effektiv kontrollierte private Wirtschaft noch nicht etabliert. Auch der Versuch, mit der Offenlegung anonymer Bankkonten einen entscheidenden Schlag gegen die allgegenwärtige Korruptionsanfälligkeit zu führen, konnte letztlich nicht überzeugen.

Die Aufwertung des japanischen Yen half zwar den koreanischen Exportinteressen, das dadurch ermöglichte Wachstum zeigte jedoch sogar Anzeichen einer Überhitzung. Viele Probleme in der Wirtschaftsstruktur Südkoreas blieben in dieser Zeit dadurch noch »unsichtbar«. Im Hintergrund braute sich aber eine Problemkonstellation zusammen, die schließlich in die große Finanzkrise von 1997/98 einmündete und zu einem großangelegten institutionellen Umbau des Wirtschaftssystems zwang.

Die Finanzkrise von 1997/98

Die Asiatische Finanzkrise von 1997/98 ging zunächst von südostasiatischen Ländern wie Thailand und Indonesien aus, traf dann aber auch Südkorea extrem hart. Statt von der »Asiatischen Finanzkrise« ist in Korea selbst häufig von der »IWF-Krise« die Rede. Dahinter stehen unterschiedliche Vorstellungen von den entscheidenden Ursachen. Versteht man wie viele Südkoreaner die Krise als Liquiditätsproblem, lag der entscheidende Faktor in Funktionsdefiziten des internationalen Finanzsystems. Nach dieser Interpretation zogen internationale Anleger kurzfristig Mittel ab, und der Won stürzte ab. Die internationale Gemeinschaft, namentlich unter Federführung des Internationalen Währungsfonds (IWF), setzte ein Hilfspaket durch, welches die Situation zwar stabilisierte, gleichzeitig das Land jedoch in eine schwere Rezession trieb. Versteht man die Krise dagegen als Solvenzproblem, waren Funktionsdefizite im südkoreanischen Wirtschaftssystem bzw. auch bei anderen betroffenen Ländern – wie Thailand oder Indonesien – ausschlaggebend. Die Großkonzerne waren nach dieser These keiner stringenten Unternehmenslenkung *(corporate governance)* unterworfen, und auch die Steuerung durch die heimischen Finanzmärkte war danach nicht effektiv. Ineffiziente Strukturen seien entstanden, verbunden mit einer unheilvollen Kollusion zwischen Staat und Privatwirtschaft bis hin zur Korruption; dies habe irgendwann zu einem »Crash« führen müssen.

Letztlich dürften beide Teilerklärungen Relevanz besitzen. Mit der teilweisen Liberalisierung und Deregulierung seit den 1980er Jahren konnten sich die *Chaebols* zunehmend dem harten Griff der Regierung entziehen. Damit entstand ein Machtvakuum bei der Kontrolle der mächtigen Großkonzerne: Die außenstehenden Aktionäre konnten in den unübersichtlich verwobenen und durch verschiedene Regeln immunisierten Konzernen keine funktionstüchtige Kontrolle ausüben, und auch den wenig effizient geführten Banken gelang dies nicht. Allein zwischen 1995 und 1997 stieg der Verschuldungsgrad (Kreditschuld/Eigenkapital) für die verarbeitende Industrie nach offiziellen Zahlen von 287 auf 396 Prozent an, für die dreißig größten *Chaebols* sogar von 347 auf 519 Prozent.[7]

Mit einer Abwertung des chinesischen Yuan 1994 und einer 1995 besonders ausgeprägten Schwächung des japanischen Yen kam die koreanische Wettbewerbsfähigkeit zunehmend in Bedrängnis. Hinzu kamen rezessive Tendenzen in den USA. Die Leistungsbilanz geriet deutlich unter Druck, und Südkorea begegnete dem durch zunehmende Auslandsverschuldung. Immer stärker wurde dabei auf kurzfristige Kredite gesetzt.

Ab Anfang 1997 häuften sich die Problemstellen. Spektakuläre Firmenzusammenbrüche wie der des Konglomerats Hanbo im Januar, von Sammi Steel im März und des Autobauers Kia im September, verbunden mit Enthüllungen über unsaubere Geschäftspraktiken, untergruben das Vertrauen in den koreanischen Wachstumspfad. International kam es im Sommer zu erfolgreichen Währungsattacken gegen Thailand und Indonesien. Möglicherweise wäre es ohne diese krisenhaften Abwertungen im regionalen Umfeld nie zum Absturz des Won gekommen. Multilaterale Organisationen bescheinigten dem Land jedenfalls noch kurz vor dem Ausbruch der Krise eine grundsätzlich solide Lage. Unter den widrigen Umständen des Jahres 1997 jedenfalls kam es zu einem sogenannten Ansteckungseffekt *(contagion)* und einem rasanten Abzug kurzfristig angelegten Auslandskapitals aus Südkorea, verbunden mit Spekulationen gegen den Won. Die koreanischen Währungsreserven schrumpften bedenklich, bis zum November auf effektiv nur noch 7 Milliarden US-Dollar.[8] Der Won war nicht länger zu verteidigen und musste freigegeben werden.

Ein internationales Hilfspaket vom 3. Dezember 1997 sollte Südkorea stützen und ein Überspringen der Krise auf weitere Länder verhindern. Dabei wurden 56 Milliarden US-Dollar als Kreditlinie bereitgestellt. Im Gegenzug musste Südkorea gegenüber dem internationalen Gebergremium unter Führung des IWF verschiedene Auflagen akzeptieren. Kurzfristig zielten diese darauf ab, das Vertrauen in den Won zu stabilisieren. Dazu wurden die Zinsen massiv erhöht und die staatlichen Ausgaben beschränkt. Tatsächlich gelang das Vorhaben. Ein entscheidender Schritt war dabei auch eine Einigung mit den wichtigsten internationalen Gläubigerbanken im Januar 1998. Schon im Frühjahr konnte das Zinsniveau wieder gesenkt werden. Trotzdem hatte die Radikalkur extreme Nebenwirkungen. Es kam zu einem massiven Nachfrageausfall, Firmen konnten sich nicht refinanzieren und brachen zusammen, Entlassungen erreichten ein lange ungekanntes Ausmaß, und das nur ansatzweise vorhandene soziale Netz konnte existenzielle Notlagen nicht verhindern. Elternteile verließen spurlos ihre Familien, Familienväter nahmen sich das Leben. Die Auswirkungen zeigen sich am Rückgang des realen Wachstums und der Reallöhne um jeweils knapp zehn Prozent von 1997 auf 1998. Die offizielle Arbeitslosigkeit schnellte von 2,6 auf 8,7 Prozent empor.

Der zweite Teil des IWF-Paketes umfasste strukturelle Reformauflagen. Diese wurden mit der Überwindung der akuten Wirtschaftsprobleme im Lauf des Jahres 1998 immer wichtiger. Sie umfassten Vorhaben im Finanzsektor, bei der Unternehmenslenkung, im öffentlichen Sektor sowie in Bezug auf den Arbeitsmarkt und die soziale Sicherung. Mit 1998 sukzessive eingebrachten sozialpolitischen Vorschlägen reagierten die multilateralen Organisationen erst spät auf die zunehmende Kritik an der sozialen Rücksichtslosigkeit der frühen Maßnahmen.

Bei einer Gesamtwürdigung der internationalen Hilfe ist insbesondere strittig, ob das Maßnahmenpaket nicht zu sehr dem Standardwerkzeugkasten zur Überwindung früherer Währungskrisen verbunden war. Eine Restriktion der Staatsausgaben macht dann Sinn, wenn das betroffene Land bisher eine unsolide Ausgabenpolitik betrieben hat – wie das bei so vielen lateinamerikanischen Schuldnerländern in den 1980er-Jahren der Fall gewesen war. Südkorea hatte dieses Problem jedoch nie, musste bezüglich seiner Fiskalpolitik kein verlorenes Vertrauen zurückerobern, sodass möglicherweise eine resolute Erhöhung der Staatsausgaben zur Überwindung des kurzfristigen Einbruchs geeigneter gewesen wäre. Eine weitere Kritik richtet sich gegen die geforderten Strukturreformen. Neben vielen sinnvollen und notwendigen Reformideen wurden offenbar auch ausländische Wirtschaftsinteressen bedient. Die Schnelligkeit, mit der die Übernahme von Vermögenswerten durch das Ausland möglich werden sollte, hatte manches Mal mindestens so viel mit Reformerfordernissen zu tun wie mit dem Wunsch von Einflussträgern, durch Notverkäufe eine einmalige Einstiegschance in das erfolgreiche Land zu bekommen.

Institutionelle Reformen nach der Finanzkrise

Mitten in der Krise – im Dezember 1997 – wurde Kim Dae Jung (*Kim Taejung*; 1998–2003), ein früherer Oppositionspolitiker, der in den 1970er-Jahren unter Park Chung-hee noch zum Tode verurteilt worden war, zum neuen Präsidenten der Republik Korea gewählt. Die erste Phase seiner Präsidentschaft war von der oben diskutierten makroökonomischen Stabilisierung des Landes geprägt. Bereits 1998/99 ging es aber darum, die geforderten wirtschaftlichen Reformen mit einer Bewältigung der schweren sozialen Probleme zu verbinden, bei einer für Südkorea immer noch hohen Arbeitslosigkeit und einer Verschiebung des Arbeitsmarktes in Richtung weniger sicherer Arbeitsplätze. Bei den Strukturmaßnahmen kam der bereits 1998 eingeleiteten Unternehmensreform eine wichtige Rolle zu. Bezüglich der fünf Top-Chaebols war unter anderem eine Konzentration auf die Kernkompetenzen der Unternehmensgruppen vorgesehen, etwa durch den Tausch weniger zentraler Unternehmensteile mit anderen *Chaebols*.

Im Mittelpunkt der Finanzreform stand zunächst die Wiederherstellung der Überlebensfähigkeit des Bankensystems. Bereits vor der Einigung mit dem IWF war die Entscheidung gefallen, faule Kredite durch die Korea Asset Management Corporation (KAMCO) aufkaufen zu lassen. Eine zweite Stoßrichtung der Finanzmarktreformen ging in Richtung Öffnung, Liberalisierung und Ausbau der Finanzmärkte. Ein wichtiger Schritt dazu war beispielsweise 1998 die Schaffung der Möglichkeit von Übernahmeversuchen durch Dritte.

Daneben gab es in den Feldern des öffentlichen Sektors, der sozialen Sicherheit und des Arbeitsmarktes vielfältige Initiativen. Mit der Einrichtung der »Dreiseitigen *(Tripartite)* Kommission« von Arbeitgebern, Arbeitnehmern und Staat sollten 1998 die Voraussetzungen für eine Entschärfung der gereizten Arbeitsbeziehungen geschaffen werden. Ein weiterer Schritt war die Genehmigung des früher verbotenen Gewerkschaftsbundes Korean Confederation of Trade Unions (KCTU) in Ergänzung zu der vielen als zu »zahm« geltenden Federation of Korean Trade Unions (FKTU). Auch in der Folge kam es allerdings zu Arbeitskämpfen, z. B. zu harten Auseinandersetzungen im Finanzsektor und in Großunternehmen der verarbeitenden Industrie, etwa dem Automobilbau.

Der Ende 2002 gewählte Präsident Roh Moo Hyun (*No Mu-hyŏn*; 2003–2008) stand von Beginn an vor einer schwierigen Doppelaufgabe: Einerseits mussten die Wachstums- und Innovationskräfte nach der ersten Phase der Erholung von der Finanzkrise gefestigt werden. Zum anderen wurde von Roh eine Wirtschaftspolitik der Integration und des Ausgleichs erwartet. Als Rechtsanwalt, der sich besonders für die Menschenrechte und die Armen eingesetzt hatte, lag ihm die soziale Frage tatsächlich besonders am Herzen.

Die Regierung unter Roh initiierte eine Reihe von Maßnahmen, um diesen Herausforderungen zu begegnen.[9] Neben der Beseitigung regionaler Disparitäten und einer Neuausrichtung der Agrarpolitik sollten vor allem die soziale Wohlfahrt über eine Ausweitung des sozialen Sicherheitsnetzes gefördert und die Chancen für bisher vernachlässigte Gruppen, etwa die Frauen, verbessert werden. Schließlich diente ein besonderes Augenmerk der Bekämpfung von Korruption und der Förderung transparenter zivilgesellschaftlicher Organisationsformen. Roh umgab sich mit einem Team junger, engagierter, aber eben auch unerfahrener Politiker und Bürokraten, von denen viele aus der Generation der Studentenproteste von 1987 stammten. Letztlich konnte er die meisten seiner Vorhaben nicht befriedigend umsetzen, wobei er sich neben dem Vorwurf der Inkompetenz auch massiven Korruptionsvorwürfen zu stellen hatte.

Das Ergebnis Präsidentenwahl von Ende 2007 stellte eine Reaktion auf die Enttäuschungen bezüglich der sozialen Programmatik der Vorjahre dar. Mit Lee Myung Bak (*Yi Myŏng-bak*; 2008–2013) zog ein wirtschaftsnaher »Macher« in das *Blue House*, den Präsidentenpalast, ein, welcher als Manager in der Bauindustrie groß geworden und als Oberbürgermeister von Seoul Projekte zur Stärkung der Metropole initiiert und erfolgreich umgesetzt hatte. Lee begann seine Amtszeit mit einer ambitionierten »747«-Vision, nach der das Land sieben Prozent Wirtschaftswachstum sowie ein Pro-Kopf-Einkommen von 40 000 US-Dollar erreichen und damit zur siebtgrößten Volkswirtschaft der Welt aufsteigen sollte.

Die Bewältigung der Weltfinanzkrise von 2008/09

Ein besonders schwerwiegendes Ereignis der jüngsten Jahre war die Weltfinanzkrise von 2008/09.[10] Als ihr Beginn wird gemeinhin der Zusammenbruch der Investmentbank Lehman Brothers im September 2008 betrachtet. Nur wenige Beobachter machten sich in jenen Tagen Sorgen um Südkorea. Auch nach den Erfahrungen der Krise von 1997/98 erschienen die Währungsreserven oder auch die Kapitalausstattung der Banken hinreichend zu sein. Probleme hatten sich aber schon vor dem September 2008 angekündigt: Die positive Tendenz am Arbeitsmarkt war gekippt; der heimische Konsum, die Investitionen und die Unternehmensgewinne waren zurückgegangen, insbesondere wegen höherer Ressourcen- und Energiekosten, was auch mit Inflationssorgen verbunden war. Im Finanzsektor gab es bereits eine ungesunde Verlagerung in Richtung kurzfristiger Außenverbindlichkeiten.

So traf der Lehman-Schock das Land dann doch überraschend hart. Zum einen zogen ausländische Investoren Mittel ab, die sie andernorts dringender benötigten, zum anderen brachen die Exporte drastisch ein, was angesichts Südkoreas hoher Abhängigkeit vom Weltmarkt umgehend einen verheerenden Effekt auf den produzierenden Sektor hatte. Die Wirtschaft schrumpfte im vierten Quartal 2008 um 3,4 Prozent im Vergleich zum Vorjahr; Ende Oktober hatte der Won gegenüber dem Jahresanfang ein Viertel seines Wertes verloren, und der Aktienmarktindex lag am 16. Oktober bereits 31 Prozent unter dem Niveau des Jahresanfangs.

Weil man im Sommer 2008 noch mit Inflationssorgen zu kämpfen gehabt hatte, fielen die ersten Reaktionen der südkoreanischen Regierung etwas unsicher aus. Aber bereits im Laufe des Septembers stellte der Staat Mittel für den Bankensektor zur Verfügung, dessen Liquidität sich drastisch verschlechtert hatte. Im November 2008 wurde ein erstes Ausgabenpaket zur Stützung der Wirtschaft verkündet. Insgesamt reagierte der Staat zügig und umsichtig mit raschen Leitzinssenkungen durch die Zentralbank, einer Ausweitung der Kreditlinien für Banken zur Refinanzierung bei der Zentralbank (sog. *quantitative easing*), der Erleichterung der Regeln für Sicherheiten und einem Rekapitalisierungsprogramm für Banken. Auf der internationalen Ebene waren Abkommen mit den USA, China und Japan zur eventuellen Nutzung von Währungsswaps (internationale Verträge zur Beschaffung von Devisen gegen eigene Währung bei kurzfristigen Zugangsproblemen zu den Devisenmärkten) ein wichtiges Mittel zur Beruhigung der Finanzmärkte; aus dem Abkommen mit den USA wurden zur Unterstützung heimischer Banken 16 Milliarden US-Dollar tatsächlich abgerufen.

Die fiskalischen Stimulusprogramme gehörten mit geplanten 3,6 Prozent in Bezug auf das BIP für 2009 und nochmals 1,2 Prozent für 2010 zu den international bedeutenderen. Dazu kam ein weiterer Prozentpunkt BIP-Wachstum durch Steuersenkungen. Unter den Ausgabenprogrammen war der »Green New Deal« der bedeutendste, der nach seiner Ankündigung im Januar 2009 ein Vierjahresprogramm mit Ausgaben von insgesamt 36 Milliarden US-Dollar u. a. für die Entwicklung grüner Technologien, zur Verbesserung der Verkehrsinfrastruktur und der Erneuerung von Flussläufen umfassen sollte.[11]

Die Stützungsprogramme enthielten auch eine sozialpolitische Komponente, die immerhin etwa ein Drittel des Gesamtpaktes ausmachte. Sie umfasste eine finanzielle Unterstützung der »neuen Armen« und der Niedrigeinkommensbezieher, Wohngeld für entsprechende Haushalte, Unterstützung für Schulgeldzahlungen sowie Maßnahmen für Landwirte und Fischer. Trotzdem sah sich die Regierung unter Lee beständigen Vorwürfen ausgesetzt, sie engagiere sich zu wenig für die sozial Schwachen und besonders Betroffenen. Als Reaktion darauf wurden daher beispielsweise im August 2009 Steuererleichterungen für Großfirmen und vermögende Privathaushalte wieder zurückgenommen.

Im Vergleich zu anderen Ökonomien aus dem OECD-Raum hat die Gesamtheit der getroffenen Maßnahmen zu einer sehr schnellen Erholung der südkoreanischen Wirtschaft beigetragen. Schon im ersten Quartal 2009 war die Leistungsbilanz wieder positiv. Diese rasche Besserung ist allerdings nicht nur der Regierungspolitik zuzuschreiben, denn es war die Erholung des Weltmarktes, die in Verbindung mit dem verbilligten Won zu einer raschen Belebung der Exporte maßgeblich beigetragen hat. Das staatliche Handeln hatte dagegen möglicherweise sogar problematische Nebenwirkungen: Trotz der ambitionierten Rhetorik des »grünen Entwicklungsplans« wurden durch die vielen kurzfristig angelegten Stützungsmaßnahmen eher bestehende Wirtschaftsstrukturen bestätigt als neue befördert. Dies gilt für die Bauindustrie und für den Schiffsbau, die beide von Notmaßnahmen profitierten, aber auch für schwache, eigentlich kaum überlebensfähige Klein- und Mittelunternehmen.

3 Herausforderungen der koreanischen Volkswirtschaft

Zieht man im Hinblick auf Südkoreas wirtschaftlichen Entwicklungsweg ein Fazit, so fällt zunächst der außerordentlich erfolgreiche Aufstieg des Landes über mittlerweile fünf Jahrzehnte ins Auge. Das Land hat dabei beachtlichen Krisen erfolgreich getrotzt, zuletzt den beiden Finanzkrisen 1997/98 und 2008/09. Gleichwohl gibt es eine Reihe gewichtiger Herausforderungen und notwendiger Weichenstellungen, die sich an den folgenden vier Gegensatzpaaren festmachen lassen:

Fokus auf Wirtschaftswachstum vs. soziale Neuorientierung: Wie auch die unterschiedlichen Interpretationen des südkoreanischen Wegs aus der Weltfinanzkrise von 2008/09 gezeigt haben, ist der Gegensatz zwischen einer forcierten Wachstumsstrategie und einer stärkeren Ausrichtung an den Bedürfnissen der sozial Schwächeren noch immer ungelöst. Armut in Südkorea ist ungleich härter als das, was etwa in den deutschen »Hartz IV-Haushalten« zum Lebensalltag gehört. Auf der einen Seite sind die finanziellen Möglichkeiten für sozialpolitische Programme begrenzt, insbesondere wenn sie zu einer Verteuerung des Faktors Arbeit führen. Ein Großteil der südkoreanischen Wettbewerbsfähigkeit beruht immer noch auf günstigen Preisen, und deren Gefährdung birgt hohe außenwirtschaftliche Risiken. Auf der anderen Seite lassen sich in einer zunehmend gereiften Demokratie wie Südkorea Härten und Einschnitte nicht mehr einfach auf die Bevölkerung abschieben. Nach einer Studie des Hyundai Research Institute ist der Hyundai Lebensqualitätsindex zwischen 1995 und 2010 nur um 32 Prozent gestiegen, während das Pro-Kopf-Einkommen um fast 80 Prozent zugenommen hat. In Feldern wie der Einkommensverteilung und der sozialen Integration gab es zum Teil sogar Rückschritte.[12] Im weiteren Sinne gehören zu den immer noch markanten sozialen Defiziten auch die verbliebenen regionalen Ungleichheiten. Die Dominanz der Metropole Seoul scheint ungebrochen. Bisher ist es noch keiner Regierung überzeugend gelungen, hier mit Fingerspitzengefühl und Verlässlichkeit einen tragfähigen, nachhaltigen Weg zu finden.

Vorhandene Stärken vs. wirtschaftliche Innovationen: Gegenüber weltwirtschaftlichen Schwergewichten wie den USA, Deutschland oder Japan hat die südkoreanische Volkswirtschaft komparative Wettbewerbsvorteile in zunächst begrenzten Marktsegmenten hervorgebracht. Damit war das Land außerordentlich erfolgreich, doch ergeben sich dadurch auch Risiken einer zu engen Aufstellung. Betrachtet man z. B. die Zahl der Exportgüter, die in der Welt einen Toprang einnehmen, kommt Südkorea im Jahr 2008 auf 52 und liegt damit gleichauf mit Thailand oder der Türkei, aber deutlich hinter Taiwan (141), mit dem Südkorea oft verglichen wird. Führend in dieser Rangliste ist China mit 1 210 Topexportgütern, vor Deutschland (860) und den USA (587).[13] Südkorea ist besonders stark in der Konsumelektronik, bei Autos, elektronischen Chips und im Schiffsbau, konnte aber kaum über die Fertigungsindustrien hinaus vordringen.

Eine Neujustierung könnte man sich zunächst über technologische Innovationen erhoffen. Forschung und Entwicklung sind aber selber sehr stark konzentriert, nämlich im Bereich der oben erwähnten Hauptleistungsträger der südkoreanischen Exportwirtschaft. Unter den südkoreanischen Topunternehmen nimmt eine einzelne Firma, Samsung Electronics, mit ihrer starken Weltmarktstellung in der digitalen Elektronik eine herausgehobene Position ein. Gegenüber den großen Konzernen[14] fallen kleine und mittlere Unternehmen oder unabhängige Gründerunternehmen markant ab. Eine Stärkung der koreanischen Wettbewerbsposition auf dem Weltmarkt bedeutet so oft eine Stärkung der großen Konzerne mit ihren bestehenden Schwerpunkten, einschließlich aller Vor- und Nachteile, die damit verbunden sind.

Interventionismus vs. Regelorientierung wirtschaftspolitischen Handelns: Die Gefahren einer erfolgreichen, aber verengten Weltmarktstrategie sind der Regierung selbstverständlich bekannt. Als eines der vier wirtschaftlichen Hauptziele der Präsidentschaft von Lee Myung Bak wurde beispielsweise die Schaffung neuer Wachstumsmotoren und insbesondere die Entwicklung des Dienstleistungssektors propagiert. Das »grüne« Wachstumsprogramm setzt in diesem Sinne auf die Schaffung eines solchermaßen neuen Wachstumsthemas. Bereits im Januar 2009 wurde ein Programm für 17 Schwerpunktindustrien verkündet, darunter Förderschwerpunkte wie erneuerbare Energien, Informationstechnologien, Gesundheitspflege und Tourismus. Präsidentin Park Geun Hye (*Pak Kŭn-hye*), die seit Anfang 2013 im Amt ist, möchte die Idee einer »kreativen Wirtschaft« forcieren, bei welcher der bzw. die Einzelne kreative Ideen entwickeln und einbringen kann, die Grenzen zwischen verschiedenen Industrien überschritten und Verbindungen zwischen Industrie und Kultur gefördert werden sowie im Ergebnis neue Märkte und Arbeitsplätze entstehen sollen. Dem IT-Sektor soll dabei eine besondere Rolle zukommen.

Letztlich bleiben diese Ansätze allerdings einem überkommenen Prinzip verpflichtet: Der Staat gibt zukunftsfähige Felder vor, an denen sich die Wirtschaft ausrichten soll. Dabei stellt sich die Frage, ob dieser industriepolitische Aktivismus Südkoreas Status als fortgeschrittener Volkswirtschaft noch angemessen ist. Zum einen ist eine solche gezielte Bevorzugung einzelner Felder immer schwerer mit Südkoreas Verpflichtungen im Rahmen der Welthandelsorganisation WTO oder der OECD in Einklang zu bringen. Zum anderen ist es für Südkorea selbst fraglich, ob der Staat überhaupt noch in der Lage ist, zukünftig erfolgreiche Bereiche zu identifizieren und eine angemessene Förderung zu betreiben. Um etwa einen erfolgreichen Mittelstand zu fördern, wie er für die »kreative Wirtschaft« aus Sicht der Regierung zentral ist, sind finanzielle Fördermaßnahmen wahrscheinlich weniger wichtig als die Durchsetzung von Chancengleichheit zwischen kleineren Firmen und den übermächtig scheinenden Großunternehmen.

Ein alternativer Ansatz könnte von daher darin bestehen, über eine allgemein und breit angelegte Wachstumspolitik Bedingungen zu schaffen, unter denen die Unternehmen unter einem funktionstüchtigen Wettbewerb die besten Lösungen suchen können. Ein solcher Ordnungsrahmen setzt jedoch voraus, dass sich auch der Staat verlässlich an die gesetzten Regeln bindet. Ein Vorschlag dazu wäre eine Verfassungsreform, die eine solche Regelorientierung deutlicher als bisher festschreiben könnte:[15] Dazu gehören etwa die Stärkung einer politisch autonomen und verantwortungsbewussten Rechtsprechung, eine schlagkräftige Wettbewerbsaufsicht, zivilgesellschaftliche Mechanismen zur Kontrolle und Ergänzung des Staates sowie freie und unabhängige Medien. Zudem müsste eine solche Wettbewerbsordnung mit einer marktkonformen Sozialpolitik unterlegt sein. Eine große Herausforderung würde schließlich darin liegen, die mächtigen *Chaebols* in diese Ordnung einzubinden: Zum einen müssen auch sie den Regeln unterworfen sein und dürfen nicht über dem Gesetz stehen, zum anderen darf aber die Vitalität der erfolgreichen Konzerne nicht gefährdet werden.

Außenwirtschaftliche Orientierung am Multilateralismus vs. Stärkung regionaler Anbindung: In Bezug auf die weltwirtschaftliche Einordnung der Republik Korea kann sich das Land auf die Wirtschaftspartner ausrichten, bei denen die größten Vorteile winken. In den vergangenen Jahren ist in diesem Zusammenhang China zum größten Handelspartner geworden. Eine solche multilaterale Strategie hat aber auch Grenzen: Zum einen können unkontrolliert starke Abhängigkeiten entstehen, wie aktuell in Bezug auf mögliche Schwankungen der Wirtschaftslage in China. Zum anderen sind die WTO-Verhandlungen der Doha-Runde um weitere Schritte zur Verbesserung des internationalen Handelssystems seit Jahren ins Stocken gekommen. Schließlich liegt ein Problem einer allgemein auf den Weltmarkt ausgerichteten Politik darin, dass Südkorea bisher eine eher selektive Öffnungspolitik betrieben hat und den heimischen Einrichtungen und Unternehmen eine wirklich enge Kooperation mit dem Ausland eher schwerfällt.[16]

Eine – zumindest ergänzende – Alternative kann darin gesehen werden, gezielt Abkommen mit einzelnen Ländern und Regionen auszuhandeln, um vorhandene Einseitigkeiten zu überwinden bzw. Stärken auszubauen. Südkorea ist in dieser Hinsicht seit etwa einem Jahrzehnt recht aktiv und unterhält mittlerweile bilaterale Freihandelsabkommen mit Chile, Singapur, dem europäischen Freihandelsraum EFTA, der südostasiatischen Staatengruppe ASEAN sowie mit Indien und Peru. Seit Mitte 2011 ist darüber hinaus ein Abkommen mit der EU in Kraft, ein weiteres mit den USA seit März 2012. Mit diesen diplomatischen Erfolgen ist Südkorea, obwohl viele Bürger immer noch skeptisch bezüglich der Auswirkungen auf die koreanische Wirtschaft sind, zum Vorreiter für entsprechende Initiativen in der Region geworden.

Zudem scheinen sich für die Republik Korea stärkere institutionelle Bande innerhalb der Region Ostasien und insbesondere Nordostasien aufzudrängen, gerade auch wenn man das Beispiel des europäischen Einigungsprozesses vor Augen hat.[17] Abgesehen von einigen nur schwer zu überwindenden Interessengegensätzen, was etwa den Schutz heimischer Industrien oder der Landwirtschaft anbelangt, gibt es vor allem zwei Hindernisse: Zum einen sind die von Japan geschlagenen Wunden der Kolonialzeit und der Eroberungskriege weder in Korea noch in China vergessen. Zum anderen kommt in neuerer Zeit eine zunehmend ausgeprägte Konkurrenz zwischen China und Japan um die regionale Führerschaft hinzu. Mit der Weltfinanzkrise von 2008/09 und angesichts der Nuklearkatastrophe in Japan im Frühjahr 2011 wurde in allen drei Ländern jedoch auch deutlich, wie wichtig gemeinsame Bande zur Überwindung krisenhafter Verwerfungen sein können. Seit Ende 2008 gibt es einen maßgeblich von der Republik Korea mitgeprägten Prozess, der mit einem Gipfeltreffen der drei Staaten eingeleitet wurde. Im Herbst 2011 wurde ein trilaterales Sekretariat in Seoul eingerichtet, was die besondere Rolle Südkoreas als möglicher Mittler zwischen den beiden regionalen Schwergewichten herausstellt. Daneben wird seit 2012 über eine chinesisch-koreanische sowie über eine chinesisch-japanisch-koreanische Freihandelszone verhandelt.

Die Entwicklungen in Südkorea bleiben also spannend. Diese faszinierende Volkswirtschaft hat sich innerhalb eines halben Jahrhunderts von einer der ärmsten Regionen, gebeutelt von Kolonialzeit wie Bürgerkrieg und ohne nennenswerte eigene Rohstoffe, zu einem der führenden, fortgeschrittenen Länder entwickelt. Zwischen China und Japan, allerdings auch in Nachbarschaft zu dem unberechenbaren Bruderstaat im Norden, nimmt die Republik Korea heute eine Schlüsselstellung in einer der dynamischsten Weltregionen des 21. Jahrhunderts ein.

Literatur

Cha, Dong-Se et al. (Hrsg.), The Korean Economy 1945–1995: Performance and Vision for the 21st Century, Seoul 1997.

Kwon, O. Yul, The Korean Economy in Transition: An Institutional Perspective, Cheltenham 2010.

Schneidewind, Dieter, Wirtschaftswunderland Korea, Wiesbaden 2013.

Sung, Keuk Je (Hrsg.), Development Experience of the Korean Economy, Seoul 2010.

Anmerkungen

* Der Verfasser bedankt sich bei Sunkung Choi, Henning Windhagen und Jihee Yoon, die insbesondere bei der Materialsammlung hilfreich waren.

1 Jörg Mahlich/Werner Pascha, Introduction: The Challenge of Innovation and Technology for Korea as a Newly Advanced Economy Revisited, in: Dies. (Hrsg.), Korean Science and Technology in an International Perspective, Heidelberg et al. 2012, S. 1–14. Zum Thema allgemein siehe auch die Karte »Südkorea - Wirtschaft« am Ende diese Bandes.

2 Vgl. Jin-Young Bae, Importsubstitution im weltmarktorientierten Entwicklungsland. Theoretische Analyse und empirische Befunde am Beispiel der Republik Korea, Berlin 1990.

3 Vgl. Anne Krueger, Korean industry and trade over fifty years, in: Dong-Se Cha et al. (Hrsg.) The Korean Economy 1945–1995: Performance and Vision for the 21st Century, Seoul 1997, S. 293–338.

4 Zum Beispiel Alice Amsden, Asia's Next Giant. South Korea and Late Industrialization, New York/Oxford 1989.

5 Vgl. Soon Cho, The Dynamics of Korean Economic Development, Washington, D.C. 1994.

6 Choongsoo Kim, Korean Economy: Outlook, Policy Issues, and Vision, Schriftliche Unterlage zu einem von der Botschaft der Republik Korea mitgetragenen Vortrag am Deutschen Institut für Wirtschaftsforschung, Berlin, 2. März 2004. Zu den Chaebols siehe den Beitrag von Kim Ky Won und Peter Mayer in diesem Band.

7 Vgl. Lee, Jae-Woo, Corporate Restructuring in Korea: Experience and Lessons, in: Korean National Commission for UNESCO (Hrsg.), The Korean Economy: Reflections at the New Millenium, Anthology of Korean Studies Vol. I, Elizabeth, NJ und Seoul 2001, S. 261–297 [ursprünglich erschienen in: Korea Journal 39 (1999) 3], S. 270.

8 Vgl. Jwa, Sung-Hee/Huh Chan Guk, Korea's 1997 Currency Crisis: Causes and Implications, in: Korean National Commission for UNESCO (Hrsg.), The Korean Economy: Reflections at the New Millenium, Anthology of Korean Studies Vol. I, Elizabeth, NJ und Seoul 2001, S. 235–260 [ursprünglich erschienen in: Korea Journal 38 (1998) 2], S. 239.

9 Vgl. Kim (wie Anm. 6).

10 Vgl. Werner Pascha, South Korea's economic policy response to the global financial crisis, in: Patrick Köllner et al. (Hrsg.), Korea 2010: Politics, Economy and Society, Leiden/Boston 2010, S. 135–164.

11 Vgl. Greg Scarlatoiu, Low Carbon, Green Growth Korea, in: Mahlich/Pascha (wie Anm. 1), S. 239–258.
12 Hyundai Research Institute, *Gyeongje jupyeong* [Weekly Economic Report] Nr. 476, 3.2.2012, http://hri.co.kr/upload/publication/201226103511[1].pdf.
13 KOITA (Korea Industrial Technology Association), Major Indicators of Industrial Technology 2011, Seoul 2011.
14 Neben Samsung sind das vor allem: LG Electronics, Hyundai Motor, Hynix Semiconductor und GM Daewoo Auto & Technology.
15 Kyung-kuk Min, Constitution as the Culprit of Korea's Economic Crisis, in: Korea Focus, 8 (2000) 2, S. 44–52.
16 Vgl. Mahlich/Pascha (wie Anm. 1).
17 Woosik Moon, Whither East Asian economic integration? Korea's regionalization cum globalization strategy, Asia Europe Journal, 9 (2011) 1, S. 29–42.

Kim Ky Won und Peter Mayer

Die Dominanz der Konzerne: Südkoreas Wirtschaftsstruktur

Die Wirtschaftsstruktur Südkoreas ist seit dem Ende des Koreakrieges (1953) durch eine ständige und tief greifende Transformation geprägt (zur Entwicklung der südkoreanischen Wirtschaft siehe den Beitrag von Werner Pascha in diesem Band). Während diese Transformation das Wirtschaftsleben völlig verändert hat, zeigt eine Besonderheit eine verblüffende Konstanz: Familiendominierte Großunternehmen (*chaebŏl* bzw. *Chaebol*) bestimmen das Bild der südkoreanischen Wirtschaft. Viele dieser Unternehmen sind heute weltweit bekannt: In der Liste der »Fortune Global 500« mit den umsatzstärksten Unternehmen der Welt waren im Jahr 2010 vierzehn südkoreanische Unternehmen geführt.[1] Die drei größten *Chaebols*, Samsung, Hyundai und LG, sind auf dem Weltmarkt für IT-Produkte, Schiffe oder Automobile einflussreiche, teilweise marktdominierende Akteure. Im Folgenden wird gezeigt, wie die *Chaebols* die Wirtschaftsstruktur des Landes geprägt haben und nach wie vor ganz wesentlich bestimmen.

1 Koreas einzigartige Wirtschaftsstruktur und die Dominanz der Chaebols

Mit dem Begriff »chaebŏl« bezeichnet man in Südkorea eine familiendominierte Unternehmensgruppe,[2] die aus mehreren rechtlich selbstständigen Unternehmen besteht (den drei größten *Chaebols* gehörten im Jahr 2004 durchschnittlich 45 Unternehmen an). Sie werden durch zentrale Planung und Koordination sowie durch Kapitalbeteiligungen zusammengehalten. Dabei liegt die Kontrolle in Teilen in den Händen der Gründerfamilie, deren Mitglieder häufig in das Management der Unternehmen eingebunden sind. Der Diversifikationsgrad der *Chaebols* ist hoch, die Unternehmen der gleichen Gruppe sind in der Regel in unterschiedlichen Sektoren aktiv. Auch die vertikale Integration, also die Beteiligung an vor- oder nachgelagerten Wertschöpfungsprozessen gehört zu den häufig anzutreffenden Merkmalen der *Chaebols*.

Chaebols sind komplex strukturiert: Samsung, das größte unten ihnen, bestand beispielsweise im Jahr 2004 aus insgesamt 63 Unternehmen,[3] darunter u. a. das Halbleiter und LCD-Bildschirme produzierende Unternehmen Samsung Electronics, der Schiffbaugigant Samsung Heavy Industries, der Baukonzern Samsung Engineering and Construction, der Lebensversicherer Samsung Life Insurance und das Kreditkartenunternehmen Samsung Card. Die zentrale Steuerung des Konzerns liegt bei Samsung Everland. Die Verbindung zwischen den Unternehmensteilen erfolgt im Wesentlichen über Kapitalbeteiligungen. So besaß Samsung Everland im Jahr 2011 19,3 Prozent der Anteile von Samsung Life Insurance, welches seinerseits 7,2 Prozent des Eigenkapitals von Samsung Electronics hält. Samsung Electronics wiederum hält 35,3 Prozent der Anteile von Samsung Card, welches zu 25,6 Prozent Miteigentümer von Samsung Everland ist.[4] Neben solchen zirkulären Eigentumsstrukturen gibt es auch die pyramidenförmige Konstruktion: Ein Dachunternehmen besitzt Teile anderer Unternehmen, die wiederum weitere Unternehmensteile halten. Durch solche Beteiligungen und Aktienportfolios ist es den ursprünglichen Gründerfamilien möglich, trotz geringer Aktienanteile komplexe Unternehmenskonglomerate zu kontrollieren.

Chaebols erinnern an die vor dem Ende des Zweiten Weltkriegs typische Organisationsform japanischer Großunternehmen, die als *Zaibatsu* bezeichnet wird.[5] Nach 1945 entwickelten sich in Japan daraus die *Keiretsu*, die den *Chaebols* ähnlich sind, mit allerdings zwei wesentlichen Unterschieden: In Südkorea ist die Dominanz der Familie im Management der Unternehmensgruppen stärker ausgeprägt als in den *Keiretsu*, und während in japanischen Unternehmensgruppen eine Finanzinstitution in der Regel integraler Bestandteil der Gruppe ist, war dies in Korea über viele Jahre nicht möglich bzw. üblich.

Der betriebswirtschaftliche Erfolg der *Chaebols* auf nationalen und internationalen Märkten wird unterschiedlich begründet. Drei Argumentationslinien sind besonders wichtig:[6]

1. *Marktperspektive*: *Chaebols* nehmen sich länger als ihre Wettbewerber die Zeit, ihre Marktpräsenz zu entwickeln, die unternehmensinterne Steuerung setzt stärker auf langfristige Marktanteils- und Profitziele als auf kurzfristige Gewinne. Sie können mittlerweile auch in Märkte eintreten, die für mittlere Unternehmen aufgrund von Markteintrittsbarrieren wie etwa hohen Anfangsinvestitionen verschlossen sind. *Chaebols* wird eine starke Risikobereitschaft zugeschrieben: Sie gehen in Märkte, die konservative Unternehmen aufgrund hoher Unsicherheit meiden.

Mit der Präsenz auf vielen Märkten ist der Diversifikationsgrad hoch, wodurch das Gesamtrisiko im Konzernverbund deutlich gesenkt wird. Schließlich gehörte zu den typischen Unternehmensstrategien zahlreicher *Chaebols* auch die Entwicklung ihrer Marktposition zunächst auf einfachen, weniger wettbewerblich umkämpften Märkten, etwa in Entwicklungsländern, bevor der Schritt auf die etablierten Märkte erfolgte. Die Struktur der Unternehmenskonglomerate mit mittlerweile vielen Auslandsniederlassungen und Repräsentanzen eröffnet den Zugang zu Netzwerken, die den schnellen und erfolgreichen Marktzutritt ermöglichen. Auch ihre Fähigkeit, sich dem Wandel der Marktverhältnisse schnell anzupassen, wird zu den Stärken der *Chaebols* gezählt.[7]

2. *Polit-ökonomische Aspekte:* Aus dieser, eher historischen Sicht war die enge Beziehung zum staatlichen Sektor essenziell für den Erfolg der *Chaebols*. Das Wachstum der *Chaebols* ist mithin ohne die Nähe zu staatlichen Akteuren der Wirtschaftspolitik sowie ohne Unterstützung und Rückbezug auf staatliche Handlungsstrategien nicht erklärbar. Die Festlegung der industriepolitischen Ziele des Staates erfolgte in der Vergangenheit stets im Benehmen mit den großen Unternehmen. Die so entstandenen staatlichen Pläne nahmen einen verbindlichen Charakter für *Chaebols* an, welche die Investitionen in den als strategisch relevant erkannten und zu entwickelnden Industriesektoren energisch umsetzten. Im Gegenzug erhielten sie vergünstigte Kredite, die der Staat über das von ihm kontrollierte Bankensystem leicht steuern konnte. Häufig sicherte der Staat den *Chaebols* dabei temporär exklusive Märkte: Wie im Fall des Automobilsektors ermöglichte eine zeitlich befristete Protektion den privilegierten Zugang zum heimischen Markt und erlaubte die Entwicklung der eigenen Kompetenzen sowie einer starken Marktposition. Der Schutz, ganz in der Tradition eines Erziehungszolls, war aber an Bedingungen geknüpft: Die schützende Hand des Staates wurde nur so lange gereicht, wie die *Chaebols* die staatlichen Ziele umsetzten und sukzessive ihre Produktivität erhöhten. Anders als in Lateinamerika wurde der Schutz für die junge Industrie entzogen, sobald klar wurde, dass ein Erfolg ausblieb, oder ein *Chaebol* sich dem staatlichen Führungsanspruch widersetzte. Auch die weit verbreitete Bestechung politischer Akteure konnten an dieser Tatsache wenig ändern.
3. *Produktionskosten:* Aufgrund arbeitsintensiver Produktionsprozesse war die Entlohnung der Arbeitnehmer weit unterhalb ihrer Produktivität ein entscheidender Wettbewerbsvorteil für südkoreanische *Chaebols*. Die Reallöhne der Arbeiter in den *Chaebols* stiegen zwar, die Lohnentwicklung blieb jedoch häufig hinter der Produktivitätsentwicklung zurück. Dies war nicht zuletzt ein Ergebnis der Organisation der Arbeitsbeziehungen

in Südkorea: Der Aufbau einer staatlich kontrollierten Gewerkschaftsbewegung (Federation of Korean Trade Unions, FKTU), die 1961 gegründet wurde, diente ebenso der Sicherung einer unternehmerfreundlichen Lohnentwicklung wie die staatliche Repression gegen die unabhängige Gewerkschaftsbewegung Korean Confederation of Trade Unions (KCTU). Deren Handeln wurde kriminalisiert, Streiks für bessere Arbeitsbedingungen wurden über Jahrzehnte mit harter Polizeigewalt niedergeschlagen. Die Kontrolle und Manipulation der Arbeitsbeziehungen erwies sich als ein wesentliches Element der staatlichen Protektion der *Chaebols*.

Auf nationaler Ebene üben die *Chaebols* einen prägenden Einfluss auf die koreanische Wirtschaft aus. Verbraucher sind ständig mit Produkten und Dienstleistungen der großen Unternehmen konfrontiert. Der Inlandsumsatz allein der drei größten Unternehmen Samsung Electronics, Hyundai Motors und LG Corp lag 2008 bei rund 100 Milliarden US-Dollar.[8] Dabei haben sie in Südkorea ca. 170 000 Beschäftigte. Die Arbeitsproduktivität, und so auch die Profitabilität, südkoreanischer *Chaebols* liegt deutlich über jener in kleinen und mittleren Unternehmen.[9] Gleichzeitig sind im Vergleich zu kleinen und mittleren Unternehmen die Arbeitsplätze in *Chaebols* in den letzten Jahrzehnten stets durch größere Sicherheit geprägt gewesen, der Anteil regulärer Arbeitsplätze ist in *Chaebols* deutlich höher.

Südkoreas *Chaebols* sind auch international außergewöhnlich erfolgreich, die Exporterfolge der koreanischen Wirtschaft lassen sich im Wesentlichen auf die Exportanstrengungen dieser Unternehmen zurückführen. Samsung allein steht für 20 Prozent aller südkoreanischen Exporte. Die Namen der drei großen *Chaebols* Hyundai, Samsung und LG sind weltweit mit einem hohen Wiedererkennungswert versehen und gehören zu den »Topbrands«. Die *Chaebols* treten zunehmend international als Direktinvestoren in Erscheinung. Samsung, Hyundai und LG beschäftigen außerhalb Koreas mehr als 130 000 Menschen und gehören zu den 25 größten nicht finanziellen transnationalen Unternehmen aus Schwellen- und Entwicklungsländern.[10]

Der weit überwiegende Teil der südkoreanischen privaten Ausgaben für Forschung und Entwicklung, die im weltweiten Vergleich erheblich sind, erfolgt in den *Chaebols*. Dabei sind 38 Prozent aller Ausgaben für Forschung und Entwicklung dem Samsung-Konzern zuzurechnen. Samsung gehört auch zu den führenden Unternehmen bei der Anmeldung von Patenten.[11]

2 Der Wandel der Strategien der *Chaebols* und der Wandel der Politik gegenüber den *Chaebols*

Die großen *Chaebols*, insbesondere Samsung, Hyundai und LG entwickelten sukzessive ihre nationale und internationale Marktpräsenz und steuerten in den letzten Jahrzehnten einen wachsenden Anteil zur gesamtwirtschaftlichen Produktion in Südkorea bei.[12] Vor dem Hintergrund des Wachstums der Unternehmensgruppen und der sichtbaren Exporterfolge dominierte bei der Bewertung der *Chaebols* bis Mitte der 1990er-Jahre vielfach die positive Würdigung: Es wurde deren organisatorische Struktur und strategische Ausrichtung gepriesen und darauf verwiesen, dass dies die Stärken asiatischer Unternehmensmodelle zeige. Die *Chaebols* wurden häufig als rationale und effiziente institutionelle Lösung interpretiert und anderen Ländern als institutionelle Blaupause empfohlen.

Gleichwohl gaben die wachsende Macht und die interne Verflechtung der *Chaebols*, deren riskantes Finanzgebaren und einzelne Unternehmenszusammenbrüche immer wieder Anlass zu Kritik und Sorge.[13] Bereits Ende der 1970er-Jahre versuchte die Regierung in Reaktion auf eine krisenhafte Entwicklung der Wirtschaft die Restrukturierung der *Chaebols* anzuregen. Mitte der 1980er-Jahre bemühte sich die Regierung dann, durch ein Verbot von Überkreuzbeteiligungen, durch Fusionskontrolle und andere wettbewerbspolitische Maßnahmen die Gefahren der wachsenden Marktmacht und der zu großen Komplexität der *Chaebols* zu begrenzen. Und doch waren die Kritiker der machtvollen *Chaebols* über Jahrzehnte angesichts der wirtschaftlichen Erfolge eher in der Defensive.

Das stetige Wachstum der *Chaebols* wurde mit der Finanzkrise von 1997/98 jäh unterbrochen. Die sogenannte Asienkrise bedeutete eine Zeitenwende, durch die der Rahmen für unternehmerisches Handeln in Südkorea eine substanzielle strukturelle Änderung erfuhr: Mehrere *Chaebols*, wie etwa das mächtige Unternehmenskonglomerat Daewoo, überlebten die Krise nicht. Die Finanzkrise hatte die Verwundbarkeit der Unternehmen offengelegt: Der im internationalen Vergleich hohe Verschuldungsgrad vieler *Chaebols* wurde zur Achillesferse.[14] Der in der Betriebswirtschaft als Leverage-Effekt bezeichnete Hebeleffekt niedriger Eigenkapitalquoten hatte in guten Zeiten die Eigenkapitalrenditen erhöht, aber auch gleichzeitig in schlechten Zeiten das Rentabilitäts- und Liquiditätsrisiko gesteigert. Mit der wachsenden Fremdkapitalaufnahme im Ausland wuchs auch die Abhängigkeit von internationalen Kapitalmarktbewegungen und der eigentümlichen Logik der Finanzströme. Das kurzfristige völlige Versiegen internationaler Kapitalströme, ein in den südkoreanischen Unternehmenszentralen unberücksichtigtes Szenario, traf daher die *Chaebols* an einer empfindlichen Stelle. Liquiditätshilfen und Notmaßnahmen wie Verkäufe von Beteiligungen waren erforderlich, um das Überleben der *Chaebols* zu sichern. Deren durchschnittlicher Verschuldungsgrad wurde in den Folgejahren der Krise deutlich zurückgeführt, mit positiven Wirkungen für die Stabilität der Unternehmensgruppen.[15]

Mit der Finanzkrise 1997/98 und dem politischen Wechsel durch die Wahl Kim Dae Jungs *(Kim Tae-jung)* zum neuen Präsidenten im Jahr 1997 wurden die Kritiker der Macht und des Gebarens der *Chaebols* auch national stärker gehört. Sie verwiesen einerseits auf die antiquierten Organisations- und Führungsstrukturen und andererseits – vor dem Hintergrund der familiären Verquickungen – auf Informations- und Anreizprobleme innerhalb der Unternehmen. *Chaebols* standen nun für viele exemplarisch für die Schattenseiten asiatischer Führungsgewohnheiten und galten als Symbol eines im Englischen als »crony capitalism« bezeichneten Systems, bei dem die engen Kontakte zwischen Wirtschaft und politischen Entscheidungsträgern letztlich über Wohl und Wehe von Unternehmen entscheiden. Die Kritiker forderten eine gänzlich andere Wettbewerbspolitik, die der Macht der Konzerne entschieden entgegentritt.[16]

Die Finanzkrise bedeutete schließlich auch eine Zäsur im Verhältnis des Staates zu den *Chaebols*.[17] Kim Dae Jungs Regierungshandeln – und später auch das seines Nachfolgers Roh Moo Hyun *(No Mu-hyŏn)* – war durch eine deutlich Chaebol-kritische bzw. -skeptische Perspektive geprägt. Der Staat übernahm die Regie und nutzte die dramatische Lage, um die Reform der *Chaebols* nach den eigenen Vorstellungen voranzubringen. Dabei standen eine engere Kontrolle, stringente Regulierung und das Einfordern der Beachtung international üblicher Governance-Strukturen der Unternehmen im Vordergrund.[18] Die Regierung verordnete drastische Restrukturierungen: So mussten etwa die *Chaebols* die Zahl der ihnen zugehörigen Unternehmen reduzieren. Unter staatlicher Ägide wurden »big deals«, d. h. der gegenseitige Kauf, Verkauf und Tausch von Unternehmenseinheiten zum Zwecke der Arrondierung der Geschäftsfelder der *Chaebols*, verabredet. Dieser Eingriff reflektierte die Überzeugung der staatlichen Stellen, dass die Größe der *Chaebols*, ihre gewachsene Komplexität und das Ausmaß der Diversifikation zu einer erheblichen Gefahr für die Solvenz der Unternehmen und auch für die ganze Wirtschaft Südkoreas geworden war. Der Staat folgte damit auch der Einschätzung internationaler Investoren, welche die Verschachtelungen der *Chaebols* zunehmend kritisch beurteilten und die Einhaltung internationaler Standards hinsichtlich Transparenz und Berechenbarkeit unternehmerischen Handelns forderten. Angesichts der Finanzkrise 1997/98 und vor dem Hintergrund auch der anhaltenden internationalen Kritik in den Folgejahren beugten sich die *Chaebols* nolens volens dem Regierungskurs – zumal das Ende des Daewoo-Konzerns und das persönliche Schicksal seines Gründers Kim Woo-choong gezeigt hatte, dass ein Scheitern großer Konzerne möglich ist, die *Chaebols* demnach nicht »too big to fail« sind und das Vertrauen auf staatliche Hilfe gefährlich ist.

Der Wechsel der Politik gegenüber den *Chaebols* Ende der 1990er-Jahre ist auch das Ergebnis einer allgemeinen Anpassung der Industriepolitik. Diese war bis in die 1990er-Jahre durch gezielte Förderung einzelner als strategisch wichtig erachteter Industrien gekennzeichnet. Mit der wachsenden Komplexität der Wirtschaft und der zunehmenden internationalen Vernetzung hatten sich die Schwächen dieses – im Entwicklungsprozess noch erfolgreichen – Steuerungsmodells offenbart. Ein deutlich stärkerer Fokus lag nun auf der Sicherstellung wettbewerblicher Strukturen und dem Kampf gegen monopolistisches oder oligopolistisches Verhalten.[19] Parallel und durchaus verknüpft mit der Anpassung der industriepolitischen Ausrichtung erfolgte der partielle und sukzessive Rückzug des Staates aus dem Finanzsektor. Die traditionelle Form der indirekten Subventionierung der industriepolitisch erwünschten Investitionen war somit nur noch begrenzt möglich. Verbunden damit war auch die Emanzipation der *Chaebols* vom Staatssektor. Die Kehrseite dieser neuer Selbstständigkeit war jedoch die wachsende Abhängigkeit von nationalen und internationalen Märkten, insbesondere der volatilen Einschätzungen der Weltfinanzmärkte.

Die Zahl der Unternehmen und der Diversifikationsgrad der *Chaebols* ist in den letzten Jahren wieder gewachsen. Die Bewertung dieser Entwicklung ist schwer: Einerseits kann sie als Rückfall in alte Strukturen interpretiert werden, andererseits können die Diversifikation und die damit verbundene Risikostreuung in sehr wechselhaften Zeiten auch stabilisierend wirken.[20]

Chaebols gelang es seit Beginn der Industrialisierung, den politischen Entscheidungsprozess zu beeinflussen. Sie unterstützen Parteien wie einzelne Abgeordnete, und einige der führenden Politiker waren zuvor in verantwortlicher Position in *Chaebols* tätig, so auch der bis 2013 amtierende Staatspräsident Lee Myung Bak *(Yi Myŏng-bak)*, der von 1965 bis 1992 für Hyundai Construction arbeitete. Allein schon durch die Größe ihrer Investitionen und der Bedeutung derselben für die lokale Wirtschaft verfügen *Chaebols* über erhebliche Macht gegenüber der Politik auf Provinz- und Kommunalebene. Jenseits der politisch problematischen, aber juristisch vertretbaren Einflussnahme auf politische Entscheidungen gab es im Lauf der Geschichte seit der Unabhängigkeit zahlreiche Korruptionsskandale, die Südkorea immer wieder erschütterten. Sowohl das Image der Politik als auch das der Großunternehmen wurde dabei – national wie international – schwer beschädigt. Im Korruptionswahrnehmungsindex von Transparency International liegt Südkorea auf dem 43. Platz, weit entfernt von den meisten anderen OECD-Ländern (siehe *Tabelle*).

Tab.: Korruptionswahrnehmungsindex im öffentlichen Sektor 2011*

Rang	Land	Indexwert	Rang	Land	Indexwert
1	Neuseeland	9,5	22	Chile	7,2
2	Dänemark	9,4	24	USA	7,1
3	Finnland	9,4	25	Frankreich	7,0
4	Schweden	9,3	29	Estland	6,4
6	Norwegen	9,0	31	Spanien	6,2
7	Niederlande	8,9	32	Portugal	6,1
8	Australien	8,8	35	Slowenien	5,9
8	Schweiz	8,8	36	Israel	5,8
10	Kanada	8,7	41	Polen	5,5
11	Luxemburg	8,5	43	Korea	5,4
13	Island	8,3	54	Ungarn	4,6
14	Japan	8,0	57	Tschechien	4,4
14	Deutschland	8,0	61	Türkei	4,2
16	Österreich	7,8	66	Slowakei	4,0
16	Großbritannien	7,8	69	Italien	3,9
19	Belgien	7,5	80	Griechenland	3,4
19	Irland	7,5	100	Mexiko	3,0

* Rang und Werte für alle 34 OECD-Länder; Werte zwischen 10 und 0 – je höher der Wert, desto geringer die Korruptionswahrnehmung.
Quelle: Transparency International, Corruption Perception Index 2011, online: http://cpi.transparency.org/cpi2011/(Zugriff am 20.12.2011), S. 4.

Die Konsequenzen der Korruptions- und Steuerhinterziehungsskandale zeigen gleichsam die Ambivalenz im Verhältnis zwischen Politik und *Chaebols*. Mehrere Führungspersonen großer *Chaebols*, so die Präsidenten von Daewoo, Samsung Electronics und Hyundai Motors wurden wegen Zahlung von Bestechungsgeldern an Beamte und Politiker sowie Steuerhinterziehung rechtskräftig verurteilt. Und doch konnten viele Manager nach nur kurzem Arrest wieder für die Unternehmen tätig sein, da ihre Dienste offenbar als unerlässlich für die eigene Wirtschaft angesehen werden. Für Kritiker scheint die südkoreanische Politik der Devise zu folgen: Mehr Rechtsstaat und saubere Regierungsführung ja, aber auch mehr Wachstum und wirtschaftliche Erfolge, und im Zweifel dominiert die Wertschätzung für ökonomische Ziele.

Auch in der Bevölkerung ist die Wahrnehmung der *Chaebols* ambivalent: Die Praxis der skrupellosen Verfolgung eigener Interessen, die Nutzung ihrer Macht auf dem heimischen Markt, Absprachen und die Aufdeckung von Korruptionsskandalen sowie Fällen von Steuerhinterziehung erregen regelmäßig den Zorn der Öffentlichkeit. Die *Chaebols* erscheinen geradezu als ein ideales Feindbild.[21] Gleichzeitig betont insbesondere die konservative Presse die Notwendigkeit, auf die gewachsene Stärke der *Chaebols* zu setzen. Unter Präsident Lee Myung Bak (2008–2013), der selbst ein Unternehmen der Hyundai-Gruppe geleitet hat, wurde die Politik wieder deutlich Chaebol-freundlicher. Für ihn sind Großunternehmen die eigentlichen Wachstumstreiber.[22] Schließlich ist auch das Interesse junger Leute, für *Chaebols* zu arbeiten, ungebrochen groß; die Produkte und Dienstleistungen der Unternehmen werden gern genutzt und die Koreaner sind stolz auf die internationale Wahrnehmung ihrer Leistungsfähigkeit.

Eine andere Form der Einflussnahme ist in der Verbindung zu Multiplikatoren wie den Medien oder Hochschulen zu sehen. Die Macht der *Chaebols* über die Medien ist hoch, sie funktioniert entweder direkt über die Beteiligung an Zeitungsverlagen oder indirekt über ihre Bedeutung als Werbekunden. Kritiker verweisen auch auf die kaum verdeckten Versuche großer Unternehmen, durch die Vergabe von umfangreichen und attraktiven Forschungsaufträgen Akademiker zu einseitigen Aussagen zu bewegen.

Kleine und mittlere Unternehmen sind vor dem Hintergrund der starken Position der *Chaebols* in einer schwierigen Lage.[23] Sie weisen im Durchschnitt eine niedrigere Produktivität auf, ihre Rentabilität ist niedriger als in Großunternehmen und ihr Anteil an den Forschungs- und Entwicklungsausgaben ist gering. Zudem haben sie wenig Exporterfahrung. Kleine und mittlere Unternehmen sind vielfach von der Fertigung für *Chaebols* abhängig und klagen über unfaire Behandlung. Und doch ist ihre Zahl in den letzten Jahren gestiegen. Spezielle Förderprogramme oder auch Auflagen wie etwa die Anforderung an Banken, Teile ihres Kreditportfolios für kleine und mittlere Unternehmen zu reservieren, haben hier einen Beitrag geleistet.[24] Die Politik postuliert eine Strategie, nach der sowohl kleine und mittlere als auch große Unternehmen am Wachstumserfolg teilhaben sollen (»shared growth«).[25]

Aus Sicht nationaler und internationaler Organisationen kann die Entschlackung der Regelungen für die Gründung von Unternehmen oder der Regeln für einzelne Produktmärkte dazu beitragen, kleine und mittlere Unternehmen zu fördern.[26] Trotz der Dominanz der *Chaebols* fordern allerdings internationale Organisationen eine neutrale Politik, und nicht eine gezielte Förderung: Der Abbau der direkten und indirekten Bevorzugung von *Chaebols* wäre aus dieser Perspektive besser als der konkurrierende Aufbau von Begünstigungen für bisher benachteiligte Unternehmen und im Ergebnis eine überbordende Bürokratie. Einige Beobachter trauen kleinen und mittleren Unternehmen Erfolge zu und sehen sie durchaus als strukturell wettbewerbsfähig an. Die Gründe für ihre niedrigere Rentabilität werden eher darin gesehen, dass kleine und mittlere Unternehmen stärker im weniger rentablen Dienstleistungsbereich aktiv sind.

Fazit

Der wirtschaftliche Fortschritt Südkoreas ist ohne die erfolgreiche Entwicklung der *Chaebols* nicht denkbar. Sie haben einen wesentlichen Anteil am Wohlstand des Landes. Ihr Beitrag zu Produktion, Export, Innovationsfähigkeit und zur internationalen Wahrnehmung Südkoreas ist immens.

In der Vergangenheit haben sich die meisten *Chaebols* als anpassungsfähig erwiesen. Ein besonderes Risiko für die nachhaltige Positionierung der Unternehmen stellt ihre Abhängigkeit von den Gründerfamilien dar. In entwickelten Ländern ist daher überwiegend der Weg beschritten worden, bei zunehmender Größe und Komplexität qualifiziertes Personal für die Führungspositionen von außen zu gewinnen, statt auf optimal geeignete Familienmitglieder zu hoffen. Auch in Südkorea gibt es Anzeichen für einen solchen Prozess.[27] Die Fortsetzung der Strategie der Dominanz der Familien und der gelegentlich an Personenkult grenzende Blick auf die zentralen Führungspersonen wären jedenfalls mit hohen Risiken verbunden. Die Politik ist gefordert, ihre Wettbewerbspolitik weiterzuentwickeln und angemessene Wege zu beschreiten, um einerseits das Potenzial der *Chaebols* zu nutzen und andererseits den Missbrauch ihrer Macht auf dem Markt und in der Politik zu verhindern. Hier liegt eine der größten Herausforderungen, will Südkorea den erfolgreichen Entwicklungspfad der vergangenen Jahrzehnte weiter beschreiten.

Literatur

Haggard, Stephan/Lim Wonhyuk/Kim Euysung, Economic Crisis and Corporate Restructuring in Korea, Cambridge 2003.

Korea Fair Trade Commission, Annual report, Seoul 2011.

Mayer, Peter, Südkorea in der Krise – Ein Land auf der Suche nach Orientierung, in: Internationales Asienforum, 29 (1998) 3–4, S. 221–238.

OECD, Regulatory Reform in Korea – The Role of Competition Policy in Regulatory Reform, Paris 2000.

Steers, Richard/Shin Yoo Keun/Gerardo R. Ungson, The Chaebol – Korea's New Industrial Might, Grand Rapids 1989.
Won, Kim Ky, Chaebol Restructuring and Family Business in Korea, Family Business in Developing Countries, International Workshop Proceedings, Asia Studies Center, Institute of Developing Economies, March 2004.

Anmerkungen

1 Kim Jong-Nyung, Korean Companies in the 21st Century: 2000 vs. 2010, in: Samsung Economic Research Institute, 26. September 2011.

2 Vgl. Wonhyuk Lim/Stephan Haggard/Euysung Kim, Introduction: The Political Economy of Corporate Restructuring, in: Dies. (Hrsg), Economic Crisis and Corporate Restructuring in Korea, Cambridge 2003, S. 7–13; Richard Steers/Yoo Keun Shin and Gerardo R. Ungson, The Chaebol – Korea's New Industrial Might, Grand Rapids 1989, S. 37–46; Lee Sook-Jong, The Politics of Chaebol Reform in Korea: Social Cleavage and New Financial Rules, in: Journal of Contemporary Asia, 38 (2008) 3, S. 439–452; Chang-hyun Yun, Reviving the economy by freeing corporations, in: The Korean Herald: A New National Strategy for Korea, 2008, S. 296–299; Wirtschaftswoche, Brennendes Bedürfnis nach Geltung, Nr. 40, 4. Oktober 2010, S. 66–75.

3 Vgl. OECD, OECD Review of Innovation policy: Korea, 2009.

4 Jung-a Song, Samsung unit's disposal points to long-term revamp, in: Financial Times, 14. September 2011.

5 Vgl. Steers/Shin/Ungson (wie Anm. 2), S. 46–48.

6 Vgl. Lim/Haggard/Kim (wie Anm. 2), S. 7–13; Kim Ky Won, Chaebol Restructuring and Family Business in Korea, Family Business in Developing Countries, International Workshop Proceedings, Asia Studies Center, Institute of Developing Economies, March 2004; Lee (wie Anm. 2), S. 440–442; Economist, The next big bet, 1. Oktober 2011, S. 64–66; Steers/Shin/Ungson (wie Anm. 2), S. 76–78.

7 Siehe für eine interessante Darstellung der Strategie des Samsung-Chaebol: Economist (wie Anm. 6) und Lee Sook-Jong (wie Anm. 2), S. 447–448.

8 Der Umsatz im Ausland liegt gar bei 165 Milliarden US-Dollar, vgl. UNCTAD, World Investment Report 2010, Genf 2010.

9 OECD, OECD Review of Innovation policy: Korea, 2009, S. 63.

10 Vgl. UNCTAD (wie Anm. 8).

11 Randall Jones, Creating a knowledge-based economy in Korea, in: The Korean Herald: A New National Strategy for Korea, 2008, S. 245; The International Bank for Reconstruction and Development/The World Bank, Korea as a Knowledge Economy – Evolutionary Process and Lessons Learned, 2006, S. 19.

12 Wonhyuk Lim, The Emergence of the Chaebol and the Origins of the Chaebol Problem, in: Lim/Haggard/Kim (wie Anm. 2), S. 47, Lim/Haggard/Kim (wie Anm. 2), S. 7–8.

13 Vgl. Kim (wie Anm. 6); Max Eli, Großkonglomerate und Kleinbetriebe, in: Rüdiger Machetzki/Manfred Pohl (Hrsg.): Korea – Wirtschaft, Politik, Kultur, Gesellschaft, Natur, Geschichte, Reisen, Sport, Stuttgart/Wien 1988, S. 221; Lim (wie Anm. 12).

14 Vgl. Anne O. Krueger/Jungho Yoo, Chaebol Capitalism and the Currency-Financial Crisis in Korea, NBER conference on currency crises prevention, January 2001, online: http://www.stanford.edu/~ljlau/Courses/Econ216/Paper1.pdf (Zugriff am 30. September 2011), S. 33.

15 Vgl. Kim Jong-Nyung (wie Anm. 1).

16 Vgl. Young-Mo Yoon, Chaebol Reform – The Missing Agenda in Corporate Governance, 1999, online: http://www.oecd.org/dataoecd/49/38/1871427.pdf (Zugriff am 20.12.2011); Lim (wie Anm. 12).

17 Vgl. Kim (wie Anm. 6); Peter Mayer, Südkorea in der Krise – Ein Land auf der Suche nach Orientierung, in: Internationales Asienforum, 29 (1998) 3–4, S. 224–227.

18 Vgl. Lee (wie Anm. 2), S. 443; Hyung Jin-Kwon, Helping corporations for the greater good, in: The Korea Herald (Hrsg.): A New National Strategy for Korea, Insights into Korea Series, Vol. 4, Seoul 2008, S. 306–307.

19 Vgl. Vladimir Hlasny, Competition enhances firms' competitiveness, in: The Korean Herald: A New National Strategy for Korea, 2008, S. 292.

20 Vgl. Economist (wie Anm. 6).

21 Vgl. Choe Sang-Hun, Dominating abroad, under siege at home, in: New York Times, 15. September 2011.

22 Vgl. Hyun (wie Anm. 18), S. 306.

23 Anna Fifield, Korea's Bulldozer must clean up the chaebol, in Financial Times, 26. März 2008.

24 International Monetary Fund (IMF), Republic of Korea – Selected Issues, Washington, D. C. 2010.

25 Korean Fair Trade Commission, Annual report, Seoul 2011.

26 Vgl. Tae-ho Bark, An external economic strategy for the future, in: The Korean Herald: A New National Strategy for Korea, 2008, S. 250–252; Jones (wie Anm. 11), S. 240; Hlasny (wie Anm. 19), S. 293; IMF (wie Anm. 24), S. 9.

27 Kim (wie Anm. 6).

Park Myung Joon

Arbeitsbeziehungen und Arbeitsmarktpolitik in Südkorea

Die Arbeitsbeziehungen in Südkorea haben sich seit den 1960er-Jahren rasant verändert. Die Arbeiterbewegung, die zuvor vom autoritären Staat beharrlich unterdrückt worden war, erfuhr seit der Demokratisierung 1987 eine lebhafte Entwicklung. Auch die Arbeitsmarktpolitik ist zu einem wichtigen Politikfeld geworden, in dem versucht wird, den gesellschaftlichen Zusammenhalt sowie grundlegende Rechte der arbeitenden Bevölkerung zu sichern und so die Effektivität der Wirtschaft zu erhöhen. Im Blickpunkt des folgenden Beitrages sollen die Herausbildung und Entwicklung der Arbeiterbewegung im modernen Südkorea, die Besonderheiten der südkoreanischen Arbeitsbeziehungen sowie die Arbeitsmarktpolitik stehen.

1 Die Geschichte der Arbeiterbewegung

Nach der Annexion Koreas durch Japan 1910 wurde nicht nur die Herrschafts-, sondern auch die Wirtschaftsstruktur großen Veränderungen unterzogen. Als Reaktion darauf entfaltete sich in der koreanischen Bevölkerung während der Kolonialzeit neben einer politischen Widerstandsbewegung gegen den japanischen Imperialismus gleichzeitig eine sozial-wirtschaftliche Bewegung, die auf die individuellen Ansprüche der Lohnarbeiter in Unternehmen zielte. Unter der 35 Jahre andauernden Kolonialherrschaft waren Unabhängigkeits- und Arbeiterbewegung eng miteinander verschränkt. Die Arbeiterbewegung gründete auf kommunistischen Ideen. Arbeitskämpfe wie die Generalstreiks in Yŏnghŭng und Wŏnsan Ende 1920er-Jahre hatten zugleich den Charakter eines antijapanischen Befreiungskampfes. Nicht zuletzt deshalb wurde die Arbeiterbewegung von den Japanern stark unterdrückt.

Unmittelbar nach der Befreiung im Jahr 1945 strebte die koreanische Arbeiterbewegung nach Stärkung ihrer organisatorischen Fähigkeiten. Die Mehrheit der Arbeiterorganisationen schlossen sich im Nationalrat der Koreanischen Gewerkschaften (NKG, *Chosŏnnodongjohapjŏngukp'yŏngŭihoe*) zusammen.[1] Bei der Gründung bestand dieser aus 1 194 Einzelgewerkschaften mit 500 000 Mitgliedern. Unter der US-Militärregierung (1945–1948) führte der Nationalrat in Südkorea mehrere landesweite Streiks durch. Er wurde jedoch von der US-Militärregierung bekämpft und zum Ausbruch des Koreakrieges 1950 praktisch aufgelöst.

Unter der Regierung von Rhee Syngman (*Yi Sŭng-man*) in den 1950er-Jahren konnte die südkoreanische Arbeiterbewegung keine großen Aktivitäten entfalten. Südkorea war ein rückständiges Agrarland, die Herausbildung einer breiten Arbeiterschicht lag noch in weiter Ferne. In dieser Zeit wurde der Allgemeine Arbeiterverband für die schnelle Verwirklichung der Unabhängigkeit Koreas in seiner ersten Form im März 1946 gegründet. Er änderte seinen Namen mehrmals. Seit 1960 wird die Organisation unter dem Namen *Han'guk nodongchohap ch'ongyŏnmaeng* (Federation of Korean Trade Unions, FKTU) geführt.

Die 1961 durch einen Putsch an die Macht gekommene Militärregierung von Park Chung Hee *(Pak Chŏng-hŭi)* führte mit großem Erfolg eine staatlich geleitete Industrialisierung durch, sodass die südkoreanische Wirtschaft seit den 1960er-Jahren ein schnelles Wachstum verzeichnen konnte. Damit einher ging das Wachstum der Arbeiterschicht. Die autoritäre Regierung Parks bevorzugte eine exportorientierte Industrialisierungsstrategie, wofür sie besonders die Großunternehmen förderte. Die Gewerkschaften wurden bei den Regierungsentscheidungen zur Wirtschaftsstrategie jedoch nicht berücksichtigt. Stattdessen beschnitt der Staat in den 1960er-Jahren die kollektiven Grundrechte der Arbeiterinnen und Arbeiter und verfolgte systematisch eine Niedriglohnstrategie. Die Arbeiterbewegung konnte unter diesen Bedingungen keine Kraft entfalten. Die FKTU existierte zwar als einziger legitimer Bund der gesamten Arbeiterschaft, wurde aber unter die strenge Kontrolle der autoritären Regierung gestellt.

Ab Ende der 1960er-Jahre kam es ungeachtet der starken staatlichen Unterdrückung zu vereinzelten Protestaktionen, die Gewerkschaften konnten jedoch nach wie vor keine große gesellschaftliche Wirkung erzielen. Dies änderte sich zu Beginn der 1970er-Jahre mit einem Vorfall, der in Bezug auf die Entwicklung der Arbeiterbewegung Südkoreas von entscheidender Bedeutung war: Chŏn T'ae-il, ein Textilarbeiter, der sich für die Verbesserung der Situation seiner jungen Kolleginnen (meist im Alter von 12 bis Mitte 20) in den unzähligen Kleinbetrieben im Seouler Viertel Ch'ŏnggyech'ŏn engagiert hatte, entschloss sich zu einem symbolischen Akt, um die Öffentlichkeit auf die unmenschlichen Arbeitsbedingungen aufmerksam zu machen. Er rief dazu auf, das schon bestehende »Arbeitsgesetz« auch zu befolgen, kurz bevor er sich selbst verbrannte. Zwar konnte er mit seiner Selbstopferung keine sofortige Verbesserung der Arbeitsbedingungen erzielen, langfristig betrachtet hatte seine Protestaktion aber tief gehende Wirkung hinterlassen. Sie war der Anstoß zur Wiederbelebung der südkoreanischen Arbeiterbewegung. Ebenfalls nach diesem Vorfall begannen die Studenten, die Hauptträger der politischen Protestbewegung gegen die autoritäre Herrschaft Parks seit den 1960er-Jahren waren, sich für die Arbeiterfrage zu interessierten. Viele von ihnen schlossen sich direkt der Arbeiterbewegung an, darunter u. a. Kim Mun Soo *(Kim Munsu)*, der spätere Gouverneur der Provinz Kyeonggi, und Sohn Hak Kyu *(Son Hak-kyu)*, heute ein führender Politiker der Demokratischen Partei. Nicht selten wurden Studenten wegen ihrer Aktivitäten für die Arbeiterbewegung jahrelang inhaftiert.

Mit der Ermordung Park Chung Hees 1979 keimte für kurze Zeit Hoffnung auf Demokratie und die Zulassung von freien Gewerkschaften auf. Nachdem mit Chun Doo Hwan *(Chŏn Tu-hwan)* jedoch erneut ein General an die Macht gekommen war, wurde diese Aussicht der Arbeiterschaft wieder zunichte gemacht. In der Zeit der neuen Militärregierung intensivierte sich allerdings die Zusammenarbeit der von den Gewerkschaften geführten Arbeiterbewegung mit der Studentenbewegung, was eine wichtige Weichenstellung für die sich entwickelnde Demokratiebewegung bedeutete.

Trotz dieser Aktivitäten existierte in Südkorea bis zur Demokratisierung im Jahre 1987 keine freie demokratische Interessenvertretung der Arbeiterschaft. Die Arbeiterinnen und Arbeiter mussten hinsichtlich ihrer Grundrechte weiterhin viele Einschränkungen hinnehmen. Trotz des rasanten Wirtschaftswachstums litten sie unter den Niedriglöhnen. Dabei wurde es ihnen nicht erlaubt, eine eigene Partei zu gründen, die ihre kollektiven Interessen auf politischer Ebene angemessen hätte vertreten können. Nach der politischen Demokratisierung im Juni 1987 erlebte die südkoreanische Gesellschaft eine Explosion der Arbeiterproteste in einer bis dahin unbekannten Dimension. Im Sommer 1987 gab es drei Monate lang landesweit heftige Arbeitskämpfe. Danach wuchs die Zahl der Gründungen von Betriebsgewerkschaften mit beispielloser Geschwindigkeit. An Industriestandorten, wo es bis dahin keine Arbeitnehmervertretung gegeben hatte, konstituierten sich neue unabhängige Gewerkschaften. Gleichzeitig bildeten die freien Betriebsgewerkschaften regionale und landesweite Dachorganisationen.

Die Akteure der neuen Arbeiterbewegung initiierten zugleich verschiedene wirtschaftliche und soziale Reformvorschläge, die u. a. die Abschaffung der Gesetze zur Einschränkung der Arbeiterbewegung beinhalteten. Im Zentrum dieser Bewegung stand neben der FKTU, die sich um moderate politische Reformen bemühte, der neue noch illegale Demokratische

Gewerkschaftsbund, der zur Durchsetzung seiner politischen Ziele auch Streiks organisierte. Die Regierungen von Roh Tae Woo (*No T'ae-u*; 1988–1993) und Kim Young Sam (*Kim Yŏng-sam*; 1993–1998) reagierten ablehnend auf die Aktivitäten der Gewerkschaften. Bis Mitte der 1990er-Jahre kam es in Südkorea so zu andauernden Konflikten um Reformen zwischen Staat und Arbeiterorganisationen. Die Unternehmen versuchten ihrerseits, den wachsenden Einfluss der Gewerkschaften einzuschränken.

Demgegenüber gründeten die Arbeiter, die sich durch FKTU nicht angemessen vertreten fühlten, von 1990 an unabhängige Organisationen. Diese schlossen sich schließlich 1995 zu einem neuen landesweiten Verband unter dem Namen *Chŏn'gukminjunodongchohapch'ongyŏnmaeng* (Korean Confederation of Trade Unions, KCTU) zusammen.

Der Staat begann allmählich eine arbeiterfreundlichere Haltung einzunehmen: 1997 wurde ein großer Teil des Arbeitsgesetz revidiert, was die Möglichkeit der Bildung von Gewerkschaften auf der Ebene von Industriebranchen einschloss – bis dahin waren Gewerkschaften nur auf Betriebsebene erlaubt. Diese Reform war u.a. ein Ergebnis von Generalstreiks Ende 1996, welche als die größten nach der Befreiung 1945 bezeichnet wurden. Im Jahre 1999 wurde unter der Regierung Kim Dae Jungs *(Kim Tae-jung)* die KCTU schließlich legalisiert.

Im Zuge der asiatischen Wirtschafts- Finanzkrise 1997/98 wurde die südkoreanische Arbeiterbewegung erneut auf eine harte Probe gestellt. Die Gewerkschaften bemühten sich weiter, die wirtschaftlichen und sozialen Interessen der Arbeiterschaft zu vertreten. Sie kritisierten vehement Strukturanpassungsmaßnahmen der Regierung von Kim Dae Jung (1998–2003), die ihrerseits Forderungen von IWF und Weltbank nachkommen musste, um das Land aus der Finanzkrise zu führen. Seit der Asienkrise hat sich der Arbeitsmarkt zu Ungunsten der Arbeiterschaft entwickelt, etwa infolge einer Polarisierung des Arbeitsmarktes in Form von Diskrepanz zwischen Arbeitnehmern in Groß- und Kleinunternehmen sowie einer Differenzierung in Vollzeit- und Teilzeitbeschäftigung.

2 Das Arbeitnehmer-Arbeitgeber-Verhältnis: Akteure und Tarifverhandlungen

Seit der Demokratisierung 1987 wurden die Arbeiterbewegung zwar aufgewertet und unabhängige *Gewerkschaften* anerkannt, die Institutionalisierung demokratischer Arbeitsbeziehungen ist in Südkorea aber nach wie vor im Gange. Die südkoreanischen Gewerkschaften als ein wichtiger Akteur innerhalb der Arbeitsbeziehungen befinden sich selbst noch auf dem Weg der Institutionalisierung. Hauptamtliche Gewerkschafter erhielten bis 2010 ihren Lohn in der Regel vom jeweiligen Arbeitgeber, danach wurden ihre Löhne durch Mitgliedsbeiträge bezahlt. Ebenfalls war es in Südkorea verboten, innerhalb eines Betriebes mehrere Gewerkschaften zu gründen. Dieses Verbot wurde ab dem 1. Juli 2011 endgültig aufgehoben. Die Regierung von Kim Young Sam hatte zwar bereits 1997 die rechtliche Grundlage für die Zulassung von mehreren Branchengewerkschaften geschaffen, aber bis 2011 war pro Betrieb weiterhin nur eine Gewerkschaft erlaubt.

2009 gab es in Südkorea 4 689 amtlich eingetragene Gewerkschaften. Davon sind 4 644 Betriebsgewerkschaften, die restlichen Gewerkschaften auf Konzernebene (z. B. Hyundai), Branchen- (z. B. Taxigewerkschaften) oder Frauengewerkschaften. Die Gewerkschaften bilden insgesamt 43 Verbände auf Ebene der Industriebranchen und zwei Verbände auf nationaler Ebene: die FKTU und die KCTU. Ca. 1 640 000 Arbeiterinnen und Arbeiter sind gewerkschaftlich organisiert, was einen Organisierungsgrad von zehn Prozent bedeutet. Mehr als 80 Prozent der Gewerkschaftsmitglieder sind männlich. Was die organisatorischen Fähigkeiten der beiden großen Gewerkschaftsverbände angeht, so zeigt sich quantitativ zunächst die FKTU haushoch überlegen. Unter ihrem Dach sind 2 513 Gewerkschaften und 740 335 Mitglieder organisiert, bei der KCTU sind es 553 Gewerkschaften und 588 394 Mitglieder. Allerdings zeichnet sich die KCTU durch eine hohe Mobilisierungs- und Durchsetzungskraft im Arbeitskampf aus.

Das Interesse der *Arbeitgeber* als dem zweiten zentralen Akteur innerhalb der Arbeitsbeziehungen in Südkorea wird durch die *Han'gukkyŏngyŏngjach'ongyŏnmaeng* (Korean Employers Federation, KEF) vertreten (vergleichbar mit der BDA in Deutschland). Die *Chŏn'gukkyŏngjeinyŏnhap* (Federation of Korean Industries, FKI) wurde zu Beginn der 1960er-Jahre als Interessenvertretung der großen Unternehmen gegründet (vergleichbar mit dem BDI in Deutschland) und übt bis heute starken Einfluss aus. Im Jahre 2011 waren 356 Mitgliedsunternehmen und 15 Arbeitsgebietsverbände unter dem Dach der KEF organisiert.

Neben KEF und FKI übt auf Arbeitgeberseite die Industrie- und Handelskammer, die *Chungsogiŏpyŏnhap* (Korea Federation of Small and Medium Business, Kbiz) regelmäßig Einfluss auf die Politik aus. Alle Wirtschaftsverbände streben durch koordinierte Aktivitäten bei allen wirtschaftlichen, sozialen oder arbeitsrechtlichen Fragen gemeinsame Positionen an. Allen voran die KEF leistet außerdem bei allen wichtigen volkswirtschaftlichen und politischen Entscheidungen aktive Lobbyarbeit für die Interessen der Unternehmen.

In Südkorea bezeichnet das Wort »nosagwan'gye« nicht nur das Verhältnis zwischen Arbeitnehmer und Arbeitgeber, sondern schließt auch die staatliche Seite mit ein. Tatsächlich ist die Rolle des *Staates* im südkoreanischen Arbeitnehmer-Arbeitgeber-Verhältnis außerordentlich wichtig. Für die Arbeitsbeziehungen ist im Namen der Regierung das Ministerium für Beschäftigung und Arbeit zuständig. Es wurde 1963 zunächst als Abteilung für Arbeit innerhalb des Sozialministeriums ins Leben gerufen und 1981 in den Rang des Ministeriums gehoben. Den Namen »Ministerium für Beschäftigung und Arbeit« trägt es erst seit 2010.

Während der autoritären Herrschaft lag der Schwerpunkt der Arbeit des Staates vor allem in der Kontrolle der autonomen Arbeiterbewegung. Seit der Demokratisierung hat sich die Rolle des Ministeriums gewandelt. Sie überwacht die zwischen Arbeitnehmern und Arbeitgebern auftretenden Interessenkonflikte und schützt die Rechte der Arbeiterinnen und Arbeiter. Dabei legt es immer mehr Betonung auf seine regelnde und koordinierende Rolle, die den Aufbau von Arbeitnehmer-Arbeitgeber-Verhältnissen in einer Weise realisieren soll, die gleichzeitig eine positive Entwicklung der Wirtschaft fördert.

Tarifverhandlungen werden in Südkorea hauptsächlich auf der Betriebsebene geführt. Alle Abkommen über Löhne und Arbeitsbedingungen, die die Arbeitnehmer und Arbeitgeber der jeweiligen Unternehmen unterzeichnen, gelten demnach zunächst nur innerhalb der Grenzen der einzelnen Betriebe und nicht übergreifend für ganze Branchen. Entscheidungen in betrieblichen Lohnverhandlungen werden meistens im Frühjahr getroffen und bleiben in der Regel ein Jahr lang gültig. Das Thema Lohnerhöhungen wird gemeinsam mit Fragen der Arbeitsbedingungen und der unternehmensinternen Wohlfahrtsleistungen behandelt. Zu den betrieblichen Wohlfahrtsleistungen gehören Angebote wie Dienstwohnungen, Übernahme des Schulgeldes oder Übernahme zusätzlicher medizinischer Versorgung. Neben den Gewerkschaften gibt es innerhalb der einzelnen Unternehmen auch gemeinsame Beratungsgremien zwischen Arbeitnehmer und Arbeitgeber *(nosahyŏbŭihoe)*.

Auf Branchenebene haben sich die Arbeitsbeziehungen in Südkorea nur wenig entwickelt. Seit den letzten Jahren ist zwar in einigen Branchen eine Tendenz zu beobachten, dass sich die Arbeiterschaft über Betriebsgewerkschaften hinausgehend auf Sektorenebene gewerkschaftlich organisiert und damit versucht, Tarifverhandlungen für ganze Branchen durchzusetzen. Diese Bemühungen sind im Bereich von Metall-, Banken- und Gesundheitswesen am fortgeschrittensten. Sie befinden sich allerdings immer noch im experimentellen Stadium und können noch nicht auf weitere Sektoren ausgedehnt werden. Die Arbeitgeberverbände ihrerseits hatten bereits eine eigene gemeinsame Organisation für die Tarifverhandlungen gebildet, welche jedoch wieder aufgelöst wurde. Dort wo gemeinsame Tarifverhandlungen in einem Industriesektor scheitern, gibt es Versuche der Industriegewerkschaften, direkt mit einzelnen Großunternehmen zu verhandeln. Aber auch diese Form hat noch keine Stabilität gefunden.

Auf nationaler Ebene gab es in den Jahren 1993/94 Bestrebungen, eine Koordination der Lohnerhöhungen zu erreichen und dazu einen Gesellschaftsvertrag abzuschließen. Zu diesen Zweck wurde eine Kommission zur Reform der Beziehungen zwischen Arbeitnehmern und Arbeitgebern *(nosagwan'gyegaehyŏkwiwŏnhoe)* gegründet. Mit den großen Herausforderungen nach der Finanzkrise 1997/98 wurde diese Organisation zu einem gesellschaftlichen Bündnis unter dem Namen *Nosajŏngwiwŏnhoe* (Korea Tripartite Commission, KTC) umgebildet, einer staatlichen Institution mit größerem politischen Gewicht. Die KTC spielt seither eine beratende und koordinierende Rolle bei den Reformen der Arbeitsbeziehungen und bei der Arbeitsmarktpolitik.

Die Institutionalisierung der Arbeitsbeziehungen auf nationaler Ebene geriet seit 1999 ins Stocken, da die KCTU eine weitere Beteiligung an der gemeinsamen Kommission verweigerte. Mit der alleinigen Teilnahme der FKTU war damit ein großer Teil der Arbeiterschaft nicht mehr vertreten. Zudem entwickelte sich die KCTU in den Arbeitskämpfen ab dem Jahr 2000 zum Hauptkontrahenten der Arbeitgeberseite, sodass seine Nichtteilnahme das Aus für die Arbeit der KTC bedeutete. Nach ihrem Amtsantritt bemühte sich die Regierung von Roh Moo Hyun (*No Mu-hyŏn*; 2003–2008) noch einmal um eine systematische Wiederherstellung der Funktionsfähigkeit der KTC, letztlich scheiterte aber auch sie daran, KTCU und FKTU an den Verhandlungstisch zurückzuholen. Dadurch ist die Arbeit der Kommission mehr oder weniger bedeutungslos worden.

Neben der KTC sind Vertreter der Arbeitnehmer und Arbeitgeber auch an diversen anderen staatlichen Institutionen beteiligt, so z.B. im Komitee für die Prüfung eines Mindestlohns oder in den Kommissionen, die sich mit der sozialen Sicherheit beschäftigen. Um Streitigkeiten zwischen Arbeitgebern und Arbeitnehmern zu schlichten, wurden zudem in jeder Provinz Arbeitskommissionen eingerichtet, die in Konfliktfällen eine erste Instanz für Schlichtungen darstellen. Einsprüche gegen Entscheidungen regionaler Arbeitskommissionen können in der zentralen Arbeitskommission eingereicht werden. Zusätzlich kann man noch Einsprüche bei Gerichten einreichen.

3 Arbeitsmarktpolitik

Für ein Land wie Südkorea ohne nennenswerte natürliche Ressourcen war die effiziente Nutzung von Arbeitskräften der Schlüssel für den wirtschaftlichen Erfolg. Dementsprechend haben die politischen Entscheidungsträger ihre Arbeitsmarktpolitik gestaltet. Dabei waren sie – zumindest was das Ergebnis der wirtschaftlichen Entwicklung angeht – bis zum Ausbruch der Wirtschafts- und Finanzkrise 1997/98 durchaus erfolgreich.

Die schnelle Industrialisierung Südkoreas begann mit der Aufstellung von sogenannten Fünfjahresplänen zur wirtschaftlichen Entwicklung in den 1960er-Jahren. Der Schwerpunkt in der Wirtschaftsstrategie der Regierung lag in der exportorientierten Industrialisierung. Dabei versuchte man, mit einer Kontrollpolitik die Löhne der Arbeiterinnen und Arbeiter möglichst niedrig zu halten, um die Wettbewerbsfähigkeit der einheimischen Industrie auf dem Weltmarkt dauerhaft erhalten zu können. Unter diesen Umständen wurde die Arbeitsmarktpolitik nur als eine Unterkategorie der Wirtschaftspolitik betrachtet. Für eine Politik der gerechten Verteilung der wirtschaftlichen Erträge oder der sozialen Sicherung der Arbeiterschaft gab es keinen Platz.

In dem Maße wie die Industrialisierung voranschritt und das Wirtschaftswachstum andauerte, nahm ab der zweiten Hälfte der 1960er-Jahre die Notwendigkeit einer systematischen Versorgung mit qualifizierten Arbeitskräften zu. Vor allem durch die Entwicklungen in der Schwer- und chemischen Industrie in den 1970er-Jahren stieg die Nachfrage nach neuen Fachkräften drastisch. Folglich musste eine neue Arbeitsmarktstrategie entworfen werden, die diesem Bedarf entgegenkam. So wurden ein Berufsbildungsgesetz und Berufsbildungseinrichtungen geschaffen. Darüber hinaus wurden die Arbeitgeber dazu verpflichtet, Fachkräfte auszubilden.

In den 1980er-Jahren fand ein Richtungswechsel der Wirtschaftsstrategie der Regierung statt, indem die Hochtechnologiebranchen mit hoher Wertschöpfung gefördert werden sollten. Infolge dessen expandierte die Hochschulausbildung, wobei besonders die Belebung der Fachhochschulen ins Auge fiel. Während der Mangel an Fachkräften seit Mitte der 1970er-Jahre zu relativ hohen Löhnen geführt hatte, kehrte unter der Militärherrschaft von Chun Doo Hwan erneut die starke Unterdrückung der Arbeiterschaft und damit einhergehend die Niedriglohnpolitik zurück. Der Widerstand der Arbeiterinnen und Arbeiter gegen die autoritäre Kontrolle zwang die Regierung aber immerhin dazu, einen Mindestlohn einzuführen.

Unmittelbar nach der Demokratisierung 1987 verlangte die Arbeiterschaft mittels großangelegter Streiks und Demonstrationen nach einer drastischen Erhöhung der Löhne. Sowohl die Regierung als auch die Arbeitgeber stellten diese Forderungen als Belastung für die koreanische Wirtschaft dar und betonten die Notwendigkeit einer neuen Lohnpolitik. Die südkoreanische Politik stand vor der schwierigen Aufgabe, eine Balance zwischen wirtschaftlicher Notwendigkeit und sozialer Gerechtigkeit zu finden. Eine Lösung sahen die Regierungen in den 1990er-Jahren darin, auf eine direkte Intervention bei den Löhnen zu verzichten, und setzten stattdessen auf freiwilligen Verzicht auf eine Lohnerhöhung bzw. auf Vereinbarungen zwischen Arbeitgebern und Arbeitnehmern.

Ebenfalls im Zuge der Demokratisierung wurde die Sozialpolitik grundlegend reformiert. In diesem Zusammenhang wurde die Notwendigkeit der Einführung einer Arbeitslosenversicherung thematisiert, die schließlich 1993 unter dem Namen *koyongbohŏm* (Beschäftigungsversicherung) eingeführt wurde. Diese trat 1995 zunächst nur für Großunternehmen in Kraft. Infolge der Finanzkrise von 1997/98 wurden sowohl der Geltungsbereich als auch der Etat des Beschäftigungsversicherungssystems schneller als geplant erweitert, sodass es fortan als fester Bestandteil des südkoreanischen Arbeitsmarktes gelten konnte. Seinem Charakter nach geht es über eine einfache Arbeitslosenversicherung hinaus und beinhaltet zusätzlich Elemente der sogenannten aktiven Arbeitsmarktpolitik. So werden etwa Umschulungen für Arbeitslose gefördert sowie Unternehmen unterstützt, um Entlassungen zu vermeiden.

Allerdings hatte sich die südkoreanische Regierung auch für eine Flexibilisierung der Beschäftigungsstruktur entschieden. Die seit den 1960er-Jahren stabilen Beschäftigungsverhältnisse waren 30 Jahre später nicht mehr gewährleistet. Unter der autoritären Herrschaft früherer Tage hatte das sogenannte Arbeitsliniengesetz streng den Prozess der Einstellung und Entlassung geregelt, wodurch Unternehmen ihren Arbeitern nicht willkürlich kündigen konnten. Auch wenn dieses Gesetz etwa im Hinblick auf Arbeitszeit und Arbeitsbedingungen nicht unbedingt günstig für die Arbeiterschaft war, so hatte es auf diese Weise auch Schutz vor Entlassung geboten. In der ersten Hälfte der 1990er-Jahre ging die Regierung Südkoreas jedoch daran, einen flexiblen Arbeitsmarkt einzurichten – mit der Begründung, auf dem Weltmarkt konkurrenzfähig bleiben zu müssen. So wurden z. B. betriebsbedingte Entlassungen institutionalisiert und irreguläre Beschäftigung sowie Leiharbeit zugelassen. Dieses Gesetz sollte ursprünglich ab 1998 in Kraft treten, angesichts des Ausbruchs der Finanzkrise wurde es um ein Jahr vorgezogen. Dadurch konnte man bereits 1997 legal Arbeiter massiv entlassen.

Die Finanzkrise 1997/98 war insofern ein bedeutender Einschnitt für die südkoreanische Wirtschaft, als dass die Arbeitslosigkeit rapide anstieg.

Anders als in anderen Industrienationen war für Südkorea die Arbeitslosigkeit bis dahin ein unbekanntes Problem. Umso bedrohlicher wurde sie nun wahrgenommen. Die Regierung war deshalb darum bemüht, das Problem so schnell wie möglich in den Griff zu bekommen. Dazu gehörten Maßnahmen wie die Förderung von Arbeitsplätzen im sozialen Dienstleistungssektor oder von Unternehmen, die sozial Schwache wie Alte, Behinderte oder Nordkorea-Flüchtlingen einstellen.

Zusammenfassend kann man sagen, dass sich die Arbeitsmarktpolitik Südkoreas lange Zeit durch die starke Rolle des Staates auszeichnete. Seit der Demokratisierung aber ist die Bedeutung des Staates kontinuierlich gesunken. Als Problem der gegenwärtigen südkoreanischen Arbeitsbeziehungen werden nach wie vor die konfrontativen und nicht dialogorientierten Beziehungen zwischen den Akteuren identifiziert.

Literatur

Jeong, Jooyeon, Industrial Relations in Korea: Diversity and Dynamism of Korean Enterprise Unions from a Comparative Perspective, Routledge 2009.

Shin, Dong Myeon, Econmic and Social Policies in South Korea, Routledge 2003.

Song, Ho Keun, Labor Unions in the Republic of Korea: Challenge and Choice, ILO Discussion paper 1999 (DP/107/1999).

Anmerkungen

1 Dieser Nationalrat umfasste zunächst auch Nordkorea, wo es eine Zweigstelle gab. Im Mai 1946 gründete man in Nordkorea jedoch eine eigene Organisation unter dem Namen *Pukchosŏnjigopch'ongdongmaeng*. Streiks oder Demonstrationen waren zu dem Zeitpunkt in Nordkorea nicht mehr möglich.

Bernhard Seliger

Handel und Handelspolitik in Südkorea

Der südkoreanische Außenhandel hat in den letzten sechzig Jahren eine Dynamik entwickelt, die seinesgleichen sucht. Als Südkorea am 5. Dezember 2011 als neuntes Land Mitglied des »1 trillion USD trade club« wurde, also ein Handelsvolumen von 1000 Milliarden US-Dollar erreichte, war der Stolz groß.[1] Mit Exporten von bis dahin 515,2 Milliarden und Importen von 485,5 Milliarden US-Dollar war Südkorea siebtgrößter Exporteur und zehntgrößter Importeur weltweit, in einer Liga mit den USA, Deutschland, China, Japan und Frankreich. Dieser Aufstieg ist beispiellos, wenn man sich vergegenwärtigt, dass die Exporte des Landes 1955 nur 18 Millionen US-Dollar betrugen. Zu den wichtigsten Exportgütern gehörten damals z.B. Haare, die anderswo als Perücken verarbeitet wurden. Heute ist Südkoreas Außenhandel und auch die internationale Wahrnehmung durch moderne Autos, High-Tech-Produkte wie Mobiltelefone und zunehmend auch durch den Export von kulturellen Inhalten (Fernsehprogramme, Musik, Computerspiele) bestimmt.

Die Entwicklung Südkoreas zu einer der wichtigsten Handelsnationen weltweit ist umso erstaunlicher, als es kaum über eine Handelstradition verfügt. Jahrhundertlang war der Handel nur marginal und die Rolle der Händler und des Kommerzes verpönt, teilweise geradezu verachtet. Erst die Modernisierung, die mit der Kolonialisierung des Landes einsetzte, und vor allem die Politik der Exportorientierung unter dem autoritären Präsidenten Park Chung Hee (*Pak Chŏng-hŭi*; 1962–1979) änderte dies vollständig. Dieser Artikel zeichnet die Entwicklung von Südkoreas Außenhandel und außenwirtschaftlichen Beziehungen nach. Zunächst wird die zentrale Rolle der Exportorientierung für die Außenwirtschaft ab 1962 untersucht. Der darauffolgende Abschnitt befasst sich dann mit Südkoreas Position im internationalen Handelssystem und insbesondere mit der Freihandelspolitik im letzten Jahrzehnt. Im Schlusskapitel wird auf die heutigen Herausforderungen der Handelspolitik Südkoreas eingegangen (siehe zum Thema auch die Karte »Südkorea als neue globale Handelsmacht« am Ende dieses Bandes).

1 Exportorientiertes Wachstum seit 1962

Als Park Chung Hee 1961 durch einen Militärputsch an die Macht kam, sah er sich großen Herausforderungen gegenüber. Die Wirtschaft war zwar in der Erholungsphase nach dem Koreakrieg gewachsen, allerdings war es bereits 1956 wieder zu einer Rezession gekommen; im Krisenjahr 1960 betrug das Wachstum nur 1,2 Prozent. In dieser Situation hatte die Reform der Wirtschaftspolitik höchste Priorität. Gemäß der gewählten Strategie einer indikativen Planung der Wirtschaft wurden ab 1961 bis 1996 eine Serie von insgesamt sieben Fünfjahresplänen entwickelt, die allerdings anders als in der Zentralverwaltungswirtschaft nicht mit Zwang durchgesetzt wurden.

Für die Außenwirtschaft waren insbesondere drei Elemente dieser Politik von Bedeutung: Als wichtigstes Element muss der Wechsel von einer Strategie der Importsubstitution hin zu einer Exportorientierung im Außenhandel gesehen werden. Außer bei der Infrastrukturentwicklung und einigen wenigen Industrien, bei denen die Importsubstitution weiterhin das Ziel war, sollten alle Anstrengungen der Regierung auf eine direkte Exportförderung hinwirken. Instrumente dieser Politik waren die Vorzugsbehandlung für Exporte im Steuersystem, im Subventionssystem (insbesondere bei der Kreditallokation und der Zuteilung von Devisen), im Handelssystem sowie durch administrative Unterstützung exportorientierter Firmen. Eine selektive Liberalisierungspolitik führte dazu, dass Importe von Rohstoffen, Zwischenprodukten und Investitionsgütern frei waren, Importe von Konsumgütern und für die Produktion für den heimischen Markt dagegen restriktiv gehandhabt wurden.[2] Die frühere Positivliste für Importe wurde durch eine Negativliste ersetzt, d. h. alle nicht explizit beschränkten Importe waren erlaubt. Von 1963 bis 1971 wurden vor allem Industrieexporte gefördert, z. B. die Textilprodukte, Elektro- und Haushaltsgeräte. In den 1970er-Jahren folgte eine Periode der Expansion im Bereich der Schwerindustrie und der Chemieindustrie.

Die Exportorientierung zwang die südkoreanische Wirtschaft dazu, sich in Qualität und Preisen ihrer Produkte nach dem Niveau des Weltmarktes zu richten, ein wesentlicher Vorteil gegenüber der Abschottung durch die Politik der Importsubstitution. Gleichzeitig war jedoch damit das Problem verbunden, dass für den Erfolg auf dem Weltmarkt Skalenerträge (d. h. geringere Durchschnittskosten bei höherer Produktionsmenge) genutzt werden mussten. Der Aufbau von wettbewerbsfähigen Industrien mit ausreichender Größe, der theoretisch in der Politik der Importsubstitution durch einen Schutz vor ausländischen Wettbewerbern geschehen soll, musste also anders erreicht werden. In Südkorea geschah dies durch eine

Förderung der entstehenden Konglomerate *(Chaebols)* durch die Politik. In den Krisenzeiten der 1960er- und 1970er-Jahre (etwa bei den Ölpreisschocks) wurden jeweils die größeren und gesunden Firmen gezwungen, bankrotte Firmen zu übernehmen. Einerseits konnten dadurch soziale Probleme vermieden und die Arbeitslosenzahlen nahe der Nullgrenze gehalten werden, was zu Zeiten der Militärdiktatur besonders wichtig war. Andererseits wurden so das irrationale, nicht von Effizienzgewinnen begleitete Unternehmenswachstum sowie die weitverbreitete unternehmensinterne Subvention unrentabler Teilbetriebe zur Regel. Später waren diese strukturellen Probleme einer der Gründe für die Wirtschafts- und Finanzkrise von 1997/98.

Ein drittes wichtiges Element war, neben der Exportorientierung der Wirtschaft und der Förderung der Großunternehmen, die Erschließung neuer Märkte und Handelspartner. Gleich zu Beginn spielte dabei die Beziehung zur Bundesrepublik Deutschland eine große Rolle. Nach dem Rückgang der amerikanischen Hilfe nach dem Militärputsch von 1961 kam es für die Regierung von Park Chung Hee darauf an, neue Geldgeber zu gewinnen. Schon seit 1954 hatte es zwischen Westdeutschland und Südkorea einen Austausch von Handelsmissionen und 1957 die Aufnahme voller diplomatischer Beziehungen gegeben. Die Entsendung von insgesamt 8300 Bergarbeitern und 13000 Krankenschwestern nach Deutschland seit dem Jahr 1963 war die Sicherheit für deutsche Kredite in einer Zeit, als es für Südkorea unmöglich war, Kredite auf internationalen Kapitalmärkten aufzunehmen. Während der 1960er-Jahre war die BRD der wichtigste Kapitalgeber für Südkorea, seit 1965 zusammen mit Japan.[3] Der Staatsbesuch von Präsident Park Chung Hee in Deutschland im Jahr 1964 hatte auch Auswirkungen auf das wirtschaftspolitische Denken und war einer der Anstöße für die Entwicklung einer eigenen Automobilindustrie und modernen Infrastruktur, insbesondere der Autobahnverbindung zwischen Seoul und Busan *(Pusan)*, die zu dieser Zeit von der Weltbank als unrealistisch und unnötig abgetan wurde. Wichtiger noch erwies sich in der Folge die Aufnahme diplomatischer Beziehungen mit Japan 1965. Die Normalisierung der Beziehungen war zwar in der Bevölkerung äußerst unpopulär, führte aber, neben den für den Aufbau von Exportindustrien und für die Stabilisierung des Staatshaushaltes wichtigen Krediten zu günstigen Bedingungen, auch zu einem Zugang zu Technologien, der erst den Aufstieg Südkoreas als Handelsnation möglich machte.

Die südkoreanische Wirtschaftsentwicklung seit den 1960er-Jahren war durch außergewöhnlichen Erfolg gekennzeichnet: Die durchschnittliche Wachstumsrate des realen Bruttosozialprodukts betrug über acht Prozent jährlich, im Jahr 1995 stieg das durchschnittliche Pro-Kopf-

Einkommen auf über 10 000 US-Dollar. Inflation und Arbeitslosigkeit waren niedrig, seit etwa 1977 herrscht sogar Mangel an Arbeitskräften. Die Exporte wuchsen in den 1970er-Jahren durchschnittlich mit 45 Prozent pro Jahr, doch auch die Importe stiegen mit zunehmendem Lebensstandard der Bevölkerung an. Die Staatshaushalte waren meistens ausgeglichen. Die Weltbank führte deshalb in ihrem Bericht von 1993 die makroökonomische Stabilität als wichtigsten Pluspunkt der ostasiatischen und insbesondere südkoreanischen Entwicklung an. Besonders bei Industrieprodukten gehört Südkorea Mitte der 1990er-Jahre zu den wichtigsten Produzenten, etwa als fünftgrößter Automobilhersteller weltweit, als zweitgrößter Schiffbauer und als weltweit führender Produzent von Halbleitern. Letzteres deutet auch auf die Transformation des südkoreanischen Arbeitseinsatzes hin, von ungelernten Arbeitern mit niedrigen Löhnen zu kapitalintensiver Produktion durch ausgebildete Fachkräfte mit höheren Löhnen.

Der sektorale Wandel der Exporte von Rohstoffen hin zu arbeitsintensiven Exporten und von diesen wiederum hin zu Technologieexporten lässt sich deutlich in *Tabelle 1* nachvollziehen, in der die zehn wichtigsten Exportgüter zu verschiedenen Zeitpunkten aufgelistet sind.

Tab. 1: Die zehn wichtigsten Exportgüter 1961–2010

1961	1970	1985	2000	2010
• Eisenerz • Scheelerz (Wolframit) • Garn • Kohle • Tintenfisch • Lebende Fische • Graphit • Sperrholz • Reis • Schweineborsten	• Textil • Sperrholz • Perücken • Eisenerz • Elektronikprodukte • Kleidung • Schuhe • Tabak • Eisen und Stahlprodukte • Sonstige Metallprodukte	• Schiffe • Textil • Schuhe • Halbleiter • Stahlwalzprodukte • Kunstfasern • Fernseher • Sonstige Stahlprodukte • Radios • Automobile	• Halbleiter • Computer • Automobile • Petrochemische Produkte • Schiffe • Mobiltelefone • Stahlwalzprodukte • Textil • Kunstfasern • Elektrozubehör	• Halbleiter • Schiffe • Automobile • Flachbildschirme/ Sensortechnik • Petrochemische Produkte • Mobiltelefone • Automobilzubehör • Kunstfasern • Stahlwalzprodukte • Computer
Gesamtexport 0,04 Mrd. USD	Gesamtexport 0,84 Mrd. USD	Gesamtexport 30,2 Mrd. USD	Gesamtexport 172 Mrd. USD	Gesamtexport 466,38 Mrd. USD

Quelle: Korea International Trade Association, Main Trade Indicators, Seoul 2010; für 2010 Daten von Korea International Trade Association, online: http://global.kita.net/engapp/statistics/statistics_s2-3.jsp?grp=S3&code=S3011 (Zugriff am 18. September 2011).

In den 1980er-Jahren war Südkorea zu einer Handelsgroßmacht geworden.[4] Zunehmend spielte jetzt auch intraindustrieller Handel eine wichtige Rolle, was auf die zunehmende Bedeutung von kapitalintensiven Exporten und Markenbildung (z. B. im Bereich der Elektronikprodukte und Automobile) sowie auf abnehmende Bedeutung der komparativen Kostenvorteile durch billige Arbeitskräfte hinweist.[5] Trotz des rasanten Exportwachstums waren die Importe von 1962 bis 1985 durchschnittlich 8,6 Prozent höher als die Exporte. Erst 1986 erreichte Südkorea zum ersten Mal einen Handelsbilanzüberschuss, der bis 1989 anhielt und vor allem auch durch die Ausrichtung der Olympischen Spiele 1988 in Seoul stark anwuchs. Die Liberalisierung der Wirtschaft, die mit der politischen Liberalisierung seit 1987 einherging, führte in den 1990er-Jahren allerdings wieder zu einem stärkeren Anwachsen der Importe als der Exporte, wie man in *Tabelle 2* sehen kann.

Tab. 2: Koreas Handel vor und nach der Asienkrise (1990–2010)

Jahr	Exporte Mrd. USD	Importe Mrd. USD	Bruttoinlandsprodukt (BIP) Mrd. USD	Exporte/ BIP Verhältnis	Importe/ BIP Verhältnis
1990	65016	69844	270,3	0,240533	0,258394
1994	96013	102348	435,5	0,220466	0,235013
1997	136164	144616	532,3	0,255803	0,271681
1998	132313	93282	358,2	0,369383	0,260419
2002	162471	152126	575,9	0,282117	0,264153
2006	325465	309383	951,1	0,342199	0,32529
2010	466384	425212	1014,3	0,459809	0,419217

Quelle: Bank of Korea (statistisches System der BOK).

Die Beitritte Südkoreas als Gründungsmitglied zur WTO 1995 und zur OECD 1996 waren der sichtbare Ausdruck des Erfolgs der südkoreanischen Handelspolitik. Dennoch hatte die Entwicklung auch Krisen mit sich gebracht. Die »neomerkantilistische« Politik, zwar Exporte zu fördern, Importe aber nach Möglichkeit zu beschränken, hatte trotz der spektakulären Erfolge auf dem Weltmarkt zu heimischer Vermachtung durch Oligopole und zu Ineffizienzen geführt. Die Mitgliedschaft in WTO und OECD brachte wachsenden ausländischen Druck zur Marktöffnung. Kim Young Sam *(Kim Yŏng-sam)*, seit 1993 erster ziviler Präsident Südkoreas nach der langen Zeit der Militärherrschaft, versuchte durch ein Globalisierungsprogramm die Wirtschaft auf eine zunehmende Öffnung vorzubereiten. Er scheiterte jedoch bei der Reform der Konglomerate, die inzwischen zu groß geworden waren, um sich noch die indirekte staatliche Lenkung wie in früheren Jahrzehnten gefallen zu lassen.

Als 1997 das Vertrauen der ausländischen Investoren in die asiatischen Märkte abnahm, war auch Südkorea betroffen und der scheidende Präsident Kim Young Sam musste im November 1997 den Internationalen Währungsfonds (IWF) um einen Beistandskredit bitten. Die neue Regierung unter Kim Dae Jung *(Kim Tae-jung)* entwickelte in wenigen Monaten ein Reformprogramm, zu dessen Grundsätzen die unbedingte Erfüllung der IWF-Auflagen gehörte, wobei diese allerdings mehrfach der tatsächlichen Wirtschaftslage Südkoreas angepasst wurden. Kernstück der Reformen war die »four plus one policy«: Die zeitgleiche Reform des Arbeitsmarktes, des Finanzsektors, des öffentlichen Sektors sowie des Privatsektors zusammen mit der Öffnung der vermachteten südkoreanischen Märkte für Konkurrenz, wobei die ersten vier Reformen von der fünften, nämlich der Marktöffnung, abhingen. In einigen Bereichen (etwa im Tourismus) wurden staatliche Markteintrittsbarrieren oder diskriminierende Bestimmungen abgeschafft. Wichtiger aber war, dass (bereits seit Mitte der 1990er-Jahre) der Zufluss von ausländischen Direktinvestitionen zunahm, was zu langfristigen Veränderungen auf den südkoreanischen Märkten führte. Durch sie wurde die einseitige Exportorientierung schwächer und der Kauf von Produkten aus dem Ausland bzw. von ausländischen Marken, vorher mit einem Stigma belegt, immer mehr gesellschaftlich akzeptiert. Dies ist bedeutsam, da in vielen Bereichen wie etwa bei den Frugalitätskampagnen, bei denen Verbraucher aufgefordert wurden, nur koreanische Produkte zu kaufen (»buy Korea«), keine direkten Handelsbarrieren bestanden, aber der Einfluss des Staates dennoch wichtig war.[6] Insgesamt entwickelte sich der Handel nach der Asienkrise dynamisch, vor allem verzeichnete Südkorea in den meistens Jahren (mit Ausnahme von 2008, während der globalen Finanzkrise) deutliche Handelsbilanzüberschüsse.

Der Erfolg der Reformen nach der Wirtschafts- und Finanzkrise 1997 und 1998, der sich im stark steigenden Handel ausdrückte, führte auch zu neuem Selbstbewusstsein Südkoreas. Neben dem immer stärkeren Technologieanteil der Exporte nahmen auch Exporte von Kulturgütern zu, insbesondere im Bereich der populären Kultur. Diese »koreanische Welle« *(Hallyu)*[7] ging einher mit den großen Auslandsinvestitionen und der Popularität südkoreanischer Konsumgüter in wichtigen Märkten wie Japan und Südostasien, aber zunehmend auch in Europa und den USA.[8] Zugleich wuchs die Abhängigkeit vom Handel stark an. Sie betrug 2010 insgesamt 87 Prozent, gemessen am Anteil von Exporten und Importen am BIP. Damit wurde der freie Zugang zu den Handelspartnern für Südkorea immer wichtiger. Im nächsten Kapitel wird daher diskutiert, wie das Land seine Position im internationalen Handel zunehmend nicht nur multilateral, sondern auch durch bilaterale Verträge absichert.

2 Südkorea und seine Position im internationalen Handelssystem

Die enge militärische und politische Allianz mit den USA seit dem Ende des Zweiten Weltkriegs drückte sich zunächst auch in einer dominierenden Position der Amerikaner als Handelspartner Südkoreas aus. Zusammen mit Japan wurden sie dementsprechend zum wichtigsten Zielland für Exporte. Lag der Anteil beider Länder 1970 bei über drei Vierteln der Gesamtexporte, sank er bis 1986 aber auf 55,6 Prozent. In den 1970er-Jahren wurde der Mittlere Osten ein wichtiges Zielgebiet, vor allem im Baubereich, allerdings brach dieser Markt Mitte der 1980er-Jahre ein, u.a. durch den Iran-Irak-Krieg. Zur selben Zeit versuchte Südkorea, durch eine aktive Nordpolitik nicht nur die Aufnahme politischer Beziehungen mit der Sowjetunion und anderen Ostblockstaaten zu erreichen, sondern dort auch neue Märkte zu erschließen.[9] Der Anteil Südostasiens, vor allem von Singapur, Taiwan und Hongkong, an den Exporten nahm ständig zu. Die größte Veränderung der südkoreanischen Handelsstruktur ergab sich allerdings durch den Aufstieg Chinas in der Weltwirtschaft.[10] Es wurde sowohl bei den Exporten als auch bei den Importen Mitte der 2000er-Jahre der wichtigste Handelspartner Südkoreas und hat heute eine dominierende Stellung inne, wie man in *Tabelle 3* sehen kann.

Die Diversifizierung der Export- und Importländer führte zu der Strategie Südkoreas, weltweiten Freihandel durch multilaterale Verhandlungen gegenüber einer engeren handelspolitischen Kooperation mit einzelnen Staaten zu bevorzugen. Als kleine, offene Volkswirtschaft war dies die beste Strategie für Südkorea, wobei natürlich Handelskonflikte damit nicht gänzlich ausgeschlossen waren. Im Rahmen der WTO kam es u.a. zu Klagen über Subventionen im Schiffbau durch die EU (2004) und über Dumpingpreise für DRAM (Speicherchips) durch Japan (2006). Die zweite Welle der Regionalisierung seit den 1990er-Jahren und das Scheitern der Doha-Welthandelsrunde führte allerdings bei Südkorea zu einem zunehmenden Gefühl der Isolierung, sodass es sich schließlich entschloss, den Multilateralismus zugunsten einer regionalen Blockbildung sowie von bilateralen Freihandelsabkommen aufzugeben.[11]

Die Asia Pacific Economic Co-operation (APEC) bot seit ihrer Gründung im Jahr 1989 ein zunächst informelles, später in steigendem Maße offizielles Forum der wirtschaftlichen Integration im asiatisch-pazifischen

Raum,[12] das u. a. aus dem wechselseitigen Wunsch ostasiatischer Staaten und der USA entstanden war, ein Gegengewicht zur wachsenden Integration Westeuropas zu schaffen. Nachdem man in den ersten Jahren der Existenz die Möglichkeiten verstärkter pazifischer Zusammenarbeit ausgelotet hatte, wurde 1994 in Bogor das Ziel formuliert, den Freihandel zwischen den entwickelten Mitgliedsstaaten bis ins Jahr 2010 und zwischen den anderen Staaten bis 2020 zu erreichen. Allerdings hat seit Mitte der 1990er-Jahre die Dynamik der Integration in der APEC abgenommen und das erste Ziel für 2010 wurde nicht erreicht. Das Problem bestand einerseits in der wachsenden Heterogenität der Mitgliedsstaaten, die neben den ursprünglichen Gründungsstaaten aus dem asiatisch-pazifischen Raum auch einige Staaten Lateinamerikas (Chile und Peru) sowie Russland umfassen. Andererseits hat die vorpreschende Liberalisierung der westlichen APEC-Staaten nicht wie erwartet zur Liberalisierung auch in den weniger entwickelten Staaten geführt.

Tab. 3: Die wichtigsten Handelspartner Südkoreas 2010

Exporte				**Importe**			
Rang	**Land**	**Wert (Mio. USD)**	**Total (%)**	**Rang**	**Land**	**Wert (Mio. USD)**	**Total (%)**
1	China	116 838	25,1	1	China	71 574	16,8
2	USA	49 816	10,7	2	Japan	64 296	15,1
3	Japan	28 176	6,0	3	USA	40 403	9,5
4	Hongkong	25 294	5,4	4	Saudi Arabien	26 820	6,3
5	Singapur	15 244	3,3	5	Australien	20 456	4,8
6	Taiwan	14 830	3,2	6	Deutschland	14 305	3,4
7	Indien	11 435	2,5	7	Indonesien	13 986	3,3
8	Deutsch-land	10 702	2,3	8	Taiwan	13 647	3,2
9	Vietnam	9 652	2,1	9	Vereinigte Arabische Emirate	12 170	2,9
10	Indonesien	8 897	1,9	10	Katar	11 915	2,8

Quelle: http://global.kita.net/engapp/statistics/statistics_s2-3.jsp?grp=S3&code=S3011 (Zugriff am 18. September 2011).

Eine Entwicklung der APEC zu einem zukünftig engen regionalen Integrationsgebiet erscheint deshalb aussichtslos. Als Forum für die asiatisch-pazifische Integration ist die Rolle der APEC dennoch wichtig. Sie ermöglicht eine geografisch weit gefasste Zustimmung zur Liberalisierung von Handel und Investitionen sowie den Ausbau von halboffiziellen Kontakten, beispielsweise zwischen China und Taiwan. Die Option eines gemeinsamen Marktes ist darin allerdings nicht einbegriffen. Die nachlassende Dynamik der APEC hat dazu geführt, dass Südkorea nach anderen Möglichkeiten der wirtschaftlichen Integration gesucht hat, die die APEC ergänzen können.

Als sich, maßgeblich durch den südkoreanischen Präsidenten Kim Dae Jung mitbestimmt, die ASEAN-Staaten im November 2000 mit China, Japan und Südkorea zum sogenannten ASEAN-Plus-Drei-Gipfel trafen, waren die Hoffnungen für den Beginn einer ostasiatischen Staatengemeinschaft groß. Die Gipfeltreffen haben sich inzwischen institutionalisiert. Rivalitäten zwischen den Teilnehmern, aber auch Befürchtungen der USA und anderer Staaten (z.B. Australiens), dadurch von der Mitgestaltung der politischen Ökonomie Ostasiens ausgeschlossen zu werden, haben aber eine weitergehende Integration verhindert. Als wichtigstes Ergebnis im makroökonomischen Bereich kann die Einrichtung eines in den letzten Jahren immer weiter ausgebauten Systems von Währungsswaps für Krisenzeiten (Chiang-Mai-Initiative)[13] gewertet werden, die dazu dienen soll, eine erneute Krise wie 1997/98 zu verhindern. Freihandel für die ganze Region ist aber allenfalls ein Fernziel der Kooperation. Dies gilt genauso für die trilaterale Kooperation zwischen China, Japan und Südkorea in Nordostasien, die zwar in den vergangenen Jahren stark zugenommen hat und durch die Errichtung eines gemeinsamen Büros in Seoul im Jahr 2011 gestärkt wurde, die aber noch lange keine konkreten Ergebnisse im Bereich des Handels erwarten lässt. Auch der Versuch der Regierungen von Kim Dae Jung (1998–2003) und Roh Moo Hyun (2003–2008), sich als »balancer« zwischen China und Japan zu betätigen und Südkorea dadurch zur Wirtschaftsdrehscheibe der Region zu machen, war nur teilweise erfolgreich: Politisch war es nicht im Interesse der Nachbarn; wirtschaftlich war es zwar ein wichtiges Argument, um innenpolitischen Widerstand gegen Reformen zu brechen, aber letztlich ein unrealistisches Ziel.[14]

Damit wurde die Verfolgung bilateraler Freihandelsabkommen (FHA) immer wichtiger. Zunächst verfolgte Südkorea dabei die Strategie, mit je einem Land pro Kontinent ein Freihandelsabkommen abzuschließen, um so regionale Handelsschranken zu überwinden.[15] Das erste Land, mit dem im Jahr 2004 ein Abkommen nach mehrjährigen Verhandlungen abgeschlossen werden konnte, war Chile, das nicht zuletzt deshalb gewählt wurde, weil die Handelsstruktur weitgehend komplementär war und so größere Konflikte ausgeschlossen werden konnten. Dennoch kam es zu Protesten, vor allem von Landwirten, wegen des äußeren Einflusses auf den von Südkorea bisher stark abgeschotteten und ideologisch sensitiven Agrarbereich.[16] Die ursprüngliche Strategie von je einem Freihandelsabkommen pro Kontinent wurde schon bald als unrealistisch erkannt und aufgegeben zugunsten der Verhandlung überall da, wo starke Handelsinteressen beider Seiten bestehen.

Dabei sind die bisherigen Erfahrungen recht unterschiedlich: Bereits kurz nach der Asienkrise schlug der japanische Ministerpräsident Obuchi Keizō bei seinem Besuch in Südkorea im März 1999 ein japanisch-koreanisches Freihandelsabkommen vor. Nach dem Abschluss eines bilateralen Investitionsabkommens 2002 kam es von Dezember 2003 bis zum November 2004 zu sechs Verhandlungsrunden, die aber ergebnislos abgebrochen wurden. Seitdem liegen die Verhandlungen auf Eis. Das Scheitern kann zum einen auf politische Gründe zurückgeführt werden, nämlich auf die noch ungelösten Fragen der Aufarbeitung der japanischen Kolonialgeschichte sowie territoriale Ansprüche Japans auf die winzige Insel Dokdo (*Tokto*; japanisch Takeshima). Zum anderen ist das große, seit der Wiederaufnahme diplomatischer Beziehungen 1965 bestehende und stetig wachsende Handelsbilanzdefizit gegenüber Japan (hinter dem sich die andauernde Technologieabhängigkeit von Japan verbirgt) ein Faktor, der das ökonomische Interesse Südkoreas an einem Freihandelsabkommen eher gering erscheinen lässt. Bereits jetzt hat Japan unilateral geringere Handelsschranken als Südkorea. Ein Freihandelsabkommen würde also tendenziell das Handelsbilanzdefizit vergrößern.[17]

Tab. 4: Koreas Freihandelsabkommen (FHA) 2012

In Kraft getretene Freihandelsabkommen (in Klammern Datum des Beginns)	Chile (April 2004), Singapur (März 2006), EFHA (September 2006), ASEAN (Mai 2009: im Dienstleistungsbereich, September 2009: für Investitionen), Indien (Comprehensive Economic Partnership Agreement, Januar 2010), Peru (August 2011), EU (Juli 2011), USA (2012)
FHA-Verhandlungen	Kanada, Mexiko, Gulf Cooperation Council, Australien, Neuseeland, Kolumbien, Türkei

Quelle: Ministry of Foreign Trade (2011), http://www.mofat.go.kr/ENG/policy/fta/status/overview/index.jsp?menu=m_20_80_10 (Zugriff am 18.9.2011).

Mit anderen Ländern waren die Verhandlungen weniger problematisch und so ist Südkorea derzeit durch ein Netzwerk von Freihandelsabkommen mit wichtigen Handelspartnern verbunden *(Tabelle 4)*. Dazu kommen noch Verhandlungen mit weiteren Staaten und Staatengruppen wie dem

Mercosur. Insbesondere das Jahr 2011 war für die Freihandelspolitik Südkoreas bedeutsam: Im Juli 2011 trat das Freihandelsabkommen mit der EU in Kraft, im Dezember nach jahrelangem Tauziehen auch das Abkommen mit den Vereinigten Staaten, das bereits im April 2007 abgeschlossen worden war, aber wegen innenpolitischer Schwierigkeiten in den USA erst im Oktober 2011 und in Südkorea erst im November der gleichen Jahres ratifiziert wurde.

3 Ausblick: Herausforderungen für Südkoreas Handel und Handelspolitik

Durch den Abschluss der Freihandelsabkommen mit der EU und den USA hat Südkorea nun mit etwa 60 Prozent der Welt (gemessen am BIP) freien Handel. Doch die Ziele sind ehrgeizig, derzeit wird schon ein Freihandelsabkommen mit China propagiert. Dies zeigt, wie selbstbewusst Südkorea als Handelsnation geworden ist, denn China ist im Handel mit Südkorea dominierend und zudem Quelle verschiedener Handelskonflikte, vor allem im Agrarbereich.[18] Auch als internationaler Akteur bei der Gestaltung der Welthandelsordnung hat Südkorea deutlich Statur gewonnen, vor allem durch die Ausrichtung des G20-Gipfels im Oktober 2010 in Seoul. Als wichtigstes positives Ergebnis dieses Gipfels lässt sich wohl festhalten, dass einmütig der Protektionismus als Lösung nationaler wirtschaftlicher Probleme abgelehnt wurde. Die Furcht vor der Rückkehr einer neuen großen Depression, die im Jahr 2008 und 2009 von einigen führenden Wirtschaftswissenschaftlern beschworen wurde, hat kompetitive nationale Abwertungen und Handelsprotektionismus glücklicherweise weitgehend verhindert. Insbesondere für Südkorea, das an den Gipfelentscheidungen als Ausrichter maßgeblichen Anteil hatte, aber auch für andere Schwellenländer wie China, war der G20-Gipfel in Seoul ein wichtiger Meilenstein auf dem Weg zur Anerkennung ihrer wachsenden Bedeutung für die Weltwirtschaft.

Für die Zukunft Südkoreas als Handelsnation ergibt sich dennoch eine Reihe von Herausforderungen. Erstens bedeutet der Abschluss von Freihandelsabkommen mit vielen Staaten noch nicht wirklichen Freihandel, denn die Qualität der Abkommen ist, je nach wirtschaftlicher und politischer Sensibilität, sehr unterschiedlich. So sind z. B. in allen FHAs andere Regeln beim Zugang im Dienstleistungsbereich vorgesehen. Schwierig ist eine Beurteilung zudem, wenn man bedenkt, dass die anderen Länder ebenfalls eine Vielzahl unterschiedlicher Abkommen abschließen und so Ostasien immer mehr einer »spaghetti bowl« ähnelt anstatt einer Freihandelszone. Zweitens ergeben sich auch neue Herausforderungen für die südkoreanische Produktpalette. Die Abhängigkeit von einzelnen großen Exportunternehmen wie Samsung ist groß, dort wiederum ist die Konzentration auf bestimmte Produkte stark. Wenn es, wie im Fall des Verkaufs von Mobilfunkgeräten der neuesten Generation, zu Schwierigkeiten kommt, hier wegen Patentstreitigkeiten mit Apple, kann das für die südkoreanischen Exporte erhebliche Auswirkungen haben. Allerdings hat Südkorea im letzten Jahrzehnt schon viel dafür getan, um die technologische Kompetenz seiner Exportunternehmen zu stärken.[19]

Als dritte Herausforderung besteht derzeit der Zusammenhang von Währungspolitik und Handelspolitik. Durch die Handelsüberschüsse nach der Asienkrise 1997/98 hat Südkorea nicht nur Rekordwährungsreserven aufgehäuft, sondern auch das Aufwertungspotenzial der eigenen Währung deutlich erhöht. Gleichzeitig ist Südkorea bemüht, diese Aufwertung zu verzögern, um die heimische Exportindustrie nicht zu sehr zu belasten. Angesichts der anhaltenden wirtschaftlichen Schwierigkeiten der Eurozone und der USA wird eine mögliche Neubewertung des südkoreanischen Wons auf der Tagesordnung bleiben. Viertens bleibt auch die Frage, welche Auswirkungen die Teilung Koreas auf die Handelspolitik Südkoreas hat. Derzeit hat Nordkorea fast keine exportfähigen Industrien. Eine Wiedervereinigung würde einerseits große Herausforderungen der Transformation bringen, andererseits auch manche Chancen, z.B. durch Zugang zu den Rohstoffvorkommen im Norden. Ihre regionale Absicherung bleibt eine wichtige Herausforderung für die Zukunft.[20]

Südkorea hat in den vergangenen Jahrzehnten seit der Unabhängigkeit von Japan einen weltweit beachteten wirtschaftlichen Aufholprozess geschafft und ist damit auch zum Vorbild für andere Entwicklungs- und Schwellenländer geworden. Die Zeit der hohen Wachstumsraten ist allerdings trotz anhaltender Exportüberschüsse vorbei und das Land hat einen zwar insgesamt immer noch beachtlichen, aber niedrigeren Wachstumspfad erreicht. Es kommt auf die Setzung geeigneter Rahmenbedingungen und anhaltende Investitionen in Ausbildung und Innovationen an, um den Erfolg der südkoreanischen Exportindustrie und den erreichten Wachstumspfad dauerhaft zu sichern.

Literatur

Conolly, Michelle/Yi Kei-Mu, How much of South Korea's growth miracle can be explained by trade policy? Working papers, Research Department, Federal Reserve Bank of Philadelphia 2009.

Lee, Jungkyu, Korea's Trade Structure and its Policy Challenges, in: Korea Economic Institute (Hrsg.), Korea's Economy 2012, 2012, http://www.keia.org/sites/default/files/publications/kei_koreaseconomy_section02.pdf (Zugriff am 10.7.2013).

Pascha, Werner, South Korea's economic policy response to the global financial crisis, Korea Yearbook, Bd. 4, 2010, S. 135–164.

Seliger, Bernhard, The Shrimp that became a Tiger. Transformation Theory and Korea's Rise After the Asian Crisis, Emerging Market Studies, Nr. 3, Frankfurt am Main 2013.

Anmerkungen

1 Vgl. Daniel Cavegn, OSEC short analysis: Korea Joins 1 Trillion USD Trade Club, OSEC Business Network Switzerland, 2011, online: http://www.osec.ch/en/blog/osec-short-analysis-korea-joins-1-trillion-usd-trade-club (Zugriff am 22. Januar 2011).

2 Für eine ausführliche Analyse siehe Richard Lüdde-Neurath, Import controls and export-oriented development: a reassessment of the South Korean case, Boulder 1986.

3 Dies änderte sich, nachdem Südkorea 1967 verschiedene Studenten, die in Ostberlin mit nordkoreanischen Agenten Kontakt aufgenommen hatten, entführen ließ, was zu einer schweren diplomatischen Krise zwischen Deutschland und Südkorea führte.

4 Vgl. Danny M. Leipziger, Korea: transition to maturity, Oxford 1988.

5 Siehe für die Zeit vor 1990 Tae-gi Kim, Intra-industry trade: the Korean experience, in: International Economic Journal, 6 (1992) 2, S. 95–113; sowie für die Zeit danach Tae-gi Kim/Sangho Kim, Changing comparative advantage and intra-industry trade in Korean manufacturing industries, in: The Korean Economic Review, 14 (1998) 1, S. 173–187.

6 Für eine ausführliche Diskussion der Rolle ausländischer Direktinvestitionen siehe Bernhard Seliger, Ordnungspolitik, kultureller Wandel und ausländische Direktinvestitionen in Südkorea nach 1997, in: Werner Pascha/Cornelia Storz (Hrsg.), Wirkung und Wandel von Institutionen – Das Beispiel Ostasiens (Schriften zur Ordnungsfragen der Wirtschaft Band 77), Stuttgart 2005, S. 229–260.

7 Zum Thema *Hallyu* siehe den Beitrag von Lee Eun-Jeung in diesem Band.

8 Bernhard S. Seliger, The Opening of Popular Cultural Markets of South Korea under Economic Nationalism and International Pressure, in: John A. Lent/Lorna Fitzsimmons (Hrsg.), Asian popular culture in transition, London 2012.

9 Der Mischkonzern Jindo, der während der Asienkrise 1997 Konkurs anmeldete, war zeitweilig ein bedeutender Exporteur von Pelzen in die Sowjetunion.

10 Vgl. dazu Bernhard Seliger, Die neue politische Ökonomie Ostasiens und die Rolle Chinas, in: Aus Politik und Zeitgeschichte, 49, 2006, online: http://www.das-parlament.de/2006/49/Beilage/002.html.

11 Ab den 1990er-Jahren hat sich die Anzahl bilateraler Freihandelsabkommen deutlich erhöht sowie die Vergrößerung bestehender Handelsblöcke stark zugenommen. Die Doha-Runde des Welthandels ist trotz vielfacher Anläufe nicht zu einem erfolgreichen

Abschluss gekommen, der ein Signal für den Erfolg multilateraler Freihandelsabkommen wäre.

12 Zur Genese der APEC siehe Hyungdo Ahn, APEC After 10 years: Is APEC Sustainable?, Korea Institute for International Economic, Policy Working Paper 99–08, Seoul 1999; Werner Pascha/Tim Goydke, Zehn Jahre APEC, in: Wirtschaftswissenschaftliches Studium, 29 (2000) 11, S. 616–621.

13 Währungsswaps sind Abkommen von Staaten, um in Krisenzeiten untereinander Währungen auszutauschen, die als regionaler Reservemechanismus und Ergänzung zum IWF-Regelwerk dienen.

14 Bernhard Seliger, Südkorea als wirtschaftliche Drehscheibe Ostasiens? Kritische Anmerkungen zu einem aktuellen Konzept, in: Patrick Köllner (Hrsg.), Korea 2004 – Politik, Wirtschaft, Gesellschaft, Hamburg 2004, S. 67–89.

15 Neben Chile gehörten dazu Japan, die USA, Thailand, Neuseeland, die Türkei und Südafrika.

16 Für eine ausführliche Debatte siehe Won-Ho Kim, The significance of the Korea-Chile free trade agreement, in: The Journal of East Asian Affairs, 17 (2003) 2, S. 384–410; sowie für den schwierigen Ratifikationsprozess Hyun-Seok Yu, Political institution and protectionism in Korea: the case of Korea-Chile FTA ratification process, in: Korea Observer, 37 (2006) 4, S. 643–673.

17 Vgl. Bernhard Seliger, A Free Trade Area between Japan and Korea – Economic Prospects and Cultural Problems, in: Journal of Pacific Asia, 12 (2004), S. 93–129.

18 So kam es 2002 zum »Knoblauchkrieg«, als koreanische Bauern sich gegen die liberalisierte Einfuhr chinesischen Knoblauchs wehrten. Inzwischen gibt es bedeutende Einfuhren von Agrarprodukten und Lebensmitteln, darunter nicht zuletzt für das Nationalgericht Kimchi.

19 Siehe dazu die Beiträge in Jörg Mahlich/Werner Pascha (Hrsg.), Innovation and Technology in Korea, Heidelberg 2007; sowie Jörg Mahlich/Werner Pascha (Hrsg.), Korean Science and Technology in an International Perspective, Heidelberg 2012.

20 Bernhard Seliger, Regional Integration in East Asia and Perspectives for Economic Transformation in North Korea – Lessons from Europe, in: International Journal of Korean Unification Studies, 12 (2004) 1, S. 129–164.

IV. Gesellschaft

Kim Yun Tae

Der demografische Wandel in Südkorea

Die südkoreanische Bevölkerung ist im 20. Jahrhundert beständig gewachsen. In den Jahren zwischen 1950 und 2000 hat sich die Einwohnerzahl Südkoreas mehr als verdoppelt, von 19 auf 47 Millionen. Bis in die 1960er-Jahre lag die Wachstumsrate der Bevölkerung noch bei 3,1 Prozent pro Jahr. Seitdem sank sie rapide und fiel bereits Mitte der 1980er-Jahre auf 1,4 Prozent; 2005 lag sie bei 0,4 Prozent. Die derzeit wichtigsten Merkmale des demografischen Wandels in Südkorea sind die in der letzten Zeit sinkende Geburtenrate sowie die Alterung der Bevölkerung: Auf der einen Seite ist die Zahl Geburten in Südkorea auf einem außerordentlich niedrigen Niveau, auf der anderen Seite erhöht sich durch die Entwicklung der medizinischen Technik die Lebenserwartung. Gleichzeitig erleben wir durch die Urbanisierung und die Ausdehnung der Hauptstadtregion eine Abkehr der jungen Altersstufe von den ländlichen Gebieten. Im Ergebnis dieser Entwicklung ist eine Überalterung der Bevölkerung in den ländlichen Regionen festzustellen.

In Südkoreas Industrie geht die Zahl der Beschäftigten im Produktionssektor stetig zurück und die Arbeitsverhältnisse im Dienstleistungssektor wachsen mit sehr hoher Geschwindigkeit. Die Umstellung von einer produktionszentrierten Industrie auf eine dienstleistungsorientierte Wirtschaft verursacht eine typische Krise der Arbeitslosigkeit bei den männlichen Arbeitern, die zunehmend nicht reguläre Beschäftigungen ausüben. Auf der anderen Seite steigt mit der Veränderung der Wirtschaftsstruktur das Bildungsniveau der Frauen, die vermehrt in den Arbeitsmarkt eintreten.

1 Die Bevölkerungsstruktur Südkoreas

Der demografische Wandel Südkoreas kann mit drastisch sinkender Geburten- und Sterberate charakterisiert werden. Lag die Sterberate (*crude death rate*, CDR) 1950 bis 1955 noch bei 17 pro tausend Menschen im Jahr, sank diese 1995 bis 2000 dank der Verbesserung der medizinischen Versorgung und Hygiene auf 6 pro tausend Menschen. Der Rückgang der Geburtenrate pro tausend Menschen (*crude birth rate*, CBR) im selben Zeitraum war ebenso dramatisch, von 45 (1955–1960) auf 14 (1995–2000). Lag die zusammengefasste Geburtenziffer (*total fertility rate*, TFR) bei 5,0 bis 6,0 Kindern pro Frau in den 1950er- und 1960er-Jahren, kam sie 2005 gerade auf 1,2 Kinder pro Frau.[1]

Die Entwicklung der Geburten- und Sterberate spiegelt sich im drastischen Wandel der Bevölkerungsstruktur wider. Südkoreas junge Bevölkerung (0 bis 14 Jahre) hatte im Jahr 2010 einen Anteil von 16,1 Prozent an der Gesamtbevölkerung, die Arbeitsfähigen 15- bis 64-Jährigen hatten einen Anteil von 71 Prozent und die älteren Menschen von über 65 Jahren einen Anteil von 12,9 Prozent. Im Vergleich zu europäischen Ländern und den USA, aber auch zu Japan ist der Anteil der zur Arbeit fähigen Bevölkerungsgruppe außerordentlich hoch. Nur in China ist er noch höher. Bei älteren Menschen hat Südkorea – wieder nach China – unter den genannten Ländern den kleinsten Anteil. Durch die sich schnell vollziehende Alterung jedoch wird eine solche Bevölkerungsstruktur nicht mehr lange bestehen bleiben. Wenn wir Südkorea im Jahr 2030 mit Europa vergleichen, so sehen wir, dass der Anteil der arbeitsfähigen Menschen ab- und der Anteil an alten Menschen schnell zunimmt *(Tabelle 1)*. Nach Prognosen der Vereinten Nationen wird sich diese Tendenz bis zum Jahr 2050 noch verstärken. Südkorea wird dann voraussichtlich ein Land mit einer Bevölkerungsstruktur sein, bei der die junge sowie die arbeitsfähige Bevölkerung sehr klein sind und die Zahl alter Menschen hinter Japan den höchsten Anteil erreicht.

Als eine besondere Veränderung der südkoreanischen Bevölkerungsstruktur kann man den Wandel im Verhältnis der Geschlechter *(sex ratio)*[2] anführen. Laut einer Studie des koreanischen Amtes für Statistik von 2006 zur Bevölkerungsentwicklung war im Geschlechterverhältnis die Zahl der Männer in den Jahren 1970 (102,4), 1980 (101,8), 1990 (101,3) und 2000 (101,4) immer höher als die der Frauen. In der Prognose für das Jahr 2022 jedoch geht man von 99,9 Männern pro 100 Frauen aus. Die Veränderung ist unter anderen darauf zurückzuführen, dass die traditionelle Vorstellung, dass Söhne mehr wert seien als Töchter, zurückgeht. Bis zum Ende 1990er-Jahre war Abtreibung der weiblichen Embryonen nach der Fruchtwasseruntersuchung keine Seltenheit. Obwohl Abtreibung, mit der Ausnahme medizinischer Notwendigkeit, gesetzlich verboten ist, wird sie in Südkorea sowohl von Betroffenen als auch von Ärzten allgemein nicht als illegales Handeln betrachtet, sondern vielmehr als eine private Angelegenheit der Familien. Allerdings führte die hohe Zahl der Abtreibungen zu einem

Tab. 1: Bevölkerungsstruktur im internationalen Vergleich

		Einwohnerzahl (in Millionen)			Verhältnis der Zusammensetzung (in Prozent)		
		0–14	15–64	65+	0–14	15–64	65+
2010	Südkorea	7,918	34,896	6,324	16,1	71,0	12,9
	Europa	113,993	504,781	150,336	14,8	65,6	19,5
2030	Südkorea	7,117	31,471	14,373	13,4	59,4	27,1
	Europa	113,989	461,241	210,333	14,5	58,7	26,8
2050	Südkorea	6,193	25,424	21,240	11,7	48,1	40,2
	Europa	114,116	411,512	260,708	14,5	52,3	33,2

Quelle: UN, World Population Prospects, The 2010 Revision.

unnatürlichen Geschlechterverhältnis, sodass in den Schulen und Kindergärten die Jungen in deutlicher Überzahl waren. Dies wurde von der Regierung als ein ernst zu nehmendes Problem erkannt, weshalb die Praxis der Fruchtwasseruntersuchung bereits seit Mitte der 1990er-Jahre streng kontrolliert und nur in Ausnahmefällten erlaubt wird. Jedoch konnte die traditionelle Einstellung der Koreaner, dass nur die Söhne als Stammhalter das Leben der Familie bzw. die Blutslinie der Familie fortführen können, nicht mittels einer staatlichen Politik abgeschafft werden. So war es nicht eine staatliche Zwangsmaßnahme, sondern vor allem die veränderte Einstellung der Menschen, die zu einem Wandel führte. Langsam wurde in der Öffentlichkeit thematisiert, dass nicht die Söhne, sondern vielmehr die Töchter sich mehr um ihre Eltern sorgen, wodurch die allgemeine Wertschätzung von weiblichen Nachkommen stieg.

2 Die Altersstruktur in der Industrie

Die Zahl der Beschäftigten in der Industrie Südkoreas ist von 8,521 Millionen im Jahr 1960 auf mehr als das 2,5-Fache, nämlich 22,856 Millionen im Jahr 2005 angestiegen. Zwischen 1980 und 1990 explodierte sie geradezu. Das im Anschluss wieder langsame Wachstum der Beschäftigtenzahl kann durch eine Abnahme des Bevölkerungswachstums seit den 1990er-Jahren und die Finanzkrise 1997/98 erklärt werden.

Die Zahl der Beschäftigten im primären Sektor, also in der Landwirtschaft, war in den 1960er-Jahren mit fast 80 Prozent außerordentlich hoch, verringerte sich dann aber sehr schnell und fiel auf 18,3 Prozent im Jahr 1990 und nur noch 7,9 Prozent im Jahr 2005 *(Abbildung 1)*. Im Gegensatz dazu wiesen die Dienstleistungsunternehmen des tertiären Sektors eine stetige Zunahme der Beschäftigtenzahl auf. 1960 waren es 15 Prozent, 1990 dann 54,4 Prozent, und 2005 schließlich 73,5 Prozent. Im Fall des sekundären Sektors, der Produktionsindustrie, zeigt sich zwar tendenziell ein leichter Anstieg, doch mit dem Höhepunkt im Jahr 1990 nahm die Zahl der Beschäftigten dort, zusammen mit der Landwirtschaft, in dem Maße wieder ab, wie die Bedeutung des Dienstleistungssektors zunahm.

Abb. 1: Anteil der Beschäftigten nach Sektoren

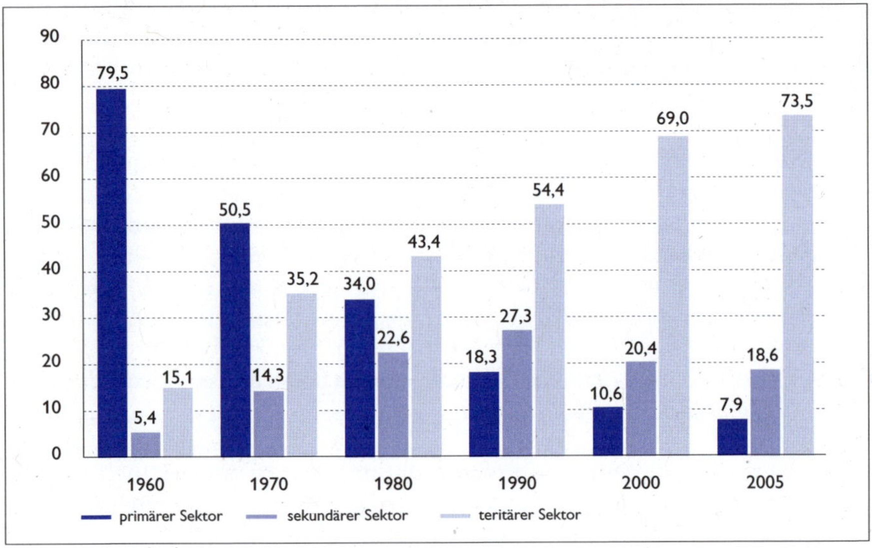

Der Anteil der Männer unter den Beschäftigten war zwischen 1960 und 1980 weit höher war als der der Frauen. Dass dieser Unterschied danach unaufhörlich abnahm, lässt sich ohne Weiteres darauf zurückführen, dass es mit der Reduzierung der Zahl der Kinder insgesamt mehr Bildungsmöglichkeiten für Frauen gab und dass Frauen mit der Erweiterung der Dienstleistungsindustrie vermehrt in den Arbeitsmarkt eintraten. Betrug der Unterschied zwischen den Anteilen der männlichen und weiblichen Beschäftigten 1960 23,8 Prozent, war dieser 2005 auf nur noch 16,6 Prozent geschrumpft. Auch für die Zukunft lässt sich leicht eine weitere Verringerung voraussehen.

3 Beschäftigungsstruktur nach Art der Anstellung und nach Alter

Auch die Beschäftigungsstruktur nach Art der Anstellung und Alter der südkoreanischen Arbeitnehmerinnen und Arbeitsnehmer ist seit den 1980er-Jahren einem tief greifenden Wandel ausgesetzt. Teilt man die Art der Beschäftigung in reguläre und nicht reguläre Arbeitsverhältnisse, hat der Anteil der nicht regulär Beschäftigten seit den 1980er-Jahren stark zugenommen. Die Ursache dafür liegt zum einen in der Verlagerung des Schwerpunktes im sekundären Sektor von der arbeitskräfteintensiven Leichtindustrie zur Schwerindustrie, und zum anderen in der Liberalisierung der Arbeitsmarktpolitik. Betrachtet man die Entwicklung der Zuwachsrate der nicht regulären Beschäftigten, war diese vor allem während der Regierungszeit von Chun Doo Hwan (*Chŏn Tu-hwan*; 1980–1988) mit 0,96 Prozent sehr hoch. Unter den Regierungen von Kim Young Sam (*Kim Yŏng-sam*; 1993–1998) und Kim Dae Jung (*Kim Tae-jung,* 1998–2003) lag sie bei 0,28 bzw. 0,23 Prozent, nachdem es während der Amtszeit von Roh Tae Woo (*No T'ae-u;* 1988–1993) zwischenzeitlich sogar einen Rückgang der Zahl nicht regulär Beschäftigter gegeben hatte (-0,19 Prozent).[3] Seit 2003 nimmt die Zahl der nicht regulär Beschäftigten zwar stetig ab,

Abb. 2: Anteil der nicht regulär Beschäftigten in Südkorea und den führenden OECD-Staaten, 2010

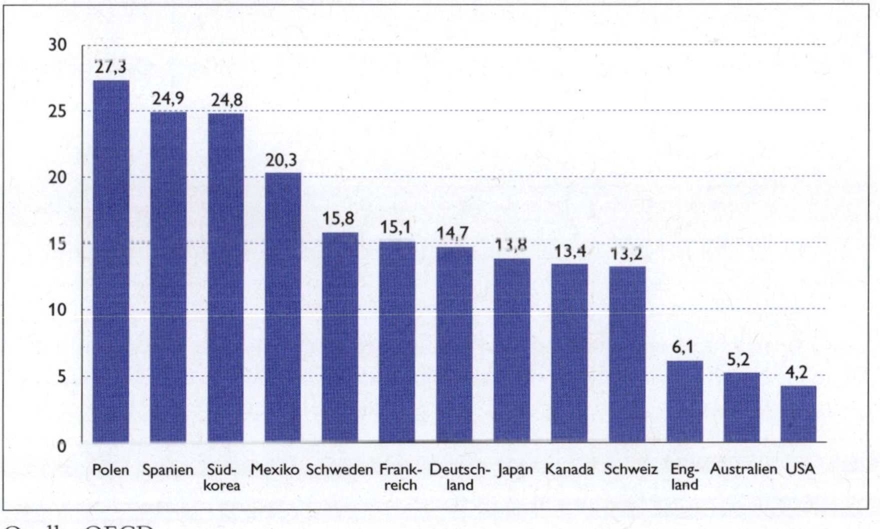

Quelle: OECD

aber deren Anteil ist in Südkorea im Vergleich mit führenden Staaten der OECD immer noch sehr hoch *(Abbildung 2)*. Während in Deutschland der Anteil der nicht regulär Beschäftigten mit 14,7 Prozent im Jahr 2010 fast dem OECD-Durchschnitt entsprach, war der Wert für Südkorea viel höher (24,8 Prozent).[4] Im internationalen Maßstab betrachtet ist der Arbeitsmarkt in Südkorea daher sehr flexibel.

Eine Besonderheit beim Betrachten der Beschäftigung nach Alter im Zeitraum von 2003 bis 2010 ist die stetige Zunahme der Beschäftigung älterer Menschen und die Abnahme der Beschäftigung in der Altersgruppe der 20- bis 30-Jährigen *(Tabelle 2)*. Im Fall der über 60-Jährigen stieg die Zahl der Beschäftigten von 4,9 Prozent im Jahr 2003 auf 7,5 Prozent im Jahr 2010, in der Altersgruppe der 50- bis 59-Jährigen waren es im gleichen Zeitraum 5,1 Prozentpunkte (von 11,6 Prozent auf 16,7 Prozent). Im Gegensatz dazu reduzierte sich die Zahl bei den 20- bis 29-Jährigen und den 30- bis 39-Jährigen im gleichen Zeitraum um 7,1 bzw. 2,6 Prozentpunkte.

Tab. 2: Anteile der Arbeitnehmer nach Alter und Beschäftigungsverhältnis (in Prozent)

		2003	2004	2005	2006	2007	2008	2009	2010
15–19 Jahre		1,9	1,6	1,6	1,3	1,4	1,3	1,2	1,2
20–29 Jahre		27,1	26,4	25,2	24,0	23,1	22,0	21,1	20,0
30–39 Jahre		30,5	30,5	30,2	30,3	29,2	29,4	28,5	27,9
40–49 Jahre		24,0	24,6	25,1	25,3	25,8	26,2	26,4	26,6
50–59 Jahre		11,6	11,8	12,5	13,2	14,2	14,8	15,5	16,7
über 60 Jahre		4,9	5,2	5,4	5,8	6,3	6,3	7,3	7,5
regulär		67,4	63,0	63,4	64,5	64,1	66,2	65,1	66,7
nicht regulär		32,6	37,0	36,6	35,5	35,9	33,8	34,9	33,3
jung	regulär	19,8	18,2	17,4	17,0	16,3	15,6	14,7	14,1
	nicht regulär	9,2	9,8	9,4	8,4	8,2	7,7	7,6	7,1
mittleres Alter	regulär	39,0	36,4	37,0	38,0	37,5	39,4	39,2	40,1
	nicht regulär	15,5	18,6	18,3	17,7	17,5	16,1	15,7	14,4
älter	regulär	8,7	8,4	9,0	9,5	10,3	11,1	11,2	12,4
	nicht regulär	7,9	8,6	9,0	9,5	10,2	10,0	11,6	11,8

Quelle: *T'onggyech'ŏng* [Amt für Statistik], *Kyŏngjehwaldongingujosa pugajaryo* [Untersuchung der wirtschaftlich aktiven Bevölkerung, ergänzendes Material], 2010.

Betrachtet man Alter und Beschäftigungsart der Arbeitnehmerinnen und Arbeitnehmer zusammen, so erkennt man, dass sich die Umstände der Beschäftigung im Fall der jungen Menschen verschlechtern. Sowohl die Zahl der regulär als auch die der nicht regulär Beschäftigten nimmt ab. Dagegen steigt in der älteren Altersgruppe der Anteil beider Beschäftigtengruppen (regulär und nicht regulär Beschäftigte). Der Grund hierfür könnte ein kurzfristiger Effekt der südkoreanischen Beschäftigungspolitik nach der globalen Finanzkrise 2008 sein. Um die Finanzkrise zu überwinden, hat die südkoreanische Regierung versucht, Arbeitsplätze mit staatlichen finanziellen Mitteln zu schaffen. Die Zielgruppe dieser Politik waren größtenteils alte Menschen. Wenn sich jedoch die gegenwärtige Alterung der Bevölkerung und die niedrige Geburtenrate weiterhin so fortsetzen, dann wird die Beschäftigtenstruktur mit einem hohen Anteil von alten Arbeitnehmerinnen und Arbeitnehmern auch langfristig erhalten bleiben.

4 Die Urbanisierung und die Ausdehnung der Hauptstadtregion

Die Bevölkerung Südkoreas konzentriert sich mehr und mehr in der Hauptstadtregion Sudokwŏn und teilweise in den großen Städten. Den Grund für die zunehmende Urbanisierung und die Bevölkerungsexpansion in der Hauptstadtregion kann man hauptsächlich in der Abwanderung der Bevölkerung aus den ländlichen Gebieten in die Städte sehen. Diese Entwicklung hat nicht nur eine Veränderung des Bevölkerungsumfangs in Stadt und Land zur Folge, sondern auch eine schnelle Überalterung der ländlichen Gebiete, da sich gerade die junge Altersgruppe zunehmend von dort abkehrt. Damit haben sich Bevölkerungsumfang und -struktur regional stark differenziert. Während der Anteil der Menschen ab 65 Jahren in den Städten teils deutlich unter 10 Prozent liegt, stellen die 65-Jährigen in ländlichen Provinzen teilweise bis zu 18 Prozent der Bevölkerung.

Im Großstadtbereich mit Seoul, in der Hauptstadtregion und in den fünf großen Städten nimmt die Bevölkerung seit den 1960er-Jahren stetig zu *(Tabelle 3)*. Zwar ist ab den 1990er-Jahren zumindest im Stadtgebiet von Seoul ein Rückgang der Einwohnerzahl zu beobachten, jedoch ist dies lediglich das Ergebnis einer Verlagerung der Bevölkerung ins Umland von Seoul, weil das Stadtgebiet überbevölkert war. Hingegen nahm die Einwohnerzahl in der Hauptstadtregion (Sudokwŏn) weiter explosionsartig zu und wuchs von 1960 (5,2 Millionen) bis 2005 (23 Millionen) um ca. das Vierfache – ein außerordentlich hoher Zuwachs im Vergleich zum landesweiten Anstieg der Bevölkerung um das Doppelte im gleichen Zeitraum. Im Gegensatz dazu nahm in den Provinzen, beispielsweise in Chŏlla und in Kyŏngsang, die Bevölkerung ab.

Tab. 3: Bevölkerungszahl und Anteil an der Gesamtbevölkerung, 1960 bis 2005 (in Millionen, in Klammern Prozentangaben)

	1960	1970	1980	1990	2000	2005
Seoul	2,445 (9,8)	5,433 (17,6)	8,364 (22,3)	10,613 (24,5)	9,895 (21,5)	9,820 (20,8)
Seoul Großstadtbereich*	2,938 (11,8)	6,327 (20,5)	10,774 (28,7)	16,508 (38,0)	19,441 (42,1)	20,960 (44,3)
Hauptstadtregion Sudokwŏn**	5,194 (20,8)	8,730 (28,3)	13,298 (35,5)	18,586 (42,8)	21,354 (46,3)	22,767 (48,2)
fünf regionale Großstädte***	4,829 (19,3)	9,239 (29,9)	14,508 (38,8)	18,828 (43,4)	18,759 (40,7)	18,669 (39,5)
Städte (Stadtviertel)	6,996 (28,0)	12,709 (41,2)	21,434 (57,3)	32,308 (74,4)	36,755 (79,7)	38,515 (81,5)
Landkreise (Kreisstädte, Landgemeinden)	17,976 (72,0)	18,172 (58,8)	16,002 (42,7)	11,101 (25,6)	9,380 (20,3)	8,764 (18,5)
landesweit	24,989 (100)	30,882 (100)	37,436 (100)	43,411 (100)	46,136 (100)	47,279 (100)

Quelle: *T'onggyech'ŏng* [Amt für Statistik], Nationales Statistik-Portal.
*einschließlich der Bevölkerung von Seoul, Inch'ŏn und den Städten in der Provinz Kyŏnggi
**einschließlich der Bevölkerung von Seoul, Inch'ŏn und der Provinz Kyŏnggi
***einschließlich der Bevölkerung von Seoul, Pusan, Taegu, Kwangju und Taejŏn

6 Internationale Migration der Bevölkerung

Es ist mittlerweile unumstritten, dass Südkorea vom Auswanderungsland zum Einwanderungsland geworden ist, auch wenn die Bürger mit diesem Wandel sich sehr schwer tun. Das Zusammenleben mit Ausländern, vor allem den ausländischen Arbeitnehmern, stellt eine neue Herausforderung für die südkoreanische Gesellschaft dar.

Bis in die 1990er-Jahre war die Zahl der auswandernden Südkoreaner größer als die Zahl der Einwanderer nach Südkorea. Die Zielländer der südkoreanischen Auswanderer waren hauptsächlich die USA, Kanada und Australien. Die Arbeitsmigration von Krankenschwestern und Bergarbeitern nach Deutschland in den 1960er- und 1970er-Jahren sowie die Auswanderungswelle nach Lateinamerika in den 1980er-Jahren waren dabei

Ausnahmen. Die Zahl der Auswanderer betrug zwischen 1963 und 2011 insgesamt 940 375 Personen, davon gingen 700 846 in die USA.[5] Seit der Demokratisierung 1987 hat die Auswanderung der Südkoreaner allerdings stetig abgenommen. Ab 2003 ist die Gesamtzahl der Auswanderer im Jahr unter 10 000 gesunken. Hingegen hat die Zahl der Einwanderer seit Anfang der 1990er-Jahre kontinuierlich zugenommen. Spätestens ab 2006 zeigt Südkorea in der internationalen Migration[6] ein Überschuss bei der Einwanderung. Während die Gesamtzahl der Einwanderer in Südkorea seit 1948 im Jahr 2000 noch bei 734 000 Personen lag, stieg sie bis 2010 weiter auf 1 181 000. Damit war die Gesamtzahl der Einwanderer erstmals größer als die der Auswanderer. Zu den Herkunftsländern der meisten Einwanderer in Südkorea gehören China, Vietnam, Bangladesch und Pakistan. Da sich in der südkoreanischen Gesellschaft noch nicht die Einsicht durchgesetzt hat, dass das Land schon längst ein Einwanderungsland geworden ist, müssen die meisten Einwanderer vielfältige Diskriminierungen bewältigen, was in den meisten Fällen vor allem an ihrem unsicheren Aufenthaltsstatus als Gastarbeiter liegt (siehe dazu den Beitrag von Cho Hyo-Je in diesem Band).

In Bezug auf internationale Migration ist die Heiratsmigration besonders hervorzuheben. Noch in den 1960er- und 1970er-Jahren war der Anteil internationaler Ehen an der Gesamtzahl der Eheschließungen sehr gering. Es waren auch größtenteils die südkoreanischen Frauen, die Ausländer heirateten. Seit dem Jahr 2004 stieg diese Zahl jedoch sprungartig an; 2006 waren fast zwölf Prozent aller in Südkorea geschlossenen Ehen Verbindungen mit einem Partner oder einer Partnerin aus dem Ausland. Besonders Eheschließungen koreanischer Männer mit ausländischen Frauen stiegen ab 1995 rasant an.

Tab. 4: Anzahl und Wandel internationaler Ehen

Jahr	Zahl aller Eheschließungen	Zahl internationaler Eheschließungen		
		Koreaner + ausländische Frau	Koreanerin + ausländischer Mann	Summe
1992	419 774	2 057	3 477	5 534
1994	393 121	3 072	3 544	6 616
1996	434 911	12 647	3 299	15 946
1998	375 616	8 054	4 134	12 188
2000	334 030	7 304	5 015	12 319
2002	306 573	11 017	4 896	15 913
2004	310 944	25 594	9 853	35 447
2006	332 752	30 208	9 482	39 690

Den Grund hierfür kann man in einem Überschuss an Männern im heiratsfähigen Alter sehen, aber auch in den gewachsenen Ansprüchen koreanischer Frauen, die zunehmend gut ausgebildet sind, an wirtschaftlichen Aktivitäten teilnehmen und neue Wertevorstellungen entwickeln (siehe auch dazu den Beitrag von Chung Hyun-Back in diesem Band).

7 Prognose für die südkoreanische Bevölkerung

Das südkoreanische Durchschnittsalter *(median age)*[7] lag 2005 bei 34,8 Jahren. 2050 wird es voraussichtlich auf 56,7 Jahre angestiegen sein. Mit anderen Worten wird dann die Hälfte der Bevölkerung Südkoreas älter als 57 sein. Eine solche Alterung der Bevölkerung entsteht, wenn die Geburtenrate kleiner ist als das Reproduktionsniveau *(population replacement level)*[8] der Bevölkerung. Die generell notwendige Geburtenrate, um die Bevölkerungszahl konstant zu halten, liegt bei 2,1 Kindern. In Südkorea fiel die Gesamtgeburtenrate von 4,53 im Jahr 1970 auf 2,06 im Jahr 1983 und 1,08 im Jahr 2005. 2010 hatte sie sich mit 1,22 zwar wieder ein wenig erholt, war aber noch immer niedriger als die durchschnittliche Geburtenrate der OECD.

Laut einer Studie zur Bevölkerungsentwicklung des nationalen Amtes für Statistik in Südkorea aus dem Jahr 2006 ist die alternde Gesellschaft (mit einem Anteil alter Menschen an der Bevölkerung von 7 Prozent) bereits im Jahr 2000 eingetreten. Den Beginn der alten Gesellschaft (Anteil alter Menschen 14 Prozent) sagt man für 2018 voraus, den einer sehr alten Gesellschaft (Anteil alter Menschen 20 Prozent) nur acht Jahre später für das Jahr 2026. Die Alterung der Gesellschaft vollzieht sich in Südkorea – auch im internationalen Vergleich – mit beispielloser Geschwindigkeit. Tief greifende Reformen der Regierung, um dieser Entwicklung entgegenzuwirken bleiben bisher aus. Bestehende Maßnahmen zur Förderung der Geburtenrate wie die Unterstützung der kinderreichen Familien bzw. steuerliche Begünstigung der Familien mit Kindern zeigen nicht die erwünschte Wirkung. Erhält man den gegenwärtigen Rahmen von Wirtschaft und Gesellschaft aufrecht, wird sich durch die abnehmende Inlandsnachfrage und den Mangel an Arbeitskräften mit hoher Wahrscheinlichkeit ein struktureller Stillstand entwickeln. Nicht zuletzt deshalb muss in Südkorea sowohl in der Politik als auch in der Wirtschaft intensiv über passende Antworten auf das Problem der extrem schnellen Alterung der Gesellschaft nachgedacht werden.

Literatur

Cho, Nam-Hoon, Policy Responses to Population Ageing and Population Decline in Korea, Paper presented at the Expert Group Meeting on Population Ageing and Population Decline, Population Division, UNO, New York, 16.–18. October 2000.

Phan, Hanam S., Demographic dividend and labour force transformation in Asia. The Case of Korea, in: UN/POP/PD/2005/4, 2005.

Anmerkungen

1 UN, World Population Prospects 2010.

2 Verhältnis der Geschlechter (sex ratio) als Kennziffer, die die Bevölkerungsstruktur grob in Männer und Frauen unterteilt, meint die Zahl der Männer pro 100 Frauen.

3 Datenbank des Nationalen Statischen Amtes, http://kostat.go.kr; vgl. Kim Yu-sŏn, *Pijŏnggyujik chŭngga wŏnin* [Ursache für die Zunahme der nicht-regulären Beschäftigen], in: *Sahoekyŏngjep'yŏngnon*, Vol. 21, 2003, S. 289–326.

4 In der Analyse des Korea Development Institute (2009) wurde die Zahl der nicht regulär Beschäftigten in Korea nach den Maßstäben der OECD neu berechnet. Die Definition von nicht regulärer Arbeit, die in Südkorea verwendet wird, unterscheidet sich von jener der OECD. Unter nicht regulären Arbeitnehmern versteht man in Südkorea vorübergehend Beschäftigte (mit befristetem Arbeitsvertrag oder der Möglichkeit zur Kündigung), Teilzeitbeschäftigte und atypisch Beschäftigte (z. B. Leiharbeiter oder kurzfristig abrufbare Arbeitnehmer).

5 Statistik des Außenministeriums von Südkorea.

6 Internationale Migration (International Migration) heißt, den Wohnsitz über Ländergrenzen hinweg zu verlegen. Internationale Netto-Migration (International Net Migration) meint außerdem die Differenz zwischen den Einwanderern und den Auswanderern.

7 Durchschnittsalter *(median age)* meint das Alter der Menschen, die sich in der Mitte befinden, wenn man die gesamte Bevölkerung nach Alter aufstellt.

8 Reproduktionsniveau *(population replacement level)* bedeutet das Niveau der Geburtenrate, die benötigt wird, um den gegenwärtigen Zustand aufrechtzuerhalten.

Shin Jin-Wook

Entwicklung und Ausdifferenzierung der Zivilgesellschaft in Südkorea

Der Begriff der Zivilgesellschaft wird je nach sozialem Kontext und akademischem Standpunkt verschieden aufgefasst. In den folgenden Ausführungen wird die Zivilgesellschaft als gesellschaftliche Sphäre verstanden, in der eine Vielfalt an Assoziationen tätig ist, die von Individuen freiwillig gegründet wurden. Die Definition der Zivilgesellschaft als Sphäre von *Assoziationen* dient dazu, die Zivilgesellschaft begrifflich von der *Lebenswelt* zu differenzieren, welche deren kulturelle Basis bildet. Die zur Lebenswelt gehörende Kultur der Bürger, das soziale Bewusstsein, die politischen Neigungen etc. werden daher nur Erwähnung finden, insofern sie Veränderungen der Zivilgesellschaft beeinflusst haben. Die Definition der Zivilgesellschaft als *Sphäre* zielt schließlich auf die Herausstellung des Sachverhalts ab, dass sie kein Handlungssubjekt mit einheitlichem kollektivem Bewusstsein sein kann. Die Zivilgesellschaft ist eine pluralistische Sphäre, in der freiwillige Assoziationen koexistieren, die mannigfaltige Interessenbeziehungen, Werte und Ziele verfolgen und sich von Zeit zu Zeit zusammenschließen oder in Konflikt zueinander geraten.

Im Folgenden werden die Veränderungen in den Beziehungen zwischen Staat und Zivilgesellschaft sowie in den inneren Strukturen der Zivilgesellschaft in Südkorea in den letzten fünfzig Jahren dargestellt. Die erste Phase ist die Periode des aktiven Widerstandes der Zivilgesellschaft, welche die autoritäre Staatsmacht in der Zeit der Militärregierungen seit den 1960er-Jahren herausforderte. In dieser Phase herrschte eine konfrontative Gegenüberstellung von Staat und Zivilgesellschaft vor; gleichzeitig entwickelten sich jedoch auch gesellschaftliche Organisationen, die mit der autoritären Macht freundschaftliche Beziehungen knüpften. Die zweite Phase ist die Periode der Liberalisierung und Demokratisierung, die sich seit der durch die zivile Demokratiebewegung erzwungenen Lockerung des politischen Systems im Juni 1987 bis in die 1990er-Jahre vollzog. In dieser Phase wuchsen rasch zivilgesellschaftliche Kräfte mit starken reformerischen Tendenzen heran. Diese spezialisierten sich auf unterschiedliche

Bereiche wie Arbeit, Frauen, Umwelt, Machtkontrolle, wirtschaftliche Gerechtigkeit etc. und durchliefen einen Prozess der allmählichen Professionalisierung und Institutionalisierung.

In der dritten Phase, seit Beginn der 2000er-Jahre, gingen zwei wesentliche Veränderungen vor sich. Einerseits organisierten sich die konservativen gesellschaftlichen Kräfte während der zehnjährigen Herrschaft reformorientierter Regierungen in schnellem Tempo, was eine Zuspitzung der Konflikte zwischen dem progressiven und dem konservativen Lager von Bürgerorganisationen zur Folge hatte. Andererseits verbreiteten sich zur gleichen Zeit – nicht zuletzt auf das Internet gestützte – neue Bürgergemeinschaften und Netzwerke, welche die gesellschaftliche Basis für einen rasanten Anstieg autonomer ziviler Partizipation schufen.

1 Zivilgesellschaft unter den autoritären Regimen

Zu den historischen Ursprüngen der koreanischen Zivilgesellschaft gibt es unterschiedliche Thesen. Allgemeine Zustimmung findet die Meinung, dass moderne zivilgesellschaftliche Organisationen spätestens Ende des 19. Jahrhunderts als wichtige gesellschaftliche Kräfte heranzuwachsen begannen. Der 1896 von der reformorientierten Elite Koreas gegründete Unabhängigkeitsklub *(Tongniphyŏphoe)* und die 1898 vom Klub einberufenen Massenversammlungen *(Manmingongdonghoe)*, die ein öffentliches Sprachrohr für das Volk waren, zählen zu den repräsentativen Beispielen. Während der japanischen Okkupation (1910–1945) wurden von national gesinnten Kräften Vereine für die Volksaufklärung, Organisationen der Unabhängigkeitsbewegung, Gewerkschaftsorganisationen, Bauernverbände und andere Assoziationen gegründet. Aufgrund der politischen Repressionen gelang es ihnen jedoch nicht, eine Massenbasis zu schaffen.

Nach der Erlangung der nationalen Selbständigkeit im August 1945 wuchs die Zivilgesellschaft im südlichen Teil der koreanischen Halbinsel zunächst einige Jahre lang explosionsartig an. Im November 1945 wurden die nationale Gewerkschaftsvereinigung »Nationalrat der koreanischen Gewerkschaften« *(Chosŏnnodongjohap chŏn'gukp'yŏngŭihoe)* und die Bauernvereinigung »Nationale Liga der Bauernverbände« *(Chŏn'guknongminchoha pch'ongyŏnmaeng)* gegründet. Diese Massenorganisationen waren im Allgemeinen mit den linken nationalistisch geprägten Kräften in der Politik verbunden. Doch es entstanden auch viele zivilgesellschaftliche Organisationen, die mit den proamerikanischen rechten Kräften kooperierten. Dazu gehören beispielsweise die 1946 von der Elite angehörigen Frauen geschaffene Organisation »Koreanischer Frauenverband« *(Taehanbuinghoe)* und der antikommunistische rechte Jugendverband »Vereinigung der West-Nord-Jugend« *(Sŏbukch'ŏngnyŏndan)*. In den ersten Jahren nach der Errichtung der nationalen Selbstständigkeit entstanden so fast in allen Bereichen – Frauen, Jugend, Kunst, Kultur etc. – landesweite linke und rechte zivilgesellschaftliche Organisationen, die sich in ihrer ideologischen Orientierung feindlich gegenüberstanden. Mit der Bildung der ersten südkoreanischen Regierung unter Präsident Rhee Syngman *(Yi Sŭng-man)* im Jahr 1948 etablierten sich die rechten Kräfte an der Macht. Durch den kurz darauf folgenden dreijährigen Koreakrieg (1950–1953) verstärkte sich der Antikommunismus in Südkorea bis zum Äußersten und radikal linke zivilgesellschaftliche Kräfte wurden fast vollständig aufgerieben.

Die zivilgesellschaftlichen Kräfte, die mit der Aprilrevolution von 1960 Rhee Syngmans Regierung stürzte, sympathisierten keineswegs mit dem Kommunismus, sondern verfolgten Ziele wie Demokratie, soziale Gerechtigkeit und nationale Aussöhnung von Süd- und Nordkorea. Doch bereits im folgenden Jahr führte der General Park Chung Hee *(Pak Chŏng-hŭi)* erfolgreich einen Militärputsch durch, wonach er 18 Jahre lang (1961–1979) die Macht in seinen Händen konzentrierte. Während des autoritären Militärregimes schlossen sich zahlreiche zivilgesellschaftliche Kräfte in der Demokratiebewegung, Gewerkschaftsbewegung und Bewegung für die nationale Wiedervereinigung zusammen und leisteten der Staatsmacht Widerstand. In dieser Zeit führten Geistliche, Intellektuelle und Pressevertreter den zivilgesellschaftlichen Protest an.

Die Gruppierungen, die sich unter den zivilgesellschaftlichen Kräften vor allem für die außerparlamentarische Demokratiebewegung engagierten, wurden als »chaeya« bezeichnet, was seiner Bedeutung nach als »breite Opposition« zu verstehen ist. Durch die verschiedensten symbolischen Maßnahmen wie Deklarationen zur Lage der Nation oder öffentliche Gottesdienste für die Nation vergrößerten die Oppositionellen ihre politische Wirksamkeit, trieben aber auch emsig das organisatorische Wachstum voran. Typische Beispiele für Organisationen der Demokratiebewegung sind die 1974 gegründete Nationale Liga der demokratischen Jugend und Studenten *(Chŏn'gukminjuch'ŏngnyŏnhaksaengch'ongyŏnmaeng)* und die 1979 geschaffene Nationale Union für Demokratisierung und Wiedervereinigung der Nation *(Minjujuŭi-wa minjokt'ongil-ŭl wihan kungminyŏnhap)*. Mit der Proklamation von Manifesten, Pressekonferenzen und öffentlichen Kundgebungen forderten die in diesen Organisationen wirkenden Oppositionellen demokratische Reformen. Protestantische und katholische Vereinigungen engagierten sich nicht nur für die politische Demokratisierung, sondern traten auch stark für die Verbesserung von Menschenrechten für Arbeiter und die Lösung sozialer Probleme wie der Befreiung von Not und Armut ein. Besonders wichtige christliche Organisationen waren der bereits 1924 gegründete Nationalrat der Kirchen in Korea *(Han'gukkidokkyohyŏbŭihoe)*, das 1974 neu gegründete Menschenrechtskomitee des nationalen Kirchenrates *(Kidokkyohyŏbŭihoe ingwŏnwiwŏnhoe)* und die ebenfalls 1974 gegründete Vereinigung katholischer Priester für Gerechtigkeit *(Ch'ŏnjugyo chŏngŭiguhyŏnsajedan)*. Christen schufen in Arbeiterbezirken und städtischen Armenvierteln Gemeinschaften, in denen sie unter anderem Kulturprogramme und Schulungen zu Grundrechten anboten.

Nachdem Präsident Park Chung Hee im Oktober 1979 von seinem Geheimdienstchef ermordet worden war, übernahm der Premierminister zunächst provisorisch das Präsidentenamt. Im Dezember desselben Jahres kam es jedoch erneut zu einem Militärputsch und General Chun Doo Hwan *(Chŏn Tu-hwan)* ergriff faktisch die Macht. In der Hauptstadt Seoul und den großen Städten erfolgten daraufhin ununterbrochen Protestdemonstrationen von Bürgerinnen und Bürgern und als Antwort darauf Repressalien der Regierung. Im Mai 1980 kulminierte die zugespitzte Lage in einem Zusammenstoß zwischen einer Sondereinheit der südkoreanischen Armee und bewaffneten Bürgern in der im Südwesten gelegenen Stadt Kwangju. Über den Charakter dieses Ereignisses gab es unterschiedliche Auffassungen. Die damalige Militärregierung und die von ihr zensierte Presse sowie Geschichtslehrbücher und ein Teil der ihr nahestehenden Historiker bezeichneten es als »Vorfall von Kwangju« *(Kwangjusat'ae)*. Nach der offiziellen Erklärung der neuen Militärregierung waren es die gewalttätigen Massenkundgebungen der Bürger in Kwangju, welche den Einsatz des Militärs unvermeidlich gemacht haben; Regierung und Armee hätten dies tun müssen, um die öffentliche Ordnung wiederherzustellen. Zudem sollte eine mögliche Fehleinschätzung seitens Nordkoreas verhindert werden, was letztlich zu einem Angriff gegen Süden hätte führen können.[1]

Die Gegner dieser offiziellen Erklärung der Militärregierung betonten, dass die Bürger von Kwangju sich in Reaktion auf das vom Militär angerichtete Blutbad zur Verteidigung bewaffnet hätten und definierten das Ereignis als »Demokratiebewegung von Kwangju« *(Kwangjuminjuhwaundong)*. Seit der Regierungszeit von Kim Dae Jung (*Kim Tae-jung;* 1998–2003) ist dies auch die offizielle Bezeichnung der Massenprotestbewegung vom Mai 1980. Progressive Historiker vertreten heute die Meinung, die Mehrzahl der Teilnehmer und Opfer des Aufstandes seien Arbeiter gewesen, weswegen sie das Ereignis als »Volksaufstand in Kwangju« *(Kwangjuminjunghangjaeng)* definieren.[2]

Die Erfahrung von Kwangju führte in den 1980er-Jahren zur Wende der südkoreanischen oppositionellen Zivilgesellschaft in Ideologie, Strategie und Wahl der Mittel. Anders als in den 1970er-Jahren führte nun die radikale Studentenbewegung, die eine antiamerikanische und die Interessen des »Volkes« *(minjung)* durchsetzende Revolution anstrebte, den Widerstand an. Sie machte mit einem dichten Netz von Aktivitäten wie der Organisation von Studentenversammlungen und Studienzirkeln an allen Universitäten sowie der Bildung einer nationalen studentischen Vereinigung rasche organisatorische Fortschritte. Darüber hinaus entwickelten sich in verschiedenen Bereichen der Zivilgesellschaft (Arbeiter, Frauen, Umwelt, Wiedervereinigung und Bildung) vielfältige Sozialbewegungen, die von den gemeinsamen Ideen der Demokratie, der sozialen Gerechtigkeit und der Versöhnung von Süd- und Nordkorea getragen wurde. Diese Assoziationen spielten bei der Organisation und Mobilisierung des zivilen Widerstandes für eine Demokratisierung im Jahre 1987, dessen Ergebnis tatsächlich demokratische Reformen waren, eine große Rolle. Die einzelnen Teilbewegungen bilden die historische Basis von späteren zivilgesellschaftlichen Organisationen, die sich in vielfältigen Sektoren und Interessenbereichen entwickelten.

2 Einführung des demokratischen Systems und Zivilgesellschaft

Der Juni 1987 war ein entscheidender Wendepunkt für die Demokratisierung der südkoreanischen Politik und Gesellschaft. In fast allen strategisch wichtigen Städten Südkoreas, mit Seoul und Pusan im Zentrum, fanden große Protestaktionen von Bürgerinnen und Bürgern statt, auf denen der Übergang zum demokratischen System gefordert wurde. Im Verlaufe dieser Aktivitäten starben eine Reihe von Studenten durch Folter seitens des Geheimdienstes oder durch Gewalttätigkeiten der Polizei, darunter auch die in Südkorea bekannten Park Chong-ch'ŏl und Yi Han-yŏl, deren Tod großes Aufsehen in der Öffentlichkeit hervorrief. Da die Demonstrationen immer mehr zunahmen, gab die Militärregierung schließlich das bisherige System der Präsidentenwahl durch ein Wahlmännergremium auf und führte ein demokratisches politisches System mit Direktwahl des Präsidenten ein. Obgleich die Demokratisierung der südkoreanischen Gesellschaft hinsichtlich der politischen Grundrechte und Freiheiten der Bürger zunächst nur begrenzt erfolgreich war, kam die Liberalisierung und Demokratisierung der gesamten Politik und Gesellschaft in den 1990er-Jahren doch schrittweise voran. Markante Veränderungen der südkoreanischen Zivilgesellschaft nach der politischen Lockerung waren das beträchtliche Wachstum von reformorientierten Organisationen und deren rasche Differenzierung nach Bereichen, Professionalisierung und Institutionalisierung.

Während der ersten zehn Jahre nach dem demokratischen Umbruch bis Ende der 1990er-Jahre waren die politischen Erben des autoritären Regimes weiterhin an der Regierung beteiligt. Darum blieben die strukturellen Konflikte um die Demokratisierung zwischen Staat auf der einen und Zivilgesellschaft auf der anderen Seite in gewissem Maße bestehen. Zur gleichen Zeit vollzog sich jedoch auch eine Differenzierung der Demokratiebewegung in zwei wesentliche Bereiche: Arbeiterbewegung und Bürgerbewegung. Im Lager der Arbeiterbewegung entstand 1990 als Dachverband der Gewerkschaften der Koreanische Gewerkschaftskongress (*Chŏn'guknodongchohaphyŏbŭihoe*, Korean Trade Union Congress, KTUC), der das Erbe der demokratischen Gewerkschaftsbewegung in den 1970er- und 1980er-Jahren fortsetzte. Danach bildeten sich zusätzlich Gewerkschaftsverbände in den einzelnen Großunternehmen, woraufhin 1995 ein viel umfassenderer gesamtnationaler Gewerkschaftsbund, *Chŏn'gukminjunodongchohapch'ongyŏnmaeng*, die Korean Confederation of Trade Unions (KCTU) gegründet wurde. Die KCTU und der unter der autoritären Regierung geschaffene Gewerkschaftsbund KFTU sind bis heute als repräsentative Gewerkschaftsverbände in der Republik Korea tätig.[3]

Auf der Seite der Bürgerbewegungen entstanden zivilgesellschaftliche Organisationen, die von den auf Klassenbasis agierenden Bewegungen klar abgegrenzt und unabhängig waren. Deren zahlreiche Strömungen gliederten sich schnell in verschiedene Sektoren wie Umwelt, Frauen, Menschenrechte, Bildung, wirtschaftliche Gerechtigkeit, Machtkontrolle auf. Innerhalb kurzer Zeit entstanden die bis heute aktiven, repräsentativen Organisationen zu allen bedeutenden gesellschaftlichen Bereichen und Sphären: Korean Women's Association United (1987), Lawyers for a Democratic Society (1988), Citizens' Coalition for Economic Justice (1989), Korean Federation for Environmental Movements (1993), Sarangbang Group for Human Rights (1993), People's Solidarity for Participatory Democracy (1994) und Green Korea (1994).

Viele Organisationen der Bürgerbewegung machten in den 1990er-Jahren einen Prozess der Professionalisierung und Institutionalisierung durch. Sie gewannen nach und nach Spezialisten aus den unterschiedlichsten Berufszweigen und erfahrene Experten aus der Beamtenschicht für sich und erlangten somit Fachkenntnisse in ihrem Tätigkeitsbereich. Einige Organisationen der Bürgerbewegung waren von der finanziellen Unterstützung der Regierung oder Spenden von Unternehmen und Einzelpersonen abhängig, andere dagegen schätzten ihre Unabhängigkeit hoch und deckten den größten Teil ihrer Kosten durch Mitgliedsbeiträge. Durch öffentliche Meinungsbildung, Klagen vor Gericht, Gesetzesanträge und Zusammenarbeit mit Zentralregierung und Regionalverwaltungen konnten die Organisationen ihre soziale und politische Wirksamkeit erfolgreich etablieren.

Der gestiegene Einfluss und die erfolgreiche Institutionalisierung von Organisationen der Bürgerbewegung sind jedoch nicht unumstritten. Einerseits wird es begrüßt, dass die Bürgerbewegung den öffentlichen Meinungsraum betreten und innerhalb des politischen Systems ihren Platz gefunden hat. Allerdings wird auch befürchtet, die Kooperationsbeziehungen zu Regierung und politischen Parteien könnten den sozialkritischen Charakter der Bürgerbewegung gefährden.[4] Ebenso wird die kritische These erhoben, die Institutionalisierung der Bürgerbewegungen in einer Periode, als die progressive Demokratische Partei an der Macht war, habe ein Zusammenwachsen mit der politischen Macht bedeutet.[5]

3 Konflikte innerhalb der Zivilgesellschaft in den 2000er-Jahren

Als nach der Regierungszeit Kim Dae Jungs 2003 mit Roh Moo Hyun *(No Mu-hyŏn)* erneut eine reformorientierte Regierung die Macht übernahm, begannen die konservativen zivilgesellschaftlichen Kräfte ihre eigenen Anhänger verstärkt zu organisieren. Die Folge waren ideologische Konflikte zwischen Linken und Rechten innerhalb der Zivilgesellschaft. Bereits seit Mitte der 1990er-Jahre beobachteten Wissenschaftler eine Zunahme von Heterogenität und Konflikten in der südkoreanischen Gesellschaft. Während die Zivilgesellschaft in der Zeit des autoritären Regimes als Einheit dem Staat gegenübergestanden hatte, traten die ideologischen Klüfte und politischen Differenzen nun allmählich an die Oberfläche.[6]

Die Anfang der 2000er-Jahre zahlreich gegründeten konservativen Verbände versuchten nun ihre Ideen und Botschaften aktiv in der Öffentlichkeit zu verbreiteten. Die wichtigste dieser Organisationen ist die sogenannte New Right Movement, die etwa 2004/05 die Bühne betrat und innerhalb weniger Jahre ein rasches Wachstum verzeichnete. Das zur Bewegung der Rechten gehörende New Right Network ist ein Netzwerk lockerer Organisationsstrukturen, das sich um die 2004 gegründete Liberty League bildete. Das Netzwerk umfasst mehr als zehn Verbände, darunter die antinordkoreanische Vereinigung »Network for Democratization of North Korea«, die für die Revision von Schulbüchern eintretende Gesellschaft von Intellektuellen »Textbook Forum«, die Bildungsbewegung »Association of Liberalist Education Movements«, heute »Association for Free Education«, und die Bewegung für Massenmedien »Council for Free Netizens ›Polizen‹«.

Die ebenfalls zur neuen rechten Bewegung gehörende New Right Union begann sich 2005 zu formieren und entwickelte im Unterschied zum New Right Network eine weitaus systematischere und umfassendere Organisationsbasis. Sie baute im ganzen Land über 200 regionale Organisationen und über zehn Zweigorganisationen auf, zum Beispiel New Labor Association, New Right Teachers' Association, New Right Business Association, New Right Doctors' Association, Good Policy Forum, New Right Think Tank, Mokmin Political Academy und andere Forschungsinstitute und Volksbildungseinrichtungen.

Angesichts der Vertiefung der Konflikte innerhalb der südkoreanischen Zivilgesellschaft ist die Bewertung der New Right Movement und anderer konservativer zivilgesellschaftlicher Organisationen äußerst umstritten. In den Kreisen konservativer Wissenschaftler und Intellektueller herrscht die Einschätzung, diese Bewegungen würden die liberal-demokratische Tradition der südkoreanischen Gesellschaft fortführen und für universelle Ideale wie Freiheit, Gemeinwesen, Menschenrechte und Demokratie einstehen.[7] Demgegenüber urteilen kritisch eingestellte Wissenschaftler, die »New Right«-Bewegung und die Organisierung der konservativen Kräfte wäre weniger eine Bewegung von auf das Gemeinwohl bedachten Bürgern, sondern eine Bewegung der konservativen Elite in Reaktion auf die sich nach dem Zusammenbruch des autoritären Regimes vollziehenden Prozesse der Stärkung von Demokratie, Menschenrechten und sozialer Gerechtigkeit.[8]

4 Wachstum der autonomen Bürgeraktivitäten und Netzwerke

Während sich äußerlich die Auseinandersetzungen zwischen dem progressiven und dem konservativen Lager in Politik und Öffentlichkeit zuspitzten, entstand ab Mitte der 2000er-Jahre eine neue Art von zivilgesellschaftlichen Assoziationen. Die sich auf vielfältige Weise formierenden neuen Graswurzelbewegungen und Netzwerke unterscheiden sich in einigen Punkten von den oben beschriebenen zivilgesellschaftlichen Organisationen.

Ihre Anhänger haben gemeinsame Interessen bezüglich ihres Wohngebiets, Alltags oder der Kritik an der Regierung, wofür sie dezentrale, egalitäre öffentliche Diskussionsforen und Netzwerke bilden. Sie sind dabei nicht durch die herkömmlichen ideologischen Klüfte oder die Unterstützung einer bestimmten politischen Partei gefesselt. Sie greifen weniger häufig große Themen auf, sondern beschäftigen sich eher mit konkreten Fragen, mit denen sie selbst konfrontiert sind, und suchen gleichermaßen nach konkreten Lösungen. Außerdem widmen sie sich nicht unbedingt dauerhaft einem bestimmten Aufgabenbereich, sondern zeigen gleichzeitig Interesse für eine Vielfalt an gesellschaftlichen Problemen. Typisch für die neuen Netzwerke und Bewegungen ist, dass sie die Zugehörigkeit zu einer Organisation mit klarer Mitgliederstruktur, strengen Regeln und starr definierten Zielen meiden. Wenn ein bestimmtes Problem auftritt, bilden sie ein zeitweiliges Aktionsnetzwerk und kehren nach Lösung des Problems meist wieder in ihr Alltagsleben zurück. Insbesondere unter den Bedingungen der Informationsgesellschaft werden virtuelle Gemeinschaften und Onlineforen im Internet und sozialen Netzwerken immer wichtiger.

Mit der Verbreitung dieser neuen Gemeinschaften und Netzwerke seit Anfang der 2000er-Jahre entstand für zahlreiche Bürgerinnen und Bürger die Möglichkeit, abseits der formellen zivilgesellschaftlichen Organisationen miteinander zu kommunizieren und sich zusammenzuschließen. So entwickelte sich ein dichtes, engmaschiges Netz in der Zivilgesellschaft, in welchem die Erfahrungen, Wertvorstellungen und ethischen Fragen der Lebenswelt nicht mehr über politische Parteien oder zivilgesellschaftliche Organisationen, sondern direkt zum Ausdruck gebracht wurden. Neben den dominierenden, für das Leben der Familie und jedes Einzelnen wichtigen Themen wie Bildung, Erziehung, Wirtschaft, Wohnen, Gesundheit und Altersvorsorge sowie kulturellen Interessen wie Ernährung, Wohngestaltung, Kino, Theater, Fußball erhielten auch politische Fragen Aufmerksamkeit. Im Falle des Auftretens wichtiger gesellschaftlicher Probleme, z. B. einer Wirtschaftskrise, eines politischen Skandals, einer Wahl oder politischen Kontroverse, eines Störfalls in einem Atomkraftwerk oder sexueller Gewalt wandelten sich zahlreiche bisher mit Alltagsfragen befasste Gemeinschaften und Netzwerke im Handumdrehen zu politischen Plattformen in der Zivilgesellschaft.

Die enorme Stärke der Graswurzelgemeinschaft offenbarte sich deutlich während der als Kerzendemonstrationen bezeichneten Großkundgebungen in den 2000er-Jahren. Dabei handelte es sich um friedliche Kundgebungen von Bürgerinnen und Bürgern, die weder einer politischen Partei noch einer sozialen Organisation angehörten und mit Kerzen in den Händen zu bestimmten sozialen und politischen Problemen hauptsächlich in den Abendstunden auf öffentlichen Plätzen demonstrierten. Im Unterschied zu früheren Kundgebungen, die sich durch klare Strategien und organisatorische Mobilisierung auszeichneten, entstanden die Kerzendemonstrationen hauptsächlich spontan.

Die ersten großen Kerzendemonstrationen begannen im Jahre 2002, als zwei Schülerinnen von einem Panzerwagen der in Südkorea stationierten US-amerikanischen Militärstreitkräfte überfahren worden waren. Zunächst hatte der Tod der Schülerinnen nicht sofort die Aufmerksamkeit der Öffentlichkeit auf sich gezogen. Zwar versuchten Organisationen, die sich für die Wiedervereinigung, Frieden und/oder Menschenrechte einsetzen, durch Demonstrationen vor US-Militärcamps die Öffentlichkeit wachzurütteln, doch waren diese Aktionen nicht erfolgreich. Erst als die zwei Soldaten, die den Unfall verschuldet hatten, von einem US-Militärgericht für unschuldig erklärt wurden, erhob sich massenhafter Protest in der Bevölkerung. Nachdem im Internet zu einer gemeinsamen Trauerkundgebung aufgerufen worden war, bevölkerten schon wenig später Zehntausende Menschen mit Kerzen den Seoul Plaza.

Obwohl sie unabhängig von der Parteienpolitik waren, übten die Kerzendemonstrationen einen Einfluss auf die im Dezember desselben Jahres stattfindende Präsidentenwahl aus, bei der Roh Moo Hyun, bekannt für seine kritische Haltung in Fragen der koreanisch-amerikanischen Beziehungen, zum Präsidenten gewählt wurde. Als im Frühjahr 2004 die südkoreanische Nationalversammlung auf Initiative der konservativen, oppositionellen Großen Nationalpartei, welche die Mehrheit der Sitze in der Nationalversammlung innehatte, gegen den nun amtierenden Präsidenten Roh Moo Hyun ein Amtsenthebungsverfahren in Gang brachte, brachen erneut Proteste aus. In den zwei Monaten von der Verabschiedung des Amtsenthebungsantrags bis zur Verhandlung vor dem Verfassungsgericht nahmen Zehntausende Bürger an Kerzendemonstrationen teil und übten starken öffentlichen Druck aus. Am 14. Mai 2004 lehnte das Verfassungsgericht schließlich den Amtsenthebungsantrag ab.

Die umfangreichste und am längsten geführte autonome Bürgeraktion in den 2000er-Jahren waren die Kerzendemonstrationen gegen den Import von amerikanischem Rindfleisch, welche über 100 Tage, etwa von Mai bis Juli 2008, andauerten. Die Kritik der Protestteilnehmer bezog sich nicht auf die Einfuhr von amerikanischem Rindfleisch selbst, sondern darauf, dass die Importvereinbarung keine ausreichenden Sicherheiten gegen eine BSE-Gefahr und kein souveränes Recht auf Hygienekontrollen für Südkorea beinhaltete. Schnell ging die Agenda der Demonstrationen über das Problem der Rindfleischeinfuhr hinaus und richtete sich gegen alle Kernpunkte der Politik der damals neu konstituierten Regierung: den Kanalbau, die Privatisierung des öffentlichen Sektors, die Reduzierung der Eigentums- und der Körperschaftssteuer sowie die Privatisierung des Rundfunks.

Diese Demonstrationen verdeutlichten die Veränderungen in der Zivilgesellschaft der 2000er-Jahre in konzentrierter Form. Die politischen Parteien und zivilgesellschaftlichen Organisationen gerieten zunehmend in eine Randposition: die Zahl der Mitglieder der meisten Bürgerorganisationen stagnierte und die Wahlbeteiligung war seit 1987 stets gesunken. Dagegen bildeten die Bürger mithilfe technischer Möglichkeiten wie Internet und Handy öffentliche Plattformen zum

Informations- und Meinungsaustausch. Die partizipierenden Bürgerinnen und Bürger begannen in den 2000er-Jahren allmählich, autonome und lockere Bündnisformen zu bevorzugen, die nicht von Organisationen wie politische Parteien, Gewerkschaften und Vereinen abhingen.

In der südkoreanischen Gesellschaft gehen die Bewertungen der Kerzendemonstrationen in den 2000er-Jahren auseinander. Zum einen wird positiv hervorgehoben, dass derartige autonome Aktivitäten der Bürgerpartizipation eine Weiterentwicklung der südkoreanischen Zivilgesellschaft bedeuten und die Demokratie mit Leben erfüllen.[9] Im Gegensatz dazu äußern Politikwissenschaftler die Befürchtung, die übertriebene Skepsis gegenüber politischen Parteien und der übermäßige Fokus auf direkte Aktionen und soziale Bewegungen würde dazu führen, die Entwicklung von repräsentativer Demokratie und Parteienpolitik zu behindern.[10] Ebenso würden Bürgeraktivitäten wie die Kerzendemonstrationen die Autorität der gewählten Machtorgane und die Repräsentationsfunktion von Regierung und politischen Parteien negieren und auf diese Weise der repräsentativen Demokratie und Rechtsordnung Schaden zufügen.[11]

Fazit

Es wäre falsch, den Veränderungsprozess der Zivilgesellschaft dahingehend zu interpretieren, dass deren Merkmale aus der vorherigen Epoche verschwunden sind und eine völlig neu geartete Zivilgesellschaft auf der Bühne erschienen ist. Wie in anderen Ländern sind die Veränderungen in der südkoreanischen Zivilgesellschaft gleichzeitig von zwei Aspekten gekennzeichnet: dem Fortbestehen alter zivilgesellschaftlicher Organisationen und der Geburt historisch neuer Kräfte und Kulturen. So gibt es heute ein Nebeneinander von Interessengruppierungen, die während der autoritären Herrschaftsperiode in freundschaftlichen Beziehungen zur politischen Macht herangewachsen sind, von Organisationen, die die Traditionen der Demokratiebewegung fortführen, von in den 2000er-Jahren entstandenen konservativen Vereinigungen sowie autonomen, urwüchsigen Bürgergemeinschaften und Netzwerken. Die heutige südkoreanische Zivilgesellschaft ist eine pluralistische Sphäre, in der vielfältige Gemeinschaften und Organisationen, Kulturen und Identitäten miteinander kooperieren und gegeneinander streiten. So ist die Zivilgesellschaft in Südkorea als intermediärer Bereich zwischen Staat und Individuum nicht nur kontinuierlich gewachsen, sondern hat auch an Komplexität und Dynamik gewonnen.

Literatur

Kim, Kyung Song, Social Change in Korea, Insight into Korea series, Bd. 2, Seoul 2000.

Kim, Sun Hyuk, The Politics of Democratization in Korea: The Role of Civil Society, Pittsburgh 2000.

Moon, Seungsook, Militarized Modernity and Gendered Citizenship in South Korea, Durham 2005.

Anmerkungen

1 Yi, Yong-gi, *5.18-e taehan yŏksa sŏsur-ŭi* pyŏnch'ŏn [Wandel der geschichtlichen Darstellung des 18. Mai], in: *Haksuldanch'ehyŏbŭihoe* (Hrsg.), *5.18-ŭn kkŭnnannŭn'ga?* [Ist der 18. Mai zu Ende?], Paju 1999, S. 393–419.

2 *Minjuhwaundong kinyŏm saŏphoe* (Hrsg.), *Han'guk minjuhwa undongsa 3* [Koreas Demokratiebewegung 3], Tolbegae 2010.

3 Siehe Beitrag von Park Myung Joon in diesem Band.

4 Eine ausgewogene Studie zu den Streit- und Diskussionspunkten dieser doppelseitigen Entwicklungen in der Bürgerbewegung ist zu finden bei Cho Tae-yŏp, *Han'guk sahoe undong-gwa NGO* [Soziale Bewegungen und NGOs in Korea], Seoul 2007.

5 Yu Sŏk-ch'un/Wang Hye-suk (Hrsg.), *Ch'amyŏ yŏndae pogosŏ* [Solidarität für Volksdemokratie Report], Seoul 2006.

6 Ch'oe Chang-jip, *Han'guk minjujuŭi-ŭi iron* [Demokratietheorie Koreas], Seoul 1993; Yu P'al-mu/Kim Ho-gi (Hrsg.), *Simin sahoe-wa siminundong* [Zivilgesellschaft und Bürgerbewegungen], Seoul 2009.

7 Pak Se-il (Hrsg.), *Kongdongch'e chayuju-ŭi* [Gemeinschaftsliberalismus], Paju 2008.; Pok Kŏ-il/Pak Hyo-jong/Kim Sŭng-uk/Kim Chŏng-ho (Hrsg.), *Han'gug-ŭi chayujuŭi* [Koreas Liberalismus], Seoul 2007; An Pyŏng-jik (Hrsg.), *Han'guk minjujuŭi kiwŏn-gwa mirae* [Beginn und Zukunft der Demokratie Koreas], Seoul 2011.

8 Chŏng Hae-gu, *Nyu rait'ŭ undong-ŭi hyŏnsil insig-e taehan pip'an-jŏk kŏmt'o* [Eine kritische Prüfung des derzeitigen Bewusstseins der »New Right«-Bewegung], in: *Yŏksabip'yŏng* [Geschichtskritik], Kaŭlho 1993, S. 215–237; Kim Ho-gi, *2000-nyŏn ihu-ŭi posuseryŏk: sugu-jŏk posu-wa nyurait'ŭ sai-esŏ* [Konservative Kräfte seit 2000: Zwischen reaktionärem Konservatismus und New Right], in: *Kiŏkkwa chŏnmang* [Journal Erinnerung und Aussicht], che-sipi-ho, 2005, S. 68–80.

9 Pak Wŏn-sŏk/Yi Jong-Gu/Yi Pyŏng-ch'ŏn/Cho Hŭi-yŏn, *Ch'otbbur-i minjuju-ŭida* [Lichterkerzen sind Demokratie], Seoul 2008.

10 Ch'oe Chang-jip, *Minjung-esŏ siminŭro* [Vom Volk zum Bürger], Seoul 2009.

11 Hong Sŏng-gi/Yi Jae-gyo/Hong Jin-p'yo/Ch'oe Hong-jae, *Kŏjit-kwa kwanggi-ŭi 100il* [Hundert Tage Lüge und Wahnsinn], Seoul 2009.

Jung Keun-sik

Das Bildungssystem in Südkorea

1 Erfolge und Probleme des südkoreanischen Bildungswesens

Gegenwärtig existieren weit auseinandergehende Meinungen zur Realität und zu den Erfolgen des Bildungswesens in Südkorea. Einerseits betonen viele Wissenschaftler die Erfolge im Bereich der Bildung und sehen darin die Triebkräfte für die rasante wirtschaftliche Entwicklung und für die Demokratisierung. In der Tat haben das Streben der Koreaner nach sozialem Aufstieg und das diesen unterstützende offene und wettbewerbsorientierte Bildungssystem entscheidend dazu beigetragen, dass sich Südkorea kaum ein halbes Jahrhundert nach dem verheerenden Koreakrieg (1950–1953) in die Reihe der fortgeschrittenen Länder hinzugesellen konnte. Ferner hat die kämpferische Demokratiebewegung der Studenten mit dazu beigetragen, dass sich das Land von Diktatur und Autoritarismus lösen und die Demokratie verwirklichen konnte.

Andererseits gibt es in Südkorea auch viele Wissenschaftler, die der Meinung sind, dass das Bildungsystem heute eines der wichtigsten Probleme in der südkoreanischen Gesellschaft darstellt und sich mit zahlreichen Herausforderungen konfrontiert sieht. Unter Berücksichtigung der jüngsten Diskussionen um das südkoreanische Bildungswesen und der ihnen zugrunde liegenden unterschiedlichen Blickwinkel sollen in diesem Beitrag die vom Ende des 20. Jahrhunderts bis heute auf diesem Gebiet erreichten Erfolge ebenso untersucht werden wie die bestehenden Probleme und die konkreten Inhalte der einzelnen Streitpunkte.

2 Etablierung und Reform des südkoreanischen Bildungswesens

Mit dem im Dezember 1949 verabschiedeten Bildungsgesetz wurde ein grundlegendes Stufensystem etabliert, das Grundschule, Mittelschule,

Oberschule und Hochschule umfasst. Nach zwei Revisionen (1951 und 1952) und einigen kleineren Modifikationen besteht das so geschaffene Bildungssystem mit insgesamt zwölf Schuljahren und zwei bzw. vier Jahren Studium bis heute fort.

Die Schulpflicht umfasst die sechsjährige Grundschule (im Alter von 6 bis 12 Jahren) und die dreijährige Mittelschule (im Alter von 12 bis 15 Jahren). Absolventen der Mittelschule können dann eine dreijährige Oberschule besuchen. Neben den allgemeinen Oberschulen, die sich in geisteswissenschaftliche und gewerbliche Richtungen unterteilen, gibt es auch Ferngymnasien, Spezialschulen und Oberschulen, die an Industrieunternehmen angeschlossenen sind. Zu den höheren Bildungseinrichtungen zählen unter anderem Universitäten, Hoch- und Fachschulen, Pädagogische Hochschulen, Lehrerbildungsinstitute und Fernuniversitäten, die alle in der Regel vier Jahre (Fachhochschulen zwei Jahre) besucht werden. Mittlerweile gab es mehrfach Versuche zur Reformierung dieses Systems, die jedoch sämtlich nicht umgesetzt werden konnten.

In Südkorea wurde die Schulpflicht in der im Jahre 1948 verabschiedeten Verfassung verankert. Im Artikel 16 heißt es: »Alle Bürger haben das gleiche Recht auf Bildung. In jedem Fall ist die Grundschulbildung obligatorisch und kostenlos.« Ferner wurden im Bildungsgesetz die Pflicht der Eltern, ihre Kinder einzuschulen, sowie entsprechende Strafbestimmungen festgeschrieben. Mit einem Sechsjahresplan zur Umsetzung der Schulpflicht (1954) konnte das Ministerium für Kultur und Bildung die Einschulungsrate von 82,5 Prozent im Jahre 1954 auf 96,4 Prozent im Jahre 1959 steigern. Als Maßnahme zur Absicherung der Finanzierung der Schulpflicht wurde eine Bildungssteuer eingeführt. Um weitere Mittel für den Ausbau der Bildungseinrichtungen und die Verbesserung der Bildungsbedingungen insgesamt zu sichern, wurde im Dezember 1958 das »Gesetz über staatliche Zuschüsse zur Finanzierung der Schulpflicht« erlassen.

Diese Politik fand ihre Fortsetzung darin, dass in die ab 1962 begonnenen Fünfjahrpläne zur Entwicklung der Wirtschaft Maßnahmen zur Verbesserung der Bildungsbedingungen, beispielsweise Ausbau der Bildungseinrichtungen, Reduzierung der Klassenstärken und kostenlose Ausgabe von Schulbüchern, aufgenommen wurden. 1967 wurde das »Gesetz zur Förderung der Bildung auf Inseln und in abgelegenen Gebieten« verabschiedet, um die dortigen Bildungsbedingungen zu verbessern und für eine ausgeglichene Entwicklung zwischen den Regionen zu sorgen. Zwar hatte sich die Grundschulpflicht mit Beginn der 1980er-Jahre vollständig etabliert, doch nach wie vor bereiteten zu hohe Klassenstärken und Schulen, die ihre Kapazitäten überschritten, Probleme. Verbesserungen in dieser Hinsicht begannen erst Anfang der 1990er-Jahre, als durch die Erweiterung des Bildungsetats infolge der guten wirtschaftlichen Entwicklung mehr Geld in die Grundschulbildung fließen konnte.

Im Februar 1969 setzte Präsident Park Chung Hee *(Pak Chŏng-hŭi)* eine Bildungsreform durch, die u. a. die Mittelschulaufnahme ohne Prüfung, die Standardisierung der Oberschulen und die Einführung einer Vorprüfung zur eigentlichen Aufnahmeprüfung für die Hochschule beinhaltete. Vor allem der prüfungslose Eintritt in die Mittelschule wurde als eine Maßnahme verstanden, zusammen mit dem Ausbau der Schulen und der Verstärkung des Lehrpersonals die Pflichtschulbildung zu erweitern. Aus finanziellen Gründen wurde dies zunächst aufgeschoben. Erst 1984 wurde im Bildungsgesetz festgeschrieben, dass »jeder Bürger das Recht auf eine sechsjährige Grund- und eine dreijährige Mittelschulbildung hat«, und damit die gesetzliche Basis für die Mittelschulpflicht gelegt. Im Februar 1985 wurden die »Bestimmungen zur Durchsetzung der obligatorische Mittelschulbildung« verabschiedet, eine landesweit flächendeckende Umsetzung aller Mittelschuljahrgänge erfolgte erst ab 2002. 2004 folgte das Vorschulbildungsgesetz, das die Bedeutung der frühkindlichen Bildung betont. Dementsprechend wurden eine kostenlose Kindergartenbildung für Fünfjährige und kostenlose Kleinkinder-Betreuungseinrichtungen eingeführt. Bei den Drei- und Vierjährigen verfügte die Regierung die unentgeltliche Betreuung für Kinder von Sozialhilfeempfängern und von Familien aus einkommensschwachen sowie sozial schwachen Bereichen wie der Landwirtschaft und der Fischerei.

3 Das koreanische Bildungswesen im internationalen Vergleich

Bei der Bewertung der aktuellen Lage des Bildungswesens in Südkorea im internationalen Vergleich können verschiedene Faktoren herangezogen werden. Während die Alphabetisierungsrate und die Einschulungsrate vor allem in der Phase der Modernisierung relevant waren, sind in einer Gesellschaft, in der die Pflichtschulbildung etabliert ist, die durchschnittliche Bildungsdauer mit den Indikatoren Versetzungsrate und Prozentsatz der Studienanfänger sowie Verhältnis von Lehrer- und Schülerzahl und die Klassenstärke von größerer Bedeutung.

Im Jahr 1990 erreichte die Versetzungsrate von der Grund- in die Mittelschule 99,8 Prozent, ohne Unterschied zwischen den Geschlechtern. Einen ähnlich hohen Wert gab bei der Versetzungsrate von der Mittel- in die Oberschule im Jahr 2000 mit 99,6 Prozent *(Tabelle 1)*.

Tab. 1: Versetzungsrate[1] in Südkorea (in Prozent)

	Mittel- zur Oberschule			Ober- zur Hochschule[2]		
	gesamt	männlich	weiblich	gesamt	männlich	weiblich
1990	95,7	96,3	95,0	33,2	33,9	32,4
1995	98,5	98,6	98,4	51,4	52,8	49,8
2000	99,6	99,5	99,6	68,0	70,4	65,4
2005	99,7	99,7	99,8	82,1	83,3	80,8
2008	99,7	99,6	99,7	83,8	84,0	83,5
2010	99,7	99,7	99,7	79,0	77,6	80,5

Quelle: Ministerium für Bildung, Wissenschaft und Technik/Koreanisches Institut für Bildungsentwicklung, *Kyoyuk t'onggye yŏnbo* [Jahresbericht zur Bildungsstatistik], 2011.

Die kontinuierliche Zunahme der Versetzungsrate spiegelt sich in der durchschnittlichen Bildungsdauer wider. 1980 betrug diese bei Männern 8,7 und bei Frauen 6,6 Jahre. Dieser Unterschied von ca. 2 Jahren hielt bis 1990 an, verringerte sich dann aber kontinuierlich. 2010 durchliefen die südkoreanischen Männer im Schnitt 12,8 Ausbildungsjahre, die Frauen 12,3.

Tab. 2: Verhältnis von Lehrkraft- zur Schülerzahl und Klassenstärke

	Anzahl der Schüler pro Lehrkraft				Anzahl der Schüler pro Klasse			
	Grundschule	Mittelschule	allg. Oberschule	Fachoberschule[3]	Grundschule	Mittelschule	allg. Oberschule	Fachoberschule
1990	35,6	25,4	25,4	23,4	41,4	50,2	53,6	51,5
2000	28,7	20,1	20,9	18,2	35,8	38,0	44,1	40,3
2005	25,1	19,4	15,9	13,5	31,8	35,3	33,9	30,0
2010	18,7	18,2	16,5	13,1	26,6	33,8	35,5	29,1

Quelle: Ministerium für Bildung, Wissenschaft und Technik/Koreanisches Institut für Bildungsentwicklung, *Kyoyuk t'onggye yŏnbo* [Jahresbericht zur Bildungsstatistik], 2010.

Der Anteil derjenigen, die nach Abschluss der Oberschule ein Studium aufnahmen, nahm nach 1990 erheblich zu. In fünf Jahren stieg er von 33,2 (1990) auf 51,4 Prozent (1995), im Jahr 2000 dann auf 68,0 und 2005 gar auf 82,1 Prozent. Nachdem der Anteil der Hochschulanfänger 2008 mit 83,0 Prozent seinen Höhepunkt erreichte, ging er wieder leicht zurück bis auf 79,0 Prozent im Jahre 2010. Seit 2005 hat Südkorea damit weltweit den höchsten Prozentsatz an Studienanfängern. Der männliche Anteil lag hierbei stets etwas höher. Mit dem leichten Rückgang der Quote ab 2009 trat hier eine Umkehr ein, sodass jetzt der Anteil der Frauen (2010 mit 80,5 gegenüber 77,6 Prozent) geringfügig größer ist. Wahrscheinlich hängt dies damit zusammen, dass es bei männlichen Jugendlichen im Verlauf des gesamten Ausbildungsprozesses eine höhere Abbrecherquote gibt.

Neben der Bildungsdauer werden als wichtige Kennziffern für die Entwicklung des Bildungswesens häufig das Verhältnis von Lehrkraft zur Schülerzahl und die Klassenstärke herangezogen.

Wie aus *Tabelle 2* ersichtlich hat sich die Schülerzahl pro Lehrkraft in der Grundschule von 35,6 im Jahr 1990 auf 18,7 im Jahr 2010 fast halbiert; in den Mittel- und Oberschulen sank sie von 25,4 auf 18,2 bzw. 16,5. Auch die Klassenstärke, die 1990 noch sehr hoch war, konnte bis 2010 auf im Schnitt 26,6 Schüler in der Grundschule und 33,8 bzw. 35,5 in Mittel- und Oberschule stark gesenkt werden. Auch wenn diese Zahlen im Vergleich zu den führenden Ländern Europas sowie den USA und Japan immer noch hoch sind (internationale Vergleichszahlen für 2008 in *Tabelle 3*), so wurden hier in einem Zeitraum von nur 20 Jahren große Fortschritte für eine qualitativ hochwertige Bildung erzielt.

Tab. 3: Anzahl der Schüler pro Lehrkraft (2008)

	Südkorea	Deutschland	Frankreich	Japan	Mexiko	Großbritannien	USA
Grundschule	24	17	19	18	28	18	14
Mittelschule	18	15	12	12	18	–	14

Quelle: UNESCO, Global Education Digest 2010.

Ein Grund für diesen Erfolg ist sicher in der unermüdlichen Erhöhung der Bildungsausgaben zu sehen. Die Investitionen bewegten sich zwischen 1998 und 2008 immer zwischen sieben und acht Prozent des Bruttoinlandsprodukts (BIP). 2004 und 2005 lag man dabei ca. zwei Prozent über dem Durchschnitt der OECD-Länder (5,2 Prozent) und rangierte damit an zweiter Stelle hinter den USA.

Der Anteil privater im Vergleich zu staatlichen Bildungsausgaben ist von allen Ländern in Südkorea am größten. Das zeigt, dass bei der Entwicklung des Bildungswesens in Südkorea die Privatleute einen nicht weniger wichtigen Beitrag als die Regierung geleistet haben, was vom Standpunkt der Familien aus sehr wahrscheinlich als eine übermäßige Belastung erscheint.

Ein entscheidender Faktor für die Verbesserung der Situation in den Schulen ist aber auch der Rückgang der absoluten Schülerzahlen. Die Zahl der Lehrkräfte stieg infolge der wachsenden Finanzmittel für den Bildungsbereich von 319 000 im Jahr 1990 auf 412 000 im Jahr 2010 und damit um

29,1 Prozent, in den Oberschulen sogar um 36,4 Prozent. Die Schülerzahlen dagegen gingen im selben Zeitraum um 23,2 Prozent von 9 428 000 auf 7 236 000 zurück, in den Grundschulen sogar um 32,2 Prozent.

Abb.: Anteil der Schulbildungsausgaben am BIP im internationalen Vergleich (in Prozent, 2011)

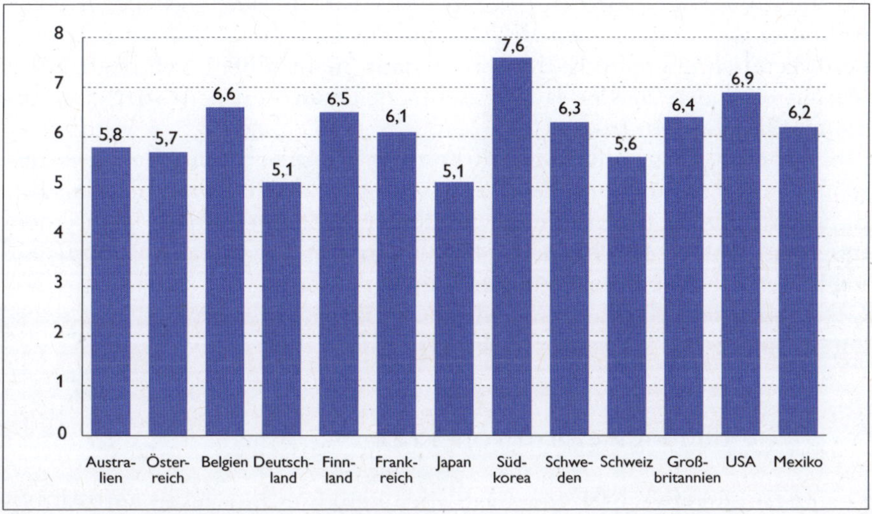

Quelle: OECD, Education at a Glance, 2014.

Tab. 4: Anteil der Ausgaben für die Schulbildung am BIP[4] in Südkorea (in Prozent)

	1999	2000	2001	2002	2003	2004	2005	2006	2007	2008	2011
gesamt	6,80	7,10	8,20	7,10	7,50	7,20	7,20	7,30	7,00	7,60	7,60
staatlich	4,10	4,30	4,80	4,20	4,60	4,40	4,30	4,50	4,20	4,70	4,90
privat	2,70	2,80	3,40	2,90	2,90	2,80	2,90	2,90	2,80	2,80	2,80

Quelle: OECD, Education at a Glance, [im betreffenden Jahr].

4 Erklärungsfaktoren für den Bildungsboom in Südkorea

Die Veränderungen in der Bevölkerungsstruktur, das heißt die abnehmende Zahl von Kindern und Jugendlichen ist sicherlich auch ein Grund für den hohen Prozentsatz bei der Versetzung auf weiterführende Schulen, einschließlich Hochschulen. In Südkorea selbst wird dieses Phänomen allerdings im Allgemeinen nicht mit der Veränderung der Bevölkerungsstruktur, sondern vielmehr mit der konfuzianischen Kultur und ökonomischen Faktoren in Verbindung gebracht. Der kulturalistischen Erklärung zufolge hat in Korea und anderen Ländern Ostasiens die konfuzianische Tradition, die die Vervollkommnung der Persönlichkeit durch Bildung und Studium als einen wichtigen Wert im Leben betrachtet, in der Phase der Modernisierung das Streben nach Bildung positiv beeinflusst. Jedoch allein der konfuzianisch geprägte Bildungseifer kann nicht hinlänglich begründen, warum es in den 2000er-Jahren zu einem derart steilen Anstieg der Studienanfängerzahlen kam.

Hierbei ist die ökonomische Erklärung plausibler, denn Gehaltsunterschiede auf dem koreanischen Arbeitsmarkt sind sehr stark nach den Bildungsabschlüssen strukturiert, was die Menschen veranlasst, nach einem möglichst hohen Abschluss zu streben. In der Tat war die Bildung ein wichtiger Faktor bei der dynamischen Veränderung der südkoreanischen Gesellschaft und für viele eine Möglichkeit zur Verbesserung ihrer sozialen Stellung.

5 Die Bildungsreform von 1995

Der Paradigmenwechsel von staatlicher Lenkung hin zu einem wettbewerbsorientierten Neoliberalismus, der in der koreanischen Gesellschaft erst nach der Finanzkrise von 1997/98 verstärkt eingeleitet wurde, hatte im Bereich des Bildungswesens bereits 1995 unter der Regierung Kim Young Sam *(Kim Yŏng-sam)* begonnen. Tendenzen einer neoliberalistischen Umgestaltung der Hochschullandschaft fanden sich ursprünglich schon in den 1970er- und 1980er-Jahren, konnten jedoch aufgrund verschiedener politischer Umstände nicht konkretisiert bzw. implementiert werden. Auf der Grundlage der Unterstützung der Bürger für eine Bildungsreform veröffentlichte die Regierung am 31. Mai 1995 einen entsprechenden Plan. Ausgehend vom Standpunkt, dass eine Stärkung der Wettbewerbsfähigkeit im Bildungswesen gleichbedeutend mit der Stärkung der Wettbewerbsfähigkeit des Landes ist, wollte man die »Marktorientierung der öffentlichen Bildung« und die »Privatisierung der Schulen« vorantreiben. Damit glaubte man, die Qualität der Bildungsdienstleistungen zu verbessern und die Effizienz im Bildungswesen zu maximieren.

Auch das Hochschulsystem musste einen grundlegenden Strukturwandel vollziehen. Um den Wettbewerb der Hochschulen zu fördern, führte die Regierung Kim Young Sam ein Normensystem zur Hochschulgründung ein, das bei Erfüllung bestimmter Kriterien die Etablierung einer solchen Einrichtung ohne große Probleme ermöglichte. Dementsprechend wurden bis 2010 38 Hochschulen, 19 Fachschulen und 37 Graduiertenkollegs neu gegründet, sodass ca. 19 Prozent aller Hochschulen und 13 Prozent aller heute existierenden Fachschulen in dieser Zeit entstanden.

Während die Aufnahmekapazitäten der Hochschulen nach 1996 stark zunahmen, ging die Zahl derjenigen im hochschuleintrittsfähigen Alter (20- bis 24-Jährige) absolut zurück. 2010 überstieg die Anzahl der Studierenden die der Einwohner im Alter von 20 bis 24 Jahren. Mit der Entwicklung der Hochschulbildung zu einem Massenphänomen sank die soziale Stellung der Studierenden. Gleichzeitig verschärfte sich die Konkurrenz zwischen den Hochschulen. Für die im Top-Ranking gelisteten Hochschulen, mit der Seoul National University an der Spitze, gefolgt von den ebenfalls in Seoul ansässigen Hochschulen Yonsei und Korea University, bürgerte sich im Sprachgebrauch die Bezeichnung »SKY-Unis« ein.

Schülerinnen und Schüler sowie Eltern stürzten sich in den Konkurrenzkampf bei den Aufnahmeprüfungen, um an einer hervorragenden Universität immatrikuliert zu werden. Dieser Druck führte zur Entstehung privater Bildungsinstitute, auch Nachhilfe- oder Paukschulen *(hakwŏn)* genannt. Die Schüler waren praktisch gezwungen, ihre Leistungen durch Angebote im außerschulischen Bereich zu fördern, wodurch die Kosten für die private Bildung rasant anstiegen. Dazu setzte sich in der allgemeinen Wahrnehmung mehr und mehr die Meinung durch, dass das Studium an sich nicht wichtig sei, sondern dass eher die Frage, an welcher Uni man studiert, über die spätere Arbeitsaufnahme und die soziale Stellung entscheide. Dementsprechend neigte vor allem die Seouler Mittelschicht dazu – falls man in dem entsprechenden Jahrgang nicht an der gewünschten Universität immatrikuliert werden konnte – die Vorbereitungszeit für die Aufnahmeprüfung um ein Jahr zu verlängern, um dann bei seiner Wahl doch noch erfolgreich zu sein.

Durch die Einführung eines neuen fachbereichsbasierten Hochschulsystems *(hakpuje)* setzte sich Konkurrenzkampf nach der Immatrikulation in einem Wettbewerb um die Wahl des Studiengangs fort. Die Bewerbung erfolgte zunächst nicht mehr für einen bestimmten Studiengang, sondern für einen ganzen Fachbereich (eine Gruppe ähnlicher Disziplinen). Erst nach dem ersten Studienjahr konnte man nun sein Hauptfach wählen und konkurrierte mit den Kommilitonen um die Plätze.

6 Ewige Streitpunkte: Das System der Aufnahmeprüfungen und private Bildung *(sagyoyuk)*

Die Bildung spielte eine wichtige Rolle bei der rasanten Wirtschaftsentwicklung und der Demokratisierung Südkoreas. Doch je mehr ihre Bedeutung wuchs, desto heftiger entbrannte der Streit um ihre Effektivität und Fairness. Der Fokus der Debatten lag dabei auf dem Konkurrenzkampf bei Aufnahmeprüfungen und Zulassungsverfahren sowie auf dem hohen Anteil privater Bildungskosten.

Betrachtet man die Entwicklung des modernen koreanischen Bildungswesens, so sieht man, dass es bereits früh eine Kultur des harten Konkurrenzkampfes um den Bildungsaufstieg gab, der für die Koreaner nach und nach zu einer Selbstverständlichkeit wurde. Als Folge der japanischen Kolonialzeit und der unzureichenden staatlichen Mittel für die Bildung gab es lange Zeit ein Defizit an höheren Bildungseinrichtungen im Vergleich zu denen auf der unteren Ebene, weshalb ein scharfer Wettbewerb um die Zulassung zur nächst höheren Bildungsstufe herrschte. Um den Grundschülern den Prüfungswettbewerb zu ersparen, wurde 1968 die prüfungslose Aufnahme in die Mittelschule eingeführt. Um den privaten Zusatzunterricht für die Oberschulaufnahmeprüfung überflüssig zu machen, wurde ab 1973 die Politik zur Standardisierung der Oberschule durchgesetzt; zunächst in Seoul, später auch in allen Provinzen. Dadurch wurde zwar die beinahe hierarchische Rangordnung zwischen den Oberschulen, die seit der japanischen Kolonialzeit die Schulkultur Koreas dominiert hatte, mit einem Schlag abgeschafft, aber der Wettbewerb zwischen den Schulen ist seitdem viel stärker geworden. Denn die Leistung der Oberschulen wird nach wie vor durch die Zahl der Absolventen gemessen, die die Aufnahmeprüfung für die Universität geschafft haben.

Für die Hochschulen wurde, um deren Kapazitäten zu regeln, 1969 ein System der Vorprüfung zur Studienaufnahme *(yebigosa)*, die sämtliche Oberschüler im ganzen Land zur selben Zeit ablegen müssen, neben der traditionellen hochschulspezifischen Hauptprüfung eingerichtet. 1980 stellte die neue Militärregierung einen »Plan zur Normalisierung des Bildungswesens und zur Verhinderung übermäßigen außerschulischen Unterrichts« auf. Dadurch wurde neben einem umfassenden Ausbau der Hochschulkapazitäten, einem generellen Verbot des privaten Zusatzunterrichts und der Durchsetzung einer Absolventenquote an den Hochschulen ein neues System der Aufnahmeprüfung für die Hochschule eingeführt, bei dem sowohl die Vorprüfung zur Studienaufnahme als auch die schulischen Leistungen berücksichtigt wurden. Eine hochschulspezifische Hauptprüfung wurde damit abgeschafft, was im Allgemeinen als die Hauptursache für den enormen Druck auf Schüler und Schulen gegolten hatte. Die Vorprüfung wurde in »Leistungstest« *(hangryŏkkosa)* umbenannt. Diese Maßnahme hatte jedoch nur eine vorübergehende Wirkung und führte bald wieder zurück zu einem brutalen Prüfungskampf.

Nach mehreren gescheiterten Reformversuchen zum Hochschulaufnahmesystem wurde 1994 eine auf Multiple-choice-Fragen basierende Vorprüfung durch einen Eignungstest *(suhangnŭngnyŏksihŏm)* ersetzt und die hochschulspezifische Aufnahmeprüfung wieder eingeführt. Wurde die Vorprüfung wegen der bloßen Wissensabfrage stark kritisiert, sollte der neue Eignungstest vor allem die Lernfähigkeit der Schüler prüfen. Die hierbei erreichte Punktezahl wird in der hochschulspezifischen Aufnahmeprüfung reflektiert, für die zusätzlich noch die schulischen Leistungen gewertet werden. Seit der Einführung des neuen Systems gibt es zwischen dem Bildungsministerium und den Hochschulen immer wieder Konflikte und Meinungsverschiedenheiten um die Frage, in welchem Verhältnis sich der Eignungstest in der Hochschulaufnahmeprüfung widerspiegeln sollte.

Zwar gilt der Bildungseifer in Südkorea nach wie vor als wichtige Triebkraft der gesellschaftlichen Entwicklung, doch wird in jüngster Zeit die Kritik am Bildungssystem lauter: Zum einen belaste der überzogene Prüfungskampf die Jugendlichen so sehr, dass deren Gesundheit und auch Entwicklung der Persönlichkeit beeinträchtigt werde, zum anderen hätten aber auch nicht alle Mitglieder der Gesellschaft eine gerechte Chance, sich an diesem Wettbewerb zu beteiligen. In einem prüfungsorientierten Bildungssystem gewinnt der private Bildungsmarkt im Vergleich zum öffentlichen Bildungssektor an Bedeutung. Der Wettbewerb um die Hochschulaufnahmeprüfung entsteht nicht erst in der Oberschule, sondern infolge des frühzeitig einsetzenden Bildungsfiebers bereits auf der Grund- und Mittelschulstufe. In diesem Prozess hat sich schon seit Langem die Tendenz herausgebildet, sich auf die private Bildung zu verlassen. Wie bereits oben erwähnt, sind die privaten Bildungsausgaben in Südkorea nicht nur weltweit mit am höchsten, sondern seit 1998 auch dramatisch angestiegen. Für die mittlere und untere Schicht der Gesellschaft ist dies eine enorme Belastung.

Aufgrund dieser Struktur wurden in der Diskussion um die Bildungspolitik Südkoreas insgesamt die Normalisierung der öffentlichen Bildung und die Begrenzung der Ausgaben für die private Bildung immer wieder als wichtige Themen genannt. Hinzu kamen Forderungen nach einem grundlegenden Wandel des prüfungsorientierten Bildungssystems. Aber einen für alle Beteiligten überzeugenden Lösungsvorschlag hat es bis jetzt noch nicht gegeben, stattdessen scheinen die Probleme im Bildungssystem zu einer »chronischen Krankheit« der südkoreanischen Gesellschaft zu werden.

Fazit

Zwar spielte die Bildung in Südkorea bisher bei der Forcierung der gesellschaftlichen Entwicklung und der sozialen Integration eine wichtige Rolle, in jüngster Zeit verschärfen sich aber die Widersprüche und Konflikte um die Frage, ob Reformen unter dem Diktat des internationalen Wettbewerbs weiter in Richtung eines neoliberalen Konkurrenzsystems gehen sollten oder ob man eher versuchen sollte, die soziale Polarisierung der Gesellschaft zu überbrücken und den öffentlichen Charakter der Bildung zu betonen.

Bezüglich der Tatsache, dass derzeit an die 80 Prozent der Oberschulabgänger ein Studium aufnehmen, existieren unterschiedliche Meinungen. Einerseits wird sie als Maßstab der modernen Entwicklung betrachtet, andererseits jedoch als Produkt einer »Über-Bildung«. Die Vertreter der letztgenannten Auffassung verweisen darauf, dass gegenwärtig nur ca. 27 Prozent der Arbeitsplätze in Südkorea mindestens einen Fachschulabschluss erfordern, der Anteil der Personen mit einem Hochschulabschluss an der Gesamtbevölkerung beträgt jedoch 37 Prozent. Diese Zahl ist einfach zu hoch, allein wenn man die Tatsache berücksichtigt, dass der OECD-Durchschnitt hier bei 28 Prozent liegt. Dazu lag die Beschäftigungsquote der Hochschulabsolventen in Südkorea 2008 bei 77,1 Prozent und damit unter dem OECD-Durchschnitt von 84,5 Prozent. Nach Angaben des Bildungsministeriums lag diese Quote 2014 bei 54,8 Prozent.

In Südkorea besteht heutzutage die einhellige Meinung, dass eine Bildungsreform notwendig ist, doch in welche Richtung diese gehen soll, darüber besteht kein Konsens. Während sich die Regierung um eine Reduzierung der Zahl der Hochschulen und eine Reform der Bildungsverwaltung bemüht, plädieren NGOs und Verbände der Eltern, Lehrer und Hochschüler für die Abschaffung der Rankings unter den Hochschulen bzw. für eine Erhöhung der öffentlichen Investitionen in Bildung. Die Regierung betont zwar immer wieder, mittels einer Strukturreform die Konkurrenzfähigkeit der koreanischen Hochschulen fördern zu wollen. Aber auch dafür hat sie keine breite Zustimmung in der Öffentlichkeit erhalten. So bleibt die Bildung, vor allem Hochschulbildung, in Südkorea nach wie vor ein strittiges Thema.

Literatur

Kawai, Noriko, Why does the College Entrance Rate Continue to Rise in South Korea? - The observation of the enthusiasm for education in Korean society through a case comparison with Japanese society, PhD dissertation paper in Seoul National University, 2011.

Khang, Young-Ho/Kim, Hye Ryun, Relationship of Education, Occupation, and Income with Mortality in a Representative Longitudinal Study of South Korea, European Journal of Epidemiology, 2005, S. 217–220.

Kim, Sunwoong/Lee, Ju-Ho, Changing Facets of Korean Higher Education: Market Competition and the Role of the State, Higher Education Vol. 52, No. 3, 2006, S. 557–587.

Anmerkungen

1 Versetzungsrate = (Zahl der in die nächst höhere Schulstufe versetzten Schüler/Anzahl der Absolventen) x 100; enthält auch Versetzungen in sonstige Schulen.

2 Fachhochschulen, allgemeine Hochschulen, Pädagogische Hochschulen u. a.

3 Ab April 2007 wurde die Bezeichnung Berufsoberschule *(sirŏpkye kodŭnghakkyo)* zu Fachoberschule *(chŏnmun'gye kodŭnghakkyo)* geändert.

4 Ausgaben für die Schulbildung (öffentliche Bildungsausgaben) umfassen sämtliche vor allem im Bereich der öffentlichen Bildung von staatlicher und privater Seite aus geleistete Aufwendungen einschließlich Verwaltungsausgaben. Die von den Eltern getragene außerschulische Bildung ist hierin nicht enthalten.

Chung Hyun-Back

Frauen in Südkorea

1 Frauen in der modernen Geschichte Koreas

Die Öffnung der koreanischen Gesellschaft der Chosŏn-Dynastie gegen Ende des 19. Jahrhunderts brachte die westliche Kultur und neue Ideen nach Korea, auch im Bezug auf der Stellung der Frauen in der Gesellschaft. Die Befürworter einer Öffnung nach westlichem Muster forderten nicht nur die Abschaffung der Unterdrückung der Frauen, sondern betonten auch die Dringlichkeit, Frauen Bildung zukommen zu lassen. Bereits 1886 waren von amerikanischen Missionaren die Mädchenschulen Ewha und Chŏngsin gegründet worden. 1898 riefen Vertreterinnen der Seouler Aristokratie eine Bildungsbewegung für Frauen ins Leben, welche die Errichtung von Mädchenschulen weiter vorantrieb.

Die Kolonialisierung Koreas durch Japan ab 1910 brachte wiederum große Veränderungen für das Leben der koreanischen Frauen mit sich. Die japanischen Kolonialherren versuchten ein patriarchalisches Gesellschaftssystem durchzusetzen, Das dazu gehörende Frauenbild der »guten Frau und weisen Mutter« sah eine strikte Rollenaufteilung vor: Der Mann versorgt die Familie, die Frau kümmert sich um den Haushalt und die Erziehung der Kinder. Dieses im Grunde bürgerliche Familienmodell war bei den koreanischen Frauen durchaus beliebt, da sie in der traditionellen Gesellschaft dieser Zeit unter der bedingungslosen Gehorsamkeit gegenüber Schwiegereltern und Ehemann oder unter den Konkubinen des Ehemanns litten.[1]

Eine weitere Methode der kolonialen Herrschaft durch Japan war die Einführung eines Familienregistersystems *(hojuje)*, mit dem registriert wurde, wer in einem Haushalt zusammenlebt. Das System sah die Familie als kleinste gesellschaftliche Grundeinheit vor und gab dem Familienoberhaupt die Entscheidungsgewalt bei wichtigen persönlichen Ereignissen seiner Familienmitglieder wie Heirat, Adoption, Familieneintritt oder -ausschluss. Dieses neue Familiensystem stärkte die Rechte des ältesten Sohnes und nahm den Frauen rechtliche Möglichkeiten. Es galt bis zu seiner Abschaffung im Jahre 2005 als ein Symbol für die patriarchalischen Strukturen der südkoreanischen Gesellschaft.[2]

Eine weitere Veränderung, die aus der Kolonialzeit stammt, ist die Zunahme von Frauenarbeit, die möglich wurde, weil Frauen nun eine Ausbildung erhielten. Überwiegend Koreanerinnen aus der armen Schicht wurden Fabrikarbeiterinnen oder arbeiteten in der Seiden- und Textilherstellung oder Gummiproduktion hauptsächlich in japanischen Betrieben. Auch im Dienstleistungssektor tauchten Frauen als Bürohilfskräfte, Busschaffnerinnen, Telefonistinnen, Verkäuferinnen und im Gastgewerbe auf. In geringer Zahl fand man auch Frauen, die einer fachlich qualifizierten Tätigkeit nachgingen, zum Beispiel Ärztinnen, Professorinnen, Journalistinnen und Künstlerinnen. Der größte Anteil jedoch arbeitete noch immer in der Landwirtschaft, und viele gingen nach wie vor einer traditionellen Beschäftigung als Hausmädchen, Näherin oder Kindermädchen nach. Die Mehrheit der armen Frauen musste Geld verdienen um ihre Existenz zu sichern, doch bei den wenigen fachlich gebildeten Frauen kam ein Bewusstsein auf, dass »auch die Frauen zur Wirtschaftskraft beitragen und sich dafür in den Arbeitskampf stürzen müssten«.[3]

Die Frauen, die bislang in den Fesseln ihrer Familie gefangen waren, machten sich nun erstmals auf die Suche nach einem Leben als moderne Individualistinnen. Diese »neue Frauen« *(sinyŏsŏng)* identifizierten sich über einen neuen Stil, unter anderem durch das Tragen einer Bob-Frisur oder eines Petticoats. Sie kritisierten das Lebensmodell der althergebrachten Familie mit Zwangsheirat und Kindesehe und waren ihrerseits Anfeindungen ausgesetzt.

In diesem sozialen Kontext wurden die »neuen Frauen«, die meist in Japan studiert hatten und dort von der westlichen Frauenbefreiungstheorie beeinflusst worden waren, nach der Massenbewegung für die koreanische Unabhängigkeit vom 1. März 1919 zur Zielscheibe von Kritik, was für das Leben dieser Frauen oft eine tragische Wendung bedeutete. Frauenbewegungen im engeren Sinne gab es danach nur noch in Form nationalistischer Bewegungen oder sozialistischer Gruppierungen. Unter kolonialen Bedingungen konzentrierten sich die Frauenbewegungen mehr auf die Befreiung des Volkes, als dass sie Kritik am Patriarchat übten, sodass feministische Forderungen nicht ausgesprochen wurden.[4]

Die Kapitulation Japans 1945 und der Befreiung Koreas brachte auch eine Verbesserung der Stellung der Frauen mit sich. Sie konnten politisch aktiv werden, indem sie das allgemeine Wahlrecht erhielten und sich zur Wahl stellen durften. Mit dem 1949 von der neuen südkoreanischen Regierung verabschiedeten Gesetz, das die Pflicht zu einer elementaren

Bildung regelte, wurden den Frauen gleiche Bildungsmöglichkeiten gegeben. Ebenfalls einen Fortschritt bedeutete das 1953 veröffentlichte Strafgesetz zur »beiderseitigen Bestrafung bei Ehebruch«, welches das Leben mit Konkubinen zu einem Straftatbestand machte.

Der Koreakrieg (1950–1953) bedeutete kurze Zeit später abermals großes Leid für die koreanischen Frauen. Sexuelle Gewalt und Zwangsprostitution waren fast an der Tagesordnung. Der Krieg hinterließ etwa 500000 Kriegswitwen und viele getrennte Familien. Da die Männer in den Krieg gezogen waren, stieg jedoch der Beitrag der Frauen zum wirtschaftlichen Leben. Während 1949 der Anteil der Frauen an den Beschäftigten noch bei 35,6 Prozent lag, war er 1951 auf 47,6 Prozent angestiegen.[5]

Bei der seit den 1960er-Jahren unter der Militärdiktatur einsetzenden schnellen Industrialisierung des Landes spielten Frauen eine wichtige Rolle. 16- bis 17-jährige Töchter aus armen Bauernfamilien wurden als billige Arbeitskräfte mobilisiert und für einen extrem niedrigen Lohn und unter unmenschlichen Arbeitsbedingungen u. a. in Fabriken von Export-Industriegebieten wie in Masan und Kuro beschäftigt. Durch die Arbeiterinnen, die sich opferten, um den Unterhalt für die Eltern oder die Schulgebühren für ihre Brüder aufzubringen, flossen in den Anfängen des Kapitalismus in Südkorea Devisen ins Land. Auch in den Bauerndörfern wurde die Modernisierungspolitik vorangetrieben. In jedem Dorf wurden Arbeitskräfte mobilisiert, Frauengesellschaften gegründet und Kampagnen u. a. gegen Alkohol, zum Sammeln von Abfall oder zur Einlagerung von Reisvorräten durchgeführt. Durch diese vielfältigen Maßnahmen vergrößerte sich die Arbeitsleistung der Frauen, an der patriarchalischen Ordnung der südkoreanischen Gesellschaft hatte sich jedoch nichts geändert.[6]

Innerhalb der seit den 1970er-Jahren sich entfaltenden Demokratiebewegung waren es die Frauen, und insbesondere die Mütter, die ihre Stimme gegen Menschenrechtsverletzungen, Folter und Deportation von politischen Häftlingen[7] erhoben. Die Frauen beteiligten sich an Bewegungen für die Familien der Inhaftierten und an Studentenbewegungen. Doch eine nicht weniger wichtige Rolle nahmen die Frauen der Arbeiterinnenbewegungen ein. Diese nahmen ihren Anfang als Protest gegen Niedriglöhne, die der Hälfte der Bezahlung für Männer entsprachen, und unmenschliche Arbeitsbedingungen. In den zu dieser Zeit entstandenen demokratischen Gewerkschaftsbewegungen trugen die Frauen mit dazu bei, dass die nach 1945 während der antikommunistischen Unterdrückung fast ausgelöschte Arbeiterbewegung zu neuem Leben erwachte.

2 Entstehung und Entwicklung einer neuen Frauenbewegung

Durch die Beteiligung von Millionen von Bürgern an Straßendemonstrationen im Juni 1987 konnte in Südkorea die Militärdiktatur überwunden werden. Dieser historische Wandel hin zu einer Demokratisierung des Landes verhalf auch der Frauenbewegung zu neuer Energie. Frauen, die sich bislang in Demokratie- und Arbeiterbewegungen engagiert hatten, begannen nun, sich auf »fortschrittliche Frauenbewegungen« zu konzentrieren. Es entstand eine Reihe von wichtigen Frauenorganisationen. Die Women's Hotline, die 1983 gegründet wurde, machte die telefonische Beratung bzw. Betreuung der unter häuslicher Gewalt leidenden Frauen zu ihrer Hauptaufgabe. Die Korean Women Workers Association ist 1987 zur besseren Interessenvertretung der Arbeiterinnen entstanden. Women's Link wurde 1987 mit dem Ziel der Verwirklichung der Gleichberechtigung und des Schutzes der Menschenrechte für die Frauen initiiert. Mit der Gründung des Dachverbandes Korea Women's Association United am 21. Februar 1987 entwickelte sich die Frauenbewegung rasch weiter.

Zwar gab es auch vor 1987 schon Frauenbewegungen in Südkorea: Konservative Frauengruppierungen und der Christliche Verein Junger Frauen (YWCA) setzten sich immer wieder für eine Revision des Familiengesetzes ein; kirchliche Aktivistinnen halfen politischen Häftlingen und protestierten gegen den Sextourismus von Japanern; 1977 wurde an der Frauen-Universität Ewha in Seoul ein Lehrstuhls für »Frauen-Studien« eingerichtet, mit dem westliche Feminismustheorien in den Frauen-Studien Einzug hielten. Der Grund dafür, dass die nach 1980 beginnenden Frauenaktivitäten als »neue Frauenbewegung« bezeichnet werden, liegt jedoch darin, dass diese eine Unterordnung unter die Regierung oder andere gesellschaftliche Bewegungen ablehnten. Erstmals in der Geschichte Koreas verlangte die Frauenbewegung ihre eigene »Identität«. Zu den bürgerlichen Gesellschaftsbewegungen pflegen sie bis heute ein Verhältnis, das gelegentlich von Zusammenarbeit, manchmal aber auch von Kritik geprägt ist. Diese Strategie war in den vergangenen 30 Jahren hilfreich beim großen Erfolg der Frauenbewegungen.[8]

Durch intensive Lobby- und Öffentlichkeitsarbeit, Petitionen und Expertise haben die Frauenbewegungen einen großen Einfluss auf die Gesetzgebung ausgeübt und so einen wichtigen historischen Beitrag geleistet. 1988 wurde das »Gesetz zur Gleichberechtigung bei der Beschäftigung von Männern und Frauen« erlassen. 1991 folgte das »Gesetz zur Kinderbetreuung«, 1993 das »Sondergesetz gegen sexuelle Gewalt«, 1996 das »Gesetz zum Schutz vor häuslicher Gewalt« und 2000 das »Gesetz zum

Verbot von und Hilfe bei Diskriminierung von Mann und Frau«. Im März 2004 wurde das »Gesetz zum Verbot von Prostitution« erfolgreich vorgelegt. Dadurch gehört Südkorea zu den wenigen Staaten in der internationalen Gemeinschaft, die sich zu einem Verbot von Prostitution und Menschenhandel bekennen. Ferner wurde am 2. März 2005 das seit der japanischen Kolonialzeit existierende patriarchalische Familienregistersystem abgeschafft.

Die neuen Frauenbewegungen waren ebenfalls in Wiedervereinigungs- und Friedensbewegungen aktiv. Für Frauen in Nordkorea, die insbesondere durch die Hungersnot großes Leid erlitten hatten, wurde Geld gesammelt. Neben Kampagnen zur Kürzung der Ausgaben für die nationale Verteidigung oder zur Abrüstung gab es auch Aktivitäten gegen den Krieg im Irak und in Afghanistan insbesondere gegen die Entsendung südkoreanischer Truppen. Allerdings hatten es die Wiedervereinigungs- und Friedensbewegungen wesentlich schwerer als die sich mit Frauen- und Menschenrechten befassenden Bewegungen, die Unterstützung einer Vielzahl von Frauen zu erhalten.

Großen Rückhalt erhielt die Bewegung für die Opfer von Sexsklaverei durch die japanische Armee. Während des Zweiten Weltkriegs wurden nach unterschiedlichen Schätzungen 50 000 bis 200 000 sogenannten Sexsklavinnen für die japanische Armee an die Front geschickt, was bis zum heutigen Tag ein Streitthema zwischen Japan und Südkorea ist. Das Problem zog große Aufmerksamkeit der internationalen Gemeinschaft auf sich, als die Welt schockiert auf die im Krieg in Bosnien verübten Massenvergewaltigungen blickte. Den südkoreanischen Frauenbewegungen ging es in erster Linie darum, noch lebenden geschädigten Frauen eine Unterkunft zu geben und ihnen Unterhalt von der Regierung zukommen zu lassen. Seit den 1990er-Jahren gibt es dazu Demonstrationen vor der japanischen Botschaft, die bis heute jeden Mittwoch um 12 Uhr stattfinden. Als größte Leistung der südkoreanischen Frauenbewegungen wird die Tatsache bewertet, dass sie die Parlamente in den USA, in Kanada und in Europa zu einer Resolution bewegt haben, die die japanische Regierung zu einer offiziellen Entschuldigung und Wiedergutmachung drängt. Ebenso setzt sich die Bewegung gegen Sexsklaverei durch die japanische Armee für die Errichtung eines »Museums über Krieg und Frauenrechte« ein.[9]

Bis zum Jahr 2000 war die politische Repräsentanz der Frauen in der südkoreanischen Gesellschaft sehr gering. Der Weltfrauenkongresses in Peking 1995, bei dem die Strategie des Gender-Mainstreaming eingeführt wurde, war auch für die Frauenbewegung Südkoreas das Signal, um künftig offensiver ihren politischen Einfluss geltend zu machen. Die Frauenorganisationen starteten Kampagnen zur Reform der politischen Institution und zur

Förderung der politischen Partizipation der Frauen. So trugen sie u.a. zu einem neuen Gesetz bei, das eine 50-prozentige Frauenquote für die Verhältniswahlliste bei Parlamentswahlen vorschreibt. Als Ergebnis dessen stieg der Anteil der weiblichen Abgeordneten bei den Wahlen 2004 auf 13 Prozent und erreichte damit erstmals in der Geschichte einen zweistelligen Wert.

3 Aktive Frauenpolitik und Verbesserung der Stellung der Frau

Die Gesetzgebung seit den 1990er-Jahren schuf ein rechtliches Fundament für eine Frauenpolitik, die bestehende Diskriminierung von Frauen eindämmt und die Gleichberechtigung von Mann und Frau unterstützt. 1998 wurde zudem eine Präsidialkommission zur Frauenfrage gegründet und 2001 ein Frauenministerium neu geschaffen. Ferner richteten sechs Ministerien (Arbeit, Justiz, Agrar- und Forstwirtschaft, Bildung, Verwaltung und Innere Angelegenheiten) die Stelle einer Frauenbeauftragten ein. Doch wie hat sich das Leben der Frauen seitdem verändert? Nachfolgend betrachten wir ihre Rolle in der Arbeitswelt, in der Familie sowie in den Bereichen Gesellschaft und Kultur.

Arbeit

Mit dem Anwachsen des tertiären Sektors bereits zu Beginn der 1980er-Jahre unter anderem in den Bereichen Finanzen, Versicherungen und Logistik sowie den damit verbundenen Bürotätigkeiten stieg die Anzahl der Frauen unter den Beschäftigten Südkoreas. Auch in der außerordentlich schnell wachsenden Unterhaltungsindustrie, im Groß- und Einzelhandel sowie im Dienstleistungssektor fanden Frauen neue Arbeitsmöglichkeiten. In den 1990er-Jahren setzte sich dieser Trend in verstärktem Maße fort, sodass immer mehr weibliche Arbeitskräfte angezogen wurden.

Die seit den 1990er-Jahren zu beobachtende Reorganisation zu einer neoliberalen Wirtschaftsordnung hatte einen großen Einfluss auf das Leben und die Arbeitswelt der Frauen. 1997 geriet Südkorea in eine Wirtschaftskrise, als deren Folge die Quote der Erwerbtätigkeit der Frauen im arbeitsfähigen Alter von 49,8 Prozent (1997) auf 47,1 Prozent (1998) sank. Als die Wirtschaftskrise begann, wurden zuerst die Frauen in Massen entlassen. Auch wenn der Anteil der erwerbstätigen Frauen nach 1998 wieder anstieg, hatte sich die Struktur der Arbeitsverhältnisse für sie geändert. Frauen waren nun meist als irregulär Beschäftigte tätig, mit Teilzeit- bzw. Werkverträgen oder in Heimarbeit.

Tab.: Anteil der weiblichen Arbeitskräfte nach Industriezweigen (in Prozent)[10]

	Primärer Sektor	Sekundärer Sektor	Tertiärer Sektor
1963	68,7	6,9	24,4
1970	59,7	14,7	25,5
1980	46,5	21,9	31,6
1990	20,4	28,0	51,6
2004	9,2	15,9	74,8

Quelle: Amt für Statistik, die jeweiligen Jahresausgaben des *Kyŏngjehwaldonginguyŏnbo* [Jahrbuch zur erwerbstätigen Bevölkerung].

2004 lag der Anteil der erwerbstätigen Frauen wieder bei 49,7 Prozent, was im Vergleich zu den Männern immer noch ein sehr geringer Wert war. Auch im Vergleich zu den Ländern der OECD ist das Niveau der Frauenerwerbstätigkeit in Südkorea sehr niedrig, es lag in den letzten Jahren auf 70 bis 80 Prozent des durchschnittlichen Wertes der OECD-Länder. Doch waren 1963 von den insgesamt 7,56 Millionen Beschäftigten in Südkorea nur 34,8 Prozent oder 2,63 Millionen Frauen, 2004 gab es dagegen 9,36 Millionen Frauen in einem Beschäftigungsverhältnis, was einem Anteil von 41,5 Prozent an der Gesamtzahl aller Beschäftigten entsprach. Diese Zahlen geben dabei den allgemeinen Trend auf dem Weltarbeitsmarkt hin zu einem größeren Anteil an weiblichen Arbeitskräften wieder. Der quantitative Anstieg ging jedoch nicht mit qualitativen Verbesserungen in den Beschäftigungsverhältnissen einher. Nach wie vor war eine befristete Beschäftigung der häufigere Fall für weibliche Arbeitskräfte und die Beschäftigungsunsicherheit verstärkte sich. 2003 waren fast 65 Prozent der weiblichen Arbeitskräfte nur vorrübergehend oder tageweise beschäftigt.[11]

Während zu Beginn der Industrialisierung in den 1960er-Jahren die weiblichen Arbeitskräfte meist unverheiratet und jung waren, änderte sich die Struktur der weiblichen Beschäftigten später deutlich. Das Verhältnis von ledigen zu verheirateten Frauen mit einem Arbeitsplatz lag 1981 noch bei 86,2 zu 13,8 Prozent, doch 2004 kehrte es sich mit 25,9 zu 74,1 Prozent nahezu um. Der Grund dafür liegt vor allem darin, dass aufgrund der langen Ausbildungszeit auch bei den Frauen das Angebot an jungen weiblichen Arbeitskräften stark zurückgegangen ist. Dementsprechend ist der Bedarf an Arbeitskraft der verheirateter Frauen gestiegen. Zugleich wurde die allgemein gängige Praxis bei Firmen, Frauen mit der Heirat zur Aufgabe ihrer Stelle zu zwingen, gesetzlich verboten. Mit der Einführung der Frauenquote in Führungspositionen auch in der Wirtschaft wurden den

Frauen neue Aufstiegschancen eröffnet. So stieg die Erwerbstätigkeit bei den verheirateten Frauen kontinuierlich an.

Im heutigen Südkorea gibt es sehr viele gut ausgebildete Frauen mit hohen Schulabschlüssen. Der Anteil der an Universitäten eingeschriebenen Studentinnen an der Gesamtstudierendenzahl erreichte im Jahr 2000 46,6 Prozent, bei den Studienanfängern gab es im gleichen Jahr mit 65,5 Prozent sogar mehr Frauen als Männer. Aber trotz der großen Anzahl von Hochschulabsolventinnen ist die Beschäftigungsrate der Frauen insgesamt immer noch niedrig. Der Anteil der Erwerbstätigen bei den Frauen mit Hochschulabschluss liegt im Jahre 2012 mit 56 Prozent deutlich unter dem OECD-Durchschnitt (83 Prozent). Einerseits ist dies auf das immer noch in der Gesellschaft herrschende Bewusstsein zurückzuführen, dass »die primäre Verantwortung der Frau in der Familie« liegt, andererseits auf die Praxis, ungeachtet bestehender Gesetze hochqualifizierten Frauen den Zugang zu Führungspositionen im Management zu verwehren.[12]

Familie

Das westliche Modell einer modernen Familie, das bereits von vielen koreanischen Intellektuellen zu Beginn des 20. Jahrhunderts neidvoll betrachtet wurde, da es ein Eheleben vorsah, in dessen Mittelpunkt eine romantische Liebe und das Ehepaar selbst stehen, hat sich in der südkoreanischen Gesellschaft erst in den 1970er-Jahren als allgemeiner Standard eingebürgert. Das Konzept der Kleinfamilie mit Eltern und Kindern löste das der traditionellen Großfamilie ab. Seit der rasanten wirtschaftlichen Entwicklung in den 1960er-Jahren gab es massenweise moderne Haushalte mit »Hausfrauen, die sich klaglos um den männlichen Haushaltsvorstand oder den Ehemann kümmerten, der seinen Körper lebenslang dem Arbeitsplatz verschrieben hatte, und sich um die erfolgreiche Erziehung der Kinder sorgten«. Als zusätzliche Befähigung der Ehefrau galt es, die Kinder im zunehmend hitzigen Konkurrenzkampf um die besten Schulabschlüsse auf eine erstklassige Universität zu schicken.[13]

Mit der Beschleunigung in der neoliberalen Weltwirtschaft nahm auch in Südkorea seit den 1990er-Jahren die Unsicherheit für die Beschäftigten zu. Das einzelne Einkommen des Familienvorstandes reichte nicht mehr aus, um den Unterhalt der Familie zu decken, sodass immer mehr Frauen durch eine Beschäftigung dazu beitragen mussten. Dennoch blieb die Verteilung der Hausarbeit nach Geschlecht unverändert: Auch verheiratete Frauen mit einem Beschäftigungsverhältnis übernehmen ca. 92 Prozent der Aufgaben im Haushalt.[14] Laut einer Untersuchung des Korea Women's Development Institute von 2003 verfügen etwa 36 Prozent der Haushalte mit Ehepartner über ein Doppeleinkommen. Doch auch in diesen wird die Last der Haushaltsarbeiten von den Frauen übernommen, wodurch natürlich die Konflikte zwischen Arbeit und Familie zunehmen.

Dass die Mehrheit der südkoreanischen Männer noch nicht vom traditionellen Rollenverständnis losgekommen ist, lässt sich auch an der relativ hohen Anzahl der Fälle häuslicher und sexueller Gewalt ablesen. Im Jahre 2004 lag die Zahl der angezeigten Fälle von häuslicher Gewalt bei 13 777. Bei einer Scheidung erwarten die Frauen meist große wirtschaftliche Probleme, weil sie oft keine Unterhaltszahlungen erhalten. Nach einer Umfrage aus dem Jahr 2002 haben 78 Prozent der Frauen nach der Scheidung auch keine Kinderunterhaltszahlungen bekommen. Der Grund dafür lag weniger in der wirtschaftlichen Unfähigkeit der Männer als vielmehr in einer absichtlichen Unterlassung.[15]

Ebenfalls im Zusammenhang mit der wirtschaftlichen Situation steht das neuerdings steigende Heiratsalter. Im Jahr 2000 waren in der Gruppe der 25- bis 29-Jährigen 40 Prozent der Frauen und 71 Prozent der Männer nicht verheiratet. Dabei ist ein deutlicher Unterschied bei den Heiratsplänen von Nichtbeschäftigten und Beschäftigten erkennbar. Besonders die jungen Männer fühlen sich angesichts der Verantwortung für eine Familie und der Aufgabe als Versorger unter Druck.

In südkoreanischen Unternehmen hat eine familienfreundliche Politik noch nicht Einzug gehalten. Zwar wurden vereinzelt Kinderbetreuungseinrichtungen am Arbeitsplatz eingerichtet und auch Beihilfen für die Kinderbetreuungskosten gezahlt, doch bislang haben diese Maßnahmen noch nicht den Umfang erreicht, um die Vereinbarkeit von Familie und Beruf tatsächlich zu gewährleisten. Vorhandene Maßnahmen, zu denen auch der Mutterschutz und Beurlaubung für die Pflege von Angehörigen zählen, werden zudem sehr selten genutzt, da häufig die Befürchtung besteht, dass dies zu Nachteilen führt.[16] Dies ist auch eine Ursache für die extrem niedrige Geburtenrate in Südkorea, die von 4,53 in 1970 auf 1,08 in 2005 gesunken ist. Auch wenn der Staat verschiedene politische Maßnahmen zur Förderung eingeführt hat, z. B. finanzielle Unterstützung bei Geburt und Kindererziehung oder die steuerliche Begünstigung für die Familien mit mehreren Kindern, ist die Geburtenrate seit 2005 kaum gestiegen. Solange das öffentliche Wohlfahrtssystem schwach entwickelt ist, wird die Arbeit, etwa für Verpflegung und Erziehung der Kinder, meist von den Frauen erledigt, wodurch die Kosten besonders für die Frauen sehr hoch bleiben.

Gesellschaft und Kultur

Mit der Einführung der Schulpflicht im Jahre 1954 stieg die Schülerquote auf über 90 Prozent an, wodurch auch Frauen bessere Chance für die Bildung erhielten. In den 1990er-Jahren, als die meisten Familien nur zwei Kinder hatten, erhielten sie schließlich die gleichen Chancen für Bildung wie Männer. Jedoch findet die geschlechterspezifische Sozialisierung nicht allein durch die Schulbildung, sondern auch außerhalb statt, wobei die strenge Geschlechtertrennung nach wie vor stark betont wird. Bis in die 1980er-Jahre hatte neben der Schule vor allem die Situation Koreas als eines geteilten Landes unter der Militärdiktatur eine prägende Rolle bei der geschlechterspezifischen Identitätsbildung gespielt.

Die Bildungsprinzipien, die die nationale Sicherheit als oberste Aufgabe anerkennen, haben in der Organisation der Schulen militärische Strukturen mit sich gebracht. So wurden Schülerinnen und Schüler in einer militaristischen Schulkultur erzogen, was zur Aufrechterhaltung der patriarchalischen Gesellschaftsordnung beitrug. Unter dieser Bedingung wurde es für selbstverständlich gehalten, dass die Frauen sich als Ehefrauen für die Männer opfern sowie als Mütter für ihre Kinder hingeben.[17]

Durch die erfolgreiche Demokratisierung, die schnelle Entwicklung neuer Frauenbewegungen und die Umsetzung frauenpolitischer Gesetze haben sich die Rechte und die Stellung der Frau systematisch verbessert. In der südkoreanischen Gesellschaft verbreitete sich die Wahrnehmung, dass gesellschaftlich angenommene Geschlechterrollen sich ändern können. Insbesondere seit dem Jahr 2000 tauchen Konzepte wie *Gender Sensitivity* und *Gender Mainstreaming* auch in politischen Dokumenten des Staates auf. Durch diese Maßnahmen wurde etwa bei der Weiterbildung von Beamten und in den Schulen ein Bewusstsein über die Gleichberechtigung der Geschlechter herangebildet. Dennoch ist es immer noch fraglich, ob sich dadurch ein neues allgemeines Bewusstsein zur Gleichberechtigung entwickelt hat. Im Allgemeinen ist man sich in Südkorea darüber einig, dass solche Maßnahmen kaum zu einem Bewusstseinswandel im Hinblick auf Geschlechterrolle beigetragen haben. Die Menschen seien zwar über das Prinzip von Gleichberechtigung informiert, was aber an ihrer Einstellung zur traditionellen Geschlechterrolle grundsätzlich nichts geändert habe.

Ein althergebrachtes Verständnis der Geschlechterrollen zeigt sich auch in der Auffassung, dass die äußere Erscheinung Teil des Lebens und der Identität der Frauen sei. Um einen Partner zu finden oder auch einen besseren Arbeitsplatz zu bekommen, müssen Frauen für das »Management« ihres Körpers enorme wirtschaftliche, psychische und körperliche Qualen durchleiden. Diät, Hautbehandlung, Kosmetik, kosmetische Operationen oder Körperkorrekturen sorgen für einen enormen Zuwachs in der neuen Körperindustrie. Im Jahr 2001 wurde das Volumen der Schönheits- und Diätindustrie in Südkorea auf jeweils 10 Milliarden Won (ca. 7 Millionen Euro) geschätzt.[18] Laut einer Studie haben mehr als die Hälfte der Studentinnen Erfahrung mit kosmetischen Operationen gemacht, 80 Prozent von ihnen wünschen sich eine kosmetische Operation.[19] Natürlich gibt es seitens der Frauenbewegungen in der südkoreanischen Gesellschaft gegen diese Entwicklung Widerstände. Beispiele hierfür sind Anti-Diät-Bewegungen, Kampagnen wie »keine Diät, keine Schönheitsoperationen«, das Anti-Miss-Korea-Festival als »Schönheitswettbewerb« oder die Einrichtung einer Website für den Verkauf von Kleidung in Übergrößen. Angesichts der enormen Macht des patriarchalischen Systems, des Konsumkapitalismus und der in Werbung und Medien produzierten Bilder sind diese Bemühungen jedoch nicht einmal kleine Episoden.[20]

Somit bleibt die Stellung der Frau in der südkoreanischen Gesellschaft ambivalent und widersprüchlich. Auf der einen Seite kann man eine deutliche Verbesserung der sozialen, politischen und ökonomischen Stellung der Frau feststellen: Frauen sind deutlich selbstbewusster geworden und nehmen am öffentlichen Leben aktiv teil. Auf der anderen Seite aber ist es nicht zu übersehen, dass das Leben der Frau zunehmend durch den Konsumkapitalismus und Wettbewerbssysteme bestimmt ist, wobei die Rolle der Frauen auf die von bloßen Konsumenten reduziert wird.

Literatur

Lee, Im-Ha, Frauen, erstanden aus dem Krieg: Koreakrieg und Gender, St. Ottlien 2007.

Lee, Bae-Yong, Woman in Korean History, Seoul 2008.

Anmerkungen

1 *Han'guk yŏsŏng yŏn'guso yŏsŏngsa yŏn'gusil, Uri yŏsŏng-ŭi yŏksa* [Geschichte der koreanischen Frau], Seoul 1999, S. 77.

2 *Han'guk yŏsŏng yŏn'guso, Saeyŏsŏnhak kangŭi* [Neue Vorlesung zum Feminismus], Seoul 2005, S. 275–283.

3 Ebd., S. 83–84.

4 Ebd., S. 84–86.

5 Doch nach dem Kriegsende waren die Frauen dem Druck ausgesetzt, wieder in die Familien zurückzukehren. In diesem Prozess kam wieder die »gute Frau und weise Mutter«-Ideologie zum Vorschein, und die Ursache für die nach dem Krieg zu be-

obachtende Familienauflösung wurde bei den Frauen gesucht. *Hanil yŏsŏng kongdong yŏksa kyojae p'yŏnch'anwiwŏnhoe, Yŏsŏng-ŭi nun-ŭro pon hanil kŭnhyŏndaesa* [Moderne Gegenwartsgeschichte Japans und Koreas aus der Sicht der Frau], Seoul 2005, S. 215–218.

6 Ebd., S. 238.

7 Mit dem Begriff »politischer Häftling« werden Personen bezeichnet, die verhaftet wurden, weil sie für politische und ideologische Freiheit und Demokratie oder gegen schlechte Arbeitsbedingungen protestiert haben.

8 Chŏng Hyŏn-baek, *Han'guk-ŭi yŏsŏngundong 60 nyŏn* [60 Jahre Frauenbewegung in Korea], in: *Yŏsŏng-gwa yŏksa* [Frau und Geschichte], Bd. 4, 2006, S. 26–35.

9 Ebd., S. 32; *Hanil yŏsŏng kongdong yŏksa kyojae p'yŏnch'anwiwŏnhoe* (wie Anm. 5), S. 303–314.

10 Kang I-su, *Haebanghu han'gukkyŏngje-ŭi pyŏnhwa-wa yŏsŏng-ŭi nodonggyŏnghŏm – ch'abyŏl-kwa chubyŏnhwa-ŭi chisok* [Veränderungen in der südkoreanischen Wirtschaft und Arbeitserfahrungen der Frauen nach der Befreiung – Kontinuität von Diskriminierung und Marginalisierung], *Yŏsŏng-gwa yŏksa* [Frau und Geschichte], Bd. 4, 2006, S. 49.

11 Ebd., S. 51–57.

12 Ebd., S. 57–58.

13 *Han'guk yŏsŏng yŏn'guso, Yŏsŏngsa yŏn'gusil*, 1999, S. 201.

14 Ebd., S. 204.

15 Ebd., S. 210–212.

16 Ebd., S. 208–209.

17 Chŏn Kyŏng-ok/Pyŏn Sin-wŏn/Kim Ŭn-jŏng/Yi Myŏng-sil, *Han'gukyŏsŏngmunhwasa 2: 1945–1980* [Geschichte der Frauenkultur in Südkorea 2: 1945–1980], Seoul 2005, S. 323–325.; Kang (wie Anm. 10), S. 57.

18 Chosun Ilbo, 1.8.2001; Hanguk Ilbo, 9.8.2001.

19 Donga Ilbo, 29.4.2004.

20 *Han'guk yŏsŏng yŏn'guso, Yŏŏgsa yŏ'gusil,* 1999, S. 141–142.

Cho Hyo-Je

Südkorea auf dem Weg zur multikulturellen Gesellschaft

Nach der offiziellen Statistik Südkoreas betrug die Zahl der Ausländerinnen und Ausländer im Juni 2010 1 139 283 Personen, das sind 2,3 Prozent der Gesamtbevölkerung Südkoreas. Als Bürger ausländischer Herkunft in Südkorea gilt, wer sich länger als 90 Tage im Lande aufhält, sowie Menschen, die die koreanische Staatsbürgerschaft angenommen haben und ihre Kinder. Nach Typen unterteilt, handelt es sich dabei um ausländische Arbeitende (49 Prozent), um Personen in internationalen Ehen, die die koreanische Staatsbürgerschaft nicht angenommen haben (11 Prozent), um Kinder ausländischer Bürger (10,7 Prozent), um ständige Handelsvertreter (9,3 Prozent), um Personen, die die koreanische Staatsbürgerschaft angenommen haben (8,5 Prozent), um ausländische Studenten (7,1 Prozent) und um Auslandskoreaner, die ihren Hauptwohnsitz im Ausland haben und nur temporär in Südkorea leben (4,4 Prozent). Bei der Hälfte derjenigen, die die koreanische Staatsbürgerschaft angenommen haben, handelt es sich um Partner oder Partnerinnen aus internationalen Ehen. Der Gesamtanteil der durch internationale Ehen zugewanderten Personen – unabhängig davon, ob sie die koreanische Staatsbürgerschaft angenommen haben oder nicht – beläuft sich somit auf 15,9 Prozent. Die sich in Korea aufhaltenden Angehörigen der US-Armee und Flüchtlinge aus Nordkorea werden nicht in die Bevölkerungsstatistik einbezogen.

Nach Herkunftsländern unterteilt sind 35 Prozent der Ausländer Angehörige der koreanischen (Chosŏn-)Minderheit aus China, 15,8 Prozent kommen aus China, 10,1 Prozent aus Vietnam, 7,1 Prozent aus den USA, 4,2 Prozent von den Philippinen, jeweils 2,9 Prozent aus Indonesien und aus Japan, 2,7 Prozent aus Thailand, 2,4 Prozent aus der Mongolei, je 1,9 Prozent aus Usbekistan und aus Taiwan und weitere 13 Prozent aus anderen Ländern. Da es schwierig ist, die genaue Zahl der sich illegal im Land aufhaltenden Personen zu ermitteln, können diese Angaben Fehler enthalten. Der Anteil von Bürgerinnen und Bürgern mit chinesischer Staatsbürgerschaft einschließlich der Angehörigen der koreanischen

Minderheit, sog. *chosŏnjok* beträgt gegenwärtig über 50 Prozent und nimmt ständig zu. Nach den Wohnorten leben mehr als 65 Prozent der Ausländer in der südkoreanischen Hauptstadt Seoul sowie in der Provinz Kyŏnggi und in Inch'ŏn, im Umkreis der Hauptstadt.

Aus historischen und sozialen Gründen ist in Südkorea die Überzeugung weit verbreitet, dass die koreanische Gesellschaft kulturell gesehen eine homogene nationale Wurzel hat. Der Glaube an die Homogenität der Nation führt sogar dazu, dass Kinder aus Ehen mit Ausländern bis in die jüngste Zeit in der Umgangssprache abwertend als »Kinder mit gemischtem Blut« *(honhyŏra)* bezeichnet werden.

Betrachtet man nun den Begriff der Multikultur *(tamunhwa)*, so lässt sich sagen, dass es prinzipiell gesehen in keinem Kulturkreis eine absolut homogene Kultur gibt. Der Grad mag unterschiedlich sein, aber in allen Gesellschaften herrscht kulturelle Vielfalt. Es gibt kein objektives Kriterium für die Bestimmung einer multikulturellen Gesellschaft (wenn es auch einzelne Wissenschaftler gibt, die von einer multikulturellen Gesellschaft schon bei einem Anteil von 10 Prozent nationaler Minderheiten sprechen). Deshalb muss man die »Multikulturalität« einer Gesellschaft als einen prozessualen Begriff betrachten. In diesem Sinne dürfte es richtig sein, Korea als ein Land auf dem Wege zur multikulturellen Gesellschaft zu bezeichnen. Der Begriff »Multikulturalismus« dagegen ist normativer Art. Er steht für eine Politik, die offiziell gegenseitige Achtung und Toleranz gegenüber den kulturellen Unterschieden unterstützt sowie Diskriminierung aufgrund von ethnischer Abstammung und nationaler Herkunft missbilligt.

1 Vom Auswanderungsland zur multikulturellen Gesellschaft

Bis zum Ende der 1980er-Jahre war Korea ein typisches Emigrationsland. Seit dem Ende des 19. Jahrhunderts begannen Koreaner ins Ausland überzusiedeln. Als Folge der Kolonialherrschaft Japans (1910–1945) wanderten viele Menschen nach China, in den Fernen Osten Russlands und nach Japan aus. Die Auswanderung nach der Befreiung im Jahre 1945 lässt sich in zwei Kategorien unterteilen. Einerseits gab es die Entsendung von Arbeitskräften ins Ausland, was von der Regierung gefördert wurde, und andererseits die private Auswanderung, meist in die USA. Zwischen 1963 und 1978 wurden auf der Basis von »Verträgen über eine befristete Aufnahme von Arbeitskräften« zwischen der südkoreanischen und westdeutschen Regierung insgesamt 7932 koreanische Bergleute und 10226 Krankenschwestern nach Deutschland entsandt. Die Laufzeiten der zunächst auf drei Jahre befristeten Verträge wurden bald verlängert, Krankenschwestern dann gar ein unbefristeter Aufenthalt gestattet, woraufhin viele von ihnen in Deutschland blieben.

In den 1970er- und 1980er-Jahren wurden dank des Baubooms in den Ländern des Nahen Ostens Arbeitskräfte aus Südkorea in großem Maßstab in diese Gebiete geschickt. Nach der Liberalisierung der Einwanderungsbedingungen im Jahr 1965, nach der jedes Jahr bis 20 000 Personen aus einem Land in die USA einwandern durften, stieg die Zahl der südkoreanischen Einwanderer in die USA drastisch. Betrug deren Zahl 1965 noch 2 165 pro Jahr, waren es 1982 schon 32 668, unter ihnen meist hochqualifizierte Fachkräfte und Ärzte. Seit der Demokratisierung von 1987 ging diese Zahl zurück, bis 5 000 pro Jahr Mitte der 1990er-Jahre.

Doch seit den 1980er-Jahren wurde aus der Auswanderungs- eine Einwanderungswelle. Durch die Ausrichtung der Olympischen Spiele in Seoul im Jahre 1988 erfuhr die koreanische Gesellschaft eine internationale und kulturelle Öffnung. Nach Aufnahme diplomatischer Beziehungen zwischen Südkorea und Volksrepublik China 1992 begannen Angehörige der koreanischen Minderheit in China *(chosŏnjok)* zur Arbeit nach Südkorea einzureisen. Danach kamen auch Arbeiter aus südost- und südasiatischen Ländern. Dabei handelte es sich überwiegend um einfache Arbeitskräfte.

Ende der 1980er- und Anfang der 1990er-Jahre hatte die südkoreanische Regierung noch kein klares Konzept für eine Einwanderungspolitik. Die Firmen holten einfach ausländische Arbeitskräfte ins Land, weil es auf dem Arbeitsmarkt an billigen Arbeitskräften mangelte, die bereit waren, schwierige, schmutzige und gefährliche Arbeit (die sog. 3-D-Arbeit: *dirty, dangerous and demanding*) zu erledigen, während die Gewerkschaften und Arbeitsmarktexperten diese Praxis ablehnten. Letztere waren der Meinung, dass es für den südkoreanischen Arbeitsmarkt zu früh sei, um ausländische Arbeitskräfte zu importieren. Weil es keine eindeutige Einwanderungspolitik gab, wurden viele der ins Land gekommenen ausländischen Arbeiter zu »illegalen Zuwanderern«. Die Regierung führte schließlich 1993 das sog. Industriepraktikanten-Programm ein, das es ermöglichte, Arbeiter aus verschiedenen Ländern Asiens für kurze Zeit anzuwerben, aber nicht als reguläre Arbeiter, sondern nur als Praktikanten mit dementsprechend geringem Lohn. Das System diente dem Zweck der Erleichterung des Arbeitskräftemangels in kleinen und mittleren Unternehmen, konnte aber nur als eine vorläufige Hilfsmaßnahme betrachtet werden.

Als jedoch bekannt wurde, wie ausbeuterisch und diskriminierend dieses Programm gegenüber den ausländischen Arbeitskräften war, wurde auch die Kritik lauter. Es wurden Bürgerorganisationen zur Unterstützung der ausländischen Arbeiter gegründet, z. B. die »Bürgergruppe für die Menschenrechte ausländischer Arbeiter«. 1995 schlossen sich diese und weitere Einzelorganisationen zum »Konsultativkomitee für Arbeitsmigranten« zusammen.

In den 1990er-Jahren nahm auch Zahl der gemischten Eheschließungen zu. Wanderten die Koreaner früher eher aus, um internationale Ehen zu schließen, kamen nun die ausländischen Partner ins Land. Seit Ende der 1990er-Jahre stieg auch die Zahl der Vermittlerinstitute für internationale Ehen rapide an. Im Jahre 2004 hatte sich der Anteil internationaler an der Gesamtzahl der in Südkorea geschlossenen Ehen auf 14 Prozent erhöht. Bei 70 Prozent der Fälle handelte es sich um koreanische Männer und ausländische Frauen (vor allem chinesischer und vietnamesischer Herkunft).

Im Jahr 2003 gab die neue Regierung von Roh Moo Hyun (*No Mu-hyŏn*; 2003–2008) das Industriepraktikanten-Programm auf und führte eine neue Regelung für die legale Einstellung der ausländischen Arbeiter *(koyonghŏgaje)* ein. Nach 2004 wurden weitere Maßnahmen zur sozialen Integration von Einwanderern getroffen. Damit einher ging auch ein Perspektivwechsel: Die Problematik der Ausländer wurde nicht mehr als Arbeitsmarktproblem gesehen, sondern unter dem Gesichtspunkt der Einwanderung betrachtet. Die neue Regierung begann mit NGOs und Experten zusammenzuarbeiten, um eine neue Politik für eine multikulturelle Gesellschaft zu entwickeln.

Im Ganzen gesehen existieren gegenwärtig zwei große Gesetze für die sich langfristig in Korea aufhaltenden Ausländer. Das 2007 beschlossene »Grundlagengesetz über den Umgang mit in Korea lebenden Ausländern« verbesserte den Schutz der Menschenrechte, die Unterstützung bei der Einbürgerung, die Einbürgerung der Ehepartner und Kinder sowie den Umgang mit den hochqualifizierten ausländischen Fachleuten. Das »Gesetz über die Unterstützung der Familien mit multikulturellem Hintergrund« von 2008 regelt öffentliche Bildungsprogramme zum Thema Multikulturalität und zum Zusammenleben mit ausländischen Ehepartnern, die Unterstützung des ausländischen Ehepartners im Falle innerfamiliärer Gewalt und den Fremdsprachenservice für Ausländer. Allein mit diesen beiden Gesetzen ist es natürlich nicht möglich, die vielfältigen Probleme der ausländischen Mitbewohner in Südkorea zu lösen, zumal die Geschwindigkeit des gesellschaftlichen Wandels in Richtung der Entstehung einer Einwanderungsgesellschaft extrem schnell ist. Um die sich daraus ergebenden Herausforderungen bewältigen zu können, wird Südkorea wohl weitere gesetzliche Regelungen benötigen.

2 Etablierung des Begriffs der »Multikultur« *(tamunhwa)* und südkoreanische Besonderheiten

Der Terminus *tamunhwa* (den man am ehesten mit »Multikultur« ins Deutsche übersetzen kann, wie im Folgenden) ist in Südkorea im Zusammenhang mit der Suche nach einer passenden Bezeichnung für die Familien mit ausländischen Ehepartnern entstanden. Die Welle internationaler Eheschließungen begann, wie oben beschrieben, erst nach der Zuwanderung ausländischer Arbeitskräfte. In letzter Zeit wird dieser Begriff allerdings nicht mehr nur als Bezeichnung für die Familien mit ausländischen Ehepartnern, sondern für alle Ausländer verwendet. Dass dieser Terminus in Südkorea überhaupt allgemein akzeptiert wurde, ist das Verdienst von NGOs: Im Jahr 2003 schlug die »Solidaritätsorganisation für gesunde Bürger« *(kŏn'gangsiminyŏndae)* vor, die Familien mit ausländischem Ehepartner als multikulturelle Familien zu bezeichnen. Seitdem hat der Diskurs um die Multikultur in Südkorea explosionsartig zugenommen. Gegenwärtig wird das Wort »Multikultur« so breit verwendet, dass man damit die gleiche Bedeutung wie mit dem Wort »international« verbindet. Einige Wissenschaftler meinen deshalb, dass Südkorea im Hinblick auf den Diskurs um Multikulturalität einen besonderen Fall darstelle, denn der südkoreanische Diskurs um Multikultur habe sich verbreitet, bevor sich überhaupt eine multikulturelle Gesellschaft in Südkorea etabliert hat.

Die Besonderheiten der sich langsam entwickelnden multikulturellen Gesellschaft in Südkorea lassen sich in sechs Punkten zusammenfassen:

1. Multikultur ist für die normalen Bürger Südkoreas zwar noch kein gängiger Begriff, aber er findet durch die öffentliche Werbung, Erwachsenen- und Schulbildung immer mehr Akzeptanz. Allerdings findet dabei die Stimme der Zuwanderer nur begrenzt Gehör. In den Regierungskommissionen für Multikultur sitzen meist nur koreanische Experten und Beamte, nur selten werden Zuwanderer dazu eingeladen. Politische Entscheidungen werden also ohne jede Mitwirkung der Zuwanderer selbst getroffen. Diese werden lediglich als Gegenstand des Mitgefühls und der Zuwendung betrachtet. Sie haben nur die Wahl, die von den Koreanern gestaltete Multikulturpolitik anzuerkennen oder abzulehnen. Experten kritisieren deshalb, dass die Multikulturpolitik der südkoreanischen Regierung von Einseitigkeit, Alternativlosigkeit, Gefühlsduselei und Assimilierungsstreben bestimmt sei.

2. Zu den, wenn auch negativen, Besonderheiten der südkoreanischen Multikultur gehören Menschenrechtsverletzungen, die schon seit der ersten Aufnahme ausländischer Arbeiter bis heute fortdauernd kritisiert werden. Forderungen zum Schutz der Menschenrechte der auslän-

dischen Arbeiter und entsprechende Hilfen kamen dabei zuerst von Bürgerorganisationen, und nicht seitens der Regierung. Ausländische Arbeitskräfte haben häufig unter verspäteten Lohnzahlungen, Zahlungsbetrug, Gewalt, persönlichen Beleidigungen, sozialer Diskriminierung und Ausgrenzung, ungenügender Sicherheit am Arbeitsplatz, Fehlen von Maßnahmen gegen Industriehavarien, elenden Wohnbedingungen und eingeschränkter medizinischer Versorgung zu leiden. Bei internationalen Eheschließungen wird oft über Praktiken berichtet, welche eher dem Menschenhandel als einer Heiratsvermittlung ähneln. Nicht selten wird auch von unmenschlicher Behandlung von zu verheiratenden ausländischen Frauen als käufliche Waren berichtet. Angesichts dieser vielfältige Probleme wird die Frage, inwieweit die Menschenrechte der Ausländer geschützt werden können, als eines der wesentlichen Grundprobleme der multikulturellen Gesellschaft Südkoreas allgemein anerkannt.

3. Immer noch gibt es viele Koreaner und auch Koreanerinnen, die im Ausland – aus welchem Grund auch immer – einen Ehepartner bzw. Ehepartnerin suchen. Die Ausgangsbedingungen für solche Eheschließungen unterscheiden sich wesentlich von einer normalen Eheschließung in Südkorea. Nach der offiziellen Statistik von 2011 sind in den rein koreanischen Ehen die Männer durchschnittlich 31,4 und die Frauen 29,2 Jahre alt, d. h. der Altersunterschied beträgt 2,2 Jahre. Im Falle der internationalen Ehen mit ausländischen Frauen sind die koreanischen Männer durchschnittlich 36,5 und die Frauen 26,2 Jahre alt, was einen Altersunterschied von 10,3 Jahren bedeutet. Im Jahre 2010 gab es bei solchen multikulturellen Ehen 14 319 Scheidungen, was 12,3 Prozent aller Scheidungsfälle ausmacht. Dabei ist die Scheidungsrate bei multikulturellen Ehen sehr viel höher als bei einheimischen Ehen. Kommt es zu einer Scheidung, erfolgt diese bei der einheimischen Ehen durchschnittlich nach 14,22 Jahren, multikulturelle Ehepaare lassen sich dagegen durchschnittlich nach 4,7 Jahren scheiden.

4. Unter den Ausländern und Ausländerinnen in Südkorea ist eine deutliche Schichtenbildung zu beobachten. Wirtschaftlich betrachtet heben sich denjenigen hervor, die in der Finanzwirtschaft und im Management von Großunternehmen arbeiten und über hohes Einkommen verfügen. Ausländer, die schwere körperliche Arbeit erledigen, bilden die unterste Schicht in der wirtschaftlichen Sozialstruktur der Zuwanderer in Südkorea; dann folgt die Mehrzahl der ausländische Partner und Partnerinnen in multikulturellen Familien, die wirtschaftlich zur Unterschicht *(lower class)* oder zur unteren Mittelschicht *(lower middle class)* gehören. Ihrem sozialen Status nach stehen Ausländer aus Europa und Nordamerika mit hochqualifizierten Berufen wie Finanzmanager oder Rechtsanwälte am

besten da, an der zweiten Stelle stehen Techniker aus Europa und Nordamerika. Dann kommen die Ausländer aus der Dritten Welt mit hochqualifizierten bzw. technischen Berufen. Weiter unten folgen Ausländer aus der Dritten Welt, die körperliche Arbeit erledigen, und an der letzten Stelle stehen die aus der Dritten Welt zugewanderten ausländischen Ehefrauen und die koreanischen Frauen, die Arbeiter aus der Dritten Welt geheiratet haben, die unter besonderen sozialen Problemen zu leiden haben. Die soziale Schichtenbildung zeigt sich auch geografisch. In den Geschäftszentren im Süden Seouls und in Finanzinstitutionen im Zentrum Seouls konzentrieren sich die höheren Schichten der zugewanderten Ausländer, während die körperlich Arbeitenden aus der Dritten Welt sich meist in den Städten der Provinz Kyŏnggi wie Ansan und Kuri angesiedelt haben. Auch in den Satellitenstädten wie Pup'yŏng, in kleinen und mittleren Provinzstädten sowie in ländlichen Gegenden wie der Provinz Süd-Chŏlla leben viele multikulturelle Familien, die eher den unteren sozialen Schicht zuzuordnen sind.

5. Seitdem der Diskurs um Multikulturalität einen Boom erlebt, ist es zu beobachten, dass die Kommunen, Unternehmen und NGOs unterschiedliche Events und Unterstützungsprogramme für multikulturelle Familien initiieren. Dazu gehört z.B. das Erfahrungsprogramm der koreanischen Kultur für die ausländischen Ehefrauen, die Einrichtung eines kostenlosen juristischen Beratungszentrums für die zugewanderten Frauen in der Stadt Ha'nam (Provinz Kyŏnggi), das Heimatbesuchsprogramm für ausländische Ehefrauen durch die Stadt Kwangju (Provinz Kyŏnggi), ein Ausflugsprogramm für die multikulturellen Familien im Seouler Stadtbezirk Sŏdaemun, gemeinsame Hochzeitsfeiern für multikulturelle Familien im Seouler Stadtbezirk Kangsŏ sowie die Einrichtung einer multikulturellen Schule in der Stadt Ulsan (Provinz Süd-Kyŏngsang). Die angeführten Beispiele stellen nur einen kleinen Teil der Vielzahl von Aktivitäten dar. Sie sind aus dem guten Willen der Bürger entstanden. Diese Programme werden allerdings nicht kontinuierlich angeboten, sondern bleiben meist eine einmalige Veranstaltung. Nicht zuletzt deshalb werden die NGOs und Kommunen dafür kritisiert, dass sie ihr Engagement nur zur Schau stellen wollen.

6. Unter denjenigen, die eine ablehnende Haltung gegenüber Zugewanderten haben, ist diese meist durch kulturelle Werte geprägt, die sich im Prozess der Sozialisierung gebildet haben und in der Regel empirisch nicht belegbare Vorurteile nach sich ziehen. Dahinter verbergen sich häufig eine negative Sicht auf die durch die Zuwanderer hereinströmende Vielfalt der Kulturen oder ein Gefühl der Bedrohung durch Konkurrenz auf dem Arbeitsmarkt. Im Falle der vielen unqualifizierten Arbeiter, die

mit den ausländischen Arbeitern unmittelbar zusammenarbeiten bzw. die eventuell sogar um denselben Arbeitsplatz konkurrieren, ist dagegen keine besonders starke Ablehnung gegen Zuwanderung festzustellen.

3 Streitpunkte im Diskurs um Multikulturalismus

Wie oben gesehen, hat sich in Südkorea der Diskurs um Multikulturalismus bereits entfaltet, obwohl eine reale multikulturelle Gesellschaft erst in relativ geringem Ausmaß vorhanden ist. Werfen wir hier einen kurzen Blick auf die wesentlichen Streitpunkte dieses Diskurses:

1. Es ist immer noch umstritten, ob das Phänomen der Multikultur in Südkorea nur eine diskursive Konstruktion ist oder aus der Realität entstanden ist. Kritische Stimme meinen dazu, dass in Südkorea zwar gewisse multikulturelle Erscheinungen zu beobachten seien, aber die Zahl der ausländischen Mitbürger noch zu klein und deren Einfluss auf die gesamte Gesellschaft zu gering sei. Der Diskurs um Multikultur habe sich ohne reale Entwicklung einer multikulturellen Gesellschaft entfaltet. Die Kritiker behaupten außerdem, dass der Multikulturdiskurs in Südkorea hauptsächlich von Bürger- und Menschenrechtsorganisationen getragen wurde. Ihre normative Forderung nach Verwirklichung von Multikulturalität hätte gegenüber der Realität die Oberhand gewonnen. Als dann die Zentralregierung und die Provinzregierungen die Bürgerorganisationen beauftragten, für die Unterstützung der multikulturellen Familien zu sorgen, und diese daraufhin begannen, miteinander zu wetteifern, hätte man Multikultur endgültig als eine unbezweifelbare Realität konstruiert. Dagegen argumentieren andere Gruppen, dass bei der Frage nach der multikulturellen Gesellschaft nicht nur die absolute Zahl der Ausländer in Korea, sondern auch ihre langfristige Verbreitung und ihr gesellschaftlicher Einfluss berücksichtigt werden müssen. Unabhängig vom Standpunkt in diesem Diskurs, ist man sich – zumindest in Südkorea – darin einig, dass der Diskurs um Multikultur hier weltweit beispiellos schnell und heftig entbrannt ist.

2. Ein weiterer Streitpunkt im Diskurs um den Multikulturalismus in Südkorea ist die Zielgruppe der Multikulturpolitik. Hierbei muss man die Diskrepanz zwischen der subjektiven Wahrnehmung und der gesellschaftlichen Wirklichkeit berücksichtigen. Der Begriff Multikulturalität, der lange Zeit nur für die Gruppe von gemischten Ehen verwendet wurde, müsste eigentlich für alle ausländischen Arbeiter, Angehörige der aus China kommenden koreanischen Minderheit und Flüchtlinge aus Nordkorea angewendet werden. In den letzten Jahren wird der Begriff Mul-

tikultur tatsächlich in seinem eigentlichen Sinne eingesetzt. Allerdings ist diese Praxis aus der Sicht der Betroffenen, vor allem der Flüchtlinge aus Nordkorea und Angehörigen der koreanischen Minderheit aus China nicht unproblematisch. Im Jahr 2010 lebten 20000 nordkoreanische Flüchtlinge in Südkorea. Ihre Anzahl nimmt weiter zu. Sie sind wegen ihrer nordkoreanischen Herkunft gegenüber den anderen Zugewanderten zusätzlichen Belastungen ausgesetzt, denn Südkoreaner betrachten sie nicht selten mit ideologischen Vorbehalten. Viele der nordkoreanischen Flüchtlinge hingegen empfinden Enttäuschung, nachdem sie die südkoreanische Gesellschaft erlebt haben. Die große Diskrepanz zwischen Erwartungen und Wirklichkeit belastet die Flüchtlinge emotional so sehr, dass einige von ihnen auf die dauerhafte Ansiedlung in Südkorea verzichten und eine Emigration nach Westeuropa oder in die USA anstreben. Nordkoreanische Flüchtlinge halten sich keineswegs für »Zuwanderer«, wozu sie nur die »nicht-koreanischen Ausländer« zählen. Sie lehnen es daher auch ab, zum Objekt einer Zuwanderungs- und Multikulturpolitik zu werden, zumal sie offiziell in der Ausländerstatistik nicht mitgezählt werden.

Angehörige der koreanische Minderheit aus China bzw. Chinesen koreanischer Herkunft *(chosŏnjok)* stammen meist aus dem Gebiet Yanbian *(Yŏnbyŏn)* im Nordosten Chinas. Sie sind die Nachkommen der Koreaner, die nach der Annexion Koreas durch Japan im Jahre 1910 Land und Lebensunterhalt in der chinesischen Mandschurei fanden. In China haben sie den Status einer nationalen Minderheit, wodurch ihnen eine gewisse Selbstständigkeit in Fragen der Bildung, Kultur und Meinungsäußerung gewährt wird und tragen offiziell die chinesische Staatsbürgerschaft. Sie haben zwar ein sehr starkes Identitätsbewusstsein als koreanische Minderheit in China, die meisten von ihnen betrachten aber China als ihr Vaterland. Die Chinakoreaner wanderten seit Anfang der 1990er-Jahre nach Südkorea ein und stellen dort mit mehr als 35 Prozent die größte Gruppe unter allen Ausländern dar. Sie genießen den Sonderstatus von »ethnischen Koreanern«, als welche sie sich nicht als Teil der multikulturellen Gesellschaft Südkoreas sehen.

3. Der dritte Streitpunkt im Diskurs um Multikulturalismus besteht in der Frage, wer die Hauptakteure des Diskurses sind. Ist es allein die Regierung oder handelt es sich um ein Zusammenwirken von Regierung und NGOs? Diejenigen, die die Regierung als alleiniger Träger dieses Diskurses betrachten, kritisieren die Regierung, sie würde die Multikulturpolitik als ein »Schauobjekt« vorantreiben und sich nur für die öffentliche Wirkung interessieren. Dagegen behaupten diejenigen, die das Thema der Multikultur als gemeinsames Wirken der Regierung und der NGOs sehen, dass selbst der Begriff Multikultur zuerst von der Zivilgesellschaft einge-

führt wurde und die Diskurshoheit nicht allein bei der Regierung liege. Deshalb dürfe man die Verantwortung für die offenbar problematischen Aspekte des gegenwärtigen Multikulturalismus-Diskurses in Südkorea, z. B. einseitige Bevorzugung bestimmter Gruppe und dogmatisches Verhalten, nicht allein der Regierung anlasten, sondern auch kritisch anmerken, dass die NGOs mitverantwortlich seien.

4. Ebenfalls umstritten ist, wie schnell die Ziele einer Multikulturpolitik verwirklicht werden sollten und damit auch in welcher Reihenfolge einzelne politische Maßnahmen erfolgen müssen. Diese Kontroverse beruht im Wesentlichen auf einem Lagerkampf zwischen den Idealisten, die eine schnelle und umfassende Multikulturpolitik befürworten, und den Anhängern kleiner Schritte, die eine stufenweise Verwirklichung wünschen. Letztere plädieren für eine Unterscheidung zwischen kurzfristigen und langfristigen Aufgaben. Danach sollte man kurzfristig nicht die westeuropäischen Diskurse zur multikulturellen Gesellschaft zum Maßstab nehmen, sondern über eine Strategie nachdenken, um die Zugewanderten, ohne sie zu diskriminieren, in die südkoreanische Gesellschaft einzugliedern. Langfristig müsse alles daran gesetzt werden, die Möglichkeiten und Grenzen für eine multikulturelle Gesellschaft in Südkorea auszuloten und einen sozialen Konsens darüber zu erreichen. Hingegen behauptet das Lager der Idealisten, dass die kurz- und langfristigen Aufgaben nicht in Etappen nacheinander, sondern unverzüglich anzugehen seien.

5. Der fünfte Streitpunkt im Diskurs um Multikulturalismus ist eng mit dem zuvor genannten Punkt verwandt und dreht sich um die Frage, ob Multikulturalismus Staatspolitik werden soll. Diejenigen, die dies ablehnen, betonen, dass zwischen praktischen politischen Maßnahmen für das multikulturelle Zusammenleben auf der einen und multikulturalistischer Politik auf der anderen Seite unterschieden werden muss. Das heißt, sie anerkennen die Notwendigkeit einer Politik, um die tatsächlich vorhandenen Probleme im Zusammenhang mit Zuwanderung und Integration zu lösen, aber bewerten die multikulturelle Gesellschaft als solche nicht bedingungslos positiv. Außerdem sind sie besorgt darüber, dass das Streben nach Toleranz in der Multikulturbewegung faktisch bedeutet, die koreanische nationale Identität aufzugeben. Deshalb müsse aus ihrer Sicht dem Trend, die ausländische Kultur unhinterfragt aufzunehmen und ausländische Arbeiter unbeschränkt einzulassen, im Interesse der Aufrechterhaltung der nationalen Identität entgegengewirkt werden. Diese Position, die den Multikulturalismus vom Standpunkt des Nationalismus frontal angreift, ist vor allem bei rechtskonservativen Kräften zu beobachten.

4 Der schwierige Weg zur multikulturellen Gesellschaft

Beim Diskurs um die Multikultur in Südkorea erweist sich immer wieder der allgemein verbreitete Glaube an eine homogene Nation als Problem. Fraglos ist dieser Glaube die Grundlage für den inneren gesellschaftlichen Zusammenhalt und das Selbstbewusstsein der Koreaner. Allerdings erhöht die Behauptung einer nationalen Homogenität einerseits den Druck, sich zwanghaft anzupassen und im Gemeinwesen zu assimilieren, und führt anderseits zur Ausgrenzung des Anderen. Der Druck auf den Einzelnen, sich dem Ganzen unterzuordnen, ist in der Tat eine auch für Südkoreaner selbst häufig zu beobachtende Erscheinung. Der Druck auf die ausländischen Mitbürger, sich anzupassen und unterzuordnen, ist umso stärker.

Sprachwissenschaftlich betrachtet enthält das koreanische Wort für »anders« *(tarŭda)* auch die Bedeutung von »fehlerhaft« *(t'ŭllida)*. Das heißt, dass das Fremde in Korea sehr schnell auch als ein Fehler betrachtet werden kann. Dies an sich könnte eine schlechte Ausgangsbedingung für die Akzeptanz einer südkoreanischen multikulturellen Gesellschaft darstellen. Aber unabhängig davon müssen die Südkoreaner es hinnehmen, dass sich ihre Gesellschaft auf dem Weg zur multikulturellen Gesellschaft befindet. Ausländische Arbeiter aus den anderen Ländern Asiens werden, solange das Wirtschaftswachstum anhält, weiterhin nach Südkorea kommen. Es wird vorhergesagt, dass im Jahr 2020 der Anteil der ausländischen Mitbürger fünf Prozent der Gesamtbevölkerung Südkoreas ausmachen wird. In manchen Gegenden (z. B. Süd-Chŏlla und Kyŏnggi) soll der Anteil der Zugewanderten weit über diesem Durchschnitt liegen. Spätestens dann könnten die Südkoreaner an dem Punkt angekommen sein, sich im Interesse des friedlichen Zusammenlebens und der sozialen Harmonie ernsthaft auf die multikulturelle Gesellschaft einzustellen.

Literatur

Kim, Andrew Eungi, Korean Multiculturalism: The Genealogy of the Concept, Shifting Meanings, Issues and Implications, in: Asea Yon'gu, Bd. 32, Nr. 2, 2010, S. 102–129.

Kim, Andrew Eungi, Demography, Migration and Multiculturalism in South Korea, in: The Asia-Pacific Journal: Japan Focus, 2011 (www.japanfocus.org/-andrew_eungi-kim/3035).

Park, Se-Hoon et al, Reinventing Urban Policy in Response to Ethnic Diversity II, Seoul (Korea Research Institute for Human Settlements), 2010.

Shin Duchel

Die Erziehung »demokratischer Bürger«: Politische Bildung in Südkorea

1 Die koreanische Gesellschaft und die Notwendigkeit politischer Bildung

Demokratie funktioniert nicht durch das Bestehen eines demokratischen Systems allein, sondern bedarf auch der Stabilisierung durch die Festigung des demokratischen Bewusstseins seiner Bürgerinnen und Bürger sowie deren Bereitschaft zur Mitarbeit bei politischen und sozialen Problemen. Angesichts dessen ist die politische Bildung auch in Südkorea eine unabdingbare Voraussetzung für Demokratie, da sie dem politisch interessierten Bürger die dazu notwendigen Fähigkeiten und Fertigkeiten vermittelt.

Südkorea hat in den vergangenen 50 Jahren in Bezug auf seine Industrialisierung und Demokratisierung beachtliche Fortschritte gemacht.[1] Diese Entwicklung brachte gravierende Veränderungen in allen Bereichen der südkoreanischen Gesellschaft mit sich, welche sich sowohl in den politischen Ideologien und zivilgesellschaftlichen Bewegungen als auch im kulturellen Leben und sozialen Verhalten widerspiegeln. Dass die dabei auftretenden gesellschaftlichen Konflikte letztlich nicht den Fortbestand der Demokratie beeinträchtigen und dadurch soziale Belastungen und Kosten vermieden werden, ist eine große Aufgabe der politischen Bildung.

Politikverdrossenheit und Krise der repräsentativen Demokratie

Bei den Bürgern Südkoreas, die 1987 die Demokratisierung erkämpft hatten, zeichnete sich spätestens ab Mitte der 1990er-Jahre starke Enttäuschung über die repräsentative Demokratie ab. Es herrschte allgemeine Politikverdrossenheit, bei Umfragen wurden das Parlament als Institution und die Parlamentarier selbst als unglaubwürdig bezeichnet, die Wahlbeteiligung sank kontinuierlich. Bei den 18. Parlamentswahlen 2008 gab es mit 46,1 Prozent die niedrigste Wahlbeteiligung aller Zeiten; bei den Kommunalwahlen lag sie sogar nur bei 40 Prozent *(Abbildung 1)*.

Abb. 1: Veränderung der Wahlbeteiligung (in Prozent)

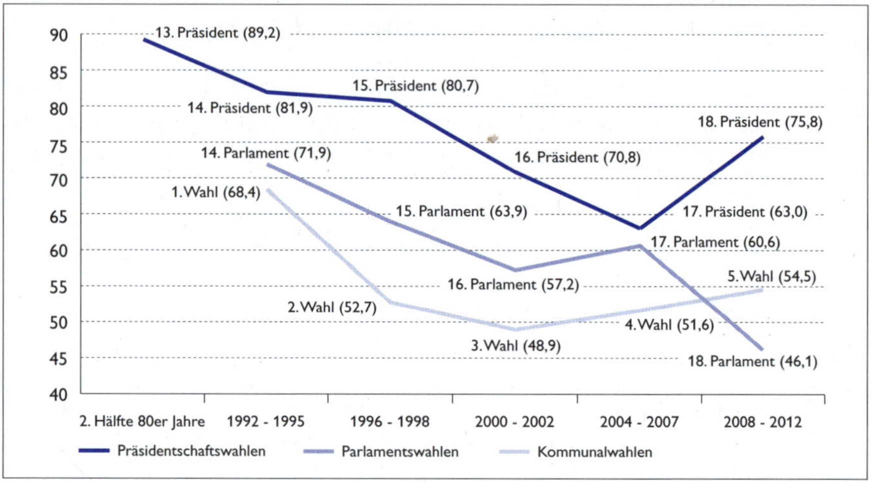

Quelle: Nationale Wahlkommission der Republik Korea.

Abb. 2: Beteiligung an bisherigen Präsidentschaftswahlen (nach Altersgruppen, in Prozent)

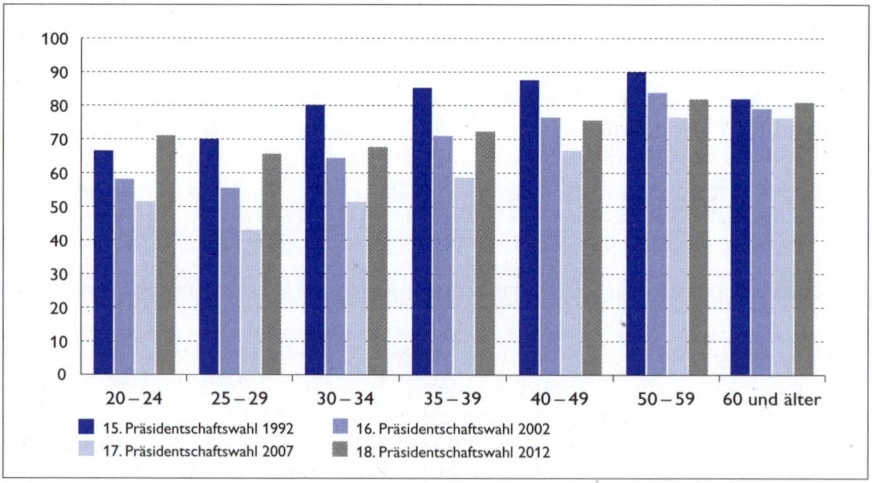

Quelle: Nationale Wahlkommission der Republik Korea.

Bei der jungen Generation, die bei der zukünftigen Entwicklung der koreanischen Gesellschaft eine entscheidende Rolle spielt, sind Politikverdrossenheit und politisches Desinteresse noch stärker ausgeprägt. Ihre Wahlbeteiligung ist im Vergleich zu älteren Generationen noch deutlich niedriger *(Abbildung 2)*.

Angesichts von Korruption und gegenseitiger Diskreditierung in der politischen Klasse, kann man der jungen Generation nicht vorwerfen, dass sie sich von der Politik abwendet. Es ist dennoch als Problem zu betrachten, dass es der koreanischen Jugend an der Wahrnehmung ihrer Rolle als demokratische Bürger, an politischer Handlungsfähigkeit und Verantwortungsgefühl mangelt.

Der Mangel an Demokratieverständnis bei Jugendlichen

Tab. 1: Demokratieverständnis von Jugendlichen im internationalen Vergleich

Kategorie	**Fragen**	**Anteil richtiger Antworten (in %)**		
		Verhältnis		**Vergleich**
		International	**Südkorea**	
Eigenschaften der Demokratie	Was versteht man unter einer undemokratischen Regierungsbildung?	53	30,1	▼
Wahlen und politische Parteien	Was sind die Funktionen des Mehrparteiensystems?	75	38	▼
Parlament, Rechtssystem, Gesetze und Polizei	Was ist ein Gesetz?	78	59,8	▼
Grundrechte und -pflichten der Bürger	Was sind politische Rechte?	78	83,3	▲
Rolle der Massenmedien in der Demokratie	Welche Folgen hat die Übernahme diverser Zeitungsverlage durch große Konzerne?	57	48,6	▼
Solidarität und Meinungsunterschiede	Warum sind Organisationen bzw. Vereine für die Demokratie wichtig?	69	34,4	▼

▼ niedriger als der internationale Durchschnitt
▲ hoher als der internationale Durchschnitt

Quelle: Park, Hyo-Jong, *Han'guk siminyulli kyoyuk silt'ae chosa* [Untersuchung zur aktuellen Situation der politisch-ethischen Bildung in Korea], Yulliyon'gu 54, 2003, S. 362.

Laut einer Vergleichsstudie des Internationalen Verbandes für Bildungsforschung (IEA) gibt es einen Mangel an demokratischem Verständnis unter koreanischen Jugendlichen. Zwar kennen sie sich mit den Grundprinzipien der Demokratie und deren Institutionen wie z. B. dem Rechtsstaat, dem allgemeinen Wahlrecht, dem Unterschied zwischen Präsidialsystem und parlamentarischer Regierung sowie Gewaltenteilung gut aus. Zudem wurde festgestellt, dass sie auch die Beteiligung an Wahlen oder Umweltprojekten sowie die Unterstützung der Gemeinschaft für wichtig halten. Dennoch mangelt es bei der großen Zahl der Jugendlichen Südkoreas laut Studie am Verständnis der Funktionsweise einer repräsentativen Demokratie. Sie zeigen im internationalen Vergleich mit Gleichaltrigen unterdurchschnittliche Ergebnisse, etwa beim Verständnis der Konkurrenz zwischen den Parteifraktionen im Parlament oder politischer Interessenvertretung sowie geringes Bewusstsein für die Einhaltung des Gesetzes *(Tabelle 1)*.

Mangelnde Transparenz in der Gesellschaft

Nach dem Korruptionswahrnehmungsindex (CPI) der Organisation Transparency International, der die Transparenz der Gesellschaft und den Korruptionsgrad bewertet, erreicht Südkorea im Jahre 2012 einen Transparenzwert von 55 Punkten und belegt Rang 45 von 178 Staaten *(Tabelle 2)*. Unter den OECD-Mitgliedsstaaten nimmt Südkorea damit (allerdings noch vor der Türkei und Italien) einen der letzten Plätze ein. Aufgrund von Korruption

Tab. 2: Internationaler Transparenz- und Korruptionsindex (CPI) 2012

Rang	Land	CPI-Wert
1	Neuseeland	90
2	Dänemark	90
3	Schweden	88
4	Singapur	87
5	Schweiz	86
12	Deutschland	79
19	USA	73
45	Südkorea	56
46	Brunei	55
54	Türkei	49
72	Italien	42

Quelle: Transparency International 2012.

können gesellschaftliche Ressourcen nicht gerecht verteilt und effizient genutzt werden. Es gilt die Annahme, dass ein nur um zehn Punkte höherer Transparenzwert in der Regel eine Steigerung des Nationaleinkommens von 25 Prozent und einen Bildungszuwachs von 31 Prozent bewirkt. Um die Glaubwürdigkeit und die Wettbewerbsfähigkeit auf internationaler Ebene zu erhöhen, muss Südkorea eine Gesellschaft werden, in der die Korruption abgelehnt wird und Gesetze den Vorrang haben.

Soziale Integration und demokratische Bildung nach der Wiedervereinigung von Nord- und Südkorea

Nach einer möglichen Wiedervereinigung von Nord- und Südkorea kann der politischen Bildung auf dem Gebiet der sozialen Integration große Bedeutung zukommen. Schon jetzt kann sie einen großen Beitrag bei der Vermittlung leisten, indem sie das gegenseitige Verständnis zwischen Nord- und Südkoreanern fördert und eine positive Atmosphäre für die Wiedervereinigung schafft.

In diesem Zusammenhang könnte die soziale Eingliederung der nach Südkorea geflüchteten Nordkoreaner und deren Integration in das Bildungssystem eine wertvolle Erfahrung sein. Allerdings klagt der größte Teil der 25 000 Flüchtlinge (Stand: Ende 2012) über die vielfältigen Schwierigkeiten bei der Anpassung an das wirtschaftliche und kulturelle System. Sie werden auch mit den Problemen konfrontiert, die aufgrund der soziokulturellen Unterschiede in Wertevorstellungen und Denkweisen sowie Formen des gesellschaftlichen Umgangs bestehen. Vor allem Vorurteile und negative Einstellungen der Südkoreaner gegenüber den nordkoreanischen Flüchtlingen *(t'albukcha)* sind ein großes Problem. Angesichts der schwerwiegenden Probleme der Jugendlichen unter den Flüchtlingen in den normalen Schulen wurden sogar einige spezielle Schulen für sie eingerichtet. Als bekannt wurde, dass 2012 einige nordkoreanische Flüchtlinge – aus unbekanntem Grund – wieder nach Nordkorea zurückgegangen waren und dort zur politischen Propaganda eingesetzt wurden, wurde in Südkorea die Frage gestellt, warum die südkoreanische Gesellschaft es nicht einmal schafft, diese kleine Gruppe erfolgreich zu integrieren.

Tendenz zu mangelndem Rechtsbewusstsein

Laut einer Studie des »Verbandes für Teilnehmer am Rechtsverkehr« *(pŏmyulsobijayŏnmaeng)* aus dem Jahre 2010 sind vier von zehn Südkoreanern davon überzeugt, dass sie »durch das Befolgen der rechtlichen Bestimmungen Nachteile haben«, während nur zwei von zehn sagen, dass

»die südkoreanische Gesellschaft die Gesetze gut einhält«. Auf die Frage nach dem Grund, »warum die Gesetze nicht befolgt werden«, antwortet die Hälfte der Befragten, es sei »effektiver auf einen starken Menschen zu bauen als auf das Gesetz«; 22 Prozent meinten, die Rechtsdurchsetzung sei ungerecht.

In einem Rechtsstaat ist es nicht nur notwendig, den Bürgern die Grundbegriffe und Prinzipien des Rechts zu erläutern, sondern auch, ihnen die Fähigkeit, juristische Probleme zu lösen, Vertrauen in den Rechtsstaat und ein gesetzestreues Verhalten zu vermitteln.

2 Die koreanische Definition der Politischen Bildung

In Südkorea wird der Begriff »demokratische Bürger-Bildung« *(minju simingyoyuk)* in der Wissenschaft und im Bildungsbereich anstelle von »politische Bildung« *(chŏngch'i kyoyuk)* verwendet. Auch wenn der Begriff »politische Bildung« an sich ein geeigneter Ausdruck wäre, wird oft der besondere Begriff »demokratische Bürger-Bildung« verwendet, um sich von dem zu Zeiten des autoritären Regimes verwendeten Ausdruck »politische Bildung« abzugrenzen. Auf die Frage, was sie unter politischer Bildung verstehen, antwortete die Mehrheit der Befragten über 35 Jahre, dass sie dazu eher negative Assoziationen hätte und sich darunter eine autoritäre Bildungsform zur Erhaltung des Regimes, eine Indoktrination, Gehirnwäsche oder antikommunistische Propaganda vorstelle.

Abgesehen von Fragen der Bezeichnung ist es notwendig zu klären, was unter politischer Bildung heute verstanden werden soll. Im weiteren Sinne ist sie die Gesamtheit aller politischen Einflüsse, denen alle Mitglieder der demokratischen Ordnung durch verschiedenste Gruppen, Organisationen, Institutionen und Medien in allen Lebensbereichen ausgesetzt sind. Im Gegensatz dazu sind unter politischer Bildung im engeren Sinne bewusst geplante, wiederkehrende und zielgerichtete Bildungsmaßnahmen zu verstehen, die dazu dienen, den Bürgern die zur Beteiligung am gesellschaftspolitischen Leben notwendigen Kenntnisse zu vermitteln. Dies erfolgt in der Schule beispielsweise im Sozialkunde- oder Politikunterricht und außerhalb der Schule durch Bildungsmaßnahmen und -aktivitäten für Erwachsene. In diesem Sinne stellt die politische Bildung in Südkorea eine Unterstützungsmaßnahme für den Bürger dar und dient der Bewahrung der Stabilität der politischen Ordnung bzw. des politischen Systems sowie der Vermittlung der zur Beteiligung am politischen Leben erforderlichen Fähigkeiten, Kenntnisse und Verhaltensweisen. Von ihr wird erwartet, dass sie den Prozess der Verinnerlichung der Normen und

Werte des politischen Systems und deren Weitergabe an die nächstfolgende Generation fördert.

3 Das koreanische System der politischen Bildung

In Südkorea werden Programme für politische Bildung nicht nur durch die Schule, sondern auch durch verschiedenste Träger wie staatliche und nicht staatliche Einrichtungen, Medien und politische Parteien angeboten. Sie basiert in Südkorea jedoch nicht wie in Deutschland auf kodifiziertem Recht und verfügt auch nicht über entsprechende Institutionen. Südkorea hat keine staatliche Einrichtung wie die Bundeszentrale für politische Bildung in Deutschland.

Politische Bildung im Rahmen des Schulsystems

Im Rahmen der öffentlichen Bildung ist die politische Bildung an den Grund- und Mittelschulen sowie an den Oberschulen zum Teil in den Ethik- und Sozialkundeunterricht eingebunden. Dort werden demokratische Tugenden und Werte sowie Grundkenntnisse vermittelt. Während der autoritären Herrschaft bis 1987 wurde die politische Bildung durch das Fach »National Ethik«, was für alle Schulklassen ein Pflichtfach war, systematisch organisiert. Dies sollte natürlich dem Erhalt des autoritären Regimes dienen. Es ist der Grund dafür, dass ältere Südkoreaner heute noch dem Begriff »politische Bildung« *(chŏngch'i kyoyuk)* meist kritisch und ablehnend gegenüberstehen.

Da Ethik und Sozialkunde nicht zu den Fächern gehören, die bei der Aufnahmeprüfung für die Universität eine entscheidende Rolle spielen, werden sie von den Schülern oft vernachlässigt. Allerdings gibt es erfreulicherweise Bemühungen seitens einiger Lehrer, durch die interessante Gestaltung des Unterrichts das Interesse der Schüler für politische Sachverhalte zu wecken. So werden zum Unterricht z. B. Politiker aus der Kommune oder Aktivisten der Zivilgesellschaft eingeladen, Schülerparlamente organisiert und Schülerinitiativen gefördert. Sukzessive werden durch Lehrkräfte und Forschungseinrichtungen immer mehr Erfolge bei der praktischen und theoretischen Umsetzung der politischen Bildung durch die Entwicklung von entsprechendem Lehrmaterial sowie gemeinsamen Veranstaltungen von Schulen und kommunalen Einrichtungen erzielt.

Zwar wird bei jeder Lehrplanänderung immer wieder vorgeschlagen, die Anzahl der Unterrichtsstunden in den Fächern, die politische Bildung beinhalten, zu erhöhen, bzw. darüber diskutiert, politische Bildung als eigenständiges Fach einzuführen; die Möglichkeiten dies zu realisieren, erwiesen sich aber als nicht einfach. Denn da die Schulen hauptsächlich nach der Zahl der Schüler, die die Aufnahmeprüfung der renommierten Universitäten bestanden haben, bewertet werden, finden bei der Lehrplanung stets die für diese Prüfung relevanten Fächer besonders Berücksichtigung. Es wäre vorstellbar, dass die politische Bildung bei den Schülern ganz andere Bedeutung bekäme, sobald sie zum relevanten Fach für die Hochschulaufnahmeprüfung gemacht werden würde.

Staatliche politische Bildung

Betrachtet man die Förderpolitik der Regierung und die ihr zur Verfügung stehenden Multiplikatoren, beschränkt sich die politische Bildung in Südkorea hauptsächlich auf den Bereich der Weiterbildung. Vor allem diverse staatliche Kommissionen bieten Programme für politische Bildung an. Die Schwerpunkte der Weiterbildungsprogramme gehen meist aus ihren Namen hervor: Die staatliche Menschenrechtskommission behandelt das Thema Menschenrechte, die Korea Independent Commission Against Corruption die Vorbeugung von Korruption. Die Korean Broadcasting Commission ist für die Wahrung der Interessen der Fernsehzuschauer zuständig. Diese Kommissionen besitzen unterschiedliche Organisationsstrukturen und verfügen über kein einheitliches Kommunikationssystem. Sie organisieren politische Bildungsarbeit meist nicht direkt, sondern unterstützen Programme, die ihren Aufgaben entsprechen. Allerdings wird oft auf das Problem hingewiesen, dass es weder Auswahlkriterien für die Programme und Träger noch für die Evaluierung gibt. Die National Election Commission und die Korea Democracy Foundation bilden hier eine Ausnahme. Die National Election Commission befasst sich mit der Gestaltung, Durchführung und Bewertung in ihrem eigenen »Education Center«. Die Korea Democracy Foundation entwickelt Bildungsprogramme; ihr Schwerpunkt liegt aber bei der Erstellung von Lehrmaterialien.

Auch wenn es keine zentrale staatliche Einrichtung der politischen Bildung gibt, verfügt Südkorea durchaus über eine gute Infrastruktur für staatliche politische Bildung. Denn alle der Öffentlichkeit dienenden Einrichtungen in den Städten und Landkreisen wie Bürgerhäuser, Gemeindezentren, Weiterbildungseinrichtungen, Bibliotheken, Museen, Kunstgalerien und Kulturzentren bieten unterschiedliche Bildungsprogramme an. Die Frage ist, wie diese Einrichtungen finanziell und personell so ausgestattet werden können, dass sie auch *politische* Bildungsprogramme in ihrem Angebot aufzunehmen in der Lage sind.

Politische Bildung im zivilgesellschaftlichen Bereich

Im zivilgesellschaftlichen Bereich ist die politische Bildung weiter entwickelt als im Bereich der öffentlichen Bildung und auf staatlicher Ebene. Der Grund dafür ist in der historischen Entwicklung Südkoreas zu finden. Während der knapp 30 Jahre Militärdiktatur (1961–1987), in denen politische Bildung letztlich nur Instrument für den Machterhalt der Diktatoren war, wurden freie politische Aktivitäten und freie öffentliche Meinungsäußerungen unterdrückt. Dennoch organisierten religiöse Organisationen, Dissidentengruppen und Studenten, die Hauptträger der Demokratiebewegung, kontinuierlich Aktivitäten für die Demokratie und die demokratische Bildung der Bürger. In den 1970er- und 1980er-Jahren, als die Unterdrückung noch stark ausgeprägt war, gab es Bildungsprogramme für städtische Arme und Bauern. Ebenfalls waren der Verband der jungen katholischen Arbeiter (Young Catholic Workers, JOC), das Ecumenical Youth Council, die städtische Arbeitermission (Businessperson's Mission) und die Christian Academy in die demokratische Bildung der Bürger involviert. Diese Erfahrungen unter der Diktatur bildeten den Grundstein dafür, dass diese Bürgerorganisationen nach 1987 Hauptträger diverser Programme für die politische Bildung der Bürger wurden.

Im Laufe der Zeit wurden die zivilgesellschaftlichen Bildungsprogramme vielfältiger und ihre Zahl nahm explosionsartig zu. Bereits 1999 wurden 52 Bürgerorganisationen gezählt, die politische Bildungsprogramme für Bürger anboten. Ihre Aktivitäten umfassen fast alle Bereiche des gesellschaftlichen, politischen und wirtschaftlichen Lebens. Organisationen wie Citizen's Coalition for Economic Justice, YMCA, YWCA bieten Programme zu zivilgesellschaftlichen Themen an; die Korean Federation for Environment Movement und Green Korea befassen sich mit Umweltfragen; die Korean League of Woman Voters, Korea Woman's Political Caucus und andere organisieren Programme für Frauen- und Genderfragen.

Der Aktivist Han Sung-hŭi sieht die politische Bildung der koreanischen Zivilgesellschaft als »Teil der sozialen Bewegungen, die in Fortsetzung der Demokratisierungsbewegung eine Zivilgesellschaft schaffen möchte«. Zu den Aktivitäten dieser Bildungsbewegung gehören die Frauenbildung, die Umweltbildung, Erziehung zur Bürgerautonomie, Verbraucherbildung und Medienbildung.[2]

Das Ziel der politischen Bildungsarbeit der Bürgerorganisationen lag allerdings bis Mitte der 1990er-Jahre hauptsächlich darin, ihre Arbeit und ihre Wertevorstellungen bekannt zu machen sowie Unterstützung für ihre Arbeit und aktive neue Mitglieder zu gewinnen. Dabei kamen Zweifel auf, ob deren politische Bildungsarbeit mehr als allein ihrer Organisation dienen würde. Solange der Zweck der Bildungsarbeit lediglich in der Erweiterung der Unterstützerkreise lag, war es entscheidend, wie viele Leute an den Bildungsprogrammen teilnahmen. Als man sich aber bewusst wurde, dass der Sinn der politischen Bildungsarbeit vor allem in der Förderung der demokratischen und kritischen Urteilsfähigkeit der Bürger liegen müsse, stellte sich die Frage nach der Gestaltung solcher Bildungsprogramme ganz neu. Darüber hinaus wurde die Tatsache, dass die Erfolge der Bildungsprogramme zu sehr von den Personen, die die Programme leiteten, abhängig waren, als Problem wahrgenommen.

4 Diskussion um das Systems der politischen Bildung in Südkorea

Seit Anfang der 1990er-Jahre existieren zahlreiche Vorschläge zur Verbesserung des Systems politischer Bildung in Südkorea. Obwohl bezüglich der Notwendigkeit und Ziele politischer Bildung Konsens besteht, gehen die Meinungen der Bildungsträger über deren konkrete Gestaltung und die dafür notwendigen gesetzlichen Grundlagen auseinander.

Im Zentrum der Diskussion steht die Schaffung einer koreanischen Dachorganisation für politische Bildung. Hierzu gab es einige Gesetzesvorlagen im südkoreanischen Parlament, die jedoch alle aufgrund fehlender Einigkeit wieder verworfen wurden. Dabei bestand das Problem nicht im Inhalt und Zweck des Gesetzes, sondern hauptsächlich in der Frage der Anbindung der zu gründenden Institution an ein übergeordnetes staatliches Organ. Strittig war, ob lieber eine staatliche oder eine private Institution gegründet werden sollte. Darüber hinaus spielten die mangelnde Einsicht der Politiker in die Notwendigkeit politischer Bildung, die sich aus einer Institutionalisierung ergebenden Kosten, der fehlende Konsens der Öffentlichkeit und das gegenseitige Misstrauen zwischen den beteiligten Bildungsträgern eine Rolle bei der gescheiterten Gründung einer Dachorganisation. Neben der Institutionalisierung der politischen Bildung besteht zunächst noch eine andere Aufgabe: Bisher gibt es in Südkorea keine Grundprinzipien der politischen Bildung, wie den »Beutelsbacher Konsens« in Deutschland. 1999 wurde von 350 Wissenschaftlern eine Vereinigung für demokratische Bildung der Bürger *(Minjusimingyoyukhyŏbŭihoe)* gegründet. Diese bemüht sich u.a. um einen Erfahrungsaustausch mit deutschen Experten für politische Bildung. Dafür wurden von ihr ein Deutsch-koreanisches Forum für demokratische Bildung der Bürger *(Handokminjusimingyoyukhyŏbŭihoe)* gegründet und deutsch-koreanische Konferenzen zu diesem Thema organisiert.

Laut der Satzung der »Vereinigung für demokratische Bildung der Bürger« ist unter politischer Bildung eine »Erziehung und Bewegung zu verstehen, deren Ziel es ist, dem Bürger Achtung gegenüber den Werten der Demokratie, Verständnis für fundamentale demokratische Prinzipien und den Aufbau der Demokratie zu vermitteln und ihn zur Stärkung der Demokratiefähigkeit und Entwicklung des Gemeinwesens zu aktiveren Beteiligung zu befähigen«. Die politische Bildung solle unter Einhaltung von drei Grundprinzipien verwirklicht werden: 1) Bürgermündigkeit: Der Bürger soll ein aktiver, Probleme selbstständig lösender Teilnehmer sein. Der Staat respektiert die Selbstbestimmung des Bürgers und fördert die Erziehung und Bewegung aktiv. 2) Achtung der Kontroversität: Der Teilnehmer muss Vorurteile und Klischees überwinden und die Meinungsvielfalt respektieren. 3) Teilnehmerorientierung: Kern des Unterrichts müsse es sein, den Teilnehmer zu befähigen, eigene Meinungen niemandem aufzuzwingen und bei Meinungsverschiedenheiten auch eine gegensätzliche Ansicht zu vertreten. Des Weiteren wurden zwei Organisationsprinzipien vereinbart, die ein Träger politischer Bildung einhalten muss, um eine gesetzlich verankerte Förderung aus dem Staatshaushalt zu erhalten: 1) politische Neutralität: Der Bildungsträger darf keine bestimmte Ideologie, Partei oder Anschauung vertreten und muss verschiedenartigsten Werten und Informationen objektiv und fair gegenüberstehen. 2) Unabhängigkeit und Eigenverantwortung: Der Bildungsträger muss ungeachtet der finanziellen Unterstützung seitens des Staates autonom Entscheidung über Personal, Finanzen und Bildungsinhalte treffen können.

5 Schlussfolgerungen

Seit der Unabhängigkeit von 1945 hat die südkoreanische Gesellschaft nicht nur auf wirtschaftlichem, sondern auch auf politischem Gebiet eine enorme Entwicklung genommen. Dennoch sind immer noch Spuren der autoritären politischen Kultur zu finden. Zudem stellen die sozialen Konflikte und die daraus resultierenden Missstände nicht leicht zu lösende Herausforderungen dar.

Um diese Herausforderungen zu bewältigen, bedarf eines neuen Bewusstseins der Bürger als Hauptakteure der demokratischen Zivilgesellschaft. Daran mangelt es allerdings in Südkorea nach wie vor. Die Qualität der Demokratie eines Landes steht jedoch in direktem Verhältnis zum demokratischen Bewusstsein seiner Bürgerinnen und Bürger. Dessen Herausbildung ist ein langwieriger Bildungs- und Erziehungsprozess. Wenn die politische Bildung in jüngster Zeit auch noch keine gravierenden Erfolge erzielt hat, so wird sie doch langfristig über die Zukunft Südkoreas mitbestimmen.

Literatur

Kang, Kyung Keun, Education Youth for Politcal Participation and Sustainable Democracy. Case Studies at the NIC's Civic Education Institute for Democracy, 2010 (http://eci.nic.in/eci_main/dj/korea.pdf).

Kim, Sung-Il, Politische Bildung in Deutschland und Korea, Könighausen 1988.

Anmerkungen

1 2011 stand Südkorea wirtschaftlich an 13. Stelle in der Welt; seit 1987 gibt es direkt gewählte Präsidenten und friedliche Regierungswechsel.

2 Han Sŭng-hŭi, *Minjusimin'gyoyuk kiljabi* [Wegweiser für die Politische Bildung], *Minjusimin'gyoyuk p'orŏm* [Forum Politische Bildung], Konrad-Adenauer-Stiftung, 2002.

V. Kultur

Jörg Plassen

Die traditionellen Religionen Koreas: Schamanismus, Buddhismus und Konfuzianismus

Der Zensus des Jahres 2005 zeigt für das moderne Südkorea eine komplexe religiöse Landschaft: 53,1 Prozent der befragten Population gaben an, einer Religion anzuhängen. Davon bekannten sich 43,0 Prozent zum Buddhismus, 34,5 Prozent zum »Christentum«, d. h. Protestantismus, 20,6 Prozent zum Katholizismus, 0,5 Prozent zum Wŏn-Buddhismus, 0,4 Prozent zum Konfuzianismus und 1,0 Prozent zu sonstigen Religionen. Die Statistik mag insofern ein wenig irreführend sein, als dass die geringe Nennung des Konfuzianismus als Religion wohl nicht zuletzt auch mit dessen Rezeption in der Moderne bzw. der Vermittlung konfuzianischer Normen im Ethikunterricht an den Schulen zusammenhängt. Dennoch ergeben die Zahlen einen klares Bild: Das zeitgenössische Südkorea ist zwischen Christentum und Buddhismus gespalten. Dabei zeigt eine Aufschlüsselung nach Verwaltungsdistrikten, dass der buddhistische Klerus damit zu kämpfen hat, dass er seine Klientel eher unter der Landbevölkerung als im modernen städtischen Mittelstand findet. Ob eine mittlerweile zu beobachtende Rückbesinnung von Teilen der wohlhabenden städtischen Bevölkerung auf traditionelle Werte und eine stärkere Hinwendung buddhistischer Tempel zu den Laien, verbunden mit der kreativen Übernahme protestantischer Formen der Gemeindeorganisation und einem modernen Management, zu einem Trendwechsel führen werden, bleibt abzuwarten. Wie unschwer zu erkennen, spiegelt das moderne religiöse Feld einen ebenso rapiden wie umwälzenden gesellschaftlichen Modernisierungsprozess, der für viele Koreaner auch einen Bruch mit traditionellen Formen der Religiosität implizierte. Doch womit wurde gebrochen? Welches waren die traditionellen Religionen der Koreaner? Und welches Nachleben haben sie?

1 Autochthone Religionen

Die Anfänge der koreanischen Religionsgeschichte verlieren sich im Dunkel einer recht spärlichen Quellenlage. So werden einige Reichsgründungsmythen erst in den Quellen der Koryŏ-Zeit (918/936–1392) greifbar und scheinen durch spätere Entwicklungen beeinflusst. Dies gilt nicht zuletzt auch für den wohl wichtigsten Mythos: So soll der aus einer Verbindung des Himmelsgottes Hwanung und einer Bärin hervorgegangene erste Herrscher Tan'gun um 2333 v. Chr. im Gebiet von P'yŏngyang das erste koreanische Reich gegründet haben. Zwar dürften Teile dieser erstmals im *Samguk yusa* (»Überlieferte Geschehnisse aus den drei Reichen«) des buddhistischen Mönches Iryŏn (1206–1289) hervortretenden Erzählung auf älteren totemistischen Vorstellungen basieren, doch erscheint die Gesamtstruktur ein wenig künstlich und das Vokabular ist stark vom esoterischen Buddhismus der Koryŏ-Zeit geprägt. Nachdem der Tan'gun-Mythos bereits in Geschichtswerken der Chosŏn-Zeit (1392–1910) der Erklärung insbesondere des Ursprungs des koreanischen Volkes diente, wurde er im 20. Jahrhundert von Nationalisten erneut aufgegriffen, nunmehr als Gegennarrativ zu Theorien einer gemeinsamen ethnischen Herkunft und einer gemeinsamen Ursprungskultur der Japaner und Koreaner, die die japanische Kolonialherrschaft (1910–1945) rechtfertigen sollten. So verband der einflussreiche Publizist Ch'oe Nam-sŏn (1890–1957) – in gedanklicher Nähe zu Vorstellungen der ultranationalistischen neuen Religion T'aejonggyo (»Religion des großen Ahnherrn«) – den Mythos des Tan'gun mit einer angeblich noch heute in Worten wie »Balkan« oder »Wolga« präsenten, ursprünglich den gesamten zentralasiatischen beherrschenden Purham-Religion des Lichtes (von »palkta«, hell sein), und setzte so der japanischen Shintō-Religion (wörtlich: »Weg der Geister«) einen mit denselben chinesischen Schriftzeichen geschriebenen, jedoch ungleich älteren koreanischen Shindo entgegen.

Verlässlicher, wenn auch nur fragmentarische Schlüsse zulassend, sind Dolmen- und andere archäologische Funde, sowie ethnologische Abhandlungen in der chinesischen Geschichtsschreibung: In geografischen Abhandlungen, die als Bestandteile chinesischer Geschichtswerke überliefert sind und auf Berichte des dritten Jahrhunderts n. Chr. zurückgehen, heißt es, dass die Bewohner von Koguryŏ im zehnten Monat die Wiederkehr eines »Su« genannten Geistes feierten. Über die Han-Staaten im Süden der Halbinsel ist zu erfahren, dass in jedem Dorf ein Priester für die Verehrung des Himmelsherrn zuständig sei. Etwas außerhalb befinde sich jeweils ein heiliger Ort *(sodo)*, wo unter einem Baum, von dem Glocken und Trommeln herabhängen, Götter und Geister verehrt würden. Derartige Schamanenbäume finden sich in ländlichen Regionen noch heute.

Tatsächlich ist wohl zumindest für die Frühzeit des südöstlichen Königreiches Silla (viertes Jahrhundert bis 935) von einer schamanistischen Theokratie auszugehen. So fanden sich in großen Grabhügeln des frühen sechsten Jahrhunderts Goldkronen, deren Aufsätze einen Weltenbaum sowie Hirschgeweihe zu symbolisieren scheinen und die der Form nach große Ähnlichkeiten zu Schamanenkronen aufweisen, die auf dem Gebiet der früheren Sowjetunion gefundenen wurden. Eine interessante Parallele findet sich in der späteren Geschichtsschreibung, die einen frühen Herrschertitel mit dem chinesischen Schriftzeichen für »Zauberer« oder »Schamane« *(mu)* gleichsetzt. Die Fragen, welche Rituale praktiziert wurden und inwieweit dieser Hofschamanismus mit den in der Moderne zu »Schamanischen Lehren« *(Mugyo)* avancierten Praktiken der Volksreligiosität des 20. Jahrhunderts verwandt ist, bleiben jedoch aufgrund der Spärlichkeit der überkommenen Quellen offen.

In Koguryŏ wurden aufgrund der Nähe zu den Han-Kolonien früh chinesische bzw. über China vermittelte Vorstellungen übernommen: Bereits im frühen fünften Jahrhundert wurde in Steingräbern der Elite ausgiebig Gebrauch von buddhistischen Lotos-Dekoren gemacht. In einem aus der gleichen Zeit datierenden Grab zieren buddhistische Himmelswesen *(apsaras)* wie auch taoistische Unsterbliche (*hsien*, kor. *sŏn*) die Wände, während in den Gräbern des sechsten und siebten Jahrhunderts zumeist der grün-blaue Drache des Ostens, der weiße Tiger des Westens, der rote Phönix des Südens und der entfernt an eine Schildkröte erinnernde schwarze Krieger des Nordens vor bösen Geistern schützend auf die Verstorbenen herabblicken.

Zwar finden sich unter den frühen Grabmalereien auch Darstellungen des Militärs und Jagdszenen zu Pferde, die an Darstellungen von Steppenvölkern erinnern mögen. In einem Grab eines bekannten Magistraten, das aufgrund eines an einer Wand erhaltenen chinesischsprachigen Textes in das Jahr 408 zu datieren ist, finden sich jedoch Porträts des Verstorbenen und der ihn umgebenden zivilen Beamtenschaft, die in Habitus und Kleidung chinesischen Vorbildern ähneln. Mag die Datierung der Einführung einer Reichsakademie in das Jahr 372 im Koryŏ-zeitlichen *Samguk sagi* mit Vorsicht zu betrachten sein, so sind die Übernahme chinesisch-konfuzianischer Verwaltungspraxis und damit einhergehender Wertvorstellungen und die Herausbildung einer chinesisch schreibenden Beamtenschaft also tatsächlich schon für das frühe fünfte Jahrhundert zu belegen.

2 Die Blütezeit des Buddhismus

Der Geschichtsschreibung der Koryŏ-Zeit zufolge ist die Einführung des Buddhismus in Koguryŏ mit dem Eintreffen einer Gesandtschaft aus dem chinesischen Qin auf das Jahr 372 zu datieren. Ein Brief des chinesischen Gelehrten Chih Tun (gest. 366) an einen buddhistischen Glaubensbruder im Reich Koguryŏ legt jedoch nahe, dass diese Datierung eher willkürlicher Natur ist. Während über die frühe Entwicklung des Buddhismus in Koguryŏ nur wenig bekannt ist, erlauben die Aktivitäten von Koguryŏ-Mönchen in anderen Regionen Ostasiens zumindest begrenzte Rückschlüsse. So begründete der im heutigen China südlich des Jiangzi wirkende Sŭngnang (*Sŭng To-nang*, 476?-512) eine dem Studium der »Drei Abhandlungen« (ch. *San-lun*, kor. *Samnon*) verpflichtete Schule, auf die sich auch der chinesische Exeget Jizang (547–623) zurückführte. Letzterer schreibt Sŭngnang glaubhaft die über das *San-lun* hinaus wirkende dialektische Formel der »Drei Urteile« (ch. *sandi*, kor. *sanch'e*) zu.

Die Etablierung des Buddhismus als Reichsreligion des im Westen der Halbinsel gelegenen Königreiches Paekche (drittes/viertes Jahrhundert bis 660) – der Koryŏ-zeitlichen Geschichtsschreibung zufolge 384 – scheint ebenfalls vor dem Hintergrund diplomatischer Beziehungen erfolgt zu sein. So schickte 541 König Sŏng eine Gesandtschaft an den Hof der chinesischen Liang-Dynastie mit der Bitte um Kommentare zum *Nirvāṇasūtra* sowie um Entsendung von Kunsthandwerkern und Malern. Dem Vorbild des Liang-Kaisers Wudi folgend verbot König Pŏp (»König Dharma«, 599–600) das Töten von Tieren. Etwa um die gleiche Zeit dürfte auch der Samnon-Gelehrte Hyegyun (keine Daten) vom chinesischen Festland zurückgekehrt sein und den ältesten noch in größeren Teilen erhaltenen buddhistischen Kommentar der Halbinsel verfasst haben.

Über das Königreich Paekche erfolgte auch die erste Welle der Verbreitung des Buddhismus nach Japan, zunächst über inoffizielle Kontakte, dann wiederum unter diplomatischen Vorzeichen. Dem japanischen Geschichtswerk *Nihon shoki* zufolge empfahl im Jahre 552 (o. 538) König Sŏng von Paekche den Buddhismus als Grundlage einer segensreichen Regierung und übersandte neben einer Buddhastatue, Fahnen und Seidenschirmen auch Sutren und Kommentarwerke. Entsprechend waren es v. a. Mönche aus Paekche und Koguryŏ, die mit ihren Interpretationen der aus China übernommenen Lehren den frühen Buddhismus in Japan prägten.

Zwar wirkten Missionare auch im Südosten gelegenen Silla spätestens seit dem fünften Jahrhundert. Die Übernahme des Buddhismus durch das Herrscherhaus erfolgte jedoch erst in der ersten Hälfte des sechsten Jahrhunderts im Zuge der Durchsetzung eines zentralisierten Königtums, wobei man sich zunächst wie in Paekche der von der Liang-Dynastie übernommenen *cakravartīn*-Ideologie bediente: Die frühen Könige stilisierten sich als Wegbereiter für Maitreya, den nächsten in der Welt erscheinenden Buddha. Einhergehend mit einer im siebten Jahrhundert zunehmend bedrohlicher werdenden militärischen Lage sowie innenpolitischen Auseinandersetzungen wurde diese Herrschaftsideologie alsbald durch mächtigere Narrative ersetzt. So erschien dem Superintendenten Chajang während einer China-Reise der Bodhisattva Mañjuśrī und offenbarte, dass die regierende Königin bereits die Voraussagung der Buddhaschaft im nächsten Leben erhalten habe, dass zudem an der Stelle des zentralen Tempels Hwangnyongsa vor Urzeiten die Buddhas Kāśyapa und Śākyamuni gepredigt hätten und am Massiv des Odae nach wie vor Zehntausende von Buddhas und Bodhisattvas weilten.

Von den gewaltigen Anstrengungen bei der Transformation der physischen Landschaft in ein Buddhaland zeugen noch heute, neben den Fundamenten einer als spirituelles Machtzentrum zur Niederwerfung der Nachbarvölker (einem der von den späteren Historikern zitierten Berichte zufolge einschließlich Tang-Chinas) errichteten gigantischen Pagode am hauptstädtischen Hwangnyongsa, eine Vielzahl steinerner Pagoden, Felsenreliefs und Buddhastatuen im Umkreis der Hauptstadt Kŭmsŏng (das heutige Kyŏngju). Während ihrer Blütezeit von der Mitte des siebten bis weit in das neunte Jahrhundert hinein dürfte Kŭmsŏng in Pracht und Internationalität der Tang-zeitlichen Metropole Changan kaum nachgestanden haben, zumal Kaufleute aus Silla sich in der Hauptstadt des Tang-Reiches niederließen und Handel bis nach Zentralasien und Arabien trieben. Insbesondere während des siebten und achten Jahrhunderts reisten Mönche in großer Zahl zum Studium nach China. Einige gelangten bis nach Indien, und mit einem großen Teil des Werkes *Wango-ch'ŏnch'ŭk-kuk-chŏn* (»Aufzeichnungen zu einer Reise in die fünf Reiche Indiens«) von Hyech'o (704–787) ist eine wertvolle Quelle für die Erforschung der Geschichte von Teilen Zentralasiens und des indischen Subkontinents erhalten.

Der Silla-Buddhismus strahlte seinerseits nicht zuletzt nach Japan aus: Die Mission wurde nämlich bereits seit Ende des siebten Jahrhunderts maßgeblich durch Mönche aus Silla getragen. Umgekehrt kamen bis zu einer unter den veränderten außenpolitischen Umständen des zehnten Jahrhunderts einsetzenden »Sinisierung« des japanischen Buddhismus zahlreiche Mönche aus Japan zum Studium nach Silla. Einen Eindruck von der »internationalen« Atmosphäre im buddhistischen Klerus jener Epoche gibt ein dem chinesischen Exegeten Fazang (643–712) zugeschriebener, formvollendet wehmütig auf die gemeinsame Studienzeit Bezug nehmender Brief an dessen früheren Mitstudenten Ŭisang (625–702). Beide hatten bei

Zhiyan (602–668) die auf dem gleichnamigen Sutra beruhenden neuen Lehren des Huayan- bzw. Hwaŏm-Buddhismus studiert. Nach dem Tod des Lehrers war er nach Silla zurückgekehrt, um dort eine eigene Schule zu begründen. Ŭisang überführte eine im Wortlaut wohl auf Zhiyan selbst zurückgehende, die Durchdringung von einheitlicher »Grundstruktur« (*li* bzw. *i*) und Vielheit der »Ereignisse« (*shi* bzw. *sa*) betonende versifizierte Summa dieser Lehren in ein meditatives Diagramm und kommentierte diese ausführlich. Ein auf Mitschriften seiner Vorlesungen beruhendes weiteres wichtiges Werk wurde in Japan Fazang zugeschrieben.

Ebenfalls im Kontext des Hwaŏm-Buddhismus suchte zeitgleich der mit Ŭisang befreundete Exeget Wŏnhyo (617–686) die Einheit der scheinbar einander widersprechenden buddhistischen Sutren in Rückführung auf eine diesen zugrunde liegende Intention des »einen Geistes« wiederherzustellen. Beiden Mönchen ist gemein, dass ihre Werke nicht nur in Japan, sondern auch in China rezipiert wurden. Einer der Wŏnhyo zugeschriebenen Kommentare wurde in China als *lun* (»Abhandlung«) bezeichnet, was abgesehen von wenigen Ausnahmen nur Kommentarwerken bedeutender indischer bzw. zentralasiatischer Gelehrter vorbehalten war.

Während das Volk auf Wiedergeburt im westlichen Paradies des Buddha Amitābha hoffte, vertraute die Obrigkeit von Silla in militärischen Angelegenheiten auf die buddhistischen Mächte. Zusammen mit esoterischen Lehren des Buddhismus blühten jedoch auch Wissenschaften und Künste: Vom mathematischen Wissen und architektonischen Können jener Zeit zeugen u. a. die Proportionen der auf die Mitte des achten Jahrhunderts datierenden Felsengrotte Sŏkkuram mit ihrem zentralen Buddha-Bildnis, das Kunsthistorikern als ein Höhepunkt der buddhistischen Skulptur gilt. Ähnlich wie das Christentum im europäischen Mittelalter spielte der Buddhismus eine große Rolle bei der Entwicklung einer umgangssprachlichen Literatur. So entstammen zahlreiche frühe Belege für Techniken der umgangssprachlichen Annotation chinesischer Texte *(ku'gyŏl)* sowie für die Verschriftung umgangssprachlicher Texte (*idu* bzw. *hyangch'al*) auf Basis chinesischer Schriftzeichen dem buddhistischen Kontext.

Im Zuge eines im folgenden Jahrhundert einsetzenden Niedergangs der Zentralmacht im Silla-Reich erfuhr der in scharfer Konkurrenz zum »doktrinären« Buddhismus der Metropole stehende Sŏn-Buddhismus (chin. *Chan*), der gegenüber dem Studium der Lehrschriften ein Erwachen bereits in diesem Leben und darüber hinaus die letztliche Identität des eigenen Geistes mit dem des Buddhas betonte, einen nachhaltigen Aufschwung. Im achten und neunten Jahrhundert kehrten zahlreiche Mönche vom Studium unter Chan-Meistern in Tang-China zurück und siedelten sich, zunächst unter der Protektion von Lokalmachthabern, in den Gebirgsregionen an. Die Mehrzahl der am Ende der Silla-Zeit und zu Beginn der Koryŏ-Dynastie aktiven Sŏn-Lehrer stand dabei in der Traditionslinie des Mazu Daoyi (709–788), der durch sonderbare Dialoge, plötzliches »Andonnern«, Stockschläge und dergleichen aus dem Alltag heraus zum Erwachen führen wollte.

3 Die Koexistenz von Buddhismus und Konfuzianismus

Im Schatten des Reichsbuddhismus erfuhr auch der Konfuzianismus als Ideologie der Verwaltungspraxis einen Aufschwung. So waren schon vor der Reichseinigung durch Silla in allen drei Reichen nach chinesischem Vorbild differenzierte Verwaltungsstrukturen mit Ministerien und nachgeordneten Behörden mit einem System ziviler und militärischer Ränge gebildet worden, wobei der Zugang zu Letzteren allerdings bis zum Ende der Silla-Dynastie noch durch ein zwischen Hoch- und niederem Adel unterscheidendes »Knochen-Klassen«-System geregelt war. Ähnlich wie buddhistische Mönche reisten nun zunehmend auch junge Adelige zum Studium nach Tang-China. Unter diesen Gaststudenten befand sich auch Ch'oe Chi-wŏn (fl. 857–924), aus dessen Œuvre uns große Teile erhalten sind.

Die mit Beginn der Koryŏ-Dynastie noch weiter zunehmende Bedeutung des Konfuzianismus findet prägnanten Ausdruck in einer Formulierung des als Architekt der Verwaltung geltenden Ch'oe Sŭng-no (927–989), der zufolge die Ausübung des Buddhismus die Basis der spirituellen Entwicklung, die des Konfuzianismus hingegen Grundlage der Regierung des Landes sei. Aufgrund von Maßnahmen wie der Gründung des Hallim-wŏn (»Gelehrten-Wald-Akademie«), vor allem jedoch durch den Aufbau eines geordneten Prüfungssystems kam es zu einer deutlichen Professionalisierung der Beamtenschaft. Seit dem Anfang des elften Jahrhunderts traten so eine Reihe bedeutender konfuzianischer Gelehrter hervor, darunter Ch'oe Ch'ung (985–1068), der nach Ende seiner glanzvollen Laufbahn die erste Privatakademie auf koreanischem Boden gründete, Kim Pusik (1075–1151), der Verfasser des *Samguk sagi* und damit das berühmteste Mitglied der Hallim-Akademie, sowie der Gesandte Hong Kwan (?–1126), der am Hofe der Nördlichen Sung-Dynastie seiner exquisiten Kalligrafie wegen hohes Ansehen erlangte.

Nachdem das Militär 1170 gegen die Dominanz der Zivilbeamten revoltiert und eine Militärdiktatur begründet hatte, zog sich Yi Il-lo (1152–1220) mit anderen Gelehrten nach dem chinesischen Vorbild der »sieben Weisen vom Bambus-Hain« des dritten Jahrhunderts ins Private zurück, während sich Yi Kyu-bo (1168–1241) und Ch'oe Cha

(1188–1260) in die Dienste der neuen Machthaber stellten. Alle drei schufen (neben umfangreichen chinesischsprachigen Gedichtsammlungen) mit dem *P'ahanchip*, dem *Paegunsosŏl* und dem *Pohanchip* bedeutende Werke im Genre der *sihwa* (»Gespräche über Dichtung«). Auf Yi Kyu-bo geht ferner auch ein Lied über eine alte Schamanin zurück, das die Verachtung des konfuzianischen Gelehrten für deren lautes und primitives Treiben eindrucksvoll zum Ausdruck bringt.

Auf Betreiben des Gelehrten An Hyang (1243–1306) wurde die nationale konfuzianische Universität Kukhak neu organisiert und erhielt dabei den Namen Sŏnggyun'gwan, noch heute der Name einer traditionsreichen Hochschule in Seoul. An Hyang war es wohl auch, der am mongolischen Yuan-Hof als erster koreanischer Gelehrter mit dem dort mittlerweile en vogue gekommenen Neokonfuzianismus in der Prägung des Sung-zeitlichen Gelehrten Chu Hsi (1130–1200) in Kontakt kam und dessen metaphysischen und zugleich ethischen Vorstellungen von der einen Grundstruktur *(i)*, die mit Hilfe des Äthers *(ki)* die zehntausend Dinge hervorbringt und gleichzeitig die ursprünglich gute Natur des innersten menschlichen Wesens ausmacht, in Koryŏ einführte. Nachfolgend studierten weitere einflussreiche Gelehrte wie Paek I-jŏng (wirkte 1275–1325) und dessen Schüler Yi Che-hyŏn (1287–1367) am Hof der Yuan und bereiteten den Boden für die Generation der neokonfuzianischen Architekten des Chosŏn-Staates der Yi-Dynastie (1392–1910).

Das wohl bemerkenswerteste Unternehmen des Koryŏ-zeitlichen Reichsbuddhismus war die Fertigung des buddhistischen Kanons in einem aufwändigen Holzdruckverfahren. Unter König Hyŏnjong (r. 1009–1031) begann man mit der Herstellung der ersten Druckplatten für die Übersetzungen indischer und zentralasiatischer Werke ins Chinesische. Die Arbeiten an dem Kanon, der auf dem der nördlichen Sung, mehreren Supplementen zur Sung-Edition sowie dem Kanon der Khitan beruhte, sollten erst nach mehr als sieben Jahrzehnten abgeschlossen sein. Sowohl die Druckstöcke des Kanons als auch die eines 1010 Schriften in 4740 Rollen umfassenden Supplements verbrannten jedoch im Jahr 1232 bei einem Einfall der Mongolen. Nach der Vernichtung der ersten Ausgabe ließ der auf die Insel Kanghwa geflohene König Kojong (r. 1213–1259) eine weitere Ausgabe herstellen. Diese mit Bezug auf ihre 81258 Druckplatten als *P'almantaejanggyŏng* bekannte, heute im Kloster Haeinsa nahe Taegu aufbewahrte zweite Ausgabe diente ihrer philologischen Präzision wegen als Grundstock für zwei im 20. Jahrhundert von japanischen Gelehrten kompilierte wissenschaftliche Standardausgaben der buddhistischen Schriften Ostasiens.

An der beherrschenden Stellung des *Hwaŏm* unter den buddhistischen Lehrrichtungen änderte sich zunächst kaum etwas, auch nicht als der

Patriarch und Königssohn Ŭich'ŏn (1055–1101) nach einem Besuch in Sung-China mit der *Ch'ŏnt'aejong* ein eher formales koreanisches Pendant zu einer chinesischen Traditionslinie schuf, in welchem ein Großteil der bestehenden Denominationen aufgehen sollten – bis auf die bis dahin ebenfalls einflussreiche, jedoch von einem gegnerischen Clan protegierte Tradition der *Pŏpsangjong*. Blieb dieses eindeutig politisch motivierte Manöver letztlich folgenlos, schuf die Gründung einer *Sŏn* (»Meditation«) und *Kyo* (»Lehre«) versöhnenden Traditionslinie doch einen Präzedenzfall für einen umso erfolgreicheren gegenläufigen Reformationsversuch: Unzufrieden mit der spirituellen Praxis seiner Zeit begründete der Mönch Chinul (1158–1210) eine Meditationsgesellschaft, die ebenfalls beide Richtungen zu verbinden suchte. Hinsichtlich des Aufgreifens von Elementen aus dem *Hwaŏm* u. a. von dem chinesischen Chan-Gelehrten Yongming Yanshou (904–975) beeinflusst, übernahm der später als »Reichslehrer des universalen Leuchtens der Buddha-Sonne« kanonisierte Chinul zudem die Hwadu-Methode des chinesischen Chan-Meisters Dahui Zonggao (1089–1163). Dabei sollte sich der Adept in der Meditation über ein mit Mitteln herkömmlicher Rationalität nicht zu lösendes Lehrrätsel *(kong'an)* auf eben diesen »Phrasenkopf«, d. h. den Schlüsselbegriff bzw. die Pointe konzentrieren. Nach Umzug zum im Südwesten der Halbinsel gelegenen Kloster Kilsangsa (dem heutigen Songgwangsa) erfreute sich die rasch wachsende Gemeinde der Patronage der Militärdiktatoren und des formaliter herrschenden Königs. Dieser benannte das Bergmassiv, in dem das Kloster gelegen war, in Anspielung auf den Wirkungsort des legendären chinesischen Patriarchen Huineng in Chogyesan um. Die neu begründete Schule sollte unter Chinuls Nachfolger Hyesim (1178–1234) weiterhin großen Zulauf erfahren, und das Kloster Susŏnsa stand auch über das Ende der Militärherrschaft hinaus in enger Beziehung zu den Herrschenden, wie eine sich bis zum 15. Jahrhundert erstreckende Abfolge von nicht weniger als 16 dort residierenden »Reichslehrern« *(kuksa)* belegt.

4 Die Konfuzianisierung der Elite

Ein folgenreicher Umschwung im Geistesleben ereignete sich mit der Gründung des Chosŏn-Reiches der Yi-Dynastie (1392–1910). Dessen geistige Architekten, unter denen zuförderst Chŏng To-jŏn (1342–1398) zu nennen ist, gaben sich mehrheitlich als neokonfuzianische »Hardliner« und standen dem Buddhismus entsprechend feindselig gegenüber. So sollte es schnell zu ersten Repressionen kommen, die jedoch eher halbherzige

Zugeständnisse eines konservativeren Königshauses an die neokonfuzianisch orientierten Reformer gewesen zu sein scheinen: So erzwang etwa König Sejong (r. 1418–1450) einerseits unter dem Druck der Reformfraktion 1424 die Fusion von sieben Traditionslinien des Buddhismus zu den zwei Schulen des *Sŏn* und *Kyo*, und begrenzte die Zahl der Haupttempel. Andererseits ließ er nach dem Tod der Königin einen Tempel innerhalb des Palastes errichten. Sogar das unter maßgeblicher Beteiligung von Sejong geschaffene koreanische Alphabet ist ohne Berücksichtigung eines buddhistischen Hintergrundes nicht angemessen zu verstehen: Eine Reihe von Buchstaben weisen Ähnlichkeiten zur buddhistischen Phagspa-Schrift der Mongolen auf, und das Annotierungssystem des für dessen frühen Gebrauch maßgebliche Genre der »Volkssprachlichen Erläuterungen« *(ŏnhae)* steht erkennbar im Zusammenhang mit einem Korpus buddhistischer Kugyŏl-Texte.

Unter den neokonfuzianischen Denkern der Übergangszeit des 14. und 15. Jahrhunderts ragt neben dem bereits erwähnten Chŏng Tojŏn, dessen antibuddhistische Streitschrift *Pulssichappyŏn* (»Diverse Kritik an den Buddhisten«) entscheidend zur Ideologisierung des Konfuzianismus der Chosŏn-Zeit beitrug, insbesondere Kwŏn Kŭn (1352–1409) hervor, auf den mit dem *Iphaktosŏl* (»Diagramme und Erläuterungen für den Eintritt in das Lernen«) eine einflussreiche Sammlung von Diagrammen zu den neokonfuzianischen Lehren zurückgeht. Am Anfang der sich an chinesischen Vorbildern orientierenden Diagramme findet sich eine u.a. Elemente des *T'aichi-t'u* (»Diagramm vom größten Äußersten«) des Chou Tun-i (1017–1072) und Kommentare von Chu Hsi verarbeitende Darstellung des Menschen, in der aufgezeigt wird, wie dieser durch Ausartung der Gefühle *(chŏng)* zu bloßer Gier *(yok)* auf das Niveau von Tieren und Pflanzen absinken, andererseits aber kraft seiner durch den Himmel verliehenen ursprünglichen Anlagen durch das Praktizieren von Achtsamkeit *(kyŏng)* zur einsgerichteten Aufrichtigkeit *(sŏng)* der Weisen zurückkehren kann. Indem im Zentrum des Diagramms das Schriftzeichen für Geist bzw. Herz *(sim)* steht, werden dabei Kosmologie, Psychologie und Exegese der konfuzianischen Leitfäden vor dem Hintergrund der neokonfuzianischen Philosophie einer als Muster allen Dingen zugrunde liegenden einheitlichen metaphysischen Grundstruktur *(i)* ebenso folgerichtig wie eindrucksvoll ineinsgesetzt. Dabei zeigt der Text zugleich, wie auch im koreanischen Neokonfuzianismus die Akzente nunmehr nicht nur auf Moral- und Regierungslehre, sondern auch auf ein metaphysisch grundiertes Programm der Selbstkultivation gelegt wurden – wodurch der Konfuzianismus nunmehr auch auf der Halbinsel umso mehr in Antagonismus zum Buddhismus geriet.

Zu Beginn des 16. Jahrhunderts setzte sich der Neokonfuzianismus im Zuge heftiger Auseinandersetzungen zwischen radikalen und gemäßigten Konfuzianern schließlich als beherrschende Lehre durch. Der Tyrann Yŏnsan'gun (r. 1454–1506) ordnete die Schließung der zentralen Hauptquartiere der beiden buddhistischen Schulen an, und nach einer kurzen Phase der Entspannung kam es bald zur Abschaffung des nur wenige Jahrzehnte zuvor zur Kontrolle des Klerus eingeführten monastischen Prüfungswesens. Tatsächlich finden sich nach diesem für das buddhistische Geistesleben letztlich vernichtenden Doppelschlag nur wenige Lehrer vom Schlage eines Sŏsan Hyujŏng (1520–1604) oder Paekp'a (1767–1852), der einflussreiche Kommentare zu Werken von Chinul und Hyesim verfasste.

In dem gleichen Maße wie der Buddhismus aus dem öffentlichen Leben verdrängt wurde, blühte der als neue Orthodoxie geförderte Neokonfuzianismus auf. Besonders folgenreich waren die ausgedehnten Briefwechsel zwischen Yi Hwang (T'oegye, 1501–1570) und Ki Tae-sŭng (Kobong, 1527–1572) bzw. Yi I (Yulgok, 1536–1584) und Sŏng Hon (Ugye, 1536–1598): Die darin enthaltenen Aussagen über die »vier Anfänge« *(sadan)* und die »sieben Gefühle« *(ch'il ch'ŏng)* sollten eine Vielzahl von Kommentaren nach sich ziehen. Bei diesen als »Vier-Sieben-Abhandlungen« *(sach'illon)* berühmt gewordenen Auseinandersetzungen geht es um das – auf Basis der Werke von Chu Hsi zunächst nicht lösbare – Problem, welche Rolle die Grundstruktur *(i)* beim Entstehen der sich mitunter auch zum Schlechten entwickelnden Gefühle spielt. Während Yi Hwang und mit ihm Ugye um der Wahrung einer metaphysischen Begründung der Ethik willen die Rolle der Grundstruktur in diesem Zusammenhang der des innerweltlichen Äthers *(ki)* gegenüber herunterspielen, wollen Yi I und Ki Tae-sŭng die Geschlossenheit des philosophischen Systems bewahren, indem sie auf dem Axiom der Untrennbarkeit von Grundstruktur und Äther in ihrem Zusammenwirken insistieren.

Eine Minderheitenposition unter seinen Zeitgenossen nahm Sŏ Kyŏngdŏk (Hwadam, 1489–1546) ein, indem er sich nicht an Chu Hsi orientierte, sondern in seinen monistischen Vorstellungen vom Äther bzw. der diesem entsprechenden großen Leere *(t'aehŏ)* dem ebenfalls Sung-zeitlichen Philosophen Chang Tsai (1020–1077) folgte. Entsprechend fanden auch die in China sehr einflussreichen Lehren von Lu Hsiang-shan (1139–1193) und Wang Yang-ming (1472–1529) unter den Chosŏn-Gelehrten kaum positive Resonanz.

Bereits im 15. Jahrhundert waren schrittweise das Prüfungssystem für die Rekrutierung der Beamten auch in Bezug auf die Inhalte grundlegend reformiert und somit indirekt auch die Curricula der Dorf- und Distriktschulen auf das Studium der konfuzianischen Grundtexte ausgerichtet worden. Die mit dem Recht befassten Gelehrten hatten begonnen, Vorschriften zur Ahnenverehrung sowie Erb- und Eherecht den restriktiven neokonfuzianischen Familien- und Moralvorstellungen anzugleichen. Nunmehr wurden auch die »Hausriten des Meisters Chu [Hsi]« (*Chuzi chiali* bzw. kor. *Chujakarye*) in zweisprachigen Ausgaben unter dem neuen Beamtenadel verbreitet, sodass es zu einer schrittweisen »Konfuzianisierung« der Oberschicht kam. Diese führte nicht nur konkret zu einer drastischen Verschlechterung der Stellung der Frau, sondern auch zu einer Erstarrung der Politik in mitunter bizarr erscheinenden Ritendiskussionen im Zusammenhang von Themen wie der Thronnachfolge oder der Legitimität von Überraschungsangriffen gegen die Barbaren.

Natürlich setzte sich in diesem geistigen Klima die konsequente Unterdrückung des Buddhismus fort. Zwar taten sich während der Hideyoshi-Invasionen Ende des 16. Jahrhunderts buddhistische Mönchsarmeen im Kampf gegen die japanischen Truppen hervor, der fortschreitenden Marginalisierung tat dies jedoch keinen Abbruch. So war Mönchen bereits unter König Injo (r. 1623–1649) der Zutritt zum Palast untersagt, und der Eintritt in den Klerus war nur noch der Unterschicht möglich. Folgerichtig verbot man 1747 Mönchen wie Schamanen den Zugang zur Hauptstadt Hanyang. Unter Chŏngjo (r. 1770–1800) kam es zwar zu einer temporären Renaissance. Die Phase der Unterdrückung des Buddhismus sollte ihr Ende jedoch erst unter Vorherrschaft der Japaner finden, als 1895 mit der nach ihrem mittlelalterlichen Stifter benannten *Nichiren-shū* eine japanische Denomination die Aufhebung des Hauptstadtbannes durchsetzte.

5 Die Verunsicherung durch den Westen und der Einbruch der Moderne

Ungeachtet seiner bis über die Mitte des 19. Jahrhunderts hinaus währenden uneingeschränkten Vorherrschaft sollte auch der Konfuzianismus bald einer tief greifenden internen Krise ausgesetzt sein: Zwar konnte der Fall der Ming im Jahre 1644 und die Barbarenherrschaft der mandschurischen Qing-Dynastie von den auf China fixierten Gelehrten zunächst noch verwunden werden, indem man sich selbst zum »Kleinen China« (Sochunghwa) und einzigen verbliebenen legitimen Nachfahren der (mehr noch als das »reale« China vorbildgebenden) Zhou-Dynastie stilisierte. Die anhaltende Hilflosigkeit der zudem in Fraktionenkämpfen erstarrten Elite beim Wiederaufbau des durch zwei Mandschuren-Invasionen in der ersten Hälfte des 17. Jahrhunderts verwüsteten Landes jedoch führte zu ersten Zweifeln innerhalb der Eliten.

Wohl noch folgenreicher war die Bekanntschaft mit den Schriften Matteo Riccis und anderer Jesuiten. Diese bereiteten nicht nur den Nährboden für die katholische Selbstmission (durch ein aus Peking zurückkehrendes Gesandtschaftsmitglied) am Ende des 18. Jahrhunderts: Die astronomischen Lehren von der Kugelgestalt der Erde und des heliozentrischen Sonnensystems hoben das traditionelle Weltbild geradezu aus den Angeln. Hinzu kam im 18. und 19. Jahrhundert noch das Aufkommen der textkritischen Schule in China, die einen »wahren« Konfuzianismus zu rekonstruieren suchte. All diese Faktoren führten zum Aufkommen verschiedener reformorientierter Gruppen innerhalb der konfuzianischen Gelehrtenschicht, deren Vertreter sich Wissenschaften wie der Astronomie, Agronomie, Ökonomie oder aber der Textkritik zuwandten. Später sollten diese Gruppen zusammenfassend als *sirhak* (pragmatisches Lernen) bezeichnet werden.

Der Konfuzianismus bei Hofe zeigte sich nach außen zunächst widerstandsfähig, was sich u. a. in mehreren Katholikenverfolgungen seit dem frühen 19. Jahrhundert manifestierte. Die innere Erosion war jedoch nicht mehr aufzuhalten. So entwickelte Hong Tae-yong (1731–1783) einen nicht mehr im Wirken der vom Himmel vorgegebenen Grundstruktur *(i)* begründeten, sondern allein auf dem Odem bzw. Äther *(k'i)* beruhenden Monismus. In diesem Entwurf hatte auch der Kosmos keinen Mittelpunkt mehr, und die Chinesen bildeten mit den Barbaren eine Einheit. Tasan Chong Yag-yong (1762–1836), dessen Bruder als katholischer Märtyrer starb, entlarvte die Lehren des Chu Hsi als buddhistisch beeinflusst und führte die wohl nicht minder verdächtigen Ideen eines personalen Himmelsherrschers sowie eines autonomen Willens des Menschen ein, ohne jedoch die christliche Vorstellung eines Jenseits zu übernehmen.

Die durch zu hohe Steuerlast bedingten Bauernaufstände des 19. Jahrhunderts und das Eindringen imperialistischer Mächte seit den 1860er-Jahren ließen nun noch deutlicher die Hilflosigkeit und Korruption der konfuzianischen Elite und die Notwendigkeit umfassender Reformen hervortreten. So träumte Yu Kil-chun (1856–1914) unter dem Einfluss des japanischen Gelehrten Fukuzawa Yukichi (1834–1901) von der Selbststärkung eines werdenden koreanischen Nationalstaates gegenüber den »christlichen« Ländern durch umfassende Volksbildung auch in deren modernem Wissenskanon bei gleichzeitiger Aufrechterhaltung der traditionellen (konfuzianischen) Werte, und Pak Ŭn-sik (1859–1925) räsonierte über eine institutionelle Reform des Konfuzianismus. Ähnlich entwarf Han Yong-un (Manhae, 1873–1944) ein Reformprogramm für den Buddhismus, der diesen zurück unter die Stadtbevölkerung bringen sollte, wobei er im Begiff *p'yŏngdŭng* die buddhistische Idee der Einsicht in die Gleichheit aller Phänomene mit dem westlichen Begriff der Egalität verband, und dabei doch zugleich implizit an eine entsprechende Verwendung des Silla-Mönchs Ŭisang anschließen konnte. Die Reformvorstellungen Han Yongun's in Richtung auf einen den Laien zugwandten Buddhismus wurden zunächst in der *Pulbŏpyŏn'guhoe* (»Gesellschaft zur Erforschung des Buddha-Dharmas«, der spätere Wŏn-Buddhismus) aufgenommen, sollten jedoch erst in der Gegenwart weitere Kreise der den zeitgenössischen koreanischen Buddhismus dominierenden Tradition der *Chogyejong* erfassen.

Die Mehrzahl der Hauptakteure der Selbststärkungsbewegung und des antijapanischen Widerstandes sah jedoch keinen anderen Ausweg, als entweder sich den Neuen Religionen zuzuwenden und somit zu scheinbar noch »ursprünglicheren« Traditionen zurückzukehren, oder aber gänzlich mit der Tradition zu brechen. Entsprechend waren jeweils annähernd die Hälfte der 33 Unterzeichner der Unabhängigkeitserklärung vom 1. März 1919 Anhänger der ein »östliches« Pendant zum Christentum bietenden *Ch'ŏndogyo* bzw. protestantische Christen. Nachdem bereits Sŏ Chae-p'il (1866–1951) als Christ und US-Staatsbürger Philip Jaisohn aus dem Exil zurückgekehrt war, um nachfolgend den Independence Club *(Tongniphoe)* zu gründen, waren wichtige Mitglieder der Shanghaier Exilregierung von 1919 wie Ahn Chang-ho (1878–1938), der die erste Verfassung der Republik Korea nach dem Vorbild der Kirchenordnung der Presbyterianischen Kirche der USA entwerfen sollte, oder der in absentia zum ersten Präsidenten der Republik Korea gewählte Rhee Syngman (1875–1965) entweder an den neu gegründeten protestantischen Missionsschulen oder im US-amerikanischen Exil zum Christentum konvertiert.

Die rege Tätigkeit der Missionare auf dem Bildungssektor seit dem Ende des 19. Jahrhunderts sollte neben dem Einbruch der Moderne an sich und der Orientierung an den USA infolge des Koreakrieges zu einem wichtigen Grundstein für das exponentielle Wachstum des Protestantismus in der Nachkriegszeit werden. In ähnlicher Weise dürfte sich auch das in der eingangs erwähnten Statistik nicht erfasste Überleben des Konfuzianismus als Zivilreligion zumindest teilweise dem modernen Bildungswesen verdanken: So werfen das traditionelle Maskentheater mit seinem beißenden Spott gegen buddhistische Mönche wie Konfuzianer und die Koexistenz schamanistischer und anderer Praktiken der Volksreligiosität Fragen bezüglich des tatsächlichen Grades der Durchdringung der Gesellschaft des 19. und frühen 20. Jahrhunderts mit konfuzianischen Normen auf. Eben diese Normen wurden jedoch unter den Diktaturen der Nachkriegszeit zu einem zentralen Bestandteil des staatlichen Ethikunterrichts.

Wie diese kursorische Skizze gezeigt haben mag, ist die geschichtliche Entwicklung des religiösen Feldes auf der koreanischen Halbinsel nicht nur von wiederholten Umbrüchen, sondern von einer einzigartigen Dynamik der Absorption immer neuer Einflüsse gekennzeichnet. Es bleibt interessant zu beobachten, wie sich das dynamische religiöse Feld Südkoreas unter den Bedingungen der demokratischen Zivilgesellschaft in den nächsten Jahrzehnten weiterentwickeln wird.

Literatur

Buswell, Robert (Hrsg.), Korean Religions in Practice, New York 2006.

Kim, Sang Hyun (Hrsg.), Korean Buddhism in East Asian Perspective, Seoul 2007.

Kang, Jae-Eun, The Land of Scholars: Two Thousand Years of Korean Confucianism, übers. von Suzanne Lee, Paramus, NJ 2006.

Lee, Peter H. (Hrsg.), Sourcebook of Korean Civilization: Volume One: From Early Times to the 16th Century, New York 1993.

Lee, Peter H. (Hrsg.), Sourcebook of Korean Civilization: Volume Two: From the 17th Century to the Modern Period, New York 1996.

Lee Eun-Jeung und Son Chong-Mok

Das »Wunder am Han-Fluss«: Die Expansion Seouls zwischen 1960 und 1990*

In der zweiten Hälfte des 20. Jahrhunderts hat Seoul eine atemberaubende Entwicklung erlebt. Aus der beschaulichen Hauptstadt mit kaum 200 000 Einwohnern im Jahre 1910 ist eine der größten Städte der Welt geworden. Zum Ende des Koreakrieges, bei Unterzeichnung des Waffenstillstandsabkommens 1953, war die Stadt eine einzige Ruine. Damals hätte sich niemand vorstellen können, dass aus den Trümmern innerhalb eines halben Jahrhunderts ein städtischer Großraum mit 20 Millionen Einwohnern entstehen würde, in dem im Jahre 1988 die Olympischen Spiele ausgetragen werden. In Südkorea ist man stolz auf diese Erfolgsgeschichte, vor der auch die typisch großstädtischen Verkehrs- und Umweltweltprobleme sowie die sozialen Schieflagen verblassen. Seoul ist das Zentrum der südkoreanischen Wirtschaft und der Aufstieg Seouls zur Megastadt steht für die wirtschaftlichen Erfolge des Landes. Seoul ist das »Wunder am Han-Fluss«[1].

Die Stadtplanung im noch von den Folgen des Krieges gezeichneten Seoul begann unter dem Schutz der Entwicklungsdiktatur. Dabei musste die Stadt den täglich einströmenden Zuwanderern neuen Lebensraum geben und zugleich eine den Erfordernissen der schnell wachsenden Wirtschaft entsprechende urbane Infrastruktur schaffen. In den drei Jahrzehnten zwischen 1960 und 1990 war sie bei der Bewältigung dieser gewaltigen Herausforderungen offensichtlich recht erfolgreich. Der wirtschaftliche Aufstieg Südkoreas und der Blick auf die Skyline, der sich auf dem Weg vom Flughafen Kimpo nach Seoul entlang der Olympia-Straße am Han-Fluss bietet, bestätigen zumindest diese Schlussfolgerung.

Im heutigen Seoul ist kaum etwas von dem übrig geblieben, was an die Chosŏn-Dynastie (1394–1910) und an die japanische Kolonialherrschaft (1910–1945) erinnert. Lediglich einige Paläste und Gebäude, wie das Gefängnis in Sŏdaemun, lassen die Vergangenheit Seouls aufleben.

In diesem Beitrag geht es um die Entwicklung Seouls in den drei Jahrzehnten zwischen 1960 und 1990, in denen die Stadt in einer Periode hohen Wirtschaftswachstums unter einer Entwicklungsdiktatur zur Megastadt aufstieg. Zunächst wird ein Überblick über die Stadtgeschichte seit der Gründung Seouls als Hauptstadt im 14. Jahrhundert gegeben. Anschließend soll auf die Stadtplanung und die gesellschaftlichen Folgen der Stadtentwicklung eingegangen werden.

1 Die frühe Stadtgeschichte Seouls

Das Gebiet der heutigen Stadt Seoul spielte bereits in der Frühen Geschichte Koreas eine wichtige Rolle. Hier lag die erste Hauptstadt des Reiches Paekche (18 v. Chr. bis 660 n. Chr.), in der Zeit der »Drei Königreiche«. Zugleich war es wegen seiner Fruchtbarkeit und günstigen Verkehrslage sehr umkämpft. Im Jahr 1394 machte Yi Sŏng-gye, der erste König von Chosŏn, Seoul (damals Hanyang) zur Hauptstadt der von ihm begründeten Dynastie (1394–1910).

In der Zeit der Chosŏn-Dynastie wurde Seoul nach einem genauen Plan gebaut. Im Norden befanden sich die Paläste der königlichen Familie, im Süden die Wohnhäuser der Bürger und entlang der großen Straßen zwischen den vier Stadttoren Behörden und Geschäfte. Mit Ausnahme dieser Avenuen folgten die Straßen den natürlichen geografischen Gegebenheiten, sodass Seoul insgesamt ein geordnetes und zugleich auch natürliches Stadtbild besaß. In den 500 Jahren der Chosŏn-Dynastie veränderte sich die Stadtstruktur kaum. Das Gebiet von ca. 16,5 Quadratkilometern blieb durch die Begrenzung der Stadtmauer gleich. Die Bevölkerungszahl erreichte zu Beginn des Chosŏn-Reiches ca. 100 000; dazu kamen noch ungefähr 10 000 Bewohner außerhalb der Stadtmauer. Bis zur Mitte der Chosŏn-Periode (um 1650) blieb die Bevölkerung von Seoul in etwa konstant. Danach verdoppelte sie sich bis zur Mitte des 19. Jahrhunderts auf gut 200 000 Menschen. Als Korea 1910 von Japan annektiert wurde, lebten in Seoul ca. 250 000 Einwohner auf 36,18 Quadratkilometern. Der Anteil der Hauptstadtbewohner an der Gesamtbevölkerung war über die Jahrhunderte wegen des Bevölkerungswachstums in den anderen Landesteilen rückläufig.

Während der japanischen Kolonialzeit erlebte Seoul große Veränderungen. Die Paläste, auf die die ganze Stadt ausgerichtet war, wurden zerstört. Die Kolonialmacht gab der Stadt eine neue Struktur: Entlang der neu gezogenen Straßen wurden japanische Wohn- und Geschäftshäuser gebaut; das Handelszentrum wurde nach Myŏngdong verlagert; in Namsan und Yongsan, also außerhalb der Stadtmauer im Süden der Stadt, wurden die Kolonialbehörden errichtet. In ihrer Umgebung entstanden neue Wohn- und Geschäftsgebiete für Japaner. Im Osten außerhalb der Stadtmauer entstanden neue Wohnviertel für die rasch zunehmende koreanische Bevölkerung. 1936 umfasste das Stadtgebiet von Seoul (damals Kyŏngsŏng) 133,94 Quadratkilometer. Als Korea 1945 unabhängig wurde, war die Zahl der Bewohner von Seoul auf 900 000 angewachsen.

Während der ersten fünf Jahre nach der Unabhängigkeit, zwischen 1945 und dem Koreakrieg (1950–1953), erlebte Seoul eine dramatische Veränderung seines Stadtbildes. Rückkehrer aus dem Ausland (Zwangsarbeiter und koreanische Rekruten der japanischen Streitkräfte), Flüchtlinge aus dem Norden (überwiegend Kollaborateure der japanischen Kolonialmacht und Großgrundbesitzer) sowie die Landbevölkerung drängten in die Hauptstadt und errichteten ihre ärmlichen Behausungen entlang der Flüsse und auf den Hängen der Seoul umgebenden Berge. Bis 1950 wuchs die Bevölkerung explosionsartig auf 1,7 Millionen. Während des Koreakrieges flüchtete ein Großteil der Bewohner aus der zerstörten Stadt, sodass ihre Zahl zeitweise auf nur 130 000 gesunken war.[2] Doch 1955, bereits zwei Jahre nach Ende des Krieges, war die Bevölkerung schon wieder auf fast 1,6 Millionen angewachsen; bis 1960 waren es fast 2,5 Millionen und 1990 gar 10 Millionen Einwohner. Das Stadtgebiet von Seoul umfasst nur 0,6 Prozent der Fläche Südkoreas. Doch hier lebt gegenwärtig rund ein Viertel der Bevölkerung des Landes. Im Großraum Seoul (einschließlich der Provinzen Kyŏnggido und Inch'ŏn mit 11,8 Prozent der Gesamtfläche Südkoreas) sind es sogar 45 Prozent.

2 Stadtentwicklung und Entwicklungsdiktatur

Aufgrund der andauernden Zunahme der Bevölkerung und des steigenden Bedarfes an Wohnraum vergrößerten sich die urbanisierten Flächen im Stadtgebiet von Seoul zwischen 1960 und 1990 von 99,5 auf 361,7 Quadratkilometer. Trotz dieser gewaltigen Aufbauleistung wird die Entwicklung Seouls aus der Sicht von Stadtplanern durchaus kritisch betrachtet oder sogar als nicht erfolgreich bezeichnet. Die Ursache dafür liegt darin, dass die Stadtplanung von Seoul von keiner langfristigen Perspektive getragen war. Vielmehr bestand sie aus Ketten einzelner Projekte und eigenmächtiger Entscheidungen, die von Regierungsbeamten und dem vom Diktator ernannten Bürgermeister zu dessen Gefallen durchgesetzt wurden. Dies trifft vor allem für die 13 Jahre zwischen 1966 und 1979 zu, in denen insgesamt drei Bürgermeister – Kim Hyŏn-ok, Yang T'aek-sik und Ku Cha-ch'un – für die Stadtverwaltung verantwortlich waren. In der Zeit danach (1981–1988) konzentrierte sich alles auf die erfolgreiche Organisierung der Olympischen Spiele in Seoul.

Seoul ist zwischen 1960 und 1980 täglich um 894 Bewohner gewachsen und benötigte deshalb jeden Tag u.a. 224 neue Häuser, weitere 18 Busse mit 50 Passagieren, 268 Tonnen mehr Trinkwasser und musste 1 340 Kilogramm zusätzlichen Abfall verarbeiten. Dies alles nur, damit sie unter einem Diktator wie Park Chung Hee *(Pak Chŏng-hŭi)* und unter »gesetzlosen« Bürgermeistern wie Kim Hyŏn-ok und Ku Ja-ch'un die Entwicklung zu einer Megastadt durchlaufen konnte. In dieser Zeit geschah vieles wie selbstverständlich, was unter den heutigen rechtsstaatlichen und demokratischen Bedingungen unvorstellbar wäre. An dieser Stelle kann jedoch nicht geklärt werden, ob die Expansion und Verwandlung von Seoul in eine Megastadt auch unter anderen politischen Voraussetzungen möglich gewesen wäre. So oder so halten es die meisten Südkoreaner für ein »Wunder«, dass ihre Hauptstadt trotz seiner den Menschen gegenüber oft brutalen Stadtentwicklung und ungeachtet vieler noch bestehender Probleme heute einen irgendwie doch erträglichen Lebensraum für ca. 11 Millionen Einwohner bietet.

Erste Anfänge der Stadtplanung

Die ersten Stadtentwicklungspläne für Seoul hatte es bereits während der Kolonialzeit gegeben. 1926 wurde durch die japanische Kolonialverwaltung der erste Plan konzipiert, 1928 und 1930 folgten der zweite und der dritte. 1936 gab das japanische Kolonialgouvernement einen neuen Plan bekannt, wonach Seoul bis 1965 zu einer Stadt mit 1,1 Millionen Einwohnern ausgebaut werden sollte – ein Plus von 400 000.[3] Doch der Ausbruch des Zweiten Weltkrieges unterbrach diese Planung schon in der Vorbereitungsphase.

Unmittelbar nach der Unabhängigkeit 1945 war die erste Regierung in Südkorea noch nicht in der Lage, sich der Stadtentwicklung zu widmen. Die Verantwortlichen in Seoul verfügten über keine Mittel, um den Wiederaufbau ihrer Stadt zügig voranzutreiben. Angesichts der wirtschaftlichen Situation des Landes – das Pro-Kopf-Einkommen betrug 1955 gerade einmal 65 US-Dollar, 1960 mit 80 US-Dollar nur wenig mehr – konnte man kaum erwarten, dass es gelingen könnte, aus den Ruinen eine geordnete und ansehnliche Stadt zu machen. Zudem litt Seoul unter der Landflucht: Der Krieg hatte die ländliche Infrastruktur und die Bewässerungssysteme zerstört; darüber hinaus richteten mehrere Naturkatastrophen gewaltige Schäden in der Landwirtschaft an. Die einströmende Landbevölkerung ließ sich auf den Hängen der Seouler Berge und, wo immer sie einen Platz fand, nieder und baute sich Verschläge und Hütten.

Während diese illegal errichteten Behausungen unter der Regierung von Rhee Syngman (*Yi Sŭng-man*; 1948–1960) noch geduldet wurden, ließ der durch einen Militärputsch an die Macht gekommene Park Chung Hee (ab 1961) viele solcher Viertel mit staatlichem Zwang niederreißen: Die Stadt sollte »verschönert« werden und ihre »städtischen Funktionen« zurückerhalten. Die Zwangsräumungen häuften sich besonders während der Amtszeit von Bürgermeister Kim Hyŏn-ok (1966–1970). Im Juni 1967 verfügte die Stadtverwaltung, dass innerhalb der nächsten drei Jahre 137 000 illegal errichtete Häuser abgerissen und ihre Bewohner auf staatliche Grundstücke außerhalb der Stadt umgesiedelt werden sollten. Jedem Haushalt wurden 20 *p'yŏng* (entspricht 66 Quadratmetern) zugewiesen. Darauf durften sie mehr schlecht als recht und ohne staatliche Unterstützung ihre ärmlichen Behausungen errichten.

Auf eine weitere Anordnung von Bürgermeister Kim Hyŏn-ok hin wurde 1968 in Kwangju, in der Umgebung von Seoul, eine Satellitenstadt gebaut, um anschließend mehrere Zehntausend Menschen aus den »wilden« Siedlungen von Seoul dorthin umzusiedeln. Leider hatte man vergessen, diese Satellitenstadt mit der nötigen Infrastruktur auszustatten: Es gab weder Straßen noch Strom, keine Leitungen für Trinkwasser, keine Abwasserkanäle und keine Schulen. Dennoch war die Stadtverwaltung dreist genug, den neuen Bewohnern von Kwangju ohne jede weitere Unterstützung Pacht- und Steuerzahlungen für die überlassenen Grundstücke aufzuerlegen. Der Ärger der Armen explodierte 1971, als sie trotz der herrschenden strengen Diktatur einen großen Aufstand organisierten.

Kwangju ist kein Einzelfall, aber er zeigt exemplarisch, dass die Entwicklung von Seoul nicht auf der Grundlage eines langfristigen Plans, sondern vom Diktator selbst und vom persönlichen Ehrgeiz mancher Politiker und Beamten entschieden wurde. Typisch dafür ist auch die Erschließung von Yŏŭido, einer Insel im Han-Fluss, auf der heute das Parlamentsgebäude steht. Zwischen Seoul und Yŏŭido sowie ihrer Nachbarinsel Pamsŏm, auf denen seit Jahrhunderten Menschen lebten, gab es keine Brücke und keine ganzjährig passierbare Straße, sodass in der Regenzeit beide Inseln von der Außenwelt abgeschnitten waren. Im Jahre 1967 begann Bürgermeister Kim Hyŏn-ok, sich für diese Inseln zu interessieren, und kam auf die Idee, Yŏŭido als Bauland zu verkaufen, um damit andere Projekte der Stadt zu finanzieren. Mit der Unterstützung Park Chung Hees begann er mit der Erschließung von Yŏŭido. Da die Insel Pamsŏm für dieses Unterfangen gesprengt werden musste, wurden ihre Bewohner, die in der 17. Generation auf der Insel gelebt hatten, gegen eine kleine Entschädigung auf die Hänge von Map'o nördlich des Flusses Han zwangsumgesiedelt.[4]

Nach der Fertigstellung der Uferdammstraße im Zuge der Erschließung der Insel Yŏŭido wurden 1969 mit der »Hannam Taegyo«-Brücke über den Han und der Autobahn zwischen Seoul und Pusan zwei weitere wichtige Projekte in der Stadtentwicklung Seouls fertiggestellt. Mit dem Bau der Brücke war schon 1966 vor dem Amtsantritt Kim Hyŏn-oks begonnen worden,[5] und zwar aus militärischen Erwägungen. Die beiden einzigen Brücken über den Fluss, die auf Weisung von Präsident Rhee Syngman im Koreakrieg zerstört worden waren, um die nordkoreanischen Truppen aufzuhalten, wurden zwar nach dem Krieg wieder aufgebaut, doch sollte eine der beiden im Kriegsfall ausschließlich dem Militär zur Verfügung stehen. Da die Bevölkerung von Seoul 1965 bereits auf 3,5 Millionen angewachsen war, war der Bau einer dritten Brücke unerlässlich, um der Bevölkerung einen weiteren Fluchtweg zu eröffnen.[6]

Ursprünglich sollte die Brücke 20 Meter breit und vierspurig sein, doch schon drei Monate nach Baubeginn gab das Bauministerium die Anweisung, die Breite der Brücke auf 27 Meter und sechs Spuren zu erweitern. Der Grund dafür war eine im Bau befindliche 25 Meter breite Brücke über den Fluss Taedong in der nordkoreanischen Hauptstadt P'yŏngyang – die neue Brücke musste also zumindest einen Meter breiter sein als die des feindlichen Bruders. Das mag heutzutage befremdlich, wenn nicht lächerlich klingen, damals wollte man aber nicht hinter Nordkorea zurückstehen und meinte es durchaus sehr ernst. Das Unternehmen Hyundai, das den Auftrag für den Bau der Brücke erhalten hatte, richtete für das Baustellenbüro am südlichen Ufer einen 10-Kilowatt-Stromgenerator und eine Telefonlinie ein. Dies waren die ersten Anschlüsse dieser Art am südlichen Han, ein Gebiet, das man heute als Kangnam bzw. Gangnam, das pulsierende und moderne südliche Zentrum von Seoul kennt. An der Tatsache, dass es hier vor gerade 35 Jahren noch nicht einmal Strom und Telefon gegeben hat, ist das ungeheure Tempo der Expansion von Seoul abzulesen.

Den entscheidenden Anstoß zur Entwicklung von Kangnam hat der Bau der Kyŏngbu-Autobahn gegeben. Die Idee, eine schnelle Verbindung zwischen Seoul und Pusan herzustellen, stammte von Park Chung Hee höchstpersönlich. Er war nach seinem Deutschlandbesuch 1964 tief beeindruckt von den deutschen Autobahnen nach Korea zurückgekehrt. Der Bau begann im Februar 1968. Da die Regierung aber kein Geld hatte, startete sie eine emotional geführte nationalistische Kampagne und schaffte es so, den benötigten Grund und Boden fast umsonst zu bekommen. Bereits im Dezember 1969 waren Seoul und Pusan durch eine 428 Kilometer lange Strecke verbunden. Der Bau der Autobahn trug dazu bei, dass, nachdem der erste Fünfjahresplan für die Entwicklung der Wirtschaft erfolgreich abgeschlossen worden war, die südöstliche Region um Pusan, Masan und Ulsan neben Seoul zum wichtigsten Wirtschafts- und Industriezentrum aufsteigen konnte.[7]

Mit dem Bau der Autobahn begann auch die planmäßige Anordnung der Stadtteile in ihrer Umgebung, zu der auch Kangnam gehört, das in den 1970er-Jahren zum bevorzugten Wohn- und Gewerbegebiet wurde. Die Planungsvorhaben nahmen jetzt gigantische Dimensionen an. Im Gebiet von Yŏngdong wurden Pläne für ein neues Wohngebiet von 25,8 Millionen Quadratmeter gemacht. Dies war eine in der Geschichte der Stadtplanung beispiellose Größe, die wohl nur in einer Militärdiktatur verwirklicht werden konnte. Selbst in den neuen Wohngebieten im Westen Tokyos, die als ein Jahrhundertprojekt seit den 1930er-Jahren über mehrere Jahrzehnte entwickelt wurden, gehen die Stadtentwicklungspläne nicht über eine Million Quadratmeter hinaus. Entlang einer 6,9 Kilometer langen Nord-Südachse Yŏngdongs entstanden ausgedehnte schachbrettartige Wohn- und Gewerbegebiete.

Mit der Entwicklung von Yŏngdong gewann auch die Bodenspekulation, unter der das Land bis heute unvermindert leidet, an Dynamik. 1966, als der Bau der dritten Brücke über den Han begann, kostete ein *p'yŏng* (3,3 Quadratmeter) ca. 200 Wŏn (damals 40 US-Cent). Nach einem Jahr waren es bereits 3000 Wŏn. Die Spekulation wurde seit den Zeiten Park Chung Hees durch Politiker gefördert und beschleunigt, da sich für sie hier eine ertragreiche und bequeme Gelegenheit bot, ihre Kassen (und privaten Taschen) zu füllen. Ausgelöst wurde sie 1970 durch einen Beamten des Bauamtes von Seoul, der im Auftrag des Präsidialamtes Grundstücke kaufte und mit riesigen Gewinnen weiterverkaufte. Schon damals verlor der Staat, der die Spekulation eigentlich bekämpfen sollte, seine Glaubwürdigkeit. Seitdem sind die Bodenpreise in Yŏngdong, insbesondere in Kangnam, unaufhaltsam angestiegen.

Zu den steigenden Bodenpreisen südlich des Han haben neben der besonderen Förderung des Südens der Stadt auch Einschränkungen der weiteren Bebauung des Nordens beigetragen. Dafür waren Sicherheitsgesichtspunkte ausschlaggebend. Da Seoul nur 40 Kilometer südlich der Demarkationslinie zu Nordkorea liegt, aber über 40 Prozent der Wirtschaft des Landes hier konzentriert sind, verlegte man sich eher auf die Entwicklung der Gebiete südlich des Flusses. Diese Politik wurde von Bürgermeister Kim Hyŏn-ok initiiert und von seinen Nachfolgern Yang T'aek-sik und Ku Cha- ch'un fortgesetzt.

Expansion in den Süden und Aufstieg der Großunternehmen

Die Erschließung von der Insel Yŏŭido und des Stadtteils Yŏngdong fiel auch in die Zeit, in der die Grundlage für den Aufstieg von Bauunternehmen zu großen Konzernen *(chaebŏl)* gelegt wurde. Die heute größten Bauunternehmen Südkoreas Hyundai, Taerim, Kŭkdong, Tonga oder Sambu konnten dadurch groß werden, weil das autoritäre Regime von Park Chung Hee ihnen Vorteile gewährte und im Gegenzug politische Schmiergelder kassierte. Auch wenn Ende der 1960er- und zu Beginn der 1970er-Jahre die Auen am Fluss Han durch Baumaßnahmen wie Schlachtfelder aussahen, wurden die eigentlichen Schlachten im Hintergrund um Erschließungsrechte von Bauland und um die enormen Gewinne geführt, die durch den Verkauf von Apartments erzielt werden konnten. Der lange Arm der Regierung wurde nicht nur bei der Verabschiedung der nötigen Gesetze, wie denen zur Förderung des Wohnungsbaus und zur Entwicklung von Sondergebieten, wirksam, sondern auch bei der Zuteilung von Baugenehmigungen. So hatten die fünf größten Bauunternehmen beispielsweise 1971 über entsprechende Gegenleistungen das Erschließungsrecht für das Gebiet Chamsil, wo sich heute der Olympiapark befindet, erhalten und ohne Genehmigung der Stadt Seoul, der dieses Gebiet eigentlich gehörte, mit den Bauarbeiten begonnen.

Mit dem Bau von neuen modernen Apartments in den neu erschlossenen Gebieten von Kangnam, Chamsil oder Yŏŭido begann eine große Umzugswelle der oberen Mittelschicht Seouls vom Norden in den Süden. Die Stadtstruktur erhielt einen neuen Charakter, da auch Schulen, Bildungs- und Kultureinrichtungen, große Supermärkte und Kaufhäuser, Industrie- und Dienstleistungsunternehmen, ja auch öffentliche Einrichtungen schubweise in den Süden zogen und dort in ganz anderer Form als im kleinteiligen Norden der Stadt aufgezogen wurden.

Nördlich des Han, in Kangbuk, bestand (und besteht) die Stadt weitgehend aus kleinen Gassen, im Süden aus schachbrettartig angelegten, überwiegend großzugigen Avenuen. Im Norden wohnte die Mehrheit der Bevölkerung in Einfamilienhäusern unterschiedlicher Art, im Süden beherrschten (und beherrschen) Wohnblocks mit zehn und mehr Stockwerken das Bild. Der Norden litt unter der Verlagerung wirtschaftlicher und administrativer Funktionen nach Kangnam, hat aber im Zuge der allgemeinen Expansion in Handel und Gewerbe auch noch einige Kernfunktionen behalten können. Im Ergebnis hat sich Seoul, dessen Zentrum früher in Kangbuk, vor allem in Stadtteilen wie Chongno, Myŏngdong und Kwanghwamun lag, zu einer Stadt mit mehreren Stadtkernen entwickelt, deren wichtigste mit Yŏŭido, Panp'o und Chamsil im Süden liegen.

Mit der Entwicklung des Südens gingen ein Bevölkerungsverlust des alten Seoul und eine Veränderung der Siedlungsstruktur einher. Die Umgebung des alten königlichen Palastes *(Kyŏngbokkung)* war seit dem 15. Jahrhundert bis Mitte der 1960er-Jahre ein bevorzugtes Wohngebiet der oberen Schichten gewesen. Doch schon mit der Errichtung illegaler Behausungen auf den umgebenden Berghängen Mitte der 1950er-Jahre verlor dieses Gebiet an Attraktivität. Mit dem Bauboom und der Umzugswelle in den Süden büßte das Gebiet um den Palast endgültig seinen althergebrachten Status ein. Den Platz der oberen Schichten nahmen die Zuwanderer vom Land ein. Die bestehenden Häuser wurden umgebaut und neue errichtet. Form und Charakter dieses traditionellen Wohngebiets der »besseren Leute« wurden dadurch zerstört.

Die Olympischen Spiele: Seoul erhält ein neues Stadtbild

Auf dem Höhepunkt der Bauarbeiten in Yŏngdong gab Park Chung Hee 1973 dem Bürgermeister von Seoul, Yang T'aek-sik, die Anweisung, in Chamsil einen schönen international vorzeigbaren Stadtteil zu schaffen, mit einem Stadion, in dem auch große internationale Sportveranstaltungen stattfinden könnten.[8] So entstand in Chamsil auf 3,4 Millionen *p'yŏng* (etwas über 10 Millionen Quadratmeter) eine neue Stadt mit vielen Grünflächen, breiten Straßen und guten Bildungseinrichtungen, die in Seoul heute zu den Orten mit den besten Wohnbedingungen zählt.[9]

Im Jahr 1976 gab Park Chung Hee bekannt, dass in Chamsil ein Stadion für 100 000 Zuschauer gebaut werden sollte und dass sich Seoul um die Ausrichtung der Asienspiele 1982 bewerben würde.[10] Seoul war zuvor schon einmal als Austragungsort der Asienspiele 1970 bestimmt worden, verfügte zu dieser Zeit jedoch weder über ein angemessenes Stadion noch über genügend Kapazitäten für die Unterkunft von Teilnehmern und Besuchern. Die Regierung musste damals unter einem entsprechenden Ansehensverlust die Spiele zurückgeben und wollte nun diese bittere Erfahrung wettmachen. Zugleich sollten die Bürger, die dem Regime gegenüber zunehmend kritischer wurden, durch das Projekt von politischen Fragen abgelenkt werden. Park Chung Hee entschied, dass nach den Asienspielen auch die Olympischen Sommerspiele in Südkorea ausgerichtet werden sollen. Aber in einer Zeit, in der das südkoreanische Pro-Kopf-Einkommen gerade einmal 1 406 US-Dollar pro Jahr (1978) erreicht hatte, konnte sich kaum jemand vorstellen, dass Seoul in der Lage sein würde, ein solches Großereignis auszutragen, zumal die politische Lage gegen Ende des Park-Regimes sehr unruhig war. In den Städten Pusan und Masan kam es 1979 zu einem großen Volksaufstand, woraufhin Park Chung Hee den Ausnahmezustand ausrufen ließ. Nach seinem gewaltsamen Tod[11] kurze Zeit später durchlebte Südkorea bis zum Frühjahr 1980 eine große politische und wirtschaftliche Krise, während der sich niemand für die Olympischen Spiele interessierte. Das Projekt Olympia erhielt erst neue Impulse, nachdem sich 1980 erneut das Militär an die Macht geputscht hatte. Das neue Staatsoberhaupt Chun Doo Hwan *(Chŏn Tu-hwan)* ging einerseits brutal gegen den politischen Widerstand im Volk vor und gab sich andererseits alle Mühe, das Interesse der Bürger von der Politik abzulenken. Der Ausrichtung der Olympischen Spiele galt dabei als Garant für den Erfolg bei der Entmündigung der Bürger.

Bemerkenswerterweise waren der Bürgermeister und viele höhere Beamte in Seoul gegen die Olympiabewerbung der Stadt, weil sie der Meinung waren, dass dadurch das Übergewicht von Seoul und die ohnehin bestehende Diskrepanz zwischen der Hauptstadt und dem Rest des Landes noch vergrößert würden und schließlich die Gefahr zur Bildung einer »Seoul-Republik« bestünde.[12] Da die kommunale Selbstverwaltung längst abgeschafft war, spielten ihre Bedenken jedoch keine besondere Rolle. Der neue Diktator Chun Doo Hwan stand mit seiner Willensstärke nicht hinter seinem Vorgänger Park Chung Hee zurück. Die Beamten mussten sich unterordnen und die Entscheidungen von oben umsetzen.

Am 30. September 1981 fiel in Baden-Baden die Entscheidung, die Olympischen Sommerspiele 1988 in Seoul auszutragen. Wenig später, im November desselben Jahres, wurde Südkorea auch die Ausrichtung der Asienspiele 1986 übertragen. Als Folge dessen erlebte das Stadtbild von Seoul in den Jahren darauf gewaltige Veränderungen: Der Bau der Sportstätten, die Verschönerung des Stadtbildes, der Ausbau und die Verbesserung des Verkehrsnetzes und der Parkanlagen wurden nunmehr zur wichtigsten Aufgabe des Staates. Zwischen 1982 und 1986 wurde das Flussbett des Han über eine Länge von 36 Kilometern ausgebaggert, von Gestein und Abfall befreit und schiffbar gemacht. Zugleich wurden in den Auen Park- und Sportanlagen eingerichtet. Am südlichen Ufer wurde die Olympia-Straße gebaut sowie Kläranlagen, um die Wasserqualität zu verbessern.

Im Zuge der Vorbereitungen für Olympia erfuhr auch das alte Stadtzentrum große Veränderungen. In den Straßen der Stadtteile von Chongno, Myŏngdong und Kwanghwamun hatte sich seit den 1960er-Jahren nur wenig getan. Damals hatten in den USA lebende Koreaner, die 1966 bei der Fernsehübertragung des Besuchs von US-Präsident Johnson die Bilder von der Umgebung des Rathauses sahen, eine Petition an Park Chung Hee gerichtet, in der sie ihn baten, die Slums im Zentrum von Seoul zu beseitigen.[13] In den 1960er- und 1970er-Jahren hatte man im Zentrum der Stadt einige Hauptstraßen geschaffen bzw.

verbreitert und dabei Trinkwasserleitungen und Abwasserkanäle gelegt. Abgesehen von dieser gewissen Verbesserung der Lebensbedingungen, wurden aber kaum Fortschritte gemacht, da der Schwerpunkt der Stadtentwicklung im Süden lag.

Im Februar 1983 gab Chun Doo Hwan bei seinem jährlichen Rathausbesuch der Stadt Seoul die Erlaubnis, den alten Stadtkern zu erneuern.[14] Glücklicherweise hatte sich die Wirtschaft Südkoreas seit 1982 sehr rasch erholt – das Pro-Kopf-Einkommen stieg zwischen 1980 und 1988 von 1592 auf 4040 US-Dollar. Mit dem Wirtschaftswachstum stieg auch der Bedarf an Büroräumen, was die Entwicklung des Zentrums begünstigte. Viele der alten und heruntergekommenen Gebäude entlang der Hauptstraßen wurden abgerissen und durch hohe, moderne Büro- und Geschäftshäuser ersetzt. Zwischen 1982 und 1988 wurde auf diese Weise eine Fläche von 426490 Quadratmetern saniert. Durch die zahlreichen Hochhäuser erhielt das alte Zentrum von Seoul ein neues Gesicht.

Zugleich wurden auch die illegal errichteten Behausungen auf den Hängen der Berge beseitigt. Die meisten ihrer Bewohner waren in den 1960er-Jahren durch die Räumung des Stadtzentrums zwangsumgesiedelt worden. Man erlaubte ihnen damals, sich in den umliegenden Stadtteilen wie Mokdong, Sanggyeodong, Oksudong oder Kŭmhodong niederzulassen. Unter großen Entbehrungen hatten sie sich bescheidene Unterkünfte gebaut und dort schon über zehn Jahre gelebt, als die südkoreanische Regierung und die Stadt Seoul auf die Idee kamen, dass diese Siedlungen bei ausländischen Besuchern einen schlechten Eindruck hinterlassen würden. Die Räumung dieser Viertel wurde mit ziemlicher Härte durchgeführt,[15] die Proteste der Bewohner wurden mit Hilfe der paramilitärischen Polizei niedergeschlagen und viele Protestierende wurden verhaftet. So waren diese ärmsten Bewohner Seouls, die nun in Viertel außerhalb der Stadt umsiedeln mussten, die größten Opfer der Entwicklung zur Megastadt. Auf den frei gewordenen Flächen wurden Hochhäuser und Apartmentblocks für die besser verdienende Mittelschicht gebaut.

Das Modernisierungsprojekt der Regierung beinhaltete darüber hinaus die Verlagerung von Industrieanlagen sowie Einrichtungen wie Schlachthöfe und Busterminals, die das Stadtbild störten, in die Außenräume der Stadt. Sie wurden dort neu errichtet und modernisiert. Gleichzeitig wurden mehrere neue U-Bahnlinien gebaut, sodass Seoul innerhalb weniger Jahre ein recht dichtes öffentliches Verkehrssystem bekam. Im Ergebnis konnten die südkoreanischen Regierung und die Stadt Seoul den ausländischen Besuchern während der Olympischen Spiele 1988 eine einigermaßen ansehnliche und aufgeräumte, großzügig angelegte und mit vielen Hochhäusern bestückte, moderne Großstadt präsentieren.

3 Die »Seoul-Republik« und ihre Perspektiven

Der wirtschaftliche Aufstieg Südkoreas, der mit der Machtübernahme des Militärs 1961 begann, fand mit der erfolgreichen Austragung der Olympischen Spiele 1988 weltweite Anerkennung. Das Land, das zu Beginn der 1960er-Jahre noch eines der ärmsten der Welt gewesen war, hatte es geschafft, innerhalb von drei Jahrzehnten eine große internationale Veranstaltung wie Olympia zu bewältigen. Deshalb sprachen nun viele vom »Wunder am Han-Fluss«. Dass die ehemals kleine Hauptstadt des Reiches Chosŏn nach der Kolonialisierungserfahrung und dem Koreakrieg innerhalb von 30 Jahren zu einer der großen Megastädte dieser Welt aufsteigen würde, hätte sich in Südkorea niemand träumen lassen.

Die Einwohnerzahl der Stadt ist zwischen 1960 und 1990 von 2,5 auf 10,6 Millionen, im Großraum sogar auf 18,6 Millionen um ein Vielfaches angestiegen. Ungeachtet der Kritik von Stadtplanern und Verkehrsexperten bietet Seoul seinen Bewohnern heute einen funktionierenden Lebensraum. Bedenkt man dabei, dass die Entwicklung dieser Stadt nicht auf langfristiger Planung beruhte, sondern vom Willen und den Launen der Diktatoren und Bürgermeister geprägt wurde, muss das heutige Seoul in der Tat wie ein Wunder erscheinen.

Literatur

Chu, Beom, An der Tradition orientierter Wohnungs- und Städtebau: Entwicklung eines Konzeptes für die Neuordnung historischer Wohngebiete in Seoul, Dortmund 1999.

Gelézeau, Valérie, Séoul, ville géante, cités radieuses, Paris 2003.

Seoul Metroplitan Government, Seoul, her history and culture, Seoul 1992.

Statistik zur Stadt Seoul unter http://stat.seoul.go.kr.

Anmerkungen

* Dieser Beitrag basiert auf dem Manuskript »Seoul« von Son Chong-Mok und dem Aufsatz Lee Eun-Jeung, Wunder am Han Fluss – Politische Ökonomie der Entwicklung Seouls zu Megastadt, in: Wolfgang Schwentker (Hrsg.), Megastädte im 20. Jahrhundert, Göttingen 2006, S. 212–237.

1 Der Fluss Han durchfließt die Stadt Seoul. Die Bezeichnung »Wunder am Han-Fluss« stammt aus der Regierungszeit von Park Chung Hee (1961–1979). Nachdem er 1964 Deutschland besuchte, betonte er, dass in Südkorea ein »Wunder am Han-Fluss« zu schaffen sei, genau sowie in Deutschland das »Wunder am Rhein«.

2 Son Chŏng-mok, *Seoul tosikyehoek iyagi* [Geschichte der Stadtplanung von Seoul], Bd. 1, Seoul 2003, S. 81.

3 Über die Straßenplanung der japanischen Kolonialbehörde in Korea siehe *Seoult'ŭkpyŏlsi yŏksa p'yŏnch'an wiwŏnhoe* [Kommission zur Herausgabe der Geschichte von Seoul], Seoul Metropolitan, http://web.archive.org/web/20081120045459/http://seoul600.visitseoul.net/seoul-history/sidaesa/txt/6-3-3-3-3.html (20.11.2008).

4 Vor dort sollten sie im Zuge der weiteren Ausbreitung von Seoul einige Jahre später noch einmal brutal vertrieben werden.

5 Am 26. Dezember 1969 berichteten südkoreanische Tageszeitungen über die Fertigstellung der dritten Brücke und bemerkten nicht ohne eine gewisse Nostalgie, dass die Holzschiffe nun nicht mehr zu sehen sein würden. Bis zum Bau dieser Brücke musste man mit Holzschiffen den Fluss überqueren. Vgl. Donga Ilbo, 26.12.1969. S. 3; Kyunghyang Sinmun, 26.12.1969. S. 4; Hankook Ilbo, 26.12.1969. S. 3.

6 Da man sich mit Nordkorea weiter im Kriegszustand befand und ein Angriff aus dem Norden nicht ausgeschlossen werden konnte, waren die Brücken eine der Hauptsorgen der Bewohner von Seoul.

7 Korea Highway Coporation, *Kosokdoro samsimnyŏnsa* [30 Jahre Geschichte der Autobahn Koreas], http://web.archive.org/web/20051128045712/http://www.freeway.co.kr/html/lifefreeway/dictionary/sub03_04_06_03.html (Zugriff am 08.07.2004); Kommission Seoul Metropolitan, http://web.archive.org/web/20070824204754/http://seoul600.visitseoul.net/seoul-history/sidaesa/txt/8-5-6-2-2-2.html

8 Son (wie Anm. 2), Bd. 3, S. 204.

9 Ebd., S. 214.

10 Das Vorhaben wurde zunächst nicht realisiert. Es wurde kein Bewerbungsantrag eingereicht. Erst 1982 konnte sich Südkorea für die Austragung der Asienspiele bewerben.

11 Park Chung Hee wurde von seinem eigenen Geheimdienstchef erschossen.

12 Vgl. dazu Son (wie Anm. 2), Bd. 5, S. 14–27.

13 Ebd., Bd. 2, S. 126.

14 Ebd., Bd. 5, S. 45.

15 Ebd., S. 46.

Lee Eun-Jeung

Hallyu: Der Boom der südkoreanischen Populärkultur in Asien

Spätestens seit der amerikanische Politikwissenschaftler Joseph Nye die Kultur in den Rang einer *soft power* erhoben und als bedeutsames Instrument der Diplomatie bezeichnet hat, gilt sie als ein wichtiges Element in den internationalen Beziehungen. In Ostasien ist ein regelrechter Kulturindustriemarkt entstanden, der in großen Wogen über die Grenzen der Region hinwegschwappt. Die jeweiligen Kulturexportländer sehen in der erfolgreichen Durchdringung anderer Nationen mit ihren Filmen und ihrer Musik vorrangig eine Bestätigung des besonderen Wertes, wenn nicht der Überlegenheit ihrer Kultur. Somit fügt sich der Boom der Kulturindustrie in auch sonst zu beobachtende neonationalistische Tendenzen in den ostasiatischen Ländern ein. In diesem Kontext und auch wegen ihrer wachsenden ökonomischen Bedeutung wird die Kulturindustrie durch die Politik gefördert und nimmt in Form von Selbstbehauptungsdiskursen bereits einen wichtigen Platz in den Beziehungen zwischen den Ländern Ostasiens ein.

Am stärksten kommen die beschriebenen Tendenzen in der Populärkulturindustrie zum Ausdruck. Hier waren in Asien insbesondere Hongkong, Japan, Südkorea und Indien besonders erfolgreich. In Südkorea werden die Erfolge der heimischen Kultur unter dem Namen »Hallyu« (engl. »Korean Wave«) bejubelt. *Hallyu* wurde von der südkoreanischen Regierung zum »Globalprojekt Korea« und damit zu einer Säule ihrer Außenpolitik erhoben.

Im Mittelpunkt dieses Beitrags stehen zwei Fragen: Wie hat sich dieses Phänomen *Hallyu* gebildet und in welchem Zusammenhang steht es mit den Selbstbehauptungsdiskursen in Südkorea? Dazu wird im Folgenden zunächst auf das Phänomen und seine wesentlichen Merkmale eingegangen, um anschließend die südkoreanischen Diskurse um *Hallyu* und die wirtschaftlichen Aspekte dieses Phänomens zu untersuchen.

1 Das Phänomen *Hallyu*

Das Wort »Hallyu« tauchte Ende der 1990er-Jahre zum ersten Mal in China auf (dort unter dem chinesischen Begriff »hanliu«), als Abkürzung von »hanguoliuxing«, was direkt übersetzt Koreaboom bedeutet. Der Boom der koreanischen Populärkultur in China begann 1997/98, als Fernsehdramen aus Südkorea, ihre Darsteller und die koreanische Popmusik beim chinesischen Publikum sehr beliebt wurden. Er löste in China die *Japan wave* ab, welche sich zuvor über Ost- und Südostasien, ja auch die restliche Welt ausgebreitet hatte und von japanischen Animes, Design, Essen und Mode getragen worden war. Etwa zur gleichen Zeit erreichten koreanische Fernsehdramen und Popsänger auch in Taiwan und ganz Südostasien große Popularität, sodass sich das Wort »Hallyu« als Ausdruck für diese neuen populärkulturellen Erscheinungen in diesen Ländern durchsetzte.

Ihre ersten ausländischen Erfolge erlebte die koreanische Populärkultur genaugenommen in Taiwan. Die Resonanz für die dort bereits in den 1980er-Jahren, als die Einfuhr japanischer Fernsehprogramme noch verboten war, importierten koreanischen Fernsehserien, die meist mit Untertiteln gesendet wurden, blieb zunächst jedoch gering. Das änderte sich, als die Fernsehanstalten 1995 damit begannen, koreanische Fernsehdramen, die sie viel günstiger erwerben konnten als die japanischen, zu besseren Zeiten zu senden. Seit Anfang 2000 wurden koreanische Serien dann zu regelrechten Rennern. Besonders beliebt waren die Fernsehdramen »Ibŭ-ŭi modŭn gŏt« (Alles von Eva), »hoteliŏ« (Hotelier) und »Inŏ agassi« (Meerjungfrau). Der Erfolg der koreanischen Fernsehserien in Taiwan legte den Grundstein für ihre Verbreitung im chinesischen Sprachraum. So kam es dazu, dass die mit »Sarang-i mwŏgillae« (Was Liebe heißt) 1997 erstmals eine Serie in China einen großen Erfolg feiern konnte. Bald erfreuten sich koreanische Fernsehserien auch in Hongkong, Vietnam und Singapur größter Beliebtheit.

In Japan hatte die *Korean wave* vor 2004 kaum Spuren hinterlassen. Das sollte sich mit der Fernsehserie »Kyŏul yŏn'ga« (Wintersonate) gründlich ändern. Nachdem die 20-teilige Serie, bereits zweimal über den Satellitensender BS2 ausgestrahlt worden war, erreichte sie bei ihrer dritten Ausstrahlung zu guter Sendezeit im Ersten Programm eine Einschaltquote von mehr als 20 Prozent. Die »Wintersonate«, die von einer dramatischen Liebesgeschichte zwischen zwei Schulfreunden handelt, war nun Dauerthema in zahlreichen Frauenzeitschriften und Wochenmagazinen. In der Folge erreichten auch andere koreanische Fernsehserien ungeahnte Popularitätserfolge. Es entstand sogar eine neue Zeitschrift, die sich speziell mit den koreanischen Soap Operas beschäftigte, und Reisebüros verkauften millionenfach Touren zu all den Orten in Südkorea, an denen diese Dramen gedreht worden waren.

Sämtliche südkoreanische Medien berichteten voller Stolz über *Hallyu* und die vielfältigen Ausdrucksformen dieses Booms in Japan sowie in Ost- und Südostasien. Da immer neue Fernsehdramen von einem Erfolg zum nächsten eilten, begannen koreanische Journalisten und Experten zu glauben, dass es sich bei *Hallyu* nicht nur um eine kurzlebige Erscheinung handele, sondern dass sich ein neuer Kulturtrend in der ganzen Region fest etabliert habe und nun dabei sei, über Asien hinaus die ganze Welt zu erobern.

Das gilt auch für die zweite Komponente von *Hallyu*, die Popmusik. Seit 2000 stiegen Boygroups und Sänger, deren Musik als K-Pop *(Korean pop)* bezeichnet wird, hoch in die Charts in China und den meisten Ländern der Ostasiens ein. Ihre jungen Fans mochten nicht nur ihre Musik und ihre Art zu tanzen, sondern auch ihre Kleidung, die nun auch in der Mode neue Trends setzte. Mit großer Begeisterung wurde zudem im Sommer 2011 von einem Auftritt von K-Pop-Gruppen in Paris berichtet, was allein schon als eine Auszeichnung für Südkorea und seine Kultur wahrgenommen wurde.

2 *Hallyu* und Selbstbehauptungsdiskurs

Die südkoreanischen Medien begannen im Sommer 2000 über den Boom ihrer Populärkultur in China zu berichten.[1] Jeder noch so kleine Erfolg wird seitdem groß herausgestellt. Dabei wird oft Eindruck erweckt, dass die koreanische Populärkultur bereits ganz Asien erobert hat und dort einen dominierenden Einfluss ausübt. Höhepunkte der Berichterstattung waren u. a. die Ausstrahlung der »Wintersonate« in Japan (2004) sowie das K-Pop-Konzert in Paris (2011). Die erste Meldung einer der meistgesehenen abendlichen Nachrichtensendungen im Fernsehen wurde im Juni 2011 mit »*Hallyu* über Asien hinaus in die Welt« anmoderiert.

Interessanterweise ist in der Hallyu-Berichterstattung nichts von der sonst klar erkennbaren politisch-ideologischen Einfärbung der einzelnen Medien wiederzufinden. Tenor und Inhalte der Artikel in den konservativ geprägten Tageszeitungen *Chosun Ilbo*, *Donga Ilbo* und *Joongang Ilbo* auf der einen und der linksliberalen *Hankyoreh* oder auch der Internetplattform *Ohmynews* auf der anderen Seite sind praktisch ununterscheidbar.

Sieht man sich die medialen Berichte über *Hallyu* genauer an, fällt auf, dass im Wesentlichen drei Themen behandelt werden, nämlich erstens nationaler Stolz, zweitens die Hoffnung auf eine ostasiatische Gemeinschaft, insbesondere einen gemeinsamen Markt, und drittens wirtschaftlicher Erfolg. Die Hauptkonsumenten von *Hallyu* in Ostasien, nämlich die Frauen, werden zufolge einer Analyse des Zeitraums 2004/05, der einen Höhepunkt in der Entwicklung von *Hallyu* darstellt, interessanterweise nur selten thematisiert *(Abbildung 1)*.

Abb. 1: Themen von Artikeln über Hallyu in den südkoreanischen Medien (jeweils Anzahl, 1.1.2004 bis 31.5.2005)

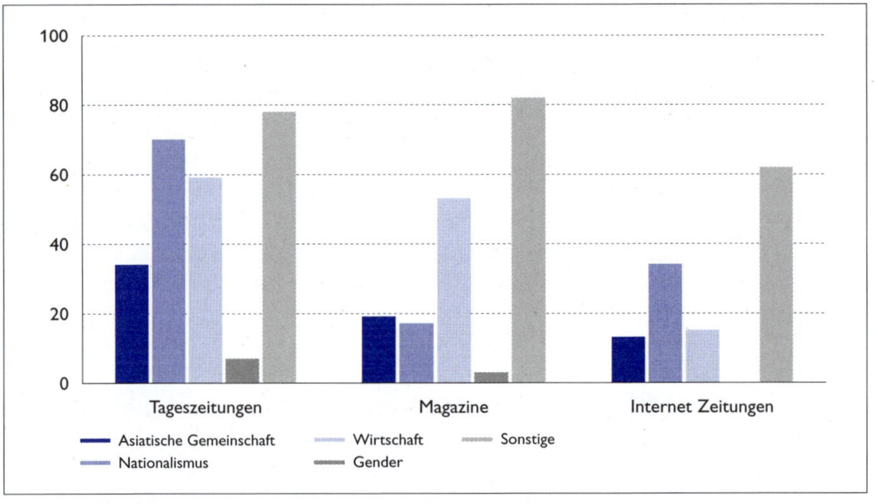

Anmerkung: Es wurden 248 Artikel aus 10 Tageszeitungen (Kyunghyang Sinmun, Kookmin Ilbo, Nae-il Sinmun, Donga Ilbo, Munhwa Ilbo, Seoul Sinmun, Segye Ilbo, Chosun Ilbo, Hankyoreh, Hankuk Ilbo), 174 Artikel aus 14 Zeitschriften (Newsmaker, Newspeople, Sisa Journal, Sindonga, Thinkmoney, Wolgan Chosun, Wolgan Jungang, Economy, Economist, Jugan Donga, Jugan Chosun, Jugan Hangook Hakyoreh 21, Newsplus) und 124 Artikel aus 3 Internetzeitungen (OhmyNews, Pressian, Simin ui Sinmun) untersucht.

In einer Reihe von Studien in Japan und Südostasien wurde nachgewiesen, dass die Frauen die Hauptträger des Booms der koreanischen Populärkultur in Ostasien waren.[2] Die mediale Vernachlässigung der Frauen steht sicherlich im Zusammenhang mit einem in der Berichterstattung über *Hallyu* deutlich erkennbaren nationalen Selbstbehauptungsdiskurs, der mit Konstruktionen der Besonderheiten der nationalen Kultur operiert. Die Rolle der Frauen als Hauptkonsumenten wird ignoriert, weil einige Akteure in diesen Diskursen mehr oder weniger offen davon ausgehen, dass die Anerkennung dieser Tatsache die Erfolge der koreanischen Populärkultur entwerten würde. Insofern kann man sagen, dass die Hallyu-Diskurse von männlichen Vorstellungen einer »konstitutiven Minderwertigkeit« der Frauen getragen werden.[3]

Auf diese Weise wird in den südkoreanischen Hallyu-Diskursen der Eindruck erweckt, es handele sich dabei um ein Massenphänomen und nicht nur um eines von Frauen aus bestimmten Schichten und Altersgruppen. Denn nur als vorgebliches breites Massenphänomen erlangt *Hallyu* die Qualität, die es braucht, um als Rechtfertigung für ein erhöhtes nationales Selbstbewusstsein herhalten zu können. Der Hallyu-Diskurs propagiert so einen Kulturnationalismus, der aus Schlagzeilen wie »Korea ist dank *Hallyu* endlich zur Kulturmacht aufgestiegen!« abzulesen ist.[4] Selbst von »Weltkulturmacht« wird gelegentlich gesprochen.

Berücksichtigt man die historische Erinnerung Koreas, das als kleines Land in unmittelbarer Nachbarschaft zur traditionellen Großmacht China immer versucht hat, dieser gegenüber ein Mindestmaß an Selbständigkeit zu wahren und bis ins 19. Jahrhundert einseitig die chinesische Kultur und Philosophie importiert hatte, wird die Bedeutung von Formulierungen wie »neue Wende in der Geschichte des koreanisch-chinesischen Kulturaustausches« oder »Umkehrung der traditionellen Verhältnisse von Kulturimport und Kulturexport zwischen China und Korea« verständlich. Ganz in diesem Sinn schreibt ein Autor: »Weil wir, um neben der Großmacht China überleben zu können, über lange Zeit die Tugend der Zurückhaltung gepflegt hatten, ist der Export unserer Kulturgüter in die Welt eine sehr erfreuliche Nachricht.«[5]

Als der Koreaboom 2004 auch noch Japan erfasste, war die Reaktion in Südkorea noch enthusiastischer. Nach der 1998 erfolgten Ankündigung der Aufhebung der Importverbote für japanische Zeitschriften, Musik und Filme hatte man große Sorge, dass die japanische Populärkultur im Fluge den südkoreanischen Markt erobern und damit Ansätze eigener Entwicklungen zerstören oder zumindest stark beeinflussen würde. Dementsprechend reagierte man mit großer Begeisterung auf die Erfolge der koreanischen Populärkultur in Japan. Selbst Börsenexperten ließen sich zu Äußerungen hinreißen wie »die Nachricht, dass im Ausland, noch dazu in Japan, ein Land, das uns immer an Patriotismus denken lässt, der Wind von *Hallyu* weht, macht mich stolz, ein Koreaner zu sein«. Es hieß, jetzt sei die Zeit einer »Renaissance der koreanischen Kultur« gekommen. Überhaupt habe die koreanische Kultur, schrieb eine Zeitung, von alters her die japanische stark beeinflusst; in der Wissenschaft sei man einhellig der Auffassung, dass Korea der Ursprung der japanischen Kultur sei.[6]

Der Boom der koreanischen Populärkultur in Ost- und Südostasien erfüllte die ganze Nation nicht nur mit Stolz, sondern weckte auch Ambitionen, nunmehr »weit über Asien hinaus in der ganzen Welt« *Hallyu* zu verbreiten. Koreaner besäßen durchaus die Fähigkeit und die notwendigen Eigenschaften, um das »weltbeste Kulturvolk« zu werden, schrieb Ryu Jung-ha in der Zeitung *Hankyoreh* am 21. Mai 2004. Das Koreanische fände wegen seiner besonderen Qualitäten endlich weltweit Anerkennung. Schon im Altertum sei die besondere Qualität der koreanischen Kultur bekannt gewesen, sodass auch die Chinesen Sehnsucht nach ihr gehabt hätten. *Hallyu* habe entstehen können, weil »die Welt durch das koreanische Herz stark berührt wird«. *Hallyu* stelle »eine exakte Übereinstimmung zwischen den Stoffen, die die koreanische Kultur bietet, den dazugehörigen Empfindungen einerseits und den von der jeweiligen einheimischen Bevölkerung bevorzugten Texten und Interpretationscodes andererseits her«. An anderer Stelle heißt es: »Die Werke, welche am internationalen Markt gut ankommen, sind allesamt von den besonderen Erfahrungen und dem Geist der Koreaner durchdrungen.«[7] Die koreanische Kultur bringe dieses »spezifische Wesen« mit »neuen Gemütslagen und neuen Vermarktungstechniken« in Verbindung und würde so auf dem Weltmarkt gute Resonanz finden.[8]

Freilich bleibt bei der ausufernden Betonung der besonderen koreanischen Qualitäten bis auf Andeutungen ganz und gar ungeklärt, was nun die spezifischen und besonderen Eigenschaften der koreanischen Kultur sind und inwiefern die Produkte der Populärkulturindustrie diese Eigenschaften verkörpern. In Wirklichkeit ist es kaum möglich, Zusammenhänge zwischen der traditionellen Kultur Koreas und der gegenwärtigen Populärkultur herzustellen, zumal die Produktion der Letzteren von Anfang an international angelegt war und ist. Dennoch muss die Tradition ständig als Ursache für die überraschenden Erfolge der Populärkultur Koreas in Ostasien und anderswo herhalten.

Soweit man überhaupt einen ursächlichen Zusammenhang herzustellen versucht, rekurriert man auf die hybride Eigenschaft der koreanischen Kultur. So entwickelte der Regisseur und Komponist Kim Min-gi[9] eine »Trichtertheorie«, um die Besonderheiten der koreanischen Kultur, insbesondere ihren hybriden Charakter, der das Phänomen *Hallyu* überhaupt erst ermöglicht habe, erklären zu können. Im »Trichter« der koreanischen Kultur werde nunmehr unterschiedlichen kulturellen Elementen der modernen Welt, stammten sie aus dem Westen oder aus dem Osten, stets Neues hinzugefügt, wodurch sich die Kultur in sich verändert. Nur im Kontext dieses »kultur-strukturellen Systems« könne man verstehen, warum die Dinge, welche einmal durch den koreanischen Trichter gelaufen sind, in Asien so populär seien. Insofern greife man zu kurz, wenn man »*Hallyu* als einmaliges Ereignis oder nur als ein vorübergehendes Phänomen der

Populärkultur« betrachte. Damit würde man auf die einmalige Chance, die koreanische Kultur zu verbreiten, verzichten. Korea müsse erkennen, dass »die Behauptung einiger Wissenschaftler, asiatische Werte würden im Fluss der menschlichen Zivilisation immer wichtiger werden, keine bloße Behauptung ist, sondern immer mehr Realität gewinnt«. Korea müsse versuchen, »bevor die vom Osten dominierte Zivilisation zustande kommt, allgemeine asiatische Werte zu identifizieren, unsere eigenen Elemente hinzuzufügen, und so der Kultur neue Formen und Inhalte zu geben, damit diese schließlich auch vom Westen akzeptiert werden können«. Das letztliche Ziel solcher Bemühungen sei es, Korea über Asien hinaus »als Kulturzentrum der Menschheit« auferstehen zu lassen.[10]

Nun ist es nicht unbedingt originell, im Kulturdiskurs die Hybridität der eigenen Kultur zu betonen und dies als Ursache ihrer Besonderheit darzustellen. Ähnliche Diskurse kennt man in Ostasien spätestens seit Beginn der japanischen imperialistischen Expansion zum Ende des 19. Jahrhunderts. In den japanischen Kulturdiskursen wurde die Hybridität als die besondere Fähigkeit der japanischen Kultur verstanden, andere Kulturen in sich aufzunehmen, sie an die japanischen Gegebenheiten anzupassen und zu verändern und daraus eine neue japanische Kultur zu schaffen. Auf diese besondere japanische Art der Kulturschöpfung (Okakura Tenshin) wurde auch in den 1990er-Jahren zur Erklärung der Verbreitung der japanischen Populärkultur in Südostasien zurückgegriffen.[11]

Das vom indischen Theoretiker Homi Bhabha entwickelte Konzept der kulturellen Hybridität zielt dagegen auf die Nichtabgrenzbarkeit von Kulturen und stellt die Existenz stabiler kultureller Identitäten überhaupt infrage. Es richtet sich also gerade gegen den Kulturessentialismus und die Verabsolutierung der Nation.[12] Die japanischen Kulturdiskurse, die von der vereinfachten Annahme ausgingen, dass alles vom japanischen Kulturboden absorbiert und zu neuem Leben erweckt würde, ignorieren oder unterschlagen demnach, dass in der Begegnung von fremden Kulturen Konflikte auftreten und nicht zusammenfügbare Elemente aufeinandertreffen können.

Das gleiche Problem tritt bei der Trichtertheorie von Kim Min-gi auf. Die Aufforderung, mit dem Trichter namens »koreanische Kultur« fremde Kulturelemente herauszufiltern und in einer neuen Kultur zu integrieren, damit Korea zu einem Zentrum der Weltkultur aufsteige, beinhaltet ebenso wie die japanischen Diskurse die Gefahr einer nationalistischen Überinterpretation des Erfolges koreanischer Populärkultur. Angesichts der überambitionierten Hallyu–Interpretationen in Südkorea wird verständlich, warum sich in China und Japan Gegenbewegungen wie *kenHallyu* (wörtlich *Korean wave hate*) formiert haben.[13]

3 *Hallyu* als wirtschaftlicher Faktor

Die Erfolge der koreanischen Populärkultur im Ausland werden in Südkorea nicht nur gefeiert, weil sie das Ansehen des Landes steigern, sondern auch als wirtschaftlicher, devisenbringender Faktor betrachtet: »In unserem Zeitalter kann man mit einem guten Film größere Gewinne erzielen, als mit dem Verkauf von Millionen von Halbleitern oder Hunderttausenden von Autos. Talentierte, ideenreiche junge Entertainer sind im Ausland in einem Maße erfolgreich, von dem Regierung und Unternehmen nur träumen können. Die Populärkultur Koreas besitzt ein großes Potenzial, um international konkurrieren und verkaufen zu können.« Zugleich wird befürchtet, dass die Kulturindustrie noch nicht stark genug ist: »Wird die Populärkultur Koreas ihre Erfolge in Asien fortführen können, indem sie die Qualität verbessert? Werden wir die bisher gezeigte Entfremdung von unserer eigenen Kultur überwinden können, indem wir Kulturgüter herstellen, die von unseren Erfahrungen erzählen und zugleich auf dem Weltmarkt konkurrenzfähig sind?«[14]

Tab.: Exporte der Kulturindustrie Südkoreas nach Ländern und Bereichen 2008 (in Millionen Dollar)

	China	Japan	Südost-asien	Nord-amerika	Europa	Sonstige	Summe
Druck-erzeugnisse	19,4	25,1	69,2	93,8	21,1	31,4	260,0
Comics *(manhwa)*	0,4	0,6	0,5	0,9	1,6	0,03	4,1
Musik	1,8	11,2	2,6	0,3	0,3	0,2	16,5
Computerspiele	292,0	227,5	241,7	184,9	93,0	54,7	1093,9
Filme	1,3	9,0	2,7	3,1	4,1	0,8	21,0
Animes	1,1	16,9	0,5	47,6	12,4	2,2	80,6
Fernseh-programme	8,1	65,6	17,2	1,2	0,4	1,4	93,9
Spielcharaktere	38,3	12,8	20,8	74,4	50,4	31,5	228,3
Erziehungs-programme	0,2	3,1	0,3	0,8	0,3	1,1	5,7
Gesamtsumme	362,8	371,9	355,4	407,1	183,6	123,2	1804,0
Anteil (in Prozent)	20,1	20,6	19,7	22,6	10,2	6,8	100,0

Quelle: Ministerium für Kultur, Sport und Tourismus, Statistisches Jahrbuch für Kulturindustrie, 2004, 2005, 2006, 2007, 2008, 2009.

Damit die koreanische Kulturindustrie ihre Position in den großen Entertainmentmärkten der Industrienationen verteidigen und ausbauen kann, hat die Regierung staatliche Unterstützung und öffentliche Investitionen zugesichert. Die 2009 gegründete »Präsidialkommission für Nation Branding« erklärte *Hallyu* zu einer nationalen Marke. So verkündete die Regierung am 30. August 2011, dass sie Mädchenbands fördern wolle, damit besonders K-Pop weltweit noch mehr Anhänger finde.

Zwar haben die Exporte der koreanischen Kulturindustrie seit Ende 1990er-Jahre insgesamt stark zugenommen, der Anteil der »Kulturgüter« am Gesamtexport Südkoreas lag zwischen 2003 und 2008 dennoch bei gerade einmal 0,41 Prozent. Den größten Erfolg verzeichnet hierbei der Verkauf von Computerspielen, deren Gehalt an koreanischer Kultur jedoch vernachlässigbar ist. Rechnet man diese heraus beträgt der Anteil der potenziell »Hallyu-haltigen« Exporte (Comics, Musik, Filme, Animes und Fernsehprogramme) an den Gesamtexporten des Landes nur 0,12 Prozent.

Die Schwerpunkte der südkoreanischen Kulturgüterexporte sind – wie in der *Tabelle* zu erkennen – regional recht unterschiedlich gelagert. Die Märkte für Computerspiele liegen vor allem in Asien, aber auch in Nordamerika und zu einem kleineren Teil in Europa. Ähnlich sieht es bei Spielcharakteren und Animes aus. Hingegen liegen die im Vergleich zu den Computerspielen deutlich kleineren Märkte für Fernsehprogramme, Filme und Musik ganz überwiegend in Asien. Insgesamt gehen rund 60 Prozent der koreanischen Kulturgüterexporte nach Ost- und Südostasien. Allerdings liegt der Anteil von Comics, Musik, Filmen, Animes und Fernsehprogrammen, die noch am ehesten mit *Hallyu* in Verbindung gebracht werden können, an den Kulturgüterexporten in die Länder dieser Regionen nur bei 12,8 Prozent.

Wenn der Kulturindustrie dennoch große Bedeutung eingeräumt wird, ist dies auf zwei Gründe zurückzuführen. Der erste Grund ist die Erwartung großer Gewinnspannen. In diesem Zusammenhang wird in den südkoreanischen Medien häufig erwähnt, dass die Exporteinnahmen aus einem Film wie »Titanic« dem Wert von mehr als 40000 Mittelklassewagen entsprächen.[15]

In einem Bericht des Samsung Wirtschaftsforschungsinstituts (SERI) wurde erklärt, dass der »Volkscharakter und die traditionelle Kultur« einerseits und die IT-Industrie als technische Grundlage andererseits das Kapital der Kulturindustrie darstellen. Südkorea verfüge in dieser Hinsicht über eine hervorragende Kapitalausstattung, die die Grundlage der Erfolge der Kulturindustrie seit Ende der 1990er-Jahre gebildet habe. Zugleich wird darin die südkoreanische Regierung aufgefordert, eine Strategie zu entwickeln, um Südkorea als »Global Trendsetter« in Ostasien zu etablieren.[16]

Diese und weitere Forderungen mündeten 2009 in die Gründung der oben bereits erwähnten »Präsidialkommission für Nation Branding«.

Der zweite Grund sind die damit verbundenen Hoffnungen auf eine Verbesserung des Images von Südkorea im Allgemeinen und damit der Exportchancen seiner Wirtschaft. Sowohl bei Politikern als auch in der Öffentlichkeit hat sich das Bewusstsein durchgesetzt, dass im 21. Jahrhundert die Frage des Erfolgs eines Landes durch die Kulturindustrie entschieden wird.[17] Deren indirekte Wirkungen auf die Exportindustrie würden maßgeblichen Einfluss auf die Wettbewerbsfähigkeit des Landes nehmen. Demnach würde der Konsum von Produkten der koreanischen Kulturindustrie die Wertschätzung anderer koreanischer Produkte erhöhen und das Image des Landes verbessern – kurzum die Marke Korea aufwerten.[18] Inwiefern solche Erwartungen oder Konstrukte eine Entsprechung in der Wirklichkeit finden, ist schwer zu überprüfen. Indes schätzt man in Südkorea den gesamten wirtschaftlichen Nutzen der beiden erfolgreichsten Fernsehserien »Wintersonata« und »Taejanggŭm« (Eine Heldin namens Changgŭm) auf 292 Millionen Euro.[19] Die Vorteile der weltweiten Ausbreitung der Populärkultur werden schematisch in *Abbildung 2* dargestellt.

In der SERI-Studie von 2005, als *Hallyu* gerade einen Höhepunkt erlebte, wird berichtet, dass der Erfolg der Fernsehserie »Taejanggŭm« in Taiwan dazu geführt habe, dass die Haushaltsgeräte von LG Electronics 2005 auf

Abb. 2: Stufe der Verbesserung des Images Südkoreas durch Export der Kultur

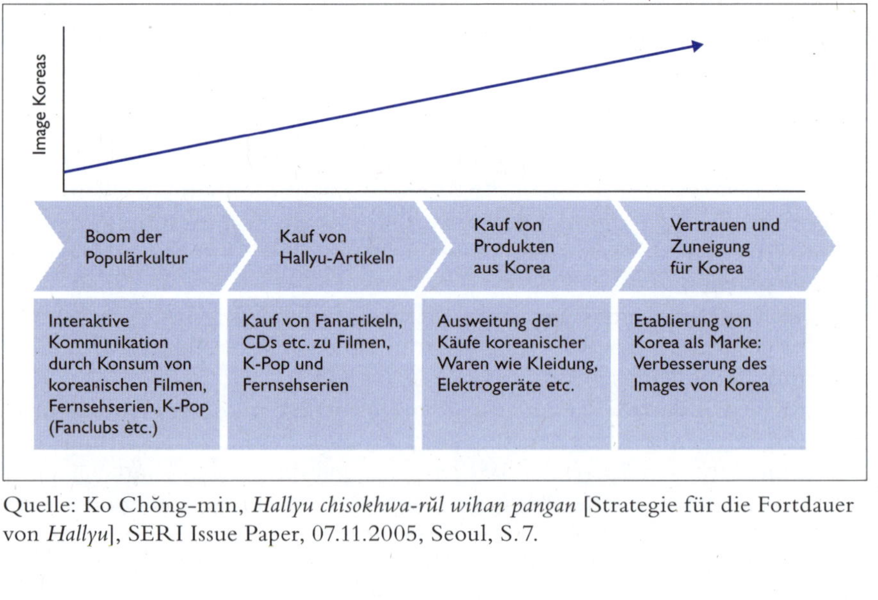

Quelle: Ko Chŏng-min, *Hallyu chisokhwa-rŭl wihan pangan* [Strategie für die Fortdauer von *Hallyu*], SERI Issue Paper, 07.11.2005, Seoul, S. 7.

Platz 1 vorrückten. Auch die Verkaufszahlen von Hyundai-Autos in Taiwan seien zwischen 2002 und 2005 u. a. unter dem Einfluss von *Hallyu* von 3 743 auf 18 527 gestiegen.[20] Genauere Studien, die diese Zusammenhänge unter Einbeziehung anderer Einflussfaktoren differenziert und empirisch unzweideutig nachweisen, gibt es allerdings nicht. Auch wenn in der Realität allzu große Hoffnungen auf kräftige Impulse für die Wirtschaft durch *Hallyu* nicht gerechtfertigt zu sein scheinen, wird die öffentliche Debatte in Südkorea von der Ansicht beherrscht, dass *Hallyu* die Exportchancen verbessert habe. Das sagen sogar die Unternehmen selbst: Bei einer Umfrage des Koreanischen Verbandes für Internationalen Handel (KITA) antworteten 67 Prozent der befragten Unternehmen, dass *Hallyu* ihnen bei Exporten indirekt geholfen habe, 5 Prozent sprachen von einem langsamen Zuwachs durch *Hallyu* und weitere 5 Prozent gar von einem schnellen Zuwachs der Exporte.[21]

Fazit

Hallyu gehört ohne Zweifel zu den Themen, die die öffentliche Debatte in Südkorea in den letzten Jahren ganz wesentlich geprägt haben. Tatsächlich erfreuen sich koreanische Fernsehserien und Filme sowie die koreanische Popmusik (K-Pop) im Ausland, insbesondere in Ost- und Südostasien, ganz unerwartet großer Beliebtheit. In Südkorea selbst ist man stolz darauf, es – zumindest in der eigenen Wahrnehmung – endlich geschafft zu haben, in der Welt als »Kulturnation« zu gelten. Die öffentliche Hallyu-Debatte ist dabei allerdings stark von nationalistisch inspirierten Selbstbehauptungsdiskursen geprägt.

Ein Strang der südkoreanischen Debatte kreist um *Hallyu* als Wirtschaftsfaktor. Dieser stützt sich weniger auf reale Effekte, sondern auf Erwartungen und Hoffnungen, die mit besseren Exportchancen, vor allem mit der Aufwertung des internationalen Images Südkoreas verbunden sind. Die eigentlichen Produktions- und Vermarktungssysteme mit ihren Stärken und Schwächen werden eher nur von koreanischen Experten und ausländischen Medien thematisiert, in der öffentlichen Debatte in Südkorea werden sie selten berührt. Vielmehr reagiert man empört auf kritische Kommentare über *Hallyu* in ausländischen Medien.

Eine Voraussetzung für den Erfolg der *Korean wave*, zumindest für die Schnelligkeit, mit der sie sich ausbreiten konnte, war die Entwicklung neuer Kommunikationstechnologien. Die Verbreitung von Kabel- und Satellitenfernsehen hat die Absatzmärkte für Fernsehserien wesentlich erweitert und ohne das Internet, insbesondere *Youtube*, ist die rasante Verbreitung von K-Pop gar nicht denkbar, wie man beim Erfolg von Psy mit »Gangnam Style« sehen konnte. Gerade diese Entwicklungen zeigen, dass die Wahlmöglichkeiten der Konsumenten ungeheuer zugenommen haben und dadurch auch deren Geschmäcker und Stile sowie die damit verbundenen Identitätskonstruktionen enorm erweitert worden sind. So ist *Hallyu* Teil eines Prozesses beschleunigter Nischenbildung in den globalisierten Märkten der Kulturindustrie.

Das kann natürlich nicht heißen, dass es keine spezifisch koreanischen Momente in *Hallyu* gibt. Die erfolgreichen Produkte der südkoreanischen Kulturindustrie müssen auf eine bestimmte Weise für die ausländischen Konsumenten attraktiv sein, sonst würden sie sich kaum für Fernsehserien, Filme, Animes oder Musik gerade aus Südkorea entscheiden. Was diese Attraktivität genau ausmacht, lässt sich nicht pauschal feststellen und unterscheidet sich eher von Fall zu Fall, was auch die unterschiedlichen Erfolge koreanischer Kulturprodukte erklärt. Nach den überraschenden ersten Erfolgen koreanischer Fernsehserien 1997/98 versucht die südkoreanische Kulturindustrie nunmehr ihrerseits, den Geschmack des ausländischen Publikums zu treffen. Damit sind sie Teil eines komplexen und dynamischen transkulturellen Zusammenhangs geworden, in dem die eine oder andere, vermeintliche oder reale nationale Besonderheit nur noch einen instrumentellen bzw. kommerziellen Wert besitzt.

Ob das südkoreanische »Kulturkapital« mit seiner Globalisierungsstrategie letztlich so erfolgreich sein wird, dass es auch mittel- und langfristig zu einem globalen Trendsetter aufsteigen kann, oder ob *Hallyu* das Schicksal der Filmindustrie Hongkongs ereilen wird, die nach einer kurzen Erfolgsphase auf dem globalem Kulturmarkt in den 1980er-Jahren sehr schnell in Vergessenheit geraten war, kann derzeit noch nicht gesagt werden. Koreaner, denen *Hallyu* mehr oder weniger unerwartet die Chance gegeben hat, sich ihrer langen historischen Tradition und alten Kultur in moderner Zeit bewusst zu werden, erfüllt dieses Phänomen jedenfalls erst einmal mit Stolz.

Literatur

Chua, Beng Huat/Koichi Iwabuchi (Hrsg.), East Asian Pop Culture: Analysing the Korean Wave, Hongkong 2008.

Korea Herald (Hrsg.), Korean Wave, Seoul 2009.

Anmerkungen

1 Längere Artikel erschienen am 13.7.2000 in Donga Ilbo: *Chungguk-e punŭn Hallyu yŏlp'ung* [Der in China wehende Hallyu-Wind], am 14.7.2000 in Kyunghyang Sinmun: *Chungguk-ŭi Hallyu yŏlp'ung* [*Hallyu* in China] und am 1.9.2000 in Munhwa Ilbo: *Chungguk-ŭn chigŭm Hallyu yŏlp'ung* [In China weht der Hallyu-Wind].

2 U.a. Kaori Hayashi, *›Fuyusona‹ ni Hamatta Watakushitachi. Junai, Namida, Masukomi... soshite Kankoku* [Warum wir ›Wintersonate‹ so lieben: Reine Liebe, Tränen, Massenmedien und Südkorea], Tokyo 2005; im Gegensatz zu koreanischen Medien wird in Japan die Weiblichkeit der *Korean wave* stets betont: Eun-Jeung Lee/Kaori Hayashi, The Potential of Fandom and the Limits of Soft Power: Japanese and Korean Representations on the Popularity of a Korean Melodrama in Japan, in: Social Science Japan Journal, November 2007, S. 197–216.

3 Zum Begriff »konstruktive Minderwertigkeit« siehe Françoise Collin, Differenz und Widerstreit. Die Frauenfrage in der Philosophie, in: Georges Duby/Michelle Perrot (Hrsg.), Geschichte der Frauen, Bd. 5, Frankfurt am Main/New York 1992, S. 291–325, hier S. 295.

4 Yi Yong-wŏn, *Taejungmunhwa-ŭi kkum* [Der Traum von der Populärkultur], in: Seoul Sinmun vom 14.7.2000, S. 7.

5 Im Kye-sun, *Han Chung chŏngsang, Tongbuk-A sidae yŏrŏra* [Die Staatschefs von China und Korea sollten das Zeitalter Nordostasiens eröffnen], in: Donga Ilbo vom 3.7.2003, S. 6.; Song Mun-hong, *Hallyu yŏlp'ung* [Der heiße Wind von *Hallyu*], in: Donga Ilbo vom 14.8.2001, S. 6; Pak Kil-sŏng, *Such'ul sŏnggong hanŭn, Han'guk-chŏk kamdong'* [Die zum Exporterfolg gewordene koreanische Ergriffenheit], in: Munhwa Ilbo vom 12.6. 2001, S. 6.

6 Kim Chun-bŏm, *Ilbon Han'guk dŭrama yŏlp'ung-ŭro ent'ŏt'einmŏnt'ŭ ju in'gi* [Wegen des Booms der koreanischen Serien in Japan steigt die Nachfrage nach Aktien von Entertainmentfirmen], in: Nogyŏt Nyusŭ vom 16.7.2004; Segye ilbo, *Ilbonin sarojamnŭn kimch'i – hanguk dŭrama* [Japaner begeistern sich für koreanisches Kimchi und koreanische Fernsehserien], vom 28.1.2004, S. 25.

7 Pak Kil-sŏng, *Such'ul sŏnggong hanŭn »Han'guk-chŏk kamdong«* [Koreanische Rührung, die zum Erfolg des Exports führt], in: Munhwa Ilbo, 12.6.2001, S. 6.

8 Kyŏnghyang Sinmun schreibt am 14.7.2000 *»Chungguk-ŭi* Hallyu *yŏlp'ung«* [*Hallyu* in China], Munhwa Ilbo am 12.6.2001 *»Such'ul sŏnggong hanŭn ›Han'guk-chŏk kamdong‹«* [Die zum Exporterfolg gewordene koreanische Ergriffenheit], Donga Ilbo am 16.3.2004 *»Chang Su-hyŏn Chŏn Hyŏn-t'aek* Hallyu *taedam – Asia rŭl nŏmŏ segye sok-ŭi* Hallyu*«* [Gespräch zwischen Chang Su-hyŏn und Chŏn Hyŏn-taek – *Hallyu* über Asien hinaus in die Welt tragen]; Hankyoreh am 21.5.2004 *»Hallyu yŏ, Tongbuk-A-rŭl kosim hara«* [*Hallyu*, denke über Nordostasien nach]; Hankook Ilbo am 16.3.2004 *»Ije-nŭn munhwa sanŏp ida«* [Von nun an Aufbruch der Kulturindustrie].

9 Kim Min-Gi ist der Regisseur des erfolgreichen koreanischen Musicals »Chihach'ŏl irhosŏn« (U-Bahn Linie 1; eine koreanisierte Version von »Linie 1« von Volker Ludwig). Bekannt geworden ist er zuvor als Komponist vieler Widerstandslieder, die in den 1970er- und 1980er-Jahren von Studenten und Dissidenten gesungen wurden.

10 Son Pyŏng-ho, *Han'gug-ŭl kŏch'imyŏn muŏs in'ga- saeroun kŏs-i naonda* [Durch den koreanischen Trichter entsteht etwas Neues], in: Kukmin Ilbo vom 27.9. 2001, S. 20;

Cho-Han Hye-jŏng, *Kŭllobŏl chigak pyŏndong-ŭi chinghu-ro ilgnŭn Hallyu yŏlp'ung* [Der heiße Wind von Hallyu als Zeichen von Veränderungen der globalen Struktur], in: Cho Han Hye-jŏeong u. a., *Hallyu-wa Asia-ŭi taejung munhwa* [*Hallyu* und Populärkultur in Asien], Seoul 2003, S. 1–42.

11 Der ideologische Charakter der Hybriditätsdiskurse über die japanische Nation wurde ausführlich und kritisch von Oguma Eiji untersucht: Oguma, Eiji, *Minshu to aikoku* [Demokratie und Patriotismus], Tokyo 2002.

12 Siehe dazu Homi Bhabha, The Location of Culture, London 1994.

13 Bezeichnend dafür ist ein im Sommer 2005 veröffentlichtes Mangaheft mit dem Titel »Ken-Kanryu« (wörtlich »Hass auf die Korean Wave«). In ihm wird die Abscheu gegenüber *Hallyu* kraftvoll zum Ausdruck gebracht. In einem Monat wurden mehr als 200 000 Exemplare verkauft.

14 *»Beijing-ŭi Hallyu«* [Hallyu in Peking], Segye Ilbo vom 3.2.2000; Cho-Han Hye-jŏng, *Hallyu yŏlp'ung-ŭi ppuri-wa t'oyang* [Grundlage und Nährboden von *Hallyu*], in: Hankyoreh vom 13.8.2001, S. 7.

15 Maeil Kyŏngje, 3.6.1999, S. 9.

16 Ko Chŏng-min, *Hallyu chisokhwa-rŭl wihan pangan* [Strategie für die Fortdauer von *Hallyu*], SERI Issue Paper 7.11.2005, Seoul 2005.

17 Im Zusammenhang damit wird in Korea zwar immer wieder der Name des US-Ökonomen Peter Drucker erwähnt. Es ist aber nicht nachweisbar, wann und wo Peter Drucker konkret das gesagt haben soll.

18 Yun Chae-sik, Hallyu-*ŭi chisokchŏgin palchŏn-ŭl wihan chonghap chosa yon'gu* [Studien für die Entwicklung einer Strategie für die Fortdauer von *Hallyu*], Seoul 2008.

19 Kim Sang-wŏn u.a., *Munhwa k'ŏmyunikeisyŏn-ŭl t'onghan han'guk kukka pŭraendŭ imiji kaesŏn pangan yon'gu* [Studien zur Strategieentwicklung für die Verbesserung des Images von Korea durch kulturelle Kommunikation], in: Brecht-wa hyŏndae yŏn'gŭk, Vol. 24 (2011), S. 435–454, hier 440.

20 Ko Chŏng-min u. a. (wie Anm. 16), S. 7–9.

21 Korea Trade Research Institute, *Ch'oegŭn-ŭi Hallyu hyŏnhwang-gwa hwalyong chŏllyak* [Die Lage von *Hallyu* und Strategie für seine Nutzung], Seoul 2004, S. 15.

Shin Hyunjoon

Indie-Musik: Die Undergroundkultur von Hongdae*

Fragt man junge Ausländer und Ausländerinnen, die Südkorea bereisen, nach dem interessantesten Ort in Seoul, so antwortet der Großteil mit »Hongdae«. Besucht man diesen im Nordwesten der Hauptstadt gelegenen Ort am Wochenende, entdeckt man auf der Straße tatsächlich eine Vielzahl junger Besucher aus westlichen Ländern. Natürlich ist es am Beginn des 21. Jahrhunderts nicht mehr unüblich, in Seoul und anderen südkoreanischen Großstädten »Ausländer« vorzufinden, doch handelt es sich bei Hongdae um einen besonderen Ort, an dem es nicht um bloßes Sightseeing und Shopping geht. Mit anderen Worten: Hongdae ist mehr als nur ein Ort des kommerziellen Konsums, es wird als eine Stätte der alternativen Kulturproduktion verstanden.

Wichtigstes Element bei der Herausbildung des besonderen Status von Hongdae ist die Indie-Musik. Obwohl auch andere Kunstgenres an diesem Ort verwurzelt sind und sich hier entwickeln, ist man sich im Prinzip darüber einig, dass Indie-Musik der erste Begriff ist, den man mit dem Hongdae-Gebiet assoziiert. Indie-Musik unterscheidet sich vom sogenannten K-Pop, dem seit Mitte der 1990er-Jahre zweifellos populärsten Musikgenre in Südkorea, das unlängst den asiatischen Raum erfasst hat und nun auch in globaler Dimension exportiert wird. Doch K-Pop, der von sogenannten *Idols*[1] repräsentiert wird, die in systematischen Trainingsprogrammen der großen Entertainmentagenturen künstlich produziert werden, stößt bei den in Hongdae ansässigen Musikproduzenten und -konsumenten auf Desinteresse, teilweise sogar auf Anfeindungen. Die »Star-Fabriken«, also die großen Agenturen, welche K-Pop in Massen produzieren, sind in Kangnam, dem reichsten Bezirk Seouls, angesiedelt. Vereinfacht gesagt stehen sich innerhalb der kulturellen Topografie Seouls bzw. ganz Südkoreas »Hongdae Indie« auf der einen und »Kangnam Mainstream« auf der anderen Seite gegenüber.

Im Folgenden soll untersucht werden, wann und wie die kulturelle Transformation von Hongdae begonnen hat und auf welcher Stufe sie jetzt steht. Der Fokus liegt dabei auf dem Charakter der Untergrundkultur. Auf diese Weise lässt sich ein Zugang zur koreanischen Kultur aus einem anderen Blickwinkel als dem der traditionellen, öffentlichen oder Mainstreamkultur finden. Die ersten beiden Kapitel werfen zunächst einen Blick zurück auf die 1990er-Jahre, wobei die Begriffe »Hongdae« und »Indie« jeweils näher beschrieben werden. Danach folgt eine Diskussion über den Wandel, der ab dem Jahr 2000 stattgefunden hat, und zum Abschluss soll der allgemeine Charakter der Indie-Kultur erläutert werden.

1 Ein Ort namens Hongdae

Als »Hongdae-ap« (dt. »vor Hongdae«) bezeichnet man ein Gebiet, das sich zu beiden Seiten einer schmalen Straße befindet, welche vom U-Bahnhof Hongdaeipgu bis zum Haupttor der Hongik-Universität von Ost nach West verläuft. Statt des Begriffes »Hongdae-ap«, der noch bis in die 1990er-Jahre gebräuchlich war, begann man irgendwann nur noch die Kurzform »Hongdae« zu verwenden. Zwar gehört die Hongik-Universität nicht zu den herausragenden Universitäten Südkoreas, jedoch ist sie als Kunsthochschule im ganzen Land für ihren hohen Standard bekannt. Nicht nur auf dem Campus, sondern auch in der Nachbarschaft der Universität gibt es viele der Kunst gewidmete Einrichtungen wie Ateliers, Galerien, Schulen usw. Mit dem als »Hongdae« bezeichneten Gebiet ist jedoch weder der Campus der Hongik-Universität noch der Bezirk gemeint, in dem er sich befindet. Der Begriff beschreibt vielmehr vage ein Areal, das sich von außerhalb des Campus der Hongik-Universität bis zum U-Bahnhof erstreckt und dessen kulturelle Identität sich durch die Menschen definiert, die dort ihre Zeit verbringen. Wenn also jemand den Begriff der »Hongdae-Szene« benutzt, sollte man wissen, dass damit nicht unbedingt ein physischer Ort gemeint ist, sondern eher ein symbolischer Raum.

Bei oberflächlicher Betrachtung unterscheidet sich die als Hongdae bezeichnete Gegend nicht allzu sehr von anderen Geschäftsvierteln, die überall an den U-Bahnstationen der Megastadt Seoul zu finden sind. Besonders in der Nacht zeigt sich das typische Bild ostasiatischer Großstädte, mit einer Flut von Menschen und geschäftigem Treiben. Bewegt man sich aber etwas weg von den Geschäftsvierteln in U-Bahnhof-Nähe, so taucht man, je näher man dem Hongik-Campus kommt, langsam in die künstlerische Atmosphäre ein, die für Hongdae charakteristisch ist.

In der Nachbarschaft von Hongdae liegt der Stadtteil Sinch'on, in dem sich die koreanischen Elite-Universitäten Yonsei, Sogang und Ewha befinden und der bis in die 1970er- und 1980er-Jahre Zentrum der Boheme-

Subkultur war. Doch seit den 1990er-Jahren vollzog sich in Sinch'on eine rapide Kommerzialisierung bzw. Gentrifizierung, zur gleichen Zeit als sich die gegenwärtige Hongdae-Undergroundkultur entwickelte.

Verlässt man also die Hauptstraße (Yanghwaro) in der U-Bahnhof-Umgebung, wo einige Hochhäuser mit dort ansässigen internationalen Franchise-Unternehmen stehen, formen Gebäude mit weniger als fünf Stockwerken und dazwischen, einem Labyrinth gleich, kleine verwinkelte Gassen das Areal Hongdae. Ab Mitte der 1990er-Jahre entstanden hier Einrichtungen mit Bezug zur Musikproduktion und -vermittlung wie Liveclubs, Musiklabels, Aufnahmestudios, Proberäume, Schallplattenläden etc. In der Folge siedelten sich darüber hinaus nacheinander attraktive Cafés, Bars, Restaurants, Galerien, Modeläden, Ateliers usw. an. Diese Stätten boten Platz für das alltägliche Leben von Kunstschaffenden, und im Lauf der Zeit begannen auch immer mehr Menschen, die hier an kulturellen Aktivitäten beteiligt waren, solche Stätten selbst zu verwalten. Diese spezifischen Orte sind die Materialisierung des symbolischen Raumes, der sich Hongdae nennt.

Das Gebiet Hongdae wurde in den 1970er-Jahren urbanisiert und unterscheidet sich sowohl von Kangnam, dem neuen Stadtkern, in dem teure Wohnkomplexe stehen und sich Spitzenunternehmen ansiedeln, als auch von dem alten Stadtzentrum, wo sich in den Straßen nur gewöhnliche Dienstleistungs- und Erwerbsbetriebe ohne Besonderheiten finden lassen. Dementsprechend besitzt Hongdae den Status eines alternativen und gleichzeitig modischen Ortes. Der Spruch »nach Hongdae-ap gehen« impliziert für Personen aus Seoul und dem Seouler Ballungsraum ein kulturelles und ästhetisches Erleben, das den reinen Konsum übersteigt.

Die Liveclubs nehmen im kulturellen Leben Hongdaes die wichtigste Rolle ein. 1994 eröffnete im Keller eines heruntergekommenen Gebäudes im Randbereich Hongdaes ein Punkmusikclub namens »Drug«, der heute zu den bedeutendsten Clubs in der Entwicklung von Hongdae zählt und zahlreiche koreanische Indie-Größen, wie die Punkbands Crying Nut und No Brain hervorgebracht hat. Hongdae ist, die offiziellen Konzertbühnen in Seoul nicht mitzählend, fast der einzige Ort, an dem man täglich Livemusik erleben kann. Die Masse an jungen Musikfans (einschließlich Ausländern), welche Freitag bis Sonntagabend die verstreuten Clubs in Hongdae aufsuchen, stellt noch immer eine beeindruckende Szenerie dar.

Die Musik, die in den Liveclubs in Hongdae gespielt wird, kann als Indie Musik bezeichnet werden. Zwar kommt es selten vor, dass die von den entsprechenden Bands zum großen Teil selbst komponierten Songs sich zu einem populären Hit entwickeln, dennoch können diese Clubs nicht als Übungsstätte für Amateure gesehen werden. Bands oder Künstler müssen zuerst Erfahrungen sammeln, um in einem Hongdae-Club spielen zu können. Was genau mit koreanischer Indie-Musik gemeint ist, soll im folgenden Kapitel erläutert werden.

2 Der Beginn des koreanischen Indie (1995–1999)

In Nordamerika und Westeuropa entstand der Begriff »Indie« (kurz für *Independent Music*) in enger Verbindung mit dem Aufkommen der Punkbewegung Ende der 1970er-Jahre. Das mit dieser Bewegung verbundene Ethos des »Do it Yourself« stellt heute noch das wichtigste Kriterium dar, um zu beschreiben, was »Indie« ausmacht und was es auch in Südkorea bedeutet. In Südkorea kamen der Begriff und eine damit verbundene Indie-Szene – etwa im Vergleich zu Japan, wo es bereits zu Beginn der 1980er-Jahre Punkbands gab – erst relativ spät auf. Der Grund hierfür ist, dass bis in die späten 1980er-Jahre der soziokulturelle Boden, auf dem so etwas wie Punk hätte entstehen können, so gut wie nicht vorhanden war. Wenn man also die Entstehung der Indie-Bewegung Südkoreas aus nationalhistorischer Perspektive betrachtet, ist sie die Frucht der politischen Demokratisierung und kulturellen Liberalisierung, und aus dem Blickwinkel der internationalen Geografie ist es das Ergebnis kultureller Globalisierung.

Der Beginn der südkoreanischen Indie-Musik erfolgte Mitte der 1990er-Jahre im Zusammenhang mit den ersten, meist experimentell entstandenen Liveclubs in Hongdae. Den Anfang bildete das heute legendäre »Kurt Cobain Tribute Concert« 1995 im Drug-Club, an dem zwar nur wenige Menschen teilnahmen, in dessen Anschluss jedoch ein Großteil der Besucher den Gedanken entwickelte, selbst Musik machen zu müssen. Innerhalb von ein bis zwei Jahren entstand so eine respektable Anzahl von Bands. Die Pioniere der neu entstandenen Szene organisierten Musikevents und kleine Festivals und begannen, abseits vom Mainstream selbstproduzierte Alben zu vertreiben. Den Anfang machten die Bands Crying Nut und Yellow Kitchen, die 1996 im Drug-Club auftraten und zusammen eine Split-LP mit dem Titel »Our Nation Vol. 1« veröffentlichten. Während Crying Nut offensichtlich durch Bands wie die Sex Pistols und Green Day beeinflusst wurde, orientierten sich Yellow Kitchen eher an Sonic Youth und Nirvana. In diesem Sinne war die koreanische Indie-Musik ein Beispiel globaler Subkultur. Alle, sowohl an der Produktion und als auch am Konsum von Indie-Musik Beteiligten hatten ein klares Verlangen der Zugehörigkeit an der (fiktiven) Gemeinschaft, welche durch die internationale Welle des Indie-Rock geschaffen worden war. Als Punkmusik in Südkorea ihren Höhepunkt erreichte, bildeten Clubs im wörtlichen Sinne eine Gemeinschaft (Community). Die Mitglieder der bekannten Bands und ihre Fans lebten mehr oder weniger hier und teilten große Bereiche des alltäglichen Lebens. Auch ein Teil der Mainstreammedien begann Interesse an diesem Phänomen zu zeigen, wodurch Indie-Musik das Logo bzw. den Titel »subkulturelle Rebellion« erhielt. Rückblickend muss jedoch gesagt werden, dass die Bewegung nicht dieselbe erschütternde Wirkung auf die Gesellschaft ausübte, wie es Punk Ende der 1970er-Jahre in Großbritannien oder Hardcore Anfang der 1980er-Jahre in den USA taten. Die 1990er-Jahre in Südkorea waren eine Zeit, die von Optimismus und Hoffnung in Bezug auf eine neue Kultur dominiert wurde. Obwohl einige negative Artikel in den Mainstreammedien erschienen, sah man Indie-Musik und Liveclubs nicht als Gegenbewegung, sondern anerkannte sie als treibende Kraft innerhalb des kulturellen und kreativen Wandels an.

Die erste Generation koreanischer Punkbands stammt, ungeachtet ihres rebellischen Stils und Aussehens, größtenteils aus Familien der wohlhabenden Mittelschicht. Ein Artikel von Stephen Epstein, der sich als erster wissenschaftlich mit der koreanischen Punkszene befasste, lautet demnach passenderweise »Solidarity in the ROK«[2]. Damit sollen jedoch nicht die bahnbrechenden Bemühungen der ersten Generation von Indie-Bands abgewertet werden. Im Gegensatz zur vorherigen Generation von Undergroundmusikern, die sich aufgrund scharfer staatlicher Restriktionen in den 1970er-Jahren gezwungen sah, sich dem Mainstream anzupassen, gingen diese keine Kompromisse ein und beharrten darauf, »unter sich« zu bleiben. Die Vertreter der koreanischen Indie-Musik zeigten im Gegenteil demonstratives Desinteresse am Mainstream-K-Pop wie auch an der Tradition der Popmusik der 1980er-Jahre.

Die Indie-Musik dieser Zeit beschränkte sich nicht allein auf Punkrock. In den Clubs von Hongdae traf man beispielsweise auch auf die radikaler ausgerichtete Skinheadsubkultur oder Musikrichtungen wie den Modern Rock, der den Einfluss von Britpop und Shoegazer absorbierte, oder auch elektronische Musik und Hip Hop.

Das von Künstlern und ihren Fans in dieser Zeit etablierte Netzwerk funktioniert noch bis heute als eine diesen Ort antreibende Kraft. Unter den Protagonisten der Indie-Musik waren die 1990er-Jahre eine gute Zeit, in der das Gefühl von Solidarität dominierte. Von 1997 bis 1999, d. h. während der letzten drei Jahre des 20. Jahrhunderts, wurde mittels neu gegründeter Labels kontinuierlich eine Vielzahl von Indie Alben veröffentlicht, von denen etwa die Punkband Crying Nut oder auch die Modern-Rock-Band Deli Spice mehrere Zehntausend verkauften und so über Hongdae hinaus Bekanntheit erlangten. Doch mit dem Eintritt ins 21. Jahrhundert erfolgte in der Indie-Musikkultur ein großer Wandel, der mit dem generellen Wandel der südkoreanischen Gesellschaft zusammenhing.

3 Neoliberaler Wandel und die Krise der Hongdae-Indie-Kultur (2000–2005)

Als Ende der 1990er-Jahre in Hongdae noch erfolgreiche Indie-Platten produziert und veröffentlicht wurden, ereignete sich im selben Zeitraum etwas, das den gesamten asiatischen Raum äußerst hart traf: die Finanzkrise 1997/98. Bei Ausbruch der Krise war schwer vorhersehbar, inwieweit sich dadurch die Zukunft verändern würde; mit Beginn des Jahres 2000 wurde jedoch der Effekt dieses Wandels kontinuierlich spürbar.

Die Regierung Kim Dae Jung *(Kim Tae-jung)* hatte mit ihrem Amtsantritt die Rolle des Krisenbewältigers übernommen und bemühte sich um sozialpolitische Reformen. Teile davon waren erfolgreich, doch auf wirtschaftlicher Ebene führte die Regierung ohne Widerstand eine vom Internationalen Währungsfonds (IMF) geforderte »neoliberale Restrukturierung« durch. Letztlich konnte die südkoreanische Wirtschaft im Vergleich zu anderen asiatischen Ländern die Krise schneller überwinden, jedoch wurden in diesem Prozess schwerwiegende gesellschaftliche Probleme geschaffen, die bis heute nicht gelöst werden konnten. Es kam zu einer starken Polarisierung der südkoreanischen Gesellschaft, bei der die Masse der Südkoreaner ein Ethos verinnerlichte, das im endlosen gesellschaftlichen Wettbewerb nur Sieger oder Verlierer kannte.

Die Indie-Kultur sah sich mit einer Rezession der Musikindustrie konfrontiert, die mit der Veränderung des allgemeinen Gesellschaftsklimas einherging. Im Prozess der wirtschaftlichen Überwindung der Finanzkrise unterstützte die koreanische Regierung fokussiert Beteiligungsgesellschaften und IT-Firmen. Der damit verbundene Ausbau eines High-Speed-Internetnetzwerks übte einen starken Einfluss auf die gesamte Kulturindustrie aus, wobei besonders die Musikindustrie betroffen war. MP3-Downloads wurden zum neuen Trend und der Verkauf von Alben, wie CDs oder Kassetten, sank rapide. Seit 2004 etablierte sich der digitale Musikvertrieb via Internet als legales Geschäft, bei dem insbesondere die großen Musikkonzerne wie SK Media oder Mnet dominierten. Südkorea war das erste Land auf der Welt, in dem digitale Musik den Verkauf physischer Tonträger überholte.[3]

Diese Reihe von Veränderungen beschränkte sich nicht allein auf die Indie-Musikkultur, sondern hatte Auswirkungen auf die gesamte Popmusikbranche. Dennoch steht es außer Frage, dass die auf der Unterstützung von Fans basierende Indie-Musik in der ersten Hälfte der 2000er-Jahre besonders schweren Zeiten entgegenblickte, ganz im Gegensatz zur Mainstreammusik, welche genug Kraft besaß, sich den veränderten Verhältnissen anzupassen. Mit der sinkenden Kaufkraft der Fans, die der Verlangsamung des Wirtschaftswachstums entsprach, gingen Plattenverkäufe und Besucherzahlen bei Konzerten zurück, was im Resultat die Macher der Indie-Musik in ihrer Existenz bedrohte. Bands und Künstler, die ihre Karriere in den 1990er-Jahren begonnen hatten, suchten nun den Kontakt zur Mainstreamszene und arbeiteten als professionelle Musiker oder bestritten – wenn sie ihre musikalische Tätigkeit nicht ganz aufgaben – ihren Unterhalt mit Teilzeitjobs und gingen der Musik in ihrer Freizeit nach.

Zum oben beschriebenen Strukturwandel der Musikindustrie kam eine städtebauliche Veränderung hinzu: Im Jahr 2004 wurde Hongdae offiziell zum »Kulturdistrikt« ernannt, was eine rasante Veränderung für dieses Areal bedeutete.[4] Statt in einen Kulturdistrikt, wie von der Tourismuspolitik der Seouler Regierung propagiert, wurde Hongdae jedoch in eine Businesszone umgewandelt. Zu beiden Seiten der »Straße, die man zu Fuß laufen möchte«, wie sie in Seoul genannt wird, entstand ein »Amüsierviertel«, in dem sich Noraebangs (Karaoke-Räume), Bars und Restaurants aneinanderreihen. Für Clubs und Plattenfirmen wurde es in dieser Gegend durch die steigenden Gebäudemieten immer schwieriger, ihre kulturelle Aktivität fortzuführen, sodass sie in Randgebiete umsiedelten oder ganz ihre Türen schlossen. Anstelle der schwindenden Liveclubs schossen im Zentrum von Hongdae Diskotheken wie Pilze aus dem Boden. Auf diese Weise verschwand auch die gemeinschaftliche Stimmung von harmonisch zusammenlebenden Künstlern und Fans in einer einfachen und intimen Atmosphäre.

4 Expansion und Wandel des Hongdae-Indie (2006–2011)

Mitte der 2000er-Jahre hatte die Krisenstimmung innerhalb der Hongdae-Indie-Musikszene ihren Höhepunkt erreicht. Symbolisch für die Frustration der Indie-Musiker war ein Vorfall im Juli 2005: Bei einem Auftritt der Punkband RUX während der Ausstrahlung eines Musikprogramms entblößten Mitglieder der Band Couch, die ebenfalls auf der Bühne standen, ihre Genitalien und rückten dadurch die Indie-Szene als Gesamte in ein negatives Licht.

Ende 2008 kam es jedoch wieder zu einer Umkehr der pessimistischen Haltung der Szene, wofür ein ganz bestimmtes Ereignis verantwortlich war: Chang Gi-ha, Drummer der bis dato erfolglosen Indie-Band Nun'ttŭko Cobain (Keep your Eyes open, Cobain), veröffentlichte als Solokünstler die Single »Ssaguryŏ k'ŏp'i« (Billiger Kaffee), die völlig unerwartet ein riesiger Hit wurde. Der Song, der die Hoffnungslosigkeit der jungen Generation der 2000er-Jahre beschreibt, wurde zwar zunächst nicht von den Massenmedien thematisiert, stattdessen aber durch das Internet weit verbreitet. Seit dem Jahr 2009 wurde Chang Gi-ha schließlich zu einer bekannten Persönlichkeit mit Auftritten in diversen Programmen in Fernsehen und Radio.

Dieser Erfolg kann jedoch nicht allein als Ursache für das neue Wachstum der gesamten Indie-Musikszene gelten. Dafür sorgten mehrere parallele Entwicklungen: Zunächst begann Mitte der 2000er-Jahre in Hongdae der Bau von Konzerthallen im mittelgroßen Stil für mehrere Hundert Menschen. Da der Verkauf von Tonträgern nicht mehr profitabel war, ließ man Kapital in die Konzertindustrie fließen. Indie-Musiker, die zu einem gewissen Grad bekannt und populär waren, fanden etwa im SangSangMadang und in der V-Hall neue Möglichkeiten aufzutreten. Darüber hinaus begann man, außerhalb von Hongdae mittlere bis große Musikfestivals unterschiedlicher Art zu veranstalten, an denen größtenteils die in Hongdae aktiven Musiker und Musikerinnen partizipierten. Darunter fällt auch das 2007 begonnene Grand Mint Festival, welches von dem in Hongdae ansässigen Label Happy Robot begründet wurde. Auch bei den im Sommer veranstalteten internationalen Rockfestivals, wie dem Pentaport Rock Festival oder dem Jisan Rock Festival, werden viele namhafte Indie-Bands eingeladen. Schließlich gibt es mittlerweile auch Indie-Label, die sich an die digitale Welt anpassen und kommerzielle Erfolge feiern. Das Pastel Label produzierte und vertrieb beispielsweise einen sanften und eingängigen Musikstil, abseits des in der Indie-Musikwelt dominierenden Punk, und erfreute sich in den 2000er-Jahren ziemlich großer Beliebtheit als BGM (Background Music) von großen bekannten Blogs oder Homepages. Die von Pastel herausgebrachte Musik war zudem weit verbreitet in Form von Werbejingles, Drama-Soundtracks, Handyklingeltönen usw.

Die beiden genannten Label Happy Robot und Pastel ernteten kontinuierliche Erfolge und weiteten ihr Geschäft außerhalb des traditionellen Plattenverkaufs aus. Im Ergebnis wurde die Grenze zwischen Mainstream und Indie im Vergleich zu vorher fließend. Einige Indie-Bands sicherten sich Popularität über die Grenzen von Hongdae hinaus, was ihnen natürlich den Vorwurf des »Ausverkaufs« einbrachte. Zwar hatten sie ihr Fundament in Hongdae, jedoch waren sie nicht mehr mit dem Gedanken des Indie verbunden wie die Künstler in den 1990er-Jahren.

Umgekehrt gab es nun auch Indie-Musik, die sich nicht auf Hongdae bezog. Dazu zählen beispielsweise der vorhin erwähnte Chang Gi-ha und das Label Bunga Bunga, dem er zugehörig ist. Lange Zeit auf dem Campus der Nationaluniversität Seoul im Bezirk Gwanakgu angesiedelt, zog das Label letztlich im Jahr 2006 nach Hongdae und gilt dort heute als das wohl erfolgreichste Indie-Label. Für die zweite Generation von Indie-Musikern, die stark von der Musik der ersten Generation beeinflusst wurde, wandelte sich die Bedeutung Hongdaes dahingehend, dass der Ort nun das Zentrum ihrer professionellen Tätigkeit bildete und nicht das der musikalischen Initiation. Der sich konstant einstellende Erfolg dieser zweiten Generation führte auch dazu, dass ihr musikalisches Wirken nicht mehr allein auf das Gebiet Hongdae beschränkt blieb.

Gerade der Fall des Labels Bunga Bunga verdeutlicht, wie sich die außerhalb von Hongdae gesammelten Erfahrungen in Verknüpfung mit der in Hongdae gewonnen Expertise positiv auf den Erfolg des Labels auswirkten. Nach seinem unerwarteten Hit veröffentlichte Chang Gi-ha mit seiner neugegründeten eigenen Band Chang Gi-ha and the Faces zwei Alben, verkaufte Zehntausende von Platten und spielte zum größten Teil ausverkaufte Konzerte. Auch die ebenfalls bei Bunga Bunga unter Vertrag stehende Indie-Band Broccoli nŏmajŏ erlangte nach der Veröffentlichung ihrer 2007 erschienen EP »aengk'ol yoch'ŏng kŭmji« (Verbot weiterer Fragen) und zwei weiteren Alben sowohl kommerziellen Erfolg als auch die Unterstützung von Seiten der Musikkritiker. Obwohl längst nicht alle Bands bei Bunga Bunga Records und bei anderen Labels solche Erfolge feiern konnten, setzt man sich dafür ein, eine starke Alternative zum Mainstream zu bieten und sieht innerhalb der Hongdae-Indie-Szene der Zukunft mit einer gewissen Hoffnung entgegen.

Fazit: Hongdae als politisch-kulurelle Alternative

Angesichts der sich in jüngster Zeit in Hongdae vollziehenden Veränderungen gibt es auch Stimmen, die meinen, der Hongdae-Indie sei tot. Tatsächlich hat sich Hongdae in den vergangenen 15 Jahren zu einem in Seoul sehr trendigen und modischen Gebiet transformiert und wirkt oberflächlich betrachtet wie ein Ort für Popkultur statt für Undergroundkultur. Zwar unterscheidet sich Hongdae immer noch vom Mainstream-Pop, der in Kangnam produziert wird und im ganzen Land bekannt ist, doch hat sich auch die Indie-Musik im Vergleich zur einfachen und rohen Atmosphäre der Anfangszeit stark verändert.

Der Satz »Der Hongdae-Indie ist tot« trifft aber trotzdem nicht zu, denn taucht man abseits vom schicken Zentrum Hongdaes tiefer ein, so findet man in den peripheren Gebieten nach wie vor die für Hongdae signifikanten kulturellen Räume und individuellen Lebensweisen. Als Beispiel lässt sich hier die Teilhabe von Indie-Künstlern an der sogenannten Community-Bewegung nennen, welche die Solidarisierung von in Hongdae angesiedelten Künstlern und Musikern bezeichnet. Aufgrund der Bauarbeiten für eine neue U-Bahn-Linie war im Dezember 2009 geplant, einen Teil des Hongdae-Gebiets zwangsweise abzureißen und den dort Ansässigen nur eine geringe Kompensation zu zahlen. Dagegen protestierte die Besitzerin eines Restaurants mit einem Sitzstreik in einem Gebäude, das bereits entkernt worden war. Ein Teil der in Hongdae aktiven Musiker sympathisierte mit dieser Aktion. Sie besetzten das Gebäude, in dem sich das Restaurant befand, und machten es zum Stützpunkt der Community-Bewegung. Während der darauffolgenden, über 500 Tage andauernden Proteste fanden an mehr als drei Tagen in der Woche Benefizkonzerte statt, bei denen viele Indie-Musiker kostenlos auf der Bühne standen, darunter auch bekannte Bands und Künstler wie Line 3 Butterfly, Han Huijŏng oder Broccoli nŏmajŏ. Im Juni 2011 wurde zwischen dem Bauherren und den Streikenden ein einvernehmlicher Vergleich getroffen, wobei die aktive Teilnahme der Indie-Musiker eine entscheidende Rolle spielte. Die Restaurantbesitzerin erhielt eine angemessene Entschädigung, die es ihr ermöglichte das Restaurant an nahegelegener Stelle neu zu eröffnen.

Bis Mitte der 2000er-Jahre wurde die Indie-Musik Südkoreas von progressiven Intellektuellen als »nicht politisch genug« betrachtet und tatsächlich zeigten Indie-Musiker kein direktes Interesse an Politik. Aber ab der zweiten Hälfte der 2000er-Jahre begannen Künstler, politisch aktiv zu werden, um ihre Gemeinschaft vor dem Einfluss der Politik und der Logik des Kapitalismus zu schützen. Besonders seit der Regierungsübernahme Lee Myung Baks *(Yi Myŏng-bak)* und der konservativen Großen Nationalpartei *(Hannaradang)* Ende 2007 machten die Indie-Musiker Hongdaes ihre ablehnende Haltung gegenüber deren Politik deutlich und waren auch stark an zivilgesellschaftlichen Bewegungen beteiligt, die sich außerhalb Hongdaes entfalteten. In jüngster Vergangenheit gab es etwa das »Dumulmŏri gangbyŏn-Musikfestival« (Oktober 2011), welches darauf abzielte, ein Biolandwirtschaftsareal zu schützen, und sich gegen das Vier-Flüsse-Projekt[5] richtete; oder das im gleichen Zeitraum stattgefundene »Myŏngdong-Friedenskonzert«, bei dem gegen den Abriss der Restaurant- und Imbissmeile im Stadtteil Myŏngdong protestiert wurde.

Als Fazit kann festgehalten werden, dass Hongdae sich sowohl als physischer als auch imaginärer Raum für eine »andere« Kultur, nennt man sie nun »Independent«, »Underground«, »Alternative« oder wie auch immer, etabliert hat. Es mag übertrieben klingen, die dort eingesetzten Praktiken als subkulturelle Rebellion zu bezeichnen, doch wäre es nicht komplett falsch zu behaupten, diese als Streben nach einem alternativen Lebensstil aufzufassen. Natürlich unterscheidet sich der Lebensstil in Hongdae von dem des »Mainstream-Koreaners«, ob in positiver oder negativer Weise kann hier nicht erörtert werden. Jedoch kann festgehalten werden, dass die Hongdae-Indie-Kultur für all diejenigen eine Alternative bietet, die sich der stark neoliberal orientierten südkoreanischen Gesellschaft entziehen möchten. Auch wenn Hongdae als tatsächlicher Ort einem Wandel unterzogen ist, bleibt die mit ihm verbundene kulturelle Option erhalten.

Literatur

Cho, Mihye, Envisioning Seoul as a World City: The Cultural Politics of the Hong-dae Cultural District, in: Asian Studies Review 34 (2010) 3, S. 329–347.

Epstein, Stephen, Anarchy in the UK, Solidarity in ROK: Punk Rock Comes to Korea, in: Acta Koreana 3 (2000), S. 1–34.

Lee, Jung-Yup, Contesting the Digital Economy and Culture: Digital Technologies and the Transformation of Popular Music in Korea, in: Inter-Asia Cultural Studies 10 (2009) 4, S. 489–506.

Shin, Hyunjoon, Have you ever seen the Rain? And who'll stop the Rain?: the globalizing project of Korean pop (K-pop), in: Inter Asia Cultural Studies 10 (2009) 4, S. 507–523.

Tangherlini, Timothy R./Stephen J. Epstein, Our Nation: a Korean Punk Rock Community (Video), New York: Filmakers Library 2001.

Anmerkungen

* Zwei Passagen dieses Artikels, insbesondere des ersten Teils, überschneiden sich in Teilen mit dem in Kürze erscheinenden Manuskript des Autors »The Success of Hopelessness: The Evolution of Korean Indie Music« (*Perfect Beat* 12).

1 Bezeichnung für Sängerinnen und Sänger, die im K-Pop produziert werden.

2 In Anlehnung an den Song »Anarchy in the UK« von den Sex Pistols. ROK steht für »Republic of Korea«.

3 Vgl. Lee Jung-yup, Contesting the Digital Economy and Culture: Digital Technologies and the Transformation of Popular Music in Korea, in: Inter-Asia Cultural Studies 10 (2009) 4, S. 489–506.

4 Mihye Cho, Envisioning Seoul as a World City: The Cultural Politics of the Hong-dae Cultural District, in: Asian Studies Review 34 (2010) 3, S. 329–347.

5 Das unter der Regierung Lee Myung Bak initiierte Vier-Flüsse-Projekte sieht die Umstrukturierung und Revitalisierung der vier zentralen südkoreanischen Flüsse Han, Nakdong, Geum und Yeongsan vor, wobei der ökologische Nutzen des Projekts kontrovers diskutiert wurde.

Cho Se-hyoung und Cho Hae-sug

Geschichte der modernen koreanischen Literatur

1 Anfänge der modernen Literatur Koreas (1876–1910)

Als Beginn der modernen koreanischen Literatur wird im Allgemeinen das Ende des 19. Jahrhunderts, die Periode der sogenannten *kaehwa* betrachtet. Unter der Bedrohung durch imperialistische Mächte des Westens sah sich Korea gezwungen, eiligst die Transformation von einer mittelalterlichen Ordnung zu einer modernen kapitalistischen Ordnung zu bewältigen. Allerdings hatte die koreanische Gesellschaft auch schon vor der Begegnung mit dem Westen Ansätze von Modernität gezeigt. Seit dem 17. Jahrhundert entwickelten sich Geldwirtschaft und Handel, die Hauptstadt Seoul nahm den Charakter einer Handelsstadt an und es tauchte eine Schicht von Kaufleuten und Händlern mit städtischem Lebensstil auf. Infolgedessen entwickelte sich um das Zentrum Seoul eine vielfältige Unterhaltungskultur und es traten Finanziers in Erscheinung, die ihr Geld etwa zur Unterstützung öffentlicher Aufführungskünste ausgaben.[1] Dieses Phänomen hatte Ähnlichkeit mit der Blüte populärer Aufführungskünste, die sich im Westen mit Unterstützung des Bürgertums in der Nachfolge der Adelskultur entfalteten.

In der Zeitspanne von der Öffnung des Landes (1876) bis Anfang der 1920er-Jahre bildete sich in Korea parallel zum gesellschaftlichen Modernisierungsprozess eine Literatur mit den für die Gegenwart charakteristischen Merkmalen heraus. Es entstanden neue Literaturformen wie *sinsosŏl* (Neue Prosa), Heldenbiografien, Aufklärungspoesie in *ch'anggakasa*-Form (neue liedhafte Lyrik). »Hyŏr-ŭi nu« (Blutiges Tränen) von Lee In-jik (1906) oder »Chayujong« (Glocke der Freiheit) von Lee Hae-jo (1910) sind Beispiele dafür. Die *sinsosŏl*-Prosa erfüllte hauptsächlich die Funktion der »zivilisatorischen Aufklärung« mit einem antifeudalen Fokus, während die historische Prosa wie »Aeguk puinjŏn« (Biografien der patriotischen Frauen) von Chang Chi-yŏn (1907) oder »Ŭlchimundŏk«[2] (Biografie von

General Ŭlchimundŏk) von Sin Ch'ae-ho (1908) auf die Lösung von akuten Problemen der Epoche gerichtet war, vor allem auf »patriotische« Pflichten mit antifremdländischen Grundtönen.

2 Literatur im Widerstand während der Kolonialzeit (1910–1945)

Als Korea nach der Annexion durch Japan im Jahre 1910 seine Souveränität verlor, fand eine Transformation vom Patriotismus zum Nationalismus statt, d. h. das allgemeine Plädoyer für den Erhalt der Selbstständigkeit des Landes verwandelte sich in einen Aufruf zur Bewahrung des nationalen Geistes und zum Unabhängigkeitskampf. Hinsichtlich der Entwicklung der koreanischen Literatur trat in dieser Periode ein Wandel von der traditionellen Prosaform zu einer westlich beeinflussten Prosa ein.

Die neuen Autoren hatten bereits eine moderne Ausbildung genossen und entwickelten ein starkes Selbstbewusstsein als Schriftsteller und Bürger. Sie sahen den Problemen der Gegenwart ins Auge und versuchten sich literarisch aus den Fesseln des kolonialen Systems und der alten Anschauungen zu befreien. Dazu kam, dass viele Autoren dieser Periode Journalisten waren. Sie arbeiteten für nationale Zeitungen wie *Chosun Ilbo* und *Donga Ilbo* oder Zeitschriften von Literatur- und Kunstverbänden wie *Ch'angjo* (Das Schaffen, gegründet 1919), *P'yehŏ* (Ruinen, gegründet 1920) und *Paekcho* (Weiße Flut, gegründet 1922). Aber vor allem durch die Gründung von kulturpolitischen Zeitschriften wie *Kaebyŏk* (Schöpfung, gegründet 1920) wurden Räume zur Entfaltung für literarische und künstlerische Aktivitäten geschaffen. Die Tätigkeit der Schriftsteller als Autoren oder Herausgeber dieser Zeitungen und Zeitschriften prägte den sozialen Charakter der Literatur in der damaligen Zeit. Als Journalisten nahmen sie die Widersprüche der Gesellschaft direkt wahr. Zudem entwickelten sie einen genauen, wirklichkeitsgetreuen Stil, wodurch sich die realistischen Tendenzen in der modernen koreanischen Prosa verstärkten.

Repräsentative Autoren dieser Periode waren der Schriftsteller Yi Kwang-su und der Dichter Chu Yo-han. Beide hatten die Zeit von der Aufklärung *(kaehwagi)* bis zu Annexion durch Japan 1910 bewusst miterlebt und gehörten so zu der Generation, die der Verlust der staatlichen Souveränität unmittelbar traf. Yi Kwang-sus Roman »Herzlos« (Mujŏng, 1917)[3] und Chu Yo-hans Gedichtsammlung »Schöne Morgendämmerung« (Arŭmdaun saebyŏk, 1924) sind von bedeutendem literaturhistorischen Wert, denn sie stellen erste Versuche eines eigenen Prosastils in koreanischer Schrift *(han'gŭl)* und erste literarische Entwürfe einer antikonfuzianischen Weltanschauung dar.

Im Anschluss an Yi Kwang-su entwickelten Autoren wie Yŏm Sang-sŏp, Ch'oe Sŏ-hae, Kim Tong-in und Hyŏn Chin-gŏn den *han'gŭl*-Stil weiter und nahmen sich der schwierigen Aufgabe an, die Zustände in der Kolonialzeit darzustellen. Im Unterschied zu Yi Kwang-su, der eine abstrakte, rein ideelle Leserschaft, und zwar »die Nation«, adressierte und die Prosa auf ein Mittel der Aufklärung beschränkte, erhoben sich diese Autoren zum Sprachrohr der eigenen sozialen Schicht: Yŏm Sang-sŏp schrieb für den sich allmählich seiner eigenen Position bewusst werdenden intellektuellen Mittelstand, Ch'oe Sŏ-hae für die ihrer Lebensgrundlage entrissene leidtragende Unterschicht, Kim Tong-in und Hyŏn Chin-gŏn für die in ihrem Leben keinen Rückhalt findenden kleinen Leute. Der Umstand, dass sie in ihren Werken Leser ihrer eigenen Schicht ansprachen, bedeutet auch, dass sie eine eigene individuelle Sprache und einen eigenen Stil gefunden hatten.

Die Dekade von Mitte der 1920er- bis Mitte der 1930er-Jahre war die Blütezeit der proletarischen Literatur. Im August 1925 vereinigten sich die literarischen Gruppierungen Yŏmgunsa und P'asŭk'yulla zum Koreanischen Proletarischen Künstlerverband (Korea Artista Proleta Federatio, kurz KAPF genannt). Die Mitglieder der KAPF nahmen die Anfang der 1920er-Jahre in koreanischen Literaturkreisen aufgekommenen naturalistischen und romantischen Tendenzen auf. Vom Naturalismus übernahmen sie die wirklichkeitsgetreue Darstellung und von der Romantik den Idealismus. Ihre Literatur setzte sich das Ziel, die Widersprüche der gesellschaftlichen Realität zu entlarven, das Volk aufzuklären und zu revolutionären Subjekten für den Aufbau einer idealen, sozialistischen Gesellschaft zu schulen.

Die KAPF entwickelte sich nach mehreren Richtungswechseln vom proletarischen Realismus zum sozialistischen Realismus. Repräsentative Werke sind etwa Yi Ki-yŏngs »Heimat« (Kohyang, 1933)[4] und Kang Kyŏng-aes »Menschheitsproblem« (In'gan munje, 1934)[5].

Das größte Verdienst der proletarischen Literatur ist die Entdeckung des »Volkes« *(minjung)*. Sie löste in der damaligen Gesellschaft anzutreffende konkrete Bauern- und Arbeiterfiguren aus dem von der alten Nationalliteratur *(kungminmunhak)* verfochtenen abstrakten Begriff der »Nation« heraus und gab ihnen konkrete Züge. Dabei nahmen sie aktiv neue Literatur- und Kunsttheorien auf, die in der internationalen Diskussion eine Rolle spielten. Die Beziehungen zwischen den beiden Lagern, proletarische Literatur auf der einen und Nationalliteratur auf der anderen Seite, waren nicht unbedingt harmonisch, aber aus der Auseinandersetzung mit dem jeweils anderen Lager ergaben sich positive Impulse für die Entwicklung und Konkretisierung einer eigenen koreanischen Literaturtheorie. Infolge der Unterdrückung durch die japanischen Kolonialherren musste die KAPF allerdings ihre Aktivitäten aufgeben und verschwand aus der koreanischen Literaturlandschaft.

In den 1930er-Jahren erlangte eine neue Strömung Geltung, die als »reine Literatur« *(sunsumunhak)* bezeichnet wurde und durch ihren nicht ideologischen Charakter gekennzeichnet war. Diese konnte sich einerseits herausbilden, weil viele Literaturschaffende aus Unzufriedenheit mit der gesellschaftlichen Atmosphäre unter dem Kolonialregime immer mehr der Realität entflohen und der Kunst den Vorzug gaben. Durch die Zurückdrängung des koreanischen Nationalismus und Kommunismus unter dem japanischen Faschismus wurde zudem das Ende für die nationalistische und die proletarische Literatur eingeläutet, welche die beiden hauptsächlichen Strömungen ab Mitte der 1920er-Jahre gebildet hatten. Fortbestehen konnte nur eine von der sozial-politischen Realität ferne reine Literatur.

Anderseits erhöhte sich in der ganzen Gesellschaft das Bildungsniveau, wodurch zunehmend Werke von künstlerischem Wert gefragt waren, die sich über ideologische Gegensätze hinwegsetzten. Auch betraten immer mehr literarisch und künstlerisch begabte Autoren die Bühne, die ein Literaturstudium an einer Universität absolviert hatten und nach einer verfeinerten Literatur strebten. Das Bewusstsein für die eigene Muttersprache erreichte einen nie dagewesenen Höhepunkt. Die Gesellschaft für koreanische Sprache *(Chosŏnŏhakhoe)* veröffentlichte im Jahre 1933 die »Regeln für die Vereinheitlichung der koreanischen Orthographie« und in Literaturkreisen entfachten sich lebhafte Diskussionen über das »Koreanische«. Um die Mitte der 1930er-Jahre wurde von Dichtergesellschaften eine Vielzahl an Mitgliederzeitschriften herausgegeben, darunter *Simunhak* (Poesie), *Siinburak* (Dichtergemeinde), *Chaosŏn* (Meridian), *Samsamunhak* (Literatur der Vierunddreißiger) und *Tanch'ŭng* (Dislokation). Kulturpolitische Monatszeitschriften wie *Sindonga* (Neues Ostasien), *Chogwang* (Licht Koreas) und *Chungang* (Zentrum) und Zeitschriften der »reinen Literatur« wie *Munjang* (Literatur) und *Inmunp'yŏngnon* (Kulturkritik) wurden zu bedeutenden Medien literarischer Tätigkeit und funktionierten als Wegbereiter für zahlreiche Nachwuchsautoren.[6]

Im Unterschied zu den 1920er-Jahren, als sich der Diskurs im Kern um den Gegensatz von National- und Klassenliteratur, d. h. um politische Ideen drehte, entbrannte in dieser Periode eine konkrete literaturtheoretische Diskussion über den »realistischen Stil«, die »Generationsfrage«, »die Wiedererlangung der Subjektivität« und andere Aspekte. Insbesondere an der Kontroverse über die »Neugestaltung der Prosa« *(sosŏlgaejoron)* waren alle bedeutenden Literaturkritiker der damaligen Zeit wie Im Hwa, Kim Nam-ch'ŏn und Ch'oe Chae-sŏ beteiligt.

Die Literaten versuchten in dieser Periode durch Erneuerung des literarischen Geistes auch die Gesellschaft zu reformieren. Im Gegensatz zu den Autoren der 1920er- und frühen 1930er-Jahre, welche die Literatur als Mittel zur Umsetzung ihrer gesellschaftspolitischen Zielvorstellungen einsetzten, sollte nun von der Literatur selbst eine Modernisierung ausgehen.

3 Literatur der Teilung und des Krieges (1945–1953)

Nach der Befreiung Koreas im Sommer 1945 traten die ideologischen Gegensätze auf literarischem Gebiet durch die Bildung verschiedener Organisationen zutage. Im »Koreanischen Schriftstellerverband« *(Chosŏnmunhakkat'ongmaeng)* versammelten sich vor allem linke Autoren, der »Koreanische Verband junger Autoren« *(Chosŏnch'ŏngnyŏnmunhakkahyŏphoe)* war eine Vereinigung rechtskonservativer Autoren. Zwar war es für beide ein wichtiges Ziel, die infolge der japanischen Kolonialpolitik verzerrte Entwicklung der koreanischen Literatur zu korrigieren und echte Traditionen der Nationalkultur zu begründen, doch die inhaltliche und methodische Realisierung erwies sich als diametral entgegengesetzt.

Der Koreanische Schriftstellerverband formulierte die Literaturgeschichte aus Sicht der Arbeiterklasse und stellte den Klassenstandpunkt sowie Werke in den Vordergrund, die die Wirklichkeit vor und nach der Befreiung realistisch beschrieben. Der Koreanische Verband junger Autoren räsonierte hingegen, die Nationalliteratur sei mittels einer auf dem Humanismus basierenden reinen Literatur zu schaffen. Die Kontroverse kann jedoch nicht als bloße Fortsetzung der in der Kolonialzeit stattgefundenen Auseinandersetzungen zwischen Links und Rechts angesehen werden. Der »Koreanische Schriftstellerverband« war seinem Charakter nach keine Neuauflage der KAPF aus der Kolonialzeit.

Abgesehen von unterschiedlichen Auffassungen bei der Schaffung einer Nationalliteratur bestand eine wesentliche Herausforderung für die Literaten in dieser Periode in einer selbstkritischen Aufarbeitung ihrer Tätigkeit in der Kolonialzeit. Das Schuldbewusstsein der Autoren, die in der Spätzeit der Kolonialherrschaft gezwungen waren, in irgendeiner Form mit den Japanern zu kooperieren, äußerte sich in ihren Werken aus den unterschiedlichsten Blickwinkeln. Repräsentative Werke dieser Periode sind Yi T'ae-juns »Vor und nach der Befreiung« (Haebangchŏnhu, 1946)[7], Kim Nam-ch'ŏns »15. August 1945« (1945 nyŏn 8.15, 1946), Chi Ha-ryŏns »Herausforderung« (Tojŏn, 1946) und Ch'ae Man-siks »Sünder am Volk« (Minjok-ŭi choein, 1947).

Die ideologischen Auseinandersetzungen zwischen Links und Rechts sowie der Kalte Krieg zwischen den USA und der UdSSR mündeten 1948 in die Errichtung von separaten Regierungen in Nord- und Südkorea. Die Verfolgung linker Intellektueller durch die US-amerikanische Militärverwaltung hatte bereits ab 1947 dazu geführt, dass sich die Mehrheit der progressiv gesinnten Schriftsteller dazu entschied, nach Nordkorea zu gehen. Doch nach dem Koreakrieg (1950–1953) wurden sie auch dort einer politischen Säuberung unterzogen.

Infolge der psychischen Krise angesichts der Schreckensbilder des Krieges begannen einige Literaturschaffende in Südkorea, grundsätzlich an Menschheit und Welt zu zweifeln und trennten sich kategorisch von den bisherigen literarischen Wertvorstellungen und Methoden. Die Literatur der 1950er-Jahre teilte sich unter diesen Umständen in zwei Richtungen: Eine Strömung tendierte zur Reflexion der Wirklichkeit durch Schilderung des gegenwärtigen Zustandes der Welt. Die Autoren dieser Richtung beschrieben lebensgetreu die zerstörerischen Auswirkungen des Krieges auf das Alltagsleben der Menschen und die durch Teilung und soziale Ungerechtigkeit geprägte Wirklichkeit und bereiteten so die Basis für die spätere Entwicklung der koreanischen Literatur hin zum Realismus. Die andere Strömung tendierte zur Wirklichkeitsflucht bzw. zur Suche nach einer ideellen, abstrakten Welt. Ihr zugehörige Autoren wiesen nur indirekt auf die Verheerungen des Kriegs hin, spielten allerdings eine positive Rolle in der koreanischen Literaturgeschichte, da sie den Grundstein für das damals äußerst schwach entwickelte Genre des Ideen- oder Intellektuellenromans legte.

Ein Beispiel für die erstgenannte Strömung ist Yŏm Sang-sŏps »Platzregen« (Ch'wiu, 1952). In diesem Roman werden verschiedene Seouler Bewohner vom Beginn des Koreakriegs am 25. Juni bis zum 28. September 1950 porträtiert. Für das Werk ist charakteristisch, dass der Krieg nirgendwo direkt sichtbar wird; der Fokus liegt vielmehr auf den alltäglichen Bedürfnissen der Menschen und auf den daraus abgeleiteten profanen Lebenserwartungen. Die Schilderung des von Gefühlskälte durchdrungenen Alltagstrotts und der nackten Begierden zeigt einerseits die Unbeständigkeit des menschlichen Lebens in der Kriegszeit auf indirekte Weise und enthüllt dabei andererseits insgeheim den fiktionalen Charakter aufgezwungener politischer Ideologien.[8]

Die Kriegserfahrung veranlasste auch andere Autoren dazu, über ihre eigenen Probleme auf der Basis einer grundlegenden Reflexion über die menschliche Zivilisation nachzusinnen. Eine neue Generation von Autoren wie Son Ch'ang-sŏp, Chang Yong-hak und Sŏ Ki-wŏn, die sich selbst als Existenzialisten verstanden, entlarvte die Schäbigkeit und Niederträchtigkeit des Menschen und wies auf die Notwendigkeit hin, die Welt eben in diesem Punkt neu zu konstruieren. Im Kontrast zur Aufklärung, die die vernunftgemäßen Seiten des Menschen hervorhob, zeigten diese Autoren den Menschen in einer Existenz fortwährenden Verfalls.[9]

4 Literatur der Nachkriegszeit (1953–1970)

Die Literatur Südkoreas, die in den 1950er-Jahren durch Kriegsverwüstung und Armut, autoritäre Herrschaft und geistige Erstarrung sowie die daraus folgende Trostlosigkeit und Unzufriedenheit geprägt war, erlebte nach der Aprilrevolution 1960, die zum Rücktritt des langjährigen Präsidenten Rhee Syngman *(Yi Sŭng-man)* führte, einen qualitativen Neubeginn. Die in die existenziellen Leiden des Individuums versunkenen Autoren wurden sich der wirklichen Lage der Nation bewusst und nahmen wieder eine aktive Rolle in der Gesellschaft ein. Repräsentative Dichter dieser Zeit waren Kim Su-yŏng, der sich als poetisches Thema die »Freiheit« wählte, und Sin Tong-yŏp, dessen Literatur einen nationalen und auf die »Heimat« bezogenen Charakter trägt. Die in Kim Su-yŏngs »Gras« (P'ul) und Sin Tong-yŏps »Chongno 5. Straße« (Chongno 5ga) auftretende Erscheinung des *minjung* (einfaches Volk) kündigt allerdings bereits die neue Literaturströmung der 1970er-Jahre an.[10]

Repräsentative Autoren im Bereich Prosa waren in dieser Zeit Kim Sŭng-ok und Ch'oe In-hun. Kim Sŭng-ok vertritt am besten die Empfindungen jener Generation, die in ihrer Kindheit den Koreakrieg erlebte und in ihrer Jugend die Aprilrevolution von 1960. Seine Erzählung »Bericht von einer Reise nach Mujin« (Mujin kihaeng, 1964)[11] lässt sich als Selbsterforschung der im Konflikt zwischen Realität und Ideal schwankenden 1960er-Generation auf der Suche nach der eigenen Identität nach dem Scheitern der Aprilrevolution interpretieren. Ein äußerst bedeutendes Werk dieser Periode ist Ch'oe In-huns »Der Platz« (Kwangjang, 1960)[12], denn hier handelt es sich um einen ausgereiften Roman, der die Frage der Teilung in Süd- und Nordkorea kompromisslos aufwirft. Indem sich der Roman über ideologische Tabus des Kalten Krieges hinwegsetzt, welche die nationale Teilung verstärken und zementieren, und offen Probleme anspricht, macht er wegweisend die nationale Teilung und den Einfluss ausländischer Mächte zum Thema der koreanischen Literatur.

Eine wichtige Kontroverse in der Literaturkritik während dieser Periode entstand durch den scharfen Gegensatz zwischen dem den autonomen, reinen Charakter der Literatur verfechtenden »literarischen Ästhetizismus« *(munhakchuŭi)* und dem die soziale Verantwortung und das Realitätsbewusstsein der Literatur betonende »Partizipationsdoktrin« *(ch'amyŏjuŭi)*. Man kann diesen Diskurs als eine Art theoretische Fingerübung verstehen, die zur Befreiung von der Ideologie des Kalten Krieges der 1950er-Jahre notwendig war. Nach Einschätzung der Literaturhistoriker gab sie das Startsignal dafür, dass die südkoreanische Literatur ihre Aufmerksamkeit voll und ganz der Realität zuwandte.

Im Verlauf der Debatte sammelten sich junge Autoren um die Zeitschrift *Ch'angjak-kwa pip'yŏng* (Schaffen und Kritik, gegründet 1966), die für eine soziale Mission der Literatur und eine intellektuelle Verantwortung der Literaturschaffenden eintraten. In Reaktion darauf begannen Literaturkritiker wie Kim Hyŏn und Kim Chu-yŏn, die den Individualismus betonten und einen liberalistischen und ästhetischen Geist in der Literatur verfochten, Aktivitäten um die Zeitschrift *Munhak-kwa chisŏng* (Literatur und Intellekt, gegründet 1970) zu entfalten. Der Diskurs über »reine Literatur versus Partizipation« hat somit weitere Folgen: Die Gründung zweier Zeitschriften, die fortan eine wichtige Rolle in den Literaturkreisen spielten, und die Weiterentwicklung der koreanische Literatur im Zuge der literaturtheoretischen Auseinandersetzungen in diesen Blättern.

5 Von der nationalen Minjung-Literatur zur postideologischen Literatur (1970–2000)

In den 1970er- und 1980er-Jahren lebten in der südkoreanischen Literatur die nach der Teilung in Süd- und Nordkorea unterbrochenen progressiven Tendenzen allmählich wieder auf. Die soziale Differenzierung infolge von Industrialisierung und Urbanisierung, die durch die Entsendung von Soldaten zur Teilnahme am Vietnam-Krieg (1965) ausgelöste Wahrnehmung der Dritten Welt sowie das durch die Ereignisse in Kwangju (1980)[13] wachgerüttelte Verlangen nach Demokratisierung ließen die soziale Verantwortung der Literatur noch deutlicher bewusst werden. Die neue gesellschaftliche Partizipation der Literaten schlug sich in der Gründung von Organisationen wie dem »Rat der freien, praxisorientierten Literaturschaffenden« (*Chayusilch'ŏnmuninhyŏbŭihoe*, 1974) und dem »Verband der Schriftsteller für Nationalliteratur« (*Minjokmunhakchakkahoeŭi*, 1987) nieder. In den 1970er-Jahren drehte sich der Literaturdiskurs um die *minjokmunhak* (nationalistische Literatur)[14] und in den 1980er-Jahren um die *minjungmunhak* (Literatur des Volkes).[15]

Die Werke der neuen Arbeiterliteratur handeln von Klassenwidersprüchen, der Anklage gegen das Militärregime und dem gestiegenen Bewusstsein der sich dagegen erhebenden Volksmassen *(minjung)*. Bespielhaft stehen dafür Titel wie Hwang Sŏk-yŏngs »Der Weg nach Samp'o« (Samp'o kanŭn kil) und »In der Fremde« (Kaekji) sowie Cho Se-hŭis »Der kleine Ball, den ein Zwerg in die Luft schoss« (Nanjangi-ga ssoaollin chagŭn kong). In Ch'ŏn Sŭng-ses »Der Schrei einer gelben Mischlingshündin« (Hwanggu-ŭi pimyŏng) und Hwang Sŏk-yŏngs »Im Schatten der Waffen« (Mugi-ŭi kŭnŭl) geht es außerdem um die Teilnahme südkoreanischer Soldaten am Vietnamkrieg, in Cho Chŏng-naes »T'aebaeksan-Gebirge« (T'aebaeksanmaek) und Kim Wŏn-us »Wintertal« (Kyŏul koltchagi) um die Teilung Koreas und schließlich in Im Ch'ŏl-us »Frühlingstag« (Pomnal) und Hong Hŭi-dams »Banner« (Kippal) um die Demokratiebewegung von Kwangju. Unter den Bedingungen der Militärdiktatur war die Politisierung der Literatur unvermeidlich, da die politische Opposition faktisch nicht in der Lage war, ihre Funktion auszuüben. Als das Lager der sozialistischen Staaten um 1990 zusammenbrach, geriet sowohl die nationale als auch die *minjung*-Literatur der 1970er- und 1980er-Jahre wegen ihrer »ideologischen Dominanz« in Verruf. An ihre Stelle trat eine individualistische, nach innen gerichtete Literatur. Die sich seit den 1990er-Jahren zeigende postideologische Tendenz der Literatur bedeutet jedoch nicht eine einfache Rückkehr zur reinen Literatur der Vergangenheit oder zum politischen Konservatismus. In gewissem Sinne befand sich die koreanische Literatur in den 1990er-Jahren an einem neuen Ausgangspunkt, von dem aus ein echter Individualismus verwirklicht werden kann. Von nun an kann sie sich dem Magnetfeld der großen Dispute um Nationalismus, Sozialismus und Demokratisierung entziehen und sich neue Realitätssphären erschließen. Im Vordergrund stehen dabei weniger politische, sondern eher Geschlechter-, familiäre, regionale, Bildungs-, Umwelt- und andere Fragen.

Literatur

Köhler, Kai, Aufbruch aus der Morgenstille. Koreanische Literatur in deutscher Übersetzung, Marburg 2005.

Korean National Commission For Unesco, Korean Literature: Its Classical Heritage and Modern Breakthroughs, Seoul 2003.

Anmerkungen

1 Eine Form dieser Aufführungen war z. B. *Kagokch'ang*, bei der mit japanischen *haiku* vergleichbare Kurzgedichte *(sijo)*, eine typische Versform des mittelalterlichen Korea, in Begleitung von traditioneller Kammermusik dargeboten wurden.

2 Ŭlchimundŏk war ein General, der im Jahre 612 das Königreich Koguryŏ gegen die Invasion Chinas erfolgreich verteidigt hatte.

3 Der Roman schildert den Entwicklungsprozess eines als Waise aufwachsenden Jünglings, der zwischen einer modernen Liebesbeziehung und der traditionellen Heiratsverpflichtung schwankt und, als er sich der nationalen Frage bewusst wird, zum Studium ins Ausland geht, um sich modernes Wissen anzueignen. Das Werk zeichnet sich durch eine aufklärerische und nationalistische Sichtweise aus.

4 Der Roman schildert, wie ein junger Intellektueller mit moderner Bildung in sein Heimatdorf zurückkehrt und die Pachtbauern zum Kampf gegen den unbarmherzigen Gutsbesitzer und zur Durchsetzung ihrer Rechte mobilisiert. Er beschreibt die ärmlichen Verhältnisse in der zeitgenössischen Dorfgesellschaft realistisch und stellt das Typische der handelnden Figuren wirkungsvoll dar.

5 Anhand der Charaktere von jungen Leuten, die sich in der Stadt als Arbeiter verdingen, um der extremen Armut auf dem Lande zu entgehen, aber unter den schlimmen Arbeitsbedingungen dahinsiechen, wirft das Werk aktuelle Fragen der koreanischen Gesellschaft auf.

6 Vgl. Se-yŏng O, *30nyŏndae-ŭi munhakchŏk sanghwang-gwa sunsu munhak-ŭi taedu* [Die literarische Situation in den 30er Jahren und das Aufkommen der reinen Literatur], in: *Hanguk munhak yŏn'gu immun* [Einführung in das Studium der koreanischen Literatur], Seoul 1982, S. 592–594.

7 In dem Werk macht sich der Autor selbst zum Gegenstand innerer Betrachtung und schildert, wie er sich Ende der japanischen Kolonialzeit in seine Heimat zurückzog, um der Unterdrückung von Intellektuellen durch die Japaner zu entgehen, und nun nach der Befreiung wieder nach Seoul zurückkehrt und seine literarische Tätigkeit erneut aufnimmt.

8 Kim Ch'ŏl, *Naengjŏn ch'eje-ŭi koch'ak-kwa 50nyŏndae-ŭi munhak* [Die Zementierung des Systems des Kalten Krieges und die Literatur der 50er Jahre], in: *Minjok munhaksa kangjwa* [Kurs in nationaler Literaturgeschichte], Bd. 2, Seoul 1995, S. 224–231.

9 Anhand verschiedener Personen in einer Zahnklinik entblößt »Überflüssige Menschen« (Ing'yŏ in'gan, 1958) von Son Ch'ang-sŏp auf grausige Weise Charaktere von Menschen, die einfach so dahinleben und überflüssig geworden sind.

10 Kim Yun-t'ae, *4.19 hyŏngmyŏng-gwa minjok hyŏnsil-ŭi palkyŏn* [Die Aprilrevolution von 1960 und die Entdeckung der nationalen Realität], in: *Minjok munhaksa kangjwa* [Kurs in nationaler Literaturgeschichte], Bd. 2, Seoul 1995, S. 245.

11 In dem Werk skizziert der Autor eine andere Welt, die sich der Protagonist in seiner Einbildung konstruiert, um dem Alltag zu entfliehen. Der Protagonist, der seine Heimat Mujin verließ und in Seoul eine reiche Frau heiratete, fährt im Urlaub nach Mujin zurück. Doch nur der Nebel erinnert ihn an früher. In den verschlossenen Gesichtern der aus dem Nebel auftauchenden Menschen erkennt er die gleichen dekadenten Züge wie bei den Bewohnern von Seoul.

12 Auf anschauliche Weise porträtiert das Werk Menschen, die unter den Bedingungen der ideologischen Konfrontation nicht ihr Gleichgewicht wiedererlangen können, insbesondere zeichnet es ein Bild der Koreaner unter den Bedingungen der nationalen Teilung. Der Protagonist, der die antagonistische Ideologie sowohl von Süd- als auch Nordkorea erlebt hat, kommt schließlich zu der Einsicht, dass er weder in dem einen noch dem anderen Teil leben kann, und entscheidet sich, Zuflucht in einem Drittland

zu nehmen. Doch auf dem Weg dahin springt er fasziniert von der Schönheit des blauen Meeres von Bord und begeht Selbstmord.

13 In Kwangju wurde damals der demokratische Bürgerwiderstand gegen die erneute Machtergreifung durch Militärs unter der Führung von Chung Doo Hwan mittels Einsatzes von Sondertruppen brutal niederschlagen.

14 Die Begriffe *kungmin munhak* und *minjok munhak* kann man in Deutsch gleich als »Nationalliteratur« übersetzen, aber sie unterscheiden sich in ihrer politischen Gesinnung klar voneinander. Deshalb wird hier *minjok munhak* mit »nationalistische Literatur« übersetzt, während *kungmin munhak* unmittelbar nach 1945 als »Nationalliteratur« übersetzt worden ist.

15 Das Wort *minjung* wird gegenwärtig in Südkorea als symbolische Bezeichnung des unterdrückten Volkes oft benutzt. Nach seiner eigentlichen Bedeutung stellt dieses Wort die Masse des Volkes dar.

Teil C: Nordkorea

I. Politisches System

Charles Armstrong

Wegbereiter des kommunistischen Regimes: Die sowjetische Besatzung in Nordkorea (1945–1948)

1 Befreiung, Teilung und sowjetische Verwaltung

Am 15. August 1945 wurde Korea nach 35 Jahren von der japanischen Kolonialherrschaft befreit. Korea hatte bis zur japanischen Annexion 1910 über eintausend Jahre als unabhängige Nation bestanden. Die nun der Befreiung folgende Teilung des Landes war Bestandteil der alliierten Planungen für die Beendigung des Zweiten Weltkriegs und nicht als dauerhaft beabsichtigt. Die USA hatten die Aufteilung Koreas in zwei provisorische Okkupationszonen vorgeschlagen, um die Kapitulation Japans zu erreichen. Die amerikanischen Truppen sollten dabei den Süden, die sowjetischen den Norden einnehmen. Die Trennlinie zwischen beiden Zonen sollte der 38. Breitengrad bilden. Die Sowjetunion akzeptierte den amerikanischen Plan und beide Seiten stimmten überein, für die Bildung einer vereinigten und unabhängigen Regierung Koreas zusammenzuarbeiten.[1] Die Kooperation zwischen Amerikanern und Sowjets kam jedoch mit dem Beginn des Kalten Krieges zum Erliegen, wodurch eine politische Lösung des Problems der Teilung Koreas verhindert wurde. So entstanden im September 1948 zwei voneinander getrennte Staaten auf der koreanischen Halbinsel, die Republik Korea im Süden und die Demokratische Volksrepublik Korea (DVRK) im Norden. Die dreijährige sowjetische Besatzung ebnete den Weg für die Dominanz der koreanischen Kommunisten im neu gegründeten nordkoreanischen Staat. Sie organisierten sich 1949 in der Arbeiterpartei Koreas, aus deren Reihen Kim Il Sung *(Kim Il-sŏng)* als Führer hervorging. Er blieb der oberste Machthaber Nordkoreas bis zu seinem Tod 1994. Ihm folgte sein Sohn Kim Jong Il *(Kim Chŏng-il)* und schließlich im Dezember 2011 sein Enkel Kim Jong Un *(Kim Chŏng-ŭn)*.

Nachdem die Sowjetunion Japan am 8. August 1945 den Krieg erklärt hatte, rückte die Rote Armee rasch in die von Japan besetzte Mandschurei bis zur Ostküste der koreanischen Halbinsel vor. Innerhalb von zwei Wochen marschierten die sowjetischen Streitkräfte durch Nordkorea und besetzten den gesamten Raum nördlich des 38. Breitengrades. Vielerorts unterstützten sie die örtlichen Volkskomitees, die von Koreanern gebildet worden waren, um nach dem Zusammenbruch der japanischen Kolonialherrschaft für Recht und Ordnung zu sorgen. Während diese Organisationen im Süden Koreas unter der amerikanischen Besatzung aufgelöst wurden, zogen es die sowjetischen Militärbehörden vor, mit den Volkskomitees zusammenzuarbeiten, um darauf aufbauend in ihrer Besatzungszone eine einheitliche Verwaltung zu schaffen. Allerdings beeinflussten die sowjetischen Besatzer die Organisation der Volkskomitees in der Weise, dass Mitglieder der Kommunistischen Partei Koreas darin stark vertreten waren und in vielen Fällen sogar die Mehrheit bildeten. Unmittelbar nachdem die Truppen der Roten Armee in Korea einmarschiert waren, errichteten sie zunächst lokale Militärverwaltungen, sogenannte *komendatury*, um die Japaner zu entwaffnen und auf Provinz- und Kreisebene die öffentliche Ordnung aufrechtzuerhalten. Nach dem Ende der Kämpfe zwischen den sowjetischen und japanischen Truppen am 20. August wurde die Verantwortung für die öffentliche Sicherheit dann von den *komendatury* an die Volkskomitees übertragen.

Bis Ende August wurden alle Provinzkomitees, die inzwischen aus den lokalen Volkskomitees entstanden waren, unter sowjetischer Aufsicht reorganisiert und im Oktober 1945 die Sowjetische Zivilverwaltung (Soviet Civil Administration – SCA) als zentrales Verwaltungsorgan Nordkoreas geschaffen. Obwohl sie »zivil« genannt wurde, bestand das Personal der SCA doch ausschließlich aus sowjetischen Militärs, die die im Aufbau befindliche nordkoreanische Verwaltung auf jeder Ebene »berieten«. Der erste Direktor der SCA war General Andrej Romanenko. Als Schlüsselfigur für die gesamte frühe politische Entwicklung im nördlichen Teil Koreas kann jedoch General Terentij Schtykov bezeichnet werden, er stand den sowjetischen Besatzungstruppen in Korea vor und war später der erste sowjetische Botschafter in der DVRK. Nach sowjetischen Quellen war Schtykov entscheidend für die Formulierung der sowjetischen Korea-Politik, hatte direkten Zugang zu Stalin und »übte extrem enge Aufsicht aus über das politische Geschehen in Nordkorea« während und nach der Okkupation.[2] Wie sich General Nikolaj Lebedev erinnerte, der die Führung der SCA von Romanenko 1947 übernahm, »gab es kein politisches Geschehen (in Nordkorea), an dem Schtykov nicht beteiligt war«.[3] Im Februar 1946 wurde in P'yŏngyang als zentrale koreanische Verwaltung das

Provisorische Volkskomitee Nordkoreas gegründet, das als Nachfolger die SCA ablöste. Sowjetische Offiziere und zivile Verwaltungsangestellte blieben aber weiterhin, während der Besatzungszeit und auch danach, Teil der im Entstehen begriffenen nordkoreanischen Regierung.

2 Die Entstehung der Partei der Arbeit Koreas (PdAK) und der Aufstieg Kim Il Sungs

Zu Beginn der Besatzung Koreas hatten die sowjetischen Planer weder die Absicht noch die Erwartung der Bildung einer von örtlichen Kommunisten dominierten nordkoreanischen Regierung. In P'yŏngyang, der größten Stadt Nordkoreas und dem Sitz der zentralen sowjetischen Verwaltungsbehörde, waren die lokalen politischen Führer eher nicht oder sogar antikommunistisch. Die kommunistische Bewegung Koreas war im Süden, vor allem in Seoul, viel aktiver. Dort begannen allerdings die Amerikaner ihrerseits bald damit, die Kommunistische Partei Koreas zunächst zu behindern, und erklärten sie im Weiteren für illegal. P'yŏngyang dagegen war seit Jahrzehnten das Zentrum der koreanischen protestantischen Christenheit; der führende Politiker war der konservative Nationalist und presbyterianische Würdenträger Cho Man-sik. Die ursprüngliche sowjetische Politik strebte nach Zusammenarbeit mit Cho und anderen Nichtkommunisten, um in P'yŏngyang eine Koalitionsregierung zu bilden, wie es die Sowjetunion auch in ähnlicher Weise mit ihren örtlichen Verbündeten in den nach dem Zweiten Weltkrieg besetzten osteuropäischen Ländern versuchte.

In der Hoffnung, dass in einer künftig einheitlichen koreanischen Regierung mit Sitz in der traditionellen Hauptstadt Seoul die Kommunisten stark vertreten wären, unterstützten und ermutigten die sowjetischen Besatzer und die koreanischen Kommunisten im Norden die kommunistische Bewegung im Süden des Landes. Nachdem die Verhandlungen zwischen den USA und der Sowjetunion um einen einheitlichen koreanischen Staat Ende 1945 gescheitert waren und die Kommunisten in der amerikanischen Zone weiterhin unterdrückt wurden, entschieden sich die sowjetischen Besatzer dafür, den Aufbau einer von Kommunisten dominierten Regierung im Norden zu forcieren. 1946 war klar geworden, dass die Amerikaner in Südkorea keinen starken sowjetischen Einfluss zulassen und in Seoul die Errichtung einer proamerikanischen Regierung fördern würden.

Im Januar 1946 wurde Cho Man-sik in P'yŏngyang unter Hausarrest gestellt sowie als Führer der von ihm selbst im November 1945 gegründeten Demokratischen Partei Koreas abgelöst und durch Ch'oe Yong-gŏn, einem langjährigen Mitglied der Kommunistischen Partei, ersetzt. Neben der Demokratischen Partei war die Partei der Jungen Freunde der einheimischen Ch'ŏndogyo-Religion der zweite Partner in der im Juli 1946 gebildeten, kommunistisch dominierten Koalitionsregierung in P'yŏngyang. Beide Bruderparteien sind heute noch offiziell anerkannte, aber praktisch machtlose Koalitionspartner der später aus der kommunistischen Partei hervorgegangenen Partei der Arbeit Koreas.

Bis zu ihrer Neuorganisation nach dem Ende des Zweiten Weltkriegs war die kommunistische Bewegung Koreas für viele Jahre politisch und geografisch stark aufgesplittert. Es gab einige Organisationen in Korea, aber auch aktive Gruppen von Studenten, Emigranten und Exilanten in Japan, China und Russland. Während viele kommunistische Führer Osteuropas vor dem Zweiten Weltkrieg längere Zeit in der Sowjetunion gelebt und studiert hatten, gab es in Nordkorea nur wenige Kommunisten mit solcher Erfahrung. Einige Hundert ethnische Koreaner kamen als Mitglieder der KPdSU mit den sowjetischen Besatzungstruppen nach Korea und übernahmen in Kultur- und Bildungswesen, in politischen Organisationen und anderen Bereichen Führungspositionen. Mehrere Tausend koreanische Emigranten kamen dagegen aus China zurück, wo sie als Mitglieder der chinesischen Kommunistischen Partei im Partisanenkrieg gegen die japanischen Okkupanten gekämpft hatten. Ein Teil der koreanischen Kommunisten in China gehörte zu der von Mao Zedong geführten Roten Armee der Kommunisten in Nord- und Zentralchina. Eine Schlüsselfigur unter ihnen war Kim Tu-bong, der viele Heimkehrer in der von ihm Anfang 1946 gegründeten Neuen Volkspartei politisch organisierte. Ein anderer Teil war in Nordostchina, in der Mandschurei aktiv. Hier war Kim Il Sung die führende Persönlichkeit. Er wurde Ende 1945 Vorsitzender des Nord-Büros der Kommunistischen Partei Koreas. Im August 1946 schließlich vereinigten sich die Neue Volkspartei und das Nord-Büro der Kommunistischen Partei Koreas. Wie in Polen oder Nordvietnam und anderen Ländern mit kommunistisch dominierten Regierungen, benannte sich die Organisation der nordkoreanischen Kommunisten in »Arbeiter«-Partei um. Die neu entstandene Partei der Arbeit Koreas (PdAK) ist unter diesem Namen bis heute die herrschende Partei in Nordkorea. Den Vorsitz des zunächst gegründeten PdAK-Nordkoreabüros übernahm Kim Tubong, Kim Il Sung wurde sein Stellvertreter. Die Kommunisten in Südkorea hatten es unter amerikanischer Besatzung dagegen schwer. Ihr Führer Pak Hŏn-yŏng hatte während der japanischen Kolonialherrschaft trotz gnadenloser Unterdrückung der Kommunisten in Korea ausgeharrt und diese nach der Befreiung reorganisiert. Im Dezember 1946 gründete er das PdAK-Südkoreabüro und wurde dessen Sekretär. Allerdings musste er seine politischen Aktivitäten im Süden bald aufgeben und ging nach Norden, um sich dem kommunistischen Regime in P'yŏngyang anzuschließen. Im Juni 1949 vereinigten sich die Nordkoreanische und die Südkoreanische Arbeiterpartei zur Partei der Arbeit Koreas. Deren Vorsitzender wurde nun Kim Il Sung, sein Stellvertreter Pak Hŏn-yŏng.

Der Aufstieg von Kim Il Sung zum Vorsitz der herrschenden Partei Nordkoreas und damit zum Staatsführer war eine zunächst unwahrscheinliche Entwicklung. 1945 war er gerade 33 Jahre alt, nicht der prominenteste koreanische Kommunist und nicht die erste Wahl der sowjetischen Seite für dieses Amt. Er war zwar in P'yŏngyang geboren, hatte aber seine Jugend und frühen Erwachsenenjahre in der Mandschurei verbracht, wo er sich Anfang der 1930er-Jahre den chinesischen Kommunisten anschloss und sich aktiv am Partisanenkrieg gegen die Japaner beteiligte, die die Mandschurei zwischen 1932 und 1945 beherrschten. Ende 1940 musste er sich nach großen Verlusten aufgrund japanischer Verfolgungskampagnen mit anderen überlebenden Partisanen in den Fernen Osten der Sowjetunion zurückziehen. Sie wurden dort in der 88. Spezial-Aufklärungsbrigade der Fernost-Streitkräfte der UdSSR reorganisiert.[4] Dabei handelte es sich um einen multinationalen Verband, dem mehrheitlich Chinesen und Koreaner angehörten. Als der Zweite Weltkrieg sich seinem Ende näherte, wurden gesonderte chinesische und koreanische Partisaneneinheiten gebildet, um bei der Befreiung ihrer Länder mitzuwirken. Kim, der trotz seiner Jugend eine fähige und charismatische Führungspersönlichkeit war, wurde als Kommandeur der koreanischen Einheit ausgewählt. Als er im September 1945 die UdSSR verließ, hatte er den Rang eines Majors der Sowjetarmee.

Obwohl er einige Jahre in der Sowjetunion verbracht hatte, war Kim Il Sung kein »Sowjet-Koreaner«, d. h. keiner der koreanischen KPdSU-Mitglieder, die ähnlich wie viele namhafte kommunistische Führer Osteuropas, wirklich lange Zeit in der Sowjetunion gelebt hatten und mit den sowjetischen Truppen ins Land kamen. In der Anfangsphase der sowjetischen Besatzung war seine Rolle eher bescheiden und als stellvertretender Vorsitzender des Nord-Büros der Kommunistischen Partei Koreas weitgehend auf P'yŏngyang beschränkt. Andere Führer wie Kim Tu-bong und Pak Hŏn-yŏng waren in der kommunistischen Bewegung Koreas deutlich profilierter. Allerdings waren die »Sowjet-Koreaner« in Korea unbekannt und einige wie Ho Ka-i (Alexej Ivanovitsch Hegaj), der prominenteste unter ihnen, kulturell eher russisch als koreanisch, wodurch sie in Korea nicht als nationale Führer akzeptiert werden konnten. Die sowjetische Seite hingegen konnte sich auch nicht darauf verlassen, dass koreanische Kommunisten mit chinesischem oder rein koreanischem Hintergrund der sowjetischen Politik immer treu folgen würden. Aus dieser Sicht war Kim Il Sung schließlich die beste Wahl. Er hatte auf der einen Seite einen soliden Ruf als Partisan und Patriot sowie seine Wurzeln in Nordkorea, auf der anderen Seite bestand auch eine Bindung an die Sowjetarmee, die die Annahme erlaubte, dass er sich gegenüber dem sowjetischen Weg loyal verhalten würde. Mit der Zeit stellte sich zwar heraus, dass Kim Il Sung nach mehr Selbstständigkeit strebte, als der sowjetischen Seite lieb war. Während der Besatzung brachte ihn, abgesehen von seinen Machtambitionen und seinen politischen Fähigkeiten, jedoch zunächst die sowjetische Unterstützung an die Spitze der Kommunisten in Nordkorea.

3 Soziale und ökonomische Modernisierung

Kurz nachdem im Februar 1946 das Provisorische Volkskomitee Nordkoreas als faktische Zentralregierung geschaffen worden war, ergriff es eine Reihe von politischen Maßnahmen, die darauf ausgerichtet waren, die Gesellschaft und die Wirtschaft Nordkoreas nach sowjetischen Vorgaben zu modernisieren. Diese Reformen wurden in enger Zusammenarbeit zwischen koreanischen Verwaltungen und sowjetischen Beratern geplant und durchgeführt. Der erste Schritt war die im März 1946 durchgeführte Bodenreform. Das Korea der 1940er-Jahre war vorwiegend eine Agrargesellschaft. 80 Prozent der werktätigen Bevölkerung arbeiteten in der Landwirtschaft. Während der japanischen Kolonialherrschaft war die Zahl der Kleinpächter und landlosen Bauern dramatisch angewachsen und der Boden in den Händen einer relativ kleinen Zahl von Grundbesitzern konzentriert. Im Süden, wo die Böden fruchtbarer und die Betriebe größer waren, war die Situation noch akuter als im Norden. In beiden Teilen des Landes war die Forderung nach Neuverteilung des Bodens aber gleichermaßen stark. Das Bodenreformprogramm des Provisorischen Volkskomitees bezweckte, die Unterstützung der armen und landlosen Bauern im Norden zu gewinnen, aber auch, dem Süden, wo die Neuverteilung von starken konservativen Interessen behindert wurde, ein Beispiel zu geben. Die ursprüngliche Bodenreform war kein radikales Kollektivierungsprogramm, sondern eine maßvolle Umverteilung von Ackerboden von besser gestellten Bauern an solche mit wenig oder ohne Land. Allerdings wurde der Boden dabei auch schon zwangsweise und entschädigungslos konfisziert, woraufhin viele der enteigneten Bauern in den Süden gingen. Die Reform, die offiziell am 3. begonnen hatte und am 31. März 1946 endete, erzeugte in ganz Korea soziale Spannungen – im Norden, wo zwar ca. 700 000 arme Bauern von ihr profitierten, aber auch einige Tausend

Grundbesitzer enteignet wurden; und auch im Süden, wohin viele der früheren Grundbesitzer geflohen waren.

Die Bodenreform von 1946 gab den Bauern zwar das Recht, ihren eigenen Boden zu beackern, sie war aber nur als erster Schritt der Agrarreform in Nordkorea gedacht. Die Regierung plante die Kollektivierung der bäuerlichen Betriebe ab 1948. Nachdem diese Entwicklung durch den Koreakrieg (1950–1953) unterbrochen worden war, wurde die Kollektivierung bis 1958 endgültig durchgesetzt und privates Grundeigentum in Nordkorea abgeschafft.

Der zweite Reformbereich betraf die Arbeit. Auch dazu gab die Sowjetunion das Vorbild und beeinflusste den Prozess in direkter Weise. Die vom Provisorischen Volkskomitee Nordkoreas in Kraft gesetzten Arbeitsreformen waren ursprünglich nicht sehr radikal. Das neue Arbeitsrecht führte den 8-Stunden-Normalarbeitstag ein, bestimmte die täglichen Nahrungsrationen, standardisierte die Löhne und Gehälter und brachte zwei Wochen bezahlten Jahresurlaub, das Recht auf Kollektivverhandlungen und die Abschaffung der Kinderarbeit in gefährlichen Industrien. Diese Reformen waren nach westlichen Maßstäben nichts außergewöhnlich Neues, aber für Korea spektakulär. Denn Arbeitsregelungen wurden zuvor hier sehr locker gehandhabt oder blieben weitgehend außer Kraft. In der koreanischen Gesellschaft von 1945 bildeten Industriearbeiter nur einen kleinen Teil der Beschäftigten. Im Norden, wo sich unter der japanischen Kolonialherrschaft die Mehrheit der Industrie angesiedelt hatte, waren sie stärker vertreten. Obwohl sie keine zahlenmäßig große Gruppe darstellten, wurden die Industriearbeiter als Grundlage einer sowjetisch geprägten sozialistischen Gesellschaft angesehen, deren Unterstützung mit den Arbeitsreformen gewonnen werden sollte. In diesem Sinne war die Verbesserung der Arbeitsbedingungen ein wichtiger Bestandteil der anspruchsvollen Industrialisierungspläne, die die Führung Nordkoreas 1947 verkündete.

Die nordkoreanischen Frauen waren das dritte Ziel der Reformgesetzgebung. Das Provisorische Volkskomitee Nordkoreas erließ am 30. Juli 1946 ein Gesetz über die Gleichstellung der Geschlechter, das Frauen u. a. gleiches Recht zur politischen Teilhabe, auf wirtschaftliche Betätigung, das Recht auf Bildung, auf freie Wahl des Ehepartners und auf Scheidung gab. Polygamie, der Verkauf von Frauen und das Unterhalten von Konkubinen wurden für illegal erklärt und alle bisher geltenden koreanischen und japanischen Gesetze Frauen betreffend für ungültig erklärt.

Für eine traditionell konfuzianische und patriarchalische Gesellschaft wie Korea war das die radikalste aller Reformen. Die Gleichstellung der Geschlechter wurde daher in der Bevölkerung, selbst unter Kommunisten, mit gemischten Gefühlen aufgenommen. Aber die Frauenrechte waren eine gesellschaftliche Kernfrage für jeden im Werden begriffenen sozialistischen Staat. Die nordkoreanischen Gleichstellungsgesetze waren dabei mehr oder weniger Kopien der entsprechenden sowjetischen Gesetzgebung. In der Praxis blieb Nordkorea jedoch eine von Männern dominierte Gesellschaft, und selbst die Gesetze zur Gleichstellung der Geschlechter wurden in späteren Jahren verwässert.

Nach der Bodenreform und anderen Reformgesetzen konzentrierte sich das Provisorische Volkskomitee Nordkoreas auf die wirtschaftliche Entwicklung, vor allem die Industrialisierung. Unter japanischer Herrschaft lag das Zentrum der wirtschaftlichen Entwicklung in den 1930er- und 1940er-Jahren im gebirgigen Nordteil des Landes, der erhebliche mineralische Rohstoffe und Wasserkraft bot. Dadurch hatte Nordkorea nach 1945 gegenüber dem Süden einen Entwicklungsvorteil und günstige Bedingungen, um dem stalinistischen Modell der schwerindustrieorientierten Industrialisierung zu folgen. Im August 1946 nationalisierte die nordkoreanische Regierung die Schlüsselindustrien. Da die meisten Betriebe in der Kolonialzeit entstanden waren, gehörten sie japanischen Unternehmen und waren somit leicht zu enteignen.

Im Februar 1947 wurde der erste von zwei Einjahresplänen angenommen. Er zielte auf einen 92-prozentigen Zuwachs der Industrieproduktion gegenüber dem Vorjahr und konzentrierte sich auf die Bauindustrie, Stahl, Kohle, Chemie, Energie und Transport, vor allem Eisenbahnen. Die staatliche Wirtschaftsplanung folgte dabei dem sowjetischen Vorbild, aber auch dem staatskapitalistischen Modell der japanischen Kolonialverwaltung. Die wichtigsten Planer waren in Japan ausgebildet worden und mehrere Hundert japanische Experten wurden als Berater der nordkoreanischen Staatsindustrien eingesetzt. In diesem Sinne profitierte die Industrialisierung Nordkoreas sowohl von sowjetischer und als auch von japanischer Unterstützung und Beratung.

1948 erklärte Kim Il Sung den ersten Plan als in »jeder Hinsicht übererfüllt« und Nordkorea begann den zweiten einjährigen Wirtschaftsplan zu realisieren.[5] Obwohl Kim bei seiner Einschätzung sicher übertrieben hatte und wahrscheinlich viele der geplanten Ziele nicht erreicht worden waren, hatte Nordkorea doch den ersten Schritt auf dem Weg einer staatsgelenkten Industrialisierung nach sowjetischem Muster getan. Der Lebensstandard der Bevölkerung verbesserte sich etwas, aber es mangelte dem Land an Nahrungsmitteln und ausgebildeten Arbeitskräften. Zudem litt es unter den für eine zentral geplante Volkswirtschaft typischen Produktivitäts- und Effektivitätsproblemen. Die Wirtschaftsplanung mit besonderer Betonung der Schwerindustrie ist wohl das wichtigste Erbe der sowjetischen Besatzung.

4 Die Gründung der Demokratischen Volkrepublik Korea (DVRK) und der Weg in den Krieg

Die sowjetische Besatzung Nordkoreas endete im Dezember 1948, die der Amerikaner Südkoreas im Sommer des folgenden Jahres. Mittlerweile waren auf der koreanischen Halbinsel zwei Regierungen offiziell etabliert, eine in Seoul und eine in P'yŏngyang. Die amerikanisch-sowjetischen Gespräche zur Zukunft Koreas waren Ende Oktober 1947 vollständig zum Stillstand gekommen, die Gemeinsame Korea-Kommission aufgelöst und die Lösung der »Koreanischen Frage« den zwei Jahre zuvor gegründeten Vereinten Nationen (UN) übertragen worden. Dort wurde eine zeitweilige Korea-Kommission (UNTCOK) gegründet, die die Wahlen in Gesamtkorea beobachten sollte. Die Sowjetunion und die Nordkoreaner boykottierten jedoch die Wahlen mit dem Argument, dass die Unterdrückung der Kommunisten im Süden nicht zu einem repräsentativen Wahlergebnis führen könne, und verboten Mitgliedern der UN-Korea-Kommission nach Nordkorea einzureisen. Im April 1948 trafen sich in P'yŏngyang alle wichtigen politischen Führer aus Süd- und Nordkorea außer Rhee Syngman *(Yi Sŭng-man)*, der seit 1947 die zentrale politische Gestalt im Süden war, zu einem letzten Versuch, eine einheitliche Regierung für Korea zu bilden. Nachdem man an diesem Ziel gescheitert war, wurden allgemeine Wahlen schließlich im Mai 1948 nur im Süden durchgeführt. Rhee Syngman wurde zum ersten Präsidenten der neuen Republik Korea gewählt, deren Gründung am 15. August 1948, dem dritten Jahrestag der Befreiung von der japanischen Kolonialherrschaft, ausgerufen wurde. Nordkorea hielt seinerseits eigene Wahlen ab und erklärte die Gründung der Demokratischen Volksrepublik Korea (DVRK) unter der Führung von Kim Il Sung am 9. September. Da nun zwei Regierungen in Korea bestanden, die beide behaupteten, die legitime Führung der gesamten koreanischen Halbinsel zu sein, war der Konflikt unvermeidlich. Zwei Jahre darauf begann mit der Invasion des Nordens gegen Südkorea der Koreakrieg.

Schon vor dem Abzug der sowjetischen Truppen hatte Nordkorea damit begonnen, eigene Streitkräfte aufzubauen. Ab Ende 1947 zog das aus dem Provisorischen Volkskomitee hervorgegangene Zentrale Volkskomitee verschiedene Verteidigungs- und Sicherheitskräfte in einer einheitlichen militärischen Organisation zusammen. Aus dieser entstand im Februar 1948 offiziell die Koreanische Volksarmee. Sowjetische Berater hatten die nordkoreanischen Sicherheitskräfte schon seit Beginn ihrer Besatzung ausgebildet, ausgerüstet und bewaffnet. Nach dem Ende der Besatzung blieben sie weiter im Land und halfen beim Aufbau der Koreanischen Volksarmee. Die erste nordkoreanische Militärschule, deren Ausbilder sowjetisch geschulte Koreaner waren, wurde im Februar 1946 gegründet. Zur militärischen Ausbildung wurden Koreaner auch in die Sowjetunion geschickt. So entsandte man Offiziere der Koreanischen Volksarmee im April 1948 erstmalig an die Moskauer Offiziersschule. Die nordkoreanische Armee profitierte auch davon, dass kommunistische Veteranen aus dem Partisanenkrieg in China heimkehrten.

Auch die südkoreanische Armee wurde von den Amerikanern mit Ausbildung und Ausrüstung unterstützt und war bis 1949 deutlich stärker als die nordkoreanische. Im Frühjahr 1949 begann Präsident Rhee Syngman zu drohen, »nach Norden zu marschieren« und Nordkorea von den Kommunisten zu befreien. Obwohl er damit wahrscheinlich nur bluffte, um die US-Truppen in Südkorea zu halten, wurden diese Drohungen damals doch von Moskau und P'yŏngyang sehr ernst genommen. Der sowjetische Botschafter in Korea Schtykov schrieb an Stalin voll Besorgnis über die zunehmenden südkoreanischen Provokationen entlang des 38. Breitengrades. Im Sommer 1949 kam es zu Hunderten kleiner Gefechte und es schien, als könne ein Krieg jederzeit ausbrechen. Als Reaktion darauf erhöhte die UdSSR ihre Militärlieferungen einschließlich Panzer und Kampfflugzeuge, um die Schlagkraft der Koreanischen Volksarmee zu stärken.

Zunächst zögerte Stalin, Kim Il Sungs Idee eines Großangriffs auf den Süden zu folgen, Anfang 1950 aber bewogen ihn eine Reihe neuer Umstände, einschließlich des erfolgreichen sowjetischen Atombombentests im August 1949 und der Sieg der Kommunisten in China im Oktober, seine Meinung zu ändern. Er schien zu der Überzeugung gekommen zu sein, den Angriff auf den Süden mit einem schnellen und entscheidenden Sieg beenden zu können, bevor die Amerikaner eingreifen könnten, da die nordkoreanische Armee jetzt größer und besser ausgerüstet war als die südkoreanische. Entsprechend entwarfen sowjetische Berater für die nordkoreanischen Streitkräfte einen »Präventivschlag-Operationsplan«. Als Termin für die Invasion wurde Ende Juni oder Anfang Juli angesetzt.[6] Mit dem Angriff der Koreanischen Volksarmee am 25. Juni 1950 begann schließlich der Koreakrieg. Entgegen der Erwartungen von Stalin und Kim Il Sung griffen die USA aber zur Verteidigung Südkoreas unter der Flagge der UN ein, sodass die Kommunisten keinen totalen Sieg erreichen konnten. Im Gegenteil, es bedurfte erst des Eingreifens einer riesigen chinesischen Freiwilligenarmee, um Nordkorea vor einer völligen Niederwerfung durch die USA zu bewahren. Der Koreakrieg zog sich bis 1953 hin. In diesen drei Jahren verloren Millionen von Chinesen, Koreanern, Amerikanern und UN-Alliierten ihr Leben. Der Krieg endete mit einem Waffenstillstand, Korea ist bis heute geteilt.[7]

Fazit

Zwischen August 1945 und Dezember 1948 hielten sowjetische Truppen den Norden der koreanischen Halbinsel besetzt. Die Rote Armee hinterließ einen tiefen Eindruck auf das politische und wirtschaftliche System, die Kultur und die Weltsicht der Menschen in der DVRK. Die sowjetische Besatzung ermöglichte den koreanischen Kommunisten geführt von Kim Il Sung die Macht in Nordkorea zu ergreifen. Die Sowjetunion der Stalin-Zeit lieferte dabei das Vorbild für den neuen nordkoreanischen Staat. Unter sowjetischer Aufsicht errichteten die nordkoreanischen Führer ein hochgradig zentralisiertes Befehlssystem politischer Kontrolle, ökonomischer Entwicklung und sozialer Mobilisierung. Dieses System besteht mit einigen Modifizierungen weiter bis in die Gegenwart. Nordkorea ist heute unter der Führung von Kim Il Sungs Enkel Kim Jong Un eines der letzten kommunistischen Länder und dem sowjetischen Original am nächsten. In diesem Sinne hat das Erbe der sowjetischen Besatzung Nordkoreas die Sowjetunion selbst lang überlebt.

Anmerkungen

1 John Lewis Gaddis, The Cold War: A New History, New York 2005, S. 4.

2 Kathryn Weathersby, Soviet Aims in Korea and the Origins of the Korean War, 1945–1950: New Evidence from the Russian Archives, Cold War International History Project Working Paper No. 8, Woodrow Wilson International Center for Scholars, November 1993, S. 18.

3 Hyun-su Jeon/Gyoo Kahng, The Schtykov Diaries: New Evidence on Soviet Policy in Korea, Cold War International History Project Bulletin Nos. 6–7 (Winter 1995/6), S. 69.

4 Sydney A. Seiler, Kim Il-song, 1941–1948: The Creation of a Legend, the Building of a Regime, Lanham 1994, S. 46.

5 Kim Il Sung, Works, vol. 4. P'yŏngyang 1980, S. 60.

6 Weathersby (wie Anm. 2), S. 25.

7 Zum Koreakrieg siehe den Beitrag von Park Myung-Lim in diesem Band.

Bruce Cumings

Kommunismus und Monarchie? Die drei Inkarnationen der Kims

1 Kontinuität über drei Generationen

Als Kim Jong Il *(Kim Chŏng-il)* am 17. Dezember 2011 gestorben war, wurde sehr viel über die Zukunft Nordkoreas spekuliert und die Expertenmeinungen gingen weit auseinander: Kann man von seinem unerfahrenen Sohn Kim Jong Un *(Kim Chŏng-ŭn)* erwarten, dass er sich gegenüber den greisen Führern des mächtigen Militärapparates behauptet? Muss man nicht mit einem Putsch rechnen? Dann, so hieß es unter anderem, könnte er »um sich schlagen«, um den Militärs seine Härte zu zeigen, wie sein im Alter zweifellos verrückter Vater. »Nordkorea, wie wir es kennen, ist am Ende«, behauptete ein Korea-Spezialist, es wäre nur noch eine Frage von Wochen oder Monaten, bis das Regime in Stücke fiele. Andere Kommentatoren äußerten die Besorgnis, ein solcher Zusammenbruch könne einen Blitzeinsatz der schon seit einigen Jahren nicht zuletzt zu diesem Zweck auf Okinawa stationierten US-Marines erforderlich machen. Offizielle der Obama-Regierung hofften auf das Ausbrechen eines »Machtkampfes«, was Hillary Clinton bereits drei Jahre zuvor, nach dem Schlaganfall von Kim Jong Il mehrfach geäußert hatte. Das Modell kommunistischer Führungsnachfolge der damaligen US-Außenministerin scheint sich auf die Situation in der UdSSR nach dem Tod von Stalin oder dem von Mao in China zu beziehen. Man ignoriert dabei vollständig, was nach dem Tod des seit 1948 an der Spitze des nordkoreanischen Staates stehenden Kim Il Sung *(Kim Il-sŏng)* 1994 passierte: nämlich gar nichts.

Als ich das erste Mal Nordkorea besuchte, im Jahr 1981, flog ich von Peking und hoffte, mit der transsibirischen Eisenbahn durch die Sowjetunion nach Hause reisen zu können. Konsularbeamte erklärten mir, ich müsse dafür ein Visum in der sowjetischen Botschaft in P'yŏngyang beantragen. Als ich dort ankam, wurde ich gleich von einem Botschaftsrat zu einem Gespräch eingeladen, dessen freundliche Art auf seine Angehörigkeit zum sowjetischen Geheimdienst deutete. Er servierte Cognac und versuchte herauszubekommen, was ich in P'yŏngyang zu tun gedenke. Im Verlauf des Gesprächs und nach etwas mehr Cognac fragte er mich schließlich, wie ich über Kim Jong Il denke, der gerade auf dem VI. Parteitag 1980 offiziell zum Nachfolger Kim Il Sungs erklärt worden war. »Er hat nicht das Charisma seines Vaters«, sagte ich, »außerdem ist er kleinwüchsig, birnenförmig und unscheinbar. Eigentlich sieht er aus wie seine Mutter.« – »Ach, ihr Amerikaner«, antwortete er, »ihr denkt immer nur an die Persönlichkeit. Versteht ihr denn nicht, dass hinter ihm eine Bürokratie steht, wie ein Block? Alle darin steigen und fallen mit ihm. Diese Leute wissen, wie man das hier macht. Sie sollten 2020 wiederkommen und erleben, wie sein Sohn die Macht antritt.« Das erwies sich als die beste Vorhersage, die ich über diese kommunistische Dynastie jemals gehört habe, abgesehen davon, dass der Herzinfarkt, der Kim Jong Il im Alter von 69 traf, den Machtantritt seines Sohnes Kim Jong Un einige Jahre früher erforderlich machte.

Will man dieses isolierte, aber sich resistent aus der Zeit des Kalten Krieges behauptende Regime verstehen, so muss man sehen, dass die Menschen in Nordkorea nur Jahrtausende der Monarchie und ein Jahrhundert Diktatur kennen: Auf das Koreanische Kaiserreich folgte die japanische Kolonialherrschaft von 1910 bis 1945, in deren Spätphase die Koreaner dem japanischen Kaiser huldigen mussten, und seit 1948 die Hegemonie der Kim-Familie.

Als Kim Jong Un am 8. Januar 2012 seinen Geburtstag feierte (sein Geburtsjahr scheint immer noch geheim zu sein, war aber sicher 1983 oder 1984), wurde der Enkel Kim Il Sungs vom Fernsehen in P'yŏngyang in stundenlangen Dokumentarsendungen gezeigt und mit allen herausragenden Orten und Monumenten des Landes in Verbindung gebracht, die Kim Il Sung besucht hatte. Von größter Bedeutung war dabei der Paektu-san, der große Vulkan an der chinesisch-koreanischen Grenze, der zugleich mythische Quelle des koreanischen Volkes und Schauplatz einiger von Kim geführter Partisanenkämpfe gegen die Japaner in den 1930er-Jahren ist, sowie schließlich auch angeblicher Geburtsort von Kim Jong Il 1942. Interessant war die Körpersprache von Kim Jong Un: groß, kräftig, lächelnd, korpulent, schon Politiker, joviale Persönlichkeit, offensichtlich bereits heimisch in der ihm plötzlich zugefallenen Rolle als »geliebter Nachfolger«. Damit war das Bild des harten, säuerlich-verstopften, zynischen, ewig schlecht gelaunten Kim Jong Il ausgelöscht, der immer eingewickelt in aufgebauschtem Ski-Anorak in der Öffentlichkeit erschien, das Gesicht verborgen hinter einer riesigen Sonnenbrille. Am wichtigsten ist aber, dass Jong Un in seiner äußeren Erscheinung und seinem persönlichen Stil seinem Großvater, als dieser Ende der 1940er-Jahre an die Macht kam, extrem ähnlich ist, bis zu dem Punkt, dass er das Haar an den Seiten hochrasiert trägt (was in den TV-Dokumentationen gezielt mit Fotos des Großvaters mit dem gleichen Haarschnitt belegt wurde). Es scheint als wäre die DNA Kim Il Sungs am Sohn vorbei direkt auf den Enkel übertragen worden. Das ist auch ohne Zweifel das, was das Regime die Menschen glauben lassen möchte.

In der koreanischen Kultur haben der Klatsch über die königlichen Familien und vor allem Gerüchte darüber, welcher Sohn dem König nachfolgen wird, eine lange Tradition. In vielen Fällen traf dies die Thronfolger bereits in jugendlichem Alter. Der größte aller Könige, Sejong, unter dessen Regierung das koreanische Alphabet *(han'gŭl)* entwickelt wurde, übernahm das Amt 1418 im Alter von 21 Jahren und herrschte assistiert von der Regentschaft seines Vaters. Wie Jong Un war er der dritte Sohn. Der zweite wurde wegen seiner Rüpelhaftigkeit aus Seoul verbannt, der erste wurde buddhistischer Mönch. Kim Jong Nam, der erste Sohn von Kim Jong Il, brachte jeden gegen sich auf, als er bei dem Versuch festgenommen wurde, mit falschem Pass in Japan einzureisen, um dort – wie es hieß – Disneyland zu besuchen. Außerdem zieht er es vor, in Macao zu residieren, der Welthauptstadt des Glückspiels. Über den zweitgeborenen Sohn weiß man so gut wie gar nichts; er erschien auch nicht zum Begräbnis des Vaters.

Über Asiaten wird häufig behauptet, sie würden es verabscheuen, ihr Gesicht zu verlieren. *Gesicht* sollte man eher mit *Würde* oder *Ehre* übersetzen. In der Vorstellung der Nordkoreaner ist die Würde der Nation gebunden an das Erscheinungsbild des Führers. Er ist das Gesicht des Landes. Die Führerideologie war zur Zeit Kim Il Sungs wie heute *Chuch'e*, die Idee, Korea zuerst und über alles zu stellen (siehe dazu auch den Beitrag über *Chuch'e* von Eric J. Ballbach in diesem Band). Der Koreanist Gari Ledyard schrieb, dass die Verbindung des zweiten Schriftzeichens *(ch'e)* mit dem Zeichen für Land *(kuk)* das Wort *kukch'e* ergibt, was nach Ledyards Auslegung die Bedeutung nationales Antlitz oder Würde der Nation beinhaltet: »*Kukch'e* kann verletzt oder irritiert oder beleidigt oder beschmutzt werden. Alle Mitglieder der Gesellschaft müssen sich so verhalten, dass *kukch'e* oder die nationale Würde nicht *verloren* geht.«[1] Diese Wortbedeutung erzeugt eine Resonanz von Gefühlen und Werten, die tief in der traditionellen Psyche der Koreaner verwurzelt sind.

Während der Begräbnisprozession im Januar 2012 lief der 56-jährige Schwager von Kim Jong Il und damals Chef der wichtigsten Sicherheitsorgane, Chang Sŏng-t'aek,[2] hinter Kim Jong Un. Hinter ihm ging Kim Ki-nam, ein Mann in den 80er Jahren und enger Weggefährte von Kim Il Sung. Drei Generationen liefen so andächtig neben dem gepanzerten Lincoln Continental, in dem der Sarg von Kim Jong Il aufgebahrt war. Auf der anderen Seite der Limousine gaben ihm die obersten Militärs des wohl absonderlichsten Kasernenhofstaates der modernen Geschichte mit der viertgrößten Armee der Welt das Geleit.

Diese Rituale waren denen nach dem Tod von Kim Il Sung bemerkenswert ähnlich. Einige Monate davor hörte ich, wie ein amerikanisch-koreanischer Akademiker einem Konferenzpublikum erklärte, wenn Kim stürbe, würde sich das Volk erheben und das Regime stürzen. Stattdessen aber weinten die Massen in den Straßen, wie sie es 1919 taten, als König Kojong starb und sein Tod einen landesweiten Aufstand gegen die Japaner auslöste.

Nachdem sein Vater gestorben war, verschwand Kim Jong Il plötzlich, was Gerüchte von einem Machtkampf nährte. Aber eigentlich hatte er nur getan, was man von einem erbberechtigten Prinzen im alten Regime zu erwarten hatte: Er trauerte um seinen Vater drei Jahre lang. Zum 50. Jahrestag der Gründung der Demokratischen Volksrepublik Korea (DVRK) 1998 wurde offensichtlich, dass Kim Jong Il die volle Kontrolle über das Land hatte. Um das zu unterstreichen, ließ er die erste Langstreckenrakete Nordkoreas starten. Er äußerte auch mehrfach die Meinung, dass der Kommunismus im Westen zusammengebrochen sei wegen der Auflösung und Zersetzung der ideologischen Reinheit.

Kim Jong Un ist schon heute fraglos zum Gesicht des Regimes geworden, und zwar zu einem, das mehr öffentliche Zustimmung findet als das von Kim Jong Il. Sehr wahrscheinlich hofft man ein Bild der Kontinuität und Stabilität zu geben, indem man Kim Jong Un zeigt, wie er durch das Land reist und Schulen und Fabriken besucht, und ihn dabei als jungen Mann preist, der zehn Jahre früher als erwartet von seinem Vater die Last der Verantwortung übernommen hat. Dennoch, in Bezug auf die körperliche Erscheinung hatte mein sowjetischer Gesprachspartner recht und ich unrecht. Es ist egal wie er aussieht, der König handelt nie falsch. Nach dem Klassiker von Ernst Kantorowicz »Die zwei Körper des Königs« gibt es zum einen den zerbrechlichen, menschlichen, sterblichen Körper, den der König zufällig behaust, und zum anderen den perfekten, ewigen König, der für immer als Symbol der Monarchie dient. In diesem Sinne haben die Nordkoreaner Kim Il Sung zu ihrem ewigen Präsidenten gemacht, alle Unreinheiten des sterblichen Menschen aus seinem Bild entfernt und sein Mausoleum zum wichtigsten Gebäude des Landes erkoren.

Man kann annehmen, dass das seinem Großvater ähnliche Gesicht von Jong Un der Bevölkerung helfen wird, Kim Jong Il zu vergessen, dessen 17-jährige Herrschaft eine Zeit des Unglücks war, bestimmt von Fluten, Trockenheit, Missernten, wirtschaftlichem Zusammenbruch und Hungersnöten, die zum Tod von Hunderttausenden geführt haben. Kim Jong Il hatte eine einzige, wenn auch zweifelhafte Errungenschaft vorzuweisen:

Den Bau von Nuklearwaffen. Es ist vorhersehbar, dass die Nordkoreaner die Reinkarnation des Staatsgründers und »väterlichen Führers« begrüßen werden, das erste und einzige nette Gesicht der Macht, das alle bis auf die Älteren jemals gesehen haben. Er ist gerade einmal knapp über 30 Jahre alt, und wenn mein sowjetischer Gesprächspartner recht hatte, werden wir das Gesicht von Kim Jong Un sehr lange Zeit zu sehen bekommen.

2 Nationale Würde und Kim-Monarchie

Wie können wir zu einem besseren Verständnis dieses Regimes kommen, sodass auch unsere Erklärungen und Prognosen vernünftiger und präziser werden? Wir müssen ernsthaft versuchen, diese Art von Politik von innen heraus zu verstehen. Dann stellen wir fest, dass das, was als eher typische Version einer nachkolonialen, antiimperialen Revolution in den 1940er-Jahren begann, sich schnell in ein System verwandelte, das tief im Urboden der politischen Kultur Koreas verwurzelt ist. Was man im Westen Personenkult nennt, hat es am Anfang sicher als Phänomen gegeben. In einem Interview des ersten Biografen von Kim mit einem namentlich nicht genannten Mitkämpfer seiner antijapanischen Partisaneneinheit 1946, formulierte dieser eine Kim-Il-Sung-Linie, die bis heute die offizielle Geschichtsschreibung bestimmt:

»Diese Art Mensch hat ganz natürlich eine extrem starke Anziehungskraft für andere. Und selbstverständlich ist eine Partisaneneinheit mit einer solchen Persönlichkeit im Zentrum unvergleichlich stark. Das außergewöhnliche Glück unserer Partisaneneinheit bestand darin, dass wir die Große Sonne in unserem Zentrum hatten. Unser Oberkommandeur, großer Führer, aufmerksamer Lehrer und vertrauer Freund, war niemand anderes als General Kim Il Sung. Da wir General Kim folgten und wir ihn als unseren Kern hatten, war unsere Einheit unerschütterlich. Geborgenheit und Liebe, die wir von unserem General empfingen, waren wie die der Sonne, und wenn unsere Kämpfer zu ihm aufsahen und ihn grüßten, wuchsen ihr Vertrauen, ihre Selbstaufopferung und Hingabe so sehr, dass sie gern für ihn gestorben wären.«

Die Sprache dieses Mannes ist faszinierend und vollständig moralisch. Sie bedenkt Kim mit Tugenden, die fast alle konfuzianischer Art sind: Güte, Liebe, Vertrauen, Gehorsam, Respekt, Gegenseitigkeit im Verhältnis von Führer und Geführten. Im weiteren Verlauf des Interviews empfiehlt dieser Offizier die Partisanentraditionen als gute Prinzipien für Partei und Massenorganisationen und er hätte hinzufügen können, dass sie auch für die Organisation des gesamten koreanischen Staates gut geeignet wären.[3]

In den 1960er-Jahren begann die national-urwüchsige politische Praxis das kommunistische System so sehr zu durchdringen und zu überformen, wie man es bisher nirgendwo auf der Welt gesehen hatte. Seitdem ist Nordkorea eigentlich ein Bündel von Widersprüchen, da sich seine Führer mit heute scheinbar überholten Ideen auseinandersetzen.

Die national-urwüchsige Staats-Idee *Chuch'e* war Ausdruck eines antikolonialen Nationalismus und wurde allgemein mit »Vertrauen auf die eigene Kraft« übersetzt, mit der Konsequenz eines Rückzugs aus der Weltwirtschaft und des Versuchs unabhängiger Entwicklung. Diese Idee entwickelte sich aber zu einer Art idealistischer Metaphysik mit großer Ähnlichkeit zum koreanischen neokonfuzianischen Denken und zu Hegels philosophischem Idealismus. Der hochrangige Abtrünnige Hwang Chang-yŏp brachte das auf die einfache Formel: Die beiden Kims »haben den Stalinismus und Marxismus-Leninismus in konfuzianischem Sinn umgedeutet«.[4]

Bekanntlich war Karl Marx sehr zurückhaltend hinsichtlich der Frage, wie ein kommunistisches politisches System konkret aussehen könnte. Das Vakuum füllte Lenin mit der »Diktatur des Proletariats«, die zur Diktatur des Politbüros wurde. Aber weder Lenin noch sein Nachfolger Stalin hinterließen irgendeine zuverlässige Orientierung zum Mechanismus des Führungswechsels. Dieses Vakuum füllte P'yŏngyang mit der monarchistischen Nachfolge. Das konnte man aber nicht so sagen, weil es nach Feudalismus klingt.

Wenn wir in einer jüngeren Abhandlung über Hegels Theorie der Monarchie nachlesen, ist die Übereinstimmung mit der nordkoreanischen Ideologie bemerkenswert. Eli Diamond schreibt: »(...) die organische Einheit der Mächte des Staates selbst setzt voraus, das es ein einziger Geist ist, der das Universale fest errichtet, es in seine determinierte Aktualität bringt und es ausführt.«[5] Damit und insbesondere mit der endlosen Betonung des »Geistes« sowie der Identifikation des »einen einzigen Geistes« mit dem Monarchen[6] bot Hegel eigentlich in der Mitte des 19. Jahrhunderts nur eine deutsche Version einer alten koreanischen Wahrheit. Der berühmte koreanische Philosoph und Reformer des 14. Jahrhunderts Chŏng To-jŏn schrieb in seiner Abhandlung »Die philosophische Zurückweisung von Buddhismus und Taoismus«[7]: »Der Geist verbindet Prinzipien und materielle Kräfte um den Körper zu beherrschen. (...) Die Prinzipien werden vom Geist angenommen und verwandeln sich in Tugenden (...). Die Prinzipien werden zu Verkörperungen des Geistes.«

Ähnlich den koreanischen Philosophen umgeht Hegel die Schwierigkeit, zu entscheiden, wer der König sein soll, indem er auf die blutsverwandtschaftliche Linie vertraut. Er dachte, aus praktischen Gründen sollte die Thronnachfolge erblich sein: »Es ist das Prinzip der erblichen Nachfolge, das die unveränderliche Qualität und *Majestät* des Monarchen garantiert. Ein gewähltes Haupt eines Staates, und damit dieser Staat selbst, ist verbunden mit einer bestimmten politischen Ausrichtung, die andere ausschließt, den Staat gewissermaßen auf den Kopf stellt und die *Majestät* des Monarchen preisgibt, indem die Legitimität des Souveräns durch die Haltungen und Meinungen der Massen begründet wird und der Souverän nicht selbst-begründete Quelle der Rechte des Volkes ist.«[8]

Es war kein anderer als Karl Marx, der seinen intellektuellen Biss schärfte, indem er diese Rechtfertigung der Monarchie in Stücke riss und sich zweifellos im Grabe umdrehen würde, wenn er hörte, wie sich die monarchistischen Koreaner selbst Kommunisten nennen. Marx schrieb 1843: »Hegel meint, bewiesen zu haben, dass die Staatssubjektivität, die Souveränität, der Monarch ›wesentlich‹ ist, als dieses Individuum, abstrahiert von allem andern Inhalte, und dieses Individuum, auf unmittelbare natürliche Weise ›durch die natürliche Geburt, zur Würde des Monarchen bestimmt‹. Die Souveränität, die monarchische Würde, würde also geboren. Der Leib des Monarchen bestimmte seine Würde. Auf der höchsten Spitze des Staates entschiede also statt der Vernunft die bloße Physis. Die Geburt bestimmte die Qualität des Monarchen, wie sie die Qualität des Viehs bestimmt. Hegel hat bewiesen, dass der Monarch geboren werden muss, woran niemand zweifelt, aber er hat nicht beweisen, dass die Geburt zum Monarchen macht.«[9] Er hätte so auch über Nordkorea schreiben können.

3 Zum Verständnis des Unterschieds

Nordkorea ist eine moderne Form der Monarchie, die sich in einem hochgradig nationalistischen, postkolonialen Staat verwirklicht. Menschen in der westlichen Welt haben so große Schwierigkeiten, das zu verstehen, weil die meisten von ihnen die eigenen liberalen Annahmen und Glaubenssätze niemals zum Gegenstand einer gründlichen Untersuchung oder Selbstkritik gemacht haben. »Die soziale Einheit findet ihren Ausdruck im *Körper des Despoten*.«[10] Das ist, wie Fredric Jameson betonte, politisch gemeint, aber auch analog zur Praxis vieler Religionen. Dass verkörperter Nationalismus (als Körper des Führers, Körper der Politik und nationaler Körper) zur bevorzugten Praxis ehemaliger Kolonien würde, war vollständig zu erwarten. Aber der Westen scheiterte daran, »die enorme Attraktion« zu verstehen, »die dem Nationalismus als Utopie innewohnt«. Die morbiden Qualitäten sind leicht einsehbar, aber die gesunden Qualitäten für die Gemeinschaft und die feste Einheit, nach der die postkolonialen Führer streben, werden negiert. Wenn man dem postkolonialen Nationalismus Koreas die Jahrhunderte königlicher Nachfolge und die neokonfuzianische Philosophie hinzudenkt, könnte man Nordkorea als eine freilich ungewöhnliche, aber erwartbare Kombination aus Monarchie, antiimperialistischem Nationalismus und urwüchsig koreanischer politischer Kultur verstehen.

Wir, die wir in der westlichen liberalen Gesellschaft leben, haben von Geburt an ein automatisch, wenn auch nicht perfekt, erzeugtes Unterbewusstsein, dass die Gesellschaft, in die wir als Erwachsene eintreten, relativ stabil ist, sodass wir tun, was von uns erwartet wird, ohne dass wir darüber nachdenken müssen. Als Ergebnis von Jahrhunderten westlicher politischer Praxis ist die Zivilgesellschaft so internalisiert und reproduziert. Die Erzeugung solcher Verhaltensweisen, das spontane Entstehen von guten Bürgern und guten Arbeitern, von loyalen Subjekten, die sogar mit der Möglichkeit ausgestattet sind, nicht loyal zu sein, muss für alle, die in einer Welt leben, in der dies nicht existiert, ein undurchsichtiges Mysterium sein. Wie kann sozialer Austausch so offen sein und fließend und gleichzeitig so geregelt, selbst die Macht gefährdend und dennoch so stabil? George F. Kennan schrieb: »Die Wege, auf denen die Menschen zu Regierung in Würde und Erleuchtung gelangen, sind das Tiefste und Intimste in den Lebensprozessen einer Nation. Nichts ist für Ausländer weniger verständlich und es gibt nichts, bezüglich dessen ausländischer Einfluss weniger Gutes tun kann.« Es sind Blindheit und der verborgene Komplex ungeprüfter Annahmen, die den Kern des im Westen zu beobachtenden reflexartigen Kim-Hasses begründen und den nordkoreanischen Führer so lächerlich, unverschämt und abscheulich machen. Wir schmähen ihn, während er einfach die Nase rümpft über uns und unsere Werte und damit davonkommt. Die Führer Amerikas haben sieben Jahrzehnte bewiesen, dass sie Nordkorea nicht verstehen, sein Verhalten nicht vorhersagen und nicht beeinflussen können, so gern sie das auch tun würden. Was die Führer Amerikas und wir aber beeinflussen können, sind die Vorurteile.

Literatur

Armstrong, Charles, The North Korean Revolution, 1945–50, Ithaca, N.Y. 2003.

Cumings, Bruce, North Korea: Another Country, New York 2004.

Kim, San (mit Nym Wales), Song of Arirang: A Korean Communist in the Chinese Revolution, San Francisco 1973.

Suh, Dae-Sook, Kim Il Sung: The North Korean Leader, New York 1988.

Anmerkungen

1 Gari K. Ledyard, Contribution to Koreanstudies@koreaweb.ws, February 12, 2002, http://koreaweb.ws/pipermail/koreanstudies_koreaweb.ws/2002-February/003095.html.

2 Chang war jahrelang hochrangiges Mitglied des Politbüros der Partei der Arbeit Koreas und der stellvertretende Vorsitzende der Nationalen Verteidigungskommission. Als Folge von Machtkämpfen in der Führung Mitte Dezember 2013 wurde er zum Tode verurteilt und hingerichtet.

3 »General Kim Il Sung ist der Führer des koreanischen Volkes«, in Podo (Bericht), Nr. 3 (8/1947), S. 18–21.

4 Bradley Martin, Under the Loving Care of the Fatherly Leader, New York 2007, S. 259.

5 Eli Diamond, Hegel's Defence of Constitutional Monarchy and its Relevance Within the Post-national State [Hegels Verteidigung der konstitutionellen Monarchie und deren Bedeutung für den post-nationalen Staat], in: Animus 9 (2004), http://www2.swgc.mun.ca/animus/Articles/Volume%209/diamond.pdf.

6 Hegel's Philosophy of Right [Grundlinien zur Philosophie des Rechts], in der Übersetzung von T. M. Knox, London, Oxford University Press, 1967, S. 185–187, 212, 289; siehe u. a. auch: Georg Wilhelm Friedrich Hegel, Die fürstliche Gewalt, §§ 138–140 in: Vorlesungen, Bd. 1, Die Vorlesungen über Naturrecht und Staatswissenschaft, Heidelberg 1817/18, S. 897 ff., hrsg. von C. Becker u. a., Hamburg 1983.

7 Sourcebook of Korean Civilization [Schriftliche Quellen der koreanischen Zivilisation], hrsg. von Peter H. Lee/Donald Baker/Yongho Ch'oe/Hugh H. W. Kang/Han-Kyo Kim, in der Übersetzung von John Duncan, Band 1, New York 1993, S. 454–458, 461.

8 Diamond (wie Anm. 5), S. 117.

9 Karl Marx, Aus der Kritik der Hegelschen Rechtsphilosophie, Kritik des Hegelschen Staatsrechts (§ 261–313), Karl Marx/Friedrich Engels, Gesamtausgabe (MEGA), Bonn 1975, S. 234, 235, 242.

10 Fredric Jameson, The Political Unconscious, Ithaca, N. Y., 1981, S. 295–296, 298.

Eric J. Ballbach

Chuch'e: Nordkoreas Staatsideologie

Ideologien sind Erfindungen des Denkens, die von der Kultur konditioniert wurden, in der sie sich entwickelt haben.
Krishnamurti

Wohl kein anderes existierendes sozialistisches Regime akzentuiert die Bedeutung von Ideologie so ausgeprägt wie das nordkoreanische. Offiziell wurde der nordkoreanische Staat auf den Prinzipien des orthodoxen Marxismus-Leninismus gegründet, welcher der Führung um Kim Il Sung *(Kim Il-sŏng)* ein Vokabular zur Etablierung eines starken und unabhängigen Koreas bereitstellte und darüber hinaus P'yŏngyangs nationale Bestrebungen mit einer universellen Philosophie verknüpfte.[1] Mit der Chuch'e-Ideologie *(Chuch'e Sasang)* entwickelte die nordkoreanische Führung jedoch sukzessive eine spezifisch nordkoreanische Ideologie, welche sich in vielerlei Hinsicht von den Annahmen des Marxismus-Leninismus unterscheidet. Der Begriff »chuch'e« setzt sich aus den beiden chinesischen Zeichen *chu* (主) und *ch'e* (體) zusammen, deren Bedeutungen höchst kontextabhängig sind. Wörtlich bedeutet *chu* Herr oder Meister bzw. Essenz und *ch'e* Körper, weshalb »chuch'e« mit Meister bzw. Essenz des Körpers übersetzt werden kann. In nordkoreanischen Quellen wird »chuch'e« häufig mit dem Suffix *-chŏk* (bzw. *-jŏk*) kombiniert, womit auf eine Person oder auf einen Staat rekurriert wird, welche(r) unabhängig und frei von (externen) Interventionen existiert.

In weiten Teilen der konventionellen Nordkoreaforschung wird *Chuch'e* oftmals als Autarkie missverstanden bzw. als bloße Propaganda ohne analytischen Wert abgelehnt, weshalb in vielen Analysen Ideologie im Allgemeinen und *Chuch'e* im Speziellen nahezu keine Rolle spielen.[2] Zu oft, so führt die Geografin Carol Medlicott zutreffend aus, wurden die mit Nordkoreas Staatsideologie verbundenen und mitunter bizarr erscheinenden Texte und Praktiken als unseriöser Forschungsgegenstand oder als zu extrem für systematische Analysen zurückgewiesen.[3] Im Gegensatz dazu wird in diesem Beitrag argumentiert, dass ohne eine systematische und ernsthafte Analyse exakt dieser Texte und Praktiken kein besseres Verständnis hinsichtlich Nordkoreas Motivationen und Nordkoreas eigener Definition seines Platzes in der Welt erreicht werden kann. Vor diesem Hintergrund werden hier sowohl die Entwicklung der Chuch'e-Ideologie nachgezeichnet als auch die zentralen Perspektiven der Nordkoreaforschung beleuchtet. Zwei wesentliche Argumente werden dabei herausgearbeitet: Zum einen wird gezeigt, dass *Chuch'e* – trotz einer stets starken Akzentuierung von Nationalismus sowie der unablässigen Betonung von Unabhängigkeit und Souveränität – nie ein unveränderliches ideologisches Konzept darstellte, sondern sich über die Jahre in Form, Status und Funktion veränderte. Basierend auf einem kurzen Überblick über drei zentrale Forschungsperspektiven wird zum zweiten argumentiert, dass der Einfluss der Chuch'e-Ideologie auf die Politik und Gesellschaft des Landes konstitutiver (nicht kausaler) Art ist, d.h., dass die mit *Chuch'e* verbundenen Texte und Praktiken einen diskursiven Raum schaffen, in dem spezifisches Wissen und eine spezifische Weltsicht vermittelt und somit letztlich die Grenzen zwischen legitimem und illegitimem Verhalten konstituiert werden.

1 Die Etablierung und Entwicklung der Chuch'e-Ideologie

Die Chuch'e-Ideologie ist ein komplexes und dynamisches Phänomen, dessen Konzipierung und Systematisierung sich über einen längeren Zeitraum hinweg erstreckte.[4] Vor diesem Hintergrund lassen sich verschiedene Entwicklungsphasen im Prozess der Ausarbeitung der Chuch'e-Ideologie identifizieren: die Formulierungsphase, die Systematisierungsphase und die (gegenwärtige) Transformationsphase.

Inventing Chuch'e – eine offizielle und eine inoffizielle Saga der Entstehung und frühen Entwicklung

Nach (gegenwärtiger) nordkoreanischer Darstellung nahm Kim Il Sung erstmals in einer im Juni 1930 vor Mitgliedern des Kommunistischen Jugendverbandes Koreas und des Anti-Imperialistischen Jugendverbandes gehaltenen Rede im Rahmen der sogenannten Kalun-Konferenz (Mandschurei) auf *Chuch'e* Bezug.[5] Angeblich bezweifelte Kim Il Sung in dieser mit »Der Weg der koreanischen Revolution« betitelten Rede die Gültigkeit und Effektivität der existierenden Methoden des antijapanischen Kampfes, welcher bis dato von Nationalisten und Marxisten-Leninisten im Vertrauen auf die Hilfe ausländischer Mächte geführt worden sei. Im Gegensatz dazu habe Kim Il Sung für einen neuen und »nach koreanischer Art« geführten revolutionären Kampf gegen die japanischen Truppen plädiert.[6] Laut nordkoreanischen Quellen schuf Kim Il Sung damit das Fundament einer unabhängigen kommunistischen Bewegung neuen Typs in Korea, die sich zur Befreiung des Landes ausschließlich auf das koreanische Volk stützen sollte. In der heutigen Geschichtsschreibung Nordkoreas wird die dieser Einsicht zugrunde liegende Idee – dass die Volksmassen Herr der Revolution und des Aufbaus sind und der antiimperialistische (Befreiungs-)Kampf des koreanischen Volkes nur mit Waffen siegreich vollendet werden kann – als historischer Ursprung der Chuch'e- und der sich später aus ihr entwickelten Sŏn'gun-Ideologie (Militär-Zuerst-Ideologie, s. u.) dargestellt. Daher betonen nordkoreanische Quellen explizit die Verankerung der Chuch'e-Ideologie in den Erfahrungen der japanischen Kolonialisierung und dem von Kim Il Sung geführten revolutionären antijapanischen Kampf.[7]

Diese (nordkoreanische) Darstellung wird jedoch von internationalen Beobachtern angezweifelt und es besteht weitgehende Einigkeit darüber, dass Kim Il Sung erstmals in einer Rede vor Propagandisten und Agitatoren der Partei der Arbeit Koreas (PdAK) im Dezember 1955 expliziten Bezug auf *Chuch'e* nahm.[8] Gehalten im Kontext des vorausgegangenen Koreakrieges, der innerparteilichen Auseinandersetzungen in der PdAK sowie der auf den Tod Stalins folgenden Entstalinisierungskampagne in der Sowjetunion betonte Kim Il Sung in dieser Rede, dass die erfolgreiche Fortsetzung der Revolution einer »koreazentrierten Perspektive« sowie der Wertschätzung für und des Respekts gegenüber Koreas einzigartigen Qualitäten, Traditionen, Geschichte sowie dessen besonderen Bedingungen bedürfe:

> »Was ist das Chuch'e in der ideologischen Arbeit unserer Partei? Was tun wir? Wir sind nicht mit der Revolution irgend eines Landes beschäftigt, sondern einzig mit der koreanischen Revolution. Hingabe an die koreanische Revolution ist Chuch'e in der ideologischen Arbeit unserer Partei. Dabei muss jegliche ideologische Arbeit den Interessen der koreanischen Revolution untergeordnet werden. Wenn wir die Geschichte der KPdSU, die Geschichte der chinesischen Revolution oder die universelle Wahrheit des Marxismus-Leninismus studieren, so geschieht das einzig zu dem Zweck, unsere eigene Revolution korrekt durchzuführen.«[9]

Laut Kim Il Sung musste vor diesem Hintergrund die gesamte Gesellschaft mit dem »monolithischen *Chuch'e* System« erfüllt werden. Während die

Nordkoreaforschung hinsichtlich der Bewertung der Chuch'e-Rede von 1955 gespalten bleibt,[10] so lässt sich doch festhalten, dass sie den eigentlichen Beginn der Bestrebungen zur Schaffung einer unabhängigen nordkoreanischen Ideologie darstellte.[11] Gleichwohl war *Chuch'e* zu jener Zeit weder ein dominanter Begriff der nordkoreanischen Propaganda noch ein systematisiertes und ausdifferenziertes System offizieller ideologischer Aussagen und Thesen. Vielmehr kann man von einer »Ideologie in der Entstehung« sprechen, welche erst Mitte der 1960er-Jahre zu einem strukturierteren ideologischen System verdichtet wurde. In einer Rede in Indonesien im April 1965 führte Kim Il Sung aus, dass die Durchsetzung der Revolution und des Aufbaus im Sinne der Chuch'e-Idee einer unabhängigen Haltung in allen Aktivitäten der Partei und des Staates bedürfe.[12] Subsumiert unter dem geteilten (Leit-)Prinzip der Unabhängigkeit und Souveränität stellte Kim Il Sung drei weitere konkrete Prinzipien heraus: Selbständigkeit in der Wirtschaft *(charip)*, Selbstbestimmung in der (Innen- und Außen-)Politik *(chaju)* und Selbstverteidigung in militärischen Angelegenheiten *(chawi)*.[13] Von zentraler Bedeutung für die Formulierung des nordkoreanischen »Weges zur Unabhängigkeit« – welcher nicht mit dem Streben nach Autarkie verwechselt werden darf, sondern vielmehr auf eine völlige Gleichberechtigung in den Internationalen Beziehungen abzielte – war die zunehmende Auseinandersetzung zwischen China und der Sowjetunion, die P'yŏngyang mit der konkreten Herausforderung konfrontierte, zwischen den beiden großen Nachbarn zu navigieren, ohne deren Gunst sowie politischen, ökonomischen und militärischen Beistand zu verlieren.[14] Laut Rüdiger Frank führte diese Herausforderung dazu, dass Nordkorea insbesondere seit Mitte der 1960er-Jahre nicht nur in der Wirtschaft und im Militär, sondern auch in der Ideologie eigene Wege ging und eine zunehmende Emanzipation von den sozialistischen Vorbildern entwickelte.[15]

Die Systematisierung der Chuch'e-Ideologie

Die von Kim Il Sung Mitte der 1960er-Jahre präsentierte lose Konzeption von *Chuch'e* wurde seit den frühen 1970er-Jahren systematisch verdichtet, ein Prozess, in welchem sich die Ideologie sowohl in ihrer Form und Funktion wie auch ihrem Status maßgeblich veränderte. Während *Chuch'e* seit Mitte der 1960er-Jahre in erster Linie als eine Art vage Politikorientierung diente, verlagerte sich deren primäre Funktion nun hin zu einem integralen Bestandteil der Legitimationsstrategie des Landes – sowohl für die Herrschaft und Autorität Kim Il Sungs als auch für die seit den frühen 1970er-Jahren systematisch vorbereitete Machtübertragung an Kim Jong Il *(Kim Chŏng-il)*.[16] Während des fünften Parteikongresses im November 1970 wurde *Chuch'e* offiziell als Grundgedanke der PdAK deklariert und zwei Jahre später in die revidierte Verfassung aufgenommen. In Artikel 4 der Verfassung von 1972 hieß es entsprechend, dass »die DVRK die Chuch'e-Ideologie der Koreanischen Arbeiterpartei als Leitprinzip annimmt, welche den Marxismus-Leninismus kreativ auf die koreanische Situation anwendet«. Tatsächlich wurde *Chuch'e* jedoch im Zuge der »Bewegung zur Etablierung eines monolithischen ideologischen Systems« bereits seit Ende der 1960er-Jahre mit zunehmendem Nachdruck als ein selbständiges und originär koreanisches ideologisches Konzept entwickelt,[17] das in den 1970er-Jahren zum sogenannten Kimilsungismus erhoben und damit als eigenständiger »-ismus« explizit vom Marxismus-Leninismus und Maoismus differenziert wurde:[18]

> »(...) the revolutionary idea of the leader *[Chuch'e]* was called a contemporary Marxism-Leninism (...) this is not a correct definition, since it refers primarily to its inheritance of Marxism-Leninism. (...) Kimilsungism is an original revolutionary idea different from Marxism-Leninism.«[19]

Die bestehende Konzeption wurde mit der Verkündung des »menschlichen Determinismus« als dem philosophischen Prinzip der Chuch'e-Ideologie durch einen eigenständigen »philosophischen Unterbau« ergänzt. Die relationale Perspektive des menschlichen Determinismus besagt, dass der Mensch Herr über alles ist, über alles entscheidet und daher die Natur und Gesellschaft dominiert. Diese Überlegenheit wird auf drei originäre Qualitäten des Menschen zurückgeführt: Unabhängigkeit und Selbstbestimmung *(chajusŏng)*, Kreativität *(ch'angŭisŏng)* und Bewusstsein *(ŭisiksŏng)*.[20] Menschenwürde kann nur dann erlangt werden, wenn das Leben in Übereinstimmung mit diesen Elementen des menschlichen Seins geführt wird – und *Chuch'e* ist die einzige Ideologie, welche diese Qualitäten ermöglicht.[21] Während der Marxismus-Leninismus eine materialistisch-dialektische Perspektive postuliert und damit der materiellen Produktion und den sozio-ökonomischen Beziehungen menschlicher Aktivitäten besondere Bedeutung beimisst, wurde der Mensch in der Chuch'e-Ideologie nun als soziales Wesen konzeptionalisiert, dessen Qualitäten (Unabhängigkeit, Kreativität und Bewusstsein) sich gesellschaftlich und historisch formen und entwickeln.[22]

> »The fundamental difference between the Juche philosophy and the preceding philosophy [Marxism-Leninism] results, in the final analysis, from a different understanding of man. The Marxist philosophy defined the essence of man as the ensemble of social relations, but it failed to correctly expound the characteristics of man as a social being.«[23]

Anstelle des dialektischen Materialismus und des Klassenkampfes zwischen Proletariat und Bourgeoisie setzt die Chuch'e-Ideologie den Kampf um *Chajusŏng*, d. h. Selbstbestimmung:[24]

»All the struggles to transform society, nature and man are struggles to defend and realize *Chajusong* for the masses of the people. The struggle for social reform is an undertaking of the masses to provide themselves with social and political conditions for their independent life, free from class and national subjugation.«

Auf der Grundlage des philosophischen Prinzips des menschlichen Determinismus – und in direktem Zusammenhang mit der Ausweitung des Personenkultes um Kim Il Sung – wurde auch die Beziehung zwischen Individuum, Kollektiv und Führung (um-)formuliert. Das Verhältnis zwischen den verschiedenen Gesellschaftsteilen wird als »sozio-politischer Organismus« konstruiert, in welchem eine trianguläre Verbindung zwischen der Führung (der Kim-Familie) als dem Gehirn, der Partei als dem Nervensystem und dem Volk als dem Körper geknüpft ist.[25]

»The leader, the party, and the masses have to integrate into the unified body in order to become a viable sociopolitical organism (...) The masses, without the leader and the party's guidance, cannot independently become a driving force in history, whereas the leader and the party, if disconnected from the masses, cannot devote their lives to the practice of political leadership in history.«[26]

Während der Mensch einerseits also Meister seines eigenen Schicksals ist, bedarf er anderseits einer »korrekten Führung«, um seine Rolle als Subjekt der soziohistorischen Entwicklung gegen die »imperialistische Unterdrückung« auszuführen. Menschliches Verhalten wird demnach nicht von den Konditionen und Beziehungen der Produktion, sondern durch die direkte Führung des »Gehirns« *(noesu)* angeleitet, während der Körper primär ausführende Funktionen besitzt. Mehr noch: Nach der Chuch'e-Ideologie ist es für Nordkoreaner *nur* durch die Führung der Kim-Familie möglich, ihre eigenen ursprünglichen Qualitäten zu erkennen und zu entwickeln. Diese Konzeption verweist unmittelbar auf die besondere Position der Kim-Familie im soziopolitischen Organismus, die letztlich den einzigen Souverän in Nordkorea darstellt. Individuen werden in diesem soziokulturellen bzw. soziopolitischen System entsprechend ihrer Bemühungen beurteilt, die Lehren der Kims zu befolgen. Wie die Anthropologin Sonia Ryang zutreffend ausführt, identifizieren sich die Mitglieder der nordkoreanischen Gesellschaft eng mit der Führung um die Kim-Familie »and (...) they do so by identifying themselves as the originary point of self-subjection to the sovereign«.[27] Erst durch die wissentliche und aktive politische Unterwerfung und die absolute Loyalitätsverpflichtung gegenüber der Führung, sowie die vollständige Integration in das Kollektiv, erlangt das Individuum Bedeutung durch das von dem Führer *(suryŏng)* gegebene »politische Leben« *(chŏngch'ijŏk saengmyŏng)*. Nach dieser Auslegung wird das Leben jedes Bürgers ein konzeptioneller Teil des durch den Führer personifizierten souveränen Körpers.

> »The concept of life within the Juche ideology is based on the belief in the revolutionary Great Leader *(suryeong)* as the core ideal. (...) The Great Leader *(suryeong)* provides the most precious element of all to the people, political life, and is the benefactor that allows the people to develop their political life. A man's parents give him physical life but the Great Leader provides his social and political life. (...) Therefore, allegiance to the Great Leader *(suryeong)* who gave the most precious social and political life is the natural duty of all revolutionary warriors of the Great Leader. One can only bask in his political life when he gives his allegiance to the Great Leader *(suryeong)*.«[28]

Während das biologische Leben gegeben wird, bedarf das politische Leben spezifischer Bemühungen seitens der Individuen, insbesondere der konstanten kritischen Überprüfung ihrer individuellen Beziehungen im Kontext des Kollektivs, sowie speziell der Beziehung zur Führung. Somit ist das Individuum nicht nur passiv Teil eines Kollektivs, sondern ist dazu angehalten, permanent und aktiv die eigene »moralisch-ideologische Reinheit« zu disziplinieren.[29] Diese extreme Akzentuierung der Beziehungen zum Selbst bedeutet jedoch gerade nicht die Ausbildung eines starken Individualismus, sondern resultiert (nach Foucault) in einer Disqualifizierung der Werte des Privatlebens (»disqualification of the values of private life«).[30] Es ist ein gesellschaftliches System, in welchem, wie Ryang es ausdrückt, »selbst die eigenen Familienmitglieder irrelevant werden« und in dem die wichtigste und exklusivste soziale Beziehung jene zwischen Individuum und souveränem Führer ist.[31] Gleichwohl wird das Individuum nicht gänzlich seiner Individualität als solcher beraubt, sondern wird als Teil des größeren nationalen Kollektivs in eine organische Familie eingebunden – die über der privaten Familie stehende *higher valued community* der Kim Il Sung-Nation mit den Kims als den »elterlichen Führern« *(ŏbŏi suryŏng)*.

Die Transformation von *Chuch'e* zu *Sŏn'gun*

Zwar gelang es Nordkorea, sich dem direkten Sog des Kollapses der Sowjetunion und des Sozialismus in Osteuropa zu entziehen, doch bedeutete der tief greifende weltpolitische Wandel der späten 1980er- und frühen 1990er-Jahre für das Regime eine massive Herausforderung – in politischer, militärischer, ökonomischer und auch in ideologischer Hinsicht. Neben dem Ende der Sowjetunion prägten die zunehmende Konfrontation mit den USA, der Tod Kim Il Sungs 1994, die dramatische Wirtschaftskrise Mitte der 1990er-Jahre sowie die offizielle Amtsübernahme Kim Jong Ils 1997 die Entwicklung der nordkoreanischen Staatsideologie zu Beginn ihrer gegenwärtigen Phase. Mit dem Kollaps der Sowjetunion wurde der epistemologische Bruch der Chuch'e-Ideologie mit dem Marxismus-Leninismus vollends besiegelt und durch die überarbeitete Verfassung von 1992 auch konstitutionell fixiert. Während die »historischen Errungenschaften des Marxismus-Leninismus« offiziell anerkannt wurden, attestierten nordkoreanische Quellen diesem explizit, weder »eine perfekte Philosophie« noch »eine perfekte kommunistische Theorie der Arbeiterklasse« darzustellen.[32] Nach den Ausführungen Kim Jong Ils war es eine maßgebliche Verfehlung der kollabierten sozialistischen Systeme, dass sie nicht strikt zwischen Sozialismus und Kapitalismus differenzierten und Liberalismus als Modus der politischen Interaktion annahmen. Ihr Scheitern wurde somit als Resultat der Infiltrierung liberaler Ideen bezeichnet, welche die Kohäsion und Einheit der jeweiligen Gesellschaften zerstört habe. Demgegenüber wurde die Originalität und Überlegenheit der »nordkoreanischen Variante des Sozialismus« *(Urisik sahoejuŭi)* basierend auf der Chuch'e-Ideologie betont.[33] Das zentrale Element der nordkoreanischen Variante des Sozialismus und das charakteristischste ideologische Konzept der Ära Kim Jong Ils stellte nun die Idee des *Sŏn'gun* dar. Ähnlich der Chuch'e-Ideologie, auf deren Grundlage *Sŏn'gun* nach offizieller Darstellung beruht, ist auch die Entwicklung und Systematisierung der Sŏn'gun-Idee als Prozess zu betrachten, welcher seit Mitte der 1990er-Jahre bis heute anhält. Das nordkoreanische Regime ersann zuerst den Slogan, um dann graduell die Ideologie auszuarbeiten und zu entwickeln.[34] Kurz gefasst beruht *Sŏn'gun* nach nordkoreanischen Angaben auf der Idee, die Armee als Hauptakteur und Triebkraft ins Zentrum der Revolution zu stellen. Darüber hinaus wird insbesondere die Bedeutung des militärischen Aufbaus zur Verteidigung der nordkoreanischen Unabhängigkeit betont.[35]

Die Entwicklung der Sŏn'gun-Idee seit den 1990er-Jahren steht in unmittelbarem Zusammenhang mit der veränderten Rolle des Militärs in der

Ära Kim Jong Ils, die in Nordkorea weit über die Landesverteidigung hinausgeht und demnach auch in ideologischer Hinsicht von zentraler Bedeutung ist. In einer Rede an Mitglieder des Zentralkomitees der Arbeiterpartei im März 1997 bezeichnete Kim Jong Il die Koreanische Volksarmee als »Pfeiler des Landes« und als »wesentliche Triebkraft der Revolution«. Die Armee, so Kim Jong Il, sei der wichtigste Motor zur Komplettierung der von der Chuch'e-Idee ausgegebenen Ziele,[36] und er betonte, dass die gesamte Gesellschaft von dem »revolutionären Geist der Armee« lernen solle. Entsprechend präsentierten nordkoreanische Ideologen das Prinzip »army first, working-class next«, das erneut den Bruch der Chuch'e-Ideologie mit dem Marxismus-Leninismus verdeutlicht und in nordkoreanischen Quellen wie folgt erläutert wird:

> »The term, ›the army first and the working class next‹ means that the army is in the fore-front of the struggles for revolution, followed by the working class. In other words, the army is placed before the working class in carrying out the great socialist cause.«[37]

Ausgehend von der Grundidee, das Militär »an der Frontlinie des sozialen Aufbaus« insbesondere auch in moralischer und ideologischer Hinsicht zu verorten, haben nordkoreanische Ideologen speziell in den 2000er-Jahren das Sŏn'gun-Konzept sukzessive zu einer umfassenden Ideologie entwickelt und auf nahezu alle Bereiche der Gesellschaft übertragen.[38] So wurde dem Militär nicht nur eine wichtige Rolle in der Landesverteidigung, sondern auch hinsichtlich der Aufrechterhaltung der sozialen Ordnung sowie (eines Mindestmaßes) des Produktionslevels beigemessen. Im Gegenzug wurde dem Militär politisches, wirtschaftliches und ideologisches Primat vor der Partei und anderen Institutionen des Landes eingeräumt. Die Entwicklung der Sŏn'gun-Idee und insbesondere der Sŏn'gun-Politik verfolgte dabei mehrere, zum Teil interdependente Ziele: die Verhinderung eines Kollaps des Militärs als Organisation, die Verhinderung interner Unruhen und die Stärkung der nationalen Einheit durch die Beschwörung des gesellschaftlichen Zusammenhaltes, die Legitimierung einer politischen Schwerpunktsetzung auf den sicherheitspolitischen und militärischen Bereich (bei gleichzeitiger Existenz einer strukturellen Wirtschaftskrise) sowie der Konsolidierung der Machtposition der Führung. *Sŏn'gun* besteht heute aus einem komplexen System von Ursprungsmythen und philosophischen, sozialen und politischen Grundsätzen und steht seit 2009 als offizielles ideologisches Konzept gleichberechtigt neben Chuch'e in der nordkoreanischen Verfassung.[39]

2 *Chuch'e* in der Nordkoreaforschung

The essence of Juche is difficult to grasp, either because it is so simplistic as to be unbelievable or so complex and culture specific as to be untranslatable.[40]

Im Hinblick auf die Bewertung der Chuch'e-Ideologie besteht in der Nordkoreaforschung weder ein genereller Konsens hinsichtlich des Entstehungshintergrundes noch hinsichtlich der Wirkungsweise von *Chuch'e* auf Politik und Gesellschaft des Landes. So bezeichnet auf der einen Seite etwa Brian Myers die Chuch'e-Ideologie als Scheindoktrin (»sham doctrine«),[41] welche die eigentliche Ideologie des Landes – einen rassenbasierten Nationalismus – verdecke. Auf der anderen Seite attestieren eine Reihe von Beobachtern einen geradezu kausalen Einfluss der Chuch'e-Ideologie auf die Gesellschaft und Politik des Landes, wenn sie *Chuch'e* als eine »symbolische Leitlinie für jede Maßnahme und Handlung der Revolution und des Aufbaus«[42] und damit als »Herzstück des nordkoreanischen Verhaltens«[43] bezeichnen. Zusammengefasst lassen sich drei Strömungen bzw. Forschungsperspektiven unterscheiden, die jedoch nicht als strikt voneinander getrennt, sondern eher als ergänzend zu betrachten sind: die instrumentalistische Perspektive, die Politische-Kultur-Perspektive sowie die nationalistische Perspektive.[44]

Die instrumentalistische Perspektive betont den unmittelbaren Einfluss von innen- und außenpolitischen Entwicklungen auf die Entstehung und Ausgestaltung der Chuch'e-Ideologie. Entsprechend dieser Perspektive lassen sich den zentralen Entwicklungsmomenten der Chuch'e-Ideologie spezifische politische »Auslöser« zuordnen.

Wie aus der *Tabelle* ersichtlich wird, spielten im Hinblick auf den Entstehungshintergrund und die frühe Entwicklung der Chuch'e-Ideologie nach instrumentalistischer Perspektive insbesondere der innenpolitische Machtkampf zwischen der Guerilla-Faktion um Kim Il Sung und den konkurrierenden Faktionen, der Prozess der Machtkonsolidierung von Kim Il Sung sowie die Herausforderung des Wiederaufbaus bei gleichzeitig reduzierter Militär- und Wirtschaftshilfe aus der Sowjetunion eine bedeutende Rolle. Außenpolitisch stellte *Chuch'e* nach dieser Perspektive eine Antwort auf die Frage dar, wie sich Nordkorea angesichts der zunehmenden Spannungen zwischen China und der Sowjetunion sowie der Entstalinisierungskampagne Moskaus positionieren sollte. Nordkoreas Antwort auf diese Herausforderungen bestand laut dem Historiker Avram Asenov Agov in einer Fokussierung auf *Chuch'e* im Sinne eines Strebens nach Neutralität und Unabhängigkeit durch einen »inward retreat« des nordkoreanischen

Regimes.[45] Nach der instrumentalistischen Perspektive stellten *Chuch'e* und die damit einhergehenden Prinzipien der nationalen Solidarität und des Führerkultes ein zentrales Instrument zur Konsolidierung der Machtposition Kim Il Sungs sowie ein wichtiges Element in der Legitimierung der Machttransformation an Kim Jong Il dar.[46] Die Transformation zur Sŏn'gun-Ideologie und der Militär-zuerst-Doktrin diente demnach in ähnlicher Weise wie die Chuch'e-Ideologie für Kim Il Sung dazu, die Macht Kim Jong Ils angesichts der massiven innen- und außenpolitischen Entwicklungen in den 1990er-Jahren zu legitimieren.

Tab.: Formation und Entwicklung des Chuch'e-Systems

Content	**Beispielhafte Einflussfaktoren**
Chuch'e Eigenständigkeit in der Ideologie	• Tod Stalins • Verfolgung der ›domestic faction‹
Charip Selbstständigkeit in der Wirtschaft	• Reduzierung der externen Hilfe • Anti-Kim Il Sung-Bewegung in der KWP
Chaju Souveränität (in der Innen- und Außenpolitik)	• Niederwerfung der Yenan- und Russlandfaktionen • Zunehmende Auseinandersetzung zwischen der Sowjetunion und China
Chawi Selbstverteidigung in militärischen Angelegenheiten	• Zuspitzung des China-Sowjetunion-Konflikts • USA und Sowjetunion erkunden Koexistenz • Militärcoup in Südkorea (durch Park Chung Hee)
Umfassende Systematisierung	• Ausweitung der persönlichen Macht und Konsolidierung der Herrschaft von Kim Il Sung
Kimilsungismus	• Solidifizierung der familieninternen Machtvererbung

Quelle: Formation of the Juche Ideological System, 1997, Seoul: Yonsei University, zitiert in: Waldenström (Anm. 13), S. 12.

Eine zweite Forschungsperspektive führt *Chuch'e* auf Koreas spezifische Geschichte sowie auf den Einfluss der politischen Kultur des Landes zurück. So verbinden einige Vertreter dieser Perspektive *Chuch'e* und die einhergehende Betonung nationaler Souveränität mit Koreas historisch verankerter, vormoderner Tradition der Unabhängigkeit von externen Mächten.[47] Andere Vertreter dieser Perspektive wie der Historiker Bruce

Cumings betonen primär die Verbindung von *Chuch'e* mit konkreten Werten des Neokonfuzianismus wie Loyalität und hierarchischer Ordnung.[48] Kenneth Quinones führt aus, dass Kim Il Sungs

> »reliance on a monolithic ›political culture,‹ while alien to democratic societies beyond East Asia, recalls the Chinese dynasties' and Korea's Chosŏn Dynasty's (…) preference for Neo-Confucianism. They assigned a utilitarian political relevance to Korea's traditional ›Culture‹ and incorporated some of its key elements into their political culture.«[49]

Die Politische-Kultur-Perspektive ist eng verbunden mit einem Verständnis der Chuch'e-Praxis als Nationalismus. Nach dieser Perspektive reflektiert *Chuch'e* in seinem Kern einen tief greifenden Nationalismus, welcher durch die Ideologie in eine konkrete Form gebracht wurde.[50] Demnach wurde Nationalismus zu einem integralen Bestandteil von Nordkoreas politischer Struktur und fungierte gleichermaßen intern konsolidierend und extern als Schild gegen Einfluss und Einmischung. Eine spezifische Variante dieser Perspektive postuliert ein Verständnis von *Chuch'e* als einer quasireligiösen Doktrin mit dem Ziel der Machtlegitimierung der Kim-Familie.

Um die analytische Signifikanz von *Chuch'e* zu verdeutlichen wird hier als Ergänzung zu den bestehenden Forschungsperspektiven eine Konzeptionalisierung von *Chuch'e* als einem (hegemonialen) (Identitäts-)Diskurs vorgeschlagen.[51] Verstanden als Diskurs – definiert im Sinne Foucaults als eine Bedeutung konstruierende Menge von Aussagen, Texten und Praktiken, welche dem gleichen Formationssystem angehören – wird der analytische Fokus von der Aufdeckung faktischer (Un-)Wahrheiten auf die über den Chuch'e-Diskurs vermittelten Repräsentationen von »Wahrheiten« gelenkt. So betrachtet besteht die analytische Relevanz von *Chuch'e* primär darin, dass die entsprechenden Texte und Praktiken Aufschluss über die im Diskurs enthaltenen Identitätskonstruktionen sowie letztlich über Nordkoreas Weltsicht geben. Demnach lässt sich nicht von einer kausalen Wirkungsweise der Chuch'e-Ideologie auf (das Handeln von und in) Politik und Gesellschaft ausgehen. Vielmehr muss hier ein konstitutiver Zusammenhang in dem Sinne festgestellt werden, als dass über die mit dem Chuch'e-Diskurs verbundenen Texte und Praktiken die Grenzen zwischen innen und außen, dem Selbst und den Anderen permanent (re-)konstruiert und (re-)inskribiert werden. Als solches trägt die Chuch'e-Ideologie dazu bei, spezifisches Wissen, Einstellungen, Wertvorstellungen und Bedeutungen zu konstruieren, die Parameter von und Grenzen zwischen angemessenem und unangemessenem Verhalten zu konstituieren und damit letztlich auch alternative Meinungen auszuschließen und politische Imaginationen zu kontrollieren. Die Chuch'e-Ideologie und die ihr zugeordneten Werte und Tugenden sind somit als eine »Linse« zu verstehen, durch welche Nordkoreaner das Leben, die Gesellschaft und die Politik perzipieren (sollen).[52] Dabei ist es der innere Führungszirkel um die Kim-Familie, der diese Werte bestimmt und auf den die Tugenden zurückgeführt werden. Wie der Politikwissenschaftler Cho Young Chul zutreffend ausführt, stellt die Kim-Familie in Nordkorea einen »archimedischen Punkt« dar, von welchem alle Handlungen und (Wert-)Orientierungen angeleitet werden. Entsprechend bedarf jegliches von der Kim-Familie produzierte Wissen nicht weiter kritisch hinterfragt zu werden.[53] Als solches ist der Chuch'e-Diskurs ein Raum, in dem »Wahrheit« produziert wird. Innerhalb dieses Diskurses werden die Texte und Praktiken dieser der Kim-Familie zugeschriebenen »Wahrheitsbehauptungen« *(truth claims)* interpretiert und erlangen so gesellschaftlich verbindliche Gültigkeit.

Literatur

Armstrong, Charles, Juche and North Korea's Global Aspirations, Nkidp Working Paper #1, Woodrow Wilson Center For International Scholars, September 2009.

Suh, Jae-Jung (Hrsg.), Origins of North Korea's Juche: Colonialism, War, and Development, Lanham 2012.

Anmerkungen

1 Michael J. Seth, A History of Korea. From Antiquity to the Present, Lanham 2011, S. 355.

2 Vgl. Brian Myers, The Cleanest Race: How North Koreans See Themselves – And Why It Matters, New York, 2010, S. 12.

3 Vgl. Carol Medlicott, Symbol and Sovereignty in North Korea, in: SAIS Review, 25 (2005) 2, S. 69–79, hier: S. 77.

4 Vgl. Rüdiger Frank, Nordkorea: Zwischen Stagnation und Veränderungsdruck, in: Claudia Derichs/Thomas Heberer (Hrsg.), Einführung in die politischen Systeme Ostasiens, Opladen 2003, S. 271–325, hier: S. 382.

5 Kim Jong Il, On the Juche Idea [1982], in: Ders., On the Juche Philosophy, Pyongyang 2002, S. 18–106.

6 Kim Sung Chull, North Korea under Kim Jong Il: From Consolidation to Systemic Dissonance, New York 2006; Shuhachi Inoue, Modern Korea and Kim Jong Il, Tokyo 1984.

7 Vgl. Shuhachi I. (wie Anm. 6), S. 21.

8 Vgl. Charles Armstrong, ›A Socialism of Our Own Style‹: North Korean Ideology in a Post-Communist Era, in: Samuel S. Kim (Hrsg.), North Korean Foreign Relations in the Post-Cold War Era, Oxford/New York 1998, S. 32–53, hier: S. 35.

9 Kim Il Sung, Über die Beseitigung des Dogmatismus und Formalismus aus den ideologischen Aktivitäten und die Etablierung des *Chuch'e* (1965), zitiert in: Frank (wie Anm. 4), S. 381.

10 Vgl. hierzu insbesondere die Debatte zwischen Brian Myers und Alzo David-West: Brian Myers, The Watershed that Wasn't: Re-Evaluating Kim Il Sung's ›Juche Speech‹ of 1955, in: Acta Koreana, 9 (2006) 1, S. 89–115; Alzo David-West, Marxism, Stalinism, and the Juche Speech of 1955: On the Theoretical De-Stalinization of North Korea, in: The Review of Korean Studies, 10 (2007) 3, S. 127–152.

11 Cheong Seong-Chang, Stalinism and Kimilsungism: A Comparative Analysis of Ideology and Power, in: Asian Perspective, 24 (2000) 1, S. 133–161, hier: S. 138.

12 Kim Il-Sung, *Chosŏn minchu chuŭi inmin konghwaguk-esŏŭi sahoe chuŭi kŏnsŏl kwa namchosŏn hyŏngmyŏng-e taehayŏ* [On the Construction of Socialism in the DPRK and the Revolution in South Korea], in: Kim Il-Sung chŏjakchip [Collected Works of Kim Il-Sung], Vol. 19, P'yŏngyang 1965, S. 305; vgl. auch Kim Jong Il (wie Anm. 5), S. 55–74; Lim Ŭn, The Founding of a Dynasty in North Korea – An Authentic Biography of Kim Il-sŏng, Tokyo 1982, S. 283–292.

13 Vgl. Kim Il Sung (wie Anm. 12), S. 305; Kim Il Sung, Let Us Defend the Revolutionary Spirit of Independence, Self-Reliance, and Self-Defense More Thoroughly in All Fields of State Activities, P'yŏngyang 1967; Louise Waldenström, Constructing an authentic and self-contained discourse through *Chuch'e*. A North Korean Perspective, Umea 2005, S. 11–16.

14 Vgl. etwa Joseph C. Kun, North Korea: Between Moscow and Peking, in: The China Quarterly, 31 (1967) 3, S. 48–58.

15 Vgl. Frank (wie Anm. 4), S. 381.

16 Vgl. Kim Sung Chull (wie Anm. 6), S. 109.

17 Vgl. Ebd., S. 122–123.

18 Vgl. T'ak Chin/Kim Kang-il/Pak Hong-je, *Kim Jong Il chidoja* [Leader Kim Jong-Il], Tokyo 1984, S. 16.

19 Kim Jong Il, On Correctly Understanding the Originality of Kimilsungism [1976], in: Ders. (wie Anm. 5), S. 9–10, 15.

20 Vgl. Kim Sung Chull (wie Anm. 6), S. 122–124; Park Han S., North Korea: The Politics of Unconventional Wisdom, Boulder 2002, S. 34–35.

21 Park Han S., The Nature and Evolution of Juche Ideology, in: Ders. (Hrsg.), North Korea. Ideology, Politics, Economy, Englewood Cliffs 1996, S. 28.

22 Kim Jong Il (wie Anm. 5), S. 27.

23 Kim Jong Il, The Juche Philosophy is an Original Revolutionary Philosophy [1996], in: Ders. (wie Anm. 5), S. 149–164, hier S. 157.

24 Kenneth C. Quinones, Juche and North Korea's Foreign Policy, Manuskript, 2008, S. 6.

25 Vgl. etwa Park Han S. (wie Anm. 21), S. 34; Kim Sung Chull (wie Anm. 6), S. 124–128.

26 Kim Jong Il (wie Anm. 23), S. 163.

27 Sonia Ryang, Biopolitics or the Logic of Sovereign Love – Love's Whereabouts in North Korea, in: Dies. (Hrsg.), North Korea. Toward a Better Understanding, Lanham 2009, S. 57–84, hier: S. 78.

28 Gang Min Gu, *Chuch'eŭi insaenggwanŭi bonjiljŏk naeyong* [The essential contents of the perceptions of life within Juche ideology], in: *Geulloja* [Workers] 1986, zitiert in: Chung Young-Soon, Identity Politics in the Democratic People's Republic of Korea (DPRK), in: The Review of Korean Studies, 14 (2011) 3, S. 101–120, hier: S. 110–111.

29 Sonia Ryang, Reading North Korea. An Ethnological Inquiry, Cambridge/London 2012, S. 186.
30 Michel Foucault, The History of Sexuality, Vol. 3: The Care of the Self, New York 1986, S. 43, zitiert in: Ryang (wie Anm. 29), S. 140–141.
31 Ryang (wie Anm. 29), S. 186.
32 Kim Jong Il, On Some Problems of the Ideological Foundation of Socialism [1990], in: Ders. (wie Anm. 5), S. 109–110.
33 Vgl. Kim Jong Il (wie Anm. 32); Ders., *Sahoe chuŭi kŏnsŏl ŭi yŏksajŏk kyohun kwa uri tang ŭi ch'ongnosŏn* [Historical Lessons in the Building of Socialism and the General Line of Our Party] [1992], in: *Ch'inae hanŭn chidoja Kim Jong Il tongji ŭi munhŏnjip* [Collected Works of the Dear Leader Kim Jong-Il], P'yŏngyang 1992, S. 426–461.
34 Jeon Miyeong, The Kim Jong-il Regime's »Military-first Politics«: Structure and Strategy of Discourse, in: The Review of Korean Studies, 12 (2009) 4, S. 181–204, hier: S. 182.
35 Questions and Answers on the Songun Idea, Pyongyang 2012, S. 1, S. 4.
36 Chon Hyun-Joon/Jeung Young-Tae/Choi Soo-Young/Lee Ki-Dong, North Korea's Regime Maintenance Policy since the Kim Jong-il Regime and Prospects for Change, Korea Institute for National Unification Studies Series, 09–04, Seoul 2009, S. 16.
37 Choe Ki-hwan, The nation and the Military-first Politics, Pyongyang 2003, S. 27.
38 So wird heute u. a. von »Military-First Policy« *(Sŏn'gun chŏngch'i)* »Military-First Ideology« *(Sŏn'gun Sasang)*, »Military-First Revolution« *(Sŏn'gun Hyŏngmyŏng)*, »Military-First Ideology of *Chuch'e*« *(Chuch'eŭi Sŏn'gun Sasang)* oder der »Military-First Era« *(Sŏn'gun Sidae)* gesprochen.
39 Artikel 3 der Verfassung von 2009 führt aus: »[t]he DPRK considers the Juche idea and the military-first (songun) idea, which are human-centered worldviews and revolutionary ideas for achieving the independence of the masses, as the guiding principles of its activities.« Vgl. http://naenara.com.kp/ko/great/constitution.php?2.
40 Oh Kongdan/Ralph Hassig, North Korea through the Looking Glass, Washington 2000, S. 15.
41 B. Myers (wie Anm. 2), S. 12.
42 Im Ilpyong J., Communist Politics in North Korea, Praeger Special Studies in International Politics and Government, New York 1975, S. 49.
43 Waldenström (wie Anm. 13), S. 11.
44 Diese Differenzierung ist angelehnt an Grace Lee, The Political Philosophy of Juche, in: Stanford Journal of East Asian Affairs, 3 (2003) 1, S. 105–112, hier: S. 107–108.
45 Avram Asenov Agov, North Korea in the Socialist World: Integration and Divergence, 1945–1970 – The Crossroads of Politics and Economics, Vancouver 2010, S. 13.
46 Vgl. etwa Byun Dae-Ho, North Korea's Foreign Policy. The Juche Ideology and the Challenge of Gorbachev's New Thinking, Seoul 1991, S. 55–56, 60; Lee (wie Anm. 44), S. 107–108.
47 Lee (wie Anm. 44), S. 108.
48 Bruce Cumings, Korea's Place in the Sun: A Modern History, New York 2005. Vergleiche Beitrag von Bruce Cumings in diesem Band.
49 Quinones (wie Anm. 24), S. 4.
50 Agov (wie Anm. 45), S. 342.
51 Vgl. Eric Ballbach, Ideology as Discourse. The Analytical Value of *Chuch'e* and Sŏn'gun (im Erscheinen).

52 Vgl. auch Mitchell Lerner, A Failure of Perception: Lyndon Grace Johnson, North Korean Ideology, and the Pueblo Incident, in: Diplomatic History, 25 (2011) 4, S. 647–675, hier: S. 656.

53 Cho Young Chul, North Korea's Nationalist Discourse: A Critical Interpretation, in: Korea Observer, 42 (2011) 2, S. 311–343, hier: S. 322.

Kim Keun-Sik und Lee Jeongwoo

Die Machtstrukturen in der Demokratischen Volksrepublik Korea

1 Die Machtstruktur Nordkoreas und ihre Besonderheiten

In der Geschichte des Sozialismus ist Nordkorea einzigartig. Seine Machtstruktur verbindet ein typisches Merkmal sozialistischer Staaten, die Einparteienherrschaft, mit einem Führerregime, das über drei Generationen Macht und Herrschaft in einer Person vereint. Nach der Satzung der Partei der Arbeit Koreas (PdAK) ist sie »unter allen Organisationen der werktätigen Massen die revolutionärste Organisation«.[1] Die staatlichen und sonstigen politischen Organisationen zur Stärkung und Entwicklung der gesamten Gesellschaft benötigen demnach die Führung der Partei. An der Spitze der Partei selbst steht wiederum ein oberster Machthaber, der die ausschließliche Führung innehat. Das Grundprinzip der Macht besteht in Nordkorea also darin, dass der oberste Machthaber sich der PdAK bemächtigt und die Partei wiederum die übrigen Machtorgane kontrolliert.

Diese Machtstrukturen haben sich während der Herrschaft Kim Il Sungs *(Kim Il-sŏng)* von 1948 bis 1994 immer mehr gefestigt. Mit zunehmendem Alter begann Kim Il Sung zur Konsolidierung seiner Macht mit dem Aufbau seines erstgeborenen Sohnes Kim Jong Il *(Kim Chŏng-il)*, als Nachfolger. Im Dezember 2011, als Kim Jong Il unerwartet starb, übernahm der jüngste seiner drei Söhne, Kim Jong Un *(Kim Chŏng-ŭn)*, wiederum automatisch die Macht.

Im Vergleich zu anderen sozialistischen Staaten der Geschichte ist Nordkorea eine relativ stabile und effektiv kontrollierte Diktatur. Ein Grund für diese relative Stabilität liegt darin, dass die gesamte Gesellschaft von der sogenannten Chuch'e-Ideologie durchdrungen ist. Ursprünglich beruhte sie auf dem philosophischen Prinzip, dass »der Mensch Herr über alles ist und über alles entscheidet«. In Verbindung mit einer revolutionären Führertheorie wurde die Chuch'e-Ideologie jedoch zu einem Instrument der Rechtfertigung der Ein-Mann-Diktatur. Später wurde die Theorie des

»soziopolitischen Organismus« hinzugefügt, die davon ausgeht, dass das Verhältnis »Führer-Partei-Massen« ein organisches Ganzes mit einem Führer als Gehirn darstellt (siehe dazu auch den Beitrag von Eric J. Ballbach in diesem Band).

Die Machtstrukturen in Nordkorea sind also durch ein Führerregime und eine dynastische Herrschaftsnachfolge gekennzeichnet. Zusätzlich verfügt Nordkorea über drei gigantische Machtapparate, die organisch miteinander verflochten sind und die Herrschaft ausüben. Dies sind die Partei der Arbeit Koreas (PdAK), die Koreanische Volksarmee (KVA) sowie der Regierungsapparat mit Legislative, Exekutive und Judikative. Sie sollen im Folgenden vorgestellt werden.

2 Das Führungssystem des nordkoreanischen Machtapparates

Kern der Macht: Die Partei der Arbeit Koreas

Die Partei der Arbeit Koreas (PdAK) wurde offiziell nach der Gründung der Demokratischen Volksrepublik Korea 1949 gegründet. Zuvor gab es in Korea bereits seit 1925 eine kommunistische Partei. Kim Il Sung, der von der UdSSR als neue Führungsfigur ausgesucht wurde, verkündete am 10. Oktober 1945 die Gründung der nordkoreanischen Fraktion der kommunistischen Partei Koreas. Im Juni 1946 wurde sie in Kommunistische Partei Nordkoreas und im August 1946 in Arbeiterpartei Nordkoreas umbenannt. Die südkoreanische Fraktion der kommunistischen Partei wurde dementsprechend zur Arbeiterpartei Südkoreas. Nach der Gründung der beiden koreanischen Staaten erfolgte die Vereinigung der beiden Arbeiterparteien und am 30. Juni 1949 wurde schließlich die Gründung der PdAK verkündet.

Wie in sozialistischen Staaten üblich hat die Partei der Arbeit das Machtmonopol inne, d. h. die gesamte Politik des Staates unterliegt ihrer Führung und Kontrolle. In der Verfassung Nordkoreas ist verankert, dass »die Demokratische Volksrepublik Korea ihre gesamte Tätigkeit unter Führung der Partei der Arbeit Koreas entfaltet«. Zudem wird dort ausgeführt, dass die PdAK »die höchste Form aller politischen Organisationen der werktätigen Massen ist«, was die Vormachtstellung gegenüber den Regierungsorganen und allen sonstigen staatlichen Organisationen verdeutlicht.

Die PdAK befindet sich in einer Mittelposition zwischen der Bevölkerung und dem nordkoreanischen Führer. Unter dem Führersystem ist die Partei der Arbeit nicht nur eine politische Klassenpartei, sondern zugleich gewissermaßen die »Privatpartei« eines Ein-Mann-Herrschaftssystems. Nach der Verfassung Nordkoreas ist die PdAK ein »zur Verwirklichung der revolutionären Ideologie des Führers organisierter Stoßtrupp, der die Revolution und den Aufbau unter der ideologischen Anleitung und Führung des Führers realisiert«. Die Hauptaufgabe der Partei besteht also darin, als Bindeglied zwischen dem Führer als dem Gehirn des politischen Organismus und den Volksmassen, diese zu organisieren und dafür zu mobilisieren, die vom Führer erdachte Politik in die Tat umzusetzen.

Das höchste beschlussfassende Gremium der PdAK ist der Parteitag. Laut Parteistatut fasst er Beschlüsse »über die Grundfragen der Politik und die Strategie der Partei«. Bis zur Änderung des Parteistatuts auf der 3. Parteikonferenz 2010 hätte alle fünf Jahre ein Parteitag stattfinden müssen, aber diese Richtlinie wurde nicht eingehalten. Der letzte Parteitag fand 1980 statt.[2] Zwischen den Parteitagen leitet das Zentralkomitee (ZK) als höchstes Leitungsorgan die Parteiarbeit. Das ZK setzt sich aus den auf dem Parteitag gewählten Mitgliedern und Kandidaten zusammen und soll mindestens einmal jährlich zu einem Plenum zusammentreten. Zwischen den Plenartagungen hat wiederum das Politbüro dessen Befugnisse inne. Dessen Kern ist das Ständige Komitee des Politbüros. Da nach Kim Il Sungs Tod nur noch Kim Jong Il als alleiniges Mitglied verblieben war, leitete anstelle des Ständigen Komitees nunmehr das Sekretariat der Partei das ZK. Es ist die zentrale Abteilung, die über interne Fragen der Partei sowie andere praktische Angelegenheiten berät und entscheidet sowie die Ausführung der Beschlüsse organisiert.

2012 war für Nordkorea ein besonders bedeutungsvolles Jahr, da Kim Il Sung 100 Jahre alt geworden wäre. So wurde 2012 zum »Gründungsjahr für ein starkes Vaterland« erklärt. Unmittelbar vor dem 100. Geburtstag von Kim Il Sung, am 11. April, fand die 4. Parteikonferenz statt. Auf ihr wurde Kim Jong Un zum Ersten Sekretär der Partei, Mitglied des Politbüros, Mitglied des Ständigen Komitees des Politbüros und Vorsitzenden des Zentralen Militärkomitees der Partei ernannt. Gegenkandidaten gab es selbstverständlich keine. Damit hat Kim Jong Un offiziell die höchsten Positionen in der Partei und der Armee inne.

Durch die zentrale Machtstellung der PdAK kommt den Regierungsorganen nur die institutionelle Aufgabe zu, die von der Partei getroffenen politischen Entscheidungen zu legalisieren und umzusetzen. Die Kontrolle der Partei über die Regierungsorgane ist dabei allgegenwärtig und wird in Nordkorea als das Fundament für die Aufrechterhaltung und Weiterentwicklung des sozialistischen Gesellschaftssystems betrachtet. Die Strukturen

Abb. 1: Die Organisationen der Partei der Arbeit in der Demokratischen Volksrepublik Korea

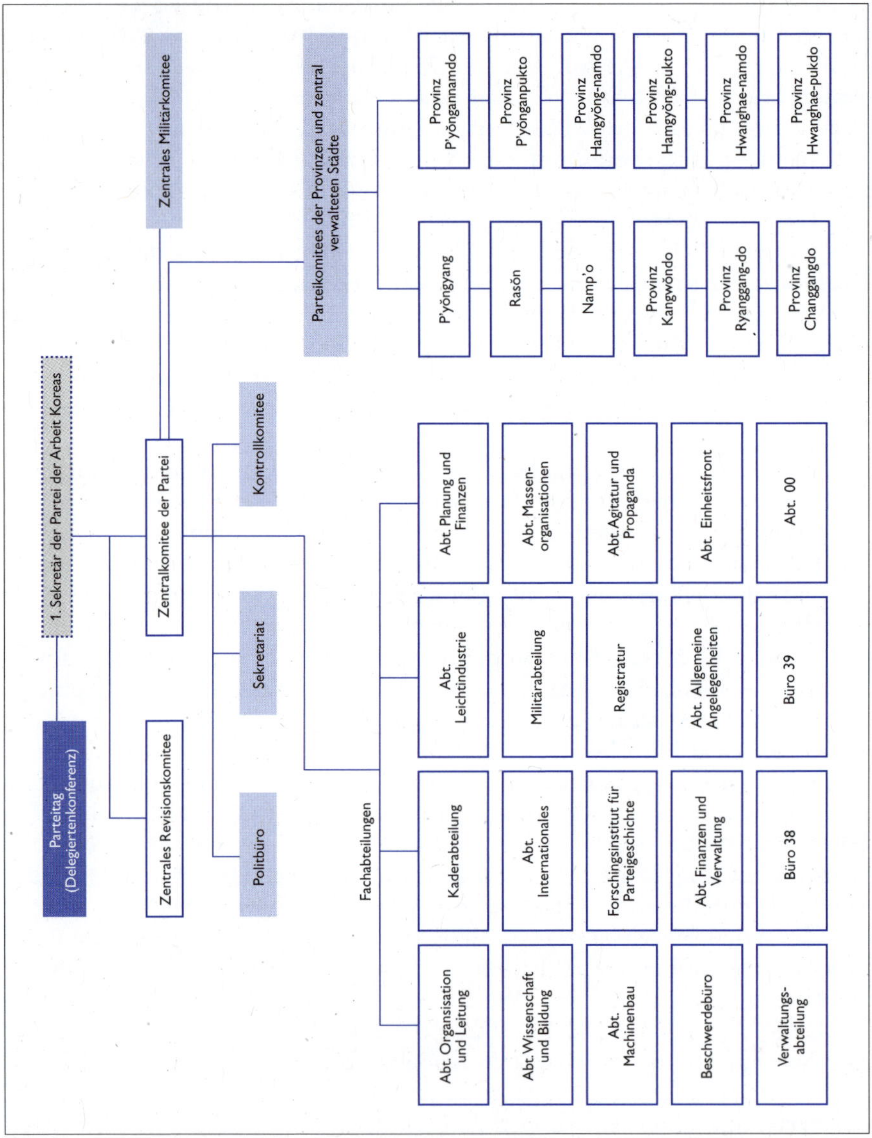

Quelle: Vereinigungsministerium »Übersicht über die Machtinstrumente Nordkoreas«, April 2012.

in den einzelnen Abteilungen der Regierungsorgane werden ebenfalls durch die Partei errichtet und mittels Restriktionen und Inspektionen kontrolliert.

Auch in Bezug auf das Militär hat die PdAK eine in ihrem Statut festgeschriebene Kontrollfunktion inne. Danach organisiert und leitet das Zentrale Militärkomitee der Partei sämtliche militärischen Angelegenheiten, wodurch die gesamte Landesverteidigung im Einflussbereich der Partei liegt. Zur tatsächlichen Kontrolle des Militärs durch die Partei hat diese innerhalb der Armee auf sämtlichen Ebenen Parteiorganisationen und einen politischen Stab etabliert. Innerhalb der Koreanischen Volksarmee (KVA) existiert zur Leitung der politischen Aufgaben die Politische Hauptverwaltung, der sämtliche Parteikomitees und -organisationen auf allen Ebenen innerhalb der Volksarmee unterstellt sind. Darüber hinaus ist auch der dem Führungsstab der Partei direkt unterstellte Sozialistische Jugendverband »Kim Il Sung« bis in die unteren Einheiten der Volksarmee präsent.

Nach außen sah es so aus, als ob sich das Verhältnis zwischen Partei und Militär während der Herrschaft von Kim Jong Il verändert hätte, da der Einfluss der von ihm direkt geleiteten Verteidigungskommission in den Jahren zwischen 1998 und 2009 gewachsen ist. Zu dieser Zeit war Kim Jong Ils offizielle Amtsbezeichnung die des Vorsitzenden der Nationalen Verteidigungskommission. Mit der von ihm verkündeten »Militär-zuerst-Politik« (Sŏn'gun-Politik)[3] wurde die Stellung der Armee gestärkt. Das Ministerium für Volksstreitkräfte wurde der Zuständigkeit der Nationalen Verteidigungskommission, die kein Parteiorgan ist, unterstellt. Dadurch schien die Kontrollfunktion der Partei gegenüber dem Militär geschwächt. Im Statut der PdAK blieben die Regelungen zu den umfassenden Kompetenzen des Zentralen Militärkomitees der Partei jedoch erhalten und die Nationale Verteidigungskommission faktisch auch unter Kontrolle der Partei.

Beschützer der Macht: die Koreanische Volksarmee (KVA)

Die Volksarmee Nordkoreas hat als »Armee der Partei«, »Armee der Revolution« und »Armee des Führers« die Aufgabe, die obersten Machthaber zu beschützen. Nach außen wird sie als das militärische Instrument dargestellt, um die politischen Ziele der Partei und des Führers umzusetzen. Laut Verfassung besteht die Aufgabe der nordkoreanischen Streitkräfte darin, »die Interessen des werktätigen Volkes zu verteidigen, die sozialistische Ordnung und die Errungenschaften der Revolution vor Aggression durch fremde Kräfte zu schützen sowie Freiheit, Unabhängigkeit und Frieden des Vaterlandes zu bewahren«.

Der Stellenwert der Armee in Nordkorea hat nach dem Zusammenbruch des Kommunismus in der Sowjetunion und den osteuropäischen Staaten noch mehr zugenommen. Die gegenwärtig verfolgte »Sŏn'gun-« oder »Militär-zuerst-Politik« ist eine politische Strategie, die als oberstes Ziel den Zuwachs an militärischer Stärke hat und das Militär in den Mittelpunkt aller Bereiche des Staates stellt. Nach dem Tod von Kim Jong Il wurde Kim Jong Un in der Neujahrsansprache 2012 als Oberhaupt der gesamten Streitkräfte gepriesen und zum Aufbau einheitlicher Streitkräfte aufgerufen.

Bereits in der Vergangenheit waren die Streitkräfte für Nordkorea sehr wichtig. Die Volksarmee wurde im Februar 1948, noch vor der Errichtung der nordkoreanischen Regierung, gegründet. Als revolutionäre und einheitliche Streitmacht des Führers und der Partei wurde die Armee auch später vorrangig ausgebildet und im Vergleich zu anderen Bereichen nie vernachlässigt.

In der Präambel des auf der Parteikonferenz im September 2010 geänderten Parteistatuts wird die Sŏn'gun-Politik als die grundlegende politische Leitlinie des Sozialismus bezeichnet, die die Revolution und den Aufbau anführt. Schon auf dieser Parteikonferenz wurde Kim Jong Un zum Stellvertretenden Vorsitzenden des Zentralen Militärkomitees der Partei ernannt, womit die Grundlagen für seine Kontrolle über das Militär gelegt wurden. Auf der unmittelbar nach dem Tod von Kim Jong Il einberufenen Sitzung des Politbüros der Partei am 30. Dezember 2011 wurde Kim Jong Un zum Oberkommandeur der Streitkräfte ernannt, am 11. April 2012 auf der 4. Parteikonferenz auch zum Vorsitzenden des Zentralen Militärkomitees und am 13. April 2012 von der Obersten Volksversammlung zum Ersten Vorsitzenden der Nationalen Verteidigungskommission berufen.

Die in der nordkoreanischen Verfassung erwähnte »Gesamtheit der Streitkräfte« umfasst neben den regulären Truppen der Volksarmee (1,19 Millionen Soldaten) noch 600 000 Reservisten, die Roten Arbeiter- und Bauerngarden (5,7 Millionen), die Roten Jugendgarden (1 Million) sowie die Truppen der Staatssicherheit, der Volkssicherheit (Volkspolizei), die Jugend-Stoßtruppen und andere paramilitärische Organisationen (400 000). Unter dem Begriff »Gesamtheit der Streitkräfte« ist somit eine Alarmreserve von 7,7 Millionen Soldaten zu verstehen. 2012 betrug die Einwohnerzahl in Nordkorea 23 Millionen. Wenn fast ein Drittel davon zu den Streitkräften gehört, dann hat der Ausdruck »die Macht über das Militär haben« eine andere Bedeutung als in normalen Staaten. Neben seiner Relevanz als militärisches Instrument für die »Revolution und Befreiung« spielt die Armee in Nordkorea so zugleich eine grundlegende Rolle bei der Sicherung der Herrschaft und des Systems.

Zu den wichtigsten Organen des nordkoreanischen Militärapparates gehören neben dem Zentralen Militärkomitee der Partei das Ministerium für Volksstreitkräfte, die Politische Hauptverwaltung der Armee, der Generalstab der Armee und die Nationale Verteidigungskommission. Letztere wurde 1972 mit der Annahme der Sozialistischen Verfassung gegründet und 1992 – um Kim Jong Ils systematische Machtübernahme durch das Militär zu legalisieren – zum höchsten Führungsorgan der Armee erhoben.

Der Politischen Hauptverwaltung obliegt die politisch-ideologische Zusammenarbeit mit der Parteiorganisation der Armee, der Generalstab leitet die militärischen Operationen. Das Ministerium für Volksstreitkräfte vertritt die Armee nach außen, nimmt außenpolitische Aufgaben wahr und ist für die Planung des personellen und materiellen Bedarfs und der Finanzen zuständig.

Die nordkoreanische Armee ist ein wichtiges Instrument zur Konsolidierung und Stärkung der Macht der Partei. Umgekehrt wird die Armee voll und ganz von der Partei kontrolliert, was man schon daran sehen kann, dass mit Kim Jong Un ein Mann die Armee befehligt, der selbst keinerlei militärische Laufbahnerfahrung hat. Die Rolle der KVA als »Parteiarmee« hat sich seit ihrer Gründung nicht verändert. Anders als in vielen anderen Entwicklungsländern mit einem übermächtigen Militär bezieht die Volksarmee in Nordkorea ihre Macht aus der Partei, was zum Beispiel die Wahrscheinlichkeit eines Militärputsches äußerst gering erscheinen lässt.

Der Regierungsapparat

Zu den zentralen Machtorganen in Nordkorea gehören die Nationale Verteidigungskommission als faktisch höchstes Organ der Staatsmacht, die Oberste Volksversammlung als gesetzgebendes Organ, das Kabinett als Organ der vollziehenden Gewalt und die Justiz als Organ der Rechtsprechung. Eine Gewaltenteilung ist nur formal vorhanden.

Die *Nationale Verteidigungskommission* wurde in den Verfassungsrevisionen von 1998 und 2009 zunächst zum »höchsten militärischen Führungsorgan der Staatsmacht und Verwaltungsorgan der allgemeinen Landesverteidigung« und dann zum »höchsten Führungsorgan der Staatsmacht für die Landesverteidigung« aufgewertet. Zu den Kompetenzen der Nationalen Verteidigungskommission gehören die Entscheidungsbefugnis für politische Maßnahmen und das Kommando über alle Streitkräfte des Landes. Der Erste Vorsitzende der Nationalen Verteidigungskommission, derzeit Kim Jong Un, ist zugleich der Oberste Befehlshaber der gesamten Streitkräfte des Landes. Er leitet alle bewaffneten Kräfte des Landes sowie die gesamten Staatsangelegenheiten und ist darüber hinaus befugt, über die Ratifizierung wichtiger Verträge mit anderen Ländern zu entscheiden.

Die *Oberste Volksversammlung (OVV)* ist das gesetzgebende Organ und formell das höchste Machtorgan Nordkoreas. Die Legislaturperiode der OVV beträgt fünf Jahre, normalerweise finden jährlich ein- bis zweimal ordentliche Tagungen statt. Die OVV ändert, ergänzt und beschließt die Verfassung und Gesetze, legt die Grundprinzipien für die Innen- und Außenpolitik des Staates fest, wählt u.a. den Vorsitzenden und die Mitglieder der Nationalen Verteidigungskommission, den Ministerpräsidenten, die Minister und anderen Mitglieder des Kabinetts sowie den Vorsitzenden der Obersten Staatsanwaltschaft und kann diese abberufen. Darüber hinaus ist sie zur Ratifizierung und Kündigung von internationalen Verträgen befugt. Die OVV konstituiert sich, sobald mehr als zwei Drittel aller Abgeordneten anwesend sind. Gesetze und Beschlüsse der OVV werden mit einfacher Mehrheit angenommen; Änderungen und Ergänzungen der Verfassung benötigen eine Zweidrittelmehrheit. Da die Zustimmung öffentlich durch Handzeichen zu erteilen ist, sind Gegenstimmen praktisch ausgeschlossen.

Das *Kabinett* ist das administrative Exekutivorgan, das für die Lenkung eines Großteils der Verwaltungs- und Wirtschaftsangelegenheiten mit Ausnahme der Landesverteidigung zuständig ist. Es setzt sich aus dem Ministerpräsidenten, seinen Stellvertretern, den Vorsitzenden der Komitees, den Ministern und ihren Stellvertretern zusammen. Den Vorsitz im Kabinett hat der von der Obersten Volksversammlung gewählte Ministerpräsident. Er legt vor der OVV, der das Kabinett rechenschaftspflichtig ist, in Vertretung der Mitglieder des Kabinetts einen Eid ab. Der Ministerpräsident organisiert und leitet die Arbeit des Kabinetts und vertritt die Regierung. Die Amtszeit des Kabinetts beträgt fünf Jahre. Im April 2012 bestand es insgesamt aus 42 Institutionen, darunter sieben Komitees und 31 Ministerien (siehe *Abbildung 2*). Die Komitees und Ministerien sind fachspezifische Exekutivorgane.

Die *Justizorgane* bestehen aus den Staatsanwaltschaften und den Gerichten. Die staatsanwaltschaftliche Tätigkeit wird in Nordkorea einheitlich von der Obersten Staatsanwaltschaft geleitet; ihr unterstehen die Staatsanwaltschaften der Provinzen, Städte und Landkreise ebenso wie die Sonderstaatsanwaltschaften. Dieses Einheitssystem gewährleistet einerseits ein einheitliches und schnelles Vorgehen der Staatsanwaltschaft und sorgt andererseits dafür, Rechtsnormen einheitlich auszulegen und damit die Herrschaft der Partei zu stärken. Die Staatsanwaltschaften in Nordkorea sind somit auch ein Herrschaftsinstrument. Die Oberste Staatsanwaltschaft wird von der OVV ernannt und abberufen und ist dieser rechenschaftspflichtig.

Abb. 2: Die politischen Organisationen in der Demokratischen Volksrepublik Korea

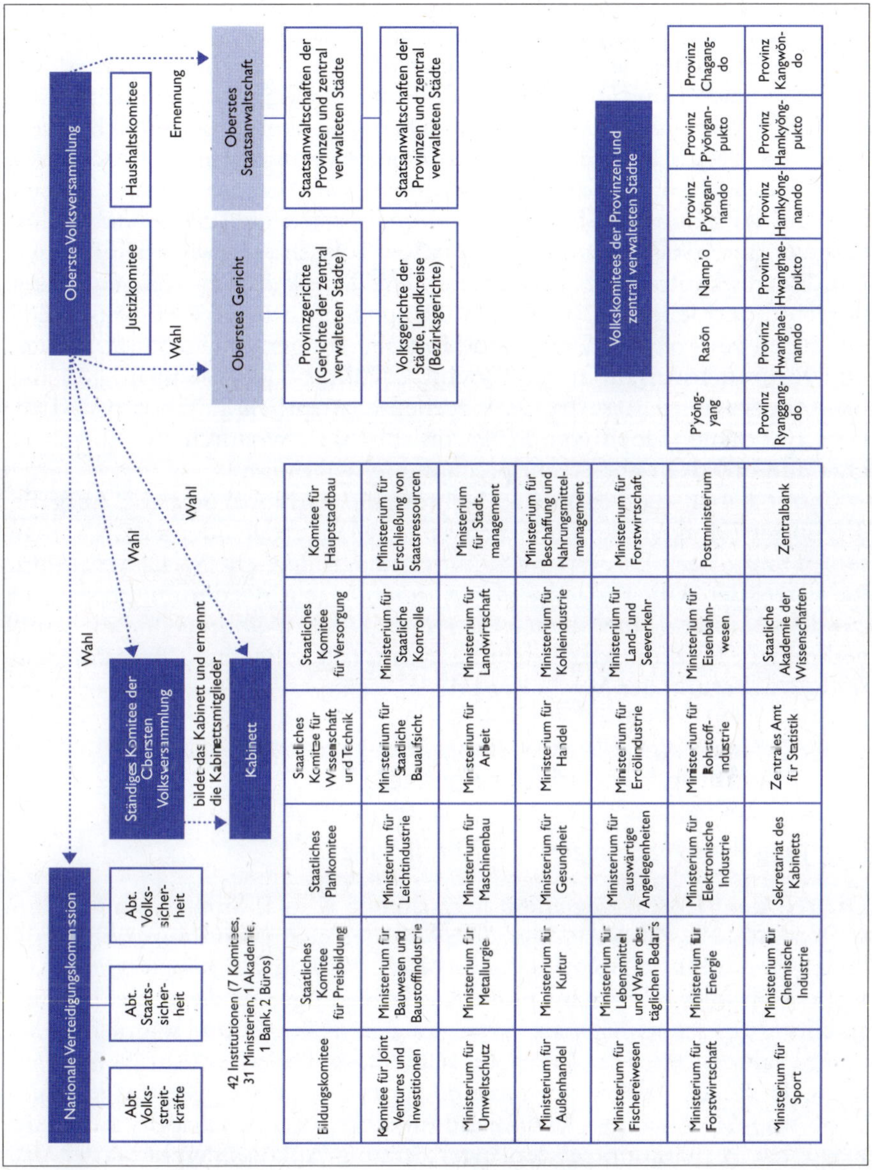

Quelle: Vereinigungsministerium »Übersicht über die Machtinstrumente Nordkoreas«, April 2012.

Die nordkoreanischen Gerichtsorgane sind keineswegs autonome Instanzen. Sie sind vollkommen abhängig von der PdAK. Der Aufbau der Gerichtsorgane entspricht dem der Staatsanwaltschaften: Dem Obersten Gericht unterstehen die Provinzgerichte (bzw. die Gerichte der zentral verwalteten Städte) und die Volksgerichte der Landkreise (Bezirksgerichte), zusätzlich gibt es die Sondergerichte. Die Spruchkörper setzen sich jeweils aus einem Berufsrichter und zwei Volksbeisitzern zusammen, in bestimmten Fällen auch nur aus drei Berufsrichtern. Der Vorsitzende des Obersten Gerichts wird durch die OVV gewählt, dessen weitere Richter und Volksbeisitzer durch das Präsidium der OVV. Als höchstes gerichtliches Organ Nordkoreas kontrolliert es die richterliche Tätigkeit aller nachgeordneten Gerichte und leitet die Justizverwaltung. Es führt die Revisionsverfahren gegen gesprochene Urteile und Entscheidungen sowie die Berufungs- und Einspruchsverfahren der Provinz-, Militär- und Eisenbahngerichte. Das Oberste Gericht ist der OVV rechenschaftspflichtig, faktisch sind alle Gerichtsorgane jedoch von der Partei abhängig, wodurch eine unabhängige und unparteiische Rechtsprechung schwierig ist.

Somit haben die zentralen Machtorgane in Nordkorea die Aufgabe, die Entscheidungen der im Zentrum der Macht stehenden PdAK umzusetzen bzw. deren Umsetzung zu unterstützen. Jegliche Staatsmacht ohne die Partei der Arbeit ist undenkbar; deren Macht wiederum schöpft sich aus dem Militär. Daher dienen die »Militär-zuerst-Politik« und die damit verbundene Stärkung der Macht des Militärs letztlich der Konsolidierung und Absicherung der Macht der PdAK.

3 Nachfolge und Machtwechsel

Kim Jong Il als Nachfolger von Kim Il Sung

Der seit dem Koreakrieg allein herrschende Kim Il Sung bestimmte um 1972 seinen ältesten Sohn Kim Jong Il zu seinem Nachfolger und führte damit eine erbliche Nachfolge ein. Nach Abschluss der Universität sammelte Kim Jong Il zunächst politische Erfahrungen in der Organisationsabteilung des Sekretariats der Partei sowie im Kabinett und wurde im Alter von 31 Jahren Leiter der Propagandaabteilung der Partei. Auf dem 6. Parteitag der PdAK 1980 wurde er zum Mitglied des ZK der Partei, des Politbüros und des Ständigen Komitees des Politbüros, des Sekretariats und des Zentralen Militärkomitees der Partei gewählt. Auf diese Weise war er offiziell im Machtzentrum der Partei und der Armee angekommen. Als Nachfolger Kim Il Sungs trat er zudem als dessen Stellvertreter auf.

In den 1990er-Jahren festigte Kim Jong Il seine Position als militärischer Führer. Im Dezember 1991 wurde er auf dem Plenum des ZK der PdAK zum Obersten Befehlshaber der KVA gewählt. Nachdem er im April 1992 den Titel »Marschall« erhalten hatte, wurde er 1993 auf der Tagung der OVV zum Vorsitzenden der Nationalen Verteidigungskommission und somit zum Oberkommandierenden aller Streitkräfte gemacht. Nach dem Tod von Kim Il Sung im Juli 1994 übte Kim Jong Il seine Herrschaft zunächst in der Funktion des »Oberbefehlshabers der KVA« aus. Erst Ende 1997 wurde er zum Generalsekretär der Partei der Arbeit gewählt und trat damit auch offiziell die Amtsnachfolge seines Vaters an. Mit der im September des darauffolgenden Jahres angenommenen Verfassungsänderung wurde ihm als Vorsitzender der Nationalen Verteidigungskommission die größte politische Macht übertragen; damit war die Ära Kim Jong Il auch formal eingeleitet.

Als Generalsekretär der Partei und Vorsitzender der Nationalen Verteidigungskommission beherrschte Kim Jong Il mit der Partei und der Armee beide Stützpfeiler der sozialistischen Staatsgewalt. Um diese Alleinherrschaft zu legitimieren, bediente er sich wie sein Vater der Herrschaftsideologie *Chuch'e*. Eine Besonderheit an Kim Jong Ils Herrschaftssystem bestand in der Priorität des Militärs als der treibenden Kraft der Revolution und des Aufbaus in Nordkorea. Kim Jong Il sagte, dass »die Stärkung des Militärs wichtiger sei als der Aufbau der Wirtschaft und dass Nordkorea nur mit starken Gewehrkolben ein starkes Land werden« könne. Unter dem Slogan der »Militär-zuerst-Politik« hat das Militär seinen Einfluss auf die verschiedensten zivilen Bereiche und die Gesellschaft insgesamt ausgedehnt.

Mitte der 1990er-Jahre führten die angespannte wirtschaftliche Lage in Nordkorea sowie das Kernwaffenprogramm zu Konflikten mit der internationalen Gemeinschaft. Trotzdem gelang es Kim Jong Il, sein Regime relativ stabil zu halten. Mit der Strategie des »starken, blühenden Vaterlandes« *(kangsŏngdaeguk)* sollte ein neuer innerer Zusammenhalt der nordkoreanischen Gesellschaft geschaffen werden. Es wurde der sogenannte Marsch des Leidens *(konan-ŭi haenggun)* propagiert, der dazu dienen sollte, die Krise des nordkoreanischen Systems zu überwinden und den Menschen neue Hoffnung zu geben. Bis heute wird in Nordkorea die These vertreten, dass »wirtschaftlicher Aufschwung nur zu erreichen ist, wenn zunächst ein ideologisch starkes Vaterland geschaffen und die Armee fest um den Stützpfeiler der Revolution geschart wird«. Der wirtschaftliche Aufbau Nordkoreas soll demnach automatisch gelingen, wenn es bereits über ideologische, politische und militärische Stärke verfügt.

Der Machtwechsel von Kim Jong Il zu Kim Jong Un

Innerhalb der nordkoreanischen Führungsschicht lassen sich drei Generationen unterscheiden: die Generation der antijapanischen Partisanenbewegung, die zweite Generation der Teilnehmer am Koreakrieg (1950–1953) und die dritte Generation der in den 1940er- und 1950er-Jahren Geborenen. Die heute weit über 80-Jährigen der ersten Generation ziehen sich allmählich von ihren Machtpositionen zurück. Die 60- bis 70-Jährigen der dritten Generation, die eine höhere Bildung genossen haben, formieren sich zum Kern einer neuen Elite, die die führende Rolle in der Kim Jong Un-Ära spielen wird.

Die Errichtung des Herrschaftssystems von Kim Jong Un in dritter erblicher Nachfolge begann bereits Anfang des Jahres 2010, indem erste Lobeshymnen auf ihn verbreitet wurden.

Im weiteren Verlauf wurde er am 27. September 2010 zum Armeegeneral ernannt und am 28. September 2010 auf der 3. Parteikonferenz zum stellvertretenden Vorsitzenden des Zentralen Militärkomitees der Partei berufen. Damit war das institutionelle Fundament gelegt, um seine Rolle in der Partei und der Armee wahrzunehmen. Nach seiner Ernennung zum stellvertretenden Vorsitzenden des Zentralen Militärkomitees der Partei trat er am 10. Oktober 2010 auf der Militärparade anlässlich des 65. Jubiläums der Parteigründung auf. Dies stellte einerseits sein Image als militärischer Führer in den Vordergrund und zeigte andererseits die Loyalität des Militärs ihm gegenüber.

Mit dem Tod von Kim Jong Il am 17. Dezember 2011 musste die Umstrukturierung der Macht innerhalb der nordkoreanischen Regierung beschleunigt werden. Mit dem Ziel der Errichtung einer stabilen Herrschaft Kim Jong Uns auf der Grundlage des Vermächtnisses seines Vaters wurde dieser am 29. Dezember 2011 während einer öffentlichen Trauerzeremonie für Kim Jong Il zum »obersten Führer der Partei, des Staates und der Armee« ausgerufen. Am 30. Dezember wurde Kim Jong Un vom Politbüro der PdAK zum Oberbefehlshaber der KVA ernannt. Auf einer weiteren Tagung des Politbüros im April 2012 wurde eine Reihe von Beschlüssen zur Stabilisierung der Herrschaft von Kim Jong Un angenommen, mit denen die in der gemeinsamen Neujahrsbotschaft 2012 mit der Formulierung »Kim Jong Un ist Kim Jong Il« angekündigte Erbfolgeherrschaft in die Tat umgesetzt wurde. Durch die Wahl Kim Jong Uns zum obersten Führer von Partei, Armee und Regierung auf der 4. Parteikonferenz (11. April 2012) und der 5. Tagung der OVV wurde die dynastische Herrschaftsnachfolge in dritter Generation besiegelt. Als Erster Sekretär der PdAK, Mitglied des Politbüros, Mitglied des Ständigen Komitees des

Politbüros, Vorsitzender des Zentralen Verteidigungskomitees der Partei sowie Erster Vorsitzender der Nationalen Verteidigungskommission hatte er alle Ämter von Kim Jong Il übernommen und somit die »Kim Jong Un-Ära« eingeläutet.

Zur Legitimation von Kim Jong Uns erblicher Nachfolge in dritter Generation wurde dessen große Ähnlichkeit mit Kim Il Sung hervorgehoben. Die nordkoreanische Führung betonte der Bevölkerung gegenüber, dass »Kim Jong Un ein weiterer Kim Jong Il« wäre und stellte damit die Verbindung zu Kim Il Sung her. Sie forderte dazu auf, die Treue gegenüber Kim Il Sung und Kim Jong Il stillschweigend auch auf Kim Jong Un zu übertragen.

Fazit

In der internationalen Gemeinschaft des 21. Jahrhunderts stellt Nordkorea ein äußerst »rätselhaftes« Land dar, das nach außen abgeschlossen ist und über ein überholtes autoritäres Herrschaftssystem mit erblicher Nachfolge in dritter Generation verfügt. Trotz globaler Umwälzungen nach dem Ende des Kalten Krieges befindet sich das nordkoreanische System ideologisch noch immer in der Vergangenheit. In seiner wirtschaftlichen Kraft dem Nachbar Südkorea um das 40-fache unterlegen, ist es von der selbst angestrebten Revolutionierung der koreanischen Halbinsel weit entfernt und erhält im Kampf ums Überleben ein Notsystem aufrecht.

In dieser Situation baut Nordkorea sein Herrschaftssystem weiter aus und propagiert unter dem Banner der Chuch'e-Ideologie eine Sŏn'gun-Politik, die der Armee den Vorrang einräumt. Mit der Partei der Arbeit besitzt das Regime ein Machtinstrument, das das ganze Land beherrscht, und verfügt über eine Armee, die der Partei und dem Staat treu ergeben ist. Zwar ist ein vereinzeltes Ausbrechen aus diesem System (z.B. durch Flucht nach China) möglich, doch von einem Systemwechsel aus eigener Kraft ist man noch weit entfernt. Die nordkoreanische Führung befürchtet, dass sich Reformen negativ auf die Erhaltung ihrer eigenen Macht auswirken könnten. Daher steht sie Veränderungen in der derzeitigen Situation sehr verhalten gegenüber und wird die derzeitigen Machtstrukturen eher zu stärken versuchen. Jegliche Veränderungen der Machtstruktur von innen heraus können nur eingeschränkt stattfinden, solange das Regime Kim Jong Uns nicht angetastet wird.

Literatur

Frank, Rüdiger, Politisches System Nordkoreas, in: Thomas Kern/Patrick Köllner (Hrsg.), Südkorea und Nordkorea: Einführung in Geschichte, Politik, Wirtschaft und Gesellschaft, Frankfurt am Main/New York 2005, S. 216–234.

Frank, Rüdiger, Nordkorea: Innenansichten eines totalen Staates, München 2014.

Mceachern, Patrick, Inside the Red Box. North Korea's Post-Totalitarian Politics, New York 2011.

Lim, Jae Cheon, Kim Jong Il's Leadership of North Korea, Routledge, Contemporary Asia Series, New York 2009.

Anmerkungen

1 Die Satzung der Partei der Arbeit Koreas vom 28.9.2010.

2 Seit der Gründung der Arbeiterpartei Nordkoreas im August 1946 haben insgesamt sechs Parteitage stattgefunden (1948, 1956, 1961, 1970, 1980).

3 Offiziellen nordkoreanischen Angaben zufolge versteht man unter der Sŏn'gun-Politik »die Einräumung der höchsten Priorität für das Militär und den damit einhergehenden Zuwachs an Stärke, was das Vermögen der Volksarmee mit der Revolution und anderen damit verbundenen Anstrengungen voranzuschreiten, steigert« (*Rodong Sinmun*, 09.10.1998). Siehe auch Beitrag von Eric J. Ballbach zur Chuch'e-Ideologie in diesem Band.

Lee Woo Young und Koo Kab-Woo

Perspektiven für die Herausbildung einer Widerstandskultur in Nordkorea

Der Systemwechsel in ehemals sozialistischen Staaten stellte sich jeweils unterschiedlich dar. In einigen Staaten wurde die Transformation von oben initiiert, in anderen Fällen kamen Reformen durch das Wirken von Oppositionellen bzw. durch den Aufstand des unterdrückten Volkes in Gang. Auslöser waren im Einzelfall Veränderungen in den internationalen Beziehungen, Geschehnisse in den Nachbarländern oder Eingriffe von außen. Ein Faktor, der in den meisten Ländern eine Rolle spielte, war eine Verschlechterung der wirtschaftlichen Lage, die zu einem chronischen Mangel an Konsumgütern und dadurch zur Unzufriedenheit des Volkes bis hin zu Skepsis gegenüber dem politischen System führte. Ein weiterer Faktor war das Einfließen westlicher (kapitalistischer) Ideen und einer damit einhergehenden Kultur.

Es ist schwer, eine Entwicklung in Richtung einer Systemveränderung in Nordkorea vorherzusagen, jedoch sind Faktoren für die Entstehung einer von der offiziellen Linie abweichenden Kultur oder gar einer Widerstandskultur durchaus vorhanden: eine Wirtschaftskrise Mitte der 1990er-Jahre und eine bis heute herrschende Mangelversorgung sowie die Einfuhr von ausländischen Videos und VCDs (Video-CDs) und das Einfließen südkoreanischer Kultur. Weil man auch in Nordkorea diesen Prozess genau kennt, reagiert man sensibel auf das Einfließen einer Kultur von außen. Ist aber in Nordkorea, das laut herrschender Ideologie eine organische Gesellschaftsstruktur bestehend aus »Führer-Partei-Volk« hat, die Herausbildung einer Widerstandskultur möglich? Das ist die Frage, mit der sich dieser Beitrag beschäftigt. Die Entstehung einer solchen könnte den ersten Schritt in Richtung einer Veränderung der nordkoreanischen Gesellschaftsstruktur bedeuten. Ob die Herausbildung einer Widerstandskultur jedoch auch zu einer Systemveränderung in Nordkorea führen kann, ist schwer zu sagen.

Im Folgenden wird anhand von nordkoreanischen Quellen wie literarischen Werken und Interviews u. a. mit nordkoreanischen Flüchtlingen analysiert, wie die offiziell herrschende Kultur in Nordkorea zurückgeht und eine inoffizielle Kultur entsteht, die sich in eine Widerstandskultur verwandeln könnte.

1 Rückgang der offiziellen Kultur und Auftreten der inoffiziellen Kultur

Wie in anderen sozialistischen Staaten haben auch in Nordkorea Literatur und Kunst die Funktion, als Propagandawerkzeuge die Ideologie des Staates, insbesondere der Partei, zu verbreiten. Bereits beim Aufbau des Herrschaftssystems durch die Partisanen um Kim Il Sung *(Kim Il-sŏng)* in der zweiten Hälfte der 1960er-Jahre wurde die Machtstruktur durch die »antijapanische Revolutionsliteratur« und die »Literatur der Führergestalt« legitimiert. 1980 wurde die »Bewegung des Lernens von verborgenen Helden« ausgerufen. Mit »verborgenen Helden« sind normale Bürger gemeint, die sich durch besondere Leistungen im alltäglichen Leben und in der Produktion auszeichnen. Seither entstanden in Literatur und Kunst viele Werke, die das alltägliche Leben der normalen Bürger zum Thema hatten. Auch für die Legitimation der Sŏn'gun-Politik (»Militär-zuerst«) in der ersten Dekade des 21. Jahrhunderts haben Literatur und Kunst eine große Bedeutung.

Beim konkreten Inhalt und bei den Methoden zur Verbreitung der offiziellen Kultur in Nordkorea gab es zwar in den einzelnen Epochen einige Unterschiede, der grundlegende Charakter wurde jedoch konsequent beibehalten. Im Zentrum steht das Streben nach Treue gegenüber dem Führer und nach Aufopferung für die Partei sowie die Überzeugung der Überlegenheit des nordkoreanischen Sozialismus bei der Bevölkerung. Hierfür werden einerseits kollektivistische Werte verinnerlicht und anderseits gegen Imperialismus und Kapitalismus gehetzt. Zugleich wird ein strenges Kontrollsystem nach innen und eine extreme Politik der Abschottung nach außen vollzogen sowie eine entsprechende eigenständige Kulturpolitik betrieben. Im Ergebnis kann man sagen, dass die normalen Bürger in einer offiziellen nordkoreanischen Kultur leben, die in jüngster Zeit jedoch an Einfluss zu verlieren scheint.

Eines der auffälligsten Phänomene ist, dass das Primat der Ideologie und der kollektivistischen Werte, im Allgemeinen als Kernpunkte der sozialistischen Kultur bezeichnet, auch in Nordkorea zunehmend schwächer wird. So zeigte die Bevölkerung, die während der Hungerzeit in der zweiten Hälfte der 1990er-Jahre, die man in Nordkorea als »Leidensmarsch« *(konan-ŭi haenggun)* bezeichnet, ums Überleben kämpfte, im Gegensatz zur Ideologie stehende materialistische und dem Kollektivismus entgegenstehende individualistische Werte und Einstellungen. Im Gegensatz zur offiziellen Kultur fällt bei der sich in jüngster Zeit ausbreitenden inoffiziellen

Kultur die Betonung von Pragmatismus und Erfolgsstreben auf, wie in den folgenden Zitaten aus literarischen Werken zu erkennen ist:

»Für ein junges Mädchen sollte man an einem großen Auto nicht zu sehr sparen, sondern großzügig sein. Bei Kleinigkeiten sollte man ein Auge zudrücken ... Wenn man im Leben zu pedantisch ist wie ein feinzinkiger Kamm, kommt man keinen Schritt weiter. Vielleicht ist es wie Wasser, das, egal ob Pfütze oder Stein, Sand oder Busch, weiterfließt ...«[1]

»Die Führung eines Unternehmens, genau das bedeutete eben Kosten und Gewinn. Ob ihre Arbeit dem Staat Gewinn bringt oder Schaden zufügt, daran mussten die Mitarbeiter in den Fabriken und Betrieben immer zuerst denken, egal welche Arbeit sie machten.«[2]

»Wir müssen Devisen verdienen. Nur wenn man Devisen hat, kann man die zur Normalisierung der Produktion sowie des ganzen Landes notwendigen verschiedenen Waren kaufen.«[3]

Das erste Zitat zeigt die Ansicht, dass man zur Erreichung eines Zieles alle erdenkbaren Mittel einsetzen muss. Im Unterschied zu bisherigen Werten, bei denen besonders Verfahren für wichtig gehalten wurden, steht hier das Ergebnis im Mittelpunkt. Das zweite Zitat geht noch weiter, indem es den im Grunde kapitalistischen Wert des Gewinnstrebens betont. Im letzten Zitat schließlich wird sich positiv über die Notwendigkeit von Fremdwährungen geäußert, was als Widerspruch zu den ideologischen Wirtschaftsprinzipien des »Lebens aus eigener Kraft« und der ökonomischen Selbstständigkeit Nordkoreas gesehen werden kann.

Als weiteres auffallendes Charakteristikum einer neuen inoffiziellen Kultur kann das Verlangen nach materiellen Gütern und Reichtum bezeichnet werden, wie es in den folgenden Zitaten zu finden ist:

»Du, also wirklich, auch wir sollten unser Haus ein bisschen schön herrichten. Unsere Tochter Ok wird nach dem Militärdienst nach Hause zurückkehren ... Dann werden wir sie verheiraten. Geh dir mal die anderen Häuser anschauen.«[4]

»Ri Ch'ang-jŏn war daran gewöhnt, ein reichliches Essen zu bekommen mit Spezialitäten und feinen Gerichten aus dieser Region. Als er eine derart einfache Reiskugel bekam, die damit in keiner Weise zu vergleichen war, blieb sie ihm im Hals stecken.«[5]

»Die Erscheinung der Frau ist so einfach, dass sie wie ärmlich wirkt im Vergleich zu den zahlreichen Frauen mittleren Alters in der Stadt, die modern sein und mit der Zeit gehen wollen und mit neuen Kleidern und Frisuren auf die Straße gehen.«[6]

Alle obigen Zitate zeigen, dass die nordkoreanische Bevölkerung äußerliche Dekoration oder materiellen Reichtum als wichtige Werte annimmt. Darüber hinaus ist in der Literatur oft zu lesen, dass die ausländische Kultur und Ware als Maßstab für gute Qualität betrachtet wird.[7]

Sicher ist es schwer anzunehmen, dass in der Erzählliteratur reale private Unterhaltungen genau abgebildet werden, da Romane als wesentliches Propagandamedium in Nordkorea erst veröffentlicht werden, nachdem sie mehrere Stufen der Zensur durchlaufen haben. Es ist allerdings auffällig, dass in den heutigen Romanen kulturelle Werte und Normen erscheinen, die sich vom Inhalt der offiziellen Kultur unterscheiden. Auch nach den Aussagen nordkoreanischer Flüchtlinge kommen in inoffiziellen, privaten Unterhaltungen Themen zur Sprache, die von den Inhalten der offiziellen Kultur abweichen.

Ein Beispiel hierfür sind Gespräche über die wirtschaftliche Situation des Landes: Weil ein signifikanter Teil der nordkoreanischen Bevölkerung ihren Lebensunterhalt damit verdient, auf dem Markt Handel zu treiben, machen sich viele über diese Situation Gedanken und diskutieren z. B. nach Veröffentlichung der »Neujahrsrede des Führers« mit engen Freunden darüber, wie man im Hinblick auf diese offizielle politische Linie eigenen Handel treiben soll.[8] Im Zusammenhang mit realen Handelsaktivitäten entsteht hier eine neue (inoffizielle) Kultur.

Auch die Tendenz der Entideologisierung kann man als eine der neuen kulturellen Besonderheiten bezeichnen. Der Aussage eines nordkoreanischen Flüchtlings zufolge, der in Nordkorea Lehrer gewesen war, haben Schülerinnen und Schüler kein besonders großes Interesse am Ideologieunterricht, einschließlich der Chuch'e-Ideologie.[9] Eine solche Neigung sei sogar bei Lehrern der jüngeren Generation zu finden, die dadurch oft in Konflikte mit den Lehrern der älteren Generation geraten würden. Ebenso gäbe es eine Tendenz, dass die Lehrer, die bei der Ideologieerziehung an vorderster Front stehen, ihren Beruf aufgeben und lieber auf dem Markt Handel treiben, um ihren Lebensunterhalt zu sichern.

2 Hintergrund der Verbreitung der inoffiziellen Kultur

Für die Schwächung der offiziellen Kultur und die Ausbreitung neuer Werte in Nordkorea gibt es verschiedene Erklärungen. In wirtschaftlicher Hinsicht spielten die Nahrungsmittelknappheit während der 1990er-Jahre und der damit einhergehende Zusammenbruch des Verteilungssystems eine wichtige Rolle. In der Folge gingen Arbeitsplätze verloren, welche den Menschen nicht nur ihre wirtschaftliche Existenz gesichert hatten, sondern durch die sie auch in eine offizielle soziale Struktur eingebunden waren. Viele Nordkoreaner begannen sich nun frei zu bewegen, um an Nahrungsmittel zu kommen. Zusätzlich wurden durch die »Maßnahmen zur Wirtschaftsreform vom 1. Juli« Märkte offiziell zugelassen. Damit entfalteten sich zunehmend wirtschaftliche Aktivitäten im privaten Bereich, die sich der öffentlichen Kontrolle entzogen.

Der Besitz eines Gemüsegartens und der Ausbau des privaten Ackerbaus sowie der Handel mit Waren aktivierten die Privatwirtschaft. Mit der Zunahme der Handelsaktivitäten entstanden auch neue Räume für private Begegnungen und Vergnügungsmöglichkeiten, z. B. Billardzimmer. Dies bedeutete nicht nur einfach eine Zunahme von neuen Freizeitaktivitäten, sondern war auch eine wichtige Voraussetzung für die Entstehung einer inoffiziellen Kultur.

In gesellschaftlicher Hinsicht ist das Auftreten von neuen Generationen ein wichtiger Faktor. Diese haben die Nahrungsmittelknappheit erfahren und dadurch ein anderes Bewusstsein, das sich vom offiziellen Bildungsinhalt der Partei unterscheidet. Sie legen Wert auf materiellen Gewinn, unterhalten individuelle Nebenbeschäftigungen und präferieren Arbeitsplätze mit einem guten Verdienst.[10] Ferner mag die Wiederbelebung des schamanistischen Glaubens, einschließlich des Aberglaubens, eine wichtige Rolle beim Schwächerwerden der offiziellen Kultur spielen. Zwar wird er in Nordkorea offiziell sehr kritisch gesehen, in der Zeit der Nahrungsmittelknappheit breitete er sich aber rasch aus und bot der erschöpften nordkoreanischen Bevölkerung seelischen Trost. Der Schamanismus ist in vielen Bereichen von Heiratsritualen bis hin zu Vorhersagen der eigenen Zukunft und der Vermeidung von Unglück bedeutsam und bietet Gelegenheit zu Gesprächen abseits offizieller Themen.

Auch die zunehmende Verbreitung von neuen Medien wie Videos und VCDs steht in engem Zusammenhang mit der Schwächung der offiziellen Kultur. Laut Aussagen nordkoreanischer Flüchtlinge nehmen bei neu angeschafften Elektro-Haushaltsgeräten Fernseher und Videogeräte die vordersten Plätze ein. Insbesondere Videos und VCDs aus China und Südkorea seien sehr populär, das Interesse an offiziellen nordkoreanischen Fernsehsendungen lasse hingegen nach.[11] Obwohl es illegal sei, südkoreanische Filme und Fernsehserien zu schauen, würden diese unter Bekannten gern verliehen.[12] Des Weiteren blüht nordkoreanischen Flüchtlingen zufolge besonders im Grenzgebiet zu China der Handel mit Telefonen und chinesischen Handys.[13]

In dem Maße, wie die Zahl der Schüler und Lehrer, die die Schulen verlassen, um Nahrungsmittel zu beschaffen, zunimmt, beschleunigt sich auch der Verfall der offiziellen Erziehung.[14] Zudem mangelt es aufgrund der Wirtschaftskrise selbst an grundlegenden Lehrmaterialien, einschließlich Büchern und Heften. Im Falle derjenigen, die reich geworden sind und nicht nur in den üblichen Lehrfächern, sondern auch in künstlerischen Bereichen wie Akkordeon und Piano Privatunterricht erhalten, werden auch hier andere Inhalte als die der offiziellen Erziehung vermittelt.[15]

Während die wirtschaftlichen Schwierigkeiten in Nordkorea andauern, erhöht sich die gesellschaftliche Stellung derjenigen, die durch eigenständige wirtschaftliche Aktivität im Handel oder in der Produktion wohlhabend geworden sind. Dies hat zur Veränderung der sozialen Struktur geführt und schränkt zugleich die Wirkung des offiziellen politisch-ideologischen Diskurses ein. Die Berichte von Flüchtlingen darüber, dass diejenigen, die Verwandtschaft in Südkorea haben, mittlerweile von anderen beneidet werden, sind durchaus ein Beleg für die mögliche Entstehung einer neuen Kultur. Denn in Nordkorea galten die Familien, von denen Familienmitglieder nach Südkorea geflüchtet sind, zusammen mit Familienangehörigen derjenigen, die während des Koreakrieges die südkoreanische Armee bei der Eroberung Nordkoreas unterstützt haben, als die unterste Schicht. Aber seitdem die beiden koreanischen Regierungen ab den 1990er-Jahren Zusammentreffen von getrennten Familien, wenn auch nur sporadisch, organisieren, erhielten diese Nordkoreaner nicht nur Geschenke von der Verwandtschaft in Südkorea, sondern auch finanzielle Unterstützung.

Nicht zuletzt das immer häufigere Eindringen neuer Informationen von außen ist als wichtige Voraussetzung für die Schwächung der offiziellen Kultur zu bezeichnen. Seit dem wirtschaftlichen Zusammenbruch in den 1990er-Jahren muss Nordkorea die meisten industriellen Produkte, einschließlich der grundlegenden Artikel des täglichen Bedarfs, aus China importieren. Mit den Waren werden auch Informationen und neue kulturelle Entwicklungen vermittelt. Zusätzlich wird der Austausch zwischen Nord- und Südkorea seit dem Jahr 2000 intensiver. Zwar wird versucht, die Anzahl von Personen, die mit Südkoreanern in Kontakt kommen, zu begrenzen; dennoch besuchen jährlich etwa 10000 Menschen aus dem Süden Nordkorea, wobei die südkoreanischen Beschäftigten in der Kaesŏng-Industriesonderzone und Besucher des Kŭmgangsan-Tourismusgebiets nicht mit eingerechnet sind.

3 Die Entwicklung von der inoffiziellen Kultur zur Widerstandskultur

Selbst in Staaten mit strenger staatlicher Kontrolle der Kultur ist eine von der offiziellen Linie abweichende Kultur immer vorhanden. Derartige Subkulturen gibt es z.B. unter Jugendlichen, die eine besondere Sprache verwenden und gegen die Werte der älteren Generation opponieren, oder unter Kriminellen. Entsprechende Tendenzen bilden sich auch in Nordkorea. Allerdings kann man dort seit den 1990er-Jahren beobachten, dass die inoffizielle Kultur nicht einfach neben der offiziellen als Subkultur existiert, sondern eine Art Gegenkultur zum dominierenden Mainstream darstellt. Insofern ist es durchaus vorstellbar, dass sich aus dieser inoffiziellen Kultur eine Widerstandskultur entwickeln könnte. Die folgenden fünf Faktoren können als Anzeichen dafür betrachtet werden:

1. Mit der Aktivierung des Marktes und der Verbreitung des individuellen Handels ist ein für die Entwicklung zur Widerstandskultur wichtiger Raum entstanden. Obwohl der Markt legalisiert wurde, ist er ein Ort, der nicht das sozialistische Prinzip verkörpert. Besonders das Gaststättengewerbe, das durch die Nahrungsmittelknappheit entstanden ist, schafft Raum für Begegnungen und Gespräche, bei denen Kritik an oder Unzufriedenheit mit dem bestehenden System untereinander ausgetauscht werden. Auch die *Maedae*, eine Art einfacher Verkaufsstände, wie man sie in einer großen Stadt wie P'yŏngyang finden kann, oder neu entstehende Freizeiteinrichtungen wie Billardzimmer und Spielhallen können eine ähnliche Rolle spielen.

2. Die autogenen Wirtschaftszonen wie der Markt, die aufgrund des Zusammenbruchs der offiziellen Wirtschaft von unten entstanden sind, spielen für die Entwicklung einer Widerstandskultur als inoffizielles soziales Verbindungsnetz eine wichtige Rolle. Durch die Aktivierung des Marktes bildete sich auf natürliche Weise ein neues Netzwerk mit Waren als Medium. Es bringt Menschen, die etwa aus China Waren einführen, mit Menschen, die auf dem Markt Handel treiben, sowie mit Groß- und Einzelhändlern zusammen. Zwar wurde der Handel auf dem Markt nach der »Wirtschaftsreform vom 1. Juli« legalisiert, aber es gibt in diesem Warenhandelsnetz immer noch viele illegale Bereiche. Die mit der Illegalität verbundene Heimlichkeit schafft zusätzlich ein starkes Solidaritätsgefühl unter den Beteiligten.

Durch die Verschlechterung der wirtschaftlichen Situation entstehen nicht nur in einem neuen Raum wie dem Markt, sondern z.B. auch in landwirtschaftlichen Produktionsgenossenschaften neue Beziehungen. In den Kollektiven der Landwirtschaft wird die Arbeit zunehmend von kleinen Arbeitsgruppen durchgeführt. Sie müssen selbstständig die Produktion organisieren und nur einen bestimmten Anteil des Ertrags an die Genossenschaften abgeben. Den Rest, manchmal können dies 30 Prozent sein, dürfen sie selbst behalten. In diesem Fall kann in den gemeinschaftlichen Ackerbaueinheiten ein Netzwerk entstehen, das sich von der offiziellen Partei- und Bauernstruktur der Genossenschaften unterscheidet.

3. Durch selbständigen Handel und wirtschaftliche Aktivitäten hat sich eine neue Schicht relativ Wohlhabender, also eine neue soziale Gruppe gebildet, die zum »Träger« der neuen Kultur werden könnte. Diese Gruppe, die in Nordkorea allgemein als *Tonju* (Geldbesitzer) bezeichnet wird, pflegt ihre eigene Lebenskultur, die sich vom Leben der normalen Arbeiter und Angestellten deutlich unterscheidet. Dies tut sie nicht nur durch Konsum, inklusive der für nordkoreanische Verhältnisse luxuriösen großen Fernseher, Kühlschränke oder Klaviere, sondern auch durch die Schaffung einer besonderen, weil privaten und guten Erziehungsumgebung für ihre Kinder.

Eine weitere neue Schicht besteht aus Menschen, die bereits eine Zeitlang im Ausland gelebt und gearbeitet haben, in nordkoreanischen Restaurants in China, bei Baufirmen im Mittleren Osten, als Ärzte in Afrika. Die meisten von ihnen kehren nach nordkoreanischem Maßstab »reich geworden« zurück in die Heimat. Zwar sind sie meist nicht auf politischer Ebene aktiv, tauschen sich aber auf sozialer Ebene auf der Basis der Erfahrung eines Lebens im Ausland miteinander aus und haben ein anderes Kaufverhalten sowie eine Lebenswelt, die sich von der übrigen nordkoreanischen Bevölkerung unterscheidet.

Auch das Auftauchen der »neuen Generation« in Nordkorea ist als Basis für eine Trägerschaft der Widerstandskultur relevant. Nach der bisherigen Forschung zeigt die gegenwärtige Generation der unter 40-Jährigen im Bewusstsein und im Verhalten Unterschiede zu älteren Generationen. Sie sind die Generation der Nachindustrialisierung, die die Befreiung, den Krieg und die Gründung des nordkoreanischen Staates nicht erlebt hat, und sie zeigen im Gegensatz zu den ideologisch bzw. traditionell geprägten älteren Generationen die Tendenz, relativ pragmatisch und utilitaristisch zu sein.

4. Das Andauern des strukturellen Widerspruchs des nordkoreanischen Systems kann zur grundlegenden Bedingung für die Entwicklung einer Widerstandskultur werden. Die wirtschaftlichen und sozialen Bedingungen in Nordkorea, einschließlich der Nahrungsmittelknappheit, sind zu Beginn des 21. Jahrhunderts immer noch schlecht. Zwar sollten die Wirtschaftsreform vom 1. Juli 2002 und die Währungsreform von 2009, wenn auch in beschränkten Maßen, freie wirtschaftliche Aktivitäten erlauben. So wurde auch der Handel mit Südkorea und China ausgebaut. Dennoch mangelt es immer noch an den grundlegenden Nahrungsmitteln. Obwohl eine Verbesserung der Lebensumstände der Bevölkerung von der nordkoreanischen

Führung, einschließlich des obersten Führers, in offiziellen Dokumenten gefordert wurde, ist die Wahrscheinlichkeit einer Realisierung nicht besonders groß. Mithin verschlechtern sich die Lebensbedingungen der Menschen, die sich nicht an die veränderten Marktbedingungen anpassen können, während sich auf der anderen Seite eine Gruppe der Gewinner gebildet hat. Dies könnte zur Entstehung neuer gesellschaftlicher Klassen führen, wodurch neues Konflikt- und Widerstandspotenzial geschaffen wäre.

5. Das Regime hat die Systemveränderungen in Osteuropa und den Wandel in Richtung Kapitalismus in China und Vietnam beobachtet und die Überwachung der nicht nordkoreanischen Kultur verstärkt. Dennoch kann der Fluss von Informationen von außen nicht gestoppt werden. Er geht auf verschiedenen Wegen vonstatten. Eine Methode ist die direkte Übermittlung von Kultur durch Menschen: Nordkoreaner, die ins Ausland reisen oder in China leben; Chinesen, die in Nordkorea leben und zwecks Handel oder für Besuche nach China reisen; ausländische Touristen und Südkoreaner, die das Kŭmgangsan-Gebirge sowie die Kaesŏng-Industriezone besuchen; und Ausländer, die sich zwecks humanitärer Unterstützung oder anderem sozialem und kulturellem Austausch in P'yŏngyang und anderen Gebieten Nordkoreas aufhalten.

Der zweite Weg, auf dem fremde Kultur nach Nordkorea kommt, sind Medien wie Videos, VCDs und Computerdateien, die trotz der kontinuierlichen Überwachung sehr verbreitet sind. Ebenso spielen ausländische Waren, die auf dem Markt in Umlauf sind, eine Rolle bei der Übermittlung von Kultur. Von verschiedener Kleidung über Artikel des täglichen Bedarfs wie Zahnpasta und Seife bis hin zu Lebensmitteln herrscht eine große Vielfalt von Waren aus China und Südkorea.[16] Nordkoreanischen Flüchtlingen zufolge ist in jüngster Zeit die südkoreanische Kultur – ob Fernsehserien und Filme oder K-Pop – in Nordkorea sehr populär geworden. Dies gehe sogar so weit, dass Kleidung und Stil der entsprechenden Hauptdarsteller nachgeahmt werden.

4 Chancen einer Widerstandskultur und einer Wiedervereinigungskultur

Obwohl man sagen kann, dass die inoffizielle Kultur in Nordkorea gerade dabei ist, sich in eine Widerstandskultur zu transformieren, heißt dies nicht, dass diese Entwicklung mit einer Systemveränderung verbunden ist. Der Zusammenbruch der bestehenden offiziellen Kultur und die Entstehung einer neuen Kultur sind zwar Bedingungen für eine Systemveränderung, es sollte aber berücksichtigt werden, dass es in Nordkorea immer noch ein starkes Herrschaftssystem und ein dieses unterstützendes soziales Kontrollsystem gibt, das die Entwicklung einer Widerstandskultur zu unterdrücken versucht. Das seit mehr als 60 Jahren andauernde Regime besteht dabei nicht nur einfach aus der Erbfolge des Führers von Kim Il Sung über Kim Jong Il bis zu Kim Jong Un. Es existiert darüber hinaus eine fest etablierte Gruppe von starken Führungseliten, die in Machtpositionen der zentralen Regierung sitzt und für eine Systemveränderung nicht bereit ist.

Trotzdem lassen sich die Verbreitung der inoffiziellen Kultur und die Entwicklung einer Widerstandskultur nicht vollständig blockieren. Kulturelle Veränderungen gehen zwar langsam vonstatten, haben aber die Eigenschaft, nicht rückgängig gemacht werden zu können. Die Entstehung einer neuen Kultur wurde durch strukturelle Probleme des nordkoreanischen Systems verursacht, eine rückwärtsgewandte Lösung dieser Probleme, d.h. Abschottungspolitik und Autarkie, dürften für das Regime schwierig werden. Mit Blick auf den Zusammenbruch der sozialistischen Staaten in der Welt und den Wandel in China hin zu einem kapitalistischen System scheint eine Öffnung zur Aufrechterhaltung einer Basisexistenz unvermeidlich. Die fortschreitende Globalisierung und auch die Entwicklung der Medientechnik machen es schwierig, das Einfließen von Kultur von außen zu bremsen. Im Inneren der nordkoreanischen Gesellschaft ist es insbesondere die nach der Industrialisierung sozialisierte Generation, die nicht mehr für die ideologiezentrierte Politik der sozialen Einheit empfänglich ist und zunehmend nach materiellen Gütern verlangt.

Abgesehen von möglichen Systemveränderungen kann der Kulturwandel in Nordkorea auch zu einem Fortschritt in den Nord-Süd-Beziehungen beitragen. Wie beschrieben ist der Einfluss der südkoreanischen Kultur groß, sodass sich die nordkoreanische Bevölkerung daran gewöhnt und zunehmend danach verlangt. Indem sich das Verständnis für Südkorea vergrößert, stellt sich möglicherweise auch eine positive Wirkung auf den sozialen und kulturellen Austausch und die wirtschaftliche Zusammenarbeit bis hin zu einem Wiedervereinigungsprozess ein. Bei vielfältigen Austauschprojekten hatte bisher das mangelnde kulturelle Verständnis zwischen der süd- und nordkoreanischen Bevölkerung zur Entstehung von kleinen und großen Problemen geführt. Um in diesem Prozess zu einem gegenseitigen Verständnis zu gelangen, ist es notwendig, dass sich auch die Südkoreaner darum bemühen, die kulturellen Besonderheiten der Nordkoreaner und die gegenwärtige sich verändernde Situation zu verstehen. Es sollten Anstrengungen von Südkorea unternommen werden, die Widerstandskultur in Nordkorea zu unterstützen. Die Aktivierung des sozialen und kulturellen Austauschs ebenso wie eine wirtschaftliche Zusammenarbeit wären wichtige Maßnahmen, um die Öffnung Nordkoreas voranzutreiben. Auf diese Weise könnte die Entstehung einer Widerstandskultur am Ende nicht nur zu einem Systemwandel in Nordkorea, sondern auch zur Entstehung einer Wiedervereinigungskultur beitragen.

Anmerkungen

1 Ra Hŭi-nam, *Sewŏl-i chinan twi* [Nachdem Zeit vergangen ist], in: *Chosŏn Munhak,* Dezember 2006.
2 Kim Mun-ch'ang, *Yŏlmang* [Herzenswunsch], P'yŏngyang 1999.
3 Ebd.
4 Chang Sŏn-hong, *Kŭdŭl-ŭi haengbok* [Ihr Glück], in: *Chosŏn Munhak*, Juli 2006.
5 Paek Nam-ryong, *Tonghaechŏlli* [400 km die Ostküste entlang], P'yŏngyang 1996.
6 Ebd.
7 So z. B. Pak Ryong-un, *Chŏlmŭn sŏnjang* [Der junge Kapitän], P'yŏngyang 2006; Ch'oe Yŏng-hak, *Uri-ŭi chip* [Unser Haus], P'yŏngyang 2005.
8 Interview mit nordkoreanischen Flüchtlingen am 08.11.2005.
9 Interview mit nordkoreanischen Flüchtlingen am 18.08.2010.
10 Siehe Im Sun-hŭi, *Pukhan saesedae-ŭi kach'igwan pyŏnhwa-wa chŏnmang* [Veränderungen in der Werteanschauung der neuen Generation in Nordkorea sowie Perspektiven], Seoul 2006.
11 Interview mit nordkoreanischen Flüchtlingen am18.08.2010.
12 Ebd.
13 Nordkoreanische Flüchtlinge erzählen, dass Personen, die in China enge Verwandte haben, etwa ab dem Jahr 2000 damit begonnen haben, chinesische Handys zu verwenden. Interview mit nordkoreanischen Flüchtlingen am 31.10.2004.
14 In der zweiten Hälfte der 1990er-Jahre, während der Zeit des »Leidensmarsches«, sei es sogar vorgekommen, dass in einer Klasse einer Mittelschule, in der eigentlich 40 Schüler gewesen waren, nur 4 bis 5 Schüler zum Unterricht erschienen waren. Interview mit nordkoreanischen Flüchtlingen am 31.10.2005.
15 Interviews mit nordkoreanischen Flüchtlingen am 22.03.2006 und 06.11.2005.
16 Interview mit nordkoreanischen Flüchtlingen am 20.8.2010.

II. Außen- und Sicherheitspolitik

Paik Hak-soon

Die Außenpolitik Nordkoreas: Autonomie oder Annäherung

Ziel der staatlichen Außenpolitik eines jeden Landes ist die Sicherung der eigenen Existenz und des nationalen Wohlstands. Konkret bedeutet dies den Erhalt von Staat und System sowie seiner inneren und äußeren Sicherheit, der Entwicklung der Wirtschaft und des Lebensstandards seiner Bürgerinnen und Bürger sowie die außenpolitische Durchsetzung der staatlichen Interessen. Jedes Land versucht, unter den sich wandelnden Bedingungen der internationalen Gemeinschaft die Balance zwischen Autonomie und Integration zu finden. Je nach Gegebenheit legt es den Schwerpunkt seiner Politik auf seine Unabhängigkeit oder auf die Annäherung an andere Staaten. Nordkorea stellt dabei keine Ausnahme dar.

Im Interesse der außenpolitischen Sicherung seiner Existenz und Entwicklung verfolgte Nordkorea in der Vergangenheit durch Zusammenarbeit mit der Sowjetunion und China einerseits eine Strategie der Annäherung im Sinne der Festigung der Solidarität mit der sozialistischen Welt. Andererseits widerstand P'yŏngyang jedoch auch immer wieder der Einmischung und Einflussnahme sowohl durch die westlichen als auch durch die sozialistischen Großmächte. Es unternahm immense Anstrengungen, sich einen möglichst großen Spielraum für eine unabhängige Außenpolitik zu schaffen und seine Autonomie zu bewahren.

Das Ziel dieses Beitrags besteht darin, die nordkoreanische Außenpolitik im Spannungsfeld zwischen Autonomie und Annäherung zu betrachten. Konkret sollen die Grundideen und Visionen der Außenpolitik der nordkoreanischen Führung vorgestellt und ihre Umsetzung zwischen 1945 bis 2011 analysiert werden.[1] Nach einer Bewertung der Besonderheiten der nordkoreanischen Außenpolitik unter dem Aspekt des Gegensatzes von Autonomie und Annäherung sollen abschließend einige Überlegungen dazu angestellt werden, worin die strategischen außenpolitischen Leitlinien Nordkoreas im Interesse der Erhaltung und Entwicklung des Staates im 21. Jahrhundert bestehen.

1 Ideen und Visionen der nordkoreanischen Führung

Für das Handeln des Regimes in Nordkorea sind nicht zuletzt immaterielle Faktoren wie die Ideen und Visionen des politischen Führers entscheidend. Erst diese verleihen einem Staat wie Nordkorea Bedeutung und geben ihm eine besondere Ausrichtung, weil die Ideen und Visionen des Führers hier über die Mobilisierung der materiellen Ressourcen wie etwa der militärischen Schlagkraft entscheiden.[2]

Worin bestanden die außenpolitischen Ideen und Visionen der nordkoreanischen Führung unter Kim Il Sung *(Kim Il-sŏng)* und Kim Jong Il *(Kim Chŏng-il)*? In der nordkoreanischen Außenpolitik der vergangenen knapp sieben Jahrzehnte wurden grundsätzlich drei Werte verfolgt: Sozialismus, *Chuch'e*[3] und Wiedervereinigung. Man kann diese Werte als ideelle Grundlage sowohl einer nach innen gerichteten revolutionären als auch der außenpolitischen und damit auch nach Südkorea gerichteten Strategie betrachten.

Insbesondere die Chuch'e-Ideologie, d. h. die nach Unabhängigkeit strebende außenpolitische Strategie der nordkoreanischen Führung, steht in engem Zusammenhang mit der nordkoreanischen Auffassung der Geschichte Koreas. Das Land wurde aufgrund seiner geopolitischen Lage wiederholt zum Opfer von Großmachtpolitik und musste damit Autonomie einbüßen. Bedingt durch die historischen Erfahrungen des kleinen, schwachen Staates Chosŏn (1392–1910) legte Nordkorea in den Außenbeziehungen einen gesteigerten Wert auf Autonomie.[4] Zwar zeigte sich die nordkoreanische Führung im Interesse des Systemerhalts und der nationalen Entwicklung durch verstärkte Zusammenarbeit mit dem sozialistischen Lager auch zur Annäherung fähig; gleichwohl gelang es Nordkorea angesichts seiner geopolitischen Lage als kleines Land zwischen Großmächten, seine Situation maximal für sich auszunutzen und den eigenen diplomatischen Spielraum zu erweitern. Die Betonung von Autonomie zeigt sich nicht zuletzt auch in den verfassungsrechtlich festgeschriebenen und damit offiziellen Leitlinien der Außenpolitik Nordkoreas.

2 Die nordkoreanische Außenpolitik seit dem Zweiten Weltkrieg

Annäherung an das sozialistische Lager (1945–1950)

Korea wurde in Übereinstimmung mit dem Potsdamer Abkommen im August 1945 von der japanischen Herrschaft befreit und nach einer vorher getroffenen sowjetisch-amerikanischen Vereinbarung im Norden von sowjetischen Truppen besetzt. Unter der Vormundschaft Moskaus wurde nicht nur eine Partei- und Staatsordnung nach sowjetischem Muster etabliert; entsprechende Strukturen wurden auch in Armee, Wirtschaft, Gesellschaft und Kultur sowie in der Volksbildung eingeführt.

Die sowjetische Besatzung unmittelbar nach der Befreiung Koreas bot der neuen nordkoreanischen Führung um Kim Il Sung damit keinen ausreichenden Spielraum, um eine von Moskau unabhängige Außenpolitik umzusetzen. Vielmehr festigte Kim Il Sung in dieser Situation auf der Basis der Zusammenarbeit mit der Sowjetunion und China die Annäherung an das sozialistische Lager. Diese erschien nicht zuletzt auch deshalb notwendig, weil die Unterstützung Moskaus und Pekings für den Krieg gegen den Süden Koreas unabdingbar war.

Der Koreakrieg (1950–1953)

Der Koreakrieg und dessen Folgen hatten weitreichende Auswirkungen auf die Außenpolitik Nordkoreas, insbesondere gegenüber Moskau und Peking. Zum einen war Kim Il Sung von der Sowjetunion enttäuscht, da Moskau, um einen Krieg mit den USA zu vermeiden, keine Soldaten in den Koreakrieg schickte. Und auch als der Krieg zu langwierigen gegenseitigen Abnutzungskämpfen führte und infolge der gewaltigen amerikanischen Bombenabwürfe an der Front und im Hinterland täglich drei- bis vierhundert Menschen geopfert wurden, verhielt sich die Sowjetunion mit Rücksicht auf ihre zukünftige Führungsrolle im sozialistischen Lager passiv bei den Waffenstillstandsverhandlungen und wartete auf die Schwächung Chinas im Krieg mit den USA.

China unterstützte Nordkorea zwar mit einer sogenannten Freiwilligenarmee, doch fühlte sich Kim Il Sung durch die unfreundliche Haltung Mao Zedongs und Peng Dehuais (einem wichtigsten militärischen Führer der chinesischen Volksbefreiungsarmee) gegenüber ihm persönlich verletzt; darüber hinaus bereitete es ihm unter den Bedingungen des Verlusts der operativen Kommandogewalt der koreanischen Armee große Sorgen, dass China schnell an Einfluss gewinnen würde. Im Ergebnis führte der Koreakrieg dazu, dass Kim Il Sung sich sowohl vom Einfluss der Sowjetunion als auch von China löste und die Festigung der Chuch'e-Ideologie vorantrieb.

Konflikte in der Zeit des Wiederaufbaus (1953–1960)

In der Periode des Wiederaufbaus nach dem Ende des Krieges entwickelten sich einige Probleme in den Beziehungen Nordkoreas zur Sowjetunion und China. Als erstes ist dabei der sowjetische Druck in Bezug auf die Linie für den Wiederaufbau hervorzuheben. In dieser Zeit zeigte sich das sowjetische Großmachtdenken in zwei Richtungen: Aus Eigeninteresse war die Sowjetunion gegen die »Politik zur vorrangigen Entwicklung der Schwerindustrie«, die Kim Il Sung vertrat. Sie lehnte den für die Selbstständigkeit der nordkoreanischen Wirtschaft unerlässlichen Aufbau eines eigenen Maschinenbaus ab und forderte, dass Nordkorea statt Maschinen Ersatzteile produzieren und die Konsumgüter aus der Sowjetunion importierten sollte. Unter diesen Bedingungen forderten die innernordkoreanische Sowjetfraktion und die China nahestehende Yenan-Fraktion die Konzentration auf die Konsumgüterproduktion. Sie lehnten die Politik Kim Il Sungs ab und unterstützten die sowjetische Position.

Des Weiteren forderte die Sowjetunion von Nordkorea, dem Rat für Gegenseitige Wirtschaftshilfe (Comecon) beizutreten und international nach den »Prinzipien der sozialistischen Arbeitsteilung« die Spezialisierung der Produktion und Kooperation anzustreben. Aber Kim Il Sung mit seinem deutlich ausgeprägten Hang zur Autonomie sah darin die vom Großmachtdenken bestimmte Tendenz, unter dem Vorwand wirtschaftlicher Kooperation und internationaler Arbeitsteilung die Selbstständigkeit und Diversität der nordkoreanischen Wirtschaft zu behindern und Nordkorea wirtschaftlich an die Sowjetunion zu fesseln. Somit war er nicht geneigt, das zu akzeptieren. Als Kompromiss zeigte er sich damals bereit, die sowjetischen Forderungen bis zu einem gewissen Grad zu befriedigen, trat jedoch bis zum Untergang der Sowjetunion im Jahr 1991 dem Comecon nicht bei.

Zweitens ist hier der »Zwischenfall vom August 1956« zu nennen, bei dem die prochinesische Yenan-Fraktion und die Sowjetfraktion gemeinsam den Versuch eines Staatsstreiches gegen Kim Il Sung unternahmen. Der Hintergrund dafür war das Streben Kim Il Sungs nach absoluter Macht. Die Palastrevolution scheiterte jedoch und die Initiatoren wurden bestraft. Die beteiligten Mitglieder der Yenan-Fraktion emigrierten anschließend nach China.

Auf gemeinsames Drängen von Seiten der Sowjetunion und Chinas musste Kim Il Sung die Strafen gegen die Initiatoren des »Zwischenfalls vom August 1956« schließlich zurücknehmen und diese rehabilitieren. Die KPdSU und die KP Chinas rechtfertigten ihre offene Einmischung in die Angelegenheiten der Partei der Arbeit Koreas (PdAK) als »Pflicht der Bruderparteien«. Unter dem Druck des hohen sowjetischen Regierungsvertreters Anastas Mikojan und Peng Dehuais, die nach P'yŏngyang gekommen waren, um sich in die Angelegenheiten der PdAK einzuschalten, erklärte Kim Il Sung, dass solche Aktionen »unter Bruderparteien möglich und notwendig seien«.[5] Aber gleich nach ihrer Abreise begann er einen »Kampf gegen den Fraktionismus«, um die Yenan- und die Sowjetfraktion zurückzudrängen.

Drittens kam es zu einer erheblichen Verschlechterung der Beziehungen zwischen Nordkorea und China, nachdem die Initiatoren der »Augustereignisse« nach China emigrieren mussten, um dort Schutz zu finden. Es gab kaum mehr persönliche Kontakte zwischen den Führern der nordkoreanischen und chinesischen Partei und Regierung. China lehnte neue Wirtschaftshilfe für Nordkorea ab, Nordkorea hatte die Entsendung einer Delegation zum Abschluss des Außenhandelsabkommens für 1957 beschlossen, nahm die Entscheidung jedoch zurück. Mao Zedong kritisierte die nationalistischen Neigungen Kim Il Sungs, der den Abzug der chinesischen Truppen aus Nordkorea forderte, kam dieser Forderung aber schließlich nach. Demgegenüber verbesserten sich nach den »Augustereignissen« die Beziehungen zwischen der Sowjetunion und Nordkorea. Die Nordkoreaner verstanden, dass man die sozialistische Hauptmacht Sowjetunion nicht umgehen konnte. Nach dem Septemberplenum wurde folglich jegliche antisowjetische Propaganda eingestellt, das Verhalten gegenüber der Sowjetfraktion wurde freundlicher, einige ihrer Vertreter kehrten auf ihre vorherigen Posten zurück oder wurden in außenpolitischen Institutionen befördert.

Stärkung der Autonomie durch den sowjetisch-chinesischen Konflikt (1960–1969)

Im Zuge der Verhärtung des chinesisch-sowjetischen Konflikts nach dem 20. Parteitag der KPdSU im Februar 1956 verstärkte Nordkorea sein Streben nach Autonomie und einer unabhängigen Position zwischen Moskau und Peking. Kim Il Sung kritisierte sowohl den »sowjetischen Revisionismus« als auch den »chinesischen Dogmatismus«. Die Situation, dass beide Seiten, die Sowjetunion und China, Nordkorea an sich binden wollten, nutzte P'yŏngyang, um von Juli 1961 an erneut wirtschaftliche Unterstützung zu erhalten und Verträge über Freundschaft und gegenseitigen Beistand, d.h. militärische Bündnisverträge abzuschließen.

Die Vertiefung des chinesisch-sowjetischen Konflikts und das beiderseitige Werben beider Länder um Nordkorea einerseits und die nordkoreanische Kritik an der Sowjetunion sowie die daraus folgende Befreiung Nordkoreas vom sowjetischen Einfluss andererseits schufen günstige äußere Rahmenbedingungen für die Durchsetzung der unabhängigen Chuch'e-Außenpolitik Kim Il Sungs. Im Jahre 1965 verkündete Kim Il Sung die vier Grundprinzipien der Chuch'e-Ideologie: »Selbstständigkeit in der Ideologie, Unabhängigkeit in der Politik, Autarkie in der Wirtschaft, Selbstschutz in der Landesverteidigung«.

Ab Anfang des Jahres 1965 wechselte Nordkorea im Gegensatz zur ersten Hälfte der 1960er-Jahre zu einer antichinesischen und prosowjetischen Außenpolitik. Ebenso wie die Nordkoreaner durch die Kritik an der Sowjetunion sich aus deren Einfluss befreit hatten, schuf nun eine antichinesische Haltung die Voraussetzungen für die Durchsetzung der unabhängigen Außenpolitik Kim Il Sungs. Auf diese Weise konnten die Nordkoreaner mit wechselnder Kritik an den benachbarten Großmächten Sowjetunion und China in den 1960er-Jahren den von außen kommenden Einfluss abschwächen und im Prozess der sowjetisch-chinesischen Konkurrenz ihren strategischen Wert erhöhen.

Balancepolitik gegenüber der Sowjetunion und China in der Zeit der Entspannung (1970–1980)

Die internationale Lage der 1970er-Jahre war besonders durch die Abnahme der Spannungen zwischen den USA und der Sowjetunion gekennzeichnet. Diese Entspannung beeinflusste auch Nordkorea. Zwischen 1970 und 1973 reiste Kim Il Sung jedes Jahr inoffiziell nach China und versuchte eine sowohl prosowjetische als auch prochinesische Politik zu verfolgen. Er war bestrebt, eine gemeinsame Strategie mit China zu entwickeln, und entschied sich dafür, die Verbesserung der amerikanisch-chinesischen Beziehungen mit einer Verbesserung der Beziehungen zu Südkorea zu verbinden. So folgte dem »Shanghaier Kommuniqué« vom Februar 1972 zwischen China und den USA die »Gemeinsame Nord-Süd-Erklärung vom 4. Juli 1972« zwischen den beiden koreanischen Staaten.[6] Darüber hinaus setzten Nordkorea und die Sowjetunion in den 1970er-Jahren ihre Zusammenarbeit ohne besondere Probleme fort.

Infolge der Entspannungspolitik konnte Nordkorea zu Beginn der 1970er-Jahre relativ stabile, freundschaftliche und »ausbalancierte« Beziehungen zu China und Sowjetunion unterhalten. Darüber hinaus nutzte Nordkorea die günstigen Bedingungen der weltweiten Entspannung, um über die Vereinten Nationen und die blockfreien Bewegung die »internationale Einheitsfront« zu stärken. Nordkorea versöhnte sich mit dem lange als »Revisionisten« beschimpften Jugoslawien und knüpfte zwischen 1973 und 1975 Beziehungen zu vielen westeuropäischen Staaten. Auf Nichtregierungsebene erweiterte Nordkorea auch seine Beziehungen zu Japan und den USA: 1971 besuchte eine Delegation der Sozialistischen Partei Japans Nordkorea, 1972 gab Kim Il Sung Interviews für japanische Zeitungen und empfing auch den Journalisten Harrison Salisbury von der *New York Times*.

Nordkorea unter dem Druck des Antikommunismus und der Zusammenbruch des Ostblocks (1981–1991)

Als die Vereinigten Staaten unter Präsident Ronald Reagan versuchten, auf der Basis der Kirkpatrick-Doktrin (Eindämmungspolitik gegen sozialistische und kommunistische Staaten) Druck auf die Sowjetunion und das ganze kommunistische Lager auszuüben, war auch Nordkorea davon betroffen. Das Land, das sich schon lange auf dem Weg in eine tiefe Auslandsverschuldung befand, geriet ab 1978 unter den Einfluss der zweiten weltweiten Ölkrise und konnte nur durch die wirtschaftliche Zusammenarbeit mit der Sowjetunion und China überleben. China, das im Interesse der Wiederherstellung und Entwicklung seiner Wirtschaft schon im Jahre 1978 eine Reform- und Öffnungspolitik eingeführt hatte, riet Nordkorea, auch auf Reformen und Öffnung zu setzen. Diese führte 1984 zum Erlass eines Joint-Venture-Gesetzes nach chinesischem Beispiel.

Aber mit dem Zusammenbruch des sozialistischen Blocks in Osteuropa setzte die Führung Nordkoreas, um Entsprechendes für das eigene Land zu verhindern, auf nationales Bewusstsein und Patriotismus. Sie verurteilte die demokratischen Reformen in den osteuropäischen sozialistischen Ländern und betonte, dass das nordkoreanische Volk »auf seine Art« leben werde; vor allem sei der nordkoreanische Sozialismus von gänzlich anderer Qualität als der osteuropäische. »Der Sozialismus unserer Art mit den Volksmassen im Zentrum«, so der Titel einer nordkoreanischen Propagandaschrift, »ist unbesiegbar.«[7]

Die neue Südpolitik nach dem Untergang der Sowjetunion (1991–2010)

Der Zusammenbruch der Sowjetunion hatte weitreichende Folgen für Nordkorea und machte sich insbesondere durch die Unterbrechung der sowjetischen Hilfe und dem Wegfall des ihm zugänglichen Marktes bemerkbar. Nordkorea verfiel in eine »Mentalität des ständigen Belagerungsgefühls« *(siege mentality)* und die nordkoreanische Außenpolitik wurde »defensiv«, d. h. die Sicherheit des Systems und wirtschaftliche Wiederherstellung wurden zur Überlebensfrage.[8]

Nordkorea verurteilte vor allem Gorbatschow und seine Reform- und Öffnungspolitik, und analysierte kritisch die Gründe für die Niederlage des Sozialismus in Osteuropa. Um aus den durch den Untergang der Sowjetunion entstandenen Schwierigkeiten herauszukommen, schufen die Führer des Landes die »Strategie für Existenz und Wohlstand im 21. Jahrhundert«, was den Übergang zu einer auf Zusammenarbeit mit den USA, Japan und Südkorea gerichteten »Südpolitik« bedeutete. Das in den Nuklearverhandlungen mit der amerikanischen Clinton-Administration zustande gekommene Genfer Rahmenabkommen und das gemeinsame nordkoreanisch-amerikanische Kommuniqué im Jahr 2000 sollten die Beziehungen zu den USA verbessern. Die nachfolgenden US-amerikanischen Regierungen unter George W. Bush und Barack Obama setzten allerdings wieder auf eine harte Linie gegenüber Nordkorea, weshalb die Nordkoreaner enttäuscht die Südpolitik aufgaben.[9]

Rückkehr zur »Nordpolitik« (2010 bis heute)

Nach einem Zwischenfall im Mai 2010, bei dem die südkoreanische Korvette Ch'ŏnan an der Westküste Südkoreas unterging und Nordkorea dafür verantwortlich gemacht wurde, erhöhten die USA zusammen mit Südkorea Druck auf Nordkorea. Unter diesen internationalen Bedingungen beendete Nordkorea seine »Südpolitik« und kehrte zu seiner »Nordpolitik« mit Betonung auf der Zusammenarbeit mit China und Russland zurück. Im November desselben Jahres gerieten Nord- und Südkorea in eine harte Konfrontation, die bis hin zum Beschuss der südkoreanischen Insel Yŏnp'yŏng durch Nordkorea führte und einen Krieg zwischen beiden Staaten durchaus möglich machte.

Nach dem Ch'ŏnan-Zwischenfall bis zu seinem Tod im Dezember 2011 besuchte Kim Jong Il kurz aufeinander folgend dreimal China und ebenso Russland. Neben der angesprochenen Rückkehr zur Nordpolitik aufgrund der fehlgeschlagenen Annäherung an Südkorea und seine Verbündeten, dürfte er dafür noch einen weiteren Grund gehabt haben: Kim Jong Il wollte nach einem Schlaganfall im August 2008 noch zu seinen Lebenszeiten die notwendige Unterstützung der traditionellen Freunde China und Russland in Außenpolitik, Wirtschaft und auf anderen Gebieten absichern und so seine Nachfolge durch den Sohn Kim Jong Un *(Kim Chŏng-ŭn)* stärken.

3 Die nordkoreanische Außenpolitik zwischen Autonomie und Annäherung und P'yŏngyangs außenpolitische Strategie für das 21. Jahrhundert

Vor dem Hintergrund des kurzen historischen Abrisses über mehr als 60 Jahre Außenbeziehungen P'yŏngyangs stellt sich an dieser Stelle die Frage, wie die Außenpolitik Nordkoreas im Hinblick auf die beiden Grundmuster *Autonomie* und *Annäherung* einzuschätzen ist? Das vorrangige Ziel der nordkoreanischen Außenpolitik, so wird hier argumentiert, bestand zuvorderst in der Durchsetzung der eigenen Autonomie, wohingegen eine Strategie der Annäherung an eine Machtkonstellation, egal ob es sich um westliche oder sozialistische Staaten handelte, nur in bestimmten Situationen verfolgt wurde. In diesem Sinne versuchte Nordkorea nach dem Zweiten Weltkrieg dem »sozialistischen Imperialismus« der Großmächte China und Sowjetunion zu widerstehen. Ideologisch wurde diese außenpolitische Haltung von der nordkoreanischen Führung über die Idee des *Chuch'e* begründet, welche u. a. auch außenpolitische Unabhängigkeit sowie die Autonomie des Staates postulierte.

Wie in der historischen Übersicht deutlich wurde, erfolgte eine engere Anbindung an andere sozialistische Länder (allen voran die Großmächte Sowjetunion und China) immer nur dann, wenn reale Konflikte mit dem kapitalistischen Lager bzw. dem Machtbereich der Vereinigten Staaten drohten: So etwa zur Zeit der Partei- und Staatsgründung (1945–1950), während des Koreakrieges (1950–1953) sowie ab 2010 (bis heute). Doch auch in Zeiten der Annäherung bestand das primäre Ziel der Außenpolitik Nordkoreas in der Aufrechterhaltung der nationalen Autonomie.

Welche generellen Rückschlüsse für Nordkoreas außenpolitische Strategie im 21. Jahrhundert lassen sich vor dem Hintergrund der Präferenz für Autonomie und Unabhängigkeit gegenüber einer Annäherungspolitik ziehen?

Wenn sich Nordkorea an die benachbarten Großmächte China und Russland, insbesondere an das ständig stärker werdende und mit den USA um die Hegemonie in Ostasien streitenden China, annähert, wird seine Abhängigkeit in der Außenpolitik, im Außenhandel, in der Wirtschaft und anderen Gebieten zunehmen und die Autonomie nicht zu wahren sein.

Die sich in Ostasien derzeit herausbildende Konfrontation zwischen China und den USA könnte allerdings einen internationalen Rahmen schaffen, der für die Überwindung der Spaltung von Nord- und Südkorea eher schädlich wäre, und zu einer Verfestigung der Lager mit einem südkoreanisch-amerikanischen Bündnis auf der einen und einem nordkoreanisch-chinesischen Bündnis auf der anderen Seite führen. In einer solchen, dem Kalten Krieg ähnlichen Situation wird es sowohl für Nordkorea als auch für Südkorea nicht leicht sein, aus eigener Kraft freie Räume für die Gestaltung der autonomen und selbständigen Außenpolitik zu finden.

Aber noch befindet sich die neue Ordnung in Ostasien in der Entstehungsphase und die befürchtete Verfestigung der Blöcke ist noch nicht eingetreten. Im Dezember 2011 starb Kim Jong Il, und Kim Jong Un wurde der neue Führer Nordkoreas. Wenn sich die Lage des Landes einigermaßen stabilisiert hat, wäre es für Kim Jong Un möglich, die Gespräche mit den USA wieder aufzunehmen. Dabei werden die nordkoreanischen Forderungen nach einer Umwandlung des Waffenstillstandsabkommens nach dem Koreakrieg in eine Friedensordnung sowie nach einer Normalisierung der amerikanisch-nordkoreanischen Beziehungen auf die Aufforderung der USA zu einer Denuklearisierung Nordkoreas treffen. Vom Erfolg oder Misserfolg dieser Verhandlungen wird es abhängen, ob das »Problem der koreanischen Halbinsel« grundlegend gelöst und der Frieden in Ostasien gefestigt werden kann.

Literatur

Ahn, Byeonggil, Constraints and Objectives of North Korean Foreign Policy: A Rational Actor Analysis, in: Thomas H. Henriksen/Jongryn Mo (Hrsg.), North Korea after Kim Il-Sung: Continuity or Change?, Stanford 1997, S. 81–92.

Ballbach, Eric J., Between Autonomy and Influence? Multilateralism and North Korean Foreign Policy in the Six-Party Talks, in: Rüdiger Frank/James E. Hoare/Patrick Köllner/Susan Pares (Hrsg.), Korea 2013 – Politics, Economy and Society, Leiden/Boston 2013, S. 215–239.

Kim, Yongho, North Korean Foreign Policy: Security Dilemma and Succession, Lanham 2011.

Koh, Byung-Chul (Hrsg.), North Korea and the World. Explaining Pyongyang's Foreign Policy, Seoul 2004.

Anmerkungen

1 Als Objekte der nordkoreanischen Außenpolitik werden hier hauptsächlich China, Russland und die USA verstanden. Mit Japan fanden zu Beginn der 1960er-Jahre Verhandlungen über die Normalisierung der Beziehungen statt, und im Jahre 2002 wurde während des Besuchs des japanischen Ministerpräsidenten Koizumi in Nordkorea die P'yŏngyanger Koreanisch-Japanische Erklärung verabschiedet. Doch die hauptsächlichen außenpolitischen Anstrengungen waren auf die Hauptmacht der westlichen Welt, die USA gerichtet. Im Weiteren werden die Beziehungen zu Südkorea als innernationale Besonderheit betrachtet und fallen daher nicht unter die Kategorie Außenpolitik.

2 Alexander Wendt, Social Theory of International Politics, Cambridge 1999, S. 1; Paik Hak-soon, *Pukhan kwŏllyŏk-ŭi yŏksa: sasang chŏngch'esŏng kujo* [Geschichte der Macht in Nordkorea: Ideologie, Identität und Struktur], Seoul 2010, S. 16–24.

3 Für eine Erläuterung des Begriffs *Chuch'e* siehe Beitrag von Eric J. Ballbach in diesem Band.

4 Zur Geschichte Koreas vor 1945 siehe die beiden ersten Kapiteln dieses Bandes.

5 »CPSU Central Committee Report on the Situation in the KWP and the DPRK, 9 January 1957« CWIHP Bulletin, Nr. 16 S. 522, 526.

6 Im Prozess der Erarbeitung des Shanghaier Kommuniqués arbeiteten Nordkorea und China eng zusammen. Mao Zedong schickte Chu Enlai nach P'yŏngyang, um Kim Il Sung geheime Erklärungen zu übermitteln und um Verständnis zu bitten. China übergab den USA die 8 Forderungen der Nordkoreaner, Kim Il Sung fuhr selbst nach China und erhielt eine Antwort Kissingers auf die 8 Forderungen. Unmittelbar nach der Veröffentlichung des Shanghaier Kommuniqués besuchte Chou Enlai P'yŏngyang, um Kim Il Sung das Kommuniqué zu erläutern. Yi Chong-sŏk, *Pukhan-chungguk kwan'gye 1945–2000* [Nordkoreanisch-chinesische Beziehungen 1945–2000], Seoul, S. 253–258.

7 Kim Jong Il, *Inmindaejung chungsim-ŭi urisik sahoejuŭi-nŭn p'ilsŭngbulp'aeida* [Der Sozialismus unserer Art mit den Volksmassen im Zentrum ist unbesiegbar], in: *Kim Chŏng-il sŏnjip* [Ausgewählte Werke Kim Jong Ils], Bd. 11, P'yŏngyang 1997; Kim Jong Il, *Ilsimdangyŏr-ŭl tŏuk kanghwahamyŏ chosŏnminjokcheilchuŭi chŏngsin-ŭl nop'i par'yangsik'ija* [Festigt weiter die Einmütigkeit und entfaltet den Geist des Vorrangs der koreanischen Nation], in: *Kim Chŏng-il sŏnjip* [Ausgewählte Werke Kim Jong Ils], Bd. 13, P'yŏngyang 1998.

8 Paik Hak-soon, North Korea's Choices for Survival and Prosperity since 1990s: Interplay between Politics and Economics, in: Sejong Policy Studies, 3 (2007) 2.

9 Über die Konflikte um das nordkoreanische Nuklearprogramm siehe den Beitrag von Eric J. Ballbach in diesem Band.

Eric J. Ballbach

Identität / Macht / Politik: Die Nuklearkrise und Nordkoreas Außenpolitik

All countries striving for nuclear weapons do so because of three reasons: power, prestige, and politics
Joseph Cirincione

Das Streben Nordkoreas nach Nuklearwaffen gehört zweifelsohne zu den drängendsten sicherheitspolitischen Herausforderungen in Nordostasien. So ist das nordkoreanische Nuklearprogramm etwa mit vielfältigen Risiken der Weitergabe von Atomwaffen verbunden und stellt damit auch entsprechende internationale Ordnungsstrukturen wie den Vertrag über die Nichtverbreitung (NVV, 1968) vor unmittelbare Legitimitätsprobleme. Darüber hinaus birgt das Programm auch die Gefahr eines regionalen Wettrüstens und letztlich gar einer direkten militärischen Auseinandersetzung in Nordostasien. Trotz langjähriger Versuche der internationalen Gemeinschaft, Nordkorea von seinem Pfad der nuklearen Bewaffnung abzubringen, hat P'yŏngyang dieses Bestreben offenbar gegen alle internationalen Widerstände unbeirrt weiterverfolgt. Mehr noch, Nordkorea betreibt dabei eine Außen- und Sicherheitspolitik, die von internationalen Beobachtern wiederholt als provokant, unvorhersehbar oder gar als irrational bezeichnete wurde. Die Motive für das Streben nach Nuklearwaffen ebenso wie das einhergehende außenpolitische Verhalten Nordkoreas stellen demnach trotz beträchtlicher politischer, medialer und wissenschaftlicher Aufmerksamkeit nach wie vor ein Rätsel für viele Beobachter dar.

Ein zentrales Problem beim Verständnis der nordkoreanischen Außen- und Sicherheitspolitik stellt nach Auffassung des Autors die Herangehensweise vieler wissenschaftlicher Studien dar, die sich zu einem großen Teil auf rein deskriptive Analysen beschränken. Gleichermaßen legen diese Studien in der Regel ein konventionelles Verständnis von Außenpolitik zugrunde. Vor diesem Hintergrund wird in diesem Beitrag für die Anwendung theoretisch informierter Ansätze argumentiert. Basierend auf einer

Darstellung der Genese der Nuklearkrise auf der koreanischen Halbinsel wird zunächst ein knapper Überblick über die bestehende Forschung gegeben, bevor abschließend mithilfe eines poststrukturalistischen Ansatzes die komplexen Motive der Außen- und Sicherheitspolitik Nordkoreas im Kontext der Nuklearfrage analysiert werden.

1 Genese der Nuklearkrise(n) auf der koreanischen Halbinsel

Die Ursprünge des nordkoreanischen Nuklearprogramms reichen bis in die 1950er-Jahre zurück und werden gemeinhin auf die Unterzeichnung früher Kooperationsverträge mit der ehemaligen Sowjetunion zurückgeführt.[1] Diesen schlossen sich 1959 ein Vertrag zur friedlichen Nutzung von Kernenergie sowie erste konkrete personelle und materielle Unterstützung an.[2] Mit dem Bekanntwerden der Bauarbeiten an einem 5MW-Reaktor[3] in der Yŏngbyŏn-Anlage in den frühen 1970er-Jahren traten die internationalen und insbesondere US-amerikanischen Bedenken hinsichtlich der nordkoreanischen Motive immer offener zu Tage. Auf Druck der Sowjetunion trat Nordkorea 1974 der Internationalen Atomenergiebehörde (IAEO) bei, unterzeichnete ein partielles »Nuclear Safety Management Treaty« und erlaubte regelmäßige Inspektionen.[4] 1985 trat Nordkorea letztlich dem Vertrag über die Nichtverbreitung von Kernwaffen (Atomwaffensperrvertrag, NVV) bei, wobei die nach Artikel 3 (innerhalb von 18 Monaten) obligatorische Unterzeichnung des Safeguards-Abkommens mit der IAEO zur Überwachung des Kernmaterials erst im Januar 1992 erzielt wurde. Zuvor hatte Nordkorea wiederholt die Unterzeichnung an den Abzug aller US-Nuklearwaffen aus Südkorea sowie an die Garantie gebunden, dass kein Land – insbesondere nicht die USA – Nordkorea mit Nuklearwaffen angreifen oder bedrohen dürfe. Nach dem Abzug der US-Nuklearwaffen und bis dato beispiellosen bilateralen Dialoginitiativen mit Seoul und Washington, unterzeichnete Nordkorea Anfang 1992 sowohl das Safeguards-Abkommen mit der IAEO, welches die Grundlage für die zwischen 1992 und 1993 stattfindenden sechs Inspektionsrunden in Nordkorea bildete, als auch die »Gemeinsame Erklärung zur Denuklearisierung der Koreanischen Halbinsel« mit Südkorea.

Die erste Nuklearkrise und die Carter-Initiative

Nachdem die IAEO Unregelmäßigkeiten zwischen den erzielten Inspektionsergebnissen und dem zuvor bei der Behörde eingereichten Initialreport festgestellt hatte, kam es zu einer Verschärfung der Auseinandersetzung mit dem nordkoreanischen Regime.[5] Die IAEO forderte den Zugang zu sowie die Entnahme von Proben aus zwei von Nordkorea nicht deklarierten Einrichtungen, die im Verdacht standen Wiederaufbereitungsanlagen für kernbrennstoffhaltige Abfälle zu sein. Insbesondere letztere Forderung wurde von nordkoreanischer Seite jedoch mit dem Verweis auf den militärischen Charakter der Einrichtungen sowie die eigene Autonomie und Souveränität vehement zurückgewiesen. Am 12. März 1993 kündigte Nordkorea unter dem Eindruck der zunehmenden Spannungen mit den USA den Austritt aus dem Nichtverbreitungsvertrag an. Zwar suspendierte Nordkorea den Austritt aus dem NVV nach neuerlichen bilateralen Verhandlungen mit den USA, doch die nordkoreanische Weigerung, der IAEO vollen Zugang zu den verdächtigen Einrichtungen und die Untersuchung der (1989) entnommenen Brennstäbe zu gewähren, führte zur weiteren Eskalation des Konflikts.

Das erneute Scheitern von Gesprächen zwischen Nordkorea und den USA sowie der IAEO, Nordkoreas angedrohter Rückzug aus der IAEO und die Entscheidung P'yŏngyangs, den 5MW-Reaktor in der Yŏngbyŏn-Anlage herunterzufahren, um Brennstäbe zu entnehmen, führten die koreanische Halbinsel 1994 an den Rand eines Krieges.[6] Dieser wurde letztlich erst durch eine »private Initiative« des ehemaligen US-Präsidenten Jimmy Carter in P'yŏngyang abgewendet. In dem Treffen mit Carter bot Kim Il Sung *(Kim Il-sŏng)* ein Einfrieren des Nuklearprogramms für eine Reihe spezifischer Zusicherungen seitens der USA an, insbesondere der Beteuerung gegen einen nuklearen Angriff sowie der Lieferung zweier Leichtwasserreaktoren. Trotz des plötzlichen Todes Kim Il Sungs im Juni 1994 führten die anschließenden Verhandlungen zwischen Nordkorea und den USA im Oktober 1994 zur Unterzeichnung des sogenannten Genfer Rahmenabkommens *(Agreed Framework)*, welches nachfolgend zusammen mit der neu etablierten Korean Peninsula Energy Development Organization (KEDO) als quasiinstitutioneller Rahmen zur Entschärfung der ersten Nuklearkrise fungierte.[7] Mit dem Abkommen erklärte sich Nordkorea u. a. dazu bereit, seine bisherigen Nuklearaktivitäten einzufrieren, die bestehenden Nuklearanlagen abzubauen und diesen Prozess durch die IAEO überwachen zu lassen. Im Gegenzug verpflichteten sich die USA neben dem Verzicht auf einen nuklearen Angriff etwa zur Lieferung von zwei modernen, aber weitestgehend proliferationsresistenten Leichtwasserreaktionen an P'yŏngyang, das bis zu deren geplanter Fertigstellung im Jahr 2003 entsprechende Ausgleichslieferungen von Schweröl erhalten sollte. Nach anfänglichen Fortschritten gestaltete sich jedoch insbesondere die Finanzierung der Schweröllieferungen zunehmend als schwierig – nicht zuletzt aufgrund der Tatsache, dass diese wiederholt zum Spielball innenpolitischer Auseinandersetzungen in Washington wurden. Politisch erschwerend kam hinzu, dass P'yŏngyang auch weiterhin Trägersysteme für Atomwaffen testete und exportierte. Im Jahr 1999 erwirkte der republikanisch geführte Kongress die Einsetzung des Sonderbeauftragten William J. Perry, der die amerikanische Nordkoreapolitik einer formellen Überarbeitung unterzog. Perry empfahl u.a. die Aufnahme von Verhandlungen zur Beendigung der Trägersystemaktivitäten Nordkoreas, was letztlich zu erneuten bilateralen Gesprächen und einem Besuch von Außenministerin Madeleine Albright im Oktober 2000 in P'yŏngyang führte.

Die zweite Nuklearkrise und die Sechs-Parteien-Gespräche

Trotz anfänglich anders lautender Rhetorik deutete sich nach dem Amtsantritt der Regierung unter dem neu gewählten US-Präsident George W. Bush im Januar 2001 rasch eine Abkehr von der (bilateralen) Engagementpolitik Clintons gegenüber Nordkorea an.[8] So wurden die Fortführung des bilateralen Normalisierungsprozesses sowie die fortgesetzte Beteiligung der USA am KEDO-Prozess von einem Zugang der IAEO zu den verdächtigen Standorten sowie von weiteren Abrüstungsmaßnahmen bei Trägersystemen und konventionellen Waffen abhängig gemacht. Insbesondere nach den Terroranschlägen vom 11. September 2001 verhärtete sich die Haltung der Bush-Regierung, die eine »außenpolitische Diplomatie der aktiven Proliferationsverhinderung« als ersten Schritt im Umgang mit der »Drohpolitik von Schurkenstaaten«[9] etablierte – und im Zuge dessen den Kampf gegen den internationalen Terrorismus ins Zentrum ihrer außenpolitischen Agenda rückte. Durch die Brandmarkung Nordkoreas als Entwickler von Massenvernichtungswaffen und Sponsor des internationalen Terrorismus wurde P'yŏngyang unmittelbar in diese außenpolitische Problemlage einbezogen. Nachdem die USA im Oktober 2001 die Absicht verlauten ließen, die Verhandlungen mit Nordkorea bezüglich dessen Raketenprogramm nicht wiederaufzunehmen (»no negotiations – no dialogue«), antwortete P'yŏngyang am 27. Oktober 2001 mit einer Erklärung des Außenministeriums, in der man die USA der »Einfrierung des amerikanisch-nordkoreanischen Dialogs« beschuldigte und einen starken Kontrast zur Clinton-Ära feststellte, in der ein intensiver Dialog zwischen beiden Ländern bestanden habe.[10] Die Rhetorik wurde schließlich durch George W. Bushs Rede zur Lage der Nation im Januar 2002 weiter verschärft, in welcher dieser ankündigte, den Kampf gegen den internationalen Terrorismus notfalls auch präventiv zu führen, und Nordkorea (zusammen mit Iran und Irak) in die viel zitierte »Achse des Bösen« einbezog, deren »Streben nach Massenvernichtungswaffen aktiv bekämpft« werden müsse. P'yŏngyang bezichtigte Washington, Nordkorea machtpolitisch erdrücken zu wollen und zum Ziel militärischer Offensiven zu machen.[11] Vor diesem Hintergrund habe Nordkorea keine andere Wahl, als sich »mit mächtigen Angriffs- und Verteidigungswaffen auszurüsten«.[12]

Eine scharfe Eskalation in den bilateralen Beziehungen zwischen Washington und P'yŏngyang ergab sich im Oktober 2002 im Zuge eines Nordkoreabesuchs des US-Unterhändlers James Kelly. Laut US-Darstellung hat Nordkorea – konfrontiert mit konkreten Beweisen – nach anfänglichem Dementi die Existenz eines Geheimprogramms zur (urangestützten) Herstellung von nuklearen Waffen eingestanden.[13] Nordkorea wies diese Darstellung entschieden zurück und reagierte auf die von den USA erwirkte Aussetzung der Schweröllieferungen durch die KEDO mit der Ausweisung der IAEO-Inspekteure, der Ankündigung zum Austritt aus dem Atomwaffensperrvertrag im Januar 2003 sowie ab Februar mit der Reaktivierung des 5MW-Reaktors in Yŏngbyŏn.[14] Nordkoreanische Offizielle erklärten, dass die Forderung der IAEO und der USA zur zügigen und nachweisbaren Aufgabe des Nuklearprogramms Ausdruck einer Politik seien, deren Ziel die Unterdrückung Nordkoreas sei. Die Lösung der Krise erfordere einen bilateralen Dialog zwischen Nordkorea und den USA »auf Augenhöhe«, an dessen Ende ein Nichtangriffspakt stehen müsse.[15] Washington lehnte einen solchen bilateralen Lösungsmechanismus jedoch strikt ab und setzte sich stattdessen für die Etablierung eines multilateralen Forums unter Einbeziehung der regionalen Schlüsselmächte ein.

Unter dem Eindruck der dramatischen Zuspitzung der Beziehungen zwischen den USA und Nordkorea schaltete sich China in den Konflikt ein und versuchte, in der Rolle eines proaktiven Mediators die weit auseinander liegenden Positionen mittels »Pendeldiplomatie« zu überbrücken, um so über die Initiierung eines diplomatischen Prozesses eine militärische Auseinandersetzung auf der koreanischen Halbinsel zu verhindern.[16] Nach einer gescheiterten Verhandlungsrunde zwischen den USA, Nordkorea und China im April 2003 gelang es Peking – nicht zuletzt aufgrund einer Kombination aus Warnungen und Zusicherungen – im Juli 2003, Nordkorea zur Zustimmung eines mit den USA und Südkorea abgestimmten Vorschlages zu bewegen, nach dem die trilaterale Initiative durch die Einbeziehung Russlands, Japans und Südkoreas zu den sogenannten Sechs-Parteien-Gesprächen ausgeweitet werden sollten.

Die ersten Verhandlungsrunden der Sechs-Parteien-Gespräche, welche im August 2003 in Peking ihren Anfang nahmen, offenbarten erneut die weit auseinanderliegenden Positionen der Teilnehmer, insbesondere der

USA und Nordkoreas. Nordkoreas Vorschlag eines Vier-Stufen-Paketes zielte auf eine Lösung ab, in deren Verlauf die DVRK und die USA Zug um Zug und nach einem festgelegten Ablaufplan eine Reihe spezifischer Leistungen und Gegenleistungen erbringen sollten *(tit-for-tat)*, wobei die Forderungen nach einer bilateralen Verhandlungslösung mit den USA weiterhin der Kern der nordkoreanischen Position blieb.[17] P'yŏngyang präferierte damit eine Paketlösung auf der Grundlage simultaner Aktionen, nach der die Aufgabe des Nuklearprogramms und die Rückkehr internationaler Beobachter nur möglich sei, wenn sich die USA im Gegenzug dazu bereit erklärten, einen Nichtangriffspakt zu unterzeichnen, wirtschaftliche Hilfe bereitzustellen und die Beziehungen zu Nordkorea dauerhaft zu normalisieren. Die amerikanische Seite, die eine solche Paketlösung ablehnte, bekräftigte hingegen, dass man zum einen keine Lösung des Konflikts über bilaterale Verhandlungen mit der DVRK anstrebe und dass zum anderen die nachweisliche und unumkehrbare Aufgabe des Nuklearprogramms *am Beginn* eines jeglichen politischen Prozesses stehen müsse.

Ein erster Durchbruch in den Verhandlungen gelang letztlich erst während der vierten Verhandlungsrunde mit der Verabschiedung des »Joint Statement« vom 19. September 2005, welches einen konkreten Weg zu einer Verhandlungslösung der nordkoreanischen Nuklearfrage aufzeigte.[18] Die damit einhergehende Hoffnung auf einen Durchbruch zu einer Lösung wurde jedoch unmittelbar nach der Verabschiedung wieder enttäuscht. Ursächlich hierfür war zum einen die vage Formulierung des Abkommens (u. a. hinsichtlich der Reihenfolge und des zeitlichen Rahmens in welchem die Beschlüsse umgesetzt werden sollten), welche letztlich zu gänzlich unterschiedlichen Interpretationen durch die USA und Nordkorea führte. Zum anderen stellten die USA im September 2005 die in Macau ansässige Banco Delta Asia (BDA) im Zuge des »Patriot Act« unter dringenden Verdacht der Geldwäsche und froren rund 50 nordkoreanische Konten ein.[19] Nordkorea, das die amerikanischen Anschuldigungen vehement zurückwies, machte daraufhin eine weitere Teilnahme an den Sechs-Parteien-Gesprächen unmittelbar von der Aufhebung der Finanzsanktionen abhängig und schwenkte (erneut) auf eine autonomiemaximierende Außenpolitik um.[20] So kam es seitens des nordkoreanischen Regimes am 5. Juli 2006 zum Abschuss von mehreren Kurz- und Langstreckenraketen sowie am 9. Oktober zum ersten Nukleartest. Diese von der internationalen Gemeinschaft als provokant verurteilten Maßnahmen führten nicht zuletzt zu den (auch von China unterstützten) UN-Sicherheitsrats-Resolutionen 1695 und 1718, in welchen u. a. zusätzliche finanzielle und wirtschaftliche Sanktionen beschlossen wurden, sowie zur weiteren Verschärfung bestehender bilateraler Sanktionen gegen Nordkorea, etwa durch die USA und Japan.

Laut dem südkoreanischen Nordkoreaexperten Paik Hak-soon bedeutete der Nukleartest ein Debakel für die bis dato umgesetzten Bemühungen der USA und der internationalen Gemeinschaft, Nordkoreas Streben nach Nuklearwaffen zu verhindern.[21] Gleichwohl wirkte das Ereignis auch als Katalysator für erneute diplomatische Interaktionen zwischen den Parteien. Im Rahmen diplomatischer Konsultationen mit China erklärte Nordkorea seine grundsätzliche Bereitschaft zur Wiederaufnahme der Sechs-Parteien-Gespräche, wenn die USA eine ernsthafte Bereitschaft zur Lockerung der Finanzsanktionen erkennen ließen. Vor diesem Hintergrund markierten die bilateralen Konsultationen zwischen Christopher Hill und Kim Kye-Gwan im Januar 2007 in Berlin einen aussichtsreichen Fortschritt. Wie diplomatische Quellen später berichteten, einigten sich die beiden Verhandlungsführer nicht nur auf die generelle Wiederaufnahme der Sechs-Parteien-Gespräche, sondern auch auf die grundlegenden Eckpunkte und einen konkreten Fahrplan zur Implementierung jenes Abkommens, das wenig später als »February 13 Agreement« am Ende der dritten Sitzung der fünften Verhandlungsrunde beschlossen wurde. Nachdem ebenfalls noch im Januar 2007 erste Fortschritte in der Banco-Delta-Asia-Frage erzielt wurden,[22] versicherte Nordkorea im Februar-Abkommen, innerhalb von 60 Tagen die wesentlichen Nukleareinrichtungen der Yŏngbyŏn-Anlage unter internationaler Aufsicht zu schließen. Im Gegenzug sollte P'yŏngyang umfassende Hilfslieferungen sowie 50 000 Tonnen Schweröl erhalten. Darüber hinaus verpflichteten sich die USA und Japan zur Aufnahme eines bilateralen Dialogs zur Normalisierung der Beziehungen mit der Volksrepublik.[23]

Im Juli 2007 versicherte Nordkorea, eine vollständige Erklärung über »alle Nuklearanlagen, Materialien und Programme« an die USA zu übergeben und diese bis Ende des Jahres 2007 untauglich zu machen. Nordkorea lud ein Expertenteam aus den USA, China und Russland zur Visite der Yŏngbyŏn-Anlage ein, um spezifische Schritte zu dessen Abschaltung zu diskutieren. Im November 2007 begann P'yŏngyang mit der Unbrauchbarmachung zentraler Einrichtungen der Yŏngbyŏn-Anlage und händigte im Mai 2008 ein ca. 18 000 Seiten umfassendes Dokumentenpaket mit Informationen zum eigenen Nuklearprogramm an die USA aus. Im Juni 2008 folgte die medienwirksame Sprengung eines Kühlturms in der Yŏngbyŏn-Anlage. Die USA nahmen Nordkorea daraufhin im Oktober 2008 von der Liste der den Terrorismus unterstützenden Staaten. Während insbesondere das Februar-Abkommen von 2007 also zu substanziellen Fortschritten auf dem Weg zur Denuklearisierung Nordkoreas führte, blieben einige zentrale Fragen gleichwohl unbeantwortet. So gab es etwa unterschiedliche Auffassungen zur Etablierung eines Verifikationsmechanismus, wodurch der Prozess ab Ende 2008 erneut ins Stocken geriet. Seither führten weitere Raketentests und der zweite und dritte Nukleartest Nordkoreas im Mai 2009 und im Februar 2013 nicht nur zu schärferen Sanktionen gegen P'yŏngyang, sondern trugen auch zu einem erneuten Stillstand in den Verhandlungen um das Nuklearprogramm bei. In seiner überarbeiteten Verfassung von 2012 bezeichnet sich Nordkorea erstmals als Nuklearstaat und scheint damit (vorerst) alle Zweifel am eigenen Streben nach Nuklearwaffen ausgeräumt zu haben.

2 Die Forschung zu Nordkoreas Außen- und Sicherheitspolitik im Kontext der Nuklearfrage

Angesichts der Tatsache, dass die Nuklearkrise auf der koreanischen Halbinsel eine der drängendsten sicherheitspolitischen Herausforderungen der politischen Gegenwart Nordostasiens darstellt, ist es kaum verwunderlich, dass diese Thematik immer wieder das Interesse der internationalen Forschung geweckt hat.[24] Gleichwohl muss festgestellt werden, dass nur vergleichsweise wenige Arbeiten den Wert sozialwissenschaftlicher Theorien zur Analyse von Nordkoreas Motiven und dessen Außen- und Sicherheitspolitik im Kontext der Nuklearfrage nutzen. Vielmehr wird die Forschung dominiert von deskriptiv-historiografischen Arbeiten sowie politikrelevanten und sicherheitsorientierten Bewertungen der Nuklearkrise. Dabei werden insbesondere die verschiedenen politisch-diplomatischen Initiativen und Prozesse nachgezeichnet und/oder die mit dem Nuklearprogramm einhergehenden Herausforderungen für die internationale Gemeinschaft sowie vermeintlich adäquate Strategien und Politiken gegenüber Nordkorea diskutiert.[25] Nur ein (ungleich kleinerer) Teil der Forschung legt den analytischen Fokus hingegen unmittelbar auf Nordkorea und nimmt auch die innenpolitische Dimension des nuklearen Strebens des Landes in den Blick.

Bestehende theoretische Perspektiven auf Nordkoreas Außen- und Sicherheitspolitik im Kontext der Nuklearkrise

Die theoretisch informierte Debatte lässt sich heute im Wesentlichen auf die drei zentralen theoretischen Denkschulen der Internationalen Beziehungen zurückführen: (Neo-)Realismus, Liberalismus (und seine Derivate) sowie Konstruktivismus. Einen realistischen Theorieansatz vertritt beispielsweise der Politikwissenschaftler Victor Cha.[26] Zur Erklärung von Nordkoreas »wechselhafter Nuklearpolitik« schlägt er ein »coercive bargaining-Modell« vor, nach dem Nordkoreas dramatischer Niedergang seit den späten 1980er-Jahren dessen Streben nach nuklearen Abschreckungswaffen eher befördert habe. Nordkorea, so Cha, sei ein militärisch schwacher und dennoch bedrohlicher Staat, dessen Führung sich in einer zunehmend aussichtlosen Position wiederfand. Vor diesem Hintergrund besitze die nordkoreanische Führung einen Anreiz, eine risikoreichere Außenpolitik umzusetzen, um letztlich den Status quo zu den eigenen Gunsten zu verändern. So habe P'yŏngyang letztlich eine Strategie der »begrenzten Provokationen« genutzt, um Kompromisse von den USA und Südkorea zu erzwingen.

Im Unterschied dazu basieren David Kangs Beiträge auf der theoretischen Grundlage des Neoliberalen Institutionalismus, angereichert mit Argumenten aus dem Bereich der Internationalen Politischen Ökonomie.[27] Zum besseren Verständnis und zur Erklärung der Intentionen und des Verhaltens Nordkoreas argumentiert er für einen »U.S. threat-Ansatz«, nach dem das Ende des Kalten Krieges zu dramatischen Verschiebungen in der Machtbalance des internationalen und regionalen Systems führte – und zwar zuungunsten Nordkoreas. Diese nachteilige Position gegenüber den USA und Südkorea führte laut Kang zu legitimen Sicherheitsbedenken seitens Nordkoreas. Das Nuklearprogramm stelle demnach eine letztlich nachvollziehbare Reaktion auf diese Sicherheitsbedenken der Führung in P'yŏngyang dar. Kang schlussfolgert, dass Nordkorea angesichts der eigenen nachteiligen Position zunehmend verzweifelt darum bemüht sei, eine Übereinkunft mit den USA zu erzielen – eine solche jedoch nicht zuletzt an der Haltung Washingtons scheitere.[28]

Was die rationalistischen Ansätze von Cha und Kang eint, ist deren Fokus auf systemische und materielle Faktoren, welche die nordkoreanische Entscheidung Atomwaffen zu entwickeln sowie die hiermit verbundene Außenpolitik als direkte Reaktion auf externe Bedrohungen erklären, als ein verzweifelter Versuch, die eigene Sicherheit in einem anarchischen internationalen System zu gewährleisten.[29] Doch ist die Bandbreite möglicher Theorien weitaus größer als die typische IR-Realismus/Liberalismus-Debatte vermuten lässt, die letztlich auch von Cha und Kang bedient wird. Insbesondere von konstruktivistischer Seite wurden und werden den traditionellen Ansätzen der Internationalen Beziehungen weitreichende Erklärungsdefizite vorgeworfen, durch welche zentrale Elemente der komplexen Motivationskette Nordkoreas unberücksichtigt bleiben. Vor diesem Hintergrund rückten in den vergangenen Jahren sogenannte immaterielle Erklärungsfaktoren wie beispielsweise Werte, Normen oder Identitäten sukzessive in den Mittelpunkt des analytischen Interesses.[30] In Jacques E.C. Hymans' konstruktivistischer Analyse von Nordkoreas nuklearen Intentionen und Kapazitäten spielen »nicht-rationale Faktoren« *(non-rational factors)* wie etwa Emotionen eine wichtige Rolle.[31] Er argumentiert, dass nationale Identitätskonzeptionen der politischen Führung eine »ausschlaggebende Basis für revolutionäre außenpolitische Entscheidungen« darstellen, und damit auch für die Frage, warum ein Staat nach nuklearer Bewaffnung strebt (oder nicht).[32] Im Falle einer »oppositionell-nationalistischen« Identitätskonzeption des Führers, so Hymans, stellt das Streben nach Nuklearwaffen quasi eine natürliche Entscheidung dar, da diese Konzeption identitätsgetriebenen Stolz mit Angst kombiniert. Nuklearwaffen können demnach dazu beitragen, Angst zu überwinden und gleichermaßen Stolz aufzubauen. So betrachtet stellt Nordkoreas Entscheidung zur Nuklearwaffenproduktion nicht das Resultat einer kühlen Kalkulation dar, sondern ist primär auf psychologische Faktoren zurückzuführen, getrieben durch immaterielle Faktoren wie Identität und Emotionen.

Wenngleich Hymans eine wichtige Perspektive auf das Nuklearprogramm öffnet, so bleibt sein Ansatz in mehrerlei Hinsicht problematisch. Unter anderem nimmt seine konstruktivistisch inspirierte Analyse nationale Identität wie auch den Staat als vorgegeben hin, was zu einem spezifischen Verständnis von Außenpolitik als einer intern verarbeiteten Reaktion auf externe Stimuli führt. Dabei übersieht er jedoch, dass Identitätskonzeptionen und außenpolitisches Verhalten Nordkoreas nicht in kausaler Beziehung zueinander stehen, sondern sich vielmehr wechselseitig bedingen bzw. konstituieren. Das nordkoreanische Nuklearprogramm ist somit einerseits ein Instrument, welches der Angst (z.B. vor einem Nuklearangriff der USA) entgegenwirkt, andererseits funktioniert eben diese Bedrohung auch als Bedingung für das staatliche Sein *(condition of a state's very being)*. Auf der Grundlage dieser theoretischen Prämisse soll im Folgenden mithilfe eines poststrukturalistischen Erklärungsansatzes versucht werden, wichtige und häufig unberücksichtigte Aufschlüsse hinsichtlich der Motive Nordkoreas und dessen Außen- und Sicherheitspolitik im Kontext der Nuklearfrage zu geben.[33]

Die Nuklearfrage als performativer Raum zur (Re-)Konstruktion staatlicher Identität

Poststrukturalisten gehen davon aus, dass Realität in seiner objektiven Form (Wahrheit) nicht außerhalb menschlicher Sprache erfahren werden kann und folglich ein konstitutiver Effekt von Diskursen sein muss.[34] Wie der Politikwissenschaftler Thomas Diez in diesem Zusammenhang zutreffend ausführt, erklärt dies zwei zentrale Charakteristika poststrukturalistischer Ansätze: die Konzentration auf die Analyse von Texten und anderen Repräsentationen von Ereignissen anstatt auf die Ereignisse selbst, sowie die »Skepsis gegenüber ›objektiven‹ Wahrheiten (...), denn wenn das, was wir von Ereignissen wissen, diskursiv vermittelt ist, dann gibt es immer mehr als eine Version dieser Ereignisse«.[35] Zentral in diesem Zusammenhang ist ein (nicht-essentialistisches) Verständnis des Staates, dessen Realität sich erst durch seine mannigfaltigen Handlungen konstituiert, den diskursiven Praktiken zur Etablierung von Identität und Inskribierung von Differenz. Wenn wir also von Nordkorea sprechen, reden wir immer von einer Gemeinschaft, die frei ist von jeglichem ontologischen Sein, einer Entität, die weder einfach so existiert, noch jemals als abgeschlossen betrachtet werden kann, sondern vielmehr das Ergebnis dieser performativen Praktiken darstellt.

Diese poststrukturalistische Perspektive hat wichtige Folgen für das generelle Verständnis von Nordkoreas Außenpolitik – auch und gerade im Kontext der Nuklearfrage. Entgegen dem konventionellen Verständnis ist Nordkoreas Außenpolitik so betrachtet nicht nur als ein intern verarbeiteter Reaktionsmechanismus eines vorgegebenen Subjekts auf seine externe Umwelt und die von dieser ausgehenden Herausforderungen und Bedrohungen zu verstehen; vielmehr muss Außenpolitik als Reaktion auf die Notwendigkeit permanenter Reproduktion einer bestimmten Form von Subjektivität/Identität aufgefasst werden.[36] Außenpolitik wird somit zu einem elementaren Bestandteil des Identität/Staat-Nexus; eine zentrale Identitätspraktik, die von und für den nordkoreanischen Staat *performed* wird. Das fortdauernde »Projekt Nordkorea« ist dementsprechend abhängig von jenen Repräsentationspraktiken, durch welche spezifische Artikulationen von Außenpolitik überhaupt erst ermöglicht werden und welche interpretieren, was »die nordkoreanische Identität« ist. Nordkoreas Außenpolitik im Kontext der Nuklearfrage ist als ein privilegierter Fall dieser Repräsentationspraktiken zu verstehen – und damit als ein zentraler Ort der (Re-)Konstruktion von staatlicher Identität. Dabei handelt es sich um eine diskursive und grenzziehende politische Praxis, die ein nationales Selbst *(Self)* konstituiert, welches sich mit einem bedrohlichen Anderen *(Other)* konfrontiert sieht, dessen Identität sich radikal von der eigenen unterscheidet. Die Produktion und Reproduktion von Nordkoreas staatlicher Identität muss demnach durch die effektive und kontinuierliche ideologische Demarkation derer, die als »falsch« oder »bedrohlich« für die definierten Ideale gelten, abgesichert werden.[37]

Im Rahmen spezifischer außen- und sicherheitspolitischer Diskurse wird Nordkoreas Nuklearprogramm als eine akzeptierte und angemessene Maßnahme für den Schutz des Selbst gegen spezifisch identifizierte Andere (insbesondere die USA) wirksam gemacht. Durch diese Diskurse werden die Grenzlinien konstituiert, innerhalb welcher eigene und fremde Identitäten konstruiert, gegenwärtige Entwicklungen und Herausforderungen interpretiert und akzeptiertes bzw. angemessenes von nicht akzeptiertem oder unangemessenem Verhalten differenziert werden. Dabei werden mit der spezifischen Sprache des Diskurses und den inhärenten Identitäts- und Bedrohungskonstruktionen konkrete (politische) Funktionen verbunden: Erstens werden zentrale Inhalte der Außen- und Sicherheitspolitik – insbesondere die Nuklearfrage und die konfliktreichen Beziehungen zu den USA – auf eine bestimmte Art und Weise interpretiert. So wird die Nuklearfrage im nordkoreanischen Diskurs u. a. als ein weltpolitisch bedeutender Konflikt zwischen den USA und Nordkorea konstruiert, welcher letztlich über das gesamte Schicksal der koreanischen Nation entscheidet. Zum zweiten wird auf der Grundlage der Identitätskonstruktion der wesentlichen Konfliktparteien – der eigenen als gut, bedroht und moralisch rechtens, die der USA als einem bösen, bedrohlichen und inhumanen Feind – der Konflikt mit den USA moralisiert und so von einem politischen Konflikt in einen grundlegenden Kampf zwischen den Kräften des Guten und des Bösen transformiert. Darüber hinaus wird die USA durch die Charakterisierung als einem fremden und inhärent bösen Anderen einem außenstehenden Bereich zugehörig gemacht und somit explizit aus der moralischen Gemeinschaft des Selbst ausgeschlossen – wodurch letztlich auch die Maßnahmen gegen diesen Anderen nicht unter regulären moralischen Gesichtspunkten bewertet werden müssen. Eine dritte zentrale Funktion dieser außenpolitischen Diskurse ist ferner die Konstruktion von immanenten und katastrophalen (nicht nur, aber insbesondere) von den USA ausgehenden Gefahren. Diese (nicht-objektive) Bedrohung ist jedoch nicht nur als negativ und schädlich zu betrachten. Vielmehr ermöglichen diese Bedrohungskonstruktionen der nordkoreanischen Führung die Ablenkung der Öffentlichkeit von dringlicheren (internen) Problemen. Darüber hinaus tragen sie gleichermaßen auch unmittelbar zur Legitimierung der eigenen Politik und der Delegitimierung von etwaigem Dissens und Kritik sowie zur Aufrechterhaltung kollektiver Identität bei.

Auf der Grundlage dieser Identitäts- und Bedrohungskonstruktionen wird das Nuklearstreben diskursiv als gerecht und angemessen konstruiert und normalisiert, eine defensive und angemessene Maßnahme, welche angesichts der feindlichen Identität der USA aus einer moralischen Obligation und historischen Verantwortung heraus getroffen werden *musste*, um die Nation und deren Souveränität gegen die konstante Bedrohung von auswärtigen Mächten *(oese)* zu verteidigen und damit das »Projekt Nordkorea« fortzusetzen. So betrachtet stellt Nordkoreas Nuklearwaffenprojekt und die damit verbundene Außenpolitik ein Ensemble von diskursiven und politischen Praktiken dar, welche auf der Grundlage der Logik von Identität und Differenz, von Inklusion und Exklusion funktionieren. Das Nuklearprogramm besitzt daher für Nordkorea spezifische Bedeutungen, die weit über die konventionellen strategisch-politischen Erklärungen hinausgehen.

Literatur

Pollack, Jonathan D., No Exit: North Korea, Nuclear Weapons, and International Security, London 2011.

Sigal, Leon V., Disarming Strangers: Nuclear Diplomacy with North Korea, Princeton 1998.

Anmerkungen

1 Vgl. ausführliche Darstellung der historischen Entwicklung der nordkoreanischen Nuklearbestrebungen etwa: Alexandre Y. Mansourov, North Korea's Road to the Atomic Bomb, in: International Journal of Korean Unification Studies, 13 (2004) 1, S. 21–58; Kim Jae-mok, *Pukhaekhyŏpsangdŭrama* [The North Korea Nuclear Negotiation Drama], Seoul 1995.

2 Nordkorea etablierte demnach mit sowjetischer Hilfe u. a. das »Yŏngbyŏn Nuclear Research Institute« und importierte im Juni 1965 einen ersten IRT-2000-Reaktor aus der Sowjetunion. 1985 begannen ferner die Arbeiten an einem 50MW-Gas-Graphit-Reaktor in Yŏngbyŏn und kurz darauf an einem 200MW-Reaktor in Taechon. Darüber hinaus errichtete Nordkorea seit Ende der 1980er-Jahre angeblich radiochemische Laboreinrichtungen, welche nach Einschätzungen der US-Aufklärung als Wiederaufbereitungsanlagen für die Produktion von waffenfähigem Plutonium benutzt werden. Laut Mansourov arbeiten über 150 Nuklearexperten mit Doktorgrad und über 2 400 Spezialisten an dem nordkoreanischen Nuklearprogramm. Vgl. Kim J.-m. (wie Anm. 1), S. 14; Don Oberdorfer, The Two Koreas: A Contemporary History, Addison-Wesley 1997, S. 252.

3 Die Leistungsdichte von Kernreaktoren wird mit Megawatt pro Kubikmeter (MW/m^3) angegeben.

4 Kim J.-m., (wie Anm. 1), S. 14.

5 Nach IAEO-Angaben bestand beim 5MW-Reaktor in Yŏngbyŏn der Verdacht auf eine Entnahme von spaltbarem Material und damit auf die Wiederaufbereitung von Plutonium zum Zweck der Waffenproduktion. Ferner lagen Anhaltspunkte dafür vor, dass Nordkorea in den Jahren zuvor mehr Plutonium gewonnen hatte, als in den Bilanzen ausgewiesen war. Vgl. D. Oberdorfer (wie Anm. 2), S. 269; Mitchell Reiss, Bridled Ambition, Why Countries Constrain Their Nuclear Capabilities, Baltimore 1995, S. 241–243.

6 Auf dem Höhepunkt des Konflikts im Juni 1994 erwog die Clinton-Administration einen Präventivschlag gegen die Nuklearanlagen in Yŏngbyŏn, um die Wiederaufbereitung von Plutonium mit militärischen Mitteln zu verhindern. Vgl. hierzu etwa: Se-

bastian Harnisch/Martin Wagener, Die Sechsparteiengespräche auf der koreanischen Halbinsel: Hintergründe – Ergebnisse – Perspektiven, in: Dirk Nabers (Hrsg.), Multilaterale Institutionen in Ostasien-Pazifik, Genese – Strukturen – Substanz – Perspektive, Wiesbaden 2010, S. 133–179, hier S. 135.

7 Vgl. zu einer detaillierten Analyse des Genfer Rahmenabkommens und der KEDO: Sebastian Harnisch/Hanns W. Maull, Kernwaffen in Nordkorea, Regionale Stabilität und Krisenmanagement durch das Genfer Rahmenabkommen, Bonn 2000.

8 Vgl. Gottfried-Karl Kindermann, Der Aufstieg Koreas in der Weltpolitik. Von der Landesöffnung bis zur Gegenwart, München 2005, S. 353.

9 Dieser Wortlaut wurde zuerst von einem Diplomaten der Regierung Kim Dae Jung berichtet. Vgl.: The Korea Herald, 09. März 2001.

10 Vgl. The People's Korea, 27. Oktober 2001.

11 Vgl. etwa Autorenkollektiv des Instituts für die Wiedervereinigung des Vaterlandes, Nordkorea: Zu militärischer Abschreckung berechtigt, in: Choe Hyondok/Song Du-Yul/Rainer Werning (Hrsg.), Wohin steuert Nordkorea? Soziale Verhältnisse, Entwicklungstendenzen, Perspektiven, Köln 2004, S. 30–36, hier: S. 32.

12 Vgl. The People's Korea, 9. Februar 2002.

13 Vgl. etwa Mark E. Manyin/Emma Chanlett-Avery/Helene Marchart, North Korea: A Chronology of Events, October 2002-December 2004, 2005, online: www.fas.org/man/crs/RL32743.pdf.

14 Vgl. KCNA, DPRK Government decides to order IAEA inspectors out of DPRK, 27.12.2002, online: http://www.kcna.co.jp/item/2002/200212/news12/28.htm#8.

15 Vgl. The People's Korea, 19. Januar 2003.

16 Vgl. zur Rolle Chinas im Verlauf der zweiten Nuklearkrise: Samuel S. Kim, China's Conflict-Management Approach to the Nuclear Standoff on the Korean Peninsula, in: Asian Perspective, 30 (2006) 1, S. 5–38.

17 Gemäß dem nordkoreanischen Vorschlag würde Nordkorea in der ersten Phase nach der Lieferung von Schweröl und (deutlich höheren) Lebensmittellieferungen eine Absichtserklärung hinsichtlich des Abbaus des Nuklearprogramms eingehen. Nach der Unterzeichnung eines Nichtangriffspakts und einer angemessenen Energie-Kompensation durch die Verzögerung des Baus der Leichtwasserreaktoren würde P'yŏngyang die Einfrierung der Nuklearanlagen und Inspektionen einleiten. In der dritten Phase solle im Gegenzug zu der Einleitung der politischen Normalisierung zu Japan und der USA die Raketenfrage gelöst werden. Nach dem Abschluss des Baus der LWRs solle in der vierten Phase das *dismantlement* der Nuklearanlagen abgeschlossen werden.

18 Mit dem Abkommen erklärte sich Nordkorea grundsätzlich dazu bereit, auf die Entwicklung von Atomwaffen zu verzichten, in den Geltungsbereich des Atomwaffensperrvertrages zurückzukehren und die Kontrolle der IAEO zu genehmigen. Die USA versicherten im Gegenzug, keine Atomwaffen in Südkorea zu stationieren, weitreichende Sicherheitsgarantien für Nordkorea zu gewähren, und stellten für den Fall, dass Nordkorea sein Atomprogramm aufgibt, ferner auch zusätzliche Energielieferungen in Aussicht. Vgl. zu einer umfassenden Analyse des Abkommens etwa: Larry A. Niksch u. a. (Hrsg.), Implementing the Six-Party Joint Statement and the Korean Peninsula, KINU International Colloquium Collection 05–04, Korea Institute for National Unification, Seoul 2005.

19 Vgl. etwa: Kwak Tae-Hwan/Joo Seung-Hoo, The U.S. Financial Sanctions against North Korea, in: Pacific Focus, 22 (2007) 1, S. 73–109; Mark S. Gaylord, The Banco Delta Asia affair: The USA Patriot Act and allegations of money laundering in Macau, in: Crime, Law, and Social Change, 50 (2008) 4–5, S. 293–305.

20 Vgl. Eric J. Ballbach, Between Autonomy and Influence? Multilateralism and North Korean Foreign Policy in the Six-Party Talks, in: Rüdiger Frank/James E. Hoare/Patrick Köllner/Susan Pares (Hrsg.), Korea 2013: Politics – Economy – Society, Leiden and Boston, 2013, S. 215–239.

21 Paik Hak-soon, North Korea's Choices for Survival and Prosperity since 1990s: Interplay between Politics and Economics, in: Sejong Policy Studies, 3 (2007) 2, S. 249–292, hier S. 261.

22 USA Today, Frozen Funds in Macau Could Thaw N. Korea Impasse, 31. Januar 2007, S. 8A.

23 Vgl. zu Analysen des Abkommens etwa: Chae Kyu-Chul, Korea's Nuclear Strategy against the U.S.: With a Focus on Its Nuclear Test and the 2.13 Agreement, in: East Asian Review, 19 (2007) 3, S. 32–50; Eric Ballbach, Ein Prozess der kleinen Schritte – Die »Sechs-Parteien-Gespräche« stehen vor dem Eintritt in ihre schwierigste Phase, in: KOKOFO-Analysen, 1 (2008) 1, online: http://web.archive.org/web/20140217073043/http://koreaverband.ahkorea.com/_board8/bbs/board.php?bo_table=pro_komm&wr_id=10.

24 Vgl. zu einem ausführlichen Überblick über die Forschungsliteratur etwa: Gillian Goh Hui Lynn, Seeing beyond the Security Imperative: Rethinking North Korea's Motivations for a Nuclear Program, in: Lee Kuan Yew School of Public Policy Faculty Working Papers 11 (2006).

25 Vgl. etwa: Joel S. Wit/Daniel B. Poneman/Robert L. Gallucci, Going Critical: The First North Korean Nuclear Crisis, Washington 2004; Charles L. Pritchard, Failed Diplomacy. The Tragic Story of how North Korea got the Bomb, Washington 2007; Yoichi Funabashi, The Peninsula Question: A Chronicle of the Second Nuclear Crisis, Washington 2007.

26 Vgl. Victor D. Cha/David C. Kang, Nuclear North Korea: A Debate on Engagement Strategies, New York 2003; Vgl. auch: Victor D. Cha, Hawk Engagement and Preventive Defense on the Korean Peninsula, in: International Security, 27 (2002) 1, S. 40–78

27 V. Cha/D. Kang (Anm. 26), S. 45.

28 Interessanterweise offerieren sowohl Cha und Kang trotz ihrer theoretischen Differenzen ähnliche Policy-Empfehlungen, nämlich eine glaubhafte Politik der diplomatischen Einbindung Nordkoreas.

29 Vgl. Gillian Goh Hui Lynn, Seeing Beyond the Security Imperative: Rethinking North Korea's Motivations for a Nuclear Program, Lee Kuan Yew School of Public Policy, Faculty Working Papers, SPP 11–06 (2006), S. 1.

30 Vgl. z.B. Eric J. Ballbach, Producing Boundaries: Identity and North Korean Foreign Policy, Dissertation, 2014; Jacques E.C. Hymans, Assessing North Korean Nuclear Intentions and Capacities: A New Approach, in: Journal of East Asian Studies, 8 (2008) 2, S. 259–292; Kim Sung Chull, Identity, Critical Junctures, and Adaptation: North Korea's Path to Nuclear Diplomacy, Paper prepared for the Annual Meeting of the American Political Science Association, Toronto, Canada, September 3–6 (2009); Shin Soon-Ok, North Korea's Nuclear Ambition and Identity Politics: The Security

Dilemma in the Six-Party Talks, Paper prepared for the Annual Meeting of the American Political Science Association, Toronto, Canada, 3–6 September 2009.

31 J. E. C. Hymans (wie Anm. 30).

32 Ebd., S. 263.

33 Vgl. ausführlich hierzu: E. J. Ballbach (Anm. 30).

34 Emanuel Adler, Seizing the middle ground: Constructivism in world politics, in: European Journal of International Relations 3 (1997) 3, S. 319–363 [332]; Michel Foucault, The Order of Discourse, in: Michael J. Shapiro (Hrsg.), Language and Politics, Oxford 1984, S. 108–138.

35 Thomas Diez, Postmoderne Ansätze, in: Siegfried Schieder/Manuela Spindler (Hrsg.), Theorien der Internationalen Beziehungen, Opladen-Farmington Hills 2006, S. 471–498, hier S. 473–474.

36 Vgl. David Campbell, Writing Security, United States Foreign Policy and the Politics of Identity, Revised Edition, p. x und ›Epilogue‹, Manchester 1998; Richard Devetak, Incomplete States: Theories and Practices of Statecraft, in: John MacMillan/Andrew Linklater (Hrsg.), Boundaries in Question: New Directions in International Relations, London 1995; Mark Laffey, Locating identity: performativity, foreign policy and state action, in: Review of International Studies, 26 (2000) 3, S. 429–444, hier S. 431.

37 D. Campbell (wie Anm. 36).

Scott Snyder und Byun See-Won

Nordkorea und China: Absolut verbündet?

In der jahrhundertelangen Geschichte der Beziehungen zwischen China und Korea existieren die heutigen Bündnispartner Volksrepublik China und Demokratische Volksrepublik Korea (DVRK) gerade einmal etwas mehr als 60 Jahre, ihre militärische Allianz jährte sich 2011 zum 50. Mal. Beide Nationen sind durch gemeinsame historische Erfahrungen sowie die geografische Nähe miteinander verbunden, auch wenn diverse ökonomische, soziale und politische Faktoren mittlerweile eine deutliche Distanz geschaffen haben. In der Tat haben sich die Wirtschaftspolitiken der beiden Länder so weit voneinander entfernt, dass sich die Besucher aus dem jeweiligen Nachbarland einfach nur wundern können: Chinesische Touristen sind schockiert, wenn sie sich vorstellen müssen, dass ihr eigenes Land früher auch von einer solchen Entbehrung charakterisiert gewesen sein muss wie heute Nordkorea. Nordkoreanische Besucher Chinas dagegen sind überwältigt von der Prosperität, die die marktwirtschaftlichen Reformen mit sich gebracht haben. Die wachsende ökonomische und systemische Kluft zwischen beiden Ländern ist besonders bemerkenswert, wenn man bedenkt, dass die Modernisierung Südkoreas für Chinas eigene Entwicklungsexperimente durchaus eine Art Orientierungswert und Maßstab darstellte: Dennoch konnte sich die VR China bisher noch nicht ganz von ihren alten Bindungen an Nordkorea lösen. Trotz der chinesischen Bemühungen, Nordkorea zu graduellen Reformen zu ermutigen, könnte man gar die These wagen, dass Chinas Beistand einen zentralen Faktor darstellt, der es den politischen Führern Nordkoreas erlaubt hat, weitreichenden Wandel zu vermeiden.

Im Folgenden wird untersucht, inwieweit das strategische Bündnis zwischen der VR China und der DVRK tatsächlich unveränderbar ist oder ob die politische Führung Chinas es letztendlich doch für nötig hält, dass eher Südkorea den entscheidenden Einfluss auf die Gestaltung der Zukunft auf der koreanischen Halbinsel gewinnt. Nach einer kritischen Betrachtung jener Entwicklungen, welche die Beziehungen zwischen der VR China und der DVRK in jüngster Zeit auf die Probe stellten, werden die widerstreitenden Einflüsse untersucht, die aller Voraussicht nach das künftige Verhältnis beider Länder gestalten werden.

1 Entstehung und Entwicklung der Beziehungen zwischen der VR China und der DVRK

Die DVRK und die VR China wurden 1949 als neue sozialistische und revolutionäre Staaten in Asien gegründet und nahmen rasch diplomatische Beziehungen zueinander auf, deren herausgehobene Bedeutung durch die Größe und zentrale Lage der diplomatischen Vertretungen in den jeweiligen Hauptstädten zu erkennen war. Zentral in diesem Zusammenhang ist die Tatsache, dass die Führungen der beiden Länder vor den jeweiligen Staatsgründungen in den 1930er- und 1940er-Jahren Seite an Seite im Partisanenkampf gegen die japanischen Invasoren gekämpft hatten. Auch wenn etwa die nordkoreanische Entscheidung, in den Süden Koreas einzufallen, zu Spannungen im Verhältnis (und letztlich zum Eintritt chinesischer sogenannter »Volksfreiwilligenverbände« in den Koreakrieg) führte, blieben die durch gemeinsame Kriegserfahrungen und Opfer geschmiedeten militärischen und politischen Bande für die nordkoreanisch-chinesischen Beziehungen auch weiter wichtig. Gleichwohl führten die Erfahrungen des Krieges zu einer gewissen Entfremdung zwischen beiden Ländern. Nordkoreas Führer Kim Il Sung *(Kim Il-sŏng)*, dessen Strategie der Vereinigung Koreas mit militärischer Gewalt gescheitert war, kultivierte zunehmend ein Misstrauen gegenüber den politischen Ambitionen und Zielen der Großmächte. Darüber hinaus verhinderte Kim Il Sungs Invasion höchstwahrscheinlich jegliche Möglichkeit Mao Zedongs, der selbst seinen Sohn im Koreakrieg verloren hatte, seinerseits Taiwan zu erobern und China zu vereinen.

Trotz ähnlicher Staatsgründungsmuster und gemeinsamer Ideologie waren die Beziehungen zwischen der VR China und der DVRK somit durchaus verletzlich. Die ersten politischen Schwierigkeiten ergaben sich, als Kim Il Sung seine Führungsposition im Innern zu festigen suchte, indem er mit der Ausschaltung der vermeintlichen prochinesischen und prosowjetischen Elemente in der politischen Elite P'yŏngyangs begann. Nach einer Phase des Wiederaufbaus und der politischen Konsolidierung nach dem Koreakrieg schloss Kim Il Sung 1961 separate Sicherheitsverträge mit den beiden sozialistischen Großmächten. Kim versuchte die immer offener zu Tage tretenden Spannungen zwischen der Sowjetunion und China zu seinem Vorteil zu nutzen und beide gegeneinander auszuspielen. Dies entsprach seinem immer offener geäußerten Misstrauen gegenüber den Großmächten, von denen man laut Kim Il Sung nicht erwarten konnte, im Interesse Nordkoreas zu handeln.[1] Trotz verschiedener Reibungen waren die Beziehungen zwischen der VR China und der DVRK in den 1960er-Jahren dennoch von gegenseitigen Sicherheitsbedürfnissen unter den internationalen Bedingungen des Kalten Krieges bestimmt. Letztendlich konnte nur China die Sicherheitsbedürfnisse Nordkoreas befriedigen. Für Kim Il Sungs relative Bevorzugung Chinas gegenüber der Sowjetunion musste Nordkorea jedoch spürbare finanzielle und politische Einbußen in den Beziehungen zu Moskau hinnehmen.[2]

In den Jahrzehnten bis Ende der 1980er-Jahre waren P'yŏngyangs Beziehungen zu Peking von stetiger Wechselhaftigkeit geprägt, welche sich nicht zuletzt aus der strategischen Entscheidung Nordkoreas zur Ausbildung einer unabhängigen Position in den spannungsgeladenen Beziehungen zwischen China und der Sowjetunion ergab. Die mit dem Ende des Kalten Krieges einhergehenden Veränderungen des strategischen Umfeldes hatten direkten Einfluss auf die Beziehungen zwischen der VR China und der DVRK. Die Normalisierung der Beziehungen zwischen der Sowjetunion und Südkorea 1989 und besonders der Kollaps der Sowjetunion 1991 führten zu einer erheblichen Schwächung der Bindungen zwischen P'yŏngyang und Moskau. Damit büßte Nordkorea gleichzeitig an strategischem Wert für China ein, obwohl Peking in gewisser Weise zur einzigen noch verbliebenen ökonomischen und politischen Lebensader Nordkoreas wurde. Die VR China wurde praktisch zum alleinigen Energieversorger Nordkoreas und lieferte den Großteil der von außen importierten Nahrungsmittel. Gleichzeitig wurden die Bindungen zu Nordkorea durch die Normalisierung der Beziehungen zwischen der VR China und Südkorea 1992 geschwächt. Die nordkoreanische Seite betrachtete diesen Schritt als Verrat, konnte aber die diplomatischen Beziehungen mit der VR China nicht aufs Spiel setzen.

Ein weiterer Faktor, welcher maßgeblich zur fortschreitenden Entfremdung zwischen China und Nordkorea beigetrug, war die chinesische Entscheidung zur Umsetzung umfassender Wirtschaftsreformen, welche Peking und P'yŏngyang auf vollständig unterschiedliche Entwicklungspfade führte.

Trotz der Unterschiede in den jeweiligen Wirtschaftssystemen scheinen die politischen Führungen beider Länder nach wie vor durch die gemeinsamen Sicherheitsbedürfnisse verbunden zu sein. In der Tat dachte China angesichts der zunehmenden Kluft zwischen den ökonomischen Systemen beider Länder nur zweimal in den letzten beiden Dekaden ernsthaft an eine Neubewertung der Beziehungen zu Nordkorea. Aber in beiden Fällen führte der geteilte Imperativ der Aufrechterhaltung der Stabilität die zwei Länder wieder enger zueinander.

Den ersten Versuch, seine Wirtschaftsbeziehungen mit Nordkorea neu zu strukturieren, unternahm China Anfang der 1990er-Jahre, als die Wirtschaftsreformen im eigenen Land Fahrt aufnahmen und sich die ökonomischen Systeme beider Länder rasch auseinanderentwickelten. Wurden Nordkorea bis dahin festgelegte Subventionen in Form von Energie- und Nahrungsmittellieferungen zu »Freundschaftspreisen« bereitgestellt, strebte China nun eine Abkehr von diesem planwirtschaftlichen Außenhandelsmodell an, hin zu stärker marktwirtschaftlichen Regelungen, welche die Abhängigkeit Nordkoreas von chinesischen Einfuhren verringern sollten. Aber gerade als China seine Wirtschaftshilfe zu reduzieren suchte, verlor Nordkorea mit dem Zusammenbruch der Sowjetunion schlagartig einen großen Teil der strukturell so wichtigen Subventionen seines anderen Haupthandelspartners. Anfang der 1990er-Jahre kam es daraufhin in Nordkorea zu schwerwiegenden ökonomischen Problemen und einem dramatischen Einbruch des Bruttoinlandsprodukts. In gewisser Weise könnten die Versuche, die ökonomische Abhängigkeit Nordkoreas zu verringern sogar zur Hungersnot Mitte der 1990er-Jahre beigetragen haben, welche wiederum Chinas Intervention als »Ersthelfer« notwendig machte.

Die Hungersnot in Nordkorea zog handfeste Probleme menschlicher Sicherheit *(human security)* wie etwa einen Zustrom von nordkoreanischen Flüchtlingen nach sich, welche Chinas Interessen unmittelbar berührten. Die Unterstützung der DVRK durch China in dieser Situation ermöglichte die Wiederaufnahme der Anfang der 1990er-Jahre merklich abgekühlten politischen Beziehungen, insbesondere als China die Bedeutung regionaler Stabilität als eine Grundvoraussetzung für die Aufrechterhaltung der eigenen ökonomischen Entwicklung erkannte.

Den zweiten Anlauf zu einer Neugestaltung seiner ökonomischen Beziehungen zu Nordkorea unternahm China Mitte der 2000er-Jahre, als die Unterschiede zwischen beiden Systemen noch deutlicher geworden waren: Kim Jong Il *(Kim Chŏng-il)* ignorierte weiterhin die offensichtlichen Erfolge der chinesischen Entwicklung und wies die während seiner Besuche in China immer wieder an ihn herangetragene Empfehlung, dem chinesischen Entwicklungspfad zu folgen, zurück. Außerdem zeigte die »Zweite Nuklearkrise«, dass die nordkoreanischen Provokationen eine potenzielle Gefahr für die regionale Stabilität darstellten. Es war jenes Interesse an Stabilität, welches China in eine aktivere Rolle zur diplomatischen Vermittlung zwischen Nordkorea und den USA drängte.

Diese Entwicklungen trugen zweifelsohne zur chinesischen Frustration gegenüber Nordkoreas bei und sowie zu der Entscheidung Pekings, den Status der Beziehungen mit P'yŏngyang von »speziell« auf »normal« herabzu stufen. Bestärkt in diesem Bestreben wurde man angesichts von Nordkoreas Raketentests im Juli 2006 und des ersten Atombombentests im Oktober 2006, die zu ernsten Spannungen in den Beziehungen beider Länder führten. Gleichwohl wurde die »Normalisierung« der Beziehungen mit Nordkorea von einigen chinesischen Strategen kritisch betrachtet. Die VR China riskiere damit, seine eigenen Handlungsmöglichkeiten im Konflikt um das Atomprogramm selbst einzuschränken und damit auch Einfluss in einer Frage zu verlieren, die Chinas strategische Interessen direkt berührt. Nach dem zweiten Atomtest im Mai 2009 revidierte man schließlich die eigene Politik und behandelte Nordkorea wieder als strategisch bedeutenden Verbündeten und als Pufferzone gegen die USA.

2 Verbindende Faktoren

Was sind nun also zusammengefasst die verbindenden Faktoren in den Beziehungen zwischen Nordkorea und China? Zunächst hat die geografische Nähe zu der Beständigkeit der Beziehungen beigetragen, da Instabilität historisch betrachtet stets grenzübergreifende Auswirkungen hatte. Selbst wenn die Beziehungen angespannt waren, konnten sich die Offiziellen beider Länder immer auf die Geografie wie bspw. die gemeinsam geteilten Berge und Flüsse sowie auf verwandtschaftliche Verbindungen berufen, um enge Beziehungen zu rechtfertigen. Während des »Großen Sprungs« in den 1950er-Jahren kamen viele Chinesen, die Verwandte in Nordkorea hatten, über die Grenze und fanden Hilfe bei ihnen. Deren Nachfahren erwiderten diese Wohltat und halfen ihrerseits während der Hungersnot Mitte der 1990er-Jahre in Nordkorea. Während der Krise 1996/97 lieferte die VR China über eine Million Tonnen Nahrungsmittel in den Monaten, bevor Hilfsgüter aus Südkorea und von Gebern der internationalen Gemeinschaft eintrafen.

Auch ideologische Faktoren untermauerten die Beziehungen zwischen der VR China und der DVRK, wenngleich sich die direkten ideologischen Bindungen erheblich lockerten, nachdem China einen Reformweg eingeschlagen hatte und die nordkoreanische Führung trotz ihrer offensichtlichen Versäumnisse am planwirtschaftlichen Modell (zur Kontrolle der Wirtschaft) festhielt. Trotzdem bleibt die Ideologie ein wichtiger Faktor im Hinblick auf Chinas Zurückhaltung, Nordkorea preiszugeben, da der Zusammenbruch eines der letzten sozialistischen Staaten in Asien negative Auswirkungen auf die innerchinesische Wahrnehmung der eigenen Einparteienherrschaft haben könnte.

Schließlich muss die Führung Chinas in Bezug auf ihre Beziehungen zu Nordkorea immer berücksichtigen, dass ein friedliches regionales Umfeld die Grundvoraussetzung für die eigene Entwicklung darstellt. Der wirtschaftliche und machtpolitische Aufstieg hat die VR China mit den Mitteln ausgestattet, Nordkorea politisch zu stabilisieren. Die Existenz

Nordkoreas gilt im Gegenzug bisher als wertvolle Pufferzone, durch die China eine gemeinsame Grenze mit einem vereinigten kapitalistischen und mit den USA verbündeten Korea erspart bleibt. China ist in den letzten Jahren aber auch zunehmend unter Druck geraten nachzuweisen, dass sie auch über die nötigen Hebel verfügt, Nordkorea davon abzuhalten, immer mehr zu einer Quelle der Instabilität zu werden und die Provokation zum wichtigsten Mittel zu machen, um die internationale Aufmerksamkeit für die eigenen Positionen, Bedürfnisse und Interessen zu gewinnen. So könnte man sagen, dass außer dem gemeinsamen Interesse an Stabilität, an der Erhaltung des Regimes in Nordkorea und des Status quo auf der koreanischen Halbinsel auch das strategische Misstrauen gegenüber den USA die chinesisch-nordkoreanische Kooperation motiviert hat.

3 Trennende Faktoren

Trotz der geografischen Zusammengehörigkeit, der ideologischen Solidarität und der wechselseitigen strategischen Abhängigkeiten, welche die Grundlage der traditionellen chinesisch-nordkoreanischen Freundschaft bildeten, haben insbesondere drei Faktoren die Gestaltung dieser Beziehung kompliziert: die sich ausweitende Kluft der jeweiligen Entwicklungspfade, die aus den nuklearen Ambitionen Nordkoreas erwachsenden Spannungen und die zunehmende Asymmetrie in den wirtschaftlichen Beziehungen.

Erstens hat die mangelnde Bereitschaft Nordkoreas, dem ökonomischen Modell Chinas zu folgen, die chinesische politische Führung erheblich frustriert. Mit der Hoffnung dass Nordkorea von den chinesischen Erfahrungen lernen würde, hat China im Zuge sogenannter Studienreisen in die zentralen Wirtschaftszentren das eigene Reformbeispiel unentwegt gegenüber Kim Jong Il angepriesen. Dieser besuchte Shanghai im Januar 2001 und bereiste China nochmals im Januar 2006 auf einer »Süd-Tour«. Hauptgegenstand der Spitzentreffen von Hu Jintao und Kim Jong Il insbesondere 2006 waren die Stärkung des Austauschs zwischen den Regierungen, die Einführung von Marktmechanismen und die führende Rolle der Unternehmen als Grundprinzipen der bilateralen wirtschaftlichen Zusammenarbeit. Im Oktober 2009 versuchten chinesische und nordkoreanische Außenhandelsfunktionäre erneut, die marktwirtschaftliche Zusammenarbeit unter »Regierungsaufsicht« voranzutreiben. Nur einen Monat später setzte die Führung Nordkoreas jedoch mit der Währungsreform eine Maßnahme um, auf deren Grundlage resolut gegen marktwirtschaftliche Aktivitäten vorgegangen wurde. Während Peking die politische Führung P'yŏngyangs langfristig zu Reformen nach chinesischem Reformen zu bewegen suchte, versuchte Nordkorea privates Kapital für zentralstaatliche Zwecke zu absorbieren. Diese Haltung steht im Widerspruch zu den grundlegenden Zielen der chinesischen Nordkorea-Politik, nämlich politischen und wirtschaftlichen Einfluss auf den Nachbarn zu behalten und diesen für dessen innere Stabilisierung zu nutzen.

Zum zweiten steht das nordkoreanische Streben nach atomarer Bewaffnung in direktem Gegensatz zu Chinas Interesse an einer atomwaffenfreien koreanischen Halbinsel. Chinas Propagierung von Wirtschaftsreformen in Nordkorea war nicht zuletzt auch von der Hoffnung begleitet, dass eine positive wirtschaftliche Entwicklung und regionale Integration die Führung in P'yŏngyang dazu bewegen könnte, auf Nuklearwaffen zu verzichten. Der regional und international zunehmende Druck auf China, bei der Lösung des nordkoreanischen Nuklearproblems eine entschiedene Rolle zu spielen, beruht auf der Perzeption, dass China einen vorherrschenden ökonomischen Einfluss auf Nordkorea besitzt. Zwar behandelte China die Nuklearfrage historisch betrachtet als ein Problem, welches primär zwischen Nordkorea und den USA gelöst werden muss, doch unterstrich die regionale Reaktion auf Nordkoreas militärische Provokationen 2010 die Bedeutung einer breiter angelegten regionalen Koordination hinsichtlich der Sicherheitsfragen auf der koreanischen Halbinsel. Schon während der Zweiten Nuklearkrise 2003 führte die Sorge der chinesischen Seite, das nordkoreanische Atomprogramm könnte Japan und Südkorea dazu bewegen, selbst die »nukleare Option« zu verfolgen, zu einer aktiveren diplomatischen Rolle. Ebenfalls würde es chinesischen Interessen zuwiderlaufen, wenn das Bündnisnetzwerk der USA in Asien als Reaktion auf die nordkoreanischen Provokationen weiter gestärkt würde.

Drittens hat die wirtschaftliche Abhängigkeit Nordkoreas von China in der internationalen Gemeinschaft Erwartungen hinsichtlich der Einflussmöglichkeiten gegenüber dem Norden geweckt. Tatsächlich ist es China aber nicht gelungen, seinen Einfluss auch als Instrument der Mäßigung effektiv einzusetzen. Trotz dreier Atomtests stieg der Anteil der VR China am gesamten Außenhandel Nordkoreas von 39 Prozent im Jahr 2004 auf 60 Prozent 2011; das Handelsvolumen betrug 2012 mehr als sechs Milliarden US-Dollar. Die wirtschaftlichen Geschäfte Chinas mit Nordkorea betonen immer mehr deren Charakter als »pragmatische Zusammenarbeit« auf der Grundlage des »gegenseitigen Vorteils«, was auf die gestiegene Bedeutung hinweist, die China den nordkoreanischen Reformen zur Förderung des bilateralen Handels und Investitionen beimisst. Einige chinesische Analysten vertreten die Ansicht, dass die VR China wahrscheinlich nicht weiter als wirtschaftliche Lebensader Nordkoreas dienen wird, wenn es nicht zu politischen Veränderungen in P'yŏngyang kommt.[3]

Beide Seiten sind sich der Asymmetrie in den Beziehungen wohl bewusst. Die historische Abhängigkeit Nordkoreas von China war stets eine Quelle der Verletzlichkeit, welche die Wahrnehmung von China in Nordkorea dahingehend geformt hat, dass der große Nachbar eher zum Schutz seiner eigenen Interessen agiert als zum Nutzen Nordkoreas. Aus dieser Vorstellung heraus scheinen die Führer Nordkoreas auch keinen Anlass für eine größere Wechselseitigkeit in den Beziehungen zu China zu sehen. Eher handeln sie zur Bestätigung der eigenen Autonomie in einer Weise, die vor allem auf Kosten Chinas zu gehen scheint. Diese Dynamik beschneidet die Effektivität jener Instrumente und Zwangsmaßnahmen, die China einsetzen könnte, um das Verhalten der politischen Führung Nordkoreas zu beeinflussen.

4 Die Gestaltung der künftigen Beziehungen

Im Jahr 2009 begingen Peking und P'yŏngyang den 60. Jahrestag der Aufnahme diplomatischer Beziehungen beider Länder, im Jahr darauf den 65. Jahrestag der Gründung der Partei der Arbeit Koreas und den 60. Jahrestag des Eintritts der VR China in den Koreakrieg. Die gemeinsamen Feierlichkeiten zu den historischen Jubiläen spiegelten das Bestreben beider Seiten wider, die Beziehungen inmitten regionaler Spannungen und angesichts bilateraler Herausforderungen erneut zu konsolidieren. Dass 2009 und 2010 sowohl in P'yŏngyang als auch in Peking als »Jahre der Freundschaft zwischen der VR China und der DVRK« begangen wurden, zeigte die Bereitschaft Chinas, die traditionelle Freundschaft zwischen beiden Ländern zu bekräftigen – freundschaftliche Beziehungen, die nun mit erweiterten Partei- und Militärkontakten auf die Ebene einer umfassenden Partnerschaft gehoben wurden. Diese Bemühungen haben große Auswirkungen auf die langfristigen Beziehungen, besonders in Hinblick auf die zuletzt vollzogenen Führungswechsel in P'yŏngyang und Peking. Die künftige Entwicklung der Beziehungen zwischen der VR China und der DVRK wird insbesondere von drei Hauptvariablen beeinflusst: von der anhaltenden Debatte in Peking über die Ausrichtung der chinesischen Nordkorea-Politik, dem Charakter der Transformation und des Wandels in Nordkorea sowie den Aussichten für eine Wiedervereinigung Koreas.

Der auf Konsens ausgerichtete Entscheidungsfindungsansatz in der Außenpolitik Chinas wird in Bezug auf Nordkorea auf eine harte Probe gestellt. Das Thema Nordkorea wurde ohnehin als eines der polarisierendsten außenpolitischen Themen innerhalb der chinesischen Führung bezeichnet, das mehrfach zu erheblichen internen Spannungen führte.[4]

Im Falle der nordkoreanischen Atomwaffenversuche im Oktober 2006 äußerte Staatspräsident Hu Jintao gegenüber Nordkorea zunächst scharfe Kritik, wodurch die Beziehungen auf höchster Ebene spürbar litten. 2009 unterstützte China eine strenge Resolution des UN-Sicherheitsrates zur Verurteilung des zweiten Nukleartests, verfolgte dann aber eine umfassende Einbindungspolitik gegenüber Nordkorea, welche beinhaltete, P'yŏngyang vor internationaler Kritik in Schutz zu nehmen. Die innerchinesische Debatte zum Umgang mit Nordkorea verschärfte sich nach dem Kernwaffentest im Februar 2013. Dass in einigen Leitartikeln chinesischer Zeitungen sogar empfohlen wurde, Nordkorea die wirtschaftliche Lebensader zu durchtrennen, hat Spekulationen genährt, dass die neue Führung Chinas unter Präsident Xi Jinping dazu bereit sein könnte, einen neuen Kurs einzuschlagen.[5] Andere sehen in der Tatsache, dass man Nordkorea nach den Provokationen deutlich in Schutz genommen hat, hingegen eher einen Beweis dafür, wie sehr China entschlossen ist, Nordkorea weiterhin als Puffer gegen eine vereinte, demokratische sowie kapitalistische und potenziell mit den USA verbündete koreanische Halbinsel aufrechtzuerhalten.[6]

Eine weitere Quelle von Spannungen in der chinesischen Debatte über die Nordkorea-Politik hat sich vor allem in Bezug auf die Wirtschaftsbeziehungen zum Nachbarland ergeben. In diesem Zusammenhang existieren Konflikte zwischen Zentrum und Peripherie: Die politischen Führer in den nordöstlichen Provinzen versuchen schon seit Langem, die ökonomischen Bindungen mit Nordkorea als Teil ihrer lokalen Reform- und Entwicklungsstrategien auszubauen. Diese Bemühungen wurden aber nicht nur durch die halbherzige Reaktion der nordkoreanischen Seite gedämpft, sondern litten bis in die letzten Jahre auch unter geringer Unterstützung seitens der Zentralregierung in Peking. Allerdings kam es in jüngster Zeit durch die Verschiebung der politischen Präferenzen der Zentrale auf die inneren und die Grenzprovinzen sowie durch die 2003 angelaufene Kampagne zur »Revitalisierung des Nordostens« zu einer Harmonisierung der Wirtschaftspolitiken von Zentrale und Nordosten. Auf diese Weise wurden auch der grenzüberschreitende Handel und die Investitionen in Nordkorea gefördert. Symbolisch für diesen Politikwandel ist die mit bemerkenswerter Unterstützung Pekings erfolgte Gründung der Wirtschafts- und Handelszonen in Rasŏn, Hwanggŭmp'yŏng und auf der Insel Wihwa im Juni 2011. Die langfristigen Aussichten der wirtschaftlichen Aktivitäten der Provinzen werden jedoch auch weiterhin von der Reformbereitschaft Nordkoreas und deren Wechselspiel mit den strategischen Interessen Chinas abhängen, die in der politischen Führung Pekings nach wie vor Gegenstand von Debatten bleiben dürfte.

Der zweite Faktor, der die chinesisch-nordkoreanischen Beziehungen auch zukünftig beeinflussen wird, besteht in Chinas Interesse an politischer Stabilität in Nordkorea, inklusive einer Festigung der dortigen neuen Führung. Chinas Unterstützung eines graduellen Wandlungsprozesses in Nordkorea weist darauf hin, dass Peking bei der Politik gegenüber Nordkorea seine Priorität auf die innere Stabilität des Landes setzt. Gleichwohl ist es nicht klar, ob den chinesischen Interessen am besten damit gedient ist, dass man bestimmte Personen in der herrschenden Elite unterstützt, die die besten Möglichkeiten haben, Reformen in Gang zu bringen. Vorläufig sieht es so aus, als unterstütze China weiterhin die Kim-Familie. Die chinesischen Strategen werden allerdings immer im Gedächtnis behalten, wie Kim Il Sung im Zuge seiner Machtkonsolidierung die »Pro-China-Fraktion« aus dem Partei- und Staatsapparat entfernte, und wird sicher kein Interesse daran haben, dass Kim Jong Un Ähnliches tut.[7]

Ein dritter Faktor, der für die weitere Entwicklung des chinesisch-nordkoreanischen Verhältnisses wichtig ist, betrifft die Frage der Wiedervereinigung Koreas. Dieser Punkt berührt nicht zuletzt deshalb die strategischen Kalkulationen Chinas, da er die Frage aufwirft, wie Peking die Beziehungen zu Südkorea entwickelt und gleichzeitig die engen Bindungen zu Nordkorea aufrechterhält. Während die Führung in Peking öffentlich eine Wiedervereinigung unterstützt, sprechen sich chinesische Experten privat eher für eine Art Koreanisches Commonwealth aus, also eine lockere Föderation von zwei koreanischen Staaten auf der Halbinsel. Käme es zu einer Wiedervereinigung, würde China darauf bestehen, dass dies nicht auf Kosten von Frieden und Stabilität in der Region geschieht und ohne einen Zwang von außen von beiden koreanischen Völkern in Nord und Süd entschieden wird. Einige chinesische Experten vertreten die Ansicht, China sollte sich nicht darauf versteifen, Nordkorea als Puffer gegen den Süden und damit die USA zu erhalten, sondern eher darauf konzentrieren, wie die Beziehungen zu einem vereinigten Korea den chinesischen Interessen dienen würden. Zum Beispiel argumentiert Zhang Quanyi von der Zhejiang Wanli Universität in Ningbo, eine friedliche Wiedervereinigung würde China nutzen, weil damit die Krisengefahr reduziert und eine eher harmonische Peripherie geschaffen werden würde, welche neue wirtschaftliche Chancen eröffnete. Eine Wiedervereinigung könne auch als Vorbild für die von China angestrebte Wiedereingliederung Taiwans dienen.[8] Die vorrangige strategische Überlegung der chinesischen Seite wird also darin bestehen, ob die diplomatische und sicherheitspolitische Orientierung eines wiedervereinigten Korea Chinas strategischen Interessen förderlich ist oder ihnen zuwider läuft.

Jeder der drei genannten Faktoren könnte dramatische Veränderungen des chinesisch-nordkoreanischen Verhältnisses hervorrufen, die ihrerseits einen potenziellen Wendepunkt in Chinas strategischer Beziehung zur koreanischen Halbinsel darstellen könnten. Aber selbst wenn diese Faktoren die Kraft haben, das politische Spiel zu verändern, bleibt die koreanische Halbinsel an sich für China geostrategisch erstrangig. Deshalb wird auch die Beziehung zu Nordkorea einen speziellen Platz in der chinesischen Außenpolitik behalten. Nordkorea wird aller Voraussicht nach auch künftig zwischen dem Anspruch auf Versorgung durch China und der Behauptung von Autonomie und periodischer Missachtung der politischen Präferenzen Chinas balancieren.

Literatur

Cathart, Adam/Charles Kraus, The Bonds of Brotherhood: New Evidence on Sino-North Korean Exchanges, 1950–1954, in: Journal of Cold War Studies 13 (2011) 3, S. 27–51.

Kim, Samuel S./Tai Hwan Lee, North Korea and Northeast Asia. Asia in World Politics, Lanham/Boulder/New York/Oxford 2002.

Snyder, Scott, China's Rise and the Two Koreas, Boulder 2009.

Anmerkungen

1 China and North Korea: Comrades Forever?, Crisis Group Asia Report Nr. 112, 1. Februar 2006, online: http://www.crisisgroup.org/~/media/Files/asia/north-east-asia/north-korea/112_china_and_north_korea_comrades_forever.pdf.

2 Xiaohe Cheng, The Evolution of Sino-North Korean Relations in the 1960s, in: Asian Perspective 34 (2010) 2, S. 173–199.

3 Kurt Achin, Chinese continued financial support of N. Korea questioned, in: Voice of America, 31. März 2010.

4 Linda Jakobson/Dean Knox, New Foreign Policy Actors in China, SIPRI Policy Paper 26 (September 2010), Stockholm International Peace Research Institute, S. 5.

5 Not All Peninsula Issues China's Problem, Global Times, 15. Januar 2013, online: http://www.globaltimes.cn/content/758130.shtml.

6 Jayshree Bajoria/Beina Xu, The China-North Korea Relationship, 21. Februar 2013, online: http://www.cfr.org/china/china-north-korea-relationship/p11097.

7 Paul Stares, Managing Instability on China's Periphery, Council on Foreign Relations (September 2011).

8 Quanyi Zhang, What Korean Unification Means to China, Nautilus Institute, 12. Oktober 2007; Ders., Why China Supports Korean Unification, UPI Asia, 6. November 2008, zitiert nach Bonnie S. Glaser et al, Responding to Change on the Korean Peninsula: Impediments to U.S.-South Korea-China Coordination, Center for Strategic and International Studies, November 2010.

III. Wirtschaft

Cho Dong Ho

Autarkie und die Verschlechterung der wirtschaftlichen Lage in Nordkorea

1 Aktuelle Situation der nordkoreanischen Wirtschaft

Den aktuellen Zustand der nordkoreanischen Wirtschaft genau zu erfassen, ist unmöglich, denn die Regierung Nordkoreas gibt seit Mitte der 1960er-Jahre keine Statistiken zur makroökonomischen Entwicklung mehr heraus. Mit Unterbrechungen publizieren die Vereinten Nationen (UN) und andere internationale Organisationen Zahlen zum Pro-Kopf-Einkommen, an deren Richtigkeit jedoch Zweifel angebracht sind. Die Oberste Volksversammlung, das Parlament Nordkoreas, veröffentlicht zwar jedes Jahr einen Staatshaushalt und eine Bilanz; da diese jedoch nur in prozentualen Zuwächsen gegenüber dem Vorjahr angegeben werden, liefern auch sie keine konkreten Zahlen.

Deswegen kann der größte Teil des statistischen Materials zur nordkoreanischen Wirtschaft nur auf der Grundlage ausländischer Schätzungen ermittelt werden. In Südkorea veröffentlicht die Bank of Korea, die Zentralbank des Landes, unter dem Titel »Pukhan kyŏngjesŏngjangyul ch'ujŏng kyŏlgwa« (Schätzungen zum Wirtschaftswachstum in Nordkorea) jährlich die wichtigsten Kennziffern zur nordkoreanischen Ökonomie.

Nach den für das Jahr 2013 vorliegenden Hochrechnungen der Bank of Korea ist der Abstand zu Südkorea sehr groß (vgl. *Tabelle*). Das nordkoreanische Bruttonationaleinkommen (BNE) beträgt im Vergleich zum südkoreanischen nur 2,4 Prozent, das Pro-Kopf-Einkommen nur 4,8 Prozent. Da jedoch weder Angaben zum Preisniveau noch zur Wertschöpfungsrate in Nordkorea vorliegen, zog die Bank of Korea die südkoreanischen Werte zur Grundlage ihrer Berechnungen heran, was eine Überbewertung der Schätzungen für Nordkorea zur Folge hat. Unter Berücksichtigung dieser Tatsache ist die Differenz zwischen Nord- und Südkorea noch gravierender. Ein Beispiel dafür, dass diese Hochrechnungen dem realen ökonomischen Niveau nicht gerecht werden können, sondern dieses verzerren, zeigt das jährliche Pro-Kopf-Einkommen. Vietnam, ein Land, das ökonomisch gesehen Nordkorea weit überlegen ist, gibt sein Pro-Kopf-Einkommen für 2009 mit 1010 US-Dollar an und liegt damit nur knapp über dem von der Bank of Korea ermittelten Wert von ca. 960 US-Dollar für Nordkorea. Für 2008 setzten die UN das nordkoreanische Pro-Kopf-Einkommen mit 555 US-Dollar an, Schätzungen von Ökonomen, die sich mit der nordkoreanischen Volkswirtschaft befassen, gehen mehrheitlich von 300 bis 500 US-Dollar aus.

Tab.: Vergleich der wichtigsten ökonomischen Kennziffern Süd- und Nordkoreas

	Einheit	Nordkorea (A)	Südkorea (B)	Verhältnis	
				A/B (%)	B/A (-fache)
Einwohner	Mio.	24,55	50,22	48,89	2,05
BNE	Mrd. Wŏn	338,00	14411,00	2,35	42,64
BNE pro Kopf	1000 Wŏn	1379,00	28695,00	4,81	20,81
Außenhandelsvolumen	Mrd. US-D	7,34	1075,22	0,68	146,49
Export	Mrd. US-D	3,22	559,63	0,58	173,80
Import	Mrd. US-D	4,13	515,59	0,80	124,84

Quelle: *Han'guk ŭnhaeng* [Bank of Korea], *2013 nyŏn pukhan kyŏngje sŏngjangnyul ch'ujŏng kyŏlkwa* [Schätzungen zum Wirtschaftswachstum in Nordkorea 2013], 2014.

Im außenwirtschaftlichen Bereich wird der gravierende Unterschied zwischen den Volkswirtschaften der beiden Länder noch offensichtlicher. 2009 betrug das Außenhandelsvolumen Nordkoreas nur 0,5 Prozent des südkoreanischen, im Bereich der Exporte waren es sogar nur 0,3 Prozent. Diese Unterschiede sind auch in der wirtschaftlichen Struktur des Nordens begründet, die weniger auf Exporte ausgerichtet, sondern eher binnenorientiert ist.

Die nordkoreanische Wirtschaft hinkte der südkoreanischen nicht von Anfang an, d.h. nicht seit der Teilung des Landes (1945), hinterher. Bis zu Beginn der 1970er-Jahre war die nordkoreanische Volkswirtschaft – ausgehend vom Pro-Kopf-Einkommen – der südkoreanischen sogar überlegen.[1] Auch hinsichtlich der Wachstumsraten weist Nordkorea bis in die 1970er-Jahre die höheren Werte auf (vgl. *Abbildung*). Sind dort ab Beginn der 1960er-Jahre schwankende jährliche Zuwachsraten zu verzeichnen, steigen diese bis Mitte der 1970er-Jahre jedoch an; insbesondere zwischen 1971 und 1975 ist mit 17,6 Prozent durchschnittlichem jährlichem Wachstum ein extrem hoher Wert zu beobachten. Danach jedoch sinkt die Zuwachsrate kontinuierlich. In den 1990er-Jahren ist sogar ein über neun Jahre andauerndes Minuswachstum zu verzeichnen. Zu Beginn des neuen Jahrtausends hat sich die Situation der nordkoreanischen Wirtschaft leicht verbessert, doch die Wachstumsraten stagnieren auf einem insgesamt niedrigen Niveau. Obwohl die südkoreanische Wirtschaft vom Umfang her bereits ein hohes Niveau erreichte, ist dennoch ein durchgängiger Trend zu Wachstum sichtbar, womit die Differenz im ökonomischen Bereich zwischen beiden Ländern immer gravierender wird.

Abb.: Wachstumsraten in Nord- und Südkorea

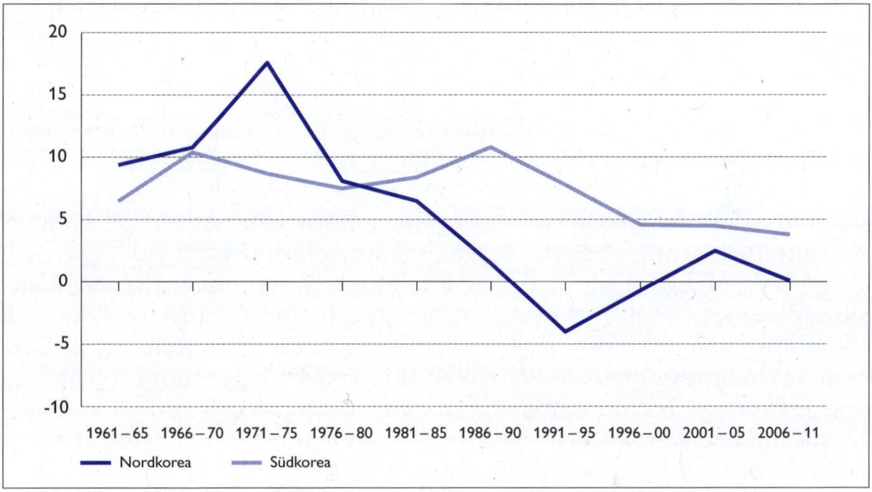

Quelle: *Minjok t'ongil yŏn'guwŏn* [Institut für Nationale Wiedervereinigung], *Nambukhan kungnyŏk ch'use pigyo yŏn'gu* [Vergleichende Studie zur staatlichen Macht in Süd- und Nordkorea], 1992, S. 235 f.; *Han'guk ŭnhaeng* [Bank of Korea], *2009-nyŏn pukhan kyŏngje sŏngjangnyul ch'ujŏng kyŏlgwa* [Schätzungen zum Wirtschaftswachstum in Nordkorea 2009], 2010; *Han'guk ŭnhaeng* [Bank of Korea], *2012-nyŏn pukhan kyŏngje sŏngjangnyul ch'ujŏng kyŏlgwa* [Schätzungen zum Wirtschaftswachstum in Nordkorea 2012], 2012; *T'onggyech'ŏng* [Amt für Statistik], *Kukka t'onggye p'ot'ŏl* [Staatliches Statistik-Portal], http://www.kosis.kr.

2 Besonderheiten des nordkoreanischen ökonomischen Systems

Wie eben gezeigt, liegt Nordkorea wirtschaftlich weit hinter Südkorea zurück. Während die Republik Korea gegenwärtig dabei ist, in die Gruppe der größten Industrienationen aufzusteigen,[2] sieht sich die Volksrepublik derzeit nicht in der Lage, ihre Bevölkerung ausreichend mit Nahrungsmitteln zu versorgen, und erwartet jedes Jahr Hilfe von Südkorea und der internationalen Gemeinschaft.

Wo liegen die Ursachen für diese gravierenden Differenzen hinsichtlich der Wirtschaftskraft in Süd- und Nordkorea? Die Menschen in beiden Staaten haben die gleiche Nationalität, leben unter ähnlichen klimatischen Bedingungen; zudem waren direkt nach der Teilung des Landes die wirtschaftlichen Voraussetzungen im Norden günstiger als im Süden der Halbinsel. Unter Berücksichtigung dieser Faktoren sind die Ursachen nur im ökonomischen System und in der Qualität der Wachstumsstrategien zu suchen.

Sozialistische Planwirtschaft

Das ökonomische System Nordkoreas ist gekennzeichnet durch seinen sozialistischen Charakter, darin bestehend, dass die Produktionsmittel im Wesentlichen dem Staat oder Genossenschaften gehören, und seinen planwirtschaftlichen Charakter, welcher darin zum Ausdruck kommt, dass die Regierung über die Ressourcenverteilung entscheidet. Freilich suchte Nordkorea nach dem Zusammenbruch des sozialistischen Weltsystems um 1990 nach Lösungen für eine Reform seines bestehenden ökonomischen Systems. Beispielsweise wurden 1998 mit einer Verfassungsänderung die Möglichkeiten für privates Eigentum im Rahmen von Genossenschaften ein wenig erweitert. Die »Maßnahmen zur Verbesserung der Wirtschaftsverwaltung« vom 1. Juli 2003 führten zu einer teilweisen Lockerung des zentralistischen ökonomischen Systems. 2003 erlaubte Nordkorea einen Markt in der Absicht, diesen als Komplettierung zum Plan zu nutzen (zu den wirtschaftlichen Reformen siehe auch Beitrag von Rüdiger Frank in diesem Band). Dennoch bewegt sich das ökonomische System des Landes im Wesentlichen im Rahmen der sozialistischen Planwirtschaft.

Autarke Wirtschaft

Das nordkoreanische Wirtschaftssystem funktioniert nicht nur nach den allgemeinen Prinzipien der sozialistischen Planwirtschaft, es basiert zudem auch auf der Idee des *Charyŏk kaengsaeng* (Wiederaufbau aus eigener Kraft), einer autarken Wirtschaft. Dieses auf eine grundsätzliche Selbstversorgung und ökonomische Unabhängigkeit zielende Prinzip macht die Besonderheit des nordkoreanischen Systems aus. In Nordkorea wird dies beschrieben als »Standpunkt und Geist, alle Probleme der Revolution und des Aufbaus in eigener Verantwortung und aus eigener Kraft zu lösen«.[3]

Den Hintergrund, vor dem die Prinzipien des autarken Wirtschaftens Eingang in die nordkoreanische Politik fanden, bilden innere und äußere Faktoren. Vor allem ging die ausländische Hilfe für das Land ab Mitte der 1950er-Jahre zurück und die Anti-Kim-Il-Sung-Fraktion bekam infolge der Entstalinisierung in der ehemaligen Sowjetunion neuen Aufwind. Daraufhin legte die allein herrschende Partei der Arbeit Koreas 1955 das Konzept »*Chuch'e* in der Ideologie« und im folgenden Jahr den Plan zur »Ökonomischen Unabhängigkeit« vor.[4] Diese Politik fand ihre Fortsetzung in den Direktiven »Souveränität in der Politik« (1957) und »Selbstständigkeit in der Landesverteidigung« (1962). Insbesondere zu Beginn der 1960er-Jahre, als sich der Konflikt zwischen den beiden sozialistischen Großmächten UdSSR und VR China zuspitzte, kam Nordkorea nicht umhin, einen neutralen eigenständigen Kurs einzuschlagen, was die auf Souveränität ausgerichtete Linie noch verstärkte.

Hinsichtlich der inneren Faktoren ist die damalige politische Situation des Landes von Belang. In den 1960er-Jahren lag die Befreiung aus kolonialer Abhängigkeit noch nicht lang zurück, wirtschaftlich war das Land auf ausländische Hilfe angewiesen und infolge der nationalen Teilung funktionierte die bis dahin intakte binnenländische Arbeitsteilung nicht mehr; angesichts solcher Bedingungen musste die Losung »Autarke Wirtschaft« innenpolitisch eine starke Anziehungskraft ausüben. In der nordkoreanischen Fachliteratur nach 1945 finden sich zahlreiche Beschreibungen folgender Art: »Entwickeln wir unsere Wirtschaft in Abhängigkeit von anderen Mächten? Oder bauen wir eine selbstständige Wirtschaft auf? Schlagen wir den Weg ein, uns in Abhängigkeit von der ökonomischen Struktur der mächtigen Staaten zu spezialisieren? Oder errichten wir unsere eigenen komplexen volkswirtschaftlichen Strukturen? Solche Fragen entscheiden über das nationale Schicksal unseres Landes und der Nation, das sind wichtige Probleme, wenn es um die Zukunft des Sozialismus geht.«[5]

Indem sich die Führung in Nordkorea jedoch für eine Politik der autarken Wirtschaft entschied, kam es in den 1960er-Jahren zu einem drastischen Rückgang der Hilfsleistungen insgesamt. Die wirtschaftliche Unterstützung, die das Land zwischen 1961 und 1970 von den sozialistischen Staaten erhielt, machte nur 24,3 Prozent von dem aus, was es von 1954 bis 1960 bekommen hatte. Noch gravierender und langfristiger waren die Nachteile, die dem Land daraus erwuchsen, dass es keine komparativen Kostenvorteile realisieren konnte. Denn die Politik der autarken Wirtschaft bedeutete zwangsläufig eine Beschränkung der wirtschaftlichen Beziehungen auf die Dritte Welt, was des Weiteren eine Abkopplung Nordkoreas vom System der internationalen Arbeitsteilung zur Folge hatte, sodass das Land im Handel mit Waren und Rohstoffen nicht an den Vorteilen dieses Systems partizipieren konnte. Außerdem musste eine Struktur geschaffen werden, um die Produktionsmittel für die eigenständige Wirtschaft selbst herzustellen, was nur realisierbar war, wenn sich eine Politik durchsetzen ließ, die die Entwicklung der Schwerindustrie vorrangig förderte. In der Folge führte das unweigerlich dazu, dass die Entwicklung der Leichtindustrie und der Landwirtschaft, Sektoren mit direktem Bezug zur Lebensqualität der Bevölkerung, relativ vernachlässigt wurden. Doch nicht nur das. Auch hinsichtlich des Bezugs neuster Technologien aus entwickelten Industriestaaten oder des Imports ausländischen Kapitals stellte diese Politik ein ernstes Hindernis dar. Letztlich kann davon ausgegangen werden, dass gerade der Kurs der autarken Wirtschaft, des »Wiederaufbaus aus eigener Kraft«, für die gegenwärtige Stagnation der nordkoreanischen Ökonomie verantwortlich ist.

3 Wandel der Strategien für ökonomisches Wachstum in Nordkorea[6]

Nach dem Koreakrieg stellte wirtschaftliches Wachstum sowohl für den Süden als auch für den Norden der Halbinsel ein dringliches Problem dar. Es war eine Forderung der Zeit, die im Krieg zerstörten Industrieanlagen wiederaufzubauen und die geringe Lebensqualität der Menschen zu verbessern. Da beide Länder jeweils unterschiedliche ökonomische Systeme errichteten, wurde es zugleich auch als Beweis für die Überlegenheit des jeweiligen Systems, als eine Art historische Mission verstanden. Letztlich war diese Frage sehr eng mit dem Problem der Legitimität des jeweiligen Staates verbunden.

Aber sowohl in der sozialistischen Planwirtschaft als auch in der kapitalistischen Marktwirtschaft wird ökonomisches Wachstum über eine erhöhte Zufuhr von Produktionsfaktoren wie Kapital und Arbeit sowie mit Hilfe technischer Entwicklung realisiert. Entwicklungen auf technischem Gebiet waren für beide Staaten auf dem damaligen zurückgebliebenen Niveau ihrer Volkswirtschaften kaum möglich, denn in beiden Ländern stand Kapital nur in sehr begrenztem Rahmen zur Verfügung, wohingegen Arbeitskräfte in ausreichender Anzahl vorhanden waren. Was sie für wirtschaftliches Wachstum in der Phase des Wiederaufbaus nach dem Koreakrieg und mit Beginn der forcierten wirtschaftlichen Entwicklung dringend brauchten, war Kapital.

Unter den damaligen Bedingungen existierten kaum Möglichkeiten, im Land selbst Kapital zu akkumulieren, und so konnte die Bereitstellung desselben nur bedeuten, es aus dem Ausland einzuführen. Ausländisches

Kapital kann im Wesentlichen in vier Formen mobilisiert werden: als Wirtschaftshilfe, über Darlehen, als ausländische Direktinvestition (FDI) oder in Form von Exporterlösen. Im Folgenden werden für den Zeitraum vom Koreakrieg bis zu Beginn der 1990er-Jahre die wirtschaftliche Lage und die Maßnahmen Nordkoreas betrachtet, ausländisches Kapital zu mobilisieren.

Die 1950er- und 1960er-Jahre: Wirtschaftshilfe

Nach offiziellem Wechselkurs betrug das Pro-Kopf-Einkommen nach Beendigung des Koreakrieges 1953 in Nordkorea 46 US-Dollar; bei Ansetzen eines realen Wechselkurses liegen die Schätzungen bei 84 US-Dollar. Eine derart rückständige Volkswirtschaft mit einem Pro-Kopf-Einkommen von weniger als 100 US-Dollar im Jahr wie die nordkoreanische nach dem Krieg war natürlich weder in der Lage, aus eigener Kraft Kapital zu mobilisieren, noch waren die Bedingungen im Land attraktiv für ausländische Investoren oder die Bedingungen so, dass durch Exporte Devisen hätten erwirtschaftet werden können. Daher stand den Nordkoreanern in den 1950er-Jahren tatsächlich nur eine Möglichkeit zur Verfügung, Kapital zu mobilisieren – ausländische Wirtschaftshilfe.

In der Tat bezog das Land nach dem Krieg umfangreiche Hilfe aus dem Ausland. Schätzungen gehen für den Zeitraum von 1953 bis 1960 von ca. 1,43 Millarden US-Dollar aus. Vom Umfang her entsprach diese Wirtschaftshilfe etwa 37 Prozent der gesamten Steuereinnahmen des Landes oder ca. 20 Prozent des BNE. Außerdem erhielt Nordkorea von 1957 bis 1960 von den sozialistischen Staaten Hilfe in einer Größenordnung, die 82,1 Prozent der Investitionen in den produktiven Bereich innerhalb des gleichen Zeitraums entsprach, sodass diese Hilfen den größten Teil der Investitionen für wirtschaftliches Wachstum ausmachten. Sie waren ausschlaggebend für die beeindruckenden Zuwächse nach dem Krieg.

Ausländische Wirtschaftshilfe ist von ihrem Charakter her jedoch kein Instrument, das längerfristig Anwendung finden könnte. Tatsächlich ging diese Hilfe Ende der 1950er-Jahre zurück und eine neue Strategie für den Bezug ausländischen Kapitals musste entwickelt werden. Berücksichtigt man den vom Umfang her eher kleinen Binnenmarkt Nordkoreas, so konnte diese Strategie freilich nur auf eine Erweiterung der wirtschaftlichen Beziehungen mit dem Ausland hinauslaufen. Allerdings hatte sich – wie oben erwähnt – das Land für eine autarke Wirtschaft, einen Wiederaufbau aus eigener Kraft entschieden. So waren alle Versuche, eine Grundlage für kontinuierliches und autarkes Wachstum zu schaffen, zum Scheitern verurteilt.

Die 1970er-Jahre: Darlehen

Als die Wirtschaftshilfe aus den sozialistischen Ländern zurückging, blieb Nordkorea nichts anderes übrig, als sich im Westen nach Möglichkeiten der Kapitalbeschaffung umzusehen. Das wirtschaftliche Umfeld im Land selbst war damals für Investoren aus dem Ausland wenig attraktiv; zudem befürchtete das Land, ausländische Direktinvestitionen könnten sich negativ auf das sozialistische System auswirken, und bevorzugten daher Darlehen. Auch der Warenexport stellt eine Möglichkeit dar, Devisen zu erwirtschaften, doch mit der Ausrichtung auf eine autarke Ökonomie stand die Exportwirtschaft nicht als hauptsächliche Methode des Devisenerwerbs zur Verfügung.

Mit der Aufnahme von Darlehen entschied sich das Land für die Methode zur Mobilisierung ausländischen Kapitals, die den geringsten Einfluss auf das ökonomische System ausübt. Freilich hatten die UdSSR und die VR China ihre Wirtschaftshilfe nicht komplett eingestellt, aber Nordkorea musste seine neutrale Position zwischen den beiden Großmächten aufrechterhalten und zugleich wirtschaftliche Kontakte mit dem Westen aufnehmen, um neue Technik einführen zu können. Hinzu kamen Ereignisse, beginnend 1969 mit den SALT-Verträgen zur Begrenzung der strategischen Rüstung zwischen den USA und der UdSSR sowie 1970 mit den Ostverträgen der BRD, die zu einer politischen Entspannung zwischen Ost und West führten und es nun auch Nordkorea ermöglichten, Wirtschaftsbeziehungen mit westlichen Staaten aufzunehmen.

Dementsprechend begann das Land ab den 1970er-Jahren u. a. im Westen Kredite aufzunehmen. So ließ sich Nordkorea beispielsweise von Japan eine Zementfabrik, von Australien eine Fabrik zur Herstellung chemischen Düngers und von Frankreich und Großbritannien Anlagen der petrolchemischen Industrie errichten. Es schloss dafür Verträge mit insgesamt 21 Staaten ab und nahm Darlehen im Umfang von 1,23 Milliarden US-Dollar auf. Zwischen 1971 und 1978 stammten etwa drei Viertel des Kreditvolumens aus den kapitalistischen Industriestaaten.

Allerdings traf der Ölschock zu Beginn der 1970er-Jahre die kreditverschuldete nordkoreanische Volkswirtschaft hart. Denn infolge der dadurch verursachten Stagflation fiel der Preis für die wichtigsten nordkoreanischen Exportprodukte – Nichteisenmetalle wie Blei und Zink – enorm, während andererseits die Kosten für die zu importierenden Industrieanlagen stiegen. So konnte das Land seine Kreditkosten nicht mehr decken und musste 1976/77 mit den westlichen Gläubigerbanken Verhandlungen über ein Moratorium aufnehmen. Mit der faktischen Zahlungsunfähigkeit war auch der Weg zur Aufnahme neuer Darlehen versperrt, was natürlich dazu führte, dass sich die Lage der nordkoreanischen Volkswirtschaft in den 1970er-Jahren weiter verschlechterte. 1984 kam es zu erneuten Vereinbarungen über einen Aufschub der Zinszahlungen. Danach jedoch scheiterten die Verhandlungen über den Schuldendienst, sodass Nordkorea im August 1987 von einer Gruppe westlicher Gläubigerbanken schließlich offiziell als zahlungsunfähig erklärt wurde. Letztlich muss also der nordkoreanische Versuch, ausländisches Kapital vorrangig über Darlehen zu mobilisieren, als gescheitert angesehen werden.

Die 1980er-Jahre: Ausländische Direktinvestitionen (FDI)

Mit Beginn der 1980er-Jahre stellte sich der Mangel an Kapital für das angestrebte wirtschaftliche Wachstum als immer ernster werdendes Problem heraus, für das die Nordkoreaner neue Lösungswege suchen mussten. Schließlich entschlossen sie sich im September 1984 für die Förderung ausländischer Direktinvestitionen und erließen ein Gesetz zu Gemeinschaftsunternehmen (Joint-Venture-Gesetz). Zwar kann die Entscheidung, vom Kurs der autarken Wirtschaft abzuweichen und ausländisches Kapital vor allem aus kapitalistischen Industrieländern zu importieren, als einschneidender strategischer Wandel bezeichnet werden, sie spiegelt zugleich aber auch die wirtschaftliche Lage des Landes wider, die sich in einem Maße verschlechtert hatte, dass es unerlässlich geworden war, Anreize für ausländische Kapitalinvestitionen zu schaffen. Zudem hatte die VR China Ende der 1970er-Jahre begonnen, ernsthafte Maßnahmen zur wirtschaftlichen Öffnung in die Wege zu leiten, und beispielsweise Sonderwirtschaftszonen eingerichtet, um ausländische Direktinvestitionen zu fördern. Diese Veränderungen haben auf Nordkorea Eindruck gemacht, da sie zeigten, dass sich auch der Bruderstaat wandelt und wirtschaftliche Entwicklung möglich ist, wenn man sich diesem Wandel nicht versperrt.

Das Joint-Venture-Gesetz wies jedoch einen entscheidenden Mangel auf, weshalb es von Anfang an zum Scheitern verurteilt war: Betriebe zu 100 Prozent in ausländischem Besitz erlaubte es nicht. Das heißt der generelle Kurs der autarken Wirtschaft stand trotz schlechter wirtschaftlicher Lage und fehlender Alternativen zu ausländischem Kapital nie zur Debatte. Dementsprechend fielen die Maßnahmen, Anreize für ausländische Investitionen zu schaffen, sehr passiv aus und enthielten viele Beschränkungen. So war von der Berechnung der Investitionsanteile bis hin zu Betrieb und Gewinnaufteilung der Einfluss der Nordkoreaner sehr groß. Hinzu kamen ein international geringes Vertrauen in den Staat, nachdem dieser den Schuldendienst nicht mehr bedienen konnte, die Unbeweglichkeit des ökonomischen Systems, der Mangel an gesetzlichen Bestimmungen im Bereich der Außenwirtschaftsbeziehungen und unzureichende Erfahrungen bei der wirtschaftlichen Kooperation mit kapitalistischen Staaten.

Im Ergebnis gelang es den Nordkoreanern in den zwei Jahren nach Abschluss des Joint-Venture-Gesetzes nur für insgesamt sechs Projekte, ausländisches Kapital ins Land zu holen. Zwar änderte sich die Situation leicht, als die mit dem *Choch'ongryŏn* (Generalverband der Koreaner in Japan) in Verbindung stehenden pronordkoreanischen Unternehmen aus Japan ab 1986 in Nordkorea investierten, aber auch diese Investitionen beschränkten sich auf ca. 100 Fälle. So scheiterte letztlich das Joint-Venture-Gesetz. In zehn Jahren seit Inkrafttreten bis 1993 betrug die vertraglich vereinbarte Summe des auf der Grundlage dieses Gesetzes importierten Kapitals nur 150 Millionen US-Dollar.

Erste Hälfte der 1990er-Jahre: Ausländische Direktinvestitionen durch Förderung von Sonderwirtschaftszonen

Nachdem in den 1970er-Jahren die Aufnahme von Krediten internationaler Gläubiger und in den 1980er-Jahren das Joint-Venture-Gesetz gescheitert waren, verfolgte Nordkorea seit Beginn der 1990er-Jahre eine neue Strategie, um ausländisches Kapital ins Land zu holen – die Einrichtung von Sonderwirtschaftszonen. So erklärte Nordkorea im Dezember 1991 das an die VR China und Russland grenzende Gebiet um Rajin und Sŏnbong zur Sonderwirtschaftszone. In der Folgezeit unternahm das Land zahlreiche Anstrengungen, diese Zone erfolgreich zu entwickeln, indem beispielsweise neue gesetzliche Regelungen für ausländische Investoren erlassen und zugleich Informationsveranstaltungen über die Investitionsbedingungen in den Sonderzonen durchgeführt wurden.

Trotz aller Bemühungen endete dieses Experiment zunächst in einem Fiasko, und die Gründe dafür waren dieselben wie bei allen früheren Versuchen. Nach wie vor hemmten mangelndes Vertrauen in den Staat, eine unzureichende Öffnung des Landes, die Unbeweglichkeit des ökonomischen Systems sowie unangebrachte Einmischung und Forderungen seitens der nordkoreanischen Bürokratie die Einfuhr ausländischen Kapitals. Im Ergebnis belief sich der Umfang ausländischer Direktinvestition in der Sonderzone innerhalb der ersten zehn Jahre (1991–2001) nach ihrer Errichtung nur auf 88 Millionen US-Dollar. Heute besteht diese Zone nur noch dem Namen nach.

Zusammenfassend muss konstatiert werden, dass alle Methoden, ausländisches Kapital zu importieren am grundlegenden Problem des Festhaltens am sozialistischen System scheiterten. Alle Versuche, eine Politik der Öffnung und Reform voranzutreiben, blieben ohne Erfolg, da das

Streben nach wirtschaftlicher Wiederbelebung mit Hilfe ausländischen Kapitals letztlich dem Ziel der Systemerhaltung untergeordnet waren.

4 Verschärfte Wirtschaftskrise und die Strategie der Sŏn'gun-Wirtschaft[7]

Die Verschärfung der Wirtschaftskrise

Ende der 1990er-Jahre sah sich Nordkorea mit einer schweren Wirtschaftskrise konfrontiert. Die Maßnahmen, ausländisches Kapital ins Land zu holen, waren gescheitert; hinzu kam eine nicht funktionierende inländische Kapitalakkumulation, die Unfähigkeit, Exporte zu steigern, und die fehlende Bereitschaft zu einer umfassenden Öffnung und Reformierung des Landes.

Zu Beginn der 1990er-Jahre hatten sich für Nordkorea die internationalen Bedingungen verschlechtert. Mit der Sowjetunion war der wichtigste Handelspartner zusammengebrochen und die VR China näherte sich Südkorea an, indem sie Maßnahmen hinsichtlich einer marktwirtschaftlichen Transformation intensivierte. Die ehemals sozialistischen Länder Osteuropas, einschließlich der mit Westdeutschland wiedervereinigten, ehemaligen DDR, forcierten den Übergang zur Marktwirtschaft. Das bedeutete für Nordkorea den plötzlichen und kompletten Zusammenbruch seiner Außenwirtschaftsbeziehungen. So hatte zum Beispiel das Handelsvolumen Nordkoreas mit der Sowjetunion bis 1990 noch 53 Prozent seines gesamten Außenhandelsvolumens ausgemacht. Infolge der Aufnahme diplomatischer Beziehungen zwischen Südkorea und der Sowjetunion im Oktober 1990 und der Umstellung auf eine Verrechnung in Devisen auf der Basis von Weltmarktpreisen im Warenverkehr zwischen Nordkorea und den ehemals sozialistischen Ländern ab November 1990 jedoch ging dieser Anteil 1991 um 83,6 Prozent zurück.

1994 verstarb unerwartet Kim Il Sung, im Folgejahr ereilte das Land eine Überschwemmungskatastrophe, wie sie – nach nordkoreanischem Sprachgebrauch – »in 100 Jahren vielleicht ein Mal oder kein Mal« vorkommt, was zur Folge hatte, dass neben dem Fiasko der Außenwirtschaftsbeziehungen nun auch noch die wirtschaftliche Basis im Land selbst völlig zusammenbrach. Die Wirtschaft verzeichnete in den 1990er-Jahren neun Jahre hintereinander Wachstumsrückgänge, Mitte des Jahrzehnts verhungerten Hunderttausende und das Land musste den »Marsch des Leidens« (nordkoreanische Bezeichnung der Hungersnöte zwischen 1994 und 1998) gehen. Die Veröffentlichung von offiziellen Zahlen zum Staatshaushalt, welche bis dahin alljährlich durch die Oberste Volksversammlung erfolgt war, wurde eingestellt.

Ökonomisches Wachstum war für das außen- und binnenwirtschaftlich mit einer extremen Krise konfrontierte Land von da an kein Ziel mehr. Denn nunmehr stand die Existenz des Systems selbst auf dem Spiel. Ein nordkoreanischer Wirtschaftswissenschaftler, den der Autor Mitte der 1990er-Jahre traf, drückte es so aus: »Unser Land treibt wie ein kleines Segelschiff ganz allein auf dem Ozean des Kapitalismus«, und er wisse nicht, was angesichts dieser Lage zu tun sei. Statt auf wirtschaftliches Wachstum, fokussierte man sich darauf, eine Strategie zu finden, das Überleben des sozialistischen Nordkorea zu garantieren. Statt »Alles für das Volk« oder »Alles für die Wirtschaft« lautete das Motto des politischen Kurses »Alles für das Militär – Vorrang dem Militär«.

Die Wirtschaftsstrategie in der Zeit der Sŏn'gun-Politik

Auch die nordkoreanische Führung selbst erklärte, die dem Militär den Vorrang einräumende Politik *(Sŏn'gun)* sei durch die schwere binnen- und außenwirtschaftliche Krise verursacht worden. Nordkoreanische Dokumente nennen vier Faktoren, die mit dem Übergang zur Sŏn'gun-Politik im Zusammenhang stehen: Erstens, der Untergang des Sozialismus; Beobachter von außen prophezeiten, dass der »dem Zusammenbruch Osteuropas folgende Kollaps Nordkoreas unabwendbar und nur noch eine Frage der Zeit ist«.[8] Zweitens, der Tod Kim Il Sungs *(Kim Il-sŏng)*; verursacht durch das plötzliche Ableben des Präsidenten hätten »die imperialistischen Reaktionäre ihre Aggressions- und Kriegspolitik mit jedem Tag gewaltsamer forciert«. Drittens, die militärische Bedrohung seitens der USA; dazu zähle beispielsweise das Manöver, welches die US-Pazifikflotte und Geschwader der 7. US-Luftwaffe am 19. Juli 1994 gemeinsam durchführten. Viertens, die »rücksichtslose Politik« der Regierung des damaligen südkoreanischen Präsidenten Kim Young Sam *(Kim Yŏng-sam)*; dass die südkoreanische Regierung nach dem unerwarteten Tod des nordkoreanischen Staatsoberhaupts in erhöhter Alarmbereitschaft war und eine Reihe von Notstandsgesetzen erließ, war eine völlig normale Reaktion, und trotzdem betrachtete Nordkorea diese Maßnahmen als »die politische Spannung extrem anheizend«, was die Interpretation zulässt, dass die Nordkoreaner ihre Situation damals als außerordentlich gefährdet einschätzten.[9]

Die Nordkoreaner verstanden die erste Hälfte der 1990er-Jahre als eine Zeit der »ernsten Herausforderung, wie wir sie noch nie erlebten«.[10] Dies bedeutet, dass sich der Staat »an einem Scheideweg befand, wo es darum ging, eine existenzielle Krise zu überstehen«,[11] und dies machte die Sŏn'gun-Strategie, das heißt dies oberste Priorität für den Erhalt von Staat und System, notwendig.

Dementsprechend wurde auch der Wirtschaftskurs an die Sŏn'gun-Politik angepasst. Zusammenfassen lässt sich diese wirtschaftliche Strategie als vorrangige Entwicklung der Verteidigungsindustrie bei gleichzeitiger Entwicklung der Leichtindustrie und der Landwirtschaft. Unter Kim Il Sung wurde anstelle der Verteidigungsindustrie noch der Schwerindustrie Priorität eingeräumt. Es ist ein Indiz dafür, wie schwer die Verantwortlichen die Existenz von Staat und System selbst bedroht sahen. Aber auch wenn den Buchstaben nach von einer gleichzeitigen Entwicklung dieser drei Wirtschaftssektoren die Rede ist, in Wirklichkeit bedeutet dieser Kurs eine vorrangige Entwicklung der Verteidigungsindustrie auf Kosten der anderen beiden Sektoren.

Doch die Wirtschaft mithilfe der Sŏn'gun-Politik wiederbeleben zu wollen, ist unmöglich. Eine vorrangige Allokation von Ressourcen in den Verteidigungssektor – unabhängig davon, ob sie in ausreichender Menge zur Verfügung stehen oder nicht – dient keinesfalls der Entwicklung einer Volkswirtschaft. Der forcierte Ausbau der Verteidigungsindustrie ist zudem kontraproduktiv, wenn es um die Einfuhr ausländischen Kapitals geht, welches die nordkoreanische Wirtschaft so dringend braucht. Kein einziger Staat war bereit, umfangreiche Investitionen in Nordkorea zu tätigen, während das Land auf seiner Sŏn'gun-Politik beharrend die atomare Forschung vorantrieb. Dennoch gibt Nordkorea bis heute diese Strategie nicht auf. Auch am System der autarken Wirtschaft, deren Ineffektivität bereits bewiesen wurde, und der Abkopplung von der Außenwelt, hält das Regime fest. Unter diesen Bedingungen ist eine Erholung der nordkoreanischen Wirtschaft nicht zu erwarten. Im Ergebnis dieser Politik wird das Leben der nordkoreanischen Bevölkerung nach wie vor von Mangel gekennzeichnet sein, und zwar in einem Ausmaß, dass jedes Jahr mit einer Nahrungsmittelknappheit zu rechnen ist. Um die gegenwärtige Wirtschaftskrise zu überwinden und die Basis für ein nachhaltiges Wirtschaftswachstum zu schaffen, müsste Nordkorea sowohl seine Sŏn'gun-Politik aufgeben als auch eine Öffnung des Landes und Reformen einleiten.

Literatur

Eberstadt, Nicholas, The North Korean Economy: Between Crisis and Catastrophe, New Brunswick 2009.

Jeffries, Ian, North Korea: A Guide to Economic and Political Developments (Guides to Economic and Political Developments in Asia), London/New York 2006.

Anmerkungen

1 Eine Studie belegt beispielsweise, dass das Volkseinkommen im Norden bis 1971 höher als im Süden war. 1972 lag der Wert in beiden Ländern um 316 US-Dollar, 1973 betrug er in Nordkorea 418 und im Süden 396 US-Dollar, das heißt Letzterer war wieder leicht zurückgefallen, bis ab 1974 die südkoreanischen Kennziffern durchgängig über den nordkoreanischen lagen.

2 Siehe Beitrag von Werner Pascha in diesem Band.

3 *Paekkwa chŏnsŏ* [Enzyklopädie], Bd. 4 (1983), *Kwahak paekkwa sajŏn ch'ulp'ansa* [Verlag für Wissenschaft und Enzyklopädien], S. 160.

4 Nordkorea behauptet des Weiteren, dass infolge des »Fünfjahresplans zur Entwicklung der Volkswirtschaft«, der 1957 begann, »ein festes Fundament für eine autarke nationale Wirtschaft geschaffen wurde«. Han Sŏk-pong, *Inmin chŏnggwŏn kŏnsŏl kyŏnghŏm* [Erfahrungen beim Aufbau von Volksdemokratien], *Sahoe kwahak ch'ulp'ansa* [Verlag für Sozialwissenschaften], P'yŏngyang 1986, S. 71.

5 Kang Ch'ŏ-min, *Widaehan suryŏg Kim Il-sŏg tongji-nŭ chuch' sasang-ŭ kich' mit-e charipchŏ minjok kyŏgje kŏsŏ-ŭ tokch'angjŏ-in kil-ŭ kaech'ŏhasin ch'ngjo-wa kŏsŏ-ŭ yŏgjae-isida* [Der Große Führer, Genosse Kim Il Sung, ist ein genialer Schöpfer des Aufbaus, der unter dem Banner der Chuch'e-Ideologie einen einzigartigen Weg zum Aufbau einer autarken nationalen Volkswirtschaft eröffnete], in: *Kyŏgje yŏ'gu* [Studien zur Wirtschaft], P'yŏgyang 2002, Nr. 3.

6 Die folgenden Ausführungen basieren auf dem Artikel: *Cho Tong-ho, Ch'oegŭ pukhan-ŭ kyŏgje tonghyang* [Aktuelle Tendenzen der nordkoreanischen Wirtschaft], in: *Sidae chŏgsin* [Zeitgeist], Herbst 2009.

7 *Sŏn'gun* bedeutet »Vorrang dem Militär« oder auch »Militär zuerst«. Seit 1998 in der DVRK gebrauchter Begriff für den von Kim Jong Il initiierten politischen Kurs, dem Militär in allen Bereichen des gesellschaftlichen Lebens die absolute Priorität einzuräumen (Anm. d. Übers.).

8 Kang Sŏng-gil, *Sŏn'gun sidae-ŭ choguk-ŭ kada* [Ins Vaterland der Sŏn'gun-Zeit], P'yŏngyang 2002, S. 3–5.

9 Die folgende Formulierung lässt erkennen, für wie ernst sie die Lage zu jener Zeit hielten: »Die Geschichte dokumentiert die 900 Tage dauernde Belagerung Leningrads während des Zweiten Weltkriegs als grausamstes Unglück, das der Menschheit je widerfuhr. Doch noch eine wesentlich länger währende, noch grausamere Belagerung als diese schrecklichen 900 Tage erfahren wir, nicht eine Stadt, sondern das ganze Land befindet sich von Feinden umlagert in einer isolierten Situation, und es ist nicht nur ein Feind, sondern von allen Seiten greifen die vereinten Kräfte des Imperialismus an und müssen zurückgeschlagen werden. Es sind dies harte Tage, wie sie noch niemand erlebt hat.« Kang (wie Anm. 8), S. 9.

10 Chŏn Tŏk-sŏng, *Sŏn'gun chŏgch'i-e taehan rihae* [Das Verständnis der Sŏn'gun-Politik], P'yŏngyang o. J., S. 6.

11 Kang (wie Anm. 8), S. 10.

Rüdiger Frank

Die Wirtschaft Nordkoreas: Status und Potenzial, Reformen und Gegenreformen

Die Volkswirtschaft Nordkoreas ist von einer Vielzahl starker Widersprüche gekennzeichnet. Dem hochmodernen und kostenintensiven Atomprogramm stehen enorme Probleme bei der Versorgung der Bevölkerung mit Grundnahrungsmitteln gegenüber, deren Konsequenzen von chronischer Unterernährung bis hin zu Hungersnöten reichen. Die geografische Lage zwischen einigen der größten und dynamischsten Märkte der Welt, die reichen Rohstoffvorkommen und die weitgehend gut ausgebildete, disziplinierte Bevölkerung bieten realistische Chancen für Wachstum und wirtschaftlichen Erfolg. Andererseits kämpft das Land mit einer typisch staatssozialistischen Bürokratisierung wirtschaftlicher Abläufe, einem radikalen Wirtschaftsnationalismus, unzureichender Auslastung der Produktionskapazitäten, veralteten Anlagen, Energiemangel und fehlenden Deviseneinnahmen. Sanktionen sind der politische Preis für eine ultranationalistische Außenpolitik und die Weigerung, sich an westliche Vorgaben anzupassen.

Auch wenn es gelegentlich so scheinen mag: Nordkorea ist durchaus kein Sonderfall, der mit dem vorhandenen wirtschaftswissenschaftlichen Instrumentarium nicht zu verstehen wäre. Um dies zu zeigen, beginnen wir mit einem Blick auf jene Charakteristika des nordkoreanischen Wirtschaftssystems, welche systembedingt sind. Sie stellen damit die unverzichtbare Grundlage für das Verständnis der Ist-Situation und möglicher Entwicklungswege dar und ermöglichen die Einordnung dieser Volkswirtschaft in einen größeren Kontext. Im nächsten Abschnitt befassen wir uns mit der tatsächlichen Situation, insbesondere mit Blick auf die Landwirtschaft, die natürlichen Ressourcen und den Außenhandel. Hier soll gezeigt werden, welches beachtliche Potenzial der nordkoreanischen Wirtschaft innewohnt. Abschließend gehen wir der Frage nach der Nutzung dieses Potenzials nach. Dies schließt bereits gemachte Reformversuche und die Suche nach den Ursachen ihres Scheiterns ein. Am Ende steht die vorsichtige Spekulation darüber, was in der Zukunft erwartet werden kann.

1 Strukturen und ihre Folgen: Das nordkoreanische Wirtschaftssystem

Bei der Betrachtung der nordkoreanischen Wirtschaft muss man zunächst feststellen, dass es sich lange Zeit um ein typisch staatssozialistisches System gehandelt hat; erst im letzten Jahrzehnt sind Reformen in Richtung Markt erkennbar. Dies ist wichtig, wenn es um die Frage nach den Ursachen von Problemen und nach Wegen zu deren Lösung geht. Typisch sozialistisch bedeutet nicht, dass alle unter dieser Bezeichnung operierenden Länder gleich waren. Ein kurzer Vergleich etwa mit der in vielerlei Hinsicht deutlich höher entwickelten DDR zeigt eine Vielzahl von offensichtlichen Unterschieden. Und doch gehören beide Ländern grundsätzlich in die gleiche Kategorie. Wenn wir also von »typisch sozialistisch« sprechen, dann meinen wir eine Kombination aus Ursachen und Wirkungen, wie sie u.a. vom ungarischen Wirtschaftswissenschaftler Janos Kornai[1] untersucht wurden.

Demnach sind allen sozialistischen Systemen zwei Monopole gemeinsam: auf politischer Seite die Herrschaft durch eine »Kommunistische« Partei und das Vorliegen einer dominanten Ideologie, und auf wirtschaftlicher Seite Staatseigentum und zentrale Planung bzw. bürokratische Koordinierung. Nordkorea entspricht diesen Kriterien. Es regiert die Partei der Arbeit Koreas im Sinne der ultranationalistischen Chuch'e-Ideologie. Die Wirtschaft ist nahezu vollständig in staatlicher Hand. Auch wenn seit fast zwei Jahrzehnten keine detaillierten Wirtschaftspläne mehr publiziert wurden, findet die Allokation von Ressourcen doch weiterhin per zentraler Planungsbürokratie statt.

Die Konsequenzen der genannten Eigenschaften sind unvermeidlich und leicht nachvollziehbar. Die Wirtschaft als Instrument des Staates ist für die Umsetzung dessen politischer Ziele verantwortlich; Rentabilität spielt eine bestenfalls untergeordnete Rolle. Der Markteintritt und der Marktaustritt sind streng reglementiert. Quantitative Indikatoren haben gegenüber qualitativen Indikatoren eine spürbar größere Bedeutung. Ein oft auftretendes Kennzeichen entsprechender Volkswirtschaften ist etwa eine gewisse Uniformität in der Kleidung, da die Planungsbürokratie zwar zum Beispiel den Bedarf nach einer bestimmten Zahl an Jacken in bestimmten Größen versteht, aber nicht das Bedürfnis nach individuellen Unterschieden in Farbe und Schnitt. So war es bis vor wenigen Jahren durchaus üblich, dass im Stadtbild von P'yŏngyang plötzlich schlagartig und in großer Zahl rote Jacken oder weiße Wollschals auftraten.

Ein Kennzeichen sozialistischer Systeme ist die permanente Verhandlung um den Plan. Die Bürokratie versucht, durch Normerhöhungen das

Wachstum zu forcieren; die Basis (Unternehmen, Arbeitsteams, Individuum) ist bestrebt, möglichst moderate Forderungen auszuhandeln bzw. alternative Wege zu finden, um die höheren Level der Bürokratie zufriedenzustellen. So scheiterte der Autor 1991 in P'yŏngyang bei dem Versuch, eine Kaffeetasse zu kaufen, obwohl er einer Pyramide aus ca. 100 solcher Tassen gegenüberstand. Die Verkäuferin war jedoch instruiert worden, dass der große Führer des Landes ungern leere Stellen in den Regalen seiner Kaufhäuser sehen würde. Die von ihm so sicher nicht intendierte und bis auf die Ebene der Verkäuferin weitergereichte Reaktion der Bürokraten war, weniger Tassen zu verkaufen, anstatt mehr Tassen zu beschaffen. Dieses Verhalten findet man in klassischen sozialistischen Systemen auf verschiedenen Hierarchieebenen, und immer mit dem gleichen Resultat: Vorgaben werden ggf. erfüllt, aber oft nicht ihrem Geiste nach; Ziele werden somit nicht erreicht.

Problematisch ist die fehlende regulierende Wirkung von Preisen, wie sie auch in Nordkorea lange Zeit zu beobachten war. Im sozialistischen System werden Preise politisch gesetzt. Bestenfalls reflektieren sie eine Schätzung der tatsächlichen Wertverhältnisse, schlimmstenfalls sind sie völlig willkürlich. Grundbedürfnisse (Lebensmittel, Mieten etc.) werden in der Regel stark subventioniert, während sogenannte Luxusgüter oft erhebliche Preisaufschläge erfahren. In Nordkorea wie auch in anderen staatssozialistischen Volkswirtschaften neigten die Konsumenten dementsprechend dazu, mehr von den subventionierten Produkten nachzufragen, als dies bei Marktpreisen der Fall gewesen wäre. Doch selbst in der gegenwärtigen Situation eines dualen Systems aus subventionierten staatlichen und relativ freien Marktpreisen führt das zu geringe Angebot zu enormen Preisschwankungen, Unsicherheit, Horten und Spekulation. Eine auch nur ansatzweise stimmige Wirtschaftsplanung ist damit fast unmöglich.

Im Gegensatz dazu steht die Signalwirkung des verzerrten Preissystems auf die zumeist staatlichen Unternehmen. Diese haben wegen der fehlenden Möglichkeit des Marktaustrittes (Konkurs) keinen Anreiz, effizient mit ihren Ressourcen umzugehen. Sie produzieren in der Regel nicht nur zu wenig und in mangelhafter Qualität, sondern auch zu teuer und wenig innovativ. Gleiches gilt für die Arbeitskräfte; da ihnen weder Arbeitslosigkeit droht noch eine Gehaltsminderung möglich wäre bzw. angesichts der eingeschränkten Funktion des Geldes kaum ernsthafte Folgen hätte, ist die Arbeitsproduktivität in sozialistischen Volkswirtschaften deutlich niedriger als unter marktwirtschaftlichen Bedingungen. In Nordkorea hat man lange Zeit mit mäßigem Erfolg versucht, dieses systemische Problem durch kostenintensive politische Kampagnen wie etwa die Ch'ŏllima-Bewegung (eine Kampagne zum schnelleren Arbeiten) zu lösen.

Wenn, wie in Nordkorea Mitte der 1990er Jahre, die Unterproduktion ein Niveau erreicht, welches existenzbedrohend wird (etwa bei Lebensmitteln), reagieren die Konsumenten mit Horten und der Staat mit Rationierung. Der Staat kann dann versuchen, fehlende inländische Produktion durch Importe zu kompensieren. Oft handelt es sich dabei um Transfers, also Lieferungen, denen keine adäquate Leistung gegenübersteht. Innerhalb des sozialistischen Lagers nannte man dies Solidarität, die ideologische Begründung wurde im proletarischen Internationalismus gesucht. Auch *barter-trade*, also der Austausch Ware gegen Ware, war weit verbreitet. Im Falle von Nordkorea ist ab den 1990er-Jahren teils erhebliche Unterstützung aus der nicht sozialistischen Welt zu beobachten, hier unter den Stichworten humanitäre bzw. Entwicklungshilfe (siehe hierzu den Beitrag von Cho Dong Ho in diesem Band). Durch Exporte oder Kredite finanzierte Importe sind zur Lösung des Problems eines zu niedrigen inländischen Outputs das deutlich bessere, weil stabilere Mittel. In klassisch sozialistischen Ländern wird dieser Weg aber eher selten beschritten, da er die Produktion exportierbarer Güter und vor allem den Besitz von Devisen voraussetzt.

Staatssozialistische Systeme wie Nordkorea sind auch durch die Abwesenheit einer Währung gekennzeichnet, welche die elementaren Funktionen des Geldes wahrnehmen kann: universelles Tauschmittel, Wertaufbewahrungsmittel, Rechenmittel. Zwar gab es seit Gründung der Demokratischen Volksrepublik Korea (DVRK) teilweise sogar mehrere Inlandswährungen nebeneinander (eine für Koreaner, eine für sozialistische Ausländer und eine für kapitalistische Ausländer); doch war dieses Geld nicht vergleichbar mit dem, was man sich in einer Marktwirtschaft darunter vorstellt. So war in Nordkorea der Besitz von Geld längst keine hinreichende Garantie dafür, das gewünschte Produkt auch zu erwerben. Es musste vorrätig sein und man musste eine auf bürokratischem Wege erhältliche Kaufgenehmigung haben. Lange Zeit waren Konsumenten und Produzenten mehr am Zugang zu raren Gütern interessiert und weniger am Preis.

In staatssozialistischen Systemen wie Nordkorea fehlt ferner ein Arbeitsmarkt. Die Logik der Planung, wie sie etwa bei der Güterproduktion besteht, wird auch bei den Humanressourcen angewendet. Eine Behörde sammelt mehr oder weniger zuverlässige Daten und errechnet den Bedarf für bestimmte Berufsgruppen, oft mehrere Jahre im Voraus. Entsprechend wird im staatlichen Bildungssystem ausgebildet. Damit gibt es weder einen starken Wettbewerb unter den Arbeitskräften, noch ist man auf unerwartete Entwicklungen vorbereitet. Eine Art bürokratische Konkurrenz besteht jedoch auf der Seite der Arbeitgeber um die besten Arbeitskräfte, mit der Konsequenz, dass wirtschaftlich und/oder politisch schwache Bereiche chronisch unterbesetzt sind und mit nicht optimal qualifiziertem Personal zurechtkommen müssen. Auch in einem solchen Umfeld gibt es allerdings Trendwechsel; so galt in Nordkorea lange Zeit eine Karriere in der Partei oder im Militär als besonders erstrebenswert, während in den letzten Jahren Positionen in der Wirtschaft, vor allem in mit dem Ausland kooperierenden Bereichen, an Attraktivität zugenommen haben. Im September 2012 fand unter dem neuen Führer Kim Jong Un *(Kim Chŏng-ŭn)* eine Bildungsreform statt, die besonderes Augenmerk auf die Qualifikation im technischen Bereich legt und damit einen pragmatischeren Ansatz erkennen lässt.

Die genannten Charakteristika sozialistischer Systeme führen auch in Nordkorea noch immer dazu, dass negative oder positive Anreize nicht optimal gesetzt werden. Wenn Geld wenig wert ist, wird sich kein rational handelndes Individuum darum bemühen, mehr davon zu verdienen. Wenn kein Wettbewerb besteht und Profite an den Staat abgeführt werden müssen, wird sich kein rationaler Unternehmensleiter bemühen, mit weniger Input mehr zu produzieren und ständig Produktinnovation zu betreiben. Wenn Planerfüllung absehbar zur Folge hat, dass die Planziele im Folgejahr um einige Prozent steigen, werden Arbeiter und Betriebsleiter gleichermaßen versuchen, bei den jeweiligen Planverhandlungen immer einen geringeren Wert zu erreichen als den, welchen sie als ihr tatsächliches Potenzial ansehen.

Bei den vorangegangenen Ausführungen war es wichtig zu zeigen, dass die zu beobachtende wirtschaftliche Schwäche Nordkoreas systemischer Natur ist und auf den gleichen Prinzipien beruht, wie in anderen Ländern mit ähnlicher Wirtschaftsordnung. Wichtig ist, dass Verbesserungen somit auch nur dann erreichbar sind, wenn sie sich mit eben diesen systemischen Ursachen befassen. Kosmetische Änderungen, von Kornai als »perfection measures« bezeichnet, werden bestenfalls temporär und in begrenztem Maße Linderung schaffen.

Angesichts solcher Zusammenhänge stellt sich die Frage, wie Nordkorea überhaupt so viele Jahrzehnte durchhalten konnte. Dafür gibt es eine Reihe von Ursachen, die auch in ihrem jeweiligen historischen Kontext gesehen werden müssen. Wir werden diese Thematik bei der Diskussion der Reformoptionen und Zukunftsaussichten streifen. Zunächst aber werfen wir einen Blick auf die Lage der Landwirtschaft, die natürlichen Ressourcen und den Außenhandel Nordkoreas, um die Entwicklungsmöglichkeiten dieser Volkswirtschaft näher zu untersuchen.

2 Probleme und Potenziale: Die Basis der Wirtschaft Nordkoreas

Natürliche Ressourcen

Eine günstige Ressourcenausstattung kann bis zu einem gewissen Maße systembedingte Ineffizienzen ausgleichen; sie bestimmt darüber hinaus wesentlich über Erfolg und Misserfolg wirtschaftspolitischer Maßnahmen.

Nordkorea hat ein Staatsgebiet von ca. 123 000 Quadratkilometern und eine Bevölkerung von ca. 24 Millionen.[2] Anders als Südkorea verfügt der Norden über eine ungewöhnlich günstige Ausstattung mit Bodenschätzen (siehe dazu und im Weiteren die Karte »Nordkorea – Wirtschaft« am Ende dieses Bandes). Auf dem heutigen Gebiet der DVRK finden sich u. a. Gold, Eisenerz, Kupfer, Nickel, Graphit, Anthrazit, Braunkohle, Silber, Zink, Blei, Wismut, Tungsten, Molybdän, Kaolin, Fluorit, Baryt, Alaun, Glimmer, Quecksilber, Mangan, Asbest und Magnesit. Allerdings war Nordkorea lange nicht in der Lage, diese Bodenschätze auch zu heben bzw. von den oft schwer zugänglichen Lagerstätten abzutransportieren. Dieses Problem wird in jüngster Zeit vor allem mit Hilfe chinesischer Partner gelöst. Dieser Weg ist nicht unumstritten – heute von den Chinesen abgebaute Rohstoffe können nach einer eventuellen Wiedervereinigung der beiden Koreas nicht mehr in den gemeinsamen Haushalt fließen. Von den 138 zwischen 1997 und August 2010 gegründeten chinesisch-nordkoreanischen Joint Ventures waren 41 Prozent im Bereich des Bergbaus angesiedelt.[3] Diese Zahl steigt kontinuierlich; Anfang 2011 waren bereits ca. 200 chinesische Unternehmen in Nordkorea aktiv.[4]

Nordkoreas Jahresproduktion wichtiger Mineralien im Jahr 2007 wurde wie folgt eingeschätzt: Gold: 2 Tonnen (t), Silber: 20 t, Kupfer: 12 000 t, Eisenerz: 5 130 t, Blei: 13 000 t, Tungsten: 600 t, Zink: 70 000 t, Magnesit: 1 000 t, Steinkohle: 24 100 t.[5] Der in Australien tätige Unternehmensberater Edward Yoon geht davon aus, dass die Reserven Nordkoreas an Wolfram (z. B. für Glühfäden in Lampen), Molybdän (wichtige Komponente von Stahllegierungen), Blei, Baryt und Fluorid zu den zehn größten weltweit gehören.[6] Der Gesamtwert nordkoreanischer Bodenschätze wird auf über zwei Billionen US-Dollar geschätzt.

Klima

Die koreanische Halbinsel ist nicht sehr groß; vom an der chinesischen Grenze im Norden gelegenen Berg Paektu bis zum Süden der Provinz Chŏlla sind es lediglich 890 Kilometer (990 km wenn man die Insel Cheju einbezieht). Der Abstand von der Westküste Koreas zu seiner Ostküste ist selten über 300 Kilometer. Und doch unterscheiden sich die klimatischen Bedingungen zwischen Nord- und Südkorea erheblich, insbesondere im Winter. Eine Entfernung von nur 600 Kilometer macht einen Unterschied der durchschnittlichen Januar-Temperatur von 10 Grad Celsius aus (0° C in Süd-Chŏlla, -10° C in Süd-P'yŏng'an). 2009 lag die Jahresmitteltemperatur in der südkoreanischen Hauptstadt Seoul mit 12,9 fast drei Grad höher als in Sinŭiju (9,9° C), der nur 350 Kilometer entfernten Grenzstadt zu China im Nordwesten.[7]

Die quantitativen Unterschiede zwischen Norden und Süden setzen sich beim Niederschlag fort. Hinzu kommt eine sehr ungleichmäßige Verteilung über das Jahr. Der Großteil des Niederschlages fällt in der Monsun-Zeit im Juli und August und ist oft von starken Stürmen begleitet. In besonders feuchten Jahren kann der Durchschnittswert um 90 Prozent überschritten werden, in besonders trockenen Jahren wird er um bis zu 57 Prozent unterschritten. Der deutsche Geograf Hermann Lautensach stellte bereits Mitte des 20. Jahrhunderts fest, dass Trockenheit und Überschwemmungen somit nahezu unausweichlich sind;[8] Letztere führen oft zu erheblicher Bodenerosion und zur Versandung des Bodens.

Landwirtschaft

Wie gezeigt, sind die klimatischen Bedingungen für Landwirtschaft vor allem im Norden Koreas nicht ideal. Dies soll die Regierung in P'yŏngyang keinesfalls von der Verantwortung für die desaströse Versorgungslage freisprechen; es wird aber deutlich, dass die Erreichung der Selbstversorgung nicht leicht ist und dass man gegebenenfalls auch außerhalb der Produktivität der Landwirtschaft nach Lösungen für das Nahrungsmittelproblem suchen muss, zumal sich die Bevölkerung Nordkoreas seit den Zeiten Lautensachs verdreifacht hat. Die Dringlichkeit ist auch der Führung Nordkoreas klar: Die Landwirtschaft wird in offiziellen Verlautbarungen regelmäßig als »Hauptfront des Wirtschaftsaufbaus« bezeichnet, und das alte Kim-Il-Sung-Zitat »Reis bedeutet Sozialismus« *(ssarŭn kot sahoejuŭida)* erfreut sich nach wie vor großer Beliebtheit.[9]

Die Lebensmittelproduktion findet in Nordkorea zumeist in Kooperativen statt. Hochproduktive private Anbauflächen, sogenannte »Küchengärten«, sind explizit in der Verfassung verankert. Sie spielen für die betroffenen Haushalte eine wichtige, wegen ihrer geringen Größe (je 100 m², insgesamt ca. 17 000 ha) gesamtwirtschaftlich jedoch eine untergeordnete Rolle. Zu den staatlichen Maßnahmen zur Outputsteigerung gehören Neulandgewinnung und Flurbereinigung mit dem Ziel der Gewinnung zusätzlicher Anbaufläche. Seit 2004 und zuletzt im Sommer 2012 wurde auch immer wieder über die Einrichtung quasiprivater Kleinkooperativen berichtet, wobei viele dieser Maßnahmen bald wieder rückgängig gemacht wurden.

Aufgrund der bergigen Struktur sind nur ca. 20 Prozent der Fläche Nordkoreas landwirtschaftlich nutzbar. 2009 betrug die landwirtschaftliche Anbaufläche ca. 2 Millionen Hektar.[10] Laut der Ernährungs- und Landwirtschaftsorganisation der Vereinten Nationen FAO waren 2010 die Anbauflächen der einzelnen Kulturen 570 186 Hektar (ha) für Reis, 495 026 ha für Mais, 181 000 ha für Kartoffeln, und 206 000 ha für Weizen, Gerste, Soja und andere Produkte. Die Produktion 2010 betrug 2 426 000 Tonnen (t) Reis, 1 683 000 t Mais, 158 000 t Kartoffeln (umgerechnet in Cerealien-Äquivalent), 154 000 t Sojabohnen und 19 000 t andere Cerealien. Hinzu kamen aus Winter- und Frühjahrsproduktion 240 000 t Weizen und Gerste sowie 427 000 t Frühjahrskartoffeln. Die Gesamtproduktion 2010 wurde auf ca. 5,3 Millionen Tonnen Reis-Äquivalent geschätzt.[11] Dabei ist zu beachten, dass aufgrund von Transport- und Lagerverlusten sowie der Verwendung als Saatgut real deutlich weniger für den Verbrauch zur Verfügung steht. Schätzungen gehen davon aus, dass Nordkorea mindestens 6 bis 7 Millionen Tonnen Reis-Äquivalent benötigt, um eine ausreichende Ernährung sicherzustellen.

Der Aufwand für die Landwirtschaft ist enorm. Im Jahr 2008 waren über 8,5 Millionen Menschen, das sind 36,8 Prozent aller Nordkoreaner, in der Landwirtschaft beschäftigt. Zum Vergleich: In Südkorea betrug der Anteil nur 6,6 Prozent.[12] Die in den 1960er-Jahren propagierten »Vier Modernisierungen« (Mechanisierung, Elektrifizierung, Bewässerung, Chemie) zeigen, welche Herausforderungen auch heute noch bestehen. Der Anteil manueller Arbeit ist sehr hoch, da Maschinen zwar vorhanden sind, oft aber aus Mangel an Ersatzteilen oder Treibstoff auf Zugtiere oder Menschenkraft zurückgegriffen werden muss. So waren 2004 nur 57 Prozent der damals 64 062 Traktoren Nordkoreas einsatzbereit, 2010 waren es wieder 73 Prozent.[13]

Bewässerung ist gerade für den Nassfeldanbau von Reis entscheidend. Sie hängt in weiten Teilen vom Betrieb von Pumpen ab, die wiederum Energie benötigen. Man versucht, dieses Problem durch den Bau neuer Kleinkraftwerke sowie von neuen, auf Gravitation basierenden Bewässerungsanlagen zu lösen. Ein Schlüssel-Input ist chemischer Dünger. Die Wirtschaftswissenschaftler Haggard und Noland zeigen, dass sich der Düngemittelverbrauch seit 1989 radikal um fast zwei Drittel reduziert hat;[14] hier liegt eine der Ursachen für die Nahrungsmittelknappheit seit den 1990er-Jahren und Produktionsrückgänge von bis zu 50 Prozent. Da die einheimischen Produktionsanlagen nicht genügend davon herstellen können, besteht eine große Abhängigkeit von externen Lieferungen, meist in der Form von Hilfsgütern. Laut dem nordkoreanischen Ministerium für Landwirtschaft wurden 2010 fast 500 000 Tonnen Düngemittel verbraucht, fast doppelt so viel wie 2004. Davon kamen 24 000 Tonnen als humanitäre Hilfe, 274 580 Tonnen wurden importiert. Die inländische Produktion betrug 198 066 Tonnen. 2004 waren es noch ca. 56 000 Tonnen; man erkennt deutlich die massiven Anstrengungen.[15]

Zusammengefasst kann man sagen, dass die Landwirtschaft Nordkoreas unter einer Kombination negativer Faktoren leidet. Eine zu geringe Anbaufläche und ungünstige klimatische Bedingungen werden durch ein ineffizientes Anreiz- und Organisationssystem, den Mangel an kritischen Inputs (wie Strom und Düngemittel) und die Abhängigkeit von ausländischen Lieferungen verschärft. Ferner besteht eine große Anfälligkeit bei Energiekrisen, Ölpreissteigerungen und einer Rezession im Industriebereich. Folgeprobleme einer zu intensiven Nutzung vorhandener Flächen sind Bodenermüdung, Erosion und daraus resultierend größere Schäden bei Starkregen.

Zwar geht man davon aus, dass eine Selbstversorgung unter idealen Bedingungen möglich ist, jedoch sind Letztere unter den gegebenen Umständen kaum erreichbar und prinzipiell auch nicht anzustreben. Eine dauerhafte Lösung wäre also nur, nach dem Vorbild anderer Industrienationen knappe Ressourcen zunehmend aus der Landwirtschaft in die Industrieproduktion zu verlagern und vor allem Grundnahrungsmittel in weiten Teilen zu importieren.

Außenhandel

Der Außenhandel stellt in vielerlei Hinsicht eine mögliche Lösung für die wirtschaftlichen Probleme Nordkoreas dar. Da die einheimische Währung international nicht akzeptiert wird, sind die Einnahmen von Devisen aus regulärem Außenhandel eine wichtige, wenngleich nicht die einzige Quelle für Importe. Die vom Westen erhobenen Vorwürfe bezüglich Falschgeldproduktion, Drogenhandel und Proliferation von nuklearer und Raketentechnologie zeigen, dass der Druck zum Erwirtschaften von Devisen gegebenenfalls zu einer Verlagerung von Aktivitäten aus dem legalen in den illegalen Bereich führen kann. Allerdings ist anzumerken, dass sich mit Stand von 2012 entsprechende Gerüchte und Vorwürfe deutlich reduziert haben.

Eine Besonderheit des Außenhandels gegenüber den meisten anderen Bereichen der nordkoreanischen Wirtschaft ist die relativ gute Datenlage. Diese ist durch sogenannte »reverse statistics« bedingt, also die Erhebung entsprechender Daten bei den verschiedenen Handelspartnern. Zwar bestehen Zweifel hinsichtlich der Vollständigkeit und Korrekturbedarf aufgrund technischer Faktoren (etwa die Berücksichtigung von Frachtkosten), und doch können wir mit Abstrichen relativ sicher sein, hier verwertbare und einigermaßen zuverlässige Daten zu erhalten.

Ein Blick auf diese Statistiken zeigt, dass Nordkorea sein Potenzial keineswegs ausschöpft. Mit direkter Verbindung zu China und Südkorea, sowie nur 200 Kilometer Seeweg von Japan entfernt, einer umfassenden Rohstoffausstattung und sehr gutem Humankapital sollte das schon vor 1945 industrialisierte Land eine starke Exportnation sein. Dies ist jedoch nicht der Fall. Neben den Sanktionen und den systemischen Ineffizienzen ist dafür primär eine historisch gewachsene Politik der Regierung in P'yŏngyang verantwortlich, die auf den Erfahrungen der Kolonisierung durch Japan und den Auseinandersetzungen innerhalb des sozialistischen Lagers v. a. ab den späten 1950er-Jahren basiert. Anders als etwa die sowjetischen Satellitenstaaten in Europa war die DVRK niemals Mitglied des Rates für Gegenseitige Wirtschaftshilfe (RGW, COMECON), welcher eine von Moskau dirigierte wirtschaftliche Arbeitsteilung innerhalb des sozialistischen Lagers organisierte. Es ist schwer, ideologische Positionen von realpolitischen Überlegungen zu trennen; in jedem Fall hatte Nordkorea schon sehr frühzeitig einen Kurs der maximalen Selbständigkeit eingeschlagen. Dazu gehörte auch die Vermeidung einer Export- bzw. Importabhängigkeit. Zwar konnte man diesem Ideal nie entsprechen, es blieb aber das Leitbild.

Trotz der bewusst schwach gehaltenen Bindungen an den Ostblock nahm der Außenhandel Nordkoreas um 1990 schweren Schaden. Fast alle zuvor aus politischen Gründen für vorteilhaft gehaltenen Abkommen mit der DVRK wurden entweder aufgekündigt oder so umgestellt, dass nur mehr wirklich benötigte nordkoreanische Güter gekauft wurden bzw. Lieferungen nur auf Basis von Weltmarktpreisen erfolgten. Entsprechend brach der Außenhandelsumsatz Nordkoreas ein, von ca. 4,2 Milliarden US-Dollar im Jahre 1990 auf wenig mehr als 2,5 Milliarden im Jahre 1991. Der Tiefpunkt wurde 1998 mit 1,4 Milliarden US-Dollar erreicht. Bis 2008 stieg der Außenhandelsumsatz wieder auf ca. 3,8 Milliarden US-Dollar.[16]

Es ist äußerst überraschend, dass trotz der Umstellung des Handels von »Bruderländern« auf »Feindesländer« auch von 1990 bis 2009 die nordkoreanische Außenhandelsbilanz in jedem einzelnen Jahr ein Defizit zwischen 0,3 und 1,5 Milliarden US-Dollar aufwies. Das sind kumulativ fast 10 Milliarden US-Dollar in 19 Jahren (siehe *Abbildung 1*), was dem Neunfachen der Exporte des Jahres 2009 entspricht. Wie ist das möglich?

Abb. 1: Außenhandel Nordkoreas 1990–2011 (in Millionen US-Dollar)

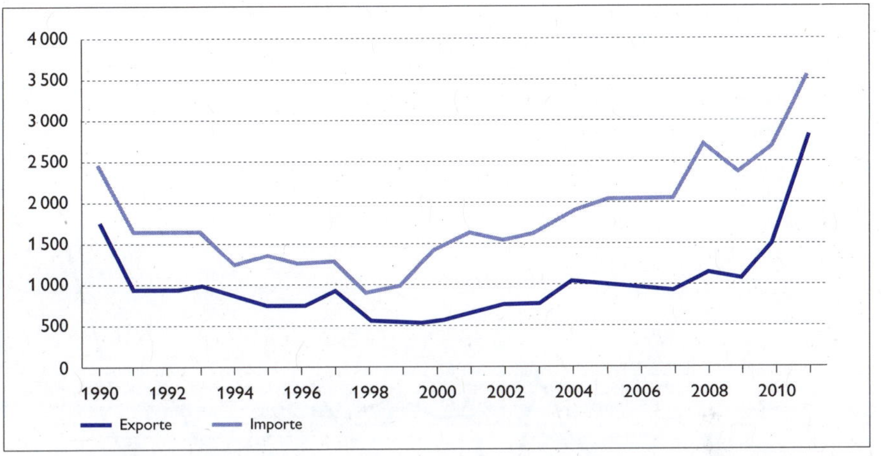

Quelle: KOTRA 2012.

Ein Handelsbilanzdefizit bedeutet, dass ein Land mehr importiert als es exportiert, also mehr ausgibt als es verdient. Finanztransfers in der Gegenrichtung sind die Folge, doch woher kommen diese Mittel? Nordkorea ist schon seit langer Zeit nicht in der Lage, Kredite bei internationalen Finanzinstitutionen aufzunehmen. Die eigene Währung ist nicht konvertibel, die heimische Notenpresse kann das Problem (um den Preis von Abwertung und Inflation) also auch nicht lösen.

Die einzige Antwort ist, dass es Nordkorea trotz des Kollapses des Ostblocks gelungen ist, ein Empfänger von politisch motivierten einseitigen Transfers in beträchtlicher Höhe zu bleiben. Und in der Tat: Eine Studie des amerikanischen Congressional Research Service bestätigt, dass allein die USA den angesichts der Sanktionen und harten Worte erstaunlichen Betrag von 1,2 Milliarden US-Dollar in Form von humanitärer und Entwicklungshilfe in den Jahren 1995 bis 2011 an die DVRK gezahlt haben.[17] Andere Quellen massiver Transfers waren Südkorea und China. Anhand von *Abbildung 2* erkennen wir aber auch die Volatilität des nordkoreanischen Außenhandels: Phasen sprunghaften Wachstums und dramatischer Einbrüche lösen sich ab. Dies kann zumindest teilweise durch die relativ geringen Umsätze und damit die statistisch hohe Relevanz einzelner Geschäftsabschlüsse erklärt werden, zeigt aber auch, wie unzuverlässig der Handel als Teil der Gesamtwirtschaft noch immer ist.

Der Großteil von Nordkoreas Exporten im Jahr 2009 waren Bodenschätze (42 Prozent, 2011: 59,4), gefolgt von Metallen und Metallerzeugnissen (15,3 Prozent, 2011: 10,8) sowie Textilien (14,1 Prozent, 2011: 17,0). Importiert wurden vor allem Textilien (15,4 Prozent, 2011: 13,0), Mineralien (15,0 Prozent, 2011: 23,9) und Maschinen (14,7 Prozent, 2011: 16,6).[18]

Abb. 2: Außenhandel Nordkoreas 1990–2011 (jährliche Änderungen in Prozent)

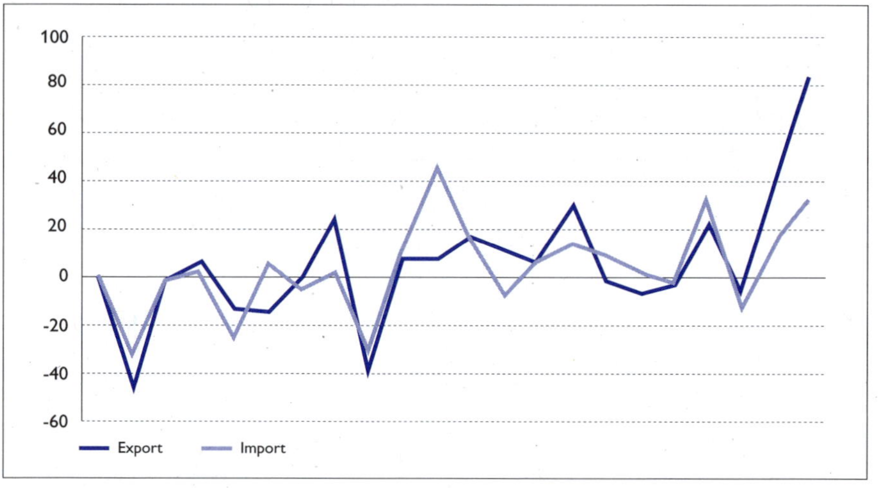

Quelle: KOTRA 2012.

Bezüglich der regionalen Verteilung des uns bekannten nordkoreanischen Außenhandels erkennt man eine klare Dominanz des asiatisch-pazifischen Raumes (87,8 Prozent des Gesamthandels 2009), wobei China mit 78,5 Prozent (2011: 89,1) den größten Anteil hatte. Deutschland folgte als zweitgrößter Handelspartner mit 2 Prozent (2011: 0,9), was 45 Prozent des europäischen Handels mit Nordkorea im Jahre 2009 entsprach. Weitere Mitglieder der Gruppe der zehn wichtigsten Außenhandelspartner Nordkoreas 2009 wie auch 2011 waren Russland, Indien, Hongkong, Brasilien, Taiwan, Bangladesch und die Niederlande.

Zu den bemerkenswerten Entwicklungen in diesem Bereich gehört der einst sehr umfangreiche Handel mit Japan. Seit dem Jahr 2002, als trotz eines Gipfeltreffens zwischen Kim Jong Il *(Kim Chŏng-il)* und dem japanischen Premierminister Koizumi Jun'ichirō keine endgültige Klärung des Schicksals der in den 1970er-Jahren durch den nordkoreanischen Geheimdienst entführten japanischen Staatsbürger herbeigeführt werden konnte, ist der Handel mit Japan dramatisch eingebrochen. Schon 2009 hatte er mit knapp 3 Millionen US-Dollar kaum mehr eine Bedeutung; 2011 war er völlig aus den Statistiken verschwunden.[19] Dieses Beispiel zeigt zweierlei: Nordkorea ist bereit, ökonomische Vorteile zu opfern, wenn politische Erfordernisse dies nötig erscheinen lassen; und es ist in der Lage, Verluste in den bilateralen Beziehungen mit einem Partner durch Stärkung der Kooperation mit anderen Partnern – hier zunächst Südkorea, dann China – auszugleichen. Dies illustriert auch ein Kerndilemma des Umganges mit Nordkorea: Aufgrund der unterschiedlichen Interessenlagen der einzelnen Partnerländer und des daraus resultierenden Fehlens einer koordinierten Nordkorea-Politik ist es P'yŏngyang immer wieder ermöglicht worden, restriktive Maßnahmen zu konterkarieren.

In den letzten Jahren erkennen wir Versuche der Außenhandelsförderung, wobei größter Wert auf staatliche Kontrolle gelegt wird. Diese wird durch das Außenhandelsmonopol des Staates sichergestellt, welches direkte und unabhängige Handelsbeziehungen einzelner Unternehmen ausschließt. Eine neuere Strategie ist die Lockerung dieses Monopols auf dem Wege der Schaffung von Sonderwirtschaftszonen. Der erfolgreichste Fall ist Kaesŏng an der Grenze zu Südkorea. Neuerdings werden aber auch Anstrengungen unternommen, den Handel mit China und Russland in der Zone Rasŏn im Nordosten sowie jenen mit China auf einer Insel bei Sinŭiju im Nordwesten auszubauen. In offensichtlichem Zusammenhang mit der Aufwertung der Rasŏn-Zone wurden Anfang Januar 2010 Pläne bekannt, eine staatliche Entwicklungsbank zu gründen. Aufgaben dieser Bank sollten die Finanzierung von Entwicklungsprojekten und die Zusammenarbeit mit internationalen Finanzinstitutionen und Geschäftsbanken sein.

Wenn wir die Erkenntnisse zum Außenhandel zusammenfassen, so sehen wir: China ist der wichtigste Partner; Mineralien sind das wichtigste Exportprodukt; die DVRK hat ein kontinuierliches Handelsbilanzdefizit, welches primär durch einseitige Transfers gedeckt wird; der Handel hat sich vom Schock der 1990er-Jahre erholt, aber noch nicht das Niveau von vor 1990 erreicht; und wir finden in jüngster Zeit verstärkte Anstrengungen zur Verbesserung der Außenhandelsstrukturen.

3 Reformen und Gegenreformen: Die Zukunft der nordkoreanischen Wirtschaft

Das Pro und Contra wirtschaftlicher Reformen

Wirtschaftliche Reformen bergen erhebliche politische Gefahren für staatssozialistische Systeme, wie nicht zuletzt das in Nordkorea aufmerksam studierte Beispiel der DDR gezeigt hat. Einheitlich scheinen die

Schlussfolgerungen nicht zu sein, wie die wechselnde Reformpolitik zeigt. Ist die DDR kollabiert und in der Bundesrepublik aufgegangen, weil sie zu sehr, oder weil sie zu wenig reformbereit war? Nicht zuletzt das Beispiel des Nachbarn und Verbündeten China zeigt, dass Reformen nicht per se in den Machtverlust führen. Und doch sind sie riskant: Hat man einmal Erwartungen an substanzielle Veränderungen geweckt, neue Interessengruppen geschaffen, Strukturen und Prozesse neu geordnet, dann ist dies kaum reversibel. Wirtschaftlicher Erfolg wird dann unmittelbar zur Überlebensnotwendigkeit; gleichzeitig implizieren Reformen, dass der Staat bzw. die Führung Macht und Kontrolle abgeben.

Mit diesem Dilemma scheint Nordkoreas Führung noch immer zu kämpfen. Nach 1990 verweigerte man konsequent ein Nachvollziehen der Entwicklungen in Ost- und Mitteleuropa. Nach dem Tod des Staatsgründers Kim Il Sung *(Kim Il-sŏng)* 1994 erschien es dann möglich, dass sein Sohn und Nachfolger Kim Jong Il einen neuen Weg beschreiten würde. Allerdings litt das Land zunächst für mindestens zwei Jahre (1995 – 1997) unter einer der schwersten Nahrungsmittelkrisen seit seiner Existenz, die nach unbestätigten Berichten bis zu zwei Millionen Todesopfer gefordert haben könnte. Erst 1998 und sicher auch unter dem Eindruck dieses Schocks wurden mit einer Verfassungsänderung erste Zeichen einer verhaltenen Reformpolitik sichtbar. Diese nahm nach dem ersten innerkoreanischen Gipfeltreffen vom Juni 2000 sowie der daraus resultierenden Einrichtung der Sonderwirtschaftszone bei Kaesŏng und insbesondere mit den Preisreformen vom Juli 2002 konkretere Formen an. Der Beginn des von US-Präsident George W. Bush ausgerufenen »Krieges gegen den Terror« nach den Anschlägen vom 11. September 2001 (sowie der Einreihung Nordkoreas in die »Achse des Bösen«) und die nordkoreanischen Enthüllungen über ein Atomprogramm vom Herbst 2002 markieren jedoch das vorläufige und frühe Ende einer deutlichen staatlichen Förderung von Marktmechanismen. Insbesondere seit 2005 war wieder eine Rückkehr zu orthodox-konservativen Werten des nordkoreanischen Sozialismus zu beobachten – oder zumindest der Versuch einer solchen Umkehr. An Kim Jong Un, der nach dem Tod seines Vater im Dezember 2011 die Macht übernahm, knüpft sich nun die Hoffnung auf einen erneuten umfassenden Reformversuch.[20]

Reformschritte

Abgesehen von der weitgehend folgenlosen Verabschiedung des ersten Joint-Venture-Gesetzes 1984 und der Einrichtung einer international weitgehend ignorierten Sonderwirtschaftszone im Nordosten Nordkoreas wurden die ersten landesweit sichtbaren reformartigen Veränderungen in der Wirtschaftspolitik im Zuge der Hungersnot 1995 bis 1997 sichtbar. Der zuvor stark reglementierte Reiseverkehr innerhalb Nordkoreas wurde erleichtert und es kam insbesondere zu offenbar massiver Arbeitsmigration nach China über die nur leicht bewachte Grenze. Was die Rückkehrer mitbrachten, waren nicht nur Nahrungsmittel und Devisen, sondern auch unglaubliche Berichte von einem Wohlstand, den man dem in der Vergangenheit eher rückständigen China nicht zugetraut hatte. Es folgte die Frage nach dem Warum und Wie, sowie der Wunsch, im eigenen Umfeld Ähnliches zu erreichen. Dies wurde dadurch erleichtert, dass der Staat auch eine Reihe von Beschränkungen lockerte und die früher nur alle zehn Tage abgehaltenen Bauernmärkte nun nahezu täglich zuließ. Auch wurde größere Toleranz gegenüber der Produktion für den Verkauf auf dem Markt und dem freien Kaufen und Verkaufen an sich geübt. Schnell bildeten sich Lieferketten heraus, die sowohl einen Austausch zwischen den Provinzen wie auch einen inoffiziellen Handel zwischen Nordkorea und China zur Folge hatten; meist wurden Rohstoffe gegen Nahrungsmittel getauscht, später gegen Produkte des täglichen Bedarfs wie Textilien und Schuhe. Als Nebenprodukt kam es zum Austausch von Informationen jenseits staatlicher Kontrolle.

Im Kontext der Verbesserungen der Beziehungen zu Südkorea unter dessen Präsidenten Kim Dae Jung (1998–2003; *Kim Tae-jung*) sank die Scheu der Führung der DVRK vor den Konsequenzen solcher wirtschaftlicher Zugeständnisse, während das Bewusstsein der möglichen individuellen und gesamtgesellschaftlichen Vorteile zunahm, und zwar sowohl innerhalb der Führung als auch bei der Bevölkerung. Getrieben von der Furcht vor einer Wiederholung der Hungersnot, dem Wunsch nach Prosperität und der Hoffnung, wenigstens etwas vom verlorenen Boden gegenüber dem gerade seit den frühen 1990er-Jahren so weitaus erfolgreicheren Südkorea wieder gutmachen zu können, war die Führung offener für Experimente. Die wachsende Bedeutung des Geldes als universelles Tauschmittel und die ins Land fließenden Hilfen öffneten nicht nur den Händlern, sondern auch den Mitarbeitern des Staatsapparates interessante Einnahmemöglichkeiten und sorgten auch bei der Bevölkerung für eine breite Unterstützung marktwirtschaftlich orientierter Reformen.

Man vereinheitliche die Inlandswährung durch die Abschaffung der Fremdwährungszertifikate und wertete die Inlandswährung deutlich gegenüber dem US-Dollar ab: ein Sieg des wirtschaftlichen Pragmatismus über ideologischen Stolz. Die Preise auf den Märkten wurden quasi freigegeben, während die staatlichen Preise in einer großen Reform einmalig an diese Marktpreise angepasst wurden. Es kam zu einem umfassenden Abbau von Subventionen und damit der Herstellung realistischerer Signale an die Produzenten etwa von Nahrungsmitteln.[21] Erstmals seit dem Koreakrieg wurden Anfang 2003 auch staatliche Schuldverschreibungen (Bonds) aufgelegt, um überschüssige Liquidität abzuschöpfen, die Inflation zu bekämpfen und Staatsausgaben zu finanzieren. Kader wurden im In- und Ausland zu westlich organisierten Schulungen geschickt, um ein besseres Verständnis der Wirkungsmechanismen marktwirtschaftlicher Systeme zu erlangen. Generell erkennt man in dieser Zeit eine gewisse Abkehr von direkter bürokratischer Kontrolle und einen Wechsel hin zur Nutzung indirekter, makroökonomischer Steuerungselemente.

Auch in anderen heiklen Bereichen zeigte man größere Flexibilität. Die Kooperation mit Südkorea wurde ausgebaut. Nach einem ersten Tourismusprojekt 1998 wurde das betreffende Gebiet (Kŭmgangsan, auch Diamantgebirge genannt) im Jahr 2002 zu einer eigenständigen administrativen Region, und 2003 eröffnete man nach der Schiffsverbindung auch eine direkte Landroute zwischen Nord- und Südkorea, auch wenn diese lediglich in eine Richtung offen war und südkoreanische Touristen in den Norden brachte. Beim ersten innerkoreanischen Gipfeltreffen im Juni 2000 in P'yŏngyang wurde die Schaffung der Sonderwirtschaftszone bei Kaesŏng beschlossen. Bemerkenswerterweise wurde dieser Beschluss auch tatsächlich umgesetzt; 2004 eröffnet, arbeiteten nur fünf Jahre später ca. 42 000 nordkoreanische Arbeitskräfte in 117 angesiedelten südkoreanischen Unternehmen, die ihrerseits durch ca. 1 000 Südkoreaner vertreten waren.[22]

All dies wurde nicht im Geheimen durchgeführt, sondern in der Staatspresse Nordkoreas ideologisch unterstützt, was ein Hinweis auf ein geplantes und paradigmatisches Vorgehen ist. Am 4. Januar 2001 wurde Kim Jong Il in der Parteizeitung *Rodong Sinmun* zitiert: »Die Dinge sind nicht mehr so, wie sie in den 1960ern waren. Daher sollte sich auch niemand der alten Vorgehensweisen bedienen ... Wir müssen permanente Anstrengungen unternehmen, um das in der Vergangenheit geschaffene Umfeld zu erneuern und zu ersetzen, und um den Anforderungen der neuen Zeit zu entsprechen.«[23] Die Parteizeitung drängte die Wirtschaftsfunktionäre wiederholt, sich von den »alten Standpunkten« der »früheren Zeit« zu befreien.

Der Erfolg ließ nicht lange auf sich warten. Die Gesellschaft passte sich bemerkenswert schnell an die neuen Möglichkeiten an. Wie *Abbildung 3* anhand der offiziellen Budgetzahlen zeigt, wuchs die Wirtschaft Nordkoreas zwischen 2002 und 2005 beträchtlich.

Der partielle Rückzug des Staates aus der Wirtschaft führte zu den zu erwartenden Resultaten: mehr Wettbewerb und Steigerung der Produktivität, aber auch wachsende Ungleichheiten und zunehmender Materialismus. Mit der Monetarisierung der Volkswirtschaft wurde Geld, zuvor eher sekundär, nun zu einem wesentlichen Kriterium bei der Wahl des Berufes oder gar des Lebenspartners. Je nach Tätigkeitsbereich kam es zur im Westen üblichen Lohn- und Einkommensdifferenzierung. Es bildete sich eine Mittelschicht heraus, die ihren Wohlstand zunehmend zeigte, etwa in Form von Mobiltelefonen, Kleidung und Lebensstil. Im Unterschied zur auch früher schon deutlich über dem Durchschnitt lebenden Topelite war diese Mittelschicht zahlenmäßig größer und vor allem viel deutlicher sichtbar. All dies rief in der zuvor höchst egalitären Gesellschaft Nordkoreas erhebliche Unruhe hervor. Speziell der Unterschied zwischen der Hauptstadt und dem Rest des Landes wurde immer offenkundiger. Unmutsäußerungen, wenn man sie überhaupt zu hören bekommt, beschränken sich jedoch nach wie vor auf den privaten, inoffiziellen Bereich.

Abb. 3: Budgetentwicklung Nordkoreas 1999–2011

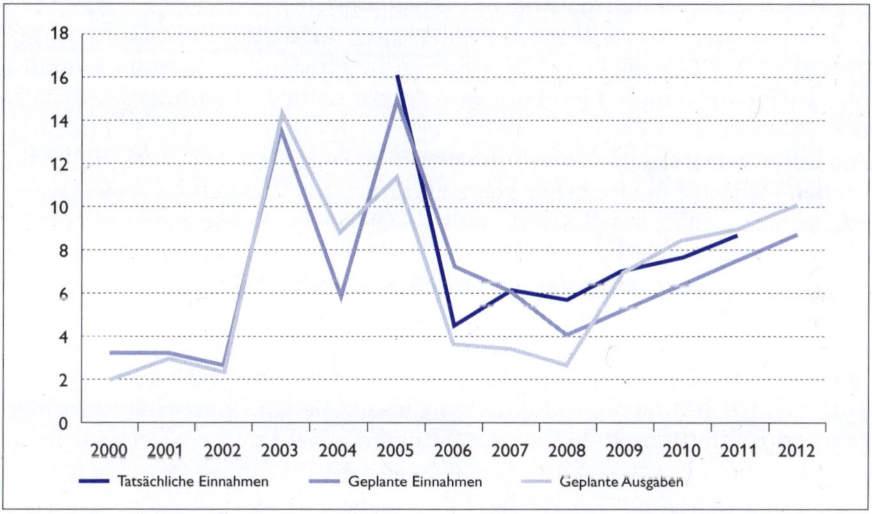

Quelle: www.kcna.co.jp, diverse Berichte.

Hinzu kam eine sich erheblich verschlechternde außenpolitische Situation. Seitdem Nordkorea in seinem Versuch einer militärischen Wiedervereinigung Koreas 1950 nur durch das Eingreifen der USA gestoppt worden war, befinden sich amerikanische Truppen mit erheblicher Schlagkraft in Südkorea. Die USA werden von P'yŏngyang als die größte sicherheitspolitische Bedrohung angesehen. Als nach dem 11. September 2001 von amerikanischer Seite der »Krieg gegen den Terror« verkündet und später in Afghanistan und dem Irak auch tatsächlich und mit Härte geführt wurde, nahm die Bedrohungswahrnehmung erheblich zu, zumal das Land von US-Präsident George W. Bush im Januar 2002 als Mitglied der »Achse des Bösen« (neben Iran und Irak) klassifiziert wurde. Parallel nahm die Bereitschaft zu riskanten Reformen ab. Die Rückwirkungen auf die Wirtschaftspolitik waren unmittelbar.

Eine Annäherung mit Japan, die dringend benötigte finanzielle Unterstützung für das begonnene Reformprogramm bringen sollte, kam nicht zustande. Zwar hatte Kim Jong Il bei einem Gipfeltreffen mit Premier Koizumi im September 2002 in einem höchst ungewöhnlichen Schritt offen die Entführung japanischer Staatsbürger in den 1970er-Jahren zugegeben, sich dafür entschuldigt und auch fünf Überlebenden die Ausreise nach Japan gestattet; dies wurde und wird von Japan jedoch nicht als ausreichend angesehen. Statt einer Ausweitung kam es zu einer fast völligen Einstellung der wirtschaftlichen Kontakte, die greifbar scheinende diplomatische Normalisierung war gescheitert.

Im Oktober 2002 erklärte ein hoher amerikanischer Beamter, dass ihm gegenüber bei Gesprächen in Nordkorea die Existenz eines Atomprogrammes zugegeben worden sei. Dies zum Anlass nehmend wurden wirtschaftliche Sanktionen gegen die DVRK erheblich ausgeweitet und verschärft. Auch die Europäische Union, die erst 2001 mit einer massiven diplomatischen Initiative die Beziehungen zu Nordkorea erheblich verbessert hatte, zog sich fast vollständig zurück und gestattete ihren Mitgliedern jegliche über humanitäre Hilfe hinausgehende Kooperation mit Nordkorea nur unter der Voraussetzung, dass dieses sein Atomprogramm aufgeben würde.

Letzteres aber war und ist aus militärischen, innenpolitischen, ideologischen und auch wirtschaftlichen Gründen für P'yŏngyang nicht akzeptabel. Entsprechend gerieten nicht nur Nordkoreas Außenbeziehungen in eine gefährliche und unproduktive Sackgasse; auch die Wirtschaftsreformen brachen zusammen. 2006 und 2009 folgten zwei Atomtests.

Neokonservativer Sozialismus: Umkehrversuche

Die Reformen zu Beginn des 21. Jahrhunderts hatten neben einigen wirtschaftlichen Erfolgen eine ganze Reihe von dramatischen Veränderungen in Nordkoreas Gesellschaft bewirkt. Die Monetarisierung mündete direkt in wachsenden Materialismus und eine stärker und vor allem sichtbarer ausdifferenzierte Gesellschaft. Es entstanden neue, vom Staat unabhängige Netzwerke und eine selbstbewusste Mittelschicht. Instrumente der direkten Kontrolle waren geschwächt, innenpolitische Unruhe und Unzufriedenheit nahmen zu. Gleichzeitig scheiterte der Versuch einer Annäherung mit Japan, die Kooperation mit Südkorea wurde zunehmend zur ideologischen Herausforderung und der »Krieg gegen den Terror« als unmittelbare Bedrohung empfunden. Ferner hatten die Wirtschaftsplaner feststellen müssen, dass sie das neue System nicht beherrschten. Die Freigabe der Preise hatte zu Inflation im dreistelligen Bereich geführt, die Geldmenge musste erweitert werden, und Fremdwährungen wie der US-Dollar oder der chinesische Yuan wurden zunehmend als Parallelwährungen genutzt.

Wir können über das Ausmaß der daraus resultierenden Auseinandersetzung innerhalb der Führungselite nur spekulieren. Die Ablösung einzelner Personen von ihren Posten, die Streichung ihrer Namen und Bilder aus offiziellen Verlautbarungen und Berichte über Hinrichtungen hoher Funktionäre deuten darauf hin, dass die Debatte sehr intensiv und hart geführt wurde. Es gab nun zwei Möglichkeiten, um die Krise zu lösen: entweder die Reformen zu verstärken oder sie zu beenden und den Versuch zu unternehmen, zu orthodox-konservativen Strukturen zurückzukehren. Offenbar entschied sich Nordkorea für letztere Option, weshalb für die Zeit ab 2005 der Begriff »Neokonservativer Sozialismus« gewählt werden kann.

Dieser Trend findet seinen Ausdruck in der Reduktion der Rolle der Märkte für die Wirtschaft, in Einschränkungen bezüglich der Tätigkeiten auf diesen Märkten und in Versuchen der Wiedereinführung der staatlichen Distribution. Besonders wahrgenommen wurden so dramatische Maßnahmen wie die Währungsreform Ende 2009, als neue Banknoten ausgegeben wurden, um größere Bestände an Bargeld aufzudecken bzw. zu enteignen.[24] Auch wurde (vergeblich) versucht, die Zirkulation von Fremdwährungen durch ein Verbot von deren Besitz zu unterbinden. Gleichzeitig ist man bemüht, die Produktivität mit alten Methoden zu steigern. Dazu gehört die forcierte Mobilisierung des Faktors Arbeit, etwa im Rahmen der im Jahr 2008 wiederbelebten »Ch'ŏllima-Bewegung«, einer Reminiszenz an das nordkoreanische Pendant zum Chinesischen Großen Sprung aus den späten 1950er-Jahren.

In der Propaganda schlug sich die neokonservative Wende deutlich nieder. Waren diese in den Jahren zuvor nurmehr sporadisch verwendet worden, intensivierte sich nun wieder der Gebrauch von orthodox-sozialistisch belegten Begriffen wie »historischer Sieg und Unbesiegbarkeit des Sozialismus«, »Autarkie«, »Unabhängigkeit« und »Sozialismus koreanischer Prägung«.

Abbildung 4 zeigt, wie die Verwendung des Begriffes »Sozialismus« durch die offizielle Nachrichtenagentur von 1997 bis 2002 um fast die Hälfte zurückging, und wie sie seit 2006 wieder stark ansteigt. Der nationalistische Begriff *Chuch'e* erreichte im Jahr 2010 ein Allzeithoch.[25]

Abb. 4: Verwendung von Begriffen in Artikeln der staatlichen Nachrichtenagentur KCNA (1997–2010, gewogen)

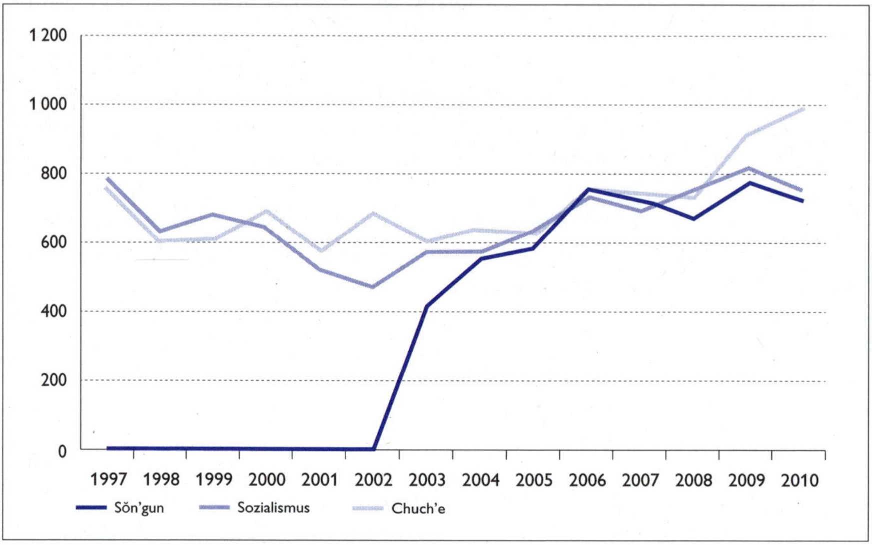

Quelle: Berechnungen des Verfassers basierend auf www.kcna.co.jp.

Zukunftsperspektiven

Angesichts der dramatischen Veränderungen, die sich seit den späten 1990er-Jahren im Inneren der nordkoreanischen Gesellschaft vollzogen haben, erscheint eine Rückkehr zum Status quo ante sehr unrealistisch. Das heißt nicht, dass es keine Versuche geben wird, die alte Ordnung wiederherzustellen; einige davon wurden oben beschrieben. Diese sind aber aufgrund des inzwischen vollzogenen Wertewandels in weiten Teilen der nordkoreanischen Bevölkerung wenig erfolgversprechend. Aufgrund der neuen individuellen Wertvorstellungen und Ambitionen, der immer deutlicher zutage tretenden Ineffizienz des staatssozialistischen Systems und der ständig wachsenden inneren und äußeren Anforderungen an die wirtschaftliche Leistungsfähigkeit Nordkoreas wird langfristig kein Weg an einer tief greifenden Änderung des Wirtschaftssystems vorbeiführen. Hinzu kommt, dass die neue Führung unter Kim Jong Un zunehmend und weit deutlicher als ihre Vorgänger auf wirtschaftlichen Erfolg zu setzen scheint, was die Legitimierung ihres Führungsanspruches angeht. Dies war bereits in ersten Ankündigungen nach dem Machtantritt im Dezember 2011 zu erkennen und setzte sich im Verlaufe der Jahre 2012 und 2013 fort.

Wann und in welcher Form tatsächliche, umfassende Reformen stattfinden werden, ist noch völlig unklar. Denkbar wäre ein rascher Zusammenbruch wie in Europa ebenso wie eine graduelle Reform nach chinesischem Vorbild. Für letztere Variante spricht u. a. das erhebliche Interesse Chinas und anderer Nachbarn an innerer Stabilität in Nordkorea, was auch mit der Bereitschaft zu entsprechender wirtschaftlicher Unterstützung einhergeht. Im Jahr 2011 sorgten russische Ideen für Aufsehen, die Transsibirische Eisenbahn an Nordkorea anzubinden und eine Erdgastrasse bis nach Südkorea zu bauen. Wie realistisch solche Pläne sind, sei dahingestellt; sie zeigen jedoch den politischen Willen der Nachbarn zur Stabilisierung.

Wie schon erwähnt knüpfen sich Hoffnungen nicht zuletzt an den im Dezember 2011 vollzogenen Führungswechsel. Dem mit knapp über 30 Jahren noch recht jungen Nachfolger von Kim Jong Il, seinem jüngsten Sohn Kim Jong Un, wird eine Ausbildung in der Schweiz nachgesagt. Inwiefern dies sein Verhalten in Fragen der Wirtschaftspolitik beeinflusst, ob er dem Markt offener oder skeptischer gegenübersteht, und ob seine Herrschaft überhaupt stabil sein wird, bleibt noch immer abzuwarten.

Die Tatsache, dass Akteure wie der Premierminister Choe Yong Rim *(Ch'oe Yŏng-lim)* und andere nun deutlich eigenständiger in den Medien agieren können, lässt es zumindest möglich erscheinen, dass sich Nordkorea auf dem Weg zu einer kollektiveren Form der Führung nach dem Vorbild Chinas befindet. Auch die Wiederaufwertung der Partei in den letzten Jahren deutet in diese Richtung. Allerdings könnten dies auch lediglich zeitlich begrenzte Maßnahmen eines noch jungen und unerfahrenen Führers sein, der weiß, dass er es am Beginn seiner Laufbahn ohne die Unterstützung der Topelite schwer haben wird.

Nicht zuletzt steht noch die Frage der koreanischen Wiedervereinigung aus; diese wird jedoch kaum abseits der von zunehmender Konkurrenz zwischen China und den USA geprägten geopolitischen Lage zu lösen sein. Der Besitz und ständige Ausbau eines Atomprogramms in Nordkorea verkompliziert die Situation.

Das Fazit zu den wirtschaftlichen Aussichten Nordkoreas lautet daher: Es besteht enormes Potenzial, und es gibt nachweislich Chancen zu dessen Nutzung. Die komplexe Verknüpfung innen- und außenpolitischer Faktoren macht eine solide Vorhersage jedoch unmöglich. Der neue Führer hat eindeutig Hoffnungen auf wirtschaftlichen Wohlstand geweckt;[26] um diese zu erfüllen, wird kaum ein Weg an Reformen vorbeiführen. Im Falle eines wie auch immer begründeten Scheiterns ist aber auch der erneute Rückgriff auf Konfrontation denkbar, um in bewährter Weise die Aufmerksamkeit auf die Landesverteidigung zu lenken.

Literatur

Frank, Rüdiger/Sabine Burghart, Driving Forces of Socialist Transformation: North Korea and the Experience of Europe and East Asia, Wien 2009.

Haggard, Stephan/Marcus Noland, Famine in North Korea: Markets, Aid, and Reform, New York 2007.

Manyin, Mark/Mary Beth Nikitin, Foreign Assistance to North Korea, Washington 2011.

Thompson, Drew, Silent Partners. Chinese Joint Ventures in North Korea, Washington 2011.

Anmerkungen

1 Janos Kornai, The Socialist System: The Political Economy of Communism, Princeton/N.J. 1992. Dieses Buch ist eines der Standardwerke zum staatssozialistischen Wirtschaftssystem. Kornai betont u. a. eine hierarchische Kausalität zwischen den Komponenten des Systems. Er erklärt sowohl die Ursachen für Phänomene wie Ineffizienz, Mangelwirtschaft und Repression als auch Kennzeichen, anhand derer eine tatsächliche Reform (im Gegensatz zur Evolution) des Systems erkannt werden kann.

2 Statistics Korea, *Pukhanŭi chuyo t'onggye chip'yo* [Main Statistical Indicators of North Korea], Taejŏn: Korea National Statistics Office, 2011, S. 104, 106.

3 Drew Thompson, Silent Partners. Chinese Joint Ventures in North Korea, Washington/D. C. 2011, U. S.-Korea Institute, S. 53.

4 IFES, Transfer of Management Rights to Chinese Investment Companies within North Korea, Seoul 2011, The Institute of Far Eastern Studies.

5 USGS, 2007 Minerals Yearbook: North Korea [Advanced Release]. Washington/D. C. 2008, U. S. Department of the Interior, U. S. Geological Survey, online at http://www.nkeconwatch.com/nk-uploads/usgs-dprk.pdf (Zugriff am 16.03.2009).

6 Edward Yoon, Status and Future of the North Korean Minerals Sector, San Francisco 2011, Nautilus Institute, S. 6.

7 Statistics Korea (wie Anm. 2), S. 12.

8 Hermann Lautensach, Korea. A Geography Based on the Author's Travel and Literature, Berlin 1945/1988, S. 93, 172.

9 Vgl. auch Rüdiger Frank, Classical Socialism in North Korea and its Transformation: The Role and the Future of Agriculture, in: Harvard Asia Quarterly, 10 (2006) 2, S. 15–33.

10 Statistics Korea (wie Anm. 2), S. 24.

11 FAO, FAO/WFP Crop and Food Security Assessment Mission to the Democratic People's Republic of Korea, 16.11.2010, http://www.fao.org/docrep/013/al968e/al968e00.pdf (Zugriff am 14.09.2011).

12 Statistics Korea (wie Anm. 2), S. 22.

13 FAO (wie Anm. 11).

14 Stephan Haggard/Marcus Noland, Famine in North Korea: Markets, Aid, and Reform, New York 2007, S. 3.

15 FAO (wie Anm. 11).

16 KOTRA, *2011 Pukhanŭi taewoemuyŏk tonghyang* [Trends in North Korean Trade 2011], KOTRA Paper 12–018, Mai 2012, Seoul: Korea Trade and Investment Promotion Agency. Zu beachten ist, dass in dieser Statistik der innerkoreanische Handel nicht aufgeführt ist.

17 Mark Manyin and Mary Beth Nikitin, Foreign Assistance to North Korea, Washington/D. C. 2011: Congressional Research Service.

18 Nach KOTRA (Anm. 16).

19 Ebd.

20 Für eine detaillierte Diskussion der Situation unmittelbar nach dem Machtantritt von Kim Jong Un siehe Rüdiger Frank, North Korea after Kim Jong Il: The Kim Jong Un era and its challenges, in: The Asia-Pacific Journal, 10 (2012) 2, http://japanfocus.org/-Ruediger-Frank/3674.

21 Rüdiger Frank, Economic Reforms in North Korea (1998–2004): Systemic Restrictions, Quantitative Analysis, Ideological Background, in: Journal of the Asia Pacific Economy, 10 (2005) 3, S. 278–311.

22 Statistics Korea (wie Anm. 2), S. 83.

23 Übersetzung durch den Verfasser.

24 Rüdiger Frank, Money in Socialist Economies: The Case of North Korea, in: The Asia-Pacific Journal, 8 (2010) 2, http://japanfocus.org/-Ruediger-Frank/3307.

25 Zum Begriff »Chuch'e« siehe Beitrag von Eric J. Ballbach in diesem Band.

26 Für eine kurze Darstellung der Situation in Nordkorea im September 2012, siehe Rüdiger Frank, An Atmosphere of Departure and Two Speeds, Korean Style: Where is North Korea Heading?, in: 38 North, 10/2012, U. S.-Korea Institute at the School of Advanced International Studies (SAIS), Johns Hopkins University, online at http://38north.org/2012/10/rfrank100212.

IV. Gesellschaft und Kultur

Kim Sung Bo

Chuch'e-Ideologie und die konfuzianische Tradition in Nordkorea

In der traditionellen Gesellschaft Koreas bildete der Konfuzianismus die Grundlage der Herrschaft und Moral. Seit der Gründung des nordkoreanischen Staates 1948 lehnte seine politische Führung konfuzianische Ideen und die damit verbundene Kultur jedoch als konterrevolutionären Faktor ab. Infolge der Kollektivierung der Landwirtschaft und der Industrialisierung wurden auch die sozialökonomischen Grundlagen der konfuzianischen Kultur, z.B. die Dorfgemeinschaft, zerstört. Oberflächlich gesehen ist die konfuzianische Tradition in Nordkorea somit abgebrochen. Betrachtet man jedoch die Sprache sowie das gesellschaftliche und politische Leben in Nordkorea, so kommen doch Zweifel auf, ob dies tatsächlich der Fall ist: So herrscht in Nordkorea z.B. eine Erbdynastie, wie sie weltweit in keinem anderen sozialistischen Land zu beobachten ist. Um die Erbfolge zu rechtfertigen, greifen die Herrscher Nordkoreas auf die Wendungen wie »Generationen überdauernden Treue« zurück, die aus der althergebrachten konfuzianischen Kultur entsprungen sind.[2]

Wie soll man den Widerspruch verstehen, dass in Nordkorea einerseits der Konfuzianismus als feudale Ideologie abgelehnt, andererseits eine solch konfuzianisch anmutende Sprache aktiv verwendet wird? In der bisherigen Forschung zur Wechselbeziehung zwischen nordkoreanischem System und seiner Ideologie auf der einen und der konfuzianischen Tradition auf der anderen Seite zeigt sich eine starke Tendenz, den beiden Seiten innewohnenden Autoritarismus nebeneinanderzustellen bzw. direkt zu verbinden. Jedoch gibt es dabei einen großen qualitativen Unterschied: Im Autoritarismus des sozialistischen Systems wird dem Staat mehr Gewicht beigemessen als der Gesellschaft; das Volk folgt der Autorität einer Partei und eines Führers. Im Gegensatz dazu misst der konfuzianische Autoritarismus der Gesellschaft mehr Wert als dem Staat zu, der Familie wiederum mehr als der Gesellschaft.

Das Ziel dieses Beitrages ist es, die wechselseitigen Beziehungen zwischen dem gegenwärtigen nordkoreanischen System und seinen Ideen sowie den konfuzianischen Traditionen zu erläutern. Dafür soll zunächst analysiert werden, wie anfangs versucht wurde die konfuzianische Tradition zu eliminieren und diese sich dennoch fortsetzte, ebenso wie die nordkoreanische Führung den Konfuzianismus offiziell ablehnte, ihn aber trotzdem für sich nutzte. Zweitens wird gezeigt, wie die Zusammenführung der sozialistischen Realität und der konfuzianischen Tradition theoretisch bewältigt worden ist.[2]

1 Abbruch und Fortsetzung der konfuzianischen Tradition in der sozialen Revolution

In der traditionellen Agrargesellschaft Koreas war die landwirtschaftliche Produktivität weitgehend von der dorfgemeinschaftlichen Zusammenarbeit abhängig. Vor allem das empfindliche Bewässerungssystem für den Reisanbau setzte eine gut funktionierende Dorfgemeinschaft voraus. Die konfuzianische Lehre regelte als moralische Grundlage das dörfliche Zusammenleben, wobei die strenge hierarchische Beziehung zwischen König und Untertan, Vater und Sohn, Lehrer und Schüler, Mann und Frau sowie zwischen den Älteren und Jüngern das Alltagsleben bestimmte. Die herrschende Schicht *(yangban)* war meist zugleich Großgrundbesitzer des Dorfes, der die patriarchalische Autorität des Dorfes darstellte. Die Dörfer waren zudem Sippengemeinschaften, dessen Bewohner blutverwandtschaftlich verbunden waren.

Die Bodenreform, die nach der Befreiung Koreas 1945 sowohl im Norden als auch im Süden durchgeführt wurde, brachte eine tief greifende Änderung der traditionellen gesellschaftlichen Ordnung mit sich. In Nordkorea, wo die Bodenreform mit entschädigungsloser Enteignung und kostenloser Neuverteilung schnell voranschritt, war dieser Schock besonders stark. Grundbesitzer, die mehr als 5 Chŏngbo (1 Chŏngbo entspricht knapp einem Hektar) Boden besaßen, wurden zwangsweise in andere Kreise umgesiedelt, womit die traditionellen Grundherr-Pächter-Beziehungen unterbrochen wurden. Allerdings blieb die auf Familien basierende Produktionsstruktur zunächst erhalten, wodurch die kleinen Bauernfamilien als landwirtschaftliche Produktionseinheit ihre Existenzgrundlage sichern konnten. Auf diese Weise wurde in Nordkorea ungeachtet der Enteignung und Vertreibung der Großgrundbesitzer die traditionelle Dorfstruktur vorerst weitgehend beibehalten.[3]

Nach dem Koreakrieg und der Kollektivierung der Landwirtschaft in den 1950er-Jahren wurde die traditionelle Ordnung auf den Dörfern ganz und gar zerstört.[4] Wegen des Krieges mussten die Frauen sowohl in der Familie als auch in der landwirtschaftlichen Produktion die Rolle der fehlenden Männer übernehmen. Der Krieg brachte auch eine drastische Zunahme der Bevölkerungswanderung. In manchen Dörfern wurde über die Hälfte der Bewohner durch neue Zuwanderer bzw. Flüchtlinge ersetzt. Damit brach die traditionelle Ordnung der dörflichen Sippengemeinschaft zusammen. Mit der Kollektivierung der Landwirtschaft verlor das Familienoberhaupt seine besondere Autorität als Träger des landwirtschaftlichen technischen Wissens und die Partei übernahm seine Rolle. In der neuen hierarchischen Struktur der landwirtschaftlichen Kooperative konnten auch Frauen führende Position übernehmen.

Durch die Zerstörung der traditionellen patriarchalischen Struktur der dörflichen Sippengemeinschaft ab Mitte der 1950-Jahre wollte die politische Führung Nordkoreas im ganzen Land das Leben der einzelnen Bürger unmittelbar kontrollieren. Allerdings lässt sich bezweifeln, ob durch diese sozialistische Umwälzung der Gesellschaft die traditionelle patriarchalische Familienordnung tatsächlich abgeschafft werden konnte. Sichtbar bleibt diese beispielweise in der traditionellen Beziehung zwischen Kindern und Eltern, wie es in vielen nordkoreanischen Quellen bis in die 1990er-Jahre hinein deutlich wird. Das Zitat aus einem nordkoreanischen Lexikon über Kulturanthropologie hebt die kindliche Pietät *(hyo)*[5] als besonderes Merkmal für familiäres Zusammenleben in Nordkorea hervor:

> »Eine wichtige Veränderung in der Familienstruktur nach der Befreiung bestand darin, dass die Zahl der Schwiegersöhne, die im Haus der Schwiegereltern lebten, schnell zunahm. (...) Heute gibt es bereits Familien, in denen alte Leute bei den Töchtern und Schwiegersöhnen leben, auch wenn sie einen Sohn und eine Schwiegertochter haben. Das beruht auf der alten Sitte, wobei alle Kinder zur Pflege ihrer alt gewordenen Eltern moralisch verpflichtet sind. Statistisch gesehen ist aber bei den Arbeiterfamilien nach wie vor den Brauch zu beobachten, dass die alt gewordenen Eltern mit dem ältesten Sohn zusammenleben.«[6]

Wie in allen modernen Gesellschaften hat sich zwar auch in Nordkorea die Kernfamilie als dominierende Lebensform durchgesetzt, die traditionellen Sitten, wonach vor allem die ältesten Söhne zur Pflege der Eltern moralisch verpflichtet sind, wurden jedoch – wie im Zitat nachzulesen – erhalten. Nordkoreanischen kulturanthropologischen Studien zufolge ist die nordkoreanische Gesellschaft nach wie vor stark von traditionellen Sittenvorstellungen geprägt – nicht nur im Sinne der Betonung der kindlichen Pietät, sondern auch bezüglich der hervorgehobenen Stellung des Mannes als Patriarch. Demnach ist die Lebensweise, bei der der Mann als Familienoberhaupt für den Unterhalt der Familie zu sorgen hat, während die Frau als Hausfrau und Mutter sich um Haushalt kümmert, allgemein verbreitet.[7]

Informationen darüber erhält man auch von Flüchtlingen aus Nordkorea: Auf die Frage an 20 Flüchtlinge, wer bei wichtigen Fragen für die Familien die Entscheidung treffen soll, nannten 17 von ihnen den Vater als Familienoberhaupt, nur drei Befragte, alle noch im jungen Alter, sprachen von »den Eltern«.[8] Es ist offensichtlich, dass in Nordkorea bis heute die Autorität des Familienoberhauptes ausschlaggebend bei Entscheidungen ist.

Ursprünglich sagten die Klassiker des Sozialismus voraus, dass die Familie zugunsten des Staates untergehen werde. Im heutigen Nordkorea koexistieren aber Familie und Staat nebeneinander. Das konfuzianisch geprägte Wertesystem spiegelte sich sogar zum Teil in der Familiengesetzgebung Nordkoreas wider. Das nordkoreanische Familiengesetz wurde zwar nach sowjetischem Vorbild konzipiert. Deshalb sind darin etwa die Gleichberechtigung von Mann und Frau oder die Freiheit der Scheidung verankert. Doch bereits Ende der 1950er-Jahre, als der sowjetische Einfluss auf Nordkorea noch stark war, hoben nordkoreanische Juristen die Unvereinbarkeit der koreanischen Besonderheiten mit dem sowjetischen Modell hervor. In der Folge bemühte man sich, der Tradition unter der Beibehaltung des sowjetischen Modells besser gerecht zu werden und schränkte z. B. die Freiheit der Scheidung ein.[9]

Das am 24. Oktober 1990 erlassene Familiengesetz Nordkoreas zeigt, dass sich die konfuzianischen Traditionen im Familiensystem in neuerer Zeit weiter verstärkt haben.[10] Paragraf 6 definiert die vorrangige Rolle der Mutter bei der Versorgung und Erziehung der Kinder. In Artikel 35 und 36 werden bei der Zuständigkeit für den Unterhalt der Verwandten neben Eltern und Kindern auch Brüder und Schwestern, Großeltern und Enkel sowie andere Minderjährige und sogar arbeitsunfähige Familienmitglieder genannt. Statt der Verwirklichung des ursprünglichen Zieles, die Familienstrukturen aufzulösen, baut das nordkoreanische Regime seine Sozialpolitik auf die traditionelle Funktion von Familie und Verwandtschaft auf. Dies beruht wiederum auf der konfuzianischen Lehre, die besagt, dass man sich um sich selbst sorgen muss, um sich dann um die Ordnung in der Familie und dann im Staat kümmern zu können.[11]

Im Prozess der sozialistischen Revolution mit Bodenreform, Krieg und Kollektivierung sollte die Staatsmacht unmittelbar mit den Individuen verbunden werden. Die dabei störenden Faktoren wie Dorfgemeinschaft und Familienbeziehung versuchte man dabei zu unterbrechen. Ungeachtet dessen ist das Familienleben nach wie vor von der patriarchalischen Kultur um das Familienoberhaupt geprägt, was allgemein als Kern des Konfuzianismus verstanden wird. Im Folgenden wird versucht zu zeigen, in welcher Beziehung das sozialistische System Nordkoreas mit dieser weiter bestehenden konfuzianischen Kultur steht. Denn das nordkoreanische Regime hat seit 1967 ein eigenes Ideensystem aufgebaut.

2 Ablehnung und Nutzung der konfuzianischen Tradition durch die nordkoreanischen Machthaber

Als Antwort auf die Krise des Sozialismus in den 1960er-Jahren erhob Nordkorea die von ihm vertretene Linie der Unabhängigkeit in den Rang einer Ideologie *(Chuch'e)* und begann ab 1967 mit der Durchsetzung dieser Ideen. Wie war in diesem Prozess die Haltung zur konfuzianischen Lehre? Hat im Interesse der Bewahrung des auf den Führer konzentrierten Herrschaftssystems eine positive Umbewertung des Konfuzianismus stattgefunden?

Repräsentativ für den Konfuzianismus in der Geschichte Koreas ist der Neokonfuzianismus. In der Zeit der Chosŏn-Dynastie (1392–1897) wurde er zur Staatsideologie gemacht. Nordkoreanische Wissenschaftler verstehen den Neokonfuzianismus heute jedoch als eine feudale Ideologie, deren Kern in der Hervorhebung der sozialen Unterschiede besteht.[12] Dass der Neokonfuzianismus Elemente aufweist, die die sozialen Unterschiede festschreiben, erkennen auch südkoreanische Wissenschaftler an. Die Unterordnung des Niederen unter das Höhere wird dabei durch die Metaphysik gerechtfertigt.[13]

Die Geschichte des Neokonfuzianismus wird in Nordkorea mittels einer klaren Dichotomie darstellt: einerseits die Schule von *li*, und andererseits die Schule von *ki*. Die Begriffe *li* und *ki* können im westlichen Sinne als Ideen und Materie verstanden werden. Es sind die beiden Elemente, die im Mittelpunkt des metaphysischen Denkens des Neokonfuzianismus stehen. Mit der Entfaltung der Debatte um diese beiden Begriffe, d. h. welches von den beiden entscheidend für die Menschheit und für die Welt sei, hatte der Neokonfuzianismus im 16. und 17. Jahrhundert den Höhepunkt seiner Entwicklung als metaphysische Philosophie erreicht. In der nordkoreanischen Darstellung des Neokonfuzianismus wird der Schule von *ki* die Progressivität zugesprochen. Dabei wird behauptet, die Philosophen dieser Schule wie Kim Si-sŭp oder Sŏ Kyŏng-dŏk hätten die »Entwicklung der materialistischen Philosophie in Auseinandersetzung mit der idealistischen Philosophie« vorangetrieben.[14] Das heißt aber nicht, dass Nordkorea die Ursprünge seiner Staatsideologie *(Chuch'e)* in den klassischen und modernen Traditionen der *ki*-Philosophie sucht. Vom Standpunkt der sozialistischen Philosophie aus gesehen, erkennt man lediglich deren progressiven

Charakter an, der über die Weiterentwicklung in Form der Sirhak-Ideen[15] mit der modernen Aufklärung verbunden ist. Man sieht also darin den historischen Wert, nicht aber eine Idee, die in Nordkorea zu achten und fortzusetzen ist.

Versuche, die fortschrittlichen Traditionen des Konfuzianismus in Nordkorea praktisch weiterzuführen und anzuwenden, wurden somit grundsätzlich abgelehnt. Interessant ist jedoch, dass dieser Haltung scheinbar widersprechend seit Ende der 1960er-Jahre häufig Ausdrücke konfuzianischer Herkunft in der Herrschaftssprache der nordkoreanischen Führung auftauchen. Dem japanischen Nordkoreaforscher Furuda Hiroshi zufolge werden im offiziellen Sprachorgan der Arbeiterpartei Nordkoreas *Rodong Sinmun* Begriffe wie »Loyalität« (*ch'ung*, seit 1967), »kindliche Pietät« (*hyo*, seit 1988) und »Tugend« (*indŏk*, seit 1993) gebraucht. Das Auftauchen solcher Begriffe entspricht jeweils genau den Zeitpunkten, an denen die Führung Nordkoreas neue Strategien zur Legitimierung ihrer Macht erdachte.

Während einerseits jegliche Berührung mit der konfuzianischen Philosophie offiziell abgelehnt wurde, besang man andererseits den Führer Kim Il Sung *(Kim Il-sŏng)* als »Vater«, seine Mutter als »unsere Mutter«[16] und begann so, sich mit der Betonung der Loyalität zu Kim Il Sungs Familie konfuzianischer Traditionen zu bedienen.[17] Seit den 1980er-Jahren versuchte man der Krise der sozialistischen Systeme auf der ganzen Welt parallel zur *Chuch'e*-Ideologie mit der Idee vom »soziopolitischen Leben« zu begegnen. Man sprach von Staat und Gesellschaft als einem lebenden Geschöpf und davon, dass die Eltern dem Menschen zwar das körperliche Leben geben, dass das gesellschaftliche Leben aber vom »Führer« geschenkt wird. So war der Führer nicht mehr nur Objekt der Loyalität, sondern auch Objekt des Pflichtbewusstseins, das ein Kind gegenüber seinem Vater hat.

Nachdem in Nordkorea also durch die sozialistischen Revolutionen versucht wurde, die »feudalen Überreste« abzuschaffen, setzen sich unter der Oberfläche »konfuzianische Traditionen« in Form der patriarchalischen Familienordnung fort. Ab der zweiten Hälfte der 1960er-Jahre suchten nun auch die Machthaber nach eigenen, von der sozialistischen Ideologie unabhängigen Prinzipen der Leitung der Gesellschaft und fanden in der Tradition des Konfuzianismus geeignete Instrumente. So wurden alte Prinzipien der Loyalität und der kindlichen Pietät reinterpretiert und für die Stabilisierung der Herrschaft genutzt.

3 Logik und historische Einordnung der Idee des »soziopolitischen Lebewesens«

Logik

Die Mobilisierung konfuzianischer Konzepte in Nordkorea ist keineswegs eine kurzfristige Erscheinung. Die konfuzianische Logik ist ein fester Bestandteil der Gesellschaftslehre Nordkoreas geworden, die auf der Idee des »soziopolitischen Lebewesens« beruht. In einem Gespräch am 15. Juli 1985 erklärte Kim Jong Il *(Kim Chŏng-il)* diese Idee wie folgt:

> »Organisiert und ideologisch konsolidiert um die Gestalt des Führers gewinnen die Volksmassen ewige unabhängige Lebenskraft als ein soziopolitisches Wesen. Das physische Leben der einzelnen Menschen ist endlich, aber das Leben der Volksmassen als soziopolitisches Lebewesen währt ewig.«[18]

Die Theorie vom »soziopolitischen Lebewesen« geht davon aus, dass der Mensch sich als soziales Wesen von anderen Lebewesen unterscheidet. Dieses Verständnis ist nicht allein den Chuch'e-Ideen eigen, sondern wird auch von der modernen Philosophie, besonders der dialektisch-materialistischen Philosophie so verstanden. Die Besonderheit der Chuch'e-Ideologie ist jedoch das Verständnis der ganzen Gesellschaft als soziopolitisches Lebewesen. Jeder einzelne Mensch hat ein endliches physisches Leben, doch die Gesellschaft, zu der er gehört, währt ewig. Der Einzelne kann folglich seine Endlichkeit überwinden und ewiges Leben gewinnen, indem er in die Gemeinschaft eingeht. Dazu gehört es, dass er dem Führer, dem Hirn des soziopolitischen Lebewesens, treu bleibt. Nur wenn »Führer, Partei und Massen vereinigt sind, werden sie zum ewig währenden soziopolitischen Lebewesen«.[19]

Man könnte diese nordkoreanische Gesellschaftsauffassung als »organische Staatsauffassung« bezeichnen. Diese Auffassung, die Gesellschaft nicht als Übereinkunft von Individuen betrachtet, sondern als einen Organismus, ist keine Eigenheit Nordkoreas, sondern auch im Faschismus und anderen Systemen zu finden, welche das Kollektiv über das Individuum stellen.

Nach Kim Jong Il soll die Logik der Beziehung zwischen den Individuen in diesem soziopolitischen Lebewesen auf der »Verbundenheit und Liebe der revolutionären Genossen« gründen, was in der Beziehung zwischen Führer und Kämpfer am schönsten zum Ausdruck gebracht werden könne. Das Idealmodell dafür ist das Kollektiv der antijapanischen Kämpfer, die in den

1930er-Jahren im Nordosten Chinas unter der Führung von Kim Il Sung gewirkt hatten. Innerhalb Partisaneneinheiten mussten quasifamiliäre Beziehungen zwischen Führern und Kämpfern herrschen, denn nur so konnten sie als eine Einheit schlagfähig bleiben und überleben. So lässt es sich leicht vorstellen, dass hinterbliebene Familienmitglieder eines gefallenen Kämpfers, vor allem seine Kinder, von Kampfgenossen versorgt wurden und sich dadurch ein erweitertes familiäres Zusammengehörigkeitsgefühl gebildet hat. Nach der Befreiung ließ Kim Il Sung in Nordkorea die »Schule für die Hinterbliebenen von Revolutionären« (später: Revolutionsschule Man'gyŏngdae) errichten. Gerade diese Schule wurde zu einem Zentrum, in dem das Familienbewusstsein im politischen Leben Nordkoreas hochgehalten wird.

Eine derartige unmittelbare Verbundenheit kann jedoch nur im Rahmen eines relativ kleinen Kollektivs der Machthaber funktionieren. Es reicht nicht aus, um ein blutsverwandtschaftliches Gefühl zwischen der Führung und den Massen herzustellen. Die nordkoreanische Führung sah sich deshalb gezwungen, dafür ein anderes Medium zu suchen, und fand es in der konfuzianischen Tradition. Das folgende Zitat Kim Jong Ils zeigt deutlich, wie die konfuzianische Lehre in der Logik des »soziopolitischen Lebewesens« eingesetzt wird:

> »Dass die Kinder ihre Eltern lieben und achten, liegt nicht daran, dass sie sie für bessere Eltern als andere halten und sie von ihnen gute Eigenschaften erhalten, sondern rührt daher, dass sie die Wohltäter sind, die sie gebaren und ihnen das Leben schenkten. Ein Mensch, der revolutionäre Tugend wahrt, wird in guten und in schlechten Zeiten unerschütterlich Leben und Tod mit dem Führer, der Partei und den Massen, denen er das Leben verdankt, teilen. Kein Volk eines Landes wird einem Menschen Gewissen zuerkennen, der enttäuscht von der Rückständigkeit seines Landes sich nicht mehr zu ihm bekennt oder in der Not sein Vaterland verrät, um sich allein zu retten. Kein Mensch von revolutionärer Tugend wird – welcher Wind auch weht – zum Kriecher vor großen Ländern werden oder seinen Führer, seine Partei und sein Vaterland verraten.«[20]

So wie die Eltern-Kind-Beziehung eine Schicksalsgemeinschaft ist und durch Liebe und Achtung zusammengehalten wird, ist es nach Kim Jong Il eine Bedingung für die Schicksalsgemeinschaft des Vaterlandes aus Führer, Partei und Volk, durch revolutionäre Tugend zusammengehalten zu werden. Aber die Logik, auf diese Art das Vaterland zu personifizieren und ihm gegenüber Tugend sowie gegenüber seiner Führung Loyalität und Gehorsam zu verlangen, entspricht nicht der konfuzianischen Lehre von Loyalität und kindlicher Pietät. Denn im Konfuzianismus steht die Beziehung zwischen Vater und Sohn im Mittelpunkt. Innerhalb der Familie darf der Sohn keineswegs dem Vater widersprechen, auch wenn dieser nicht aufrichtig denken sollte. Die Beziehung zwischen Herrscher und Untertan unterscheidet sich wesentlich von dieser Eltern-Kind-Beziehung, denn der Untertan ist nach konfuzianischer Auffassung vielmehr dazu verpflichtet, gegenüber dem Herrscher seine Meinung zu äußern, und falls der Herrscher nicht bereit sein sollte, seine Meinung zu akzeptieren, kann er nicht mehr dessen Untertan sein. In der Geschichte des Konfuzianismus zeigt es sich zwar, dass der Wert der Loyalität als Staatsnorm an Bedeutung zugenommen hat, niemals aber wurde der Wert der Loyalität (gegenüber dem Staat) über den Wert der kindlichen Pietät (in der Familie) gestellt. Die Familienbeziehungen waren und sind die Grundlage der konfuzianischen Ethik.

In Nordkorea hat sich nun die Verwendung der Begriffe »Loyalität« und »kindliche Pietät« grundsätzlich verändert. Der konfuzianische Terminus »kindliche Pietät« wird nur noch für das Vaterland sowie für die an der Spitze desselben stehenden Führer und Partei verwendet. »Kindliche Pietät« *(hyo)* und »Loyalität« *(ch'ung)* sind so zu Synonymen geworden. In Bezug auf die Familienbeziehungen wird der Terminus *hyo* dagegen nicht mehr verwendet, stattdessen werden gegenüber den Eltern nun die modernen Ausdrücke »Achtung« und »Liebe« gebraucht.

Da die nordkoreanischen Machthaber aber wissen, dass bei einer Auflösung der patriarchalischen Ordnung innerhalb der Familien auch ihr autoritäres politisches System selbst in eine Krise geraten könnte, wird die auf kindliche Pietät beruhende Beziehung zwischen Vater und Sohn nicht komplett abgelehnt. Auf diese Weise fungiert die Familie in Nordkorea als eine Grundeinheit des soziopolitischen Lebewesens und gewinnt nur begrenzt an Bedeutung als ein Organ der Erziehung, das der Partei und dem Führer treue Persönlichkeiten hervorbringen soll. Nur in diesem Rahmen erhält die traditionelle Beziehung zwischen Vater und Sohn ihren Wert.

Historische Einordnung

Die Idee, die Gesellschaft als einen Organismus zu sehen, in dem das Individuum ein untergeordnetes Wesen ist und die individuelle Treue gegenüber der Gesellschaft als wichtig bewertet wird, tauchte in der koreanischen Geschichte nicht zum ersten Mal auf. Bereits am Ende des 19. Jahrhunderts hatte sich diese Idee herausgebildet.[21] Gerade die Aufklärer gegen Ende der Chosŏn-Dynastie betrachteten die Masse des Volkes als unselbständiges Wesen, das von der politischen Führung erzogen werden müsse. Dies hing sicher mit der damaligen Lage Koreas zusammen, in der aufgrund der imperialistischen Mächte die Unabhängigkeit des Landes ständig in Gefahr geriet. So sah man in der Aufrechterhaltung der Unabhängigkeit und in der dafür notwendigen Schaffung eines reichen Landes mit einer starken Armee die wichtigste und dringendste Aufgabe. Für die Rechte des Individuums gab es in diesem Staatsdenken deshalb keinen Platz. Vielmehr stützten sich die Aufklärer Koreas am Ende des 19. Jahrhunderts auf die patriarchalische Lehre von der kindlichen Pietät *(hyo)* und Loyalität *(ch'ung)* und rezipierten dabei die monarchische Staatslehre des Westens, die den Staat als organisches Wesen verabsolutierte.

Die Auffassung von der Gesellschaft bzw. des Staates als ein Organismus setzte sich auch unter den Bedingungen des japanischen Imperialismus fort. Sowohl in der Logik der moderaten wie der bewaffneten Unabhängigkeitsbewegungen, wie der Patriotischen Aufklärungsbewegung und der Kommunistischen Bewegung, als auch in der Logik der japanischen Kolonialverwaltung war für das Recht des Individuums kein Platz vorgesehen. Es stand allein die organische Solidarität, nach der das Individuum konsequent der Gemeinschaft dienen muss, im Vordergrund.[22]

Aufgrund dieser Vorgeschichte hatte die Auffassung von der organischen Gesellschaft bzw. des organischen Staates bereits einen wichtigen Platz im Bewusstsein der Koreaner eingenommen. Anders als in Südkorea, wo sich nach der Befreiung Liberalismus und Individualismus verbreiteten, bestand unter der sozialistischen Ordnung in Nordkorea durch die kollektivistische Kultur ein guter Nährboden für eine organische Staatstheorie. So konnte nach 1980 die »Theorie vom soziopolitischen Lebewesen« unter den Volksmassen verbreitet werden.

Dafür sollte, wie oben erwähnt, die Beziehung der kommunistischen Kampfgenossen gegen Japan während der Kolonialzeit als Modell dienen. Der Koreakrieg bot dann Anlass, die Erfahrung dieser Kampfgenossen auf die Massen zu übertragen. Um jedoch die nordkoreanische Gesellschaft, die aus Bürgern bestand, welche nicht alle die Erfahrung des antijapanischen Partisanenkampfes gemacht hatten, zu einer Einheit zu formen, musste man an ein ursprüngliches Gefühl appellieren, was alle Bürger gemeinsam besitzen. Dies fand die nordkoreanische Führung offenbar im Konfuzianismus.

Fazit

Durch die Schwächung der patriarchalischen Ordnung im Rahmen der sozialistischen Revolution ab 1945 wurde die konfuzianische Tradition äußerlich gesehen unterbrochen. Unter den nordkoreanischen Verhältnissen, die im Gegensatz zum südkoreanischen Beispiel keine Gelegenheit zur Herausbildung von Individualismus und Liberalismus boten, setzte sich die stark kollektivistische und vergeistigte Tradition des Konfuzianismus dennoch fort. Bei der Willensbildung innerhalb der Familien kam dem Familienoberhaupt weiterhin die Hauptrolle zu.

Das Fortbestehen des patriarchalischen Autoritätsgedankens ist der soziale Nährboden, auf dem das autoritäre nordkoreanische System heute gedeiht. Seine Machthaber lehnen dabei einerseits konsequent die konfuzianische Lehre selbst als »feudal« ab, benutzen anderseits jedoch die konfuzianische Terminologie, soweit es dem Erhalt des Regimes dient. Auch die später entwickelte Idee eines »soziopolitischen Lebewesens« ging auf konfuzianisch geprägte organische Staatsauffassungen aus der jüngeren Geschichte Koreas zurück. Man kann also sagen, dass die konfuzianische Tradition in Nordkorea durchaus weiterlebt und in Zukunft weiter wirken wird.

Literatur

Armstrong, Charles K., The North Korean Revolution, Ithaca, N. Y./London 2003.

Anmerkungen

1 Vergleiche den Beitrag von Bruce Cumings in diesem Band.

2 Der hier gebrauchte Terminus »konfuzianische Tradition« wird in Nordkorea selbst nicht verwendet, da der Begriff »Tradition« ausschließlich im aktiven und positiven Sinne für zu bewahrende »revolutionäre Traditionen« gebraucht wird. So wird in Nordkorea die Vergangenheit aufgeteilt und nach positiv Fortzuführendem (neben »Tradition« mit Begriffen wie »gute Sitten und Gebräuche« und »Erbe«) und negativ zu Überwindendem (»feudale Ideologie«, »feudale Überreste«) unterschieden.

3 Kim Sŏng-bo, *Nambukhan kyŏngjegujo-ŭi kiwŏn-gwa chŏngae – pukhan nongŏpch'eje-ŭi hyŏngsŏng-ŭl chungsim-ŭro* [Ursprünge und Entwicklung der Wirtschaftsstruktur in Süd- und Nordkorea – unter besonderer Berücksichtigung der nordkoreanischen Landwirtschaft], Seoul, S. 324–328.

4 Über den Einfluss des Koreakriegs auf die Veränderung der nordkoreanischen Gesellschaft vgl. Son Ho-ch'ŏl u. a., *Hangukchŏnjaeng-gwa nambukhan sahoe-ŭi kujojŏk pyŏnhwa* [Der Koreakrieg und die Strukturveränderungen in der süd- und nordkoreanischen Sozialstruktur], Seoul 1991; Ostasien-Institut der Kyungnam University (Hrsg.), *Pundan pansegi nambukhan-ŭi sahoe-wa munhwa* [Gesellschaft und Kultur im seit 50 Jahren gespaltenen Korea], Seoul 1996.

5 *Hyo* ist ein zentraler Begriff in der konfuzianischen Kultur, allerdings lässt er sich nur sehr schwer ins Deutsche übersetzen. Die Übersetzung »kindliche Pietät« meint in diesem Falle den Respekt und die Ehrfurcht gegenüber den lebenden Eltern.

6 *Chosŏn-ŭi minjokchŏnt'ongp'yŏnch'anwiwŏnhoe* [Herausgeberkomitee für die ethnischen Traditionen in Korea], *Chosŏn-ŭi minjokchŏnt'ong 3 – chut'aek-kwa kajok saenghwalp'ungsŭp* [Die

ethnischen Traditionen Koreas 3 – Wohn- und Familientraditionen], P'yŏngyang 1994, S. 307.

7 Ebd., S. 308.

8 Yi Chong-sŏk/Kim Yŏn-ch'ŏ, *Pukhanjumin ŭisikkujo mit kach'gwan chosa* [Untersuchung der Bewusstseinsstruktur und des Wertesystems der Nordkoreaner], Seoul 1996, S. 65–66.

9 Cho Il-ho, *Konghwaguk kajokpŏp palchŏn-ŭi happŏpch'iksŏng-e kwanhan myŏt kaji munje* [Einige Fragen zur Gesetzmäßigkeit der Entwicklung des Familiengesetzes der Republik], in: *Kwahakwŏn ch'angnip 5junyŏn kinyŏm ronmunjip* [Artikelsammlung zum 5. Jahrestag der Gründung der Akademie der Wissenschaften], P'yŏngyang 1957.

10 Der Originaltext des nordkoreanischen Familiengesetzes findet sich in: *Pukhan yŏn'guso* (Hrsg.), *Pukhan kajokpŏp-kwa kajoksilt'ae* [Nordkoreanisches Familiengesetz und Familienrealität], Seoul 1991, S. 119–137.

11 Die Erweiterung der Unterhaltspflicht auf die Verwandtschaft dürfte mit den ökonomischen Schwierigkeiten seit den 1980er-Jahren zu tun haben; Chŏn Sang-in, *Pukhan kajokchŏngch'aek-ŭi pyŏnhwa* [Veränderungen in der nordkoreanischen Familienpolitik], Seoul 1993, S. 64.

12 Chŏng Sŏng-ch'ŏl, *Chosŏn ch'ŏrhaksa 2* [Geschichte der koreanischen Philosophie, Bd. 2], P'yŏngyang 1987 (Nachdruck in Teilen: Chŏng Sŏng-ch'ŏl, *Chosŏn ch'ŏrhaksa: yijop'yŏn* [Geschichte der koreanischen Philosophie: Band Yi-Dynastie], Seoul 1988, S. 30).

13 Yun Sa-sun, *Chosŏnjo sŏngnihak-ŭi sahoesasang* [Der Neokonfuzianismus als Soziallehre der Chosŏn-Dynastie], in: Yi U-sŏng u. a. (Hrsg.), *Hanguk-ŭi sahoesasang* [Soziallehren Koreas], Seoul 1987, S. 42–43.

14 Chŏng (wie Anm. 12), Bd. l, Kapitel 3, Bd. 2, Kapitel 3–5.

15 *Sirhak* ist die Bezeichnung einer konfuzianischen Reformbewegung, die die Lehren nicht mehr nur metaphysisch, sondern »praktisch« *(sil)* verstand und umsetzen wollte.

16 Kim Il Sung, *Haksaengdŭr-ŭl sahoejuŭi, kongsanjuŭi kŏnsŏr-ŭi ch'amdoen hubidae-ro kyoyukkyoyanghaja* [Lasst uns die Studenten zu echten Nachfolgern beim Aufbau des Sozialismus/Kommunismus erziehen], 14. 3. 1968.

17 Am 16.11.1966 wurde in der *Rodong Sinmun* die Erinnerung des vaterlosen Mitglieds der Kinderorganisation der antijapanische Partisanen Kim Ok-sun veröffentlicht, dass sie Kim Il Sung wie einen Vater geliebt habe. Sie sprach von seiner heißen Vaterliebe; s. Hiroshi Furuda, Rückkehr zur Tradition in der Isolation (1990–1994), in: Masao Okonogi (Hrsg.), Nordkorea-Handbuch, Tokyo 1997, S. 78. Der Personenkult um Kim Il Sung wurde auf die Anbetung seiner ganzen Familie ausgedehnt. Besonders Kang Pan-sŏk, seine Mutter, wurde als »unsere Mutter« besungen. Die *Rodong Sinmun* veröffentlichte am 3. Juli 1967 Artikel wie *Kŭi-nŭn urimodu-ŭi ŏmŏnisida* [Sie ist unser aller Mutter] und *Kang Pan-sŏk ŏmŏni-rŭl hoesanghayŏ* [In Erinnerung an Mutter Kang Pan-sŏk]. Im Februar 1968 wurde ein Dokumentarfilm über die Familie Kim Il Sungs unter dem Titel *Uri-ŭi ŏmŏni Kang Pan-sŏk nyŏsa* [Unsere Mutter Madame Kang Pan-sŏk] aufgeführt.

18 Kim Jong Il, *Chuch'esasanggyoyang-esŏ chegidoenŭn myŏtkaji munje-e taehayŏ* [Über einige Fragen der Erziehungsmethoden der Chuch'e-Ideen], in: *Kŭktongmunje yŏn'guso, Pukhanjaryojip Kim Chŏng-il chŏjaksŏn* [Materialien aus Nordkorea, Ausgewählte Werke Kim Jong Ils]; Seoul 1991, S. 320–321.

19 Ebd., S. 323; Pak Yŏng-ch'ŏl, *Suryŏng-e taehan ch'ungsilsŏng-gwa sahoejŏngch'ijŏksaengmyŏngch'e* [Die Treue zum Führer und das soziopolitische Lebewesen], P'yŏngyang 1990.

20 Kim Jong Il (wie Anm. 18), S. 325–326.

21 Pak Sŏng-jin, *Hanmal-ilcheha sahoejinhwaron yŏngu* [Studien zum Sozialdarwinismus am Ende der Yi-Dynastie und unter der japanischen Herrschaft], Sŏngnam 1998, S. 65.

22 Ebd., S. 123–135.

Kim Seok-hyang

Zur Lage der Frauen in Nordkorea

1 Nordkorea – eine Gesellschaft mit Gleichberechtigung der Geschlechter?

Die offizielle Version der nordkoreanischen Führung

Nach der Teilung der koreanischen Halbinsel wiederholte die nordkoreanische Regierung beständig, der Süden habe den Frauen »die Rechte aberkannt«, während die Demokratische Volksrepublik Korea im Norden ein Ort der gelebten »Gleichberechtigung der Geschlechter« sei. In der Oktoberausgabe 2004 der monatlich von der einzigen nordkoreanischen Frauenorganisation *Chosŏnminjuyŏsŏngdongmaeng* (Demokratischer Frauenbund Koreas) herausgegebenen Zeitschrift *Chosŏnyŏsŏng* (Die koreanische Frau) werden die in der »entrechteten kapitalistischen Gesellschaft« lebenden Frauen dargestellt. Sie seien die »Gewalt durch den Mann« leid, »an den Haushalt gefesselt« und von »Hohn und Verachtung geplagt«. Der Beitrag endet mit einer kräftigen Ermutigung der im Kapitalismus lebenden Frauen, »die Bourgeoisie zu vernichten, für gleiche Rechte zu den Waffen zu greifen« und zu kämpfen.

Zur Lage im eigenen Land wiederholen die Behörden immer wieder die offizielle Behauptung, die Diskriminierung der Frauen sei, anders als in der kapitalistischen Gesellschaft, beseitigt und die Gleichberechtigung der Geschlechter verwirklicht.[1] Als Begründung dafür erklären die Behörden, dass »der große Führer Genosse Kim Il Sung *(Kim Il-sŏng)* die Gleichberechtigung der Geschlechter zu einer der Hauptaufgaben der antiimperialistischen und antifeudalen demokratischen Revolution gemacht hat«. Diese Aussagen zusammenfassend ist es also einzig dem »großen Führer« Kim Il Sung zu verdanken, dass die Frauendiskriminierung im heutigen Nordkorea gänzlich verschwunden und »dieser Begriff den Bürgern fremd« ist.

Kontrastierende Erfahrungen

Die Realität in Nordkorea weicht jedoch gänzlich von den Darstellungen der nordkoreanischen Behörden ab. In meinen zahlreichen Besuchen des Landes seit 2001[2] hatte ich Gelegenheit, das Alltagsleben der Bevölkerung zu beobachten und mit den Menschen zu sprechen. Nach meinen Eindrücken in den Städten und ländlichen Gegenden Nordkoreas fällt es mir schwer, der Behauptung zuzustimmen, Nordkorea sei eine Gesellschaft, in der die Gleichberechtigung der Geschlechter verwirklicht ist. Wo auch immer ich mich aufhielt, war nur zu leicht diskriminierendes Verhalten zu erkennen. Die Frauen lächelten dabei ihr männliches Gegenüber nett an und machten nicht den Eindruck, als sei es ihnen sehr unangenehm, auch wenn sie mit nach meiner Beurteilung eindeutig sexueller Belästigung konfrontiert wurden.

Angesichts des in Nordkorea weit verbreiteten sexuell diskriminierenden Verhaltens stellte sich mir immer wieder die Frage, mit welcher Begründung die nordkoreanischen Behörden in ihrem Land von einer Gleichberechtigung der Geschlechter sprechen können. Noch weniger verständlich ist, weshalb die Frauen in Situationen, in denen sie selbst sexuell diskriminierenden Handlungen ausgesetzt waren, kein Missfallen ausdrückten.

Berichte von Flüchtlingen

Um diese Fragen zu beantworten, suchte ich das Gespräch mit nordkoreanischen Flüchtlingen, wann immer sich die Gelegenheit dazu bot. In den persönlichen Interviews über das Thema Gleichberechtigung von Mann und Frau tat sich eine interessante Gemeinsamkeit auf. In der Anfangsphase des Gesprächs antwortete tatsächlich jeder auf die Frage, ob im Norden Gleichberechtigung herrsche, mit »ja«. Auch Frauen, die in meinen Augen offensichtlich Opfer sexuell diskriminierender Handlungen geworden waren, sagten ausnahmslos, dass Nordkorea eine Gesellschaft sei, in der »Mann und Frau gleichberechtigt« sind.

Im Laufe der Gespräche kamen sie jedoch an einen Punkt, an dem es nur so aus ihnen heraussprudelte. Sie berichteten von Erfahrungen von Diskriminierung gegen Frauen zu Hause, in der Schule und am Arbeitsplatz: Eltern würden einer Tochter ihre Betroffenheit darüber, nach dem Tod »niemanden zu haben, der die Familienlinie fortsetzt«, nicht verbergen; in der Grund- und Mittelschule sei es nahezu unmöglich, in der Schülervereinigung einen weiblichen Repräsentanten zu finden; und am Arbeitsplatz würden Männer mit den wichtigen Aufgaben betraut, während Frauen lediglich die Rolle der assistierenden Helferin übernähmen.

Die aus ihren Berichten gewonnen Verhaltensmuster der in Nordkorea häufig und überall zu sehenden Diskriminierung nehmen des Weiteren folgende Formen an:

- Männer und Frauen, die in jungen Jahren in Nordkorea gemeinsam eine Schule besuchten, sprechen in einer vertrauten Höflichkeitsform miteinander, zu vergleichen mit dem deutschen »du«. Hat der Mann jedoch seinen Militärdienst geleistet, ändern sich die Umstände. Zwar benutzt er der Frau gegenüber nach wie vor die vertraute Form, für sie wäre es jedoch »undenkbar«, dies ebenfalls zu tun und nicht in die nächst höflichere Stufe, vergleichbar mit »Sie«, zu wechseln. In Südkorea sind die Nordkoreanerinnen überrascht, wie viele Frauen gleichaltrigen Männern gegenüber die vertraute Sprechform verwenden.
- Als die Befragten noch in Nordkorea lebten, »aß der Mann daheim an einem eigenen Tisch«, während die Frau mit den Kindern an einem anderen saß und ihren Mann nebenbei häufig noch bediente. Als sie nun in den Süden kamen, mussten sich die Flüchtlinge erst daran gewöhnen, dass die Frauen ihren Mann hier während des Essens nicht bedienen, sondern in Ruhe mit ihm am gleichen Tisch essen.
- Im Norden kam es nicht selten vor, dass ein Mann eine Frau zu Hause oder am Arbeitsplatz schlug und Beobachter dieses Geschehens in diesem Moment dachten, die Frau habe wohl »etwas getan, wofür sie geschlagen wird«. Dass eine solche Handlung in Südkorea gesetzlich bestraft wird, hat die Nordkoreanerinnen erstaunt.

Die persönlichen Erfahrungen der großen Mehrheit nordkoreanischer Flüchtlinge, die von diskriminierendem Verhalten gegenüber Frauen im Alltag – ob zu Hause, in der Schule oder am Arbeitsplatz – berichten, stehen somit ebenfalls im Kontrast zur offiziell in Nordkorea behaupteten Gleichberechtigung von Mann und Frau. Wie ist diese Diskrepanz zu verstehen? Um diese Frage zu beantworten, soll im Folgenden zunächst die Darlegung der Idee von der »Gleichberechtigung zwischen Mann und Frau« bzw. den »Rechten der Frau« im öffentlichen Diskurs der nordkoreanischen Behörden betrachtet werden.

2 Das Verständnis von »Gleichberechtigung der Geschlechter« in Nordkorea

Der offizielle Gleichberechtigungsdiskurs

Das heutige Nordkorea ist dafür bekannt, seinen Bürgern Meinungsfreiheit nur in stark begrenztem Maße zuzugestehen. Nicht zuletzt deshalb gibt es für

Sozialwissenschaftler außerhalb Nordkoreas faktisch keinen Weg, die Meinung nordkoreanischer Bürger aus erster Hand zu erfahren und Schlussfolgerungen über die wirkliche Situation zu ziehen. Wie Sozialwissenschaftler immer wieder hervorheben, ist ohnehin davon auszugehen, dass in sozialistischen Staaten wie Nordkorea Äußerungen und Verhalten von Personen im Privatleben und in der Öffentlichkeit voneinander abweichen.[3] In einer solchen Situation ist es unvermeidlich, die offiziellen Sprachregelungen der nordkoreanischen Behörden als primäre Datenquelle für die Analyse heranzuziehen. Dabei versteht es sich von selbst, dass der offizielle Diskurs nicht die Realität der nordkoreanischen Gesellschaft widerspiegelt. Dennoch sollte nicht auf die Analyse solcher Diskurse verzichtet werden. Denn zumindest bis zu einem bestimmten Grad muss auch eine offizielle Sprachregelung die Einstellung der Bürger sowie die gesellschaftliche Wirklichkeit reflektieren, um eine gewisse Akzeptanz bei den Bürgern zu erreichen.

Die rechtliche Stellung der Frau

Bereits vor der offiziellen Gründung des nordkoreanischen Staates bekundete die kommunistische Führung ihr politisches Interesse an der Frauenfrage. Besonders drei der 1946 im Namen des Provisorischen Volkskomitees Nordkoreas verabschiedeten Gesetze hatten starken Einfluss auf die gesellschaftliche Stellung der nordkoreanischen Frau. Dabei handelt es sich um das »Gesetz zur Bodenreform in Nordkorea«, das »Arbeitsgesetz für Arbeiter und Angestellte in Nordkorea« und das »Gesetz zur Gleichstellung von Mann und Frau in Nordkorea«.

Das Bodenreformgesetz bildet die Grundlage für die Zuteilung von Grund und Boden nicht nur an Männer, sondern auch an Frauen. Dies ist insofern als Meilenstein zu bezeichnen, als dass das Gesetz zumindest auf dem Papier ein Umfeld schafft, in dem Frauen ebenso wie Männer eine selbstständige ökonomische Basis erhalten.[4] Für die Errechnung der tatsächlichen Fläche, die ein Haushalt erhielt, wurden anhand der »Anzahl der Familienmitglieder und arbeitsfähigen Personen in einem Haushalt« zunächst Punkte für die Landzuteilung ermittelt. Auf der damaligen Punkteskala erhielten Männer im Alter von 18 bis 60 Jahren und Frauen im Alter von 18 bis 50 Jahren jeweils einen Punkt. Männern ab 61 und Frauen ab 51 Jahren wurden 0,3 Punkte zugewiesen, weil Wert ihrer Arbeitskraft auf ca. 30 Prozent geschätzt wurde. Bei Kindern und Jugendlichen hingegen wurde nicht nach Geschlechtern unterschieden; Mädchen und Jungen im Alter von 15 bis 17 Jahren erhielten 0,7 Punkte, Kinder im Alter von 10 bis 14 Jahren 0,4 und Kinder unter neun Jahren wurden unterschiedslos 0,1 Punkte zugewiesen. Als Ergebnis der Bodenzuteilung nach diesem Prinzip war es in der koreanischen Geschichte zum ersten Mal technisch überhaupt möglich geworden, bei dem Grundbesitz einer Familie zwischen den Anteilen von Mann, Frau und Kindern zu unterscheiden.

Das »Arbeitsgesetz für Arbeiter und Angestellte in Nordkorea« ordnete gleichen Lohn für gleiche Arbeit sowie bezahlten Urlaub für Frauen für die Dauer von 35 Tagen vor und bis zu 42 Tagen nach einer Geburt an. Ab dem sechsten Schwangerschaftsmonat war es Frauen verboten, schwere Arbeit zu verrichten, nachts zu arbeiten oder Überstunden zu leisten. Mit diesen Spezifizierungen für den Mutterschutz und die Sicherung des Arbeitsrechts wurden die Rechte arbeitender Frauen gesetzlich geschützt.

Mit dem ersten Artikel des »Gesetzes zur Gleichstellung von Mann und Frau in Nordkorea«, nach dem »Frauen in allen Bereichen von Staat, Wirtschaft, Kultur, Gesellschaft und Politik über die gleichen Rechte verfügen wie Männer«, wurde in der von traditionellen Werten beherrschten nordkoreanischen Gesellschaft ein neuer bahnbrechender Standard für die Gleichberechtigung von Mann und Frau aufgestellt. In Artikel 1 heißt es zunächst, Frauen seien ebenso dazu berechtigt, jegliche Positionen im öffentlichen Dienst zu bekleiden wie Männer. In Artikel 5 wird ausgeführt, dass auch Frauen Anspruch auf das Erbe von Besitztum und Boden haben. Artikel 21 erläutert darüber hinaus konkret, dass Frauen im Scheidungsfall ihr Anteil am gemeinsamen Besitz und Boden zusteht.

Diese drei 1946 in Nordkorea verabschiedeten Gesetze führten angesichts der damaligen Verhältnisse zweifelsohne zu einer konkreten Darlegung der Rechte der Frau. Nach Verabschiedung des »Gesetzes zur Gleichstellung von Mann und Frau in Nordkorea« im Jahr 1946 veranstaltete das Regime jährlich zum 30. Juli eine Gedenkfeier zu dessen Ausrufung. Während der folgenden mehr als 60 Jahre erfolgten jedoch keine Anpassungen an die sich wandelnde gesellschaftliche Realität. Überarbeitungen oder Neuentwürfe von Gesetzen, die einer geschlechtlichen Diskriminierung entgegengewirkt und eine rechtliche Emanzipation gefördert hätten, blieben aus. Die Verabschiedung des »Gesetzes zur Wahrung der Rechte der Frau« durch das legislative Ständige Komitee der Obersten Volksversammlung vom Dezember 2010 ließ daher die Erwartung aufkommen, Nordkorea plane eine neue Umsetzungsstrategie zur Stärkung der Frauenrechte. Fasst man jedoch die kritischen Einschätzungen der Juristen zusammen, enthält das aus sieben Kapiteln und 55 Artikeln bestehende Gesetz keinen konkreten Realisierungsplan und beschränkt sich lediglich darauf, Inhalte aus dem alten »Gesetz zur Gleichstellung von Mann und Frau in Nordkorea« zu wiederholen.

Darstellungen in der Zeitschrift »Die koreanische Frau«

Die seit September 1946 fortlaufend erscheinende, einzige nordkoreanische Frauenzeitschrift *Chosŏnyŏsŏng* (Die koreanische Frau) berichtet in Artikeln über das Leben der Frauen immer wieder von der »Gleichberechtigung zwischen Mann und Frau« und den »Rechten der Frau«. Diese Zeitschrift ist das Sprachorgan des Zentralkomitees des *Chosŏnminjuyŏsŏngdongmaeng* (Demokratischen Frauenbundes Koreas). Ihr Inhalt unterliegt selbstverständlich der Kontrolle der Behörden. So lässt sich anhand der Artikel in *Chosŏnyŏsŏng* auch der Regierungskurs ablesen.

Bei genauer Betrachtung der Beiträge fällt auf, dass sie in der Beschreibung der Rechte und Stellung der Frau je nach Zeitpunkt, an dem sie erschienen sind, unterschiedliche Aspekte hervorheben. Im Folgenden sollen die relevanten Inhalte der Zeitschrift daher nach Zeitabschnitten getrennt betrachtet werden.

1. Die Anfangsphase der Staatsbildung (1945–1950): In den Jahren zwischen 1945 und 1950, also zu Beginn der Staatsbildung Nordkoreas unmittelbar nach der Teilung der koreanischen Halbinsel, erschienen häufiger Artikel, die sich mit der Umsetzung der »Gleichberechtigung von Mann und Frau« und den »Rechten der Frau« befassten. Zur Erläuterung der damaligen Frauen diskriminierenden Situation halten sie fest, dass Frauen »allerart Intrigen beschuldigt und unter jeglichem Hohn unsittlich behandelt werden«;[5] und weiter heißt es: »…mag sie zwar die Hälfte der Nation darstellen, doch die hinter ihnen liegende Vergangenheit ist wahrlich demütigend und so steigen sie empor aus elendiger Kränkung und Bedrängnis ohne Gleichen«.[6] Dabei betonen die Beiträge allerdings, dass »seit der Befreiung vom 15. August 1945« die politische, wirtschaftliche, soziale und kulturelle »Gleichheit von Mann und Frau« herrsche und Frauen das gleiche »Recht auf Entfaltung« genießen wie Männer. Als Grund für diese Veränderung weisen verschiedene Berichte darauf hin, dass dies nicht nur »der aktiven Unterstützung durch die sowjetische Armee und der brillanten Führung von General Kim Il Sung«, sondern neben der »Bodenreform«, den Abendschulen, Schulungen und Gesetzen zur rechtlichen Gleichstellung von Mann und Frau auch dem »Erfolg sämtlicher von der Volksregierung durchgeführter Demokratiereformen« zu verdanken sei.

2. Die Etablierung Kim Jong Ils als Nachfolger (1975–1990): Nachdem Kim Il Sung in der Gründungsphase seiner Regierung das Land von politischen und persönlichen Widersachern gesäubert und seine Alleinherrschaft auf Grundlage der sogenannten Chuch'e-Ideologie ausgerufen hatte, erklärte »Die koreanische Frau« in der zweiten Hälfte der 1970er-Jahre, als Kim Jong Il *(Kim Chŏng-il)* zum Nachfolger ernannt worden war, es sei einzig und allein Kim Il Sung, dessen Frau Kim Jong Suk *(Kim Chŏng-suk)* und ihrem Sohn Kim Jong Il zu verdanken, dass die lange Zeit »entrechtet und in Verachtung lebenden« Frauen in den Genuss der Rechte von »Herrinnen«[7] gekommen sind. In den Begründungen für diesen Rangaufstieg ist in den Ausgaben jener Zeit eine Argumentation zu beobachten, die von der früheren abweicht. Dass Frauen nun zu »Herrinnen über Land und Boden« geworden waren, sei Ergebnis der »Kraft und Ausdauer, die ihre elterlichen Führer ihnen gaben«, sowie Resultat »der Verleihung wahrer Rechte und Freiheit« und »der Eröffnung des Weges der Gelehrsamkeit«.

Die Formulierung »elterliche Führer« misst dabei nicht nur Kim Il Sung, sondern auch seiner Frau Kim Jong Suk Bedeutung bei. Sie besuchte die Frauen an ihren Arbeitsplätzen, bot sich an, ihnen zur Hand zu gehen, und spornte sie mit den Worten an: »Lasst uns mit dem Erfolg unserer Anstrengungen zeigen, dass auch wir Frauen Kraft besitzen und nicht nur den Haushalt verrichten und die Männer bedienen.« In dem Artikel »Um die Frauen von Naedosan zu revolutionären Kämpfer zu machen« (Nr. 5, 1987) wurde das Wirken Kim Jong Suks beschrieben, als eine Einheit der sogenannten Revolutionären Volksarmee im November 1935 im Dorf Naedosan einen antijapanischen Frauenverband organisierte. Darin heißt es, dass die Alten des Bauernausschusses aus »feudalistischer Ideologie einer männlichen Vorherrschaft« ihren Töchtern und Schwiegertöchtern nicht erlaubten, an der Gründung des Verbandes von Bäuerinnen teilzunehmen. Dank der Erziehung durch Kim Jong Suk aber hätten sie ein Bewusstsein dafür entwickelt.

Auch über Kim Jong Il, der damals seine Position als Nachfolger Kim Il Sungs festigte, wird berichtet, er habe zum Aufstieg der Frau beigetragen. Im Artikel »Yŏsŏng-ŭl hyŏngmyŏng-ŭi yŏkkun-ŭro« (Die Frau als Säule der Revolution, Nr. 6, 1986) ist zu lesen, der »geliebte Genosse Führer« habe im November 1964 eine gewöhnliche Frau zu sich gerufen und ihr die Tür zum Studium an der kommunistischen Hochschule geöffnet. Der Aufstieg der Frau von einer »Geächteten« hin zur Herrin von Land und Boden unter der Führung von Kim Il Sung, Kim Jong Suk und Kim Jong Il bildet neben ihrer »in Dankbarkeit erfüllten Pflicht« den wesentlichen Inhalt in den Ausgaben der Zeitschrift *Chosŏnyŏsŏng* in dieser Zeitspanne. Zugleich verlor die Argumentation, die gesellschaftliche Stellung der Frau habe sich selbstverständlich durch die »Unterstützung der sowjetischen Armee« und den »Erfolg sämtlicher Demokratiereformen« geändert, ihren Stellenwert.

In den damaligen Zeitschriftenbeiträgen heißt es, die Frauen geben ihr Bestes, »die Güte zu entlohnen«, die Kim Il Sung und Kim Jong Il ihnen angedeihen ließen. Auch die Verrichtung schwerer und anstrengender Arbeit bereite ihnen »kein Leid, und (...) um das Vertrauen der Partei wissend, werden sie stets mit einem Lächeln auf den Lippen« Kim Il Sung und Kim Jong Il, die die Frauen zu »Herrinnen« erhoben haben, ihre Dankbarkeit zeigen. Allerdings waren die in den Beiträgen dargestellten Frauen nicht Arbeiterinnen, sondern »Ehefrauen« der Arbeiter, die »Unterstützungseinheiten« organisierten. Sie bildeten die Reservekräfte für unangenehme Arbeiten. Sie erfüllten diese Aufgabe ohne jegliche Hoffnung auf Entlohnung und sorgten sogar selbst für ihre Verpflegung. In ihrer Eigenschaft als Reservekraft wurden sie dabei nicht mit besonderen Aufgaben betraut, sondern arbeiteten überall dort, wo eine helfende Hand benötigt wurde oder nicht sofort genügend Arbeitskräfte einsatzbereit waren.

3. Nach Ende der 1990er-Jahre beschrieb *Chosŏnyŏsŏng* häufiger die ihrer Pflicht und Verantwortung nachkommende, loyale Frau und seltener den Genuss ihr »zustehender Rechte«. Im Laufe der Zeit waren die Artikel, die sich mit den Rechten der Frau befassten, klar zurückgegangen. Stattdessen las man nun, dass die Frauen sich in ihrer Position als »Herrinnen« bereitwillig opferten und anstrengende und schwere Arbeit verrichteten. Die in den Beiträgen auftretenden Frauen arbeiten aktiv in der Produktion, »helfen beim Abbau der Steinkohle«, »packen bei der Stromerzeugung kräftig an«, und bestellen die Felder fleißig wie »weibliche Pflugführer, die die Nahrungsmittelproduktion einer gesamten Stadt sichern«. Aufgrund ihrer Stellung als Herrinnen »bereichern sie sich in schwierigen Zeiten nicht selbst und sorgen sich nicht um ihr Alter, sondern ehren den geliebten General, füllen die Kornkammern des Landes und arbeiten unermüdlich im eigenen Gemüsegarten«. Neben dieser Arbeit legen die Frauen – selbst »so hübsch wie Blumen« – täglich Blumen vor der »Statue des elterlichen Führers« (der 1994 verstorbene Kim Il Sung) nieder, üben sich in Agitation und Propaganda und kümmern sich um die Versorgung der männlichen Arbeiter.

In dem Artikel »Sŏn'gun hyŏngmyŏng-ŭi puksori nop'i ulryŏganŭn munch'ŏnttang yŏsŏngdŭl« (Die Frauen aus der Gegend von Munch'ŏn, die den Trommelschlag der Militär-Zuerst-Revolution erschallen lassen, Nr. 3, 2004) heißt es konkret, »die zu Herrinnen gewordenen Frauen helfen selbst beim Jäten und Ernten mit«. In »Kwangsanmaŭl-i charanghanŭn yŏsŏng« (Die Frauen, auf die das Bergarbeiterdorf stolz ist, Nr. 2, 2003) wird beschrieben, dass die Frauen, die einst »ihre wahre Freiheit und Würde verloren hatten und wie Kieselsteine am Wegesrand geringschätzig im Stich gelassen worden sind«, heute »einen Weg beschreiten, um der Partei und dem Führer ihre Schuld zurückzuzahlen«. Was in den Beiträgen in dieser Phase auffällt, ist die Tatsache, dass die Frauen nicht als selbstständige Menschen dargestellt werden, die in ihrer Stellung als »Herrinnen« gewisse Rechte genießen, sondern lediglich als Menschen, die der Rolle von Herrinnen entsprechend »wie ein Herr« arbeiten. Darin ist zu erkennen, wie sehr das Regime in Nordkorea um die Mobilisierung der Arbeitskräfte bemüht war.

Wie oben gesehen, hat sich der Diskurs in der Zeitschrift »Die koreanische Frau« im Laufe der Zeit wesentlich verändert, was auch den Wandel der nordkoreanischen Frauenpolitik widerspiegelt. Während in *Chosŏnyŏsŏng* zu Beginn noch von »Gleichberechtigung zwischen Mann und Frau« und »den Rechten der Frau« die Rede war, fokussierten sich die Beiträge später auf die Darstellung der Frau, die emsig einen Weg sucht, ihre Schuld gegenüber dem »Führer« zurückzahlen. Die Gleichberechtigung der Frauen bedeutet somit nicht unbedingt Entfaltung und Selbstverwirklichung. Sicher wurden den Frauen durch das Gesetz von 1946 zum ersten Mal in der koreanischen Geschichte gleiche Rechte für Grund und Boden eingeräumt. Wie auch in der Zeitschrift *Chosŏnyŏsŏng* stets betont wurde, war es aber der »Führer«, der den Frauen diese Rechte gegeben hat, weshalb von ihnen nun aus »Dankbarkeit« weitere Selbstaufopferung und Loyalität erwartet wird.

3 Koexistenz von offizieller Gleichheit und alltäglicher Ungleichheit

Schlussfolgernd lässt sich sagen, dass die Werte der Gleichberechtigung der Geschlechter in Nordkorea zwar offiziell anerkannt sind, die Frauen selbst in ihrem Alltagsleben jedoch etwas anderes erfahren. Nach der Propaganda der Behörden sollen sich die Frauen selbst aufopfern und ihre Arbeitskraft anbieten, ohne dafür entlohnt zu werden; jegliche schwere Arbeit ist dabei als »Danksagung für die erfahrene Liebe« zu betrachten. Das nachfolgende Zitat aus der offiziellen Zeitung der Arbeiterpartei Koreas *Rodong Sinmun* soll veranschaulichen, wie die Machthaber Nordkoreas versuchen, ein Idealbild der Frau in der Öffentlichkeit zu preisen. Die Botschaft des Zitates ist eindeutig: Alle Frauen haben auch die Aufgabe, zur Überwindung der wirtschaftlichen Krise, die in Nordkorea »Leidensmarsch« *(konan-ŭi haenggun)* genannt wird, hingebungsvoll und tatkräftig mitzuwirken.

> »Kann man die teure Liebe und Hingabe in Worte fassen, die wir Frauen – den beispiellos entbehrungsreichen ›Leidensmarsch‹, ja diesen Gewaltmarsch, überstanden und durch die Kraft der Revolution und des Auf-

baus befähigt – der Familie, Gesellschaft und Revolution, dem Aufbau eines starken, blühenden Landes im Stillen erweisen? (…) Selbst wenn wir für Mahlzeiten Kudzuwurzeln ausgraben (…) und auch unseren gänzlichen Besitz darreichen, so sind wir doch entschlossenen und aufopfernden Herzens, unsere Bestimmung für die Familie und die Revolution zu erfüllen. (…) Wir Frauen, die wir für Mann und Kinder selbst auf eine warme Mahlzeit verzichten und mit einem strahlenden Lächeln das Glück unserer Familie bewahren, auch wenn wir keine hübschen Dinge in die Hände unserer lieblichen Kinder legen können, die wir Mann und Kinder gut verpflegen und es uns nicht anmerken lassen, dass wir uns mit einem leeren Essbeutel auf den Weg zur Arbeit machen – wir sind die standhaften Frauen von Hŭich'ŏn und bedienen die Drehbank.«[8]

Diese Art offizieller Sprachregelung kann jedoch die Wirklichkeit Frauen in Nordkorea nicht verdecken. Allein die Tatsache, dass über die 70 Prozent von Flüchtlingen aus Nordkorea Frauen sind, ist als ein Indikator dafür zu betrachten, dass diese offizielle Propaganda nicht unbedingt große Resonanz bei den Frauen findet. Er ist somit in erster Linie als ein Versuch der Herrschenden zu verstehen, möglichst alle Arbeitskräfte in der Gesellschaft zu mobilisieren, um die lang andauernde wirtschaftliche Krise zu überwinden.

Literatur

Park, Kyong Ae (Hrsg.), North Korea in Transition: Politics, Economy and Society, New York 2012.

Chung, Byung-Ho/Kwon Heonik, North Korea: Beyoung Charismatic Politics, New York 2012.

Anmerkungen

1 »Consideration of reports submitted by States Parties under article 18 of the Convention of the Elimination of All Forms of Discrimination against Women: Initial Report of States Parties, Democratic People's Republic of Korea,« Teil II, Artikel 1, S. 10.

2 Als Beamtin des südkoreanischen Ministeriums für Wiedervereinigung bereiste die Verfasserin von 2001 bis Januar 2005 bei mehreren Gelegenheiten P'yŏngyang und das Umland, aber auch die Stadt Namp'o in der Provinz Süd-P'yŏngan, die Stadt Ch'ŏngjin und den Landkreis Kyŏngwŏn-gun in der Provinz Nord-Hamgyŏng, die Stadt Hŭngnam in der Provinz Süd-Hamgyŏng, die Städte Songnim und Sariwŏn in der Provinz Hwanghae, die Stadt Kaesŏng sowie das Dorf Onjŏng-ri im Tourismusgebiet

um das Kŭmgang-Gebirge in der Provinz Kangwŏn. Auch nach ihrem Wechsel an die Ewha Womans University im März 2005 reiste sie in verschiedene Gebiete Nordkoreas, unter anderem nach P'yŏngyang und Kaesŏng.

3 Kenneth J. Gergen, The Saturated Self: Dilemmas of Identity in Contemporary Life, New York 1991; Anthony Giddens, Modernity and Self-Identity: Self and Society in Late Modern Age, Stanford 1991; Erving Goffmann, The Presentation of Self in Everyday Life, New York 1959; Phillip Manning, Erving Goffmann and Modern Society, Stanford 1992.

4 Vgl. *Pŏbwŏnhaengjŏngch'ŏ, Puk'an-ŭi pudongjedo* [Das nordkoreanische Immobiliensystem], Seoul 1997, S. 87.

5 *Nonch'on yŏsŏng-ŭi hyŏnsang pogo* [Bericht zur aktuellen Lage der Frauen auf dem Land], Nr. 9, 1946.

6 *P'ario chŏn-ŭi pukchosŏn yŏsŏng* [Die nordkoreanische Frau im Kontext der Befreiung vom 15. August 1945], Nr. 3, 1947.

7 Hier wird der Begriff »Herr« im hegelschen Sinne von »Herr und Knecht« verwendet.

8 *»Kangsŏngdaeguk kŏnsŏr-e chŏkkŭk ibajihanŭn chosŏnnyŏsŏng-dŭr-ŭi kŭngji, tang-ŭi ch'amdoen ttal-lo sanŭn haengbok«* [Der Stolz der nordkoreanischen Frauen, die aktiv zum Aufbau eines starken, blühenden Landes beitragen, das Glück der aufrichtigen Töchter der Partei], in: Rodong Sinmun vom 8. März 2000, S. 4. Zum »Leidensmarsch«, die Hungerkatastrophe in den 1990er-Jahren siehe den Beitrag von Cho Dong Ho in diesem Band.

Koen De Ceuster

Bildende Kunst und Kulturpolitik in Nordkorea

Über nordkoreanische Kunst gibt es nicht weniger Missverständnisse als über das Land selbst. Das fängt schon mit der Frage an, ob es überhaupt so etwas wie Kunst in Nordkorea gibt. Tatsächlich gibt es in Nordkorea keine Kunst, wie wir sie verstehen, aber diese Feststellung an sich bringt kein besseres Verständnis von künstlerischer Produktion in Nordkorea und ihrer Rolle in der Gesellschaft hervor. Dazu kommt, dass in den letzten Jahrzehnten zwar im Ausland einige private Sammlungen von nordkoreanischer Kunst aufgebaut wurden und Nordkorea gleichzeitig selbst aktiv bemüht war, Ausstellungen im Ausland zu veranstalten – die Kenntnisse über nordkoreanische Kunst haben sich aber nicht im gleichen Schritt entwickelt. Dabei ist die oft betonte Unzugänglichkeit Nordkoreas nicht das wahre Problem. Statt eines Mangels an Informationen ist eher ein fehlendes institutionelles Interesse die Ursache. Überschaut man die Publikationen zu Nordkorea, könnte man leicht glauben, dass nur Politikwissenschaftler sich mit dem Studium des Landes befassen. Einsichten in Nordkoreas Kunst und Kulturpolitik bieten in diesem Zusammenhang eine andere Perspektive.

Im folgenden Beitrag soll der Versuch unternommen werden, die nordkoreanische Kunst – hauptsächlich am Beispiel der Malerei – von innen heraus zu verstehen und auszuleuchten, um zu ergründen, welche Bedeutung Kunst in der nordkoreanischen Gesellschaft hat und was es heißt, Künstler in Nordkorea zu sein. Dabei hat sich der Autor auf die Lektüre nordkoreanischer kunsttheoretischer Abhandlungen ebenso gestützt wie auf die persönliche Betrachtung von nordkoreanischer Kunst über einen langen Zeitraum und auf Gespräche mit europäischen und südkoreanischen Sammlern sowie nordkoreanischen Künstlern. Um in die innere Logik und die Beständigkeit der nordkoreanischen Kunst einzudringen, soll methodologisch die Haltung des expliziten – obgleich temporären – Verzichts auf eine politische oder ethische Beurteilung eingenommen werden.

1 Kulturpolitik im revolutionären Nordkorea

Die Welt der Kunst hat sich im revolutionären Nordkorea nie vom Primat der Politik lösen können. Im Gegenteil, von Anfang an wurde sie voll und ganz für die Revolution instrumentalisiert und der politischen Herrschaft strikt untergeordnet. Die Kunst unterwarf sich dem Staat und die Künstler wurden als Soldaten für den Kampf um die Köpfe und Herzen der Menschen rekrutiert. In dieser Hinsicht haben Kritiker Recht, die behaupten, dass es so etwas wie »freie Kunst« in Nordkorea nicht gebe. In »Abhandlungen über die Kunst« (1992) stellte Kim Jong Il *(Kim Chŏng-il)* ausdrücklich fest, dass in Nordkorea kein Platz für »Kunst um der Kunst willen« sei. Daraus jedoch zu folgern, dass es dort überhaupt keine Kunst gebe, ist eine Übertreibung, die ausschließlich den zeitgenössischen westlichen Kunstbegriff zugrunde legt. Es sei daran erinnert, dass *l'art pour l'art* auch in Westeuropa erst in Kreisen der Boheme des 19. Jahrhunderts zu einem Schlagwort avancierte, und zwar als Reaktion auf die bestehende institutionelle Unterwürfigkeit der Kunst unter religiöse, moralische oder didaktische Prinzipien. Erst als die Kunst selbstbezogen wurde, entwickelte sich auch die Individualität des Künstlers als entscheidend für ihre Produktion (und ihr Verständnis).

Die nordkoreanische Kunsttheorie missbilligt eine solche – wie sie es betrachtet – selbstquälerische »bürgerliche« Interpretation von Kunst als antisozial. Dazu erläuterte Kim Jong Il in seinem Werk, dass es »so etwas wie reine Kunst, losgelöst vom Leben der Menschen, nicht geben kann«. Deshalb ist nordkoreanische Kunst figürlich und darstellend, eine erkennbare Wirklichkeit abbildend. Sie soll auch »an die Wünsche und Hoffnungen der Menschen appellieren«, was bedeutet, dass sie einen Weg finden muss, um die Emotionen der Allgemeinheit zu berühren und zu wecken. Abstrakte Kunst, als »Verkörperung einer egozentrischen, anti-sozialen Kunstform« ist aus ideologischen Gründen in Nordkorea nicht erwünscht.

Wenn die nordkoreanische Kunsttheorie die Darstellung der Wirklichkeit fordert, dann wird diese jedoch nur als mit Ideologie durchsetzter sozialistischer Realismus akzeptiert. Wie in der damaligen Sowjetunion heißt es in Nordkorea, dass Kunst vom Stil her national und vom Inhalt sozialistisch zu sein hat. In der Tat unterscheidet sich der nordkoreanische sozialistische Realismus vom sowjetrussischen durch den nationalen koreanischen Stil. Dieser orientiert sich an den ästhetischen Qualitäten der traditionellen Pinsel- und Tuschmalerei, die in seiner gegenwärtigen Form in Nordkorea unter der Bezeichnung *Chosŏnhwa* (koreanische Malerei) bekannt ist. Die Kraft der Pinselstriche, die Feinheit der Schattierung und die Lebendigkeit der Farben spiegeln angeblich am besten die Empfindungen der Koreaner wider.[1]

Inhaltlich soll die sozialistische realistische Kunst aufrüttelnd sein und die Wirklichkeit mit euphorischer Leidenschaft ausschmücken, indem sie – so Kim Jong Il in der erwähnten Abhandlung – in lebhaften Farben heroische Szenen von »Nordkoreas Marsch hin zum Aufbau eines sozialistischen Paradieses unter der heldenhaften Führung von Kim Il Sung *(Kim Il-sŏng)* und seiner Erben« zeigt.

Der erfolgreiche Beitrag der Kunst zur ideologischen Mobilisierung des Volkes hängt der nordkoreanischen Kunsttheorie zufolge davon ab, wie gut es dem Künstler gelingt, beim Betrachter eine sofortige gefühlsmäßige Erkenntnis zu bewirken. Um Menschen emotional überwältigen zu können, soll ein überragendes Kunstwerk nicht nur ideologisch, sondern auch ästhetisch effektiv sein. Daher spricht man vom ideologisch-künstlerischen Charakter *(sasangyesulsŏng)* eines Werkes. Große nordkoreanische Kunst besteht – gemäß Kim Jong Ils Abhandlung – in der politisch korrekten Aufnahme und künstlerisch adäquaten Wiedergabe der Wirklichkeit in einer Weise, dass die Gefühle und Bestrebungen der Menschen geweckt werden.

In der Kunstpraxis übersetzt sich dies in ein anhaltendes Streben nach einer angemessenen Balance zwischen ästhetischen und politischen Werten, wobei diese sich nicht gegenseitig in den Schatten stellen, sondern sich eher in einem zerbrechlichen und ständig neu zu erreichenden Gleichgewicht befinden sollen.

In Bezug auf die Gegenstände und Themen der Kunst gibt es eine klare Hierarchie. Nordkoreanische Künstler produzieren zwar auch Landschaften und Stillleben, die meisten Lorbeeren und institutionelle Anerkennung erlangen sie aber für das Malen von »Themenbildern« *(chujehwa)*. Und selbst unter diesen gibt es eine unstrittige Reihenfolge: Am höchsten bewertet werden Porträts der Führer, gefolgt von historischen Szenen, die sich auf den antijapanischen Partisanenkampf oder den Koreakrieg beziehen, beides prägende Momente in der Geschichte Nordkoreas. Gemälde, die den »Aufbau des Paradieses der Arbeiter« und den Kampf der südkoreanischen Bevölkerung für Demokratisierung und Wiedervereinigung (laut nordkoreanischer Propaganda) darstellen, vervollständigen die Liste der Themen. Das sind die Bilder, die in Ausstellungen und Katalogen einen Ehrenplatz einnehmen, obgleich sie zahlenmäßig nicht unbedingt stärker vertreten sein müssen als Landschaftsgemälde. Weniger hervorstechend, aber gleichermaßen vertreten sind Genrebilder (insbesondere mit Folkloremotiven) und (traditionelle) Stillleben wie Bilder von Blumen und Vögeln *(hwajohwa)*.

Für die Karriere eines Künstlers zählen zwar Themenbilder offensichtlich mehr als Landschafts- oder Genrebilder sowie Stillleben, aber zugleich gibt es kaum jemanden, der sich nur einem einzigen Gegenstand widmet.

Die durchaus vorstellbare Unterscheidung zwischen Landschaften oder Stillleben als »wahre Kunst« auf der einen und Themenbildern als eine Art notwendige, aber zweitrangige Propagandakunst auf der anderen Seite machen nordkoreanische Künstler allerdings nicht. Denn Landschaftsbilder und Stillleben werden in der Tat ebenfalls nach ihrem »künstlerisch-ideologischen Charakter« bewertet. Stellt man diese Haltung gegenüber einem Künstler infrage, wird dieser erwidern, dass Landschaftsbilder die Schönheit des Vaterlands darstellen und somit den Nationalstolz in den Herzen der Betrachter entfachen.[2] Selbst ein solch traditioneller Gegenstand wie eine Kiefer, ein klassischer Bezug auf Langlebigkeit, entspricht – wie ein Künstler im Gespräch mit dem Autor versicherte – den ästhetisch-ideologischen Anforderungen der nordkoreanischen Kunsttheorie, wenn er mit der richtigen ideologischen Einstellung gemalt wird.

Obzwar Themenbilder einen expliziten und anerkannten Propagandazweck verfolgen, werden sie bezüglich ihrer politischen Direktheit noch von den Propagandapostern *(sŏnjŏnhwa)* übertroffen. Posterkunst ist eine ganz besondere Nische in der kreativen Landschaft Nordkoreas. Als angewandte Kunst und eine Art politisches Grafikdesign folgen Poster den aktuellen politischen Slogans, wiederholen und illustrieren sie. Jährlich werden unter Berufskünstlern und Amateuren Wettbewerbe veranstaltet, um die neuesten Leitsprüche angemessen zu visualisieren.[3]

2 Disziplinierung des Künstlers: Die Institutionalisierung der Kunst in Nordkorea

Eine ausgefeilte Kunsttheorie zu haben, ist das eine, sicherzustellen, dass diese auch umgesetzt wird, ist eine andere Sache. Wie gelingt dem nordkoreanischen Regime die Auferlegung und Durchsetzung dieser Theorie? Der entscheidende Faktor ist offensichtlich die Tatsache, dass nicht der Markt, sondern der Staat das Ordnungsprinzip in Nordkoreas Kunstwelt ist. Der Staat ist der alleinige Patron der Künste.[4] Er organisiert die künstlerische Ausbildung, beschäftigt die Künstler, veranstaltet Ausstellungen und reguliert allgemein die Kunstwelt. Talente werden von klein auf ausfindig gemacht und herangezogen. Kinder haben die Möglichkeit, außerschulischen Zeichenunterricht zu besuchen. Falls sie Interesse zeigen, eine künstlerische Laufbahn einzuschlagen, und man ihr Talent als förderungswürdig erachtet, werden sie auf eine professionelle Ausbildungsschiene gelenkt, wo sie neben dem Erlernen der klassischen Zeichentechniken, dem Ausfeilen ihrer Fähigkeiten und der Entwicklung ihres kreativen Talents auch eine gehörige Dosis an Ideologie vermittelt bekommen. Diese

Ausbildung beinhaltet demnach sowohl die nordkoreanische Kunsttheorie als auch – in Einklang mit dieser – ein Studium der politischen Linie der Partei der Arbeit Koreas. Vor allen Dingen wird dem Künstler vermittelt, dass die Kunst zur (revolutionären) Entwicklung der Gesellschaft beitragen muss. Künstler müssen als »Soldaten an der kulturellen Front« und »Ingenieure der menschlichen Seele«[5] vollkommen durchdrungen von der Linie der Partei sein; eine Abweichung wird ihnen auf keinen Fall gestattet. Dieses Gebot für die Künstler, die richtige Einstellung zur Produktion politisch korrekter Kunstwerke zu haben, wird in kunstpädagogischen Schriften ständig wiederholt.

In der Tat bedeutet Künstler zu sein in Nordkorea nicht eine individuelle Selbstverwirklichung, sondern die Linie der Partei künstlerisch zum Ausdruck zu bringen. Ein großer Künstler ist derjenige, der eine einzigartig ansprechende Darstellung eines politisch angemessenen Themas produziert. Da es sich in Nordkorea um einen sozialistischen Realismus handelt, muss die schöpferische Neigung mit einer angemessenen ideologischen Perspektive durchtränkt werden, um ein Kunstwerk zu produzieren, welches fähig ist, beim Betrachter unverzüglich die richtige emotionale Reaktion hervorzurufen.

Hat ein Student erst einmal die P'yŏngyanger Universität der Künste absolviert, winkt eine berufliche Laufbahn als Angestellter in einem der vielen Kunststudios.[6] Das bekannteste und renommierteste ist das Kunststudio »Mansudae« *(Mansudae ch'angjaksa)*. Die Provinzen und Städte verfügen jeweils über eigene derartige Einrichtungen, ebenso die Volksarmee oder das Eisenbahnministerium. Die Künstler arbeiten dort als Angestellte zu regulären Arbeitszeiten und Gehältern. Im Gegenzug verlangt man von ihnen, jährlich ein bestimmtes Kontingent an Kunstwerken zu produzieren. Im Prinzip ist es den Künstlern freigestellt zu arbeiten, wie sie es für richtig halten, von den erwähnten ideologischen Vorgaben abgesehen ohne formale Einschränkungen bezüglich der Wahl des Gegenstands oder der Darstellungsweise.

Obwohl die einzelnen Künstler im Großen und Ganzen selbstständig arbeiten, existiert doch eine Überwachung in Form von wöchentlich in den verschiedenen Abteilungen *(ch'angjaktan)* der Kunststudios stattfindenden Meetings, bei denen die Arbeiten diskutiert werden. Wenig überraschend ist auch, dass politische und/oder theoretische Studiensitzungen Teil der normalen Arbeitsabläufe sind. Die Arbeitsabläufe ändern sich, wenn Auftragswerke vergeben werden, welche zumeist politisch ausgerichtete Themengemälde *(chujehwa)* betreffen. Sehr oft wird ein Auftragswerk zu einer »Temposchlacht« *(soktojŏn)*, ein Produktionsregime, bei dem bezeichnenderweise das Ziel (ein Gemälde oder ein Monument) in einem eng gesteckten Zeitrahmen erreicht werden muss, was nur mit außergewöhnlichem Einsatz von Zeit, Energie und Konzentration zu bewerkstelligen ist. Meist werden auf diese Weise in Auftrag gegebene Gemälde kollektiv produziert.

Die Tätigkeit als Künstler in einem Studio ist keine einsame Angelegenheit. Die dort vorherrschende Arbeit in der Gruppe trägt ebenfalls zur Verinnerlichung der disziplinarischen Ordnung bei. Die Art und Weise, wie ein Kunststudio funktioniert und wie sich ein Künstler hocharbeitet, ist sehr bürokratisch organisiert. Das gleiche gilt für seine öffentliche Karriere als Künstler, und zwar in Hinblick auf die öffentliche Anerkennung, die er erfährt, und die sozialen Vergünstigungen, die damit einhergehen.

Über den Einrichtungen der künstlerischen Erziehung und den Kunststudios steht – als die dritte Ebene des Disziplinierungssystems, das künstlerisches Talent zur Fügsamkeit zwingt – der Koreanische Künstlerverband *(Chosŏn misulga tongmaeng)*. Diese vorgeblich sich selbst regulierende Institution von Künstlern ist verantwortlich für die künstlerische Bildung. Der Verband dient als Medium zur Auslegung und Übertragung der politischen Richtlinien an die Künstler und fungiert als Organisator der jährlichen Nationalen Kunstausstellungen *(kukka misul chŏllamhoe)*, wobei er für die Auswahl der Kunstwerke und die Preisvergabe verantwortlich ist. Er ist der Wächter der künstlerischen Orthodoxie und kann in dieser Eigenschaft die Karriere eines Künstlers in die Wege leiten oder auch beenden. Glücklich können sich jedoch vor allem diejenigen Künstler schätzen, deren Werke von den Führern Nordkoreas persönlich begutachtet wurden. Ihre Karrieren schnellen empor und werden fast automatisch in die Bahnen gelenkt, die zur Erlangung des Titels eines »Verdienten Künstlers« *(konghun yesulga)* oder »Künstlers des Volkes« *(inmin yesulga)* führen – zwei der begehrtesten Auszeichnungen, die ein Künstler erlangen kann. Mit anderen Worten: Das System der Disziplinierung geht mit Anreizen einher, welche Fügsamkeit erzeugen.

Betrachtet man die Portfolios von Künstlern, die vom nordkoreanischen Kunstestablishment als »Verdienter Künstler« oder »Künstler des Volkes« ausgezeichnet wurden, so stellt man interessanterweise fest, dass ihr Werk oft eine Mixtur aus vordergründig ideologischen Themenbildern und eher belanglosen Landschaftsgemälden oder Stillleben ist. Vom Standpunkt des Künstlers aus gesehen, stellt die Arbeit an einem Themenbild unzweifelhaft das Einlösen seiner gesellschaftlichen Verpflichtung dar. Ein solches Werk ist ein politischer Akt ersten Ranges, der besondere Konzentration und Hingabe erfordert, und der deutlichste soziale Beitrag, den er zu leisten vermag. Bewegt er sich fort von diesen stilisierten politischen Themenbildern hin zu weniger ideologisch bestimmten Porträts, Landschaften, Stillleben oder Genrebildern, dann hat er, auch stilistisch gesehen, mehr Spielraum für eine persönlichere Ausdrucksweise. Es wäre jedoch ein Irrtum anzunehmen, der Künstler treffe aus diesem Grund eine klare Unterscheidung zwischen Propagandakunst und reiner Kunst. Die wenigen Hinweise, die es gibt, deuten nicht auf eine solche Trennung hin. In Anbetracht der einzig geltenden Kategorie vom ästhetisch-ideologischen Charakter eines Kunstwerks ist der Unterschied zwischen einem Themenbild und einem Stillleben – falls dieser überhaupt existieren sollte – allenfalls im emotionalen Engagement des Künstlers zu suchen.[7]

3 Individualität und der Reiz des Kollektiven

Die nordkoreanische Chuch'e-Ideologie definiert den Menschen als ein soziales Wesen, das seine Selbstverwirklichung im Dienst für die Gemeinschaft findet – und dies bis zu einem Punkt, an dem seine Individualität verschwindet oder zumindest in einem Kollektiv untertaucht. Im Bereich der Kultur wird dieser Gedanke am eindrucksvollsten durch die in Nordkorea besonders wichtigen Massensportveranstaltungen verkörpert, von denen die bekannteste die jährlich wiederkehrende Arirang-Show ist. Mehr noch als in den durch die Massenchoreografien erzählten Geschichten – meist Sichtweisen auf die nordkoreanische Nationalhistorie – liegt die wahre ideologische Bedeutung in der perfekt synchronen Ausführung, bei denen die Individualität in einer eindringlich fokussierten Gruppendynamik aufgeht. Bei *Arirang* geht es um die totale Unterordnung und Treue zu den großen Führern, um eine Bestätigung und Unterwerfung unter den Personenkult, ja um das Zelebrieren desselben. Doch dieses Event soll mit seiner Theatralik nicht nur die Zuschauer beeindrucken. Ebenso wie die Massenparaden, die gelegentlich in P'yŏngyang und anderen Orten des Landes stattfinden, ist *Arirang* für die Tausenden von Schülern und Studenten, die wochenlang dafür im Einsatz sind, vor allem auch ein gemeinschaftliches Erlebnis. Das Hochgefühl dieser physischen Erfahrung und des Beitragens zur Schaffung einer »einmütigen« Massenveranstaltung prägt sich ihnen als erlebte Ideologie ein.[8] In diesem Sinne überwältigt *Arirang* die Teilnehmer emotional und beeinflusst sie ihr Leben lang.[9]

Bis zu einem gewissen Grade geschieht dasselbe in einem Kunststudio bei der Produktion eines kollektiven Kunstwerks *(chipchejak)*. Die Existenz derartiger Werke wird oft als Beleg für die Irrelevanz des individuellen Künstlers in der nordkoreanischen Kunst angeführt. Angesicht der Würdigung einzelner Künstler als »Verdiente Künstler« bzw. »Künstler des Volkes« ist dies aber eine ziemlich oberflächliche Lesart. Die wahre Bedeutung kollektiver Arbeiten liegt im ideologischen Bereich, nämlich in der Vorstellung, dass die Bündelung individueller Stärken eine Kraft schöpft, welche die bloße Addition der einzelnen Konstituenten übertrifft. Wie bei *Arirang* ist auch hier die gelebte Erfahrung der Einbringung des Individuums ins Kollektiv ein wesentlicher Bestandteil des Schaffensprozesses. Ein aus der Sicht der nordkoreanischen Kunsttheorie gutes Kollektivgemälde zeichnet sich dadurch aus, dass die Fertigkeiten der verschiedenen Künstler in einem Kunstwerk aufgehen, welches in der Summe ihre individuellen Stärken übertrifft.

Ein Ausdruck der eigenen Persönlichkeit scheint in der nordkoreanischen Kunstszene also kaum eine Chance zu haben. Die Künstler unterliegen einer ständigen ideologischen Überwachung. Sie werden darauf getrimmt, ihre Kunst mit einem hohen gesellschaftlichen Verantwortungsbewusstsein zu betrachten, und in den Kunststudios werden sie mit Praktiken konfrontiert, die individuelle Besonderheiten zu behindern oder gar herabzuwürdigen scheinen. Hinzu kommt, dass die Freiheit des Ausdrucks insofern beschränkt ist, als dass der Realismus die einzige ästhetisch erlaubte Stilrichtung ist, derer sich ein Künstler bedienen darf. Das lässt ihm sehr wenig Raum, um seine individuelle Stimme zum Ausdruck zu bringen. Diese Bewertung sollte aber nicht als absolutes Urteil gelten, sondern muss im richtigen Kontext verstanden werden. Von der westlichen postmodernistischen Perspektive aus betrachtet, gibt es keinen Zweifel daran, dass ein Künstler in Nordkorea keinerlei künstlerische Freiheit genießt. Er erscheint eingezwängt in jeder nur erdenklichen Hinsicht. Richtet man den Blick jedoch auf den individuellen Künstler statt nur auf den institutionellen Rahmen, ergibt sich ein anderes Bild.

Zugegebenermaßen kann die Individualität nordkoreanischer Künstler nur innerhalb der fest gefügten ästhetisch-ideologischen Grenzen ausgedrückt werden. Ein Hauptunterschied im Vergleich zur westlichen Gegenwartskunst besteht daher darin, dass Berühmtheit nicht darauf basiert, etablierte Normen infrage zu stellen und zu provozieren, sondern vielmehr darin, im Rahmen der vorgegebenen Normen zu brillieren. Innerhalb dieser Beschränkungen entwickeln sich einige Künstler im Laufe ihrer Karriere hin zu einer stärker persönlich geprägten Ausdruckskraft und stoßen dabei an die Grenzen des Erlaubten, insbesondere hinsichtlich des ästhetisch Akzeptablen. Die Individualität des Künstlers kommt besonders in Skizzen und Studien zum Vorschein, die in Bezug auf emotionale Hingabe und Kraft dazu neigen, experimenteller und direkter in ihrer Ausdrucksstärke zu sein. Sicher steht dies im Zusammenhang mit dem eher individuellen – oder zumindest weniger politisch gezielten – Charakter dieser Arbeiten. Sobald die Kunst, wie im Fall von

Themenbilder, in die öffentliche, d. h. politisierte Sphäre gelangt, tendieren die Werke dazu, zurückhaltender, stilisierter und weniger unverwechselbar zu sein.

Künstler mit einer ehrwürdigen und anerkannten Karriere können sich ebenso eines gewissen Maßes an künstlerischer Freiheit erfreuen. Dies hat zwei Gründe: Zum einen ist offizielle Anerkennung immer auch eine Anerkennung politischer Loyalität. Offenbar ist es für ausgezeichnete Künstler dann nicht länger wichtig, sich immer wieder in ihren Arbeiten politisch zu beweisen. Zum anderen ist es traditionell so, dass junge Künstler in den Kunststudios zunächst ihre Zeit vor allem damit verbringen, Meisterwerke zu kopieren und ihre Technik zu verbessern, um so allmählich unter der Anleitung ihrer älteren Kollegen ihre eigene Formensprache zu entdecken. So entwickelt sich im Reifeprozess eines Künstlers zwangsläufig auch ein eigener Stil. Auch nordkoreanische Künstler denken ständig über ihre Technik nach und darüber, wie sie ihre Ausdruckskraft verbessern können. So liegt es in der Natur der Sache, dass über mehrere Jahrzehnte hinweg ein Künstler ein Œuvre mit einer eigenen Dynamik kreiert.

Was für den einzelnen Künstler gilt, gilt auch für die nordkoreanische Kunst insgesamt. Zwar ist der sozialistische Realismus die einzig akzeptierte Kunstdoktrin, was jedoch ein sozialistisch-realistisches Kunstwerk tatsächlich ausmacht, das ist wiederum eine eigene (nordkoreanische) Geschichte. Beispielsweise gab es für den Bereich der Tuschmalerei eine Zeit, in welcher die in einem Pinselzug gemalten Bilder im Gelehrtenstil ideologisch suspekt waren, sodass derartige Arbeiten in der Öffentlichkeit unterrepräsentiert waren. Die Tradition verschwand jedoch nicht. Im Gegenteil, sie ist inzwischen »ideologisch gesäubert« als eine der beliebtesten Arten der Tuschmalerei wieder aufgetaucht.

4 Abschließende Bemerkungen: P(r)op Art in Nordkorea

In Nordkorea bewegen sich Künstler in einem anderen Kontext und haben andere Musen als ihre Kollegen im Westen. Sie sind keine vagabundierenden Außenseiter, sondern gehören zur Elite der nordkoreanischen Gesellschaft. Sie haben eine Aufgabe und eine Pflicht, die es im Sinne der Revolution und des Führers zu erfüllen gilt. Sie sind Propagandisten für das nordkoreanische Regime.

Kunst ist ein unerlässlicher Bestandteil der Propagandamaschinerie in Nordkorea. Aber um als wirkungsvolles Propagandainstrument zu fungieren, darf die Kunst nicht nur eine Botschaft enthalten. Um wirklich überzeugend zu sein, muss sie die Menschen emotional berühren. Daraus ergibt sich der ästhetisch-ideologische Charakter der Kunst, von dem die nordkoreanische Kunsttheorie spricht. Kunst muss schön sein, um die Menschen anzusprechen. Ihre Anziehungskraft muss unmittelbar und überwältigend sein. An dem Punkt, wo Propaganda zur Kunst wird, kommt die Persönlichkeit des Künstlers ins Spiel. Dabei bedarf es nicht nur einer ausgefeilten Technik, sondern auch eines eigenen Ausdrucks, wie er die Botschaft zu übermitteln und ein Thema bildlich umzusetzen vermag.

Literatur

Frank, Rüdiger (Hrsg.), Exploring North Korean Arts, Nürnberg 2012.

Gabriussenko, Tatiana, Soldiers on the Cultural Front: Developments in the Early History of North Korean Literature and Literary Policy, Honolulu 2010.

Kim, Suk-Young, Illusive Utopia: Theater, Film, and Everyday Performance in North Korea, Ann Arbor 2010.

Kwon, Heonik/Chung Byung-Ho, North Korea: Beyond Charismatic Politics, Lanham 2012.

Ryang, Sonia, Reading North Korea: An Ethnological Inquiry, Cambridge/London 2012.

Anmerkungen

1 Die Tatsache, dass die *Chosŏnhwa* zum Modell für sämtliche Kunstgattungen in Nordkorea wurde, steht auch im Zusammenhang mit dem Bruch mit der Sowjetunion, der Entwicklung von *Chuch'e* als dem revolutionären Leitprinzip und der Bekräftigung von Nordkoreas eigenständigem politischen Kurs. Mehr zur Geschichte der *Chosŏnhwa* bei Frank Hoffmann, Brush, Ink, and Props: The Birth of Korean Painting, in: Rüdiger Frank (Hrsg.), Exploring North Korean Arts, Wien 2011, S. 145–180.

2 Auch in der Landschaftsmalerei gibt es eine Hierarchie, wobei Orte mit historischer – mythischer – Bedeutung, z. B. der Krater auf dem Paektu-san, die vordersten Plätze einnehmen. Andere stellen berühmte Landschaften in Gebirgsgegenden beispielsweise des Kŭmgang-san oder des Ch'ilbo-san dar. Manchmal findet sich Ideologie in kleinen Details: Ein Gemälde mit Gänsen, die südwärts den Imjin-gang – einen Fluss, der die entmilitarisierte Zone an der Grenze zwischen Nord- und Südkorea durchquert – entlangfliegen, thematisiert z. B. die Sehnsucht nach Wiedervereinigung.

3 Zur nordkoreanischen Posterkunst siehe: David Heather/Koen De Ceuster, North Korean Posters: The David Heather Collection, New York 2008.

4 Eine Einschränkung dieser Aussage gibt es insofern, als dass eine Handvoll von Sammlern aus aller Welt persönliche Beziehungen zu einzelnen Künstlern (die zugegebenermaßen in staatlichen Kunststudios arbeiten) aufgenommen hat; eine Folge der Mitte der 1990er-Jahre getroffenen Entscheidung, den weltweiten Verkauf nordkoreanischer Kunst zu fördern.

5 »Ingenieure der menschlichen Seele« ist eine von Stalin geprägte Formulierung, die von Kim Il Sung 1951 in einer Rede vor Schriftstellern und Künstlern aufgegriffen wurde. Vgl. Hoffmann (wie Anm. 1), S. 153.

6 Obzwar die Studenten meist hoffen, in einem bestimmten Kunststudio arbeiten zu können, obliegt diesem die Entscheidung über die Anstellung. Darüber hinaus gehen nicht alle Absolventen in ein Kunststudio, und genauso wenig müssen sie in dem Fachgebiet bleiben, das sie absolviert haben. Sŏn U-yŏng (1946–2009) zum Beispiel, einer der international bekannten nordkoreanischen Künstler, studierte Industriedesign, aber startete dann seine berufliche Laufbahn als Ölmaler. Später studierte er Tuschmalerei und wurde ein berühmter Maler von *Chosŏnhwa*. Von den beruflichen Werdegängen einzelner Künstler zu urteilen, kommen Arbeitsplatzwechsel vor, wenngleich nicht ganz klar ist, wie das geschieht.

7 Aussagen von Künstlern wie Song Byeok *(Song Pyŏk)* und Sun Mu *(Sŏn Mu)*, die beide aus Nordkorea geflohen sind und sich in Südkorea niedergelassen haben, bestätigen, dass sie erst nach ihrer Flucht zu einer kritischen Reflexion des Kunstregimes und ihrer eigenen Karrieren in Nordkorea in der Lage waren.

8 »Einmütige Geschlossenheit« *(ilsim tan'gyŏl)* lautet ein häufig gebrauchter Slogan, der beschreiben soll, wie einmütig das Volk hinter seinen Führern steht.

9 Einen Einblick in das, was es bedeutet, an einem solchen Massenspektakel wie *Arirang* teilzunehmen, bietet der Dokumentarfilm *A State of Mind* des britischen Regisseurs Daniel Gordon (SoMuchSo Productions, 2004). Siehe auch http://www.astateofmind.co.uk/. Kim Suk-Young *(Kim Suk-yŏng)* spricht von der täglichen Aufführung der Bürger, die als Statisten über die Bühne laufen, die P'yŏngyang als Hauptstadt der Revolution darstellt. Was in ihrer Analyse fehlt ist die Frage, wie diese Handlung, einen Statisten zu spielen, in sich selbst prägend ist. Kim Suk-Young, Illusive Utopia: Theater, Film, and Everyday Performance in North Korea, Ann Arbor 2010.

Jeon Yong Sun

Literatur in Nordkorea

In Nordkorea werden Literatur und Kunst als Gegenstand der Sozialwissenschaften betrachtet. Im wissenschaftlichen Fächersystem gibt es keine Klassifizierung in Geistes- oder Literaturwissenschaften. Die menschliche Sprache oder künstlerische Werke werden als Produkte der Gesellschaft begriffen. Literatur entsteht in dieser Sichtweise aus einer sozialen Notwendigkeit heraus und erfüllt eine bestimmte soziale Funktion. Durch sie soll im Bewusstsein der Menschen die Revolution und eine sich weiter ausprägende revolutionäre Weltsicht verkörpert werden. Nur wenn Literatur dazu einen Beitrag leistet, wird sie als »richtige« Literatur eingestuft.

Konkret ist es die Aufgabe der Kunst, einschließlich der Literatur, dazu beizutragen, dass sich in der gesamten nordkoreanischen Gesellschaft nur eine einzige Ideologie ausbreitet und verfestigt, nämlich die Chuch'e-Ideologie des Staatsgründers Kim Il Sung *(Kim Il-sŏng).* Als Staatsideologie begleitet *Chuch'e*, unter anderem durch eine eng mit ihr verbundene politische Sozialisierung und durch die Medien, die Menschen mit ständigen Wiederholungen das ganze Leben hindurch. Die Kunst der Literatur ist eines der Schlüsselinstrumente in diesem Prozess. Bereits aus der Literaturgeschichte ergibt sich eine Beziehung zwischen der nordkoreanischen Literatur und Politik. Im Oktober 1926 schuf Kim Il Sung eine antijapanische Gruppe für die bewaffnete Revolution, den *T'ado jegukchuŭi tongmaeng* (»Bund zur Niederschlagung des Imperialismus«). Dieses Ereignis wird in der nordkoreanischen Literaturgeschichte zugleich als Ausgangspunkt für die moderne Literatur genannt. In der »Zeit des antijapanischen Revolutionskampfes« bis zur Unabhängigkeit im August 1945 wurden zahlreiche Werke der Revolutionsliteratur geschaffen. In Nordkorea höchst geschätzte literarische Werke werden als »unsterbliche, klassische Meisterstücke« bezeichnet. Sie wurden entweder von Kim Il Sung zur Zeit des bewaffneten Revolutionskampfes gegen Japan verfasst oder stammen aus der Feder seines Sohnes und Nachfolgers Kim Jong Il *(Kim Chŏng-il).*[1] Bei der erwähnten Aufgabe der Literatur zur Weiterbildung des Volkes werden insbesondere diese »Meisterstücke« eingesetzt, um die Menschen durch positive Vorbilder emotional zu bewegen.

1 Themen der Literatur und das Zensursystem

Die nordkoreanische Literatur muss auf künstlerische Weise die drei Hauptideale zum Ausdruck bringen, auf denen die nordkoreanische Gesellschaft aufbaut: die »Theorie des revolutionären Führers«, die »Theorie des politisch-sozialen Lebens« und die »Theorie der großen sozialistischen Familie«. Diese drei Theorien bestimmen das Verhältnis zwischen politischem Führer und Volk als Eltern-Kind-Beziehung, wobei der Führer an der Spitze in der Funktion »Eltern« steht; durch die Vermittlung des Bewusstseins, das Volk sei eine große Familie, entsteht eine kollektive Kultur. Die Literatur trägt zur Weiterbildung des Volkes bei, indem sie diese Beziehungsverhältnisse in ihren Werken verarbeitet.[2]

Die meisten Werke der nordkoreanischen Literatur haben eine sich entwickelnde Handlung als Basis. Die Hauptfigur ist eine Person, die ihr eigenes Dasein nicht richtig erkennen kann. Diese Person entwickelt sich dann von einem unreifen, dem persönlichen Verlangen und Vorteil folgenden Menschen zu einer gereiften Persönlichkeit. Für den Prozess – von der Selbsterkenntnis bis zur Reife – ist eine Figur jedoch unerlässlich: der Führer. Erst kümmert sich die Hauptfigur nur um ihren eigenen Vorteil und kann den Wert ihrer Existenz nicht erkennen. Doch in dem Moment, in dem sie die wahre Bedeutung der Worte des Führers versteht, wird sie als wahrer Mensch wiedergeboren. Handlungen dieser Art müssen in allen nordkoreanischen Literaturwerken enthalten sein, sie sind notwendige Voraussetzung für eine Veröffentlichung.

In Nordkorea unterliegt die Literatur einer strengen staatlichen Kontrolle und Zensur. Die nordkoreanischen Behörden greifen in alle Prozesse ein, von der Planung bis zum Schaffen eines Werkes und auch anschließend bei der Verbreitung. Dies wird vor allem dadurch möglich, dass die Beschäftigung von Autorinnen und Autoren sowie der gesamte Verteilungsprozess literarischer Werke durch den Staat verwaltet werden. In Nordkorea gehören alle Schriftsteller einem Schriftstellerverband an, der von der Partei kontrolliert wird. Sowohl bei der Wahl des Themas als auch während der Entstehung eines Werkes wird mehrmals geprüft, ob es entsprechend den Parteirichtlinien verfasst wird.

Als Einrichtungen im Zusammenhang mit der Produktion von Literatur gibt es in Nordkorea die Abteilung Agitation und Propaganda der Partei der Arbeit Koreas (PdAK), das Ministerium für Kultur und den Generalverband für Literatur und Kunst *(Munhak yesul ch'ongdongmaeng)*. Die Abteilung Agitation und Propaganda nimmt unter diesen Einrichtungen die zentrale Funktion ein.[3] Sie gestaltet die Politik für Kultur und Kunst, prüft die Werke und verwaltet die wichtigsten Organisationen direkt. In dieser

Abteilung hatte Kim Jong Il die längste Zeit Dienst getan, bevor er zum Vorsitzenden des Verteidigungskomitees aufstieg. Auch die endgültige Entscheidung über literarische Werke wird von dieser Abteilung getroffen.

Jegliches in Nordkorea geschaffene literarische Werk muss vor seiner Veröffentlichung ein bestimmtes Verfahren durchlaufen haben, damit es nicht von der Parteipolitik abweicht. Dazu gehören u.a. eine vorherige ideologische Anleitung der Autorinnen und Autoren, die Kontrolle der Auswahl des Themas sowie des verwendeten Materials und die Prüfung der Erfüllung aller Richtlinien während und nach dem Verfassen des Werkes.[4] Fehler, die dem Einzelnen dabei unterlaufen können, werden zudem durch einen kollektiven Schaffensprozess minimiert.

Auch in Nordkorea werden beim Schaffen von Literatur Eigenschaften wie Individualität und Kreativität betont. Allerdings ist es nicht möglich, ein Werk zu veröffentlichen, das nicht mit der Parteipolitik in Einklang steht. Spricht man in Nordkorea von der Freiheit des Schaffens, so bedeutet das somit nicht die Freiheit, das Thema eines Werkes frei wählen oder sich frei ausdrücken zu können. Es meint vielmehr, innerhalb der Regeln und zu einem von der Partei festgelegten Thema Gedichte oder mehrere Romane schreiben zu können.

2 Literaturtheorie

Chuch'e-Realismus als schöpferisches Prinzip

Die einzige offiziell autorisierte Literaturtheorie in Nordkorea ist der sozialistische Realismus. Inhaltlich liegen ihm drei zentrale Prinzipien zugrunde: Erstens soll er die gesellschaftliche Realität widerspiegeln oder als den richtigen Weg darstellen. Zweitens soll Kunst eine für das Volk verständliche Kunst sein. Drittens soll die Kunst nicht von der Realität getrennt sein, sie soll soziale Einflüsse beinhalten und sich selbst ein auf die Gesellschaft gerichtetes Ziel setzen. Die Besonderheit des sozialistischen Realismus liegt im Vorhandensein eines Vorbildcharakters. Wesentliche Eigenschaften von bestimmten Klassen und Gruppen werden so in literarischen Werken durch individualisierte Akteure wiedergegeben. Die Hauptfiguren müssen die »richtigen« und zeitgemäßen Eigenschaften aufweisen, sodass der Leser erfahren kann, in welcher Zeit und wie diese gelebt haben. Das Wesentliche bei der Schaffung der sozialistischen Literatur ist also der Klassenstandpunkt.

Obwohl der sozialistische Realismus in Nordkorea offiziell als theoretische Grundlage für die Literaturproduktion gilt, sind die Autoren nordkoreanischer Literatur tatsächlich einem anderen Prinzip verpflichtet: dem sogenannten Chuch'e-Realismus. Er bedeutet, dass man beim Schreiben zwar der sozialistisch-realistischen Schaffungensmethode folgt, im Mittelpunkt steht aber der Mensch, der mithilfe der Chuch'e-Ideologie alle Probleme bewältigt.[5]

Erfolg oder Misserfolg von literarischen Kunstwerken in Nordkorea sind abhängig von der Frage, wie es ihnen gelingt, Menschen kommunistischen Typs herauszuarbeiten. Zu den führenden Kunstwerken, in denen dies gelungen ist, zählt man zum Beispiel den Roman *Ch'ungsŏngŭi han'gilesŏ* (Auf dem einen Weg der Loyalität) mit der Hauptfigur Kim Jong Suk, der Mutter von Kim Jong Il. In diesem Roman wird sie als die Mutter des antijapanischen Kampfes und der kommunistischen Revolution verherrlicht. Das Image von Kim Chŏng-suk, wie es in dem Roman konstruiert wurde, wird in Nordkorea als Richtlinie für die Schaffung der Literatur gepriesen. Auch der Spielfilm *Yugyŏktae-ŭi ohyŏngje* (Die fünf Partisanenbrüder) wird zu den vorbildlichen Kunstwerken gerechnet. Der Hauptdarsteller des Films Yŏm Kil-sŏn erhielt 1968 für seine Rolle den Preis des Volkes *inminsang*. Oh Chun-hyŏk, die Hauptfigur des Films war einer von den fünf Oh-Brüder, die in den 1930er-Jahren als Kameraden Kim Il Sungs gegen Japan gekämpft hatten. Sowohl der Schauspieler Yŏm Kil-sŏn als auch die von ihm verkörperte Figur Oh Chun-hyŏk wurden als Menschen des Chuch'e-kommunistischen Typs bewertet, die für den Sieg der Revolution und für die Partei und den Führer alles aufopfern.

Für die Darstellung von Menschen und zwischenmenschlichen Beziehungen bzw. Konflikten gelten in der nordkoreanischen Literatur bestimmte Prinzipien, welche den sozialistischen Charakter der Werke sicherstellen sollen:

1. Zwischenmenschliche Konflikte müssen dem Klassenverhaltnis und Klassenkampf entsprechend konstruiert werden. Der Konflikt ist die Grundlage für die Erzählung. Durch ihn werden die Weltanschauung und die Werte der Charaktere dargestellt, durch den Prozess der Konfliktlösung wird der zukünftigen Gesellschaft eine zielweisende Richtung gegeben.
2. Wenn in einem Werk die kapitalistische Gesellschaft dargestellt wird, muss der Klassenkampf ernsthaft und scharf dargestellt werden. Der Konflikt muss im Mittelpunkt stehen und die Gier des Kapitalisten muss deutlich zu erkennen sein.
3. Für die Darstellung einer sozialistischen Gesellschaft in einem Werk muss die politisch-ideologische Einheit des Volkes und eine friedliche Kooperation gezeigt werden. Ebenso sollen die Beziehungen zwischen Völkern freundschaftlich und kooperativ dargestellt werden. Das Volk wird als treibende Kraft für die geschichtliche Entwicklung angesehen.

4. Konflikte sollen stets als kompromissloser Kampf gezeigt werden, an deren Ende der positive Charakter gewinnt. Dabei wird hervorgehoben, dass der Prozess der Revolution nicht verhandelbar ist. Revisionismus oder Kompromisse werden als Schwächung des Revolutionsgeistes betrachtet.
5. Wenn in der Darstellung einer sozialistischen Gesellschaft ein negativer Charakter vorkommt, muss dieser am Ende zu einer kultivierten und erneuerten Person werden. Dabei muss auch gezeigt werden, wie Revolutionsführer und die Parteifunktionäre diesen Personen helfen.
6. In Werken, in denen Kim Il Sung gepriesen und die Überlegenheit des Sozialismus dargestellt wird, dürfen keine Konflikte enthalten sein.[6]

Soktojŏn (Geschwindigkeitskampf) und *Chongjaron* (Saat-Theorie)

Zum Verfassen der Literatur in Nordkorea gibt es darüber hinaus weitere theoretischen Grundlagen, nämlich den sogenannten Geschwindigkeitskampf *(Soktojŏn)* und die Saat-Theorie *(Chongjaron)*. *Sokdojŏn* ist ein Produktionsprinzip, was für alle Bereiche des Lebens in Nordkorea propagiert wird. Danach müssen alle Bürger Nordkoreas – wie es dort heißt – schnell wie ein Einhorn, das in einer Nacht *ch'ŏlli* (koreanisch für: 1 000 *li*, was umgerechnet 400 Kilometer bedeutet) laufen kann, arbeiten. Im Hinblick auf Literatur heißt es, um die Menschen immer auf Parteilinie zu halten und sie dadurch am revolutionären Geschehen »teilhaben« zu lassen, sei es notwendig, literarische Werke in kurzer Zeit hervorzubringen.

Für die Autoren bedeutet dies, unter maximaler Demonstration der individuellen Fähigkeiten die von der Partei gestellten Aufgaben zu erfüllen, nach dem Motto: »innerhalb kürzester Zeit quantitativ und qualitativ maximalen Erfolg erzielen«. Allerdings entstehen beim Geschwindigkeitskampf durch die hohe Schaffensgeschwindigkeit Probleme im Bereich der Qualität. Vom Autor oder Künstler werden stets »politisches Selbstbewusstsein und kreativer Enthusiasmus« verlangt. Sollte die Arbeit eines Schriftstellers aber bei der Zensur als zu langsam oder qualitativ niedrig bewertet werden, bedeutet das, dass er als Person mit geringem politischem Selbstbewusstsein eingestuft werden muss. Vom Standpunkt des Autors gesehen bedeutet das, dass er nicht einen Moment nachlässig bei seinen politischen Studien sein darf.

Chongjaron ist eine spezifische Literaturtheorie in Nordkorea. Sie vergleicht das Schaffen von literarischen Werken mit dem Wachsen eines kleinen Samenkorns, das Blätter bekommt und schließlich, wenn der Stamm ausgewachsen ist, Blüten und Früchte trägt. Diese Saat ist es, die der Schriftsteller vermitteln soll. Um seine Botschaft klar zum Ausdruck bringen zu können, muss der Schriftsteller ein dafür geeignetes Thema und Ereignis auswählen. Dafür benötigt er politisches Gespür, um schnell begreifen zu können, was von der Partei gerade verlangt wird. Nur so könne ein Schriftsteller dem Volk die Parteilinie richtig vermitteln. Für diesen Zweck müsse die Partei die Schriftsteller kontrollieren, sie wiederum müssen ununterbrochen die Ideologie der Partei studieren.

3 Lyrik

Funktion und Formen der nordkoreanischen Lyrik

Auch die Lyrik wird in Nordkorea für politische Zwecke gebraucht. Ihre wichtigste Aufgabe ist es, den Leser anzuregen, sodass er an der Revolution und kämpferischen Auseinandersetzungen teilhaben kann. Unter den verschiedenen Literaturgattungen kommt der Lyrik in Nordkorea eine besondere Funktion zu, da sie die ideologischen Gefühle der Menschen mit Rhythmus und Emotion zum Ausdruck bringt. Aus dem alltäglichen Leben und dem Wesen der Zeit »die allgemeinen Gefühle herauszugreifen und den Anforderungen und Besonderheiten des Werkes entsprechend zu verarbeiten, genau das ist Lyrik«, schreibt Kim Jong Il in seinem Buch zur Theorie der Chuch'e-Literatur.[7]

Wichtige Werke

Die beiden wichtigsten Dichter Nordkoreas sind Cho Ki-ch'ŏn und Ri Ch'an. Insbesondere für die Zeit, als Nordkoreas Machtapparat aufgebaut und das Wesen der nordkoreanischen Literatur festgelegt wurde, gelten beide als Begründer der Kim Il Sung preisenden Literatur. Ri Ch'an (1910–1974) hat den Text zum meist gesungenen Lied in Nordkorea geschrieben, dem »Lied auf den General Kim Il Sung«. Cho Ki-ch'ŏn (1913–1951) ist der Verfasser des monumentalen epischen Werkes »Paektusan«[8] und die einzige Person in Nordkorea, die den Titel »revolutionärer Dichter« erhalten hat.

Cho Ki-ch'ŏns Hauptwerk »Paektusan« ist ein wegweisendes Werk, welches direkt nach der Befreiung die Merkmale, das Wesen und die Ausrichtung der nordkoreanischen Literatur festgelegt hat. Zum 75. Geburtstag von Kim Il Sung im Jahr 1987 wurde »Paektusan« als Gedichtsammlung neu herausgegeben und die Lebensgeschichte von Cho Ki-ch'ŏn verfilmt. In »Paektusan« wird der bewaffnete Kampf gegen Japan beschrieben, insbesondere die Schlacht von Poch'ŏnbo und der Vormarsch der antijapanischen Partisanen nach Korea. Kim Il Sung wird dabei als heroische Gestalt im antijapanischen Kampf dargestellt und seine Großartigkeit gepriesen. Es besteht aus sieben Kapiteln, plus Prolog und Epilog und insgesamt aus 3000 Zeilen. In Nordkorea wird behauptet, es sei in sechs Monaten geschrieben worden, veröffentlicht wurde das Werk 1947.

Neben Cho Ki-ch'ŏn und Ri Ch'an erfährt der Dichter Pak Se-yŏng eine ebenso hohe Würdigung. Er verfasste »Die Geschichte der Wälder« *(millim-ŭi yŏksa)*, welche mit Cho Ki-ch'ŏns »Paektusan« in Nordkorea zu den Meisterwerken der epischen Poesie zählt, und schrieb außerdem den Text für die nordkoreanische Nationalhymne. Das 1962 verfasste epische Gedicht »Die Geschichte der Wälder« handelt ebenfalls von Kim Il Sungs antijapanischen Revolutionskampf und preist die Führungskraft Kim Il Sungs. Beschrieben wird der Sieg der von Kim Il Sung angeführten Volksrevolutionsarmee in den Schlachten von Poch'ŏnbo und Kansambong. Die Soldaten, die den Sieg errungen haben, sammeln sich um Kim Il Sung, schauen in Richtung des Berges Paektusan und bekräftigen damit ihren Entschluss, für die Befreiung des Vaterlandes einzutreten.

4 Erzählliteratur

Funktion und Formen der nordkoreanischen Erzählliteratur

Der Roman gilt in Nordkorea als die vom Volk am meisten geliebte literarische Form. In Nordkorea heißt es, das literarische Niveau eines Landes soll am literarischen Niveau seiner Romane gemessen werden. Im Aufbau ist der nordkoreanische Roman einfach gehalten. Er ist linear, d.h. die Ereignisse werden in ihrer realen zeitlichen Folge dargestellt und führen die Geschichte zu einer Schlussfolgerung. Es gibt weder dramatische Wechsel noch eine kriminalistische Komposition oder Sprünge zwischen Gegenwart und Vergangenheit. Das Schicksal des Helden entwickelt sich anhand der linearen Abfolge der Ereignisse. Der Aufbau des nordkoreanischen Romans ist deshalb einfach gehalten, weil er als Mittel verwendet wird, um das Volk weiterzubilden. Er ist so gestaltet, dass die Menschen mit einem Blick Gut und Böse erkennen und dass sie von der Hauptfigur lernen können, indem sie den Verlauf der Ereignisse direkt erfassen.

Wichtige Werke

Nordkoreanische Romane werden oft in »Serien« veröffentlicht, die ein »großes Thema« in mehreren Bänden behandeln. Eine der bekanntesten

Serien ist *Pulmyŏl-ŭi yŏksa* (Unsterbliche Geschichte). In ihr wird der gesamte Verlauf des Aufbaus der Gesellschaft in Nordkorea seit dem bewaffneten Kampf gegen Japan unter Kim Il Sungs Führung bis zu der Zeit nach der Befreiung beschrieben. Die Serie besteht aus 33 Romanen, wobei jede für sich ein unabhängiges Werk und in sich abgeschlossen ist. Sie wurde von mehreren Autoren verfasst, die hauptsächlich der größten nordkoreanischen Literaturgesellschaft, dem »Literarischen Schaffenskollektiv 15. April« *(4·15 munhak ch'angjaktan)*, angehören.[9] Eine weitere – vom gleichen Kollektiv geschaffene – Serie von Romanen ist »Unsterbliche Führerschaft« über den Revolutionär und Vorsitzenden des Verteidigungskomitees Kim Jong Il. Angefangen in den 1990er-Jahren wurde diese Serie verfasst, um Kim Jong Il als nachfolgenden Staatsführer zu etablieren.

Fazit

Das Material für die nordkoreanische Literatur schöpft sich zum allergrößten Teil aus Kim Il Sungs bewaffnetem Revolutionskampf gegen Japan. Schriftsteller und Künstler lassen die Schauplätze der antijapanischen Revolution wiederauferstehen und deren Geist wiederaufleben. Kim Il Sungs Kampf gegen die japanischen Truppen ist Ausgangspunkt für die Rechtfertigung des nordkoreanischen Systems und dient bis heute als geistige Orientierung für die Gesellschaft. Lieder, Legenden und Werke aus der antijapanischen Revolution werden in moderner Form wieder aufbereitet und aufgeführt, wodurch die Erfahrungen jener Zeit im Bewusstsein gehalten werden.

Im Mittelpunkt der Schilderungen über die antijapanische Revolution steht die Figur des Führers. Denn die Konstruktion der staatlichen Identität Nordkoreas überhaupt hängt davon ab, wie der Führer dargestellt wird.

Von Beginn an hatte die Literatur in Nordkorea eine politische Funktion. Während der antijapanischen Revolution war sie ein Kampfwerkzeug, mit dem das Volk über die Revolutionsideologie unterrichtet wurde. Auch heute wird die nordkoreanische Literatur hauptsächlich dazu verwendet, die Bevölkerung über die Parteipolitik zu informieren und sie an der Revolution teilhaben zu lassen. Dabei hat der Inhalt der Literatur – wie auch der Musik und der Kunst – stets Priorität. Die Künstlerische Gestaltung ist sekundär. Abstraktion, Phantasie oder Imagination sind nicht möglich. Literatur wird nur dann geschätzt, wenn sie einen gesellschaftlichen Beitrag leistet und im Einklang mit der Parteipolitik steht. So unnachgiebig wie das nordkoreanische System, so unflexibel ist auch die nordkoreanische Literatur.

Literatur

Gabroussenko, Tatiana, North Korean »Rural Fiction« from the Late 1990s to the Mid-2000s: Permanence and Change, in: Korean Studies, 33 (2009), S. 69–100.
Gabroussenko, Tatiana, Soldiers on the Cultural Front: Developments in the Early History of North Korea Literature and Literary Policy, Honolulu 2010.
Epstein, Steephen, North Korean Short Stories on the Coups of New Millennium, in: Acta Koreana, 5 (2002) 1, S. 33–50.

Anmerkungen

1 Zu den »unsterblichen, klassischen Meisterwerken« zählen zum Beispiel Filme, Romane, Schauspiele, Opern. Genannt seien *P'ibada* (Ein Meer aus Blut), *Chosŏn-ŭi norae* (Das Lied von Korea), *An Chung-gŭn-i idŭngbangmun-ŭl ssoda* (An Chung-gŭn erschießt Ito Hirobumi), *Hyŏlpunman'gukhoe* (Die blutige Friedenskonferenz), *3in 1tang* (Die Dreierbande), *Sŏnghwangdang* (Der Dorfschrein), *Ttal-egesŏ on p'yŏnji* (Briefe einer Tochter), *Kkotp'anŭn ch'ŏnyŏ* (Das Blumenmädchen), *Han chawidanwŏn-ŭi unmyŏng* (Das Schicksal eines Mitglieds der Selbstverteidigungstruppe), *Chogukkwangbokhoe 10taekangnyŏngga* (Lied auf das 10-Punkte-Programm der Gesellschaft zur Unabhängigkeit des Vaterlandes), *Sahyangga* (Nostalgia), *Kyŏngch'uktaehoe* (Die Festveranstaltung).

2 Siehe Beitrag von Kim Sung-bo in diesem Band.

3 Die Abteilung Agitation und Propaganda der PdAK untersteht dem Sekretariat des Zentralkomitees der Arbeiterpartei. Von ihr werden Entscheidungen des Zentralkomitees oder des Politbüros sowie politische Maßnahmen der Partei als Anweisungen an das Volk, die Parteimitglieder, gegeben. Hauptaufgabe dieser Abteilung ist es, durch Propaganda und Instruktionen den Aufbau des Sozialismus voranzutreiben und zu vervollständigen, indem die Volksmassen weiter ausgebildet werden. Der Abteilung unterstellt sind Verlags- und Presseorgane, wie etwa die Koreanische Zentrale Nachrichtenagentur, die einzige Nachrichtenagentur des Landes, die *Rodong Sinmun* (Zeitung der Arbeit), das Zentralorgan der Partei und der für Parteipublikationen zuständige Verlag der PdAK, aber auch Kunsteinrichtungen wie das Kunststudio Mansudae *(Mansudaech'angjaksa)* oder Bildungseinrichtungen wie die Kang-Ban-Sok-Universität für Politik.

4 Kriterien, die bei der genauen Überprüfung von kulturellen und künstlerischen Werken angewendet werden, sind: Erstens, wurde der sozialistisch-realistische Schaffungsweg sorgfältig eingehalten? Zweitens, gibt es Stellen, an denen Staats- oder Militärgeheimnisse öffentlich gemacht werden? Drittens, gibt es irgendwelche Teile, die kapitalistische Elemente enthalten? Viertens, ist das Werk hilfreich bei der weiteren Unterrichtung des Volkes über den Kommunismus? Fünftens, wurde in der Arbeit Kampfgeist, Revolutionsideal und Klassencharakter ausreichend hervorgehoben dargestellt? Sechstens, ist das vorliegende Werk aus künstlerischer Sicht nicht unehrenhaft? Siebtens, sind Vokabular und Wortschatz korrekt?

5 Kim Jong Il, *Chuch'emunhangnon* [Theorie der Chuch'e-Literatur], P'yŏngyang 1992, S. 100: »Der Chuch'e-Realismus ist eine Schaffensmethode, die den Menschen in den Mittelpunkt stellt, die Realität betrachtet und beschreibt. Der fundamentale Unterschied zwischen dem Chuch'e-Realismus und dem vorausschauenden Realismus ist die Perspektive, aus der die Menschen betrachtet und beschrieben werden. Während im vorausschauenden sozialistischen Realismus die Menschen hauptsächlich als Gesamtheit ihrer sozialen Beziehungen betrachtet und beschrieben werden, werden die Menschen im Chuch'e-Realismus in ihrem sozialen Dasein mit Selbständigkeit, Kreativität und Bewusstsein dargestellt.«

6 Chŏn Yŏng-sŏn, *Pukhan-ŭi munhakyesul unyŏngch'egye-wa munyeiron* [Das System des Literatur- und Kunstbetriebs in Nordkorea und die Literaturtheorie], Seoul 2002, S. 122.

7 Kim Jong Il, *Chuch'emunhangnon* [Theorie der Chuch'e-Literatur], P'yŏngyang 1992, S. 227.

8 Paektusan ist der höchste Berg auf der koreanischen Halbinsel (2750 Meter) und liegt an der chinesisch-koreanischen Grenze. Dieser gilt in Nordkorea als »Heiliger Berg der Revolution« und als Geburtsort von Kim Jong Il.

9 »4.15« im Namen dieses »Literarischen Schaffenskollektivs« steht für den Geburtstag von Präsident Kim Il Sung (15.4.1912). Es handelt sich hier um eine Gruppe, die ihren Zusammenschluss damit rechtfertigt, das für einen einzelnen Schriftsteller Unmögliche zu tun, und zwar die Revolutionsgeschichte Kim Il Sungs zu bearbeiten. Die Gruppe wurde 1972 zum 60. Geburtstag Kim Il Sungs vom Zentralkomitee des Koreanischen Schriftstellerverbandes gegründet; die größten nordkoreanischen Autoren von Romanen sind Mitglieder dieser Gruppe. Angefangen mit Serien wie beispielsweise »Unsterbliche Geschichte« und »Unsterbliche Führerschaft« verfasst die Gruppe hauptsächlich Romane oder Filmliteratur, die von Mitgliedern der Familie Kim Il Sungs handeln.

Teil D: Deutschland und Korea/ Teilung und Vereinigung

Lee You Jae

Die koreanische Diaspora in Deutschland

In den 1960er- und 1970er-Jahren kamen aufgrund von bilateralen Programmen zwischen der Bundesrepublik Deutschland und Südkorea mehr als 8 000 koreanische Bergleute und über 11 000 Krankenschwestern nach Deutschland. Sie erhielten zunächst befristete Arbeitsverträge und mussten nach einer gewissen Zeitspanne wieder in ihre Heimat zurückkehren. Erst später wurde es für die Arbeitsmigrantinnen und -migranten teilweise auch möglich, ihre Verträge zu verlängern oder sogar ein unbefristetes Aufenthaltsrecht zu erhalten. Diese Menschen bilden heute die Grundlage für die koreanische Diaspora in Deutschland.

In der südkoreanischen Öffentlichkeit ist in den letzten Jahren ein erhöhtes Interesse an diesen in Deutschland lebenden koreanischen Arbeitsmigrantinnen und -migranten zu beobachten. Sogar die damalige südkoreanische Wahrheitskommission, die sich mit der Aufarbeitung der Hinterlassenschaften aus der Zeit der Diktaturen beschäftigte, erstellte 2008 einen Bericht über ihren Beitrag zur wirtschaftlichen Entwicklung Südkoreas. Obwohl der Umfang von ungefähr 20 000 Menschen im Vergleich zur Arbeitsmigration in den Nahen Osten oder zur Auswanderung in die USA seit den 1960er-Jahren sehr überschaubar wirkt, gelten die »Deutsch-Koreaner« als etwas Besonderes. Ein Grund hierfür mag die Tatsache sein, dass die Arbeitsmigration nach Deutschland staatlich organisiert war. Ein anderer ist die Tatsache, dass sich die Deutsch-Koreaner eng mit den beiden maßgeblichen nationalen Narrativen in der Zeitgeschichtsschreibung Südkoreas verknüpfen lassen: Demokratisierung und Wirtschaftswunder. Die Südkoreaner sind stolz, beides als ein Land der Dritten Welt aus eigener Kraft erfolgreich bewerkstelligt zu haben. Die Konservativen betonen mehr das Wirtschaftswunder, die Progressiven mehr die Demokratisierung, aber beide sind stark durch die nationalgeschichtliche Binnenperspektive geprägt.

Die nationalgeschichtliche Verengung hat dabei äußere Einflüsse auf diese Entwicklung vernachlässigt und transnationale Verflechtungen ignoriert. Doch möglicherweise sieht sich die Bevölkerung Südkoreas nun in den Deutsch-Koreanern positiv gespiegelt: Letztere haben in einer wirtschaftlich schwierigen Zeit Korea verlassen und sich in einer fremden Umgebung durchgesetzt. Sie können sich nun als Bürger eines zivilisierten westlichen Staates glücklich schätzen, während die heimischen Südkoreaner stolz auf den wirtschaftlichen Aufstieg ihres Landes und die mittlerweile erfolgte Aufnahme in den Kreis der G20 sind. Dass die Arbeitsmigrantinnen und -migranten unter großem Opfer durch Devisenbeschaffung zum Wirtschaftswachstum Südkoreas beigetragen haben, verbindet sie mit der Entwicklung in der Heimat emotional. Das andere Narrativ der Demokratisierung wird in der südkoreanischen Öffentlichkeit selten mit den Deutsch-Koreanern in Verbindung gebracht. Dabei stellten die Deutsch-Koreaner auf verschiedenen Ebenen durch direkte und indirekte Solidaritätsaktionen wichtige Akteure in der Demokratisierung Südkoreas dar: sei es durch Spendenaktionen für politische Gruppen, durch öffentliche Demonstrationen, die auf politische Missstände aufmerksam machten, durch Pressearbeit, durch kirchliche Netzwerke, durch den Einsatz für Freilassungen von politischen Gefangenen, durch Unterstützung von Organisationen der Arbeiterbewegung oder durch die Aufnahme von politisch Verfolgten.

Auch in Deutschland ist das Interesse an den Deutsch-Koreanern gestiegen. Hier sind es vor allem die positiven Entwicklungen zwischen Südkorea und der Bundesrepublik, denen diese Menschen ein Gesicht geben. Sie werden dabei als Produkt der zwischenstaatlichen Beziehungen, aber auch als deren Grundlage betrachtet. Hinzu kommt seit Kurzem die innenpolitische Instrumentalisierung der Deutsch-Koreaner in der Integrationsdebatte, die gemeinsam mit den Vietnamesen als »model minority«, also als besonders vorbildlich integrierte Migrantengruppe, herhalten sollen.

Angesichts dieser Deutungs- und Instrumentalisierungsversuche sowohl in Südkorea als auch in Deutschland fällt auf, dass über das Leben der Migrantinnen und Migranten selbst kaum gesprochen wird. Auf diese Weise gehen nicht nur die historischen Kontexte, in denen diese Menschen »entsandt« bzw. »angeworben« wurden, verloren, sondern auch die persönlichen Erfahrungen der Betroffenen. Dieser Beitrag soll deshalb sowohl die Umstände beleuchten, unter denen die südkoreanischen Migrantinnen und Migranten nach Deutschland kamen, als auch die transnationale Lebenswelt der Migrantinnen und Migranten und deren Erinnerungen einfangen.

1 Das Gastarbeitersystem: »Anwerbung« und »Entsendung«

Nach dem Ende der japanischen Kolonialherrschaft 1945 und des Koreakrieges (1950–1953) mit seinen verheerenden Zerstörungen und großen

Verlusten an Menschenleben war der südkoreanische Staat wie viele andere postkoloniale Staaten mit zwei zentralen Problemen konfrontiert: Es fehlte einerseits an Kapital und andererseits an ausgebildeten Fachkräften beim Aufbau der Nachkriegsgesellschaft.

Im Gegensatz zu Nordkorea, wo der Wiederaufbau durch Hilfsprogramme der sozialistischen Staaten schnell vorangetrieben wurde und Fachkräfte ihre Ausbildung im verbündeten Ausland absolviert hatten,[1] war Südkorea einseitig von den Hilfslieferungen der USA abhängig. Als in der zweiten Hälfte der 1950er-Jahre die amerikanische Entwicklungshilfe sukzessive zurückgefahren wurde, bemühte sich die südkoreanische Regierung um die Unterstützung durch andere Verbündete und versuchte, im Rahmen der technischen Entwicklungshilfe Praktikanten und Auszubildende in ausländischen Firmen zwecks fachlicher Fortbildung unterzubringen.

Auch die Regierung der Bundesrepublik Deutschland wurde mehrfach um Hilfe gebeten. 1961 gewährte sie dem im selben Jahr durch einen Militärputsch an die Macht gelangten Park Chung Hee *(Pak Chŏng-hŭi)* eine Kapitalhilfe in Höhe von 75 Millionen DM und langfristige Hermes-Bürgschaften in gleicher Höhe. 1964 kam es zu einer zweiten und in der Folge zu weiteren Kapitalhilfen bis 1982. Den Wünschen nach Aufnahme von Praktikanten, Auszubildenden und Arbeitern stand die Bundesregierung aufgrund der hohen finanziellen Kosten, der geografischen Entfernung und der kulturellen Unterschiede allerdings eher ablehnend gegenüber; dies, obwohl deutsche Firmen wie Siemens Praktikumsplätze in Aussicht stellten.[2] Besonders im Umgang mit geteilten Staaten wie Korea und Vietnam übte man größere Zurückhaltung, um nicht politischer Propaganda aus der DDR ausgesetzt zu werden. Gleichzeitig wurde die Bundesregierung aber auch durch die USA und Großbritannien unter Druck gesetzt, Entwicklungshilfeprogramme aufzulegen.

Die Anwerbung bzw. Entsendung von südkoreanischen Bergarbeitern wurde zunächst weder von der deutschen noch von der südkoreanischen Regierung erwogen. Vielmehr wurde diese Idee zum ersten Mal durch die amerikanische Organisation für Wirtschaftshilfe (USOM) in Südkorea im Januar 1961 aufgegriffen, nachdem diese von der Entsendung japanischer Kohlebergleute 1957 zu einer zweijährigen Ausbildung nach Westdeutschland erfahren hatte. Unter dem Druck der USA fühlte sich die Bundesregierung verpflichtet, nun zumindest Bergarbeiter aufzunehmen, und begann rasch mit den Verhandlungen, die durch den Militärputsch in Südkorea am 16. Mai 1961 abrupt unterbrochen wurden. Erst im Frühjahr 1963 erfolgte auf Initiative der südkoreanischen Regierung eine Wiederaufnahme der Gespräche und schon am 22. Dezember 1963 kamen die ersten 123 südkoreanischen Bergarbeiter in Deutschland an. Ihnen folgten bis 1977 etwa 8000 weitere, und zwar über den offiziellen Anwerbestopp für »Gastarbeiter« 1973 hinaus.[3]

Bereits in den Verhandlungen wurde deutlich, dass die Anwerbung bzw. Entsendung von südkoreanischen Bergarbeitern in westdeutsche Kohlebergwerke in erster Linie politisch motiviert war. Der Rahmen wurde durch den Kalten Krieg, die Westbindung Südkoreas und die Blocksicherung gesetzt.[4] Die westdeutsche Ruhrkohle AG profitierte indessen vom Einsatz flexibler Arbeitskräfte mit befristeten Verträgen zu geringen Kosten, während die Bundesregierung ihr wirtschaftliches Eigeninteresse als technische Hilfe verkleiden konnte. Die deutschen Unternehmen zahlten lediglich die dreimonatige Anlernzeit mit Sprachausbildung. Die gesamten Kosten im Zusammenhang mit dem Auswahlverfahren trug die südkoreanische Regierung, für die Reisekosten für den Hin- und Rückflug kamen die Arbeiter selbst auf. »Das Programm zur vorübergehenden Beschäftigung von koreanischen Bergarbeitern im westdeutschen Steinkohlenbergbau« hatte offiziell als Ziel, die beruflichen Kenntnisse der koreanischen Bergarbeiter zu erweitern. Dieser Anspruch ließ sich jedoch schwerlich realisieren, da die wenigsten Arbeiter aus dem Bergbau kamen und kaum einer nach der Rückkehr nach Südkorea in den Bergbau ging. Die Mehrheit gehörte der städtischen Mittelschicht an und einige hatten sogar einen Universitätsabschluss. Die Einsicht, dass es sich bei diesem Programm nicht um tatsächliche Entwicklungshilfe handelte, war auch auf Seiten der Bundesregierung spätestens 1969 vorhanden. Für das zweite Programm 1970 wurde daher der Zweck der technischen Hilfe aus dem Programm gestrichen.[5]

Die südkoreanische Regierung dagegen betonte bei den Verhandlungen erstens die politische Solidarität zweier ideologisch geteilter Staaten, zweitens die bei über 20 Prozent liegende Arbeitslosenquote in Südkorea und die damit verbundene instabile soziale Lage, sowie drittens den Ausbau des südkoreanischen Bergbaus.[6] Das entscheidende Argument der Deviseneinnahme durch die Arbeitsmigranten wurde jedoch offiziell nicht genannt.

Die zweite Berufsgruppe neben den Bergarbeitern, die in größerem Umfang nach Deutschland kam, war die der Krankenschwestern. Ein exaktes Datum ihres Migrationsbeginns lässt sich jedoch schwer ermitteln. Zunächst machten sich zudem keine Krankenschwestern, sondern Krankenschwesterschülerinnen durch verschiedene Institutionen und private Vermittlungen auf den Weg nach Deutschland. Ein Kuriosum der Krankenschwesternausbildung von koreanischen Frauen in Deutschland war, dass deren Abschlüsse in Südkorea nicht anerkannt wurden. Dort richtete sich das medizinische Ausbildungssystem nach dem US-Modell. Daher stand ihnen eine Tätigkeit als Krankenschwester in koreanischen Krankenhäusern nach ihrer Rückkehr grundsätzlich nicht offen.

Auf das Betreiben von Dr. Lee Sukil hin, der seinerzeit als Kinderarzt an der Mainzer Universitätsklinik arbeitete und den Pflegepersonalmangel dort bemerkte, wurden 1966 und 1967 in größerer Zahl Krankenschwestern aus Südkorea angeworben. Die Anerkennung ihrer Diploma war in Deutschland weniger problematisch, da sie häufig eine bessere Ausbildung als die deutschen Krankenschwestern durchlaufen hatten. Schließlich beendeten die südkoreanische und bundesdeutsche Regierung die »irreguläre« Anwerbung durch ein gemeinsames Abkommen am 26. Juli 1971 zwischen der Deutschen Krankenhausgesellschaft und der Korea Overseas Development Corporation.[7] Nach diesem Abkommen sollten von 1971 bis 1974 mindestens 2200 examinierte Krankenschwestern und 9800 Pflegehelferinnen für jeweils drei Jahre in Deutschland arbeiten. Dieses Programm wurde bis 1976 verlängert. Die Gesamtzahl von Krankenschwestern sowie Krankenschwesterschülerinnen und -helferinnen bis 1976 lässt sich nur schwer ermitteln. Es ist davon auszugehen, dass schätzungsweise über 11000 koreanische Frauen auf diesem Wege nach Deutschland gekommen sind.

Indessen gefährdete die Auswanderung der Krankenschwestern die medizinische Versorgung in Südkorea selbst. Insbesondere auf dem Land konnte diese nicht in ausreichendem Umfang gewährleistet werden. Selbst die Warnung der Weltgesundheitsorganisation, dass bei einem weiteren Abzug von koreanischen Krankenschwestern ins Ausland die Gesundheitsversorgung im Land kollabieren könne,[8] hatte keine Konsequenzen für die Anwerbung durch die Bundesrepublik.[9]

Der südkoreanische Staat hat die mit dem »Entsendungsprogramm« vornehmlich verfolgten Ziele, nämlich die Devisenbeschaffung und Fachkräfteausbildung, nur zum Teil erreicht. Die Devisen, die die Arbeitsmigrantinnen und -migranten aus freien Stücken zur Unterstützung ihrer Familien aus aller Welt nach Südkorea schickten, betrugen in den 1960er-Jahren bis zu 1,9 Prozent des gesamten Exportvolumens Südkoreas. Zwischen 1965 und 1975 wurden über 101 Millionen US-Dollar nach Südkorea transferiert.[10] Das Ziel, Fachkräfte ausbilden zu lassen, wurde aber – wie die Beispiele der Bergarbeiter und Krankenschwestern in Deutschland zeigen – im Wesentlichen verfehlt.

2 Transnationale Lebenswelt

Die »Ostberlin-Affäre«: Migranten als Risikofaktor für die innere Sicherheit

Im Juni 1967 wurden 17 Koreanerinnen und Koreaner in Deutschland vom südkoreanischen Geheimdienst KCIA nach Südkorea entführt. Unter dem Vorwurf der Beteiligung an einem Spionagering mit Basis in Ostberlin wurden mit ihnen weitere 203 Personen in Südkorea festgenommen, darunter koreanische Absolventen deutscher Universitäten sowie in Deutschland lebende bzw. zurückgekehrte Wissenschaftler, Künstler und Arbeitsmigrantinnen und -migranten. Letztendlich wurden 36 der Festgenommenen nach dem Antikommunistengesetz schuldig gesprochen, gegen zwei Personen sogar die Todesstrafe verhängt. Dieser Fall löste die schwerste diplomatische Krise zwischen der Bundesrepublik und Südkorea aus, die zweieinhalb Jahre andauern sollte. Die Bundesregierung forderte die Rückführung der Entführten und drohte mit der Einstellung der Entwicklungshilfe; die seit 1963 erfolgte »Anwerbung« von koreanischen Bergarbeitern wurde vorläufig auf Eis gelegt.[11] Aufgrund des Protestes sowie durch geschickte Verhandlungen des Sonderbotschafters, des Ministerialdirektors Paul Frank, wurden schließlich alle Gefangenen bis 1970 aus der Haft entlassen.[12]

Der transnationale Charakter ihrer Lebenswelt – so ein Prozessbeobachter – wurde den in Deutschland Entführten deutlich, als sie nach den antikommunistischen koreanischen, nicht den deutschen Gesetzen strafrechtlich belangt wurden.[13] Denn nach der südkoreanischen Rechtslage sei praktisch »schon derjenige Kommunist, der mit der Eisenbahn durch die Zone nach West-Berlin fährt«, so die Aussage eines südkoreanischen Studenten in Bonn.[14]

Tatsächlich hatte es Besuche in der nordkoreanischen Botschaft in Ostberlin gegeben. Bei vielen Migranten spielte dabei auch die intellektuelle Neugier, die Faszination an den nordkoreanischen Modernisierungserfolgen und die Möglichkeit einer Kontaktaufnahme mit Familienmitgliedern oder Freunden in Nordkorea, von denen sie durch den Koreakrieg getrennt worden waren, eine große Rolle.[15] Die Kontakte waren jedoch privat motiviert, und von einer Spionagetätigkeit konnte dabei keine Rede sein. Die Bundesrepublik war mit Berlin der einzige Ort auf der Welt, an dem ohne Abstempelung und Vermerke in Pässen kommunistisches Gebiet betreten werden konnte. Gleichzeitig war die Bundesrepublik das Land in Europa, in dem die größte Anzahl von Koreanern als Studierende, Wissenschaftler oder Arbeiter lebte (über 4700 im Jahr 1968). Es war daher naheliegend, dass Nordkorea seine Botschaft in Ostberlin zu einer Zentrale für die Einflussnahme auf die südkoreanische Intelligenz in Westberlin und Westdeutschland ausbaute.[16]

Was waren die eigentlichen Beweggründe der südkoreanischen Regierung, diese Menschen zu bestrafen, die zwar Interesse an Nordkorea gezeigt hatten, aber doch offensichtlich keine gefährlichen kommunistischen Agenten waren?[17] Der südkoreanische Geheimdienstchef Kim Hyung Wook fühlte zu der Zeit instinktiv, dass hier ein völlig neuer sicherheitsrelevanter Faktor entstand. Seit Anfang der 1960er-Jahre war durch eine systematische Emigrationspolitik die Zahl der im Ausland lebenden Südkoreaner rapide angestiegen. Wenngleich die Verringerung der Arbeitslosigkeit, die Beschaffung von Devisen oder der Wissenstransfer im Vordergrund gestanden haben mögen, schuf dieser transnationale Austausch in seinen Augen auch eine Gefahr für die innere Sicherheit Südkoreas. Es genügte also nicht mehr, die territoriale Sicherheit allein durch Unterdrückung der inneren Opposition und die militärische Gegenwehr gegenüber Nordkorea zu garantieren; Migranten, wie die in Deutschland Entführten wurden gefährlich, da ihre Erfahrungen nach der Rückkehr in die Heimat eine entscheidende Rolle spielen konnten. Gerade in dem Land, das ebenso ideologisch geteilt war wie ihr Heimatland, erfuhren sie neue Handlungsräume und Alternativen für die Gestaltung eines Teilungsstaates bzw. von den Möglichkeiten für eine Vereinigung.

Die größte Gefahr für die damals noch kommunikativ geschlossene Gesellschaft Südkoreas war daher weniger, dass diese Migranten sich als Spione betätigten, sondern vielmehr ihre neuen Informationen und Erfahrungen, die sie als potenzielle Hochschullehrer an koreanischen Universitäten an die Studierenden weitergeben oder auch in privaten Briefen, Zeitungen und Büchern nach Südkorea hineintragen konnten und damit das eigene Regime herausforderten.

Die »Ostberlin-Affäre« war der erste Kulminationspunkt in der Herausbildung einer transnationalen Emanzipationsbewegung gegenüber dem diktatorischen Regime in Südkorea. Die transnationale Bedeutung der koreanischen Migranten für die politische Entwicklung in Südkorea nahm im Anschluss an die Affäre zu. In Deutschland etablierte sich in den 1970er-Jahren eine starke Opposition, bestehend aus Arbeitern, Auslandsstudenten und Exilanten. Was der südkoreanische Geheimdienstchef Kim im Keime ersticken wollte, wurde ironischerweise gerade durch die »Ostberlin-Affäre« in Gang gesetzt.

Die Bedeutung der Religion: Kirche in der Diaspora

Als Institutionen der Selbstorganisation koreanischer Migrantinnen und Migranten waren die christlichen Kirchen und Gemeinden am weitesten ausgebaut. Die ersten Vermittlungen der Krankenschwesternschülerinnen durch katholische Ordensleute oder evangelische Institutionen mögen dazu beigetragen haben, dass die frühen Migrantinnen mehrheitlich christlich waren. Viele Arbeitsmigrantinnen und -migranten konvertieren jedoch erst nach der Migration, sodass zum Beispiel der Anteil der Protestanten unter den Koreanern in Deutschland 1973 25 Prozent ausmachte, während in Südkorea selbst der Anteil lediglich sieben Prozent der Gesamtbevölkerung betrug.[18]

Die ersten christlichen Zusammenkünfte lassen sich bis ins Jahr 1964 in Aachen zurückverfolgen. Um diese Zeit versammelten sich christliche Laien selbständig zu Gebetsstunden und zur Bibellektüre. Die mangelnde Präsenz von Pfarrern führte zu einer ausgeprägt basisdemokratischen Struktur innerhalb der Gemeinden. Weder die Landeskirchen in Deutschland noch die südkoreanischen Kirchen schenkten den christlichen Arbeitsmigrantinnen und -migranten die nötige Aufmerksamkeit. Diese beklagten deshalb, dass sie in ihrer Heimat in der Minderheit waren und auch in Deutschland in der Minderheit blieben.[19]

Auf Vermittlung der Rheinischen und der Westfälischen Landeskirche wurde Pfarrer Lie Young Bin, der sein Theologiestudium in Göttingen absolviert hatte, 1965 als erster und zu der Zeit einziger koreanischer Pfarrer für vier Jahre zur Betreuung der Koreaner unter Vertrag genommen. Nach Ablauf des Vertrages 1969 blieb diese Stelle bis 1972 vakant, bis Pfarrer Chang Sung-Hwan offiziell vom Korean National Church Council (KNCC) nach Deutschland entsandt und durch das Diakonische Werk NRW als Pfarrer und Seelsorger zur Betreuung der im Gebiet der Evangelischen Landeskirchen im Rheinland, in Westfalen, Hessen und Nassau lebenden koreanischen Landsleute unbefristet eingestellt wurde.[20] 1973 wirkten schließlich fünf Theologiestudenten, fünf Pastoren und sechs Prediger für Koreaner in der ganzen Bundesrepublik, einschließlich Westberlin.

Für die Seelsorge und Beratung blieb für die Geistlichen aufgrund des großen Einzugsgebietes oft nicht genug Zeit. Die einzelnen Gemeinden entwickelten selbständig verschiedene Aktivitäten, die nicht nur religiös definiert waren, sondern auch Freizeitangebote, Bildungsprogramme und gesellige Veranstaltungen umfassten: Seminare, Ausflüge, Gesangskreise, Diskussionskreise zu gesellschaftlichen und politischen Problemen Koreas, Sprachunterricht auf Deutsch für Arbeitnehmer und auf Koreanisch für die zweite Generation. Zu den Aufgaben des Pfarrers gehörte neben der Seelsorge auch die Sozialarbeit. Diese Art der Gemeindearbeit trug wesentlich zur Integration der Arbeitsmigrantinnen und -migranten in die deutsche Gesellschaft bei.

Wichtig für Pfarrer Chang Sung-Hwan, dessen »Bericht über die Lage der koreanischen evangelischen Christen in Deutschland und die seelsorgerische Aufgabe der Kirche« (1973) in vielerlei Hinsicht aufschlussreiche Einblicke in die Lebenssituation der koreanischen Arbeitsmigrantinnen und -migranten gewährt, war gleichzeitig, dass Letztere über die politischen Zustände in Ost und West, die politische Lage Koreas, die Wirtschaft und nicht zuletzt über Versicherungssysteme, Steuerregeln und das Arbeitsrecht informiert wurden. Eine wesentliche Erweiterung in der Bildungsarbeit gerade unter Koreanern in Deutschland sah er darin, dass diese für Themen der sozialen Gerechtigkeit sensibilisiert würden: »Wenn irgendwelche Ungerechtigkeiten an unseren Arbeitsplätzen und Wohnheimen gefunden werden, sollten sie durch solidarische Forderung korrigiert und bekämpft werden.« Chang fuhr fort: »Es scheint mir eine sehr wichtige Aufgabe zu sein, den Koreanern, während sie sich im westlichen demokratischen Ausland aufhalten, die Ungerechtigkeit der südkoreanischen Gesellschaft bewusster zu machen und sie über die politische Aufgabe des demokratischen Bürgers aufzuklären.«[21]

Nach diesem Motto engagierte sich Pfarrer Chang für die Demokratisierung Südkoreas und organisierte 1974, zwei Jahre nach der Yusin-Verfassung (siehe den Beitrag von G.-K. Kindermann in diesem Band), auf dem Münsterplatz in Bonn eine Demonstration gegen die südkoreanische Diktatur. Seine Gemeinden sammelten Spenden für politische Gefangene in Südkorea. Von Gegnern wurde Pfarrer Chang als »Roter Pfarrer« und Kommunist beschimpft; seine Gemeinden wurden als »Rote Gemeinden« bezeichnet.

1975 kam es zu einem Zwischenfall im Kettler-Heim der Schachtanlagen Walsum in Duisburg. In einem offenen Brief von koreanischen Bergarbeitern wurde beklagt, dass die 70 koreanischen Heimbewohner vom südkoreanischen Geheimdienst bespitzelt und am Besuch der koreanischen evangelischen Gemeinde Duisburg gehindert würden, in der Pfarrer Chang amtierte. Von der Heimleitung wurde dem Pfarrer ein Hausverbot erteilt.[22] Chang selbst schrieb in einem Brief an das Außenamt der Evangelischen Kirche in Deutschland (EKD), dass die Menschenrechte und Religionsfreiheit in den Heimen garantiert werden müssten.[23] Das EKD-Außenamt merkte jedoch kritisch an, dass für manche der Eindruck einer Vermischung pastoraler Aufgaben und politischer Ziele entstanden sei. Die Heimleitung begründete ihre Maßnahmen damit, dass die einfachen Bergleute in den Kampf gegen das diktatorische Regime von Park Chung Hee nicht einbezogen werden sollten, da diese nach drei Jahren zurückkehren müssten und ihre Familien Bedrohung und Druck ausgesetzt seien, während sich Pfarrer Chang in einer relativ gesicherten Position befinde.[24]

Ab 1980 änderte sich die Situation der koreanischen evangelischen Gemeinden grundsätzlich, da zu diesem Zeitpunkt alle mit der Arbeitsmigration aus Korea in Zusammenhang stehenden Programme ausgelaufen und die Migrantinnen und Migranten dem Rotationssystem nicht mehr ausgesetzt waren. Die hohe Fluktuation in den Gemeinden wich einer neuen Gemeindestruktur, die durch die sich niederlassenden Mitglieder geprägt wurde.[25] Auch das gesellschaftspolitische Engagement war nicht mehr mit der Furcht vor Rückkehr verbunden. Das war der Grund, warum sich die Deutsch-Koreaner als Arbeiter und Angestellte politisch freier betätigen konnten als im restlichen Europa oder Nordamerika, die durch Geschäftsbeziehungen mit Südkorea in ökonomischen Interessenverhältnissen standen.

Die Laiengemeinden waren nun planungssicherer und konnten eigeninitiativ Pfarrer aus Korea einladen. Die Zahl der Gemeindemitglieder wuchs ab 1990 rapide an, stagnierte erst ab 2000 und zeigte sich danach leicht rückläufig. 2004 schätzte man ungefähr 100 koreanische evangelische Gemeinden in der Bundesrepublik.[26] Krankenschwestern und Bergarbeiter stellen nunmehr, wie zum Beispiel in der Bonner Gemeinde zu beobachten ist, weniger als 20 Prozent der Gemeindemitglieder dar.[27]

3 Erinnerungen: Migranten als Akteure

2013 jährte sich zum 50. Mal die Ankunft der ersten koreanischen Bergarbeiter in Westdeutschland. Das Jubiläumsjahr gab Anlass zur Erinnerungsarbeit. Die Bemühungen zur kollektiven Gedächtnisbildung liefen jedoch bereits weit vorher in verschiedenen Jubiläumsbüchern und -heften unterschiedlicher Vereinigungen.

Die ehemaligen koreanischen Bergarbeiter im Ruhrgebiet gründeten 1973 zum zehnjährigen Jubiläum den Geselligkeitsverein Glückauf e. V., der 2009 den Band *P'adok kwangbu 45nyŏnsa* (45-jährige Geschichte der Entsendung der Bergarbeiter nach Deutschland) herausgab. In dieser Publikation wird ein breites Themenspektrum abgedeckt: Neben Berichten über berühmte Persönlichkeiten in Sport und Kultur, über südkoreanische staatliche Feiertage wie den Unabhängigkeitstag und über die Lebenssituation und die Arbeitsbedingungen der Bergarbeiter wird ein Schwerpunkt auf die deutsch-koreanischen Beziehungen und die Rolle der Koreaner in Deutschland gelegt. Dabei wird betont, dass die Koreaner in Deutschland auf verschiedenen Ebenen maßgeblich zur weiteren und vertiefenden Entwicklung der Beziehungen zwischen Deutschland und Südkorea beigetragen haben. Die ehemaligen Bergarbeiter verstehen sich als Brückenbauer und als wichtige Akteure in der Vermittlung der koreanischen Kultur in Deutschland. Sie sind zivile Botschafter Südkoreas.

Der 1985 gegründete Verein koreanischer Krankenschwestern und Krankenschwesterhelferinnen in der Bundesrepublik Deutschland e. V. gab 2008 das Jubiläumsheft *P'adok kanho 40nyŏnsa* (40-jährige Geschichte der Entsendung der Krankenschwestern nach Deutschland) heraus. Die dort gesammelten, von den Krankenschwestern selbst verfassten Lebensläufe lassen kaum narrative Muster erkennen, die Rückschlüsse auf die Bildung einer kollektiven Erinnerung erlauben. Privatleben, Ehe und Familie sowie gemeinsame Geselligkeitsaktivitäten mit Freundinnen dominieren die lebensgeschichtlichen Darstellungen, die jedoch je nach Einzelperson sehr unterschiedlich ausfallen. Die Vereinbarkeit von Arbeit und Familie nimmt in der individuellen Darstellung einen großen Raum ein. Redaktionelle Bemühungen, die Lebensläufe zusammenzuführen und einer Deutung zu unterwerfen, unterbleiben. Ein Motiv ragt jedoch heraus: Die Krankenschwestern und Krankenschwesterhelferinnen betonen übergreifend die damalige wirtschaftliche Not in Korea und die finanzielle Unterstützung, die sie ihren in Korea zurückgelassenen Familien zukommen ließen.

Die koreanische Frauengruppe in Deutschland e. V. entstand 1977 aus einer Aktion gegen die geplante Zwangsausweisung der koreanischen Krankenschwestern aus der Bundesrepublik. Auf dem Kirchentag in Berlin im selben Jahr sammelten sie über 10 000 Unterschriften und erreichten durch zahlreiche öffentliche Demonstrationen und Diskussionen, dass sie unbefristete Arbeits- und Aufenthaltsrechte erhielten, sofern sie länger als fünf Jahre in Deutschland gelebt und gearbeitet hatten. Diese erfolgreiche Aktion politisierte einen Teil der koreanischen Krankenschwestern. In der Dokumentation »25 Jahre Koreanische Krankenschwestern in Deutschland« von 1990 stellt die Autorin Kook Nam Cho-Ruwwe fest, dass die koreanischen Krankenschwestern als »Lückenbüßer für die Krisensituation im [deutschen] Krankenpflegebereich« dienten. Sie seien in der Dritten Welt ausgebildet worden, um in der Ersten Welt zu arbeiten, was als »umgekehrte Entwicklungshilfe« zu bewerten sei. In den 1980er-Jahren wechselte jedoch die Stoßrichtung des Vereins. Die Frauen solidarisierten sich mit der Arbeiterinnenbewegung und für die politische Demokratisierung in Südkorea. Im 2006 erschienenen Essayband »Zuhause«[28] betonen die koreanischen Krankenschwestern, die überwiegend mit Deutschen verheiratet sind, in Deutschland zu Hause zu sein. Des Weiteren verleihen sie darin ihrem Selbstbewusstsein Ausdruck, mit ihrer Arbeit den Deutschen geholfen, sich gegen das Unrecht, das sie erfuhren, gewehrt und durchgesetzt, aber auch aktiv einen Beitrag zur Demokratisierung Südkoreas geleistet zu haben.

Das Pendant zu den politisierten Krankenschwestern findet sich bei den Bergarbeitern in dem Dokumentenband »Menschenrechte. Südkoreaner im Ruhrbergbau« von 1981, der den Kampf der koreanischen Bergarbeiter

1979/80 gegen das Programm der »vorübergehenden Beschäftigung der koreanischen Bergarbeiter im Ruhrkohlebergwerke« und für das Aufenthaltsrecht nach Ablauf des Programms dokumentiert. Dieser politische Strang bei den Bergarbeitern findet sich in den späteren Jubiläumsheften der Bergarbeiter nicht wieder. 2004 gab der Koreanische Evangelische Gemeindekonvent in Deutschland die Publikation *Chaedokhaninkyohoeŭi paljach'i* (Spuren der koreanischen Kirchen in Deutschland) heraus, in der die Bedeutung von selbstorganisierten Laiengemeinden für das soziale und gesellschaftliche Engagement der Migrantinnen und Migranten hervorgehoben wird. Deren Mitglieder waren stets sehr an politischen Entwicklungen in Südkorea interessiert. In Zusammenarbeit mit deutschen Kirchen engagierten sie sich während der Zeit der Militärdiktatur für die Demokratisierung ihres Heimatlandes.

Mit den Jahren wurde das Bewusstsein, als Gast und Wanderer in Deutschland zu sein, ersetzt durch ein Diasporabewusstsein, das die koreanischen Migrantinnen und Migranten entsprechend der jüdischen Diaspora entwickelten. »Von einer Wanderer- zur Diasporagemeinde« hieß denn auch die Ausstellung der Bonner Koreanischen Gemeinde 2009 zum 40-jährigen Jubiläum im Rathaus Hardtberg in Bonn.

Fazit

Die Vereinnahmung der südkoreanischen Migrantinnen und Migranten von deutscher Seite als »model minority« einerseits und im Namen des südkoreanischen Nationalismus als erfolgreiche »Industriesoldaten« andererseits geht an der Wirklichkeit der Geschichte dieser Menschen vorbei. Die Anwerbung bzw. Entsendung von Arbeitskräften von Südkorea nach Deutschland war von Beginn an voll von Widersprüchen, wobei die eigentlichen Ziele zum Teil nicht erreicht, nicht intendierte Folgen als Ergebnisse gezielter Anstrengungen präsentiert und offensichtliche Verfehlungen mit Schulterzucken hingenommen wurden. Die inhärenten Widersprüche waren so lange gut, wie sie den Interessen der Partner dienten. Die koreanischen Krankenschwestern und Bergarbeiter jedoch erkannten diese Widersprüche und kämpften für ihre Rechte. Dass sie als eine der ganz wenigen Migrantengruppen das Bleiberecht in der Bundesrepublik durch öffentliche Aktionen erkämpft haben, verschafft ihnen eine besondere Position in der deutschen Migrationsgeschichte.

In den zwei Bereichen der Lebenswelt, die hier dargestellt wurden, konnte gezeigt werden, dass die Migrantinnen und Migranten bereits früh die eigentlichen Intentionen der Programme unterwanderten: Die transnationale Demokratiebewegung forderte das heimische diktatorische System heraus, die Kirchengemeinden legten durch ihre Gemeindearbeit die Basis für die Diasporabildung. In der Erinnerungsarbeit werden diese Stränge des politisierten Lebens aufgenommen. Gleichzeitig ist zu beobachten, dass die Arbeitsmigrantinnen und -migranten sich die Entsendungsideologie zu eigen machen und diese in deren Selbstrepräsentationen weiterhin nachwirkt. Darin ist ein tiefer liegendes Bedürfnis nach Anerkennung für ihre Lebensleistung und als historische Akteure abzulesen, die sie in der deutschen Gesellschaft nicht finden, aber auch in der koreanischen Öffentlichkeit vermissen. Diese spezifische Gemengelage der Deutsch-Koreaner sichert trotz ihrer zahlenmäßigen Unterrepräsentation innerhalb der koreanischen Migrationsgeschichte einen besonderen Platz.

Literatur

Choi, Sun-Ju/Heike Berner, (Hrsg.), Zuhause. Erzählungen von deutschen Koreanerinnen, Berlin 2006.

Jeong, Yang-Cun, Koreanische Immigrationsgemeinden in der Bundesrepublik Deutschland, Frankfurt am Main 2008.

Anmerkungen

1 You Jae Lee, »An der westlichsten und östlichsten Flanke der Lager«. Deutsche Entwicklungshilfe für Korea 1953–1963, in: Christoph Kleßmann/Bernd Stöver (Hrsg.), Der Koreakrieg. Wahrnehmung – Wirkung – Erinnerung, Köln/Wien 2008, S. 142–158.

2 BA, B 149/6246, Auswärtiges Amt an die Botschaft der Bundesrepublik Deutschland Seoul, 7. Februar 1961.

3 Beschäftigung koreanischer Bergarbeiter in der Bundesrepublik, Bek. des BMA vom 29. Januar 1964 – II a 6 – 2430.7, in: Der Bundesminister für Arbeit und Sozialordnung (Hrsg.), Bundesarbeitsblatt, 1. Märzheft 1964 Nr. 5, S. 143–147; Bundesanzeiger Nr. 99 vom 4. Juni 1970, Bekanntmachung der Vereinbarung über die Zulassung koreanischer Bergarbeiter zur vorübergehenden Beschäftigung im deutschen Steinkohlenbergbau.

4 Shared.Divided.United. Deutschland-Korea: Migrationsbewegungen im Kalten Krieg. Ausstellungskatalog, Berlin 2009.

5 Cornelius Nestler-Tremel/Ulrike Tremel, Im Schatten des Lebens, Heidelberg 1985, S. 60.

6 BA, B 149/6246, BMA, Abtl. II, Beschäftigung südkoreanischer Arbeitnehmer in der Bundesrepublik, 5. Februar 1963; BA, B 149/6246, A Proposal of Korean Labor (Miners) Employment to the Federal Republic of Germany.

7 PA, 85/762, Programm für die Beschäftigung examinierter koreanischer Krankenschwestern und Krankenpflegehelferinnen in deutschen Krankenhäusern.

8 PA, B85/635, Botschaft der Bundesrepublik Deutschland Seoul an das AA, 4. Februar 1967.

9 Christa Stolle, Hier ist ewig Ausland: Lebensbedingungen und Perspektiven koreanischer Frauen in der Bundesrepublik Deutschland, Berlin 1990, S. 51.

10 *P'adok kwangbu kanhosa ŭi han'guk kyŏngjebaljŏn e taehan kiyŏ ŭi kŏn* [Der Beitrag der nach Deutschland entsendeten Bergarbeiter und Krankenschwestern an der südkoreanischen Wirtschaftsentwicklung], in: *Chinsilhwahoewiwŏnhoe* (Hrsg.), *2008nyŏn habangi chosabogosŏ*, Seoul 2008, S. 173–257, S. 173.

11 PA/B 37/345, AA an die deutsche Botschaft Seoul, 28. Juli 1967.

12 Paul Frank, Entschlüsselte Botschaft. Ein Diplomat macht Inventur, Stuttgart 1981, S. 223–249; *1967nyŏn, tongbaenglimsakwŏn* [Ostberlin-Affäre von 1967], 26. Januar 2006, *Kukjongwŏn kwagŏsa chinsilgyumyŏng-ŭl t'onghan paljŏnwiwŏnhoe* [Komitee zur Aufklärung von Vorfällen des National Security Services in der Vergangenheit].

13 PA/B 37/345, Fernschreiben aus Seoul, 17. Juli 1967.

14 Spiegel, Nr. 36/1967, S. 25.

15 PA/B 37/344, Fernschreiben, Bericht Prof. Gruenwald, 11. Dezember 1967.

16 PA/B 37/345, Botschaft Seoul an das AA, 25. August 1967. Gleichzeitig war Ostberlin aber auch für die Nordkoreaner ein Problem, weil ihre eigenen Studenten in der DDR durch Ostberlin in den Westen flüchteten; vgl. MfAA A 6938, Vermerk über die Situation der koreanischen Hochschulgruppe an der Technischen Hochschule Dresden, 2. Dezember 1959, Bll.2–6.

17 PA/B 37/419, Aufzeichnung: Prozeß in der 2. Instanz, 2. April 1968.

18 Chang Sung-Hwan, Bericht über die Lage der koreanischen evangelischen Christen in Deutschland und die seelsorgerische Aufgabe der Kirche, Duisburg, 9. Mai 1973.

19 Protokoll der Zweiten Konsultation des Kirchlichen Außenamtes mit evangelischen ausländischen Pfarrern vom 14. November 1972 in Frankfurt am Main.

20 Dienstvertrag zwischen dem Diakonischen Werk und Pf. Sung-Hwan Chang, 28. Juli 1972.

21 Chang (wie Anm. 18).

22 Offener Brief Mu-Ue Kang an Schneider, Personaldirektor der Schacht-Anlage-Walsum Bergwerk-Direktion, 3. April 1975; Koreaner fühlen sich im Heim bespitzelt. Werden Reden des Pfarrers mitgeschrieben?, in: Rheinische Post, 10. April 1975; Umfangreiche Beschuldigungen von Koreanern. Kommunistenjagt mit Agenten und Spitzeln?, in: Neue Ruhr-Zeitung, 16. April 1975.

23 Sung-Hwan Chang an KA EKD, DW, KNCC, 8. April 1975.

24 KA EKD, Situation der Koreaner in der BRD, 28. Mai 1975; Gerhard Fritz, Jürgen Micksch, Gespräche am 25. April 1975 im Zusammenhang der Vorgänge im Kettelerheim des Walsumer Verbundwerkes, 28. April 1975, 2. Mai 1975.

25 *Kidokkyo chaedok haningyohoe hyóbúihoe* [Koreanische Evangelische Gemeindekonvent in Deutschland] (Hrsg.), *Chaedokhaninkyohoeúi paljach'i* [Spuren der koreanischen Kirchen in Deutschland], Düsseldorf 2004, S. 19.

26 Jeong Yang-Cun, Koreanische Immigrationsgemeinden in der Bundesrepublik Deutschland, Frankfurt a. M. 2008, S. 55.

27 Von einer Wanderer- zur Diasporagemeinde. 40 Jahre koreanische Gemeinde in Bonn, Bonn 2009, S. 27/28

28 Choi Sun-ju/Heike Berner (Hrsg.), Zuhause. Erzählungen von deutschen Koreanerinnen, Berlin 2006.

Han Unsuk und Lee Bongki

Wahrnehmung und Einschätzung der deutschen Wiedervereinigung in Südkorea

Als die Deutschen im Jahr 1990 voller Begeisterung die Wiedervereinigung erlebten, betrachteten die Menschen in Südkorea sie mit einem Gemisch aus Bewunderung und Neid. Die deutsche Einheit und der Zusammenbruch des real existierenden Sozialismus in Europa hatten in ihnen die Hoffnung geweckt, dass so wie Deutschland auch Korea in naher Zukunft die Wiedervereinigung erreichen könnte.

Diese Sehnsucht führte dazu, dass die Südkoreaner den deutschen Wiedervereinigungsprozess bis heute mit großer Aufmerksamkeit verfolgen und kontinuierlich Untersuchungen dazu durchführen. Einem im Jahre 2009 vom südkoreanischen Ministerium für Wiedervereinigung in Auftrag gegebenen Forschungsprojekt (U. Han, »Untersuchung zum Stand der Forschung zur deutschen Wiedervereinigung«) zufolge entstanden in Südkorea diesbezüglich 1 295 Publikationen, darunter 417 koreanischsprachige Monografien und 50 Übersetzungen sowie 828 Aufsätze. Bis heute besuchen jedes Jahr auch zahlreiche koreanische Wissenschaftler und Experten, Politiker und Beamte Deutschland, um aus den Erfahrungen der Wiedervereinigung zu lernen.

In diesem Beitrag soll beleuchtet werden, wie die Südkoreaner die deutsche Vereinigung wahrnehmen. Dabei wird zunächst auf die Veränderung dieser Wahrnehmung nach Zeiträumen gegliedert eingegangen, danach auf die konkreten Untersuchungen der koreanischen Forscher und zum Schluss auf die Widerspiegelung der deutschen Vereinigung in den koreanischen Medien.

1 Veränderungen in der Wahrnehmung der deutschen Wiedervereinigung

Die Rezeption der deutschen Vereinigung in Südkorea zeigt je nach Zeitraum ein unterschiedliches Bild. Eine wichtige Bewertungsgrundlage stellt vor allem die ökonomische Entwicklung des vereinten Deutschlands dar. In diesem Kapitel wird zunächst die Wirtschaftsentwicklung im Gebiet der ehemaligen DDR nach der Wiedervereinigung – widergespiegelt durch Wirtschaftswachstumsraten und Arbeitslosenzahlen – in drei Phasen unterteilt: Wende und Reform (1990–1994), Krise und Regulierung (1995–2006) sowie Stabilisierung (2007 bis heute). Anhand dieser Unterteilung wird dann dargestellt, wie sich die Wahrnehmung der deutschen Vereinigung seitens der Südkoreaner verändert hat.

Wende und Wiedervereinigung (1990–1994)

Die Reformzeit der Jahre 1990 bis 1994 nach der Wende bescherte den neuen Bundesländern des wiedervereinigten Deutschlands zweistellige Wirtschaftswachstumsraten; das Bruttoinlandsprodukt (BIP) pro Kopf der Bevölkerung wuchs im Gebiet der ehemaligen DDR um 36,7 Prozent von 10 014 auf 13 698 Euro. Gleichzeitig jedoch stieg die Arbeitslosenquote und erreichte 1994 15,8 Prozent. In der deutschen Debatte gab es fortwährend Kontroversen bezüglich der Auswirkungen des 1:1 erfolgten Währungsumtausches und um die Privatisierung, aber es blieb die emotionale Hoffnung auf die von Kanzler Kohl versprochenen »blühenden Landschaften«. Obgleich es also Probleme wie die hohe Arbeitslosigkeit gab, deutete das kontinuierliche Wirtschaftswachstum auf eine positive Entwicklung nach der Wiedervereinigung.

In dieser Periode war die Begeisterung der Südkoreaner angesichts der Wiedervereinigung noch in vollem Schwange. Da die optimistische Meinung vorherrschte, die nächste Vereinigung würde die koreanische Halbinsel betreffen, wurde die deutsche Einheit hauptsächlich von einem positiven Standpunkt aus betrachtet. Vor allem der Tod des nordkoreanischen Führers Kim Il Sung *(Kim Il-sŏng)* im Juli 1994 bestärkte diese Hoffnungen. Gleichzeitig unternahmen koreanische Akademiker vielfältige Untersuchungen zur deutschen Wiedervereinigung, bei denen auch die Probleme erkannt wurden, die aus den Begleiterscheinungen der Vereinigung bzw. aus dem Scheitern politischer Maßnahmen erwuchsen. Dazu zählten in erster Linie die erwähnte steigende Arbeitslosigkeit infolge der Privatisierungen durch die Treuhandanstalt sowie die ökonomische Belastung Westdeutschlands und der Zusammenbruch der ostdeutschen Wirtschaft infolge der 1:1 erfolgten Währungsunion. Auch das Problem der Dominanz der westdeutschen Eliten im Prozess des Beitritts der DDR wurde von linken Intellektuellen schon früh thematisiert.

In dieser Zeit entsandte die südkoreanische Regierung einen Beauftragten für die Wiedervereinigung an die koreanische Botschaft in Deutschland, um möglichst umfassende Informationen über deutsche Einheit zu sammeln. Die bereits eingangs erwähnte »Untersuchung zum Stand der Forschung zur deutschen Wiedervereinigung« zeigt, dass allein 45 der 54 zwischen 1990 und 1994 zum Thema »Wiedervereinigung Deutschlands« erschienenen Monografien vom Ministerium für Wiedervereinigung herausgegeben wurden. Die wichtigsten Fragen der Forschung in Südkorea in diesem Zeitraum waren: 1. Wie war die Einheit Deutschlands möglich geworden (Umwälzungen in Ostdeutschland)? 2. Wie konnte die westdeutsche Regierung die Widerstände der Nachbarstaaten im Prozess der Einigung überwinden (außenpolitische Beziehungen)? 3. Wie wurden der verfassungsrechtliche, politische und administrative Zusammenschluss, die Währungsunion, die Privatisierung, Fragen des Eigentumsrechts usw. behandelt (Verhandlungsprozess für den Einheitsvertrag und politische Maßnahmen zur Systemtransformation). 4. Ist die »Absorptionsvereinigung« Deutschlands (so eine allgemeine Charakterisierung in Korea über die deutsche Wiedervereinigung durch Beitritt der DDR) überhaupt ein Modell für Korea?

Krise und Regulierung (1995–2006)

Von 1995 bis 2006 hielt die hohe Arbeitslosigkeit in Ostdeutschland an und überschritt 2003 sogar die 20-Prozent-Marke. Das Wirtschaftswachstum sank in den einstelligen Bereich, fiel anschließend niedriger aus als in den alten Bundesländern und verzeichnete zwischenzeitlich sogar ein Minuswachstum. Diese wirtschaftliche Entwicklung in Deutschland fand auch in der koreanischen Wahrnehmung der deutschen Einheit ihren Niederschlag. In den südkoreanischen Medien wurde Deutschland nunmehr als »der kranke Mann in Europa« hingestellt. Anstelle der positiven rückten nun eher die negativen Seiten der Vereinigung ins Zentrum des Interesses. Betrachtet man die in diesem Zeitraum erschienenen Monografien, so lässt sich ein eindeutiger Schwerpunkt auf wirtschaftlichen Fragen erkennen, im Vergleich zu Studien zu allgemeinen Fragen der Wiedervereinigung, die noch die vorherige Phase dominierten. Entsprechend der Konzentration der Forschung auf wirtschaftliche und soziale Aspekte, wurde die negative Perzeption immer deutlicher. Dabei lässt sich sagen, dass die Einstellung zur deutschen Wiedervereinigung, die sich in dieser Zeit herausprägte, noch bis in die Gegenwart hinein die koreanische Betrachtungsweise bestimmt, auch wenn sich seit Ende der 2000er-Jahre eine leichte Trendwende zu einer positiven Einschätzung der deutschen Wiedervereinigung beobachten lässt.

Die zunehmend negative Sicht der Koreaner auf die deutsche Vereinigung lässt sich allein aus den Titeln der Veröffentlichungen in diesem

Zeitraum erkennen. Das Wirtschaftsinstitut Samsung Economic Research Institute (SERI) gab 2002 eine Studie »Die langfristige Depression der deutschen Wirtschaft und deren logische Schlussfolgerungen« *(Togil kyŏngje-ŭi changgijŏk pujin-gwa sisachŏm)* heraus, 2005 folgte »Wie ist die deutsche Wirtschaftskrise zu betrachten?« *(Togil kyŏngje wigi-rŭl ŏttŏke pokŏsinga?)*. Im Jahre 2001 erschien eine Monografie mit dem Titel »Zwei Deutschlands – die wirtschaftlichen und sozialen Lasten der deutschen Vereinigung« *(Tugae-ŭi togil – togil t'ongil-gwa kyŏngje sahoejŏk pudam-ŭl, von Yi T'ae-uk)*. In diesen Veröffentlichungen wird die wirtschaftliche Flaute Deutschlands auf die Wiedervereinigung zurückgeführt. Als Ursachen für die Rezession werden vor allem die übereilte Wirtschaftsintegration, die falsch angegangene Währungsunion, die übermäßigen Lohnsteigerungen in den neuen Bundesländern und die insgesamt hohen Kosten der Wiedervereinigung genannt.

Im Bereich der soziokulturellen Untersuchungen zur deutschen Einheit erzielte insbesondere das von Kim Nu-ri 2006 herausgegebene Buch »Gespräche über das vereinte Deutschland« *(T'ongil togil-ŭl malhanda)* eine große Breitenwirkung. In dem dreibändigen Werk bringt er zahlreiche Interviews sowohl mit ostdeutschen Durchschnittsbürgern als auch mit berühmten Persönlichkeiten, wie beispielsweise Wolf Biermann, Volker Braun, Daniela Dahn, Jens Reich, Joachim Gauck, Christian Führer und Dietmar Bartsch, und vermittelt so deren kritische Sicht auf die deutsche Wiedervereinigung. Durch diese Untersuchung wurde die Diskussion über Probleme der inneren Einheit, die schon in den ersten Jahren von kritischen Intellektuellen wie Chŏn Sŏng-u geführt wurde, intensiviert. Die Debatte hinterließ insofern ebenfalls eine negative Wirkung, da sie auf die Feststellung hinauslief, dass diese innere Einheit im Prozess der deutschen Wiedervereinigung noch nicht vollständig erreicht wurde, was sich unter anderem in stereotypen Zuschreibungen als »Ossi« bzw. »Wessi« oder im Phänomen der als »Ostalgie« bezeichneten nostalgischen Verklärung der DDR-Vergangenheit niederschlug.

Während viele Südkoreaner die deutsche Vereinigung von 1990 bis 1994 – in der Hoffnung auf eine ähnliche Entwicklung in ihrem Land – unter einem absolut positiven Blickwinkel betrachteten, konnten sie im darauffolgenden Zeitraum am deutschen Beispiel beobachten, welche Probleme auf eine in der Zukunft wiedervereinigte koreanische Halbinsel zukommen könnten. Durch die starke Konzentration auf die Kosten der Einheit wurde die Analyse der deutschen Erfahrungen zunehmend auf eine Kosten-Nutzen-Rechnung reduziert. Im Ergebnis begann sich insbesondere die junge Generation in Südkorea die Frage zu stellen, ob eine koreanische Wiedervereinigung, deren Kosten der Süden tragen müsste, überhaupt anzustreben sei.

Stabilisierung (2007 bis heute)

Seit 2007 ist in Südkorea die Intensität der Forschung zur deutschen Wiedervereinigung etwas zurückgegangen. Zwischen 2007 und 2009 erschienen nur sieben Publikationen zu allgemeinen Fragen der deutschen Einheit, zehn zum Thema Wirtschaft und 13 zum Bereich der sozialen und kulturellen Integration. Dabei handelte es sich in der Regel nicht um neue Forschungsansätze, sondern größtenteils um Neubewertungen auf Grundlage bereits vorhandener Erkenntnisse zu der Frage, ob und wie die Erfahrungen der deutschen Wiedervereinigung auf die koreanische Halbinsel übertragbar seien.

Verschiedene anlässlich des 20. Jahrestags der deutschen Einheit veranstaltete wissenschaftliche Konferenzen beförderten jedoch eine kritische Diskussion über die Sicht der Koreaner auf die deutsche Wiedervereinigung. Kritisiert wurde dabei vor allem, dass die Debatte in Südkorea weniger die Realität der deutschen Vereinigung widerspiegele, sondern diese vielmehr je nach individueller Absicht der einzelnen Akteure instrumentalisiert werde. Insbesondere »die übertriebene Darstellung der negativen Aspekte der deutschen Einheit in den koreanischen Medien [hat] schlussendlich dazu beigetragen […], den Willen der Bürger zur Wiedervereinigung zu schwächen.«[1]

In der jüngsten Zeit ist die Sichtweise der Südkoreaner auf Deutschland vor allem durch seine führende Rolle bei der Bewältigung der Finanzkrise in Europa geprägt und dadurch, dass die deutsche Wirtschaft mit einem Rückgang der Arbeitslosenrate und dem anhaltenden Wachstum in West- wie in Ostdeutschland nicht nur die Krise im eigenen Land überwunden, sondern sich an die Spitze Europas gestellt hat. Diese allgemeine Wahrnehmung wirkt sich auch auf die Einschätzung der Wiedervereinigung aus, die nun als Erfolgsgeschichte gesehen wird. Dieses Verständnis führte unter anderem dazu, dass auch im südkoreanischen Parlament, ganz gleich ob auf der Seite der Regierung oder der Opposition, eine große Bereitschaft besteht, »von Deutschland lernen« zu wollen, und entsprechende Studiengruppen gebildet wurden.

2 Wahrnehmung und Einschätzung durch Wissenschaft und Medien

Der akademische Blickwinkel

Die Analysen koreanischer Wissenschaftler zur deutschen Wiedervereinigung betreffen nicht nur die Situation nach, sondern auch vor den Ereignissen von 1989 und 1990. Die teils unterschiedlichen Bewertungen stehen dabei oft in Abhängigkeit von jeweiligen Wertevorstellungen der Forscher.

Anhand der Betrachtung von Willy Brandts Ostpolitik durch koreanische Intellektuelle lassen sich die Unterschiede in den politischen Standpunkten gut illustrieren. Der Historiker An Pyŏng-jik ist der Meinung, dass die Neue Ostpolitik durch Zusammenarbeit und Unterstützung eher dazu beigetragen hat, das diktatorische Regime in der DDR zu stabilisieren und zu verlängern, und definiert sie als eine »Politik des Bewahrens«, die nicht die Veränderung Ostdeutschlands, sondern eine friedliche Koexistenz anstrebte. Auch Yŏm Ton-jae ist der Ansicht, dass die westdeutsche Unterstützung Ostdeutschlands die dortige demokratische Revolution verzögert hat und dass die deutsche Einheit unmöglich geworden wäre, wenn die westdeutsche Regierung zum Zeitpunkt der Revolution in Ostdeutschland den sozialdemokratischen Kurs von Versöhnung und Kooperation verfolgt hätte. Stattdessen sei die »Politik der Stärke« der CDU die Triebkraft zur deutschen Vereinigung gewesen.[2]

Andere für ihre kritische politische Einstellung bekannte Autoren behaupten dagegen, dass die Neue Ostpolitik, die auch als Vorbild für die von den Regierungen Kim Dae Jung *(Kim Tae-jung)* und Roh Moo Hyun *(No Mu-hyŏn)* verfolgte Politik der Einbindung des Nordens (auch »Sonnenscheinpolitik« genannt) diente, und der darauf basierende zwischenmenschliche und materielle Austausch eine wichtige Rolle bei der deutschen Wiedervereinigung gespielt haben.[3] Ihrer Meinung nach besteht der Kern der Neuen Ostpolitik in der Strategie, durch Entspannung und Anerkennung des derzeitigen Zustands die gegenwärtige Situation zu überwinden (»Wandel durch Annäherung«), das heißt zuerst Frieden und dann die Wiedervereinigung anzustreben. Als eine Lehre für die koreanische Halbinsel leiten sie daraus mit Nachdruck die Notwendigkeit einer allmählichen, dialogbetonten Vereinigungsmethode ab. Als konkrete Strategie schlagen sie vor, zunächst eine Friedensordnung auf der koreanischen Halbinsel zu etablieren, um Nordkorea zu einer Politik der Öffnung und der Reformen zu bewegen, und auf dieser Grundlage den Austausch und die Zusammenarbeit zwischen Nord- und Südkorea schrittweise voranzubringen.

Das Urteil koreanischer Rechtswissenschaftler über die rechtliche Vereinigung in Deutschland ist meistens sehr positiv. Viele andere Wissenschaftler haben den Weg der Absorptionsvereinigung durch den Paragrafen 23 des Grundgesetzes kritisiert. Aber der Juraprofessor Chŏn Kwang-sŏk verteidigt diesen Weg, weil er die schnelle Vereinigung, die die Ostdeutschen wollten, ermöglichte, das gut bewährte Grundgesetz erhalten konnte und die Möglichkeit der Verfassungsänderung offen ließ. Der Jurist Hŏ Hyoung lobte besonders die Leistung des Verfassungsgerichts. Der Rechtswissenschaftler Chang Myŏng-bong hingegen kritisiert die deutsche Vereinigung durch Grundgesetz Paragraf 23 und plädiert für die Vereinigung Koreas durch eine Vereinbarung auf der Grundlage einer neuen Vereinigungsverfassung.

Im Rahmen der Forschung zur wirtschaftlichen Integration Deutschlands versuchen koreanische Wissenschaftler ihre Lehren aus der deutschen Erfahrung für ihr eigenes Land zu ziehen. Während der Wirtschaftswissenschaftler An Sŏk-kyo, der Deutschland im Jahr der Wiedervereinigung besuchte, noch eine sehr optimistische Prognose in Bezug auf die Veränderungen der deutschen Wirtschaft gab, legte der Wirtschaftsprofessor An Tu-sun bereits zwei Jahre später, zu einem Zeitpunkt, da die Nachwehen der Wiedervereinigung zutage traten, den Fokus auf die negativen Folgeerscheinungen der deutschen Wiedervereinigungspolitik. Er ging der Frage nach, ob eine solche Politik für die koreanische Halbinsel angemessen ist, und entwarf eine politische Strategie, die im Falle einer Wiedervereinigung der koreanischen Halbinsel praktisch umgesetzt werden müsste.

Angesichts des Problems der Massenarbeitslosigkeit in Deutschland infolge der Währungsunion schlug er als bessere Lösung für Korea vor allem eine schrittweise ökonomische Integration vor, bei der man nach der Vereinigung das Gebiet von Nordkorea wie eine Sonderwirtschaftszone getrennt verwaltet und konzentriert fördert, bis die Produktivität und das Volkseinkommen sich dem Niveau des Südens angenähert haben und danach ein vollständiger Zusammenschluss mit Südkorea erfolgen kann. Als Übergangsmaßnahme zur Verhinderung von Unternehmenszusammenbrüchen und Massenarbeitslosigkeit empfahl er, zwar die Reisefreiheit zwischen Nord- und Südkorea zu gewähren, gleichzeitig aber die »Niederlassungsfreiheit« und insbesondere die »Freiheit der Arbeitsplatzwahl« und die »Freiheit der unternehmerischen Tätigkeit« im jeweils anderen Gebiet zu regulieren und bis zu gewissem Grad zu beschränken.

Wirtschaftswissenschaftler wie An Tu-sun befürworten eine eher allmähliche Wiedervereinigungsmethode in Bezug auf wirtschaftliche Fragen. Sie kritisieren das Verkaufsgebaren der Treuhandanstalt im Zusammenhang mit der Privatisierung und präferieren als Alternativen zum Beispiel Belegschaftsaktienprogramme, die kostenlose Verteilung von Privatisierungszertifikaten oder ein Gutscheinsystem wie in Tschechien. In Bezug auf ungelöste Vermögensfragen wird empfohlen, vorrangig nach dem Prinzip »Entschädigung vor Rückgabe« zu verfahren, wobei auch Entschädigungen nur äußerst restriktiv erlaubt werden sollten. Zur Deckung des Finanzbedarfs werden unter anderem die Einbeziehung ausländischer Investoren, der Verkauf von Staatseigentum und die Kürzung der Verteidigungsausgaben vorgeschlagen. Zur Verhinderung von Massenarbeitslosigkeit und zur Sicherung der Arbeitsplätze seien Hilfen für die Unternehmen notwendig, wobei weniger zu Investitionshilfen, sondern eher zu Lohnkostensubventionen geraten wird. Falls im Sinne eines allmählichen Zusammenschlusses Nordkorea in eine Art Sonderwirtschaftszone umgewandelt würde, wäre es wichtig, die Bevölkerungsabwanderung zu unterbinden. Hierfür wird empfohlen, Beschäftigungs- und Einkommensgarantien sowie andere Sozialmaßnahmen für die nordkoreanischen Bürger an den Wohnsitz in Nordkorea zu koppeln.

Der Sozialwissenschaftler Chŏn Sŏng-u diagnostizierte in einem Bericht zur deutschen Wiedervereinigung, der auf der Grundlage empirischer Untersuchungen unmittelbar nach 1990 erstellt wurde, vom sozialwissenschaftlichen Standpunkt aus die damaligen Problempunkte des Vereinigungsprozesses. Er hob hervor, dass dieser ohne ausreichende und systematische Berücksichtigung des Willens der ostdeutschen Bürger, unter einseitiger Führung Westdeutschlands und zu übereilt vollzogen wurde und damit die Gefahr in sich birgt, für Deutschland in Zukunft eine Vielzahl von Problemen auf nationaler und internationaler Ebene heraufzubeschwören. Nachfolgend kritisierte er scharf die »einseitige Methode der Einverleibung«, bei der sich »die Logik und der Wille des Stärkeren« durchgesetzt hätten. Seiner Einschätzung nach befindet sich Südkorea nicht in einer solch »starken« Position wie Westdeutschland mit seiner sozialen Marktwirtschaft und ihrer starken Wirtschaftskraft. Südkorea sei nicht imstande, die enormen Kosten der Vereinigung allein zu tragen und die schwerwiegenden sozialpolitischen Probleme zu meistern. Er sieht die Dominanz der westdeutschen Eliten und die Blockierung des Weges zur selbstständigen Reform durch die Ostdeutschen als ein ernsthaftes Problem, das ein Bewusstsein der »Kolonialisierung Ostdeutschlands« schaffe und dagegen eine trotzige Identität der Ostdeutschen verstärke.

Auch der Politikwissenschaftler Kim Hak-sŏng thematisierte frühzeitig die negativen Folgeerscheinungen der deutschen Wiedervereinigung und das Problem der inneren Einheit. Als schwerwiegendste Auswirkung nannte er die ernsten wirtschaftlichen Probleme in Ostdeutschland, das heißt die Deindustrialisierung und die steigende Arbeitslosigkeit. Ihm zufolge war der Austausch der Führungskräfte gegen westdeutsche Eliten im Prozess der Umstrukturierung von Verwaltung, Justiz, Armee, Bildungswesen und Unternehmen in Ostdeutschland der Grund dafür, dass sich unter den Ostdeutschen ein sozialpsychologischer Minderwertigkeitskomplex ausbreitete. Zusammen mit dem Vordringen westdeutscher Produkte auf den ostdeutschen Markt verstärkte sich so das Gefühl, eine Kolonie Westdeutschlands geworden zu sein. In Vorbereitung auf die Wiedervereinigung der koreanischen Halbinsel müsse man seiner Ansicht nach durch »rationale, komplexe Untersuchungen auf allen Gebieten der Politik, Gesellschaft, Wirtschaft und Kultur, das heißt durch im Vergleich zu heute weitaus detailliertere und produktivere interdisziplinäre Forschungen« nach integrierten politischen Lösungen suchen, um etwaige negative Folgeerscheinungen einer Wiedervereinigung zu minimieren.

Auffällig an den intellektuellen Debatten zur deutschen Wiedervereinigung ist besonders die Tatsache, dass die vorwiegend kritisch eingestellten koreanischen Akademiker tendenziell den Standpunkt der deutschen Linken unterstützen, die die negativen Folgen der von der damaligen CDU-Regierung politisch übereilt durchgesetzten Einheit kritisieren. Von einem durchaus elitär zu bezeichnenden Standpunkt wirft ein Teil von ihnen allerdings auch der breiten Masse der ostdeutschen Bevölkerung vor, den Weg der Kolonialisierung durch Westdeutschland freiwillig gewählt zu haben.

Einschätzungen seitens der Medien

Die konservativen südkoreanischen Zeitungen präferieren ihrer Weltanschauung entsprechend eine rasche Wiedervereinigung, während die kritisch orientierten eine durch allmähliche Annäherung bevorzugen. Zu diesem Ergebnis kommt eine Untersuchung zu koreanischen Medien durch An Tu-sun, der von 1990 bis 2010 vor allem deren Meldungen zu den Methoden und den Kosten der deutschen Einheit analysiert hat. Das Verlangen der Konservativen nach einer raschen Wiedervereinigung liegt – auch wenn dies nicht ausdrücklich erwähnt wird – in der Annahme begründet, dass die als böse betrachtete nordkoreanische Regierung so schnell wie möglich beseitigt und so die unter ihrer Diktatur leidende nordkoreanische Bevölkerung gerettet werden müsse. Im Gegensatz dazu steckt hinter dem Wunsch der Kritiker nach einer schrittweisen Vereinigung der Gedanke, die negativen Folgen zu minimieren, indem man gemeinsame Berührungspunkte zwischen Nord und Süd findet und sich so allmählich näher kommt.

In Bezug auf die Kosten der Wiedervereinigung vertreten auch die kritischen Medien die Meinung, dass sich die südkoreanische Gesellschaft darauf vorbereiten muss. Allerdings nehmen sie bezüglich dieses Themas eine eher passive Haltung ein, da die öffentliche Diskussion darüber Nordkorea provozieren könnte. Dagegen geht der Ton in den konservativen Medien eher in die Richtung, dass angesichts der deutschen Erfahrungen zwar gewaltige Summen notwendig sein werden, diese aber durchaus aufzubringen sind, wenn die inneren Kräfte wie in Westdeutschland gebündelt werden.

Zahlreiche Pressevertreter in Südkorea schätzen die große Rolle, die Willy Brandts Ostpolitik für die Wiedervereinigung Deutschlands gespielt hat. Doch in Bezug auf die sogenannte Sonnenscheinpolitik gegenüber Nordkorea (die in Südkorea mit Brandts Ostpolitik verglichen wird, da sie von derselben Prämisse »Wandel durch Annäherung« ausgeht) unter der Präsidentschaft Kim Dae Jungs (1998–2003) und die sich anschließende Nordkoreapolitik seines Amtsnachfolgers Roh Moo Hyun (2003–2008) gehen die Meinungen auseinander. Während die konservativen Medien deren Anwendbarkeit unter Verweis auf die Unterschiede zwischen Nord- und Südkorea auf der einen sowie Ost- und Westdeutschland auf der anderen Seite infrage stellen, erheben die kritischen Medien die Ostpolitik zum Vorbild und fordern ein offensives Herangehen an Austausch und Kooperation mit Nordkorea. Auch im Zusammenhang mit den Hilfen für den Norden werden unterschiedliche Standpunkte vertreten. Hierbei wird um die Frage gestritten, ob solche Hilfen dem Erhalt des nordkoreanischen Systems dienen (konservativer Standpunkt) oder ob sie Öffnung und Reformen in Nordkorea begünstigen (kritischer Standpunkt).

In seiner Analyse der südkoreanischen Medien kritisiert An Tu-sun die Tatsache, dass sie jeweils nur diejenigen Bereiche hervorheben, die ihren vorgefassten Meinungen oder der eigenen Linie entsprechen. In diesem Zusammenhang geht er auch auf die Verantwortung der Wissenschaft ein, indem er scharf kritisiert, dass sich bei vielen koreanischen Untersuchungen zum wiedervereinigten Deutschland nicht nur von den Themen und Inhalten, sondern auch von den Schlussfolgerungen her seit nunmehr 20 Jahren fast nichts geändert hat, von der Tiefe und vom Niveau der Analysen ganz zu schweigen. Abschließend stellt An Tu-sun fest: »Anstatt die multidimensionalen Probleme der Wiedervereinigung im Gesamtkontext zu behandeln, wird auf nebensächliche Inhalte eingegangen (...). Der Grundtenor der Meldungen und Kommentare (...) ist absolut nicht hilfreich, weder für den Abbau der Konfrontation zwischen Nord und Süd, noch für die Zusammenführung der Kräfte der Wiedervereinigung innerhalb Südkoreas. Von Wissenschaft und Medien ist eine Rolle gefordert, die nicht die Widersprüche innerhalb Südkoreas schürt, sondern zur Herausbildung eines nationalen Konsensus beiträgt.«

Fazit

Die Vorstellungen von der deutschen Einheit, die sich im Verlaufe der Debatte in Südkorea gebildet haben, werden von verschiedenen Faktoren beeinflusst. Dies sind vor allem die Situation in Deutschland zum Zeitpunkt der jeweiligen Kommentare, die innenpolitischen Umstände in Südkorea, die Beziehungen zwischen Nord- und Südkorea und die Lage in Nordostasien sowie die politisch-ideologische Einstellung der jeweiligen Experten. Unmittelbar nach der deutschen Wiedervereinigung beabsichtigte die südkoreanische Regierung in Vorbereitung auf einen Zusammenbruch Nordkoreas das deutsche Modell der »Absorptionsvereinigung«[4] zur Anwendung zu bringen. Wie in Deutschland entbrannte auch in Südkorea ein hitziger Streit um das Für und Wider einer solchen Methode. Ihre Gegner waren der Überzeugung, dass aufgrund der Geschichte der festgefahrenen innerkoreanischen Beziehungen und der unterschiedlichen wirtschaftlichen Stärke dieses Modell für Korea nicht anwendbar sei. Die vor allem mit der ökonomischen Stagnation ab Mitte der 1990er-Jahre immer deutlicher zutage tretenden negativen Folgeerscheinungen sowie der Regierungswechsel in Südkorea 1998 führten dazu, dass diese kritische Meinung verstärkt die Debatte beherrschte. Das Interesse für Brandts Neue Ostpolitik, die als Untermauerung der »Sonnenscheinpolitik« diente, und das Bild von der deutschen Vereinigung als abschreckendes Beispiel konkurrierten mit der Ansicht der Konservativen vom Modell der erfolgreichen deutschen Einheit.

Auch wenn es in Bezug auf die soziale Integration und den »Aufbau Ost« noch viele Probleme zu lösen gibt, so ist der Wiedervereinigungsdiskurs in Deutschland mit Beginn des neuen Jahrtausends allmählich zu der realistischen Einsicht gelangt, dass diese Probleme nicht in einer Generation zu lösen sind, sondern dass dafür ein längerer Zeitraum erforderlich ist. Diese besonnenere Einschätzung der langfristigen Erfolge scheint auch bezüglich der Wahrnehmung in Südkorea gewisse Veränderungen mit sich zu bringen. Es entsteht der Eindruck, dass infolge der negativen Bewertungen der deutschen Vereinigung die Bürger das Interesse an der deutschen Wiedervereinigung verloren haben bzw. nicht mehr Willens sind, aus der deutschen Vereinigung ernsthafte Lehren zu ziehen. Auch die Tendenzwende in Südkorea hin zur Stärkung des Neuen Konservativismus, der durch die Neue Rechte vertreten wird, die Regierungsübernahme der konservativen Partei im Jahre 2008, die Eiszeit in den innerkoreanischen Beziehungen, die militärischen Konflikte im Gelben Meer und die Verschärfung der nordkoreanischen Nuklearkrise beeinflussen den Diskurs zur deutschen Wiedervereinigung in Südkorea.

Es ist allerdings bemerkenswert, dass seit der Regierungsübernahme von Lee Myung Bak *(Yi Myŏng-bak)* 2008 bei den Konservativen Südkoreas eine deutliche Zunahme der positiven Einschätzung gegenüber der deutschen Einheit zu beobachten ist. Bei ihnen wachsen die Hoffnungen auf eine Absorptionsvereinigung, und sie fordern daher – ihrer Interpretation der deutschen Geschichte folgend, wonach Brandts Neue Ostpolitik die Lebensdauer der DDR-Diktatur nur verlängert habe – eine Politik der Stärke gegenüber Nordkorea. In all diesen Dingen spiegelt sich, zusammen mit der veränderten Situation, die ablehnende Haltung gegenüber der von den Regierungen Kim Dae Jung und Roh Moo Hyun verfolgten Politik der Einbindung des Nordens.

Das Bild von der deutschen Wiedervereinigung in Südkorea wird hier einmal mehr nicht von logischen Schlussfolgerungen empirischer Untersuchungen geprägt, sondern vielmehr vom Diskurs der konkurrierenden politischen Lager. Nichtsdestoweniger wird und soll auch künftig die Diskussion über die deutsche Vereinigung fortgeführt werden, da sie von der südkoreanischen Warte aus gesehen das einzig existierende Modell für eine Wiedervereinigung Koreas darstellt. Das heißt nicht, dass es um die Suche nach einer Art Universalschlüssel ginge und man einfach nur die deutsche Erfahrung auf Korea übertragen könnte. Der Fall Deutschland kann jedoch insofern hilfreich sein, als dass Fähigkeiten und eine gewisse Sensibilität ausgebildet werden, die nützlich sind, um dieser Situation, die so unvorhersehbar ist, gewissenhaft und flexibel zu begegnen. Um eine solche Flexibilität auszubilden, ist eine historische Perspektive, die Strukturveränderungen langfristig betrachtet und auch andere Regimewechsel in Osteuropa miteinbezieht, nötig. Dazu gehört auch, dass man sich in Korea selbstkritisch damit auseinandersetzt, wie bisher die Debatte über die deutsche Wiedervereinigung verlaufen ist und wie dies Einfluss auf das Denken und Verständnis einer koreanischen Wiedervereinigung genommen hat.

Auch ein Vierteljahrhundert nach der deutschen Einheit ist das Wissen der Koreaner darüber sehr mangelhaft. Dies ist in erster Linie auf das Fehlen einer systematischen und dauerhaften Kooperation zwischen Wissenschaft und Politik zurückzuführen. Es gab auf Regierungsebene keine langfristige Roadmap zur Förderung von Forschungsprojekten zur deutschen Wiedervereinigung. Deutsch-koreanische Konsultationen und Zusammenarbeit, um deutsche Kenntnisse zu vermitteln, wurden nur sporadisch ausgeführt. Man hat sich nur für kurzfristig anzuwendende politische Maßnahmen, nicht aber für Grundlagenforschung interessiert, die eine langfristige historische Perspektive einnimmt.

Literatur

Ahn, Byong-Rok, Die Wiedervereinigungsfrage Koreas unter der Berücksichtigung der deutschen Erfahrungen, Berlin 2005.

Lee, Eun-Jeung, Perspektiven der Systemtransformation in Korea, Sfb 580 Mitteilungen 2007, Nr. 21.
Lee, Eun-Jeung, Die deutsche Einheit aus koreanischer Sicht, in: Neue Gesellschaft – Frankfurter Hefte, 12/2014, S. 9–12.

Anmerkungen

1 An Tu-sun, *Togil t'ongil-gwa kyŏngjet'onghab-e taehan p'yŏngka – han'guk yŏllon-e pich'in t'ongilbangsik-gwa t'ongilbiyong nonŭi-rŭl chungsimŭro* [Die Wiedervereinigung Deutschlands und die Bewertung der Wirtschaftsintegration – Mit Fokus auf die Debatte über die Art der Wiedervereinigung und der Wiedervereinigungskosten im Spiegel der südkoreanischen Medien], in: *Handokkyŏngsang nonch'ong*, 29 (2011) 56, S. 1–29.

2 Yŏm Ton-jae, *Togil t'ongil gyohun-gwa hanbando t'ongil* [Lehren aus der Wiedervereinigung Deutschlands und Wiedervereinigung der koreanischen Halbinsel], *Han'gukbohunnonch'ong*, 11 (2012) 2.

3 Vgl. z. B. Hwang Pyŏng-dŏk et. al., *Togil p'yŏnghwat'ongil-gwa t'ongildogil isimnyŏn palchŏnsag* [Die friedliche Wiedervereinigung Deutschlands und 20 Jahre vereintes Deutschland], Seoul 2011, S. 409–417.

4 Die Sichtweise, nach der die deutsche Einheit als eine »Absorptionsvereinigung« betrachtet wird, die ehemalige DDR also durch Westdeutschland vereinnahmt wurde, hat sich in Südkorea in der allgemeinen Wahrnehmung fest verankert.

Park Myung-Kyu

Die Wiedervereinigung Koreas in den Einstellungen der Generationen

Der Glaube daran, dass die Wiedervereinigung von Süd- und Nordkorea irgendwann realisiert wird, ist unter den Koreanern groß. Die gemeinsame Identität und das Bewusstsein, historisch ein Volk zu sein, sind auch mehr als 60 Jahre nach der Teilung stark ausgeprägt. Hat es bereits unmittelbar nach dem Zweiten Weltkrieg kaum jemanden gegeben, der den Prozess der Teilung in Süd- und Nordkorea gewollt hat, so wird nun die Wiedervereinigung in beiden Ländern stets als selbstverständliches Ziel betrachtet. Obwohl es zwischen Süd- und Nordkorea einen Krieg gab, der enorme Opfer gefordert hat, und obwohl sich beide Länder seit langer Zeit feindlich gegenüberstehen, betonen nicht nur die Regierungen beider Seiten die Wiedervereinigung als verfassungsmäßiges Ziel, auch der große Teil der Bevölkerungen wünscht sie sich.

Angesichts der Tatsache, dass die Wiedervereinigung die durch die Teilung entstandenen Wunden zu heilen verspricht und auch zur Verständigung und zum Frieden in Nordostasien beitragen könnte, ist die Zustimmung zu einem solch wichtigen Vorhaben nicht verwunderlich. Es ist jedoch auch klar, dass sowohl der Weg dahin als auch der sich daran anschließende Prozess keinesfalls einfach sein wird. Das Misstrauen der sich gegenüberstehenden unterschiedlichen politischen Systeme, die bereits mehr als ein halbes Jahrhundert existieren, zu beseitigen und gleichzeitig eine – im wirtschaftlichen wie kulturellen Sinne – einheitliche Gemeinschaft zu bilden, sind schwierige Aufgaben.

Nicht zuletzt aufgrund der Aussicht auf einen problematischen Wiedervereinigungsprozess findet man in Südkorea auch vereinzelt die Auffassung, dass die Wiedervereinigung nicht zwangsläufig anzustreben ist, sondern vielmehr der Zustand der Teilung als normale Struktur toleriert wird. Insbesondere bei den jüngeren Generationen, die nach der Teilung geboren und aufgewachsen sind, sind solche Tendenzen zu finden. Generationen dagegen, die die Unterdrückung durch die japanische Besatzung und die Begeisterung über die Befreiung sowie den anschließenden Bruderkrieg unmittelbar erlebt haben, sehen die Teilung als eine Erbschaft an, die auf jeden Fall überwunden werden muss.

Aufgrund der unterschiedlichen historischen Erfahrungen ist die emotionale Sensibilität für eine Wiedervereinigung unter den Generationen verschieden. Die Tatsache, dass die Wiedervereinigung kein einmaliges Ereignis sein wird, sondern ein Prozess, der lange Zeit Belastungen nach sich ziehen wird, führt ebenfalls zu unterschiedlichen Einstellungen bei der Wiedervereinigungsfrage. Dieser Beitrag basiert auf Untersuchungen über die Einstellungen bezüglich der Wiedervereinigung innerhalb der Bevölkerung Südkoreas. Besonderes Augenmerk gilt dabei dem Wandel der Einstellungen und den Unterschieden zwischen den Generationen.

1 Notwendigkeit und Gründe für eine Wiedervereinigung

Inwiefern unterscheiden sich nun die Generationen hinsichtlich ihrer Einstellungen zur Teilung sowie zur Wiedervereinigung? Daten dazu wurden in den vergangenen fünf Jahren vom Forschungsinstitut für Frieden und Wiedervereinigung der Nationaluniversität Seoul erhoben. *Abbildung 1*

Abb. 1: Positive Antworten der einzelnen Generationen bezüglich der Notwendigkeit einer Wiedervereinigung, in Prozent

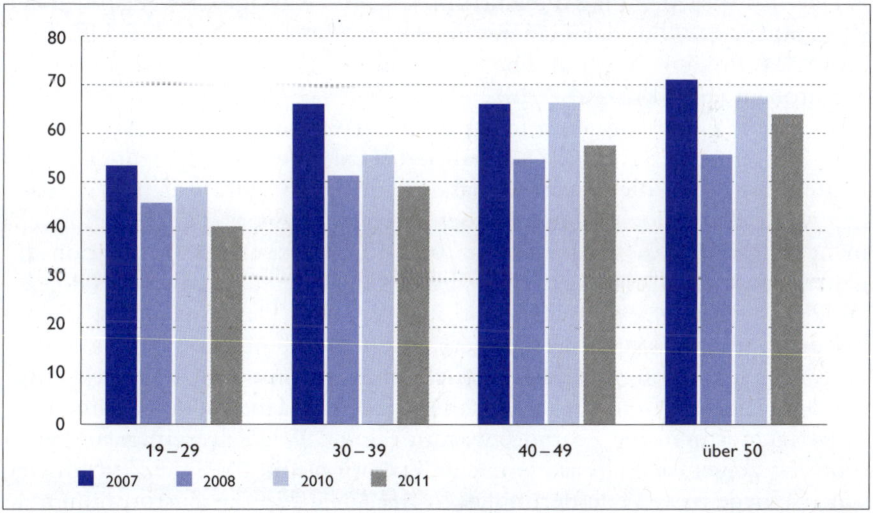

Quelle: Park Myung-kyu e.l. (Hrsg.), *T'ongil ŭisik chosa 2012* [Meinungsumfrage über die Wahrnehmung der Wiedervereinigung], Seoul 2012, S. 21.

zeigt die Tendenz der positiven Antworten der einzelnen Generationen auf die Frage, ob sie der Meinung seien, dass eine Wiedervereinigung notwendig ist. Aus der Abbildung wird ersichtlich: Je älter die Befragten waren, desto mehr sahen sie eine Wiedervereinigung als notwendig an; je jünger die Generation war, desto geringer wurde die Notwendigkeit eingeschätzt. Der Unterschied blieb über die letzten fünf Jahre relativ konstant. Nach und nach wird der Abstand größer, denn in den Meinungen der Generation der über 50-Jährigen gibt es keine großen Veränderungen, wohingegen die Meinungen der Generation der 20- und der 30-Jährigen sich in die Richtung bewegt, die Wiedervereinigung eher als nicht notwendig zu erachten.

Auch bei den Meinungen bezüglich der Dringlichkeit einer Wiedervereinigung kann ein ähnlicher Unterschied zwischen den Generationen festgestellt werden. Die Zustimmungsrate bei der Aussage, eine möglichst rasche Wiedervereinigung sei gut, gleich was es koste, lag bei der Generation der über 50-Jährigen 2007 bei 17,2 Prozent (17,5 Prozent 2010) und bei der Generation der 20-Jährigen nur bei 7 Prozent (5,3 Prozent 2010). Es zeigt sich, dass der Prozentsatz der Zustimmung zur Priorität einer Wiedervereinigung insgesamt niedrig ist, bei den jüngeren Generationen ist er sehr niedrig.

Wie bereits gesagt tritt die Einstellung, den gegenwärtigen Zustand der Teilung akzeptieren zu wollen, bei den jüngeren Generationen deutlicher zutage. Entsprechend lag die Zustimmung zur Aussage, der gegenwärtige Zustand sei gut, bei der Generation der 20-Jährigen 2007 bei 14,6 Prozent (20,8 Prozent 2010) und bei der Generation der über 50-Jährigen bei 8,2 Prozent (12,1 Prozent 2010).

Über alle Generationen hinweg ist die Erwartung, dass die Wiedervereinigung innerhalb kurzer Zeit realisiert wird, eher niedrig, jedoch ist der Prozentsatz jener, die erwarten, dass sie innerhalb von 20 Jahren stattfinden wird, relativ hoch. Man darf aber auch die Antwort »sie sei unmöglich« nicht ignorieren, dieser stimmten 2007 15,1 Prozent der Generation der damals über 50-Jährigen und 17,5 Prozent der Generation der 20-Jährigen zu, 2010 waren es jeweils 22,5 und 25,7 Prozent. Der Prozentsatz sowohl bei den älteren als auch den jüngeren Generationen, die die Möglichkeit einer Wiedervereinigung pessimistisch sehen, nimmt also zu, insbesondere bei den jüngeren Generationen ist diese Tendenz deutlich zu erkennen.

Betrachtet man die Gründe, warum es eine Wiedervereinigung geben sollte, so zeigen sich ebenso je nach Generation und über die Zeit hinweg Unterschiede bzw. Veränderungen. In *Abbildung 2* ist die Zustimmungsrate zu einem der wichtigsten Gründe dargestellt, nämlich zur Aussage, eine Wiedervereinigung solle stattfinden, weil man das gleiche Volk sei. Hierbei zeigen sich einige interessante Ergebnisse: Erstens sind deutliche Unterschiede bei den einzelnen Generationen zu erkennen. Je älter die Generation, desto wichtiger wurde der Grund angesehen, ein Volk zu sein; je jünger die Generation, desto geringer war die Zustimmung. Zweitens wird durch die Tendenz der letzten fünf Jahre bestätigt, dass die Zustimmung zu dieser Aussage bei allen Generationen allmählich schwächer wird. Drittens deutet die relativ hohe Zustimmung 2008 darauf hin, dass die Einstellungen in der Bevölkerung auch durch die tatsächliche Entwicklung der Beziehungen zwischen Süd- und Nordkorea beeinflusst werden. In diesem Fall zeigten die 2. Gipfelgespräche zwischen Süd- und Nordkorea, die im Oktober 2007 stattgefunden haben, gewisse Auswirkungen.

Abb. 2: Zustimmung zur Aussage: »Weil wir das gleiche Volk sind, sollten wir wiedervereinigt werden.«, in Prozent

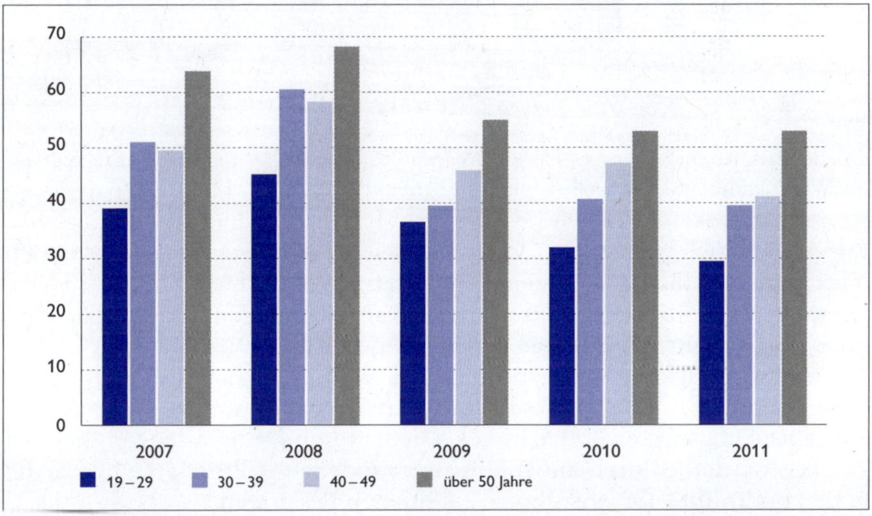

Quelle: Park Myung-kyu e.l. (Hrsg.), *T'ongil ŭisik chosa 2012* [Meinungsumfrage über die Wahrnehmung der Wiedervereinigung], Seoul 2012, S. 23.

Der schwächer werdende Glaube an die Einheit des koreanischen Volkes, muss jedoch keineswegs bedeuten, dass das Interesse an einer Wiedervereinigung insgesamt nachlässt. Denn es gibt auch Menschen, die die Gründe für eine Wiedervereinigung woanders suchen. Zum Beispiel sieht ein beträchtlicher Teil der jüngeren Generationen in der »Verhinderung eines Krieges« oder in der »Fortschrittlichkeit« wichtige Gründe für eine Wiedervereinigung *(Abbildung 3)*.

Abb. 3: Zustimmung zur Aussage: »Um einen Krieg zu verhindern, muss eine Wiedervereinigung stattfinden.«, in Prozent

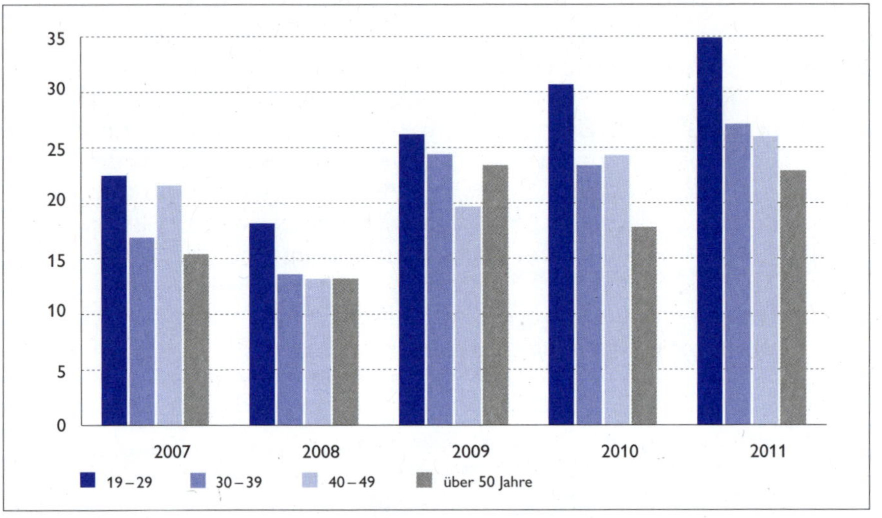

Quelle: Park Myung-kyu e.l. (Hrsg.), *T'ongil ŭisik chosa 2012* [Meinungsumfrage über die Wahrnehmung der Wiedervereinigung], Seoul 2012, S. 196.

Daraus lässt sich eine starke Tendenz ableiten, die Beziehungen zwischen Süd- und Nordkorea weniger ideologisch zu betrachten und stattdessen pragmatisch zu überlegen, durch welche Entwicklung ein Krieg verhindert oder ein Fortschritt für Korea erzielt werden kann. Die Idee der Wiedervereinigung aufgrund der ursprünglichen Verbindung als ein Volk oder als Überwindung einer volksgeschichtlichen Tragödie nimmt ab – zugunsten einer Haltung, nach der in der Wiedervereinigung eine Möglichkeit gesehen wird, die durch die Teilung entstandenen politischen, wirtschaftlichen und militärischen Schwierigkeiten zu beseitigen.

2 Zeitpunkt und Methode der Wiedervereinigung

Bezüglich des Zeitpunkts und der Methode der Wiedervereinigung ist zu erkennen, dass überwiegend eine Wiedervereinigung durch schrittweise Annährung statt einer frühen raschen Wiedervereinigung gewünscht wird. Die Haltung, dass eine Wiedervereinigung so schnell wie möglich erfolgen solle, egal was es koste, befürworten im gesamten Untersuchungszeitraum (2007–2011) weniger als 10 Prozent; im Vergleich dazu liegt der Prozentsatz derjenigen, die einer allmählichen Wiedervereinigung zustimmen (»Statt eine Wiedervereinigung zu beschleunigen, soll man abwarten, bis die Bedingungen reif sind.«), bei weit über 60 Prozent. Selbst die Zustimmung zur Aussage, dass es gut sei, den jetzigen Zustand zu bewahren, auch wenn nicht unbedingt eine Wiedervereinigung stattfinde, liegt mit 15 Prozent höher als der Prozentsatz derjenigen, die eine rasche Wiedervereinigung unterstützen.

Nach Alter betrachtet, zeigt sich bei der Generation der 20-Jährigen eine niedrigere Zustimmung zu einer »allmählichen Wiedervereinigung« (58,9 Prozent) im Vergleich zu den anderen Generationen (68 bis 71 Prozent). Gleichzeitig gibt es bei ihnen auch mehr Befürworter der »Aufrechterhaltung des gegenwärtigen Zustands« und Personen, die »kein Interesse« am Thema haben.

Betrachtet man die Tendenz über fünf Jahre hinweg (2007–2011), ist die Meinung, eine Wiedervereinigung sei innerhalb kurzer Zeit möglich, deutlich zurückgegangen. Stattdessen hat die skeptische Ansicht, eine Wiedervereinigung könne erst in mehr als 30 Jahren stattfinden oder sogar generell schwierig sein, kontinuierlich zugenommen. Insbesondere die Meinung »eine Wiedervereinigung ist unmöglich« stieg von 13,3 Prozent (2007) auf 29,8 Prozent (2009) steil an. Die Zunahme der skeptischen Ansichten über eine Wiedervereinigung haben dabei ihre Ursachen auch in Ereignissen, die die Beziehungen zwischen Süd- und Nordkorea verschlechtert haben. Zu nennen sei hier etwa die Tötung einer südkoreanischen Touristin durch nordkoreanischen Soldaten in Kŭmgangsan 2008 oder die Festnahme von südkoreanischen Arbeitern in der nordkoreanischen Sonderwirtschaftszone Kaesŏng 2009. An der Zustimmung zur Notwendigkeit, eine Wiedervereinigung durch stufenweise Prozesse zu erreichen, durch die Mehrheit der Bevölkerung änderte dies jedoch nichts.

Neben der nach den Gründen wurde auch die Frage gestellt, welche Vorteile man sich von einer Wiedervereinigung für die gesamte südkoreanische Gesellschaft erhoffe. Dabei waren die Prozentsätze derjenigen, die geantwortet haben, eine Wiedervereinigung habe Vorteile für die gesamte Gesellschaft, und derjenigen, die keine besonderen Vorteile sahen, nahezu gleich. Auf die Frage, ob eine Wiedervereinigung Vorteile für einzelne Personen bringe, waren die Antworten, sie bringe Vorteile, im Vergleich zu der Antwort, sie bringe keine Vorteile, deutlich weniger. Während also eine Wiedervereinigung von einer relativ großen Zahl von Menschen als hilfreich für die gesamte koreanische Gesellschaft angesehen wird, ist Überzeugung schwach, sie sei von sozialem und wirtschaftlichem Vorteil und stelle eine Verbesserung der Lebensqualität für Einzelpersonen dar. Die Erwartung eines Gruppenvorteils durch die Wiedervereinigung ist also größer als die eines persönlichen Vorteils. Bei der Betrachtung nach Altersgruppen war es insbesondere die Generation der 40-Jährigen, die im Vergleich zu den anderen Altersgruppen eine relativ hohe Vorteilserwartung zeigte. Bei der Untersuchung 2011 hatten 60,3 Prozent der 40-Jährigen die Erwartung, die Wiedervereinigung bringe Vorteile für die südkoreanische Gesellschaft, während die anderen Generationen im Vergleich dazu zwischen 45,6 Prozent (50-Jährige) und 49,2 Prozent (20-Jährige) lagen; auch bei der Erwartung hinsichtlich individueller Vorteile zeigte die Generation der 40-Jährigen mit 34,6 Prozent eine relativ hohe Erwartung im Vergleich zu den anderen Altersgruppen mit 22,9 Prozent (20-Jährige), 27,5 Prozent (30-Jährige) und 25,7 Prozent (über 50-Jährige). Bei den 40-Jährigen handelt es sich um die sogenannte 386-Generation, die die treibende Kraft für die Demokratiebewegung in den 1980er-Jahren war.[1]

Generell zeigt die geringe Erwartung persönlicher Vorteile, dass die Wiedervereinigung in der südkoreanischen Bevölkerung realistisch betrachtet wird. Die Konsequenz daraus sollte sein, die gesellschaftlichen und wirtschaftlichen Veränderungen, die eine Wiedervereinigung mit sich bringt, gründlich zu überprüfen. Nur wenn man eine praktische Wiedervereinigungspolitik vorbereitet, die am Ende nicht nur für den Staat und die Gesamtgesellschaft, sondern auch für das Leben jedes Einzelnen von Nutzen ist, kann der Wille zur Wiedervereinigung in der Bevölkerung gestärkt werden.

Insgesamt zeigt sich, dass die Generation der 20-Jährigen kein großes Interesse an Fragen zur Wiedervereinigung bzw. zu Nordkorea hat. Im Vergleich zu den anderen Altersgruppen ist die Antwort »ich weiß nicht genau« hier sehr häufig zu finden. Es ist jedoch schwierig festzustellen, ob hinter diesen Antworten politisch konservative Standpunkte stehen oder einfach nur Desinteresse. Prinzipiell ist in der jüngeren Generation der Prozentsatz derjenigen höher, die sich selbst als progressiv bezeichnen und in Bezug auf kulturelle Werte oder der Offenheit gegenüber der Außenwelt ebenfalls die progressivsten Tendenzen zeigen. Doch auch wenn sie sich selbst als liberal und offen fühlen, schafft die Angst vor der eigenen Zukunft, das kritische Bewusstsein gegenüber den Widersprüchen im Sozialsystem sowie Sorge und Müdigkeit angesichts der Bedrohung aus Nordkorea eine Mischung aus Krisenstimmung, Desinteresse und Unzufriedenheit.

3 Einstellungen gegenüber Nordkorea

Der Glaube daran, dass Süd- und Nordkorea ein Volk bilden, besteht in der südkoreanischen Bevölkerung nach wie vor und ist auch in der Verfassung festgehalten. Tatsächlich gibt es jedoch sehr viel Misstrauen und viele Konflikte zwischen diesen beiden Ländern. Die Beziehungen sind sogar als noch feindlicher und isolierter zu betrachten als die meisten Beziehungen zwischen Ländern auf der Welt. Der Blickwinkel, wie man Nordkorea betrachten soll, unterscheidet sich somit von der realistischen Sicht auf den Nachbarn im Norden, und auch je nach Generation und historischem Zeitpunkt ist die Betrachtungsweise unterschiedlich.

Aus diesem Grund existieren in der südkoreanischen Gesellschaft ambivalente Einstellungen gegenüber Nordkorea: Einerseits wird Nordkorea für eine Brudergemeinschaft gehalten, mit der zusammen man eine Wiedervereinigung realisieren sollte, andererseits ist es ein militärischer Gegner und ein gefährlicher Nachbar, dem gegenüber man die größte Vorsicht walten lassen muss. Zum einen gibt es den Gedanken, zu helfen, wenn Schwierigkeiten auftreten, und Nordkorea nach Möglichkeit zu tolerieren, zum anderen existiert gleichzeitig eine psychologische Wachsamkeit und die Bereitschaft, auf eine Bedrohung durch Nordkorea im Namen der nationalen Sicherheit kühl mit Gegenmaßnahmen zu reagieren.

Bei Untersuchungen zur Einstellung gegenüber Nordkorea wurde die Frage gestellt: »Was für ein Partner ist Nordkorea?« Den Antworten, Nordkorea sei ein Partner, den man unterstützen sollte, und einer, mit dem man zusammenarbeiten kann, stimmten dabei 40 bis 50 Prozent zu. Mit den Aussagen, es sei ein Partner, demgegenüber man vorsichtig sein müsse, und es sei ein feindlicher Partner, waren jeweils etwa 20 Prozent einverstanden. Obwohl die positive Sicht auf Nordkorea anhand dieser Ergebnisse überwiegt, muss festgehalten werden, dass die beiden deutlich widersprüchlichen Haltungen nebeneinander existieren. Der Prozentsatz zur weiteren Antwortmöglichkeit, Nordkorea sei ein Partner, mit dem man konkurrieren kann, lässt sich nahezu ignorieren.

Je nach Generation und über die Zeit hinweg zeigen sich wichtige Veränderungen in den Einstellungen gegenüber Nordkorea. *Abbildung 4* zeigt die prozentualen Anteile der Antwort, Nordkorea sei »Feindobjekt«, nach Generationen. Betrachtet man diese Abbildung, so bewegen sich zunächst alle Generationen noch unter zehn Prozent, in den fünf Jahren nach 2008 verstärkt sich die negative Haltung gegenüber Nordkorea jedoch bei allen. Besonders offensichtlich ist die Veränderung bei der Generation der 20-Jährigen, die im Zeitraum von 2010 bis 2013 die kritischste Haltung zeigt und dabei mit bedeutendem Abstand über allen anderen Generationen liegt.

Abb. 4: Entwicklung der Einstellungen gegenüber Nordkorea in den einzelnen Generationen (2007–2014), in Prozent

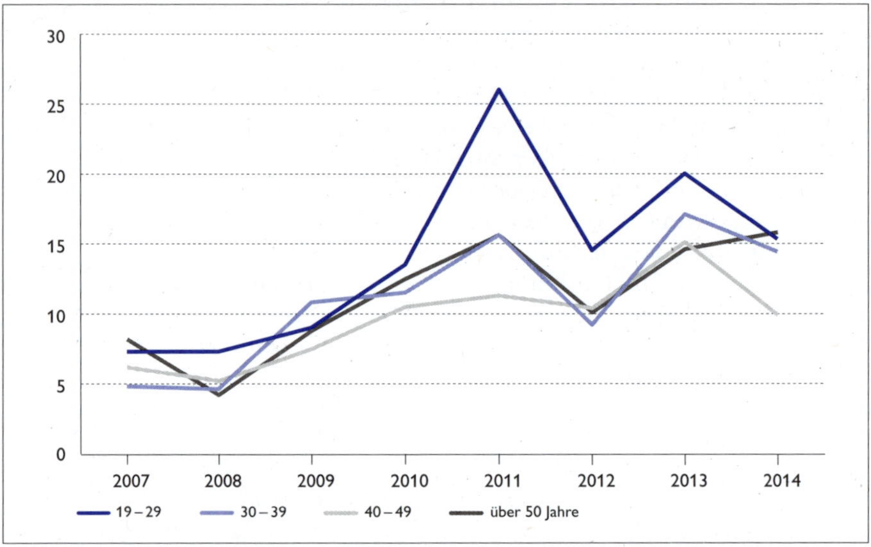

Quelle: Park Myung-kyu e.l. (Hrsg.), *T'ongil ŭisik chosa 2007–2014* [Meinungsumfrage über die Wahrnehmung der Wiedervereinigung], Seoul 2007–2015.

Einige Wissenschaftler sprachen daher auch von einer »Konservatisierung der Generation der 20-Jährigen«. Zwar sorgte diese Einschätzung auch für Widerspruch. Dennoch lässt sich behaupten, dass bestimmte Ereignisse die Generation der 20-Jährigen sehr empfindlich beeinflusst haben. Während nach den süd-nordkoreanischen Gipfelgesprächen im Jahr 2000 und der Fußballweltmeisterschaft 2002 eine Zeitlang die Stimmung einer Weltoffenheit vorherrschend war, schlug diese nach 2006, als Nordkorea einen Raketen- und Atombombentest durchgeführt hatte, in Konservatismus um. Nach einer gewissen Entspannung in den Jahren 2008 und 2009 veränderten sich die Meinungen gegenüber dem Norden 2010, nach erneuten militärischen Provokationen seitens Nordkoreas, wieder in eine negative Richtung. Ein wichtiger Punkt bei der Frage, warum ausgerechnet die junge Generation in Südkorea derart sensibel reagiert, ist die Tatsache, dass insbesondere die männlichen 20-Jährigen Militärdienst leisten müssen. Nehmen die militärischen Spannungen zwischen Süd- und Nordkorea zu, wird der Militärdienst schwieriger, sodass die nordkoreanischen Provokationen durch die junge Generation am stärksten wahrgenommen werden.

4 Einstellungen zu den internationalen Beziehungen

Das Nordkoreaproblem sowie die Frage der Wiedervereinigung haben zugleich auch eine internationale Dimension. Deswegen dürfen vor allem die USA als Bündnispartner Südkoreas und auch China, das eher Nordkorea nahesteht, bei der Diskussion über die Gegenwart und Zukunft der Nord-Süd-Beziehungen auf der koreanischen Halbinsel nicht außer Acht gelassen werden. Insbesondere das südkoreanisch-amerikanische Bündnis ist seit dem Koreakrieg ein wichtiger Faktor für die Bewahrung des Waffenstillstandes auf der koreanischen Halbinsel. Ebenso haben die Vereinigten Staaten während der Teilung eine große Rolle für die Entwicklung der südkoreanischen Gesellschaft gespielt.

Aus genau diesen Gründen betrachtet Nordkorea die USA immer noch als Feind und betont ständig die Notwendigkeit eines Friedensvertrages zwischen Nordkorea und den USA. In jüngster Zeit kommt es durch die Entwicklung von Atomwaffen in Nordkorea zu einer Verstärkung des internationalen Drucks und einer Verschärfung der Sanktionen, sodass sich die Probleme zwischen Süd- und Nordkorea zu internationalen Konflikten ausweiten, bei deren Lösung die USA und China eine wichtige Rolle spielen.

Aus diesen Zusammenhängen wird deutlich, dass Einstellungen gegenüber internationalen Mächten, allen voran China und die USA, auch an die Frage der Wiedervereinigung gekoppelt sind. Wie beide sich gegenseitig beeinflussen ist dabei umstritten. Zeitweise gab es Behauptungen, dass die »nationale Kooperation«, wie die Beziehungen zwischen Süd- und Nordkorea bezeichnet werden, und die »südkoreanisch-amerikanische Kooperation« als exklusiv zu betrachten seien und somit eine Wahl zwischen beiden getroffen werden müsse. Eine solche Haltung ist in Nordkorea immer noch stark ausgeprägt und zeigt sich teilweise auch in der südkoreanischen Gesellschaft. In jüngster Zeit herrscht jedoch eher der Gedanke vor, dass die Kooperationen mit Nordkorea und den USA sich keinesfalls gegenseitig ausschließen, sondern für eine Wiedervereinigung in einem notwendigen sich ergänzenden Verhältnis stehen.

Jüngste Untersuchungen zeigen, dass sich die Einstellungen gegenüber den USA ausgesprochen positiv verändert haben. Insbesondere die kritische Einstellung der jungen Generation gegenüber den USA ist im Vergleich zur Vergangenheit schwächer geworden. Auf die Frage »Welches Gefühl haben Sie gegenüber den USA?« antworteten 2003 noch 15,5 Prozent mit »sehr negativer Eindruck« und 26,4 Prozent mit »negativer Eindruck«; im Vergleich dazu hatten 18,9 Prozent einen »guten Eindruck« und 5,6 Prozent einen »sehr guten Eindruck«. Gründe für das Überwiegen negativer Einstellungen am Beginn des 21. Jahrhunderts waren etwa der

Zwischenfall 2002, bei dem zwei südkoreanische Schülerinnen auf einer Landstraße von einem amerikanischen Panzerfahrzeug überrollt wurden, oder die Abneigung gegen die Haltung der USA in der Irak-Frage. Bei der Untersuchung im Jahr 2007 jedoch zeigte sich, dass sich die Einstellungen gegenüber den USA bereits deutlich verbessert hatten. Wie *Abbildung 5* zeigt, betrug der Prozentsatz »positiver Eindruck« bei den Generationen in ihren 20er- und 30er-Jahren 46,7 Prozent bzw. 46,8 Prozent. Über die folgenden sieben Jahre stieg der positive Zuspruch dieser Generationen am meisten; im Jahr 2014 haben die 19-29-Jährigen von allen Altersgruppen gar den größten Anteil (76,9 Prozent) an positivem Zuspruch zu den USA.

Abb. 5: Positiver Eindruck von den USA, nach Generationen (2007–2014), in Prozent

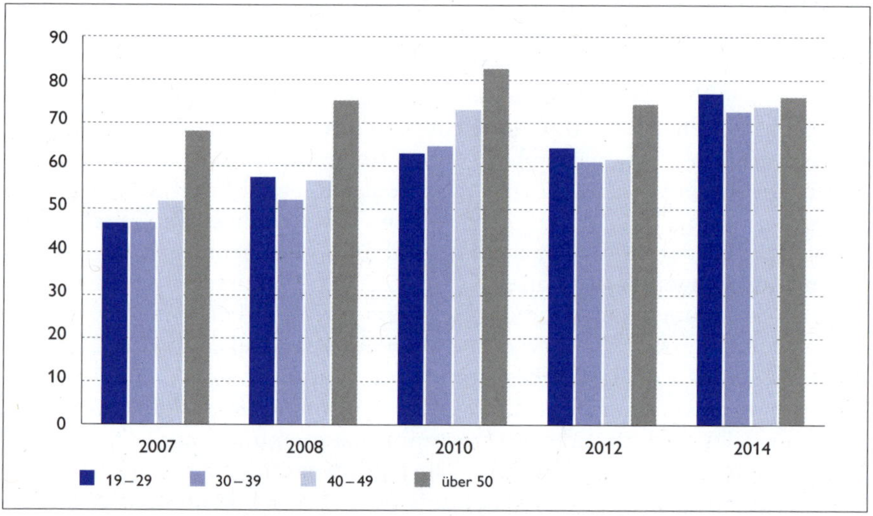

Quelle: Park Myung-kyu e.l. (Hrsg.), *T'ongil ŭisik chosa 2007–2014* [Meinungsumfrage über die Wahrnehmung der Wiedervereinigung], Seoul 2007–2015.

Auch auf die Frage »Welchem Land fühlen Sie sich am engsten verbunden?«, bei der neben den USA Japan, Nordkorea, China und Russland zur Auswahl standen, nannten 2007 53 Prozent und 2014 74,9 Prozent die USA. Und auf die Frage »Welches Land gefährdet den Frieden auf der koreanischen Halbinsel am meisten?«, antworteten 2007 21 Prozent mit »USA« und 36 Prozent mit »Nordkorea«, 2014 nannten 49,7 Prozent »Nordkorea« und 24,6 Prozent »Japan«; die Antwort »USA« war 2011 auf 4,5 Prozent gesunken.

Zusammengefasst fällt die Tatsache auf, dass sich im Zeitraum, in dem sich die Einstellungen gegenüber Nordkorea in eine relativ negative Richtung verändert haben, die Einstellungen gegenüber den Vereinigten Staaten positiver geworden sind. Bei der Generation der 20- und der 30-Jährigen, die Anfang des 21. Jahrhunderts den USA gegenüber negativ eingestellt waren, hat der Prozentsatz derjenigen, die sich den USA am engsten verbunden fühlten, zwischen 2007 und 2011 auffallend zugenommen. Auch diese Entwicklung fällt mit zunehmend negativen Einstellungen gegenüber Nordkorea in dieser Altersgruppe zusammen. Der Prozentsatz derjenigen, die die USA als gefährlichstes Land ansahen, ist deutlich zurückgegangen, wohingegen die Zahl derjenigen, die Nordkorea oder China als gefährlichstes Land ansehen, stark zugenommen hat.

Fazit

Abschließend lässt sich erstens feststellen, dass nach dem Jahr 2000 die Unterschiede zwischen den Generationen bei den Einstellungen gegenüber Nordkorea und zur Wiedervereinigung deutlich sind. Insgesamt ist anzumerken, dass die jüngeren Generationen eher sehr realistisch auf eine Wiedervereinigung schauen, anstatt eine Wiedervereinigung um jeden Preis zu wollen. Ferner nimmt das kritische Bewusstsein gegenüber Nordkorea zu und folglich auch eine noch vorsichtigere und skeptischere Meinung bezüglich einer zukünftigen Wiedervereinigung.

Ein bemerkenswertes Phänomen ist die im Vergleich zu den Generationen der 30- und 40-Jährigen konservative Einstellung der 20 Jährigen. Die jüngeren Generationen, die den Zustand der Teilung als natürliche Realität wahrnehmen, können die Andersartigkeit des nordkoreanischen Systems mit ihren eigenen Gefühlen und Werten schwer vereinbaren. Gleichzeitig ist die heutige Generation der 20-Jährigen mit sozialen und wirtschaftlichen Schwierigkeiten konfrontiert, die eine unbedingte Annäherung an Nordkorea nicht attraktiv erscheinen lassen und zu einer eher kühlen und realistischen Reaktion führen.

Zweitens wird in der Zukunft eine stärkere Diskussion über eine Wiedervereinigung notwendig, die den Unterschied zwischen den Generationen widerspiegelt. Betrachtet man die Wiedervereinigungspolitik als eine langfristige Aufgabe, so spielt auch eine entsprechende Erziehung der jüngeren Generationen eine wichtige Rolle. Diejenigen, die den Krieg nicht erlebt haben und die an einen Frieden im geteilten Zustand gewöhnt sind, sehen die Notwendigkeit, die Teilung zu überwinden, nicht so selbstverständlich wie die Kriegsgeneration. Um eine breite Zustimmung zur

Wiedervereinigung in den einzelnen Generationen zu schaffen, ist eine Analyse der verschiedenen Sichtweisen auf die Teilung und den Krieg auf der koreanischen Halbinsel und auf den Konflikt und die Versöhnung zwischen Süd- und Nordkorea notwendig. Erst wenn die Wiedervereinigung nicht nur als völkergeschichtliche Hoffnung, sondern als notwendiger Prozess für den zukünftigen Aufbau einer friedlichen und gerechten Gesellschaft auf der koreanischen Halbinsel angenommen wird, können alle Generationen aktiv an diesem Prozess teilhaben.

Literatur

Levin, Norman D./Han Yong-Sup, Sunshine in Korea: The South Korean Debate over Policies Toward North Korea. Mr-1 555, Rand Center For Asia Pacific Policy 2002.

Park, Young Ho/Kim Hyeong Ki (Hrsg.), 2011 Unification Clock, When We See a Unified Korea, Seoul 2011.

Anmerkungen

1 Die Bezeichnung »386-Generation« entstand in den 1990er-Jahren und spielt auf den zu dieser Zeit gängigen Computerprozessor, Intels 386, an. Der Zahl erklärt sich dadurch, dass die Mitglieder dieser Generation damals in ihren 30ern waren, in den 1980er-Jahren studiert haben und in den 1960er-Jahren geboren sind. Mit dem Älterwerden dieser Menschen wurden sie später auch als 486-Generation bezeichnet. Sie traten bei der Präsidentschaftswahl 2002 als eine neue politische Kraft in Erscheinung, wobei der progressive Politiker Roh Moo Hyun dank ihrer Unterstützung die Wahl gewann.

Choi Chongko und Lee Eun-Jeung

Zur Geschichte der 130-jährigen deutsch-koreanischen Beziehungen*

Deutschland und Korea feierten im Jahre 2013 das 130. Jubiläum ihrer diplomatischen Beziehungen, die am 26. November 1883 vertraglich aufgenommen wurden. Die Intensität der Beziehungen beider Länder veränderte sich maßgeblich mit den welt- und geopolitischen Rahmenbedingungen. Im Zuge des Ost-West-Konflikts pflegte die DDR sehr enge Beziehungen zur Demokratischen Volksrepublik Korea (Nordkorea), während die Beziehungen zwischen der BRD und der Republik Korea erst im Zuge der wirtschaftlichen Modernisierung Südkoreas enger wurden. Deutschland gehört heute zu den wenigen Ländern, die sowohl in Seoul als auch in P'yŏngyang diplomatische Vertretungen unterhalten.

1 Die ersten deutsch-koreanischen Begegnungen

Die erste deutsch-koreanische Begegnung fand im 17. Jahrhundert statt. Kronprinz Sohyŏn, der sich infolge der Niederlage seines Reiches Chosŏn gegen die Mandschuren zwischen 1641 und 1645 als Geisel in Peking aufhielt, lernte dort 1644 den deutschen Missionar Adam Schall von Bell S.J. aus Köln kennen. Durch die Freundschaft mit ihm kam der Kronprinz mit westlicher Wissenschaft und Technik in Kontakt. So hatte er, als er im Februar 1645 nach Korea zurückkehrte, zahlreiche Bücher im Gepäck, darunter die auf Chinesisch verfassten Schriften der Jesuiten in China. Da er aber bald darauf starb, konnte er selbst wenig zur Verbreitung der gewonnen Erkenntnisse beitragen. Allerdings stießen die mitgebrachten Schriften unter koreanischen Gelehrten auf großes Interesse. Sie trugen dazu bei, dass sich in Korea in der zweiten Hälfte des 17. Jahrhunderts Schulen entwickelten, die sich neben der orthodoxen Lehre des Neokonfuzianismus auch mit *sirhak*, d.h. »pragmatischem Wissen« wie Technik und Naturwissenschaft beschäftigten.

Nach dieser Begegnung vergingen fast zwei Jahrhunderte, bis der erste Deutsche Korea besuchte. Vom Missionar Karl F. A. Gützlaff, der sich 1832 für einen Monat im Land aufhielt, wurde jedoch kaum Notiz genommen. Im Gegensatz dazu blieb der Besuch des Kaufmanns Ernst J. Oppert 1866 in Korea in denkbar schlechter Erinnerung. Sein Ziel war es, die Regierung Chosŏns zur Aufnahme von Handelsbeziehungen mit Deutschland zu bewegen. Da er jedoch kein Gehör fand, versuchte er den mächtigen Vater des Königs Taewŏn'gun zu erpressen: Um die bei Koreanern ausgeprägte Ehrfurcht vor den toten Angehörigen wissend fasste er dazu den abenteuerlichen Plan, sich des Leichnams von dessen Vater zu bemächtigen, wurde davon jedoch von aufmerksamen Anwohnern abgehalten. Der Vorfall bewirkte eine Verstärkung der Abneigung gegenüber Fremden aus dem Westen und eine Verschärfung der Isolationspolitik Taewŏn'guns in einer Zeit, in der China und Japan längst vielfältige Kontakte zu Ländern in Europa und Amerika unterhielten.

Bevor 1883 schließlich ein Vertrag mit Deutschland unterzeichnet wurde, war Korea 1876 durch Japan zur Öffnung des Landes gezwungen worden. Der erste offizielle Versuch, einen Handelsvertrag abzuschließen, den der deutsche Ministerresident in Tokyo Max von Brandt anlässlich eines Koreabesuchs 1872 unternommen hatte, scheiterte zunächst. Dennoch sollte Deutschland zu den ersten Ländern gehören, mit denen Korea nach der Öffnung von 1876 Verträge schloss. Max von Brandt, seit 1875 deutscher Gesandter in China, hatte erneut Verhandlungen mit Korea aufgenommen und unterzeichnete im Juni 1882 den »Handels-, Freundschafts- und Schifffahrtsvertrag zwischen dem Deutschen Reich und dem Königreich Chosŏn«. Dieser Vertrag wurde jedoch nicht wirksam. In Berlin hielt man den Vertragstext für zu restriktiv für deutsche Staatsbürger. Daher wurden erneut Verhandlungen aufgenommen, wobei Deutschland durch den Generalkonsul in Yokohama, Carl Eduard Zappe, vertreten wurde. Auf der koreanischen Seite war der Deutsche Paul Georg von Möllendorff beteiligt, der seit Ende 1882 als Vizeaußenminister der koreanischen Regierung amtierte. Eine neue Fassung des Vertrags wurde bald erstellt, dessen 14 Artikel Schifffahrts- und Zollbestimmungen sowie die Anerkennung der Exterritorialität deutscher Staatsbürger umfassten und ein Verbot des Schwarzhandels beinhalteten. Er trat am 26. November 1883 in Kraft.

2 Deutsche in Korea vor 1945

Nach Abschluss des deutsch-koreanischen Abkommens häuften sich die Besuche von Deutschen, wobei Paul Georg von Möllendorff eine besondere

Rolle spielte.[1] Möllendorff hatte zuvor 1882 als Dolmetscher in der deutschen Vertretung in China gearbeitet und wurde im Dezember 1882 von Li Hongzhang, dem mächtigen chinesischen Vizekönig, nach Korea geschickt. Dort war er zunächst Berater des neu einzurichtenden Außenministeriums und wurde im Januar 1883 zum Vizeaußenminister Koreas berufen. König Kojong beauftragte den Deutschen mit der Reorganisation der staatlichen Einrichtungen, darunter die der Finanzen, der Armee, der Justiz und des Bildungswesens sowie auch der Landwirtschaft, des Handwerks, der Industrie, des Handels und des Verkehrs. Gleichzeitig nahm Möllendorff zahlreiche Modernisierungsprojekte in Angriff. Zur Verwirklichung seiner ehrgeizigen Reformziele holte er etliche Fachleute unterschiedlicher Nationalität, darunter viele Deutsche, ins Land. So lud er 1883 den deutschen Geologen Carl Gottsche, der sich als Gastdozent an der Universität von Tokyo aufhielt, zur Untersuchung der geologischen Verhältnisse Koreas ein. 1884 und 1885 ließ er den Deutsch-Amerikaner Joseph Rosenbaum nach Korea kommen; er sollte mit dem Sand des Han-Flusses eine Glasproduktion aufbauen. August Maertens, ein weiterer Deutscher, wurde zur Entwicklung der Seidenraupenzucht eingeladen; Louis Kniffler sollte den Ausbau der koreanischen Tabakkultur betreiben und der Landwirt Paul Helm ein großes Gut nach deutschem Muster aufbauen.[2] Zudem bewegte Möllendorff die deutsche Handelsfirma Eduard Meyer & Co. dazu, eine Filiale in Chemulp'o (das heutige Inch'ŏn) zu eröffnen.

Auch nachdem Möllendorff 1885 unter britischem und amerikanischem Druck Korea verlassen musste, wirkte er durch die Vielzahl der Projekte, die er auf den Weg gebracht hatte, weiter. Die Beziehungen mit Deutschland entwickelten sich ebenfalls; so erhielt beispielsweise die Firma Eduard Meyer & Co. 1896 von der koreanischen Regierung eine Bergbaulizenz. Im September 1898 wurde eine staatliche Schule für die deutsche Sprache gegründet und der Deutsche Johann Bolljahn als Lehrer eingestellt. Nachdem Prinz Heinrich von Preußen, der Bruder von Kaiser Wilhelm II., 1898 bereits einmal kurz nach Korea gekommen war, besuchte er das Land 1899 erneut und wurde von König Kojong empfangen. Er dürfte der ranghöchste ausländische Besucher in der späten Chosŏn-Zeit gewesen sein. Im Februar 1901 wurde der zuvor in Japan tätige Komponist Franz Eckert als Hofkapellmeister nach Korea eingeladen. Er komponierte die erste Nationalhymne Koreas und fungierte als Dirigent bei ihrer Aufführung zum 50. Geburtstag von König Kojong. Am koreanischen Hof arbeiteten noch weitere Deutsche, so auch Richard Wunsch als Leibarzt des Königs. Antoinnette Sontag, die Schwägerin des russischen Gesandten in Korea, wurde vom König 1896 zur Hofzeremonienmeisterin ernannt und in Seoul zu einer bekannten Vermittlerin zwischen Korea und Europa.

Nachdem Japan die koreanische Regierung im Dezember 1905 gezwungen hatte, ihre sicherheits- und außenpolitische Souveränität aufzugeben, wurde die deutsche Gesandtschaft in Korea geschlossen; viele Deutsche blieben aber weiterhin im Land. 1909 trafen Benediktiner vom bayerischen Kloster St. Ottlien in Korea ein. Sie blieben auch unter den erschwerten Bedingungen der japanischen Kolonialherrschaft bis zur Befreiung im Land, wobei das Zentrum ihrer Missionsarbeit in Wŏnsan im Nordosten Koreas lag. 1945 zerstörten die einmarschierenden sowjetischen Truppen ihr Kloster; viele Mönche und Ordensschwestern wurden ermordet. Einige kehrten nach Deutschland zurück; andere errichteten in Waegwan im Südosten Koreas ein neues, bis heute bestehendes Kloster.

3 Koreaner in Deutschland vor 1945

Nach dem Abkommen von 1883 sollte es einige Jahre dauern, bis Korea einen diplomatischen Vertreter nach Deutschland entsenden konnte. Im April 1886 wurde zunächst Eduard Meyer, der Eigentümer der erwähnten Handelsfirma, zum koreanischen Generalkonsul in Hamburg ernannt. Die Entsendung von Cho Sin-hŭi als koreanischer Bevollmächtigter nach Deutschland ein Jahr später scheiterte am Einspruch Chinas. Aus dessen Sicht war Korea gemäß eines 1882 geschlossenen Vertrages eine chinesische Kolonie und hatte als solche kein Recht, im Ausland als souveränes Land aufzutreten. Demgegenüber bestand die koreanische Regierung darauf, dass die auf dem traditionellen Tributsystem beruhenden koreanisch-chinesischen Beziehungen keineswegs mit einer kolonialen Herrschaftsbeziehung gleichzusetzen seien und die Selbstständigkeit Koreas in der Geschichte beider Länder nie infrage gestellt worden sei. Der Streit sollte erst nach der Niederlage Chinas im Chinesisch-Japanischen Krieg 1894/95 beigelegt werden, als China die Souveränität Koreas formal anerkennen musste. Da Deutschland wegen dieser Frage die Beziehungen zu China zuvor nicht gefährden wollte, konnte Min Ch'ŏl-hun erst 1901 sein Amt als Bevollmächtigter in Berlin antreten.

Obwohl mit der Kolonialisierung Koreas durch Japan die diplomatischen Beziehungen wieder abbrachen, gelangten mehrere Koreaner nach Deutschland. Unter ihnen war Kim Chung-se, der sich bereits 1908 als Student der Philosophie an der Universität Berlin immatrikuliert hatte und 1923 als erster Koreaner in Deutschland den Doktortitel erwarb. 1920 floh der Medizinstudent Li Mirok, nachdem er sich 1919 in der sogenannten Unabhängigkeitsbewegung vom 1. März *(samil undong)* engagiert hatte, vor der Verfolgung durch die japanische Polizei nach Deutschland. Er studierte in Würzburg, Heidelberg und München Zoologie, Botanik und Anthropologie und betätigte sich seit 1931 auch als Schriftsteller. Zu seinen wichtigsten Werken zählt der 1946 veröffentlichte autobiografische Roman »Der Yalu fließt«. Li Mirok wird bis heute in Deutschland und Korea als »Botschafter zwischen den Kulturen« gewürdigt.[3]

In den 1920er- und 1930er-Jahren war eine Reihe »ethnischer« Koreaner an deutschen Universitäten eingeschrieben.[4] Da sie als japanische Staatsbürger kein Visum benötigten, konnte jeder, der sich ein Auslandsstudium leisten konnte, nach Deutschland kommen. Viele studierten Medizin, einige auch Philosophie, Jura und Naturwissenschaften. Zu ihnen gehörten u. a. Ahn Ho-sang, der erste Bildungsminister Südkoreas, Kim Chunyŏn, der später Justizminister wurde, und Yi Kang-guk, der in Deutschland zum Kommunisten geworden war und nach seiner Rückkehr 1935 die kommunistische Bewegung in Korea organisierte.

Die meisten koreanischen Studenten lebten in Berlin.[5] Einige von ihnen gründeten die Koreanische Studentenvereinigung in Deutschland *(Yudŏk koryŏ haguhoe)* – die erste koreanische Vereinigung in Europa überhaupt. Sie veröffentlichte am 24. November 1923 in der Berliner Volkszeitung eine Erklärung, in der sie die blutigen Gewalttaten bekannt machten, die Japaner nach dem großen Tokyo-Erdbeben 1923 an Koreanern verübt hatten.[6] Seit dieser Zeit empfinden Koreaner für Berlin eine besondere Zuneigung.

Zur symbolischen Bedeutung der Stadt für die nationale Unabhängigkeit Koreas trug auch der Marathonsieg des als Japaner registrierten Koreaners Sonn Gi-Jung *(Son Ki-jŏng)* bei den Olympischen Spielen 1936 bei. Bis heute steht auf einer Gedenktafel am Berliner Olympiastadion hinter seinem Namen als Herkunft »Japan«.

4 Zwei deutsch-koreanische Freundschaften 1945 bis 1990

Das Ende des Zweiten Weltkriegs 1945 bescherte Korea zwar die Unabhängigkeit von Japan, aber auch die Teilung des Landes. Korea erlitt damit das gleiche Schicksal wie Deutschland. Beide geteilten Länder unterhielten mit ihren jeweiligen Verbündeten freundschaftliche Beziehungen. Dass die Freundschaft mit Deutschland für beide koreanische Staaten von besonderer Bedeutung war, wird daran ersichtlich, dass die Initiative für die Aufnahme diplomatischer Beziehung mit der BRD bzw. DDR in beiden Fällen von der koreanischen Seite ausging. Politisch betrachtet, meint der Historiker Michael Lehmke, habe der Koreakrieg sowohl in der BRD als auch in der DDR erheblich zu der bis 1989 wirksamen Überzeugung beigetragen, dass »der Kampf der Systeme und um die Einheit des Landes (...) um keinen Preis militant ausgetragen werden« dürfe.[7] Die Aufnahme diplomatischer Beziehungen zwischen der DDR und Nordkorea erfolgte in November 1949, bald nach Gründung der beiden Staaten. Hingegen dauerte es bis 1955, bis die BRD und Südkorea ein entsprechendes Abkommen unterzeichneten. In beiden Fällen verhinderte der Koreakrieg die gegenseitige Einrichtung diplomatischer Vertretungen. Erst 1954 traten die Botschafter der DDR und Nordkoreas ihren Dienst an. Südkorea eröffnete im Oktober 1954 in Remagen ein Generalkonsulat; das deutsche Gegenstück wurde ein Jahr später in Seoul eingerichtet. Am 5. März 1956 erhoben Südkorea und BRD ihre Konsulate zu Gesandtschaften, die schließlich am 1. August 1958 in Botschaften umgewandelt wurden. Seitdem ist zwischen der BRD und Südkorea ein enges Netzwerk von Verträgen zustande gekommen. Zwischen der DDR und Nordkorea war bereits 1952 ein Waren- und Zahlungsverkehrsabkommen abgeschlossen worden; es folgten vier weitere Hilfsabkommen über Warenlieferungen und den Wiederaufbau des Landes nach dem Koreakrieg.

Die DDR gewährte Nordkorea während des Koreakrieges und danach sehr umfangreiche Hilfe.[8] Sie gehörte zusammen mit der UdSSR und China zu den größten Geberländern. Das Politbüro der SED hatte bereits am 15. August 1950 eine erste, von der Nationalen Front geleitete Spendenaktion für Korea beschlossen und am 9. September 1950 der Korea-Hilfsausschuss gegründet. Die Hilfe beschränkte sich aber nicht auf die Lieferung materieller Hilfsgüter. So nahm die DDR 1953 etwa 600 Waisenkinder und zwischen 1952 und 1956 insgesamt 376 nordkoreanische Studenten auf. Zwischen 1955 und 1964 half die »Deutsche Arbeitstruppe« mit, die vom Krieg völlig zerstörte Hafenstadt Hamhŭng wiederaufzubauen. Die DDR wendete von 1950 bis 1962 insgesamt ca. 496 Millionen Rubel (umgerechnet ca. 520 Millionen Mark) für diverse Hilfsmaßnahmen für Nordkorea auf.[9] Da die DDR selbst unter den Folgen des Zweiten Weltkriegs und den Reparationszahlung zu leiden hatte, bedeuteten diese Hilfen eine enorme Kraftanstrengung ihrer Bürger. Zugleich bot sich für die DDR-Führung ein willkommenes Instrument, in der Konkurrenz mit der BRD auf der internationalen Bühne Anerkennung zu finden. Die Hilfsbereitschaft der Regierung der BRD gegenüber Südkorea blieb im Vergleich dazu gering. Eine der wenigen Ausnahmen bildete der Bau eines Krankenhauses in Pusan durch das westdeutsche Rote Kreuz (1954–1959).[10] Erst zu Beginn der 1960er-Jahre begann die BRD, sich wirtschaftlich in Südkorea zu engagieren, während die DDR ihre Kreditvergabe an Nordkorea einstellen musste. Zwischen der Bundesrepublik und Südkorea wurde 1961 ein Protokoll über die wirtschaftliche und technische Zusammenarbeit unterzeichnet, das die Grundlage für bundesdeutsche Kapitalhilfe bildete.

Die BRD war das erste Land, das der neuen Militärregierung von Park Chung *Hee (Pak Chŏng-hŭi)* Kapitalhilfe gewährte; bis zu deren Einstellung 1982 erhielt Südkorea von der BRD Entwicklungshilfekredite mit einem Gesamtvolumen von 590 Millionen DM. Damit wurde der Aufbau einer modernen Infrastruktur in Bereichen wie Fernmeldewesen, Elektrizitätsversorgung, Signalanlagensysteme im Schienenverkehr, Wasserversorgung und Abwasserklärung unterstützt. Neben günstigen öffentlichen Darlehen wurden auch private Banken aktiv, insbesondere bei Industrieprojekten. Deutsches Kapital spielte so vor allem für die Umsetzung des ersten Fünfjahresplans der Regierung von Park Chung Hee eine wichtige Rolle. Zwischen 1962 und 1965 stammten 17,5 Prozent der öffentlichen Auslandskredite Südkoreas aus der BRD. Der größte Teil kam aus den USA.[11]

Ein besonderes Kapitel in den Beziehungen von BRD und Südkorea ist die Entsendung südkoreanischer Bergleute und Krankenschwestern nach Westdeutschland. Zwischen 1963 und 1977 kamen ca. 10 000 Krankenschwestern und Schwesternhelferinnen sowie rund 8 000 Bergleute aus Südkorea in die Bundesrepublik Deutschland. Anders als »Gastarbeiter« aus dem südlichen Europa blieben koreanische Arbeitsmigranten vom Anwerbestopp 1973 verschont, da die Bundesregierung die Anwerbung südkoreanischer Arbeitskräfte als Teil ihrer Entwicklungshilfe betrachtete (siehe den Beitrag von Lee You Jae in diesem Band).

Mitte der 1960er-Jahre, als die Kapitalhilfe seitens der BRD in größerem Umfang zu fließen begann, erreichte das Verhältnis der beiden Länder mit einer Reihe gegenseitiger offizieller Besuche einen ersten Höhepunkt. Im Juni 1964 besuchte Bundestagspräsident Eugen Gerstenmaier auf Einladung des südkoreanischen Parlaments Seoul. Am 7. Oktober 1964 kam Park Chung Hee zu seinem ersten Staatsbesuch überhaupt nach Deutschland. Der Gegenbesuch von Bundespräsident Heinrich Lübke erfolgte Anfang März 1967.

Die Beziehungen zwischen der BRD und Südkorea wurden 1967 durch einen unerwarteten Zwischenfall gestört. Am 8. Juni des Jahres gab der südkoreanische Geheimdienst (KCIA) bekannt, dass nordkoreanische Agenten in Ostberlin einen Stützpunkt errichtet und südkoreanische, überwiegend in der BRD lebende Studenten, Wissenschaftler und Künstler dazu bewegt hätten, politisch Stellung gegen Südkorea zu beziehen. Der KCIA ließ daraufhin 17 von ihnen heimlich und mit Gewalt nach Südkorea entführen. Ihnen wurde vorgeworfen, mit der Botschaft Nordkoreas in Ostberlin in Verbindung gestanden, Nachrichten geliefert und Reisen nach P'yŏngyang unternommen zu haben. Solche Vergehen konnten auf der Grundlage des immer noch geltenden Nationalen Sicherheitsgesetzes aufs Schwerste bestraft werden.

Dieser in Südkorea als »Ostberlin-Spionageaffäre« bekannte Vorfall führte zu einer erheblichen Belastung der Beziehungen beider Länder. Die Bundesregierung, die die Souveränität der Bundesrepublik verletzt sah, verlangte die Abberufung der verantwortlichen Diplomaten, eine offizielle Entschuldigung und die sofortige Freilassung der Verschleppten, zu denen auch der berühmte Komponist Yun I-sang gehörte. Anlässlich des Besuchs von Außenminister Walter Scheel im Mai 1970 wurde zumindest auf offizieller Ebene ein Schlussstrich unter diese Affäre gezogen. Scheel konnte die Freilassung der noch inhaftierten Koreaner erreichen; darüber hinaus wurden im Rahmen seines Besuches ein Kulturabkommen und ein Abkommen über die Gründung einer Berufsschule in Südkorea unterzeichnet.

Auch wenn die südkoreanische Regierung sich ihrerseits um enge Kontakte mit der BRD bemühte, stieß sie wegen der Menschenrechtsverletzungen durch das diktatorische Regime zunehmend auf Ablehnung. Zwischen 1972 und 1979 herrschte in den offiziellen Beziehungen zwischen Seoul und Bonn weitgehend Funkstille. Erst mit gegenseitigen Besuchen 1979 begann sich die Entfremdung zu lockern. Im Juni 1979 besuchte der Sonderbeauftragte der südkoreanischen Regierung Kim Jong Pil *(Kim Chong-p'il)* die Bundesrepublik und wurde, ein deutliches Zeichen, von Bundeskanzler Helmut Schmidt empfangen. Im Oktober 1979 stattete Wirtschaftsminister Otto Graf Lambsdorff Seoul einen Besuch ab. In den 1980er-Jahren wurden die Kontakte dann immer enger. Die häufiger werdenden gegenseitigen offiziellen Besuche trugen zur Normalisierung der bilateralen Beziehungen bei.

Auch die Beziehungen zwischen der DDR und Nordkorea waren Schwankungen unterworfen. Das Verhältnis blieb zunächst ungeachtet der politischen Veränderungen im Ostblock nach dem Tod Stalins 1953 freundschaftlich. Ein Zeichen dafür war der Besuch Kim Il Sungs *(Kim Il-sŏng)* in der DDR 1956. Doch bereits 1958 zeigte diese Freundschaft erste Risse. Der Grund dafür lag im chinesisch-sowjetischen Konflikt. Die nordkoreanische Regierung nahm in der Kubakrise 1961 eine zunehmend prochinesische Haltung ein, wodurch sich die Beziehungen zur Sowjetunion und damit auch zur DDR verschlechterten. Nach dem Ausbruch der Kulturrevolution in China 1966 wandte sich Nordkorea wieder mehr der Sowjetunion und der DDR zu. Doch erst mit dem Besuch des DDR-Partei- und Staatsratsvorsitzenden Erich Honecker im Dezember 1977 in Nordkorea konnte man wieder an die positiven Beziehungen der 1950er-Jahre anknüpfen. 1984 kam es zu einem erneuten Besuch Kim Il Sungs in Ostberlin, bei dem ein Freundschaftsvertrag unterzeichnet wurde. Der Vertrag, der ursprünglich eine Laufzeit von 25 Jahren hatte, wurde mit der deutschen Wiedervereinigung Makulatur. Die DDR-Botschaft in P'yŏngyang wurde nunmehr zur Ständigen Vertretung Deutschlands und 2001 nach der Aufnahme vollgültiger diplomatischer Beziehungen wieder zur Botschaft.

5 Die Beziehung zwischen Deutschland und Korea nach 1990

Die freundschaftlichen Beziehungen zwischen der Bundesrepublik und Südkorea haben sich seit der Demokratisierung Südkoreas 1987 und der Wiedervereinigung Deutschlands 1990 verstärkt fortgesetzt. Auch der wirtschaftliche Austausch hat mit der raschen Entwicklung Südkoreas zu einem modernen Industrieland und zu einer wichtigen Handelsnation deutlich zugenommen. Da die Teilung der koreanischen Halbinsel anders als in Deutschland noch nicht überwunden ist, ist die deutsche Wiedervereinigungserfahrung zu einem der wichtigsten Themen in den deutsch-koreanischen Beziehungen geworden (siehe den Beitrag von Han Unsuk und Lee Bongki in diesem Band).

Der Deutschlandbesuch des südkoreanischen Staatspräsidenten Roh Tae Woo *(No T'ae-u)* im November 1989 war der erste Besuch eines ausländischen Staatsoberhauptes nach dem Fall der Berliner Mauer. Roh sprach mit Bundespräsident Richard von Weizsäcker über die »Nordpolitik«, die seine Regierung in Anlehnung an die Ostpolitik Willy Brandts ins Auge gefasst hatte. Weizsäcker versprach damals, dass Deutschland dieses Vorhaben tatkräftig unterstützen werde und bekräftigte dies während seines Besuchs in Seoul im Februar 1991. Als Helmut Kohl als erster Bundeskanzler Südkorea im März 1993 einen Besuch abstattete, stand die Koreafrage im Mittelpunkt seines Gesprächs mit Staatspräsident Kim Young Sam *(Kim Yŏng-sam)*. Kohl versicherte bei dieser Gelegenheit, dass Deutschland im Hinblick auf die Nuklearfrage in Nordkorea den Standpunkt der südkoreanischen Regierung voll und ganz teile.

Seitdem haben sich die Beziehungen zwischen Deutschland und Südkorea sehr harmonisch und partnerschaftlich entwickelt. Auch Gerhard Schröder und Angela Merkel reisten während ihrer Kanzlerschaft nach Südkorea; umgekehrt haben alle demokratisch gewählten Staatspräsidenten seit Kim Young Sam Deutschland besucht. Von besonderer Bedeutung war der Staatsbesuch von Kim Dae Jung *(Kim Tae-jung)* im Jahr 2000: Er hielt am 9. März an der Freien Universität Berlin eine vielbeachtete Rede über die »Lehren aus der deutschen Wiedervereinigung und Fragen der koreanischen Halbinsel«, um seine Vision vom Frieden in Korea und die sogenannte Sonnenscheinpolitik seiner Regierung vorzustellen. Die friedliche Koexistenz von Süden und Norden sollte demnach durch direkte Treffen beider Parteien gesichert werden. Nordkorea forderte Kim zu einer Politik der Versöhnung und Kooperation auf. Sein denkwürdiger Vortrag wird in Südkorea seitdem als »Berliner Erklärung« bezeichnet.

Zur Unterstützung der Versöhnungspolitik von Präsident Kim Dae Jung gab Außenminister Joschka Fischer im Oktober 2000 die Aufnahme diplomatischer Beziehung mit Nordkorea bekannt. Nachdem im März 2001 in P'yŏngyang die deutsche Botschaft eingerichtet worden war, eröffnete im Juli 2004 das Goethe-Institut als erste westliche Kultureinrichtung einen Lesesaal in der nordkoreanischen Hauptstadt. Damit sollte eine »Vermittlungsstelle für deutsche wissenschaftliche und technische Literatur« eingerichtet werden, in der neben Büchern und anderen Printmedien u.a. auch DVDs bereitgestellt wurden. Im Sommer 2006 kam es wegen aus nordkoreanischer Sicht diffamierender Artikel im *Spiegel* und in der *Süddeutschen Zeitung* zum Verbot von deren Auslage im Lesesaal. Der daraus entstehende Konflikt führte schließlich im November 2009 zur Schließung des Informationszentrums.

Ungeachtet der politischen Schwierigkeiten stellte die Bundesregierung im Rahmen der Entwicklungsorientierten Not- und Übergangshilfen (ENÜH – finanziert durch das BMZ) von 1997 bis 2011 insgesamt etwa 32 Millionen Euro für Nordkorea zur Verfügung. Zwischen 2009 und 2011 wurden die Deutsche Welthungerhilfe, Caritas und das Deutsche Rote Kreuz mit 3,15 Millionen Euro für Maßnahmen zur Ernährungssicherung in Nordkorea unterstützt.

Am 19. Dezember 2008 verabschiedete der Deutsche Bundestag einstimmig eine Entschließung mit dem Titel »Die deutsch-koreanischen Beziehungen dynamisch fortentwickeln«. Den Antrag dazu hatten die vier Bundestagsfraktionen von CDU/CSU, SPD, FDP und Bündnis 90/Die Grünen gemeinsam eingebracht. Darin fordert das Parlament die Bundesregierung auf, »den 125. Jahrestag der Aufnahme offizieller Beziehungen zwischen Deutschland und Korea zum Anlass zu nehmen, die Beziehungen der Bundesrepublik Deutschland zu der Republik Korea weiterhin nach Kräften zu fördern und der Demokratischen Volksrepublik Korea eine Intensivierung der Zusammenarbeit, bei entsprechender Kooperation in Hinsicht auf eine Lösung der Nuklearkrise, in Aussicht zu stellen«.[12]

6 Blick in die Zukunft

Deutschland und Korea können mittlerweile auf eine 130 Jahre währende gemeinsame Geschichte zurückblicken. Insbesondere zwischen Südkorea und der Bundesrepublik Deutschland gibt es kaum einen Bereich in Politik, Wirtschaft und Kultur, in dem es keine enge Kooperation gibt. Südkorea ist für Deutschland nach China und Japan der drittgrößte Absatzmarkt in Asien. Umgekehrt ist Deutschland für Südkorea der wichtigste europäische Handelspartner. Die enge Zusammenarbeit der beiden Länder spiegelt sich auch in einer Vielzahl bilateraler Gesellschaften, Vereinigungen und Foren wider: Es gibt ca. 35 deutsch-koreanische Kulturgesellschaften, hinzu kommen Vereinigungen deutsch-koreanischer Akademiker in Bereichen wie Kunst, Medizin, Rechtswissenschaft, Sozial- und Wirtschaftswissenschaften. 2008 wurde mit Unterstützung des DAAD das Alumninetzwerk Deutschland-Korea (ADeKo) gegründet. In ihm hat sich der Großteil der Koreanerinnen und Koreaner zusammengeschlossen, die in Deutschland gelebt, studiert und geforscht haben.[13]

Darüber hinaus bestehen regelmäßig tagende bilaterale Konsultationsgremien. Dazu gehört das Deutsch-Koreanische Forum, das 2002 durch Initiative von Bundespräsident Johannes Rau zur Förderung der engen Freundschaft zwischen Deutschland und Südkorea gegründet wurde. 2011 wurde von der deutschen und der südkoreanischen Regierung ein gemeinsames Gremium für Wiedervereinigungsfragen ins Leben gerufen, das sich mit möglichen Lehren für Korea aus den deutschen Erfahrungen von Teilung und Wiedervereinigung befasst.

Angesichts der zahlreichen Aktivitäten und Kooperationen und der gemeinsamen historischen Erfahrungen kann man von einer Art »Wahlverwandtschaft« Südkoreas und Deutschlands sprechen, die von einem hohen Maß an gegenseitigem Vertrauen getragen wird. Sie wird auch in Zukunft gute Beziehungen und eine erfolgreiche Zusammenarbeit beider Länder gewährleisten. Es bleibt zu hoffen, dass Deutschland mit seiner besonderen historischen Erfahrung auch zur Schaffung von Frieden auf der koreanischen Halbinsel aktiv beitragen kann.

Literatur

Kang-Schmitz, Liana, Nordkoreas Umgang mit Abhängigkeit und Sicherheitsrisiko – am Beispiel der bilateralen Beziehungen zur DDR, Dissertation an der Universität Trier 2010.

Klessmann, Christoph/Bernd Stöver (Hrsg.), Der Koreakrieg: Wahrnehmung – Wirkung – Erinnerung, Köln 2005.

Kneider, Hans-Alexander, Globetrotter Abenteurer Goldgräber: Auf deutschen Spuren im alten Korea. Mit einem Abriss zur Geschichte der Yi-Dynastie und der Deutsch-Koreanischen Beziehungen bis 1910, München 2010.

Köllner, Patrick, 50 Jahre Wirtschaftsbeziehungen zwischen der Bundesrepublik Deutschland und der Republik Korea, in: Korea Forum 2 (1999), S. 16–20.

Lee, Eun-Jeung, Paul Georg von Möllendorff. Ein deutscher Reformer in Korea, München 2008.

Anmerkungen

* Dieser Beitrag basiert auf der deutschen Zusammenfassung des Buches *Han'gang-esŏ rain'gang-ggaji: handokkwan'gyesa* [Vom Han bis zum Rhein: Die Geschichte der deutsch-koreanischen Beziehungen] (2005) von Chongko Choi und wurde von Lee Eun-Jeung für diesen Band umgeschrieben.

1 Mehr zu Paul Georg von Möllendorff siehe Lee Eun-Jeung, Paul Georg von Möllendorff. Ein deutscher Reformer in Korea, München 2008.

2 Mehr zu den Deutschen in Korea vor 1910 siehe Hans-Alexander Kneider, Globetrotter Abenteurer Goldgräber: Auf deutschen Spuren im alten Korea. Mit einem Abriss zur Geschichte der Yi-Dynastie und der deutsch-koreanischen Beziehungen bis 1910, München 2010.

3 Li Mirok war bis zu seinem Tod 1950 als Lektor für Koreanisch im Ostasiatischen Institut der Universität München tätig. Die deutsch-koreanische Gesellschaft verleiht seit 2004 den »Mirok Li Preis« für besondere Verdienste im deutsch-koreanischen Kulturaustausch.

4 Die genaue Zahl koreanischer Studenten in Deutschland vor 1945 ist nicht bekannt. Die Zahl der bis 2004 in Deutschland promovierten Südkoreaner wird mit 1.607 angegeben (*Han'guk Togil hakhoe* – Vereinigung der Deutschlandstudien Südkoreas).

5 In den 1920er-Jahren lebten schätzungsweise 60 Koreaner in Deutschland, davon 40 in Berlin.

6 Nach dem großen Erdbeben im September 1923, bei dem ca. 140 000 Menschen das Leben verloren, wurde von der Polizei das Gerücht verbreitet, Koreaner hätten Brände gelegt und die Stadt geplündert. Etwa 7 000 Koreaner wurden daraufhin z. T. brutal ermordet.

7 Michael Lehmke, Wahrnehmung und Wirkung des Koreakrieges im geteilten Deutschland, in: Christoph Kleßmann/Bernd Stöver (Hrsg.), Der Koreakrieg: Wahrnehmung – Wirkung – Erinnerung, Köln 2005, S. 74–98, hier S. 98.

8 Zur Entwicklungshilfe von den beiden deutschen Staaten an die beiden Koreas siehe Lee You Jae, »An der westlichen und östlichen Flanken der Lager.« Deutsch-deutsche Entwicklungshilfe für Korea 1953–1963, in: Kleßmann/Stöver (wie Anm. 7), S. 142–159.

9 Liana Kang-Schmitz, Nordkoreas Umgang mit Abhängigkeit und Sicherheitsrisiko – Am Beispiel der bilateralen Beziehungen zur DDR, Dissertation, Universität Trier 2010, S. 128.

10 Günter Huwer/Eberhard Daerr, Das DRK-Hospital in Pusan - Der Korea-Einsatz des Deutschen Roten Kreuzes von 1954 bis 1959, in: Komitee 100 Jahre Deutsch-Koreanische Beziehungen (Hrsg.), Bilanz einer Freundschaft, Bonn 1984, S. 56–62.

11 Ab 1965, also nach der Normalisierung der diplomatischen Beziehungen zwischen Tokyo und Seoul, trat Japan verstärkt als Kapitalgeber auf. In den 1970er-Jahren wurden internationale Finanzinstitute wie die Weltbank und die Asiatische Entwicklungsbank (ADB) zu den wichtigsten Kreditgebern Südkoreas. Der Anteil der BRD an öffentlichen Darlehen fiel bis 1978 auf 3,6 Prozent. Siehe dazu Patrick Köllner, 50 Jahre

Wirtschaftsbeziehungen zwischen der Bundesrepublik Deutschland und der Republik Korea, in: Korea Forum, 2 (1999), S. 16–20.

12 Deutscher Bundestag, Drucksache 16/11451.

13 Die Zahl der in Südkorea lebenden Alumni deutscher Hochschulen lag Ende 2012 bei ca. 20000.

Anhang

Autorinnen und Autoren

ARMSTRONG, CHARLES, Dr., Professor, Korean Studies, Columbia University

BALLBACH, ERIC J., Dr., wissenschaftlicher Mitarbeiter, Koreastudien, Freie Universität Berlin

BYUN, SEE-WON, M.A., Doktorandin, Center for U.S.-Korea Policy

CHO, DONG HO, Dr., Professor, Department of Sociology of North Korean Studies, Ewha Womans University

CHO, HYO-JE, Dr., Professor für Soziologie, Sungkonghoe University

CHO, SE-HYOUNG, Dr., Professor für Koreanische Sprache und Literatur, Seoul City University

CHO, HAE-SUG, Dr., Professorin für Koreanische Sprache und Literatur, Seoul National University

CHONGKO, CHOI, Professor für Rechtswissenschaft, Seoul National University

CHUNG, HYUN-BACK, Dr., Professorin für Geschichte, Sungkyunkwan University und Ko-Direktorin der Peoples' Solidarity for Participatory Democracy (PSDP)

CUMINGS, BRUCE, Dr., Professor für Geschichte, University of Chicago

DE CEUSTER, KOEN, Dr., Institute for Area Studies, Universität Leiden

EGGERT, MARION, Dr., Professorin für Koreanistik, Ruhr-Universität Bochum

FLAMM, PATRICK, Doktorand, School of Asian Studies, University of Auckland

FRANK, RÜDIGER, Dr., Professor, Institut für Ostasienwissenschaften und Wirtschaft und Gesellschaft Ostasiens, Universität Wien

HAN, UNSUK, Dr., Dozent, Koreanistik, Asien-Orient-Institut, Eberhard-Karls-Universität Tübingen

HERMANNS, HEIKE, Dr., Professorin für Politik, Gyeongsang National University

HWANG, BYONG-MOO, Dr., Professor (em.), Korea National Defense University

JEON, YONG-SUN, Dr., Professorin, The Institute of the Humanities for Unification, Konkuk University

JUNG, KEUN-SIK, Dr., Professor für Soziologie, Seoul National University/Vizedirektor des Kyujanggak Institute for Korean Studies

KALINOWSKI, THOMAS, Dr., Professor, Graduate School of International Studies, Ewha Womans University

KIM, DONG-CHOON, Dr., Professor für Soziologie, Sungkonghoe University

KIM, HAK JOON, Dr., Präsident der Northeast Asian History Foundation

KIM, KEUN-SIK, Dr., Professor, University of North Korean Studies, Seoul
KIM, KY WON, Dr., Professor für Wirtschaft, Korea National Open University
KIM, SEOK-HYANG, Dr., Professorin, North Korean Studies, Ewha Womans University
KIM, SUNG BO, Dr., Professor für Geschichte, Yonsei University
KIM, YUN TAE, Dr., Professor für Soziologie, Korea University
KINDERMANN, GOTTFRIED-KARL, Dr. Dr. h.c., Professor, Geschwister-Scholl-Institut für Politische Wissenschaft, Ludwig-Maximilians-Universität München
KO, SANG TU, Dr., Professor, Graduate School for Area Studies, Yonsei University
KÖLLNER, PATRICK, Dr., Professor, Direktor des GIGA Institut für Asien-Studien, Hamburg
KOO, KAB-WOO, Dr., Professor für Politik, University of North Korean Studies, Seoul
LEE, BONGKI, M.A., Wiedervereinigungsattaché, Botschaft der Republik Korea, Berlin
LEE, EUN-JEUNG, Dr., Professorin, Direktorin des Instituts für Koreastudien, Freie Universität Berlin
LEE, WOO YOUNG, Dr., Professor für Soziologie, University of North Korean Studies, Seoul
LEE, YOU JAE, Dr., Juniorprofessor, Koreanistik, Asien-Orient-Institut, Eberhard-Karls-Universität Tübingen
MAYER, PETER, Dr., Professor für allgemeine Volkswirtschaftslehre, Wirtschaftspolitik und International Economics, Hochschule Osnabrück
MOSLER, HANNES B., Dr., Juniorprofessor, Graduate School of East Asian Studies/ Koreastudien, Freie Universität Berlin
OLBRICH, PHILIPP, M.A., wissenschaftlicher Mitarbeiter am Österreichischen Institut für internationale Politik (oiip), Wien
PAIK, HAK-SOON, Dr., Direktor des Center for North Korean Studies, Sejong Center
PARK, HEE SEOK, Dr., Juniorprofessor, Koreanistik, Rheinische Friedrich-Wilhelms-Universität Bonn
PARK, MYUNG-KYU, Dr., Professor, Direktor des Institute for Unification Studies (IFUS), Seoul National University
PARK, MYUNG JOON, Dr., wissenschaftlicher Mitarbeiter, Korean Labor Institute (KLI)
PARK, MYUNG-LIM, Dr., Professor, Interdisciplinary Program of Area Studies, Yonsei University
PASCHA, WERNER, Dr., Professor, Ostasienwirtschaft/Japan und Korea, Universität Duisburg-Essen

Plassen, Jörg, Dr., Professor, Centrum für Religionswissenschaftliche Studien, Sektion Religionen Ostasiens, Ruhr-Universität Bochum

Seliger, Bernhard, Dr., Repräsentant der Hanns-Seidel-Stiftung in Seoul

Shin, Jin-Wook, Dr., Professor für Sozialwissenschaften, Joongang University

Shin, Duchel, Dr., Professor, Institute for National Security Studies, Hanyang University

Sin, Hyunjoon, Dr., Professor für Soziologie, Sungkonghoe University

Snyder, Scott, Dr., Senior Fellow for Korean Studies und Direktor des U.S.-Korea-policy program, Council on Foreign Relations (CFR)

Son, Chong-mok, Dr., Professor (em.), University of Seoul

Yi, Su-hoon, Dr., Professor für Soziologie, Kyungnam University und Direktor des Institute for Far Eastern Studies

Übersetzerinnen und Übersetzer

Dr. Holmer Brochlos, Bernau bei Berlin

Daniela Claus, Berlin

Verena Diedering, Greifswald

Birke Dockhorn, Schossin

Sabine Ganter-Richter, Bonn

Elke Golchert-Jung, Euskirchen

Prof. Dr. Sonja Häussler, Stockholm

Dr. Heike Lee, Hamburg

Prof. Dr. Helga Picht, Schönow

Ben Winter, Berlin

Karten

Korea - Physische Übersicht, Grenzen und Verkehr

© mr-kartographie, Gotha 2014

Korea - Politik, Verwaltung, Demographie

Nordkorea

Verwaltungsgliederung: 2012
Einwohnerzahlen: 2008

Fläche: 120.538 km²
Einwohnerzahl: 24.052.231
Bevölkerungsdichte: 200 Einw. pro km²

Hauptstadt	Fläche in km²	Einwohner
P'yŏngyang	3.194	3.255.288
Besondere Stadt		
Namp'o	829	366.815
Rasŏn	746	205.000
Provinz		
Chagang-do	16.968	1.299.830
Hamgyŏngbuk-to	16.824	2.122.362
Hamgyŏngnam-do	18.970	3.066.013
Hwanghaebuk-to	9.262	2.113.672
Hwanghaenam-do	8.002	2.310.485
Kangwŏn-do	11.152	1.477.582
P'yŏnganbuk-to	11.445	2.523.662
P'yŏngannam-do	11.501	3.684.881
Yanggang-do	14.317	719.269

Südkorea

Verwaltungsgliederung: 2012
Einwohnerzahlen: 2012

Fläche: 100.210 km²
Einwohnerzahl (2012): 50.948.272
Bevölkerungsdichte: 508 Einw. pro km²

Hauptstadt	Fläche in km²	Einwohner
Seoul	605	10.195.318
Großstadt		
Inch'ŏn	1.032	2.843.981
Kwangju	501	1.469.216
Pusan	768	3.538.484
Taegu	884	2.505.644
Taejŏn	540	1.524.583
Ulsan	1.060	1.147.256
Besondere autonome Stadt		
Sejong	361	113.117
Provinz		
Ch'ungch'ŏngbuk-to	7.433	1.565.628
Ch'ungch'ŏngnam-do	8.269	2.028.777
Chŏllabuk-to	8.067	1.873.341
Chŏllanam-do	12.252	1.909.618
Kangwŏn-do	16.866	1.538.630
Kyŏnggi-do	10.170	12.093.299
Kyŏngsangbuk-to	19.030	2.698.353
Kyŏngsangnam-do	10.533	3.319.314
Besondere autonome Provinz		
Cheju-do	1.849	583.713

Nordkorea - Wirtschaft
Bergbau, Rohstoffe, Energie
Erdölraffinerie
Uran
Steinkohle
Braunkohle
Eisen
Zinn
Blei-Zink
Gold
Magnesit
Wolfram
Wasserkraftwerk
Wärmekraftkraftwerk
Kernkraftwerk
Die Größe der Signaturen entspricht ihrer Bedeutung.
Industrie
Eisen- u. Stahlerzeugung
Buntmetallverhüttung
Leichtmetallverhüttung
Maschinen- u. Metallbau
Schiffbau
Elektronik, Optik, Feinmechanik
Chemie
Glas, Keramik, Porzellan
Textilien, Bekleidung
Fischverarbeitung
Dienstleistung
Dienstleistungszentrum
Tourismus
sonstiger Standort
Grenzen und Verkehr
Staatsgrenze
Demarkationslinie
Autobahn, Schnellstraße
Sonstige Straße
Eisenbahnlinie
Schifffahrtslinie, Fährlinie
Internationaler Flughafen
Bedeutender Seehafen
Bodennutzung, Landwirtschaft
Städt. Verdichtungsraum
Bewässertes Ackerland
sonstiges Ackerland
Buschland, Ödland
Wald
Pflanzenproduktion
Reis
Tabak
Baumwolle
Soja
1 : 5 000 000
0
120 km
© mr-kartographie, Gotha 2014
CHINA
RUSS-LAND
NORDKOREA
SÜD-KOREA
Ostmeer (Japanisches Meer)
Gelbes Meer (Westmeer)
Westkorea-golf
Nordkorea-golf
Rasŏn
Hoeryŏng
Rajin
Ch´ŏngjin
Hyesan
Chung-gang
Chasŏng
Manp´o
Kanggye
Changjin-gang
Kimch´aek
Ryongwŏn-ni
Tanch´ŏn
Changhŭng-ni
Hagal
Hŭich´ŏn
Sinp´o
Hamhŭng-Hŭngnam
Ŭiju
Sinŭiju
Sin-do
Kusŏng
Chŏngju
Kaech´ŏn
Tŏkch´ŏn
Anju
Sinmi-do
Sunch´ŏn
P´yŏngsŏng
Munch´ŏn
Wŏnsan
P´yŏngyang
Namp´o
Sŏhae-ri
Songnim
Touristenregion Kŭmgang-san
Anak
Sariwŏn
Imjin-gang
P´yŏnggang
Changyŏn
Haeju
Soch´i-dong
Kaesŏng
Ongjin
125°
126°
127°
128°
129°
130°
131°
38°
39°
40°
41°
42°
Industriepark Kaesŏng
1 : 250 000
0
3 km
Kaesŏng
P´anmunjŏm
Kijŏng-dong
P´anmun-yŏk
Taesŏng
NORD-KOREA
SÜD-KOREA
Torasan-nyŏk
Industriepark Kaesŏng
Geplante Erweiterung
Demilitarisierte Zone
Bahnhof
Anteil der Industriezweige an der Wertschöpfung im Industriepark:
sonst.
Elektronik
Maschinen- u. Metallbau
Chemie
Textilien
Außenhandel Nordkoreas 2011
Import 4.328 Mio. US$
China 73,1 %
Südkorea 18,5 % davon Industriepark Kaesŏng 96,1 %
Russland 2,3 %
sonstige 6,1 %
Export 3.702 Mio. US$
China 66,6 %
Südkorea 24,7 % davon Industriepark Kaesŏng 100%
sonstige 8,7 %

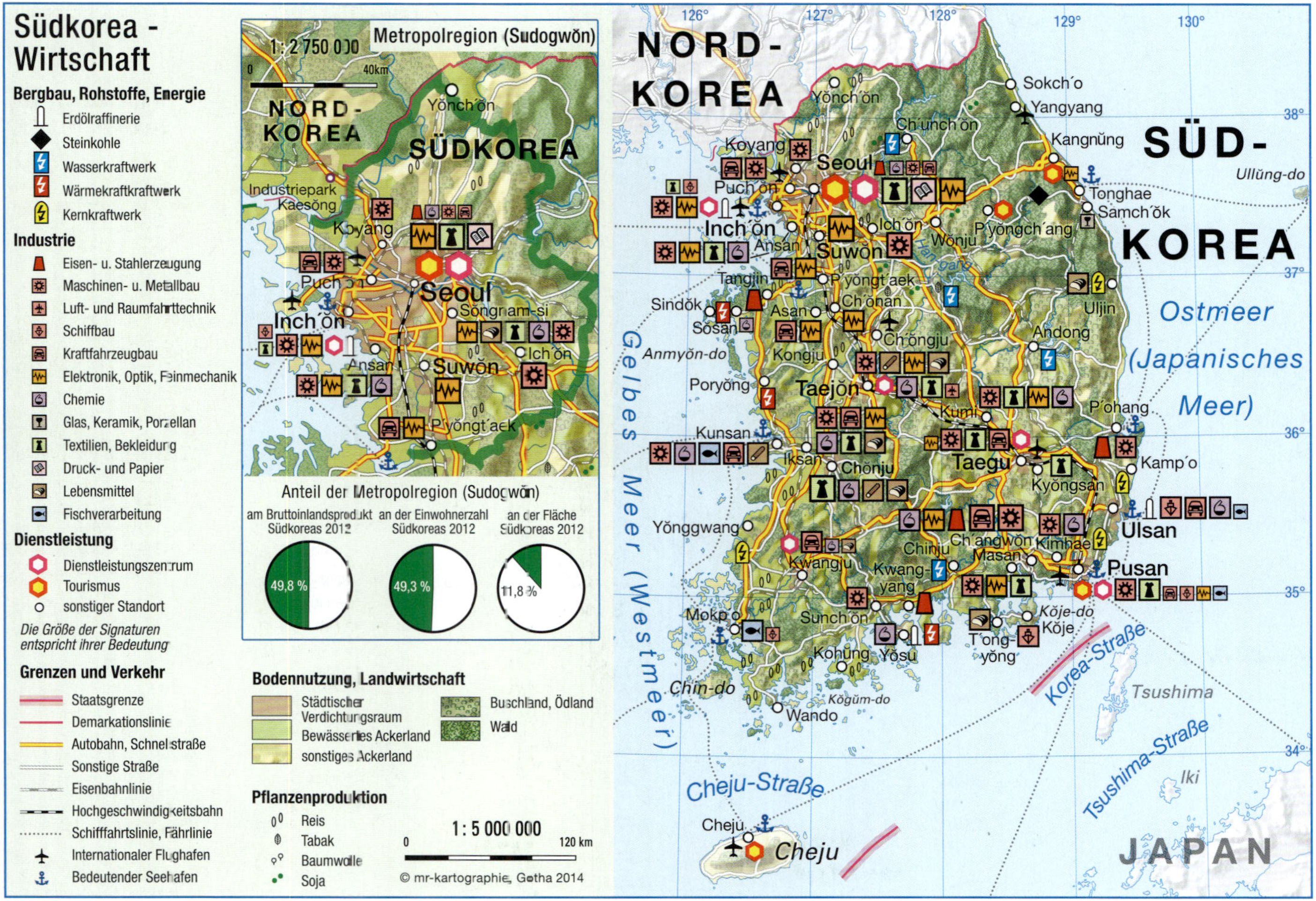
Südkorea - Wirtschaft
Bergbau, Rohstoffe, Energie
Erdölraffinerie
Steinkohle
Wasserkraftwerk
Wärmekraftkraftwerk
Kernkraftwerk
Industrie
Eisen- u. Stahlerzeugung
Maschinen- u. Metallbau
Luft- und Raumfahrttechnik
Schiffbau
Kraftfahrzeugbau
Elektronik, Optik, Feinmechanik
Chemie
Glas, Keramik, Porzellan
Textilien, Bekleidung
Druck- und Papier
Lebensmittel
Fischverarbeitung
Dienstleistung
Dienstleistungszentrum
Tourismus
sonstiger Standort
Die Größe der Signaturen entspricht ihrer Bedeutung
Grenzen und Verkehr
Staatsgrenze
Demarkationslinie
Autobahn, Schnellstraße
Sonstige Straße
Eisenbahnlinie
Hochgeschwindigkeitsbahn
Schifffahrtslinie, Fährlinie
Internationaler Flughafen
Bedeutender Seehafen
Metropolregion (Sudogwŏn)
1: 2 750 000
0
40km
NORD-KOREA
SÜDKOREA
Industriepark Kaesŏng
Yŏnch'ŏn
Koyang
Puch'ŏn
Inch'ŏn
Seoul
Sŏngnam-si
Ansan
Suwŏn
Ich'ŏn
P'yŏngt'aek
Anteil der Metropolregion (Sudogwŏn)
am Bruttoinlandsprodukt Südkoreas 2012
an der Einwohnerzahl Südkoreas 2012
an der Fläche Südkoreas 2012
49,8 %
49,3 %
11,8 %
Bodennutzung, Landwirtschaft
Städtischer Verdichtungsraum
Bewässertes Ackerland
sonstiges Ackerland
Buschland, Ödland
Wald
Pflanzenproduktion
Reis
Tabak
Baumwolle
Soja
1: 5 000 000
0
120 km
© mr-kartographie, Gotha 2014
126°
127°
128°
129°
130°
38°
37°
36°
35°
34°
NORD-KOREA
SÜD-KOREA
JAPAN
Ostmeer (Japanisches Meer)
Gelbes Meer (Westmeer)
Cheju-Straße
Korea-Straße
Tsushima-Straße
Tsushima
Iki
Ullŭng-do
Sokch'o
Yangyang
Kangnŭng
Tonghae
Samch'ŏk
Yŏnch'ŏn
Ch'unch'ŏn
Koyang
Seoul
Puch'ŏn
Inch'ŏn
Ansan
Suwŏn
Ich'ŏn
Wŏnju
P'yŏngch'ang
Han gang
Tangjin
P'yŏngt'aek
Sindŏk
Sŏsan
Asan
Ch'ŏnan
Ch'ŏngju
Uljin
Andong
Anmyŏn-do
Kongju
Poryŏng
Taejŏn
Kumi
P'ohang
Kunsan
Iksan
Chŏnju
Taegu
Kyŏngsan
Kamp'o
Ulsan
Yŏnggwang
Kwangju
Chinju
Ch'angwŏn
Masan
Kimhae
Pusan
Kwang-yang
Mokp'o
Sunch'ŏn
Yŏsu
T'ong-yŏng
Kŏje-do
Kŏje
Kohŭng
Chin-do
Kŏgŭm-do
Wando
Cheju
Cheju

Korea - Zeit der Drei Reiche (1. Jahrhundert v.u.Z.– 668)

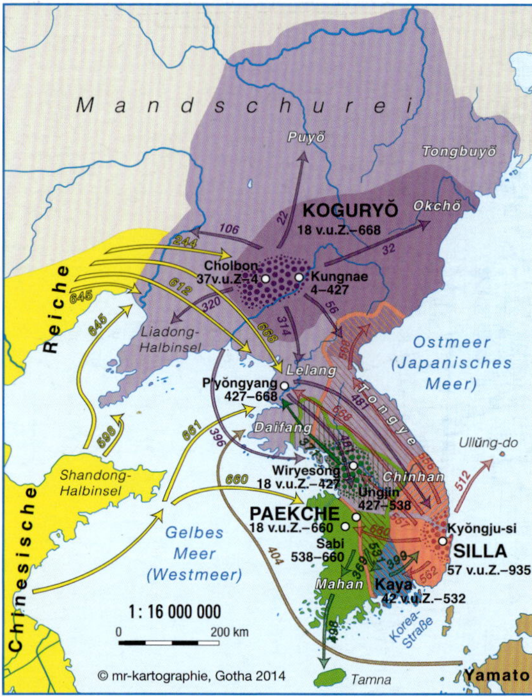

Die Drei Reiche

	Ausgangsgebiet	Kerngebiet	Größte Ausdehnung
SILLA	57 v.u.Z		576 u.Z.
KOGURYŎ	37 v.u.Z		481 u.Z.
PAEKCHE	18 v.u.Z		375 u.Z.

Feldzüge

- Silla
- Koguryŏ
- Paekche
- Chinesische Reiche
- Yamato
- Hauptstadt
- Puyŏ – erobertes altes Reich

Kriege mit China und Japan

- Koguryŏ - Wei *244–245*
- Koguryŏ Silla - Yamato Paekche Kaya *391–404*
- Koguryŏ - Sui *598, 612–614*
- Koguryŏ Paekche - Tang Silla *645–668*

Korea 1876–1937: Kriege, Aufstände, Diplomatie

Chinesisch-Japanischer Krieg 1894–1895

- Schlacht
- Chinesische Truppenbewegung
- Japanische Truppenbewegung
- **Tonghak-Aufstand 1894**

Russisch-Japanischer Krieg 1904–1905

- Schlacht
- Russische Truppenbewegung
- Japanische Truppenbewegung
- Ort
- Staatsgrenze

Verträge und Abkommen mit und zu Korea 1876–1910

1876	Handelsabkommen	Korea	Japan
1882	Handelsabkommen	Korea	USA
1882	Handelsabkommen	Korea	China
1883	Handelsabkommen	Korea	England
1883	Handelsabkommen	Korea	Deutschland
1884	Handelsabkommen	Korea	Italien
1884	Handelsabkommen	Korea	Russland
1885	Vertrag von Tientsin zu Korea	Japan	China
1886	Handelsabkommen	Korea	Frankreich
1886	Handelsabkommen	Korea	Österreich-Ungarn
1904	Protokoll vom August 1904	Japan	Korea
1905	Geheimvertrag zu Korea	Japan	USA
1905	Geheimvertrag zu Korea	Japan	England
1905	Protektoratsvertrag	Japan	Korea
1910	Annexionsvertrag	Japan	Korea